國家古籍整理出版專項經費資助項目

2017年全國高等院校古籍整理研究工作委員會科研項目（1742）

楊以增研究叢集（全二冊）

丁延峰 主編

上冊 楊以增年譜

丁延峰 周廣騫 著

中國社會科學出版社

圖書在版編目（CIP）數據

楊以增研究叢集：全 2 冊：上冊，楊以增年譜、下冊，楊以增奏稿校注／
丁延峰主編 . —北京：中國社會科學出版社，2017.12
ISBN 978 - 7 - 5203 - 1831 - 0

Ⅰ.①楊… Ⅱ.①丁… Ⅲ.①楊以增（1787—1855）—人物研究
Ⅳ.①K827 = 49

中國版本圖書館 CIP 數據核字（2017）第 324618 號

出 版 人 趙劍英
選題策劃 郭沂紋
責任編輯 安 芳
責任校對 石春梅
責任印製 李寡寡

出 版 中國社會科學出版社
社 址 北京鼓樓西大街甲 158 號
郵 編 100720
網 址 http://www.csspw.cn
發 行 部 010 - 84083685
門 市 部 010 - 84029450
經 銷 新華書店及其他書店

印刷裝訂 北京君昇印刷有限公司
版 次 2017 年 12 月第 1 版
印 次 2017 年 12 月第 1 次印刷

開 本 710×1000 1/16
印 張 93.25
字 數 1492 千字
定 價 599.00 圓（全二冊）

目　　録

（上冊）

凡　例

一、本譜采用條目格式按年編排，每年再按月日之序依次排列，各年正文之前撮舉該年行事梗概。不能明確具體時間的，則置於可辦之當月、當季或當年之末，以便查檢。

二、本譜每條分敘楊以增某一事行，均以數字標列次序，以清眉目。

三、本譜每條均引證相關文獻。所引文獻以楊以增奏稿、文集等個人著作爲主，其他文獻爲輔。不同出處的文獻分段排列，其出處則隨文標示。所引文獻除人名、地名等專名外，異體字、俗體字等一律改爲規範字。

四、本譜凡與楊以增相關、須加引申或補充之事實，或文獻牴牾，尤其是時間歧異、地點錯訛、説法矛盾及事件本身頭緒紛雜需加梳理之處，均加按語，酌加説明或考辨。

五、本譜爲全面展現楊以增之生平，將其里居、齋名、字號置於一歲條內。

世　系

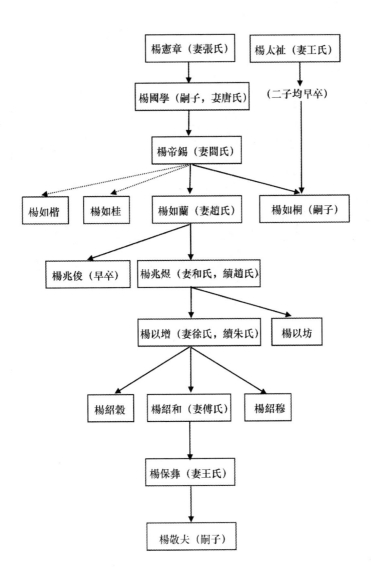

譜　前

1. 楊以增先世原籍陝西，元末明初遷至臨清，後入籍聊城。

王延慶《孝直先生傳》：“先世秦人，自華陰遷晉洪洞。入明，以指揮籍臨清。國朝改爲東昌衛，著聊城籍。”（宣統《重修聊城縣志》附《耆獻文徵》卷中）

2. 楊以增遠祖楊國學早逝，其妻唐氏含辛茹苦，撫養子孫成人，使楊氏一脈幾墜而復續。

錢儀吉《楊節母家傳》：“節母姓唐氏，東昌聊城人。父雲楣，注選從九品官。節母在室有孝行，縣文學憲章楊翁聞之，爲其嗣子國學永禧聘焉。居二年而國學君歿，時康熙五十三年也。節母年二十有一，有子帝錫，生甫三月耳。國學本生父太祉翁暨配王氏皆前卒。憲章翁家貧，盎無斗儲，節母處艱茹苦，撫褓襁孤以有立，夙夜操作，具旨甘以事憲章翁三十有五年，事姑張氏三十有四年，孝養如一日，至於考終，庀喪葬盡禮。帝錫長，爲娶於閻，有孫五人，節母意稍慰矣。已而子婦皆歿。於時節母既衰老，復銜哀拮据撫諸孫二十年。迨節母之歿，諸孫皆冠且娶矣。初，太祉翁有三子，國學既來嗣，別子二人又皆蚤世，未有後。於是節母復命以第三孫如桐還嗣太祉翁房爲主後。聊城之人皆曰：使楊氏幾墜而復續，且兩房皆有宗祀，不失其世，節母力也。久之，上其事於朝，得旨旌表如典禮。節母卒，年八十有四，距國學君之喪六十年矣。節母之後，傳曾、玄而日盛，世科第以起其家。今河南分巡開歸陳許道楊以增，節母玄孫也。”（宣統《續編聊城縣志》附《耆獻文徵》卷中）

王延慶《孝直先生傳》：“曾祖母唐，苦節六十有四年，載郡乘。”（宣統《重修聊城縣志》附《耆獻文徵》卷中）

3. 祖父楊如蘭官州吏目，爲避免無辜百姓受王倫起義牽連，故意燒掉名册，獨攬責任。

　　宣統《續修聊城縣志》卷八《人物志》："楊如蘭，字德馨，性剛介，有志略。出爲縣吏，值教匪王倫之亂，隨撫軍及本郡守查辦餘黨。胥役索賕多，蔓引麗册者萬餘人。廉知其冤而不敢言，中途夜燔其帳，原册燼焉。及旦，自縛請罪。撫軍驚怒，繼而太息曰：'不惜一身以救萬人之命，德量之宏，吾不及也！後世其昌乎！'孫星衍爲作《義士傳》。"

4. 祖父楊如蘭有兄弟楊如桂、楊如楷，并因楊以增而得封贈。

　　宣統《續修聊城縣志》卷七《選舉志》："楊如桂，以侄孫以增貴，貤贈資政大夫、江南河道總督。楊如楷，以侄孫以增貴，貤贈通議大夫、甘肅按察使司按察使。"

5. 父楊兆煜曾任萊州府即墨縣教諭，仁恕質直，事母至孝，喜藏書，室名曰"厚遺堂""袖海廬"。兆煜有二子，長子以增，次子以坊。

　　錢儀吉《贈資政大夫陝西巡撫故山東萊州府即墨縣學教諭熙崖楊公墓碑銘》："公姓楊氏，諱兆煜，字炳南，別字熙崖。公少年博學英特，蚤爲長沙劉公器異，名籍甚。其後出入試選，勞困垂三十年，始得一學官。其居職廉正，教士用胡安定分舍法，古經今事臚別綜貫，指講上下，可拾級至也。弟子悦服，成就者衆。上官亦有聞，將列薦，而公釋然不顧以去。蓋一以順適其親之志，誠不忍身一日離於左右也，故舍彼取此。……母歸數年，猝中風，半體拘攣，公廢寢食，精思營度醫藥，請神以身代，沉疴獲起，至九十有二歲乃終。公二子，以增、以坊。以坊入縣庠，從公家居。以增登戴蘭芬榜進士，爲縣令，累薦擢官。公不忍離母側，未嘗就其子之養。暨居喪明年，恭造營壟，苦居草食，廬守號泣，年六十六矣。不以禮稱不悔而弛其哀，觀者皆歎挹，以爲至孝至孝云。公爲人仁恕而質直，嘗自號'實夫'，處朋友諍而無後言，急人急若在己。嘗欲有所利濟於世，而絀於力，若旁近橋樑道路之屬，一爲之即罄其所有。……晚就養襄陽，有鹿門、隆中、峴山、習池之勝，時扶筇步屨其中。……卒年七十有一。"（《衍石斋记事续稿》卷九）

　　王延慶《孝直先生傳》："奉母承色笑，日取元人諸院本或小説家言之佳者，琅琅雒誦，母樂甚。母或時不懌，必長跪陳啓，至歡慰乃起。……母歿，喪禮參宋儒《書儀》、《家禮》。飭子以增建祠，規制一準諸《大清通禮》，識者韙之。……卒年七十有一。於是門下士鄧琳枝等綜先生服官事親、生平行誼之實，上鄉諡，衆議允乎，遂僉稱爲孝直先生。……先生頎而長，美鬚鬑，胸不設城府機械。人見而自紲，鄉人或窘無聊賴，引爲身謀，亦往往爲人所紿，老而不悔，乃自號曰'實夫'。嗚呼，實之爲德，是先生之孝與直也。"（宣統《續修聊城縣志》附《耆獻文徵》卷中）

　　按：楊兆煜（1768—1838），字炳南，又字熙崖，自號實夫。兆煜自幼聰慧，而屢試不第。他早年應童子試，擢第一，嘉慶三年（1798）即舉於鄉，但此後困於場屋幾三十年，未能考中進士。他於十三年（1808）大挑二等，至十八年（1813）方選授萊州府即墨縣教諭，仕宦并不通顯。任教諭六年後，他即辭官侍親，怡養泉林，直至終老。兆煜服膺北海，而尤重漢學。他推崇漢儒，任教諭時，所傳經義即以漢鄭爲主，授徒用宋初胡安定蘇湖教法，兼授古之經義與今之治事，頗受弟子愛戴，并獲贈"傳經北海"匾額。楊以增一生重小學、崇鄭註，即受到他的影響。兆煜爲人質直，而超然毀譽。他爲人仁恕，胸不設城府機械，利達不矯，貧寒無怨，超然毀譽之外，且常有濟世之心。門士綜其服官事親，上鄉諡，贊曰孝爲順德，直則生之理也，卒諡孝直先生。兆煜博學英特，而喜好讀書。他喜詠古人詩作，論帖、讀詩、品畫皆有鑒裁，著有《分析書》等，尤愛孟集，書室名"厚遺堂""袖海廬"，楊氏藏書實昉於此。

年　譜

乾隆五十二年丁未（1787）　一歲
（在山東聊城）

【概要】楊以增（1787—1855），字益之，一字至堂，別號東樵，山東聊城人，乾隆五十二年（1787）九月十六日生。以增自幼聰慧。他十七岁入縣学，每試必屈其儕輩。自二十歲起，即從學聊城著名塾師葉葆，并於嘉慶二十四年（1819）考中舉人。道光二年（1822），順利考中進士，登上仕途，始終深懷師恩，并爲葉葆刻《教思碑》，以表對恩師的崇敬之情。以增品端才贍，經世愛民，起家牧令，節鉞再秉。他於道光二年（1822）分發貴州，先後任職府、縣長官長達十二年。作爲基層牧民之官，他注重教化，體恤民情，頗受百姓愛戴。道光十四年（1834），陞任湖北安襄鄖荆道，與林則徐初定交誼。自此之後，追隨多年，結爲至交，備蒙陶冶。道光二十三年（1843），擢任甘肅按察使，後又於二十六年（1846）轉任陝西布政使，旋得林則徐大力舉薦，於二十七年（1847）陞任陝西巡撫。道光二十八年（1848），受命擔任江南河道总督，在黃運淤塞、連年異漲、兵連禍結之際，積極修築堤防，疏通漕道，籌措軍餉，剿辦土匪，殫精竭慮，苦撐危局，終在咸豐五年（1855）病死於南河任上，獲謚“端勤”，堪稱盡瘁爲國之蓋臣。以增海源并蓄，漢宋兼收，注重經世，吏乎儒者。他既重“六藝”之源，又重經史、詩賦之海，主張溯海而上，尋歸於源。於漢宋并無門户之見，認爲漢儒精於訓詁，而宋儒深於義理，二者不可偏廢，而終歸於“實事求是”之治學準則。同時，他又有很強的經世思想，非常重視基層，認爲社稷民人惟牧令是寄，治民必須親民。他經理河務多年，提出了節經費、裁冗員、慎河防等一系列主張，并常親臨工地辦理河務，堪稱道咸經世派官員的代表。以增喜愛讀書，酷好藏書，宏富精善，海內知名。他在其父楊兆煜藏書的基礎上積極購書聚書，於道光二十年

（1840）在家鄉聊城楊家老宅内特建藏書樓海源閣。在擔任江南河道總督之時，他大量收購汪士鐘藝芸書舍等江南藏書家散出之書，所藏不僅數量大增，而且擁有了一大批精善之本，形成了海源閣藏書的主體。經過楊家幾代人的努力，海源閣藏書達四千餘種、二十餘萬卷，其中宋元刻本及名家校抄達七百餘種、近四萬卷，以量多質優聞名海内，與常熟瞿氏鐵琴銅劍樓并稱爲“南瞿北楊”，又與湖州陸氏皕宋樓、杭州丁氏八千卷樓等合稱晚清四大藏書樓，爲保存古籍善本，傳承民族文化，做出了突出貢獻。

1.1 楊以增，字益之，一字至堂，號東樵。

宣統《續修聊城縣志》卷八《人物志》：“楊以增，字益之，一字至堂，幼而穎異，博覽群籍。”

龍啓瑞《兵部侍郎都察院右副督御史江南河道總督楊公神道碑》：“公諱以增，字益之，一字至堂。”（《經德堂文集》卷四）

楊以增朱文方印：“楊以增字益之，又字至堂，晚號東樵。”

1.2 楊以增於乾隆五十二年九月十六日，生於山東聊城萬壽觀前街楊宅。

許乃普《江南河道總督楊公墓誌銘》：“公生於乾隆五十二年（1787）九月十六日，春秋六十有九。”（宣統《續修聊城縣志》附《耆獻文徵》卷下）

龍啓瑞《兵部侍郎都察院右副督御史江南河道總督楊公神道碑》：“公諱以增……世爲聊城楊氏。”（《經德堂文集》卷四）

宣統《續修聊城縣志》卷二《建置志》：“舊治巢陵故城。宋淳化三年（992）河決，城圮於水，乃移治於孝武渡西，即今治也。熙寧三年（1070）建城市。舊築以土，明洪武五年（1372），守禦指揮陳鏞始甃以磚石，周七里一百九步，高三丈五尺，厚二丈；地闊三丈，深二丈。門四：東曰寅賓，南曰南薰，西曰納日，北曰鎖鑰。樓櫓二十有五，緑雲在西北，望月在東北，最爲擅名。環城更廬四十有七，附城爲郭，郭外各爲水門，釣橋横跨水上。池深二十尺，廣加十尺，闊倍之。萬曆七年（1579），莫與齊奉撫按檄，重修敵樓二十七座，垜口二千七百有奇。國朝雍正九年（1731）重修護城堤，知縣蔣尚思有碑記，載

《藝文》。乾隆五十五年（1790），巡撫長麟奏准借帑生息，修築通省城垣。”楊家舊宅即在城內，時楊以增年方四歲。

宣統《續修聊城縣志》卷二《建置志》：“萬壽觀，舊爲房老庵，規模宏敞，內有昊天閣。前明宏（避弘曆諱，改‘弘’爲‘宏’）治間，郡人侯寧建鬱羅蕭臺。西有特室，懸九龍鐘。中爲三清殿，傾圮未久。後牆有鄧書‘閬苑瀛洲’四字，大逾一丈有餘，天陰晦人每見之，咸稱仙景。”萬壽觀在海源閣西鄰。

1.3　楊以增因生母和氏去世很早，由祖母和繼母趙氏撫養成人，頗受長輩寵愛。有異母弟以坊。他終生以未能爲生母盡孝爲憾，故爲外祖父請貤，并接濟舅氏生活。

《崇祀鄉賢録·事實》：“本紳生有至性，二齡失怙，爲祖母所撫育，言及母氏和輒泣。”

《崇祀鄉賢録·事實》：“祖母家教嚴，每怒，子若孫皆長跪，無敢言者。本紳乃素所鍾愛，顧之則怡然。”

梅曾亮《誥封中憲大夫安襄鄖荊道即墨縣教諭楊府君墓誌銘》：“君娶和恭人，早卒。舅姑雖垂老，念其賢猶涕泣，生子以增。繼娶趙恭人，生子以坊，視以增如己出。……以坊，候選訓導。女一，適同邑拔貢生李宗泰。”（《柏梘山房文集》卷十三）

《崇祀鄉賢録·事實》：“母和氏既歿，爲外祖父請貤，贈通奉大夫。舅氏無子，家尤貧，爲擇嗣於期功，置宅產，藉以展孝思於母氏者計甚周，而終其身以不逮事爲憾。”

1.4　楊以增元配徐氏，繼配朱氏，有二子四女，長子紹穀、次子紹和均服官。又有一孫保彝。

許乃普《江南河道總督楊公墓誌銘》：“元配徐氏，贈一品夫人，繼配朱氏，封一品夫人。子二，紹穀，雲南大理府通判，本籍團練加同知銜；紹和，正二品蔭生，咸豐壬子舉人，改內閣中書。女四，適劉蘭緒，候選教諭；李慶翔，候選通判；鄔夢麟，翰林院待詔；劉廷桓。孫一，保彝，蔭生，知縣。孫女一，適候選訓導李孟浦。”（宣統《續修聊城縣志》附《耆獻文徵》卷又下）

《崇祀鄉賢録·事實》：“長子紹穀，前任大理府通判；次子紹和，由附生考取正二品廩生，壬子科山東鄉試舉人，現官內閣中書。"

1.5 楊以增之故鄉聊城民風淳樸，書院林立，崇文重學。

宣統《續修聊城縣志》卷一《方域志》："縣境處齊之西鄙，考之星野，則實當衛分。其人樸願而茂，有秉心塞淵之舊焉。雖循習故事，憚於興改，然無有桀黠漁食、持長吏斷者。租賦不待督輒先期報竣，最稱易治。士多才俊，文風爲諸邑冠，武風亦極一時之盛。"

宣統《續修聊城縣志》卷四《學校志》："東林書院，在縣東，明參政耿明建。光嶽書院，在南門內，雍正四年（1726）知縣張維垣建。龍灣書院，太常寺少卿任克溥建。陽平書院，在府學東，康熙五十八年（1719）知府楊文乾建。……啓文書院，在孫家衚衕，乾隆三十九年（1774）知府胡德琳售郡人孫啓淑舊宅改建，有碑記。……攝西書院，光緒二十二年（1896）知縣凌芬就義學宅舍創建，邑人楊毓春有記。"

按：書院是中國古代集講學、藏書、刻書於一體的綜合教育學術機構，標誌著地域文化的發達程度。這些書院設立書齋，招收生徒，組織教學，在培育人才的同時，還收藏了很多書籍，其藏書少者數千卷，多者逾萬卷。聊城優越的文化教育環境培養了眾多名人，如明代後期的朱延禧，明萬曆進士，聰穎好學，擅長詩文，著有《畸齋詩文集》五十卷，編修《兩朝實錄》，官至太子太師、建極殿大學士兼吏部尚書。朱鼎延，明崇禎進士，官至工部尚書兼吏部侍郎，并潛心宋儒理學，著有《知年初集》等。朱氏後人朱學篤於咸豐九年榮登二甲第一，官浙江道、湖廣道監察御史，曾主講并任濟南濼源書院山長。清代自順治三年（1646）開科取士，至光緒三十年（1904）停止科考，山東共出狀元六人，而東昌府就有兩人。傅以漸，清朝第一位狀元，官至武英殿大學士兼兵部尚書，學識淵博，著作極豐，《易經通註》（與曹本榮合著）、《內則衍義》均收入《四庫全書》。傅氏家族自傅以漸起至清末，共有進士六人，舉人十一人，拔貢十一人，國子監生九十一人，秀才一百一十人，官位在正七品以上者二十二人。傅氏傳至八世，即爲有"現代狀元"之稱的近代著名學者傅斯年。鄧鐘嶽，康熙六十年（1721）狀元，先後擔任江蘇學政、內閣學士兼禮部左侍郎，推崇程朱理

學，尤邃《易》、《禮》，著有《寒香閣詩文集》八卷。任克傳，順
治四年（1647）進士，官至邢部左侍郎，加四級正一品，誥授光
祿大夫。

1.6　楊以增藏書室有"四經四史之齋"。

楊紹和《楹書隅録》卷四"宋本《韋蘇州集》"題識："余藏宋槧
各書，經部則有《毛詩》、《三禮》；史部則有《史》、《漢》、《三國》，
嘗以'四經四史'名齋。"

郭沛霖云："（咸豐）壬子七月初六日，謁河帥楊至堂先生。談次，
告余以近來有得意之事，得四經四史皆宋刻，殊可喜。四經者《毛
詩》、三《禮》，四史者《史記》、兩《漢書》、《三國志》也。擬題齋
額爲'四經四史之齋'。唐代設四史科，厥名舊矣。至十經之中惟此四
經純是鄭康成所註，最爲完善，今全有之，亦屬罕覯之事。近又得陶淵
明、孟襄陽、王摩詰、韋蘇州四君子之集，皆宋元版本，均可喜云。"
（《日知堂筆記》卷下，第182頁）

陸以湉《藝林佳話》："聊城楊至堂河督以增得宋版《詩經》、《尚書》、
《春秋》、《儀禮》、《史記》、兩《漢書》、《三國志》，顏其室曰'四經四史
之齋'，是皆可爲藝林佳話。"（《冷廬雜識》卷一，第2—3頁）

　　按：陸以湉"四經"之説有誤，楊紹和《楹書隅録》卷一宋
本〈毛詩〉》題識云："先公所藏四經，乃《毛詩》、《三禮》，蓋
爲其皆鄭氏箋註也。《尚書》、《春秋》雖有宋槧，各別儲之。先公
與陸君平生未識面，當由傳聞偶誤耳。"郭沛霖爲楊以增下屬，親
聆楊以增購書之語，對"四經四史"所知甚悉，所列書名不誤。
"四經四史"共十三種，其中"四經"共五種，分別爲宋建陽刻本
《毛詩詁訓傳》三卷（殘）、宋建本《監本纂圖重言重意互註點校
毛詩》（殘）、宋婺州市門巷堂齋刻本《周禮鄭註》、宋嚴州本《儀
禮鄭註》、宋淳熙四年撫州公使庫刻本《禮記鄭註》。"四史"共八
種，分別爲宋本《史記集解》、宋乾道七年（1171）蔡夢弼東塾刻
本《史記集解索隱》、宋淳熙三年（1176）張杅桐川郡齋刻八年
（1181）耿秉重修本《史記集解索隱》、宋蔡琪家塾刻本《漢書集
註》、宋刻元明遞修本《前漢書註》、宋王叔邊刻本《後漢書註》、

宋刻元明遞修本《後漢書註》、宋本《三國志》。這十三部古籍爲
楊氏藏書的最精華部分。傅增湘在《海源閣藏書紀略》中云："綜
名家論定觀之，是海源閣藏書爲海內之甲觀，而四經四史又海源閣
中之甲觀矣。"董康《〈楹書隅録〉跋》云："四經四史，卓然爲諸
藏書家冠冕。"葉昌熾云："四經四史同一齋，望洋向若歎無涯。"
（《藏書紀事詩·楊端勤以增》）所以"四經四史"不僅是海源閣藏
書中最爲精善之本，也爲當時諸多藏書家藏書之翹楚。

1.7　楊以增又有"宋存書室"。

楊紹和《〈楹書隅録〉自序》："別辟書室曰'宋存'，藏天水朝舊
籍，而以元本校本抄本附焉。"（《楹書隅録》卷首）

王獻唐《聊城楊氏海源閣藏書之過去現在》："余抵海源閣時，求
所謂'宋存書室'及'四經四史之齋'者，其家人皆不知所在。問之
有無此項匾額，亦答無有。但云楊氏藏書，除海源閣外，尚有後宅三
舍。及往視之，則皆普通版本，與《隅録》所記不合。其宋元舊槧、
精抄名校均藏海源閣內，亦與所謂'別辟書室，藏天水朝舊籍'者情
形不符。據其家人之老於年事者，謂楊氏當時只虛構此名，并未專辟一
室。余以《隅録》曾載清捻匪之亂，毀其華跗莊陶南山館宋元舊槧，
似當時楊氏書籍，多存該處，或宋存書室、四經四史之齋在陶南山館，
亦未可知。彼答該處書籍久已移藏家中，陶南山館之內亦未見此書室名
稱。然就楊氏藏書題記及所鈐印章，反復推證，似非虛構。或原有此
室，今已廢置，別爲眷屬居所，未可定也。"（《山東省立圖書館叢刊》
第一種，第9—10頁）

按：楊氏藏書崇尚宋刻，楊紹和所編善本書目亦以《宋存書室
宋元秘本書目》命名。關於楊氏是否實有"四經四史之齋"及
"宋存書室"，考諸楊氏書目，《楹書隅録》題識中有"東郡楊紹和
識於四經四史齋"（如《楹書隅録》卷一"宋本《監本纂圖重言重
意互註點校毛詩》"題識）、"彥合主人識於宋存書室"（如《楹書
隅録》卷一"宋巾箱本《春秋經傳集解》"題識）者十一處，又據
紹和《楹書隅録》中對兩室的命名，似實有其室。紹和撰《楹書
隅録》時正里居海源閣，兩室當在閣內。但《楹書隅録》卷二

“宋本《咸淳臨安志》”題識云：“庚午小陽，彦合楊紹和識於宋存書室。”庚午小陽爲同治九年（1870）十月，此時紹和正服官京城，又楊以增道光二十八年（1848）仲秋，得宋本《孫可之文集》十卷一册，并用黄氏校本、家藏明抄本手校一遍，題云“退思老人識於四經四史齋”（《楹書隅録》卷四），而此時楊以增正於陝西服官。故此兩個室齋很可能隨主人而遷，然亦有可能爲所虛構的象徵性室名。

1.8　楊以增又有“弘農丙舍”。

《崇祀鄉賢録·事實》：“繪《丙舍讀書圖》，并集《葩經》爲墓田丙舍。”

　　按：弘農丙舍在聊城縣西南三十里田莊西一里許。道光十三年（1833），楊以增於田莊勘定楊家塋地，後稱“楊家林”。“楊家林”占地約二百餘畝，有墓葬墳地、林道牌坊、護林住所等，又有華表、石羊、石豬、石馬、翁仲等依次排列，周圍又有楊家購買的大片土地，號稱“楊十八頃”。道光十八年（1838）六月，楊兆煜卒於襄陽道署，楊以增按照禮法合葬父母於此地。楊以增丁憂期間，於“楊家林”又築“弘農丙舍”，以居喪守制，追遠祖先，懷念前輩。此後“弘農丙舍”成爲楊氏藏書另一處所，主要收藏明、清書籍及海源閣刻書版片等。1938年，日寇陷聊城，田莊“弘農丙舍”所藏書籍連同大部分房屋慘遭火焚。“文化大革命”初期，在當地幹部和學生“砸爛楊家墳”破四舊行動中，楊氏墳墓和林道牌坊等一同被徹底毀掉。

1.9　楊以增又有“退思廬”。

楊以增《退思廬硯銘》：“吾得退休，當廬墓三年，稍贖遠宦離親之罪。”

　　按：楊以增於丁憂期間，在“弘農丙舍”內建書齋，名曰“退思廬”。“退思”語出《左傳·宣公十二年》：“林父之事君也，進思盡忠，退思補過，社稷之衛也。”後寓退歸思過、事後反省之意，歷代多用以自名其居。如宋王十朋有"退思軒"，宋魯宋道有"退思岩"，清史允澄亦有"退思軒"等。而楊以增以此爲名，用意在於以孝退思而補過。楊以增文集亦名《退思廬文存》。

1.10 楊以增又有"習勤補拙之齋"。

楊以增題《笏山詩集》末署稱："以增書於習勤補拙之齋。"

楊以增題海源閣抄本《居士集》末署稱："東郡海源閣主人識於金城梟署習勤補拙之齋。"

按：習勤補拙之齋爲楊以增官河南、陝西時所用齋名，蓋取治學自勵之意。

1.11 楊以增又有"常惺惺室"。

楊以增藏書印有"常惺惺室"，楊氏海源閣部分抄本版心下亦題"常惺惺室"。

按："常惺惺"意爲時時提醒、警示自己。宋王邁撰《臞軒集》卷十二古詩有《常惺惺室》詩。山東省圖書館藏《近年秋審匯案》《河干問答》《大小雅堂文抄》等抄本版心下均題"常惺惺室"。且版心凡題爲"常惺惺室"之抄本，其行款、版式、線格均同，板框尺寸亦非常接近。據此可知，楊氏在某一個時期常用帶有此室名之專用紙張抄書。

1.12 楊以增藏書印，目前可考的共有五十五方。

楊以增藏印詳細名稱如下：海源閣朱文長方印，海原閣朱文長方印，楊以增印白文方印，至堂朱文方印三（大小、字形不同），字益之號至堂朱文方印，楊印以增白文方印二（大小、字形不同），以增之印白文方印，以增私印白文方印，楊朱文圓印，楊以增字益之又字至堂晚號東樵朱文方印，楊以增字益之又字至堂晚號東樵行二朱文方印，楊東樵，楊東樵讀過朱文橢圓印，東樵啓事朱文方印，益之手校朱文方印，瀛海仙班白文方印，楊氏海原閣藏雙邊長方印二（白文、朱文），楊氏海原閣鑒藏白文長方印，楊氏海源閣鑒藏印白文長方印，海源閣藏書朱白文方印，宋存書室白文方印，宋存書室白文長方印，宋存書室朱文方印四（大小、字形不同），東昌楊氏海原閣藏書記朱文長方印，東郡楊氏海原閣藏朱文方印，東郡海原閣藏書印朱文方印，東郡楊氏海源閣珍藏白文方印，東郡楊氏，東郡楊氏宋存書室珍藏白文方印，東郡宋存書室珍藏朱文長方印，聊攝楊氏宋存書室珍藏朱文方印聊攝楊氏海原閣藏書印朱文長方印，聊城楊氏宋存書室珍藏朱文方印，古東郡海原閣楊氏珍藏朱文方印，東郡楊氏海源閣鑒藏書畫印朱文方印，四經四史之齋白文長方印，古東郡四經四史齋朱文方印，退思廬朱文方印，關西節度系關西朱文橢圓印、白文長方印，東郡楊氏鑒藏金石書畫印白文長方印 東郡楊氏鑒藏金石書畫印朱文長方印，墓田丙舍秉燭讀書朱文方印，墓田丙舍退思廬考記朱文方印，實事求是，常惺惺室，禄易書千萬值小胥抄良友貽閣主人清白吏讀曾經學何事愧蠹魚未食字遺子孫承此志朱文方印二（小大、字形不同）。

　　按：楊以增藏書印內容極爲豐富，其中有名號印，如"字益之號至堂""楊以增字益之又字至堂晚號東樵"；有里居印，如"古東郡四經四史齋"；有仕履印，如"關西節度系關西"記官職，"東郡楊二"記録行第；有鑒賞校讀印，如"東郡楊氏鑒藏金石書畫印""楊東樵讀過""益之手校"，而"宋存書室"雖爲室名印，但專指宋本而言，亦有鑒定之意。此外，有的藏書印直接顯示了志趣愛好，如"瀛海仙班"表現雅趣癖好，"禄易書，千萬值。小胥抄，良友貽。閣主人，清白吏。讀曾經，學何事。愧蠹魚，未食字。遺子孫，承此志。"則表達了楊以增的爲官志趣和藏書傳家的願望。

乾隆五十三年戊申（1788）二歲

（在山東聊城）

乾隆五十四年己酉（1789）三歲

（在山東聊城）

【概要】阮元中進士，友汪喜孫生。

3.1　阮元中進士。

　　阮元（1764—1849），字伯元，號芸臺，又號雷塘庵主，晚號怡性老人，江蘇儀徵人。官至禮仁閣大學士，謚文達。工詩文，精鑒金石書畫，善篆隸行楷。著有《皇清碑版録》《積古齋鐘鼎疑識》《兩浙金石志》《挈經室集》等。楊以增官貴州時，阮元任雲貴總督，與楊以增交好，對其治績評價很高。

3.2　汪喜孫生。

　　汪喜孫（1789—1847），一名喜荀，字孟慈，江蘇揚州人。嘉慶十二年（1807）舉人，援例爲內閣中書，後出爲河南懷慶府知府，以積勞病卒於官。喜孫博覽群書，於文學、音訓多所研究，尤能融會漢、宋，力除門户之見。其著述吟詠之所爲“且住庵”，藏書之所爲“問禮堂”，藏書數萬卷，所藏宋本有《周禮》《春秋經傳集解》等。著有《國朝名臣言行録》《經師言行録》《尚友記》《且住庵詩文稿》等。

乾隆五十五年庚戌（1790）四歲
（在山東聊城）

乾隆五十六年辛亥（1791）五歲
（在山東聊城）

乾隆五十七年壬子（1792）六歲
（在山東聊城）

乾隆五十八年癸丑（1793）七歲
（在山東聊城）

【概要】總角友傅繩勛生，友劉喜海生。

7.1　傅繩勳生。

傅繩勳（1793—1865），原名傅聲，字接武，號秋屏，山東聊城人。自幼受母嚴教，刻苦讀書，嘉慶十八年（1813）甲戌科二甲四十七名進士，入翰林。先後任工部主事、工部郎中、廣東瓊州知府、陝西潼關兵備道、廣東鹽運使。後任陝西按察使、廣東及雲南布政使、浙江巡撫。道光二十九年（1849）再調江蘇，因積勞成疾，解任歸里。曾奉旨辦民團，鎮壓宋景詩起義。晚年主持濼源啓文書院，同治四年（1865）病逝於家中。

7.2　劉喜海生。

劉喜海（1793－1854），字燕庭，一作燕亭。山東諸城人，嘉慶舉人。歷官福建汀州太守、陝西延榆道、陝西按察使、浙江布政使。喜海藏書極富，且多精本，如宋本《史記集解》《史記集解索隱》及三家註《史記》、宋本《張說之文集》等。喜鑒賞金石，著《金石苑》一百二十一卷。抄罕見之書達八十餘種，刻有《嘉蔭簃叢書》。

乾隆五十九年甲寅（1794）八歲
（在山東聊城）

【概要】同年友丁晏生。

8.1　同年友丁晏生。

丁晏（1794—1875），字儉卿，號柘唐，江蘇山陽人。性嗜典籍，勤學不輟。阮元攝漕督，以漢《易》十五家發策，丁氏條對萬餘言。嘗在籍辦堤工，司賑務，修府城，浚市河，有功鄉里。咸豐十年（1860），捻軍擾淮安北關，號召練勇，分佈要隘，城賴以全。隨敍前績，由侍讀銜內閣中書加三品銜。篤好鄭學，著《六藝堂詩禮七編》，同時治《易》《書》、金石等，亦有專著。

乾隆六十年乙卯（1795）九歲
（在山東聊城）

嘉慶元年丙辰（1796）十歲
（在山東聊城）

【概要】友吳式芬生。

10.1　友吳式芬生。

　　吳式芬（1796—1856），字子苾，號誦孫，山東海豐人。道光進士，官南昌知府、廣西右江道，授鴻臚寺卿，提督浙江學政，遷內閣學士兼禮部侍郎。式芬好金石文字，凡鼎彝碑碣、漢磚唐鏡、印璽封泥等無不收藏，且長於考訂，撰著極豐。

嘉慶二年丁巳（1797）十一歲
（在山東聊城）

【概要】友許瀚生。

11.1　友許瀚生。

　　許瀚（1797—1868），字印林，山東日照人。道光十五年（1835）舉人，選滕縣訓導。致力學問，尤精小學，搜輯金石碑版不遺餘力。其所與交遊者如何紹基、龔自珍、張穆、丁晏輩，皆爲篤學求進、不慕聲華之士。龔自珍盛稱其爲人，《己亥雜詩》第四十首云：“北方學者君第一，江左所聞君畢聞。土厚水深詞氣重，煩君他日定吾文。”（《己亥雜詩注》，第53頁）楊紹和《歲暮懷人詩·許印林廣文》云：“説文八千字，汝南承家學。窮年事丹鉛，觀書眼卓犖。”（《儀晉觀堂詩鈔》）

嘉慶三年戊午（1798）十二歲
（在山東聊城）

【概要】父楊兆煜中式舉人。

12.1　父楊兆煜考中舉人。

　　梅曾亮《誥封中憲大夫安襄鄖荆道即墨縣教諭楊府君墓誌銘》："嘉慶三年舉於鄉。"（《柏梘山房文集》卷十三）

　　葉葆編、葉錫麟續編《跛奚年譜》："三年戊午，秋試，韓生龍鼎、楊生兆煜、王生志誠中式。"

嘉慶四年己未（1799）十三歲
（在山東聊城）

嘉慶五年庚申（1800）十四歲
（在山東聊城）

嘉慶六年辛酉（1801）十五歲
（在山東聊城）

嘉慶七年壬戌（1802）十六歲
（在山東聊城）

嘉慶八年癸亥（1803）十七歲
（在山東聊城）

【概要】補博士弟子員。

17.1　補博士弟子員。

　　許乃普《江南河道總督楊公墓誌銘》："年十七，補博士弟子員（清代對縣學生的稱謂），旋食餼（生員經考試取得廩生資格，可以享受廩膳補貼），名噪一黌，每試必屈其儕輩。"（宣統《續修聊城縣志》附《耆獻文徵》卷又下）

　　宣統《續修聊城縣志》卷八《人物志》《楊以增傳》："年十七入邑庠，旋食餼。"

<h2 style="text-align:center">嘉慶九年甲子（1804）十八歲</h2>

（在山東聊城）

<h2 style="text-align:center">嘉慶十年乙丑（1805）十九歲</h2>

（在山東聊城）

<h2 style="text-align:center">嘉慶十一年丙寅（1806）二十歲</h2>

（在山東聊城）

【概要】至道南家塾從師葉葆。

20.1　至道南家塾從師葉葆。

　　葉葆編、葉錫麟續編《跛奚年譜》："十一年丙寅，四十八歲，課徒道南家塾，來游者……楊生以增。即命三子錫駿從楊生讀書。"

　　葉葆編、葉錫麟續編《跛奚年譜》："五年庚申，四十二歲，修葺南宅，設爲道南家塾。"

　　宣統《續修聊城县志》卷八《人物志》："葉葆，字寶田，號石農。……蚤孤，力學。乾隆乙酉舉人，以足跛不求仕進，闢道南書塾授徒，四方來學者遠逾數千里，恒數百人。但經指授，輒擢甲乙科以去。晚年精漢學，得許、鄭不傳之秘。手著最富，未刻。刻《自訂年譜》一卷，歿後數十年，門人思慕遺澤，刊立《教思碑》於府學明倫堂前。"

嘉慶十二年丁卯（1807）二十一歲

（在山東聊城）

【概要】友汪喜孫中舉。

21.1 友汪喜孫中舉。

《汪荀叔自撰年譜》："省試，與大江南北諸名士數十人，燕集金陵城南小西湖，極一時之盛。受知萍鄉劉先生鳳誥、常德趙文恪公，中式第一百名。"（《汪喜孫著作集》，第1179頁）

嘉慶十三年戊辰（1808）二十二歲

（在山東聊城）

【概要】父楊兆煜參加會試，大挑二等。

22.1 父楊兆煜參加會試，大挑二等。

王延慶《孝直先生傳》："戊辰會試，大挑二等。"（宣統《續修聊城縣志》附《耆獻文徵》卷中）

按：大挑爲清代科考的一種，清乾隆十七年（1752）定制，三科（原爲四科，嘉慶五年改爲三科）不中的舉人，由吏部據其形貌應對挑選，一等以知縣用，二等以教職用。大挑每六年舉行一次。

嘉慶十四年己巳（1809）二十三歲

（在山東聊城）

嘉慶十五年庚午（1810）二十四歲

（在山東聊城，秋赴濟南省城）

【概要】赴秋試，業師葉葆專爲賜劄。

24.1　赴秋試，業師葉葆專爲賜劄。

楊紹和《〈海源閣珍藏尺牘〉序》："此劄乃嘉慶庚午（1810）先君赴秋試時，先生所賜也。"（《海源閣珍藏尺牘》）

按：《海源閣珍藏尺牘》爲楊紹和編，精裱錦裝二十册，每册各爲一卷。清光緒二十年（1894），楊以增之孫楊保彝請廣西臨桂龍繼棟題跋並附於其後。楊紹和《序》稱："先君端勤公平生篤交際，每獲師友信劄，輒什襲篋中，或畀紹和收弄。閲時既久，所積遂夥。顧官輒十有數省，舟車所至，不無零失。咸豐辛酉（十一年，1861）捻寇之亂，其存諸陶南别墅者又多墮紅羊。紹和理而董之，得千餘紙，付之裝池，都爲廿册。"20世紀30年代前後，海源閣三遭兵燹之禍，信劄僅剩兩册。1957年，海源閣第四代傳人楊承訓將其捐獻給山東省文化部門，今藏山東省圖書館。葉葆致楊以增函今已不存。

嘉慶十六年辛未（1811）二十五歲
（在山東聊城）

嘉慶十七年壬申（1812）二十六歲
（在山東聊城）

【概要】友高均儒生。

26.1　友高均儒生。

高均儒（1812—1869），字伯平，一字茂才，號鄭齋，謚孝靖先生，浙江秀水人。均儒不喜著書，而善校書，嘗任浙江書局總校。咸豐間客游江淮，爲楊以增校刻書籍，校勘精細。晚年主杭州東城講舍，以朱子小學及程氏讀書分年日程，啓迪後生，士之好學者多歸之。著《續東軒遺集》三卷。楊紹和《歲暮懷人詩·高伯平茂才》云："嚴君退食暇，孜孜學不倦。先生大雅林，精義相磨研。秘笈授梓人，千秋文譽擅。"（《儀晉觀堂詩抄》）

嘉慶十八年癸酉（1813）二十七歲
（在山東聊城）

【概要】父楊兆煜銓選即墨縣教諭。

27.1　父楊兆煜銓選即墨縣教諭，祖母趙氏亦隨赴任所。

王延慶《孝直先生傳》："癸酉，銓即墨教諭。"（宣統《續修聊城縣志》附《耆獻文徵》卷中）

《楊兆煜傳》："奉母趙氏之官舍。"（宣統《續修聊城縣志》卷八《人物志》）

嘉慶十九年甲戌（1814）二十八歲
（在山東聊城）

【概要】總角友傅繩勳中進士。

28.1　傅繩勳中進士，入翰林。

宣統《續修聊城縣志》卷八《人物志》："蚤歲入泮，旋舉癸酉鄉試，聯捷進士。得清書翰林，散館改工部主事，陞郎中。"

嘉慶二十年乙亥（1815）二十九歲
（在山東聊城）

嘉慶二十一年丙子（1816）三十歲
（在山東聊城）

嘉慶二十二年丁丑（1817）三十一歲
（在山東聊城）

嘉慶二十三年戊寅（1818）三十二歲
（在山東聊城）

【概要】父楊兆煜辭官歸里養親。

32.1 夏，父楊兆煜辭官歸里養親。

王延慶《孝直先生傳》："在官六年，戊寅夏，以母老乞養歸，不復仕矣。"（宣統《續修聊城縣志》附《耆獻文徵》卷中）

《楊兆煜傳》："居五年，母思鄉，遂請終養，奉母歸。"（宣統《續修聊城縣志》卷八《人物志》）

按：楊兆煜於嘉慶十八年（1813）擔任即墨縣教諭，至嘉慶二十三年（1818），前後共任職六年。

嘉慶二十四年己卯（1819）三十三歲
（在山東聊城，赴省城濟南）

【概要】考中舉人。

33.1 考中舉人。

《楊以增傳》："嘉慶己卯，舉於鄉。"（宣統《續修聊城縣志》卷八《人物志》）

《崇祀鄉賢錄·事實》："由廩生中式嘉慶己卯科舉人。"

葉葆編、葉錫麟續編《跛奚年譜》："楊君以增、鄧君琳枝同中經魁。以增系兆煜子，兩世及門，尤爲府君所青盼。壬午以增成進士，惜府君已不及見矣。"

嘉慶二十五年庚辰（1820）三十四歲
（在山東聊城）

【概要】友許乃普中一甲二名進士。

34.1　許乃普參加殿試，中一甲二名進士。

　　《許乃普傳》："許乃普，字滇生，浙江錢塘人。拔貢，考授七品小京官，充軍機章京。嘉慶二十五年成一甲二名進士，授編修。"（趙爾巽等《清史稿·列傳》第二〇八，第12152頁）

道光元年辛巳（1821）三十五歲
（在山東聊城）

　　【概要】業師葉葆卒。

35.1　二月二十八日，業師葉葆卒，年六十三歲。

　　葉葆編、葉錫麟續編《跛奚年譜》："道光元年辛巳，六十三歲，設教道南家塾。……正月二十七日猶喚諸同學入內舍領課文，復一一指示。不料是晚忽嘔吐，痰氣上壅，即不復言。二十八日巳時竟不起。"

　　梅曾亮《葉石農先生教思碑》："葉石農先生自年二十四五，即以經書及時義文教授里中，至六十餘歲不輟。弟子從學者常數百人，遠者或數百里。又有遠不能及門，而必寄文以求政者。其舉於鄉及禮部者衆矣，而人皆以爲能得師傳，無倖獲，故遠近爭附，信有如班氏所言'徒衆之盛，會車可數百兩者'，雖謂儒林之風於先生再見可也。"（《柏梘山房文續集》）

道光二年壬午（1822）三十六歲
（赴京師，後赴貴州長寨）

　　【概要】考中進士，同年友有梅曾亮、翟雲升等。掣簽分發貴州，權長寨同知，關愛百姓，頗有循吏之名。友　胡珽生。

36.1　考中進士，同年有上元梅曾亮、東萊翟雲升等。梅曾亮以貴州知縣用，但因奉父母老而"不樂外吏"，留京擔任戶部郎中。

　　《楊以增傳》："道光壬午成進士。"（宣統《續修聊城縣志》卷八《人物志》）

　　《崇祀鄉賢錄·事實》："道光壬午恩科進士。"

《清史稿·梅曾亮傳》：“梅曾亮，字伯言，上元人。少時工駢文。姚鼐主講鍾山書院，曾亮與邑人管同俱出其門。兩人交最篤，同肆力古文，鼐稱之不容口，名大起。間以規曾亮，曾亮自喜，不爲動也。久之，讀周、秦、太史公書，乃頗寤，一變舊習。義法本桐城，稍參以異己者之長，選聲練色，務窮極筆勢。道光二年進士，用知縣，援例改戶部郎中。居京師二十餘年，與宗稷辰、朱琦、龍啓瑞、王拯、邵懿辰輩游處，曾國藩亦起而應之。京師治古文者，皆從梅氏問法。當是時，管同已前逝，曾亮最爲大師；而國藩又從唐鑒、倭仁、吳廷棟講身心克治之學，其於文推挹姚氏尤至。於是士大夫多喜言文術政治，乾、嘉考據之風稍稍衰矣。未幾，曾亮依河督楊以增，卒年七十一。以增爲刊其詩文，曰《柏梘山房集》。”（趙爾巽等《清史稿》卷四八六《列傳》二七三《文苑》三，第 13426 頁）

《清儒學案》卷一四五《貫山學案》《翟先生雲升》：“翟雲升，字舜堂，號文泉，掖縣人。道光壬午進士，官廣西知縣，改國子監助教。性耽六書，尤嗜隸古吉金樂石，搜藏甚富。蓋寢食於中者四十餘年。嘗以先後所得金石搨本二百數十種，選字雙鉤，區分部類，著爲《隸篇》十五卷，《續》十五卷，《再續》十五卷。或因委而溯原，或假賓以定主，論者謂‘可以扶群經之絕學，祛字書之積習，破世俗之拘墟，其體例爲最善云’。”（徐世昌等《清儒學案》，第 5692 頁）

36.2　分發貴州，權長寨同知，關愛百姓，頗有循吏之名。

《崇祀鄉賢錄·事實》：“以知縣籤分貴州。”

許乃普《江南河道總督楊公墓誌銘》：“甫抵省（按：指貴州），權長寨同知。有夫出婦者訟於公。公婉諭之竟日，夫婦皆感悟拜泣去。公每視事，有老吏必傾聽作首肯狀，若不勝太息者。洎解任，吏送公曰：‘小人年七十矣，未見有慈父母如公者也。’”（宣統《續修聊城縣志》附《耆獻文徵》卷又下）

　　　按：關於楊以增擔任長寨同知的時間，《貴陽府志》卷十載“（三年）三月初三日，署長寨同知”，與上述材料記載不同。楊以增道光十八年（1838）閏四月初三日上《恭報接署按察使篆務日期并謝恩摺》稱：“由道光壬午科進士分發貴州，即用知縣。”

（《先都御史公奏疏》卷一）據此，則楊以增考中進士之後，時間不長即擔任長寨同知。因此，姑且將楊以增擔任長寨同知的時間定爲道光二年（1832）。

36.3　與丁晏同問學於蕭山師相湯金釗。

楊以增宋端硯題跋：“增出蕭相國門下。”（李士釗《楊承訓爲興建“海源閣紀念館”捐獻重要文物》）

楊紹和《〈海源閣珍藏尺牘〉序》：“先君己卯、壬午會試，房師湯文端公壬午座師也。”（《海源閣珍藏尺牘》）

丁晏《頤志齋感舊詩·楊至堂河帥》：“余己卯同年，又同侍蕭山師相之門，講學論文，契洽無間。”

36.4　友胡珽生。

胡珽（1822—1861），字心耘，浙江仁和人。官至太常寺博士。父樹聲，字震之，所購宋元舊本積至數千卷，建“琳琅秘室”以儲。胡珽繼承父志，專收宋元舊刻及流散書籍，并遍加校勘，刻有《石林奏議》，道光中輯印有《琳琅秘室叢書》三十種。

道光三年癸未（1823）三十七歲
（在貴州清鎮）

【概要】任貴州清鎮知縣。

37.1　任貴州清鎮知縣。

咸豐《安順府志》卷二十八《文職官譜》：“任安順府清鎮知縣。”

民國《清鎮縣志稿》卷八《秩官》：“楊以增，聊城進士，道光三年。”

道光四年甲申（1824）三十八歲
（在貴州清鎮，後赴貴州荔波）

【概要】在清鎮任內捐資創建鳳梧書院。後改任荔波知縣，注重文章教化，百姓敬服。同年因治績突出，爲上司吳榮光專摺保舉。

38.1 捐資創建貴州清鎮城東鳳梧書院。

咸豐《安順府志》卷二十《營建制》三："鳳梧書院，道光四年知縣楊以增捐廉創建，每歲束脩膏火皆由縣捐給。"

38.2 補荔波縣知縣，四月二十五日到任。任內頗注重於文章教化，苗民敬服。

貴州巡撫嵩溥道光八年五月二十四日《揀員調補要缺知縣摺》："山東進士，以知縣用，分發貴州，題補今職（按：指荔波縣知縣）。道光四年十月二十五日到任苗疆。"（錄副奏折）

《崇祀鄉賢錄·事實》："四年，補荔波縣知縣。"

許乃普《江南河道總督楊公墓誌銘》："四年，補荔波縣。"（宣統《續修聊城縣志》附《耆獻文徵》卷又下）

龍啓瑞《兵部侍郎都察院右副都督御史江南河道總督楊公神道碑》："荔波苗號難治，公日坐書院，與諸生指授文字，而苗民俯首貼耳，爭就役恐後，同官驚服以爲神。"（《經德堂文集》卷四）

38.3 十月二十二日，因在貴州各地任內治績出色，循聲已著，頗得百姓之心，故爲上司吳榮光專摺保舉。

護理貴州巡撫布政使吳榮光《遵旨保奏屬員摺》："又查得荔波縣知縣楊以增……系山東聊城縣壬午科進士，榜下分發貴州，補授今職。該員才識練達，任事實心，歷署長寨同知、清鎮知縣，俱得民心。在清鎮任內，兼能振興文學，離任時百姓攀留者甚衆。現在甫任荔波，循聲已著，洵爲明幹有爲之員。"（錄副奏摺）

道光五年乙酉（1825）三十九歲
（在貴州荔波）

【概要】 與許乃普訂交。担任鄉試同考官。

39.1 與許乃普訂交。

許乃普《江南河道總督楊公墓誌銘》："余乙酉歲（1825）奉使貴州，時公任都匀，一見即深相契，投分遂密。"（宣統《續修聊城縣志》

附《耆獻文徵》卷又下）

　　按：許乃普與楊以增交好，在致楊以增書信中曾稱："公勤籌畫，心力交劭，尚希隨時攝衛。"（許乃普《致楊至堂書》，《海源閣珍存尺牘》，山東省圖書館藏）可謂諄諄囑咐。楊以增去世後，許乃普爲他作墓誌銘："余乙酉歲（1825）奉使貴州，時公任都匀。"據此，則楊以增此時當任職都匀。而《崇祀鄉賢錄·事實》云："八年，調貴筑縣知縣。"《荔波縣志·書院》亦云："道光八年知縣楊以增增修。"記載頗有不合。

39.2　任鄉試同考官。

　　《崇祀鄉賢錄·事實》："充乙酉、戊子科鄉試同考官。"

　　許乃普《江南河道總督楊公墓誌銘》："乙酉、戊子兩充鄉試同考官，所取多知名士。"（宣統《續修聊城縣志》附《耆獻文徵》卷又下）

道光六年丙戌（1826）四十歲

（在貴州荔波）

　　【概要】告知吳榮光貴州近事，並求其詩文集。

40.1　告知吳榮光貴州近事，并求其詩文集。吳榮光回函，對楊以增頗多期許，并囑送信函。

　　吳榮光致楊以增函："（前缺）所刻《蘇詩》，生在杭州時曾得一部，存次兒書箱，現在杭州。如粵中覓不到□，容即將杭州一分逐便覓寄也。拙詩未校，僅抄得四帙，尚有二帙屢催未得。因尊紀來粵，始行付抄。其人書寫甚緩，而尊紀又不便久稽，其未抄二帙及文四帙，容覓便再寄。首縣一席，可免甚好。年兄騰達有日，不在此區區也。惟囑勉爲循吏廉吏，以副遠懷。生趨庭之頃，家嚴能獨立周時不倦，此足壽徵。因篤促依限進京，五月中旬必成行矣。此後如有書，可徑寄都中相好轉交，以免往返參差也。承錄省中近事既詳且細，□謝！太翁系生同年，閱屬書條事始悉。一向短禮，歉歉！未知太翁在任，抑或出任何省？便中示及。外許學台信一函，內有要件，祈加封妥投，或專差更好。張、何二君各一函，系去年寫於□，寄粵□信於生函内□出者。生不復加封，祈夾單遞省爲要。□事頗忙，歸籍後未開畫具，而行期又近，俟不拘何地，抽閒作一二小書畫奉致，惟不能定以時日耳。榮光又白。四月初二日。"（《海源閣珍存尺牘》）

　　按：吳榮光手訂《荷屋府君年譜》云：（道光五年十月）"接家信，聞資政公偶病腹瀉，請於巡撫，照京官告假省親例請開缺"，（《荷屋府君年譜》，《北京圖書館藏珍本年譜叢刊》第 134 册，第 338 頁。下引"六年"條見同譜第 340 頁）同年十二月回至粵東老家。其父歡慰異常，腹瀉旋瘳，此可與吳榮光信中"家嚴能獨立周時不倦，此足壽徵"相印證。同《譜》又云：（六年）"六月假滿旋都"，亦與此信中"因篤促依限進京，五月中旬必成行矣"所言相同。可知吳榮光省親粵東始自道光五年（1825）十二月，迄於道光六年（1826）五月，前後共半年時間。在此期間，楊以增當有索取吳榮光詩文集之請，并派人專程赴粵，故此信中有"尊紀來粵"之表述。據此可判定此信當作於道光六年（1826）四月，吳榮光時尚在粵東省親。再按，許乃普於道光五年（1825）出任貴州學政，時仍在貴州，故吳榮光信中稱許乃普爲學台，亦可爲此信作於道光六年（1826）之旁證。

　　楊、吳二人相識較早。楊以增道光二年（1822）考中進士後分發貴州，任長寨同知，四年（1824）任荔波知縣。吳榮光則於道光三年（1823）十一月奉旨調補貴州布政使，四年（1824）四月到任，七月護理貴州巡撫，不久即奉旨於同年十月二十二日上折保奏楊以增"才識練達，任事實心……甫任荔波，循聲已著，爲明幹有爲之員"。五年（1825）吳榮光離黔赴粵，二人同宦貴州一年有餘，相交已深，此後雖見面不多，但仍不時聞問，楊以增且將貴州近況詳悉告知。吳榮光年輩高於以增，且曾爲其上司，此信中稱"年兄騰達有日，不在此區區也"，對楊以增頗爲期許賞識。其"惟囑勉爲循吏廉吏，以副遠懷"等語，亦頗有長輩諄諄教誨之意。吳榮光長於書畫，在此信中稱"俟不拘何地，抽閒作一二小書畫奉致"，亦足見二人關係之親密。

道光七年丁亥（1827）四十一歲

（在貴州荔波）

道光八年戊子（1828）四十二歲

（在貴州荔波，十月赴貴州貴筑）

　　【概要】在荔波任內，增修荔泉書院，并爲民鑿井，惠政頗多。同年十月十七日改任貴筑縣知縣。

42.1　增修荔泉書院，并作《募修荔泉書院小引》以記之。

　　光緒《荔波縣志》卷五《學校志》：“嘉慶十九年，知縣蔡元陵創修，題其額曰荔波書院。二十四年，知縣武占熊繼修。道光八年，知縣楊以增復增修奎星閣五間、講堂五間、齋房九間。”

　　楊以增《募修荔泉書院小引》：“夫事莫難於創始，而物尤貴於成終。荔邑向無書院，自前任蔡君倡議興修，至武君乃庀材鳩工，而書院之規模略備。第講堂、魁星閣尚未畢工，而齋房更屬闕如。若不急爲添葺，不惟後效難收，抑且前功盡棄，爲可惜也。爰與諸同人商榷赴各里募化，凡我荔邑之人，皆當盡力施助，庶幾衆擎易舉，不致半途而廢，觀乎人文以成化，亦將蒸蒸日上矣。”（光緒《荔波縣志》卷十二《藝文志》）

　　光緒《荔波縣志》卷七《秩官志》：“楊以增字致堂（按：“致”誤，當作“至”），山東人，道光初到任。下車之始，增修荔泉書院，培植人才。居官數年，有惠政。去後，邑人思之，立位祀於文廟之名宦祠。”

42.2　因頗多惠政，百姓爲立位於文廟名宦祠。又爲民鑿井，民念其惠政，名之曰“楊公井”。

　　光緒《荔波縣志》卷三《營建志》：“名宦祠，在學宮內，知縣楊以增有惠政，人思慕之，作長生祿位，祀於其中。”

　　光緒《荔波縣志》卷二《地理志》：“知縣楊以增所鑿，在城西演武廳左側，上有蕭門三烈婦盡節亭以護之。"

42.3 任鄉試同考官。

《崇祀鄉賢録·事實》："充乙酉、戊子科鄉試同考官。"

許乃普《江南河道總督楊公墓誌銘》："乙酉、戊子兩充鄉試同考官，所取多知名士。"（宣統《續修聊城縣志》附《耆獻文徵》卷又下）

42.4 十月十七日，到任貴筑縣知縣。

道光《貴陽府志》卷十《職官表》："道光八年，楊以增，山東聊城人，進士。十月十七日任。"

貴州巡撫嵩溥道光八年五月二十四日《揀員調補要缺知縣摺》："查貴筑縣系省會首邑，政務殷繁，時有發審委辦案件，必須廉明幹練之員始克勝任。臣與藩、臬兩司於通省知縣內逐加遴選，非現居要缺，即人地未宜。惟查有荔波縣知縣楊以增……老成明幹，才守兼優，輿情愛戴，素著循聲。請以調補貴筑縣知縣，洵堪勝任。惟荔波縣系苗疆要缺，以繁調繁，於例稍有未符。而省會首邑更爲緊要，與尋常調缺不同，應詳加揀選。今以楊以增調任首邑，人地實屬相需，謹遵例專摺奏請。合無仰懇聖恩，俯念省會要缺需員，准以荔波縣知縣楊以增調補貴筑縣知縣，以資治理。"（録副奏折）

《崇祀鄉賢録·事實》："八年，調貴筑縣知縣。"

許乃普《江南河道總督楊公墓誌銘》："八年，調貴筑。"（宣統《續修聊城縣志》附《耆獻文徵》卷又下）

　　按：關於楊以增離任荔波的時間，《崇祀鄉賢録·事實》、道光《貴陽府志》均記載爲道光八年（1828）。而《荔波縣志稿》稱"楊以增，道光四年至九年任知縣"，則認爲楊以增道光九年（1829）仍在任，當誤。

道光九年巳丑（1829）四十三歲
（在貴州貴筑）

【概要】輯刻《經驗婦孺良方》，并受巡撫嵩溥之命，增補《黔中風土志》。因治績出衆，被保薦卓異。

43.1　十一月，輯刻《經驗婦孺良方》。

劉國鈞《〈經驗婦孺良方〉序》：“及宦於黔，訂交於楊君至堂。至堂亦文端門下士，所至有政聲，益思所以濟人者。擬剞劂醫書三種，而商之於僕。僕於是書服膺有年，曷能贊一詞？惟力勸其廣爲傳佈而已。顧僕粗知醫而性憚煩，不能遍診人。至堂不善醫，而能梓醫書以壽世，其度量相去之廣狹，豈可以尋常計哉？用是敬佩至堂，而兼以自責也。”

　　按：《經驗婦孺良方》三卷，道光九年（1829）楊以增刻本，版框 15.9×11 釐米，半葉九行二十二字，白口，四周雙邊，單黑魚尾。刻於貴州貴筑縣，濟南市圖書館有藏。

43.2　受巡撫嵩溥之命，增補《黔中風土志》。

道光《貴陽府志》卷五十一《藝文略》二：“《黔中風土志》三十二卷，巡撫愛必達令華亭張鳳孫撰。乾隆十三年愛必達蒞巡撫，條列十八事，下所屬親民吏，令各硯□以陳之。所陳畢上，因令貴陽府經歷張鳳孫芟摘爲是書。……道光九年，巡撫嵩溥命貴筑令楊以增延請宿學，增添乾隆十四年以後之事。”

43.3　因治績出衆，被保薦卓異。

吏部尚書文孚六月初二日《遵旨覆議廳員陞署知府與例不符摺》：“楊以增山東進士，由貴州貴筑縣知縣，道光九年大計保薦卓異。”（錄副奏摺）

道光十年庚寅（1830）四十四歲
（在貴州貴筑）

【概要】七月陞任松桃直隸廳同知。次子楊紹和生。

44.1 七月，陞任松桃直隸廳同知。

吏部尚書文孚六月初二日《遵旨覆議廳員陞署知府與例不符摺》："十年七月引見，奉旨：'准其陞補松桃直隸廳同知。'"（錄副奏摺）

> 按：許乃普《江南河道總督楊公墓誌銘》云："九年陞補松桃直隸廳同知。"（宣統《續修聊城縣志》附《耆獻文徵》卷又下），《崇祀鄉賢錄·事實》亦稱："九年，陞松桃直隸廳同知。"許乃普爲楊以增作《墓誌銘》與《崇祀鄉賢錄·事實》材料當均爲楊家提供，因此均將楊以增陞任松桃直隸廳同知的時間定爲道光九年（1829）。吏部尚書文孚上述奏摺爲官方正式文獻，且官吏黜陟爲吏部重要職責，其記載更爲權威，因此當以文孚奏摺爲準。

44.2 九月初一日，因有苗民京控荔波縣官斗短缺并以秤代斛之事，雖時已陞轉，仍被交部議處。

道光十年九月丙寅（初一日）："諭內閣：刑部議覆楊以增等審擬貴州苗民羅庭勷等京控一案。貴州荔波縣兵米按地畝攤買，據楊以增等查明係歷久相沿，自應仍循其舊。惟所用官斛、官斗驗有損壞之處，且該縣兵米係分三處徵收，而斛止一面，斗止二面，實不敷用。著嵩溥即飭該糧道製造新斛、新斗各三面，發交該縣應用，其損壞斛斗即行驗銷。至該處徵收采買兵米，現訊有以秤代斛，將米折銀情事。書役等從重多收，弊寶易滋，不可不嚴行飭禁。著嵩溥嚴飭該管道府隨時認真稽查，如有情弊，即行懲辦。現署荔波縣知縣覃武保著交部嚴加議處，前任荔波縣知縣楊以增、本任荔波縣知縣劉樹棠，俱著交部照例議處。"（《清宣宗實錄》卷一七四，《清實錄》，第37420頁）

44.3　十二月二十二日，次子楊紹和生。

張英麟《翰林院侍講學士楊公墓誌銘》："光緒元年十二月二十二日卒，距生於道光十年十二月二十二日，年四十有六。"（宣統《續修聊城縣志》附《耆獻文徵》卷又下）

宣統《續修聊城縣志》卷八《人物志》："楊紹和，字彥和，號勰卿，端勤仲子，生有夙慧，七歲能詩。"

按：張英麟《翰林院侍講學士楊公墓誌銘》云："（紹和）生於道光十年十二月二十二日。"而楊紹和自著《儀晉觀堂詩抄·感懷舊遊之一》注稱："辛卯孟春，予生於貴筑。""辛卯孟春"即爲道光十一年（1831）正月。兩處文獻所載不合，姑系此條於此。按本《譜》下年所錄吏部尚書文孚六月初二日《遵旨覆議廳員陞署知府與例不符摺》稱"（楊以增）十一年正月初八日到任（松桃直隸廳）"。若紹和生於貴筑，則當生於道光十一年（1831）正月初八之前。

道光十一年辛卯（1831）四十五歲
（在貴州松桃直隸廳）

【概要】正月初八日，就任松桃直隸廳同知。於任內修整文昌宮、城隍廟，并爲萬家三世苦節倡捐，以示旌表。

45.1　正月初八日，赴任松桃直隸廳同知。

楊以增《重修松桃直隸廳城隍廟碑記》："道光辛卯正月，增來守此土。"（道光《松桃廳志》卷二十八《記》）

吏部尚書文孚六月初二日《遵旨覆議廳員陞署知府與例不符摺》："楊以增山東進士，由貴州貴筑縣知縣道光九年大計保薦卓異，十年七月引見，奉旨：'准其陞補松桃直隸廳同知。'欽此。十一年正月初八日到任。"（錄副奏摺）

道光《松桃廳志》卷十五《秩官門》："楊以增，山東聊城縣進士，道光十一年正月署。"

45.2 在任期間，續修松桃廳文昌宮。

道光《松桃廳志》卷九《壇廟》："文昌宮，在城東門外迤南對岸書院右，其基地經廳尊黄昌提損廉購買，修造義學。工竣後，於六十年燬於苗。嘉慶年間，紳士四十餘人醵金作會，至道光二年改建文昌宮大殿一座二層五楹，因費缺止工。道光十一年，廳主楊以增飭令續修後殿三間、頭門三間、廟門一間、廚房二間，并修周圍牆垣。"

45.3 重修松桃直隸廳城隍廟，并作碑記。

道光《松桃廳志》卷九《壇廟》："城隍廟，在城廳街口。建自雍正八年，重修於乾隆三十二年，至乾隆五十一年，□主孫良慧改建大殿五間，嘉慶二、三年間，廟僧因原廂房糟朽，拆建左右廂房各四間。道光十年，廳主楊以增倡貲重加修葺，整新大殿，改建兩廊廂房，左右四間，均有樓，并門樓、戲臺。新購葛姓基地，添建廚房，四圍牆垣加廣增高，頓改舊觀。□主楊有《記》，見藝文。"

楊以增《重修松桃直隸廳城隍廟碑記》："城隍之見於載籍者莫先於《易》，邱文莊以爲祀於開元之後。考諸《戴記》，天子大蜡八。注：蜡八，水神庸居七。水，隍也。庸，城也。此正祭城隍之始。北齊慕容儼鎮郢城時，先有神祠，號城隍神，是六朝已著此稱矣。蓋一方之水旱疾疫，神實司之。必妥其神而後人民安，雨暘若。松桃故苗疆地，雍正八年建城，爲銅仁分郡。嘉慶初，因苗變奏改直隸廳。廟創於始建城時，乾隆三十二年曾經修理，歷年既久，風雨剝落。道光辛卯正月，增來守此土，竊見規模湫隘，殿宇滲漏，怒焉人之（按：此處原文疑有誤）。爰與士民約重加繕葺，咸踴躍捐資，購拓地基，改建門樓，以爲演戲所。大殿之廢者整而新之，翼以旁舍，固其垣墉。工凡五閱月而畢。本年夏秋之交，水澤愆期，設壇祈禱，立沛甘霖，益信靈應昭著，實與先農先嗇同爲春祈秋報之神。夫而後降福穰穰，水旱疾疫之不作，嘉惠於我民苗者，詎有已時哉？是爲記。"（道光《松桃廳志》卷二十八《記》）

45.4 因松桃廳治内萬家三代男丁均早喪，其三代妻蕭氏、游氏、蕭氏先後苦節守志，爲此專門倡捐，以示旌表。

道光《松桃廳志》卷二十四《列女》："蕭氏，銅仁人萬元相妻，廩生萬人傑之祖母。年十八歸元相爲妻，生子琳，舅仕任先二年卒。姑氏劉，奉養孝謹，閱八年無間。家甚窘，姑歿次年，夫元相繼歿。氏時年二十七，矢志撫孤。喪葬無資，悽愴欲絕，經營棺椁，從儉殯葬。子漸長，教之讀，冀其成立。琳年二十三，爲娶媳游氏，生子人傑，琳復夭殂。游氏年僅二十，率姑教，矢志侍姑不二焉。時蕭氏年且五十矣，與媳撫數月孤孫，相依爲命。姑媳針黹紡績，日夜辛勤，僅能給食，課孫益嚴。孫人傑食廩餼，爲娶蕭氏，年十五，即氏之内姪孫女。是年游氏故，氏痛甚。越三年，人傑復不祿。孤子無依，精神益憊，於道光十三（按：楊以增翌年陞任興義府知府，下文稱楊以增爲“廳主”，則楊以增時仍任職松桃廳，故此處“三”或誤，似當爲“一”。）年壽八十終。人傑無子，僅蕭氏孫媳視殮。蕭氏時十九歲，誓爲夫守節。家無畜貲，□主楊以增以萬門三世苦節，重其事，首先給錢五十千文，爲合郡倡成三百千文，付典生息，月給其家。”

道光《松桃廳志》卷二十四《列女》：“游氏，壩得汛人萬琳妻，廩生萬人傑之母，年十七歸琳爲妻，時琳年二十三。上惟節母性幽静，以姑守夫成立，事姑謹。姑之事一切身任之，飲食衣服無私，得姑憐。琳業儒未成，至二十六歲卒。氏年二十，僅遺人傑，數月孤兒呱呱褓褓。撫尸一痛，氣幾絕，悲哀號泣，人不忍聞。欲以身殉，念上有孀姑，下只弱息，奉養教讀，舉無所依。於是立志守節，營謀喪葬。服闋後，自甘荼蘗，强爲歡笑，期博姑氏歡，而事姑更謹，姑賴以安。閉户紡績，菽水無虧。族惡某欲奪其志，加凌辱，冀使改嫁。氏不動，亦如不聞，數年足不出户，事亦寢。待子嚴，教以義方，不率必責之，謂曰：‘吾豈不知兒萬氏一脈，兩世孀婦所賴？惟爾苟不能爲好人，復何望乎？’送入塾，待師之禮備至。子歸，朝夕督功課，毋少姑息。人傑後采芹食餼，娶媳蕭氏，能事姑并祖姑兩世，孀孀心稍慰。道光九年先姑歿，歿時四十七歲。守節二十七年。”

　　按：楊以增高祖母唐氏之生平經歷與上述松桃廳之蕭氏頗爲相似。唐節母經歷詳見錢儀吉《楊節母家傳》。（本《譜》於乾隆五十三年已徵引，此不贅）因此，楊以增對蕭氏苦節非常推崇，并痛於其身後之凄涼，故倡捐資助，以全蕭門之節。

道光十二年壬辰（1832）四十六歲

（在貴州松桃直隸廳，後赴貴州興義府）

【概要】六月陞任興義府知府，後署思南府，并於思南府任上捐資倡募，鑿山修路，以避峽口覆舟之險。

46.1　任松桃直隸廳同知僅一年有餘，因才明守潔，歷練有爲，治績出衆，時任雲貴總督阮元奏請陞任興義府知府，但因與定例不符，禮部尚書文孚提出異議，并奏請道光帝欽定。

雲貴總督阮元等上奏：“興義府知府徐玉章因病出缺，所遺興義府系苗疆要缺，自應揀員陞調。查該府界連滇粵，管轄一州三縣，民苗雜處，訟獄繁多，必得精明幹練之員方足以資治理。臣等於通省知府中逐加遴選，非現居要缺，即與例不符，同知直隸州內雖有合例之員，俱於地方不甚相宜，未便稍事遷就。惟查有松桃直隸同知楊以增才明守潔，歷練有爲，以之請陞興義府，洵堪勝任。惟該員同知任內苗疆歷俸尚未報滿，與例稍有未符，而人地實在相需，例得專摺奏請。合無仰懇聖恩，俯念苗疆員缺緊要，准以松桃直隸同知楊以增陞署興義府，實於地方有裨。”（録副奏摺）

吏部尚書文孚等六月初二日上《遵旨覆議廳員陞署知府與例不符摺》：“臣等伏查松桃直隸廳同知系屬苗疆極邊久任之缺，定例三年俸滿題請，量予優敘，再滿三年，保題陞用。今該員到任僅一年有餘，初次尚未報滿。該督等遽請陞署興義府知府，核與定例不符。惟原摺內已將不合例緣由聲敘，相應遵例奏明，恭候欽定。如奉旨准其陞署，仍另送部引見，扣滿年限，另請實授，并將該督撫處分寬免。如不准行，即照例議處。謹將臣等核議緣由繕摺具奏，伏乞皇上聖鑒訓示遵行。”（録副奏摺）

46.2　六月，陞任興義府知府。

《崇祀鄉賢録·事實》：“陞興義府知府。”

許乃普《江南河道總督楊公墓誌銘》：“十二年，陞興義府知府。”（宣統《續修聊城縣志》附《耆獻文徵》卷又下）

46.3　署理思南府。

　　貴州巡撫嵩溥八月十五日《揀員署理知府印務片》："署安化縣知縣胡思瑛因案奏參革職思南府知府聞人熙解任質審，所遺各缺應即委員接署。查有准陞興義府知府松桃直隸廳同知楊以增老成端謹，實心吏治，堪以署理思南府印務。其松桃直隸廳同知缺查有候補同知李安中才具幹練，堪以委署。"（硃批奏摺）

　　道光《思南府續志》卷四《秩官門》："山東聊城縣人，進士，號致（按：當作"至"）堂，道光十二年署。"

46.4　在思南府任上捐資倡募，鑿山修路，以避峽口覆舟之險。

　　道光《思南府續志》卷三《營建門》："鎮江閣，在城南十里，閣臨峽口，江勢由南趨北，至口爲峭壁所束，春夏甚雨，野潦助勢，水力遒轉，激爲漩渦，驚濤怒潮，盤折噴薄，舟行不戒，漩水吸船脣而下，動致不拯。自通舟以來，罹害甚酷。前知府楊以增暨知府呂紹賢捐俸倡募，召工鑿石壁，辟徑數百武，俾舟行者步岸，以避其害。"

道光十三年 癸巳（1833）四十七歲

（在貴州興義府，後赴貴州貴陽府，并進京。

自京回黔途中，順路經山東聊城）

　　【概要】調貴陽府知府，審清疑案，嚴緝正犯。入京覲見，與梅曾亮等老友重逢，并於回任經過聊城時勘定楊家塋地。

47.1　八月十八日，因陞任貴州興義府而專摺謝恩。

　　楊以增《陞補貴州興義府知府謝恩摺》："臣因陞署貴州興義府知府，復經巡撫嵩溥保舉，奉硃筆點出，調取引見，於本年八月十六日由吏部并案帶領引見，奉旨：准其陞署貴州興義府知府。欽此。竊臣山左庸愚，毫無知識，由道光二年進士引見，以知縣用，分發貴州，歷署長寨同知、清鎮知縣，四年補授荔波縣知縣。是年經前護貴州巡撫吳榮光遵旨保舉，歷充乙酉、戊子兩科貴州鄉試同考官。八年調補貴筑縣知縣，九年題陞松桃直隸廳同知，大計卓異，十年七月并案赴部引見，蒙恩召對。十二年題陞興義府知府，是年署理思南府知府，兼理石阡府事，經貴州巡撫嵩溥遵旨保舉赴部。涓埃未報，兢惕方深，茲復仰荷溫綸，准其陞署，聞命之下，感悚交縈。伏念興義爲苗疆繁要之區，知府有表率屬員之責。臣自維譾陋，懼弗克勝。惟有籲求恩訓，敬謹遵循，於地方應辦公事不敢稍形懈忽，實力實心，矢勤矢慎，以冀稍酬高厚鴻慈於萬一。"（硃批奏摺）

47.2　調貴陽府知府，清厘積案，無辜者得以昭雪。

協辦大學士雲貴總督阮元、貴州巡撫調任漕運總督嵩溥道光十三年十一月十七日《揀員調補要缺知府摺》："遵查貴陽府爲省會首郡，管轄一廳七州，縣地遼闊，政務殷繁，并有省發審事件，必須精明幹練之員方足以資治理。……惟查有興義府知府楊以增……持躬端謹，歷練老成，興情愛戴，素著循聲，洵爲知府中出色之員。以之調補貴陽府知府，實堪勝任。惟興義府亦系要缺，以繁調繁，與例稍有未符。但系遵旨揀調，人地實在相需，例得專摺奏請。合無仰懇聖恩俯准，將楊以增調補貴陽府知府，於首郡要缺有裨。"（錄副奏折）

許乃普《江南河道總督楊公墓誌銘》："明年（按：即指道光十三年），調貴陽。凡一省重獄，必經首府讞決，案乃定。公至任，清厘積牘至數百件之夥。時黎平有賄買頂凶者，將就戮矣。公鞫之，廉得其情，以爲縱有罪，戮無辜，漸不可長，嚴緝正犯，遂得平反焉。"（宣統《續修聊城縣志》附《耆獻文徵》卷又下）

道光十四年九月己丑（十二日）上諭："裕泰奏前獲解審脫逃絞犯審非正身，請將原拿錯誤之署理各知府分別革職解任一摺。此案黎平府民王潰生因毆傷無名乞丐身死擬絞，解審脫逃。嗣經該署都勻府協獲，訊擬解勘。現據審明該犯實係王開祥，并非王潰生。王開祥係求乞平民，猝被府役梁貴誣爲脫逃絞犯，何竟甘心誣認，自取死罪？況王潰生一案係該署府王應模承審，犯逃未久，真偽一覽可知，梁貴豈不慮及該署府識破？膽敢安拿無辜，教供塞責。該署府何竟被其朦混，難保非規避處分，授意梁貴賄囑頂凶。至王開祥既經都勻府役首先拿獲，及梁貴將其解至府署，又係該署府李安中會同審訊，亦難保無知情串囑之事，均應逐一究明，據實嚴辦。署黎平府事同知借補都江通判王應模著先行革職，署都勻府事台拱同知李安中著一并解任，交該撫提同案內犯證研訊究辦。再此案前據臬司招解，該撫亦未能審出實情，咎無可辭，裕泰著先行交部議處。尋奏訊明王應模於王潰生之案并未照例覆審，以致不能記清王潰生面目，將王開祥認爲正犯，事後又毫無覺察，實屬溺職，業已革職，應無庸議。李安中會同審訊，并不悉心研鞫，應交部議處。陞任貴陽府楊以增、按察使楊殿邦失入絞罪未决，後經自行查出，獲犯審正，請照例議處。"（《清宣宗實錄》卷二五七，《清實錄》第 38847頁）

47.3　於京城和梅曾亮等摯友重逢。梅曾亮有感於十一年後再會，作詩以誌喜。

梅曾亮《贈楊至堂》："當年鶴版共黔中，叱馭回車偶不同。似我依違真畫虎，看君談笑得憑熊。風如唐魏知刑簡，土雜民夷見政通。更欲借詢朱季子，應將教授倚文翁。"（《柏梘山房集·詩集卷五》）

《梅郎中年譜》之"道光十三年"條云："在京。與張淵甫、荔門范今甫、王慈雨、楊至堂、朱小波、孫秋士交，討論文字，甚樂。"

47.4　受到皇帝接見，并於回家之際，勘定楊家塋地，依禮合葬祖父母於此。

《崇祀鄉賢録·事實》："癸巳，引見回籍，親爲卜葬。而簡書期迫，偕堪輿出城，馬逸失道，驟至田家莊。後相之，吉地也，遂營兆焉，時傳爲純孝所感。"

47.5　接彭邦疇函。彭邦疇在信中對楊以增治績頗爲贊許，并請他代尋藥物。

彭邦疇致楊以增函："去歲驪從來京，藉圖良晤，快慰渴□，別來倏已年餘。伏想政祉綏嘉，循聲益著，梟葉頌私。生耳病如昨，出山之舉，不敢作是想。日與筆墨爲緣，久之亦覺自適其適。賤軀亦頑健，堪以告慰記懷。茲有懇者，生現服之藥須用黑鉛。此間所有大率皆經鎔煉，乞於黔省代謀生鉛一二斤，作速寄來爲望。專此布商，即候近佳，欲言不盡。友人彭邦疇頓首。十月初五日。"（《海源閣珍存尺牘》）

按：彭邦疇辭官家居在道光五年（1825），其致楊以增信中稱"出山之舉，不敢作是想"，又稱"久之亦覺自適其適"，則此信當作於道光五年（1825）之後較長時間。彭邦疇因所服之藥中有黑鉛一味，請楊以增在貴州代謀。楊以增自道光二年（1822）至十四年（1834）初爲官貴州，據此則可判斷此信當作於道光十四年（1834）之前，但具體時間尚無法確定。姑將此信系於次年。據此信可知，楊以增曾遣人赴京看望彭邦疇，彭邦疇對楊以增之從政印象頗佳，評價很高，亦可爲楊以增治績之旁證。

道光十四年甲午（1834）四十八歲
（在廣西南寧，後赴湖北襄陽）

【概要】二月陞任廣西左江道。九月調任湖北安襄鄖荆道，洗雪民婦冤情，與湖北提督羅思舉交好。

48.1　二月，陞任廣西左江道。

《崇祀鄉賢録・事實》：“十四年，陞廣西左江道。”

許乃普《江南河道總督楊公墓誌銘》：“十四年，陞廣西左江道。”（宣統《續修聊城縣志》附《耆獻文徵》卷又下）

48.2　九月，調任湖北安襄鄖荆道，任内洗雪民婦冤情。

《崇祀鄉賢録・事實》：“調湖北安襄鄖荆道。”

許乃普《江南河道總督楊公墓誌銘》：“旋調安襄鄖荆道。”（宣統《續修聊城縣志》附《耆獻文徵》卷又下）

龍啓瑞《兵部侍郎都察院右副都御史江南河道總督楊公神道碑》：“任襄陽，民婦有獨居而汙於盜者，無賴子戲訴其門，婦憤自殺。官擊訴者，掠治誣服。公察其冤，捕諸盜置之法。”（《經德堂文集》卷四）

48.3　與湖北提督羅思舉交好，頗得羅思舉之敬重。

許乃普《江南河道總督楊公墓誌銘》：“旋調湖北安襄鄖荆道，所轄境與秦楚豫壤相錯。俗悍率爲盜，且出没不易獲。公時與提軍羅公思舉會哨於鄖，宵小斂跡。羅久歷行陣，戰功高，遇貴戚重臣不爲禮，獨敬禮公。”（宣統《續修聊城縣志》附《耆獻文徵》卷又下）

　　按：道光十七年（1837），道光帝因羅思舉年已七十四歲，命時任湖廣總督林則徐“用心察看該提督於一切營務事宜精神能否照料周到，倘稍形衰頹，即著據實具奏，毋稍徇隱”。林則徐於同年五月初十日上奏：“臣到任時，適羅思舉進京陛見，即其由京回任，亦不經過省垣，是以尚未接晤。惟據安襄鄖道楊以增、襄陽縣紀昌期先後因公來省，咸稱該提督訓練有方，習勞不倦。”（《林則徐全集》第二冊《奏摺卷》，第364頁。）

48.4　同年友梅曾亮入貲，官户部郎中。

　　《梅郎中年譜》：“十四年，甲午，年四十九歲：入貲，官郎中，與陸萊莊、徐廉峰、何竹薌、黄樹齋友。”

道光十五年乙未（1835）四十九歲
（在湖北襄陽）

　　【概要】爲《淵雅堂集》作序，并與阮元論及桂馥《説文解字義證》。

49.1　五月，序《淵雅堂集》。

　　楊以增《〈淵雅堂集〉序》：“原編先詩後文，讀惕甫先生《自序》云：‘於詩未嘗措力，所志焉而未逮者，古文辭也。’用是以文先之。外集附各編之末，仍以《寫韻齋》、《波遺》二稿殿焉，分上下函十八册，道光十有五年（1835）乙未仲夏，楊以增謹識。”

　　按：《淵雅堂集》五十九卷（十八册二函），（清）王芑孫撰，清嘉慶刻本，山東省圖書館藏。19×13.5釐米，半葉十行二十一字，白口，左右雙邊，單黑魚尾。題識爲楊以增手寫，以白紙另粘附於扉頁。此書《子目》如其所言，依此爲《惕甫未定稿》二十六卷、《淵雅堂詩文續集》一卷、《淵雅堂詩文外集》四卷、《讀賦卮言》一卷、《淵雅堂編年詩稿》二十卷、《淵雅堂編年詩續稿》一卷、《淵雅堂編年詩外集》二卷、《寫韻軒小稿》二卷（清）曹秀貞撰、《波餘遺稿》一卷（清）王翼孫撰。《續修四庫》收之。據其作序時間可知，楊氏藏書早在其任湖北安襄鄖荆道員時即已開始。

49.2 六月，阮元路過襄陽，與楊以增言及桂馥《說文解字義證》。

楊以增致許瀚書：“惟記乙未六月，芸臺相國過襄，言及此書，嫌其不無蕪雜，須巨眼人通爲校正，乃成完璧。”（《楊至堂致許印林書八通》之三，王獻唐《顧黃書寮雜録》）

道光十六年丙申（1836）五十歲
（在湖北襄陽）

【概要】迎其父楊兆煜至襄陽節署。

50.1 迎其父楊兆煜至襄陽節署。兆煜遍覽襄陽、隆中、峴山、鹿門諸勝，觸詠其間，寫爲長卷，以續二勞九水山房之遊。於襄陽重修孟亭，并鎸《贊》於石。時楊紹和六歲，遂侍左右。

楊紹和宋本《孟浩然詩集》提要：“丙申，迎養先大父至官署。先大父平生喜登臨，遇佳山水泉石，攀涉幽勝，盡意乃返。襄陽故多漢、唐名賢及詩人棲隱跡，如隆中、峴山、鹿門、習池諸勝。支笻攝屐，日遊其間，賦詩觸詠以爲樂。嘗繪圖紀事曰：“以續吾九水二勞之遊也。”署東偏有孟亭，供浩然先生石刻畫像，乃乾隆辛丑吳門陳公大文所葺，即毛會建詩‘一在襄陽一石城’者也。日久頹廢，先大父因重新之，并自爲《贊》鎸於石：‘隱繼龐公，山登叔子。一代風流，青蓮知己。省中閣筆，疏雨微雲。誰其抗手？摩詰與君。踏雪尋梅，重陽就菊。神兮歸來，襄水之曲。’紹和時甫六歲，最爲先大父鍾愛，游觸所至，必追隨杖履以侍左右。”（《楹書隅録》卷四）

梅曾亮《誥封中憲大夫安襄鄖荆道即墨縣教諭楊府君墓誌銘》：“君家居奉母時，子以增官貴州令，有政聲，且擢郡守矣。及驟遷至安襄鄖荆道，而君除母喪，始就養於襄陽。……君至襄陽雖未久，然其地多漢唐名賢及詩人棲隱跡，君散衣曳杖，日遊其間。所謂孟亭者，猶樂而好之，爲新其亭及孟公像贊也。襄之人樂其遊焉，不以其子官是土爲

嫌，君亦不以此自異。"（《柏梘山房文集》卷十三）

道光十七年丁酉（1837）五十一歲
（在湖北襄陽）

【概要】與湖廣總督林則徐初定交誼，并以子紹和從學。增建襄陽府學宫之大成殿、露臺、景行堂、聞喜堂等，并移石刻歐陽修《和翰學士欽登聞喜亭詩》於鹿門書院。爲《古文賞奇》二十二卷、《續古文賞奇》三十四卷作跋，并開雕《隸篇》。

51.1 接吳榮光函。在信中，吳榮光對楊以增頗多贊許。

吳榮光致楊以增函："手翰至，欣望吾兄大人近履亨嘉，新猷懋遠，無任頌慰。少穆制府莅楚，佇見局面轉换，作好友者咸知奮勉。尊名久已聞知，緒論所及，不勝欽仰。弟碌碌如前，擬秋冬之交再定行止。專此奉復，即賀陞禧，謙版敬璧。愚弟吳榮光頓首。二月二日。捕盜出力，未知可註勞績否？弟又上。"（《海源閣珍存尺牘》）

按：林則徐於道光十七年（1837）正月陞任湖廣總督，同年三月上任。吳榮光函稱"少穆制府莅楚，佇見局面轉换，作好友者咸知奮勉"，對林則徐任職湖廣頗多期許，據此亦可判斷此信當作於道光十七年（1837）二月二日。

楊以增自道光五年（1825）與吳榮光分別後，先後任貴筑知縣、松桃直隸廳同知、興義府知府、貴陽府知府，十四年（1834）陞任廣西左江道，旋任湖北安襄鄖荆道。吳榮光省親後，於六年（1826）任福建布政使，十一年（1831）任湖南布政使，旋陞湖南巡撫。十六年（1836）因上年年終密考學政自占地步，而降爲四品京堂，赴京候補，同年六月抵京。直至十七年（1837）三月補授福建布政使才離開京師。由此可知，吳榮光寫此信時正處於降職在京、前途未明的人生低谷，故有"弟碌碌如前，擬秋冬之交再定行止"之語。

楊以增在安襄鄖荆道任上勤於捕盜，治績突出。許乃普《江南河道總督楊公墓誌銘》云："所轄境與秦楚豫壤相錯。俗悍率爲

盜，且出沒不易獲。公時與提軍羅公思舉會哨於郴，宵小戢跡。羅
久歷行陣，戰功高，遇貴咸重臣不爲禮，獨敬禮公。”道光十二年
（1832）四月，吳榮光時任湖南巡撫，曾與新任湖南提督羅思舉剿
滅江華“猺匪”趙金龍。羅思舉此時調任湖北提督，與楊共同捕
盜。吳榮光在此信附及之語稱其“捕盜出力，未知可註勞績否？”
足見對其關心之情。

51.2　三月上旬，於襄陽節署跋《古文奇賞》《續古文奇賞》。

楊以增《〈古文奇賞〉識》：“陳明卿先生選《古文奇賞》，自周秦
漢魏下及唐宋，廣收博采，褒成大觀。惟《前編》分大作手、持世、
榮世，《續編》分經、傳、子、集。《序》曰：‘《文武》曰：殺生縱屬
寓言，究乖選理，其逐加圈點，割裂《文苑英華》，尤時文習氣。’然
淵海珍異，觸目琳琅，汲古探原，未始非文津之寶筏也。道光丁酉三月
上澣，楊以增識於襄陽節署。”

　　　　按：《古文奇賞》二十二卷、《續古文奇賞》三十四卷（三十
　　　　二冊四函），（明）陳仁錫輯評。明萬曆四十六年（1618）至天啓
　　　　刻本。20.2×14.1釐米，半葉十行二十字，小字雙行同，白口，
　　　　四周單邊，無魚尾。題識爲楊以增手寫，以白紙另粘附於扉頁。此
　　　　書爲《四庫全書存目叢書》所收，今藏山東省圖書館。

51.3　四月十八日，見湖廣總督林則徐，初交訂誼。子紹和七歲，始
受知於林公，遂執贄爲弟子。（《林則徐日記》）

51.4　五月，與同省翟雲升、陳官俊開雕翟雲升撰《隸篇》。

陳官俊《〈隸篇〉序》：“先是聊城楊東樵觀察聞文泉（雲升）有是
作，嘗欲爲梓行，乃合謀。而同郡邑諸戚好及一時鉅公官吾東者又樂與
贊成焉。去年夏五月遣工抵萊（東萊，即山東掖縣）……越年餘而工
告竣。”

《隸篇》扉頁書牌：“道光十七年五月開雕十八年六月成。”

翟雲升《隸篇續再續》：“因……以增高資鈒鏤。”

按：翟雲升《隸篇》十五卷，《續編》十五卷，《再編》十五卷，道光十八年（1838）刊畢，23.5×15.8釐米，半葉十四行二十五字，白口，左右雙邊，單黑魚尾，刊刻地點爲山東掖縣。

51.5　移石刻歐陽修《和韓學士欽登聞喜亭詩》於鹿門書院。

光緒《襄陽府志》卷五《輿地志》五："國朝康熙中，有僧於城東北隅掘得石刻歐陽修和韓學士欽《登聞喜亭》詩，知府沈五杲於其地建亭，勒諸和作，久之亭圮。道光十七年（1837），守道楊以增移建於鹿門書院，仍嵌諸石刻於壁。"

51.6　增建襄陽府學宫之大成殿、露臺、景行堂、聞喜堂等，學宫體製大備。

光緒《襄陽府志》卷十二《學校志》一："府學宫在府治東……道光十七年（1837），守道楊以增、知府金石聲重修大成殿、露臺，環以石欄，改建大成門，又前增大中門，旁立掖門，移靈櫺門於泮池前。"

光緒《襄陽府志》卷十三《學校志》二："先師遺像後爲景行堂，東有聞喜亭，前爲壽豈堂，道光十七年（1837）守道楊以增重修。"

道光十八年戊戌（1838）五十二歲
（在湖北襄陽，後赴武昌，七月返山東聊城）

【概要】與林則徐過從甚密。於閏四月初二日暫署湖北按察使。父楊兆煜卒，歸里守孝，并建弘農丙舍，以爲守制讀書之所。

52.1　閏四月初二日，暫署湖北按察使。

《崇祀鄉賢録·事實》："署湖北按察使。"

楊以增閏四月初三日《奏報接署按察使篆務日期并謝恩摺》："竊臣接奉湖廣督臣林則徐行知，以湖北臬司程鈖署理藩司，所有臬司印務奏請委臣署理，等因，遵即由襄陽束裝馳抵省垣。□臬司程鈖於閏四月初二日將湖北按察使印信文案移交前來，臣當即恭設香案，望闕叩拜，祗領任事。"（録副奏摺）

林則徐《日記》"四月十三日"條："戌刻發驛遞摺，奏報撫軍丁憂，委方伯護撫，廉訪署藩，安襄道楊至堂署臬，劉園署安襄道。"（《林則徐全集》第九冊《日記》，第 329 頁）

52.2　赴省城謁見林則徐。

林則徐《日記》"閏四月初一日"條："黎明詣文廟行香畢，復雨，西北風，回署後接見屬僚，署臬司楊至堂自安襄到省來見。"（《林則徐全集》第九冊《日記》，第 332 頁）

52.3　至林則徐官署就餐。

林則徐《日記》"閏四月初十日"條："晚延湘帆及楊至堂來署飯。"（《林則徐全集》第九冊《日記》，第 333 頁）

林則徐《日記》"六月初六日"條：早晨提訊湖南陳席聘京控案，邀陶堯鄉、楊至堂來署早飯。郭鏡堂適來，亦入座，申刻散。（《林則徐全集》第九冊《日記》，第 340 頁。）

52.4　六月十九日，父楊兆煜卒。

《崇祀鄉賢錄·事實》："十八年，丁父憂。"

王延慶《孝直先生傳》："道光戊戌夏六月卒，年七十有一。"（宣統《續修聊城縣志》附《耆獻文徵》卷中）

林則徐《日記》"六月二十七日"條："署廉訪楊至堂聞訃丁外艱其太翁於十九日終於襄陽道署，壽七十一，往唁之，午回。"（《林則徐全集》第九冊《日記》，第 342 頁）

林則徐《日記》"六月二十八日"條："巳刻，公祭楊太翁。"（《林則徐全集》第九冊《日記》，第 342 頁）

林則徐《日記》"六月三十日"條："卯刻，楊至堂往襄陽奔喪，與同人赴其寓中送之。"（《林則徐全集》第九冊《日記》，第 342 頁）

52.5　葬父於楊家林，并築弘農丙舍，一爲紀念先人，二爲在此藏書讀書，書齋曰"退思廬"。

《崇祀鄉賢錄·事實》："本紳父兆煜侍祖母家居，祖母服闋，始迎養安襄道署，旋即棄養。本紳終天抱恨，嘗繪《丙舍讀書圖》，并集

《蒒經》爲墓田丙舍《退思廬硯銘》，語家人曰：'吾得退休，當廬墓三年，稍贖遠宦離親之罪。'"

　　按："楊家林"在今聊城東南三十里之田莊，現作農場。院內、屋中仍有殘碑散落各處，但大量碑刻或埋於地下，或爲修橋鋪路之用。

道光十九年己亥（1839）五十三歲
（在山東聊城）

　　【概要】繼母趙太夫人去世，丁憂家居。子紹和九歲，始從學於劉漁村。

53.1　繼母趙太夫人卒。
　　《崇祀鄉賢錄·事實》："十九年，接丁繼母憂。"
　　《崇祀鄉賢錄·事實》："繼母趙奉養尤謹。喪葬遵文公家禮，不爲習俗移。"
　　許乃普《江南河道總督楊公墓誌銘》："十八年以父憂歸里，旋丁趙太夫人憂，喪葬皆如禮。"（宣統《續修聊城縣志》附《耆獻文徵》卷又下）

　　　按：楊以增生母早卒，父兆煜續娶趙恭人，頗善撫以增。梅曾亮《誥封中憲大夫安襄郧荊道即墨縣教諭楊府君墓誌銘》："君娶和恭人，早卒。……生子以增。繼續趙恭人，生子以坊，視以增如己出。"（《柏梘山房文集》卷十三），由此亦可見楊氏家風。

53.2　子紹和九歲，始從學於劉漁村，至二十八歲。
　　楊紹和《劉漁村廣文夫子》："經師與人師，天禄閣巍然。負笈一萬里，問字十九年。久坐春風中，慧業三生緣。"注云："師（漁村）偕先君幕游豫、秦、雍、吳四省，和自己亥受業至今。"（《儀晉觀堂詩抄·歲暮懷人詩》）

道光二十年庚子（1840）五十四歲

（在山東聊城）

【概要】丁憂家居。建成海源閣，以作祭祀、藏書之所，并與傅繩勛等捐修城中光嶽樓，以爲全郡保障。

54.1　十月中旬，海源閣藏書樓落成。

楊以增海源閣匾額題識：“先大夫議立家廟未果，今於寢東先建此閣，以承祀事，并藉藏書，取《學記》‘先河後海’語，顏曰‘海源’，蓋寓追遠之思，并仿鄞范氏以‘天一’名閣云。時道光二十年歲次庚子亥月中浣，以增敬書并識。”

龍顧山人《十朝詩乘》卷十六“楊至堂海源閣”條：“聊城楊至堂河督，於里中築海源閣，遍收古籍，海內論藏書者，必首及之。尤敬禮寒畯。周弢甫詩云：‘下士或尺寸，必與共討論。搜奇及溲勃，蓄異矜瑓璠。煌煌海源閣，吞吐納百川。津逮伊何人，吾昔窺其藩。’”（《十朝詩乘》，第629頁）

　　　按：海源閣由楊以增創建於聊城光嶽樓南大街西側、萬壽觀前街東首路北楊氏住宅第三進院的東跨院内，專藏宋元佳槧及名家校抄。閣分上下兩層，有東西長廊。樓下祭祀先人，樓上五間北屋，東屋内置子部，東屋里間置經部，西屋内置史部，西屋里間置集部。又於第五進院北房五間藏明清書籍及碑帖書畫等。海源閣匾額現藏山東省圖書館海源閣特藏書庫。

54.2　作《海源閣藏書記》，并刻碑以記之。

楊以增《海源閣藏書記》：“書自漢以後，家置一說，人各一師，立一書於此。而後之人從而附合緣飾之，又從而排擊之，攎摭之，且剽竊之。附而相推，激而相摧，演而愈淆，引而愈支，使人惶惑而無所歸心。故書猶海也，流之必至於海也，勢也。學者而不觀於海焉，陋矣。雖然是海也，久其中而不歸，茫洋浩瀚，愈遠而不知其所窮，惘然不知吾所如。帆檣傾側，卒不得自休，以終其身爲風波之民，其不惑哉？昔之人有言曰："十三經、十七史外，豈有奇書?"夫古今才人，如此其衆也，著書垂後，怪奇偉麗者，如此其多也。而云爾者，是知源者也。知其源，則百家衆説之歧趨異派者，無不可以尋源而得其歸矣。有史焉，足以記事矣。今且類其事而分之，通其事而合之，以千百書演一書之事而未盡也。由今以觀周秦人之經於漢人之外，別無見也。由今以觀魏晉人説經於唐人之外，別無見也。□今之説者，不惟視唐加詳也，且視漢而加□□□，□唐人之……（以下缺）"

　　按：此碑原立於海源閣院内，其後閣遭毁壞時，石碑斷殘，并散落於院外，現存於聊城海源閣紀念館東鄰姜氏家。據聞曾作搓衣板使用，又風雨摧之，部分字跡漫滅不清，殊爲可惜。碑尺寸爲高57×寬63釐米（殘）。由於碑殘，只存318字，無落款署名。但從碑之出處及文字内容來看，《海源閣藏書記》爲海源閣主人楊以增所作無疑。《崇祀鄉賢録·事實》曾云楊以增"著志學之箴，海源名閣"，"志學之箴"即《志學箴》，而"海源名閣"當爲此篇。"海源"本爲"祀事"，即追遠先輩之思，但又合藏書、治學之意。如十三經、十七史，源也。而後爲演一書所出"千百書"，謂之海也。故此碑文應爲閣主楊以增建閣時所志也。道光二十二年（1842），以增同年友梅曾亮又循此意而詳其説，作《海源閣記》，曰："同年友楊至堂無他好，一專於書，然博而不溺也，名藏書閣曰海源，是涉海而能得所歸者歟!"（《柏梘山房文集》卷十一）由於此碑文埋没已久，人們只知《海源閣記》，而不知楊氏早立"海源閣碑"，并述"海源"之義如此。

54.3　與時任廣東鹽運使傅繩勳商議重修光嶽樓。

楊以增《重修光嶽樓記》："道光庚子間，以增方與傅子繩勳讀禮家居，詹子恩以樓爲全郡保障，及此不修，後將愈難爲力，遂呈明祝太守、章明府定議興修。太守、明府以下及西商之懋遷於吾郡者皆捐金有加，郡人士亦各相伙助。共始於道光二十年□月，迄二十一年□月工竣……石基磚座木材一一堅實，箺楹户牖，丹漆黝堊，焕然惟新。郡人士乃歡欣鼓舞，以落其成也。"（宣統《續修聊城縣志》卷七）

　　按：光嶽樓位於聊城古城中心，至今巍然。楊以增《重修光嶽樓記》對其記述頗詳：“東昌爲古東郡。水有黃河故道，九河雖蕪沒，猶可辨識。論者謂魏博千里，沃野曠衍，惜無山作鎮，形勢闕焉。然無山，而有足以爲屬城之保障者，曰光嶽樓。樓建於明洪武七年（1374），名餘木樓。厥後西平李贊改名光嶽，取其近魯有光於岱嶽也。岱爲五嶽之長，郡距岱二百五十里。每曈曨破日，晴光晃漾，天門、日觀諸峰如星斗排布霄漢，望之穹然。上挹天光，混茫無際。而岱嶽之千匯萬狀，悉收於一覽中。”（宣統《續修聊城縣志》卷七）

道光二十一年辛丑（1841）五十五歲
（在山東聊城，十月赴河南祥符）

【概要】九月，服闋授河南開歸陳許道，積極辦理祥工堵口工程，頗得上司認可。得宋本《説文解字》，并爲清平縣張峻嶺《續修張氏族譜》作序。

55.1　三月上旬，爲清平縣張峻嶺《續修張氏族譜》作序。

　　楊以增《〈續修張氏族譜〉序》：“孰知故家大族實有與國相維持者，系風俗世道之隆汙，所不可不重也，況孝子仁人木本水源之思乎？清平岩峰張君諱峻嶺，考與余弟同學藏峰鄧先生之門，因續修譜屬序於余。……道光二十有一年湖北安襄鄖荆道署按察使聊攝楊以增撰。”（清平縣馬廠《張氏族譜》卷首）

55.2　九月，服闋，授河南開歸陳許道員，十月二十八日於祥工工次就任。在祥符工地，積極辦理堵口各事宜，頗得上司認可。

　　楊以增九月十三日《補授河南開歸陳許道謝恩摺》“本月十二日內閣奉上諭：河南開歸陳許道員缺著楊以增補授。欽此。竊臣山左下士，知識庸愚。由道光壬午恩科進士，奉旨以知縣即用，籤分貴州，補荔波縣知縣，調貴筑縣知縣，陞松桃廳同知。卓異引見，蒙恩召對，陞署興義府知府，調貴陽府知府，陞廣西左江道，調湖北安襄鄖荆道，署湖北按察使。歷於道光四年、十二年保舉案内赴部引見，十八年丁憂回籍。服闋赴部，涓埃未效，競惕方深。茲復仰荷溫綸，補授今職。伏念開歸當漫口之時，道員有修防之責，如臣檮昧，懼弗克勝。惟有籲求恩訓，敬謹服膺，於一切堵築事宜認真經理，以冀仰酬高厚鴻慈於萬一。"（硃批奏摺）

《崇祀鄉賢録・事實》："二十一年服闋，授河南開歸陳許道。"

河東河道總督朱襄六月二十七日《道員請免回避摺》："（楊以增）并聲明自上年（按：道光二十一年）十月二十八日在祥工接印，即奉委總理東壩，兼管總理局，并查催引河。……查該道楊以增秉性端方，老成練達，自上年到任後，委辦大工，實能細心講求，認真經理，且不避勞怨，毫無河工習氣。"（録副奏摺）

許乃普《江南河道總督楊公墓誌銘》："服闋，授河南開歸陳許道。時河決祥符，詔大學士王文恪公臨視。公奉檄督兩壩事，昕夕涖工次。雖風濤衝擊，身屹立不少避，閱數月遂蔵工。"（宣統《續修聊城縣志》附《耆獻文徵》卷又下）

楊以增《跋劉松嵐觀察謁虛谷先生墓詩後》："道光辛丑，河決祥符，增奉命監司來豫。"（道光二十三年武未刻本《授堂文抄》八卷《續集》二卷卷首）

55.3 接賀長齡函，并得贈《洗冤録補注》四部。

賀長齡致楊以增函："前復一函，計邀清覽。現聞黄水漫溢，沿河田廬尚無大礙否？此間重刻《洗冤録補注》分惠，尚少訛誤，乘差便帶呈四部，同官中有能□□□□者，可分惠之。如不敷，當續寄也。步方□君不能捐復，深爲惜之。耑此敬請台安。餘詳前書，不贅。九月十四日，愚弟長齡頓首。"（《海源閣珍存尺牘》）

　　按：此信作於九月十四日，且涉及黄河水勢情形。因賀長齡卒於道光二十八年（1848），而楊以增於同年十二月初六日方到任南河。故賀長齡不可能於此年詢問楊以增河務事宜。案楊以增於道光二十一年（1841）九月服闋授開歸陳許道道員，奉委在河南辦理祥工。道光二十二年（1842）祥工決口堵合後，他又奉委督辦善後工程及各廳另案土工。據此或可判斷此信當作於道光二十一年

（1841）九月十四日，時楊以增正任河南開歸陳許道道員。

　　賀長齡爲道光朝經世派官員，爲官貴州時，積極查禁鴉片，整頓吏治，訓練營伍，儲糧備荒，恤孤撫幼，勸課桑棉，頗有治績。因《洗冤録》（即宋慈《洗冤集録》）對官員審理案件頗有參考價值，爲各級地方官案頭必備之書。賀長齡素知楊以增有藏書之癖，故將版本較好、錯訛較少的《洗冤録補註》贈送給楊以增。

55.4　與汪喜孫共事。

　　汪保和、汪延熙《孟慈府君行述》："楊至堂撫部以增……莫不禮貌相加，期許甚至。"（《邃雅齋叢書·汪孟慈文集稿本》）

55.5　得宋本《説文解字》三十卷。

　　楊紹和題宋本《説文解字》："向藏江都汪容甫先生家，其哲嗣孟慈太守官豫中，適先公分巡大梁，訂交最密，太守因以此本爲贊，時道光之辛丑、壬寅間也。"（《楹書隅録》卷一）

　　按："辛丑、壬寅間"，未言具體時間，姑系於此。

道光二十二年壬寅（1842）五十六歲
（在河南祥符，後赴河南開封）

【概要】接續辦理祥工各後續工程，并於十月初四日署理河南按察使。得元本《集千家註批點杜工部詩集》，并擬刻桂馥《説文解字義證》、許鴻磐《方輿考證》。

56.1　積極堵辦祥工合龍後，又參與辦理善後，并奉命查訪春修，驗收料物，頗得上司倚重。按例地方河工員缺在原籍五百里之内俱行回避，楊以增距原籍四百六七十里不等，爲此河東河道總督朱襄專摺奏請免其回避。

　　河東河道總督朱襄六月二十七日上《道員請免回避摺》："本年合龍後所有善後各要工，臣朱襄籌畫初定以節屆桃汛，亟應周歷兩岸，查訪春修，驗收料物。適值新漕入境，又須回濟督催，曾奏明專責該道稽查催趲。該道常川在工，悉心經理，不遺餘力，得以克期報竣。臣此次赴工，逐細查勘，實皆妥協如式。又挑水壩迤北挑溝引溜，俾大壩益資穩固……委系河工得力、可以挽回積弊、大裨修守之員。茲據該道查明原籍在五百里以內，應即揀員對調。惟開歸道爲東河第一要缺，統轄南岸八廳，汛地綿長，險工林立，又值大工之後，溜勢提移不定，尤視常年修守不同，必須才識兼優，熟悉情形，方能無誤。……惟河務緊要……可否免其回避。"（錄副奏摺）

56.2　十月初四日，兼署河南按察使。

《崇祀鄉賢録·事實》："署河南按察使。"

楊以增《恭報接署臬篆日期摺》："竊臣接奉撫臣鄂順安行知，兼署臬司糧鹽道沈澄□往兌漕糧，所遺臬司印務委臣兼署。十月初四日准兼署臬司沈澄委員將印信文卷齎送前來，臣當即恭設香案，望闕叩頭，祇領任事。"（錄副奏摺）

署理河南巡撫兼理河東河道總督鄂順安九月二十五日《奏請道員署理臬篆摺》："查有開歸陳許道楊以增才具練達，辦事精詳，前在楚省曾署理臬司篆務。現在霜節已逾，河工事簡，堪以委令兼署。"（錄副奏摺）

56.3　訪求宋蔡琪家塾刻本《漢書》未得。

楊紹和記宋本建安蔡琪刻《漢書》："道光壬寅，先公觀察夷門，嘉興錢心壺先生方主講大梁書院，與先公爲至交。一日語先公曰：'公好聚書，此間有一奇書，乃人人所共讀，而人人所未見者，公其有意乎？'先公驚詢之，以此本對，并云商邱宋氏古物也。而訪求不果獲。"（《楹書隅録》卷二）

56.4　擬刻桂馥撰《説文解字義證》，致函許瀚，延請董理校勘。

楊以增致許瀚函："曩者由翟文泉、李方赤處得悉聲華，近與琪園觀察、孟慈太守共事一方，尤得備詳品槩。學先識字，循軌轍於汝南；教重傳經，溯淵源於高密。比以主講沛上，桃李盈門，傳道吾徒，兼修志乘，洵無愧評持月旦、鑒握人倫者矣。叨在同鄉，彌恭敬止。桂未谷先生著有《説文義證》，原稿存曲阜孝廉孔葤華家。此老一生心血畢在是書，弟欲代爲刊行，而苦於不能校正。因與孟慈太守言及閣下精於六書之學，敢煩先覓鈔胥，逐一校正，然後付諸剞劂，久遠流傳，可無遺憾。吾輩與未谷先生誼均桑梓，閣下亦必不憚勤劬也。"（《楊至堂致許印林書八通》之一，《顧黃書寮雜録》，第147頁）

56.5　擬刻許鴻磐撰《方輿考證》（即《地輿書》）。

楊以增致許瀚函："寄來許先生地理書，亦必傳之作，似須及早寫樣，聞此間刻手尚佳也，孟慈太守已另函呈明矣。弟走俗抗塵，不堪回首。始則沈淪帖括，繼則迷悶簿書，老大徒傷，且悔且恨，祇以性無他嗜，結習難忌，鞅掌餘閑，見臘心喜，眷懷雅範，神已先驅。"（《楊至堂致許印林書八通》之一，《顧黃書寮雜録》，第148頁）

楊以增致許瀚函："南來書手刻手，不便賦閑，可否先刻《地輿書》？祈與孟慈商之。《地輿書》盡可用宋字，《説文》樣本應用何體，尚希會商示知。經費容即專人齎送，不致誤延。"（《楊至堂致許印林書八通》之二，《顧黃書寮雜録》，第148頁）

56.6　與許瀚討論刊刻《説文解字義證》及《方輿考證》，并將刊刻事宜盡託許瀚。

楊以增致許瀚函："前有一函奉復，諒已入鑒。原未谷先生《説文》可以不删者，自應概照原文，以待天下後世之論定。惟記乙未六月芸台相國過襄，言及此書，嫌其不無蕪雜，須巨眼人通爲校正，乃成完璧。近接方赤、珊林來信，所言亦不約而同。尚希逐加核定，可存儘存，其有援引牽强或前人之僞造各書，似無妨量爲刪減，仍候鈞裁。方赤抄本只三十二册，似可照此册數。茲寄來庫紋三百兩存於尊處，一切使用概由尊處領支。至許雲嶠先生《方輿書》，祈與升齋先生酌定體例，由榮庭兄校對，再呈吾兄覆校，然後發刊，此等事固應不厭精詳也。弟與吾兄雖未謀面，自覺同心。統希照料一切，庶幾用歸撙節，書極精工，可無遺憾耳。"（《楊至堂致許印林書八通》之三，《顧黃書寮雜録》第149頁）

56.7　得元本《集千家註批點杜工部詩集》二十卷二十册。

楊紹和論元本《集千家註批點杜工部詩集》："此本以《年譜》冠

首，《目錄》及卷一前標題‘須溪先生劉會孟評點’，皆明刻所無，紙墨古雅，的屬元時舊雕。……道光壬寅，河南中河通判王君葵初持贈。”（《楹書隅録》卷四）

按：王葵初，字青園，江蘇清河人，監生，時任中河通判。

56.8　梅曾亮爲作《海源閣記》，總括楊以增治學讀書特點，詮釋“海源”涵義。

梅曾亮《海源閣記》：“若班固志《藝文》，自六藝而外，別爲九流，則凡書之次六藝，如諸子者，皆流也，非其源也。……故書猶海者，勢也。學者而不觀於海焉，陋矣！雖然是海也，久其中而不歸，茫洋浩瀚，逾遠而不知其所窮，惝然不知吾之所如，浮游乎無所歸休，以終其身爲風波之民，不亦憊哉！……同年友楊至堂無他好，一專於書，然博而不溺也。名藏書閣曰海源，是涉海而能得所歸者歟！”（《柏梘山房集·文集卷十一》）

56.9　囑錢儀吉作《楊節母家傳》。

錢儀吉《楊節母家傳》：“余客大梁之七年，楊君至堂觀察於汴。逾年，奉節母事狀，乞爲家傳。”（宣統《續修聊城縣志》附《耆獻文徵》卷中）

56.10　爲父楊兆煜友梁本恭作墓誌銘。

楊以增《梁本恭墓誌銘》：“皇清敕授文林郎、山東沂州府教授、前安徽東流縣知縣梁先生墓誌銘。賜進士出身、誥授中憲大夫、湖北安襄鄖荊道署按察使受業楊以增頓首拜撰；誥授奉直大夫、河南魯山縣知縣、前廣東欽州知州、丁卯科舉人門人興化鄭鑾書丹；賜進士出身、誥授通議大夫、福建臺灣道按察使銜兼管學政門人桐城姚瑩篆額。

蓋先大夫重交遊而同研席，同補博士弟子，同與計偕先後，同爲校官，誼深且久者，莫如梁味愚先生。道光戊戌，同歸道山。余先生之孤攜持行狀來，曰：‘先君子在殯，將營窀穸，子之服闋矣，敢請銘。’以增嘗及先生門，思誼篤摯，奚忍以不文辭？謹按狀：先生諱本恭，字尚銘，號味愚。系出梁伯後世，居晉陽，宋建隆平遙遷介休。曾祖榮振太學生，誥贈武德將軍。祖欽彩東昌府崇武驛承嗣，由江南繁昌縣典史歸東昌，遂爲聊城人。父元捷，東河曹縣巡檢，妣劉孺人，本生父元龍太學生，妣王孺人，均以先生官封贈如例。先生年十三考妣繼歿，哀切如成人。旋入郡庠，食廩餼。乾隆甲寅舉於鄉，嘉慶壬戌成進士，補安徽東流縣知縣，充丁卯、戊辰、庚午江南鄉試同考官。東流爲水陸交衝，先生以古循良自期，酌古準今，靡政不舉，不屑屑炫能干譽，所謂安靜之吏、悃愊無華者耶！平反檄，鞫獄算，上臺稔其賢，欲舉爲百城首，而先生不願也。洎本生父卒於東流，服除，甫強仕耳。先生高識遠韻，改就儒容，教授沂州十餘年，士風日上。先生顧引歸，歸七年而卒，時道光十八年七月十二日也，年六十八。先生嗣父母早故，依本生父母，居養葬皆以禮，同懷兄二人友於無間。讀書穎悟絕人，論文有物爲宗。從學者多所成就，分校士捷南宮五人，而經濟文章之最著者，爲臺灣道姚君瑩、戶部郎中梅君曾亮，學與姚埒才，庚午之薦而未售者也。赴簾聘時，宿旅店，聞鄰婦哭，甚哀，詢知爲儒素家，因夫亡，鬻女爲人妾也。先生付百金，俾焚其券而去。在沂州，爲劉瞽女完婚，雪范貞女之誣，并爲立傳。與同寅捐廉施粥掩骼，蓋先生仁心爲質，樂名教，敦詩書，超然於軒冕之外也。已配劉孺人以考謹稱，生子女各一，嘉慶丙子年卒。繼配和孺人通文學，視子女如己出。子俊邑庠，生女適宋延澤。孫三：寶瀛、寶第、寶醇。以道光二十二年三月十八日葬先生於聊城南鄉顧家莊之原。劉孺人念歲行在戌，先大夫所交遊者瑩石朱丈歿於四月，先大夫以六月十九日棄養襄陽，未三旬而先生之訃至，映宸傅丈亦於八月考終。苫塊之餘，愴懷父執，而心喪已矣。築室未能木，哲人吾將安放？

銘曰：皖公保障民熙熙，富貴於我浮雲馳。一盤苜蓿甘如飴，言之有物工文辭。旁羅珊綱多瑰奇，觴酒豆肉朋儕嬉。香山九老其庶幾，守黑守雌大下蹊。克昌厥後復奚疑，有幽斯竁龍崗碑。”

按：此爲碑文，原碑現藏於聊城城南南顧莊許氏家。南顧莊即文中“聊城南鄉顧家莊”，亦梁本恭之葬地也。梁本恭，宣統《續修聊城縣志》有傳。據此銘文可知，梁本恭與以增父兆煜“誼深且久”，且以增又“嘗及先生門，思誼篤摯。”梁本恭子服闋，即於道光二十二年（1842）請銘於以增，以增因作此文。

道光二十三年癸卯（1843）五十七歲
（在河南開封，後赴甘肅蘭州）

【概要】四月初三日補授兩淮鹽運使。未及赴任，旋於四月十七日補授甘肅按察使，循例進京陛見。八月初七日正式上任後，勤於補盜，并昭雪民冤，後於十二月二十日暫署甘肅布政使。得元本《文選》六十卷（實明嘉靖元年汪諒刻本）、宋嘉定刻本《通鑒總類》，刻武億著《三禮義證》十二卷，《授堂詩抄》八卷，《授堂文抄》八卷、《續集》二卷。

57.1　三月中旬，於河南開封得清乾隆刻本《笏山詩集》，并序。

楊以增《〈笏山詩集〉序》："先大夫讀笏山先生《送袁簡齋（袁枚）改官江南七律四章》，以爲清超華妙，得晚唐人勝境，覓全集未獲，用是憾焉。增承乏梁園，於坊間破書堆撿出此本，裝池成帙，而先大夫乃不及見矣，爰茹痛志之。時道光癸卯（1843）三月中澣，以增書於習勤補拙之齋。"

按：先大夫指楊以增父楊兆煜。兆煜學識廣博，論帖、品詩、讀畫具有鑒裁，不矯富貴，常至山水泉石，盡意乃返。室名曰"厚遺堂""袖海廬"。海源閣藏書實始於兆煜，此可爲一證也。《笏山詩集》十卷（二冊一函），申甫撰，清乾隆刻本，山東省圖書館藏。

57.2　四月，序《東郡傅氏族譜》，此爲江蘇巡撫傅繩勳祖父傅永綽所編。

《重修傅氏族譜序》："秋屏廉訪以重修《東郡族譜》問序於余。余閱其體例一依古法，折衷而參用其長……蓋譜爲司馬公創作，廉訪因其封公重修之，後復加訂輯，故體例若是精嚴。使後之子孫世世增修之，年雖遠而昭穆秩然，於以敬宗，於以合散，木本水源之思，守而弗失。"（《退思廬文存》）

　　按：楊以增之父楊兆煜與傅繩勛之父傅廷輝"性情氣誼大略相
同，故投契最深，無三日不過從也，如是者廿年"。道光九年
（1829），東昌府知府劉煜倡建"東昌府考院"，傅廷輝同楊兆煜帶
頭捐資，可見兩人志趣之投合。楊以增與傅繩勛則爲"總角交"，
平時切磋藝文，同遊共處，親如手足。傅繩勛於嘉慶十九年
（1814）考中進士後，先後在朝廷和地方任職，但與楊以增交往一
直非常密切。傅繩勛長女嫁楊以增次子紹和爲妻，其初任江蘇巡撫
後，即於道光二十九年五月，就與楊以增爲姻親事專摺聲明："江
南河道總督臣楊以增之次子系臣之女婿，臣與楊以增爲兒女姻親。"
（録副奏摺）楊以增還爲傅繩勛父母分別作《映宸傅公家傳》和
《傅母朱恭人家傳》。

57.3　四月初三日，補授兩淮鹽運使。未及赴任，旋於四月十七日，
補授甘肅按察使。

　　《崇祀鄉賢録·事實》："二十三年，陞兩淮鹽運使、甘肅按察使。"

　　楊以增五月初四日《恭謝恩授甘肅按察使謝恩摺》："竊臣於本年
四月二十五日，在河南開歸道任接奉署撫臣鄂順安行知准吏部咨開：四
月初三日奉上諭：'兩淮鹽運使員缺著楊以增補授。'欽此。當即恭設
香案，望闕謝恩。越日恭閲邸抄，四月十七日奉上諭：'甘肅按察使員
缺著楊以增補授。'欽此。敬聞之下，感悚尤深。"（録副奏摺）

　　四月庚寅（十七日）"以兩淮鹽運使楊以增爲甘肅按察使。"（《清
宣宗實録》卷三九一，《清實録》第41143頁）

　　許乃普《江南河道總督楊公墓誌銘》："二十三年，陞兩淮鹽運使，
未之任，擢甘肅按察使。"（《聊城縣志》附《耆獻文徵》卷下）

57.4　四月，出資刊刻武億著《三禮義證》十二卷、《詩抄》八卷、
《授堂文抄》八卷《續集》二卷，并跋《劉松嵐觀察謁先大夫墓詩後》。

　　楊以增跋《劉松嵐觀察謁虛谷先生墓詩後》："先生（指武億）孫
稼堂學博監理大梁書院，出劉松嵐觀察《謁先生墓》詩卷屬題。觀察
爲吾鄉詞伯，是詩勁直蒼涼，能括先生梗概。先生爲獨行，爲循吏，爲
儒林，小毅世丈復克家祀江西名宦，稼堂（武億孫武耒，字稼堂）亦

能甘淡泊，以紹家風，先生可無遺憾。唯增趨庭之訓，根觸當年，追溯淵源，爲刊先生《三禮義證》、詩文集，以廣其傳，而先大夫亦不及見矣。爰茹痛書此，以與稼堂交相勖勵云。道光二十三年歲在癸卯四月下浣，聊攝楊以增并識。"（道光二十三年武未刻本《授堂文抄》八卷《續集》二卷卷首）

該跋後有武億孫武未題識："辛丑冬，聊攝楊至堂先生觀察來豫，詢悉先大夫遺書有未刻者《三禮義證》十二卷、《詩抄》八卷，慨佽俸金，俾未以次刊佈。先生嘗諾以序文，會陳臬甘肅，以去未暇也。適讀先生《跋劉松嵐觀察調先大夫墓詩後》曾及之，爰付梓人，以當序言，以誌感泃云。未謹識。"（道光二十三年武未刻本《三禮義證》十二卷，《授堂詩抄》八卷，《授堂文抄》八卷、《續集》二卷，國家圖書館藏）

> 按：以上三書均於道光二十二年（1842）在河南大梁（開封）刊刻。其版式同，均爲 18.2×14.5 釐米，半葉十一行二十三字，白口，左右雙邊，單黑魚尾。

57.5　五月，致信許瀚，對其校刻《説文解字義證》之條例頗爲認可，并計劃面商相關事宜。

楊以增致許瀚函："接奉還章，捧讀《校刻》廿條，《刻書事宜》十二條，縷悉精詳，紉佩無似。弟現奉都轉兩淮之命，此事又有變遷。弟擬交卸後繞道任城，可以面商一切。緣道員俸滿，先奉調取引見之部文也。汪、管二兄或在沛、或回里襄校，統俟到沛後商定。每位祈先各送五十金，以資寄用。匆匆手復，順頌文祺。"（《楊至堂致許印林書八通》之四，《顧黃書寮雜録》，第 150 頁）

> 按：楊以增頗重桂馥《説文解字義證》之價值，欲刻該書。後得汪喜孫之薦，請許瀚代爲校證。此書又以江都汪喜孫、上元管嗣復等任分校。不料此後汪喜孫與許瀚就刪校《義證》一事發生衝突，喜孫以爲如依許瀚《校例》則刪亦無多，仍是不欲刪改之意，因此對許瀚刪汰大爲不滿，并寄信楊以增。以增以汪批桂書示許瀚，許瀚於道光二十三年五月擬《某先生校桂註〈説文〉條辨》，并寄示以增，以爲汪校謬誤層出，"於桂書大有害"。無奈之下，

孟慈半途去，許瀚一人任校刻之事，終因力薄，致使此事中輟。最終《義證》僅刻一冊，殊爲可惜。許瀚《校刻》廿條、《刻書事宜》十二條，潘祖蔭輯入《滂喜齋叢書》第三函《某先生校注説文條辨》（一卷），其附識云："右廿條本無須辨，恐有誤信其説者，則於桂書大有害，不得已而辨之，懼得罪於先達也。姑隱其名，庶幾後有悔焉。癸卯五月十四日四鼓許瀚草。""瀚案：桂書可覆案也，此不須辨。某先生之學，瀚夙所欽佩，此校則謬誤層出，蓋其意別有在，遂悍然罔顧也。……癸卯五月十七日三鼓草。"據許瀚附識作於五月，故將此條系於本月。

57.6　五月，致信許瀚，因陞任甘肅按察使，不得已暫停刊刻桂馥《説文解字義證》。

楊以增致許瀚函："昨復一函，訂於節後取道任城，面商一切。乃今奉甘臬之命，例應迎摺北上，未便繞道而東矣。一面緣慳，何勝悵悵。未谷先生《説文義證》，本立意及早刻成，奈甘肅路遙，何能時時商榷？爲今之計，只好先請汪、管二兄回南，俟弟陞調近省，再爲敦請，以了前緣。此間仍求閣下會同孟慈太守代爲校勘。先覓好書手抄出底本，將月汀本並曲阜本一一核之。目下或隨校隨刊，抑或暫停刻工，將從前工價開清，令書手刻手暫回南京，另作後圖之處，聽候示知照辦。弟約初十後，束裝北上，出京後仍過任城，尚可一晤。如不進京，即改途赴沛，總擬面領教言也。專此布達，附呈百金，祈莞存爲幸。此頌文祺，諸惟荃照不既。"（《楊至堂致許印林書八通》之五，《顧黃書寮雜録》，第150頁）

57.7　五月，致信許瀚，請許瀚繼續校訂《説文解字義證》，并贈送許瀚書籍。

楊以增致許瀚函："使回，接讀還章，聆悉種種。桂書本應如此辦理，尚希逐一校正，精確不磨爲望。桂大兄來豫，適值帥節遄臨，弟令人告知暫住寓所，俟送過使節回，再行晤敘。乃三月十七日自上南回省，而桂大兄十六日起程矣。傳語舛誤，悵歉至今。閣下既云可以幫辦，即遵照歲奉四十金，延請同校可也。《北堂書鈔》、《白孔六帖》奉上查收，弟無古微書，其《百三名家》尚存舍下，容續寄可耳。《地輿書》亦望吾兄盡心核正，其板樣、字樣，孟慈頗有見解，亦無妨商榷及之也。弟十二日迎摺北上，俟出都後，擬將繞道任城也。"（《楊至堂致許印林書八通》之六，《顧黃書寮雜録》，第 151 頁）

　　楊以增致許瀚函："前寄一械，并《白孔六帖》等書，諒登收照，比惟祉隨序懋、桃李爭榮爲頌。未谷先生《說文義證》祈會同桂世兄細加校正，繕成副本，以爲刊刻。先資囑覓《百三名家》十函，遵呈鄴架。方赤先生校本仍暫存尊處，他日遇便寄交可耳。弟自都返汴，已在七月初旬，河憲駐工，不便再赴沛上，悵歉奚如！附呈百金，半爲別敬，半希轉致桂世兄，以爲修費。匆匆泐此，順頌文祺，統容續布不一。"（《楊至堂致許印林書八通》之七，《顧黃書寮雜録》第 152 頁）

57.8　補授甘肅按察使後赴京，自五月二十九日起，迭蒙道光帝召見。

　　楊以增八月初八日《恭報接受甘肅臬篆叩謝天恩摺》："竊臣欽承恩命，補授甘肅按察使，於本年五月二十九日恭詣闕廷，迭蒙召見五次，仰荷訓誨周詳，無微不至。跽聆之下，欽感難名。"（《先都御史公奏疏》卷一）

57.9　七月，黃河在中牟決口，楊以增當時已經離任開歸道，仍眷顧百姓，捐銀助賑。

　　楊紹和《儀晉觀堂詩抄·感懷舊遊之五》註："癸卯，河決中牟，先公已去開歸道任，眷懷舊治，助賑萬金，邑人感之，立生祠以祀。"

57.10　赴任甘肅臬司，沿途經過直隸保定及豫省彰衛一帶，遂將所見田禾民情及時上奏。

　　楊以增八月初三日《沿途經過地方田禾民情片》："臣自京啓程，沿途經過之直隸保定一帶夏雨調匀，秋禾暢茂，豫省彰衛懷陝州各府州屬雨水較勤，於農田甚有裨益。由潼關入陝，至甘肅蘭州，禾稼漸次登場，秋成豐稔，民氣恬熙，洵足仰慰聖懷。"（《先都御史公奏疏》卷一）

57.11　楊以增進京朝觀。展觀時購元本《文選》六十卷六十一册於京都。

　　《楹書隅録》卷五："是書乃茞花吟舫朱氏藏本，癸卯，先大夫展覲時購於都門。舊冊殘弊，卷首孫淵如先生題語亦多漫漶。丁未，先大夫移撫關中，倩良工重加裝池，屬幕中顧君_{淳慶}照錄如左。頃讀陳仲魚先生綴文，亦有是書跋語一則，因并錄之，以資考證。時同治改元之冬月，東郡楊紹和謹識。"

　　　　按：元本《文選》實明嘉靖元年汪諒刻本，今藏國家圖書館。

57.12　八月初七日，行抵甘肅省城，正式上任。道光帝硃批"勉爲好官"，加以勉勵。

　　楊以增八月初八日《恭報接受甘肅臬篆叩謝天恩摺》："陛辭後，遵即束裝啓程，因沿途雨水阻滯，於八月初七日行抵甘肅省城，准署按察使嚴良訓將印信文卷移交前來。臣當即恭設香案，望闕叩頭，祇領任事。"（《先都御史公奏疏》卷一）

57.13　秋，接摯友林則徐來信。林則徐對楊以增未赴任兩淮鹽運使，而就任甘肅按察使表示欣喜，同時亦對楊以增頗爲思念。

　　"自去春工次匆匆一別，瞬已兩異葛裘。雖曾布達蕪箋，而洄溯之懷未能稍釋。昨聞轉□淮揚之喜，慶忭已深。惟以淮鹺積重難回，究不免代爲懸系。茲者欣悉恩綸疊賁，臬事時陳，鷁帆未下於邗江，豸繡已移於瀧水。甫奏茨防之織，將資潤下以作咸；旋持之平，更慶協中而爲燮。蓋一德久孚夫心簡，斯三遷屢晉夫頭銜。遙知北上承恩，側席之宸咨正切；即卜西來駐節，開藩之寵命旋頒。"（《林則徐全集》第七冊《信札》，第 3631 頁）

57.14　在甘肅按察使任上昭雪民冤。

　　梅曾亮《兵部侍郎江南河道總督楊公家傳》："中衛有貞女，家誣以忤逆，笞死，雪而旌之。"（《柏梘山房文集》卷末）

　　許乃普《江南河道總督楊公墓誌銘》："中衛縣民某，以養媳忤，故笞死，公閱其牘，媳故室女，而傷遍體無完膚，慮有他故。嚴鞠之，某乃吐實。女蓋鬻爲娼者，逼不從，炮烙而斃。公遂請旌女，而置某於法。"（宣統《續修聊城縣志》附《耆獻文徵》卷又下）

57. 15　時久旱無雨，祈雨輒有應。

　　梅曾亮《兵部侍郎江南河道總督楊公家傳》："其時禱雨即沛，人以比東海于公。"（《柏梘山房文集》卷末）

57. 16　十二月二十日，暫署甘肅布政使。

　　楊以增十二月二十日《恭報接署藩篆叩謝天恩摺》："竊臣於本月二十日接奉陝甘督臣富呢揚阿行知委署甘肅藩司印務，是日據藩司葉名琛委員將印信文卷齎送前來。臣當即恭設香案，望闕叩頭，祗領任事。"（《先都御史公奏疏》卷一）

　　陝甘總督臣富呢揚阿十二月二十六日《揀員署理甘肅藩篆等員缺摺》："竊臣接據藩司葉名琛具報該司之母在京病故，例應丁憂，旋准部咨，奉上諭：甘肅布政使員缺著陳繼昌補授。又奉上諭：江寧布政使員缺著陳繼昌調補，鄧廷楨著賞給三品頂戴，補授甘肅布政使。等因。欽此。除轉行遵照外，所有甘肅藩司篆務應即委員先行接署。查臬司楊以增品端才裕，辦事認真，堪以委令署理。其臬司印務，查有蘭州道唐樹義才具優長，辦事結實，堪以委令兼署。"（硃批奏摺）

57. 17　獲葉志詵自京師寄贈宋嘉定刻本《通鑒總類》二十卷四十冊。

　　楊紹和宋本《通鑒總類》卷末識語："此書鐫印精佳，古香襲人眉宇，且首尾完善，無一闕損，宋槧中尤極罕覯，洵乙部之甲觀矣。道光癸卯（1843），先公陳臬隴西，漢陽葉東卿先生志詵自京師寄贈者也。"（《楹書隅錄》卷二）

　　按：葉志詵（1779—1863），字東卿、廷芳。湖北漢陽人。曾任內閣典籍官，官兵部郎中。金石學家，醫家。著有《御覽集》《神農本草經贊》等，輯有《平安館印譜》《平安館節署爐餘古印》等。

道光二十四年甲辰（1844）五十八歲
（在甘肅蘭州）

【概要】六月十三日，暫署甘肅布政使，多方減輕民賦，以紓民力。

58.1　六月十三日，暫署甘肅布政使。七月初四日正式就任。

《崇祀鄉賢録·事實》："署甘肅布政使。"

楊以增七月初四日《奉旨署理甘肅藩司恭謝天恩摺》："竊臣接奉督臣富呢揚阿行知，准吏部咨開，道光二十四年六月十三日奉上諭：'招墾事宜著即責成鄧廷楨專心妥辦，其藩司篆務著楊以增暫行署理。'等因，欽此。七月初四日，據藩司鄧廷楨委員將印信文卷齎送前來，臣當即恭設香案，望闕叩頭，祗領任事。"（《先都御史公奏疏》卷一）

六月戊申（十八日）上諭："前據户部奏各省未經報部各荒地恐有私墾隱賦各情，當經降旨令該督撫等核實查明具奏。并因甘肅水沖沙壓之地，未經墾復者七千五百餘頃之多，復令富呢揚阿委員確勘，將應復地畝隨時諮報辦理。茲據該督奏請專辦招墾、立限陞科等語。荒地既多，其間私種者或漏未陞科，抛荒者或憚於墾復。若非特派大員親加周歷，廣為勸諭，則委員捏飾，州縣遷延，種種弊端，終無實效。所有該省招墾事宜，著即責成鄧廷楨專心妥辦。其藩司篆務，著楊以增暫行署理，甘肅臬司著富呢揚阿派員接署。鄧廷楨曾經歷任封疆，此次又棄瑕録用，簡任藩司，必能激發天良，仰體朕意，實力講求。著於接奉諭旨後，親赴各屬，逐一勘明。將堪以墾復之處設法招徠，一律報墾。其有未經報明、私行墾種者，均即勒限照例陞科。儻各州縣畏難苟安，藉詞阻撓，并著指名參奏。務使查辦之後，野無曠土，人盡歸農，以實邊儲而足民食。毋得仍照向年舊案，苟安塞責。"（《清宣宗實録》卷四〇六，《清實録》，第 41370 頁）

58.2　於甘肅布政使任內多方減輕民賦，以紓民力。

龍啟瑞《兵部侍郎都察院右副都督御史江南河道總督楊公神道碑》："署甘藩，有履勘邊地之旨，公奏記大府，謂西陲瘠貧，地畝獲無幾，苟驟議加增，必民不堪命。大府雖不盡用，然陞科復停者數十縣，卒賴公言。"（《經德堂文集》卷四）

道光二十五年乙巳（1845）五十九歲

（在甘肅蘭州）

【概要】上奏甘肅得雨分寸、糧價陞降及辦理搶劫派驗軍器馬匹委員行李騾頭案件情形。

59.1　正月初五日，林則徐收到楊以增等人信件，閱至丑刻就寢。

　　"子謙將軍（即布彥泰）因聞余有疾，於除夕遣外委陳士元齎書馳來，是夜到此，并帶到西安十一月十六日所寄第六十二號家信，及富海帆、李石梧、鄧嶰筠、楊至堂、唐子方各書，又王灼卿鐢帶來陝寓所寄各物，并京信、陝信及伊犁諸同人來書，共二十餘事，閱至丑刻始就寢。"（《林則徐全集》第九冊《日記》，第534頁）

59.2　三月十七日，再次接署甘肅按察使。

　　楊以增道光二十五年三月十七日《奏報接署藩篆日期摺》："竊臣接奉督臣行知，以藩司鄧廷楨欽奉諭旨補授陝西巡撫，所有藩司印務委臣署理，等因。旋於三月十七日准陞任藩司鄧廷楨委員齎送印信文卷前來，當即恭設香案，望闕叩頭，祗領任事。俯念臣仰蒙恩命，於道光二十三年補授甘肅臬司，到任以來，兩次署理藩司印務，涓埃未報，祗切冰淵。茲回任未及七旬，復委暫權藩篆。現當核辦奏銷并發解新疆兵餉之期，政務殷繁，尤深兢惕。臣惟有矢勤矢慎，實力鈎稽，不敢稍涉因循，冀仰報高厚鴻慈於萬一。"（錄副奏折）

　　陝甘總督臣富呢揚阿三月十七日《揀員署理甘肅藩臬兩司印務摺》："竊臣接准部咨，奉上諭：鄧廷楨著補授陝西巡撫，甘肅布政使著寶清補授。等因。欽此。除轉行遵照外，所有藩司篆務應即委員接署，以便鄧廷楨交卸起程。查臬司楊以增品端才裕，練達精明，堪以委令署理。其臬司篆務查有蘭州道唐樹義實心任事，爲守兼優，堪以委令兼署。"（硃批奏摺）

59.3　四月初十日，上奏督臣富呢揚阿因病出缺及辦理善後情形。

　　楊以增道光二十五年四月初十日《奏報督臣因病出缺請旨簡放摺》："竊照督臣富呢揚阿年未六旬，平日氣體精神均甚強健，辦理公事不遺餘力，前於三月初間由西路閱竣營伍回省，因途中屢感風寒，失於調治，旋署後即徑赴緊覈辦秋審事件，未暇休息。詎意外感已深，伏邪太重，忽於二月二十六日驟然舉發，寒熱凝結，牽動肝風，痰壅氣滯，精神猝形委頓。當即延醫調治，臣等亦逐日公同往視，連服消痰利氣等劑。無如受病甚篤，時輕時重，反覆靡常。適平慶涇道魏襄因公來省，該道素嫻醫理，隨令診視。據云脈息沉伏，正氣大虧，勢極危險，藥力已難奏效。督臣自知不起，惟伏枕碰頭，泣稱世受國恩，至優極渥，今猝嬰劇疾，難望生全，圖報無由，不勝愧憾，當具遺摺，交臣代爲呈奏。淚隨聲迸，悲咽難名，旋於四月初九日出缺。臣當將總督關防并王命旗牌等件即時敬謹封貯，惟總督衙門兼轄兩省，一應題奏咨行事件，在在均關緊要。現在新任藩司寶清尚未到任，臣遵照舊案，暫先代爲兼辦，仍用布政使印信，以免稽遲。恭候派員迅速來甘接署，并請將陝甘總督缺簡員補放，以重疆任。至督臣富呢揚阿並無子嗣，署中僅祗眷口幼女，情殊淒惻。所有身後事宜，臣與兼署臬司蘭州道唐樹義督同府縣等妥爲料理，并照例護送回旗外，所有督臣因病出缺緣由，理合循例由驛具奏，并將遺摺一件恭呈御覽，伏乞皇上聖鑒。"（録副奏折）

59.4 四月十九日，上奏因兼署甘肅臬司蘭州道唐樹義補授山西按察使，所遺員缺請以蘭州府知府許乃安就近兼護，且奏請將該陞道唐樹義留甘肅臬司署任，俟新任藩司寶清到甘遞相接卸後，再行起程上任。此議得到道光帝允准。（《先都御史公奏疏》卷一《委護道篆并留陞任道員仍署臬司摺》）

59.5 四月十九日，專摺上奏破獲搶劫派驗軍器馬匹委員徐采、沈玉田行李驟頭之案。此案共拿獲賊匪阿布塄寺所屬札依族番子三人，并嚴辦餘黨。

楊以增《緝獲肆搶番匪提省嚴訊片》："前督臣（按：富呢揚阿）未及奏報，旋即因病出缺，臣暫行代辦督署事務，除行提加什工等來省研訊確情，并移行各該文武會緝逸賊，務期全數弋獲，嚴行究辦。"（《先都御史公奏疏》卷一）

59.6 同日，上奏甘肅官紳士民截至三月底，三次續捐河工經費一萬八千三百三十五兩，并解交司庫兌收，懇恩分別獎敘，以示鼓勵。（《先都御史公奏疏》卷一《官紳捐輸河工經費摺》）

59.7 五月二十四日，上報甘肅省四月得雨分寸及糧價情形：

楊以增《恭報糧價雨水情形摺》："查甘肅各屬本年四月內得雨一二三四寸不等，正值田禾長發之際，得此膏澤，實爲有裨。糧價雖較上月稍昂，而民情安帖，地方靜謐，堪以仰慰聖懷。"（《先都御史公奏疏》卷一）

59.8 六月，接陳官俊函。陳官俊頗贊同楊以增嚴查教匪李一原等。

陳官俊致楊以增函："近奉惠函，遠承殷注。前以晉階協揆，吉語勘嘉。茲又因小兒介祺列名春榜，獎飾逾恒。展頌之餘，倍深慚感。敬惟起居安泰，勳業懋豐。惟經綸早裕於匡居，況學識尤生於夙秉，凡所建白，悉合機宜。助餉河工，名不肯市。推恩頂戴，費可從輕。至查拿邪徒，尤爲當務之急。李一原其最著者，然恐他省亦有此等人。山東、河南、直隸接連地方，匪類竟不時出沒，其如何防緝，如何消弭，尚未聞有定局也。聖心焦慮，實由於此。余雖面陳臆見，局外議論，恐不靠實耳。吾弟才大心細，凡有可見教之處，兄無不虛心領受。更望早膺節鉞，丕展碩猷，爲國家遏杜邪萌，培養善氣，此兄日夕所切禱者也。兄忝居冢宰，倖列參知，黽勉趨公，時慮隕越。小兒由中書改用庶常，父子承恩榮，更滋懼持盈之念，時懷冰淵。如弟摯愛，其何以相規耶？手茲肅復，順請臺安，并頌時禧，附謝銜束。諸希心察，不備。愚兄陳官俊頓首。六月初九日。"（《海源閣珍存尺牘》）

按：陳官俊之子陳介祺道光二十五年（1845）中進士，後改庶吉士，授翰林院編修。據此函"茲又因小兒介祺列名春榜，獎飾逾恒"，可知此函作於道光二十五年六月初九日。楊以增得此函當在此月，故系於此。

59.9 勤於捕盜，與四川總督寶興、陝西巡撫李星沅協力捕獲教匪夏長春、李一元等。

梅曾亮《兵部侍郎江南河道總督楊公家傳》："捕妖民夏長春、李一元。其黨與散四方者，與川督寶公興、陝撫李公星沅密函飛書，悉就擒捕。"（《柏梘山房文集》卷末）

許乃普《江南河道總督楊公墓誌銘》："會垣民夏長春、毛智遠等

聚徒衆，習白蓮教非一日，公至捕獲。而首犯李一元隸四川，黨與分佈
他省，猶藪於陝。公密函川督、陝撫，并移文他省，悉得就擒。"（宣
統《續修聊城縣志》附《耆獻文徵》卷又下）

　　李星沅八月上《審擬教匪摺》云："李一原素習青蓮教，自號依微
子，與湖北陳汶海、彭超凡等謀復邪教，惑衆斂財。復與鄧三謨、蕭剛
捏將有水火刀兵大劫，人若出錢入教，即可免災等語，令蕭剛赴西安，
鄧三謨赴漢中，分投布散。李一原又畫符，酌予盤費，攜帶普度條規乩
詩寶光、寶篆金丹口訣，俾各傳徒斂錢。"（《李文恭公奏議》卷八，
《李文恭公全集》第2638頁）

　　陳官俊致楊以增函："前示之事，經科道一奏邀恩准。兄台詢時，
即將頂戴一節詳細陳説，聖心大以爲然。川省教首李一原已早言之矣。
張給諫乃兄至戚，故肯將老民一層詳切入告也。嗣後有要事，尚祈函寄
爲望。"（《海源閣珍存尺牘》）

　　　　按：梅曾亮作《楊公家傳》及許乃普作《墓誌銘》均稱"李
　　一元"，而李星沅《審擬教匪摺》及陳官俊函均稱"李一原"。李
　　星沅爲實際辦理人員，且上摺報告情形，陳官俊久居樞要，瞭解情
　　形較爲準確。據此，似應作"李一原"。

59.10　囑同年梅曾亮抄録舊稿，將刊行爲壽。

　　梅曾亮《楊至堂屬全録舊稿寄之并作此寄呈》："偶來城市鳴雙鳥，
那計滄溟渺一螺。卻愧故人殊嗜好，大慚小怪爲收羅。"（《柏梘山房
集・詩集卷七》）

　　《梅郎中年譜》："廿五年乙巳，六十歲。服京官，湯敦甫、王少
鶴、邵位西、吳子序等相討論古文義法。楊至堂以先生六十，屬全抄舊
稿，將刊行爲壽。"

59.11　接陳官俊函，陳在信中對楊以增頗多贊許。

　　陳官俊致楊以增："弟品端學裕，猶遠識超凡，所施爲實心貫注。
即擬諸各省督撫，直爲過之。蓋有吾弟之才而器不大，器大而德又不
足。公、忠、正、厚，此四字惟閣下無遺憾矣。陞途少遲，殆天之厚貯
其材，以待大受耳。兄秉權綦重，讚政多疏，庫務慎防，終虞隙越，吾

弟其何以相箴耶！"（《海源閣珍存尺牘》）

道光二十六年丙午（1846）六十歲
（在甘肅蘭州，後赴陝西西安）

【概要】十月二十三日陞任陝西布政使。時陝西巡撫林則徐因病無法視事，稟請由楊以增署理撫篆。陝西本年大旱，楊以增就任後，幸獲大雪，民困得以稍紓。著《志學箴》，跋海源閣抄本《居士集》。

60.1 閏五月初二日，奉上諭："鍾祥奏《官紳捐輸經費懇請鼓勵》一摺，照楊以增現任官階貤贈其外祖父正三品封典。"（錄副奏摺）

《崇祀鄉賢録·事實》："母和氏既殁，爲外祖父請貤，贈通奉大夫。"

60.2 閏五月十九日，因擔任甘肅按察使滿三年，循例請求赴京陞見。道光帝未予允准，而命其下屆再行奏請。

楊以增《奏請陞見摺》："二十三年四月間蒙恩補授兩淮運司，旋擢甘肅按察使，當即進京謝恩請訓。仰蒙召見五次，訓誨周詳，泥首跪聆，服膺虔□。旋於六月初三日陞辭赴任，迄今已屆三年。迭經署理藩司，并代辦督署事務。仰賴聖明指示，敬謹遵循，雖倖免夫愆尤，實未酬夫涓滴。每念職司之重，彌殷瞻就之忱。惟有仰懇聖恩，准令照例進京陞見，俾得親承恩諭，庶地方一切公事有所秉承，而依戀寸衷亦藉以稍申於萬一。"（錄副奏摺）

60.3 七月，著三字經《志學箴》及疏證并跋。後寄《志學箴》於林則徐，頗得林之激賞。

楊以增《志學箴》："士希賢，曰尚志。惇五典，敬五事。先植基，經與史。漢唐宋，學無異。凡《七略》，原其始。若九能，餘技耳。思濟人，務求己。依於仁，壽命久。"（疏證略）

楊以增《〈志學箴〉跋》："侯官林少穆先生讀書經世，中外蜚聲，欽遲久矣。丁酉（1837）、戊戌（1838），先生總制荆湘，檄余陳臬。自時厥後，搴茭河上，秉鉞隴中，皆與追隨，備蒙陶冶。金城（今甘肅

榆中縣城）賦別，以‘學有經法，通知時務，行無瑕尤，直到古人’
書贈楹帖。愧余淺陋，萬不克承。而先生盺睞日加，誘之至道，循循若
此，敢不拜嘉。因作《志學箴》，發明疏證，蓋有志未逮也，願學非能
也。質諸先生，請事斯語。”（咸豐三年楊以增刻本《志學箴》，國家圖
書館藏）

　　林則徐致楊以增函：“昨讀大著《志學箴》，語簡意賅，洵足提要
鉤元，爲正學樹之正鵠。而分註及後跋，猶復過自卑牧，且於鄙陋推獎
逾情，讀之但多愧汗耳。謹將抄本留於兒輩，想檀几上別有副墨，即不
復奉繳矣。”（《林則徐致楊以增手劄》第 11 封，《海源閣珍存尺牘》）

　　　　按：楊以增撰《志學箴》，後於咸豐三年（1853）刊刻於江蘇
　　清江浦，板框 19×13.5 釐米，半葉五行二十字，經文每行三字，
　　下疏證雙行，每行十四字，大黑口，四周雙邊，單黑魚尾。
　　　　又按：楊以增在經學上主張漢宋二說不容偏廢，不立漢宋門
　　户，客觀地尊重每家學説的合理成分。他認爲，漢儒通過考證，循
　　文字詁訓以知解禮之器數、儀文，包括小學灑掃應對等的及身工
　　夫，以精確地復原古代禮制，立足於社會實踐；宋儒則主張視個人
　　內在心性修養體悟天理道德最爲切要。兩者都屬儒家思想的範疇，
　　一個問題的兩個方面，只是側重點不同而已。這種學術態度在《志
　　學箴》中得到進一步闡發。楊以增云：“非漢唐則典章制度無存，
　　故註疏爲尚；非程朱則風俗人心莫挽，故踐履爲先。其於學之實事
　　求是一也”。（《志學箴》，咸豐三年楊以增刻本）任何學説都有其
　　產生的合理義則，楊以增認爲“漢唐宋，學無異”，漢宋的學問没
　　有什麽不同，關鍵在於採用什麽樣的態度，而“實事求是”應是永
　　遠的一貫的治學準則。程瑤田在《論學外篇》中説：“端居自治其
　　身，日與斯人之徒相與，不廢其所有事，居亨常然，處困亦無不
　　然，此皆所謂實事也；事必有義，義有至分，是爲求是。”（《通藝
　　錄》第五十七篇，嘉慶八年程氏家刻本）那麽，治學就是要扎實盡
　　責地去做，要探求出事物的“義”和“分”，亦即事物之間的區別
　　和聯繫，何必爲了門户之見，彼此互相攻訐？在這裡，楊以增想要
　　表達的是一種更高的學術理想。即治學的準則應是“實事求是”，
　　不偏主一家，摒棄歷史上漢學宋學之分，客觀地對待各家學説。正

是在這種學術思想的支持下，楊以增才“步趨程朱，自無流弊；攻擊陸王，吾無取焉”。(《志學箴》，咸豐三年楊以增刻本) 國圖和中科院圖書館所藏《志學箴》附於《禮理篇》之後，從楊以增將兩文合刊可以看出，楊以增就是想在《禮理篇》的基礎上，表達他的“志學之箴言”，以此來達到其“爲正學樹之正鵠”(《林則徐致楊以增手札》第 11 封，《文獻》1983 年第 7、8 期) 的目的。

60.4　八月十七日，於臬署習勤補拙之齋，跋海源閣抄本歐陽修《居士集》。

楊以增《〈居士集〉題識》：“此原鈔目録，其次第當有所本，故未敢更張。惟前輩論歐陽公碑誌文上接昌黎，最爲超特，是以彙鈔成册，以備揣摩。首奏議、次論、次記、次序、次書、次祭文，而以碑誌終焉，其史論則別爲一册。道光丙午壯月十七日，東郡海源閣主人識於金城臬署習勤補拙之齋。”

按：《居士集》(歐陽修撰) 楊氏抄本有兩種，均藏魯圖。第一種即文中所言“原鈔”，爲楊兆煜厚遺堂抄本，不分卷，四册一函，白口，四周雙邊，紅格，單紅魚尾，版心下鐫：厚遺堂。前有清嘉興王啓元題序，序曰：“則痛刪之，存其什之二三……”知爲王氏選輯，共録七十四篇。文中眉批、行間批註比比皆是，篇後又附歸有光總評，知爲歸氏評點本。楊氏抄本第二種爲楊以增海源閣抄本。此本山東省圖書館編《山東省圖書館館藏〈海源閣書目〉》題：震川先生評選歐陽文忠公文鈔。又題：明歸有光輯評。目驗《居士集》海源閣抄本實由厚遺堂抄本而來，兩本目録同，前均有王啓元序，正文亦同，惟次序有異。海源閣抄本目録後有楊以增題識。故魯圖所題輯評者爲歸有光，實誤。海源閣抄本亦不分卷，四册一函。白口，四周雙邊，紅格，單紅魚尾，版心上鐫：歐陽文忠文鈔。下鐫：海源閣。兩抄本版式同，而海源閣抄本尺寸更闊。溯楊氏抄書之源，實起自楊兆煜。兆煜抄本現存者除《居士集》外，還有《古詩雜鈔》一種，紙樣版式兩種俱同。從兆煜抄本所用之統一紙型來看，厚遺堂抄書定不止此兩種。

60.5　十月十三日，林則徐自西安函復丁雙壽案，並告知楊以增，因近期病情加劇，力不從心，欲將印務交與裕方伯接替。

　　林則徐致楊以增函："所示丁雙壽一案供單犯名，俾此間承審者有所依據，感荷，感荷。……弟九月間臥疾數日，已覺精神大減。本月初在校武外場又復重感風寒，致仍大咳失音，至今未愈，舊患疝疾，現又加劇。本已決意具摺將印務交與方伯接替，偏值裕重山亦忽被疾，不能接受。不得已略待數日，再看光景。然自知道如此病軀，若一冬勉強從事，斷受不起。且目睹天時之旱，麥不能種，種不能生，蒿目焦心，只有添疾而不能減。如不去官，恐爲嶰翁之續。此心已決，惟待相機而行耳。"（《林則徐全集》第八冊《信札》，第3818頁）

　　　　按：嶰翁，指鄧廷楨。鄧廷楨字嶰筠，江蘇江寧人，嘉慶進士。曾任兩廣總督、閩浙總督，與林則徐同時謫戍新疆伊犁。後召還，復任陝西巡撫，道光二十六年（1846）卒於任。

60.6　十月十四日，林則徐自西安函告裕方伯病逝，欲薦楊以增替之。

　　林則徐致楊以增函："十三日下午奉泐數行，交宮保處便差帶上。渠尚未起身，詎裕方伯之病忽大變癥，醫治罔效，竟於戌刻出缺。辰下先需委署，而唐子方視爲畏途，蓋以自此至年終皆有出無入之故。不得已曲體其情，委令兼署。現已敘摺由驛具奏矣。此席首推閣下，計子月初必可奉到恩綸，不勝欣盼之至。"（《林則徐全集》第八冊《信札》，第3819頁）

60.7　十月二十三日，陞任陝西布政使。

　　楊以增十一月十二日《恭謝恩授陝西布政使籲懇陛見摺》："竊臣於本年十一月十二日接奉陝甘督臣布彥泰行知，准吏部咨開，十月二十三日奉上諭：'陝西布政使著楊以增補授。'欽此。臣當即恭設香案，望闕叩頭，恭謝天恩。……臣知識庸愚，深懼弗克勝任，惟有仰懇聖恩，俯准臣趨詣闕廷，跪聆訓誨，庶於地方一切公務得所遵循，或可勉竭駑駘，以仰答高厚鴻慈於萬一。"（《先都御史公奏疏》卷二）

　　薩迎阿致楊以增函："春間到蘭，得識荆顏，備承摯愛，至今感切銘肌。比維福履綏嘉，開藩指碩，翹詹吉霭，忭頌定符。弟車煩馬殆，周查烏垣各屬開墾之地，於六月六日始到伊江，託庇粗好。才庸任重，

時惟不勝，當望示我周行，則幸甚矣！手此鳴謝，兼候陞琪，諸惟心照，不具。"（《海源閣珍存尺牘》）

60.8　十月二十八日，林則徐自西安致函，告之病情漸減、川省民變情況，并囑楊以增將《容齋五筆》之"赤馬紅羊"一段摘抄寄示。

林則徐致楊以增函："就稔臺履綏和，讀書有福，燈火之下，收視凝神，所謂省嗇用之，益徵現身説法之妙也。弟日來咳嗽漸減，疝氣亦覺略差，惟天氣仍乾，麥苗竟無可望，令人焦急無似，賤疾恐仍難脱體也。《容齋五筆》所載似有'赤馬紅羊'云云，已不省記。鄴架如有其書，可否將此段摘要飭録數紙寄示……川省咽匪集至盈千……占住簡州大公館，甚至捆官擄弁，殊不成世界也。"（《林則徐全集》第八册《信札》，第3820頁）

60.9　十一月初二日，林則徐致函賀楊以增陞任陝西布政使。

林則徐致楊以增函："陝藩一席，人人無不推袁，頃於初二午刻接奉諭旨，果如衆望。可見天從人願，欣快莫可名言。部文須三日後始行，用特恭録恩諭，馳函奉賀。弟已懇布宮保（即布彥泰）即速委員接署廉車，以便閣下作速來陝。弟即先奏明將撫篆交臺端署理，以便弟調攝夙疴，不勝欣盼之至。"（《林則徐全集》第八册《信札》，第3820頁）

60.10　十一月，接薩迎阿函，提及或將循例入覲之事，并受托寄送信函。

薩迎阿致楊以增函："五月連布兩函，諒已得邀清鑒。比維福履嘉祥，時時育物。陝省雨足，民氣恬熙，定符肌頌。藩臬皆易，計此時均已抵任矣。閣下入覲，當在冬杪也。若子謙制軍冬間入覲，權督赴甘，閣下又須遲遲入都也。琦候不知已抵川督任否？所事自必照所請議准矣。伊江冬春二麥俱可豐收，守邊之幸，南路亦均平安，足紓蓋忱。兹有家信一函，祈飭交貴摺使寄京，送交舍下是感。凡寄伊江信，須用紙包幾層，實貼於官封内，始免磨破遺失也。故萬里臺遞，不得不如此也。昨聞貴雲溪先生春歸道山，良爲悽惻。現在都中戊午同年寶見山中堂、李錫民大寇二人而已。"（《海源閣珍存尺牘》）

60.11　十一月十六日，由林則徐上摺舉薦，代爲護理陝西巡撫。

林則徐十一月十六日《患病未痊請開缺調治摺》：“奏爲微臣自十月患病，至今未痊，現仍力疾辦公，謹瀝下情，據實具奏，請將印務齎交新任藩司楊以增護理。……該司歷在湖北、河南、甘肅等省辦理諸務，臣見其誠正清勤，明敏諳練，實爲臣所不能及。今蒙聖主擢任陝西藩司，洵屬得力。該司奉到諭旨，自必奏請進京謝恩請訓，理應先另迎摺北上，俟陛見後再來新任。無如臣力疾在任，已逾浹月，過此以往，恐更難以支持。而楊以增由甘肅進京，必先經過陝省，臣已催其速來，不過旬日內外可到西安。合無仰懇皇上天恩俯念臣患病實情，准令楊以增先在陝西護理巡撫印務，俾臣得以交卸調治，庶免誤公。”（《林則徐全集》第四冊《奏摺》，第1782頁）

林則徐致楊以增函：“本月十六日拜發之摺，實非得已，茲將摺稿呈覽。緣甚盼旆從早來，是以不揣冒昧，直用公牘奉達，幸祈鑒恕。”（《林則徐全集》第八冊《信札》，第3825頁）

林則徐致鄭祖琛函：“弟走遍龍沙，歸來白頭，枯桐半死，原在意中。三秦爲海內最舊之區，蒙恩得使濫竽，豈復別有所擇？無如窮人祜薄，到此偏遇災荒，自夏秋亢旱，至今小雨數番，晚禾收成大歉，冬麥播種尤稀。不能感召和甘，致貽閭閻困苦，其心愧恥，若撻於市，誠非虛言。因此焦灼之餘，適在校場考武，連受風寒，遂致咳甚失音，觸動向來疝疾。當小春初旬之際，亟圖乞假，欲付方伯代庖。誰料裕仲山亦困，五日支床，遽以不起，一時無可交付。不得已推枕強起，力疾從公，至今音尚未開，疝猶作痛，時時有下不去之勢。幸此間行省已蒙簡放楊至堂，現惟盼其早來，庶可即紓蚊負耳。”（《林則徐全集》第八冊《信札》，第3823頁）

許乃普《江南河道總督楊公墓誌銘》：“時巡撫爲林文忠公深契。公至，舉公自代。公旋權撫篆，明年遂有真除之命。”（宣統《聊城县志》附《耆獻文徵》卷又下）

楊紹和《〈海源閣珍存尺牘〉序》：“林文忠公與先君同宦楚、豫、秦、隴，投分最密。丙午文忠撫關中，將引疾歸。適先君擢藩兩陝，遂舉以自代。……古所謂知己者非歟？”（山東省圖書館藏）

60.12　十一月二十日，林則徐自西安致函，告知一俟楊以增入陝，即當委員將巡撫印信及時轉交。

　　林則徐致楊以增函："查臘月初四日子甚好，且與福造極爲相宜。計臺旌自廿二日起程，初四日已入陝界，或略兼一二站，弟即可委官齎篆至永壽、乾州一帶奉請拜接，祈先示覆，使弟得早息肩，感荷無既。至一切奉商之件，頃間不及備陳，先泐數行，交摺差韓升迎上行轅，藉陳速駕之意。"（《林則徐全集》第八冊《信札》，第3825頁）

60.13　十一月二十五日，在西聖驛所致信林則徐，告知近日行程。

　　林則徐致楊以增函："頃接廿五晚刻在西聖驛所惠答書，藉悉行祉綏嘉，潭祺懋集，以忻以頌。"（《林則徐全集》第八冊《信札》，第3826頁）

60.14　十二月一日，接林則徐信函，催告早日遷居西安衙署。

　　林則徐致楊以增函："弟前書所言，亟欲奉商之件，首在住居衙門，公私始能兩便。因彼時摺差立即就道，不及備陳，是以先囑子方，於信便先爲縷述。适才子方云及閣下先有信與渠，以衙署爲不應住，弟竊以爲過矣。衙署爲辦公之所，宅門以内書吏、宅門以外官人皆必聚集一處，并案卷皆不可離，公事方免叢脞。從前弟在吳門兩次署督，一次進京，皆系怡悅亭五兄署理撫篆。先亦不肯住居撫署，迨弟再三相勸，隨即依從，公事即皆順緒。此即現成式樣，并無半點嫌疑。況此間除弟署中，更無可住之處，請爲兄縷析言之。西安城内公館，惟鎮臺舊衙門不大不小最好，而程玉樵早已久居。今玉樵雖署陝安，而其眷屬仍不偕往。即因守此一塵之故，諒執事必不爭冬夏陰陽之和。此外則南院大公館一所，大而無當，且其中不無小忌，瀛眷諒不宜居。向有之公館一所本亦可住，而近年爲西安協換作衙署，即以粉巷之武營舊署作抵，主考學政差事遂寓於此。然房屋甚小，暫寓尚可，若有一兩月居停，恐即難容。何況辦一衙門之事，内而幕賓無處住，外而巡捕、戈什哈、各房書辦與承差人等即欲於左近賃一空屋，亦勢所不能。一則裕仲山之世兄由京始來，定於本月初間分三日受吊，自不便催令扶柩即行。就令渠迅速登程，而其上房亦須設法另改。聞仲山在時頗違築戒，致渠忽然有變，旋且延及兩孫，是不得不相度一番，爲改弦更張之計。子方已遣邀興安人來省（精於陽宅者），自須靜待改移。以上數處既皆在開除之列，臺駕不住撫署，即別無住處矣。弟自發摺之後，即明告司道府縣必須如此辦理。緣撫署東邊有‘終南山館’，又東有‘春祺介雅’。此兩層本是餘地，弟卻愛其幽靜，已將賤眷搬入居住，由箭道出進，極爲方便。這一邊自二堂以後尚有兩層正上房，并西邊亦有兩層上房。弟住時即覺其廓落，茲已搬居東邊。此房空著，若閣下不肯來住，署內雜人必來作踐，甚至門窗格扇皆不能存，殊非愛惜公廨之道。況向來書辦人等在衙辦公，則無格外津貼，一經出署，紛紛稟求飯食（隨輳名目），司庫安有剩款可籌？故必請吾兄大人俯如鄙見，來住節署，於公事既極妥便，且亦可以體恤屬員（謂兩縣等）。遇賤疾稍瘥之時，尚可晤對，想愛我者必不棄之如遺。至上衙門一節，自府以下皆同。惟司道來時，閣下仍欲示謙，皆無不可。弟已遍告諸同人，定宜如此，即同人亦咸以爲然也。頃間聞有紀綱押書箱到此，弟亟令將行李在署中卸裝，而紀綱因未奉有明諭，堅執不肯，弟復告子方諄促之矣。務祈大兄大人即速發諭與貴紀，令其將行李搬進，萬勿稍存推讓之見。弟與閣下全無行跡，總惟公事爲重，妥便是從，用特瀝陳一一，萬望俯從至禱。”（《林則徐全集》第八冊《信札》，第3826頁）

林則徐十二月七日上《即將巡撫關防交藩司楊以增護理片》：“臣因患病日久，於十一月內恭摺奏懇聖恩，開缺調理，請將陝西巡撫印務交新任藩司楊以增護理，并聲明該司未到任以前，臣仍力疾辦事。近日以來，復添氣喘之症，夜不能寐。正覺難以支持，茲楊以增業已行至咸陽，即可進省，擬於十二月初十日將巡撫關防委員齎交該司護理。”（《林則徐全集》第八四冊《奏摺》，第1788頁）

　　按：怡悅亭，即怡良。怡良，姓瓜爾佳氏，字悅亭，滿洲正紅旗人。下文所稱怡良署撫，在道光十五年（1835）至十六年（1836）之間。時林則徐任江蘇巡撫，怡良任江蘇布政使。
　　又按：據今人考察，林則徐自十二月初十日離任至次年二月十五日回任的兩個多月主要住在蒲城，一面治病，一面爲王鼎服心喪。服心喪是古代對老師逝世後的一種悼念方式，即不著喪服守喪。林則徐在蒲城住在王鼎族弟王益謙（王益謙字仲山，曾在閩任知縣）家中，他親赴蒲城王鼎家，拜見了王鼎的夫人孟氏，書寫了有紀念意義的匾額和對聯。道光二十七年（1847）正月十四日，

王鼎母親魏氏去世，林爲其經營後事，并書寫了由陳官俊所撰的王
母墓誌。（劉仲興、顾志軍《林則徐在陝西》，《西北大學學報》
1981 年第四期。見來新夏《林則徐年譜》增訂本，第 458 頁）

60.15　十二月初十日，正式接護陝西巡撫篆務。

楊以增十二月十三日上《恭報抵陝接護撫篆叩謝天恩摺》："竊臣
前蒙恩命，補授陝西藩司，當將感激下忱，具摺恭謝天恩，籲懇進京陛
見，一面交卸甘肅臬篆，迎摺北上。途次接奉撫臣林則徐行知，因病懇
請開缺調治，所有陝西巡撫印務奏明俟臣過陝時即交護理等情。及臣行
抵西安省城，復准撫臣林則徐知照，欽奉上諭：'林則徐著賞假三個月，
安心調理，毋庸開缺，陝西巡撫印務著楊以增護理，不必來京請訓。'
欽此。撫臣林則徐遵於十二月初十日委員齎送巡撫關防、王命旗牌暨各
項書籍文卷前來。臣即恭設香案，望闕叩頭，祗領任事。"（《先都御史
公奏疏》卷二）

林則徐十二月十三日上奏："伏念臣前因病深日久，非一時所克醫
痊，若請多賞假期，致職任之虛懸，倍難安於寤寐。是以瀝求開缺，實
系不得已之下情。茲特仰荷恩綸，賞假三個月，毋庸開缺，是微臣所不
敢希冀，而聖慈乃曲予優容……已於十二月初十日將撫篆交楊以增接
受。"（《林則徐全集》第四冊《奏摺卷》，第 1806 頁）

張集馨云："冬月，少穆中丞乞病假，楊至堂方伯署撫篆。至堂甫
由甘肅廉訪陞陝藩，尚未蒞本任也。"（《道咸宦海見聞録》，第 84 頁）

60.16　十二月十二日，陝省得獲大雪，於冬麥雜糧均有裨益。道光帝
得報欣然，硃批："稍紓厪念。"

梅曾亮《兵部侍郎江南河道總督楊公家傳》："關中旱饑，巡撫林
文忠公奏請自代，上慰留文忠，以公權巡撫。公聞命禱神祠，素衣齋
食，入陝得微雪。望闕謝恩，雪大作，晝夜沾渥，文忠乃折簡賀。"

《崇祀鄉賢録·事實》："本紳奉命攝巡撫事，素衣齋食，默申虔
禱，受任之日，即得瑞雪。"

楊以增十二月十三日上《優沾瑞雪片》："臣經過陝甘地方，入冬
雪少，而陝省各屬因秋間被旱，待澤尤殷，隨查省城先經設壇祈禱，於
十二月初五日得雪寸餘。茲又於十二日辰刻得雪，起疏密相間，至是夜

丑刻除融化外，積地四寸有餘，十三日猶霏霏未已。伏念祥霙迭沛，尚在立春以前，不但宿麥可以盤根，即未經播種者亦可於開春後另種雜糧，藉資潤澤。當此同雲廣布，可期一律均沾。"（《先都御史公奏疏》卷二）

60.17　冬，朝邑縣舉人李元春向楊以增詳述本縣災情，面陳"拯饑民""治奸民"等救災之策，并頗有感於楊以增之重視民命。

李元春《上護院楊至堂大人言救荒書》："朝邑縣戊戌科舉人，七十有八鯫生李元春，謹上書署中丞至堂大人先生閣下：……今不恤衰老，力赴省垣，本欲一見少穆先生，面呈紙筆所不可言。適少穆先生告疾而大人攝事，交代之餘，瑞雪終日，知兩大人憂國憂民，均有以感之也。……朝邑之災，比他處尤甚……竊見現在饑民流徙滿路，或有縊樹、赴水、投崖而死者。其未徙之家，有闔門坐待餓殺者，有煮食乾瓜皮、辣菜葉，而卒無以延生者，其中鬻妻鬻子女、棄嬰兒者，殆不可勝數。加以匪類所在多有，或以奪食而致斃命，或聚衆黑夜搶劫，或結夥白日亂掠。向生呈少穆先生，言沙苑、渭水間，荔、朝交界，爲藏奸之所。""因思救荒大端有二，曰拯饑民，曰治奸民。"（《桐閣先生文鈔》卷六）

《清儒學案》第八冊卷二百六《諸儒學案》十二："李元春字時齋，朝邑人。嘉慶戊午舉人，截取知縣不就，改大理寺評事，後以勸捐出力，加州同街。嘗率所居十六村，聯爲一社，行保甲法，鄰盜相戒不敢犯。關中旱，捐穀賑給村民，著《救荒策》數萬言，上之當道，大致謂當村各護村，族各護族，時賴以全活甚衆。所居高閣，手植四桐，積書數萬卷，自號桐閣主人。年八十，猶夜半起讀書，語學者曰：'人愈勤，則精神愈生。'咸豐四年卒，年八十六。"（《清儒學案》第八冊，第8039頁）

林則徐致信陳德培："關中秋冬大旱，秋收既甚荒歉，冬麥又未種齊，人心惶惶，市糧昂貴，雖經設法調劑，并奏請緩徵，而棘手多端，殊難言罄。向謂此間爲海內第一完善之地，詎命窮者爲之，遂遇災荒。"（《林則徐書簡》增訂本，第268頁）

按：中國西部地區自 19 世紀開始，氣候趨於乾冷，氣候災害增多。道光二十六年（1846）年，陝西富平、涇陽、潼關、韓城、咸寧、長安、咸陽、興平等二十八廳州縣大旱（《清宣宗實錄》卷四三五），飢民流離，紛紛逃荒。此次旱災頗雜匪害，百姓因此受害酷烈，《朝邑縣志》中亦載此事。"惟道光丙午、丁未兩年，民既多死，搶奪案亦紛起，所在賊多首裹白布，予甚憂之，言開倉賑救於縣公，辭以難。不得已稟明縣公，自上書於林少穆、楊至堂兩中丞，分兩大條，曰救饑民、懲奸民。救饑民以爲在開倉平糶糴，勸富民通賑；懲奸民以爲必有大窩，宜暗究辦，幸兩中丞皆飭行之。次年即反凶爲豐。"（《朝邑縣志》下卷）

道光二十七年丁未（1847 年）六十一歲
（在陝西西安）

【概要】暫護陝西撫篆，并在林則徐病情好轉後，於二月十五日交卸篆務，重回陝西布政使任。後林則徐擢任雲貴總督，於三月十六日正式陞任陝西巡撫。林則徐攜妻赴任，楊以增派員沿途護送，多次致信詢問情形。本年循例上報雨水及糧價情形，上奏緩徵歉區各項錢糧，并爲捐建書院等官紳請獎。八月受命署理陝甘總督，主持辦理糧臺事務。旋因軍情緩和，於九月十八日仍回巡撫本任。得宋本建安蔡琪刻《漢書》，重裝元本《文選》，并囑錢儀吉爲其父兆煜作碑銘。

正　月

61.1　正月十七日，上《揀員請調要缺知縣摺》，奏明因咸陽縣知縣馬曉林告病，請以安定縣知縣姚國齡調補。此奏得到道光帝允准。

楊以增《揀員請調要缺知縣摺》："竊照咸陽縣知縣馬曉林告病，業經撫臣林則徐恭疏具題在案。所遺員缺系沖繁難兼三要缺，例應在外揀員調補。……查有安定縣知縣姚國齡，年四十六歲……該員年壯才明，實心任事，任內并無參罰案件，以之調補咸陽縣要缺知縣，洵堪勝任。惟歷俸未滿三年，於例稍有未符。但員缺緊要，人地實在相需，……臣復與撫臣林則徐面商，意見相同。合無仰懇皇上天恩，俯念要缺需員，敕部覆核，准以安定縣知縣姚國齡調補咸陽縣知縣，於衝途要缺實有裨益。"（《先都御史公奏疏》卷二）

　　　按：衝繁難兼三要缺：清代將衝、繁、疲、難四字考語作爲政區分等的正式依據，交通頻繁曰"衝"，行政業務多曰"繁"，稅糧滯納過多曰"疲"，風俗不純、犯罪事件多曰"難"。四字俱全的縣稱爲"最要"或"要"缺，占其中三字的爲"要"缺，二字的爲"要"缺或"中"缺，一字或無字的縣稱爲"簡"缺。

61.2　正月十七日，上摺奏報陝西省道光二十六年錢糧完成數目，通盤計算，共完錢糧九分六釐零。

　　楊以增《查明各屬錢糧已未完解數目摺》："道光二十六年額徵民屯更起運并糧摺等項內，除各屬留支外，實應解司銀一百三十三萬九千三百三十七兩零。截至上年十一月底止，已完銀一百二十五萬一千七百三十九兩零，……茲自上年十二月起至年底止，續完銀三萬六千七十三兩零，仍未完銀五萬一千五百二十四兩零。……統計道光二十六年錢糧已完九分六釐零。"（《先都御史公奏疏》卷二）

61.3　正月十七日，上摺奏報陝西省於十二月上中旬普獲雪澤情形，并稱此雪於農事非常有利，各屬糧價稍減，民氣安恬。

　　楊以增《恭報雪澤麥苗情形摺》："旋據西安、延安、鳳翔、漢中、榆林、同州、興安、商州、邠州、乾州、鄜州、綏德等十二府州屬陸續稟報，於十二月初七八、十一二三四五六等日各得瑞雪，內鳳翔、扶風、隴州、麟游、汧陽、郿縣、淳化、商州、盩厔、藍田、長安、咸寧、雒南等州縣均在六七八寸，寧陝、岐山兩處竟至盈尺，其餘州縣亦自一二三寸至四五寸不等。臣查此次雪澤合省均沾，南北兩山土脈本極滋潤，而平原久旱之地，獲此祥霙，已種之麥田可冀盤根穩固，其未種者亦可補種雜糧，藉資生計。"（《先都御史公奏疏》卷二）

61.4　正月，照例盤查司庫及同城道庫存貯銀錢，并逐一核對銀數，均屬相符，并無虧挪情弊。

　　楊以增正月十七日《盤查司道庫貯銀錢摺》："竊臣奉命護理陝西巡撫，應將司庫及同城道庫存貯銀錢照例盤查。……所有藩庫正雜款項截至道光二十六年十二月十八日止，共實貯銀七十一萬四千三百一十四兩零，錢五萬二千五百三十七串零，道庫共實貯銀一萬二千一百二十三兩零。經臣逐一彈兌銀數，均屬相符，并無虧挪情弊。"（《先都御史公奏疏》卷二）

二　月

61.5　二月，查明上年下忙徵收正賦鹽課錢糧已未完數目，循例具奏，并將冊籍另行咨部。

　　楊以增二月初六日《查明徵收正賦鹽課錢糧已未完數目摺》："查得陝省各屬道光二十六年分，額征民屯更起存并糧折銀，除屯丁兌食及存留外，實應解司銀一百三十三萬九千三百三十七兩零。內除上忙已完銀八十九萬四千四十八兩零，未完銀四十四萬五千二百八十九兩零。今下忙續完銀三十九萬三千七百六十五兩零，仍未完銀五萬一千五百二十四兩零。……除將未完銀兩嚴飭該管道府州，趕緊督催征解，并將送到冊籍另行諮部外，所有道光二十六年分下忙徵收正賦鹽課錢糧已未完數目，理合循例恭摺具奏，伏乞皇上聖鑒。"（《先都御史公奏疏》卷二）

61.6　二月初六日，上《委署臬司片》《揀員請調要缺知縣摺》《委署知州片》，陝西按察使唐樹義補授湖北布政使，所遺員缺請以督糧道張集馨兼署；蒲城縣知縣張肇元告病開缺，請以新補清澗縣知縣沈功枚調補；商州直隸州事佛坪廳同知陳堯書因病出缺，請以鎮安縣知縣徐昆署理。（《先都御史公奏疏》卷二）

61.7　二月初六日，上《籌撥兵糧動支運腳摺》，奏明因榆林府神木、府谷二縣上年秋末被旱歉收，神木縣緩徵額供縣倉并高家堡倉草及府谷緩徵縣倉額供糧，均於二縣常平倉及榆林府倉借撥，其腳價亦循例於例價外加給一倍，先在司庫借支，由通省攤捐歸款。

　　楊以增《籌撥兵糧動支運腳摺》：“惟該縣（即神木縣）暨府谷縣緩徵本色兵糧內，神木緩徵縣倉并高家堡倉額糧共一千三百六十八石一斗零，除該縣支剩糧三斗八升零全數動用，計不敷糧一千三百六十七石七斗零。又府谷緩徵縣倉額供糧一千三百四石四斗零，二共不敷額供倉斗糧二千六百七十二石二斗零。若盡數全由榆林府廣有倉內撥運，糧石既多，費用愈繁，當此經費有常之際，自需酌量變通，以昭節省。查神木縣常平倉現貯京斗穀二千四百一十六石一斗零，折合倉斗八百四十五石六斗零。擬請就近借撥六百六十七石七斗八升零。府谷縣常平倉現貯京斗穀一千五百二十一石八斗零，折合倉斗五百三十二石六斗零，就近借撥四百四石四斗二升零。統俟徵收有項，分別還款。……照依陝省運糧腳價定例，每京斗石山路百里給銀一錢六分，連賃用口袋、繩席等項共需運腳銀一千二百九十六兩。應俟撥運完竣，按照分撥糧數腳價，造冊送部核銷。惟邊地屢年歉薄，食物較昂，且山路險阻，每驢一頭只能馱糧七斗，日行六七十里不等，兼有回空之費，例價實屬不敷。伏查嘉慶十年、十五六九等年陝省撥運兵糧，節經奏明例價外加給腳價一倍，其加給腳價先在司庫借支，由通省攤捐歸款。……此次撥運糧石事同一律，應請仿照辦理……庶軍食無虞缺乏，而州縣亦不致苦累。（《先都御史公奏疏》卷二）

61.8　二月，因寧羌州境內及留壩廳境內棧道距上次修理已逾五載，偏橋欄杆均被山水沖塌，木料朽腐，急須修理，因此在漢中府庫存貯棧道備公本款銀內動支，飭令趕緊修理，工竣委勘，核實造銷。

　　楊以增二月初六日《修理棧道動用銀數摺》：“該州（即寧羌州）棧道自道光二十二年修理後，迄今五載，一切偏橋、欄杆均被山水沖塌，木料朽腐，急須修理。摶節確估，共需工料銀九百九十四兩零。……該廳（即留壩廳）棧道自道光二十一年修理後，迄今已逾五載，一切偏橋、欄杆、馬牆多被山水沖塌，木料朽腐，亦應趕緊修理。摶節確估，共需工料銀九百九十七兩零。……惟棧道爲川陝往來要路，文報差事絡繹不絕，若不急爲修整，必致阻滯，所關非細，非別項工程可比。每遇坍塌，均經奏明動用本款銀兩，興修在案。今既勘系必不可緩之工，所估工料銀兩并無浮濫，應如所請，在漢中府庫存貯棧道備公本款銀內動支，飭令趕緊修理，工竣委勘，核實造銷。”（《先都御史公

奏疏》卷二）

61.9　二月十五日，結束護理陝西巡撫印務，回陝西藩司本任。

　　楊以增二月十五日《恭報交卸巡撫印務接收藩篆摺》："竊臣前奉撫臣林則徐行知，欽奉上諭：'林則徐著賞假三個月，安心調理，毋庸開缺。陝西巡撫印務著楊以增護理，不必來京請訓。' 欽此。當將感激下忱及接護撫篆日期恭摺奏報在案。茲撫臣林則徐病痊回任，臣隨將巡撫關防、王命旗牌等項於二月十五日委員呈齎撫臣接收，并於是日准署藩司唐樹義將布政使印信文卷移送前來，臣謹即恭設香案，望闕叩頭謝恩，祇領任事。"（《先都御史公奏疏》卷二）

　　林則徐二月十五日《回任接印日期摺》："竊臣前因患病未痊，奏懇開缺調理，并將陝西巡撫印務交新任藩司楊以增護理，旋蒙恩旨：'賞假三月，毋庸開缺。'……自上年十二月卸篆後，延醫調治，漸次見效……謹又加服清肺補中之劑，仰邀聖主福庇，咳嗽業已就痊，雖中氣仍虛，不時下墜，而精力尚可支持。渥蒙高厚生成，何敢久稽職守，現距卸事業已兩月，亟應銷假接印。准護理撫臣楊以增於二月十五日委員齎送巡撫關防暨王命旗牌等項移交前來，臣謹恭設香案，望闕叩頭，祇領任事。一切地方公務次第悉心妥辦，惟當益加黽勉，以期仰答恩慈。"（《林則徐全集》第四冊《奏摺卷》，第 1808 頁）

61.10　二月，因上年陝省遭受旱災，楊以增率屬設壇，虔心步禱，本月連獲大雨，旱情大大緩解，冬麥和春苗漸次生長。同時開倉平糶，勸富散糧，暫緩徵糧，以保民生。

　　楊以增二月十五日《恭報交卸巡撫印務接收藩篆摺》："至西、同、鳳、乾各府州屬上年被旱歉收，麥多未種。十二月內雖曾獲祥霙，稍滋潤澤。臣復率屬設壇步禱，本月初七、八等日，省城及附近一帶據報得雨一二三四五寸不等，又於十三、四日連宵達旦，大沛甘霖，入土深透。而雲陰廣布，當必遝邐均沾，不但二麥滋生，即春苗亦可及時播種矣。其極貧、次貧戶口臣與署藩司唐樹義飭屬查辦，已據各屬分晰具報，陸續開倉平糶，并有紳商富戶或散糧食，或散銀錢，各保各村，尚可無虞失所。惟青黃不接，爲日正長，體察情形，不能不酌予緩徵，以紓民力。"（《先都御史公奏疏》卷二）

61.11 二月，致信兩江總督李星沅。

道光二十七年（三月）初五日："覆楊至堂書。"（《李星沅日記》，第698頁）

按：楊以增寫信日期不詳，姑系於此。

三　月

61.12 三月十六日，擢任陝西巡撫。楊以增爲此於四月初二日上摺謝恩，道光帝硃批"誠實守而勿失，虛浮屏而勿尚"，加以勉勵。

楊以增四月初二日上《擢任陝西巡撫恭謝天恩摺》："竊臣於本年三月二十八日接撫臣林則徐行知准吏部咨開，道光二十七年三月十六日欽奉上諭：'楊以增著補授陝西巡撫，於明年冬間來京陛見，陝西布政使著恒春補授。'等因，欽此。聞命之下，感激悚惶，莫能名狀。當即恭設香案，望闕搒頭，叩謝天恩。伏念臣一介寒微，至愚極陋，由道光二年進士，即用知縣，洊陞甘肅臬司，上年十月蒙恩補授陝西布政使，并先暫護撫篆。本年二月十五日交卸後，始到藩司本任。受事甫及四旬，辦理尚無寸效，惟恪共於職守，或倖免夫愆尤。乃蒙簡畀之優加，遽擢封圻之重任。隆施逾格，非夢想所敢期；異數連膺，倍心驚而滋懼。"（《先都御史公奏疏》卷三）

林則徐致楊以增函："四月內，在寧羌途次交差弁連帶兩函，諒可俱登臺覽。嗣入蜀境，接誦四月廿五日排單遞到惠書，承將批摺寄還，謹已領到。伏讀恩諭'長途善養'等因，不勝感涕。復荷仁言諄囑，令其撙節煩勞，摯愛肫情，曷勝感刻？又恭讀批諭尊摺，仰見閣下懇誠真實，久已上契宸衷，是以勖勵有加，惟在'守而勿失'。敬聆之下，感忭同深。邇時炎景漸隆，遙維蓋履亨綏，潭祺嘉迪，自如臆頌。"（《林則徐全集》第八冊《書信》，第3882頁）

61.13 三月二十九日，接林則徐信。因陞任陝西巡撫謝恩摺於楊以增非常重要，故林對摺中用語精心加以改正。

林則徐致楊以增函："見示摺稿，本已明妥。惟思此次恩遇非常，措辭似宜倍加謙虛。弟酌籌數語，粘簽奉政，未知當否？惟祈裁定。弟處摺稿，亦乞細爲刪改爲幸。明日遲發不妨，擬令於十三日呈遞，比十二日子更佳也。"（《林則徐全集》第八册《書信》，第3869頁）

四　月

61.14　四月初二日，上奏因接受撫篆，所遺藩司事務委鹽法道崇綸接署，以專責成；崇綸所遺鹽法道由候補道程德潤委署。

楊以增《委署藩道印務片》："臣接受撫篆後，所有藩司事務應即委員接署，以專責成。查調任臬司嚴良訓尚未來陝，現任系都糧道張集馨兼署。茲臣與陞任撫臣林則徐詳加遴酌，查有鹽法道崇綸端謹勤明，堪以委署藩篆。所遺鹽法道，查有候補道程德潤老成穩練，堪以委署。"《先都御史公奏疏》卷三）

61.15　四月上旬，得林則徐信，受託爲其友人謀求館地差事。

林則徐致楊以增函："日來本擬造談，而諸冗猬集，竟致未得抽閒。昨樗邨言及張州判可委監印，具徵造就盛心。又沙遊擊休致遺缺，宮保函來，屬以署中軍之尹遊擊兼署。是以弟現具兩稿，送呈察政，如以爲可，即賜付回。弟便照此繕發，毋庸費神裁覆也。正寫至此，樗邨又以尊書見示，知承推愛，署中賓從感曷可言！弟友人未免太多，不便太煩位置。劉小樓本系弟在涼郡時託春介軒在書院中物色，茲伊情願回涼，弟爲之函託介軒，代薦筆墨之館。小樓在弟處既閱年餘，諒甘、涼一帶即無如此書記，或者介軒即可訂延也。子香只求於新方伯到時鼎言噓植，當不脫館。目下渠即回寓暫住，亦不過月餘。乃弟已在荷卿處，即不便再爲薦注，卓見以爲然否？家人黃崐本系隨弟多年，此次所以不欲帶滇者，爲伊年已望七，何必拖往萬里遙程？是以擬留在此。而其子仍隨小兒在閩。蒙愛屋及烏，許其仍供舊時執事，不但弟代爲感激，伊亦極叨異量之恩。惟據其連日依依，總以跟隨將及卅年，不忍離去，若遠路別有不虞，亦是數定，無可怨，亦無可慮。弟看其言出肺腑，只可任他隨去，應請閣下毋庸更費騰那（挪）矣。連日雜事來求者不可勝數，惟一未入李家楨系弟同年之孫，前聞子方已許甘餉，兩縣皆知之，現卻未經派及。然其苦萬狀，據云現尚有餉解甘，可否於閣下在行省時先爲派定，以免復成畫餅，出自仁裁。"

61.16 四月上旬，因林則徐將赴任雲貴，故專贈行轎數乘，以便途中乘用。

林則徐致楊以增函："前日見貽行轎數乘皆好。其綠圍轎弟處現已多餘，萬萬勿勞制贈。"（《林則徐全集》第八册《書信》，第3877頁）

61.17 四月十九日，寄信林則徐，林讀後頗爲感動，并回信感謝。

林則徐四月二十二日致楊以增函："奉十九日所發惠書，情緒深長，讀之深感。惟撝謙過量，益使弟踧踖難安耳。即惟薑祉綏宜，譚祺藹及，悉如心誦。"（《林則徐全集》第八册《書信》，第3879頁）

61.18 四月二十二日，林則徐自褒城馬道驛致函，告知途中遇雨，托轉家書并代兑款。

林則徐四月二十二日致楊以增函："承示省中稍形乾旱，而弟自寶雞入山，已遇大雨兩次，或者日來亦可遍沾也。……此次所奉批摺各件，蒙爲轉行，感荷感荷！下次謝摺回來無可轉行，恐其摺即包在小兒家信之内。只求將弟家信飛遞前來，則沿途皆可接到矣。"此信又附及："另單所開存款，極感親切至情。但必將兩數亦算所存之内，弟實萬分難安。惟有於不得已時再向臺端挹注，亦斷不敢自外也。承詢兑京一層，小兒春間去時所帶或尚敷衍得半年之用。惟沈婿（即弟外甥）一貧如洗，中後如能館選，在京之日尚長，所用不少，小兒亦不能一一代墊。既蒙關垂之切，請於存項中代撥京平五百兩，由小兒轉交小婿作爲用度，容隨後統計可耳。"（《林則徐全集》第八册《書信》，第3880頁）

61.19 四月二十二日，上奏因蒲城縣知縣張肇元告病遺缺，且前所題請之沈功枚被駁，故再請以西鄉縣知縣許保瑞調補。

楊以增《遴員另調要缺知縣摺》："竊照蒲城縣知縣張肇元告病遺缺，前經臣於護理巡撫任内奏請以清澗縣知縣沈功枚調補。茲准部咨：'沈功枚題補清澗縣尚未奉旨，并非現任人員，與請調之例不符，駁令另選合例人員調補。'等因。臣遵即督同署藩、臬兩司在於通省簡缺知縣及候補正途人員内復加遴選……查有西鄉縣知縣許保瑞年四十九歲，四川監生，……該員年力正強，辦事幹練，以之調補蒲城縣知縣，實堪

勝任。……合無仰懇聖恩，俯念要缺需員，敕部核覆，准以許保瑞調補
蒲城縣知縣，誠於地方有裨。"《先都御史公奏疏》卷三）

61. 20　四月二十二日，上報陝西省三月下旬、四月上旬雨水田禾情形
及陝西各府州屬二麥約收分數。

　　楊以增《恭報雨水田禾情形摺》："大抵南山暘雨尚屬合宜，北山
仍形雨少，至平原一帶月來雖未得雨，而前此澍澤頻沾，入土極爲充
足。二麥根荄透潤，且當升漿結實之際，正須天氣晴暄，藉資曝曬，顆
粒可期飽綻，其補種雜糧等項亦皆長發青蔥。"（《先都御史公奏疏》卷
三）

61. 21　四月二十五日，林則徐自寧羌大安驛致函，告抵寧羌及入川
行程。

　　林則徐四月二十五日致楊以增函："弟於襃城又復遇雨，行程頗覺
艱屯。廿五日至大安驛……弟廿六日可抵寧羌，距成都尚有十一程，到
彼須在端節後矣。"（《林則徐全集》第八冊《書信》，第 3881 頁）

61. 22　四月二十二日，循例上報陝西省西安等九府州屬七十一廳州縣
多寡牽算，二麥約收六分有餘。

　　楊以增《二麥約收分數摺》："查陝省各屬上年秋冬雨雪，惟南山
一帶調勻，而平原地方均形稀少。天燥土乾，以致二麥未能播種齊全，
較之向年收成差遜。……除蒲城縣被旱較重，業經前陞任撫臣林則徐奏
明，將上忙地丁錢糧全緩，并平糶倉糧，勸諭紳富捐濟。現已飭查收成
分數，應俟題報實收案內再爲核辦外，所有西安等九府州屬七十一廳州
縣多寡牽算，二麥約收六分有餘。"（《先都御史公奏疏》卷三）

五　月

61. 23　五月二十四日，因陝西省華山嶽靈屢彰顯應，澤被三秦，遵旨
於本日虔詣嶽廟，恭懸御書匾額。

　　楊以增《遵旨虔詣嶽廟恭懸御書匾額摺》："臣即於五月二十一日
捧齎出省，馳抵華陰縣地方，於二十四日敬詣嶽廟灝靈正殿，恭懸御

額，虔熱寶香，祇申祀謝，仰奎文之炳耀，輝映蓮峰；挹瑞靄之氤氳，馨陞玉井。邇日甘霖迭沛，悉荷至誠感格之庥。從茲靈佑彌彰，永昭聖德懷柔之應。群黎瞻仰，歡感同聲。"（《先都御史公奏疏》卷三）

咸豐《同州府志》卷首《聖製紀》第一：楊以增《奉命致祭西嶽華山文》："欽差兵部侍郎兼都察院右副都御史、巡撫陝西等處地方、贊理軍務兼理糧餉楊以增奉命致祭於西嶽華山之神曰：欽奉皇帝諭旨：'前因陝西雨雪愆期，虔取靈湫。仰荷神庥普被，疊沛甘霖，實深寅感。朕親制匾額，發去大藏香十炷，交該撫祇領，虔詣廟中，代朕拈香，敬謹懸掛，用昭誠愨而肅明禋。'欽此。當將御書匾額敬謹懸掛，祇肅拈香。惟神功高西極，德沛秦疆，仙掌露濃，百穀茁靈膏之潤；帝居日近，四時調玉燭之祥。屢昭聖跡於熙朝，三公并秩；聿煥奎章於琳宇，四嶽同尊。敬□御香，恭承祀事，伏希靈爽，歆此苾芬，尚饗！"

61.24 五月二十四日，循例上報錢糧現經徵收完欠分數，統計本年新徵銀兩完納二分二釐有餘。

楊以增《查明錢糧徵收完欠分數摺》："道光二十七年分應徵錢糧額徵民屯更起運存留，共銀一百六十萬九千五百五十二兩零。內除存留銀二十七萬八千一百一十二兩零，實應解起運銀一百三十三萬一千四百三十九兩零。計自二月開徵起至五月止，現已解貯司庫銀二十九萬四千五十四兩零，未完銀一百三萬七千三百八十五兩零。……統計本年新徵銀兩完納二分二釐有餘。"（《先都御史公奏疏》卷三）

61.25 五月二十四日，上報雨水禾苗情形，估報收成尚屬中平。

楊以增《恭報雨水禾苗摺》："茲據西安、延安、鳳翔、漢中、榆林、同州、興安、商州、邠州、乾州、鄜州、綏德十二府州屬陸續具報，於四月十七日暨二十一、二、三、四並二十八，五月初七、八、九、十等日先後得雨一二三四五六寸至深透不等。臣查陝省平原各屬二麥業經刈獲，收成尚屬中平，其前次補種之雜糧得茲澍澤優沾，長發可期暢茂，未種之地亦可趕種秋禾。現當炎夏之時，土脈易於乾燥，但得此後甘霖頻渥，長養有資，俾以秋獲之豐藉補夏收之嗇，更於歲事有裨。"（《先都御史公奏疏》卷三）

61. 26　五月二十四日，上報安康縣民人黨思懷因瘋戳傷伊父黨倉并伊妻小黨陳氏各身死一案。楊以增先委西安府知府徐棟督同候補知縣鐘錫瑞及該縣陳僅審明定擬，由署臬司張集馨覆訊解勘後，親提研鞫，按律定擬。

　　楊以增《審明逆倫重犯照例辦理摺》："民人黨思懷因瘋戳傷伊父党倉并伊妻小党陳氏各身死一案。當以情罪重大，批飭押解犯證來省。委據西安府知府徐棟督同候補知縣鐘錫瑞及該縣陳僅審明定擬，由署臬司張集馨覆訊解勘前來。臣親提研鞫……該犯瘋病已痊，語言清楚，嚴詰委系一時瘋發無知，戳斃父妻，并據犯母、鄰證人等供悉前情不諱，實無裝瘋捏飾情弊，眾供確鑿，案無遁飾。……此案黨思懷因瘋病復發，用矛將伊父党倉戳傷身死，并戳斃伊妻小党陳氏，實屬罪大惡極，應按律問擬。党思懷除毆妻至死，罪止絞候，輕罪不議外，合依子毆父殺者凌遲處死。安康縣距省在三百里以外，照例即在省垣正法。……仍傳首犯事地方，懸竿示眾，以昭炯戒。"（《先都御史公奏疏》卷三）

61. 27　五月二十四日，上報本年上忙徵收錢糧已未完數目及應徵帶徵錢糧已未完數目，并上報因災緩徵情形。

　　楊以增《查明上忙徵收錢糧已未完數目摺》："茲據署藩司崇綸詳報，道光二十七年分額徵民屯更起存并糧折價除屯丁兑食外，共銀一百六十萬九千五百五十二兩零，內除存留銀二十七萬八千一百一十二兩零，止該解司銀一百三十三萬一千四百三十九兩零。計自二月開徵起，至上忙截數止，已完解司銀二十九萬四千五十四兩零，未完銀一百三萬七千三百八十五兩零。較比向年已完銀數短少之處系因西安、同州、鳳翔、乾州四府州屬上年雨澤缺乏，秋禾歉收，冬麥又未種齊，并神木、府谷二縣被旱成災，今春民力拮据，難以照常催徵，業經前陞任撫臣林則徐奏奉上諭，分別緩徵各在案。"（《先都御史公奏疏》卷三）

六　月

61. 28　六月二十四日，上摺請留張集馨暫署陝西臬篆，得到道光帝允準。勸張集馨暫署督糧道，未果。

　　楊以增《請留陞任道員暫權臬事并委署道缺摺》："道光二十七年

六月初十日奉上諭："……四川按察使著張集馨補授。"……當經轉行
遵照，其所遺督糧道員缺應即委員接署，飭令交卸起程。惟查該陞道張
集馨現尚兼署臬司篆務，業經數月，核辦一切案件俱極周詳妥慎，新任
臬司嚴良訓計期不日當可到陝，爲時無幾，似可無庸另行委署，以免旋
接旋卸之煩。……一俟新任嚴良訓到任，即另交代起身。至督糧道篆務
查有鹽法道崇綸有守有爲，堪以委令接署，其所遺鹽法道篆務查有候補
道程德潤歷練老成，堪以委署"。（《先都御史公奏疏》卷三）

　　張集馨自述云："六月，蒙恩補授四川臬司，即日楊至堂中丞持部
文來署道喜，余乞交卸道篆。上年停徵，至今糧道左支右絀，不可思
議；現逢樂歲，甫經開徵，日有所入。鹽道崇荷卿（即崇倫）聞余陞
擢，虎視眈眈。前此糧道諸君，曾有交印不交倉之事，并相爭至於撫軍
前者。近日猶以爲談柄。監司大員行同市井，何以表率僚屬？余居是
官，心每不安，雖非勒折，確是浮收。小民終歲勤動，所得幾何？赴倉
納糧，任聽魚肉而不敢一較。余僅一子，尚望其成人，何必陞官發財，
二美畢具，爲造孽之事耶？幸得脫離，去之惟恐不速。親朋僕從，婉勸
再三：'遲十餘日，便可得二萬餘金矣。'余不之聽。至堂中丞亦云：
'糧道乃本缺，新臬司不日即到，何妨同時交卸？'余請之甚力。至堂
中丞不得已，奏留余專署臬司，俟嚴迪甫廉訪來，再行迎摺北上，而以
糧道另委崇荷卿署理。自有糧道以來，未有如余之矯情鎮俗者也。崇得
委，即日接事，赴倉收糧，而孳孳爲利矣。"（《道咸宦海見聞錄》，第
85頁）

61.29　　六月二十四日，榆林府知府徐松因病告請開缺，題請候補知府
劉健韶委署；神木同知覺羅貴保現准部咨籤陞盛京戶部員外郎，題請高
陵縣知縣德亮委署，其高陵縣員缺由略陽縣知縣蔣召南調署。（《委署
府縣各缺片》，《先都御史公奏疏》卷三）

61.30　　六月二十四日，上報陝西省五月下旬及六月上旬雨水田禾情形
及各屬糧價。

　　楊以增《恭報雨水田禾情形摺》："陝省各屬入夏以來時雨優沾，
秋禾已資暢發。今復甘膏迭沛，更覺芃茂青蔥，實於歲收有益。各屬糧
價亦多平減之處，地方安謐，民氣恬愉。"（《先都御史公奏疏》卷三）

61.31　六月二十四日，因前任眉縣病故知縣陳椿冠因公挪移道光二十三年民屯更折地丁正耗共銀、鹽課銀，又致黴爛常平倉京斗麥折銀共計一萬六千四百九兩七錢二分三釐八毫七絲，經查抄充公後尚虧一萬六千一百六十七兩四錢五分九釐八毫七絲，上奏擬由各級相關官員循例按成分賠。（六月二十四日《故員虧缺銀兩分成著賠摺》，《先都御史公奏疏》卷三）

61.32　六月二十四日，爲大荔縣紳士捐建書院分別請獎，并稱其“洵屬急公好義，慷慨樂輸，殊堪嘉尚”。

　　楊以增《紳士捐建書院請分別獎敍摺》：“該縣（大荔縣）爲附郡首邑，向未設有書院，殊不足以教育人才。當經倡辦勸捐，旋據候選教諭李榮春等願捐城內東街祖遺空地一段作爲書院基址。又據議敍縣丞杜志銓同侄俊秀杜思忠情願獨力創建，并增買地基，先後共捐銀八千五百八十兩，於道光二十六年四月興工，是年十月工竣，建立書院一所，計房七十二間，工料銀三千五百兩，尚餘銀五千八十兩發商生息，足備延師修膳、生童膏火及書院一切經費之需。……今大荔縣議敍縣丞杜志銓同侄俊秀杜思忠獨力創建書院，捐銀至八千五百八十兩，內杜志銓捐銀六千兩，杜思忠捐銀二千五百八十兩，不特營造有資，並能籌備經費，洵屬急公好義，慷慨樂輸，殊堪嘉尚，相應請旨敕部從優議敍，以昭激勸。”（《先都御史公奏疏》卷三）

61.33　六月二十四日，爲紓民力，上奏上年被旱各屬民情拮據，完納維艱，懇請對本年應納夏糧予以緩徵。

　　楊以增《查明被旱各屬應納夏糧懇請緩徵摺》：“竊照陝省西安、同州、鳳翔、乾州等府州屬本年上忙地丁錢糧前因上年雨雪稀少，二麥播種失時，民情拮据，完納維艱。……惟咸寧、長安、咸陽、臨潼、高陵、涇陽、三原、興平、醴泉、渭南、乾州、武功、富平、大荔、蒲城等十五州縣地方去秋雨澤愆期，入冬得雪甚少，二麥未能普種，現在夏收歉薄，民力艱難，請將本年額徵夏糧分別量爲暫緩。……陝省歲收向以二麥爲重，今各該州縣麥收既屬歉薄，閭閻生計維艱，如將夏糧照常催繳，誠恐力有未逮。……合無仰懇天恩俯准，將咸寧等十五州縣共請緩徵京斗糧四萬四百三十一石五斗零，暫緩至本年秋後再行起徵，俾紓

民力。"（《先都御史公奏疏》卷三）

61.34　六月二十四日，上報五月中下旬及六月上旬雨水田禾情形，稱本年入夏以來降雨較多，實於歲收有益。

　　楊以增《恭報雨水田禾情形摺》："茲據西安、鳳翔、漢中、榆林、同州、興安、商州、邠州、乾州、鄜州、綏德等府州屬陸續具報，於五月十七八九、二十并二十一二暨六月初一二及初四五六等日先後得雨二三四五寸至深透不等。臣查陝省各屬入夏以來時雨優沾，秋禾已資暢發。今復甘膏迭沛，更覺芃茂青葱，實於歲收有益。"（《先都御史公奏疏》卷三）

　　薩迎阿致楊以增函："六月八日奉到手書，欣悉福履綏和，新猷煥赫，春雨普徧，民氣復原，爲頌爲感。閣下愛民心誠，天神鑒之，今不次蒙恩，正所以動之。自宜加勉，爲陝省造福無窮。"（《海源閣珍存尺牘》）

七　月

61.35　七月，因久旱無雨，多次率屬設壇求雨，省城及各附近州縣於十六日、十七日續獲甘霖。

　　楊以增七月二十六日《恭報雨水田禾情形摺》："惟晚秋尚在長發，農田望澤孔殷，臣連次率同司道各官設壇步禱，現於十六日巳刻起至十七日巳刻止，省城得雨四寸有餘，附近各州縣地方具報二三四五寸及深透不等。"（《先都御史公奏疏》卷三）

61.36　七月二十六日，遵旨上奏陝西省庫款收支情形，并聲明"每年春秋二撥案內并無解部之款，亦無額定留協等銀"，而收捐監餉均按例收足三萬兩即行解部。

　　楊以增《查明庫款收支情形據實覆奏摺》："伏查陝省每年額徵地丁錢糧無閏之年共應徵銀一百六十萬九千餘兩，有閏之年共應徵銀一百六十三萬二千餘兩。內除各屬留存支給官役俸工、夫馬工料等項銀兩外，實起運解司銀一百三十三萬餘兩，內應支放滿漢旗標鎮營官兵俸餉等項歲需銀一百一十五萬餘兩，遇閏一百二十四萬餘兩，此外尚有應支八旗兵丁紅白賞項以及各州縣供支等款，下剩地丁銀兩爲數無多……其餘徵收耗羨暨一切稅課雜項銀兩例不報撥者，均有應支定款，例應報撥者亦有留備本省之需。惟收捐監餉一項系收足十萬兩即行奏明解京，嗣經由部奏定章程，收足三萬兩即行解部，續收三萬兩歸補封貯，此項應解銀兩歷俱按數解京。……查陝省每年徵收一應銀兩爲數雖多，第地丁正項支撥浩繁，向無解部之款，其捐監以及減平等銀應解部者俱照數解納，尚無稽延。至每年春秋二撥留備銀兩內除撥給本省官兵糧餉外，多有奉撥甘省兵餉銀二三十萬兩不等，均經派委妥員照數解往，亦無請於別省改撥之案。"（《先都御史公奏疏》卷三）

61.37　七月二十六日，上《委署道府各缺摺》及《揀員陞補要缺同知摺》：陝安道德克精阿出缺，題請漢中府知府段大章就近護理，其所遺漢中府員缺題請西安府清軍同知宋恒祥委署；漢中府留壩廳同知賀仲瑊出缺，題請長安縣知縣張籛補授。（《先都御史公奏疏》卷三）

八　月

61.38　八月十八日，受命署理陝甘總督，并主持辦理糧臺事務。隨即奏報當於抵達甘肅後相機籌度，籌畫安設糧臺。

《崇祀鄉賢録·事實》："回疆告警，欽差督辦軍營糧臺，并署理陝甘總督。"

八月甲子（十八日）上諭："陝甘總督著文慶署理，即馳驛前往，未到任以前，著楊以增馳驛前往署理。恒春著署理陝西巡撫，陝西臬司嚴良訓、甘肅鎮迪道明誼著先行馳驛前往辦理糧臺事務，所有陝西藩、臬兩司著恒春派員署理，鎮迪道印務著楊以增派員署理。文慶到任後，所有糧臺事務著楊以增督同嚴良訓、明誼辦理。至設立糧臺，分別遠近，共有幾處俾資接遞，著楊以增迅速先行籌畫，無誤轉輸，欽此。"（《清宣宗實録》卷四四六，《清實録》第三九冊，第580頁）

楊以增八月二十四日《恭謝奉旨署陝甘總督並辦理糧臺摺》："至於設立糧臺，分別遠近共有幾處，俾資接遞。查道光六年、十年回疆兩次軍需辦理軍餉等務，均分蘭、肅二局。蘭局則安於省會，肅局則設在肅州。俱系後路總匯，調撥供支，最爲緊要。……容臣克日抵甘，相機籌度，共應安設幾處，再當馳奏辦理。除現飭臬司嚴良訓即日馳赴肅州，會同該處道員先行妥商酌辦外，至鎮迪道明誼所遺印務系屬口外要缺，且現亦供應軍需，統容臣到甘接篆後，再遴員往署，庶期得力。"（《先都御史公奏疏》卷三）

　　薩迎阿致楊以增函："布制軍請旨派督兵大臣，又自請前往，恐未必准行。即所派甘提帶行三千出關，亦緩不濟急。賊匪布魯特等不過二千多人，與來捻掠分肥。此頃易出巴布頂子，惑亂回衆。大多均不過烏合之衆，我兵一到，不難撲滅。仰賴聖主洪福，上天必保護速完也。奕參贊調往葉城，去此一好幫手，奈何！命弟委員署伊犁參贊，將來奕君接印後，方可令舒雲溪前來也。

　　再，蘭省現在所屬中，查無六年、十年熟手，惟狄道州、錢昆秀系隨弟在軍需局之員，那遜阿長拉曾赴軍營，口外情形，尚知大概。六年、十年均系阿克蘇爲後路總糧臺，十年本城大臣常清與欽差大臣誠端辦理。此次弟即奏委吐爾蕃大臣海牧來阿克蘇，與本城大臣札勒葉太會辦，海大人已於九月三日馳抵阿城矣。此次所派嚴臬臺與小婿明道應在何處辦理，應由世兄大人飭知遵行。現在明道不得主意，弟已具其稟請飭遵矣。葉城、阿城需餉甚急，此次進剿，以及阿城并巴爾楚兩處防堵，已有一萬三四千兵。再加定西將軍帶來四千餘官兵如到喀城，兵多無餉，尤爲可慮。弟已萬分焦急，寢食俱廢矣。望世臺大人速籌軍餉，趕緊飛解阿克蘇應用。不然嚴臬臺與明道亦必束手矣。耑此手泐，飛行奉聞。"（《海源閣珍存尺牘》）

61.39　八月，因喀什噶爾現被安集延等賊煽結本地回衆，圍困城垣，接陝甘督臣布彥泰來咨，飭司刻日如數湊撥餉銀五十萬兩，委員分起解甘。

　　楊以增八月二十四日《籌解甘肅軍餉摺》："竊照本年八月十五日接准陝甘督臣布彥泰咨開，喀什噶爾卡外安集延布魯特糾約本地回匪全行變亂，圍困城垣，飛咨挑派精銳官兵兼程前赴救援。軍餉關要，奏請先在臨近陝省籌款借撥軍餉銀五十萬兩，山西省籌款借撥軍餉銀五十萬兩，共銀一百萬兩，趕緊撥解來甘，以顧急需，等因。臣當即行司照數籌撥，委員分起解甘，以備應用。"（《先都御史公奏疏》卷三）

　　薩迎阿致楊以增函："現在大兵已一萬三四千，進剿足防後路。現葉爾羌止存十餘萬，度支鹽菜九、十月即無。阿克蘇只有十餘萬，更不敷用。兩處屢來催餉，弟處已分撥阿城八萬。此地要緊，所存無多。前已奏請新疆備給百萬，不□甘省早已動用無存，奏請貴省撥給五十萬。辦交諉催不及，端此手泐，務祈世兄大人趕緊籌撥五十萬，迅委妥員，飛解甘省，由甘省飛解前來，以應急需。弟萬分焦急，望世兄大人趕緊飛解。至應解部以及他處如何應援，只可均從緩撥解。惟此軍需之五十萬能於十月間解到，方可接支，不然□兵待哺，其患匪輕，望世臺大人更能鑒及萬里緊急之情形也。諸惟明照，速籌速行起解，至懇，至懇！"（《海源閣珍存尺牘》）

61.40　八月二十四日，上奏教職試用知縣李律循例仍改教職，此請得到道光帝允准。

　　楊以增《知縣呈請改教摺》："教職試用知縣李律稟稱年五十三歲，陝西舉人，大挑教職，道光九年選授臨晉縣教諭。……二十二年十一月引見，奉旨：'以知縣用。'欽此。二十五年十月呈請分發，籤掣陝西，十一月引見，奉旨：'著照例發往。'欽此。二十六年三月到陝，試用已逾一年，情願仍改教職。……既據情願改就教職，核與定例相符，相應請旨，將教職試用知縣李律准改教職，由部照例選用。"（《先都御史公奏疏》卷三）

61.41　八月二十四日，上報陝西省七月中下旬及八月上中旬雨水田禾情形。

　　楊以增《恭報雨水田禾情形摺》："省城地方則自八月初一日起迭沛甘霖，連宵達旦，現逾兼旬，尚未晴霽，雨勢亦甚寬廣。查各屬農田正值晚秋陞漿吸籽之際，被澤已極透足，必須即日放晴，方可結實黃熟，其留種冬麥之地亦可趕緊翻犁，乘時播種，以免遲待。"（《先都御史公奏疏》卷三）

61.42　八月二十四日，上報漢中府屬之略陽縣、寧羌州六月初五等日因山水、江水陡發，衝塌民房，淹斃人口，漫淹地畝，并沖塌吳家營校場房間暨陽平關營校場及八海河塘房煙墩、栁樓各處情形。

　　楊以增《略陽等屬被水情形片》："略陽縣屬之吳家營等處被沖民

房共一百六間，淹斃人口一百二十六名，濱河地畝無多，間有損傷禾苗
之處并沖塌校場牆壁房間。其寧羌州屬之陽平關等處被沖民房四十間，
并未淹斃人口，水田旱地沖刷不多，其守備衙署內箭道牆垣以及演武廳
房間并塘房、煙墩等項俱被衝坍。當經該州縣等各將被水民戶分別捐給
口糧并修理房間、埋葬淹斃人口等費。其漫淹田地、傷損禾苗之處，亦
俱捐給籽糧，補種晚秋。現在民情均極安堵，委系不致成災。"（《先都
御史公奏疏》卷三）

61.43　八月二十四日，上奏咸寧縣知縣陸銓陞補潼關廳同知，所遺咸
寧縣知縣員缺題請富平縣知縣李煒調補。此請得到道光帝允准。

　　楊以增《揀員調補省會知縣摺》："咸寧縣知縣陸銓經陞任撫臣林
則徐奏請陞補潼關廳同知……所遺咸寧縣知縣系衝繁疲難兼四要缺，例
應在外揀員調補。查該縣為省會首邑，政務最為殷繁，必須精明幹練之
員方足以資治理。臣與藩、臬兩司在於通省知縣內逐加遴選，查有富平
縣知縣李煒年四十一歲，湖北進士……該員年壯才明，循聲素著，以之
調補咸寧縣知縣，實堪勝任。"（《先都御史公奏疏》卷三）

61.44　八月，致信兩江總督李星沅。

　　"道光二十七年（九月）十一日"條："辰起，覆楊至堂、布子謙、
劉監泉、但雲湖諸友書。"（《李星沅日記》，第719頁）

　　　　按：此信具體寫作時間不詳，姑系於本月。

九　月

61.45　九月初五日，因喀什噶爾軍情緩和，在趕赴甘肅途中接奉道光
帝上諭，奉命毋庸兼任陝甘總督，旋於九月十八日仍回陝西巡撫本任。

　　九月辛巳（初五）上諭："前因回疆不靖，授布彥泰為定西將軍。
現據吉明等陸續奏報賊情，關外調集官兵足資防剿，布彥泰現在帶印駐
劄肅州策應，楊以增著毋庸署理陝甘總督，仍回陝西巡撫本任。"等因。
（《清宣宗實錄》卷四四七，《清實錄》第三九冊，第600頁）

　　楊以增九月二十三日《恭報回陝接受撫篆摺》："竊臣前蒙恩命署

理陝甘總督，當經恭摺奏謝天恩，於交卸後束裝起程，九月十一日寅刻途次甘肅隆德縣……遵旨即於是日折回，十八日行至陝西乾州，准署撫臣藩司恒春、委西安知府徐棟、署中軍參將尹培立齎送巡撫關防前來。臣遂恭設香案，望闕叩頭，祗領任事，即於二十日抵省。"（《先都御史公奏疏》卷四）

薩迎阿致楊以增函："至堂世臺大人閣下：前知奉旨回任，計已榮旌元吉，爲慰爲頌。此次軍務之難，一言難盡。無米爲炊，所請百萬，至今尚無十萬到阿克蘇。幸阿、葉二城均就地採買，不同烏魯木齊流連，所省多矣。奕參帥九月廿四日途遇賊匪數萬人，我兵五千餘名分三路進攻，大獲全勝，兵氣大揚。當續有捷報能即到京城，便不難乘勝赴喀城矣。弟兩月以來心力費盡，寢食都廢，軍書旁午，日在山陰，才疏任重，時深悚惶。……手此，同內人恭候時安。諸惟心照，不具。"（《海源閣珍存尺牘》）

61.46 九月，薩迎阿接到楊以增八月六日信函後，回函告知新疆情形，幷提及幕賓及親友之事。

薩迎阿致楊以增函："前寄二函，未知均邀悉否？桂月六日奉到手書，備承綺注，感荷奚如！藉悉福履綏和，賢猷懋著，翹詹吉藹，曷勝忭欣。致劉錯山信已轉致。錯山人極淳厚，現辦文案，如肯用心隨弟學習，筆下能活潑周到更好，未有不照拂之理也。另飛明示，聞之快甚。此次聲威大振，番賊喪膽，從此一勞永逸，甘省受福無窮。但望子謙宮保彈壓十年，則□盡爲樂土矣。……年已望七，無所希冀，二三年後，得回京供職足矣。交查各件均已議奏，胡憲一案業已定擬具奏，前信已陳之矣。靜寧張牧，老吏也，人實老成有識，誠實可靠，幸勿以鄙言爲謬，乃至理也。伊江二麥月杪均可豐收，夷回安謐，南疆亦無事。探得浩罕與布魯特爲難，蠻觸相攻，於我大益。屢輈粗好，廉懷可釋。大小兒書齡官雲南新興縣，去秋卓異進京，尚未回滇，石梧制軍即題陞重索東廳伊行道。至粵東省視望雲岳翁，正逢捐輸九龍炮臺，介春舍親令其報捐，四月間已入奏，請以道員無論單雙月即選，秋間部議可復。將來得隸仁幷，固所願也。因系世好，故以奉聞。"（《海源閣珍存尺牘》）

61.47　九月，途經陝甘，目擊沿途秋禾尚稱中稔。

　　楊以增九月二十三日《恭報回陝接受撫篆摺》："臣經過陝甘一路，收割未竣，秋雨雖多，尚稱中稔，而種麥之及時，普遍餘澤滋培，尤肇來年之瑞。民情歡謠，糧價平減，堪以上慰宸懷。"（《先都御史公奏疏》卷四）

61.48　九月二十三日，上報陝省興安府安康縣遭遇積霖情形，并飭該府縣確加履勘，如須調劑，即當據實奏請辦理。道光帝非常關注，并硃批"詳加查勘"。

　　楊以增《安康縣被雨情形片》："該縣（即安康縣）地方於八月初三日陰雨起，至是月二十五日雨止開霽，淹塌河街商民瓦房七十四間、草房五十二間，人口貲財均無損傷。業將倒壞房屋散給修費錢文。并查山內所種遲包穀及雜糧等項，間有青空受傷。……臣查該縣所稟情形雖不至於成災，惟南山民食向重包穀雜糧，而包穀性畏秋雨，今既遭此積霖，間有青空，究竟輕重如何，有無妨礙，必須查明妥辦。除督飭該縣府等再行確加履勘，如須調劑，即當據實奏請辦理，合併附片陳明。"（《先都御史公奏疏》卷四）

61.49　九月，因楊以增與恒春各回本任，崇倫等署理之員亦仍回本任。又因咸寧縣知縣陸銓因病出缺，題請富平縣知縣李煒接署。

　　楊以增九月二十三日《委署道員各缺片》："鹽法道崇綸前經調署督糧道事，嗣經藩司恒春奉旨署理巡撫，復又奏委崇綸署理藩司印務，所遺糧道員缺委令西安府知府徐棟兼護在案。茲臣與恒春各回本任，查崇綸鹽法道印現有候補道程德潤署理，自應仍令崇綸接署督糧道，毋庸西安府兼護，以專責成。又咸寧縣一缺系省會首邑，前因本任知縣陸銓奉到部咨准陞潼關同知，當以富平縣知縣李煒奏調。今陸銓因病出缺，應即飭令李煒先行接署咸寧縣事。其所遺富平縣員缺查有膚施縣知縣陳炳琳堪以委署。"（《先都御史公奏疏》卷四）

61.50　九月二十三日，遵旨查奏榆林府屬懷、遠等州縣被雹打傷，百姓殊形拮據情形，并請將應徵新舊錢糧概予展緩。

　　楊以增《查明被雹州縣懇請緩徵摺》："竊照榆林府屬葭州、府谷、

神木、懷遠等州縣先後稟報於七月二十三、八月初三等日被雹打傷秋
禾……葭州劉家坪等四十二村莊所種秋禾半被雹傷，收成僅止五分有
餘。又府谷縣被雹之沙渠兒等十六村莊內止七村莊爲重，其餘尚可望薄
收。又神木縣被雹四十八村莊內李家坪等十八村莊較重。懷遠縣被雹九
十六村莊內朱家溝等三十四村莊較重。……其餘被雹稍輕之區，如神木
閻家崖窰等三十村莊，懷遠崔君坪等六十二村莊雖未成災，然體察情
形，秋收均止五分有餘。……臣查該州縣等俱地處北山，土瘠民貧，素
鮮蓋藏，每年全賴秋成豐稔，以資生計。今猝被雹減收，兼之連年積
歉，若將新舊錢糧同時並徵，實恐民力未逮。合無仰懇天恩俯准將……
應納本年下忙新賦并節年民欠銀糧草束一概緩道光二十八年新秋後起
徵，以紓民力。"（《先都御史公奏疏》卷四）

61.51　九月二十三日，上奏爲籌措回疆軍需，於陝西省城設立捐局，
即行收捐。

　　楊以增《設局收捐片》："准户部咨抄録片奏內開：'此次回疆軍需
所有陝、甘兩省及各處官紳士民如有就近在陝西、甘肅藩庫呈請捐資報
效者，擬照海疆軍營捐輸章程請旨，飭令布彦泰、文慶、楊以增酌核從
優請獎，以示鼓勵。'……臣遵即督同兩司出示通行曉諭，嚴禁抑勒需
索，并在省城設立公局，擇日開捐，派委妥員，分司其事，不准吏胥經
手，以杜侵欺，俾各官民均知，急公慕義，踴躍輸將，以廣登進之路。"
（《先都御史公奏疏》卷四）

61.52　九月二十三日，上報陝西省秋禾約收分數，各屬八十六廳州縣
多寡牽算，約計收六分有餘。

　　楊以增《恭報秋禾約收分數摺》："查陝省各屬本年六、七月內惟
南山一帶暘雨合宜，其平原地方先因雨少天燥土乾，嗣至八月，又復霖
雨數旬，以致秋禾未能及時長發，收成差遜。……西安、延安、鳳翔、
漢中、榆林、同州、興安、商州、邠州、乾州、鄜州、綏德十二府州將
所屬秋禾約收分數……除葭州、懷遠、神木、府谷、安康等州縣秋禾被
雹被雨現已另摺具奏，其收成分數應俟提報實收案內再爲核辦外，所有
各屬八十六廳州縣多寡牽算，約計收六分有餘。"（《先都御史公奏疏》
卷四）

61.53　九月二十三日，上報陝省雨水田禾情形。

楊以增《恭報雨水田禾情形摺》："臣查陝省各屬前自八月初一、初三起迭沛甘霖，連宵達旦，直至是月二十五、六等日始行放晴，被澤極爲透足，二麥播種較廣，現在已有發苗出土。其南北山暨平原一帶早晚秋禾亦經次第刈獲，統計約收六分有餘。"（《先都御史公奏疏》卷四）

十　月

61.54　十月十九日，林則徐自昆明致函，告知滇省邊民兵事及妻喪。且對楊以增近期先後來信九封，但因事情繁雜未能回復表示歉意。

林則徐致楊以增函："前者之來，本以病軀勉從行役，而攜挈病妻偕來，尤爲失計。緣其時兒輩均不在側，無人隨侍南回，不得已同涉險程，相依爲命。六月中旬到後，內人積恙已深。滇中本無良醫，就中延一二人，與議診治之法，至八月略有轉機。而弟先已奏明，赴東南路補閱營伍，并值姚州匪徒復有漢回互殺之事，不可遽行剿擊，而藉閱營伍以樹風聲。中秋出省巡行，所歷皆鹽叢鳥道，風餐露處，疲累萬分。九月望間署中書來，知內人疾又加甚。弟回署後，雖疊試刀圭，而不食不眠又將浹月……延至十月望日，竟致不起。……統計別後奉到惠翰共有九緘，而欲……奉陳者，不啻千頭萬緒，未及搦管，復擾他端，因循至今，不勝惶歉。"（《林則徐全集》第八冊《書信》，第3956頁）

61.55　十月二十一日，上奏審明本省大荔縣刀匪丁雙受等在甘肅夥劫輪姦并拒傷官兵之案，并按律定擬。

楊以增《審明夥刦刀匪按律定擬摺》："大荔縣刀匪丁雙受等因在甘肅夥劫并輪姦婦女被拿，拒傷官兵，潛逃回籍。當即飭據該縣知縣熊兆麟將丁六八、丁來成、丁五三、丁培娃、丁沙嘎兒、于囊壺及丁雙受、丁萬山一共八名俱先後訪獲，具稟前陞任撫臣林則徐。……嗣於本年七月初十日接准甘肅移送全案供招到臣，核與犯供相符，發司審擬去後，茲據委員西安府知府徐棟逐一審明，除丁幅兒即丁浮兒一名已於取供後在監病故外，其餘各犯分別定擬，由司解勘前來，臣親提研鞫。……此案丁雙受糾衆行劫，入室搜贓，并與甘省格斃之丁六兒輪姦事主之妻李氏。迨經官兵追捕，猶敢聽從拒傷官兵，實屬不法。丁雙受即丁雙壽兒除糾劫得贓及聽從拒捕罪止斬決不議外，應從重依‘強盜姦污人妻女、不分曾否得財，審決梟示’例，擬斬立決梟示。”（《先都御史公奏疏》卷四）

61.56　十月二十一日，因陝西省西安、同州等府州被旱，上奏懇請緩徵當年秋糧，緩至道光二十八年後帶徵。此請得到道光帝允准。

楊以增《查明各屬應徵糧石再懇展緩摺》：“竊照陝省西安、同州、乾州等府州屬上年夏秋被旱，收成屢歉，冬來少雪，二麥又未種齊。……各屬所緩上年秋糧，除咸陽、醴泉、高陵、乾州、華州、蒲城六州縣續完糧四百三十一石零，計未完糧五萬五千二百五石零，此外尚有上年緩餘秋糧、尾欠夏糧、本年緩餘夏糧，節經飭催，未能踴躍輸納。察訪情形，委因去秋今夏兩次歉收，本年秋成亦僅中稔，民間元氣未復，勢難一并徵收……臣查該州縣等連年積歉，間閻已乏蓋藏。今歲秋禾間為陰雨損傷，又未一律豐稔，生計仍形拮据。如將各項糧石同時併徵，實屬力有未逮，自當量為調劑。合無仰祈天恩俯准，將前緩本年京斗夏糧四萬四百三十一石零，再行展緩至道光二十八年麥後徵收，未完前緩上年秋糧京斗五萬五千二百石零，遞至二十八年秋後帶徵，俾紓民力。”（《先都御史公奏疏》卷四）

按：道光帝對楊以增此請予以允准，并頒旨稱：“楊以增奏查明各屬應徵去歲秋糧、本年夏糧難以并徵，請再予展緩一摺。陝西西安、同州、乾州等府州屬上年夏秋被旱，收成歉薄，所有咸寧等十五州縣應納上年秋糧并本年夏糧節經降旨緩徵。茲據奏稱本年秋成僅屬中稔，民間元氣未復，自難同時并徵，加恩著照所請，所有前緩本年京斗夏糧四萬四百三十一石零著再展緩至道光二十八年麥後徵收，其未完前緩上年秋糧京斗五萬五千二百石零著遞緩至二十八年秋後帶徵，以紓民力。”（詳見《先都御史公奏疏》卷四）對於減輕當年百姓負擔，頗為有利。

61.57　十月二十一日，上奏興安府屬之安康縣本年雖秋雨過多，淹塌民房，但尚不至成災。

楊以增《查明安康縣被雨情形不至成災片》：“自九月以後，天氣晴和，補種豆麥，窮民各有生業……臣查安康被雨，致將晚種包穀等項青空，既經該府督率確切，查明情形甚輕，且已由縣酌給補種豆麥之費，統計實收尚在五分有餘，無礙民食。現在閭閻均極安堵，自可毋需再行調劑。"（《先都御史公奏疏》卷四）

61.58　十月二十一日，上報十月上旬雨水麥苗情形。

楊以增《恭報雨水麥苗情形摺》："茲據西安府屬具報，於十月初十、十一等日得雨二寸有餘不等。臣查陝省各屬全以二麥爲重，本年秋雨優沾，播種極廣，正當盤根之際，獲此雨澤滋培，土膏益資長養，田園菜蔬亦皆一律芃茂，其南北兩山雖未據報得雨，而現在場工已畢，并不急於望澤。"（《先都御史公奏疏》卷四）

61.59　十月二十一日，上報三原縣監犯王振家於本年九月十九日早，因同監犯人馬新春向其索欠爭執，用切菜小刃刀片致死馬新春，而典史陳繼曾"仍不督率刑禁人等小心防範，以致該犯刀斃人命，殊屬玩泄……請旨將三原縣典史陳繼曾革職"。此議得到道光帝允准。（《特參疏防監犯之典史革職提審摺》，《先都御史公奏疏》卷四）

61.60　十月二十一日，上奏潼關廳同知陸銓因病出缺，題請葭州知州凌樹棠陞補。此議得到道光帝允准。

楊以增《揀員陞補要缺同知摺》："准陞潼關廳同知陸銓因病出缺……所遺員缺系沖繁難兼三要缺，例應在外揀選陞調。該廳爲入陝門户，與山西、河南接壤，地居首站，差務殷繁，非精明強幹之員不足以資治理。臣等與藩、臬兩司在於通省同知、通判、知縣內逐加遴選，非現居要缺，即人地未宜，實無合例堪以陞調之員。惟查有葭州知州凌樹棠年四十八歲，安徽定遠縣人……該員年強才裕，夙著循聲，在陝多年，熟悉情形。且系卓異應陞之員，以之陞補潼關廳要缺同知，實堪勝任，與例相符。"（《先都御史公奏疏》卷四）

61.61　十月，因葉爾羌阿克蘇軍餉不敷，奉上諭趕籌兵餉，迅速解赴阿克蘇，以濟急需。

楊以增十月二十一日上《籌撥甘省軍餉片》："前准陝甘督臣布彥

泰咨撥銀兩，當經臣督同兩司查明，陝省正雜等項皆無可撥之款，軍需緊急，未便刻緩，隨在捐輸正息及餘剩留抵甘餉等銀內共湊銀五十萬兩，分作五起委解，一面恭摺奏聞在案。茲查前項籌撥銀兩已於八月二十七、九及九月初一、二、四等日全數出境，解往甘省司庫交收轉運備用。"（《先都御史公奏疏》卷四）

薩迎阿道光二十七年九月十五日《籌撥餉銀速解糧臺以備接濟摺》："查自軍興以來，奴才派兵請餉，以及奏調海枚會辦阿克蘇糧臺事務，并調度後路防堵策應事宜，均已陸續奏明。茲奉諭旨，奴才惟有敬謹遵循，盡心竭力，籌畫策應，以期周密。查奴才委領隊佛爾金布在春吉卡倫內駐紮，帶兵於河南河北一帶不時週查。茲據該領隊稟稱，卡倫外之哈薩克、布魯特等均屬恭順，現在伊犁地方貿易，哈薩克等均已到來，照常安靜，堪慰聖懷。頃接奕山來信，俟成玉到巴爾楚克，即會同帶兵起程。……奴才已飛催奕山，即行前進。又接布彥泰來信，已於八月二十五日由蘭州起程，計此時業已帶兵出關，後路聲威，益增雄壯。奴才已□奕山、成玉等由巴爾楚克趕緊帶兵進剿，并奴才添派伊犁官兵遣勇及撥續調烏魯木齊官兵分在阿克蘇、巴爾楚克兩處防堵。奏明委由哈密折回之陝安鎮總兵豐伸赴巴爾楚克督兵彈壓，以顧後路緣由，亟致布彥泰查明，並亟催督辦糧臺事務署陝甘總督楊以增趕緊籌撥餉銀，委員速解阿克蘇糧臺，以備接濟。"（錄副奏摺）

61. 62　十月、十一月陝西省連獲雨雪，於農事非常有益，楊以增爲此專摺上報。

楊以增十一月二十三日上《恭報雨雪麥苗情形摺》："茲據西安、延安、鳳翔、榆林、同州、商州、乾州、鄜州、綏德等府州屬陸續具報於十月十九、二十并二十一、二、三、四暨二十六等日或斷續得雨一二三寸，或連次得雪積厚一二三四寸不等。臣查關中各屬全重麥收，本年秋雨應時，平原高阜播種極寬，獲此雨雪滋培，根荄更爲透潤。"（《先都御史公奏疏》卷四）

楊以增同日上《續得瑞雪片》："陝省各屬自十月內得雨雪之後，旋即晴霽，麥田滋潤，長發青蔥，茲於十一月十三日同雲密佈，十四日西刻雪花飄灑，隨落隨消，入夜彌濃，至十五日丑刻止，省城咸寧、長安二縣積地一寸有餘，其附近之臨潼、渭南、藍田、華陰、華州、大荔、潼關一帶亦各優沾。除融化外，積地二寸有餘，查天氣寒凝，節交冬至，得此祥霙，候地凍雪培，二麥盤根更可藉資穩固。"（《先都御史公奏疏》卷四）

十一月

61.63 十一月十六、十七日，親赴校場，通行校閱省標官兵，同時嚴加賞罰。各兵技藝最優者分別獎賞，記名拔補，對生疏者當場責懲，勒限練習；將領備弁力弱技疏及年力俱衰者分別革退。

　　楊以增十一月二十三日上《校閱省標官兵摺》："竊照陝省地處岩疆，武備最關緊要。……茲屆冬操，臣隨調集三營官兵於十一月十六、七等日親赴校場，通行校閱，合圍佈陣，局勢整齊，聲氣聯絡，藤牌刀矛等項均各矯捷輕靈。特將抬炮、抬槍挑出，通加演示，亦抬放合手，高下咸宜，其中靶者十得七八。又督臣布彥泰令各營演習梅花抬炮，五人輪流抬放，亦漸就嫻熟。……臣深懼武備未諳，惟有實力實心，督飭各營將弁倍加訓練，隨時勸懲，抬炮抬槍尤須按日教演，發無不中，務使習一藝有一藝之功，備一兵得一兵之用。倘有曠操缺額等弊，即行從嚴劾參，斷不敢稍涉姑容。"（《先都御史公奏疏》卷四）

61.64 十一月二十三日，楊以增上報榆林府所屬榆林、懷遠、葭州、神木、府谷五州縣秋禾收成歉薄，且葭州、懷遠、神木、府谷又間被雹傷，各縣積欠錢糧徵收困難，專摺請旨緩徵。此請得到道光帝允准。

　　楊以增《查明北山歉收州縣請緩徵積欠銀糧摺》："榆林、懷遠、葭州、神木、府谷五州縣本年所種秋禾收成僅止五分有餘，均屬歉薄，且葭州、懷遠、神木、府谷又間被雹傷。所有民欠節年因災緩徵地丁正耗銀糧、草束以及出借籽口折色銀兩，并出易谷石，勢難同時并徵。……臣查該州縣等均處北山，地瘠民貧，素鮮蓋藏，全以秋禾為重。本年收成未豐，兼之連歲歉收。若將新舊錢糧同時并徵，民力實有未逮。合無仰懇天恩，俯准將榆林縣道光十三、二十二，葭州道光十一、十三、十五、二十七，懷遠縣道光十四、十五、十六，神木縣道光二十六、二十七，府谷縣道光十三、二十二、二十三、二十四、二十六、二十七等年民欠緩徵地丁銀糧草束以及出易出借常社倉穀、出借折

色籽種口糧銀糧，一概緩至道光二十八年秋後起徵，以紓民艱。"（《先都御史公奏疏》卷四）

61.65　十一月二十三日，上奏署鹽法道程德潤丁憂，題請西安府知府徐棟就近兼護。

　　楊以增《委署道員片》："據署鹽法道程德潤具稟聞訃丁憂。除另行辦理外，所遺鹽法道印務，本任道員崇綸現署督糧道事，自應仍行另委接署。查有西安府知府徐棟勤慎廉明，堪以就近兼護。"（《先都御史公奏疏》卷四）

61.66　十一月二十三日，上奏陝西省查禁私錢情形："本年陝省各屬迭經督飭嚴禁，據各廳州縣先後稟報在於境內隨時隨事嚴密稽查，尚無行使小錢以及私鑄之事。"（《陝省各屬查禁私錢摺》，《先都御史公奏疏》卷四）

十二月

61.67　十二月初十日，奏報近期各屬緝拿匪徒情形。富平、臨潼、藍田、蒲城、大荔等縣先後共緝獲匪徒一百五十九名，其中多系帶刀著名匪棍以及配逃不法軍流，捕務較有起色，匪徒無所容身，不致肆行擾累。

　　楊以增《各屬拿獲匪徒分別懲辦摺》："陝省各屬每有匪類佩執凶刀，三五成群，到處生事。或藉端訛詐，或倚眾欺壓善良，最爲閭閻之害，全在守土之官隨時隨地互相稽察，設法跴拿，庶匪徒無所容身，不致肆行擾累。經臣迭次□諭各州縣選派幹役在於城鄉市鎮無分畛域，嚴密堵緝……計獲匪犯統共一百五十九名，其中多系帶刀著名匪棍以及配逃不法軍流，……臣查該州縣等於應拿各犯不敢回護，陸續緝獲多名，似捕務較有起色。現當冬令，宵小更易竊發。正宜趁此一力嚴拿，以絕根株而靖地方。臣惟有督飭各屬，仍行倍加巡防，認真緝捕，不許稍存鬆勁，務使有案必破，有犯即獲，以期仰慰聖主戢暴安良之至意。"（《先都御史公奏疏》卷四）

61.68　十二月初十日，上報"興安府屬安康縣被水……雖不成災，第目下該處糧價稍增，體察情形，明春應於常平倉貯糧內酌量減價出糶，以平市價而裕民食，臣當督率妥爲辦理"。對及時賑濟提前做出安排。（《遵查歉收各州縣來春應行接濟據實覆奏摺》，《先都御史公奏疏》卷四）

61.69　十二月初十日，楊以增上奏報西安、同州、鳳翔、乾州等府州屬上年夏秋被旱，冬來雨雪稀少等情，請將上年錢糧再行緩交，以紓民力。所奏得到道光帝的允准。

楊以增《查明富平等縣歉收懇將舊欠銀糧展緩摺》："臣查富平、涇陽二縣連年積欠，今歲秋禾間爲陰雨損傷，又未一律豐稔，生計仍形拮据。若將新舊錢糧同時并徵，實屬未能力逮。自應量爲稍緩，藉資調劑。合無仰懇天恩俯准，將前緩涇陽縣未完二十六年地丁銀一萬五百四兩零并民欠出易常平倉麥四千一百石、富平縣二十六年地丁銀除已徵銀一百餘兩外尚未完銀八千九百餘兩，概行展緩至道光二十八年秋後帶徵，俾紓民力。"（《先都御史公奏疏》卷四）

61.70　十二月十二日，廓爾喀國王遣使噶箕蘇熱達興奔塔等進獻貢品，於是日到省。楊以增上奏相關接待情形。

楊以增《廓爾喀貢使出境片》："廓爾喀國王遣使噶箕蘇熱達興奔塔等進獻貢品，於本年十一月十七日自四川成都起程移陝……臣當即遴委道府，會同武職各員分段接護該噶箕等，於十一月二十七日由四川廣元縣入陝西寧羌州境，十二月十二日到省。臣照例筵宴該噶箕等，極爲歡忭。經委員於十九日護送至潼關廳出境，沿途行走妥速安靜。"（《先都御史公奏疏》卷四）

61.71　十二月二十四日，上報本年錢糧已完七分六釐有餘。

楊以增《查明本年錢糧完解數目摺》："道光二十七年分額徵民屯起運并糧折等項除各屬留支外，實應解司銀一百三十三萬一千四百三十九兩零。自本年二月起至五月底止，已完銀二十九萬四千五十四兩零，業經奏報在案。其未完銀一百三萬七千三百八十五兩零，自六月起至十一月底止續完銀七十二萬八千二百六十四兩零，均經解貯司庫，仍未完

銀三十萬九千一百二十兩零，統計本年錢糧已完七分六釐有餘。"（《先都御史公奏疏》卷四）

61.72　十二月二十四日，楊以增因蒲城縣連歲歉收，本年秋收雖系六分有餘，而連歲積欠，閭閻元氣未復，因此請將蒲城縣二十六、七兩年出易倉糧共七千九百三十八石七斗緩至道光二十八、九兩年夏秋帶徵。所奏得到道光帝的允准。（《請緩徵出易倉糧片》，《先都御史公奏疏》卷四）

61.73　十二月二十四日，上報陝西十一月中下旬及十二月上旬得雪情形。道光帝得奏，硃批"欣慰覽之"。

　　楊以增《續得雪澤片》："查麥根穩固，全賴冬雪滋培，今迭沛祥霙，且在立春以前，尤爲有益。關中以二麥爲重，農民極爲歡悅。"（《先都御史公奏疏》卷四）

61.74　上奏訪察陝甘學政考試聲名情形。

　　楊以增十二月二十四日《訪察陝甘學政考試聲名情形摺》："竊照學政考試聲名，例應於年底具奏。又本年六月內准吏部咨開，欽奉上諭：各省學政，該省督撫等務宜破除情面，認真訪察。如該學政不公不勤，徇私壞法，以及約束幕友、家丁、胥吏人等不能嚴肅，甚至精神疲敝，不能振作，有玷厥職，著該督撫秉公具奏。倘意存見好，徇隱不舉，別經發覺，惟該督撫是問。等因。欽此。欽遵在案。查陝甘學政臣王祖培於上年十月到任，其衙署向在三原縣，臣自抵陝以來，接晤一次，年雖甫壯，人甚老成。本年該學政按試西安、延安、漢中、榆林、同州、興安、鄜州、綏德八府州，經臣留心訪察，并於接見該府州縣等，逐一密加詢問，僉稱該學政考試之日，自朝至夕，坐於堂上，刻無餘閒，號係親查，卷由親定，場規整肅，去取皆公，并無弊竇。約束幕友、胥吏、家人，亦臻嚴密，輿論均屬僉然。臣仍當隨時認真察覈，斷不敢意存見好，扶同徇隱。"（硃批奏摺）

61.75　呈報陝西省司道知府各員考語清單。

　　楊以增十二月二十四日《密考清單》："謹將陝西省司道知府各員

出具切實考語，密繕清單，恭呈御覽。

布政使恒春，年五十六歲，滿洲正白旗文進士。庫款勾稽精細，屬員考察嚴明，有體有用。

按察使顔良訓，年五十六歲，江蘇進士。該司曾任鞏秦階道，臣在甘肅臬司任内知其持躬簡樸，辦事勤明，到陝未久，故大計册内未經注考。

鹽法道崇綸，年四十三歲，滿洲正白旗生員，現署糧道。年強才裕，有守有爲，辦事最爲虚心而勤奮，又不遺餘力。在陝五載，歷署藩、臬各篆，均屬裕如，已入本年卓異。

潼商道常績，年三十七歲，滿洲鑲紅旗監生。年壯才明，居心謹慎，署臬司三月，於刑名亦甚講求。

延榆綏道萬保，年五十五歲，内務府滿洲正黄旗人，筆帖式。老成幹練，任怨任勞，因到陝未及三年，是以未入卓異。

陝安道陳晉恩，年五十歲，江西監生。甫經抵陝，察其年富才優，性情爽直，在省受篆，已赴漢中任所矣。

西安府知府徐棟，年五十三歲，直隸進士。該員由工部出任興安、漢中各府，調補西安，年富力強，才猷練達，所屬錢糧詞訟較他府最多，均係年清年款，隨到隨審。現兼護鹽法道，亦能游刃有餘，已入本年卓異。

延安府知府保岱，年五十五歲，滿洲鑲藍旗生員。安詳妥實，率屬克勤，在各府中歷俸最深，已入本年卓異。

同州府知府李恩繼，年五十七歲，漢軍正白旗進士。居心勤謹，悃愊無華，聲名頗稱公正。

鳳翔府知府白維清，年五十六歲，順天供事。年富才明，辦事勤慎。

漢中府知府段大章，年四十三歲，四川進士，才具明練，表率有方。該員籍隸四川，於漢中爲近，情形熟悉，尤與地方相宜。

興安府知府濮城，年六十五歲，浙江附監生，在陝年久，熟悉南山情形，克稱職守。”（硃批奏摺）

61.76 十二月二十八日，上報官紳士民捐輸回疆軍需經費，及紳民捐修同州府城垣情形，并分别請獎，以示鼓勵。

楊以增《官紳捐輸回疆經費懇請獎敍摺》：“臣遵即督同司道出示

曉諭，并在省城設立捐局，委員分司其事。……於二十七年十月初三日開局收捐，即有官紳士民先後具呈，陸續捐輸。……自開局起至十一月初七日停止以前，共收捐銀十三萬五千五百十八兩解貯司庫……臣查此次捐輸甫開一月，該官紳等即能抒誠報效，踴躍輸將，好義急公，洵堪嘉尚。……謹分別各項名目繕具簡明清單，恭呈御覽，合無仰懇天恩俯准從優獎勵。"（《先都御史公奏疏》卷四）

楊以增《紳民捐修郡城請分別獎勵摺》："竊照同州府城垣一座……自乾隆十八年重修後，迄今八十餘載，久逾固限，一切城身樓座門臺等項坍塌過甚，不足以資捍衛。……經前任府縣倡議勸捐，各紳民俱各踴躍樂輸，集有成數，選派紳士董理，於道光二十一年閏三月初十日興工……茲於二十七年四月二十六日修理完竣，稟經飭委潼商道親往勘驗，一律如式，工堅料實，并無偷減草率，共用工料銀六萬二千八百一十九兩零。……臣查同州府地居緊要，城垣保障攸關。今因年久傾頹，該紳民等捐資修復，洵屬有益地方。……相應請旨飭部分別議敘，以昭激勸。"（《先都御史公奏疏》卷四）

61.77 倩工重裝元本《文選》，并移録名家題跋。

紹和跋云："丁未，先大夫移撫關中，倩良工重加裝池，屬幕中顧君純慶照録（孫星衍跋）如左。頃讀陳仲魚先生綴文，亦有是書跋語一則，因並録之，以資考證。"（《楹書隅録》卷五）

　　　按：是書迻録孫星衍、陳鱣跋各一篇，孫氏、陳氏定爲元本，陳氏《跋》曰："《文選》善本行世甚少。此爲元初知池州路總管府事張伯顏刊版，字畫工致，讎校精審，與宋紹熙間尤延之遂初堂原刻無異，較明人翻刻已不啻宵壤。"紹和對此亦深信不疑。经考，此本實爲明嘉靖元年汪涼刻本。是書卷一版心下題："九華吳清慶刁筆。"其後刻工不計其數，但多爲單字，如夫、袁、青、文、孟、康、通等，兩字刻工有張英、楊洪、案友、曹修、曹佾、黃禄、劉邁、劉用、馬弼、潘暉、王明、王才、夏旺、夏義、余致遠、莊永、趙奉、周見等。如黃禄曾刻嘉靖六年（1527）張氏刻本《唐文粹》、嘉靖十一年（1532）刻本《朱文公集》等。王才曾刻嘉靖二十六年（1547）刻本《西湖遊覽志餘》。此書目録後原鐫北京書肆汪涼鬻書廣告，列舉刻書名單與此書刻版年月。與原本對勘，發現廣告頁被人挖去，致使後人誤爲元刻，以訛傳訛。汪涼刻書廣告題："金台書鋪汪涼見居正陽門內第一巡警更鋪對門。今將所刻古書目錄列於左，及家藏今古書籍不能悉載，願市者覽焉。"又下列其翻刻宋元版者七種，如司馬遷《正義解註史記》一部、梁昭明《解註文選》一部、黃鶴樓《解注杜詩全集》一部等，再列據古版重刻者七種，如《潛夫論》一部、《太古遺音大全》一部、《詩對押韻》一部等。又題："嘉靖元年十二月望日金台汪涼古版校正新刊。"汪涼刻書今存者，惟《史記》《臞仙神奇祕譜》《集千家註杜詩》與此。汪本《文選》得到世人較高評價，如沈曾植曰："摹印皆精，當爲明刻甲觀，比肩《史記》。"（沈曾植《明汪刻〈文選〉跋》，《海日樓題跋》卷一）然汪本實出張伯顏本，前題下有"同知池州路總官府事張伯顏重刊"一行，但以此斷爲元刊則誤。據上所述是書爲明嘉靖元年（1522）汪涼刻本無疑。馮雄曾指出過紹和這一失誤云："《文選》李註六十卷，嘉靖六年（1527）金台汪涼覆刻元張伯顏本，原版歸朱氏後所印，雖朱序未明言，又將汪刻題記削去，然取與汪氏印本對勘，即可知之。楊氏海源閣舊藏一部定爲元版者，與此相同，緣失去朱序，故誤認耳。"（馮雄《明崇禎間懷遠朱純臣重印嘉靖元年汪涼刻本〈文選〉跋，《山東大學圖書館古籍善本書目》，第256頁）

61.78　囑錢儀吉爲其父兆煜作碑銘。

錢儀吉《贈資政大夫陝西巡撫故山東萊州府即墨縣教諭熙崖楊公墓碑銘》："今以增擢任陝西巡撫，署陝甘總督，恭遇慈壽推恩，晉贈公資政大夫如其官，爰准通禮樹外碑，而屬儀吉爲之文。"（《衎石齋記事續稿》卷九，咸豐六年錢彝甫刻本）

61.79　購得宋本建安蔡琪刻《漢書》。

楊紹和記宋本建安蔡琪刻《漢書》："至丁未，先公巡撫關中，始以朱提五百易得之。"（《楹書隅錄》卷二）

　　按：此本爲楊氏"四經四史"之宋槧《漢書》第一部。半葉八行十六字，註文雙行，行二十一、二十二字不等，細黑口，四周雙邊，有單魚尾，有雙魚尾，版心上記字數，中題卷第，下記頁數。書耳題如"敘傳下"等。卷二十九、四十五至四十七、五十六至五十七上、八十六、八十八、九十九配另一宋刻本。目錄後有"建安蔡琪純父刻梓於家塾"牌記，但無刻書年月。今藏日本靜嘉堂文庫的《後漢書》殘本七十五卷，其目錄後有"時嘉定戊辰季春既望刊於一經堂，將諸本校證，并無一字訛舛，建安蔡琪純父謹諮"三行木記，嘉定戊辰即嘉定元年（1208）。以《後漢書》刻於嘉定元年例之，且兩書行款、書口完全相同，字體亦似。此本當亦刻於寧宗嘉定前後。又宋諱"慎""敦""廓"字缺筆，"廓"乃寧宗趙擴之名諱，故此書刻於寧宗時，應無疑義。《漢書》自北宋初太宗趙炅於淳化五年（994）時命官分校三史，始有刻本，至真宗景德、仁宗景祐先後重刊，最爲精善。南宋寧宗慶元年間，劉之問取蕭該《音義》、三劉《刊誤》、宋景文《校語》附之註末，并以數本逐加雠對刊印，是正良多。蔡琪本即據慶元本覆出。錢泰吉曾以殘本八卷校殿本，比殿本多出三十餘條，復以吳騫藏十四卷殘本校汲古閣本，其改易處不下數十百處，故紹和云全書之佳，可以概見。《中國版刻圖錄》又云："初印精湛，紙墨如新，可稱建本上乘。"（《中國版刻圖錄》《敘錄》，第38頁）傅增湘於《海源閣藏書紀略》中云："大字妍美，鐵畫銀鉤。"周叔弢云："建本初印，字大行寬。"（《隅錄》批註）鈐有"古虞毛氏奏叔圖書記""季振宜讀書""滄葦""乾學"諸印，楊氏藏印有"楊東樵讀過""四經四史之齋""楊彥合讀書印""宋存書室""世德雀環子孫潔白"等二十餘方。今藏國家圖書館。

61.80　接胡開益函。胡開益在信中對楊以增之饋贈頗表感謝，并對楊以增仕途頗有期許。

胡開益致楊以增函："（前缺）在今歲兩接華函，去歲曾有信託李太守奉寄，前日亦有一劄托耿司馬順寄。前信想已浮沉，今信或可到也。昨接文翰并惠寄六十金，足徵遠地縈懷，古誼可感。生近況如常，現居侍讀學士之首，陞班漸次可望。惟是長安不易，兼之連歲無差，制時彌甚。今得接濟，甚爲有裨。至眷口平安，眠食無恙，均足慰遠念也。閣下官聲甚好，在京皆知，從此自愛，成就正未可量耳。專此奉復，并候陞安。惟□□不具覆。通家生胡開益頓首，十二月廿二日。"（《海源閣珍存尺牘》）

　　按：胡開益道光二年（1822）已任侍讀學士之職，道光八年（1828）三月陞任詹事府詹事。據胡開益信中稱"現居侍讀學士之首，陞班漸次可望"之語，此信當寫於道光七年（1827）或此前一二年。楊以增道光二年（1822）考中進士，分發貴州，自道光四年（1824）至七年（1827）一直擔任荔波知縣一職。其潔己愛民，誠心辦事，頗有循吏之聲，且於道光四年（1824）十月被護理貴州巡撫、布政使吳榮光專折保奏。據胡開益此函，則楊以增在京城已頗有官聲，由此亦可見楊以增治績之突出。

道光二十八年戊申（1848 年）六十二歲
（在陝西西安，後赴江蘇清江浦）

　　【概要】於陝西巡撫任上循例上報本年雨水糧價及辦理案件、緝拿盜犯情形，并爲修整府谷、興平縣城城垣官紳請獎。九月四日補授江南河道總督，赴京覲見後，於十二月初六日抵達清江浦，正式上任辦公。爲黃鵷《試篆存稿》八卷作序，刊刻徐致初《牧令書》并作序，得宋本《孫可之文集》《昌黎先生集》。第三子不幸夭亡。

正　月

62.1　正月二十四日，上奏本年十月初八日夜，永壽縣殺人監犯會世太乘間越獄逃脱，吏目尹紹伊帶同兵役及刑禁家屬於二十四日將其拿獲。

　　楊以增《審擬越獄人犯并請將疏防管獄官革職摺》："臣隨親鞫，據供前情不諱，嚴詰刑禁人等，委系依法看守，并無賄縱事情。……管獄官吏目尹紹伊雖於四個月限内獲犯究辦，惟監獄是其專責，不能先事預防，致令脱逃，實屬疏懈，應仍請旨將邠州吏目尹紹伊革職，免其拿問"。（《先都御史公奏疏》卷五）

62.2　正月二十四日，上報各屬應徵錢糧截至道光二十七年底止已未完解數目。

楊以增《查明各屬應徵錢糧已未完解數目摺》："道光二十七年分額徵民屯更起運并糧折等項，除各屬留支外，實應解司銀一百三十三萬一千四百三十九兩零，截至上年十一月底止，已完銀一百二萬二千三百一十九兩零，業經詳明具奏在案。茲自上年十二月起至年底止，續完銀七萬六千七百五十四兩零，仍未完銀二十三萬二千三百六十五兩零，統計道光二十七年錢糧已完八分二釐零。"（《先都御史公奏疏》卷五）

62.3　正月二十四日，上報陝西省上年十二月中下旬及本年一月上旬雨雪麥苗情形。

楊以增《恭報雪澤麥苗情形摺》："陝省各屬冬雪頻沾，土膏含潤。茲當陽和漸轉，地氣上騰，又獲祥霙滋培，高下田原一律普遍，二麥漸次長發，民情均極恬熙。"（《先都御史公奏疏》卷五）

二　月

62.4　二月二十三日，因大挑試用知縣匡朝鳴甫經到陝，尚未得補實缺，稟請情願改就教職。楊以增爲此專摺奏報，并得到道光帝允准。

楊以增《知縣呈請改教摺》："據大挑試用知縣匡朝鳴稟稱，年四十九歲，湖南舉人，道光二十四年甲辰科會試後大挑一等引見，奉旨以知縣用，簽掣陝西。……情願改就教職。……今大挑試用知縣匡朝鳴甫經到陝，尚未得補實缺，既據情願改教，核與定例相符，相應請旨，將大挑試用知縣匡朝鳴准改教職，由部照例選用。"（《先都御史公奏疏》卷五）

62.5　二月二十三日，上報陝西省本月接連得雨情形。道光帝覽奏，硃批"欣慰覽之"。

楊以增《恭報雨雪麥苗情形摺》："西安、延安、鳳翔、漢中、榆林、興安、商州、邠州、乾州、鄜州等府州屬……於二月初一二三四五六暨初九并十一等日先後得雨雪一二三四五寸至深透不等。"（《先都御史公奏疏》卷五）

　　楊以增《續得雨澤片》："陝省南北兩山重在秋稼，此時不甚需雨，惟平原之西安、同州、鳳翔、乾州、邠州等府州屬向以麥收爲主，全賴春雨依時始能長發。且連年積歉，必須二麥豐收，庶幾元氣可復。茲於二月初間得雨後，甫及一旬，省城地方又於十六日得雨，起斷續相間，至十八日止，入土三寸有餘。雖省外各處尚未報到，而察看陰雲廣布，遠近定可均沾。臣查此次雨澤適屆春分節內，正當吃緊之際，在地麥苗藉以滋培，更覺芃茂青蔥，實於歲收有益。四野黎民，同聲歡慶。"（《先都御史公奏疏》卷五）

三　月

62.6　三月二十三日，陝西巡撫衙門筆帖式覺羅穆克登布循例歷俸六年期滿，楊以增爲此專摺上奏，并出具切實考語："臣查覺羅穆克登布年力強壯，心地樸誠……代理穫陽縣知縣各印務，均能辦理裕如，洵屬勤奮向上之員，堪膺地方之選。"（《年滿筆帖式堪膺地方摺》，《先都御史公奏疏》卷五）

62.7　陝省各屬本年入春以來，雨水不乏，但每次得雨或彼多而此少，或此有而彼無，尚未能一律充足。三月十六日至二十日陝西斷續得雨，於農事大有裨益。楊以增爲此專摺上奏。

　　楊以增《續得雨澤片》："茲省城於三月十六日亥時得雨起，斷續相間，至二十日巳刻止，據咸寧、長安二縣先報深透，其附近之西安、同州、鳳翔、乾州、邠州、商州等府州屬陸續具報深透者十之六七，其少者亦得雨三四五寸不等。是此次雨澤極爲普遍優渥。時當穀雨，正值二麥揚花、雜糧播種之際，甘膏迭沛，遠近同沾，實於歲收大有裨益。"（《先都御史公奏疏》卷五）

62.8　三月二十三日，因潼商道常績、咸寧縣知縣李煒丁艱，漢中府定遠廳同知于炳燾陞職，特專摺奏請以現護延榆綏道之保岱就近兼署潼商道，榆林縣知縣福淳署理咸寧縣，涇陽縣知縣何炳勳陞補定遠廳同知。除陝西潼商道員缺改由朱慶祺補授外，所奏均得道光帝允准。（《委署道府知縣各缺摺》，《先都御史公奏疏》卷五）

62.9　三月，致信許瀚，詢問江南刊刻桂馥《說文解字義證》情形，并邀許瀚赴陝。

楊以增致許瀚函："自癸卯後，音敬久疏，甲辰年曾接名箋，知卷資已邀鑒納。乙巳年寄贈，仍將原信帶回，云公車未曾北上，未識停雲何所？屋梁落月，時切懷思，念甚歉甚。邇聞清江安硯，修學著書。此間爲閻百詩先生寄籍，實事求是，媲美亭林。閣下望古興懷，當必後先輝映也。未谷先生《說文》想已校勘録出，聞此書已有人在江南付梓，未知確否？吾輩刊行之意，原爲闡揚起見。既有人刻，吾輩又何必再勞剞劂，似與爭名耶？李月亭六兄鈔本屢次來討，不啻再三，敢祈吾兄將未谷先生原稿并校勘新録本及月汀鈔本，一并寄至都中吾鄉李硯農太史處（太史名湘華），再爲領取分還，不勝翹切之至。桂大兄現居何處？有館地否？祈寄聲候之。弟四載隴中，冰兢日切。乃秩遷屏翰，已愧濫竽，節擁旌旄，尤虞覆餗。尚希指南時賁，俾有持循爲禱。"（《楊至堂致許印林書八通》之八，《顧黃書寮雜録》，第 153 頁）

四　月

62.10　四月二十二日，專摺上奏華陰縣知縣孫治拿獲雒南縣行竊殺人盜犯郭小潰兒、郭進才情形，并照例請獎："臣查華陰縣知縣孫治於鄰境罪應斬梟盜犯首先拿獲二名，尚屬緝捕勤能，且任內并無逃盜未獲案件，相應遵照部定章程具奏，可否仰懇天恩俯准，將該員孫治送部引見。"（《知縣獲盜照章專奏摺》，《先都御史公奏疏》卷五）

62.11　四月二十二日，因陝西省咸寧、長安等十五州縣舊欠道倉京斗秋糧徵繳困難，上奏請求緩徵。此請得到道光帝允准。

楊以增《查明舊欠倉糧請再予遞緩摺》："臣查陝省平原州縣本年麥收雖尚中稔，第連歲積歉，閭閻已乏蓋藏，生計維艱。若將前緩夏秋糧石與本年夏糧同時并徵，實屬力有未逮，自當量爲調劑，合無仰祈天恩俯准，將咸寧等十五州縣前緩二十六年秋糧五萬五千二百五石零并二十七年夏糧四萬四百三十一石零先各帶徵一半，其餘一半再行遞緩至二十九年麥後秋後分別帶徵，俾紓民力。其本年夏秋額徵糧石仍令照常徵輸，趕緊催納，以供兵糈。"（《先都御史公奏疏》卷五）

62.12　四月二十二日，上報三月下旬及四月上旬雨水田禾情形。

　　楊以增《恭報雨水田禾情形摺》："并據西安、延安、同州等府屬陸續具報，復於三月二十二三、四月初二三暨十三四等日先後得雨一二三寸至深透不等。臣查陝省平原各屬大麥均經結實，現在將次收穫，小麥亦穎栗紛敷。日來天氣晴明，顆粒更當飽滿。其南北兩山包穀、雜糧一律應時長發，地方安謐，民氣恬熙，堪以仰慰宸懷。"（《先都御史公奏疏》卷五）

62.13　四月，道光帝因上年各省臺站接遞葉爾羌等處奏摺屢有遲誤，且傳牌排軍破爛不全，多未填註時刻，下旨令直隸、山西、甘肅、陝西詳細查報。楊以增遵旨將陝西接遞奏摺情形據實上報，并對沿途驛站嚴加管理。

　　楊以增四月二十二日《查明臺站接遞奏摺遲延時刻摺》："臣遵查陝省接遞新疆各處奏摺向由省北綏延一帶臺站行走，派令把總外委等弁送交山西轉遞，并不經過省城，相距一千餘里，當即移行綏延鎮總兵暨臬司委員確查……督率委員赴各臺站調齊遞送前項奏摺號檔，按其入境出境月日時刻逐加細核。……臣查該臺站等遞送前項奏摺五件，其違延時刻雖系例得免議，惟文報往來最關緊要，隨將該弁等分別責革記過示懲，并飭嗣後遇有一切公文，務須按限馳遞，倘稍存玩視，定即嚴參，以肅郵政而免稽滯。"（《先都御史公奏疏》卷五）

62.14　四月二十二日，楊以增上報陝西省西安等九府州屬二麥約收分數。

　　楊以增《恭報二麥約收分數摺》："茲據西安、鳳翔、漢中、同州、興安、商州、邠州、乾州、鄜州九府州所屬二麥約收分數開摺具報，……西安等九府州屬七十二廳州縣多寡牽算，二麥約收七分有餘……至延安、榆林、綏德三府州屬節氣較遲，向於開報實收分數時匯同具報。"（《先都御史公奏疏》卷五）

62.15　四月二十四日，上奏咸寧縣知縣李煒丁艱，所遺員缺題請榆林縣知縣福淳調補，并得到道光帝允准。

　　楊以增《揀員調補省會知縣摺》："咸寧縣知縣李煒丁艱，經臣恭疏題報在案，所遺員缺系沖繁疲難兼四要缺，例應在外揀員調補。查該縣爲省會首邑，政務最爲殷繁，必須精明幹練之員方足以資治理。臣與藩、臬兩司在於通省知縣內逐加遴選，非現居要缺，即人地未宜，一時實無合例堪調之員。惟查有榆林縣知縣福淳年五十一歲，鑲黃旗滿洲進士……該員品端才練，任事實心。現署咸寧縣印務，辦理裕如，以之調補斯缺，實勘勝任。"（《先都御史公奏疏》卷五）

62.16　春，得一宋端硯，并跋曰："古之端能備九，立功立德，非空言之墨守。道光庚寅十年沏銘硯左。因文守古不同部，復改刻於此。"

　　　按：此硯爲楊敬夫 1957 年爲修建海源閣紀念館而捐，藏山東省圖書館。此條姑且系於此。

五　月

62.17　五月二十六日，陝甘督臣布彥泰奏請將鳳翔府知府白維清與甘肅回避之慶陽府知府成瑞對調。爲便白維清交卸，楊以增五月二十六日上奏請旨由孝義廳同知吳孝彬暫行署理。渭南縣知縣王義樟俸滿奉部調取引見，請旨由襃城縣知縣何玉珍調署。蒲城縣知縣慕維成去病遺缺，請旨由清澗縣知縣沈功枚接署。（《委署府縣各缺摺》，錄副奏摺）

62.18　五月二十六日，奏報陝西省本年四月中下旬及五月上旬雨水田禾及糧價情形。

　　楊以增《恭報雨水糧價情形摺》："嗣據西安、延安、鳳翔、漢中、榆林、同州、興安、商州、邠州、幹州、綏德等十二府州屬……於四月十五六、十九、二十并二十一、二、三、四、五、六等日先後得雨一二三四寸至深透不等，餘日晴霽，暄潤相宜，平原一帶二麥均已刈獲登場，收成尚稱中稔。北山氣候較遲，現亦將次成熟。所有通省糧價延安、鳳翔、漢中、商州、邠州、乾州、綏德七屬俱報平減，餘與上月相同。民情樂業，氣象恬熙，堪以仰慰宸懷。"（錄副奏摺）

62.19　五月二十六日，奏報五月中上旬西安、同州、鳳翔等府普遍得雨，於農穡大有裨益。道光帝硃批："覽奏欣慰。"

楊以增《恭報雨水情形摺》："陝西通省本年自春及夏雨水均尚調匀，現在平原地方二麥碾收之後，亟需翻犁種秋，全賴甘霖用資沾潤。即南北兩山包穀雜糧亦藉膏澤滋培，始能長發暢茂。茲於五月初八九至十六七八等日節次得雨，據西安、同州、鳳翔、延安、漢中、榆林、乾州、邠州、鄜州、綏德等府州屬俱報深透者十之六七，其少者亦得雨二三四寸。正黎庶望雲待澤之際，齊此普遍優渥。"（録副奏摺）

62. 20　五月二十七日，奏報陝西省道光二十八年額徵錢糧已未完數目，統計本年新徵留存完納四分四釐有餘。

楊以增《額徵錢糧已未完數目摺》："道光二十八年分應繳錢糧額徵民屯更起運存留共銀一百六十萬九千五百五十二兩零，内除存留銀二十七萬八千一百一十二兩零，實應解起運銀一百三十三萬一千四百三十九兩零。計自二月開徵起至五月止，現已解貯司庫銀五十九萬五千三百七十一兩零，未完銀七十三萬六千六百六十八兩零，較比向年已完銀數短少之處，因各屬連歲歉收，民間元氣未復，未能照常輸納，統計本年新徵留存完納四分四釐有餘。"（録副奏摺）

62. 21　五月，致信兩江總督李星沅。

《李星沅日記》"道光二十八年（六月）初八日"條："覆至堂書，覆孫退庵、劉湘浦各一函。"

　　按：楊以增發此信具體時間不明，姑系於此。

62. 22　五月，崇恩赴藏任職，途經陝西，與以增"歡聚旬日"。楊以增出《大觀帖》，并請崇恩題字留念。

崇恩《大觀帖跋》："道光戊申，恩奉使衛藏，路出秦關，得與至翁歡聚旬日，閒出秘笈書帖命題。"（宋拓《大觀帖》，故宮博物院藏）

　　按：結合下條崇恩致楊以增信所述，姑系此條於此。

62. 23　五月，接崇恩函。崇恩在信中對楊以增的款待和幫助深表感謝，并録詩爲贈。

崇恩致楊以增函："至堂尊兄中丞大人閣下：前在沔縣，曾布一函，專致謝忱，諒登籤掌。茲於月之廿一日獲讀手書，備承心注。藉知起居萬福，勛業千秋，遙企清輝，莫名欣慰。別時承索近作，途中未暇録呈。今小憩成都，謹抄數首奉寄，蛩蜣細響，不足言詩，望開示而琢磨之，幸甚感甚！弟此間略整行李，刻日西行。惟日遠日疏，時深馳系，尚祈箴砭時貺，起我愚狂，是所切祝。專此即頌台安，諸希心照。弟崇恩頓首。五月廿一日，燕魯公所。"（《海源閣珍存尺牘》）

按：楊以增道光二十七年（1837）三月十六日擢任陝西巡撫。崇恩時任山東巡撫，同年十一月，因辦理捕務不力，辜恩溺職，被革去巡撫之職，受命赴京聽候諭旨。道光二十八年（1838）一月，崇恩被任命爲駐藏幫辦大臣，自京赴任，須經陝西沔縣、四川成都，此後再"刻日西行"。由此亦可判斷此信寫於道光二十八年（1838）五月廿一日。

崇恩經行陝西，當頗得楊以增之助，故在到達沔縣後"專致謝忱"。崇恩爲當時著名的書法家、金石學家和詩人，楊以增因此索讀近作。咸豐四年（1854），崇恩再次擔任山東巡撫，咸豐五年（1855）十二月，因黃河改道，山東聊城一帶遭遇水災，楊以增主動捐穀賑災，崇恩爲此上《南河督臣遣家屬捐谷一千五百石請量予鼓勵片》，請求對楊以增量予恩施。道光五年（1855）十二月，楊以增在清江浦南河節署去世後，崇恩又於咸豐七年（1857）九月上《崇祀鄉賢以維風化摺》，請將楊以增入祀山東鄉賢祠，以楷模士林，褒揚鄉賢。

六　月

62.24 六月二十五日，上報官民捐修府谷縣城垣各工完竣，同時新建該縣文廟情形。官民捐輸修城重大事務，例得給予議敘，因此奏請對相關出力人員予以獎敘。

楊以增《官民捐修城垣請分別獎勵摺》："竊照府谷縣城垣一座……自乾隆五十一年請項修理後，迄今六十餘載，早逾固限……若不急爲修理，不足以資防範。又該縣文廟規模狹隘，門垣棟宇亦多傾圮。經前署縣現任潼關廳同知凌樹棠及委員試用從九品高鈞首先倡捐，勸諭士民，均皆踴躍。……於道光二十七年四月二十二日興工，至八月二十六日一律修竣……今該官民等捐資修復城垣，其工洵屬有益地方，除捐數不及議敘者由臣自行獎勵，并將捐銀二三百兩之士民暨勸捐出力之府谷縣教銜李九標、典史李登瀛、巡檢黄炳文，稽查彈壓之府谷汛把總楊興旺、董事議敘九品韓景行、歲貢生候選訓導劉作藩、議敘六品軍功蘇萬等咨部照例議敘外，其前署府谷縣知縣現任潼關廳同知凌樹棠力籌興辦，倡捐銀三百六十餘兩後，勸諭士民捐輸，數逾巨萬，俾得資集工成，實屬督率有方，盡心公事。試用從九品高鈞以微員捐銀二千二百兩之多，又自備資斧，在工經理，亦屬奮勉急公，可否仰懇天恩，將同知凌樹棠勅部從優議敘，試用從九品高鈞分缺間用。"（録副奏摺）

62.25　六月二十五日，上奏陝西省五月下旬六月上半月雨水情形。

楊以增《恭報雨水糧價情形摺》："臣查陝省各屬入夏以來雨澤頻沾，今復藉此甘膏，於禾稼大有裨益。所有通省糧價西安、延安、漢中、同州、興安、商州六屬俱報平減，餘與上月相同，民情歡悦，四境安恬，堪以仰慰聖懷。"（録副奏摺）

62.26　其第三子尚未成年，即因急病服藥醫治不當而夭亡。老年喪子，頗爲心傷，其友錢儀吉爲此作詩寬解。

錢儀吉致楊以增函："六月十日得至堂先生書，知有第三郎之戚，述懷奉慰，率成三章，録請鑒正。經時旱太甚，一昔雨驟涼。風物頓凄警，蟋蟀已在堂。綢繆結遐思，使節懷秦疆。陸海今何有，苦心撫羸尫。一夫閔失所，忍見童烏殤。厥生況有徵，元鳥千百翔。名之曰燕慶，簽謂神降祥。髫齡筆五色，早擬文成張。奈何庀且暴，毛羽忽摧藏。老鳳聲啾啾，和鳴失歸昌。尚煩念儔侶，往事同盡傷。

疾苛人事常，舉世無和緩。籲嗟骨肉情，徒自憂心悁。倉卒以藥誤，追憶知中懣。家兒乃不然，久斥庸醫誕。市中石與陳，冰火互涼暖。虛與之委蛇，不受一丸散。妻孥不可諫，追恨腸空斷。臧穀等亡羊，誰能左右袒。無已歸之天，越哉命修短。墮地已前定，賢愚何足算。

洪鈞播萬象，一擲無終完。區分益茫昧，并育梟與鸞。桃李忽冬華，秋風敗叢蘭。紛紜迭否泰，如環循無端。陰陽所變異，何物足□搏。獲麟不得蓄，屠龍敢摧殘。鷦鷯一枝守，亦自遭弋彈。即事審其由，推測良複難。太虛可思慮，任運閱暑寒。和神以爲春，真想每在歡。中年遣哀樂，願得寢食安。君子道其常，達人垂大觀。□□審所由，所誤作其□。愚弟錢儀吉初屬稿。"（《海源閣珍存尺牘》）

按：據錢儀吉詩中"綢繆結遐思，使節懷秦疆"之句，可判斷此詩當作於楊以增擔任陝西巡撫期間。楊以增於道光二十七年（1847）三月十六日被任命爲陝西巡撫，道光二十八年（1848）九月二十六日交卸陝西巡撫篆務，赴京陛見，同年十二月初六日正式上任。據此，則此信當作於道光二十七年（1847）或二十八年（1848）六月十日。姑系於二十八年（1848）六月。

龍啓瑞《江南河道總督楊公神道碑》稱，楊以增長子紹穀，官雲南大理府通判；次子紹和，官內閣中書，後陞通議大夫。此外尚有女四人。張英麟云："端勤公（楊以增謚端勤）有三子，公（楊紹和）其仲也。"（《翰林院侍講學士楊公墓誌銘》，《聊城縣志》附《耆獻文徵》卷又下）則楊以增尚有一子，但姓名無考。錢儀吉詩首章稱"髫齡筆五色，早擬文成張"，可知楊以增第三子自幼聰慧，善屬文章，頗得楊以增喜愛。因此在此子夭折後，楊以增"老鳳聲啾啾，和鳴失歸昌"，哀痛異常。再據錢詩此章"倉卒以藥誤，追憶知中懣"，可知楊以增此子當得急病，倉促之中因服藥不當去世。錢儀吉在三章中期盼楊以增"和神以爲春"，"願得寢食安"，盡快從喪子之痛中解脫出來，并以"君子道其常，達人垂大觀"，來極力勸慰。

七　月

62.27　七月二十二日，上奏興平縣官紳捐修城垣及文廟殿宇文昌廟、奎星樓、啟聖宮等，請循例給予獎敘。

楊以增《官紳捐修城垣請分別獎敘摺》："竊照興平縣城垣……於乾隆十七年請項修理後，迄今將屆百年，一切城身、城樓、炮臺等項坍塌過甚，亟應全行修葺。……前任知縣現陞佛坪廳同知李夢愚倡捐銀二百兩……現任知縣龔衡齡隨與縣丞、典史、教職、外委等官首先倡捐，勸諭紳民踴躍輸將，集有成數，遴派公正紳士經理，於道光二十七年正月二十日興工，招集窮黎，分段修築，於二十八年三月初五日一律修竣……洵屬有益地方，可否仰懇天恩，敕部分別從優議敘。”（録副奏摺）

62.28 七月二十二日，上報陝西省雨水情形及六月糧價。

楊以增《恭報雨水糧價情形摺》：“嗣據西安、延安、鳳翔、漢中、榆林、同州、興安、商州、邠州、乾州、鄜州、綏德十二府州屬具報，六月下旬二十四五六七八九、七月上旬初一五六八九十、中旬十一二等日，先後得雨自一二三四寸至深透不等，所種一切秋禾雜糧獲此雨澤，可期長發。至通省糧價西安、延安、漢中、同州、興安、商州、六府州屬俱報平減，餘與上月相同。”（録副奏摺）

62.29 七月二十二日，上奏西安省會城東滻河爲豫晉隴蜀驛路要津，被沖堤堰等工經西安府勘明確估無浮，所需工料銀兩應在橋工生息本款銀内照數動支，以護橋岸而衛田廬。

楊以增《修理要津堤堰摺》：“西安省會城東滻河爲豫晉隴蜀驛路要津，上年八月内河水盛漲，衝傷西岸堤堰。……現經夏令，大雨時行，河水不時漲發，必須豫爲購料，趕緊修筑。逐款確估，共需工料銀一千六百二十六兩零，造具估計册結……臣查前次被沖堤堰等工既經西安府勘明確估無浮，即需工料銀兩應在於橋工生息本款銀内照數動支，飭令及早興修，以護橋岸而衛田廬，俟工竣日，核實造銷。”（録副奏摺）

62.30 七月二十二日，遵道光帝上諭，續查陝西臺站接遞新疆奏件遲延時刻，并將相關人員記過嚴懲，以肅郵政。

楊以增上奏《續查陝西臺站接遞奏摺遲延時刻摺》：“陝省自定邊臺起，至山西年延臺止，計程一千十五里，限行五百里，應行二日二刻十二分。查得上年十二月二十四日接遞參贊大臣奕山五百里奏摺一件，行過二日五刻，内響水臺遲延二刻三分，其餘各臺并無遲誤。此外奏摺二件均止行過一日十一時五刻，計算程限，尚快過五刻十二分。……臣查前項奏摺三件，陝省臺站遞送僅止一件遲延二刻有零，當將該弁記過嚴懲，并飭嗣後遇有文報，務須按限馳遞，不得稍存玩視，致干嚴譴，以肅郵政而免稽滯。”（錄副奏摺）

62.31　七月，接准山西撫臣王兆琛咨稱，刑部現審案內訊出應提人犯有前在梁萼涵署內之簽押家人王晉在陝，咨移協拿。楊以增與兩司密飭拿獲王晉到案，并派撥員役將王晉解往山西省，轉解赴京歸案質訊。（《拿獲刑部現審案內人犯片》，錄副奏摺）

62.32　七月，陝省西、同、鳳等府均乾燥異常，甚殷雨澤，因步禱得雨。

　　楊以增《恭報得雨情形片》：“故率屬設壇步禱，先委員赴距省城九十里之黑龍潭黃龍澤取水。七月十二日藩司復親往行香，旋於十三日午刻得雨，至十六日止。始雨斷續相間，繼於十五、六兩日連宵達旦，大需滂沱。……臣查此次雨澤最爲普遍優沾，正三伏吃緊之時，不但暢發秋禾，而稻麥亦大有裨益。”（錄副奏摺）

62.33　七月，以官紳捐修聊城城垣，奏請獎敍，從之。

　　《崇祀鄉賢錄·事實》：“本紳保衛鄉里，永固金湯。郡城當水陸衝，年久就傾，幾無以筭。出入議修者再，怵於工鉅。本紳承父志，獨任之。費貲累萬，力復舊觀。不十年，粵氛北擾，烽煙近逼，而崇墉屹屹，賊不敢犯。官民登陴守，藉捍禦以保闔郡生靈，厥功尤偉。”

　　宣統《續修聊城縣志》卷二《建置志》：“道光□□年，邑人楊以增出俸金捐修南面。”

62.34　夏，爲清黃鶹撰《試篆存稿》八卷作序。

　　楊以增《〈試篆存稿〉序》：“閩江黃朗村參軍承尊翁余亭先生家學，工於摹印，一以《說文》、鍾鼎、秦漢碑碣爲法，不尚時趨。余亭先生官東河時，嘗蓄所作之最工者，托寄友人，輾轉致歸烏有。朗村復於濟上得之，出以潤世。今將自作各章，另爲一集，問序於余。……君家小松司馬前蒞東河，殫心篆隸，曾輯石經殘字及武梁畫像，摹刻精

良，爲《小蓬萊閣金石文字》，傳播藝林，世其家學者也。朗村研究不
已，技也進道，上裨經訓之高深，則小松司馬不得專美於前矣。是爲
序。道光戊申仲夏聊攝楊以增撰。"（《試篆存稿》卷首）

八 月

62.35 八月二十二日，上奏漢中府定遠廳同知余炳燾因在順天捐輸經
費議敘，赴部候選，所遺定遠廳員缺題請以涇陽縣知縣何炳勳奏請
陞補。

楊以增《揀員陞補要缺同知摺》："竊照漢中府定遠廳同知余炳燾
因在順天捐輸經費議敘，奉旨：'著以知府不論雙單日歸捐班前先用。'
當經臣續諮該員余炳燾赴部候選，并將定遠廳員缺以涇陽縣知縣何炳勳
奏請陞補……何炳勳年五十一歲，湖北進士……該員實心任事，幹練精
詳。且在陝年久，熟悉南山情形……以之請陞定遠廳同知，實堪勝任。
至該員前此請陞，已蒙允准，嗣部議撤回，系因余炳燾未經呈請離任開
缺，并非因該員不符陞補之例，亦與別有違礙例不准陞人員奉駁後不准
再請者不同。……合無仰懇天恩，俯念要缺需人，敕部核覆，仍准以涇
陽縣知縣何炳勳陞補定遠廳同知，洵於地方有裨。"（錄副奏摺）

62.36 八月二十二日，上奏因榆林縣知縣福淳調任咸寧縣知縣，所遺
員缺題請褒城縣知縣侯國章補授。

楊以增《奏請調補知縣摺》："榆林縣知縣福淳前經臣等奏調咸寧
縣知縣，所遺員缺系北山中缺，茲接部諮准其扣留外補，於道光二十八
年六月初一日行文，按限減半，作爲六月二十二五日開缺，應歸六月分
掣籤。六月僅止斯缺，毋庸掣籤，照例請補。查有調省察看之前任褒城
縣知縣侯國章年五十歲，直隸進士，選授褒城縣知縣，道光二十二年九
月到任，二十六年九月間經前陞任撫臣林則徐以該員於南山驛站孔道辦
理未能妥協，人地不宜，維時未見其人，聞其膂力剛強，頗有作用，未
便遽予廢棄，奏請開缺調省察看，再行酌辦。……臣與藩、臬兩司隨時
留心察看，該員侯國章年富力強，勇於任事，屢經差遣，均無貽誤，並
委赴蒲城一帶查拿刀匪，訪獲多名，大爲出力，以之請補榆林縣中缺，
實堪勝任。"（錄副奏摺）

62.37 八月二十二日，上奏陝西雨水情形及七月糧價。

楊以增《恭報雨水田禾糧價情形摺》："臣查陝省入秋以來雨澤沾足，南北兩山及平原各邑秋禾漸次結實，其留種冬麥之地，亦可乘時翻犁播種。糧價平減，民情歡悦，堪以仰慰宸懷。"（録副奏摺）

62.38 八月二十二日，上奏商州直隸州知州王履亨因大計卓異，奉准部咨調取引見，所遺員缺題請由留壩廳同知張錢署理。

楊以增《委署州知州片》："商州直隸州知州王履亨因大計卓異，奉准部諮調取引見，所遺員缺系南山繁疲難要缺，應行揀員接署。查有留壩廳同知張錢爲守兼優，堪以委令署理。據藩、臬兩司會詳前來，除批飭遵照外，所有委員接署緣由，理合會同陝甘督臣布彦泰循例附片陳明。"（録副奏摺）

62.39 八月，刊刻徐致初撰《牧令書》二十三卷，并於關中節署之四來堂爲之作序。此序備述牧令職責之重，并詳析徐致初《牧令書》有"三善"，頗可見其爲官心得。

楊以增《牧令書序》："同歲生徐致初太守官水部時，著有《牧令書》，嘗出以相示，爲目十八，爲卷二十三，博採旁收，辭歸簡要，不復列敘前代，略觀梗概，備三善焉。古人筮仕之初，比於學制發硎。新試界之大邑，操刀實傷，如古訓何？是書條分理合，確有持循，雖在中材，可勉而致，其善一。迺或專門名法，以刻爲明，用持巧心，析律二端，陷民非罪，跅弛之弊，甚於迂疏。是書弁以治原治術之醇，根於學術，其善二。天下事常者治之易，變者治之難，水旱盜賊，自古有之，治亂相因，其奚以濟？而籌荒、戢暴、備武具於是書，復以保甲總其綱，無事則豫切講求，有事則不虞扞格，其善三。夫牧令與唐虞之十又二牧，春秋之令尹不同，今特一邑之任耳。顧社稷民人惟牧令是寄，本是書而遵行之，因時制宜，精義致用，彼西京之通於世務，明習文法，以經術潤飾吏事者，何以加兹？余與太守苔岑至契，夙稔其有體有用，由工曹出守興安，量移首郡，渭川共楫，雅慕前修。今以是書付之剞劂，用之一邑而治，推之天下而無不治。將見進而益上，大其設施，仰贊聖天子察吏安民邁古循良之績，匪直謨猷入告，得拜獻之先資己也。"（道光二十六年楊以增、李煒刻本《牧令書》，藏南京圖書館）

　　按：《牧令書》二十三卷、《保甲書》四卷，楊以增、李煒於道光二十八年刊刻，板框 19.1×13.6 釐米，半葉十行二十五字，白口，左右双边，单黑鱼尾。

　　又按：此序集中體現了楊以增的爲官思想。楊以增云："是達而爲名臣，窮而爲名儒，其道不同，其應運而生，秉道而爲後起之儀型則一也。"（《重修光岳樓記》，《退思廬文存》）不論是爲官抑或爲學，雖然所走的途徑不同，但都要秉持正道，爲後人做出榜樣，爲國家做出自己的貢獻。爲學在於致用，重在實踐，其最終目的就是要齊家治國。當出之爲官時，就必須始終想著有用於天下後世，因而以增又云："通經學古，踐履居先。處而修之於家，則孝弟忠信；出而膺廊廟之選，則必思有濟天下後世。"（《重修光岳樓記》，《退思廬文存》）楊以增自牧令起家，對中國的基層官員有著深刻的認識。唐宋京畿的地方長官稱州牧，正六品官。清代知州已降爲與知縣級別略相等的地方長官，但文字上仍尊稱爲州牧，與知縣并稱牧令，正七品。舊時亦以此代稱爲地方長官。清謝金鑾云："天下真實緊要之官，只有兩員，在內則宰相，在外則縣令。學者果有修己治人之術，不爲宰相，必爲縣令。蓋宰相有不如縣令者矣。天之所以立帝王者，以爲民也。帝王不能以一人之耳目遍及天下，必分立官府以治之，其實政實治則在縣令。帝王者天下之王，縣令一邑之主也。一縣令壞，則一邑之民心去矣，其禍將誰歸哉？"（謝金鑾《居官致用》，徐棟輯《牧令書》卷一）曾任過數縣縣令的袁枚則開宗明義曰："夫治民者，州縣之職也。"（袁枚《答門生王禮圻問作令》，《皇朝經世文編》卷二十一）楊以增認爲，國家百姓，寄託於牧令，"顧社稷民人，惟牧令是寄"，故作此序，以集中闡釋自己對牧令的見解。

62.40　八月，得宋本《孫可之文集》十卷一册，並用黃氏校本、家藏明抄本手校一遍。

　　《楹書隅録》卷四 "校宋本孫可之文集" 條："道光戊申秋仲得宋本，用黃氏校本、家藏明抄本手校一過，凡異字註於下方。退思老人識於四經四史齋。""顧本（顧抱沖藏校宋本）即歸予齋之本，明刊各本，予齋亦有之，與此迥出兩刻。先公嘗手校之，有題字在卷後，敬錄於右。紹和謹跋。”

　　按：此本半葉十二行二十一字，白口，左右雙邊，單魚尾，魚尾下題“可之幾”，下題頁數。卷首孫樵《自序》言是集從“所著文及碑碣書檄傳記銘誌”兩百餘篇中刪擇出來的。《直齋書錄解題》卷十六著錄《孫樵集》十卷，且言“自爲序，凡三十五篇，蓋刪擇之餘也”。本集十卷三十五篇，故此本似即《直齋書錄解題》著錄本。《新唐書·藝文志》《郡齋讀書志》《通志》《文獻通考》均著錄《孫樵集》三卷，因而在宋代孫集很可能有兩個本子。但三卷系統的本子并未流傳下來，故此十卷本成爲傳世最爲珍貴的本子。此本從刀法字體上，實是宋蜀刻之十二行二十一字本。王文祿《文祿堂訪書記》卷四著錄是書，題宋蜀刻本，并云：“有‘翰林國史院官書’長方印，‘劉體仁’、‘穎川劉考功藏書印’。又宋蜀本同。”傅增湘云：“與皇甫持正、元微之諸集同式。”（《藏園群書經眼錄》卷十二，第1102頁）黃丕烈、顧廣圻、傅增湘都曾以此本校他本，是正良多。莫伯驥云：“今以各家藏本較之，孫集洵以此本爲首屈，天祿本不可信爲宋，固無庸論矣。此外正德王鏊本，林茂之閔本，毛子晉虞山本，更在其下。惟丁氏所藏之舊抄本，尚比前數本爲可讀。即如集中《書出將軍邊事》云：‘南蠻果大入成都，門其三門，四日而旋’，而正德本脫去‘其三門，四日而旋’七字。吳郙重訂本云：‘大入成都’是一句，‘門其三門’是一句，《文粹》削‘其三門’三字不成語。《文苑》可證。此抄本不誤，較正德本爲優，故《善本書室書目》特拈出之，然亦一節之長，仍不可與此宋槧挈比也……”（莫伯驥《〈孫可之文集〉跋》，《五十萬卷樓藏書目錄初編》卷十五）鈐有“翰林國史院官書”“劉體仁”“穎川劉考功藏書印”三印，至今流傳下來的宋蜀刻唐集，如《張承吉文集》等數種亦鈐有此三印，這說明這批書自元代至清初一直保存在官府中，清初內府官員劉體仁從宮中偷出，劉氏歿，始散入民間，先後爲顧廣圻、汪士鐘所得。又鈐有“博依齋印”“宋本”“顧千里經眼記”“汪士鐘”以及楊氏諸印。楊敬夫售是書時，由王子霖作介轉歸廣東莫伯驥。今藏國家圖書館。

九　月

62.41　九月初四日，前任南河總督潘錫恩因病去職，楊以增補授南河總督。

　　楊以增九月十七日《奏爲補授南河總督謝恩并請觀見事》："竊照九月十四日臣接吏部咨開，道光二十八年九月初四日奉上諭：'江南河道總督著楊以增補授，未到任以前，著李星沅兼署。'等因，欽此。臣即恭設香案，望闕碰頭，虔謝天恩。……聞命之下，悚懼交并。"（録副奏摺）

　　"九月甲戌（初四日），江南河道總督潘錫恩因病解任。以陝西巡撫楊以增爲江南河道總督。未到任前，以兩江總督李星沅兼署。"（《清宣宗實録》卷四五九，《清實録》第三九册，第789頁）

　　　按：楊以增自讀書應舉之初，即深受忠君觀念的影響。入仕之後，他逐步陞遷，尤其對道光帝的知遇之恩始終銘感於心，其忠君思想則逐步增添了報答君恩的成分。忠君之志與報恩之思相互糅合，形成了盡瘁死節的忠臣觀念，并貫穿於他的後半生。楊以增在任職貴州之時，被雲貴總督阮元舉薦爲興義府知府。而按定例，他應當在任職松桃廳三年後，方可被上司題請量予優敍。之後再滿三年，才准予保題陞衝。而當時楊以增擔任松桃直隸廳同知僅一年有餘，即被阮元保舉。道光帝認爲楊以增人才難得，欽定授予他興義府知府一職，比正常陞遷年限縮短接近五年。此後，他於道光二十三年（1843）四月初三日被授職兩淮鹽運使，僅僅過了十四天，又被任命爲甘肅按察使。更爲難得的是，他剛剛被任命爲陝西布政使，旋於同年十二月初十日暫署陝西巡撫。道光二十七年（1847）二月十五日剛剛交卸撫篆，即於三月十六日正式擢任陝西巡撫，皇帝的青睞有加，由此可見一斑。楊以增對道光帝的重用刻骨銘心，決心不計得失以報君恩。這在他就任江南河道總督一職上，得到了最爲集中的展現。自清朝中後期起，河務衰敗，積重難返，担任河督的風險很大。河工向來比照軍營法，故河督下至河廳得罪，有枷號者，有正法者，而年年安瀾，皆有保舉。但是乾嘉時，人皆以河工爲畏途，蓋賞雖重而罰亦嚴耳。在这种形势下，河道總督已经从肥缺變爲燙手山芋，河督卒於任上或被貶革流放的不乏其人。在这种形势下，"或以河事为虑，勸引歸。公曰：'吾稔知矣，徒以受皇上特達恩，以縣令超擢至此，欲决去，誠不忍於心。'"（《兵部侍郎江南河道總督楊公家傳》，《柏梘山房文續集》）可見，楊以增并非不知其中艰难，但是作为封建官員，他始終念念不忘皇上超擢特達之恩，仍嚴守爲臣之責，不計得失，生死以之。

62.42　九月初五日，上奏陝西按察使嚴良訓補授河南布政使，所遺員缺題請鹽法道崇綸委署。其所遺鹽法道印務題請延榆綏道萬保就近兼署。

楊以增《委署藩道印務摺》："竊臣接准吏部諮開：欽奉上諭：'河南布政使著嚴良訓補授。'……當即恭錄行知。查嚴良訓既經陞任，所遺陝西按察使員缺自應先行委員接署，以便該陞司交部起程。查有鹽法道崇綸明慎精詳，前次兼權臬篆，辦理裕如，堪以委署。其所遺鹽法道印務，查有延榆綏道萬保穩練老成，該員甫卸潼商道事，尚未回任，堪以就近兼署。"（錄副奏摺）

62.43　九月初五日，上奏陝省秋禾多寡牽算，約計收成七分有餘。

楊以增《本年秋禾約收分數摺》："秋禾約收分數例應先行奏報……統計陝省各屬九十一廳州縣多寡牽算，約計收成七分有餘。理合繕具清單，恭呈御覽。"（錄副奏摺）

62.44　九月十七日，因補授南河總督，專摺上奏謝恩并請覲見。

楊以增《恭謝恩授南河總督籲懇陛見摺》："查河務修防關係運道民生，最爲重大，必須胸羅全局，熟悉情形，方能使在工文武各員悉歸調度。如臣檮昧，且從未至江南，深虞弗克勝任，惟有仰懇聖恩，准臣趨詣闕廷，跪聆訓誨，庶修防一切有所遵循，或可勉竭駑駘，以上酬高厚生成於萬一。"（錄副奏摺）

九月十六日兩江總督李星沅上《奏謝兼署南河總督摺》："竊臣准吏部咨開，道光二十八年九月初四日奉上諭：'江南河道總督著楊以增補授。未到任以前，著李星沅兼理。'等因，欽此。祗悉之下，悚感彌

深。查江省賑務方殷，刻難延緩，各屬災民撫恤甫經次第放竣。……欽
奉前因，幸河工大局已定，霜清在即，可保安瀾。惟當查明庫項，以濟
要需，催齊撥項，以供歲料。前啓湖河各壩，均須上緊堵合。蓄堤內之
水，預備空重漕運；疏堤外之水，早期涸復民田。一切應辦事宜，勉力
悉心經理，上紓宸注。不敢以暫時兼署，稍懈修防。臣擬即日起程，前
赴清江接受河督印務，再行酌量回省。"（《李文恭公奏議》卷十八）

　　《李星沅日記》"道光二十八年九月十四日"條："酉刻接吏部行知
芸翁開缺，已允准河督署楊至堂，先以予兼署。至堂固中外所擬議者，
必令南河有起色，惟芸翁竟不得假，卻非擬議所能到，而暫時兼署尤非
綿力所堪，且全河所不願也。"（《李星沅日記》，第759頁）

62.45　九月二十四日，上奏因蒲城縣知縣慕維城告病，題請延長縣知
縣王伯潤調補。

　　楊以增《遴員請調要缺知縣摺》："蒲城縣知縣慕維城告病……茲
接部諮，准其在外調補，於道光二十八年七月二十七日行文，按限減
年，扣至八月二十一日爲開缺日期。查蒲城縣系繁疲難兼三要缺，回漢
雜處，訟獄繁多，素稱難治。必須精明幹練、有守有爲之員方足以資治
理。……惟查有延長縣知縣王伯潤年三十八歲，山東監生……該員年壯
才明……以之調補蒲城縣要缺知縣，洵堪勝任。……如蒙俞允，該員以
知縣調補知縣，銜缺相當，毋庸送部引見。"（錄副奏摺）

62.46　九月二十四日，上奏修理寧羌營教場演武廳房間事。

　　楊以增《修理教場演武廳動用銀數摺》："寧羌營校場一座，西南
二面緊□土河。節次河水陡發，沖刷地基八十餘畝，并沖去馬道、照
壁，圍牆坍塌。演武廳房間若不亟爲修葺，以後再遇水發，勢必盡行衝
成河灘，爲費更巨，實系刻不可緩之工。擬在原處揀買民土，內築堤
坎，外壘石邊，方足以資護衛而期堅久。所需工料銀兩按照工程做法并
物料價值則例，於撙節之中力求撙節，逐一確估，共需工料運腳銀五千
七百九十一兩零。……臣查校場演武廳爲操練官兵之所，該營地處南
山，武備最關緊要……現據道府親履勘明，撙節確估，應請照例辦理。"
（錄副奏摺）

62.47 九月二十四日，上報陝西省雨水糧價情形。

楊以增《恭報雨水糧價情形摺》："臣查陝省地方入秋以來，屢逢甘雨，土膏極爲滋潤，二麥乘時播種，遠近一律均齊。其南北兩山暨平原早晚秋禾亦俱次第收穫，糧價俱報平減。"（録副奏摺）

62.48 九月二十五日，因去、今兩年求雨屢著靈驗，楊以增與屬員捐廉建廟，并請道光帝頒賜封號，以肅觀瞻。

楊以增《奏請賜龍神廟封號事》："竊照陝省本年入伏以後，雨水較稀，農民望澤。臣率屬設壇步禱，按籍詢求，知省南九十里之柘坡峪舊有龍神祠遺基尚在，左右二潭分列，積水常盈，秀據南山，在唐代已稱勝跡。膏流西土，至聖朝尤著赫聲。去歲求雨之時，曾經西安府知府徐棟迎取靈湫，甘霖立沛。本年七月藩司恒春親詣行香，隨率雨渥，歡騰遐邇，歲富倉箱，此皆我皇上至德感孚，至誠昭格，是以百靈效順，萬寶告成。乃廟貌久虛，未識憑依之何在；民情共籲，自應俯遂其所求。臣與在省各官公捐廉俸，因山拓地，建宇棲神，現已一律告竣，整齊完固。合無仰懇天恩賜予封號，并請頒發御書匾額，敬謹鉤摹懸掛，以肅觀瞻。從茲暘雨應時，關輔長邀福佑；綏豐載詠，□垓共慶陞平。"（録副奏摺）

62.49 九月二十六日，上奏因布政使恒春既經護理巡撫，所遺藩司印務題請鹽法道延榆綏道萬保暫署藩司，其所遺鹽法道題請西安府知府徐棟兼護。

楊以增《委署藩道印務片》："布政使恒春既經護理巡撫，所遺藩司印務應另委員接署。臣隨與恒春商酌，本省道員鹽法道崇綸現署臬司，督糧道黃德濂正值催徵秋糧吃緊之際，均未便檄委。查有署鹽法道延榆綏道萬保安詳穩練，堪就近暫署藩司。其所遺鹽法道，查有西安府知府徐棟有守有爲，堪以兼護。"（録副奏摺）

62.50 九月二十六日，將陝西巡撫關防循例委員移送藩司恒春接護，隨即於次日束裝北上，進京陛見。

楊以增《交卸陝西撫篆起程赴京陛見摺》："竊臣渥沐鴻慈，補授江南河道總督，當即具摺奏謝天恩，籲懇陛見。茲臣將經手事件逐一按限趕緊清釐，於九月二十六日將陝西巡撫關防循例委員移送藩司恒春接護，臣一面束裝，即於次日起程北上，恭迎前摺批回，展覲天顏，跪聆訓誨。"（錄副奏摺）

十　月

62.51 十月十五日，受命於到任後整治河員，務必各守本汛，實力修防，嚴禁在清江逗留。

十月乙卯（十五日）諭："李星沅奏河廳員弁多不駐工，現飭親駐工次等語，所奏甚是。河工廳汛員弁責在修防，必應時常駐工，克盡職守。若如該署河督所奏，淮揚、淮海道屬廳員率多聚處清江，廳署幾同虛設，非遇盛漲搶險，皆不到工，佐雜營弁及委員等亦多效尤。如此曠官，所謂職守者安在？況清江人稠地隘，風氣虛浮，該員弁等群居聚處，弊不勝言，於吏治河防殊有關係。該河督現已嚴飭該員弁等各歸工次，不准在清江逗留。嗣後仍責成楊以增於到任後嚴行查禁，務令各守本汛，實力修防，不得稍有曠離，致滋貽誤。凡此等惡習相沿已久，甚屬可恨。楊以增甫經蒞任，無所用其回護，務矢公忠，毋顧嫌怨，力加振作，悉除舊習。務期煥然一新，庶於吏治、河防兩有裨益。懍勉爲之，毋忽。"（《清宣宗實錄》卷四六〇，《清實錄》第三九冊，第809頁）

十月，李星沅奏稱："查南河四道管轄同知、通判二十三員，缺分繁簡不同，里數遠近不等，要皆各分汛地，例應常年駐工，隨時實力修防，斯爲無忝厥職。近年以來，惟徐州、常鎮道屬十廳照舊分駐工次。至淮揚道屬七廳、淮海道屬六廳，率多聚處清江，廳署幾同虛設。非遇盛漲搶險，皆不到工。因而實任佐雜各官，營汛備弁協防，鮮不尤而效之，視地方如傳舍。即奉委防汛候補人員亦多安坐寓中，并不親往幫辦，殊非慎重要工之道。且清江人稠地隘，風氣虛浮，廳員本有職司，乃若一無所事，遊戲征逐，耗費實繁。甚或競尚夤緣，希圖侵冒，群居終日，弊不勝言，吏治河防，均有關係。臣已嚴飭該管道將，即令實任河廳文武員弁，務各親駐工次，不准在浦逗留，自耽安逸。其餘防汛委員，均應到工辦事，借資照料，亦免惰遊，違者分別參處。"（《李文恭公奏議》卷十八）

十一月

62.52　十一月，進京展觀時購得宋本《昌黎先生集》四十卷外集十卷十六册。

《楹書隅録》卷四："南宋初刻唐人集，每半葉十二行、行二十一字之本凡數十種，與北宋蜀本每半葉十一行、行二十字唐人諸集并稱，最爲精善。顧今世流傳絶罕，偶或遇之，率已損闕，求完帙不易得也。藏予齋者凡三：一《浩然》，一《可之》，皆完帙；一殘本鈔補者，即此《孟集》與此，均有元時'翰林國史院官書'朱文長印。卷首冠以趙德文録《序》。無註，而字句異同，註'一作'云云者極詳核。中闕二十一卷，鈔補工緻，當由原刻影寫，如《考異》所云'雖不載其文，猶存其目'耶？蓋此本即以原刻之卷證之目録，如卷七衍《贈李大夫苦寒歌》，第十三脱《河中府連理木頌汴州東西水門記》，亦殊矛盾。故未敢因其不相應遂疑從別本出也。且凡自別本綴補者，牽合行式，痕跡顯然。此本天衣無縫，實非作僞者比，不特宋諱之缺筆及註'一作'云云，均視原刻恰符，爲可信也。……道光戊申冬月，先公自陝西巡撫擢督南河，展觀時獲之都門。同治甲子九月，東郡楊紹和識。"

> 按：此本卷五至卷七、十七至二十四，《外集》卷一至十配清抄本，爲蜀刻十二行唐人集之一種，有元代"翰林國史院官書"及海源閣藏印。此本散出後歸劉少山，後轉歸北國，《北京圖書館善本書目》著録。

62.53　十一月十五日，每年養廉銀增至一萬二千兩，其中亦寓道光帝"優與正所以杜其濫取"之意。同日并接道光帝裁撤南河冗缺之命。

十一月乙酉（十五日）上諭："河工浮冒之弊，人所共知。本年已明降諭旨，著户部存記，除例應發給銀兩外，絲毫不准再撥，自當懍遵。計每年所撥銀兩，倘力節浮費，盡敷辦公。如果該廳員等於例領正價之外，并未絲毫糜帑，三汛之後，准河督優加保舉。嗣後河督處分仍照舊例分別漫口罰俸、缺口降留辦理，毋庸離任。其失事專汛廳弁從重治罪，以專責成而杜挾制。并酌添該河督養廉銀，以資辦公。江南河道總督共發給銀一萬二千兩，河東河道總督共發給銀一萬兩，優與正所以杜其濫取。各廳冗缺甚多，著兩江總督、山東河南巡撫會同該河督等公議裁撤。"（《清宣宗實錄》卷四六一，《清實錄》第三九册，第822頁）

62.54　十一月，受命與漕運總督楊殿邦、兩江總督李星沅和衷共濟，以保漕船不誤歸次。

　　諭內閣："楊殿邦奏遵查回空漕船脱空情形一摺，并另片奏籌辦灌塘各等語。本年漕船回空已遲，若再節節耽延，必致有誤新漕受兑。前曾降旨，令將脱空各幫應管員弁查參。兹據該漕督查係江西等幫猝遇暴風，沉覆多船，庀救修理，致有停待。又因洪湖洩水過甚，灌塘不能迅速。總而言之，因保護堤堰，勢不能不多啓各壩，李星沅、潘錫恩係從權辦理。堵壩稍遲，塘河枯澀，楊殿邦又不能不因此辦理棘手。著李星沅、楊殿邦、楊以增和衷共濟，於各司其事之中，仍須會商籌辦，并著迅速飭令該管文武員弁相機籌畫。設或因循貽誤，致令漕船守凍，不能歸次，不但將該管員弁分別治罪懲處，并將該督等嚴議。如果堵壩無誤，漕船及早歸次，朕何難格外施恩？將遲延各員弁加恩寬其處分也，懍之！"（《清宣宗實錄》卷四六一，《清實錄》第三九册，第825頁）

60.55　十一月，受命接替李星沅繼續督辦堵築義河工程。

　　上諭："又據李星沅等奏回空漕船全數渡黄，并現辦堵築義河，先回督署等語。本年回空軍船因塘河水耗未能暢行。經該督等嚴飭該管各官設法蓄水，次第運送，現已全數渡黄，尚無貽誤。所有前次幫船脱空及辦理未能迅速之漕河文武各員弁，均著免其查參。其堵壩蓄水、豫籌來春濟運各事宜，據李星沅稱現在趕辦義河工段，著責成楊以增接手妥籌堵築，嚴飭該管各官迅速辦理，務令及早完工，俾資瀦蓄，毋誤來年重運。該漕督亦須催趲回空軍船，歸次受兑，勿稍耽延。"（《清宣宗實錄》卷四六一，《清實錄》第三九册，第826頁）

十二月

62.56　十二月初六日，抵達清江浦，正式上任辦公。

楊以增十二月初八日上《奏報接印任事日期摺》："竊臣渥承聖命，擢任江南河道總督，前月□都，迭蒙召見，於南河修防諸務及近日情形訓諭周詳，無微不至。跪聆之下，欽佩莫名。臣出都後，本月初六日行至清江，據兩江總督兼署河臣李星沅飭委裹河同知曹文昭、河標中軍副將許聯鏢將江南河道總督關防并王命旗牌、書籍文卷齎送前來，當即恭設香案，望闕叩頭，祇領任事。……惟有恪遵聖諭，勉竭愚忱，以撙節理財，以儉勤率屬，凡一切工作必應籌及通盤，既期鞏固之無虞，又貴錢糧之倍省。遇有要事，與督臣熟商定議，庶幾民皆樂業，歲獲安瀾，以冀稍酬高厚生成於萬一。"（錄副奏摺）

62.57　十二月二十一日，上奏遵旨籌議撙節南河工費并裁撤冗員等事。

楊以增《遵籌撙節南河工費并裁撤冗員摺》："竊念南河撥項每歲例請銀二百七十萬兩，若遇水勢異漲，咸有專案工程再於例辦請撥，均蒙聖恩准撥在案。現當經費支絀，上煩宵旰勤勞。若不力加撙節，何以杜浮冒而充度支？臣惟有於發辦工程務求核實，相沿浮費竭力剔除。再將每歲所需通盤籌計，量入為出。總之可省者則省，不可省者亦斷不致惜費，與督臣會商辦理，期於工堅用省，漸挽頹風。臣以儉持躬，即以儉率屬。或冀浮靡之習，默化潛移。至運河湖二十三廳，黃河自豫東交界起，下至海口歸墟，汛道較長，要工林立。運河自東省交界起，南至鎮江，為空重運糧船所經，并須灌塘濟運。而洪湖、堰盱兩廳石工為淮揚保障，均屬緊要之缺。第多設一廳即多一廳之費，量為裁撤，實節省之一端。容臣周歷各工，逐加相度，其應如何歸并裁撤之處，再與督臣熟商確核，另行會奏。"（錄副奏摺）

道光二十九年正月壬申（初三日）上諭："楊以增奏遵議撙節工費裁撤冗員一摺。據稱發辦工程務求核實，相沿浮費竭力剔除。每歲所需通盤籌計，總期量入為出，可省則省。并以多設一廳即多一廳之費，現與督臣熟商，歸并裁撤等語，所論未始不當。惟不可徒托空言，必須實力踐行，漸著成效。所有節費除弊及裁撤廳員，著該河督斟酌盡善，嚴定章程，并督飭廳員痛改前習，核實辦公。如查有虛浮奢侈之員，隨時專摺參劾，立予罷斥，以儆其餘，庶賴風可以漸挽，而國帑不至虛糜。"（《清宣宗實錄》卷四六三，《清實錄》第三九冊，第846頁）

62.58　十二月二十一日，上奏因初任南河總督，於屬員尚不熟悉，稟請展限至來年會同甄別。道光帝對此奏并不認可，硃批"所奏非是"。

楊以增《請展限甄別南河文職佐雜人員摺》："臣甫經蒞臨，於所屬佐雜各員尚未逐一接見，是否年力壯健，有無衰庸戀棧應行劾參之員，未便率行具奏。合無仰懇聖恩，准將南河本年甄別展俟來年年終彙同辦理，俾考察得歸核實。臣仍當隨時留心詳察，如有辦事貽誤，即年力未衰，亦即咨部斥革，斷不敢因循姑且，致誤公事。"（録副奏摺）

道光二十九年正月壬申（初三日）上諭："又奏甫經蒞任，於文職佐雜人員尚未逐一接見，請展俟來年匯同甄別等語。河員冗濫，佐雜尤甚，其虛誇浮侈者一望而知，或試以事，或采輿論，自可得實。何必展限一年，未免拘執。著該河督隨時查看，遇有庸劣之員立即參奏，勿稍姑息。"（《清宣宗實録》卷四六三，《清實録》第三九册，第846頁）

62.59　十二月二十一日，上奏查明南河清查各員繳款并奉部核減追賠銀兩數目。

楊以增《查明南河繳賠銀款摺》："至上次詳核奏報道光二十七年十一月止，各□繳款連續奉部減之項，計未完銀一百零五萬一千三百二十餘兩。今查廉俸坐扣款內應別歸追繳銀七千五百五十餘兩，通計二十七年十一月止，實應追繳銀一百零五萬八千八百八十餘兩。……飭該道會同管河各道再造細册，詳送咨部查核並分別咨行催進。"（録副奏摺）

62.60　十二月二十一日，專摺奏請照原額支取養廉銀，對楊以增的請求，道光帝硃批："所請不准，照所添之數支領。"

楊以增《請照常支領廉銀片》："查南河總督每歲養廉銀八千兩，已屬優厚，現蒙鴻慈逾格，添銀四千兩。敬聆之下，惶悚難名。伏念籌備本款經費有常，況值需用不貲，內外各員尚且捐廉助賑。臣受恩深重，何敢於常廉之外取再加多。請仍照常支領。"（録副奏摺）

道光二十九年正月壬申（初三日）"江南河道總督楊以增奏，奉旨於養廉銀八千兩外復加銀四千兩，懇請仍照舊額支領，不敢加多。得旨：'所請著不准行，照所添之數支領。'"（《清宣宗實録》卷四六三，《清實録》第三九册，第847頁）

62.61　十二月二十六日，上奏淮關捐造撥船當循例在淮商生息本款內撥款修造，以濟撥運。

楊以增上奏《輪屆修造撥船摺》：“竊查淮關於乾隆五十三年捐造撥船三百隻，交裏河、外河二廳收管，爲撥運漕糧河工料物之用。……截至道光二十七年實輪應外河廳即用拆造船六十九隻，外河廳大修船一隻，小修船五隻，共計拆造大小修撥船七十五隻……通共銀九千三百六兩四錢四分六釐七毫，核與例價相符，應請在於淮商生息本款內動給修造，以濟撥運。”（錄副奏摺）

62.62　與李星沅共同預籌運河來春重運各事宜。

兩江總督李星沅十二月二十六日《預籌運河來春重運情形摺》：“據淮揚道查文經稟，據山盱廳營稟稱：義河直壩已於十二月十九日戌刻儹堵和龍。湖水現尚報長，截至二十日，誌椿存水一丈零四寸等語。臣查義河越壩前經堵合，直壩又復告竣，辦理全工頗爲迅速，湖水亦計日報長。惟天時冬暖，雨雪過少，長江水勢遞落，淮源正未可知。來春重運經臨，總須預籌儲蓄，有備無患。凡挑挖塘河及疏刷臨黃涵洞各事宜，臣仍咨會河臣，飛催道將，督率廳營，認真妥速興辦，不准稍涉大意。”（硃批奏摺）

62.63　十二月二十六日，與李星沅等人上奏沛縣寨子堰工程緊要，擬請循案歸東河廳辦理。

“竊照沛縣境內夏鎮以南，……其運河西岸之寨子等處，逼近昭陽湖，皆屬民堰。……自道光二十五年以後，迭遇異漲，將臨河大灘沖成坑塘，致帶倒民堰，吸溜入湖，濱湖呂壩一帶，民田廬墓沖失殆盡。……是該處已成險工，今夕情形迥異。據沛縣士民以堰歸民築，原衛田廬。近因田没水中，民力已竭，難任攤徵之苦。……議將寨子堰工照河南武陟民堰之例，請歸東河一手經理。”（《李文恭公奏議》卷十九）

道光二十九年正月戊寅（初九日）“諭內閣：李星沅、楊殿邦、楊以增、陸建瀛會奏民堰工程緊要，循案請歸東河廳員管理一摺。江南沛縣寨子堰工，現既漲溜逼刷，糧地衝失，自難資民力補築。且該處爲運道所經，關繫甚重，沛縣河道本屬東河泇河廳專汛，所有寨子堰工程，該督等請改歸泇河同知經管之處及應如何添設滾壩、分籌蓄洩各事宜，著鍾祥察看情形，勿分畛域，覈議具奏。”（《清宣宗實錄》卷四六三，

《清實録》第三九册，第848頁）

按：此事楊以增亦提前咨商東河總督鍾祥，鍾祥認爲寨子民堰地屬江南，即使建設滾壩，也應由江省動款辦理，其歲修經費，也應預先籌畫。李星沅認爲沛縣河道工程本屬東河泇河廳辦理，且若責令沛縣辦理，則相距較遠，且地方官并不熟悉工程，不如援照成案，歸東河就近修守。對李星沅、楊以增等人之主張，道光帝并未允准，并頒上諭："所有寨子堰工程，該督等請改歸泇河廳同知經管之處，及應如何添設滾壩，分籌蓄泄各事宜，著鍾祥查看情形，勿分畛域，核議具奏。"同時亦有意參考東河總督鍾祥之意見。

62.64　十二月，致信兩江總督李星沅。

《李星沅日記》"道光二十八年（十二月）廿二日"條："覆至堂書，略及疊雲不甚坦白，又覆立夫書。"（《李星沅日記》，第770頁）

按：此信具體寄發時間不詳，姑系於此月。

62.65　得宋本《莆陽居士蔡公文集》三十六卷十六册。

楊紹和跋稱："每半葉十行，行十九字，卷一至卷六、卷二十五至末均影宋精抄補。有"大興朱氏竹君藏書之印""朱筠之印""笥河府君遺藏書畫""朱錫庚印""錫庚閲目""荼花吟舫"各印。後少河《跋》之二十六年（少河《跋》作於道光三年癸未仲春廿二日）戊申歸於余齋，今又十有六年矣。予齋所藏唐人集多舊槧，而宋刻宋人集殊不多，此爲第一銘心絶品也。"（《楹書隅録》卷五）

道光二十九年己酉（1849年）六十三歲
（在江蘇清江浦）

【概要】因擔任江南河道總督，正月十三日循例兼兵部侍郎銜。著力整頓南河河務，三月二十二日上摺遵旨嚴核南河工款，裁撤江南河道各廳冗員，并飭令各道本年各府尋常例用定以三百萬兩爲率，同時根據工程繁簡，將常鎮道屬揚運廳、江防廳改爲江運同知。循例奏撥南河經費，二月初六日請迅速撥解大汛工需銀一百五十萬兩，八月初六日循例請撥歲料銀一百二十萬兩，九月二十五日力陳工部咨稱"每歲報銷不准逾三百萬兩之限"實有萬難之處。積極辦理南河工程，六月上奏因河水盛漲，外南廳吳城七堡工程報險，遂將大王廟旁泄清舊址挑通宣放，確保大堤轉危爲安。但洩洪缺口堵築進展不快，道光帝爲此多次督催。經督率下屬全力堵築，外南吳城泄黄缺口於十月二十日終於合龍完固。因本年霜降安瀾，於十月二十一日加恩交部議敘。全力督催漕船運行，七月二十九日，先後將重運漕船全數挽出江南黃林莊境，陸續北上。九月十九日，回空運船南行進入江南黃林莊境。但因南河河道淤塞、影響漕運回空，被漕運總督楊殿邦奏參。十一月十九日受到道光帝嚴斥，并被摘去頂戴，十二月二十六日被交部嚴加議處。本年夏，請包世臣客於節署。於揚州汪孟慈處得宋本《毛詩詁訓傳》、宋巾箱本《春秋經傳集繫年》，於蘇州得宋淳熙三張杅桐川郡齋刻八年耿秉重修本《史記》，於清江得宋本湯伯紀註《陶靖節先生詩》、宋建本《三國志》《明王文恪公手寫文集》《白雲集》《玉山名勝集》，又友人寄送宋紹興十年荆湖北路安撫使司刻遞修本《通鑒記事本末》。子紹和與傅繩勳（字接武，號秋屏）長女成婚。

正　月

63.1　正月十三日，因擔任江南河道總督，循例兼兵部侍郎銜，爲此專摺上奏謝恩。

　　楊以增《奏爲兼銜兵部侍郎謝恩摺》："竊臣接准部諮，以臣恭恩補授江南河道總督，應□兼兵部侍郎銜。奏奉諭旨：'照例兼銜。'欽此。臣當即恭設香案，望闕叩頭謝恩。"（錄副奏摺）

63.2　正月十三日，上奏南河凌汛安瀾河湖各工普律平穩情形。同時因上年重運漕船節次灌放，塘河受淤較重，勒限挑挖深通，并嚴飭堅實堆垛歲料，派委專員赴各工查驗。

　　楊以增《南河凌汛安瀾河湖各工普律平穩摺》："上冬天氣不甚嚴寒，大河未經凍合，惟凌塊隨流下淌，勢甚詀利……現交春氣融合，凌漸漸化，河流順軌東趨，極爲暢順。……上年重運漕船節次灌放，塘河受淤較厚……當飭派員畫段勒限興挑，不任稍有遲誤。……至各廳歲料爲修防根本，并經嚴劄飭催，務令堅實堆垜，依限報驗。已據報前五分數歲料於年前到工，照舊規先派委在工學習之刑部員外郎張道進、工部主事郭禮圖分經各工查驗。"（録副奏摺）

63.3　正月二十日，賀阮元八十六大壽，并獲贈大理石畫屏及吉羊漢磚硯。

　　楊以增題大理石屏："道光己酉正月二十日，祝阮太傅八旬晉六壽辰，承賜大理石畫屏、吉羊漢磚硯各一，此石屏即'石詩記'中所首載者，附識於此。海源閣藏。"下鈐印"海原閣"。

　　楊以增題宋端硯："門下門生，備員屬誠。匪直私淑，八載傳經。南來仰止，老成典刑。端溪小友，常此心銘。增出蕭山湯相國門下，蕭山登庸衣鉢，受之於儀徵阮太傅。太傅總制滇黔，增由黔令洊陞左江道，今秉河鉞，得研經遺硯，銘而識之。追溯淵源，敢忘所致。"（李士釗《聊城海源閣楊氏藏書刻書》，《山東出版志資料》第一輯，第158頁）

　　按："湘煙春霽"大理石屏，今藏山東省圖書館。

63.4　是月，致信兩江總督李星沅。

　　《李星沅日記》"道光二十九年（正月）二十九日"條："覆楊至堂書數行及周案，并復商各缺并查庫。"

　　按：楊以增發信時間不詳，姑系於此月。

二　月

63.5　二月初六日，上奏因南河經費支絀，奏請將上年借動減平搶工已用銀兩可作正開銷，免其撥補，以利本年大汛修防。

　　楊以增《借動減平銀兩請作正開銷摺》："惟查歲料銀兩系例撥之項，陸續到齊，僅供冬春間常年工用。現上冬堵閉山旰義河越直兩壩實用銀十八萬七千餘兩，并非常年所有。因經費支絀，未敢請撥。……是歲款向給歲料等項之外，又加各項用度，已慮支應不敷。而現請大汛工需銀兩亦系向撥之項，爲籌備重運，修辦堤埽，啓閉閘壩并大汛防守之需。加以高堰、山盱、外南、裏揚等廳經上年洪湖漲水趨刷，堤埽磚石等工殘塌甚多，現飭該管道將前往撙節查估，由臣覆勘擇要酌辦。凡此修守所關，勢難短缺，核計上年借動減平銀兩通盤確核，實屬無從撥還。若勉强彌補上年已用之項，耽誤本年修守之工，於河工大局關係綦重。……謹據實繕摺具陳，仰祈皇上鑒察，俯將上年借動減平搶工已用銀兩，可否准賜飭部作正開銷免其撥補，俾本年大汛防守有資。"（錄副奏摺）

63.6　二月初六日，上奏請迅速撥解大汛工需銀一百五十萬兩，及時購料辦工，以期錢糧應手，籌備無虞。道光帝予以允準，但亦嚴令不得虛糜，并將用剩銀兩核實報部備查。

楊以增《循例請撥大汛工需銀兩摺》："其伏秋大汛河溜提移、搶鑲新埽及啓閉壩河、隨時相機挑築等工，向歸另案報銷，例於春間奏請撥銀一百五十萬兩專備大汛之用，歷年循辦在案。……現在重運北來，所有經由河道閘壩等工應啓應閉，必得隨時相機辦理。轉瞬大汛經臨，河湖修防更關緊要，均須錢糧應手，方可籌備無虞。……臣查此項銀兩爲大汛修防所必需，且各省發款解工動輒數月，黃河汛漲遲早難定，亟應先事預籌，俾免貽誤。謹循例照數奏請……於就近藩關各庫撥銀一百五十萬兩，迅速解交河庫。"（錄副奏摺）

二月壬戌（二十三日）上諭："戶部議奏，楊以增等請撥籌備大汛工需銀一百五十萬兩，著照所議，如數撥給。該河督務飭所屬撙節動用，不得稍事虛糜。用剩銀數，核實分別報部備查。惟前據李星沅奏稱，南河每年尋常例用當以三百萬兩爲率，自系體察情形，確有把握。據該部查明，南河除例撥二百七十萬兩外，又有各省額解及葦蕩等款銀兩統計不下三百五六十萬兩。除一年實用三百萬兩之外，尚有餘剩，應於何項款內扣除，著該河督會同李星沅確核查明，據實具奏，總期力求節省，不致影射含混，方爲不負委任。尋奏：查河庫額收內除平餘一款，實衹三百四十餘萬兩。又各省額解銀兩率多拖欠，經前河臣潘錫恩奏明河庫不敷銀八十八萬餘兩。除撥補外，仍不敷銀三十八萬餘兩。所有河庫例撥額收等銀尚有不敷，并無餘賸。下部知之。"（《清宣宗實

録》卷四六四,《清實録》, 第 42148 頁)

　　　　按: 南河額款, 每年於秋汛後請撥來年歲料銀一百二十萬兩。
次年桃汛, 又請撥籌備大汛工需銀一百五十萬兩, 共例撥二百七十
萬兩。

63.7　二月初六日, 上奏督同淮揚道查文經并添委候補道周燾、山盱
同知黄欽鑣, 興挑外南塘河以備重運情形。

　　　楊以增《興挑外南塘河以備重運片》:"查外南塘河自正月初十日
内外分段興挑以來, 緣積淤寬厚, 雨水又勤, 辦理頗爲費手。幸日來
天已放晴, 撒手趕挑。據報現已辦有三四五分工程不等。臣仍督同該
管淮揚道查文經并添委候補道周燾、山盱同知黄欽鑣協辦查催, 務令
照估挑與草閘底板相平, 克日完竣, 以備運行, 不任稍有率延。"(録
副奏摺)

63.8　二月, 致信兩江總督李星沅。

　　　《李星沅日記》"道光二十九年(二月)廿一日"條:"辰刻拜摺,
覆至堂書, 并海安、金倅數行。"(《李星沅日記》, 第 776 頁)

　　　　按: 楊以增寄發此信時間不詳, 姑系於本月。

63.9　二月二十三日, 因宿南通判雷體乾、中河通判張建勛業經參劾
勒休, 題請鹽提舉銜現署海安通判金安清調署宿南通判, 高堰通判張用
熙調署中河通判。

　　　楊以增《遴員調署河廳要缺摺》:"竊照宿南通判雷體乾、中河通
判張建勛業經參劾勒休, 於上年十二月接准部臣按十一月十八日坐日扣
算, 歸上年十二月分截缺, 應即遴員請補, 以益修防。查有鹽提舉銜現
署海安通判金安清……年力正強, 修防勤慎, 以之調署宿南通判, 堪期
勝任。又查有高堰通判張用熙……在工年久, 熟悉修防, 以之調署中河
通判, 亦堪勝任。合無仰懇天恩, 准以金安清調署宿南通判, 張用熙調
署中河通判, 於要缺修防皆有裨益。(録副奏摺)

63.10　二月二十七日，對楊以增等人上奏將寨子民堰工程轉由東河辦理一事，道光帝頒下上諭，指示此工程仍由江南辦理。

二月丙寅（二十七日）諭內閣：「前據鍾祥奏沛縣寨子堰工程請仍歸江南省民辦，當交軍機大臣會同該部速議具奏。茲據該大臣等覈議具奏，運河一帶堤堰工程分別官修民修，辦理本有舊章。若將民築民修之工紛紛改爲官辦，工費日增，何所底止？所有寨子民堰工程，前據李星沅等請改歸東河廳員經管之處著毋庸議。惟該處爲運道所關，著李星沅、陸建瀛會同楊殿邦、楊以增，迅即查照該堰歷屆修工成案，一面奏聞，一面剋日興辦。其滾壩是否必須添設，即由該督撫等酌量妥辦。至該處切近十字河，如遇水漲噴沙，著鍾祥仍責成泇河同知隨時實力搶撈，如有玩誤，即行嚴參。該督撫等簡重任，惟當不分畛域，任怨任勞，求於公事有濟。轉瞬重運經臨，儻彼此推諉，有誤漕行，惟該督撫及該漕督、河督等是問。」（《清宣宗實錄》卷四六四，《清實錄》，第42149頁）

按：三月十七日，李星沅上奏奉旨辦理寨子民堰工程情形。「計日重運經臨，惟當先其所急，上緊飭辦。已由李星沅劄委候補道周燾，兼程馳往，會督該管道府及沛縣，確勘寨子堰坍缺工長丈尺，撙節估計，循照歷屆成案，或酌定段落，勸民分認承修。或先行借帑興辦，事後攤徵還款，妥速分別酌籌辦理。并責成沛縣知縣督率人夫，一律修培高厚，不准草率稽延，有誤漕行。」（《李文恭公奏議》卷二十）據此，則寨子民堰工程仍歸江南省辦理，且一旦遇到整修等各工程，尚需各方通同辦理。

三　月

63.11　三月十五日，因刑部員外郎張道進、工部候補主事郭禮圖在工學習期滿，均堪留工，專摺奏請分別以知府、同知補用。

楊以增《京員學習期滿請留工補用摺》：「茲查刑部福建司員外郎張道進、工部候補主事郭禮圖於二十七年正月保送河工學習……經前河臣派往各屬查料勘工，協防大汛。臣履任後，復委查臨歲料，與之談論工務，具見詳明。扣至本年三月，學習二年期滿。臣查該員外郎張道進現年五十三歲，湖北進士，安詳穩練，恫愊無華，擬請留工以知府酌量補用。主事郭禮圖現年三十九歲，福建進士，年壯才明，講求河務，擬請留工以同知酌量補用。"（録副奏摺）

63.12　三月十五日，上奏籌備運河運道工程及河湖水勢情形，督催加緊挑挖外南塘河，以利漕行。

楊以增《籌備運河工程并河湖水勢情形摺》："竊照江境南北運河上自山東交界起，下至瓜洲江口止，綿亘七百里，水勢長落無常，全賴閘壩堤埽節宣鉗束，向於漕船未到之先豫爲修理。本年重運現已次第北來，所有運道工程亟應籌備。而當此經費支絀，尤須力求撙節，期無貽誤。……黄河水勢入春以來，加長無多……洪澤湖近時日長一二寸……而核之上兩年山盱啓放壩河時存水尺寸，刻下已大至尺餘至二尺餘不等。現在甫交桃汛，湖源即如此旺盛，殊爲可慮，亟應速籌減泄。……至外南塘河挑工緣陰雨過多，施工信爲費手，日來天甫大晴，得以并力償挑，以速補遲。"（録副奏摺）

63.13　三月二十二日，上奏遵旨嚴核南河工款，并裁撤江南河道各廳冗員，飭令各道本年各府尋常例用定以三百萬兩爲率，只准減少，不准加多。同時根據工程繁簡，將常鎮道屬揚運廳、江防廳改爲江運同知。

楊以增《遵旨覆奏南河節費裁員情形摺》："臣仰荷恩綸，畀以南河重任，接篆後即諄飭各道本年各府尋常例用定以三百萬兩爲率，祗准減少，不准加多。每遇估辦各工，由道核減轉詳，臣復逐加核減，或查其工尚可緩，即停其估辦，不容稍有虛浮。……至裁撤冗員一節，查江南黄河兩岸堤長一千七百數十里，要工□立。至南北運河共長七百數十里，爲漕艘所經。洪澤湖大堤爲淮揚保障。統計二十三廳，凡修守宣防均關緊要，并無冗濫。惟常鎮道屬揚運廳汛地較短，江防廳工程較簡，擬兩廳併作一廳，改爲江運同知。又丹陽縣丞所關汛内并無工程，靈璧縣主簿、銅山縣呂梁司巡檢皆屬事簡，可以歸併裁撤。"（録副奏摺）

三月壬辰（十八日）"欽差大學士耆英等覆奏，現抵清江，面晤河臣楊以增，令其裁汰冗員。據稱黄、運兩河二十三廳内，惟常鎮道屬揚運通判工程較簡，應歸并江防廳，改爲江運同知。又丹陽縣丞、靈璧主簿、呂梁巡檢三缺均可一併裁撤。得旨：'所奏均悉。'"（《清宣宗實

録》卷四六五,《清實録》,第 42157 頁)

是年論:"江南常鎮道屬揚州府揚運通判、丹陽縣丞各一缺,或汛地較短,或別無修防,著即裁撤歸并。江防廳及橫越閘官分別管理,江防同知著改爲江運同知。(按:《實録》載在三月)"(《清會典事例》)

　　按:《續纂揚州府志》將"江防、江運兩廳歸并一廳,改爲江運同知"一條系於上年,當誤。

63.14　是月,先後三次致信兩江總督李星沅,其第二信詢及南河每年尋常工用當以三百萬兩爲率之事。

《李星沅日記》"道光二十九年(三月)二十日"條:"巳刻覆立夫、至堂各一書,至堂於河工事生而面軟,勇奏又非所長,恐難辦理得手。即如前奏例用三百萬,止可逐款節省,不能指款節省,必令自異其説,恐干宸怒,因手書令其備咨相商,以符輯使奏案。"(《李星沅日記》,第 779 頁)

《李星沅日記》"道光二十九年(三月)廿七日"條:"覆楊至堂書,并云前奏之三百萬本系活筆,非畫地自限也。"(《李星沅日記》,第 780 頁)

《李星沅日記》"道光二十九年(四月)初二日":"得楊至堂書,覆之。"(《李星沅日記》,第 780 頁)

　　按:楊以增發此三信時間不詳,因李星沅回信時間相隔不久,姑系於此月。

　　又按:南河經費爲一大財政支出,負擔沉重異常。金安清《水窗春囈》卷下"河防巨款"條云:"本朝河防之費,乾隆中年以後始大盛。當靳文襄時,只各省額解六十餘萬而已。後遂定爲冬令歲料一百二十萬,大汛工需一百五十萬,加以額解,已三百三十萬。又有蕩柴作價二三十萬。苟遇水大之年,又另請續撥四五十萬,而另案工程則有常年、專款之費。常年另案在防汛一百五十萬内報銷,專款另案則自爲報銷,不入年終清單。"(《水窗春囈》第 76 頁)"金穴"條亦云:"嘉道年間河患最盛,而水衡之錢亦最糜。東南北三河歲用七八百萬,居度支十分之二。……至道光末年,國用大絀。"（《水窗春囈》第34頁）爲此，李星沅上摺請以每年三百萬兩爲率，頗合道光帝之意。李星沅道光二十八年十一月十九日《附奏請裁河工浮費片》云："臣竊惟鹽、漕、河工爲江南三大政，顧生財者鹽，漕久已困於不足，而耗財者河工，稍可節其有餘。如銀貴錢賤，今日之通患也，獨河工領銀易錢，視昔已加一倍，就使夫料價值逐日增昂，仍當有盈無絀。向來歲料、防料多爲按候發齊，亦爲節省起見，不知實發愈少，墊辦愈多。廳員以准駁爲盈虛，上司以愛憎爲准駁。甚或庫貯之數，墊辦幾半。臣於接見廳屬，每詰以此等鉅款從何而來，鮮有不辭窮者。究之廳員領項，又復名浮於實。非特自道而院，自院而庫，丁胥勾串，易滋弊端，即經費、夫工、三厘等項，通計數頗不貲，輒爲各衙門吏役飯食、津貼以及各營各堂捐款、香火諸名目，層疊攤扣，所剩幾何？且聞過客求幫，從前或具公領，請庫墊發，隨後劃扣領款，尤堪駭聽，皆浮費之爲害也。故欲杜絕虛糜，必自革除浮費始。欲革除浮費，必自嚴飭道廳始。欲嚴飭道廳，必自河臣正己無私始。以臣約略計之，南河四屬二十三廳，每年尋常例用當以三百萬兩爲率，內如淮道屬准銀一百三十萬兩，徐州道屬准銀八十萬兩，淮海道屬准銀八十萬兩，常鎮道屬准銀一十萬兩，似已度支無缺。雖水勢有大小，工段有增減，原未可執一以求。要之成算在先，所請例銷正款孰虛孰實，無難參考分明。設有另生新工，河臣督同該道立即馳往勘估驗收，復加核實。或值倉卒之頃，小有墊用，亦應確查補給，不准空報浮開，留抵刪數，似亦範圍不過之理。臣於本屆銷算，稽核從嚴，共刪銀四十萬兩零，比較上年准銷少銀六十萬兩零，無庫欠之找撥，有欠庫之扣還。絕不敢操之過急，只以當費不可省，當省不可費。果能留意撙節，年復一年，積少成多，截長補短，財不虛耗，是亦生財。在河員不免相尤，於國用未始無補。新任河臣楊以增計日到浦接篆，其廉明靜密，熟練修防，非臣所能企及。惟當和衷商榷，務令全力勾稽，以期浮費先裁，虛靡漸絕，各清各款，無濫無苛。"（《李文恭公奏議》卷十九）而李星沅"尋常例用當以三百萬兩爲率"之議，當本自金安清所論。金安清《水窗春囈》卷下"金穴"條云："湘陰李石梧尚書督兩江，詢余以節帑經久計。余對曰：'積弊已深，操之急，徒生亂耳。千金之隄，一蟻穴足以潰之，未可以國事嘗也。必十年而後可。'公曰：'次第行之誠善，亦有説乎？'余對曰：'首三年當定年額三百萬。以一百萬支常年歲修，一百萬辦緊要工段，一百萬爲各官公費用度及游士部胥之安置。行之三年，凡緊要工程已具，減爲二百萬；再三四年減爲一百五十萬；再三年減爲一百萬，則無可再減，而通工固若金湯，無懈可擊。……十年之後，歲需一百萬，仍可永慶安瀾，而官與民皆有高枕之樂。……'尚書深賞其言之深遠，未幾引疾去，此議遂無能行者矣。"（《水窗春囈》，第 34 頁）

四　月

63.15　四月初八日，與漕督楊殿邦會駐河口，督率堵閉臨清堰，啟開臨黃堰，將首進大河前幫等三十四幫、九百五十二隻及貴州委員胡霖澍領運鉛船十二隻循序挽入中河，同時催提在後幫船放渡。

楊以增《本年重運頭塘漕船渡黃北上日期摺》："臣等於四月初八日會駐河口，督率該管道將廳營等堵閉臨清堰……當飭趕啓涵洞泄低塘水，仍將涵洞堵閉，立啓臨黃堰，將首進大河前幫起至二進在前之淮安四幫止共三十四幫，計船九百五十二隻，并貴州委員胡霖澍領運鉛船十二隻循序放渡，挽入中河，連檣北上。飭令淮海、徐州二道分駐中河、運河稽查催償，并咨會東河督臣照例鋪水迎流外，臣等仍分派員弁催提在後幫船，飛挽抵壩。俟有成數，即行接放二塘。"

63.16　三月、四月，周歷查勘河湖工程，并督催漕船。

楊以增四月十二日《桃汛安瀾并河湖水勢工程平穩情形摺》："臣前自海口回浦，本擬先赴徐屬，緣重運上行，灌塘不遠，并據淮揚、常鎮二道稟估急辦各要工前來，隨即先赴下游運河逐細履查，並迎催漕船折回清江，又赴堰盱履勘。"（録副奏摺）

63.17　四月十二日，查驗外南塘河工程，并前赴徐州查驗歲料。

楊以增四月十二日（《桃汛安瀾并河湖水勢工程平穩情形摺》："外南塘河昨於挑竣後，臣督同該管淮揚道查文經驗收如式。前已放過頭塘，臣即日前赴徐屬各廳查驗歲料，復估春工。"（録副奏摺）

63.18 四月，派員查驗歲料情形後，親自逐廳查驗歲料。

楊以增閏四月初三日《查驗歲料完竣并勘辦春修工程摺》："臣隨先赴下游□運各廳親履查驗，回至外南，將重運頭塘□□□四月十七日由北岸赴□上至豐北□□查而下，業經通歷一周。按冊查點歲料，均仍如數辦足，量驗高寬長丈，悉與定式相符。"（録副奏摺）

63.19 四月十八日，因兩江總督李星沅因病卸職，將回原籍調養，楊以增贈予千金，李星沅不受。

《李星沅日記》"四月十八日"條："司道廳縣見，運司來送行，以淮商例賻二萬會票相贈，卻之。楊至堂亦贈千金，均不受。餘如河庫道法良、揚州守吳葆晉、清河縣劉于淳、淮安府王夢齡皆有賻，概行璧謝。"

四月壬寅（初四日），"兩江總督李星沅因病解任，以江蘇巡撫陸建瀛爲兩江總督。調江西巡撫傅繩勳爲江蘇巡撫。"（《清宣宗實録》卷四六六，《清實録》，第42160頁）

閏四月

63.20 閏四月初三日，上奏辦理漕船放渡情形。

楊以增《查驗歲料完竣并勘辦春修工程摺》："臣已回至清江，督催二進軍船提上閘壩，一俟集有成數，即行灌放二塘。"（録副奏摺）

63.21 同日，上奏淮河來源旺盛，續啓智信兩壩後，湖水仍續加長，現正督率屬員相機經理，權其輕重，隨時與督臣籌商妥辦。

楊以增《續啓智信兩壩湖水仍長籌辦大概情形摺》："竊查洪澤湖水因本年春雨過多，長發較早……嗣於四月初十、十三等日察看水勢仍在加長，復將智、信兩壩先後啓□。迭據安徽正陽關呈報，淮河水勢本年正月起至三月二十三日止，共長水七尺二寸，二十四至四月初二日又陸續接長三尺八寸，來源旺盛，以致啓放壩河四處，仍復消不敵長。……而江潮現亦較旺，頂托不消，是以邵伯湖河水勢積存比上年此時大至四五尺，距啓放高郵四壩定誌僅小二尺餘寸。下河上年被災甚重，而本年長水更早，倘再放壩失收，小民其何以堪？惟望天氣晴霽，來源漸弱，下游疏消得及，即可復啓壩座。河工與地方並重，應須兼顧。臣修防籌術，時加焦思，惟有督率屬員相機經理，權其輕重，隨時與督臣籌商妥辦，不敢稍涉孟浪，亦不敢拘執貽誤。"（錄副奏摺）

閏四月庚辰（十三日），"江南河道總督楊以增奏：山盱廳屬續啓智、信兩壩，湖水仍見加長。現在相機經理，權其輕重，籌商妥辦。報聞。"（《清宣宗實錄》卷四六七，第42170頁）

本年"春夏連陰，洪湖積漲，先啓智、信兩壩，繼放仁、禮二河。"（民國《安徽通志·水工稿》引《東華錄》及包世臣《中衢一勺》）

63.22　閏四月初七日，與漕督楊殿邦會駐河口，辦理重運灌放二塘各事宜。

楊以增閏四月十四日《重運灌放二塘日期摺》："臣楊以增督催挽上各閘壩，即啓臨清堰，提進塘河□□。臣等於閏四月初七日會駐河口，飭堵臨清堰，啓閉涵洞，洩低塘水。旋啓臨黃堰，將塘內幫船挨次外放，已催出船八百餘隻。因黃水加長裹瀁，以致口門外灘受淤，不能放船。當即趕堵臨黃堰，復開涵洞，將塘水洩低。仍堵涵洞，復啓臨黃堰沖跌深透，將塘內幫船全數催出。計自江淮頭幫起，至浙江嘉興白糧幫止，共二十八幫，計船八百九十四隻。并將雲南委員馮祖繩、貴州委員桂隆兩起銅鉛船共二十三隻一併放出草閘，循序渡黃，挽進楊莊壩，連檣北上。仍催提後船，一俟到有成數，即行放渡。"（錄副奏摺）

63.23　閏四月二十四日，因淮海道顏以燠署理河東河道總督，奏請由周燾署理淮海道印務。

楊以增《揀員委署道篆摺》："竊臣等接准部諮：閏四月初四日內閣奉上諭：'顏以燠著賞給二品頂戴，署理河東河道總督。'等因。欽此。當即移行欽遵。所有淮海道篆務應即委員署理，以便顏以燠交卸北上。查有奉旨以道員陞署之周燾在江年久，熟悉情形，堪以委署。"

63.24　閏四月二十四日，上奏洪澤湖漲水情形，並嚴飭修補各處縴路關椿，務期縴引一律順利。

楊以增《湖河水勢情形及各工平穩摺》："十六日以後至二十三日

又陸續見長三寸，高堰誌樁現存一丈七尺五寸……下游揚河、揚運等廳境內承受山盱壩河及運口下注之水，亦接續加長，重運江廣幫船逆流上行，倍爲費力。……臣嚴飭該管道廳將各處縴路關樁隨時修補，務期縴引一律順利。"（錄副奏摺）

五月己未（二十二日）上諭："陸建瀛等奏河工地方水勢現飭保護，並另籌築堤束水等語。現在洪澤湖水增長，江潮亦極旺盛。該督惟當加意保護，勿稍疏虞。一俟水落歸槽，即相機籌辦，務使漕運河工均臻妥協。"（《清宣宗實錄》卷四六八，《清實錄》，第 42181 頁）

五　月

63.25　五月十三日，與漕督楊殿邦於會駐河口，連番督催，餘船再放一塘，即可全部渡完。

楊以增等五月十九日《重運灌放第三塘日期摺》："經臣楊殿邦親赴下游江口督催，并於途次一面迎提，一面盤驗，即派員押令上行。臣楊以增督飭道廳隨時修補縴路關樁，催令挽上各閘壩。……臣等於五月十三日會駐河口，督率道將廳營委員等啓除臨黃堰，催出漕船二百四十餘隻。適值黃水陡落，草閘外口澄淤，漸形淺澀，遂止住後船，乘機趕堵臨黃堰，啓放涵洞，將塘水泄低，仍堵涵洞，接放臨黃堰，將在後漕船悉數放出。計自浙江嘉興衛幫起至江西安福幫止共幫十九幫，計七百四十一隻，并雲南委員曹學儉、楊爲翰、吳開陽、管諧鐸、貴州委員姜元渭領運銅鉛船共六十三隻，循序放渡，挽進楊莊壩，連檣北上。……據報閏四月二十二日止，共出江南黃林莊境船九百八十四隻，後船仍跟接前進，行走順利。現查湖南三尾幫將次抵淮，仍命趕爲提上各閘壩，再放一塘，即可竣事。"（錄副奏摺）

63.26　五月二十五日，上奏積極籌備伏汛各項事宜。因各廳春修後存料不足，分別發銀酌添，同時遴派新補員弁幫同現任廳汛按廳巡防，并委來工習學之員分赴各廳協同防守。因下游洪澤湖及高寶河湖水勢遞漲，仍堅守堤座，督率屬員，察看情形，隨時與督臣妥商啓閉事宜。

楊以增《籌備伏汛防守事宜并河湖水勢情形摺》："竊照節交初伏爲河工大汛之期，防守最宜周密。……查各廳春修後所存正雜料物不敷防汛之用，據各道稟請添辦。臣分別減准，飭廳趕購，并酌發銀兩，易錢分貯工廠，以備風雨昏夜，得資應手。遴派新補員弁幫同現任廳汛按廳巡防，又委來工習學之工科給事中路慎莊、內閣中書曹炯分赴各廳協同防守，藉資練習。……惟洪澤湖仍間日加長，高堰誌樁現已積存一丈八尺四寸，所幸西風較少，湖堤防護穩固，而浩瀚之勢已□拍岸盈堤。……至下游揚河、揚運廳經承受山盱前啓智、信、仁、禮各壩河下注之水，無如歸江各橋壩均已先後全放，奈江潮過大，頂托不消，以致高寶湖河遞長。亦連據報，高郵河水已長至一丈三尺九寸，業逾啓壩定誌。……據該管廳營稟報，寶應以下湖河已開，□通連東堤，甚形吃重。并據高郵州稟報，上年積水本未全消，加之連次驟雨，積水愈深等情……臣再四籌□，不得不權衡輕重。現已咨商督臣，飭令道府廳縣查核高郵水勢，如果再長，自仍堅守堤座，倘再接長不已，即酌將車邏一壩先行啓□。……臣惟有督率屬員，察看情形，隨時與督臣妥爲商辦，以期工固瀾安，上慰宸廑。"（錄副奏摺）

63.27　五月，傅繩勳上奏與楊以增爲兒女姻親，咸豐帝批示毋庸迴避。

傅繩勳就與楊以增爲姻親事專摺聲明："江南河道總督臣楊以增之次子系臣之女婿，臣與楊以增爲兒女姻親。雖河督與巡撫不相統轄，例無回避專條，惟同官一省，漕河水利等事亦間有交涉。……今臣仰荷特恩，萬不敢因蘇撫事務較繁，少存畏葸避就之見。而到任例得聲敘，亦不敢匿不奏聞，伏乞皇上訓示遵行。"（錄副奏摺）

五月壬子（十七日）諭內閣："傅繩勳奏河督楊以增係兒女姻親，同官一省，公事間有交涉等語。傅繩勳著毋庸迴避。"（《清宣宗實錄》卷四六八，《清實錄》第 42180 頁）

63.28　本月，接受包世臣建議，爲保證下游秋收，堅守堤防，使下游得以搶收，於民生大有裨益。

包世臣《復陳大司寇書》：（道光二十九年五月，袁浦城中大水淹灌，舟行城中，世臣自下游巡視至浦，聞六月初一有開壩之説，於是進署問於以增。）"至翁言：運河水大，河員請開壩甚急，道將已定初一日前往。世臣即答以下河去年被水，流亡初集，現在兩湖、西江、安徽皆被江患，蘇杭尤甚，災象已成。惟下河七邑，收成較早……現今立秋不過二十三日，一路見堤工高水面尚有四五尺，工俱堅實，必可保至秋後。下河有二收，便足民食，若延至秋後，可得六分收成，即有餘糧二、三千萬石，接濟鄰近災郡，又省七邑災賑費數十萬，又增新漕十餘萬，以助倉儲。世臣來時，途中聞下河民人已吃挨飯，若月初必放壩，本年流民無處投奔，且慮他變。河員不過以東堤失事，則下河被害，更烈於放壩；且大小河員例俱攤賠，以爲恫喝。此時惟有稍發錢糧，飭令貯工，以備搶築子堰，晝夜嚴防，必俟秋後再行酌放，是爲至要。……（以增）"聞言惻然……遷延至秋後三日方啓高郵各壩……下河趕收，竟及七成。北則袁浦，南則蘇杭，米客紛遷赴下河採買，至今不絕。半年之間，唯此二舉爲大快"。（《中衢一勺》卷七，《包世臣全集》，第219—220頁）

六　月

63.29 六月初八日，因洪澤湖淮揚運河水勢積漲，上奏籌啓車邏壩，以免東堤出險。

楊以增《湖河水勢積漲修防平穩摺》："計自閏四月底以來，閱今月餘，淮源既旺，天雨又勤，以致湖水雖有壩河分泄，仍復消不敵長。……至淮揚運河承受洪湖來源，雖將歸江各橋壩次第全啓，奈江潮亦旺，頂托不消……其實應上下東岸各閘洞久經一律啓放，而水勢仍抬長不已。高郵河水已積至一丈五尺三寸，久逾啓壩定誌。……高郵四壩本爲分減漲水而設。現距秋收尚遠，與其徒事拘守，仍於農田無益，不如乘時酌啓，猶可減漲保堤。……現已咨商督臣飭令道將府廳等將車邏壩先行啓放，如能見消，仍將中新□□等壩堅守，否則再行相機酌啓，庶循序下注，不致猛驟，而東堤得免□險。臣惟有督率屬員，竭力防護，隨時與督臣妥爲商辦，不敢拘執延誤，以期工固瀾安，上紓宸廑。"（錄副奏摺）

六月十九日上諭："楊以增奏洪湖及運河水勢積漲，酌籌分減情形一摺。又另片奏早晚潮退水消，仍當堅守車邏壩等語，覽奏均悉。本年入夏以來，江南陰雨連綿。淮源既旺，湖水亦有漲無消。高堰誌椿現已積存至一丈九尺有餘，情形實屬危險。權其輕重，自須將車邏壩先行啓放，冀減漲保堤。惟下河一帶民田，尚賴秋收，稍資接濟。如能守至秋成以後，再行啓泄，庶民困可蘇，而堤工亦資穩固，方爲計出萬全。然水勢消長，難以逆料。倘至無可如何之時，又豈可稍涉拘泥，致有漫口之虞？該河督惟當隨時體察，相機籌辦，得守且守，應放即放。固不可孟浪以病民，尤不可拘謹以誤事。"（《清宣宗實錄》卷四六九，《清實錄》，第 42191 頁）

63.30　六月十三日，上奏中伏河湖水勢及修防情形。黃河迭次漲水，河流浩瀚，臨黃各廳險工迭生，東堤矮者僅出水尺許，正在加緊搶辦，并與兩江總督商議守壩、啟壩事宜。

　　楊以增《時入中伏河湖水勢加長修防平穩摺》："續據河南陝州呈報，萬錦灘黃河於五月二十九、六月初二等日共長水四尺八寸。又據甘肅寧夏府呈報，五月二十七日長水三尺八寸，匯流下注，以致江境長河數日之間接長四尺餘寸。……河流浩瀚，各廳臨黃埽壩紛紛蟄鑲，其溜勢提移之處險工迭生。……現在河水仍有長無消，東堤矮者僅出水尺許。雖臨時分投搶辦，或加子堰，或鑲防風。而片段太長，一遇風雨，不堪設想。臣與督臣往返函商，如果江潮稍退，河水不長，又無風雨，仍將各壩暫守，得能守至立秋以後再行啓放。"（錄副奏摺）

63.31　六月十六日，上奏江西後十幫、湖南三幫漕船全數灌入塘河，因黃水盛漲，未敢急切放渡，及歷次江淮阻滯情形。

　　楊以增《奏報漕船全數灌塘并歷次江淮阻滯情形摺》："江西後十幫及湖南三幫於五月初九日全數過淮，押令跟接土閘灌塘，業於六月初七日奏報催入攔清堰內，當即堵閉該堰。正擬啓放攔黃堰，而黃水日見長發，截至十五日，黃高清水至八尺八寸，較諸歷屆啓放尾塘水誌計多三尺餘寸。茲因節候較遲，率爾啓放，不特漕船不能經此激流□擊，而攔清堰并塘內埽壩亦難資擎托抵禦，諸事更多隱慮，實於漕船河工均有關係，未便稍□冒昧。查本年江浙一帶□多水漲，江湖頂托上擁，三四月間即與去歲盛漲時相仿，頂托清水，汪洋無際，揚州東關一帶緯路漫没。……一日僅行數里、十數里不等。……現計塘中漕銅等船六百餘隻，鱗次櫛比，河窄天燥，火燭之防，晝夜不□。……臣等斟酌情形，必俟水落二三尺方可放渡，總不敢因時晚而稍形孟浪，亦不敢因事急而

徒涉張惶。惟有日加體察，一俟水勢見消，即當會同相機啓放。”（録副奏摺）

63.32　六月二十四日，上奏黄運河水盛漲，時逾立秋各工修守平穩，得保伏汛安瀾。重運船截至六月十四日止，已共出江南境二千二百六十五隻，外南塘河內所存尾塘船隻一切平靜，一旦黄水消去三尺餘，即可啓堰放渡。因秋汛正長，“督率屬員，鼓勵兵夫，無分風雨晝夜，梭織防守，務期處處有人，節節有備，共保安恬”。

楊以增《黄運水勢盛漲各工修守平穩伏汛安瀾摺》：“嗣據河南陝州呈報，萬錦灘黄河於六月初六日至十二日五次續共長水二丈一尺五寸，武陟縣呈報沁河初二至初七日共長九尺七寸，鞏縣呈報洛河五月二十七日長水三尺。計旬餘之間，上游共長水三丈四尺四寸之多，實爲從來罕有之事。江境地居下游，衆溜匯注，以致接長不已，……至邳宿運河自六月初一及初八等日因上游大雨時行，東省山泉漲發，奔騰下注，共長一丈二尺餘寸，各閘溜如懸瀑，漕船提挽維艱。……當將舊河尾啓放，仍屬消不敵長。又將各閘越壩引渠并中河廳境之半路劉滾壩先後啓泄，水始見定。楊莊頭壩外黄水消去數寸，正資分減，乃又復長，仍高於壩內清水一寸，誠恐內漾澄淤，當將頭壩趕爲堵合。仍飛飭該二廳預集料物，一俟漲水消退，即將所啓各處隨時相機收束堵築，以利運行。”（録副奏摺）

63.33　六月二十四日，上奏南河歸併廳缺裁汰汛員事宜。

楊以增《南河歸併廳缺裁汰汛員摺》：“查南河徐州、淮揚、淮海、常鎮四道所屬廳缺歷次添設，計共二十三廳。黄河則埽工林立，運河乃漕運攸關，堰、盱二廳分管洪湖石堤，爲淮揚保障，無一不關係緊要。惟常鎮道屬揚州府揚運通判管理甘江一汛運河兩岸工程，計程四十七里零，汛地較短，擬將揚運通判一缺裁撤，歸併揚州府江防廳管理，將江防同知改爲江運同知，換給關防。……又查南河文汛員缺自道光十二年奏裁四缺後，現存七十七缺。內常鎮道屬丹陽縣丞並無地方及修防之類，應歸併橫越閘官管理。徐州道屬靈璧主簿汛地僅二十一里，應歸併淮南縣丞管理。又銅山縣呂梁洪巡檢工事無多，亦應裁撤歸，併北岸主簿監理。（録副奏摺）

63.34 六月二十六日，上奏因河水盛漲，外南廳吳城七堡工程報險，楊以增前赴外南廳，一面嚴催料物，一面督令搶鑲，各工尚俱平穩。

楊以增《黃水積漲搶辦險工情形摺》："接上游水報，黃水仍在加長，各廳紛紛報險，而外南廳之吳城七堡所報尤險，當即折回，前赴該廳。勘得吳城七堡北面臨黃，南面臨湖，一線單堤素稱吃重。近緣河水盛漲，大溜趨注，以致工段堤身刷塌，并帶塌埽段，當經該廳營趕爲鑲辦。……現計該處塌埽潰堤長至三百數十丈，較量河水高湖水八尺餘寸，設有疏虞，則淮郡清江適當衝要，爲患不可勝言。臣現親駐該工，一面嚴催料物，一面督令搶鑲，不容歇手。……所幸洪澤湖於二十二日落水一寸，二十五日又落一寸，間有續掣石工及浪刷溝槽，隨時分別修補……現在各工尚俱搶護平穩。"（錄副奏摺）

（七月癸卯）"江南河道總督楊以增奏黃河積漲，搶辦險工。得旨：'竭力修防，務保安恬，慎之。'"（《清宣宗實錄》卷四七〇，《清實錄》，第42198頁）

63.35 六月二十六日，與陸建瀛上奏，特參不經請示續開中壩之揚河通判沈文藻等人員，并責令其賠堵中壩。

楊以增等《特參通判片》："高寶一帶各閘壩雖爲宣洩湖河盛漲而設，然連日啓放，則水勢過猛，恐致下河各州縣破圍成災，臣等先後奏明得守且守。……而十九、二十、二十一等日偏遇西風大作，存水已一丈五尺八寸，勢難再延。因飭於二十二日先開車邏一壩，此壩口門計寬六十四丈，加以所開各耳閘口門均各寬一丈有餘，合之不下一百餘丈，并資宣洩。此外中壩、新壩、南關壩飭令察看情形，以次酌辦。臣陸建瀛猶恐該廳營復蹈上年覆轍，連日并啓，致令下河成災，是以移駐相距二十餘里之露筋祠，以便隨時指飭。乃車邏既啓之後，天晴風和，并未據報危迫情形，該廳營不請臣示，輒於二十三日續將中壩開放，實屬玩視，相應請旨，將署揚河通判河工同知沈文藻、揚河營守備闞興邦先行摘去頂戴，責令妥爲防護，并賠堵中壩。"（錄副奏摺）

七月甲辰（初九日）上諭："陸建瀛、楊以增奏參廳營員弁等語。南河署揚河通判河工同知沈文藻、揚河營守備闞興邦，於車邏壩既啓之後，并不稟明該督，輒將中壩開放，實屬玩視河務。沈文藻、闞興邦著先行摘去頂戴，責令賠堵。并飭諭加意防護要工，倘有疏虞，即著嚴參

治罪。(《清宣宗實録》卷四七〇,《清實録》,第42198頁)

光緒《再續高郵縣志》"道光二十九年六月二十二日,水長一丈五尺八寸,啓車邏壩。二十三日,一丈五尺九寸,啓中壩。"

陸建瀛《奏陳河工大略情形摺》:"伏查前因臣飭放車邏等壩,下河官民又請寬限,互相爭執,誠恐滋生事端,貽誤機宜。而省城水勢已定,撫恤事宜亦有頭緒,民情尚稱安謐。不得不先其所急,於六月十五日,由省起程,馳赴高郵查看情形。飭於六月二十二日,先啓放車邏一壩,俾運河得資宣洩,壩下水勢亦不致猛驟。早稻既可帶青刈獲,晚稻或能設法保護,俾小民各有薄收,免致坐待賑撫。乃署揚河通判沈文藻、揚河守備闞興邦輒將中壩於二十三日接續啓放。業經臣先後奏明,請將沈文藻、闞興邦摘取頂戴,罰令賠堵中壩在案。"(《陸文節公奏議》卷四,第138頁)

63.36　六月二十八日,因吳城險工危急異常,遂與淮揚道查文經、淮安府知府王夢齡及在事文武熟籌,將大王廟旁泄清舊址挑通宣放,大堤迅即轉危爲安。對楊以增的從權處置,道光帝給予肯定。

楊以增七月初一日上《水漲工危急籌減泄以衛漕運而保清淮摺》:"竊臣昨將黃水積漲搶辦險工情形繕摺具陳後,仍駐外南廳吳城七堡,督率道將廳營等催運料物,鼓勵兵夫,奮力搶辦。無如連日又復長水尺餘,河溜益猛,隨廂隨走,趕用碎石拋壓,亦仍沖失。竭三晝夜之力,黃水日長日高,大堤愈塌愈窄,有僅存頂寬一二尺者,實屬危險異常。……而且三閘五壩并下游淮揚運道大溜所經,必致處處淤塞,既誤回空,又阻明年重運,而河湖連爲一氣,亦仍淤塞堪虞。督臣現駐高郵,不及面商,隨與淮揚道查文經、淮安府知府王夢齡及在事文武熟籌,惟有在上游設法減漲,分泄黃水入湖,庶可化險爲平。……臣以湖水加漲,關係匪輕,仍飭得守且守。迨至六月二十八日亥刻,溜勢愈形緊急,日前存堤頂一二尺者頃刻塌盡,僅存底坡,瞬將過水。臣悚懼交迫,無可如何,趕將大王廟旁泄清舊址挑通宣放。……一夜之間即掣溜二三分,旋即消水四五尺,上下游各廳俱飛報險工平穩,七堡之潰堤工段得以放手搶辦,立刻轉危爲安,清江、淮安各處人心俱定,塘河漕船即日可放。"(《先都御史公奏疏》卷九)

七月丙午(十一日)上諭:"楊以增奏搶辦險工泄黃減漲并繪圖呈

覽一摺。本年黃水積漲，南河吳城七堡堤段坍塌，危險異常。今該河督
將上游大王廟旁泄清舊址挑通宣放，旋即消水四五尺，各工俱報平穩，
七堡潰堤搶築亦能得手。事屬危急，自系從權辦理，惟積漲稍退，亟應
趕緊堵築，方無流弊，總在該河督會同陸建瀛熟商妥辦，相機而行，以
衛民生而護運道。著照所擬辦理。"（《清宣宗實錄》卷四七〇，第
42199頁）

　　陸建瀛《奏陳河工大略情形摺》："嗣接河臣來函，黃水盛漲，四
塘重運漕船不能放渡，外南廳屬之吳城七堡情形危險，恐難保全。海安
廳之五套堤尾平漫過水，囑臣赴浦會商。臣當以五套堤尾已近海口，并
無城池工段，亦易搶辦。惟吳城七堡爲清黃分界之區，一有失事，則河
湖相連，奔騰南注，淮揚二府不可復問。更慮淤塞運道，所關尤巨，即
行轉帆北馳。……適接河臣知會，已於六月二十八日將七堡附近之大王
廟旁從前泄清舊址挑通，泄黃入湖，已消水四五尺，化險爲平，重運亦
可放渡。五套堤尾業經掛淤。臣思泄黃減漲，原屬擇害取輕，向來有此
辦法。河臣既已計及，臣可無須再往會商，自應遵旨即行回署。"（《陸
文節公奏議》卷四，第138頁）

　　光緒《清河縣志》卷六："二十九年夏，河大漲，督河楊以增□吳
城六堡洩河入湖。於是高堰淤，諸引河閉塞，運口大困。每湖漲則啟山
盱各壩以泄之，禮字河其最要門戶也。"

63.37　夏，包世臣客於楊以增南河節署。

　　包世臣《〈九水山房文存〉後序》："己酉（1849）夏，世臣客楊至
堂侍郎南河署。"（《九水山房文存》末）

　　包世臣《覆陳大司寇書》："世臣衰朽餘生，感至翁三使之盛，重
游袁浦。生平所學，在節費而不爲已甚。至翁聞斯行諸，已覺此舉大拂
人性，尼之者多。""深感至翁之清德謙光，是以未忍決舍。"（包世臣
《中衢一勺》卷七下）

　　龍顧山人纂《十朝詩乘》卷十六"楊至堂海源閣"條："督河時，
乃延包慎伯世臣，咨以治水方略。慎伯年七十餘，性樸直，論事偶不
合，輒變色呵責，或背譏，而至堂始終無忤，器度尤不可及。"（《十朝
詩乘》，第629頁）

按：此條姑且系於此。

七　月

63.38　七月初四日，上奏吳城七堡泄黃減漲後，爲防黃水妨礙漕運，督同淮揚道查文經、河營參將呂邦治相度形勢，在泄出積水內加筑土格及護埽。

楊以增《泄黃缺口應做各工并溜勢趨向情形摺》："臣旋即督同淮揚道查文經、河營參將呂邦治相度形勢，勘得湖黃之間有積水一片，臨湖有土堰一道，恐溜勢由土堰灌入太平河，直逼運口，有礙漕運，是以在積水汪內築土格三道，廂埽拋石。又泄水缺口東堤必須廂做護埽三大段，盤頭裏護，以防塌寬。當即趲運料物，齊集兵夫，星夜趕辦。……至黃水分泄入湖，溜頭直向南趨，距束清壩尚有數十里之遙，不致逼近運口。差人四出於洪湖查勘，并無淹傷人口、飄蕩田廬之事，其清淮以下運河水色微黃，系因湖內泄出渾水，并非黃溜等語。臣在工親查無異，仍諄飭道將等凡應續作工程趕緊撙節接辦，并加意防範，務保平穩。"（《先都御史公奏疏》卷九）

陸建瀛《奏陳河工大略情形摺》"查探洪澤湖水尚未增長，是黃流已由湖入運。水勢既經頓消，亟應將挑通處所趕緊堵築，以免全黃奪溜南趨，致貽大患。當即飛咨河臣酌量辦理。其高郵州之南、新二壩，亦據報先後啓放。甘泉縣之昭關壩飭令該管道府廳營駐札壩所，得守且守，應啓則啓，不准孟浪從事，不准固執拘泥，總以河工地方兩有裨益爲斷。至高堰之林家西壩，前據淮揚道府稟稱壩底損傷，未便議啓。義河又以屢經啓放，內外跌塘甚深，易啓難堵。則大王廟旁挑通處所尤不能不迅速堵築，以杜來源。"（《陸文節公奏議》卷四，第139頁）

63.39　七月十三日，與漕運總督楊殿邦駐工督辦，啟除臨黃堰，將漕船五百八十五隻、銅鉛船三十六隻放出，重運漕船全數渡黃完竣。

楊以增七月十六日《重運漕船渡黃完竣摺》："臣等久經駐工督辦，茲於七月十三日啓除臨黃堰，跌刷深通，較量湖水高於黃河水面，并啓臨清堰出水送漕，一面啓拆北面楊莊頭壩，隨將存塘之江西吉安幫起至湖南三尾幫止共十三幫，計船五百八十五隻，并雲南委員余居寬、王觀潮、貴州委員崇璟領運銅鉛船共三十六隻循序放出草閘，渡黃進中北上。統計本年重運除在黃河以北兌運三幫外，實共渡黃漕船九十四幫、三千一百七十五隻，掃數全完，臣等復查本年船數比上年多三百四十餘隻。”（《先都御史公奏疏》卷九）

63.40　七月十六日，上奏海安廳五套堤工漫水并未掣溜塌通，業已搶堵掛淤涵露，但因該管人員仍負防範欠周之責，因此稟請議處。對楊以增所奏，道光帝給予認可。

楊以增《海安五套堤工搶堵掛淤并參疏防各員摺》：“伏查此次漫水雖因風大水狂，人力難施，而該管廳營汛官究屬防範欠周，未便因搶堵掛淤未致掣溜成事稍從寬貸。除飭將堤缺迅速補還，所用錢糧著令廳營全賠，不准開銷外，應請旨將鹽提舉銜現署海安通判准調宿南通判金安清、海安營守備王有、署阜寧縣羊寨司巡檢候補九品王汝恭、署雲梯汛把總王尚楨、協防王識廣一并摘去頂戴，以示懲儆，俟堤工賠還完固，再行核辦。倘再稍有率延，定即從嚴參處，斷不稍事姑容。”（《先都御史公奏疏》卷九）

七月丁巳（二十二日）上諭：“楊以增奏請將海安廳各員弁摘頂賠修一摺。海安廳五套堤工因黃河盛漲、海潮頂托，致由堤平漫過水，尚未掣溜塌通，現已搶堵掛淤。該管廳營汛官究屬防範不力，除飭將堤缺迅速補還、所用錢糧著落廳營全賠、不准開銷外，鹽提舉銜現署海安通判准調宿南通判金安清、海安營守備王有、署阜寧縣羊寨司巡檢候補九品王汝恭、署雲梯汛把總王尚楨、協防王識廣均著摘去頂戴，以示懲儆。倘賠修未能完固，稍有草率遲延，即著從嚴參辦。另片奏蕭銅境內灘水漫過堤頂，著督飭該管文武各員趕將順壩搶加斷流，所用料土責令該廳賠還，不准開銷。其吳城洩水處所，著該河督趕即籌備料物調集弁兵，一俟上游黃水暢消，速行堵合，毋任稍有遲誤。”（《清宣宗實錄》卷四七〇，《清實錄》，第42202頁）

七月庚申（二十五日）上諭：“有人奏本年南河盛漲，各廳報險，惟外南廳為尤最。同知王湘以病軀戀棧，置公事於不問，河督臣竟不參撤。海安通判金安清少不更事，未聞查參。又掘開六堡之後，因各工平穩，欲將海安漫口掩飾，而不知七堡因此潰決數百餘丈等語。此次南河搶險情形已據該河督等節次奏報，海安通判金安清亦經參奏摘頂賠修。

惟同知王湘是否年老戀棧，海安漫口是否有掩飾情事？洩黃入湖本一時
權宜之計，而泥沙灌注，湖身日高，亦不可不早爲籌及。著陸建瀛、楊
以增將摺內所指各情詳悉查明具奏，並將河湖全局熟商妥辦，毋致貽患
將來。"（《清宣宗實錄》卷四七〇，《清實錄》，第 42204 頁）

63.41　七月十六日，上奏辦理中河廳雙金閘鉗口壩、格堤及單孔閘等
各工各情形，并報現已一律辦理完竣。

　　楊以增《中河廳修辦各工片》："中河廳清汛雙金閘因年久損壞拆
修，將鉗口壩堵合，移於下首建設新鉗壩，以通鹽柴運行。嗣該閘於二
十八年秋間拆修完竣，經前河臣潘錫恩節次奏明在案，所有舊鉗壩應即
修復，以備放閘。……鉗壩乾擱日久，舊埽朽腐，應將正越壩夾檔埽、
護埽、邊埽及閘上遙堤、迎水埽、護埽并閘基上下水護埽分別拆廂補
廂。又閘下前築格堤一道，……並廂上下水邊、護等埽，其單孔閘下四
托壩補廂兩壩頭，並上下水邊護埽有束水壩補廂正壩邊埽，越河壩加幫
襯平。"（《先都御史公奏疏》卷九）

63.42　七月二十二日，上報外南吳城以上泄黃處因灘面未涸，取土不
易，且舊存柴秸均已采買殆盡，現已委員分投采辦，一俟物料到工，灘
面涸露，即可興工堵築。道光帝對此并不認可，嚴令從速認真辦理。

　　楊以增《籌堵泄黃缺口並河湖水勢工程情形摺》："外南吳城以上
泄黃處高下不及尺許，兩頭均已裹住，并鑲護埽。本擬即爲堵辦，緣該
處內湖外河，二面皆水，須黃水暢消，灘面涸露，方能得土。且本年水
大工險，用料較多。所有舊存柴秸均已採買殆盡，刻下新料尚未登場。
又所需□麻、蘇纜等項均系遠赴產地購運。雖已委員分投採辦，急切尚
難到工。臣與督臣往返函商，督令該管淮揚道查文經詳加籌度，應統俟
正雜料集有成數，河灘有土可取，即當興堵，以期一氣呵成。約計總在
霜降前動工，不敢稍任遲延，致滋流弊。"（《先都御史公奏疏》卷九）

　　八月（戊辰）初三日上諭："楊以增奏籌堵外南吳城泄水缺口各情
形一摺。南河吳城七堡地方盛漲危險，前經該河督奏請泄黃減漲，本系
從權辦理。據稱洪湖所進黃水不大，不致多受淤墊。然寬廣數百里，雖
黃流未曾奪溜，而水勢平衍，不能暢行，暗中受患，實滋流弊。惟有迅
將挑通舊址趕緊堵築，毋令漫刷。至於興工必資挑土，若待河灘涸露，

始議興築，必俟霜降節前辦理，亦未免過於拘泥，豈非株守坐誤？昭關壩毋庸再啓，可免下游漫灘浸灌，尚稱妥協。著該河督即督同道將，相機迅速認真經理，毋得爲劣員所蒙，是爲至要。"（《清宣宗實録》卷四七一，《清實録》第三九册，第921頁）

　　按：陸建瀛在外南吳城洩洪之後、堵口之前上奏縷陳河工大概情形，對南河河工積弊多有涉及，尤其論及南河偷減工料等情弊較多，如稱"一切工程類多苟簡，預備料物亦不寬裕。一遇水勢增長，即不揆時勢，不顧民田，啓放閘壩，以保堤工。直借前人萬不得已之權宜，以爲偷減工料之秘鑰"。而此次楊以增上摺請緩堵外南吳城泄黄處所的主要理由之一即爲"所有舊存柴秸均已採買殆盡，刻下新料尚未登場。又所需□麻、蘇纜等項均系遠赴產地購運。雖已委員分投采辦，急切尚難到工"。道光帝對陸建瀛所奏頗爲認可，認爲"所奏甚是"，則必然對楊以增所提之緩工理由頗爲不滿，并對他嚴加斥責。兹録陸建瀛原奏及道光帝上諭，以備查考。陸建瀛奏："臣惟河工設立道府廳營，每年發帑數百萬兩，責令預備料物，隨時修守堤防，以保護城池田廬，疏通運道，與地方官相輔而行，本難任其各執所見，兩不相謀。今之河員每藉口節省錢糧，一切工程類多苟簡，預備料物亦不寬裕。一遇水勢增長，即不揆時勢，不顧民田，啓放閘壩，以保堤工。直借前人萬不得已之權宜，以爲偷減工料之秘鑰。即如臣此次經歷江防、揚運、揚河三廳工段，所存料土無多。雖據稱系搶險用去，現已陸續採購運工，而查驗搶廂工埽，均屬潦草鋪墊，殊難深恃。高寶一帶西堤，間段坍塌，若有若無。東堤益形吃重，無怪地方官民有所藉口。其故皆由歷年以來歲修工程估辦即遲，又將西堤各工分委無地方河工責任之營員承辦，以致春水方生，即無縴道，漕運亦被其稽遲；伏秋偶漲，即議開壩，地方被其淹灌。運河如此，黄河亦可想見。河臣到任未久，非不極力挽回，而廳營積習亦深，動輒危言聳聽。若不嚴行整頓，竊恐有不可收拾之虞。而整頓之法，臣雖未諳河務，以情理計之，似當嚴查歲修工程爲第一要義。相應請旨敕下江南河道總督，嗣後每年於霜降後將應修各工趕緊勘辦。限於歲底春初定案，正月興工，三月完竣，由河臣督同該管道員親自驗收。如有虛鑲鏟堤等弊，立即參賠。其無地方河工責任之營員，概不准委辦工段。并責成文武汛員督兵夫常川在工巡查。倘有老幼婦女在於堤根偷抽柴料者，追拿夫男丁壯，重責枷號。其預備料物亦應於冬春二季寬爲採購，以資搶護。西堤雖難全行修復，而對岸險工處所，必應擇要補築，俾東堤可收唇齒之效。庶不致一線單堤，抵禦河湖，危同累卵。如此辦理，或可漸有起色。否則工程不過具文，節省亦屬空言，於事仍無裨益也。"（《奏陳河工大略情形摺》，《陸文節公奏議》卷四，第140頁）七月庚申（二十五日）上諭："陸建瀛奏縷陳河工大略情形一摺，所奏甚是。本年黃水盛漲，南河吳城七堡地方情形危險。經楊以增奏請泄黃減漲，自系擇害取輕之法。業經降旨，令俟積漲消退，立即趕緊堵築。惟稱河工積習類多偷減料物，一遇長水，即議開壩，是於先事預防之法，殊未講求。著江南河道總督嗣後每年應備料物務於冬春二季寬爲採購，并於霜降後將應修各工趕緊勘辦，限於歲底春初定案，正月興工，三月完竣，督同該管道員親自驗收。如有虛鑲鏈堤等弊，據實參賠。倘有老幼婦女偷抽柴料，亦即嚴拿懲辦。并不准委派無地方河工職責之營員，以專責成。河防修守原以保護地方，二者相輔而行，本不可各執成見。陸建瀛有兼轄河防之責，著即責成陸建瀛、楊以增和衷共濟，虛懷商榷，務於力籌節省之中，毋貽顧此失彼之患，方爲不負委任。"（《清宣宗實錄》卷四七〇，《清實錄》，第42203頁）

63.43　七月二十二日，上報河湖水勢消減，并啓放順清河刷黃，揚河、揚運等廳河工亦臻平穩，重運軍船業已全數挽進楊莊，連檣北上。

楊以增《籌堵泄黃缺口并河湖水勢工程情形摺》："近日黃河來源祇准東河咨報，沁河於七月初二日兩次共長水二尺九寸，餘俱未長。是以江境黃河亦俱長少消多，大溜東趨，歸墟暢順，通工一律平穩。……洪澤湖自河水泄入後，旬來長水一尺七寸，高堰誌樁長存二丈一尺，自七月十六以後陸續見消二寸，餘日俱定。是所進黃水并不過大，湖中尚不致多受淤墊。現查外南草閘內清水仍高於黃，遂暫留減泄，并將向來泄水之順清河亦經啓放。既減湖漲，更刷黃淤。仍隨時察看，如果河水加長，立即堵閉，以免內灌。堰肝兩廳境內臨湖石工間遇風墊，均隨時修補完整，并於平水入水段落僅賴子堰攔禦處所擇鑲馬鞍埽工，以資捍

衛。……至重運軍船業已全數挽進楊莊，連檣北上。中河廳前啓之半路
劉滾壩下六塘河南堤泄水處裹頭護埽被溜蟄矮，當經加鑲穩實。昨因漕
船將次抵境，趕即堵合，現在長河深通，仍飭運、中二廳察看水勢消
長，相機蓄泄，務期漕行順利，早日抵通。”（《先都御史公奏疏》卷
九）

63.44 七月二十二日，上奏泄黃缺口因下有石底，“所需補築之費較
之堵閉義河尚可節減，惟該工究因七堡潰堤塌埽所致，不敢動用錢糧，
應令外南廳營汛員等全賠，以示懲儆。”（《泄黃缺口責令工員賠修片》，
《先都御史公奏疏》卷九）

63.45 七月二十九日，經連日加緊督趕，先後將重運漕船全數挽出江
南黃林莊境，陸續北上。

八月初六日《重運漕船全出江境摺》：“初緣北運河來源較弱，江
廣船身笨重，吃水較重，當將宿汛舊河尾桃汛半路劉滾壩先爲堵合，察
看河水仍恐不充，又飭運河廳趕將前啓之各閘越壩一并堵閉，以資抬
蓄。仍自七月十八日以前因上游陰雨過多，東省大泛口并江境各支河匯
流下注，運、中兩廳各長水三四五尺不等，各閘溜勢高下較大，漕船提
挽維艱。且兩岸堤埽亦甚吃重，未便稍有拘延，復將各閘越壩引渠及半
路劉滾壩先後啓放，閘溜得以見平，船行順利。……茲據徐州道將暨運
河廳營等稟報，本年重運軍船九十七幫，共三千一百九十五隻，於七月
二十九日全數挽出江南黃林莊境北上。”（《先都御史公奏疏》卷九）

八 月

63.46 八月初一日，奏參搶護吳城堤工不力的外南廳營文武汛官，對
相關人員奏請摘去頂戴，并責令全賠堵口費用。此請得到道光帝的
允準。

楊以增《參劾疏防吳城堤工之廳營員弁摺》：“竊照外南廳吳城七
堡因六月中下旬黃水盛漲，大溜臨注，塌埽潰堤，危險已極。該處緊接
運口，且清淮數百萬居民全在下游，設有疏虞，所關非細。當經權其輕
重，趕將該工迤上之舊泄水處挑通減漲，上下各工得以保護無事……惟

查泄黃缺口雖因人力難施、保全大局起見，而外南廳營文武汛官究於所管堤埽搶護未能得力。……應請旨將陞銜淮安府外南廳同知王湘、都司銜外南營守備師長鑣、清河縣馬頭司巡檢繆彬、南岸汛把總陳正平、上汛協防李萬鐘一并摘去頂戴，暫行撤任。所有堵合泄黃缺口之費著令該廳營全賠，以示懲儆，并責成淮揚道督同文武委員等趕緊集料，一俟黃水暢消，即行興堵。仍令該廳營汛在工妥爲幫同趕辦，俟賠堵完竣，再行分別辦理。"（《先都御史公奏疏》卷九）

八月乙亥（初十日）上諭："楊以增奏參廳營員弁一摺。本年南河外南廳吳城七堡黃水盛漲，塌埽潰堤，當將該工地上舊泄水處挑通減漲。雖因人力難施，保全大局，而該管廳營員弁究屬搶護未能得力。淮安府外南廳同知王湘、外南營守備師長鑣、清河縣馬頭司巡檢繆彬、南岸汛把總陳正平、上汛協防李萬鐘著一并摘去頂戴，暫行撤任。所有堵合泄黃缺口之費著照議責令該員等全賠，以示懲儆。并責成淮揚道督同文武委員趕緊集料。一俟黃水暢消，即行興堵。仍令該廳營汛在工幫辦，以重要工。"（《清宣宗實錄》卷四七一，《清實錄》，第42210頁）

63.47　八月初一日，上奏因河庫存款即將告罄，請以淮安關庫銀兩抵撥。

楊以增《請借淮關稅銀隨後抵撥摺》："且距霜節尚一月有餘，不能毫無所備。……茲詢明淮安關庫現有徵存稅銀十餘萬兩，淮關密邇清江，一有緩急，擬即咨借，以濟要需。其銀請於隨後例給南河歲料款內抵撥，如此一轉移間錢糧并不加添，而防守克有儲備。"（《先都御史公奏疏》卷九）

63.48　八月初一日，連上二摺，上奏自擔任南河總督後，甄別河工廳員，嚴參玩工人員，以整頓河務，嚴肅河防。對《甄別廳員并嚴參玩工營弁摺》，道光帝硃批"盡心職守，朕甚嘉焉"。對《參劾文武汛弁片》，道光帝硃批："所奏甚屬認真，嗣後若能常川如是，方合功令森嚴，盡心職守，朕甚嘉焉。有加無已，一洗舊習，不可忽諸。"均給予高度認可與期許。

楊以增《甄別廳員并嚴參玩工營弁摺》："竊照南河廳營文武各官，自前督臣李星沅暨前河臣潘錫恩節次參劾後，多甫經陞補之員。臣履任以來，明察暗訪，每於接見，詢以河湖之關鍵，埽壩之機宜，聆其言論，留心察看，均尚循分供職。惟查有前署桃南通判實任揚河通判孫沛在江年久，熟悉工程，而才欠開展，於揚河廳要缺實屬人地不宜，未便稍爲將就，致滋貽誤，應請旨將揚州府河務通判孫沛撤回，俟有相當缺出，再行酌量補用。又高堰營守備薛瑤前於搶辦外南吳城險工之際，經臣劄調來工，幫同鑲埽。乃該備於工程危急時輒行私回浦寓，實屬玩視要工，不遵功令。若不嚴行參辦，無以儆惕將來。除枷示工次外，應請旨將高堰河營守備薛瑤即行革職，庶昭炯戒。"（《先都御史公奏疏》卷九）

八月乙亥（初十日）上諭："楊以增奏甄別廳員并嚴參玩工之守備一摺。揚州府河務通判孫沛才欠開展，於要缺不甚相宜，著撤回，俟有相當缺出，再行酌量補用。高堰營守備薛瑤於幫同搶辦險工時，輒自私回清江浦寓，實屬膽大可惡，著即革職，枷示河干，以昭炯戒。"（《清宣宗實錄》卷四七一，《清實錄》，第42210頁）

楊以增《參劾文武汛弁片》："臣於查料查工之便，周歷各廳，接見文武汛員，察其才具，訪其官聲，查有海阜廳屬縣丞胡廷垿年逾七十，兩耳重聽，應行休致。銅沛廳屬南岸主簿趙信沚才本平庸，聲名狼藉，應行斥革。候補從九品孫廷標由外工幕友指捐到工，習氣太重，應行斥革。候補從九品謝珩氣質粗浮，不堪造就，應行休致。葦蕩右營南汛千總魏國舒貪鄙謀利，應行斥革。海防營童營汛把總龔成年力就衰，應行休致。除分別咨明吏、兵二部外，臣仍隨時留心察看，斷不敢稍事姑容，致滋貽誤。"

按：楊以增此二摺所奏，一方面爲初到南河，力圖整頓，另外也有落實道光帝本年七月二十五日上諭之意。

63.49　八月初一日，專摺上報南河庫款及支出情形，主要針對戶部"查照前署河督李星沅所奏每年總以三百萬兩爲率，并將餘剩銀兩或即於例撥銀兩內劃扣，抑或於外解款內剔除"的說法，指出李星沅奏"每年尋常例用，當以三百萬兩爲率"等語爲約略計之，"乃省益求省之意"，并力陳南河工程之險，辦理之難，支出之多，"實無從核有餘剩"。

　　楊以增《查核庫貯工用情形摺》："臣准戶部諮，議覆給事中劉良
駒河工裁減銀數應在部撥項下劃扣一摺。……兼署河臣猶不敢以此數爲
准，奏稱'約略計之，每年尋常例用當以三百萬兩爲率'等語，乃省
益求省之意。臣接任後，再三告誡不得逾三百萬兩之數，每估辦各工，
得緩且緩，其必不可緩者，由道核減具詳，臣復逐加核減，力杜虛糜。
奈本年春夏陰雨過多，河湖併漲。統計黄河來源萬錦灘及沁、洛兩河共
報長水四十次，共長十丈有奇，既驟且勤，實歷年所未有。江境地居低
下，衆水匯歸，竟有一日長至五尺餘寸者，又因海潮亦旺，頂托不消，
外南順黄壩誌樁積存至四丈四尺九寸。上下各廳誌樁相仿，比上年秋汛
異漲尚大一尺六寸至二三尺不等，浩瀚奔騰，有高於堤面二尺餘者，僅
恃子堰捍禦。堤堰則屢幫屢加，埽工則隨廂隨蟄，風雨間作，奇險百
端，廂舊補新，料石并進。洪澤湖長水更早，啓放山盱壩河四處，仍復
消不敵長，夏至前即已長至一丈七尺八寸。入伏汛後，又陸續長水三尺
二寸，高堰誌樁積存二丈一尺，堰盱石工出水無幾，僅賴子堰攔禦。而
裏河、揚河各廳承受湖源，又因江湖極旺，不能下注，寶應以下湖河通
連，衹仗一線東堤爲之捍衛。計黄運各工竟無一處不險，即無一處不耗
費錢糧，均經該管各道臨工督辦，毫無浮冒。并有各廳紳士商賈因湊辦
不及，出貲代爲搶險。其所出銀錢，亦不能不照數歸還。加以春間所辦
上年秋冬風掣石工、沖損堤堰縴道及啓閉閘壩、挑塘濟運等工亦比往年
多費，勢不能因加意撙節遂置不辦。計算各廳已領、未領之銀斷非三百
萬兩所能敷用，此本年水勢工程支發錢糧截至七月中旬之實在情形也。
至南河每年兩次例撥及各省額解河庫、扣存蕩柴作價共約銀三百六十餘
萬兩，除額支官俸、養廉、公費、部飯、辛工、兵餉、役食以及葦營、
餉米、刀本、水腳、溝路等項約需銀四十餘萬，每年約存實銀三百二十
萬兩。而各省額解緩不濟急，拖欠甚多。今戶咨稱將餘剩銀兩在部撥額
解款内扣除，自應遵照辦理。惟是通盤籌畫，每年尋常例用無論三百萬
兩斷不能敷。即使能敷，而河庫歷年收支不敷款下尚欠三十餘萬兩之
多，實無從核有餘剩。……當此經費支絀之時，何忍不大加節省？第河
工險夷靡常，有以省爲省者，亦有以不省爲省者，固不敢隨波逐流，爲
人蒙蔽。尤不敢刻舟求劍，貽誤宣防。必俟庫貯少有盈餘，方可有備無
患，總期工歸實用，歲報安瀾，庶不負委任成全之至意。"（《先都御史
公奏疏》卷九）

63.50　八月初六日，因河工料物以柴秸爲大宗，按例當於秋冬新料登場時集中購貯，以備來年春修之用。此項河工歲料銀兩按例當於八月內撥付到位。爲此上奏循例請撥歲料銀一百二十萬兩，以便及早發解，從容購貯。又因上年河工動用減平銀二十三萬兩，戶部議令於請撥歲科料款內扣還，爲此專摺上奏此項減平銀兩請免扣抵，以保照常修守。

楊以增《請撥歲科銀兩摺》："河工料物……經前河臣於道光十一年奏准，嗣後仍於八月內奏撥，陸續解存河庫，統俟霜後查明各廳用剩之料、應修之埽，按工約估應添料垛若干核發銀兩，以年底爲初限，次年正月底爲展限，勒令全數到工。……緣秋收甫畢，采購較易，必須先期籌備，則發辦較早，稽核易周，且免販戶囤積居奇，滋生弊竇。所需錢糧向例奏請撥銀一百二十萬兩，歷經遵循辦理。現在節屆秋分，新料登場，蘆柴倈亦采刈，所有來年歲料銀兩亟應乘時請撥，於九、十兩月陸續解到，俾得及早發解，從容購貯……仰懇皇上天恩俯准，敕部於就近藩關各庫撥銀一百二十萬兩速解河庫，由臣督率各道查明各廳存料多寡，工程繁簡，酌定應備料數，乘時核發趕購，勒照例限全數到工，再行逐細確查，堅實堆貯，以重帑項而資工用，實於修防有裨。"（《先都御史公奏疏》卷九）

楊以增《借動減平銀兩請免扣抵片》："臣念當此度支不易之際，如果可以遵行，何敢再四瀆請？惟查歲料系一歲修防根本，歷經遵循請撥，勢難短少。況本年河湖異漲，險工迭生，又值閏月，汛期較長，工用自多，迥非常年可比。而河庫左支右絀，竭力籌融，幾至無可支應。臣凜遵諭旨，於例撥之外絲毫未敢添請，若再於例撥款內而扣上年所用之銀，則辦料辦工愈形竭蹶，殊於修防有礙。……仰祈聖恩俯念前項減平銀兩系上年大汛修工已用之款，應入上年開銷，免在現請歲科款內扣抵，庶得修守照常而免貽誤。"（《先都御史公奏疏》卷九）

63.51　八月二十日，遵道光帝上諭，興工堵築外南廳吳城七堡缺口，同時催提物料，加緊興築，以期早日完工。

楊以增《泄黃缺口興工進築片》："念泄黃減漲，誠如聖諭，本系從權辦理，自應迅爲堵築。臣前因黃水既未大消，該處內湖外河委難得土，而赴產購貨，轉運需時，是以約計需於霜降前動工。即一面先行陳奏，不敢稍有隱飾，一面督同淮揚道嚴催料物，現已陸續運工。雖尚未集有成數，然要工未便稍延，茲就已到之料於八月二十日興工進築，仍提催後料，務期源源運到，跟接濟用，以期早日蕆工，斷不因系賠堵工程遂稍任延玩。"（《先都御史公奏疏》卷九）

63.52　八月二十二日，上奏節交白露黃河漲水情形，并督飭各廳對各險工隨時分別補加穩固，并飭堆貯料物，預備空運漕船通行。

楊以增《節交白露河湖修防平穩摺》："續接河南陝州呈報，萬錦灘黃河於七月十八、二十及二十七、八等日四次共長水一丈二尺，又准東河督臣咨，沁河於八月初四日長水一尺三寸，以致江境長河復行漲旺，各廳長水三四五尺不等。幸前漲已消，尚資容納，而秋水汛利，堤埽各工益宜慎守。接據各道廳稟報，豐北廳豐下汛陳家壩下第五道挑壩裏頭并上下雁翅被溜搜刷，蟄廂不已，趕將各埽外拋填碎石，宿北廳皂河汛李家房、桃北廳崔鎮汛王家民房迤上工頭俱系無工處所，大溜趨注，存灘塌淨，潰及堤身。又宿南廳周家樓汛房家馬路淤閉舊工溜到刷塌，情形均關緊要。當經搶廂新埽長九十餘丈至一百二十餘丈，克資抵禦，其各廳舊埽蟄卸卑矮段落，均飭隨時分別補加穩固。山、海四廳後四成先辦一半土工久經報竣，飭道查驗如式，委探長河水勢一律深通，海潮先已消退，歸墟之勢極爲暢順。洪澤湖水旬餘以來除長消相抵外淨消水二寸，高堰誌樁存二丈零六寸，山盱義河仍擬堅守不放……堰盱石工間有掣卸，擇其層路少者趕爲隨時補修，其深塘大段先爲用料摟護。俟水退再補，庶期核實。裏河運、清兩汛閘壩承受湖源，積漲日久，兩岸堤埽吃重異常。臣督率該道廳等分別拋石加堰搶廂，竭力防護，現俱平穩。至邳宿運河前此盛漲所啓各閘壩及駱馬湖尾閭五壩續又添啓王家溝分減，水始見消，其劉家老澗滾壩東岸束水堤護埽，并中河雙金閘以下鹽河兩岸舊埽朽塌卑矮，均補加高整，運、中兩廳縴堤坐灣犯風之處酌鑲防風，悉資抵衛。往後秋深源弱，空運瞬臨，已飭預備料物，隨時察看，次第堵蓄，以利運行。"（《先都御史公奏疏》卷九）

九　月

63.53　九月初八日，上奏節交霜降、河湖各工修防平穩情形。雖然自清明節起至寒露節漲水"比上數年大至六丈餘尺至八丈餘尺不等……黃河十五廳灘面全漫，拍岸盈堤，險工百出"，但仍督飭各道廳慎擇緊要處所，搶新鑲舊，加壩幫戧，終於保障河湖修防工程平穩。其修防工作得到道光帝的認可，不僅獲硃批："覽奏欽感"，且被給予交部議敘之獎勵。

楊以增《節交霜降河湖各工安瀾摺》："綜核黃河來源，除甘肅硤口在萬錦灘之上，所報長水毋庸核算外，實計河南萬錦灘報長二十二次，武陟沁河報長二十四次，鞏縣洛河報長二次，共四十八次，共長水十二丈二尺七寸，比上數年大至六丈餘尺至八丈餘尺不等。……以致江境接長不已，上自豐蕭，下至山海，黃河十五廳灘面全漫，拍岸盈堤，險工百出。臣督飭各道廳於救危拯急之中仍寓撙節錢糧之意，慎擇緊要處所搶新鑲舊，加壩幫戧，先將銅沛廳十八里屯滾水壩啓放。無如來源過旺，有長無消，外南廳順黃壩誌椿積存至四丈四尺九寸，其間風雨偶作，危迫情形，所在皆是。而外南吳城七堡坐灣頂溜潰塌頂溜。……不得以乃爲擇害取輕之計，將七堡進上之泄湖舊地挑通，以泄黃漲，甫得消水數尺，上下各工借臻安定。洪湖水勢本年長發甚早，三四月間即將山盱之仁、禮、智、信等河壩先後啓放。……高堰誌椿積存二丈一尺三寸，堰、盱兩廳石堤出水無多，微風鼓蕩，浪即過堤，僅賴子堰搪禦，幸將節次掣卸石工及浪刷土槽，均隨時修補完整，并酌做馬鞍埽段，借資捍衛。至淮揚運河承受湖源，復因江潮抵托，彌形浩瀚，高寶湖河通連，東堤出水無幾，久逾啓壩定誌。惟值下河民田將屆秋成，與督臣籌商，得守且守，竭力搶護，逮至立秋以後，壩下早禾可以搶收。其中晚禾多種高處，兼有圩圍保衛，不慮壩水下注。隨時將各壩次第啓泄，河水甫見消動，東堤克資穩固。茲節屆霜降，黃河水已暢落……竊計本年湖河極漲，黃運工程無處不險，臣巡防目擊之餘，倍深凜懼，仰蒙皇上福庇，河伯靈佑，風雨無多，得以竭盡人力，保護平穩。（《先都御史公奏疏》卷九）

九月十四日內閣奉上諭："楊以增奏霜降安瀾一摺。本年黃河來源甚旺，有長無消，塌埽潰堤，奇險百出。經該河督督率文武員弁設法減泄，竭力修防，現在節交霜降，各工一律平穩，此皆仰賴河神靈佑，普慶安瀾，覽奏實深欽感。著發去大藏香十炷，交楊以增虔詣河神廟，代朕敬謹祀謝，用答神庥。楊以增著加恩交部議敘，陸建瀛兼管河務，著一并交部議敘。在事文武員弁著河督等擇其尤爲出力者酌保數員，候朕

施恩，毋許冒濫。餘著照所擬辦理。欽此。"（《道光朝上諭檔》第二九冊，第353頁）

（九月戊申）"兩江總督陸建瀛、江南河道總督楊以增奏報秋汛安瀾。命楊以增詣河神廟祀謝，陸建瀛、楊以增均下部議敘，出力員弁升敘有差。"（《清宣宗實錄》卷四七二，《清實錄》，第42221頁）

63.54 九月初八日，因江境外南河口地方河神屢著靈應，請加河神封號。

楊以增《請敕加河神封號摺》："竊照江境外南河口地方建廟祀神，屢著靈應。本年河湖并漲，險要異常，重運軍船提挽倍爲費力。自江廣各幫進塘河後，適黃流異漲，不敢放渡，在塘月餘之久，鱗次櫛比，風火堪虞。臣與漕臣焦急萬分，恭詣黃大王靈佑觀中虔誠默禱，敬陳我皇上軫念河漕，籲祈福佑，嗣水勢消退，將存塘軍船悉數放出，安穩渡黃。非初願所敢期，實神祇之默助。查黃大王累荷敕封'靈佑襄濟顯惠昭感大王'，今復靈應聿著，仰懇天恩再賜加封，以昭報祀。又河口向有九龍將軍廟……本年外南吳城七堡塌埽潰堤，危在呼吸，忽見將軍化形於激溜之上，衆目同瞻，倏即溜勢稍平，堤不續塌，在壩官民無不羅跪稱異。此皆仰賴聖主至德感孚，得荷河神效順，化險爲夷。臣欽感之餘，益資寅畏。查九龍將軍尚未奉旨封典，茲顯示靈異，實屬捍患禦災。仰祈皇上天恩准予敕賜襃封，俾酬神貺。"（《先都御史公奏疏》卷九）

63.55 九月二十五日，接奉上諭"嗣後南河於霜降後報銷之時倘有數逾三百萬兩以外，即著概行議駁"後，專摺上奏南河工用不敷情形，并力陳工部咨稱每歲報銷不准逾三百萬兩之限，實有萬難之處。道光帝對此奏頗不認可，再次強調南河每年工用款項絕不可超三百萬兩之限，并稱其"無非執此恐嚇，嗣後仍逾三百萬之數而後已"。

楊以增《覆核南河工用情形摺》："查南河近數十年節省錢糧，自前河臣黎世序始，所有歷年報銷除專款另案外，其歲修并常年另案總在四五百萬兩不等，間有三百數十萬兩者，每在東河失事之年。……蓋河工用項以水勢之大小爲衡，本年江河湖海同時并漲，而長發之早、存站之久，順黃壩誌樁至四丈四尺九寸有奇，爲從來所未有，以江省水災之大即可知南河防守之艱。黃運湖河兩岸工程不下三千餘里，無一廳無險工，即無一廳不搶辦，而搶辦必需錢糧。當危急之時，祇求幸而無事，錢糧多寡不暇計及，其勢亦不能計及也。本年徐州道在銅沛、邳北、宿北、睢南，淮海道在山安、海防、海阜、海安，臣與淮揚道在黃運各廳督搶險工。所用錢糧皆臣與各道目睹，一一查核，委無浮冒，均有埽段料石可查。截至七月中旬，約計已發未發之銀已逾三百萬兩之數，是以據實陳明。……南河工用每遇閏月及水大之年，除例撥外，往往奏請添撥五六十萬兩。上年接奉上諭：‘除例撥之外，絲毫不准再撥。’欽遵在案。本年所用均系例撥額解之項，并未添請，是臣本意原欲以例撥爲准。查南河每年兩次奏撥銀二百七十萬兩，及河庫應收雜款除應支外，約計銀五十餘萬兩，共有三百二十餘萬兩。今定以三百萬兩，既不敢照案請添，又於例撥數內轉加刪減，較二十八年少銷銀四十餘萬，較二十六、七年少銷銀一百餘萬。從前縱有浮冒，應不致如此懸殊。臣受恩深重，具有天良，何忍不諸加厘剔？……奈年來水勢過大，實非三百萬所能敷用。苟拘率原奏，不以實陳，則本年發項不敷，必有預借墊辦、挪後掩前之弊。倘明年水勢加長，其害更不可勝言。在微臣罪無可辭，而貽誤全工，則所省少而所失大，其關係國計民生尤非淺鮮。且臣以不敷爲敷，既自蹈欺罔之咎，欲不減則無以符部議，欲減之則無以給工需，輾轉焦思，寢食俱廢。與督臣往返剗商，亦以實用實銷爲是，惟有伏乞聖慈垂念河工用項以水勢之大小爲衡。本年奇險萬分，非如往歲。現值造冊報銷，臣督同各道逐案鉤稽，但可節省，斷不容其弊混。”（《先都御史公奏疏》卷九）

八月庚寅（二十五日）上諭：“據工部奏，查南河工用銀兩經前署河臣李星沅奏明，每年尋常例用當以三百萬兩爲率。河督楊以增到任後，所奏亦同。乃甫經酌定，該河督現奏又謂不敷，殊覺矛盾，恐有受屬員蒙蔽之處。本年五套吳城七堡各工均責令各該廳員全數賠修，甚覺核實。其餘尋常工程，自宜撙節動用，無逾奏准之數，以符成議。嗣後南河於霜降後報銷之時，倘有數逾三百萬兩以外，無論分毫，即著概行議駁。并著工部於每歲南河報銷奏到、開列比較清單呈覽時，將曾否逾數、駁去若干及實未逾數之處核實聲明，以防浮濫，并著戶部存記。”（《清宣宗實錄》卷四七一，《清實錄》，第 42214 頁）

十月庚午（初六日）：“江南河道總督楊以增奏復核工用情形，實非三百萬所能敷用。苟拘牽原奏，發項不敷，倘明年水勢加長，其害更不可勝言。得旨：'無非執此恐喝，嗣後仍逾三百萬之數而後已。'"（《清宣宗實錄》卷四七三，《清實錄》，第42231頁）

63.56 九月十九日，經嚴飭下屬加緊督催，是日回空運船行入江南黃林莊境。

楊以增《空運漕船入境日期并河湖工程情形片》："據徐州道廳稟報回空運船業於九月十九日行入江南黃林莊境等情，除批飭催儹外，查比上數年入境日期不相上下。邳宿桃境運河前此啓泄各閘壩水口均已堵合，俟軍船集有成數，再啓楊莊壩放渡灌塘，以免虛耗。"（《先都御史公奏疏》卷九）

63.57 九月二十五日，上奏因海安廳五套堤工過水，飭該管廳營汛官摘頂賠修。現因賠修補築完整，請旨將參員開復頂戴。

楊以增《請開復參員頂戴片》："伏查海安五套堤工實緣黃水盛漲，較上年極漲時尚大二尺餘寸。又值潮旺風大，以致平漫過水，當經該廳營汛等趕將外灘溝槽先爲搶堵涸露，并未掣溜塌通。一面補還大堤，截至七月底業已補築完成。并於堤南加築圈堰，以爲重障，均系賠補修築，應免造冊報銷。查該廳營汛雖曾疏防於前，尚知愧奮於後，核與完工開復之例相符，合無仰懇天恩，准將該應營汛等原參所摘頂戴一并賞還。"（《先都御史公奏疏》卷九）

63.58 九月二十五日，專摺奏請循例修造江南葦蕩船務營船共三十一隻。

楊以增《輪修各營柳船摺》："葦蕩船務營運葦大船及各河營柳船常年在於黃運鹽河上下往來裝運柴料。伏秋大汛，沖風破浪；時逢冬令，冰凌擦碰。經歷數年，即致損壞，必須照例隨時修造，以供駕駛。所有道光二十九年分葦蕩船務營輪應大修運葦大船二十八隻，又宿南河營輪應小修柳船一隻，又睢南運河二河營輪應成造柳船二隻，共船三十一隻，查照奉准價值勘估請辦……計共估需工料銀一千八百二十九兩一錢八分五釐二毫。……飭按船給價購料，查照部定長寬式樣，趕緊修造，以資裝運。"（《先都御史公奏疏》卷九）

<h1 style="text-align:center">十　月</h1>

63.59　十月二十日，督率下屬全力堵築外南吳城泄黃缺口，在本月十四日走占後，經過緊張施工，終於合龍完固。同時爲保障濟運，又先後修整黃河南北兩岸各工程。

　　楊以增十月二十八日《泄黃缺口堵合并籌辦濟運各工片》："外南吳城泄水壩工自興堵以來，天氣晴明，料物應手，晝夜趕築，業於十月二十日合龍完固。大溜悉歸正河外，南北以下河路深通，歸墟暢順。此案堵工全系該廳營賠築，應免造冊報銷。山盱智、信二壩及仁河并高郵南、新、中、車四壩均經先後堵合。至黃河北岸浦家莊東西兩岸托蓋等壩、南岸草閘內外挑束各壩并上下迎水分水雁翅護埽禦黃二壩、臨清堰鉗口壩等工間有朽腐蟄塌，均已分別鑲修完整。"（《先都御史公奏疏》卷十）

　　　　按：此次吳城六堡潰堤堵口工程多有波折。原本擬於十月十五日合龍，但復於十四日走占，且運道淤塞嚴重，對漕船運行大爲不利。因此，漕運總督楊殿邦專摺奏報此事。十一月丁酉（初四日）上諭："有人奏'南河吳城六堡潰堤未能合龍，運道淤墊，漕船萬難回空'等語。外南六堡泄黃缺口經楊以增飭令廳營各員克日賠修，現未據報堵合。若如所奏，原擬於十月十五日合龍，復於十四日走占，金門水深三丈有餘。轉瞬冰合，人力難施，合龍更無把握。且運河自清江以至高寶百餘里內淤高一丈有奇，現在回空漕船已抵楊莊。似此淤塞阻滯，勢必不能依限歸次，又將貽誤新漕，所關匪淺。福濟現計出閘，著即會同陸建瀛迅速親赴該處詳細履勘。督飭工員將缺口趕即堵合，不准再任遲誤。一面勘明運河淤墊處所，設法辦理，以資浮送，并將湖河大局，通盤籌畫，俾現在無誤回空。即重運經臨，亦可通利遄行，方爲妥善。至缺口已否堵合，運河如何淤墊實在情形，并著確查具奏。"（《清宣宗實錄》卷四七四）於此亦可見此次堵口工程難度之大。道光帝派遣大員現場履勘，亦足見其對漕運是否順暢之慮。

63.60　十月二十一日，因本年霜降安瀾，道光帝上諭："楊以增著加恩交部議敘。"爲此專摺謝恩。同日，又上報因霜降安瀾，仰賴河神靈佑，遵旨親詣河湖各神廟，敬謹祭告。

　　楊以增《恭謝天恩交部議敘摺》："伏念防守工程是臣分內之事，本年清黄併漲，迭出險工，方懼修守多疏，致有設法泄黄之舉。乃仰蒙聖恩，不加譴責，復渥邀甄敘，更覺惶悚難安。臣惟有勉竭駑駘，益加勤慎，以期愆尤稍贖，上答鴻慈。"（《先都御史公奏疏》卷十）

　　楊以增《齋香報謝河神片》："臣欽奉上諭：'楊以增奏霜降安瀾一摺。此皆仰賴河神靈佑，普慶安瀾，覽奏實深欽感。著發去大藏香十炷，交楊以增虔詣河神廟，代朕敬謹祀謝，用答神庥。'欽此。臣謹諏吉齋頒到藏香，親詣河湖各神廟，敬謹祭告，默陳聖主報祀之誠，長邀福佑安瀾之慶。"（《先都御史公奏疏》卷十）

63.61　十月二十一日，上奏請補南河河廳各員缺。因淮安府桃園北岸河務同知梁佐中捐陞道員，請以金安瀾調署淮安府桃園北岸河務同知。又揚州府揚運通判一缺歸併揚州府江防同知管理，改爲江運同知，請以徐州府蕭南同知李萬傑調署。（《揀員調署河廳摺》，《先都御史公奏疏》卷十）并上奏參劾未能振作之營弁，以刷汰南河冗員。

　　楊以增《參劾營弁片》："河營備弁奔走河干，全賴年力強壯，方於修防有益。茲查蕭南營守備王廷福屢請病假，且年力就衰，難期振作，應請旨勒令休致。又桃北營千總鮑成功染患眼疾，日久未痊，由該管淮海道揭參前來。除咨部斥休外，合并陳明。"（《先都御史公奏疏》卷十）

63.62　十月二十六日，親駐河口，督率下屬於當日啟放臨黄壩，將漕船九百四十六隻依次提進草閘，隨即啟放臨清壩，催令回空漕船迅速南行。

　　楊以增十月二十八日《回空漕船灌放頭塘摺》："伏思本年回空較之上屆節候更晚，必得跟□趕行，以速補遲。即經嚴飭所屬文武實力催趲……外南臨黄壩先經堵合，以便塘河施工，業已照估挑成，查驗深通。一面飭堵中河雙金閘鉗口壩，蓄高清水，啓放楊莊頭壩放船渡黄。臣親駐河口，督率照料，茲於十月二十六日啓放臨黄壩，將回空首進大河前幫起至淮安四幫止共三十四幫計船九百四十六隻，以次提進草閘，立埧臨黃堰，啓放臨清堰，催令飛挽南下。"（《先都御史公奏疏》卷十）

63.63　十月二十八日，因中營副將許聯鑣補授山東登州鎮總兵，上奏請以河營參將呂邦治兼署中營副將員缺。（《委署中營副將片》，《先都御史公奏疏》卷十）

十一月

63.64　十一月初九日，連日督率道將等於是日啟放臨黃堰，將回空漕船九百六十二隻循序提進草閘，并親駐塘河，相機放渡南下。

　　楊以增十一月十四日《回空漕船灌放二塘摺》："竊臣前將空運灌放頭塘日期恭摺奏報在案，嗣即催船出塘，仍將臨清堰堵閉，一面飭令河漕各員弁將楊莊壩內已到船隻陸續外放，以備二塘灌渡。臣於初九日督率道將等啓放臨黃堰，將江淮頭幫起至台州前幫止共三十幫，計船九百六十二隻，循序提進草閘，堵閉臨黃堰，啓放臨清堰，設法催儹南下，仍即相機接手放渡。臣親駐塘河，嚴飭廳營兵役等晝夜梭巡，以防火燭。并令清河縣會同營汛訪查，不許水手上岸滋事。"（《先都御史公奏疏》卷十）

63.65　十一月十四日，上奏吳城壩工堵合後挑浚引河淤淺，以便放水通漕各事宜。

　　楊以增《挑浚運口各工片》："吳城壩工堵合後，查束清壩外舊存引河中有淤淺之處，是以將上游築起攔堰三閘，上下亦有積淤，因即堵閉惠濟、福興等閘，設法疏挑。下游清河寶應一帶酌留淺水，接濟民船。現在引河業已陸續報竣，數日內可以放水通漕，不致有誤。"（《先都御史公奏疏》卷十）

63.66　十一月十四日，上奏勘察黃河北岸東安廳屬二塘，預籌泄黃後路情形。此事原爲御史馬沅所奏，道光帝指示其"親往相度"，故隨即遵旨辦理。

　　楊以增《覆陳御史馬沅條奏疏泄各工先行委勘片》："遵即先委員并飭淮揚、淮海二道暨河營參將等前往詳勘細查。臣俟回空漕船全數渡黃放塘後，即親往履勘，并咨會督臣陸建瀛臨工會同勘酌，再行繪圖貼說覆奏。"（《先都御史公奏疏》卷十）

　　十月乙酉（二十一日）上諭："御史馬沅奏豫籌疏泄安奠河淮一摺。本年南河因盛漲漫溢，暫開南岸吳城六堡，得以化險爲平。原屬一時權宜之計，而黃水夾沙帶泥而下，湖身河道自難免均受淤墊，是泄黃後路誠不可不豫爲籌及。茲據該御史奏稱，北岸之東山安廳屬有二塘，該處在王營減壩下游，勢極低窪，地率荒廢，似可籌爲泄黃入海後路。著陸建瀛、楊以增按照所奏界址先行遴委妥員，詳加查察，楊以增隨後親往相度。陸建瀛於公事之便，亦著親勘，悉心籌畫。如果可行，應即豫爲減泄之計。事關保衛河淮，諒該督等目擊情形，必能相機籌辦，不使貽患將來。著繪圖貼說，據實具奏。"（《清宣宗實錄》卷四七三，《清實錄》，第42235頁）

63. 67　十一月十九日，在漕運總督楊殿邦參奏玩工誤漕道廳各員後，受到道光帝嚴斥，并被摘去頂戴。道光帝要求福濟、陸建瀛、楊殿邦等趕緊督辦回空，并指示福濟、陸建瀛，如楊以增有辦理不善、偏聽道廳等以致貽誤等情形，務必據實參奏。

　　十一月壬子（十九日）上諭："楊殿邦奏參玩工誤漕之道廳各員一摺。現在運河受淤，漕船回空期迫，該道廳等所司何事？致令幫船羈阻，河身受害非輕，必應示以懲創。淮揚道查文經、署外南同知海皐同知婁晉，均著暫行革職。楊以增督辦不力，亦著摘去頂戴，勒限一月內將回空軍船掃數全催出江。并將各工賠修，以備明歲新漕逓行順利，倘再延誤，即著從嚴參辦。"（《清宣宗實錄》卷四七四，《清實錄》，第42246頁）

　　同日又諭："楊殿邦奏參誤運工員，并陳現在商辦情形一摺。已明降諭旨，將楊以增摘頂，并淮揚道查文經等暫革，勒限趕辦矣。福濟、陸建瀛前有旨飭令速赴清江浦一帶，將被淤運河設法挑辦。茲楊殿邦奏稱：淮揚運河淤墊情形較重。節逾冬至，頭二塘漕船鱗集，該處冰凌火燭，在在堪虞。雖經該漕督并河督楊以增嚴飭所屬迅速籌挑，引清濟運。但爲日甚迫，似此節節阻滯，恐各省幫船不能依限歸次，勢必貽誤新漕，關係甚巨。著福濟、陸建瀛一面會同楊殿邦等趕緊督辦，以便確勘運河淤墊處所，通籌大局，務令回空幫船得以魚貫遄行。而來歲重運經臨，亦能通行無阻。現在回空固屬緊要，而河身淤墊之後，若不及早疏治，貽患無窮。遲辦一年，必受一年之害。著責成福濟、陸建瀛二人悉心籌畫，妥速辦理。如該河督有辦理不善，偏聽道廳，以致貽誤之處，即著據實參奏，福濟經朕派往，不值代人受過。陸建瀛兼轄河務，倘能作速妥辦，無誤回空，尚可以功補過。所有玩誤要工各員弁著一并查明，據實嚴參。”（《清宣宗實錄》卷四七四，《清實錄》，第 42246 頁）

福濟、陸建瀛上奏籌辦回空情形：“謹查運河以洪湖爲來源，自吳城六堡合龍之後，河水陡落，束清壩外引河被淤，正在集夫挑挖，而回空軍船適值河臣楊以增因節侯已晚，亟籌灌塘，勢不能不將清江各閘壩節節堵閉，以資蓄水。其時來源阻隔，下游遂行淺滯。迨張福口引河挑通，清江閘壩遞開，放出空船三百餘隻，水勢滔滔下注。臣等由高郵、寶應溯流而上，逐段測探，各深六七八九尺不等。而寶應縣境內汜水地方至淺之處先報二尺餘寸，亦長至四五尺。沿途軍船與重載貨船俱暢行無阻。臣等抵浦後，以頭、二塘既灌，即應趕灌三塘。詢知向來出船閘壩層層鈐束，需水固多。且必三五日始能倒放一次。河臣以冬令已深，應將河北未渡之船趕先提入塘河，免致掛黃守凍。查有太平汪本係舊日替河，擬將太平河存船暫存此內，騰出河身，以便三塘灌畢，一并啓閘放出。而漕委運弁及旗丁人等則稱從無由此行走，不肯移泊。相議十餘日，未能定局。臣等當即會同漕臣、河臣前往太平汪周歷履勘，寬約十餘里，深約一二丈，與太平河僅隔小堰一道，水面相平，並無高下參差。河臣擬在此處暫泊，漕臣始無異詞，因定議照辦。一面催提河北船七百餘隻，迅速放渡，趕緊一律南下。至引河舊本五道，除原淤三道外，本年新淤二道。現雖挑通張福口一道，而來源愈多愈旺，已與河臣酌商，速將太平引河接續估寬挑深。非但爲資運之資，且可以收攻淤之效。臣等經過揚河，目擊檳橋地方約長四里餘。該處築有對頭小壩五道，逼溜刷河，甚見功效。自應於有淤處所，一體仿辦，免致積久貽患。總之，目前之事回空爲重，將來之事利漕爲先。揚河間段之淤，當設法攻刷；洪湖引河之淤，當勒限挑復。如河員稍有延玩，立即從嚴治罪。倘運弁旗丁藉口刁難，有意稽遲，亦即從重懲治。”（《籌辦回空情

形摺》，《陸文節公奏議》卷四，第 179 頁）

　　十二月乙丑（初二日）上諭："福濟、陸建瀛奏接奉前旨籌辦回空情形一摺，覽奏已悉。本年因啓放吳城六堡，以致運道淤淺，前已有人陳奏。嗣據楊殿邦奏參誤運工員，并稱淤墊情形較重，軍船阻滯堪虞，疊經降旨，令福濟、陸建瀛悉心籌畫，妥速辦理。兹據奏稱，由高郵、寶應溯流而上，逐段測探，水勢尚非甚淺，沿途軍船與重載貨船俱暢行無阻。現在頭二塘業已灌放，亟應趕灌三塘，所籌將太平河存船暫移太平汪騰出河身之處，現既勘明，事屬可行，該漕督亦無異詞。惟節候已晚，斷難任漕委員弁藉詞延宕。著福濟、陸建瀛會同楊殿邦、楊以增迅即催提放渡，務令回空各船剋期歸次，庶可以速補遲。仍飭將淤淺處所責成楊以增督員興挑。或築壩逼溜刷沙，非但攻淤，并堪濟運，方爲妥善。如河員稍有延玩，立即嚴參治罪。儻運弁旗丁藉口刁難，有意稽遲，亦著楊殿邦隨時重懲。事關軍船回空，兼籌明歲新漕重運，諒福濟等必能星速籌辦，以慰朕廑也。"（《清宣宗實錄》卷四七五，《清實錄》，第 42251 頁）

　　福濟、陸建瀛十二月十三日《遵旨重辦南河事件摺》："伏查六堡爲泄清□□，與祥符五瑞減黃等汛相近。當六月二十八日七堡危險，該河督一時權宜，剾開六堡，以保清淮。臣等親往履勘，該處堤本坐灣，對岸淤有雞心沙灘。若使先事預籌，築一挑水壩，則回溜不致頂沖。乃因向本無工，未經議辦，殊爲失算。迨剾堤以後，黃流爲湖水頂托，旁穿張福口、太平兩引河，直注淮安寶應一帶。雖水急溜分，未入高郵境内，而迤上湖口運道均不免淤墊，此缺口數淤之實在情形也。維時趕辦合龍，以便連挑引河，疏通運道，輒因黃水續長，新料未出，延至十月二十日始行堵閉，其間走占一次，尚屬事所常有。而時日已迫，太平河及各引河皆有稀淤，挑挖三次，始能通暢。以致清江閘内間段淺阻，此辦理遲延之實在原委也。當其六堡剾開，約估堵黃，皆稱需報二百餘萬兩，工員頗懷覬覦。該督等撙節估算，責令外南同知王湘賠修。王湘賠數不敷，又以六堡減漲，下游各工皆得化險爲平，准將各汛輪修料物借用飭濟，人皆銜怨，是以有'名爲賠修，實系克減'之説。而查文經平日長於估計，所定工費，未肯絲毫核餘，楊以增又於該道已准數内核減一二成不等，此物議沸騰之實在情由也。雖楊以增之偏聽，查文經之剛愎，臣等查無確據，即其估核過嚴，亦系慎重錢糧，并非入己。

惟該道只知節省，轉致遲誤時日，辦理殊乖機宜，未便以軍船業經回空稍從末減。應請旨將淮揚道查文經交部嚴加議處，仍飭賠挑引河，不准開銷。南河總督楊以增總理修防，於此等要工未能趕催迅速，亦屬堵辦無方，應請交部議處。撤任之外南同知王湘，七堡是其專汛，僅予摘頂賠修，尚屬輕縱，應與外南營守備師長鑣一并革職。署外南同知海皁同知婁晉本系調赴六堡掌壩，其草閘塘河工程，向系營員承辦，并非該同知貽誤，應歸欽限案內議結。"（録副奏摺）

　　按：福濟、陸建瀛奏稱，楊以增因冬令已深，擬將漕船暫泊太平汪，以利灌塘放渡，但漕船員弁並不認可，"相議十餘日，未能定局"，而楊殿邦辦事拘執，亦未能力排衆議。直至福濟、陸建瀛會同楊殿邦、楊以增前往太平汪周歷履勘，見太平汪"寬約十餘里，深約一二丈，與太平河僅隔小堰一道，水面相平，并無高下參差"，頗便漕船停靠。"河臣擬在此處暫泊，漕臣始無異詞，因定議照辦。"可見，此次漕船運行受阻，楊殿邦一方面不積極設法辦理，坐視漕船阻滯十餘日，同時又上奏道光帝，稱"爲日甚迫，似此節節阻滯，恐各省幫船不能依限歸次，勢必貽誤新漕，關係甚巨"，言行頗爲矛盾。可見此次漕船運行不利，責任在楊殿邦者居多。《李星沅日記》"道光二十八年（十二月）廿二日"條云："覆至堂書，略及疊雲（按：即楊殿邦）不甚坦白。"（《李星沅日記》第 770 頁）據此，楊殿邦之爲人，官場已頗有看法。而其此次上奏，則有同僚傾軋之嫌疑，李星沅之説亦頗得印證。於此亦可見楊以增與漕督楊殿邦矛盾較多，配合頗不協調。十二月十三日，福濟、陸建瀛在謹遵道光帝十一月十九日上諭，赴南河查辦運道工程後，上奏道光帝，詳細厘清相關責任，指出楊以增啓開吳城六堡系從權辦理，其間雖有措置不當之處，物議沸騰雖爲"估核過嚴"，實則爲楊以增"慎重錢糧，并非入己"。而楊殿邦所奏"楊以增之偏聽，查文經之剛愎"則查無確據。因此酌量情形，請將楊以增及屬員淮揚道查文經交部議處，其評價是較爲公允的。

十二月

63.68　十二月初七日，因揚州府河務通判孫沛人地不宜，奏奉諭旨撤任，請以同知銜淮安府清河縣知縣劉于淳陞署。

　　楊以增《揀員陞署河廳摺》："竊照揚州府河務通判孫沛人地不宜，前經臣等奏奉諭旨撤任……應即遴員請補，以益修防。查該廳經管高寶運河兩岸堤埽、磚石、閘壩工程，蓄泄河湖水勢，催趲空重漕船，事務紛繁，均關緊要，必得明幹之員方資治理。臣等於現任候補通判中逐加遴選，非現居要缺，即人地未宜。惟查有同知銜淮安府清河縣知縣劉于淳現年三十九歲，江西舉人……該員才情練達，熟悉修防，以之陞署揚州府河務通判，堪期勝任，惟歷俸未滿三年，與例稍有未符。第人地實在相需，例得專摺奏請。合無仰祈天恩，准以劉于淳陞署揚州府河務通判，實於要缺修防有裨。"（《先都御史公奏疏》卷十）

63.69　十二月初七日，上奏高堰廳、山盱廳所屬洪澤湖石工因風暴掣卸情形。

　　楊以增《堰盱修補石工片》："自道光二十八年霜降後起，至二十九年六月止，洪澤湖歷次風暴掣卸石工計高堰廳屬共長三百九十八丈五尺，內除新工著原辦之員賠修外，實計舊工長三百八十一丈。山盱廳屬共長四百八十四丈八尺，內除新工著原辦之員賠修外，實計舊工長四百七十七丈八尺，并新工下間有掣卸舊石層路，均已隨時修補完整。"（《先都御史公奏疏》卷十）

63.70　十二月初七日，上奏凌汛期間南河河工提前籌備打凌事宜，并趁冬令水小加緊補砌南河堤防，以備來年泄水。

　　楊以增《凌汛防守平穩片》："河工以節交冬至爲凌汛之期，防守最宜周密。經臣先期通飭各廳營於黃河迎溜埽前掛用擋凌椿木，并多備打凌器具船隻，以備應用，并飭將兩岸堤根積水疏導歸河，凡灘面串刷漕溝，分別築壩編柳，以資堵截。……秋間所掣石工乘此冬令水小，飭令堅實補砌，不任率延。惟山盱廳智壩及仁、禮兩河因上、今兩年湖水過大，啟放日久，掣溜猛驟，異乎尋常，是以壩底皆有衝跌情形。現在

各河壩均已堵合穩實，飭令該管道將督率廳營逐加查勘估修，以備來年洩水之用。"（《先都御史公奏疏》卷十）

63.71 十二月初七日，遵旨上報二十九年霜降止辦理另案各工動用銀數，以備查核，并循例與道光二十八年、二十七年、二十六年另案工用銀數加以比較。此外，同日又循例將截至道光二十九年十一月止，南河清查各員繳款并奉部核減追賠銀兩，分別在工離工、已完未完數目上奏。其中除各員完繳藩、河等庫共銀四千一百二十餘兩外，實計仍有未完銀一百萬四千五百餘兩。

楊以增《核明另案各工銀數摺》："所有道光二十九年霜降止各廳辦理培築堤壩堰餞、鑲埽拋石、挑河撈淺、啓閉壩堰、搜護補修磚石等工，均經臣隨時督率各道將廳營分投辦理穩實，節次奏報抄摺咨部。茲據徐州、淮揚、淮海、常鎮四道分案造冊呈送前來。共七十二案，內估定辦理者工竣後經臣勘驗，其隨時辦理者先由各該道查量具報，復經臣確核，從嚴刪減，不准稍有浮靡。奈本年水大工險，爲歷年所未有，茲統計各工刪定銀數，連上年山盱廳越堵義河用銀十八萬七千四十餘兩在內，共計用銀二百二十一萬五千三百八十九兩零。按冊查核，均與原估及勘減刪准冊案相符。"（《先都御史公奏疏》卷十）

楊以增《另案工用銀數循例比較摺》："除將本年霜降止各廳另案工段銀數核明匯總開單，另摺具奏外，統計徐州、淮揚、淮海、常鎮四道屬道光二十九年分另案各工實用銀二百零二萬八千三百四十兩零，連上年山盱越堵義河共用銀二百二十一萬伍千三百八十九兩零。比較道光二十八年另案共用銀二百十八萬七千一百二十一兩零，本年計多銀二萬八千二百六十七兩零。比較道光二十七年另案共用銀二百七十八萬五千兩零，本年計少銀五十六萬九千六百一十一兩零。比較道光二十六年另案共用銀二百九十三萬三千五百二十四兩零，本年計少銀七十三萬八千一百三十五兩零。謹遵部定章程，將各道屬用銀數目分別比較，開具清單，恭呈御覽。"（《先都御史公奏疏》卷十）

楊以增《清查各員繳款已未完數目摺》："茲又屆年終奏報之期，據河庫道法良詳稱，道光元年、九年、十八年三次清查案內各員繳款及十五年起續查奉部核減分賠各案，共應繳銀二百四十三萬三千四百七十餘兩，內除已據各員完繳并奉豁免及已據報明無力完繳等項共銀一百四十二萬四千八百五十餘兩，實應追繳銀一百萬八千六百二十餘兩。內自前奉具奏道光二十八年十一月截數後，今截至道光二十九年十一月止，各員完繳藩、河等庫共銀四千一百二十餘兩，實計仍有未完銀一百萬四千五百餘兩，內在工服官應由南河催追銀十二萬一千四百一十餘兩，已經離工應由各旗籍并外省催追銀八十八萬三千八十餘兩。"（《先都御史公奏疏》卷十）

63.72 十二月十五日，經過楊以增等人的艱苦努力，本年回空軍船終於在本日全數渡黃。

楊以增等《本年回空軍船全行抵境并自請交部議處片》："本年截至十一月十五日運行抵境，臣楊以增先放頭、二兩塘，恐未經渡黃各幫凍阻河北，擬將先渡船只屯於太平汪，趕將尾幫趲渡，經欽差侍郎臣福濟到浦會勘，始行定議，於十二月初五日掃數渡黃，恭摺奏報在案。隨即查照舊章……陸續放出清江閘一千餘船。節據揚州、鎮江等府報有出江入口數目，現將江廣各幫儘先提放，其浙江尾幫亦即接續趲出，統於年內竣事，臣陸建瀛派委員弁沿途嚴催歸次，受兌新漕。以歷年各省漕船開行日期計算，尚不致誤。惟回空歲杪始完，究屬辦理遲延。臣等實難辭咎，相應請旨將臣陸建瀛、臣楊以增交部嚴加議處。"（錄副奏摺）

　　按：楊以增等上奏回空事宜，本年漕船運道不暢，雖不誤受兌新漕，但渡黃時限較晚。在奏摺中，他既為此自請交部嚴加議處，但畢竟"以歷年各省漕船開行日期計算，尚不致誤"，對楊殿邦所奏"運道淤墊，漕船萬難回空"之語進行辯駁。

63.73 十二月二十六日，道光帝再次頒下上諭，就南河河道淤塞、影響漕運回空一事，對楊以增及南河屬員予以懲處。此後，禮部尚書文慶等擬定將楊以增從重降二級調用，將暫行革職之淮揚道查文經照溺職例革職。

十二月己丑（二十六日）上諭："前據福濟、陸建瀛奏，查明南河辦理遲延實情，請將河督道廳各員分別議處，嚴議革職，并陸建瀛自請議處，當經降旨，俟查明軍船能否歸次再降諭旨。茲據福濟、陸建瀛覆奏籌辦回空情形一摺，并陸建瀛、楊以增自請嚴議等語，本年南河吳城六堡啓閉皆不如法，以致河湖受淤，回空軍船不能如期歸次，雖現在各幫船俱已接續償出清江閘，據稱年內可以竣事，然仍系約略之詞，且使有漕省分不能不能不預籌迎兌，紛紛建議，大費周章。專轄及兼轄之員實難辭咎，陸建瀛、楊以增著先行交部嚴加議處，且看果否不誤新漕，俟覆奏到時再降諭旨。至辦理有乖機宜之淮揚道查文經著照議即交部嚴加議處撤任，外南同知王湘、外南營守備師長鑣亦著照議革職，所有各幫船出閘後能否迅速渡江，分別歸次，受兌各淤墊處所能否迅速挑挖深通，重漕經臨果否暢行無礙，該督與河督等有無把握，著福濟、陸建瀛會同楊殿邦、楊以增妥籌核辦。該漕督所議四條有無增損，迅速具奏。"（《清宣宗實錄》卷四七五，《清實錄》，第42267頁）

　　吏部尚書臣文慶遵奉道光帝諭旨，於十二月三十日上《嚴議南河總督等辦理河工遲延摺》："除恭錄諭旨，移咨該侍郎及該督等欽遵辦理外，外南同知王湘亦著照議革職之處，臣部另行辦理并武職應由兵部核辦外，此案兩江總督陸建瀛、南河河道總督楊以增於本年南河吳城六堡啓閉皆不如法，以致河湖受淤，回空軍船不能如期歸次，使有漕省分不能預籌迎兌，紛紛建議，大費周章。該督等專轄兼轄，實難辭咎……應請將前暫行革職之淮揚道查文經照溺職例革職，專轄之南河河道總督楊以增應比照江南河道專管官不詳報挑浚以致淤淺，降一級調用例上加等，議以降二級調用。兼轄之兩江總督陸建瀛未便僅照罰俸例上加等，臣等共同酌議，應請從嚴議以降一級調用。"（錄副奏摺）

63.74　十二月二十六日，因大行皇太后仙馭陟遐，上《仰懇節哀摺》，"伏望聖躬勉節哀思，上安聖母在天之靈，下慰臣民瞻依之望"。（《先都御史公奏疏》卷十）

63.75　於揚州汪孟慈處購"四經四史"之一宋本《毛詩詁訓傳》二十卷。

　　楊紹和題宋本《毛詩》："雖刊在南宋初，然毛鄭詩之最古本也。先公於己酉購之揚州汪容甫先生家，後復得一南宋監本，與此同一精好，乃并儲之四經四史齋中。"（《楹書隅錄》卷一）

　　按：此本原二十卷，今存三卷。宋建本，巾箱本。半葉十三行，行二十四字，註雙行同，細黑口，左右雙欄，欄外記篇名。楊紹和同治上元甲子冬月十六日題曰："辛酉，皖寇擾及齊魯之交，烽火亙千里，所過之區，悉成焦土。二月初，犯肥城西境，據予華跗莊陶南山館者一晝夜，自分珍藏圖籍，必已盡付劫灰。及寇退，收拾爐餘，幸尚什存五六。而宋元舊槧，所焚獨多，且經部尤甚。此本僅存十八至末三卷，監本僅卷首至十一而已。嗚呼！豈大美忌完，理固如是乎？然錢遵王有言：'此等物勿論其全不全，譬諸藏古玩家收得柴窯殘器半片，便奉爲天球拱璧，而況鎮庫典籍乎？'信矣！"（《楹書隅錄》卷一）此本爲"國立"北平圖書館收購天津鹽業銀行九十二種善本之一。《北京圖書館善本書目》著錄，題稱：《毛詩詁訓傳》，宋刻本，查慎行、顧廣圻跋，吳榮光題款，一冊。存三卷十八至二十。

又按：楊紹和題云："朱竹垞引陸元輔曰：'此書不知何人編輯，鋟刻甚精。首之以《毛詩舉要圖》二十五，次之以毛詩篇目。其卷一至卷終，則全錄大小序及毛傳、鄭箋、陸氏釋文。而采《左傳》、《三禮》有及於《詩》者爲互註。又標詩句之同者爲重言，詩意之同者爲重意，蓋唐宋人帖括之書也。'張月霄《藏書志》云：'是書《傳》、《箋》下附《釋文》及互注重言重意，蓋南宋麻沙坊本也。《傳》、《箋》、《釋文》俱雙行小字。《傳》無標題山井鼎云：今本有傳字者，後人所加也。箋以'箋云'冠之山井鼎云：'箋云'二字，鄭氏之舊，所以別毛氏《傳》也。無《傳》者亦無標題如《關雎序》，發猶見也。《葛覃序》，躬儉節用之類。陸德明云：序并是鄭註，所以無'箋云'者，以無所疑亂也。猶是鄭君之舊。'皆即是書，雖刊在南宋初，然毛鄭詩之最古本也。"由以上可知，此本實際上與《監本纂圖重言重意互註點校毛詩》是同一個監本系統。楊紹和與張金吾都認爲是南宋麻沙坊刻本。李致忠曰："今觀此書風貌，蓋信張、楊意見爲不誣。"（李致忠《〈毛詩詁訓傳〉敘錄》，《宋版書敘錄》，第90頁）道光二十九年（1849），楊以增訪書揚州，從汪中家購得全帙。查慎行於雍正二年（1721）跋云"此本購自江西志局，確系宋雕本，二十卷，首尾完好"。顧廣圻於嘉慶七年（1802）跋云"錢曾《敏求記》云《毛詩鄭箋》廿卷，南宋刻本，首載《毛詩舉要圖》者，即此刻本也。十年前，家兄抱沖收得之，藏於小讀書堆"。則此書於汪容甫之前歷經錢曾、查慎行、顧之逵遞藏，并經顧廣圻、吳榮光等名家借觀。顧跋又云"所見毛鄭詩本子莫有舊於此者，洵足寶已"。故紹和將此本與監本同一精好，乃并儲之四經四史齋中。

63.76　於揚州汪孟慈處得宋巾箱本《春秋經傳集解》三十卷三十冊。

楊紹和題宋巾箱本《春秋經傳集解》："此本向爲清浦王德甫先生所藏，後歸揚州汪孟慈太守。道光己酉，先公於太守之子延熙處得之。"（《楹書隅録》卷一）

按：此書半葉十行，行十九字，長四寸餘，寬不及三寸，古雅可愛。黃綿紙。有"聞人寅印""周玉齋金漢石之館""汪大喜孫""孟慈""喜孫校本""汪延熙印"等。周叔弢斷爲明刻。

63.77　於蘇州得宋淳熙三年張杅桐川郡齋刻八年耿秉重修本《史記》一百三十卷二十四冊。

楊紹和題宋本《史記》："先公平生深於史學，尤愛讀龍門之書，嘗欲廣稽諸本，訂其異同，重爲刊正，故訪購宋元明以來善本頗多，而藏於四經四史齋之宋槧凡三，此其第二也。道光己酉，以三百金得之吳門。每冊毛子晉、徐健庵印記累累。"（《楹書隅録》卷二）

按：此書爲海源閣"四經四史之齋"舊藏《史記》第二部。每半葉十二行，行二十三字。有"毛晉秘篋審定真蹟""在在處處有神物護持""子晉""孫育之印""乾學"等印。此本自海源閣散出後，先歸劉少山，後轉歸北京圖書館。

63.78　得宋本湯伯紀註《陶靖節先生詩》四卷二冊。

紹和跋宋本湯伯紀註《陶靖節先生詩》："先公爲詩，宗王、孟而探源彭澤，陶公諸作莫不諷誦焉。宦游四十載，雖文書填委、軍報倥偬之際，退食少暇，未嘗廢吟詠，至老猶孜孜不倦。每惜《淵明集》無佳刻，近時陶文毅公《集註》考訂頗稱詳博，然亦不免訛誤，刊手尤俗劣，未爲盡善。向聞黃蕘圃陶陶故事，心豔羨之而不可得也。洎道光

己酉、庚戌間來帥南河，訪之吳門，於是兩《陶集》始先後收弆之，不勝狂喜，以爲合璧重光，莫是過矣。"（《楹書隅錄》卷四）

楊紹和題宋本《陶淵明集》云："湯《註》本，先公於道光己酉獲之袁江。"（《楹書隅錄》卷四）

　　按：楊以增酷愛《離騷》《陶詩》，楊紹和《楹書隅錄》卷四"宋本陶靖節先生詩四卷二冊一函"條云："先公愛讀《離騷》、《陶詩》，每夕將眠，必擁被默誦一過始就枕，數十年以爲常。往得馬和之畫屈子《九歌圖》冊，董思翁跋徵仲小楷書《離騷》、《九歌》長卷。馬《圖》，即思翁所稱有吳傅鵬書者。吳蹟惜不知何時佚去，因屬周丈容齋爾墉補書之。既又得李伯時畫《靖節高風圖》冊……乃明楊文敏公故物。嘗并兩《陶集》同儲，珍爲四寶，居恒置諸左右，以時展玩，皆平生第一銘心絕品也。"

　　又按：此书七行十五字，注文雙行，字數同，白口，左右雙邊，雙魚尾，版心上方記字數，上魚尾下記卷次，下魚尾下記頁數，下記刻工姓名。卷前有淳祐初元九月九日湯漢自序。刻工有蔡慶、鄧生、張生、吳清、蔡刁、江梓等，有些則是單字刻工如慶、吳、清、蔡等，疑是雙字刻工的省寫。其中，蔡慶、鄧生、吳清等於咸淳元年（1264）又刻建甯府知府吳革刻本《周易本義》，宋咸淳年間建甯府另一任知府吳堅於福建漕治所刊的《張子語錄》，也有刻工鄧生等，因此推斷，此本大概亦是建甯府刻於咸淳前後。又據《宋史》卷四十五《理宗本紀》載，景定五年（1264），太子諭德湯漢知福州。《宋史》卷四百三十八之《列傳·儒林八》第一百九十七《湯漢傳》云，度宗即位（按：即咸淳元年，1264）召奏事，授太常少卿兼國史院編修，久之又召爲刑部侍郎兼侍讀以龍圖閣待制知福州、福建安撫使。可見，在咸淳元年前後，湯漢是最有條件延請建寧刻工刊刻是書的。而且，這與《周易本義》《張子語錄》的刊刻時地正好一致，故而將此本定爲宋咸淳福州刻本，應無疑問。《中國版刻圖錄》認爲"此本疑是咸淳元年前後重刻本"，（《中國版刻圖錄》，《敘錄》，第40頁）但這之前是否還有湯註首刻本，則無任何證據。該書版本價值極高，周春題識云："是書乃世間所稀有，宋刻之最精者也。流傳日久，紙墨敝渝。偶從友人處得之，不勝狂喜，手自補綴，亟命工重加裝訂，分爲兩冊，完好如新。余家舊藏有東澗選本，妙絕古今，此更出其上矣。"又云："此本大字端楷，作歐陽率更體，頗便老眼，且校讎亦鮮'形夭'、'庚鉤'之訛，裝後覆閲數過，誠可寶愛。"該書黄皮封面題："陶詩湯注　上冊　甲戌春孫延題"，卷末黄丕烈題："陶陶室藏《靖節集》第二本。"書内明清藏印累累。"秀石""景仁""董宜陽""項印禹揆""項子毗真賞章""周春""黄丕烈""汪印士鐘"以及楊氏三代諸印。楊以增督南河時，訪之吳門購得。1931 年 11 月，由王子霖作介轉歸周叔弢，今藏國家圖書館。

63. 79　於清江以重金購得宋建本《三國志》六十五卷三十二冊。

楊紹和題宋本《三國志》："道光己酉，先公開府袁江，以重金得之，取配舊藏宋槧《史記》、兩漢，共成四史。"（《楹書隅録》卷二）

按：卷二、卷四十至四十一配清影宋抄本。十行十八至十九字，注文雙行二十三至二十四字，黑口，四周雙邊，左欄外有書耳記篇名。宋諱缺筆至"廓""郭"字，知爲南宋中葉甯宗時刊本。《中國版刻圖録》云："審其字體刀法，知是南宋中葉建本。"（《中國版刻圖録》，《敘録》，第 39 頁）宋本《三國志》傳世者以衢州州學本爲多，但亦基本上都是宋元明三朝遞修本，今殘卷分散於北大圖書館、上圖、甘圖及寧波天一閣文物保管會等；另有宋咸平國子監刻南宋初補刻本，僅存《吳書》二十卷，藏日本靜嘉堂文庫；南宋初刻小字本，殘存《魏書》卷七至九、卷二十五至三十，現藏國圖；南宋紹興刻本，只存《魏書》三十卷，亦藏國圖。南宋紹熙間福建刻本傳世者有兩部：其一爲日本宮内廳書陵部所藏，然缺首三卷；其二是楊氏海源閣所藏，此本爲存世最爲完整者。傅增湘曾云："各史中唯《三國志》未見宋刊完帙，生平所閲非殘缺即入南監補版者。"（《藏園群書經眼録》卷三，第 203 頁）當 1931 年二月於天津鹽業銀行見到此本時，他驚嘆曰："字體方勁，鋒棱峭厲，與黄善夫刊《史記》極相類，建本之精者，印本亦清朗。"（《藏園群書經眼録》卷三，第 203 頁）又於《海源閣藏書紀略》中云："《三國志》宋槧最罕見，此精印尤難得。"周叔弢亦云："建本，精美，黃紙。"（《隅録》批註）但建本歷來爲人所詬病的主要原因就是文字校勘上的粗疏，此本亦是喜憂參半。關於此本之優，楊紹和在題識中已經提及。對於此本校刊上之粗率，程遠芬在《跋涵芬樓影印南宋建本〈三國志〉》（《書目季刊》第 33 卷第 1 期，臺灣"中央"圖書館編，2002 年 8 月）一文中以《三少帝紀》一卷爲例，找出明顯訛奪之例有數十處之多，僅舉幾例識之。三頁後二行注"樊城被攻"，"被"誤作"破"；六頁後五行"則其身不正"，脱"其"字；八頁前七行注"將爲臣何"，"何"誤作"向"；十頁前六行注"師老衆疲"，"老"誤作"若"；二十二頁後五行注"爰有黄氣煙熅於堂"，"氣"誤作"帝"……程先生共指出三十五條誤例，其中各本均不誤而宋本獨誤者十八例，由此亦見此本之訛甚。儘管如此，因其保存最全，刊刻較早，亦可寶貴。民國間，張元濟就以和此本爲同一本的日本藏本爲底本影印入《百衲本二十四史》中，就可説明此本之珍。此本鈐有"士鐘""秋浦"以及楊氏諸印。

63.80　許乃普寄贈宋紹興十年荆湖北路安撫使司刻遞修本《通鑒記事本末》四十二卷八十册。

楊紹和題宋本《通鑒紀事本末》："先大夫督袁江時，許滇生師寄贈。"（《楹書隅録》卷二）

按：此书为宋寶祐五年（1257）趙與𢏚刻元明遞修本。清朱錫庚跋。《隅録》卷二著録。十一行十九字，白口，左右雙邊。單魚尾，魚尾上記字數，下題"通鑒紀事本末卷幾"，下題頁數，下題刻工姓名。卷十三至十七、十九、二十二、二十九配清抄本，間有元明補修數頁。刻工有吳炎、梁貢甫、余甫、余和、劉拱等四十餘人。卷首有寶祐五年趙與𢏚《序》云："嚴陵舊本字小且訛，乃易爲大書，精加讎校，以私錢重刊之，非特便老眼訓子弟，庶與四方朋友共之。"傅增湘又云是本"煌煌巨編，紙墨清朗，鋒棱畢露，視昔時廠中習見之品實爲遠勝，要亦足珍矣"（《藏園群書經眼録》卷三，第 268 頁）。宋寶祐本世稱大字本，趙氏所言嚴陵小字本即此書初刻本——宋淳熙二年（1175）嚴陵郡庠刻本。關於此本與嚴州本之長短，傅增湘云："趙與懃居湖州，出私錢重刻之，序言'嚴陵舊本字小且訛，乃易爲大書，精加雠校'云云，即諸家常見之大字本也。顧大字本既行世，人喜其莊嚴閎整、豁目悦心，爭相讚美。又以嚴陵本世不多覯，更深信趙氏'字小且訛'之言……今得此本反覆展玩，書法勁整，有顏筋柳骨之風，且校對頗審，余前略舉訂正諸條，實出大字本之上。《儀顧堂續跋》跋湖州本云：'嚴州所刻寫刊精良，校雠細密，遠勝此本，德淵因其字小改爲大字重刊可也，必欲誣之爲訛，豈公論乎！今兩本具在，孰精孰訛，必有能辨之者。'據存齋所言，于於趙序深爲不平，與余所懷吻合。蓋皕宋樓藏有小字殘本，手自編摩，深知其勝，與流俗之徒望風逐影者異矣。"（《藏園群書題記》卷三《宋淳熙刊小字本通鑑紀事本末跋》）蓋於外觀上大字本勝於小字本，而於内容上則又遜於小字本。王國維《兩浙古刊本考》亦著録此本，云是嘉興府刊版，而傅氏則以爲湖州刻本，以趙氏所居，湖州本更爲可信。

63.81　於清江得《明王文恪公手寫文集》《白雲集》《玉山名勝集》三種，紹和并題雲："皆秘本也。"

楊紹和題《明王文恪公手寫文集》："此集爲王文恪晚年手寫定本……道光己酉獲之袁江，估人得自吳郡故藏書家。同歸於余齋者，尚有《白雲》、《玉山名勝》二集，爲江陰周氏硯農老人所藏。《白雲集》有蒙叟題字，《玉山名勝集》有滄葦印，皆秘本也。"（《楹書隅録》續編卷四）

63.82　子紹和十九歲，與傅繩勳（字接武，號秋屏）長女成婚。

楊紹和云："己酉，予授室後，攜内子赴蘇，傅秋屏外舅甫自豫章移撫三吳。"（《儀晉觀堂詩抄·感懷舊遊十首·江南》）

道光三十年庚戌（1850）六十四歲
（在江蘇清江浦）

【概要】正月二十二日，因上年（道光二十九年）吳城七堡啟閉不當，河湖淤墊，回空受阻，被降四級留任。在南河工款方面，正月三十日奏請循例撥發歲料銀一百五十萬兩，八月初六日奏請循例撥銀一百二十萬兩，以備南河春修之用，并於五月二十日力陳南河每年工費三百萬兩實難敷用。在南河修防方面，七月初一日上奏督率各道并參游委員等攜帶銀兩，前赴各廳趕添正雜料石，分投搶護，安然度過伏汛。九月二十六日得旨賞還頂戴，并交部議敘。在漕船行進方面，督催本年重運軍船四十四幫一千三百二十八隻，於八月十五日挽出江南黃林莊，全數出境北上，回空軍船於十二月初四日全數渡江南下。并於十二月十三日遵旨覆奏本年空運遲延緣由，指出主要爲重運漕船渡黃時間過晚所致。因與漕督意見不一，於四月初八日上摺力陳開復外南同知妻晉相關情形。刊成陳拜薌著《思退堂詩鈔》十二卷，於蘇州得宋版《陶淵明集》、宋嘉泰淮東倉司刻本《註東坡先生詩》（《和陶詩》）、宋本《山谷老人刀筆》。

正 月

64.1 正月十四日，道光帝駕崩，咸豐帝即位。正月二十九日，上摺籲懇節哀。

楊以增《仰懇聖懷節哀摺》："大行皇帝□□文武，率土同欽，壽屆古稀，澤周庶類。萬機之重付托聖躬。伏希順便節哀，上安先帝在天之靈，下慰□□瞻依之望。"（録副奏摺）

64.2 正月二十九日，上奏去冬今春黃河凌汛安瀾，循例擇要挑挖淤淺，并派員查核歲料情形。咸豐帝硃批："依議妥辦。"

楊以增《黃河凌汛安瀾摺》："上冬氣候不甚寒冷，大河偶見消凌，埽前均掛擋凌樁把，冰塊順流東下。自立春以後，氣更融和，據各該道廳稟報工程一律平穩，北岸中河廳楊莊頭壩前於空運軍船渡竣後，因黃水加長，誠恐內灌，當飭該廳堵閉，嗣將雙金閘鉗口壩啓通，提進船營，騰空左運船隻，□已相機啓放楊莊頭壩出船，前赴右營運柴，隨仍堵閉澆餵，以禦黃水內漾。至邳宿運河經東省山泉漲發，挾沙噴注，間有受淤，尚不甚重，毋庸估挑，衹須照近年章程擇要撈浚，并築做東挑壩七十二道，并於河□閘下築做鉗口壩一道，以資攻刷而備重運。"（録副奏摺）

64.3 正月二十二日，因上年（道光二十九年）吳城七堡啟閉不當，河湖淤墊，回空受阻，被降四級留任。

正月（乙卯）二十二日上諭："上年南河吳城七堡啓閉不能如法，以致河湖受淤，軍船回空遲滯，當將河督楊以增等一併交部嚴加議處。經該部分別議以降調，仍令福濟等將是否不誤歸次情形詳察嚴奏。茲據奏稱，回空軍船現均陸續歸次受兌，比較嘉慶十四、五年新漕尚可趕辦。并將各河挑挖深通，俾清水易於攻刷。楊以增著加恩改爲降四級留任，陸建瀛著加恩改爲降二級留任，均不准其抵消。淮揚道查文經著即照部議革職，并照該侍郎等所議，工費分別開銷罰賠。另片奏參各員等語，所有玩視塘河要工，又復遲誤之外南營守備張上，著即革職，枷示河干。督催不力之參將呂邦志、遊擊安振業，均著交部議處。著外南同知海阜同知婁晉於灌塘事宜尚能慎重無誤，其前參暫行革職之案著開復。"（《清文宗實錄》卷二，《清實錄》第 42372 頁）

楊以增二月十七日上《降職留任謝恩摺》："伏念臣上年於吳城七堡啓閉不能如式，以致回空遲滯，仰沐聖恩，僅摘頂戴。臣與諸臣自請嚴議，復荷隆施逾格，改爲降留，感激悚惶，莫能言喻。當即恭設香案，望闕叩頭謝恩。查洪澤湖內張福口引河、太平引河甚爲通暢，運河水勢激蕩，日刷日深。現量水深丈餘及六七八尺不等，至前奏明新挑天然引河并歲挑之塘河、太平河均已開工，勒限三月初旬一律全完，於重運漕船斷不致誤。"（録副奏摺）

64.4 正月三十日，上奏因本年歲料銀兩業已動用無存，請循例從就近藩關各庫撥發歲料銀等一百五十萬兩，用於預備重運及整修河工，以利漕船運行。

楊以增《循例請撥南河大汛工需搶修銀兩摺》："竊查南河歲搶修工程每歲於年前奏請撥發歲料銀一百二十萬兩，并每年各省例解之項除給發官兵俸餉及額支各款外，餘存銀兩統爲歲搶修額定工程之用。其大汛河溜提移、搶鑲新埽及啓閉閘壩隨時相機挑築等工，向歸另案辦理，例於春間奏請撥銀一百五十萬兩，以備大汛修防之用，歷經循辦在案。本年歲料銀兩業已動用無存，現值春汛，所有豫備重運經由各河道堤埽閘壩啓閉挑築等工，必當隨時相機辦理，以利運行。轉瞬大汛經臨，搶辦工程尤須錢糧先期解到，以資應用。……臣查此項銀兩爲大汛修防所必需，且各省撥款解工動輒數月，黃河汛漲遲早難定。本年節氣較早，尤宜先事預籌，俾免貽誤。……合無仰懇皇上天恩，俯念河工緊要，敕下部臣於就近藩關各庫撥銀一百五十萬兩，迅速解交河庫。"（録副奏摺）

二　月

64.5 二月二十九日，上奏黃河等河湖水勢并循案挑辦各工情形。因本年重運即將到來，爲此加緊整修運河河道，并督工興挑塘河及太平河。

　　楊以增《籌備重運循案挑築各工及河湖水勢情形摺》："竊照江境南北運河上自山東交界起，下至瓜洲江口止，綿亘六七百里，水勢長落靡常，全賴閘壩堤埽節宣鉗蓄，疏築并施，庶可運行無滯。本年重運漕船不日次第北來，亟應按照舊章，妥爲籌備。查裏河廳屬運口汛爲洪澤湖水入運門户，頭南壩、外蓋壩、頭二三四壩并上下雁翅、惠濟越閘上鉗口壩、閘下束水壩、張王廟前托水壩、福興正閘上下鉗口束水壩、迤下河尾蔣壩均有溜刷蜇矮之處，應即趕緊加廂。外南廳屬塘河及太平河本歲之工因空運節次灌放，黃水挾沙內□，受淤較厚，現在督工興挑，克日完竣。又臨清鉗口壩、禦黃二壩、舊草閘內挑壩并該閘金門由身上下迎水分水雁翅及閘外挑束壩、臨黃護埽間有蟄塌腐朽，均應鑲修。其外北廳屬浦家莊爲重運進口要道，循舊於東西兩岸鑲做托清、蓋黃等壩埽，俾資束刷。中河廳屬楊莊二三壩上年大汛折展，亦應照舊接築收束。"（録副奏摺）

　　按：福濟、陸建瀛於正月十一日亦上奏挑挖太平河，"伏思空運遲滯，由於塘河高下過大，不得不拗板套塘，并非運河不能行走之故。見在湖水充足，引河挑工完竣。運河至淺處長水一丈內外，重運可保暢行無誤。若議挑挖，非一二月所能蕆事。重運到淮，反不能不停船待工，是慎漕實以誤漕。臣等惟有督挑引河，以暢源流，急挑太平河，以去中滿。無須興挑運河，轉資靡費"。（録副奏摺）此項工程當與楊以增事前協調。

三　月

64.6　三月中旬，奏報桃汛期間河湖水勢情形及挑挖外南塘河、幫加運河堤防各事宜，并上報下步將挨廳查驗歲料并覆估春工。

　　楊以增《桃汛安瀾并河湖水勢及各工情形摺》："茲桃汛已過，據各廳稟報工程一律平穩，河湖水勢因天氣亢旱，陸續見消四寸，高堰誌樁現存一丈七尺二寸。各道引河深通，滔滔外注，足資濟運。外南塘河挑工現正將次全竣，其稀淤較甚段落飭令設法趕挑，限日蔵事，不任稍有延誤。淮揚運河日見刷深，至淺處均有七八尺，新漕頭船上進浮送□□。揚河、江運兩廳境內西堤補加土石工程刻已興工趕辦，經督臣專派徐州府知府李正鼎駐工督催，以免率延。其江運廳之甘泉汛東岸堤工及普賢墩越河等處縴堤經上年大汛漲水汕刷，多有殘塌，亟應幫加。又該境臨運磚石工上年盛漲時風掣塌卸，連海漫腰洞除新工照例賠修外，計應修舊工長三百三十六丈八尺，自一層至十四層不等。……核系應加工程，即經批飭趕辦，克日完竣，以利運行而資保衛。至各廳歲料爲一歲修防根本，最關緊要，均已報驗到工，亟應親往挨查。刻距糧船灌塘尚需時日。臣即乘此先赴徐州挨廳查驗，并覆估春工。"（錄副奏摺）

64.7　三月中旬，在委令在工學習之員赴工查驗工料，且在各廳後五分歲料全部到工後，"將應備重運挑各工料理放心。"（楊以增《查驗歲科及勘辦春修工程摺》，《先都御史公奏疏》卷十二）

64.8　三月中下旬，先赴徐州，渡黃挨查而下，回至外南查勘塘河挑工，并赴海口，再抵清江，周歷裏河、運河、中河三廳，從嚴查辦歲料。

　　楊以增《查驗歲科及勘辦春修工程摺》："即由北岸先赴徐州，上自豐北渡黃挨查而下，回至外南查勘塘河挑工已竣，惟界壩腮土尚未啓盡，當令署淮揚道胡調元專駐催辦。臣復由南岸前赴海口直至工尾渡黃而上，現已旋抵清江。計黃河十五廳裏河、運河、中河三廳均已周歷，除蕭南廳向不預發歲科外，其餘各廳歲料按冊查點，均系如數堆足。量驗高寬長丈，悉與定式相符，運河廳料堆亦俱照數補齊。臣每至一廳，除點數查量外，均挨工抽拆數垛，尚無虛松夾雜之弊。其雜料土石等項抽查亦符發數，各廳春估埽工經各道造册請勘，臣逐加覆估，凡情形稍輕者均行剔減，餘俱飭令趕廂，以禦汛水。"（《先都御史公奏疏》卷十二）

四 月

64.9 四月初四日，接咸豐帝上諭，務必於四月初旬完成補築淮揚運河西堤工程，并遵旨將在堤防完工後，會同陸建瀛親往查看，核實驗收。

四月丙寅（初四日）上諭："陸建瀛、楊以增奏通籌河湖大局、酌請次第辦理一摺。據稱挑挖天然引河現已如式完竣，補築淮揚運河西堤勒限四月初旬辦結等語。著該督等親往查看，覈實驗收。儻作法未能如式，工科稍有偷減，即將承辦各員指名嚴參。至所稱添塘避閘，即著緩至秋後籌辦。其王營減壩據稱俟重運過竣覆勘，固因經費未齊，分別次第辦理。然轉瞬大汛經臨，於減洩盛漲是否確有把握，不致誤事，著該督等悉心商酌，通盤籌畫，不得以籌款維艱，將要工置之從緩也。"（《清文宗實錄》卷七，《清實錄》，第42427頁）

> 按：道光二十九年（1849）十二月，福濟、陸建瀛上奏淮揚運河西堤殘破、亟須修整情形。此次上諭當與此有關。"查淮揚運河專以一線東堤爲保障，而西堤久已殘缺，以致夏秋盛漲，湖河連爲一片，東堤愈形危險。必應擇要補築，俾於風狂浪猛之時可收重門送戶之效。向來工員每置西堤於不問。一遇水漲，輒議開高郵四壩。甚且開昭關壩，以下河爲尾間，藉免處分。"（《酌擬減黃地方并清江添塘及辦理下河堤壩摺》，《陸文節公奏議》卷四，第185頁）

64.10 四月初八日，上報黃河水勢及重運軍船首幫提上清江閘，等候灌塘放渡等情形。

楊以增《查驗歲科及勘辦春修工程摺》："黃河溜勢趨向如常，間有提移刷灘之處，均飭小心防守。海口歸墟之勢亦俱暢順。近時黃水消長相乘，外南順黃壩誌樁現存三丈六尺五寸，通工一律平穩。惟上年大汛，黃水積漲日久，普律漫灘，上下各廳無不吃重。而外南北山海以下因添中運河漲水匯注，尤形浩瀚，竟有堤身入水一二尺之處，僅賴子堰攔禦。兩岸埽工紛紛蟄塌，雖隨時搶廂，幸獲平定，但系擇險搶辦，不能遍及。而灘水歸槽後，水去沙停，堤工愈形卑矮。現俟督臣來浦，會同熟籌，撙節估加，庶資防守。至外南塘河界壩餘土俱已啓盡，臣逐段量驗，與原估尺寸均屬相符。重運軍船首幇現已提上清江閘，仍在提催後船，俟集有成數，即行灌塘放渡。臣擬放過頭塘，再赴揚河、江運兩廳查勘工料，并督催西堤碎石工程，不任稍延。洪澤湖內新挑之天然引河於驗收如式後即經啓放，暢達下注運河，水勢充盈，且因江潮甚小，流行迅激，更可刷滌河身。"（《先都御史公奏疏》卷十二）

64.11　四月初八日，因楊殿邦與楊以增等在是否開復婁晉官職上意見不一，奉旨詳陳當時情形。

楊以增《遵旨回奏摺》："伏查南河上年六月間黃流異漲，各廳紛紛搶險，而外南之吳城七堡尤甚。乃擇兩害從輕之計，於七堡迤上泄清舊壩藉以泄黃，各險工始臻穩定。因急籌堵築，當即劄調海阜同知婁晉來工守護，俟有新料再作壩工。維時江廣重運糧船尚停滯塘河之內，仍令外南同知王湘、守備施長鑣一手經理，迨重運全行灌放，臣即會同督臣將王湘、施長鑣奏請撤任，摘去頂戴，留工效力，會委婁晉署理外南同知，調豐北營守備張上署理外南守備。據淮揚道查文經稟委：張上估辦塘河太平堰各工，派令婁晉堵築泄黃缺口并委掌壩，八月二十日興工，十月二十日合龍，接辦善後。十一月初十日漕臣楊殿邦自北旋淮，十四日有漕弁持諮文至臣工寓，知漕臣特參淮揚道查文經、署外南同知婁晉貽誤漕運，會臣後銜，已於十二日由驛具奏。旋奉嚴旨：交戶部右侍郎臣福濟、督臣陸建瀛查辦，并會同漕臣與婁催償回空。本年正月十五日回空掃數渡竣，臣福濟、臣陸建瀛向臣商酌淮揚道查文經應歸另案嚴議，署外南同知婁晉應請開復，署外南守備張上估挑太平堰未能合式，復堵太平汪不力，應請革職枷號，參將遊擊附參。其在清江與漕臣如何會議，臣居工次，未得與聞。十八日臣福濟、臣陸建瀛會臣同勘天然引河，告知昨與漕臣會商，悉如前議，摺已拜發，惟擬保催償回空出力各員一節漕臣不以爲然，是以中止等語。是乃此事之前後情節也。臣

不敢欺飾，不敢回護，據實直陳。"（《先都御史公奏疏》卷十二）

二月辛未（初八日）上諭："楊殿邦奏回空漕船辦理延玩、嚴參河工道廳一摺。除淮揚道查文經業經革職，毋庸議外，署外南同知、海阜同知婁晉一員，前據福濟等奏請開復革職處分，已降旨允准。茲據楊殿邦奏稱開復系屬歧誤，仍請將該員交部嚴加議處，著福濟據實覆奏。"（《清文宗實錄》卷三，《清實錄》，第 42385 頁）

三月丙辰（二十四日）上諭："南河外南同知婁晉先經楊殿邦奏參該員辦理灌塘事宜甚爲草率，奉旨暫行革職。旋據福濟、陸建瀛會同楊殿邦、楊以增以塘河挑工及灌塘事宜均非婁晉經手，即經加恩開復。嗣又據楊殿邦奏稱，福濟等將婁晉聲請開復系屬歧誤，請將婁晉嚴加議處，當令福濟據實覆奏。據稱前請開復系查照舊章，會同督臣、漕臣、河臣商辦，未敢歧誤，是以仍准開復。茲有人奏大臣舉劾不應各執意見，朕思該督等同在工次，自必同有見聞，楊殿邦等先嚴參而後請開復，福濟所稱循照舊章，是否確有例案。楊殿邦既已會請開復於前，何又獨請嚴議於後。種種意見紛歧，殊不可解，著陸建瀛、楊殿邦、楊以增按照此事前後情節，即將辦理歧異之故據實明白回奏，毋稍回護。"（《清文宗實錄》卷六，《清實錄》第 42419 頁）

四月庚辰（十八日）上諭："前因南河署外南同知婁晉開復處分，楊殿邦又請將該員議處。事涉兩歧，先後飭令福濟、陸建瀛、楊殿邦、楊以增據實明白回奏。茲據各該員奏齊，詳加披閱，福濟、陸建瀛、楊以增所奏皆同，惟楊殿邦一人拘執，諉爲福濟、陸建瀛於附片專奏拜發後，始另文鈔稿，移知該大臣等。於辦理河漕交涉事件宜如何和衷商確，詳慎具奏？乃意見不合，致令公事參差，是楊殿邦之拘執自是，以己忘公，不能與福濟、陸建瀛、楊以增和衷共濟，已可概見。不勝漕督之任，即將伊撤任，未爲不可。姑從寬將楊殿邦交部議處，與其自新，以觀後效。至福濟、陸建瀛、楊以增未能與楊殿邦商酌妥協，亦有不合，著一并交部分別議處。至婁晉處分已據福濟、陸建瀛等奏請開復，應毋庸再議。"（《清文宗實錄》卷八，《清實錄》，第 42441 頁）

　　按：因福濟、陸建瀛會同楊殿邦、楊以增上奏請將南河外南同
　　知婁晉加恩開復，嗣後楊殿邦奏稱請將婁晉嚴加議處，咸豐帝認爲
　　意見紛歧，殊不可解，非常不滿，責令四人分別明白回奏。楊以增

遂詳細上奏其中原委。福濟、陸建瀛、楊殿邦亦均上奏當時情形，咸豐帝詳加披覽，對楊殿邦之拘執大加斥責，"是楊殿邦之拘執自是，以己忘公，不能與福濟、陸建瀛、楊以增和衷共濟，已可概見。不勝漕督之任，即將伊撤任，未爲不可"。（《清文宗實錄》卷八，《清實錄》，第 42441 頁）其用語可謂嚴厲異常。此時咸豐帝剛剛即位，對各位大臣之不和非常不滿，并分别進行懲處。此事楊殿邦上奏雖會楊以增之銜，而事前未認真商議，足見其爲人剛愎，未能和衷。而楊以增與楊殿邦上年累積之矛盾非但未能化解，反而有日漸加深之勢。

64.12　四月十五日，因徐州府蕭碭南岸河務同知李萬傑調補揚州府江運同知，奏請由揚州府高郵州知州范鳳諧陞署徐州府蕭碭南岸河務同知。

　　楊以增《揀員升署河廳摺》："竊照徐州府蕭碭南岸河務同知李萬傑前經臣等奏准調補揚州府江運同知，接准部覆應歸本年正月分截缺，應即遴員請補。查蕭南同知一缺上與豫省接壤，爲江南黃河入境之首廳，汛遠堤長，要工林立，非諳練老成之員不足治理。臣等於現任、候補各同知中逐加揀選，非現居要缺，即人地未宜。惟查有揚州府高郵州知州范鳳諧現年六十七歲，江西舉人，大挑知縣分發南河。……該員老成穩練，諳悉修防，久任沿河州縣，於河務情形閱歷最深。以之陞署蕭南同知，實堪勝任，與例亦符。相應恭摺奏請，合無仰懇天恩，准以范鳳諧陞署徐州府蕭碭南岸河務同知，洵於修防有裨。"《先都御史公奏疏》卷十二）

64.13　四月十五日，因署揚河廳河工同知沈文藻、揚河營守備闞興邦賠堵五里中壩如式完竣，奏請將二人開復。以上二請均得到咸豐帝的允准。

　　楊以增《請開復廳弁片》："署揚河廳河工同知沈文藻、揚河營守備闞興邦因上年六月二十二日啓放車邏壩之後并未具報工程危迫，輒於二十三日續將中壩開放，經臣等奏奉諭旨，將該廳營摘頂，責令賠堵，并加意防護要工在案。茲查五里中壩久已賠堵如式完竣，防護要工亦無貽誤。可否仰祈皇上天恩，准將沈文藻、闞興邦賞還頂戴。"（《先都御史公奏疏》卷十二）

64.14 四月二十八日，與漕督楊殿邦會駐河工，灌放重運第一塘，先後將漕船三百八十一隻及雲南、貴州銅鉛船二十一隻循序放渡。

楊以增四月二十八日《重運漕船灌放頭塘摺》："臣楊以增督飭該管道廳將籌備利運挑築各工分投辦竣，查驗如式，催令軍船挽上各閘壩。現將臨清堰啓放，試進清水，河底一律相平，水勢充足，提船入塘停泊。隨將中河雙金閘鉗口壩堵閉，跟澆土餞。一面咨會東河照例鋪水，并飭江境運河廳啓放柳園頭閘等處，導引駱馬湖水入河濟運。中河陸續加長，察看楊莊清高於黃，即將頭壩啓放。臣等於四月二十八日會駐河工，督率道將廳營等堵閉臨清堰，啓放臨黃堰，將首進淮安二幫起至常白糧幫止，連所由洪澤湖引河進束清壩入塘之宿州頭幫船十八隻共十九幫，計舡三百八十一隻，并雲南委員宋淇、貴州委員陸用康等兩起銅鉛舡二十一隻，循序放渡，挽入中河楊莊頭壩，飭令淮海道桂文耀、署徐州道張道進督催北上。"（《先都御史公奏疏》卷十二）

五 月

64.15 五月二十日，因咸豐帝頒下上諭，要求就南河河庫款項核實報銷，如有餘剩，即應明晰咨部，聽候撥用，爲此專摺上奏，力陳奏報用款并不敢含混延遲，且現有款項不敷支用，并不存餘剩等情形。

楊以增《瀝陳河庫銀款無可劃撥摺》："爾時臣甫經到任，不敢謂三百萬必不能敷，奏明俟霜降時方能定數，意在水準工穩，或可不出三百萬之範圍，如無二十九年河湖并漲，奇險迭生，黃河來源萬錦灘及沁、洛各河共報長水四十次，實爲歷年所未有。湖水誌樁亦積至二丈一尺有奇，黃運各工竟無一處不險，即無一處不多費錢糧。且搶險之工但求苟安，不暇計及省費。統計上年所用較二十八年尚省銀十六萬二千餘兩，然已不能不出三百萬之範圍。旋准工部諮令分籌間款，暫將不敷銀兩搏節支應，日後分扣還款，是三百萬兩之限已不能拘。若云先扣贏餘，留抵次年正款，而通盤酬算尚不足用，并無贏餘。蓋南河歲撥二百七十萬兩及各項額解并河庫扣存蕩柴作價，除去額支、官俸、養廉、公費、部飯、辛工、兵餉、役食以及葦營餉米、刀本、水腳、溝路等項，每年扣實銀不過三百二十萬兩內外。而各省額解多寡無常，殊難預扣，況解額拖欠，其零星者不計，如兩淮舊欠五十四萬餘兩，江藩積欠十餘萬兩，截長補短，祇可爲俸餉雜支之用，而於辦料辦公緩急難恃。至庫款出入，絲毫皆有案據，户部不難按册而稽。果有贏餘，亦斷不能支飾。臣惟有諸加整頓，將要工先行修補，庫款以次籌還。來年水勢漸平，工程漸減，三百萬兩之額或可不致逾違。如果積欠有餘，再照部臣前議諮明候撥。"（《先都御史公奏疏》卷十二）

　　咸豐帝上諭："前任鴻臚寺少卿劉良駒條陳南河工用請飭核實辦理一摺，當交該部悉心妥議具奏。兹據户部、工部奏稱：南河工用奏准每歲動用以三百萬兩爲率，此外不准絲毫濫支，并將用剩銀數報部聲明作何扣抵，該河督自當實力奉行，經久不渝，乃於餘銀抵款一節輒以河庫應收之款拖欠甚多，動用之外，並無餘剩，籠統奏報，殊與成案不符。著該河督核實報銷，如有餘剩，明晰咨部，聽候撥用，并著該部隨時查核，不得任其支飾牽混。"（《先都御史公奏疏》卷十二引）

64.16　五月二十日，上奏力陳南河每年工費三百萬兩實難敷用，縷析上年報銷數目，并指出到任之後力除墊辦之弊，不容稍有虚浮。

　　楊以增《附陳上年報銷數目片》："河工省費總以水之大小工之多寡爲衡。上年水大工多，省之又省，已不能不出三百萬之範圍，如東河近日章程比較錢糧最少之年節省二十萬，即與部議相符。臣二十九年報銷之數較二十八年省銀十六萬二千餘兩，較二十七年省銀七十七萬餘兩，較二十六年省銀一百三十五萬餘兩，是比上年三届已所省良多。然年來衆議沸騰，無非以三百萬之言爲口實。查二十八年三月内前河臣潘賜恩因經費不敷，剗飭各道廳每年定以三百萬兩爲率，淮揚道屬准用一百三十萬兩，徐、海二道屬各准用八十萬兩，常鎮道屬准用十萬兩，皆不准逾違，及霜節報銷，實共用銀三百八十六萬餘兩。經兼署河臣李星沅嚴删銀四十萬兩，仍准銷銀三百四十六萬餘兩，復以'尋常例用當以三百萬爲率'附片陳明，本系約略言之，並非確有三百萬之章程可以循照也。臣由即用知縣，蒙宣宗成皇帝特達之知，洊陞陝西巡撫，擢督南河，具有天良，何忍不力圖節省？惟於向用四百萬内外者驟以三百萬爲限，其勢實有所不能。河工冒銷，其弊在於墊辦，臣上年務除此弊，於墊辦未准分毫，其准銷者皆由道轉詳，臣復遞加核減，或查其工尚可緩，即停其估辦，不容稍有虚浮，此後彈竭血誠，省益求省，以期工歸實用，歲報安瀾，庶不負皇上厪念河工之至意。"（《先都御史公奏疏》

卷十二）

64.17　五月二十日，因山盱各河廳及山海四廳堤工修葺尤刻不容緩，但河庫款項不敷，寅吃卯糧，而各項要工又不可置之不辦，故專摺上奏於就近藩關各庫借撥銀六十萬兩以濟要工。

　　楊以增《請借撥銀兩以辦要工摺》：“臣楊以增是年（即道光二十八年）臘月初八日抵任河庫，仍不敷銀五十餘萬兩。本擬逐加撙節，以後有之餘補前之不足，奈二十九年江河湖海泛漲非常，而黃水之大尤爲歷年所未有。檢查南河成案，每遇水大工多及有閏之年，往往添請銀五六十萬兩不等。是年正值閏月，水大又復異常，臣等因撥款維艱，未敢瀆請，惟河庫不敷之數日積日多。又數年來皆寅食卯糧，爲挪後掩前之計，今通盤核算，存銀甚少，領款甚多，而應辦工程又不能置之不估。上年黃流盛漲，匝月不消，以致兩岸堤工各廳埽段在在皆殘破不堪，廂埽培堤所用已比往年多費，而山盱各河廳及山海四廳堤工修葺尤刻不容緩。緣山盱廳所管之信壩、智壩、仁河、禮河爲分泄湖水之路，久逾保固例限。上年衝跌損壞，堵閉已大費周章，以後更難於啓放，若不趕緊修整，將來無處宣洩，關係匪輕。山海四廳長堤本較上游卑矮，前年專案估銀二十六萬兩，分作兩年帶辦，僅估修十分之五。上年復被沖刷，有水高堤頂一二尺者，應急加高培厚，庶免不虞。茲僅擇要補修，省之又省。以上二項項目據該道等撙節，估需約銀五十萬兩，并前庫存不敷銀共在百萬兩內外。……臣等忝膺重寄，慎重錢糧，當此經費支絀之時，曷敢輕率奏請。……現在時交大汛，無項可支，若隱忍不言，致釀巨患，在臣等獲咎不足惜，如國計民生何？……是河庫即舊有不敷，而項目急工又斷不可緩，萬不得已據實瀝陳，惟有仰祈聖恩，俯准除暫用上年減平銀兩外，敕部於就近藩關各庫借撥銀六十萬兩以濟要工。先由捐輸歸款，仍俟減平銀兩扣完後，在於例撥銀兩內酌分八年扣還。”（《先都御史公奏疏》卷十二）

64.18　五月二十二日，專摺上奏南河用項報銷章程，按工程用款多少分爲歸常年辦理、專摺請旨定奪及欽派大員履勘等不同情形辦理，以達“工程免致周章，而錢糧益昭慎重”之效。

　　楊以增《用項報銷章程片》：“臣等查南河用項款目繁多，而報銷章程祇分三項。凡各廳舊有之埽段，每年折舊補新，隨時廂辦，所謂歲修也。其向來無工之處盛漲防險及禦黃、束清、楊莊等壩隨時折展收束，啓閉各閘壩以及運道挑淺添、柴壩拋砌磚石，皆爲另案工程，系常年應辦之事，隨時附摺奏明，所謂常年另案也。至若黃運堤岸每隔數年必有專案土工及創建拆修各閘壩、改挑河道堵閉要工，均非常年所有之事，悉歸專摺奏請辦理，所謂專款另案也。兼署河臣李星沅所奏每年尋常例用當以三百萬爲率，正指歲修并常年另案而言，前經工部議奏無論專款、常年統歸另案，在部臣自恐河工多立名目影射報銷，不能不加以防範。惟南河如山盱廳之仁、義、禮、智、信各河壩，中河廳之鹽閘，運河廳之劉老澗一經修建，動輒數萬至數十萬兩，而該廳每年領款不過十餘萬兩，是一專案已占數廳之領款，其歲修常年之費，又從何出耶？因思此等工程并非常有，擬此後南河專案工程如需銀在十萬兩以內者，仍歸常年辦理，其需銀至十萬兩以外者，河臣專摺請旨定奪，其至二十萬兩以外者欽派大員來工履勘工程之是否應辦，錢糧之是否無浮估，定後再請發銀辦理，歸於年額外報銷，庶工程免致周章，而錢糧益昭慎重。"（《先都御史公奏疏》卷十二）

64.19 五月二十日，遵咸豐帝之旨，會同兩江總督陸建瀛，對御史吳若準條陳河務一摺"體察情形，悉心籌議會奏"。在經過深入研究後，於是日專摺覆奏稱該御史"奏請試行挑壩木龍成法逼溜北趨，不難復交匯舊制，系屬懸揣之詞"，而於南河工程，必當督率文武慎守堤岸，隨時相機妥辦，方可保無虞。

楊以增等《遵旨籌議覆奏摺》："臣等查閱該御史原奏大意，因黃河淤墊日高，擬疏通運口，以復從前七分敵黃、三分入運舊制，并用挑壩、木龍蓄水抬高等語。伏查黃河源遠流長，挾沙下注，自乾隆、嘉慶年間江、豫兩省屢經旁溢，長河節受淤墊。始而清黃互有高下，迨至道光六年以後黃水常高於清，閱今二十餘年，清黃不能交匯，是以重、空二運糧艘悉用灌塘放渡，安之已久。從前各督河諸臣何嘗不亟圖落低黃水，既使黃水暢出，藉資刷黃，更免高堰吃重，下河受災。一切疏河器具，如鐵篦子、翻泥車，并鎖船逼溜各法無不試行，迄無功效。蓋緣黃河氣勢太盛，其奔騰激蕩之性非人力所能强制也。至挑壩、木龍皆爲護崖之件，不過逼溜開行，免至生險，并非爲落低黃水之用。自嘉慶二十年後木龍需費較大，一經澄淤，即致廢棄，遂改爲碎石或柴土石壩，以護堤身，現在各廳多用此法。臣陸建瀛上年冬間會同戶部侍郎臣福濟履勘山海堤河情形，擬仿成法，於海口作對壩，逼溜極力攻刷，以期逐漸深通，所費無多，已經臣楊以增節飭隨時酌辦。又該御史所稱河口借黃灌運，淤淺處所一律挑深等語，查外南塘河系歲挑之工，本年春間大加挑浚，久已完工，洪湖各道引河亦均挑挖深通，重運正在灌塘，暢行無滯，節經奏報在案。……所有該御史奏請試行挑壩木龍成法逼溜北趨，不難復交匯舊制，系屬懸揣之詞，應毋庸議。臣等惟有督率通工文武慎守堤岸，以防爲治，隨時相機妥辦，務期黃流順軌東趨，湖水節宣有制，俾得工固安瀾，上紆宸廑。"（《先都御史公奏疏》卷十二）

64.20 五月二十日，上奏黃河漲水尺寸，并督修堰盱湖堤及各河壩情形，同時上報催提重運軍船，以便灌放二塘事務。

楊以增《河湖水長勘辦各工平穩片》："萬錦灘黃河水勢四月十四日長二尺三寸，五月十一日長二尺八寸，并准東河河臣咨報，四月二十五日沁河長水一尺七寸，以致江境先後共長水三尺餘寸。據署徐州道張道進稟報，銅沛廳汛北門工上下一帶石岸爲徐城保障，因歷年久遠，底樁朽損，迎溜撞刷，南面堤坡窨潮，關係緊要。應於石岸外抛護碎石，計長一百六十餘丈，并作石壩三道，以資挑護等情。臣前在徐州時親履查勘，情形屬實。當經核減發辦，勒限完報，克資抵衛。其餘各廳河勢提移之處均飭慎防，不准輕率動料。臣昨赴堰盱履勘湖堤，冬春風掣石工均已補修完竣。入夏以來，間遇風暴續掣段落亦飭分別新舊趕爲修賠，并將石後槽土浪刷殘塌各段分別灰素土填補堅整。山盱仁河信壩石底沖跌補修工程，該廳營照估趕辦，計日可竣，其智壩石底亦飭速爲估辦。洪湖水勢連日消長，由各道引河滔滔外注，極爲暢達。裏河束清壩爲湖水入運門户，該東西壩歷被溜刷蟄矮，已飭加廂高整。該境兩岸及揚河廳東岸堤工經上年漲水，風浪汕刷，殘塌較甚，刻已擇緊分別幫加，俾資捍禦。江西重運軍船已進瓜口，現在催提，速行挽上各閘壩，以便灌放二塘，容再隨時馳報。"（《先都御史公奏疏》卷十二）

六 月

64.21 六月十五日，上奏黃河五月接續漲水，各廳多有河勢坐灣、塌灘裏臥之處，均督令謹慎防守，同時及時發銀補修山、海、安、阜四廳長堤。同日，上奏南北運河近期水勢及中河漲水，迅即搶辦險工情形，并上報於灌放二塘後著手接灌三塘，以保漕運。

楊以增《伏汛河湖水勢工程平穩摺》："竊照黃河來源交夏以後漸見長發……續據河南陝州呈報，萬錦灘黃河於五月十四、二十三等日共長水七尺，甘肅寧夏府呈報五月初九至十二日陸續共長水七尺四寸，以致江境先後長水四五尺。外南順黃壩誌椿積存四丈三尺四寸，比上年此時大至五尺餘寸，流行迅激，幸臨黃埽壩於春修案內擇要廂高，間有未估及續掣段落，均飭搏節加廂。并據該管各道廳稟報，外南廳南岸汛清黃界壩迆上順黃壩埽工尾、外北廳北岸汛仲家莊以下山安廳上河汛二塘均係淤閉舊埽，茲因溜復移注，全行刷塌，并潰及無工處所，情形緊要。當經搶廂新埽長七十餘丈至九十餘丈，得資抵禦。此外各廳尚有河勢坐灣、塌灘裏臥之處，均飭得守且守，不准藉糜。豐、蕭、銅、沛等廳地接豫省，土性沙松，兩岸堤工向俱歲加酌修，不能普辦。本年仍擇要查估幫加，堪以捍衛。又銅沛廳十八里屯滾壩爲減漲要區，壩下河路間有淤墊，業已擇要挑挖，以備啓放。山、海、安、阜四廳長堤本較上游卑矮，前年項目估報僅修補十分之五，未辦之工上年復被漲水趨刷，高過堤頂一二尺，僅賴子堰攔護，實爲險要……現已於河庫挪發銀兩，分派趕辦，并委幹員分投查催，勒限完報，不任率延。洪澤湖因近時雨水較勤，日漸加長，高堰誌椿積存二丈零六寸，察看來源正旺，專恃運口一路難期消減，當飭山盱廳營將禮河趕爲啓泄，其仁河、信壩兩處石底亦飛飭速爲修竣，以備相機接啓。林家西壩及仁義河中間攔堰、新舊義河直壩各護埽節被風浪掣塌之處隨時廂加穩固。裏、揚、江、運等廳承受湖水暢注，兩岸堤身被溜趨刷之處酌廂護埽防風，并將舊埽朽蟄段落擇要補加高整。……各廳歲料自春修并隨時搶辦各工動用後所餘無多，不敷防守，據各道稟請添發。經臣分別減准發銀趕購，并另換錢文挨堡收存，以備風雨昏夜，設有急需，可期應手。"（《先都御史公奏疏》卷十二）

楊以增《南北運河情形片》："南運河揚州境內前此因天氣亢旱，江湖落低，江運廳三溝閘河水誌椿比上年小至一丈有餘，而江安糧船仍照常行走。臣誠恐水勢再消，江廣重運船身笨重，難免起剝。當飭地方官預備剝船，嗣河水并未續消，且自五月以後雨水較動，湖源亦旺，長河加深自六七八九尺至丈餘不等，所有江西、湖南北各幫暢行無阻，過閘進塘，浮送裕如。茲二塘已將灌放，跟手接灌三塘，克期竣事。黃河北岸邳宿運河於六月初八、九間東省大雨頻傾，山泉漲發，一晝夜間宿遷十字河驟長一丈零二寸，當經各閘越壩引渠趕爲啓放。而下游中河廳楊莊壩外黃水適亦盛長，以致頂托不消，奔騰浩瀚。該兩廳堤埽險要異常，當飭分投防護，將舊埽分別補加縴堤，被刷之處酌廂防風，并將卑薄滲水之處加堰幫饀。中河南岸堤工因有黃河北堤爲之重障，情形較輕，向來堤身本不高厚。茲大水猝至，兼值風雨，間有窨潮滲蟄，入水之處情形尤險。幸俱搶加穩固，旋將宿汛舊河尾啓放宣洩，展寬至二十餘丈，水始見定。"（《先都御史公奏疏》卷十二）

64.22 六月十五日，上報裏河、外南二廳經管官撥船共二十二隻，於道光二十七年在黃河遭風損壞，奏請循例撥銀補造。

楊以增《勘明撥船風損循例補造摺》："裏河廳船夫樊如林等撥船十二隻、外南廳船夫趙永等撥船十隻實系道光二十七年撥運柴料，先後行至高家馬頭、茅家嘴以上各地方黃河中流遭風損壞，板片柴草漂淌無存。……所有每隻照依原造減准工料銀一百六十一兩九錢六分二釐九毫，以上兩廳共船二十二隻，通共需銀三千五百六十三兩一錢八分三釐八毫。"（《先都御史公奏疏》卷十二）

64.23 六月二十八日，接奉咸豐帝挑挖運河淺澀河段、以利漕運上諭之後，據實上報近期治理河道河水深通、并未影響漕運情形。

六月辛酉（初一日）上諭："楊殿邦奏淮揚運河水淺、籌催漕船情形一摺。據稱本年運口各引河挑浚後，下游河道仍復間段淺澀，各船均須起剝，方能北來。現值重運遄行之際，因河道淺滯，以致添剝運送，尚復成何事體？且時交大汛，設遇黃水漲發，放渡更形棘手。著陸建瀛、楊以增嚴飭該管文武員弁，迅將淤淺處所認真趕緊挑撈，務期一律深通。并著楊殿邦督率催趨，無任片刻遲延，以疏運道而利漕行。"

（《清文宗實錄》卷十一，《清實錄》，第 42475 頁）

楊以增等《查明漕運水勢無絀據實覆陳摺》："伏查上年六堡減黃旁溢入運，寶應一帶河道間段被淤。經戶部侍郎臣福濟會同臣陸建瀛周歷河湖，逐段測量，實與道光四、五兩年淤墊情形迥異。因查照道光六年停挑成案，定議疏導洪澤湖引河，以清水攻刷淤沙，奏奉諭旨准行在案。本年正、二月間，先將張福、太平各引河展挑寬深，又新挑天然引河一道，勢同建瓴，滔滔下注。從前淤墊處所次第刷深，探量運河水勢均六七尺至一丈餘尺不等。至高郵露筋祠以下本未被淤，水勢亦較上游更深。江安糧道沈兆澐督運江安首進幫舡內安慶各舡笨重等於江廣，吃水約五六尺，行駛三百餘里之運河毫無淺阻，嗣江西各幫行至瓜洲，臣陸建瀛因時日已遲，咨商漕臣提前趕灌二塘，俾早渡黃北上。漕臣未允，是以江西後六幫轉多守候。彼時天久不雨，江水落低，該糧道鄒鳴鶴慮恐淺澀，循例稟請預備剝船，其實并未盡用。漕臣奏報二進幫船過淮摺內聲明'均未起剝，挽行較暢'等語是其明證。現在運河水誌至淺者八九尺，深者一丈數尺，湖南尾幫亦已駛到清河，克期放塘。是淮揚運河一律深通，毋庸再議挑撈，徒滋糜費。事關漕運河工，臣等斷不敢固執己見，貽誤大局，致干嚴譴。所有漕運水勢情形謹合詞據實覆奏，伏乞皇上聖鑒。"（《先都御史公奏疏》卷十二）

七月癸卯（十三日）上諭："陸建瀛、楊以增奏淮揚運河水勢有盈無絀，無庸議挑一摺。前因楊殿邦奏該處水淺，漕船均需起剝，特降旨令陸建瀛等飭屬挑撈。茲據該督等查明，現在毫無淺阻，運河一律深通，惟前因江西各幫行抵瓜洲，爲日已遲，咨商漕臣提前趕灌二塘北上，楊殿邦未允，以致轉多守候等語。所有現已駛到清江之湖南尾幫，著陸建瀛、楊殿邦、楊以增嚴飭所屬，克期灌放，催趲北上，不得推諉遷延，再滋貽誤。該督等皆皇考簡用大臣，河運事宜關係甚重，宜如何和衷共濟，悉心籌畫，俾河工不致糜費，而天庾無誤正供？乃該督等各執己見，動輒齟齬。運弁以河道淤淺爲詞，工員以船身笨重爲説。該督等輕聽偏信，遽以入奏，殊非公忠體國之道。陸建瀛、楊殿邦、楊以增著傳旨嚴行申飭。"（《清文宗實錄》卷十三，《清實錄》，第 42494 頁）

　　按：此次漕運不順，主要因爲漕臣楊殿邦與督臣陸建瀛、河臣楊以增未能和衷共濟所致。漕運時間緊張，陸建瀛"因時日已遲，咨商漕臣提前趕灌二塘，俾早渡黃北上"，原爲漕船遄行起見，而"漕臣未允，是以江西後六幫轉多守候"，坐失時機，以致"彼時天久不雨，江水落低"，不利漕運，因此才有預備起剝之事。但撥船并未盡用，此事楊殿邦亦加以承認，并於《二進幫船過淮摺》內聲明"均未起剝、挽行較暢"。由此可見，漕督、河督不和，其責任在漕督楊殿邦者爲多。此奏陳述事實清楚明白，咸豐帝覽奏後對楊殿邦等進行嚴飭："運弁以河道淤淺爲詞，工員以船身笨重爲說，該督等輕聽偏信，遽以入奏，殊非公忠體國之道。"此事陸建瀛、楊以增雖并無責任，但咸豐帝對大臣不和亦非常不滿，同時進行了嚴厲斥責："皇考簡用大臣，河運事宜關係甚重，宜如何和衷共濟，悉心籌畫。乃各執己見，動輒齟齬……陸建瀛、楊殿邦、楊以增著傳旨嚴行申飭。"可見楊殿邦非但不能與楊以增、陸建瀛和衷共濟，反而時時掣肘，於河工辦理及漕船運行均頗爲不利。

64.24　六月二十八日，上奏接户部咨一併停止南河捐輸，并將相關清冊循例上報。

　　楊以增《遵停南河捐輸摺》："竊臣等接准户部諮稱：'南河捐輸應一併停止。其奉旨以前捐輸銀數并應敘官生姓名，仍查照前奉辦理。'等因。臣等查南河捐輸系户部侍郎臣福濟會同臣陸建瀛於通籌河湖大局案內奏准户部議覆，此次豫籌墊款，應仍按順天捐輸新定章程辦理。轉行遵照，於本年三月設局收捐在案。兹奉文停止，當經臣等行知局員，即以奉文之日停止收捐。一面查明銀數已未收齊，勒限造具員名清冊，遵照前奉部覆，按順天捐輸新定章程核擬應得官職，由臣楊以增就近磨對準確，恭繕清單，另行會奏。"（《先都御史公奏疏》卷十二）

七　月

64.25　七月初一日，專摺上奏經過大力搶護，安然度過伏汛情形。此前黃河、沁河多次漲水，"計旬日之間，上游來源共長至三丈八尺，實爲罕有之事"，各廳"普律出槽漫灘，紛紛報險"。爲此督率各道和參游委員等攜帶銀兩，前赴各廳趕添正雜料石，分投搶護，務保安瀾。是日節屆立秋，伏水已消，各工搶辦一律平穩。

　　楊以增《伏汛安瀾摺》："計旬日之間，上游來源共長至三丈八尺，實爲罕有之事，以致江境前漲甫消尺許，復又大長，竟有一晝夜長至四尺餘者。銅沛廳十八里屯滾壩長符定誌即經啓放，而水仍不消。外南順黃壩誌樁積存至四丈五尺，比上年極漲時尚大一寸，浩瀚異常。上自豐蕭，下至安阜，普律出槽漫灘，紛紛報險。前發防料已將用罄，當經分飭各道，并參游委員等攜帶銀兩前赴各廳趕添正雜料石，分投搶護，不遺餘力。旋據該道廳等稟報，宿南廳周家樓汛董家堂、桃南廳龍窩汛張家莊、海防廳董營汛唐家堡、海阜廳海南汛八巴領旁均系淤閉舊工，茲溜到刷出，并潰及無工處所。宿北廳古城汛張家房、桃北廳崔鎮汛兵十八堡以下、海安廳十套汛八套工尾向俱無工，今大溜湧注，潰堤生險，情形均屬緊要。分投搶廂新埽長六十餘丈至一百二十餘丈，克資抵禦，其漫灘直抵堤根水深犯風之處擇廂護埽防風。山海四廳土工正在興辦之際，值此大水，先行連夜搶高出水，接手照估幫足，深資捍衛。洪澤湖自啓放山盱禮河後，仍在日長一寸，高堰誌樁積存二丈一尺五寸，已比上年盛漲大二寸。仁河、信壩兩處石底前於修竣後，委令署淮揚道胡調元驗收如式，已飭次第啓泄。六月二十九夜間陡起西南風暴，至三十日辰刻忽轉西北，巨浪掀騰，潑過堤頂，堰、盱兩廳石工及各壩河護埽全浸於波濤奮擊之中，危險已極。智壩護埽全行刷塌，僅存後戧一二丈。該壩石底因上兩年大雨沖跌成塘，春間查估需項較巨，此系專案工程，無款可動，是以尚未修補。而全湖漲水，比往年少此一壩宣洩，如果來源再長，實有不能容納之勢。湖堤爲淮揚兩郡保障，所關甚大，倘至萬不得已，亦只好權衡輕重，即將該壩酌啓。現仍得守且守，該二廳石工平水入水段落酌廂馬鞍埽，其掣塌工段層落少者隨時補砌。遇有深塘大段，先爲用料摟護。仰蒙皇上福庇，西風漸息，得以搶護平穩。邳宿運河來源既旺，又因中河楊莊頭壩外黃水頂托，不獨清水不能外出，且黃水猝長，轉行內灌，當將頭壩暫行堵閉，以免受淤。而運河廳境各水口啓放之後，中河仍不消水，兩岸堤工險要已極，隨將半路劉滾壩折啓宣洩，水始報定。南岸桃園汛堤身前此滲蟄，平水入水之處均已搶固，惟顧家窯入水較深，又因內外皆水，無土可取，尚未搶成。……茲七月初一日節屆立秋，伏水已消，各工搶辦一律平穩。"（《先都御史公奏疏》卷十二）

64.26 七月初一日，奏報堵閉臨清堰後，現值清高於黃，啟開臨黃堰放渡二塘軍船。上奏督飭相關工員賠修張福口及太平兩處引河，并撥款開挖天然引河，以資清水來源暢達。

楊以增《二塘軍船日內啓堰放渡片》："二塘漕船自鳳陽幫起至湖北三幫止陸續提入塘內，六月十九日堵閉臨清堰，本擬即啓放臨黃堰放渡，適值黃水大漲，高於塘河水面六七尺，未敢冒險，且北岸楊家莊因黃水內漾，當將頭壩堵閉，免致停淤。現在黃水已消，清高於黃，復將頭壩拆啓，日內跌刷深暢，即啓臨黃堰，……江西後六幫、湖南三幫已挽過清江閘。臣與漕臣楊殿邦會駐河口，俟放二塘後即接灌三塘。"（《先都御史公奏疏》卷十二）

楊以增《挑辦洪湖引河分別銷賠片》："洪澤湖口入運之處舊有引河五道，因從前屢次泄黃，以致天然引河、張家莊引河、裴家場引河淤塞不通，僅存張福口、太平引河兩道，上年吳城六堡泄黃又復淤墊。迨六堡合龍後，已將張福口挑通，太平引河亦經挑挖，而稀淤未盡，復將新灘多挑直溝，藉資汕刷，并將兩引河加展寬深。而天然引河正對束清壩，尤得建瓴之勢，亦應估挑，使清水來源暢達……茲各道引河并挑溝展寬等工早經照估辦竣，其例應有洪湖入運之宿州頭、二兩幫重運軍船暢行無阻，實已一律深通，所有錢糧自當遵旨分別銷賠。"（《先都御史公奏疏》卷十三）

64.27 七月初六日，與漕督楊殿邦會駐河口，因是日黃水漸消，水位落低，開啟臨黃堰，挨次將外放塘內幫船、第二塘重運漕船及雲南、貴州銅鉛船全部循序放出。

楊以增等七月十二日《灌放第二塘重運軍船渡黃日期摺》："臣楊以增督催挽上各閘壩，當啓臨清堰，自六月初三日至十七日，所有鳳陽宿州幫、江西前七幫、湖北三幫均已先後提進塘河，并將各起銅鉛船隻一併提進，尾隨排泊，隨堵臨清堰。本擬即啓臨黃堰放船，適值黃水大長，查看水面高於塘河六七尺，未便冒險放渡。且北岸楊莊壩因黃水內漾，趕將頭壩堵閉。又恐來源較弱，將運河之舊河尾一併堵築蓄水。嗣楊莊清水已高於黃，復將頭壩拆啓。臣等於七月初一日會駐河口，因黃水復漲，至七月初六日黃水漸消，乘機趕啓臨黃堰，將塘內幫船挨次外放，已催出船二百八十三隻。因黃水加長，口門外灘受淤，不能放船，當即趕堵臨黃堰，復開涵洞，將塘水泄低。仍堵涵洞，復啓臨黃堰，衝跌深透，將塘內幫船全數催出。計自鳳陽幫起至湖北幫止，連由湖入塘之宿州二幫共十三幫，計船四百八十三隻，并將雲南委員李峥嵘、毛紀雲、姚光璐、貴州委員陳然青、吳廣生計五起共銅鉛船六十二隻，全數放出草閘，循序渡黃挽進楊莊壩，連檣北上。查江西後六幫、湖南尾幫現已提上各閘壩，挽入太平河內。俟接放一塘，即可事竣。"（《先都御史公奏疏》卷十三）

64.28 七月二十一日，與漕督楊殿邦會駐河口，將重運漕船及湖北、雲南、貴州銅鉛船全數放出渡黃，進入中河北上。

　　楊以增七月二十四日上《重運軍船全數渡黃日期摺》："臣等於七月二十一日會駐河口，啓放臨黃堰，將江西永建幫起至湖南三尾幫止共九幫，計船四百一十七隻，并湖北委員曾維楨、雲南委員鄭自耀、椿齡、貴州委員張克綸等銅鉛船四起共四十八隻挨次陸續放出，渡黃進中北上。統計本年重運除在黃河以北兑運三幫外，實渡黃船四十一幫，計一千二百八十一隻掃數全完。"（《先都御史公奏疏》卷十三）

64.29 七月二十四日，上報節逾處暑，湖河水勢接連上漲，分飭各道將督率下屬，分投擇緊撙節搶修，務保安瀾。

　　楊以增《節逾處暑修防平穩摺》："江境七月初旬又見大長。外南順黃壩誌椿積至四丈五尺，與伏汛盛漲相同，而溜猛水渾，較前更甚。各廳臨黃埽壩前於落水後埽隨水蟄，今復漲水猝注，一兩日間長至四五尺，平水入水處處吃重。幸先期添備料物，分飭各道將督率廳營汛委員弁分投擇緊撙節搶廂，并將各廳水勢復行漫灘直抵堤根寬深犯風之處擇廂防風埽段。睢南廳王汛兵十七堡大溜擁注，塌灘近堤，情形緊要，趕築土壩十道，盤做柴頭，外拋碎石。邳北廳五工頭汛宋工頭迤下淤閉舊埽溜到刷塌，潰及堤身，趕廂新埽長六十餘丈，克資抵禦。現在前漲已消，通工平穩，洪澤湖自接啓仁河信壩後甫見消動，而湖波浩淼，拍岸盈堤。偶遇西風，仍形危險。林、智二壩石底補修費巨，尚未興舉，不能啓放。仁河石底上年沖跌之處本年雖經補修，而未修處所現復衝動冒椿，倘一跌通，即需越堵滋費。昨已趕集料物，派令淮揚道嚴正基前往查勘各工，督令廳營將該河照舊直堵。但湖水又復少此一路分泄，金風司令，在在堪虞。各壩河減下之水遞達白馬寶高等處，入運下注。揚河、江運二廳長水較驟，所有歸江各橋壩河前已次第啓泄，仍在日漸加長，東堤吃重。時逾處暑，下河早中禾均已收割登場。如再加長，即酌啓高郵車南等壩以資分減。"（《先都御史公奏疏》卷十三）

八　月

64.30 八月初六日，因河工料物以柴秸爲大宗，當於秋季新料登場時及早收貯，爲此上奏請循例於就近藩關各庫撥銀一百二十萬兩速解河庫，以備南河春修之用。

　　楊以增《請撥來年歲科銀兩摺》："秋收甫畢，采購較易，必須先期籌備，則發辦較早，稽核易周，且免販户囤積居奇，滋生弊寶。所需錢糧向例奏請撥銀一百二十萬兩，歷經遵循辦理。現在節屆白露，新料登場，蘆柴倏亦采刈，所有來年歲料銀兩即應乘時請撥，於九、十兩月陸續解到，俾得及早發辦，從容購積。……仰懇皇上天恩俯准敕部於就近藩關各庫撥銀一百二十萬兩速解河庫，由臣督率各道查明各廳存料多寡、工程繁簡，酌定應備料數，乘時核發趕購，勒照例限，全數到工，堅實堆垛，再行逐細查驗，以重帑項而資工用，實於修防有裨。"（《先都御史公奏疏》卷十三）

64.31 八月初六日，遵旨保舉所屬人員，并出具切實考語，繕寫清單上報咸豐帝。同時因前淮徐道陞任浙江鹽運使韓椿赴任浙江，因此附片奏保。

　　楊以增《遵旨保舉所屬人員摺》："伏念河工人員自應以諳悉機宜爲尚，而有爲必先有守，尤應以不染習氣、節省錢糧爲當務之急。查南河向設五道二十二廳，現任淮揚道嚴正基、淮海道桂文耀、淮徐道沈濂、常鎮道姚熊飛皆能勤慎修防，剔除弊寶。該道等多由地方陞署，到任未久。裏河廳同知于昌進勇敢勤明，外南廳同知妻晉樸誠穩練，系河工出色之員，甫經簡調首廳，工程繁劇，一切資其整頓，可望改觀，均未便遽行保舉。謹查有河庫道法良、知府銜署睢南廳同知曹聯桂、知府銜署海阜廳同知趙作賓、署山安廳同知郭禮圖堪膺保舉。其年力就衰或才具平庸、不堪造就者，容臣隨時甄別外，所有保舉各員出具切實考

語，恭繕清單，伏乞皇上聖鑒訓示。"（《先都御史公奏疏》卷十三）

楊以增《附保前淮徐道韓椿片》："前淮徐道陞任浙江鹽運使韓椿，年五十三歲，漢軍鑲白旗進士，由庶吉士散館改兵部主事，洊陞吏科掌印給事中，保送南河學習期滿留工以道員用，補淮揚道，調淮徐道。該員才猷練達，矢慎矢勤，熟習河工機宜，毫無河工習氣。惟該員已於本年二月赴任浙江，不敢列於正摺之內，合并陳明。"（《先都御史公奏疏》卷十三）

64.32 八月初六日，上奏節屆白露，黃河於七月中上旬多次漲水，竭力強護，河湖各工修防平穩，并仍加意守護。

楊以增《節屆白露修防平穩摺》："續據河南陝州馳報，萬錦灘黃河於七月初十、十三、十八等日三次共長水一丈五尺三寸，武陟縣呈報初九、十及十四等日共長水四尺九寸，先後匯流下注。幸江境前漲已消，騰開河面，克資容納。惟流勢湍悍異常，兩岸埽工紛紛報蟄，近海之區爲尤甚。專派淮海道桂文耀、淮海遊擊安振業攜帶錢糧，分赴山安、海防、海阜等廳督同搶辦，而最險者海阜之劉宋兩工塌埽潰堤，更值大雨連朝，幾至無可措手。經工員等鼓勵兵夫，晝夜竭力廂築，閱今旬餘，始得搶護平穩。其上游之宿北廳皂河汛李家房迤下無工處所大溜趨注，塌灘潰堤，外南廳外河汛高家莊迤下淤閉舊埽被溜刷出，經該管道廳趕廂新埽長八十餘丈至一百餘丈，悉資抵禦。洪湖水勢近時有消無長，仁河業已堵合，察看淮源不旺，應即籌蓄，以備空運。現在接堵信壩，而禮河石底本已受傷，上年霜降後興堵時，查看石底跌深，不能直堵，系於外首越築土壩，中間進埽，跟澆餞土，計共長二百餘丈。本年仍應越堵，更須外繞加長，估料較多。現已嚴飭採購正雜料物，相機接堵，總期蓄水足以濟運而又不使過多，以固堤防而紆廑注。"（《先都御史公奏疏》卷十三）

64.33 八月初六日，上奏參劾中河營守備羅秉志未能先機籌辦，以致黃水自中河頭壩內灌澄淤，稟請將其撤任，并得到咸豐帝允准。

楊以增《附參守備羅秉志片》："北岸中河頭壩關係漕運機宜，本年六月十五、六日，該壩清水本高黃水尺許，忽於十七日黃水陡長，轉高於清。該壩猝不及堵，以致黃水灌入澄淤。查中河通判張用熙先期丁艱，署事之通判王恒正在交代之際，該營中河營守備羅秉志經理堤埽壩務，是其專責。乃該備未能先時籌辦，雖會同該署倅王恒旋即趕堵頭壩，挑刷新淤，漕船并無阻滯，究屬有失機宜，相應附片參奏，請旨將中河營守備羅秉志撤任，以示懲儆。"（《先都御史公奏疏》卷十三）

64.34　八月十五日，上奏本年重運軍船四十四幫一千三百二十八隻，於是日挽出江南黃林莊境，全數北上出境。

　　楊以增八月二十二日上《重運軍船全數出境摺》："竊照重運軍船全數渡黃後，隨即催進楊莊壩，彼時黃水尚大，中河清水亦隨之蓄高，以敵黃流，而水深溜急，軍船逆挽上行，倍形吃力。臣等嚴飭該管道將催令晝夜前進，漕臣督押尾幫，均不任稍有藉延。嗣黃水漸次落低，又慮運河控消，將前啓之宿汛舊河尾堵閉，其各閘越壩察看仍可緩堵以平閘溜，船行均極順利。……本年重運軍船共四十四幫，計一千三百二十八隻，於八月十五日全數挽出江南黃林莊境北上。"（《先都御史公奏疏》卷十三）

64.35　八月二十四日，上奏節逾秋分，運河水勢消落，但距霜降尚有兩旬，仍嚴飭各屬照常駐堤防守，并加緊挑挖澄淤河道。

　　楊以增《節逾秋分修防平穩摺》："查淮揚下游運河水勢已消尺餘至二尺餘不等，高郵各壩毋庸啓放，下河普獲豐收，民情極爲歡忭。現距霜降尚有兩旬，仍嚴飭各廳營汛暨委員等率領兵夫，照常駐堤防守，不准以水消工穩稍存大意。外南塘河經重運歷次灌放，不無澄淤，刻已趕爲挑挖，以備重運。"（《先都御史公奏疏》卷十三）

65.36　八月二十四日，上奏洪澤湖因本月十四日風雨大作，湖堤掣卸，經竭力搶辦，終於化險爲夷。其間楊以增親臨工地，并加派幹員幫同搶護。

　　楊以增《湖堤遇風搶辦平穩片》："洪澤湖水勢自仁河堵後，間日見消寸許，隨即趕堵信壩，業於八月初十日合龍。越堵禮河工段較長，先經趕運料物，一面先築壩基，調集官兵，專派參將呂邦治駐彼督辦，正擬興工進占，乃於十四日陡起東北風暴，兼之陣雨時傾，次早風轉西北，愈起愈大。接據山盱廳營稟報，烈風暴雨歷兩晝夜之久，全湖巨浪如山，潑過堤頂，致將新堵之信壩掣通六丈餘，智、林兩壩護埽亦俱擊卸，沿堤石工掣塌多段，連節次風暴所塌，約共一千餘丈，槽土堰坡□刷無存，情形危險已極，風雨過大，官弁兵夫不能立足，現仍竭力搶辦等情。接閱之下，驚駭難名，一面添委幹員前往幫同搶護，一面親履查勘。幸十六日雨止風收，得以放手搶辦，而埽土石工殘塌情形，見之猶令人心悸。臣等查此次洪湖風暴非比尋常，實仰賴聖德感孚，湖神默佑，乃能保佑得安，當飭趕將信壩星夜賠堵穩固，并將智、林兩壩護埽修補完整，禮河土壩基現已成，接手進堵，限日合龍，不任刻延。其沿堤所塌石工深塘大段，竟有併成數十丈至百餘丈者，飭令分投用料摟護，并飭該道確量實在，所塌各工丈尺分別查估補修。"（《先都御史公奏疏》卷十三）

九 月

64.37 九月初六日，因徐州府銅沛河務同知李賡揚於本年六月二十七日因病出缺，奏請由上元縣知縣屠元瑞陞署；因淮安府中河通判張用熙於本年六月初八日丁母憂，奏請由鹽提舉銜遇缺酌量補用通判王恒署理。所請均被咸豐帝允准。（楊以增《揀員請陞河廳摺》，《先都御史公奏疏》卷十三）

64.38 九月初五日，奉旨修整洪澤湖沿湖各堤防。

九月癸巳（初五日）上諭："陸建瀛、楊以增奏洪澤湖猝遭風暴搶辦各工平穩等語。洪澤湖信壩等處經風雨暴作，掣塌石工多段。現已將信壩賠堵穩固，智林兩壩護埽亦均修補完整，其沿堤所塌各工著即督飭確實查勘補修，毋稍疏懈。"（《清文宗實錄》卷一七，《清實錄》，第42531頁）

64.39 九月初六日，上奏黃河漲水數寸，秋水迅激，督飭河員泄水修堤，以保河工平穩。

楊以增《節交寒露水勢工程情形片》："黃河水勢報定多日，昨又見長數寸，堤埽各工修防平穩。惟秋水迅激，塌灘坐灣仍應嚴防，桃北廳屬黃家嘴汛陳家房迤上無工處所溜勢趨注，存灘塌盡，堤身壁立，情形緊要，趕廂新堤長五十餘丈，得以保護無虞。邳宿運河自重運全出江境後，河湖水勢所存仍大，經該廳營將王家溝并駱馬湖尾閭五壩及劉老澗滾壩照章先後啓泄，該滾壩東岸束水堤護埽先已廂修高整。中河雙金閘以下鹽河兩岸舊埽朽蟄卑矮，亦飭相機修護，均資抵禦。洪湖水勢日來見落數寸，山盱禮河越堵工程已過半，仍嚴飭并力進築，限日合龍，以蓄湖瀦而備運行。"（楊以增《先都御史公奏疏》卷十三）

64.40 九月二十日，因本年桃、伏、秋三汛已過，上奏全年河湖異漲，如"外南廳順黄壩誌樁積存至四丈五尺，比上年異漲仍大一寸，實爲從來所未有秋汛"。經率員竭力防護，各工悉保穩定，因請擇其尤爲出力者酌加獎勵。對全年河工平穩，不誤漕運，咸豐帝給予充分肯定，於九月二十六日頒下諭旨給予獎勵，不僅賞還其頂戴，而且交部議敘。楊以增得旨後，於十月二十日上摺謝恩，并於同日上《齋香報謝河神片》，遵旨"謹諏吉日，恭齋頒到藏香親詣河湖各神廟敬謹祭告，默陳聖主報祀之誠，長邀福佑安瀾之慶"。

　　楊以增等《節交霜降普慶安瀾摺》："竊照河工自清明節起至霜降日止爲桃、伏、秋三汛長水之期，防守最關緊要。……綜核黄河來源，除甘肅硤石在萬錦灘之上，所報長水毋庸核算外，實計河南萬錦灘報長二十次，沁河報長十七次，鞏縣洛河報長一次，共三十八次，共長水十丈零四尺四寸，當伏秋期内，旬日之間上游來源長水至三丈八尺，以致江境有一晝夜長至四尺餘寸者，趕啓銅沛廳十八里屯滾壩，水仍不消。外南廳順黄壩誌樁積存至四丈五尺，比上年異漲仍大一寸，實爲從來所未有秋汛。續漲亦復相同，上下各廳普律漫灘，異常浩瀚，且存站日久，溜勢提移，風雨間作，堤埽各工處處險要，而下游山海等廳因海潮頂托，泛漲情形尤爲危迫。防險料物籌備不爲不寬，無如水大工多，動用已罄，幸先期奏准部議，借動南河上年減平及本年捐輸銀兩接濟工用，將山海安阜等廳上年剔緩堤工又得擇緊加幫，倖免平漫。其餘或搶做防風，或築堰幫餡，廂舊補新，得以放手搶辦。……洪澤湖爲承受淮水巨浸，藉作濟運糧船之用，存水少則不敷運行，多則湖堤著重，蓄泄操縱最關緊要。本年淮水來源亦旺，於啓放仁、禮二河後，仍消不敵長，高堰誌樁積存二丈一尺五寸，比上年盛漲尚大二寸。復將信壩啓放，始得陸續見消。節次風暴以六月杪及八月十四、五日爲最烈，兼之陣雨時傾，堰盱兩廳沿湖石工掣塌多段，槽工堰坡□刷無存。擇其大段深塘先爲分投摟護平穩，仍飭道廳確查實在所塌丈尺，查估補修，并將各壩河石底沖塌之處分別估報，另容覆勘奏辦。仁河信壩前已堵合，禮河越堵工程因陰雨稍有稽滯，現飭并力償築，務期早日合龍。淮揚運河及寶高各湖承受洪澤來源，亦形漲滿，賴本年西堤普律補築，東堤藉有重障。飭令該管廳營加意修守，得將高郵四壩堅守未放，下河普獲豐登，感頌皇仁，歡聲遍野。邳宿運河前啓泄水各閘壩水口已飭趕備料物，隨時察看堵蓄。外南塘河挑工限日竣事，不誤空運。……本年河湖異漲，險工百出，在事文武員弁賓士於風雨昏夜之中，竭力搶護，不避艱辛，可否擇其尤爲出力者酌加獎勵。"（《先都御史公奏疏》卷十三）

九月二十六日内閣奉上諭："陸建瀛、楊以增奏霜降安瀾一摺。本年黃河來源甚旺，漫灘刷掃，洪澤湖亦盛漲異常。經該督等督率文武員弁設法搶護，現在節交霜降，各工一律平穩。此皆仰賴河神默佑，普慶安瀾，覽奏實深欽感。著發去大藏香十炷，交楊以增虔詣河神廟，代朕敬謹祀謝，用答神庥。楊以增著加恩賞還頂戴，仍交部議敘。陸建瀛兼管河務，著一并交部議敘。在事文武員弁著該督等擇其尤爲出力者酌保數員，候朕施恩，毋許冒濫。欽此。"（《道光朝上諭檔》第三〇册，第432頁）

九月甲寅（二十六日）"江南河道總督楊以增奏報秋汛安瀾。命詣河神廟祀謝，賞還頂帶，并偕總督陸建瀛下部議敘，出力員弁，陞敘有差。"（《清文宗實錄》卷十八，《清實錄》，第42557頁）

楊以增十月二十日《奉旨賞還頂戴仍交部議敘恭謝天恩摺》："聖恩優渥，惶悚難安。臣惟有勉竭駑駘，矢慎矢勤，以期上答高厚鴻慈於萬一。"（《先都御史公奏疏》卷十四）

《崇祀鄉賢錄·事實》："奏報秋汛安瀾，皇帝旨令賞還頂戴。"

64. 41　九月二十日，上奏本年伏秋大汛因海口通暢，各工得以穩定，請加頒海神廟匾額并加封號。

楊以增《海神廟請頒匾額康澤候請加封號片》："南河清江浦順治十四年建有海神廟，載在祀典。道光二年前河臣黎世序等復於海安廳雲梯關建廟宇，一并春秋致祭。……本年伏秋大汛，黃水異漲，較之上年誌樁尚大一寸，盈堤拍岸，危險非常，下游山海安阜各廳情形尤重。幸海口歸墟通暢，旋長旋消，俾各工克臻穩定。又查敷佑康澤靈應侯姓耿名裕德，山東東平州人，生於宋大中年間，純樸剛正，出任通判，後隱居高郵，歿而棲神於湖，屢著靈異，里人建祠奉祀。淳熙、寶佑年間，累封康澤靈應侯，明洪武年間請入祀典。……嗣山盱廳境湖堤亦建祠奉祀，有祈幷應。本年洪湖水漲，啓放山盱壩河，揚河廳境承受壩水，甚形漲滿，岌岌可虞。臣等虔詣禱求，水即消落，得將高郵四壩堅守不放，下河普律豐收。至山盱仁河壩底沖跌損壞，堵築之時恐湧激塌通，必致湖水泄多，不敷濟運。又八月十四五日烈風暴雨，巨浪掀騰，埽石塌卸，危在呼吸。均經叩禱默陳聖主廑念河漕至意，旋即風收雨止，化險爲平，仁河壩底亦即不再續塌，遂獲合龍。凡此神應之默佑，悉由聖德之感孚，悚惕之餘，曷勝欣幸。伏乞皇上俯准，頒給海神廟御書匾額，幷加賜"康澤侯"封號，以答神庥，益昭虔祀。"（《先都御史公奏疏》卷十三）

64.42　九月三十日，受命加緊催趲空運船隻，儘快歸次，以便受兌新漕，無誤漕運。

九月戊午（三十日）上諭："漕糧爲天庾正供，近來重運漕船不能如期抵壩，以致順空歸次，兌受新漕，節節眈延。上年空運軍船因運河淤墊阻滯，直至春季始行催歸水次。本年南漕減歇較多，幫船起運爲數本少。乃沿途幷不實力催趲，節次脫空遲延。江廣各幫或在臨清，或在途次，分別起卸剝運。現在節逾霜降，水勢日消，若不趕緊趲令歸次，本年新漕受兌必至貽誤，關係甚鉅。著漕運總督嚴飭起卸空船，即刻連檣南下，銜尾趲行，不准片刻停留。幷著東河、南河河督，兩江、湖廣、山東、江蘇、安徽、江西、湖北、湖南各督撫分飭軍船經過地方，派委妥員，嚴切提催，及早歸次，毋任稍有遲滯。幷嚴飭約束經由各閘及啓堰灌塘役夫人等相度水勢，分別蓄泄。回空軍船一到立即放行，不得稽留阻揹，再有玩延，致干重咎。來年新漕尤當趕緊辦理，按限兌開。統限於四月初十日以前全數趲至清江，克期渡黃北上。毋得因本年回空較晚，又復藉口眈延。儻將節次所降諭旨視爲具文，仍致臨事周章，有逾例限，定將該漕督及有漕各省督撫嚴行懲處，決不寬貸，懍之慎之！"（《清文宗實錄》卷一九，《清實錄》，第42560頁）

十　月

64.43　十月二十日，因本年大汛河工平穩，遵旨上奏保舉河工尤爲出力人員。

　　楊以增《遵保防汛出力人員摺》："伏查本年黃河長水既大且勤，洪澤湖來源亦旺，均比上、前等年漲水尤形浩瀚……計黃運各廳工程處處險要，堰盱石堤及各壩河護埽石底迭被風暴刷塌沖跌，屢瀕危迫。兼之大雨時傾，河湖各工同時著重，而揚河西堤本年借款修辦認真，揚河廳防護東堤不遺餘力，高郵四壩得以普獲豐收。臣等往來工次，目睹文武員弁冒雨沖風，不分晝夜，竭力搶辦，備歷艱辛，仰賴皇上至德感孚，河神默佑，得以化險爲平，乃蒙恩諭酌保，仰見聖主冊立群材，微勞必録，臣等與通工文武同深欽感。茲將尤爲出力人員逐加詳核，不敢稍涉冒濫，謹繕名單，恭呈御覽，伏乞恩施。至在工學習之工科給事中路慎莊、內閣中書曹炯，派防大汛均能勤慎習練，應俟期滿再行核奏外，查河庫道法良、徐州道沈濂、淮揚道嚴正基、淮海道桂文耀、常鎮道姚熊飛、前署徐州道候補知府張道進、前署淮揚道候補道胡調元、徐州府知府李正鼎、淮安府知府恒廉、前任揚州府知府今調江寧府知府吳襃晉、現任揚州府知府魏亨達、河營參將呂邦治、淮揚遊擊安振業、淮徐遊擊闞興邦、前署淮徐遊擊顏兆燕各勤厥職，均請旨交部議敘。其餘出力較次員弁容分別等第，循例造冊，咨部核辦。"（《先都御史公奏疏》卷十四）

64.44　十月二十日，上奏霜降後黃河漲水及爲籌辦軍船回空，循例堵辦各壩河情形。

　　楊以增《霜降後水勢工程情形片》："黃河來源於霜降後續據河南武陟縣馳報，沁河於九月初十日巳、午兩時長水四尺四寸，鞏縣報洛河於九月初九日戌時長水三尺許，其來水已於霜前行過江境歸海，是以霜後江境黃水有消無長，銅沛廳大汛所啓之十八里屯滾壩業經飭令堵閉，邳宿運河前啓之七閘越壩、劉老澗滾壩、王家溝柳園頭閘、駱馬湖尾閭五壩前因水勢日消，回空軍船將次臨境。……山盱廳越堵禮河工程計長三百四十餘丈，業於十月初一日合龍，跟澆土戧，并於後身估築直壩，以資重障，計各壩河均已一律堵竣。惟近時陰雨較多，洪澤湖又陸續見長尺許，現在專由運口束清壩一路分泄，恐消納不及，湖堤著險，必須另添去路，而仁、義、禮三河及智壩各石底均已先後跌損，勢難再啓。現在飭委道將督同廳營查估補築，不獨錢糧較大，無款可籌，且非急切所能竣工。惟信壩石底沖跌稍輕，刻已量加修補，如湖水再有續長，擬即權衡輕重，暫將該壩啓泄，以保湖堤。"（《先都御史公奏疏》卷十四）

64.45 十月二十日，因葦蕩右營地方屢有兵民互控之事，守備張如玉不能約束，請旨將葦蕩右營守備張如玉先行撤任，留浦察看。（《附參守備張如玉片》，《先都御史公奏疏》卷十四）

64.46 十月，刊成陳拜薌著《思退堂詩鈔》十二卷。

楊以增《思退堂詩鈔序》："念以君之才一無所遇與世，而生平所自力者，惟詩不可不有以存之，因亟爲刊刻。君以詩謝，今殿於集終者是已。及刊成，君已不復見，然余心許之，固不可忘，因記其緣起如此。"

《思退堂詩鈔》第十二卷末陳拜薌題詩《編録新舊詩竟漫成一律兼呈楊東樵河帥以增》："此生事業更何論，浪墨浮煙爪雪痕。老尚好名名況小，晚方向學學無根。人非李杜詩才薄，鄉有王（陽明）劉（蕺山）道脈尊。衰病詎堪加策勵，賴公猶得一編存。"（道光三十年楊以增刻本《思退堂詩鈔》，南京圖書館藏）

> 按：陳拜薌《思退堂詩抄》十二卷，19×14釐米，九行二十一字，白口，左右雙邊，單黑魚尾，刊刻於江蘇清江浦。同時刻成的還有陳拜薌《青琅玕吟館詞抄》一卷。

64.47 十月，因小雪後洪澤湖猝遭風暴，湖堤出險，親往履勘洪澤湖石工，督飭山盱廳營竭力修護，嚴密巡守，務求平安。

楊以增《小雪後風暴湖堤搶護平穩片》："十月十九日節交小雪，陡起西南風暴，二十一日洊轉西北，二十二、三日愈形猛驟。接據山盱廳營稟報，石工多有續塌，漕土接刷寬深，湖水高於大堤一二三尺不等，長堤子堰竟有塌存寬止二三尺者，危險已極，搶護不遑等情。臣隨即親往履勘，情形屬實。遂督飭該廳營并文武委員等分別用料用石趕爲搜護，并將子堰趕爲加幫，悉已保守平穩。前此節次所塌石土先已遴派幹員補砌。因湖水甚大，并採辦石料需時，未能克期完畢。今又續塌多丈，除確切勘估外，并責成該工員等常川駐工，遇有風信緊要，隨時幫同本管廳營汛官竭力保護，實已處處有人，節節有備，并派河營參將、遊擊輪流赴工，督同巡守，務期一律平穩。"（《先都御史公奏疏》卷十四）

十一月

64.48 十一月初四日，親自駐紮河口，督率兵夫，將回空首進軍船二十一幫四百二十五隻放渡南下。因清水高於黃水，此後各幫可以隨到隨放，漕船運行順暢。同時因洪湖水位偏高，擬適加宣洩，以免河工出險。

楊以增十一月初九日《回空首進軍船渡黃日期摺》："嗣回空頭船於十月十七日行入江南黃林莊境，經臣諄飭文武印委員弁節節嚴催，以期迅速。隨將中河鹽閘鉗口壩堵閉，蓄高清水，即啓楊莊頭壩提船渡黃。查洪澤湖自各壩河堵閉後，因九、十月內雨水較勤，陸續長水三尺有餘。又適逢黃水落低，較量湖面高於黃河水面二尺有餘寸，數十年來皆系黃高於清，今既得此清高於黃之機，時不可失。臣駐劄河口，督率該管道將廳營於十一月初四日將臨清堰啓除，放進湖水，鋪滿塘河，旋將舊草閘臨黃堰啓放，滔滔外注，遂提回空首幫、淮安二幫起至湖北幫止共二十一幫，計船四百二十五隻挽進塘河，催出臨清堰，星夜南下。如在後各幫銜尾而來，即全用清水浮送，催到一幫，即放渡一幫，敞口暢行，較之啓閉灌放遲速迥殊。而下游黃河清水匯注，雖不能急切掏深，然得此攻刷之力，亦實於河身大有裨益。惟洪湖誌椿蓄存二丈一尺二寸，風信靡常，堰盱堤工彌形吃重。現擬添啓新草閘順清河分道宣洩，仍將信壩底趕爲填補。倘湖源不旺，入黃各路減泄得及，湖水日清，自毋庸再議添啓設。竟不能暢消，則湖堤關係甚大，即當權衡輕重，仍將信壩酌啓，以保湖堤，俟湖黃相平後，仍用灌塘之法，庶漕運、民生兩相兼顧。臣惟有隨時相機辦理，斷不敢積存成見，致滋他虞。"（《先都御史公奏疏》卷十四）

64.49 十一月十六日，因本年清高於黃，無需灌塘，軍船隨到隨渡，於是日將回空軍船全數渡竣，先後僅用十四日。

楊以增等《回空軍船全數渡黃日期摺》："日來洪澤湖水仍高黃河水面二尺餘寸，在後軍船隨到隨渡，江西吉安尾幫於十一月初八日行入江南黃林莊境。臣楊殿邦督押尾幫率領文武員弁晝夜催儹，不任刻延。茲於十六日全數渡黃，連前次首進船隻共四十一幫，計一千二百零一隻，內宿州兩幫由湖歸次。淮揚運道一律深通，仍會檄沿途印委各員節節嚴催，務期克日出江，飛挽歸次。至全數渡黃日期，除上年回空遲滯未便比較外，比較二十八年十一月十七日全漕渡黃尚早一日，且在冬至之前，斷不致有誤新漕。復查向來灌塘之法，先將軍船由北岸掛黃排泊，其南岸之啓閉攔清、攔黃各堰并各涵洞輾轉需時，若分灌三塘，非月餘不能完畢。今至十一月初五日巳刻至十六日午刻僅十四日將回空船隻全數渡竣。雖時已隆冬，風雪間作，而天氣和暖，毫無凍阻之虞。況清高於黃，多年未見，是皆仰賴皇上至德感孚，神祇默佑。"（《先都御史公奏疏》卷十四）

64.50 十一月十六日，奏報南河運葦大船二十八隻輪應大修，請循例發銀辦理。

楊以增《運葦大船輪應大修摺》："葦蕩船務營運葦大船常年在於黃運鹽河上下往來，裝運柴料，伏秋大汛不避波濤，時逢冬令，冰凌擦碰，經歷數年，即致損壞，必須照例隨時修造，以供駕駛。所有道光三十年分葦蕩船務營輪應大修運葦大船二十八隻，照例勘估請辦……計共估需工料銀一千一百九十六兩八錢八分二釐四毫。"（《先都御史公奏疏》卷十四）

64.51 十月十九日，摯友林則徐卒於廣東潮州，年六十五歲。

林則徐《遺折》："臣奉命馳赴粵西剿辦軍務……十三日馳至廣東潮州府城，忽患重病，吐瀉交作。……正擬親帶剿辦，一面趕緊服藥，仍力疾馳至普寧縣城。迨十八日病益加增，勢難趲站，當將請暫留醫調緣由，恭摺由驛奏聞在案。尚冀或能漸癒，仍當趲赴軍營。詎知拜摺後，困憊愈深，昏暈難起，元氣大損，痰喘不休。……積久虛勞，心脈已散，百藥罔效。自料萬無生機，伏枕往闕碰頭，悲號欲絕。"（《林則

徐全集》第四册《奏摺》，第 2245 頁）

十二月

64.52 十二月初一日，奉皇帝指示勘察海口。

十二月戊午（初一日）上諭："陸建瀛奏馳往勘籌海口三閘等語。據稱現在清高於黃，回空漕船得以暢行。正可乘勢刷黃，無失機會。至海口攔沙是否塌通，草壩偪溜是否得力，并添塘避閘，較量水面高下是否合宜，均著該督會同楊以增，仍遵前旨，親往確切勘明，悉心妥議，分別具奏。"（《清文宗實録》卷二三，《清實録》，第 42620 頁）

64.53 十二月初五日，因王營減壩等要工在歲修例費之外，一時庫墊不及，奏請開辦捐輸，并請將借用捐輸銀兩於例撥款內分五年扣還，且對捐款人員給予獎勵。

楊以增《官紳捐輸河工經費摺》："竊照南河籌辦王營減壩等工，因河庫未能湊墊，經欽差侍郎臣福濟會同臣陸建瀛奏請暫開捐輸……經臣等遴委在工學習之工科給事中路慎莊、內閣中書曹炯、候補同知邵勱總司其事，并將設局收捐一切條款咨部核覆。嗣因各項捐輸停止，亦即奏明一律請停，勒限造册在案。茲據該局將捐生龍普照等呈交捐項銀六十二萬四千三百餘兩，并部監照費銀五百四十七兩零造具履歷銀數總册，呈請奏獎前來。臣等伏查防河本以衛民，每年例撥有款，原無藉於捐項。惟王營減壩等要工皆在歲修例費之外，前因一時庫墊不及，暫議捐輸。出示後各省捐生踴躍輸將。適當伏秋大汛、黃河盛漲、防險搶之際，并有山海各廳土工，接准部議令借用捐輸銀兩，仍於例撥內分作五年扣還……現在册造完竣，應即核實請獎，俾慕義急公者皆得以及時自效。"（《先都御史公奏疏》卷十四）

64.54 十二月初五日，上奏籌辦凌汛河工工程，及時啓泄，加意防守，以保各工平穩。

楊以增《凌汛各工平穩片》："節交冬至，爲河工凌汛之期，防守亦關緊要。經臣先期通飭各廳營於黃河埽壩各工掛用擋凌椿木，并多備打凌器具船隻，以備應用，并飭將兩岸堤根積水疏導歸江。凡灘面串刷溝槽分別壩編柳，以資堵截。現查外南廳順黃壩誌椿消存三丈四尺五寸，各工平穩。察看中河廳楊莊頭壩水勢清高於黃無幾，即於空運全數渡黃後將該壩堵閉，以免黃流內漾澄淤，并將雙金閘鉗口壩啓放，以濟鹽柴運行。至洪澤湖水勢蓄存較大，現與督臣會商，設法宣消，并將信壩啓放，以保湖堤。"（《先都御史公奏疏》卷十四）

64.55　十二月初五日，核明上報南河道光三十年霜降止辦理另案共七十二案，各工共用銀二百三十一萬六千八百七十五兩零。

　　楊以增《核明道光三十年另案各工銀數摺》："所有道光三十年霜降止各廳辦理培堤壩堰餞、廂埽抛石、挑河撈淺、啓閉壩堰、搜護補砌磚石等工均經臣隨時督率各道將廳營分投辦理穩定，節次奏報鈔摺咨部。茲據該管各道分案造冊呈送前來，共七十二案。內估定辦理者工竣後經臣勘驗，其隨時辦理者先由各道查量具報，復經臣確核刪減，不准稍有浮靡。茲統計各工刪定銀數連上年挑辦洪湖引河，除張福口、太平兩引河用銀三萬一千三百四十九兩零係前任淮揚道查文經賠挑外，實計天然引河用銀十六萬七千零九十一兩零，在內共計用銀二百三十一萬六千八百七十五兩零，按冊查核，均於原估及勘准冊案相符。"（《先都御史公奏疏》卷十四）

64.56　十二月初五日，遵旨循例將道光三十年分各道屬另案工用銀數開單比較。同日，并上奏上冬今春挑辦洪湖天然引河工程并非常年所有之工，除去此項工費，本年常年另案各工遠少於此前兩年。

　　楊以增《核明另案各工用銀數循例比較摺》："統計徐州、淮揚、淮海、常鎮四道屬道光三十年分另案各工實用銀二百十四萬九千七百八十四兩零，連上年挑辦洪湖天然引河則共用銀二百三十一萬六千八百七十五兩零。比較道光二十九年另案，共用銀二百二十一萬五千三百八十九兩零，本年計多用銀十萬零一千四百八十六兩零。比較道光二十八年另案，共用銀二百十八萬零七千一百二十一兩零。比較道光二十七年另案，共用銀二百七十八萬五千兩零，本年計少用銀四十六萬八千一百二十五兩零。"（《先都御史公奏疏》卷十四）

　　楊以增《挑辦天然引河非常年所有之工片》："挑辦洪湖天然引河工程，經欽差前戶部侍郎臣福濟會同督臣陸建瀛勘明奏准，計用銀十六萬七千零九十一兩零，系非常年所有之工，惟遵照章程，不能不統列比較。本年伏秋汛內河湖迭次異漲，工用實繁，而常年所有銀數臣再三勘減，除去挑辦引河之外實計常年另案各工只用銀二百十四萬九千七百餘兩，比道光二十八、九兩年銷算最少之數尚少銀三萬七千三百餘兩及六萬五千六百餘兩。至比較二十七年以前用數則少至六七十萬不等。"（《先都御史公奏疏》卷十四）

64.57　十二月十三日，上奏山安、海防、海安、海阜四廳道光二十八、二十九年增培堤工動用錢糧數目。

　　楊以增《山海四廳培堤工用錢糧摺》："竊照江境黃河山安、海防、海安、海阜四廳長堤卑薄，道光二十八年春間經前河臣潘錫恩親履查估，必應增培，共需銀二十六萬餘兩，仍酌分先後辦理。於是年正月奏蒙恩准，先撥六成數銀興築，其後四成二十九年奉部行令於撥補不敷銀兩內通融籌辦。經前河臣潘錫恩與臣先後督同該道劃段派員，次第興辦完竣……共實用銀二十六萬零一百九十九兩零，與原估銀數相符。"（《先都御史公奏疏》卷十四）

64.58　十二月十三日，遵旨覆奏本年空運遲延緣由。同日，又上奏回空軍船於十二月初四日全數渡江，黃運各工一律平穩。據此可知重運漕船渡黃時間過晚，實爲空運南下愆期的主要原因。且漕船渡黃遲緩，於南河辦理修防工程亦非常不利。

　　楊以增《遵旨覆奏摺》："伏查本年空運遲延，其始由於歸次之較晚，以致開兌稍稽。其繼由於湖北各幫之未來，以致江西停讓。迨渡黃以後，則中河頭壩堵閉未能迅速，黃水倒漾，亦守候數日。……惟渡黃例限定於四月初十日，誠以河工緊要，必趕於伏汛之前各省糧船一律渡黃，然後河員得以盡力修防，無須兼顧漕運。乃近來年來遲一年，竟致六七月重船尚未渡竣，一遇盛漲，外則險工林立，搶護不能應時；內則帆檣鱗次，風大轉防意外。且北上既遲，則回空安能求速？在直、東不免迎剝之繁，在清江即有水枯之虞，今奉特旨諄諄訓戒，自應各矢公勤，以開兌無誤責成州縣，以督押遄行責成糧道，以啟放合宜責成河員。倘各幫仍前疲玩，逾限不到，臣等即當會同漕臣一面提摧，一面嚴參，以冀仰副聖主整飭漕務之至意。"（《先都御史公奏疏》卷十四）

　　咸豐帝上諭："本年漕糧爲數本少，若地方河漕各督撫同心籌辦，實力催儹，何致渡江渡黃遲滯如此？其該省開兌遲誤及淮揚一帶運河淺阻與河水漲發灌放稽延之處，著該管各督撫逐一查明，據實嚴參具奏。"（《先都御史公奏疏》卷十四引）

　　楊以增《回空軍船渡江日期并水勢平穩片》："回空軍船全數渡黃後，天已甚寒，深虞凍阻，即經嚴飭沿途文武加緊催儹。茲據該管廳營等稟報，除在江北歸次外，其餘各船截至十二月初四日全數催出瓜洲入江，分投歸次。大江南北初四、五日普律得雪，民情歡忭。洪澤湖自啓信壩後已消水三寸，可期接續暢消。現在湖堤及黃運河工一律平穩。"（《先都御史公奏疏》卷十四）

64.59　十二月十三日，上奏爲辦理山盱河壩、中河縴堤專案要工，請飭部撥銀五十萬兩，以儘快修整工程，以利漕運。

　　楊以增會同兩江總督陸建瀛上《籌辦專案要工摺》："竊照南河洪澤湖爲濟運水櫃，蓄泄機宜全在山盱各河壩。水小則堵以收蓄，水大則啓以宣洩，必須壩身壩底一律堅整，方能操縱由人。查山盱境內有仁河、義河、禮河、智壩、信壩、林家西壩，皆以啓閉爲蓄泄之資，久逾保固例限。雖每歲間有補葺，而沖跌日甚，義河已跌至四五丈之深，每啓放均需越堵，需費太多，而又無處改立壩基，是義河斷不能修復。其餘各河壩飭令道將逐加勘估，復經臣楊以增親履覆勘，除仁河智壩、信壩應行緩修外，所有禮河、林家西壩兩項工程再三減估，實需銀三十餘萬兩，本年六、八、十等月內風暴異常，掣塌高堰山盱石工多段，計長兩千數百丈，確估修資約需銀二十餘萬兩。又黃河北岸中河廳承受東省蒙沂山泉及各湖之水以濟運行，每至伏秋大汛，上游來源陡發，一晝夜竟長至一丈有餘。兩岸縴道紆長，最關濟運，除常年歲修外，每隔數年普律幫培一次。自道光二十六年轉辦之後，將屆五年，今歲伏秋水漲，凡上游分減之路全行啓放，仍拍岸盈堤，勢將漫溢。其時重漕在境，兩岸蟄塌紛紛，危在呼吸。當經督同道將等分投搶護，幸保無虞。現赴兩岸履勘，處處殘缺，應急加高培厚，用固堤防，減之又減，實需銀十九萬數千兩。以上皆萬不能緩之工，且需重運以前趕辦完竣，方免貽誤。……爲此萬不得已，合詞奏懇皇上天恩俯念山盱河壩、中河縴堤系專案要工，准賜飭部於就近藩關各庫撥銀五十萬兩，迅速解赴河庫，俾

得及時發辦，勒限完工，以利漕運而衛民生。"（《先都御史公奏疏》卷十四）

64.60　十二月十三日，上奏江南河道河工用項支絀，各款尚不足以發辦歲料及籌備重運各工。

　　楊以增《附陳河工用項情形片》："緣河庫支絀，向多不敷。近來寅食卯糧，更難周轉。如本年歲撥銀一百二十萬兩，除扣還前任借用減平銀六萬兩外，實撥銀一百十四萬兩，解到者已支領無存，未解到之四十餘萬兩，計尚不敷發辦歲料及籌備重運各工之用。至修復山盱河壩并中河縴道，實不能於歲撥銀內支應，而又系斷不可緩之工，固出於萬不得已也。且河壩縴道并非常年所有之工，經此次修復，則該二廳例用錢糧即可漸歸節省。"（《先都御史公奏疏》卷十四）

64.61　十二月十三日，會同兩江總督陸建瀛現場勘查海口，并詢問當地船戶，上報海口實在情形，并上奏於海口築壩逼溜實不可行。咸豐帝接報後，認可了楊以增等人的看法。

　　十月甲申（二十六日）上諭："杜受田奏，接據前任漕運總督周天爵來信內稱，九月間經過河堤，詢知本年黃河入海之處坍陷數百丈，是以盛漲旋落。乘此冬令水小，按其坍陷之所多築草壩，偪溜攻刷，可期事半功倍等語。近來黃河形勢日淤日高，每歲增培堤工，河身受病滋深。若如周天爵所稱現在海口坍陷甚寬，乘機築壩，藉以偪溜攻刷，亦係因勢利導之法。惟河流入海之處因何忽有坍陷，必應如何籌辦方期疏導深通，永除河患。著陸建瀛、楊以增親往查勘情形，悉心籌議，迅速具奏，毋致坐失機會。"（《清文宗實錄》卷二〇，《清實錄》，第42586頁）

　　十一月壬辰（初四日）上諭："據孫瑞珍奏，見接前任漕運總督周天爵來信，……稱清江三閘實系平水，舟可牽挽而過，閘實可廢。孫瑞珍則稱，此項漕費可省，即以所省之費爲辦理添塘之用，既非動用正款，又與福濟等前奏相符各等語。著陸建瀛、楊以增即於查勘海口坍陷之便，確查惠濟、通濟、福興三閘是否上下水仍前平流，可否節省漕費，爲辦理添塘工用。其三閘果否可廢，并著詳細履勘，悉心籌議具奏。事關保民利漕爲久遠之計，斷不可惑於浮言，稍存畏難苟且之見。"

（《清文宗實錄》卷二一，《清實錄》，第 42595 頁）

十二月戊午（初一日）上諭："陸建瀛奏馳往勘籌海口三閘等語。據稱現在清高於黃，回空漕船得以暢行，正可乘勢刷黃，無失機會。至海口攔沙是否塌通，草壩偪溜是否得力。并添塘避閘、較量水面高下是否合宜，均著該督會同楊以增仍遵前旨，親往勘明，悉心妥議，分別具奏。（《清文宗實錄》卷二三，《清實錄》，第 42620 頁）

楊以增、陸建瀛《遵旨會勘海口情形摺》："臣陸建瀛馳抵清江，當於十二月初三日會同臣楊以增前赴海口，勘得河至該處分爲兩股入海。北股俗名北尖，南股俗名南尖。中間即系攔門沙，俗名雞心灘，長約數十里，詢據泛海船户，僉稱北尖河崖向寬一百餘丈，本年又塌去數十丈，南尖河崖向寬二百餘丈，本年又塌去一百餘丈，而時塌時淤，亦無一定。中間雞心灘潮漲則隱，潮落則現，并無坍塌情形。因本年海潮平靜，不似往年頂托，而南北兩尖又有塌寬之處，是以河流下注，較前暢順，若果雞心灘塌陷，則黃河可以直出，不致仍分南北兩股等語。臣等步至北尖，察看如何塌寬。行不數武，一片沮洳，人馬均難立足，乃乘舟而往。確見塌寬者系南面河崖，距攔門沙尚遠，該船户所稱黃河仍分南北兩股，未能直出，其言顯而易見，似尚可信。伏思河崖塌寬，海潮平靜，皆一時絕好機會，若多築對頭草壩，可以偪溜攻刷。臣等正籌疏通自應趁勢趕辦，惟該處偪近海口，潮汐終日往來，溜猛沙浮，料土不能生根。且河寬數里，即使勉強爲之，亦難收偪溜之效，轉恐徒滋糜費。似不若仍照福濟與臣等原議，在於上游土性堅實溜緩水準處所相機築壩，以資沖激而利攻刷。"（《先都御史公奏疏》卷十四）

十二月庚辰（二十三日）上諭："前因周天爵有海口坍陷可以乘機壩築攻刷，清江三閘水系平流，可以廢閘等議。諭令陸建瀛、楊以增查勘情形具奏。茲據勘明海口塌寬系在兩岸河崖，潮汐往來，礙難於溜猛沙浮之處強爲偪溜。并據確量各閘壩水勢遞高，節節鉗束，實非平水，三閘不可議廢各等語。披覽所呈圖説，形勢顯然，自無庸驟議紛更。其所稱宜於上游土堅水平處所相機築壩，以資沖刷。著該督等仍照前議妥辦，毋膠成見而失事機。至添塘避閘一節，是否確切可行，應如何籌畫辦理，亦著詳悉奏聞，勿徒畏難而自畫也。"（《清文宗實錄》卷二四，《清實錄》，第 42644 頁）

次年（咸豐元年）正月壬子（二十五日）"兩江總督陸建瀛奏遵籌

添塘避閘，擬俟本年（按：即咸豐元年）漕竣興工。得旨：'不可藉詞支吾，亦不可含混了事。'"（《清文宗實錄》卷二六，《清實錄》，第42667頁）

64.62　十二月十三日，遵旨查核惠濟、通濟、福興三閘是否可廢，并據實上奏三閘上下并非平水，不可廢除。

楊以增會同陸建瀛上《會勘各閘情形片》："臣等遵即親詣各閘壩逐段測量水勢，頭壩誌樁存水五丈二尺，束清壩外洪湖水面高於頭壩八寸，頭壩水面高於二壩一尺五寸，二壩水面高於三壩八寸，三壩水面高於四壩六寸，四壩水面高於鉗口壩六寸，鉗口壩水面高於惠濟越閘七寸，惠濟越閘水面高於束水壩三尺五寸，束水壩水面高於托壩八寸，托壩水面高於通濟正閘五寸，通濟正閘水面高於福興正閘二尺，福興正閘水面高於束水壩二尺六寸，束水壩水面高於蔣壩三寸，蔣壩水面高於高阪頭五寸，清江閘上高於閘下水面六寸，統計洪澤湖水共高清江閘一丈五尺八寸。蓋前人創修閘壩，節節鉗束，於濟運之中仍寓保民之意。現在高下顯然，并非平水，三閘實不可廢。至各省閘壩經費例由糧道徵解，總漕衙門支銷，如欲作爲添塘避閘之費，應酬款墊用，俟糧船經由新塘行走，無須牽挽，即將此項節省撥解還墊。刻因無款可籌，是以暫行停緩。"（《先都御史公奏疏》卷十四）

64.63　接許乃普函，許乃普對楊以增經費支絀等難處頗爲理解，并建議他據實上奏。

許乃普致楊以增函："前泐無緘，并屬查廉訪赴閩之便奉致之語，想蒙聆悉。近年以來，度支稍絀，然聖人在上，求治綦殷，自足感召和甘，得數載豐收，元氣可復。無擬司農仰屋，有岌岌無以卒歲之憂，不爲當事者作設身處地之想，力求撙節，罔計後患。柏台諸公尚墨守花天酒地之說，以乾嘉時河員習氣例之今日。惟賴當宁聰明天亶，自有權衡，不動聲色，而太阿在握。如閣下之藎忱清節，都中本無閒言。實在支絀情形，似可直陳於聖主之前。否則工煩費巨，無米之炊，洪湖河壩歲久失修，若聽其自然，明春何以宣洩？六、八、十等月三次掣塌之石工，作何修補？豈能限於常年三百萬之數乎？在局外者代爲設想，亦不知何以善其後。惟有焚香告天，積誠悟主，以理揆之，自應若是，未識高見以爲然否？京城自入冬後，天氣甚正，且屢得瑞雪，從此當兆咸豐之慶。賤體如常，耳目腰脚尚可當差，足紓垂厪。尚此泐請蓋安。臨池翹企，恕不莊謹。嘉平十二日。"（《海源閣珍存尺牘》）

按：道光三十年（1850）正月，道光帝旻寧駕崩，其子奕詝即位，循例當於次年改元。嘉平月爲十二月，距新年改元不遠。此年冬京城屢獲瑞雪，歲時調和，故許乃普信中稱"從此當兆咸豐之慶"，其中頗有萬象更新之意。據上擬將寫信時間定爲道光三十年（1850）十二月十二日。

清道光朝每年東、南兩河工費高達七八百萬兩，占政府開支的五分之一，已經成爲巨大的財政負擔。道光帝對河工浮冒深惡痛絕，道光二十八年（1848）十一月十五日上諭稱"河工浮冒，人所共知"（《清宣宗實錄》卷四六一，《清實錄》第39冊，第822頁）。道光二十八年（1848）十一月十九日，兩江總督李星沅上《附奏請裁河工浮費片》稱："以臣約略計之，南河四屬二十三廳，每年尋常例用當以三百萬兩爲率。"（《李文恭公奏議》卷十九）道光帝對李星沅所奏頗爲認可，遂於道光二十九年（1849）三月初二日准戶部諮稱：前據李星沅奏每年尋常例用當以三百萬兩爲率，自系體察情形，確有把握。但與李星沅所奏之語相比，去掉"約略計之"四字，且又要求除每年實用三百萬兩之外如有餘剩，即於河款內扣除。這樣一來，便將李星沅的約略之詞變爲明確要求。南河河工款項多年來一直居高不下，道光二十六（1846）至二十八年（1848）分別用銀423.6萬兩、406.4萬兩和346.4萬兩，均遠遠超出三百萬兩之額度。楊以增自道光二十八年（1848）九月四日被任命爲江南河道總督，於同年十二月初六日正式上任後，即面臨大幅削減南河河工經費的任務，壓力巨大。許乃普在朝廷任職多年，他認爲，咸豐帝即位之初，"求治綦殷"、急於整頓南河，柏臺諸公（負監察責任之御史）還存有南河河員奢侈貪腐、徒靡經費的舊觀念，而南河河壩失修、工繁費絀，興修又刻不容緩。在這種形勢下，楊以增"蓋忱清節"，勤勉爲公，完全可以據實直陳南河經費支絀情形，以便得到咸豐帝的認可，同時亦能爲辦理南河工程、保障漕運暢通爭取主動。

64.64　訪書蘇州，得宋版《陶淵明集》十卷和宋嘉泰淮東倉司刻本《註東坡先生詩》（《和陶詩》）二卷。

楊紹和跋"宋版《陶淵明集》"云："又明年，此本及東坡《和陶》復來歸予齋，距蕘圃之藏已花甲一周。不知幾經轉徙，乃聚而之散，散而之聚，若有數存乎其間者，果天生神物，終當合耶。昔子晉藏東坡書、《淵明集》，斧季詫爲隋珠趙璧，似此豈多讓哉？我子孫其永寶用之。"（《楹書隅録》卷四）

楊紹和題"宋版湯伯紀註《陶靖節先生詩》"云："洎道光己酉、庚戌間來帥南河，訪之吳門，於是兩《陶集》始先後弆之，不勝狂喜，以爲合璧重光，莫是過矣。"（《楹書隅録》卷四）

楊紹和題"宋版註東坡先生詩卷第四十一卷第四十二二冊一函"云："今宋槧本自蘇齋後，不知流傳何所。先公曾訪之數十年，杳弗可得，恐不絕如綫之殘編，幾成絕響矣。噫！使施、顧原書不能傳之千古，而後世之人徒深慨想，不獲一睹施、顧之真，所謂知其究竟，據以詳覈者，竟至茫如昧如，果誰之過乎？邵固無足論，牧仲諸先生能免於責賢之義乎？此本雖祇《和陶》二卷，然是武子嘉定時初刻，尚可考見本來面目。翁本既無傳，而施、顧靈爽式憑，不至終歸磨滅，吉光片羽，實賴此碩果之僅存。六百餘年，滄桑屢變，獨未與劫火同銷，豈偶然哉！昔人云：'鳳凰一毛，麒麟一甲，終是稀世之寶。'信已！每卷標題《註東坡先生詩》卷幾，《直齋書録解題》作《詠東坡集》，當是傳刻之誤。至此本將原卷第四十一、第四十二數目字俱挖改，作上下，版心亦然。則俗賈所爲，欲充完帙耳。次平列吳興施氏、吳郡顧氏。卷前各有目録，而以子由所譔《和陶詩引》弁首。每半葉九行，行十六字。卷之首末鈐'季振宜'、'滄葦'兩印，蓋延令舊物也。蕘圃藏兩《陶集》，已先此本歸予齋。予藏王氏《集註》，正無《和陶》，得此尤兩美之合。墨緣勝事，爰書以志幸。"（《楹書隅録》卷四）

按：宋版《陶淵明集》十卷，十行十六字。白口，左右雙邊，註文小字雙行，字數同。單魚尾，魚尾下題"陶集幾"，版心下題刻工姓名，計有施章、王伸、洪茂、方成、何彥、吳申、胡時、劉仁、余仲等十人，又有"洪明重刊""楊昌重刊""吳寶重刊""吳宗重刊""施祥重開""胡端重開""王進重刊""陳文重刊""施

俊重刊”“朱坦重刁”等，“刁”應是“雕”的省寫。卷十末附録
《曾紘説》。《汲古閣珍藏祕本書目》題爲北宋本，紹和依之，但據
諱字和刻工則應爲南宋初刻本，并經修補。此本缺筆避諱至高宗名
諱“遘”“搆”字止，而孝宗名諱“慎”字以下諸諱一無所避，而
且避諱缺筆字均在原刻頁上。則此本必刻於南宋孝宗之前，亦即高
宗之時。再檢刻工，《中國版刻圖録》云“施章、王伸、洪茂、方
成皆南宋初年杭州地區良工，紹興十七年（1147）又刻明州（寧
波）本《徐鉉文集》，補版刻工與明州本《白氏六帖》、《文選六臣
注》多同，因疑此本當爲明州本。毛氏《汲古閣秘本書目》定爲
北宋本，恐不確”。（《中國版刻圖録》，《敘録》，第21頁）又
《中國版刻圖録》著録宋紹興明州遞修本《文選六臣注》，該本修
版時間是在紹興二十九年（1159），補版刻工爲洪茂、方成等。
《陶淵明集》的補修時間當與之大體同時。再據《陶淵明集》避諱
至高宗止，則補版定在紹興後期爲適。所以此本應是紹興初刻，紹
興後期補刻。然何以毛氏、楊氏均題北宋本？原來書後《曾紘説》
之最後一句話云：“宣和六年七月中元臨漢曾紘書刊。”宣和六年
即北宋徽宗宣和甲辰年（1124）。實際上，南宋紹興本確曾出自曾
紘北宋宣和六年刻本，但不是宣和本，而是宣和本的重刻本。《曾
紘説》云：“余嘗評陶公詩，語造平淡，而寓意深遠，外若枯槁，
而中實敷腴，真詩人之冠冕也。平生酷愛此作，每以世無善本爲
恨。項因閲《讀山海經》詩，其間一篇云‘形夭無千歲，猛志固
常在’，且疑上下文義不甚相貫，遂取《山海經》參校。《經》中
有云‘刑天，獸名也。口中好銜干戚而舞。’乃知此句是‘刑天舞
干戚’。故與下句‘猛志固常在’意旨相應。五字皆訛。蓋字畫相
近，無足怪者。……宣和六年七月中元臨漢曾紘書刊。”紹興本卷
四《讀山海經》十三首第十首“形夭無千歲”，小字旁註“刑天舞
干戚”。據《曾紘説》中所云，則“形夭無千歲”之誤爲曾紘校勘
發現，可知曾紘於宣和六年（1124）再次校刊時予以加註，這是
曾刻的確證。而紹興本對此給予完全保留，這顯然説明紹興本所用
底本就是曾刻本。復據《曾紘説》末句所署，則紹興本出自宣和本
更無疑問。（詳見鄧小軍《陶集宋本源流》，《詩史釋證》，中華書
局2004年版，第90—94頁）其實，紹興本録此《曾紘説》亦正是

想要説明該本的底本，不想卻設下誤會，而毛氏、楊氏均未細審，導致誤判版本。

　　是書爲毛子晉故物，毛晉幼子毛扆曾以此校出通行本訛脱數例，《汲古閣珍藏秘本書目》著録該書云："宋版《陶淵明集》二本，與時本夐然不同。如《桃花園記》中'聞之欣然規往'，今時本誤作'親'，謬甚。《五柳先生贊》注云：一本有'之妻'二字，按《列女傳》是其妻之言也。他如此類甚多，不可枚舉。即《四八目》註比時本多八十餘字，而通本一作云云，比時本多千餘字，真奇書也。簽題系元人筆，不敢易去。"（《汲古閣珍藏秘本書目》，《叢書集成初編》第0034種，第27頁）然亦有未盡之處，郭紹虞指出："如宣和王氏本王仲良《後序》所論宋時《陶集》誤字，以'庫鈞'爲'庚鈞'，'丙曼容'爲'丙曼客'，'八及'爲'八友'之類，此本誤字亦與之同。是則此本在世詫爲奇珍者，在宋時亦未爲佳刊也。"（郭紹虞《陶集考辯》，《照隅室古典文學論集》上册，第279頁）但與傳世其他宋本相比，它仍然是最好的善本，鄧小軍在對各宋本詳細研究後云："曾紘本（按：原曾紘本不存，即紹興本底本，見以上論證）當基本保存宋庫本異文，校註異文七百餘處，僅次於曾集本，尤其不録思悦《書後》，比蘇寫本更接近宋庫本原本，是今存宋代刻本最善之本。"又云："陶集校勘，當以曾紘本爲底本，以蘇寫本、曾集本、湯漢註本及焦本等爲主要校本。"（鄧小軍《陶集宋本源流》，《詩史釋證》，中華書局2004年版，第115—116頁）且世間僅此一帙，彌足珍貴，歷來爲藏書家見重。其藏印有四十餘方，如"桃源戴氏""嘯庵""商微子後，自亳之吳，再遷於鄞""文彭""毛氏子晉""宋本""甲""黃丕烈""駿昌""士鐘"以及楊氏諸印。《百宋一廛書録》著録云："'嘯庵'、'桃源戴氏'、'宋（按：應爲商字）微子後，自亳之吳，再遷於鄞'三印，驗其篆文印色，皆元時人也。"（黃丕烈《百宋一廛書録》，《蕘圃藏書題識》，第985頁）文彭則是明代文徵明之子，大藏書家、書法家。"宋本""甲"是毛晉珍藏宋本秘笈的特有印章。卷末黃丕烈題曰："陶陶室藏《靖節集》第一本。"蕘翁藏書多歸長洲汪士鐘，《藝芸書舍宋元秘本書目》著録。道光己酉、庚戌年間歸楊以增，紹和題云："我子孫其永寶用之。"

64.65 日照許翰於蘇州爲楊以增購宋本《山谷老人刀筆》二十卷十册。

楊紹和題宋本《山谷老人刀筆》：“卷末跋尾款題“天啓二年花朝石齋老人識”，下有‘石齋‘白文印。按石齋，明漳浦黄忠端公別號也。忠端生於萬曆十三年乙酉，中天啓二年壬戌進士，年甫三十有八，似於老人之稱未合紀年疑或有筆誤。然卷首有圖書三：曰‘存雅堂’，曰‘雲間’，曰‘臥子手鈔’。確是明清浦陳忠裕公印記。忠裕，崇禎十年登第，出忠端之門，師生交誼最篤，頻相過從，則此本當爲忠端所藏，而忠裕曾經假録者矣。兩公文章節義彪炳千秋，實爲有明一代偉人，其浩氣英光固已貫日月而格金石。而此本以零編斷簡，二百年來幸得藉傳不朽，豈非兩公手澤所存，在在有鬼神呵護耶？國朝初歸華亭沈文恪公，卷首末有‘沈荃’印。又“惕甫”一印，則長洲王先生芑孫也。伏讀《四庫全書總目》云：‘是編向有宋刻，非後人所爲。’此本密行細字，楮墨精佳，蓋即天水朝舊槧，洎書城之秘笈。況重以兩公鑒賞，愈當球璧珍之矣。道光庚戌，日照許丈瀚爲先公購於吳門。”（《楹書隅録》卷五）

64.66 丁晏、梅曾亮客楊以增幕，與包世臣等人交好。

《梅郎中年譜》：（三十年，庚戌，六十五歲）“服京官。其秋，辭官去，冬，出都抵家”。

丁壽恒等編《柘塘府君年譜》：（三十年，庚戌，五十七歲）“河帥楊端勤公諱以增，壬午進士，山東聊城人推重府君，時梅伯言諱曾亮，壬午進士，户部郎中，上元人，著有《柏梘山房集》、包倦翁諱世臣，舉人，江西知縣，安徽涇縣人，著有《安吳四種》等書兩先生館端勤公署中，每延府君談藝，旬日不休。”（《北京圖書館藏珍本年譜叢刊》第 148 册，第 71 頁）

咸豐元年辛亥（1851）六十五歲
（在江蘇清江浦）

【概要】爭取河工款項，二月初五日奏請循例撥發歲料銀一百五十萬兩，以備大汛修防之用；閏八月初七日上奏請撥來年歲料銀一百二十萬兩，以購備搶修埽壩各工應需料物。辦理運河漕運，七月二十九日與漕督楊殿邦將漕船九十八幫、三千二百三十五隻掃數催出江南黃林莊北上。督辦南河河工，前赴山、海、安、阜四廳查驗兩岸工料情形，并勘驗中河廳等春修各工。因八月二十日豐北廳豐下汛兵三堡漫水，口門塌寬至一百八十五丈，正河斷流，立即由江運廳折回，於八月二十六日趕到清江，隨即星夜渡黃北上，辦理搶險工程，并賑濟災民。因辦理河工不善，於閏八月十一日被摘去頂戴，并交部議處。閏八月二十五日請撥工程專款四百五十萬兩，稟請試行官印錢票，并於十一月二十五日正式興工堵筑豐北漫口。自本年起始大規模購書。在清江得宋淳熙七年池陽郡齋刻本《山海經》、宋慶元六年羅田縣庠刻本《離騷草木疏》。同時沿運河南下蘇州購書，得宋王叔邊刊本《後漢書》、宋乾道七年蔡夢弼東塾刻本《史記集解索引》、宋本（實明本）《韋蘇州集》十卷六冊、元本《陸宣公奏議》，其子紹和購得元本《梅花百詠》。此外又得元本《增刊校正王狀元集註分類東坡詩》、小字宋本《孟東野詩集》。抄書、刻書方面，獲見黃丕烈藏宋槧《三曆撮要》一冊，因囑幕友影錄；於清江浦刻《禹貢九州圖》《恒星赤道圖》《黃朝一統圖》《萬國地球圖》《今釋古今圖》。

正 月

65.1 正月初四日，上奏凌汛期間南河水勢平穩，現仍泄清刷黃，并整修洪澤湖湖堤，估挑外南塘河，且派員查驗歲料。

楊以增《凌汛安瀾摺》："查上冬自交九以來，雖雨雪間作，而晴霽日多，不甚寒冷，大河偶有凌塊下淌，幸迎溜埽前均先掛擋凌把樁，多備打凌器具，隨時疏打下行，埽壩并無鑱削。茲交立春，氣候融和，凌漸悉化。據道廳稟報工程一律平穩，外南廳順黃壩誌樁現存水三丈四尺五寸，洪澤湖自啟放信壩後消水無多。前與督臣陸建瀛親往履勘，察看形勢，必得添啟順清河，庶期宣洩得力，藉以刷滌下游河身。當飭道將廳營等將該河內外灘面量加挑挖，較量湖水高於黃河水面三尺餘寸，即於十二月十八日將該河堤堰劚通，過水甚暢，并將束清西壩量加折展，以資多減，又慮束清壩所出之水切近運口頭壩，恐掣動湖溜，入運太多，運河難以容納。當將頭南壩、外蓋壩廂加高整，挑逼湖溜，使之北趨順清河，庶少一分入運，即多一分刷黃。茲湖水已共消一尺一寸，高堰誌樁仍存水二丈零六寸，湖堤仍在吃重。幸西風絕少，一律平穩，前此節次風掣石工乘此春融，飭令工員趕爲補砌，并將浪刷溝槽分別灰素土填補堅整，以資捍衛。外南塘河上年重運節經灌放，受淤深厚，仍應照章估挑，以備本年運行。所有臨黄、臨清兩堰業已堵閉，庶便施工。"（《先都御史公奏疏》卷十五）

65.2　正月初四日，遵旨會同陸建瀛赴清江及海安廳境雲梯關兩處海神廟諏吉懸掛御書匾額。

楊以增《恭懸御書海神廟匾額摺》："恭設香案，跪迎御書'朝宗普慶'四字匾額一道，派員敬謹摹勒。適臣陸建瀛遵旨來工會勘海口之便，謹會同臣楊以增前赴清江及海安廳境雲梯關兩處海神廟諏吉懸掛，以昭聖主報祀之誠，長邀福佑安瀾之慶。"（《先都御史公奏疏》卷十五）

65.3　正月十三日，淮海道桂文耀因患肝氣病症稟請開缺調理，故專摺奏請由江寧府知府吳葆晉、徐州府知府李正鼎中簡定一員充任。（楊以增《遴員請陞道缺摺》，《先都御史公奏疏》卷十五）

因徐州道沈濂於保舉案內奉旨調取引見，故專摺奏請以徐州府知府李正鼎就近兼署。（楊以增《委署徐州道篆片》，《先都御史公奏疏》卷十五）

65.4 正月十三日，上奏裏河、外南二廳破損撥船二十二隻，請照例發銀補造，以濟撥運。

楊以增《勘明補造船只事》："裏河廳船夫徐有等撥船十二隻、外南廳船夫張元福等撥船十隻實系道光二十八年撥運柴料，先後行至高家碼頭茅家嘴迤上各地方黄河中流遭風損壞，板片柴料濡淌無存。照例飭行該管廳縣汛員勘驗結報，將風損船數、字號、大小、花名開報送道覆查屬實，并無捏混情事。所有每只照依原造減准工料銀一百六十一兩九錢六分二釐九毫。以上兩廳共船二十二隻，通共需銀三千五百六十三兩一錢八分三釐八毫……應請准其照例補造，以濟撥運。所需工料銀兩在於河庫撥船生息本款銀內動給，飭令趕辦完整。……伏乞皇上聖鑒敕部核覆施行。"（録副奏摺）

65.5　正月二十六日，奉旨行抵山東沙河廳，會同東河總督顏以燠會勘寨子民堰工程。

楊以增二月初六日《會勘寨子民堰并徐屬查料片》："遵於本年正月二十日起身前往，二十六日行抵該境，會晤東河河臣顏以燠，當即督同該道廳逐細會勘，容另會商督臣、漕臣查核具奏。"（《先都御史公奏疏》卷十五）

65.6　正月下旬，查驗徐屬各廳歲料。

楊以增二月初六日《會勘寨子民堰并徐屬查料片》："臣往來之間，即將徐屬各廳歲料挨處查驗，茲於二月初三日回抵清江。"（《先都御史公奏疏》卷十五）

65.7　正月二十八日，上奏道光二十八年應徵宿遷縣駱馬湖租金動存實數。

楊以增《查報江蘇宿遷縣駱馬湖道光二十八年分應徵租金動存數目事》："駱馬湖灘地道光二十八年分應徵地租錢一萬九千零三十一千一百六十五文八毫，內已經徵完錢一萬五千三百十七千五百七十八文，又帶徵舊欠錢二千七百零六千二十文零二毫，并道光二十七年以前存庫錢六萬五千四百八十二千零三十一文二毫，共應存庫錢八萬三千五百零五千六百二十九文四毫……該年民欠未完錢三千七百十三千五百八十七文八毫，又道光二十七年以前民欠錢八萬一千九百九十八千八百五十七文一毫，共民欠錢八萬五千七百十二千四百四十四文九毫。"（錄副奏摺）

二　月

65.8　二月初五日，接奉道光帝《御制詩文餘集》二函，專摺上奏謝賞。（楊以增《謝賞宣宗皇帝御制詩文餘集恩事》，錄副奏摺）

65.9　二月初五日，因南河道光二十九年用銀超出三百萬定數四十萬兩，遵旨上奏南河工款支絀及力求工費節省情形。

楊以增《工用銀兩請飭部准銷摺》："伏查南河工用向無定額，緣河湖消長靡常，工程平險無定，至行漕各處啓閉修補閘壩各工凡關濟運機宜，尤難預計溯查。從前最爲節愼之前總河黎世序任內工用以嘉慶二十二年爲最少，計用銀三百七十二萬餘兩。嘉慶二十五年黃河無水，尚用銀三百六十二萬餘兩，其餘年分大都四五百萬兩。蓋河工因時制宜，務求省費得當，祇能減無益之浮糜，不能置要工於弗顧。道光二十八年兼署河臣李星沅有‘每年尋常例用約略計之，當以三百萬兩爲率’之奏，而是年報銷經該署河督刪汰從嚴，并剔除山海土工銀十五萬兩、堵閉義河銀十八萬七千餘兩外，仍請銷銀三百四十六萬餘兩。……臣接辦二十九年報銷，較二十八年又省銀十六萬二千餘兩。三十年伏秋大汛，黃水盛漲，比二十九年誌椿尚大一寸，而洪湖來源尤旺，同時著險，分投搶護，應接不遑。倘有一處疏虞，且全局攸關，欲省轉費。臣當上年大汛，因河庫舊有不敷，寅食卯糧，未能填補，奏請借撥銀兩，經戶部議借上年減平銀兩。倘有不敷，准將南河捐輸之項通融於例撥內分作五年扣還歸款，等因。奉旨：‘依議。’欽此。是上年工用於例撥例收之外尚又奉准借動各款。其非三百萬兩所能敷用，悉在聖明洞鑒之中。茲准部咨，臣復將上年各工逐細鈎稽，均系實用實銷，無可再減，較二十八年報銷之數有減無添，毫無浮濫。相應縷晰覆奏，仰祈皇上天恩俯准，飭部仍照前奏清單覆准，以便督同各道分案陸續題報。”（《先都御史公奏疏》卷十五）

65.10 二月初五日，奏請循例撥發歲料銀等共一百五十萬兩，以備大汛修防之用。同日，因若將道光二十七、二十八、二十九三年減平銀兩同時扣還，南河工需難以支持，奏請將道光二十七、二十八年減平銀兩扣完後，再接扣二十九年減平銀兩。

　　楊以增《請撥大汛工需銀兩摺》：“竊查南河歲搶工程每歲於年前奏請發撥歲料銀一百二十萬兩，并每年各省例解之項除給發官兵俸餉及額支各款外，餘存銀兩統爲歲搶修額定之用。其大汛河溜提移、搶廂新埽及啓閉閘壩，隨時相機挑築等工向歸另案辦理，例於春間奏請撥銀一百五十萬兩以備大汛修防之用，歷經循辦在案。本年歲料銀兩業已動用無存，現值春汛，所有預備重運經由各河道堤埽閘壩、啓放挑築等工必當隨時相機辦理，以利運行。轉瞬大汛經臨，搶辦工程尤須錢糧先期解到，以資應用。……臣查此項銀兩爲大汛修防所必需，且各省撥款解工動輒數月。黃水汛漲遲早難定，本年遇閏，汛期方長，尤應先事豫籌，俾免貽誤，謹循例照數奏請。"（《先都御史公奏疏》卷十五）

楊以增《減平銀兩分年代還片》："上年大汛搶工動用道光二十九年河庫扣存減平銀十九萬二千兩，上年六月奏奉敕部議准借動，在於例撥款內分作五年扣還，等因，自應遵照。惟查前河臣潘錫恩任內借動二十七、八兩年減平銀二十三萬兩，奉部分作四年於歲料款內分扣在案。茲若於大汛工需銀內并扣二十九年減平銀兩，則本年額數所短太多。湖河水勢消長無常，實於修防有礙……伏乞皇上天恩俯賜飭部俟道光二十七、八年減平銀兩扣完後，再接扣二十九年減平銀兩。"（《先都御史公奏疏》卷十五）

65.11 二月初五日，因淮揚道嚴正基現經撫臣傅繩勳奏署江蘇臬篆，所遺員缺請以河工試用道曹文昭委署。（楊以增《委署淮揚道篆片》，《先都御史公奏疏》卷十五）

三　月

65.12 三月初四日，與兩江總督陸建瀛、東河總督顏以燠等會勘寨子民堰添建滾壩，并囊沙引渠沙壩改建減閘各情形。

楊以增等《遵旨會勘寨子民堰摺》："查該處民堰建於迦河廳運河灘，上距十字河三里許，均系沛縣地方。今會勘得該民堰長一千三百餘丈，道光二十九年甫經沛縣修理完整，尋常長水，足資抵禦。如遇異漲之年，則坡水勢旺，難建滾壩，仍難免於頂托。且民田已在水中，添建恐亦無益，應請從緩辦理。又十字河囊沙引渠沙壩應否改爲減閘一節。查該處山水驟長，下注湧激，向系串運。由囊沙引渠入微山湖爲收水最要之路，水入湖中沙囊渠內，方爲名實相符。該渠口有沙壩，以通縴挽。如遇水長，聽其沖塌，則沙壩隨沖隨築，淤沙隨積隨挑。若將沙壩改爲減閘，竊慮沙門數丈，減漲收水未能暢利。設遇水小年分，微山湖少一直捷進水之路，於潴蓄濟運轉多窒礙，請毋庸議。臣等復會查東省濟運情形，全以十字河爲關鍵，如果將十字河噴沙認真搶撈，復挑深囊沙引渠，則分泄得力，下游民堰自可無虞。利漕運而保堤防，莫要於

此。應由臣顏以燠責成該道廳按照十字形勢每歲挑挖深通，隨時妥辦，不任延誤。"（《先都御史公奏疏》卷十五）

　　按：咸豐帝上年（道光三十年）五月二十二日頒下勘察寨子民堰工程上諭，遷延至本年三月，楊以增方會同陸建瀛、楊殿邦、顏以燠等人會勘此工程。楊以增等人亦在此奏摺中進行了說明："當經臣顏以燠以時值大汛在豫督飭修防，不克分身前往，臣楊以增亦在督防汛漲，料理灌塘各事，未能前來，請俟霜降安瀾後，訂期往勘緣由，附片奏蒙恩准在案。迨霜降以後，臣楊以增始則籌催回空幫船南下，既而會同臣陸建瀛遵旨馳往海口，詳勘塌灘情形，核議覆奏，以致未能赴東。茲於正月內楊以增、顏以燠彼此知會，訂期同赴泇河廳屬沛汛寨子一帶逐細履勘。"（《先都御史公奏疏》卷十五）

　　道光三十年五月癸丑（二十二日）上諭："工部議覆顏以燠奏寨子民堰添建滾壩，并挑挖十字河引渠一摺。此案請建滾水石壩工程既經河漕督臣會同勘明，必不可緩，自應及時興建。乃東、南兩河互相諉卸，空文往返，已閱年餘，殊非實心任事之道。著楊以增、顏以燠親往履勘，會同陸建瀛、楊殿邦破除成見，秉公商榷，將擬建之滾水石壩究應建於何地，并囊沙引渠應否改爲減閘之處詳核妥議，迅速聯銜具奏，俾漕運民田均受其益。毋得各執一詞，彼此觀望。倘復推諉因循，致誤漕行，并貽害民田，即著該部指參懲辦。"（《清文宗實錄》卷十，《清實錄》，第42471頁）

　　《清會典事例》："是年，議准沛縣寨子民堰，長一千三百四十丈，其斷堤口官堤一段計長二十丈，隸泇河廳修守。該處逼近昭陽湖，每遇十字河山水漲發，倒漾北流，勢必漫堤西注。今於該堰迤南地方，創立壩基，添建寬大滾壩。"

65.13 三月初四日，加緊籌備重運，辦理堤埽閘壩等工，并上奏近期河湖水勢情形。

楊以增《籌備重運并河湖水勢摺》："竊照江境南北運河綿亘六七百里，其間渡江渡黃閘壩林立，全賴修防扼要，蓄泄得宜，庶期運行無阻。據該管各道廳先後稟報：裏河廳頭二三四壩并上下雁翅、惠濟越閘上鉗口壩、閘下束水壩、張王廟前托水壩、福興正閘上下鉗束各壩迤下河尾蔣壩均爲湖水入運門户，歷被刷蟄卑矮，亟應一律加廂。外南廳臨清堰北面護埽鉗口壩、禦黃壩、舊草閘内挑壩并該閘金門由身上下迎水雁翅及閘外挑束壩工間有朽腐蟄塌，亦應廂修。其北岸外北廳浦家莊爲重運進口要道，循舊於東西兩岸廂做托清蓋黃壩埽逼溜刷沙。中河廳楊莊頭壩前因船營左運卸空船隻應赴右營運柴，即經啓放出船，嗣因黃水加長，仍即堵閉澆飯以免内漾澄淤，并將二三兩壩照舊接築，收束下游。江運廳五臺山迤下至洋子橋等處舊埽歷經汛漲沖卸，應即擇要廂修。以上皆濟運要工，均飭令節慎妥辦。……黃河水勢二月以來陸續見長二尺餘寸，較量水面已高於湖。所有前啓之外南順清河業經堵閉，并將堤身補還完固。"（《先都御史公奏疏》卷十五）

65.14　三月初四日，奏報南河外北廳王營減壩辦理情形。

楊以增《王營減壩興工片》："外北廳屬前經欽差侍郎福濟會同臣陸建瀛奏請豫爲減洩之路，并經奏准於南河捐輸項下辦理，作正開銷在案。俟據淮揚道將稟稱：該壩歷今三十餘年，黃河逐漸淤高，誠恐啓放掣溜過甚，擬於臨黃添建滾水石壩一座，以爲重門，并先築越壩，以便剷堤施工。臣與督臣覆勘，尚屬合宜。於上年發銀委令裏河同知于昌進、外南同知婁晉、外北通判黃世恩具領趕購料物，乘時興辦，業於上年十月初二日先築越壩，次第辦理，勒限於大汛前完工。"（《先都御史公奏疏》卷十五）

65.15　三月初四日，上奏京員路慎莊、曹炯學習期滿送部引見，及擬留南河補用情形。

楊以增《京員學習期滿送部引見摺》："查工科給事中路慎莊、内閣中書曹炯道光二十九年正月保送河工學習……兩年以來，經臣派往各屬查料勘工，協防大汛，留心察看，均屬勤慎。茲連閏扣至咸豐元年二月二十八日學習二年期滿，臣復查給事中路慎莊現年四十五歲，陝西進士，品端才裕，明幹有爲，擬請留工，以道員酌量補用。中書曹炯現年四十歲，甘肅進士，勤儉自持，講求河務，擬請留工，以同知酌量補用。"（《先都御史公奏疏》卷十五）

65.16　三月二十三日，與漕運總督楊殿邦會駐河口，督辦放渡重運頭塘漕船事宜，此次放渡時間均早於前兩年。

　　三月二十六日《重運漕船灌放頭塘摺》："臣楊以增督飭該管道廳將籌備利運挑築各工分投辦竣，查驗如式，催令軍船挽上各閘壩，即啓臨清堰試進清水，河底一律相平。隨經提船入塘排泊，一面飭令中河廳將雙金閘鉗口壩堵閉，跟澆土餂，并飭運河廳啓放柳園頭閘等處，導引駱馬湖水入河濟運。中河陸續加長，察看楊莊清高於黃，即將頭壩啓放，并咨會東河照例鋪水。臣於三月二十三日會駐河口，督令堵閉臨清堰。惟黃河水面高於塘河無多，恐草閘口難以跌透，當飭照章趕啓涵洞泄低塘水，仍將涵洞堵閉，立啓臨黃堰，將首進大河前幫起至鳳陽常州幫止，共二十三幫計船七百八十八隻循序放渡，挽入中河，連檣北上。……查道光二十九年重運頭塘船隻渡黃系四月初十日，三十年系四月二十八日，本年較早十餘日至二十餘日。"（《先都御史公奏疏》卷十五）

65.17　三月二十六日，上奏桃汛已過，各工一律平穩，并飭修常鎮道屬沿河工程，以資捍衛，并利漕運。

　　楊以增《桃汛安瀾摺》："竊照河工向以清明後二十日爲桃汛長水之期，本年三月初四日節交清明，經臣先期通飭道將廳營妥慎籌防。截至二十四日止，計桃汛期內以三月初四日爲黃河長水最大之日，外南廳順黃壩誌椿積存三丈七尺四寸。茲桃汛已過，據各廳稟報工程一律平穩。洪湖水勢近因陰雨較勤，陸續見長九寸，誌椿現存一丈九尺三寸，濟運有餘，而湖堤吃重。山盱信壩仍留分減，偶遇西風，幸俱修防穩固，裏、揚一帶運河經此清水暢注，日淘日深，重運軍船行走極爲順利。江運廳甘泉汛東岸堤工及西岸普賢墩越河等處縴堤經上年汛水汕刷，多有殘塌，亟應幫加。又該境臨河磚石工歷被上年汛漲風掣塌缺，連海運腰洞除新工照例著落承辦之員賠修外，計應修舊工長二百十六丈七尺，自一層至十四層不等。據常鎮道造冊具稟，核系應辦工程，即經批飭趕辦，克日完竣，以資保衛而利運行。"（《先都御史公奏疏》卷十五）

65.18　從好友丁晏之議，未采納下屬在頭壩開設四孔以泄漲之議，山陽百姓得以保全。

　　丁壽恒等編《柘塘府君年譜》（咸豐元年辛亥，五十八歲）："三月……時河水未北徙，連年運水漲漫，有議於頭壩開設四孔以泄盛漲，山陽西鄉將成澤國。楊端勤公詢，府君力陳其弊，舉乾隆初衛太守_{哲治}《永閉雙孔閘碑記》爲證，端勤公即停止，以順輿情"（《北京圖書館藏珍本年譜叢刊》第 148 册，第 73 頁）。

65.19　得許乃普函，并獲贈朱筠舊藏蔡忠惠《端明集》兩函、曾子固《南豐類稿》兩函。

　　許乃普致楊以增函："新正一楬肅謝，想已早達典籤。辰惟承恩賜福，與日俱長，勳績增崇，事機穩順，固可於蓋忱清節卜之也。惟瞬屆南漕北上，度支又拘於新□。種種爲難之處，公勤籌劃，心力交劬，當希隨時攝衛。恭值聖主當陽如神坐照，薄海內外無不可上達之隱。一德一心定乎天鑒，是又可券祝者耳。茲乘來工學習之顏員外錫惠帶上蔡忠惠《端明集》兩函、曾子固《南豐類稿》兩函，祈飭紀檢存。此二書皆大興朱筍河先生舊藏本，較《四庫》所收本卷數增多，見少河山人跋尾，謹歸之鄴架。公餘檢閱，或可少舒心目，亦野人獻曝之意也。普耳目腰腳尚可當差，且文字結習，自幼無一日不親筆硯。習與性成，安之若素。天恩高厚，不敢更生他想矣。肅頌台安暨閣中膝下萬福。乃普頓首上至堂老棣台年大人閣下。二月廿四日。"

　　按：因河防關係重大，清代自道光十二年（1832）起，在六部、都察院等衙門揀選正途出身、清慎勤敏之京員，發往東、南兩河學習。顏錫惠時任户部河南司員外郎，奉咸豐元年（1851）二月初一日上諭發往南河，交楊以增差遣委用。又據楊以增咸豐三年（1553）三月初二日《京員學習期滿請留工補用摺》稱，顏錫惠於咸豐元年（1851）四月十七日到工。據此即可確定此信作於咸豐元年（1851）二月廿四日。

　　又按：楊以增於道光二十八年（1848）十二月正式上任後，即於道光二十九年（1849）、三十年（1850）連遇河湖暴漲。他於道光二十九年（1849）七月十六日上《重運漕船渡黄完竣摺》云："今歲自春徂夏，江浙雨多水大，以致江河湖海同時并漲，積久不消，爲歷年所未有。"（《先都御史公奏疏》卷九）後又於道光三十年（1850）七月初一日上《伏汛安瀾摺》，上報當年六月水情稱：

"計旬日之間，上游來源共長至三丈八尺，實爲罕有之事，以致江境前漲甫消尺許，復又大長……浩瀚異常，上自豐蕭，下至安阜，普律出槽漫灘，紛紛報險。"（《先都御史公奏疏》卷十三）清朝歷代皇帝均對漕運非常關注，道光帝更是強調治河即以通漕，要求河督漕船每進一幫，即具奏一次，且明確規定，每年四月十日重船即須抵壩渡河，封凍之前必須全數歸南，這些都給楊以增增加了極大的壓力。許乃普在朝廷擔任高官多年，深悉南河事務難在務保漕運，而又經費不足。因此在此信中稱"種種爲難之處，公勤籌畫，心力交劬，當希隨時攝衛"，對楊以增非常關心。

　　許乃普深知楊以增有愛書之癖，尤重舊刻舊藏，因顏錫惠將赴南河，故托他代送書籍。其所贈之書，楊以增頗爲喜愛，并珍藏於海源閣中。楊紹和《楹書隅錄》（初編）卷五著錄"宋本莆陽居士蔡公文集三十六卷十六冊二函"，并錄朱錫庚（即許乃普此信中所稱之"少河山人"）跋語及朱筠、朱錫庚父子藏印。（《楹書隅錄》初編卷五，《清人書目題跋叢刊》第 3 冊，第 536 頁）同卷著錄"宋本元豐類稿五十卷續附一卷二十四冊二函"，并錄朱錫庚卷首識語及朱筠、朱錫庚等人藏印（《楹書隅錄》（初編）卷五，《清人書目題跋叢刊》第 3 冊，第 538 頁）。據此，則二書均經朱筠、朱錫庚藏，分別有朱錫庚卷末跋語及卷首識語，許乃普此信中均稱跋尾，當因未能細查而致誤。在《楹書隅錄》中，楊紹和據朱錫庚所述將《元豐類稿》定爲宋刻，而《中國版刻圖錄》經考訂，確定爲元大德八年（1304）東平丁思敬刻本，前脫丁序及元大德八年程文海序。

四　月

65.20 四月二十日，會同漕運總督楊殿邦駐紮河口，至五月初三日，用清水放渡重運軍船三十二幫，計船八百四十六隻。

　　楊以增五月初四日《重運軍船用清水放渡摺》："竊照本年重運灌放頭塘日期暨臣等親赴下游迎提後船蘇屬各幫已全部催進瓜口、過淮盤驗各緣由先後具奏在案。嗣將臨黃壩堵閉，催提後船，陸續挽上各閘壩。截至四月中旬，已抵臨清壩船四百餘隻。適黃水漸消，湖潴充旺，查清水高於黃河水面二尺上下，臣於四月二十日親駐塘河工次，即乘機飭啓臨清壩進船，一面啓放臨黃壩，清水滔滔外注，各船暢順渡黃，挽入中運河北上。惟清水外出力猛，行至舊草閘束水逼窄之處溜勢愈形湧激，東岸胡衕刷蟄入水。探量水深幾及四丈，誠恐塌及壩身，當飭該廳營趕將舊草壩堵閉，庿修穩固，查該閘之西本有新草閘替河一道，原備輪流啓閉之用。惟該河內外淤灘應加抽挑，并將該閘由身迎分水雁翅加庿高整，閘外添束壩二道方能啓用。當經飭令分別挑築，竭數晝夜之力搶辦完竣，即於二十九日啓替河新閘出船。截至五月初三日止，連舊閘前出之船，統計此次清水送漕自太倉前幫起至興武七幫止，連宿州二幫在內共三十二幫，計船八百四十六隻。"（《先都御史公奏疏》卷十五）

五 月

65.21　五月初四日，上奏雲貴銅船行進情形，并督催銅船迅速北上。

楊以增《催趲銅船北上片》："茲查各運銅舫內湖南委員王秀琛一起已於四月十二日催出沛縣，行入東境，江蘇委員王培庚一起業經盤壩渡黃，於四月初二日換船北上，其雲貴銅鉛各船尚無入境資訊。臣仍嚴飭所屬迎探，一俟行入江口，即會同地方官上緊催令速行，不任刻延。"（《先都御史公奏疏》卷十五）

65.22　五月十二日，整修江防廳屬防風埽工。

五月戊戌（十二日）"修南河江防廳屬防風埽工，從河道總督楊以增請也。"（《清文宗實錄》卷三三，《清實錄》，第 42758 頁）

65.23　五月十六日，上奏前赴山、海、安、阜四廳查驗兩岸工料情形，歲料、雜料均合乎要求。并勘驗中河廳等春修各工，督催軍船迅速渡黃北上。

楊以增《查勘工料并驗收山海中河工程摺》："竊照歲料爲修防根本，臣於上年霜降後，按照舊章，分別各廳工程平險，約計春修需料多寡酌定堆數，發辦催令堅實堆垛。……嗣據各廳稟報後五分料一律堆齊，復飭各該道確查無誤。臣於正月底先赴徐屬各廳周歷勘驗，嗣回浦將籌備重運各工督辦完竣，放過頭塘漕船，即於三月下旬前赴揚州江口一帶查料催船，先後具奏在案。旋經折回，督催二進各幫次第提上各閘壩。適清水較高於黃，遂駐壩督率該管文武乘機啓除壩堰，放船渡黃進中北上。臣察看行走順利，諄囑河漕各員弁妥爲照料催儹，臣即乘空前赴山、海、安、阜四廳查驗兩岸工料。統計徐、揚、海、常四道屬黃、運各廳業已周勘完畢。伏念歲料一項爲修防大宗，如料質不能純淨，堆垛稍有虛松，則將來辦工即致不能堅實，所關甚巨。是以臣每至一工，先將堆數點明，再量高寬長丈，尚無短少。惟前五分數所堆料垛閱時稍久，雨淋日曬，浮面料色不無黯淡。誠恐稍有弊混，每工皆抽拆二三垛或四五垛，裏首料色尚俱一律黃亮，稱其觔重，均較額定有盈無絀，雜料碎石積土亦俱點驗無浮。春修應估土埽各工前據各道造冊呈送，經臣覆加確估，分別減准勒限趕辦完竣，以禦汛水。山海四廳上年續辦加幫堤工久經完報，經臣驗收如式。容核實查開清單，另行具奏。其中河廳本年加培兩岸縴堤亦據報完，昨經便道勘驗，亦俱照估完整。黃河水勢消長相乘，河溜趨向如常歸墟暢順，運口清水仍高於黃，三進軍船照前暢渡，仍催後船銜尾前進，以期早日全數渡黃北上，不任刻延。"（《先都御史公奏疏》卷十五）

65.24　五月二十四日，會同兩江總督陸建瀛赴外南禦黃壩塘河、裏河運口一帶周歷查催，務求漕船趁清高於黃，仍用清水送渡，早日渡黃北上。

楊以增五月二十八日《重運軍船仍用清水送渡摺》："臣楊以增往來河口，督率照料各閘壩添足關纜，竭力絞挽，不准稍停。前於三月二十七日灌放頭塘，計渡黃二十三幫，船七百八十八隻。四月二十日清水送漕，至五月十三日止，計渡黃三十二幫，出船八百四十六隻，均經專摺馳報，其後船仍催趕渡。茲臣陸建瀛於二十四日到浦後，復會同前赴外南禦黃壩塘河、裏河運口一帶周歷查催。截至二十八日江西贛州尾幫止，連前統計渡黃北上者已有七十六幫，共出船二千五百九十一隻。在後祇有湖南三幫、浙江十六幫，共船六百零五隻。其湖南幫業已逼淮，浙江幫過淮并過清江閘者八幫。據報提近瓜口河者三幫，其餘五幫仍加派大員前往嚴催，務令星速全數儹挽到壩，乘黃水未長，悉由清水送渡，以期早達天庾，斷不任片刻遲延。"（《先都御史公奏疏》卷十五）

65. 25 五月二十八日，因淮揚道嚴正基調補廣西右江道，其所遺員缺奏請於候補道路慎莊、蘇州府知府王夢齡中簡選一員陞署。（楊以增《揀員請陞要缺河道摺》，《先都御史公奏疏》卷十六）

65. 26 五月二十八日，上奏捐輸道員曹文昭、梁佐中試用期滿，均堪留工，奏請以河道補用。

楊以增《道員試用期滿留工摺》："捐輸道員曹文昭現年五十六歲，山西舉人，道光六年大挑一等，分發南河……捐輸道員梁佐中現年四十六歲，廣東舉人，道光十五年大挑一等分發南河……以上二員自到工後，經臣等委令催漕、協防大汛并委護道篆數月，經理均屬裕如。查河道均系煩缺，該二員由大挑來工，涪擢河廳要缺多年，捐陞道員，先後奉發南河，茲已試用期滿。臣等勘得曹文昭才具老練，諳習機宜，梁佐中心地樸實，明白工程，均堪留工，以河道補用。"（《先都御史公奏疏》卷十六）

六 月

65. 27 六月十二日，遵旨覆奏到任後曾試用疏沙器具，而民人馬咸齡所奏混江龍、石礧刷沙并無效用，請仍循照舊章，嚴防堤岸、務保漕運等情形。

楊以增等《遵查混江龍等法均無成效詳晰覆奏摺》："伏查黃河自發源以至海口奔騰數千里，挾沙而來，迅疾異常，合之則力猛以東趨，沙隨水去，分之則勢弱而流緩，水遏沙留，是以治河諸臣如前明潘季馴、我朝靳輔、張鵬翮、黎世序無不用束水攻沙之策，謹守堤防。至疏導之法，臣等歷考成案，康熙年間靳輔奏設浚船，原亦相助攻沙之意，但并未詳陳實效。……然此後條陳河工者往往仍以疏導爲言，即歷任河臣初到南河，亦每有所議，慮混江龍之笨重則改制揚泥車，諗鐵掃帚之質輕，則改制鐵篦子，窮極心思，力求治理。奈百法試行，均無成效。即如臣楊以增於履任後亦曾就河上現存各器具并仿製爬沙鐵抓，親往河濱歷加試驗，亦未見有益處，故未敢登諸奏牘。所有該民人請復混江龍舊法應毋庸議。又該民人所云'海口石礧旋轉裹沙'一節。臣等查河工并無此法，考之成案，亦無載記。而以情理度之，海口歸墟溜激，石

壘何能屹立海口？期在寬暢，又何可用石阻遏？所議更不足論。至所稱
'黃水潛從堤根透入民田，近堤居民知而不言，但圖興工得財，直以河
決爲幸'等語，此等愚民之見，容或不免。然兩岸大堤設立文武官員，
帶領兵丁堡夫終年在工，各有責守，實已星羅棋佈，處處有人。每遇大
汛，河水上灘，一有堤身窨潮行跡，即隨時分別修護，豈容透入民田？
即使有之，又豈民人所獨知而官弁皆不得知之理。……總之，治河無一
勞永逸之策，黃河挾沙而行，底淤日積，系屬勢所必然，但能河溜不
分，使之一氣歸海，則停淤日少，千百年來舍束水攻沙之外，別無良
法，臣等惟有率屬循照舊章，嚴防堤岸，務期平成永慶，上紓宸廑。"
（《先都御史公奏疏》卷十六）

　　五月辛丑（十五日）上諭："步兵統領衙門奏，民人馬咸齡呈遞奏
章，請復康熙年間混江龍、鐵埽刷沙舊法等語。著陸建瀛、楊以增即查
明混江龍等法於何年裁撤。從前有人條陳仍復舊制，因何仍不能行，歷
查舊案，詳細具奏。黃河形勢日淤日高，受病滋深，自宜力籌疏通海口
之策，務須體察情形，悉心籌度，以爲久遠之計。"（《清文宗實錄》卷
三三，《清實錄》，第 42761 頁）

65.28　六月十二日，上奏黃河接連漲水，河湖防守形勢嚴峻，現仍攙
護堤壩，發銀辦料，并俟重運渡完後啓壩分減，以保湖堤，務期工固
瀾安。

　　楊以增《籌防伏汛并水勢工程情形摺》："竊照黃河來源節據河南
陝州馳報，萬錦灘於五月初五、初九、二十三等日共長水六尺八寸，江
境黃河遂亦遞見加長，而歸墟勢湧，旋長旋消，積存無幾，足爲海口通
暢之徵。現查外南廳順黃壩誌椿存水三丈八尺四寸，各廳春修埽壩均已
一律完竣，續有刷蟄段落亦即擇要加廂。徐屬豐、蕭、銅、沛等廳地接
東豫，土性沙松，兩岸堤工向俱歲加酌修，今春亦循照擇估幫加，以資
捍衛。洪澤湖因蓄水濟漕，誌椿積存二丈一尺八寸，五月內消水五寸。
近日陰雨較多，淮源續漲，湖水仍復長回，且比前存加多，拍岸盈堤，
勢甚吃重。堰、盱二廳前此風掣石工均已補砌完竣，續後節次風暴，掣
工無多，乃本月初三日自辰至午陡起西南大風，兼之大雨如注，湖浪掀
騰，直過堤頂，石工大半入水，掣塌多段，僅賴子堰攔禦，危險已極。
幸未刻以後雨止風平，得以搶護穩定。……惟存水過大，風信堪虞，信

壩一處宣洩不及。一俟重運全數渡黃後，即酌量添啓壩河分減，以保湖堤。裏河廳束清壩爲湖水入運門户，前此西壩折展十丈，業經照舊補還，并將該壩後身及東壩舊埽刷蟄工段加廂高整。該廳及揚河、江運二廳承受湖水暢注，兩岸堤身被溜趨刷之處酌量護埽防風，并將舊埽朽蟄段落分別擇要補加。……各廳歲蕩各料自春修以來陸續廂用，所存無幾，不敷防汛之用……臣楊以增分別減准，發銀趕購。并發銀易錢，存於緊要各工，以備風雨黑夜，設有急需，堪資實用。"（《先都御史公奏疏》卷十六）

65.29 六月十二日，上報邳宿運河水勢陡漲，迅即啓放宿汛舊河尾洩洪，并批飭徐州道等妥慎辦理。

　　楊以增《運河情形片》："邳宿運河因大雨頻傾，東省山泉漲發，大泛口伊家河等處匯流下注，六月初三、四日河水陡長，黃林莊共長水八尺八寸，河清閘共長水九尺三寸，大溜奔騰，異常猛驟，各閘引渠啓放，尚不足以資分洩。各越壩漫刷沖塌，兩岸堤埽各工彌形吃重，竭力搶護。而察看來源尚旺，勢難容納，趕將宿汛舊河尾啓放，始稍平定……當經批飭徐州道督率該廳營等相繼妥慎辦理，刻當重漕在境，不得稍有忽誤。"（《先都御史公奏疏》卷十六）

65.30 六月十二日，督催雲南運銅船隻加緊北上，不准遲延。

　　楊以增《銅船隨漕北上片》："雲南各運銅船內吳鴻昌一起業已償進內河上行，奏報在案，其在後彭克俌一起，現亦催上清江閘，飭令隨漕上進。仍飛飭沿途文武迎提鄭訓奎、趙昆等各運船隻，嚴催星速償行，不准稍任藉延。"（《先都御史公奏疏》卷十六）

65.31 六月十三日，上奏自江揚兩廳西堤工程發銀勒限完工後，會同兩江總督陸建瀛嚴查工程，并將質量不符工員從嚴參處。

　　楊以增等上《驗收江揚西堤工程摺》："竊照淮揚運河一帶西岸堤工，臣陸建瀛於道光二十九年十二月，會同户部侍郎臣福濟籌辦河湖大局情形案內奏明擇要補築……本年臣楊以增接據江、揚兩廳稟報，通工一律修補完竣，即日於四月內先往驗勘。臣陸建瀛於五月十八日自揚起程，督催重運，順道查驗土石各工，均與原估丈尺相符，錐試亦屬飽滿，尚無草率偷減。惟江運廳境之第二分承辦工員候補州同龔之格、李庚堯、候補縣丞裘輔、王其瀚、候補州判倪輓，第二分承辦工員候補通判胡志章、宿遷北岸主簿倪楣、高堰經制效用荀繼順，第五分承辦工員候補知縣胡克文、郭世昌，第六分承辦工員候補縣丞邢寶第、林渭、候補未入流夏渭、俞元相、候補協防萬立鍋等碎石單薄，土工亦不堅實，與臣楊以增所驗相同。相應請旨將候補州同龔之格等十五員并一并革職，責令趕緊賠修，工完報請覆驗，再請分別覈辦。"（《先都御史公奏疏》卷十六）

六月壬午（二十七日）上諭："陸建瀛、楊以增奏驗收西堤工程，請將承修不力之工員革職賠修一折。江南江、揚兩廳西堤工程，據該督等先後親往勘驗，江運廳境各工間有碎石單薄、土工亦不堅實之處。所有承辦各工……著一并革職，責令趕緊賠修，工竣核實驗收。倘再有草率偷減等弊，即著嚴參懲辦。此項工程，前經奏明攤徵歸款，著免其造冊報銷。"（《清文宗實錄》卷三六，《清實錄》，第 42799 頁）

六月壬午（二十七日）"以修築江南運河西堤出力，予候補通判黃程直等陞敘有差"（《清文宗實錄》卷三六，《清實錄》第 42800 頁）。

65.32　六月二十八日，與漕督楊殿邦會駐河口，用灌塘法渡送重運漕船二百四十五隻及雲南銅船四起。至此重運漕船三千一百八十九隻全數渡黃完竣。同時因東省大雨，積極宣洩洪水，保護縴道，發放料物，務求濟運固堤，兩不相誤。

楊以增等六月二十九日《重運漕船全數渡黃摺》："竊臣前將五月二十八日止重運渡黃船數馳陳後，當即催提後船，本期全數清水送渡，奈江浙在後幫船因丹徒運河岸土坍卸、河道壅塞，經該府縣設法疏通，甫於六月初九日全行渡江，截至六月十五日掃數過淮。惟先於十二日黃水陡長，已形內灌，不能不將新草閘堵閉。計自五月二十九日至六月十二日，又清水渡黃船三百五十餘隻。一面飛催在後各幫過閘進塘，并以雲南各銅船鼓鑄攸關，必須隨塘灌放，而頭二三閘水勢懸殊，該運船板薄釘稀，難於逆挽，卸銅過閘，諸多耽延。臣陸建瀛於六月十七日折回揚州查驗江防各工，臣等於六月二十八日會駐河口，仍用灌塘舊法……將塘內所存之湖南、浙江等幫計船二百四十五隻并雲南委員吳鴻昌、彭克倜、鄭訓奎、趙昆正運、加運各銅船共四起，均挨次陸續放出渡黃，進中北上。……惟北運河於六月初三、四日因東省大雨，山泉漲發，河水陡長八九尺，即經運河廳趕啓各閘引渠并啓宿汛舊河尾，展寬至四十餘丈，水甫消動。乃旋又加長，來源旺極，趕緊添啓劉老澗滾壩，并啓駱馬湖尾閭各壩暨王家溝，以資分減。該境及中河廳兩岸堤埽異常吃重，均飭令分投防護，將舊埽分別補加堤身，被刷之處酌廂防風，務使保守緟堤，一律穩固，俾軍船償行無滯，并預發料物存於舊河尾等處，一俟暢消，即行察看堵閉，總期濟運固堤，兩顧無誤。"（《先都御史公奏疏》卷十七）

65.33　六月二十九日，上奏節交大暑，河湖并漲，及時啓放壩河，鑲修堤埽，終保修防平穩情形。咸豐帝對此高度重視，要求實力修防，并將損壞工程迅速上報。對楊以增此摺，咸豐帝非常重視，硃批："實力修防，不可徒托空言。查明卸石土工，速行具奏，以慰朕懷。卿等果能克勤克敬，則億萬生靈蒙福矣，勉之望之。"

　　楊以增等《節交大暑修防平穩摺》："江境大河於六月十八、九日長水五六尺，浩瀚已極，各廳堤埽工程彌形吃重。幸料物應手，隨時廂修，悉資抵禦。接據該管道稟報，間有對岸生灘河溜提移，如銅沛廳小店汛兵十四堡迤下、宿南廳周家樓汛佟家房、外北廳煙墩工迤下、山安廳下河汛張家莊、海防廳下河汛李家莊均系淤閉舊工，溜到刷出，潰及堤身；外南南岸汛王家房無工處所因大溜圈注，存灘塌盡，刷堤生險。以上情形皆屬緊要，當即趕廂新埽七十餘丈至一百三十餘丈，始克穩定。且據銅沛廳稟報，十八里屯滾壩因河水長逾定誌，業於六月十九日啓放過水，以資減泄而保上下堤工。日來漲水已漸消退，各廳一律平穩。至洪澤湖因上游淮源極旺，有長無消，以致高堰誌椿存至二丈三尺四寸，爲從來所未有。又值黃水大長，不能匯流入河，僅恃信壩一處，難資宣洩，而仁、義兩河及林家西壩各石底歷經啓放，沖跌深塘尚未修復，均難議啓。祇有禮字引河一處亦因跌損於，上冬奏准修復，今春發辦。本擬陞高五尺，改作滾壩，慮恐泄水不靈，是以仍照舊制修辦。……茲據稟報業已遵限於二十日將該河外越壩及裹首直壩一并挖通過水，湖水始克報定。下游江運廳境歸江各橋壩均已次第全啓，以免擁積。而二十三日西北風暴，大雨傾盆，堰盱大堤石工全行入水，湖漲掀騰，萬分危險，僅賴子堰攔禦。當經該廳營搶做馬鞍埽，并將仁、義、

智、林各河壩護埽塌卸卑矮工段分別搶補加廂。幸風勢未久，得以放手搶辦，化險爲平。"（《先都御史公奏疏》卷十七）

七月甲午（初十日）"兩江總督陸建瀛、江南河道總督楊以增奏節交大暑，河湖并漲，啓放壩河，修防平穩。得旨：'實力修防，不可徒托空言。查明蟄卸石工，速行具奏，以慰朕懷。卿等果能克勤克敬，則億萬生靈蒙福矣。勉之，望之！'"（《清文宗實錄》卷三七，《清實錄》，第 42811 頁）

七　月

65.34　七月初六日，邀郭沛霖、顔錫惠、存葆三京員至清晏園飲酒。

郭沛霖云："辛亥七月初六日，河帥楊至堂先生（以增）招余及顔又村（錫惠）、存秀巖（葆）三京員飲。座有淮揚觀察路小洲同年前輩（慎莊），席設署西清晏園。園中有湖，周廣一里許，荷花盛開。湖中有島，島上有亭。湖之北有堂五楹，題曰'荷芳書院'。周遭皆遊廊，奇石名花，隨宜佈置。列筵堂中，凉風襲裾，荷香撲鼻，談讌甚樂。酒酣，有鶴唳於北窗外，至堂先生曰：'此間有三鶴三鹿，皆前河帥所遺也。'眺南窗之外，見三鹿群遊島上，點綴園林，頗有山林之野趣焉。"（《日知堂筆記》卷上，第 143 頁）

65.35　七月十三日，奏報時届立秋，督飭南河河湖工員竭力修防，黃河河工防守無虞，運河各廳正在堅守，以保農田，同時加緊辦理漕船運行，終保伏汛安瀾。咸豐帝硃批："覽奏，各情形知道了。實力修防，毋稍疏懈，誠敬事天，篤念愛民，我君臣當共勉之。"

楊以增《時届立秋修防平穩摺》："江境前水甫消，後水踵至，上下各廳復又見長三四尺，臨黃埽壩日事廂修。據各該管道廳稟報，蕭南廳碭下汛張家寨新埽迤上、宿北廳皂河汛張家莊迤上、桃北廳崔鎮汛張家莊、海阜廳海南汛兵八堡均向無埽工，比因大溜趨注，存灘刷盡，潰及堤身。桃南廳龍窩汛魏家房淤閉舊工溜到刷出，情形均屬險要，趕廂新埽長五十餘丈至八十餘丈。又海安廳雲梯汛張家莊灘面本窄，因對岸生灘挑逼，日漸刷塌，勢甚吃緊，趕築土壩七道，一律盤頭，外抛碎石，現俱悉資抵禦。洪澤湖於加啓禮河以來，陸續共消水一尺三寸，誌椿現存二丈二尺一寸，仍屬拍岸盈堤。仰蒙皇上福庇，風雨無多，得以修防平穩。揚河、江運等廳承受湖源，日逐加長，高郵河湖已長至一丈三尺以外。幸西堤修整，兩岸工程尚不過形著重，所有南關、車邏等壩仍可堅守，俟處暑後再行酌辦，以保下河農田。至重運尾幫業已悉數挽進楊莊壩，催令星速上行，一俟全出江境，另行馳奏。邳宿運河前次節被漲水猛注，堤工潰刷，平水滲漏之處或廂做防風，或加堰幫餼。自添啓劉老澗滾壩後水始漸消，克臻穩定。該壩下東束水堤護埽先經廂修堅整，舊河尾刷寬止五十餘丈。現在重漕未完，誠恐宣洩太甚，致礙運行。前已預發料物，飭令徐州道督同該廳隨時察看水勢，相機分別收束堵辦，不任遲延。茲已時屆立秋，黃運河湖各工一律修守鞏固。"（《先都御史公奏疏》卷十七）

65.36　七月十三日，因河庫工需尚有額解二十餘萬兩未能到工，河工經費支絀，奏請動用上年減平銀兩以濟要工。咸豐帝專門指示查明遇閏添撥款項一事，工部上奏工款因工程大小而定，并非以日數多寡而定。

楊以增《額解未到借用減平銀兩片》："甫屆立秋，汛期正遠，黃河來源既難預定，洪湖水大，又值金風司令，在在堪虞，修防料物，不能不寬爲儲備。而河庫例收各處額解款項掛欠既多，即本年奉發大汛工需亦尚有未到者二十餘萬兩。河庫空虛，遇有急需，勢將束手。現惟恃有上年所扣減平銀十三萬八千餘兩通融支應，亦不過擇其至緊至要者酌爲分劑，其餘已准未發之款尚多，核計各省續到解款仍屬不敷。查向來遇閏之年南河於例撥之外均准添請銀四五十萬兩不等，本年系閏八月，秋汛尤長，但現在籌款維艱，臣不敢遽行援案瀆請，惟望從此湖漲日消，黃源不旺，竭力撙節修守，冀報安恬，上紓聖廑。"（《先都御史公奏疏》卷十七）

七月二十五日上諭："陸建瀛、楊以增奏南河工需情形等語。見在甫交秋汛，河湖水勢消長無定，惟當加意防護，不可稍失機宜。至所需款項，如果實系緊急，自應預爲籌備。但須力求撙節，不可開浮濫之端。著該督隨時查看情形，核實奏辦。其所稱向來遇閏之年，均有添請銀兩之處，著該部查議具奏。尋奏，查南河歷次遇閏舊案，或因黃運兩河異漲，或因運河兩岸要工皆系預籌要需，并非專爲遇閏請撥，不得援以爲例。河工錢糧原以工程之大小爲憑，非以日數之多寡爲計。請仍飭

該河督等力求撙節，以符定制。從之。"（《清文宗實錄》卷三八，《清實錄》，第 42825 頁）

65.37　七月十三日，因揚州府河務通判劉于淳於本年六月初十日丁母憂，所遺員缺，奏請由捐輸新遇缺通判又經大汛出力保舉不論班次遇缺酌量補用之張嘉琳署理。此請得到咸豐帝允准。

　　楊以增《揀員請陞河廳摺》："竊照揚州府河務通判劉于淳於本年六月初十日丁母憂……按截缺章程即以是日開缺。查該廳經管高寶運河堤埽磚石閘壩工程、催償空重漕船、啓閉蓄泄機宜，并管沿湖灘地事務，在在均關緊要，必得熟諳該處機務、誠實勤幹之員方克勝任。臣等於應陞應調人員中逐加遴選，非現居要缺，即人地未宜。……惟查有捐輸新遇缺通判又經大汛出力保舉不論班次遇缺酌量補用之張嘉琳，現年六十一歲，河南鞏縣貢生，捐納縣丞，投效南河。……該員老成明幹，熟悉情形，久任沿河縣汛要區，經理裕如。開缺留工後經臣等屢次差委，毫無貽誤。以之署理揚河通判，實堪勝任。雖與例稍有未符，而人地實在相需，例得專摺奏請。合無仰懇天恩，俯念河工要缺需人，准以張嘉琳署理揚州府河務通判，實於修防有裨。"（《先都御史公奏疏》卷十七）

65.38　七月二十三日，咸豐帝指示南河西堤工程仍免造冊報銷，并從嚴稽核。

　　七月丁未（二十三日）上諭："工部奏南河西堤工程銀兩是否仍造冊報銷，請旨遵辦等語。此項工程銀兩著仍遵前旨，免其造冊報銷。至南河工用，議定每歲以三百萬兩爲率，不准於定數之外任意浮加。該河督務當實力撙節，於借墊攤還之款，仍須認真稽核，毋得因邀免報銷，遂致工程草率，帑項虛糜，又滋流弊。"（《清文宗實錄》卷三八，《清實錄》，第 42824 頁）

65.39　七月二十九日，上奏節交處暑，河湖水勢消長，竭力修防平穩，并堰盱二廳風掣石工丈尺情形。

　　楊以增《節交處暑修防平穩摺》："立秋以後截至處暑日止，洪澤湖共又陸續消水一尺二寸，誌樁現存二丈零九寸……計高堰廳約共掣工長一千零二十餘丈，山盰廳約共掣工長四千七百五十餘丈，內高堰廳有新工長四十餘丈，山盰廳有新工長五百餘丈，均令原辦之員賠修外，計高堰廳掣塌舊工約長九百八十餘丈，山盰廳約掣塌舊工長四千二百餘丈，并有新工下帶塌舊工，其層路多寡及實在丈尺俟霜降後再行確切查量，以昭核實。……山盰信壩禮河泄水尚暢，惟過水猛驟，均虞壩底受傷，擬再消二三尺即察看次第酌堵。而壩水下注，寶高邵伯諸湖由各港口流入運河，揚河、江運兩廳長水甚驟，久將歸江各路一律啓放。昨復將上游各閘洞全行啓泄，無如消不敵長，風雨時作，堤埽均甚吃重。高郵南新中軍等壩已逾啓放水誌，因壩下農田正當成熟，是以堅守未啓。茲節屆處暑，早中禾業已收穫，壩下受水之地尚不種植晚稻，現已會商飭廳酌啓車南等壩，以資宣洩而保堤工。至黃河來源續准東河咨報，武陟沁河六月二十八日起至七月初七日止，共長水六尺五寸，河南陝州馳報萬錦灘黃河七月十四、十七等日共長水九尺，以致江境各廳陸續長水五尺餘，外南廳順黃壩誌椿積存四丈四尺，比伏汛盛漲僅小二寸。上自豐蕭，下至安阜，伏汛間有漫灘之處尚未消盡，又復長回，串注堤根，殊虞風浪。已擇緊酌廂防風，以資搪護。其有河流提移坐灣塌灘近堤各處，均飭深重備防，不准輕率動料。惟邳北廳董家堂汛舊七壩、桃南廳煙墩汛鮑家房均系淤閉舊工，茲因溜勢趨注存灘，舊埽碎石全行刷塌，潰及堤身，情形險要，當即趕廂新埽長四十餘丈至五十餘丈。睢南廳王家堂汛夫七堡向無埽工，現因河溜下移，存灘塌盡，刷及堤坡，趕築土壩十一道，盤做柴頭，外抛碎石，均已得臻穩定。茲長水漸消，仍督飭河湖廳營不任稍有疏懈。"（《先都御史公奏疏》卷十七）

65.40　七月二十九日，與漕運總督楊殿邦將漕船九十八幫、三千二百三十五隻，掃數全部催出江南黃林莊，同時加緊整修閘壩護埽等工程。

　　楊以增八月初十日，《漕船出境并啓閉閘壩摺》："竊照本年重運漕船於六月二十八日掃數渡黃完竣，即經會摺奏報在案。隨將各船挽進楊莊頭壩，派委該管道將督率廳營縣汛委員等催儹北上……惟近時雨大，東省山泉歷次漲發，匯流入運，兩岸堤埽出水無多，甚形吃重，軍船逆流上挽，亦甚費力。前啓宿汛之舊河尾展寬至八十餘丈，各閘越壩俱全行啓泄，加以劉老澗、王家溝先後啓放，仍復消不敵長，來源浩瀚已極。嗣於尾漕行過中河，即添啓桃汛半路劉滾壩，并將壩下遙堤及六塘河南提裏頭雁翅護埽蟄矮工段加鑲高整，分泄尚暢，而河水仍未大落。復於七月二十二日將清汛雙金閘鉗口壩啓放，該閘本爲減漲下注鹽河，出運淮北引鹽、左營蕩柴之用，所有閘基及上下鉗托各埽壩并遥堤迎水護埽等工先經鑲修堅實，放水後鹽河南岸舊埽蟄卸段落亦即補加捍衛。嗣因黃水見長，誠恐內漾澄淤，旋將楊莊頭壩堵閉，跟澆後餞，足資攔禦。茲據徐州道廳等稟報，重運尾幫業於七月二十九日催出江南黃林莊境，連黃河以北兑開閘船隻，統共船九十八幫計三千二百三十五隻，掃數全竣，比道光二十八年七月十一日全漕出境今遲十八日，於二十九年七月二十九日全漕出境日期相同，比三十年八月十五日今計早十六日，水手人等俱屬彈壓安靜。"（《先都御史公奏疏》卷十七）

65.41 是夏，黃河泛濫，時有人建議於山陽西鄉開孔洩洪，楊以增徵詢丁晏意見，丁晏力陳其弊，洩洪終未施行，山陽人士無不感念其德。

丁晏《覆裏河分府于湘山司馬書》："……設四孔洞，每洞口門六尺，與天妃大閘金門相埒，西鄉將爲澤國，同鄉士民紛紛驚詫。弟雖未列名公牘，而城鄉之人走相告語，弟亦爲之不安。是以不得已面肯至堂河帥，蒙允不辦。同鄉聞之，歡呼感激，如獲再生。"（《頤志齋文抄》，咸豐五年頤志齋刻本）

丁壽恒等編《柘唐府君年譜》"咸豐元年"條云："時河未北徙，連年運水漲漫。有議於頭壩開設四孔以泄盛漲，山陽西鄉將成澤國。楊端勤公詢府君，力陳其弊，舉乾隆初衛太守（哲治）永閉雙孔閘碑記爲證。端勤公即停止，以順輿情。"（《柘唐府君年譜》，《北京圖書館藏珍本年譜叢刊》第148冊）

八 月

65.42 八月初十日，上奏七月底以來黃河接連漲水，洪澤湖湖堤吃重，均督飭隨時趕鑲黃河埽工，并啓放車邏壩，加緊修築湖堤，河湖水勢防護平穩。

楊以增《河湖水勢情形片》："萬錦灘黃河於七月二十九日長水五尺五寸，以致江境上下各廳又見長水三尺內外，秋水迅利，搜刷埽根，臨黃埽壩多有見蟄，均經隨時廂修鞏固。宿北廳古城汛董家房淤閉舊工溜到刷出，腐底潰盡。幸料物應手，趕廂新埽長七十餘丈，得資抵禦。
洪澤湖現已消存二丈零八寸，八月一二日東北風暴作，後轉西北，石工
間有續掣，情形尚輕，均令隨時搜護……下游揚河、江運二廳承受洪湖
減水，高郵誌椿長至一丈五尺六寸，兩岸堤工甚形吃重。時逾處暑，壩
下向種早中禾均已收穫，當飭該廳營於七月二十八日先將車邏壩啓放。
乃啓壩三日，僅消水二寸。值八月初二日，西風暴雨，寶應邵伯諸湖浪
若排山，潑過西岸堤頂，湖河相連，東堤出水無多，趕緊撥銀搶加子堰
酌廂防風，并派令淮揚道路慎莊前往督率搶辦，一面將五里中壩拆啓，
分減上下水勢，甫得見消尺許。……據稟金灣壩下撐堤接連民堰，風浪
潰刷，情形險要，已委常鎮道姚熊飛、淮揚遊擊安振業前往督辦，務期
一律搶護平穩。"（《先都御史公奏疏》卷十七）

65.43　八月十五日，因江運廳所管撐堤民堰漫水，楊以增於是日親往
督辦，在工程過半之後，於二十四日離開工地。并限期完工，所用銀兩
由相關人員分賠。

　　楊以增八月二十七日上《六閘漫口定限堵築片》："江運廳所管撐
堤民堰漫水，臣於八月初七日接據該廳營稟報，當即派委淮揚營遊擊安
振業前往，并劄該管常鎮道姚熊飛會同查辦，已於奏報白露節河湖水勢
摺內聲明在案。嗣臣於八月十五日親往督辦，并調事簡廳分之守備千把
兵役先後到工，晝夜趕辦，二十四日臣自工次折回，工程業經過半。諄
囑常鎮道姚熊飛督率委員徐州府知府鍾殿選、揚州府知府張庭瑞、遊擊
安振業等克期催督，計八月內可以告竣。至事出倉猝，所用銀兩先由河
庫墊發，仍由前同知彭以竺及署同知朱忻、守備蔡觀賢分賠歸款後，再
行分別核辦。"（《先都御史公奏疏》卷十七）

　　閏八月甲申（初一日）上諭："陸建瀛等奏參修守不慎，致河堤漫
塌之道廳官員，請分別革職摘頂、勒限賠修一摺。據奏八月初一、二等
日，西北風暴大作，江運廳屬甘泉縣境閘河內之撐堤搶禦不及，致漫溢
潰塌二十餘丈，民堰十餘丈。前江運廳丁憂同知彭以竺於修築大堤未能
一律如式。偶遇風暴，即節節危險，以致接任之員會營搶護，無暇顧及
閘河，實屬咎無可逭。彭以竺著即革職，接署江運廳同知朱忻、江防營
守備蔡觀賢於彭以竺修築不能如式，及有無庫項未消，未能即日通稟。
該管常鎮通海道姚熊飛於彭以竺經手工程錢糧，未能核實辦理，均有應

得之咎。朱忻、蔡覲賢著一并革職，暫行留任。姚熊飛著摘去頂戴，勒限賠修。如逾限不完，即將該廳營嚴參治罪。"（《清文宗實錄》卷四一，《清實錄》，第 42854 頁）

閏八月丁亥（初四日）上諭："楊以增奏趕辦民堰漫水工程，請飭河員分賠歸款等語。江運廳撐堤民堰經該河督親往督辦，計八月內業已竣工。所用銀兩准其先由河庫墊發。仍著前同知彭以竺及署同知朱忻、署守備蔡覲賢等分賠歸款。"（《清文宗實錄》卷四一，《清實錄》，第 42856 頁）

65.44 八月二十四日，接徐州道稟報，八月二十日豐北廳豐下汛兵三堡漫水，立即由江運廳折回，八月二十六日趕到清江，隨即星夜渡黃北上，查勘情形，辦理搶險工程。咸豐帝接報後命其與兩江總督陸建瀛加緊辦理，并嚴查責任。

楊以增八月二十七日《白露後黃水大長豐北三堡堤工漫水摺》："竊臣於江運廳工次連接黃河水報自十三白露日起逐日加長，旋據河南陝州兩次馳報，萬錦灘八月十四日長水五尺五寸，十六日未時又長水三尺五寸。又據東河黃沁廳呈報，沁河十四卯時長一尺二寸，巳時又長水一尺二寸各等情，以致江境各廳亦共長五六七尺不等。節據各廳稟報，此次長水因前水尚未消盡，後水踵臨，奔騰浩瀚，較伏汛爲尤甚，上下灘面普律漫抵堤根，各廳紛紛報險，均經批飭各道督同廳汛分投竭力搶護。并據桃北廳稟報，黃家嘴汛兵九堡向無埽工，大溜趨注，存灘塌盡，潰及堤身，情形險要，趕廂新埽長四十餘丈，始得平定，復飭參將呂邦治前赴下游山海安阜等廳督同搶險。臣正在懸系間，接外南廳二十一日午刻報單水消尺餘，方深欣幸。乃晚水又報消水二尺餘寸，消之太驟，亦有可疑。二十四日又接二十二、三日水報，共又消四尺餘寸。并接徐州道沈濂、淮徐遊擊闞興邦來稟'豐北廳爲黃水入江門户，此番來水過猛，實有容納不及之勢，當經分投搶加子堰，至二十日寅時，風雨交加，陣溜抬擁，高過堤頂，豐下汛兵三堡以上無工處所已在漫水，堤下居民人夫見此大水，又皆各顧身家，自爲搬移之計，情形十分危險'等語。臣接稟之下，驚駭難名。一面飛飭該道將督率廳營等鼓勵兵夫，竭力搶辦，一面將六開下堵工事宜責成常鎮道及遊擊安振業督理。臣即於二十四日自江運折回，復於途次先後接該道廳稟報，豐北漫水處所堤身坐墊已刷寬四五十丈。該處相距清江六百里，臣心急如焚，二十六日趕到清江，隨即渡黄星馳北上，并飛飭該道府等將被淹村莊妥爲撫恤，不使一夫失所，容俟到工確勘情形，再爲詳悉繪圖具奏。伏查嘉慶元年豐北六堡漫水系由豐縣趙莊河、沛縣食城河下注微山湖，水至湖邊已漸澄清，旋啓藺家山壩宣洩湖水，由運達駱馬等湖入六塘河歸海，并於徐州子房山桃源汛顧家莊等處疏引入黄。而邳宿運河之水仍由中河楊莊壩外出，回空漕船照常行走。茲豐下汛兵三堡與從前漫工相去不遠，臣謹當仿照辦理。如有今昔情形不同，隨時相度妥籌奏辦，以期無誤回空。"（《先都御史公奏疏》卷十七）

閏八月丁亥（初四日）上諭："楊以增奏豐北廳屬堤身坐墊現在趕辦情形一摺。據稱本年黄河水勢自白露節後逐日加長，八月二十日寅時風雨交作，河水高過堤頂，豐下汛兵三堡迤上無工處所先已漫水，旋致堤身坐墊，刷寬四五十丈，現經該河督馳抵該處，先飭查明被水村莊，妥爲撫恤，并查照嘉慶元年豐北六堡漫水成案辦理。著陸建瀛、楊以增嚴督廳汛各員將現在漫口趕緊盤裏，應辦各工迅即興築。儻搶護遲延，致漫口刷寬愈甚，回空漕船或有貽誤，惟該河督等是問。并著查明此次墊堤是否實系無工處所，毋得藉詞掩飾。其疏防之該管文武各員，著即嚴行參奏。"（《清文宗實録》卷四一，《清實録》第 42856 頁）

閏八月

65.45 月初，寄信包世臣，詢以豐北決口後治河之策，包世臣爲此專門覆信，提出治河建議。

包世臣《覆楊河帥書》："江東布衣包世臣謹再拜上復至翁侍郎節使閣下：初六日二炮接奉手諭一通，敬悉一切。此間謡傳百出，迄無定説。大約以沛縣失守、東省穿運二事爲最重大。初三日接迦河廳稟云：'二十三日晚昭陽湖陡漲四尺餘寸，韓莊一帶文報斷絕。'爲有明文。如該廳所稟，則穿運在所不免，但不知是否衡、馬兩工舊路，或又在分水之南，合汶沖開戴村壩，下大清河，則東省被災情形與嘉慶廿四年不相上下。此間傳説災民渡黄至徐城者不下十萬，語言慢肆，此亦勢所必至。當此之際，只有褒如充耳，更無能與校論是非。至上口門相度，既不能以遙度傳聞之言入告，亦不可冒昧前進，總要揀地方官平日不與百

姓爲仇敵者一二人先去安撫。聞有遣武巡戈什哈至口門，帶畫手繪圖貼
説附摺之説，此似不妥。此間當事稟白之言，向無確切可靠者，何況官
人平日門下之人，除東省鄉誼之外，無不屈指禱祀閣下陞調者，何況此
時？若竟據官人復稟入摺，將來星使按臨，水勢圖式不符，真乃授人以
柄。閣下生平極愼，無煩世臣贅及也。制府聞有今日抵浦之信，想必星
駕北轅兩府臨工以定壩基，爲第一義。"（《安吳四種》卷七下）

65.46　閏八月初四，堵合江運廳境六閘内撐堤漫口。

閏八月丙午（二十三日）上諭："陸建瀛奏六閘漫工堵合一摺。前
因江運廳境六閘内撐堤漫溢潰塌，降旨責令廳營賠修。茲據奏稱購集料
土，刻日興工。經河督及該督先後駐工督辦，已於本月初四將漫口堵
合。所有被淹災民仍著飭令該府縣妥爲撫恤，毋令一夫失所。"（《清文
宗實録》卷四二，《清實録》，第 42873 頁）

65.47　閏八月初七日，於是日上《勘明豐工漫口情形及宣洩撫恤各事
宜摺》及《捐銀撫恤災民并啓放順清河片》，勘明豐北漫口及河流出槽
走勢，上報州縣過水情形，并將漫口相關人員從嚴懲處。同時復捐廉銀
五千兩，以賑濟災民。此次豐北漫口後，咸豐帝大爲震怒，於《勘明豐
工漫口情形及宣洩撫恤各事宜摺》硃批："流離失所，皆朕之德薄所
致，爾若不激發天良，何顔對朕？若入奏稍有不實，是增朕之過也，稽
首籲天，夫復何言！"并接連頒下上諭稱："此次豐北三堡黃流漫溢，
口門已塌寬一百八十餘丈，大溜全行掣動，民田廬舍多被淹浸，所謂保
障斯民者安在耶？"對楊以增予以嚴譴。除照楊以增所請，對南河各屬
員嚴加懲處外，并對楊以增本人處以摘去頂戴、交部議處的處罰。

楊以增《勘明豐工漫口情形及宣洩撫恤各事宜摺》："竊臣前在江
運工次接據豐北廳漫溢之信，折回清江浦，於八月二十七日具摺馳報
後，即連夜起身，由浦至工，計六百餘里。途次迭據道廳續稟，口門大
溜全行掣動，迤下正河業已斷流，聞之心膽俱裂。因念漫水以微山湖爲
歸宿，而微山湖水據迦河廳稟報本在積長不消，閘壩皆已啓除，民田廬
舍亦多淹没，此尚系八月二十日豐工未漫以前情形。再加黃水下注，必
更四處漲溢．通盤籌畫，自廳在江境下游，多方宣洩。隨經遴委幹員分
投前往，會同該廳營將應疏應啓之處飛速趕辦，且慮及清水下注猛驟，

邳宿運河不能容納，必於縴道有礙，亦即飭該管廳營務將串運之水設法令其多歸駱馬湖，不使全行入運。目前漫口已成，總以兩省運道本年毋誤回空爲當務之急，凡思慮所及者，皆於途次分別劄飭廳營暨委員勘辦。行抵豐北兵三堡，督率道將廳營，勘得該處土性沙松，緝量口門，已塌寬一百八十五丈，水深三四丈不等。東西盤裹壩頭，不日完竣，不致續塌。并據道將指稱白露後河水復漲，較伏秋大汛及上年極漲時尚大二三尺，拍岸盈堤，上下各工同時著險，勢將普漫，當經分投加築子堰，竭力搶護。詎二十日寅時風雨交加，陣溜抬湧，高過堤頂，該處地當兜灣，窩浪尤甚。其時堤下附近居民人夫睹此異漲，情知難以保守，均各自顧身家，不復幫搶。在官兵役於疾風暴雨之中捨命搶護，無如所加之土不敵擁漫之水，兵三堡迤上無工處所遂於辰時湧漫坐蟄過水，委屬人力難挽。幸附近居民均已搬移高阜，并未損傷等語。其漫口以下委員乘舟查探，以沛縣爲頂，沖溜分兩股。一由華山行走，一由成山行走，自漫口至湖，遠至百餘里及八九十里不等，濁流散漫，漸即澄清，由湖溢出者皆系清水。沛縣城内居民早經聞信，搬移附郭之戚山及城上居住，并未傷人。城内水深四五尺不等，倉庫獄囚皆經沛縣知縣景步逵保護無虞。豐縣城池又在西北，并未被水，其委員未到之處容另確查。先是徐州道府廳員捐銀往沛縣等處多催小船安撫，臣抵工後復捐廉接濟應用，務期不致失所。仍飛移江蘇、山東撫臣委勘撫恤。現據各廳營並委員先後稟稱，銅沛廳之藺家山壩業經啓放，俾由荆山橋河而達邳宿運河。宿遷以上本無堤工，即將運河多餘之水宣入隅頭、駱馬等湖，而入六塘河下注歸海。其運糧正河之水照常流行，亦虞過大。所有舊河尾、劉老澗、駱馬湖尾閭各壩先因東省山泉漲注，久經啓泄，向年每至秋深源弱堵蓄濟漕。此時來源既旺，均仍留其分減。凡有關於運行之處均妥爲籌辦，斷不致有誤回空。一面劄飭道將等將漫工應需料物若干，即搏節確估。并查勘口門以下正河受淤淺深應如何挑浚，星速具稟，以憑酌辦。……此案專管之豐北廳通判王熙善、豐北營守備郝瀛東應請旨即行革職，枷號河干，以示懲警。豐縣主簿鐘乃澄、豐下汛把總李廣愛、協防朱保珍請旨一并革職，均俟工完後照例辦理。兼轄之徐州道沈濂、河營參將呂邦治、淮徐遊擊闞興邦均請旨革職，暫行留任，責令隨辦堵工，不使置身事外。臣渥蒙倚畀，任重全河，乃督率無方，致有豐北漫口之事，悚惶愧懼，無地自容，惟有仰懇皇上將臣交部治罪，以爲貽誤

河工者戒。"（《先都御史公奏疏》卷十七）

楊以增《捐銀撫恤災民并啓放順清河片》："被水災民以沛境爲重，救援拯濟刻不容緩。經徐州道府各廳員於一經漫口之際即公捐銀一萬兩，由署知府許楗親率員役，攜帶饃餅席片錢文，多備小船，乘往沛縣各處被水村莊散給救護，并購麥四百五十擔，分投散放。臣抵工後復捐廉銀五千兩，接應散放。現據河庫、淮揚、淮海各道並各廳共湊捐銀六千兩先後解工應用，得以源源接濟，不致失所。並據該府稟報，現在該災民等業已陸續分散各集鎮，及回歸本莊，約已散去大半，仍飭各該縣確查詳辦。"（《先都御史公奏疏》卷十七）

閏八月甲午（十一日）上諭："楊以增奏馳抵豐北兵三堡，勘得口門續經塌寬至一百八十五丈，水深三四丈不等。現在大溜全行掣動，迤下正河業已斷流，被淹地方居民罹此凶災，流離失所，朕心實深憫惻。著該督撫等迅速籌款派員，妥爲撫恤，毋令一夫失所。河溜現已分作兩股，所擬啓放各壩并勘估各工均著趕緊籌辦，仍嚴飭道將等將東西盤裹壩頭竭力保護，儻再有疏虞，或致貽誤漕船回空，該河督等自問當得何罪耶？所有專管廳汛疏防失事之豐北廳通判王熙善、豐北營守備郝瀛東著即行革職，枷號河干示衆，豐縣主簿鍾乃澄、豐下汛把總李廣愛、協防朱保珍著一并革職，兼轄之徐州道沈濂、河營參將呂邦治、淮徐遊擊闞興邦均著革職，暫行留任，責令隨同辦公，不使置身事外。楊以增身任河督，未能先事豫防，實難辭咎，著摘去頂戴，與兼管河務之兩江總督陸建瀛交部分別議處。另片奏沛縣被災較重，先行捐銀拯濟，並啓放外南之順清河，使湖水刷滌河身等語，均著照所擬妥速辦理。"（《清文宗實錄》卷四一，《清實錄》，第42861頁）

同日上諭："楊以增奏勘明豐北漫口情形，并繪圖貼說呈覽。此次豐北三堡黃流漫溢，口門已塌寬一百八十餘丈，大溜全行掣動，民田廬舍多被淹浸，所謂保障斯民者安在耶？現在辦理堵築，需用浩繁，國家經費有常，豈能任貽誤各員殃民糜帑？應如何分別罰賠及設法籌款之處，著該督等迅即悉心籌畫，妥議具奏，務當激發天良，撙節核計，毋得稍有浮糜，重干咎戾。"（《清文宗實錄》卷四一，《清實錄》，第42862頁）

閏八月丙申（十三日）上諭："前據楊以增奏豐北三堡黃流漫溢，朕心實深焦灼。著瑞常於場事完竣後回京路過徐州，即前往豐北一帶訪察：該處漫口是否實系無工處所，究系何員貽誤；所報口門塌寬一百八十五丈是否屬實，先辦裹頭已否完固；其民田廬舍淹浸若干，被水居民如何安撫；沛縣一帶村莊被災尤重，現在情形如何；饑民衆多，有無匪徒乘機搶掠，滋生事端；陸建瀛計已馳抵工所，現與楊以增如何籌畫經費，核實辦理；至河流串入運道，於回空漕船果否有礙？以上各情節著瑞常逐一詳細查明，迅速由驛具奏，以慰朕心。楊以增先後奏到摺片，并諭旨二道，均抄給閲看。"（《清文宗實録》卷四一，《清實録》，第42865頁）

閏八月辛亥（二十八日）上諭："御史吳若准奏江北疊被水災，請派大臣籌辦賑撫一摺。南河豐北廳屬堤工漫塌，節據陸建瀛、楊以增先後奏報情形。朕念江南、山東兩省被淹地方小民蕩析離居，深堪憫惻。迭經降旨，飭令陸建瀛、楊文定、陳慶偕各將境內災黎速行撫恤。并諭知瑞常於江南試差回京之便，親赴豐北一帶查勘漫口并被災情形，據實奏聞。該督撫等職在牧民，責無旁貸。著仍遵前旨，督飭地方官妥爲撫綏，實力籌辦。儻有玩視民瘼，或假手吏胥，致啓侵吞克扣等弊，即著指名嚴參。該督撫等如有心徇隱，經朕訪聞，或別經發覺，朕必另派大臣前往查辦，并將該督撫懲處不貸。至豐北三堡漫塌口門，前據楊以增奏稱現寬一百八十五丈，東西盤裹壩頭，不致續塌。何以該御史奏稱口門有三四百丈之寬？著陸建瀛等迅即確查具奏。"（《清文宗實録》卷四二，《清實録》，第42880頁）

光緒《清河縣志》卷十七《事蹟》："楊以增字至堂，聊城人，喜讀書，尤深於經學。舉進士，由貴州知縣積官江南河道總督，當官勤慎自守。初爲甘肅按察使時，林公則徐巡撫陝西，嘗舉以自代，疏言以增'誠正清勤實，爲臣所不能及'，其見推挹如此。咸豐初，河工當彫敝之後，百務廢弛，河帑發官票，以增力爲撙節，凡事必求有濟於實用而止。豐工之決，以爲法應遣戍，檢行李，載書盈箱，備道塗省覽，意曠如也。上知非其罪，命視事如初。"

　　按：咸豐帝於豐北三堡漫口，一方面對楊以增、陸建瀛等相關官員予以嚴處，一方面積極安排應對事宜。同時對楊以增所奏漫口情形并未全信，深虞楊以增避重就輕，有所隱瞞，因此指示常瑞順路於漫口一帶查訪實情，并上報楊以增、陸建瀛等人之應對措施。

在御史吳若准上奏口門塌寬達三四百丈，而非楊以增所奏之一百八十五丈後，又頒諭指示陸建瀛查奏。於此既可見咸豐帝對此次漫口異常關注，同時亦可見咸豐帝對楊以增所奏並未全信，其舉措之中頗寓使諸大臣層層鉗制之意。

65.48　閏八月初七日，上奏請撥來年歲料銀兩一百二十萬兩，以購備搶修埽壩各工應需料物。

楊以增《請撥歲料銀兩摺》："現在節逾秋分，新秸登場，蘆柴倏亦采刈，所有來年歲料銀兩亟應乘時請撥，於九、十兩月陸續解到，俾得及早發辦，從容購儲。……仰懇皇上天恩俯准敕部於就近藩關各庫撥銀一百二十萬兩，速解河庫，由臣督率各道查明各廳存料多寡、工程繁簡，酌定備料數目，俾乘時趕購，勒照例限，全數到工，再行逐細確查，堅實堆儲，以重帑項而資工用，實於修防有裨。"（《先都御史公奏疏》卷十七）

65.49　閏八月初七日，因南河庫項支絀，請將上年借撥銀款分別緩扣准銷，以保障南河河工開支之用。

楊以增《借撥銀兩請分別緩扣准銷摺》："查前借二十七、八年減平未扣兩限銀十二萬兩，業於現請來年歲料內遵照部議聲請縮扣六萬兩在案。其借動二十九年減平銀兩若同時請扣，則庫儲益絀，不敷支應，擬請仍照前奏，俟二十七、八年減平扣清後再行接扣。至前借淮揚等關銀二十二萬五千兩內還過淮關銀二萬兩，嗣又撥還龍江關銀四萬五千兩，實仍欠淮關銀十萬兩、揚關銀二萬兩、兩淮鹽務銀四萬兩，均系借墊王營減壩暨揚河西堤之用，應由捐輸項下歸款。而捐輸銀兩已為減壩西堤及山海土工動用無存，應俟各項工程銀數核定後再行分別劃還，各歸各款，不致久懸。又上冬奉准部撥銀三十萬兩，系奏明修復山盱壩河、中河縷堤，共實請銀五十萬兩，奉部減准撥銀三十萬兩，今分年扣還等因，自應遵辦。惟所撥既不敷所用，若再將向准專款發辦之山盱壩河、中河縷堤銀兩并作借撥分扣，則每年扣數太多，例用更形缺乏，實與修防有礙，請將此項銀兩仍照舊章作正開銷……臣自道光二十八年冬履任以來，遇事講求，力圖節省，本冀水準工少，逐漸補苴，奈連年河湖水漲，逾於往時。水大則工多，工多則用廣。祇能節可省之浮糜，斷難置要工於不辦。……但以有定之錢糧而供非常之工用，掩前挪後，已屬節節艱難，若再於例撥款內同時多扣，則辦公更必掣肘，殊於通工大局關係匪輕。復核該道等所詳委屬實在情形，惟所欠淮關銀十萬兩及揚關二萬兩、鹽務四萬兩所請全行緩還，未便照准，擬將淮關銀十萬兩仍飭河庫道即日解還。至南河捐輸共收銀六十二萬六千二百餘兩，內揚、江兩廳西堤除以歲修一萬五千兩充抵外，實計用銀二十二萬餘兩，外北王營添建滾水石壩等工約用銀二十餘萬兩，山、海、安、阜土工奉部准借約銀二十萬兩，計捐輸銀兩除工用外，尚屬不敷，今擬先還淮關銀十萬兩，其前借揚關及鹽務共銀六萬兩，俟減壩西堤核定後再行籌還。”（《先都御史公奏疏》卷十七）

65.50　閏八月初七日，命楊以增等辦理調整河庫道職責及將南河錢糧分交各道庫收放事宜。

閏八月庚寅（初七日）上諭：“御史張灃翰奏河工道缺職掌今昔情形不同，請分別歸并改隸以專責成一摺，另片奏南河錢糧事宜請照東河之例，分交各道庫收放，並將河庫道改爲題調缺等語。著陸建瀛會同楊以增悉心體察妥議具奏。尋奏，南河庫道一缺因係清黃交匯之處時有要工，未便照東河例將錢糧分儲各道。惟察看情形，本有改并之議。擬於每年額費三百萬兩內提銀數十萬兩專儲河督衙門，遇有急工隨時奏明酌提。得旨：‘妥議章程，必期可垂永久。’”（《清文宗實錄》卷四一，《清實錄》，第 42860 頁）

65.51　閏八月十五日，命福建按察使查文經赴豐北協助辦工。

八月戊戌（十五日）“命福建按察使查文經馳往江南，隨同兩江總督陸建瀛辦理豐北河工。”（《清文宗實錄》卷四一，《清實錄》，第 42867 頁）

同日“江蘇布政使武棠因病解任，以江蘇按察使聯英爲布政使。調福建按察使查文經爲江蘇按察使，以江西督糧道楊培爲福建按察使。”（《清文宗實錄》卷四一，《清實錄》，第 42868 頁）

65.52　閏八月二十五日，上奏豐工漫口堵築工費，經再三核減，請撥工程專款四百五十萬兩，并聲明和歷次興辦大工相比，已屬大爲節省，懇請迅即撥付，以儘快開工堵口。

　　楊以增《遵勘豐工漫口工程撙節估計摺》："伏查向來辦堵漫工，其大壩皆就淺水處圈越。壩身必須寬厚，始足堵截橫流，而尤在引河格外深通，方能力挽回瀾，復歸故道。又從前河工堵築漫口，總系民料民夫，其後酌定給價。……此次漫口飭據該管道府帶同熟諳備弁勘得金門現寬一百八十五丈，水深三四丈，勢難直堵，惟有向南圈越。距正堤四百一十九丈，土性稍堅，擬於此建壩基，其迤南河流坐灣深水處所作爲引河頭，對直西岸，則築挑水壩。逐細估計，正壩水面寬至三百零三丈，兩邊皆有淺灘，擬兩頭酌估土心，外廂護壩以資節省。中間正埽、上下邊埽、壩尾護埽并挑水壩一道，寬長高深牽算，共單長四十萬零六千八百三十八丈，合正料八千一百三十六垛，連雜料土方約共需銀二百四十四萬零八百兩。引河頭估長七百八十八丈，形勢頗順，比較道光二十二年桃北蕭工估挑土方可省一倍。惟迤下長河挑工較巨，擬即擇要興挑，計長一百八十里，共需銀一百八十八萬八千兩。又東西越堰壩基上下夾土壩、土心大壩裏戧等工及搶挑引河頭清水塘并下游溝工、溝線等項，約需銀五十七萬兩。三共銀四百八十九萬八千餘兩，均系比照歷屆成案從省減估，開摺具稟前來。……當此制用孔亟之時，臣等深知經費支絀，何敢稍任浮糜？無如工程緊要，克減太過，將來一簣功虧，更無以仰對君父。且計時已近霜降，距春令雨水之期不過百餘日，集料雇夫，在在緊迫，臣等輾轉籌思，焦灼萬狀，公同商酌，擬減爲四百五十萬兩，萬不得已據實籲懇天恩，俯念關係運道民生，恩准敕部如數撥銀，趕於九月二十日左右到工，以便放手興辦。"（《先都御史公奏疏》卷十七）

65.53　閏八月二十五日，上奏酌議工需借墊彌補章程，以免因銀錢不能應手，影響大工。

　　楊以增《酌議工需借墊彌補章程摺》："查黃河情形南北兩岸不同，南岸有民田，尚無運道，雖有失事，可議緩堵。北岸則切近運河，關係較重。現在疏通下游，水由六塘河歸海，江境縴堤逐漸涸露。東省自濟寧迤下亦屬順流，回空軍船足可無誤，至來年重運渡黃，總在伏汛前後。一遇盛漲，重船逆流而上，勢有不能。且民田又淹，撫恤亦非易事。誠如聖諭，必應迅速興筑，以塞來源。而銀錢不能應手，臣等籲懇敕部撥解，即蒙俞允。到工總需時日，遲誤堪虞，茲擬借墊兩條：一、江蘇兩藩司運司、上海、常鎮、江安糧道并兩織造、淮關安徽之廬鳳、蕪湖兩關各庫無論正雜款先行撥用；一、現請來年歲料尚未奉撥，早晚接准部咨，即飛提來工，先儘急需，統俟請撥款到，核明應銷者銷，應還者還，以上兩款約數不過百餘萬，秖可作爲開廠購料安夫之用，尤望部撥接應，方能一氣呵成。又擬彌補三條：一、直省官民有年內急工捐工捐料者，各按報明定價核給議敘，與廣東、廣西、湖南三省捐輸新例人員分班間用，隨時具奏，年外者按收捐請敘；一、文武官員有年內急公報效者，准其以尋常加級捐數給予隨帶加級；一、河工效用協防人等有捐工捐料者，核其銀數，准予儘先拔補。以上三條不能預計多寡，總以收捐若干，即彌補整款若干，統俟事竣，核實辦理。"（《先都御史公奏疏》卷十七）

65.54　閏八月二十五日，爲避免因興舉大工，銀價跌落，請試行官印錢票，這也是楊以增的創新之處。

　　楊以增《請試行官印錢票片》："惟向來興舉大工，往往銀價驟落，錢價驟長。徐屬瘠貧之所，錢店資本無多。加以陸運艱難，現錢甚少。目下每銀一兩僅易制錢一千五六百文，往後支料皆需用錢。似此情形，是四百萬兩秖當三百萬之用，更恐市儈居奇，益形虧短，則平錢價尤爲急務。擬先委員分投採買外錢，運存徐州道府各庫。一面設局定價，每銀一兩作錢若干，官出印票，派委妥員管理，十千文以下發給現錢，十千文以上照價合銀給票，或作銀用，或作錢用，俱聽其便。此票准在各省完納錢糧關稅，交易買賣，有來取者，票到如數發銀。工前一月出示曉諭，移行本省上下衙門并咨會安徽、山東、河南一體出示，俾遠近咸知，庶一兩可得一兩之用，不致大虧。工竣撤局，先領一票仍准作銀錢使用。"（《先都御史公奏疏》卷十七）

65.55　閏八月二十五日，上奏請將豐北漫口責任廳員王熙善等從重治罪，以示懲儆。

　　楊以增等《請將失事廳員從重治罪片》："本月十六日奉旨將豐北廳河工通判王熙善、豐北河營守備郝瀛東枷示河干，并將已革把總李廣愛等嚴行棍責。惟此次失事雖查明兵三堡迤上實非有工處所，而王熙善既未能先事預防，迨至危迫之時不惟不稟臣等，亦不早稟該管道員。及該道得信，發銀前往，已屬人力難施。似此誤工殃民僅予枷號，不足示懲。相應請旨將王熙善從重治罪，仍責令完繳應賠工費，以爲後來者戒。"（《先都御史公奏疏》卷十七）

九月甲寅（初二日）上諭："陸建瀛、楊以增奏請將已革廳員從重治罪等語。已革南河豐北廳通判王熙善於該工漫口不能先事預防，迨危迫之時，又不早稟上司，及該道得信發銀，已屬人力難施。似此誤工殃民，僅予枷示，不足蔽辜，王熙善著即拿問，交該督嚴行審訊，按律定擬具奏，仍責令完繳應賠工費，以示懲警。"（《清文宗實錄》卷四三，《清實錄》，第42884頁）

65.56　閏八月二十五日，因湖河水漲，影響漕船回空，得到咸豐帝指示，儘快設法疏消洪水，并妥爲安撫災民。

閏八月戊申（二十五日）上諭："顏以燠奏湖河漲漫、籌辦回空漕船一摺。山東省微山等湖因江南豐北漫口，黃流下注，普漫堤頂，一片汪洋。當此回空軍船銜尾南下之時，亟應妥籌宣洩。著東、南兩河總督各就地方情形，督飭該道廳趕緊設法疏消，俾下游暢達，漫水漸退。庶回空可以無誤。其運道湖河相連處所，據顏以燠奏設立水站，多雇縴船，插標導引，漕船當可一律暢行，不致誤入歧途，轉多周折。若能迅籌分泄，清出縴道，更爲穩妥。至被水災黎蕩析離居，尤堪憫惻。著江南、山東各督撫，趕緊飭屬妥爲安撫，並嚴緝匪徒，毋使藉端滋事。"（《清文宗實錄》卷四二，《清實錄》第42875頁）

閏八月丙午（二十三日）上諭："陸建瀛奏豐北漫口情形一摺，并片陳徐屬民情等語。此次全河北趨，由沛縣之華山、戚山分注微山、昭陽等湖，挾清水外泛，運河閘壩縴堤均已漫淹。現在回空軍船銜尾南下，不能片刻停留。如何急籌宣洩，俾運道縴堤涸出，回空可以無誤。其豐沛、銅山、碭山各縣及毗連山東境內災黎蕩析離居，不堪設想。雖據該督奏稱酌提銀兩分飭該管道府縣撫恤，并捐廉倡率，以資接濟。能否不致流離失所，俾逃亡者可以次第復業。著該督等趕緊設法，飭屬妥爲辦理。并移咨山東一體實力安撫，不得令庸劣屬員諱飾侵漁，致滋流弊。徐屬民情強悍，尤當隨時查察有無匪徒乘機搶掠，或勾結餓民，致釀事端。……該督等即行飭屬勘估工需，將現在籌辦情形迅速具奏，以

慰朕懷。"（《清文宗實錄》卷四二，《清實錄》，第 42873 頁）

九 月

65.57 九月初六日，接奉上諭，迅速辦理豐北堵口工程。

九月戊午（初六日）上諭："前因南河豐北廳屬漫口，當降旨令瑞常於試差回京之便，馳往該處查勘。茲據查明具奏漫口丈數及被淹地方情形，與該督等原奏大略相符。回空漕船，據查亦不至有阻滯。見在大工正當購料興辦之時，著陸建瀛、楊以增遵照迭次諭旨，妥速籌辦。并隨時咨會顏以燠、陳慶偕務將漫水宣洩，清出運道，俾回空漕船暢行無誤。其被水居民，既據查情形輕重不等，仍著江蘇、山東各督撫加以撫恤，毋令失所。"（《清文宗實錄》卷四三，《清實錄》，第 42888 頁）

65.58 九月初九日，接奉上諭，嚴查來南河請托、求助人員，以免浪費工費，影響辦工。

九月辛酉（初九日）上諭："近來東南兩河工次，每有過往官員及貢舉監幕友人等往求資助。河工各員或礙於情面，或恐其挾制，往往挪動公項，以爲應酬之費，積習相沿，久滋流弊。道光二十四年曾奉諭旨嚴行禁止，近聞此風雖較前稍息，而遊客之請求、河員之濫費仍不能免。試思河工銀兩國帑攸關，多一分應酬即減一分工料，勢必侵吞剝削，貽誤要需，於河務大有關係，必當嚴行申禁，力挽頹風。嗣後官員士子等各宜自愛，不准前赴河工。河員果能廉正自持，又何難概行拒絕？倘有無賴之徒敢於挾制，或投遞書函，公行請托，經該河督查出，即將其行李扣留，指名嚴參懲究。如該河員克減工程，濫施邀譽，一併嚴參懲辦，以除陋習而慎河防。"（《清文宗實錄》卷四三,《清實錄》，第 42890 頁）

65.59 九月十四日，因豐北工需緊迫，而戶部僅定撥銀一百數十萬兩，遠遠不敷工用。現工程緊迫，決口之處切近運河，如不能迅即堵築，來年爲害更甚。爲此奏請按原議四百五十萬兩迅速撥付銀兩，以便盡快趕辦工程，早日堵築決口，以保運道，以安民生。

楊以增《工需緊迫請照前奏銀數撥解摺》："隨於初十日接准部咨

并鈔摺行知到工。臣等公同細閱，如原奏內稱前撥歲料銀一百二十萬兩，准其於此次工程內全數通融支用等語。……惟歲料系常年修守例款，從前黃河上游漫口緩堵之年下游無工，原可節省。此次豐北兵三堡系應於年內趕堵之工，一經合龍，則通工歲修無一可省。且高堰、山盱、裏河、江運、揚河、中河、運河等廳防湖濟漕均有應給料款。現准來年歲料一百二十萬兩除扣抵外，僅餘銀九十八萬餘兩。如此款先墊大工，仍須撥款劃還，庶不致歲料無項，顧此失彼。又部議令將應賠四成銀兩繳作工用等語，查向來漫工分賠均系工完後核明正壩實在用銀若干，照例銷六賠四。但工程過迫，此項衹能著追彌補，不能作數應用。即如臣等廉俸最優，已於捐賑案內各捐萬金。再繳賠款，一兩月間實難設辦。其餘道府各員亦俱捐廉助賑，事同一體。若責令預行完賠，先濟工用，恐一時措繳不及，轉滋遲誤。又部議就近藩關各庫准照臣等原議借撥等語，查前奉部撥歲料九十八萬九千餘兩，江蘇、安徽各司庫、關庫即有六十餘萬在內，業已撥無餘剩，再挪亦屬無幾，其擬借淮關之十萬兩，已據以無銀可撥咨覆。至兩淮鹽課前據運司詳題庚戌綱下半奏銷除動解外存銀十三萬餘兩候撥在案，是前後指撥四十萬兩有無徵存，應與庚戌綱外支項下准動三十萬兩飭司查覆，方能核見實數。伏思此次大工，一二廳員未嘗不獻緩堵之議，臣等以漫水在豐沛等處，民田難任久淹，而且切近運河，萬一明年黃流漲旺，致有淤塞，將來數百里運道再謀疏浚，更費躊躇。是以議請趕緊興辦，兼籌捐工捐料以及官出印票各條，原為權衡有無、免誤要工起見，并非不知籌款之艱難。今准部咨捐工捐料等事均毋庸議，僅奉撥銀一百四十萬兩，兩淮庚戌綱外支銀三十萬兩，較之臣等原請四百五十萬兩所短甚巨。而所撥款內是否實存尚難懸擬。歲料衹可暫為挪墊，賠項不能猝應急需，輾轉遲延，竊恐為時已晚，雖有工費，不能成功，則臣等罪戾滋甚。合無籲懇天恩，俯念漕運民生關係緊要，敕下部臣，查照臣等前奏銀數將未撥之銀迅籌撥解，俾得應手趕辦合龍，以安民生而重漕運。”（《先都御史公奏疏》卷十七）

65.60　九月十四日，上奏節交霜降，黃水已消，湖運各工修防平穩，并籌備空運經臨趲行各情形。

楊以增《節交霜降湖運各工平穩摺》：“茲屆霜清，黃水已消，蕭南廳王平莊誌椿消存一丈三尺一寸，而洪湖水勢本年最大高堰誌椿積長二丈三尺四寸，比節年異漲尚大一尺五寸，石工及大堤悉行入水，僅賴一二丈寬之子堰攔禦。雖將山盱廳信壩、禮河先後啓放，亦只平定不長。西風偶作，危險萬分，在事官弁兵夫隨時接護，加築堰工，直至交秋後甫見消動，搶護平定。裏河、揚江等廳承受湖源，盈堤拍岸，亦甚險要，廂埽培堤，迄無虛日。所有歸江、歸海各閘洞、橋河及高郵車邏、五里等壩先後啓放，始得日逐見消，克資穩定。嗣洪湖消至一丈九尺以內，又應籌蓄濟運。當飭先堵信壩，業於閏八月十三日合龍。接手堵辦裏河，并將外南廳順清河外灘挑挖寬深，於十一日刷堤啓放，使清水外注，刷滌下游山海廳境一帶河身，以除積淤而免挑費。塘河挑工業已完竣，邳宿運河上游本無堤工，兩岸灘面雖已平漫，然隨後空運入境，插標記認，備船導引，順流而下，亦不致有所耽延。其下游兩岸縴堤卑矮殘缺之處分別幫戧加堰，搶廂防風，務資抵禦，并將舊河頭馬萬二莊、竹簍壩、駞車頭、駱馬湖尾閘等處宣洩去路隨時疏浚深通。中河廳楊莊以上河道及外北廳浦家莊間有淤墊，均經挑深，業將楊莊頭壩啓放，更資刷滌，回空可期無誤，堪以仰紓宸廑。"（《先都御史公奏疏》卷十七）

十　月

65.61　十月初二日，上奏摺四件，分別爲南河淮海道、葦蕩右營守備、外南營守備等員缺調整各事宜。

　　徐州府豐北河務通判王熙善因疏防豐下汛兵三堡漫口，奉旨革職枷號，所遺員缺請以候補同知張渼借署。此請得到咸豐帝允准。（楊以增《揀員請補河廳摺》，《先都御史公奏疏》卷十八）

　　又同日上奏淮海道吳葆晉現經奏署臬篆，所遺員缺請以陞用知府裏河同知于昌進委護。（楊以增《委署淮海道篆片》，《先都御史公奏疏》卷十八）

　　又同日上奏因南河葦蕩右營守備張如玉撤任，懇請以前題人員中營千總楊鎮華陞補，此請得到咸豐帝允准。（楊以增《營缺緊要請仍以前題人員陞補摺》，《先都御史公奏疏》卷十八）

　　又同日上奏南河已革外南營守備師長鑣遵例捐復原官。（楊以增《捐復人員照議專奏摺》，《先都御史公奏疏》卷十八）

65.62　十月初九日，上奏回空首幫軍船於九月二十三日行入南河，并已妥善辦理濟運閘壩堤埽各工程，軍船循序南下，順暢行駛情形。

　　楊以增《回空軍船入境渡黃摺》："查回空首幫軍船大河前幫於九月二十三日行入江南黃林莊境，并據山東催漕員弁呈報後船陸續南下。伏查本年運道臣等督飭該管文武將下游泄水各路疏浚深通，由六塘河趨入潮河歸海，俱臻暢達。現探山東微山湖及江境河湖均已消水一尺餘寸至二尺餘寸，其各廳有關濟運閘壩堤埽悉飭妥爲經理。茲首幫大河前幫船隻業於十月初六日催出中運河，渡黃由新草閘而入塘河，循序下放，毫無阻滯，堪以仰慰宸廑。臣等仍嚴督印委各員弁催提後船，隨到隨渡，務期全數早日渡黃歸次。"（《先都御史公奏疏》卷十八）

　　十月丙申（十四日）"河東河道總督顔以燠奏：南糧回空頭進首幫挽出東境，後幫行走維艱。現在豐北漫水，波及東省運道，以致河漕諸多棘手。惟有督屬設法趲挽，以冀回空船隻以次南下。得旨：回空行走遲緩，固由豐工漫溢，朕斷不歸咎於汝。汝何必明言，殊屬推諉，顔以燠著傳旨嚴行申飭。（《清文宗實錄》卷四五，《清實錄》，第 42918 頁）

65.63　十月初十日，督辦豐工堵口工程，并開始挑挖引河。因各省解到豐工之各地撥解銀兩爲數甚少，不敷工用，故於十月十七日專摺上奏請求儘快撥銀，以濟要需。咸豐帝允准此請，并於十月十二日頒下上諭，要求各地按户部指款，迅速撥解豐工。

　　楊以增《請飭催豐工撥款摺》："竊本年豐北漫口關係運道民生，必須趕辦合龍。臣等約估銀數如於九月二十日左右到工，可以放手興辦，不致遲誤。奏蒙敕下部議，先後奉准銀四百萬兩、內務府銀票五十萬兩。當即先提本省應解之銀陸續購料安夫，於十月初十日挑挖引河。一面委員准升邳州知州左仁、銅沛同知屠元瑞等分投開廠採辦正雜料物，并馳赴豫、東兩省近河之區設法湊集。惟料價總須現銀，即挑河工段綿長，每日役夫數十萬，亦須計口授食，不能稍有停待。茲查部撥各款多在山西、山東、陝西、甘肅、江西、安徽、浙江等省。現在僅據山東解到銀四萬餘兩，其餘報解者甚屬寥寥。雖有前准部咨，江蘇兩藩司運司、兩織造及上海、常鎮、江安各道、安徽之廬鳳、蕪湖兩關各項銀兩俱准先行動用。然約計其數，即使全到，亦僅敷挑挖引河等項之費。萬一銀不湊手，貽誤堪虞。……惟有籲懇天恩敕行指款各省遵照部撥銀

數，迅速委員提前趕解工次，以濟要需。"（《先都御史公奏疏》卷十八）

十月甲辰（二十二日）上諭："陸建瀛、楊以增奏請飭催各省撥款一摺。此次南河興辦大工，業經戶部指款在於山東、山西、陝西、甘肅、江西、安徽、浙江等省先後按數撥給。現在挑挖引河、采辦料物，需用緊急，除業經解到及奏報啓程并抵撥各款外，著各督撫查照部撥銀數，迅即委員解赴工次，以濟要需，毋得稍有遲延，致滋貽誤。"（《清文宗實錄》卷四六，《清實錄》，第42924頁）

65.64 十月十七日，因豐工工款不敷，工程緊要，上奏請截留陝西、廣東等地銀款，并奏請留撥兩淮運庫應解下半年甘餉，以濟要工。

楊以增《請截留銀款片》："豐工需用正雜料物甚夥，本境所產不敷。現已委員馳往豫、東兩省分投采購，由黃河水運赴工。查前准部咨指撥工需銀兩內有河南秋撥後續徵地丁銀十二萬兩、陝西秋撥實存地丁等銀十二萬兩，又陝西籌解甘肅軍需餘存銀五十萬兩。內除兩淮請抵三十萬兩，尚應解二十萬兩。擬請將河南之十二萬兩無須解工，即由江南委員屠元瑞等稟請河南撫臣飭司給領應用。其有不敷，陝西奉撥之銀例須取道河南，應即截留，就近給發委員具領。此外擬由河南先行籌墊，一俟山西解款報到，即行撥還，以期迅速。……又據銅山縣稟，八月二十四日廣東委員候補從九品孟逢盛領解銀三萬二千四百六十二兩六錢一分，搭解扣平銀二萬兩、國子監照費銀二千三百七十三兩零。九月初九日廣東委員候補縣丞吳悌淳解銀八萬六千七百九十四兩二錢一分一釐，均因驛路被淹，未能前進。可否將此二批銀兩准留豐工，即由山西撥解工需款內照數解部抵還。"（《先都御史公奏疏》卷十八）

楊以增《請留抵撥款片》："臣接准部咨，續撥豐北漫口工程銀兩內有撥甘肅軍需餘存銀五十萬兩，部臣原奏聲明甘肅距江南較遠，請於陝西先行籌解，由甘撥還歸款，原爲移遠就近起見，自應遵照辦理。惟兩淮運庫現有應解下半年甘餉三十萬兩，委員尚未啓程，擬將此項甘餉就近解交工次，以應急需。即咨明甘省於軍需餘存項下撥收銀三十萬兩，以抵兩淮應解之數，并咨明陝省祇須籌解二十萬兩湊符原撥。一轉移間，則豐北工程既可克期應用，而甘陝路途遙遠，亦省彼此運費。"（《先都御史公奏疏》卷十八）

十一月

65.65　十一月初五日，上奏因南河現無存料，各工需料頗殷，懇請不遵部議將來年歲料墊用豐工，仍循例如數撥解來年歲料銀一百二十萬兩。

　　楊以增《遵請撥還歲料銀兩摺》："竊前奉部撥來歲料銀一百二十萬兩，旋准部咨，因豐北漫工需費孔亟，准將歲料銀兩先行墊用，另爲續撥各等因。臣查歲料例定冬間采運，限於年內堆齊，庶不誤春工之用。現已節交冬至，各省撥解銀兩輾轉需時，豐工克期合龍，河歸故道，倘歲料不能購備，各廳禦水埽段無料可廂，關綦重汛。洪湖運道各有春修之工，均資料物應用，爲此萬不得已，伏乞天恩飭部迅賜如數撥解，以濟要需，實爲工益。"（《先都御史公奏疏》卷十八）

65.66　十一月初五日，上奏回空軍船次第渡黃，已全數抵達濟寧，并請允准程途最遠之江西、湖廣各幫提前先行，以利軍船儘快回空。

　　楊以增《回空軍船次第渡黃摺》："截至十月二十八、二十九等日止，泗州等幫已入江境黃林莊者五百餘隻，已入中河古汛者三百餘隻，已渡黃者一百六十四隻，行走順利。後幫亦銜尾南下，并據委弁探報，軍船全數悉抵濟寧，現過韓莊約八九百隻。錄呈浙江糧道籌議催償章程尚屬妥協，內有各幫行走不必按次一條尤爲中肯。伏查各省漕船江浙最多，而江廣最遠，節逾冬至，水勢漸落，風雪亦恐不時。該兩省之船吃水較深，程途又遠，似應提前先行，俾免擁阻。"（《先都御史公奏疏》卷十八）

　　按：河東河道總督此奏，可與南河本年催趲回空漕船情形相印證。咸豐帝十二月二十二日上諭稱："顏以燠奏南糧回空幫船全數催出東境，請將出力員弁量予鼓勵一摺。糧船回空催趲出境，本系歷年地方應辦之事，惟念今年南河豐北漫口水溢，幫船改由湖坡行走，挽運艱難，與往年催趲情形不同，著該河督擇其尤爲出力者酌保數員，毋許冒濫。嗣後不得援以爲例。"（《清文宗實錄》卷五十，《清實錄》第四十冊，第 675 頁）

65.67 十一月初五日，爲確保豐工慎重推進，擬循照歷辦大工成案，添估二壩以資擎托，而其工費則由補還舊堤善後案內款項支用。咸豐帝允准此議，并指明要求由查文經具體辦理。

楊以增《請添築二壩等工片》："復勘豐工形勢，該處本系南北大堤河流由西而東，行至漫口迤上二十餘里，驟然折向北趨，以至北堤著重，水勢到此抬高，致成漫口。如於河流折向處挑挖引河，即在引河下首估築正壩原屬得勢。然河流折向處南首逼近大堤，引河一放即恐南堤難守，是以現估正壩在漫口迤上四百餘丈處所。惟河勢已成入袖，僅仗正壩一處堵截，難期得力。必須照歷辦大工成案添估二壩，以資擎托而昭慎重。現值度支浩繁之時，戶部籌撥匪易，未便再請二壩工費。因思正壩合龍後，本應補還舊堤善後案內尚須匯案請銀，擬於漫口處所估築二壩，即以補還舊提之銀提前作爲添築二壩之用，由外設法籌墊，將來即於善後案內請撥還款。如原估正壩進占時，河流不至格外刷深，尚可酌減工料，勻作二壩。工用如此一轉移間，既收重門迭戶之益，其補還舊堤一項亦可節省，系屬一舉兩得，所用銀兩工竣核銷。"（《先都御史公奏疏》卷十八）

十一月壬戌（十一日）："兩江總督陸建瀛、江南河道總督楊以增奏：據調辦豐工臬司查文經稟稱，復勘豐工僅正壩一處堵截難期得力，必須添估二壩，以資擎托。如正壩進占時，河流不至格外刷深，尚可酌減工料勻作二壩工用。得旨：'務期有禆大工，帑項勿致虛糜。專委查文經妥協辦理，斷不可令不肖工員掣肘。'"（《清文宗實錄》卷四，《清實錄》，第 42937 頁）

65.68 十一月二十五日，因撥到款項不足敷用，上奏通籌豐工解到撥款，將挑工分爲四起辦理。且因距桃汛僅有八十餘日，時間緊迫，定於本月二十五日（即上奏之日）諏吉興工。

楊以增《通籌豐工撥款諏吉興工摺》："一面咨催各路撥款星速解工應用，并飛咨豫省將截留撥款四十四萬兩發給江南委員購辦正雜料物，仍就近分投設廠採買，以期無誤工需。惟工次用款以購料、挑河、買錢三者爲要務，必須通盤籌畫，庶不致顧此失彼。查撥款截至十一月二十日止，僅到銀一百三十餘萬兩。正雜料兩項即需銀二百四十四萬餘兩，尚須酌發三分數六十萬兩方敷採購。又工次支發兵丁夫役飯食暨跑買柴土等項需錢甚多，現因大工興舉，銀價業已跌落。非先期發銀買錢，比致跌落愈甚，且恐臨時缺乏，計需先易銀四十萬兩以備急需。統計購料、買錢兩項已動用銀一百萬兩，僅餘銀三十萬兩。若將引河同時挑挖，不敷原估銀數十分之二。按土計夫，通工不下六十萬人。按日計食，每日不下數萬餘兩。解員長途跋涉，設遇風雪阻滯，衆口嗷嗷，難以停工待款。擬將長河挑工分作四起辦理，現已開工兩起，仍留兩起，俟銀兩解有成數，再行派挑。至料物亦因撥款解工稍遲，未能克期全到。時已仲冬下旬，距來年桃汛僅八十餘日，勢難再緩。除查照部咨，暫借藩關各庫銀兩濟用外，謹諏吉於本月二十五日興工分別趕辦，以期仰副聖主厪念要工、奠安黎庶之至意。"（《先都御史公奏疏》卷十八）硃批："現已興工，不可遲緩。朕惟有稽首籲天，以救黔黎。"

65.69　十一月二十五日，上奏請提用寶蘇局存錢十萬串，并分飭州縣各就本境易錢二三千串，分起解工協濟。

楊以增《籌提存錢片》："原估西正壩暨挑水壩土心趁此天氣晴明，集夫趕築，即就已到之料先行興工，廂做護埽，一面嚴催未到料物，源源接濟。其東正壩及續估東、西二壩應做土心護埽亦一律開工。惟工次需用現錢不下百數十萬，若僅以銀易換，仍不免於居奇。據工員稟請提用寶蘇局存錢十萬串，又分飭州、縣各就本境易錢二三千串，分起解工協濟，一俟撥款解齊，分別歸款。豐、沛等處捐賑已放兩次，民情極爲安帖。又引河下挑挖長河計三百餘里，以工代賑，窮黎均不致有失所。"（《先都御史公奏疏》卷十八）

　　按：此次興據大工，楊以增等人通盤考慮，能省則省，估定用款"四百八十九萬八千餘兩，均系比照歷居成案從省減估"，并在此基數上核減爲四百五十萬兩。（閏八月二十五日《遵勘豐工漫口工程撙節估計摺》）咸豐朝庫款已經異常緊張，楊以增亦深知其中難處，"當此制用孔亟之時，臣等深知經費支絀，何敢稍任浮糜？無如工程緊要，克減太過，將來一簣功虧，更無以仰對君父"，（閏八月二十五日《遵勘豐工漫口工程撙節估計摺》）對各個方面均作了周全的考慮。在上述奏折中，楊以增稟請各款於九月二十日到工，以便盡快辦理堵口工程。爲保證工程款項，楊以增等人采取了一系列措施。一是擬定章程，確定籌款依據。先後擬定墊借章程兩條、彌補章程三條，其墊借章程要求各關、道將現有款項盡先解工，以保證豐工急需；其彌補章程要求多方招徠捐納，尤其對相關人員從優議敘。其意在於盡快籌集款項，以免因銀錢不能應手，影響大工。（閏八月二十五日《酌議工需借墊彌補章程摺》）二是試行官票，避免錢價跌落。確定銀、錢兌率，折給銀票，"設局定價，每銀一兩作錢若干，官出印票，派委妥員管理，十千文以下發給現錢，十千文以上照價合銀給票，或作銀用，或作錢用，俱聽其使"。以避免市儈居奇。其意在於避免銀賤錢貴，所撥銀兩難盡其用。三是接連上折，極力爭取撥款。九月十四日，楊以增上《工需緊迫請照前奏銀數撥解摺》，駁斥工部"前撥歲料銀一百二十萬兩，准其於此次工程內全數通融支用"之議，并請求按照原議四百五十萬兩儘快撥付。楊以增十月初十日又上《請飭催豐工撥款摺》，指出"部撥各款多在山西、山東、陝西、甘肅、江西、安徽、浙江等省。現在僅據山東解到銀四萬餘兩，其餘報解者甚屬寥寥"，引起了咸豐帝的重視，并於十月二十二日頒下上諭："現在挑挖引河、採辦料物需用緊急，除業經解到及奏報啓程并抵撥各款外，著各督撫查照部撥銀數迅即委員解赴工次，以濟要需，毋得稍有遲延，致滋貽誤。"在咸豐帝嚴催之下，歷經一月，"撥款截至十一月二十日止，僅到銀一百三十餘萬兩"。（楊以增十一月二十五日《通籌豐工撥款諏吉興工摺》）雖未能全部到款，但已敷興工之用，可見楊以增多次上折亦發揮了一定作用。四是多方開源，湊集工需款項。先後稟請將工部指撥款內河南地丁銀十二萬兩、陝西地丁銀十二萬兩、廣東解銀十萬餘兩、兩淮運庫解甘肅餉三十萬兩撥工使用。（十月十七日《請截留銀款片》《請留抵撥款片》）并請"提用寶蘇局存錢十萬串，又分飭州、縣各就本境易錢二三千串，分起解工協濟"。（十一月二十五日《籌提存錢片》）這些都有效緩解了工費緊張，利於盡早開工。五摅節辦工，避免停工待款。楊以增認爲，雖然經過多方努力，初步集有成數，但是款項仍不敷使用，"若將引河同時挑挖，不敷原估銀數十分之二。按土計夫，通工不下六十萬人。按日計食，每日不下數萬餘兩。解員長途跋涉，設遇風雪阻滯，衆口嗷嗷，難以停工待款"。但是"時已仲冬下旬，距來年桃汛僅八十餘日，勢難再緩"，因此"擬將長河挑工分作四起辦理，現已開工兩起，仍留兩起，俟銀兩解有成數，再行派挑"（十一月二十五日《通籌豐工撥款諏吉興工摺》）。這樣既保證了及早開工，不斷推進，同時也避免開工過多，款項難繼。對於穩妥辦理豐工，是很有必要的。

65.70　十一月二十九日，遵旨覆奏周天爵條奏，并力陳南河辦工謹慎，嚴防虛靡、務求工歸實用各情形。

楊以增等《遵復周天爵條奏并現辦工賑章程事》："伏查豐北工程，臣等於九月三十日接准部覆，當即一面集料，一面先將各土工分起興辦，迨截至十一月下旬，正雜料物逐漸到廠，諏吉於二十五日開工，并將解款未齊設法通融以及籌辦現錢各事宜附陳在案。大局既定，自當嚴行催督，克期來年二月內合龍，斷不准藉口延誤。恭讀聖諭，以周天爵原摺片發給閱看，臣等不能爲宵旰分憂，而令周天爵引以爲慮，有靦面目，何敢復事瀆陳？第核其原奏，若竟緘默不言，則聖心焦勞，臣等罪戾滋甚。自來興舉大工，凡在事大小文武、幕友、家丁、書吏、兵役以及附近一二百里之刁生、劣監、商店、莊戶，無不人人垂涎，甚且有京外失職之官、失業之人依草附木，獻策投書。又或詭稱某官族屬，求准認工認料，往往以一堆之物售兩堆之錢，以一夫之名攘兩夫之利。稍不如意，謗讟輒生。其勢不至搖動主事之人不止。臣等稔知其奸，先已一概禁絕。當其初估之費，定爲四百五十萬，通工無不譁然，已有惜小費而誤大工之説。迨部議既准，撥解稍稽，則復以防期過延、收料過遲爲言，不知估費不敷，何以辦事？臣等所節省者，浮濫非工需也。至於款雖未到，業已奏明籌墊，一切正雜料物先期采購，近則陸運，遠則水運，河通則水運，河凍則陸運。工前佈置，原爲以速補遲，而且辦工者即估工之人，所以專責成，收料者非辦料之人，所以杜通融。料之斤重，必遵定例，不准以少報多。夫之攬頭，必有保人，不准以虛報實。然後真正辦料辦夫者不慮把持，紛紛麕至，而白手求財之輩乃以克扣爲詞，其黠者又從而□之。□經手各員克扣，系爲以公賠公地步，謠諑橫生，真視臣等爲木偶。不思經手之員非即應賠之員，誰肯自犯罪名，代人扣出賠款？且以克扣作賠，何不先爲寬估而願反從節省，定非作繭自縛？況河工銷六賠四，本有一定例案，正壩已完，將可核見用數分別銷賠，茲非以約估定定案，亦非以全工核賠也。今觀周天爵所奏，即此輩播散之□□。其□銀票五十萬，分攤各州縣，准其抵還錢糧一節，現在並無此議，又□黃河由灌河口入海，該處鹽場沖壞等語，淮北亦無此事。不合龍而患在運道民生，臣等前經具奏。合龍而患在以下十五廳，亦已先事預籌，統於善後、歲修兩案內辦理，安得謂一經合龍，即置下游於不問？臣等先後到工，計已三月有餘，督同鎮道府縣撫輯災黎，搜捕匪類，百姓安堵，人無間言，雖聖主不忘□畏民暑，而閭閻咸知沐浴膏澤，臣等固不肯自居容悅，粉飾太平，亦不敢妄□危言，呻吟無病。又周天爵請改錢賑爲粥賑，雖亦古法，但粥之稀稠既難遍查，煮有攙和，轉易滋病。且一□無虞□，不如散給錢文數足，家尚可藉資他用。又請酌截南漕以作賑需，查現捐賑款擬分六次散放，計至明年三月爲止，似可無須截漕。況江蘇四縣截留三十萬，山東六縣自必有多無少。此議一出，竊思奸民幸澤，窒礙甚多。又請於乾河中作挑壩，查長河本有挑壩，現既斷流，添築無益，且正在疏浚，亦復難以施工。又請鏟平土牛原備防險之用，如堤身卑矬，亦可鏟土加倍，另行堆築，每年均系如此飭辦。（録副奏摺）

　　咸豐帝十一月辛未（二十日）"寄諭兩江總督陸建瀛等：據周天爵奏遵查豐工情形一摺，朕詳加披閱，自系實在情形。此次豐北工程正值國帑支絀之時，撥解銀兩即一時未能到齊，該督等自應酌量緩急，設法通融，不妨權宜辦理。其銀票一節應如何抵用之處，亦可變通籌畫，不必拘執，總期有濟實用，無誤要工。現在購料興築，大局已定，正當乘時趕辦，克期藏功。若遲至桃汛將臨，則春水方生，更難措手。該督既知引咎自責，即當通籌全局，爲朕分憂，若徒藉口於帑項不齊，以致貽誤，則前愆未贖，後患復滋，誤國殃民，又將誰諉耶？至周天爵所稱撫恤饑民，本日已明降諭旨，該督等務當遵旨妥爲籌畫，無令匪徒潛跡，滋生事端。又據片奏改錢賑爲粥賑，酌截南漕以作賑需等語，著該督等一并體察情形，妥籌具奏。周天爵摺片三件均著鈔給閱看，將此諭令知之。尋奏粥賑多有攙和，轉易滋病，不如散給錢文。現捐賑款擬分六次散放，計至明年三月爲止，似可無須截漕。報聞"（《清文宗實録》卷四八，《清實録》，第 42942 頁）。

十二月

65.71　十二月初五日，上奏加緊辦理豐工堵築工程，并報自興工至本日，做成土心占埽丈尺并引河挑成分數，同時嚴管物料，查緝匪徒。

楊以增《豐工做成丈尺并引河挑成分數摺》："竊臣等十一月二十五日奏報興工後，即飭臬司查文經督率在工文武并力償辦。先是北風凜冽，長河間段凍阻，開工以後天氣回暖，積凌融化，水誌報長至四尺餘寸，大溜移近東正壩前行走。隨飭將該壩前估土心護埽改進占埽，以資穩固。續定西二壩處亦因溜勢圈注淘刷，先將原做裹頭加廂高鞏，拋石偎護，現亦接手進占。計自興工日起至本月初五日止，東正壩占埽做成二十丈，西正壩土心護埽均做成五十丈。東二壩護埽做成二十丈，土心做成四十丈。引河因撥款未齊，分作四起派挑。前兩起已挑有五分工程，後二起因撥款續又解到四十萬兩，亦已一律派辦，勒限來年正月完工。舊河逼近引河，進占後水勢抬高，即慮溜勢旁趨，灌入新河，現已築成攔黃堰一道，飭再硪築堅實，以資堵截。正雜料廠分佈數十里，冬令風高物燥，火燭堪虞，諄飭文武員弁晝夜巡防。在工人夫多至數十萬，匪徒不免涸跡，飭令委員會同營縣隨時拿辦，不任稍涉大意。"（《先都御史公奏疏》卷十八）

65.72　十二月初五日，奏請將豐北大工正雜料物在淮、宿過關各應納契鈔錢糧全行免除，俟工竣後再行照舊徵收。

楊以增《料物過關請免徵稅片》："大工正雜料物內如竹纜則產自蘇州，灰纜則辦自清江，皆須由船運工。前經臣等給發執照，俾所過淮宿等關得以隨時照驗放行在案。嗣聞有灰纜船隻在宿遷分關稽滯七八日始行驗放，咨據淮關監督覆稱，該關有契、鈔、稅三項錢糧，例載銅鉛物料等項如系號船裝運，僅免契、稅兩項，應納鈔項錢糧。如系民船裝運，僅免水銀一項，應納契、鈔兩項錢糧等語。伏查本年豐北漫口，黃河下游斷流。一切糧食豆餅貨船改由口門入運而行，自較常年減色。惟此項灰纜僅止六萬餘條，蘇纜亦止九千餘條，照例完納契鈔，數亦無多。合無籲懇天恩俯念工需緊要，將采辦蘇纜、灰纜民船應納契鈔錢糧一體邀免，俟工竣仍復照舊徵收，庶可迅速到工，以濟要需。"（《先都

御史公奏疏》卷十八）

65.73　十二月十五日，上奏旬日以來，豐工占埽、挑河進展丈尺，并上報豐工普律插鍁，現正嚴督趕辦情形。

　　楊以增《豐工續得占埽挑河普律插鍁摺》："諄飭查文經及在事人員督令晝夜趕辦，所幸仰叼福庇，天氣晴和，兵夫踴躍。旬日以來，計東正壩占埽續得十二丈，西正壩土心護埽做成五十丈，復亦續得五丈。查看埽前稀淤較深，因亦改進占埽，現已做成九丈。東二壩護埽續得十二丈，西二壩前因冰凌融化，水誌報消，溜勢甚爲迅疾。若趕進占埽，即恐逼溜東趨，於現辦土心護埽有礙。現仍飭令隨時加壓高鞏，一俟東二壩做至深水，即兩壩一齊捆船，以期應手。又挑水壩基提上一百餘丈，業已硪築堅實。現亦接築土心護埽，以備相機進占引河。長河挑工分派地方河工人員總催分催先辦兩起，已有七分工程；續派兩起，現亦普律插鍁。惟工次人夫屬集，良莠不齊，經臣等派員彈壓稽查，有犯必懲，使匪徒咸知畏法。"（《先都御史公奏疏》卷十八）

65.74　十二月十八日，目前南河報捐成效不佳，歲料工款不足，奏請迅即撥發餘剩未撥南河歲料銀六十萬兩，以濟工需。

　　楊以增《請撥應補歲料銀兩摺》："竊臣接准戶部諮議覆補撥南河歲料銀一百二十萬兩，先撥銀六十萬兩以供支用，其餘銀兩容再籌措，如數撥給。又片奏豐工工需案內曾給南河收捐執照計銀五十萬兩，如有捐工捐料者，核其銀數給予執照，准赴部援照新定籌餉事例報捐是否踴躍，飭令體察情形。若仍可以執照抵給，即會同奏明辦理各等語，奏准咨行前來。伏查部發豐工銀照五十萬兩，甫於十二月十一日解到。先已咨行就近各省，并出示曉諭在案。所有委員赴豫采辦正雜料物系奏明截留山陝撥款辦理，現在工次估挑引河，收買料物，亦俱發給現銀，并無捐工捐料之人。仍設法廣爲勸諭，此後能否踴躍，尚難預定。查各廳禦水工程向於合龍之前先請銀數十萬兩不等，當此需費孔多，何敢援案另請？擬即於歲料銀兩通融撙節。且春工埽段又必須趕購料垛，及早廂修，而洪澤湖及運道各工亦難稽緩。若以銀照分給各廳領用，實恐貽誤要工，所關匪細。惟有仰懇皇上天恩俯准飭部迅將應補南河歲料銀六十萬兩如數撥給，以濟工用。"（《先都御史公奏疏》卷十八）

65.75　十二月十八日，上奏至咸豐元年霜降止，南河各廳辦理另案各工動用銀數共六十四案，共用銀二百十三萬四千九百零九兩零。

　　楊以增《核明各廳另案銀數摺》："所有咸豐元年霜降止各廳辦理培堤壩堰餂、廂埽拋石、挑河撈淺、啓閉壩堰、搜護補修磚石等工，均經臣隨時督率各道將廳營分投辦理，節次奏報鈔摺咨部。茲據徐州、淮揚、淮海、常鎮四道分案造冊呈送前來，共六十四案。內估定辦理者工竣後經臣勘驗，其隨時辦理者先由各該道查量具報，復經臣確核，從嚴刪減，不准稍有浮糜，共計用銀二百十三萬四千九百零九兩零，按冊查核，均與原估及勘減刪准冊案相符。"（《先都御史公奏疏》卷十八）

65.76　十二月二十六日，上奏豐工引河、長河現正分別催挑，務期限期辦理完竣。且立春天氣轉暖，積凌下注，現正趕築護埽，慎重捆船進占。

　　楊以增《豐工引河催挑并慎重進占摺》："因念引河與壩工並重，尤在引河通暢，掣溜迅速，壩工始易堵合。且須引河先完，庶可先期試放清水，配平河底，隨即諄飭工員并力儹辦。茲查先派兩起引河挑工均有八九分工程，將次告竣，其續派兩起長河亦催令加夫趕挑，務期依限如式辦理，不准遷延草率，以重要工。所幸立春以前氣候雖寒，常得晴霽，各屬普沾雪澤，而近工一帶，僅飄微霰。此實仰賴聖主洪福，不致稽延，趨事官民同深感頌。惟立春後陽回冰泮，上游積凌隨大溜排湧而下，數日未竣，豫省運工料船猝不及防，間被擠碰滲漏。幸各埽豫掛擋凌椿板，并多備器具，隨處推送，得免鏟傷。而東壩捆廂船隻逼近大溜，勢難支撐，然亦未便因此停緩，諄飭文武員弁酌量辦理，俾免疏虞。計東西兩壩埽占并東二壩土心護埽各又續得二十丈，西二壩溜本圈注，加以凌塊時至，不敢遽行出占，致礙東岸土埽。惟挑水壩淺灘較寬，易於工作，因將各壩抽出之兵夫并集一處，星夜趕築，計土心護埽先後共得一百三十丈。刻下漸至深水，早晚堅冰融化，亦即捆船進占，挑溜中行，并收蓋護西壩之益。臣等不時督催稽查，以冀速蕆巨工，仰紓宸廑。"（《先都御史公奏疏》卷十八）

65.77　江蘇鎮江府屬徒陽運河屢次塌卸，致礙漕行，相關地方官員因此受罰。

咸豐帝上諭："楊文定奏：運河兩岸塌卸致礙漕行，請將玩誤之府縣分別摘去頂戴，革職留任一摺。江蘇鎮江府屬徒陽運河爲江浙糧船經由要道。該府縣既領款承挑，未能先事防護，相機辦理，以致屢次塌卸，致礙漕行，咎無可辭。鎮江府知府豫立著摘去頂戴。丹徒縣知縣張元撲著革職留任，勒令加緊挑撈，無誤漕行。倘再玩忽，即著嚴參。"（《户部漕運全書》）

65.78　自本年起，始大規模購書。

江標《〈海源閣藏書目〉跋》："吾郡黃蕘圃先生所藏書，晚年盡以歸之汪閬源觀察。未幾，平陽書庫扃鑰亦疏，在咸豐辛亥（1851）、壬子（1852）間，往往爲聊城楊端勤公所得。"（《海源閣藏書目》，山東圖書館藏）

楊紹和題金本《新刊韻略》："咸豐初，揚州始復，南北各軍往來淮上，往往攜古書珍玩求售。"（《楹書隅錄》卷一）

民國《吳縣志》卷第三十九下《輿地考》之"第宅園林"："藝芸書舍，在閶門外山塘汪觀察士鐘藏書處。堂宇軒敞，樹石蕭森，堂中懸楹聯'種樹似培佳子弟，擁書權拜小諸侯'，阮文達公元隸書。郡中藏書家自康雍之間碧鳳坊顧氏、賜書樓蔣氏，後嘉慶時以黃丕烈百宋一廛、周錫瓚香嚴書屋、袁廷檮五硯樓、顧之逵小讀書堆爲最，後盡歸士鐘。嘗編《宋元書目》，顧廣圻序之。咸豐庚申以前，書已散失，經史佳本往往爲聊城楊以增所得，兵燹後遂蕩然無存。"

65.79　購元本《增刊校正王狀元集註分類東坡詩》二十五卷二十六冊。此書先由明代濮陽李文敏藏，後流入蘇州，歸汪士鐘，汪氏書散出，咸豐元年，楊以增得自蘇州。

楊紹和跋元本《增刊校正王狀元集註分類東坡詩》："咸豐辛亥，先公購於吳門，每冊有'濮陽李廷相雙檜堂書畫私印'，蓋吾郡李文敏公故物。時逾三百餘年，地越二千餘里，乃輾轉復歸吾郡，楮墨猶完好如新，斯誠文字精英，在在有鬼神呵護。而先公與文敏異代同心，淵源若接，亦或文忠之靈，有以默相感召，用能結此勝緣歟？是此本之在天壤，非特珍若璠

璵，而合浦珠還，尤藝林一段佳話也。"（《楹書隅録》卷五）

王晉卿云："元刻建本……有'宋本'印、'濮陽李廷相雙檜堂'、'汪士鍾'、'藝芸主人'、'平江汪憲奎秋浦'、'東郡楊紹和字彥合'、'東郡楊氏宋存書室珍藏'、各印。"（《文禄堂訪書記》卷四）

　　　　按：此本爲宋建安虞平齋務本書堂刊本，半葉十一行，每行十九字，註雙行二十五字，細黑口，左右雙邊，版心上記字數。註家姓氏後有篆文木記："建安虞平齋務本書堂刊"，是建本之至精者。《藏園群書經眼録》《北京圖書館善本書目》均有著録。

65.80　自清江得宋淳熙七年池陽郡齋刻本《山海經》三卷三册。

楊紹和跋宋本《山海經》："是書校讎極難，古本又鮮，似此誠不多觀也。咸豐辛亥得於袁江，舊册已殘弊，因重加裝池，并椷以外函。"（《楹書隅録》卷三）

　　　　按：此爲宋淳熙七年（1180）池陽郡齋刻本。《隅録》卷三著録。十行二十一字，注文雙行，行字同，白口，左右雙邊，單魚尾，魚尾上記字數，下記"山海經上、中、下"，下記刻工。宋諱缺筆至"慎"字。《直齋書録解題》卷八著録《山海經》十八卷，曰："今本錫山尤袤延之校定。"此本刻工有金大有、曹侃、李彥、劉仲、劉文、葉正等，與國圖藏宋淳熙八年（1181）尤袤池陽郡齋（今安徽貴池）所刻尤袤校《文選》刻工相同。《文選》補版刻工劉彥中、劉用、王明、盛彥、曹佾、唐彬等，亦均見此書。此外，清初毛扆所見宋刻尤袤校本版心亦作上、中、下，與此本相合。由上可知，此本當爲《直齋書録解題》所載尤袤校刻本。明末清初時，毛扆所據校的這一宋刻尤袤校定本尚流傳於世，先後爲項元汴、季振宜、徐乾學諸家遞藏，季振宜《延令宋板書目》著録，現已不存。毛扆曾據此本校明刊本，毛扆校本今藏國圖，毛扆曾將這一宋本上的尤袤跋影寫下來，尤跋作於淳熙庚子七年（1180），於校刊《山海經》經過記述頗詳。而海源閣所藏的這一宋本尤袤跋脱去，幸有毛扆所見宋本、尤跋及刻工等可證。季、徐藏本已佚，則楊氏藏本在今日已爲僅存的最古版本了。鈐有"宋本""汪士鍾曾讀”以及楊以增、楊紹和父子印多方。蓋此本初爲汲古閣藏，後入藝芸書舍，楊以增於咸豐元年得於清江。

65.81　自清江得宋慶元六年羅田縣庠刻本《離騷草木疏》四卷一册，并重加裝池。

楊紹和跋宋本《離騷草木疏》：“咸豐辛亥購於袁浦，重加裝池。同治壬戌，彥合主人自記。”（《楹書隅録》卷四）

按：此本爲宋慶元六年（1200）羅田縣庠刻本，十二行二十一字，白口，左右雙邊，雙魚尾，版心上記字數，下記刊工姓名。卷末有慶元三年（1197）吳仁傑《自序》，《序》云：“因按《爾雅》、《神農》書所載……悉本本元元，分别部居，次之於篹，會萃成書，區以别矣。”可見仁傑是在慶元三年（1197）撰成是書的。吳《序》後又有方燦慶元六年（1200）識語：“比以《離騷草木疏》見屬，刊於羅田縣庠。”方燦識語後有校正銜名三行：“州學生張師尹校對，羅田縣縣學生杜醇校正，免解進士蘄州州學正充羅田縣縣講書吳世傑校正。”證明此書首刊於慶元六年（1200）羅田縣學。康熙《昆山縣志・人物志》云仁傑“登淳熙五年（1178）進士第，歷羅田縣令，國子學録”，蓋仁傑稿成後於慶元六年（1200）囑方燦刊於羅田。仁傑創作此書頗有含意，其前三卷專疏芳草嘉禾，卷端下題署“通直郎行國子録河南吳仁傑撰”，而第四卷疏饞花媚草，則不署己名。鮑廷博曾據此本重刻，其《跋》明其意云：“維時甯皇初政，韓佗胄方專擁戴功，與趙汝愚相軋，罷朱子，嚴僞學之禁。斗南（按：仁傑字斗南）未敢誦言，乃祖述《離騷》，譬諸草木，熏蕕既判，忠佞斯呈，因以暢其流芳遺臭之旨。……前三卷首列名銜，而末卷自《蒡》、《菉》、《葹》以下缺而不署，隱然寓不屑與小人爲伍之意。其疾惡之嚴如此，則深得鬥南作書之微旨矣。”（鮑廷博《〈離騷草木疏〉跋》，《離騷草木疏》卷末，乾隆四十五年《知不足齋叢書》本）此爲傳世孤本，《四庫》所收爲安徽巡撫采進的影宋抄本，《總目》卷一百四十八提要云：“此本爲影宋舊抄，末有慶元庚申方燦跋，又有校正姓氏三行，蓋仁傑官國子學録時屬燦刊於羅田者。舊板散佚，流傳頗罕。寫本

僅存，可謂藝林之珍笈矣。”紹和云：“是寫本已罕秘乃爾，況此
爲方氏原刊，更當何如寶貴耶！”卷末有“宏治五年孟秋讀過”識
語一行，則經明代士人閱過。清代藏印有“乾學”“徐健庵”“汪
士鐘印”“閬源父用”以及楊氏諸印，今藏國家圖書館。

65.82 自蘇州得宋王叔邊刊本《後漢書》一百二十卷四十册。

紹和題宋本《後漢書》：“先公得嘉定本班《書》後，曾更欲得范
《書》善本以爲之偶，而求之數年不遇。咸豐辛亥始獲此本於吳門，亦
南宋時刊，雖密行細字，視班《書》少異，而昔人所云紙潤墨香，秀
雅古勁，展卷便有驚人之處者，則同一精絶。且嘉定本范《書》《志》
前刪去劉宣卿註補本《序》，每卷仍首題宣城章懷銜名，極爲何義門所
詆，此本固無是也。……此本自明以來，歷經汲古、延令、傳是諸賢藏
弄，圖記凡數十，其珍秘可見，俾爲《班書》強對，洵稱雙拱璧矣。”
（《楹書隅録》卷二）

按：卷四十下配另一宋刻本。十三行，行二十三、四字不等，
註文雙行，行二十八字左右，細黑口，左右雙邊，版心題“後漢
紀”字。《目録》後有牌記“今求到劉博士《東漢刊誤》續此書後
印行”，又五行書牌“本家今將前後《漢書》精加校正，并寫作大
字，鋟板刊行，的無差錯。收書英傑，伏望炳察。錢塘王叔邊謹
語”。後隔三行題“武夷吳驥仲逸校正”。王叔邊蓋浙人而開書肆
於建陽者。南宋初，福建建陽書坊雕版自淳熙以來比杭州還要發
達，因而吸引不少浙籍刻工來此參加雕印工作，不少還開設了書
肆，在麻沙、崇化衆多的書坊中，王叔邊一經堂，也稱王叔邊宅，
就是從杭州遷來的爲浙人在建陽開設的一個著名書肆。何焯校本
《後漢書》記隆興二年（1164）麻沙劉仲立本，亦有吳驥題款，可
證王叔邊《後漢書》確在建陽開雕。此本書體秀媚，字近瘦金體。
紙墨版式純系南宋初建本風格。傅增湘則謂“字體秀勁，與乾道蔡
夢弼本《史記》相類，蓋閩本之最佳者”（《藏園群書經眼録》卷
三，第194頁）。鈐有汲古閣毛氏父子、季振宜、徐乾學、周良金
諸家印記，又楊氏諸印，都三十餘方，可見各家於此之器重。今藏
國家圖書館。

65.83　自蘇州得宋乾道七年蔡夢弼東塾刻本《史記集解索引》一百三十卷三十册。

紹和題宋本《史記集解索引》："先公於辛亥歲以三百八十金購之吳門，原册已損敝。次年又得一是刻殘帙，命紹和互校，以清晰者入之。此本卷中間有抄葉，乃梁溪顧柔嘉所錄。二百年前名迹未便易去，故仍其舊。付工整潔，都爲六函，與淳熙辛丑耿秉本同爲什襲。"（《楹書隅錄》卷二）

按：此書爲宋乾道七年（1171）建安蔡夢弼東塾刻本，"四經四史"之宋槧《史記》第一部。卷四十三《趙世家》配清光緒元年楊保彝影宋抄本。十二行二十一字，註文雙行，行二十八字，白口，四周雙邊，雙魚尾，版心上記字數，下魚尾下記頁數。《三皇本紀第一上》卷末雙行牌記："建溪蔡夢弼傅卿親校刻梓於東塾時歲乾道七月春王正上日書"。"七月"爲七年之誤。據此可知此本刻於南宋孝宗乾道七年（1171）；在《補史記序》《六國年表》《秦楚之際月表》《漢興以來諸侯年表》《樂書》《曆書》後均刊雙行書牌"建安蔡夢弼傅卿謹案京　蜀諸本校理置梓於東塾"；《目錄》後題："三峰樵隱蔡夢弼傅卿校正"；《五帝本紀》、《周本紀》末有書牌兩行"建溪三峰蔡夢弼傅卿親校謹刻梓於望道亭"；《殷本紀》末有書牌兩行"建溪三峰樵隱蔡夢弼傅卿親校梓於東塾"；《禮書》後有書牌一行"建溪蔡夢弼校正刊於東塾"。賀次君云："此本校勘精善，足匡正它本之訛謬，如《夏本紀》'云土夢爲治'，此與《索隱》本合，它本作'云夢土爲治'；《殷本紀》'紂乃重刑辟之法'，此與北宋本同，它本'刑辟'二字誤倒；《秦本紀》'簡公昭子之弟'，它本脫'子'字，'斬首萬級'，它本脫'級'字……校史者必須彙集諸本，相互比勘，而後正其訛舛，則此本頗有可取，不能以其殘損而忽視之。然此本亦有錯字，如《秦楚之際月表·沛公二十八月》'出令三軍，秦民大悦'，它本及《漢書》表、傳均作'出令三章'，此'軍'爲'章'之訛……"（賀次君《史記書錄》，第79–80頁）傅增湘云："此書刻工勁秀，南宋初建本之精者，《史記集解索隱》合刊者以此爲最早。"（《藏園群書經眼錄》卷三，第165—166頁）賀次君則據書牌"謹案京蜀諸本校理"之語認爲"《史記集解索隱》合刻，今傳

世者以此本爲最早，後四年（按：應爲五年）張杅桐川郡齋本亦系
《集解索隱》合刻本，且皆溯自蜀本……"（賀次君《史記書録》，
第 79 頁）也就是説賀氏以爲蔡本只是傳世二家註合刻本的最早刻
本，之前已經有二家註合刻本，只是如今失傳而已。賀氏理解有誤，
理由有三：其一，晚於蔡本五年的宋淳熙三年（1176）張杅桐川郡
齋刻本，其卷末載張杅《跋》云："惟唐小司馬用新意撰《索隱》，
所得爲多，至有不可解者，引援開釋明白。每恨其書單行，於披閲
未便。比得蜀本，并與其本書集而刊之，意欲垂模與南方學者，其
未暇也。揭來桐川踰季，郡事頗暇，一搜廥中書，蜀所刊小字者偶
隨來，遂令中字書刊之；用功凡七十輩，越肇始四月望，迄六月終
告成。"蔡本刊行五年之後，張杅竟然還不知已有二家註合刻本行
世，而以爲已之所刻乃爲首刻，可知當時二家註合刻本尚屬初創時
期。故而蔡本應是最先開創了合刻體例。其二，蜀本是一個《集解》
本。蜀本現存九卷，保存在宋紹興淮南路無爲州官刻本中，而淮南
路本是一個單解本。而且在張杅《跋》中也明言是用司馬貞《索隱》
與蜀本"集而刊之"，這裡所指顯然是一個集解本。其三，在蔡本之
前，尚未見任何記載有二家註合刻本。另外，賀氏謂蔡本"溯自蜀
本"，亦誤。實際上所謂"京、蜀諸本"并非所據底本，而是指參校
本而言，賀氏顯然是誤解了書牌之意。張玉春將蔡本和包括蜀本在
内的諸本進行異文對校，發現異文極多，根本不主一本（張玉春
《〈史記〉版本研究》，第 212—215 頁）。錢大昕又云："《史記索
隱》、《正義》皆各自爲書，不與本書比附。宋南渡後，始有合《索
隱》於《正義》者，刱自蜀本。繼有桐川、三山兩本，皆在淳熙以
前，其時《正義》猶單行也。"（錢大昕《十駕齋養新録》，《錢大昕
全集》第七册，第 346 頁）是錢氏亦爲書牌所誤。蜀本不是二家註
合刻本，蔡本亦不祖蜀本。蔡本其實就是爲最早二家註合刻本。是
書原爲清彭城錢興祖、季振宜、汪士鐘舊藏。楊氏書散出後，此本
歸陳清華，今藏國家圖書館。

65.84 獲見黃丕烈藏宋槧《三曆撮要》一册，因囑幕友顏士欽影録一
過，雖未能如汲古閣之精，然亦規模略具矣。

楊紹和跋影宋精抄本《三曆撮要》："右辛楣先生記於《養新録》

者，視前《跋》頗詳，故附錄之。辛亥歲，先公獲見黃氏宋本，因囑幕中友顏君士欽影錄一過。雖未能如汲古閣之精，然亦規模略具矣。"（《楹書隅錄》卷三）

　　按：此本不著撰人，清咸豐元年（1851）顏士欽影宋精抄本。18.5×10釐米，十行十九字，四周雙欄，白口，無魚尾，版心上記字數，中題"三曆撮要"，下記頁數，次下記原宋本刻工：陳仁、王忠、虞文、湯安中、王炎、江大有、汤孙、忠等。卷末題：海源閣依宋本影寫。卷末依次錄錢大昕、瞿中溶、孫星衍、楊紹和跋。《中國古籍善本書目》著錄。今藏國家圖書館。

65.85　於清江得宋本（實明本）《韋蘇州集》十卷六冊。

紹和跋《韋蘇州集》："詩家每以陶、韋、王、孟并稱，蓋王、孟皆源出於陶，而蘇州尤追步柴桑者也。余宋存書室中藏北宋本《陶淵明集》、南宋本《湯註陶靖節詩》、北宋蜀本《王摩詰集》、南宋初本《孟浩然集》，獨於《韋集》闕如也。……余藏宋槧各書，經部則有《毛詩》、《三禮》；史部則有《史》、《漢》、《三國》，嘗以'四經四史'名齋。今於集部之陶、韋、王、孟四者，又皆得此至精至善之本，洵可謂琅嬛奇福矣，世世其永寶之。"（《楹書隅錄》卷四）

　　按：此本半葉十行，行十八字，有"王孝詠印""慧音""太原仲子""後海學人""季振宜印""滄葦""季振宜讀書"等印。周叔弢於《〈隅錄〉批校》中題云："此是明本。"此十卷本確實爲明本，今藏臺北故宮博物院，《國立故宮博物院藏沈氏研易樓善本圖錄》著錄爲明仿宋本，其行款、藏印等與《隅錄》著錄悉同。

65.86　得小字宋本《孟東野詩集》十卷。（《楹書隅錄》卷四）

楊紹和《楹書隅錄》卷四："北宋本孟東野詩集十卷四冊一函，泰興季振宜滄葦氏珍藏。"

　　按：此本十一行十六字，白口，左右雙邊，雙黑魚尾。上魚尾上間記字數，下題"孟詩幾"，下魚尾下題頁數，通卷長號，凡一百六十八頁。補版下記刊工姓名。黃丕烈於卷末題曰："惟此集實北宋精刊，間有修補之頁，仍復瑕不掩瑜，較余向藏洪武間人影寫書棚本《東野集》，奚啻宵壤。"紹和亦題北宋本。《中國版刻圖錄》云："卷中原版無刻工，僅存十一頁，內四頁又雜攙一部分補版，約刻於南北宋之際，餘均南宋初期補版。"（《中國版刻圖錄》，《敘錄》，第33頁）補版"慎"字缺筆，乃南宋初期補版無疑。補版刻工爲周升、周俊、余山、余松、余彥、余盛、吳洪、曾柏、曾角、李涼、李仁、江陵、江發、江翌、江醇、吳光、官信、虞拱、虞羔、先□、俊□、拱□、江□、羔□、余□。這些刻工都爲南宋初期，如周升、周俊、余山、江陵等刻宋刊《五朝三朝名臣言行錄》，此書亦"慎"字缺筆。余彥、江陵等刻宋刊山中一半雨本《王右丞文集》，吳洪、李仁曾分別參與宋兩浙庚司本《禮記正義》的補版和原版的雕刻工作，曾柏、李仁曾刻宋撫州公使庫刊本《周易》，因推知此書當爲江西某地官版，而王晉卿云此書爲宋蜀刻本，（《文祿堂訪書記》卷四）恐不確。檢其刻工與蜀本刻工無一重名。傅增湘亦云："審其刀法筆勢，當爲江右刊本。"（《藏園群書經眼錄》卷十二，第1047頁）是書歷經清代著名藏書家遞藏，卷末有"泰興季振宜滄葦氏珍藏"題識一行，藏印有"錢氏敬先""季滄葦圖書記""徐健庵""陳氏悅岩寶玩""安岐之印""毘陵唐良士藏書""士禮居""汪士鐘印"以及楊氏父子諸印。1927年，敬夫將二十六種善本運抵天津後，包括此種在內的"二孟一黃"三種最先出售給李盛鐸。今藏北京大學圖書館。

65. 87　於清江購得元本《陸宣公奏議》十五卷。（《楹書隅錄》卷四）

楊紹和元本《陸宣公奏議》："此本乃辛亥歲購於袁江，卷一末有至正重刊木記，爲書賈裁去，因據張氏《藏書志》補錄之。"

　　按：此本半葉十二行，行二十三字，有"忠訓樓印""謙牧堂藏書記"各印。

65.88　其子紹和購得元本《梅花百詠》，楊紹和并跋；購宋本《梅花喜神譜》未果。

楊紹和題《梅花百詠》云："《四庫全書》著録《梅花百詠》，乃馮子振、釋明本唱和之作。德珪詩則傳世絕少，亦僅見之書矣。《孽經室外集》所載抄本，即從此影摹者也。咸豐辛亥，有估人持此本與宋刻《梅花喜神譜》來袁江求售，余極思并購之，而《喜神譜》忽爲他人攜去，至今猶縈之夢想云。"（《楹書隅録》卷五）

按：此書爲元至正刻本，板框20.4×13.6釐米，廿二頁，黃丕烈蝶裝原匣。細黑口，左右雙邊，版心作梅吟。前有楊維楨序，半葉七行；于文博序，半葉八行；韋序半葉八行，低一格。正文九行，行十六字。此爲單行本，紙墨精雅，前後有黃丕烈題記，并有"黃丕烈印""汪士鐘藏""黃印丕烈""復翁"及楊氏海源閣諸藏印。此本散出後，爲周叔弢所得，後歸北京圖書館，《自莊嚴堪善本書目》《北京圖書館善本書目》均有著録。

65.89　是年，沿運河南下蘇州訪書購書。（楊紹和宋乾道七年蔡夢弼東塾刻本《史記集解索隱》提要，《楹書隅録》卷二）

65.90　時楊紹和隨其宦游，陶小豐（字兆蓀）爲楊紹和繪《荷芳書院讀書圖》，包世臣跋。

荷芳書院原在清江浦楊以增任職的江南河道總督署内。（《藏書刻書簡述》）

65.91　於清江浦刻《禹貢九州圖》一册及《恒星赤道圖》《黃朝一統圖》《萬國地球圖》《今釋古今圖》四種八册，武進李兆洛原本，江陰六嚴繪圖，楊以增鑒定。（《藏書刻書簡述》）

按：上述數種刻均刻於清江浦。

69.92　倡議重修萬壽觀，後因事中止。

宣統《續修聊城縣志》卷二《建置志》："萬壽觀，在城内。……

咸豐初年，邑人楊以增倡議重修，甫建戲樓，緣事停工，捐備木石并存
貯於道西。磚砌爲壁，藉以蔽風雨。”

咸豐二年壬子（1852）六十六歲
（在江蘇清江浦）

【概要】繼續督辦豐工堵口各工，二月初二日攜帶估册，趕赴豐
北工地，逐一驗收挑工。二月十二日順利啟放引河，但二月二十三日猝
遇風暴，大壩門占蟄動。此後因桃汛頗旺，兩壩續塌十餘丈，雖經全力
堵筑，但大壩合龍無望，不得已請於霜降水落後補築，咸豐帝得奏震
怒。四月初六日因辦理河工不利被革職，暫留工次，督辦河務。繼續辦
理漕運事宜，正月初九日，派遣得力人員敲凌保運，回空軍船全數渡黃
南下。但因豐工辦理不力，以致本年漕運遲誤，於六月十二日被咸豐帝
降諭交部議處。十月十三日，因太平天國戰事軍需浩繁，捐助廉銀一萬
兩。十二月二十三日得旨賞帶花翎。加緊辦理豐工堵口工程，至十一
月，豐北壩工做成丈尺并引河挑成分數已達五分以上。至十二月中旬，
金門收窄至二十餘丈，趁機加緊搶辦，以期相機放河。刊成朱爲弼撰
《蕉聲館集》、畢亨撰《九水山房文存》、丁晏撰《六藝堂詩禮七編》、
蔡邕撰《蔡中郎集》、胡天遊撰《石笥山房集》，又刻《柳真君勸孝
歌》。於豐北工次得濟寧劉武仲、劉魯田兄弟《字册》，於清江得北宋
本《淮南鴻烈解》。子楊紹和中舉。

正　月

66.1　正月初五日，上奏豐工積凌融化，施工交易，繼續續修各壩，
上報做成大壩丈尺，并加緊催辦占埽挑工。

楊以增《豐工積凌融化催辦占埽挑工摺》：“竊豐工壩挑河情形臣
等三次奏報後，工次得有瑞雪，越日即晴，復值連日東風，大河雖尚淌
凌，而質塊已酥，不復似前鋒利，溜勢亦平順如常。隨飭分投撐擋，料
土併進，計旬日以來東正壩續得十五丈，西正壩續得二十丈，西二壩、
挑水壩均已進占，各得九丈。東二壩土心做至深水，澆築匪易，計又續
得十丈，護埽續得十八丈，各壩邊埽、夾土壩一律跟進，以資穩實。至

二壩系奪溜金門，本有趺塘，近復逐漸上趺，勢須向南越做，避難就易。并隨時察看情形，如須改做占埽，亦即捆船進占，以昭慎重。引河前兩起陸續報完，後兩起亦飭依限速竣。仍嚴查貼坡墊崖等弊，以期核實。此後氣候漸和，則施工較易，水勢漸深，則進埽較難。臣等惟有督率文武，鼓勵兵夫，俾得克日成功，以期早紓宸廑。"（《先都御史公奏疏》卷十九）

66.2 正月初九日，派遣得力人員敲凌保運，連番催趲，湖南三幫尾船渡過黃河，回空軍船亦全數渡黃南下。

楊以增等正月十二日《回空軍船渡黃完竣摺》："湖南三幫尾船於十二月十二日提入江南黃林莊境，臣楊殿邦督押前進，臣陸建瀛、楊以增加派幹員分段催儹，緣臘月中旬以來氣候甚寒，以致運河間有凍阻，幸早備□凌船隻器具，督令地方河工、文武員弁隨時敲擊通暢，銜尾而進，不任藉延。茲於正月初九日業將湖南三尾幫挽渡黃河，由新草閘進口入塘南下。連前共九十五幫，計船三千零四十只，內宿州兩幫由湖歸次，仍會檄印委員弁加緊嚴催，務期克日飛挽，各歸各次。"（《先都御史公奏疏》卷十九）

66.3 正月十五日，上奏豐工壩工旬日以來做成丈尺，目前大壩現已完成過半情形，并趁天氣和暖，加緊嚴催挑工。

楊以增《豐工壩已得半嚴催挑工摺》："竊奉工辦理情形臣等四次奏報後，察看壩前形勢，埽占已做入深水，必須加倍慎重，隨飭在事文武務將現做埽占層土層柴，盤壓高聳，并將已成各占普律加高，以防蟄動。計旬日以內東正壩續得十八丈，西正壩續得二十四丈，東二壩土心護埽各續得十二丈，西二壩挑水壩占埽各續得十五丈，合計全工現已得半，正雜料物發辦已敷，惟當嚴催趕運，以濟要需。引河前兩起已完，勒催後兩起依限速竣，一俟試放清水後，再將涸露處所遴員搶挑，配平河底。臣等并即親詣驗收，以期核實。辰下積凍盡解，日暖風暄，趁此事機順利，亟宜儹前趕辦，冀於春水未旺以前合龍，以期仰紓宸廑。"（《先都御史公奏疏》卷十九）

66.4　正月二十日，接到咸豐帝上諭，對張嘉琳、王恩沛、劉春芳等辦料弊混各員從嚴懲辦。

　　咸豐二年正月辛未（二十日）上諭："陸建瀛、楊以增奏請將承辦料廠弊混各員摘去頂戴，勒限賠交等語。南河委員署揚河通判張嘉琳，候補通判王恩沛、劉春芳，候補州同晏芬承收料垛斤數均各短少，實屬有心蒙混。王恩沛等奉委管廠，自交之料所短更鉅。其與驗收委員顯有通同弊混情事。張嘉琳、王恩沛、劉春芳、晏芬業經該督等查明撤委，著與海防同知李萬傑一并摘去頂戴，勒限十日，責令將不足之料賠交另儲，核實驗收。其王恩沛、劉春芳、晏芬三員情節尤重，著該督等嚴行查訊懲辦。李萬傑系在東壩辦事，著飭交出料戶，嚴訊究辦，以剔弊竇。"（《清文宗實錄》卷五二，《清實錄》，第 42990 頁）

66.5　正月二十五日，上奏豐工全部壩工已完成六分有餘，挑工即將全部完工，現仍加緊催趕無料，以冀大壩早日合龍。

　　楊以增《豐北壩工過半挑工將完摺》："察看埽前水勢漸深，溜亦漸形勁疾，計桃汛伊邇，慎重之中尤須償速。臣等親駐壩次，嚴諭在事文武，鼓勵兵夫，飭將埽占連環遞進，夜以繼日，仍令於柴土鋪勻後，密加纜□，逐占盤壓，以期穩實。計旬日以來，東正壩續得十八丈，正壩續得二十四丈，西二壩續得十八丈，東二壩土心護埽續得八丈。惟後埽前溜勢跟進淘刷，難再澆土心。因即捆船上位，改進占埽，計又做成十二丈，挑水壩占埽亦續得十七丈。壩前漲有灘嘴，接成天然挑壩，逼溜東趨，甚為得力。引河後兩起挑有七分工程，現催加夫趕竣，由臣等親往驗收，試放清水。查有不如式之處，隨時懲處，勿任貽誤。刻下全工計已六分有餘，惟有慎重趕辦，冀早合龍，上紓聖廑。"（《先都御史公奏疏》卷十九）

66.6　正月二十七日，因揚州府河務通判劉于淳丁憂，所遺員缺奏請以清河縣知縣吳棠補用。

　　楊以增《揀員請陞河廳要缺摺》："竊照揚州府河務通判劉于淳丁憂遺缺，前以遇缺酌量補用之通判張嘉琳會摺請補。接准部覆：'南河遇缺先人員尚未用盡，奏令另揀合例人員請補。'等因，諮行前來。伏查斯缺經營高寶運河兩岸堤埽、磚石、閘壩工程，償催空重漕船，啓閉

蓄泄機宜，并管沿湖灘地事務，必須熟諳勤幹之員方資治理。前以張嘉
琳請補，系爲要缺擇人起見。茲既接准部駁，應即另行揀補。臣等復於
現任暨遇缺先通判中逐加遴選，非現居要缺，即人地未宜，惟查清河縣
知縣吳棠現年四十歲，安徽舉人，甲辰大挑簽掣南河……該員年強才
裕，辦事勤能，自到工以來，留心河務。補缺以後，不獨於地方緝匪安
良，各務實心治理，而幫同各廳搶險防工，亦俱異常出力。以之陞署揚
河通判，洵堪勝任。……合無仰懇天恩，准以吳棠升署揚州府河務通
判，洵於修防有裨。"（《先都御史公奏疏》卷十九）

66.7　正月二十七日，因上年禮河壩底跌損，上奏加緊辦理估修，以
備啟放，同時拆修楊莊頭壩，以便漕船暢順運行。

　　楊以增《籌辦湖河工料片》："山盱廳禮河爲泄湖要區，上年因壩
底跌損，估修尚未竣工之際，值湖水大長，勢將普漫，遂權衡輕重，趕
將該河啓通，始得暢減，以保湖堤。惟該壩底愈向上跌，發料越堵，迨
至冬月口門收窄，溜勢益形湍悍，刷深至三丈餘尺，捆廂船隻不能上
位。據該管道廳稟陳棘手情形，惟有再向外越就淺處施工，庶易爲力。
當即批准勒限趕辦，不日可竣。此項越堵銀兩向應專案奏請，因經費支
絀，仍於常年另案內支用。禮河壩底飭令該廳營查照原估補修，以備啓
放。中河廳雙金閘鉗口壩前於鹽柴運竣時即經堵閉，以利空運。其楊莊
頭壩爲北運河蓄泄關鍵，壩身朽腐，應行拆修。空運已全行渡黃，乘勢
展寬，使河水暢達，得資迅速南下。仍飭預備料物，察看水勢，收束趕
修，不令有誤重運。至歲料銀兩經部議先盡豐工應用，續撥之款解運需
時，是以各廳歲料發辦較遲。現將禦水埽工先行發銀趕辦，以備合龍。"
（《先都御史公奏疏》卷十九）

66.8　正月三十日，上奏覆訊夾帶私硝案犯情形。

　　楊以增《奏報覆訊夾帶私硝案犯情形摺》："臣等覆加查核，此案前任
豐縣知縣朱學海奉文採辦江蘇營硝二萬五千六百十八斤。該縣書辦劉同倫
送給門丁張海樓製錢二十串，向朱學海求允派令押解赴省，張海樓又與丁
屬劉小齋等收買私硝十四萬二千餘斤，又有周萬里等共販硝二萬餘斤，均
託劉同倫夾帶，在蘇、常一帶銷賣，令劉兆泰等同船押運。又蕭縣知縣顧
鴻逵派差魏興讓、李文彬、李洪章管解營硝九千五百六十四斤，魏興讓、

李文彬各自夾帶私硝四百餘斤，又有王朝彬、潘之等共販硝九萬餘斤，均托魏興讓夾帶，至蘇揚一帶銷賣。劉同倫、魏興讓船經宿遷、淮安、揚州等關，呈驗文批，送給關差官書銀兩自三十兩至五十兩不等，言明帶有餘硝，求免查看。又有黃在蘋糾令張爕堂等并吳顧氏等各自販賣私硝及硫磺自五十餘斤至八千餘斤不等。先後獲犯，疊次研審，眾供僉同。如奉駁劉同倫等批解營硝，夾帶私硝或至數倍，或至十倍，該縣等顯有縱容，丁胥朋比漁利一節，訊據劉同倫、魏興讓供稱，該犯等押解營硝，夾帶張海樓等私硝至蘇、常等處銷賣，豐縣知縣朱學海、蕭縣知縣顧鴻逵均不知情，如果縱容丁胥朋比漁利，該犯等必定據實供出，圖減自己罪名。斷不肯代爲隱瞞等語。質之劉兆泰、李文彬等，供亦相同，其爲并無知情縱容，朋比漁利，似屬可信。又如奉駁該省拿獲江洋各盜，多有開放槍炮拒捕及起獲火藥等事，難保非此等奸徒興販接濟。該犯等由徐州而至瓜洲，中途所歷州縣甚多，倘沿途偷漏，或合成火藥，賣給鹽梟，或運入僻地，接濟盜匪，皆未可定一節。訊據劉同倫等供稱，官硝船隻自徐到揚，地方文武巡緝甚嚴，如可沿途偷漏，賣與鹽梟盜匪，販硝三人斷不肯多花盤費，遠歷各關，帶至蘇常、揚州一帶銷賣等語，所供尚屬近情。又如奉駁江蘇爲海疆重地，該犯其意販私，指稱欲到蘇、揚并常州一帶銷賣，更恐有出洋通夷重情一節，訊據劉同倫等供稱，出洋路途甚遠，稽查愈密，又無官硝可以影射，何敢帶此多硝，冒險行走？實因蘇揚、常州均系繁庶之區，花炮店多，用硝甚廣，且有官硝船隻可以夾帶，所以帶往售賣，委無出洋通夷之事等語。該司等再三嚴詰，加以刑嚇，矢口不移。并據黃在蘋等供亦無異，案無遁飾，應即議結。劉同倫、魏興讓應請仍照原擬比照越境興販官司引鹽至三千斤以上例，問發附近充軍，系在官人役，膽大妄爲，均請從重發往新疆，酌發種地當差。黃在蘋販硝八千餘斤，請照原咨比例問擬附近充軍。已革豐縣知縣朱學海失察丁屬，興販私硝至十餘萬斤之多，迨至事發，任聽遠颺，并無一名交案，情同包庇，亦請仍照原擬發往軍臺效力贖罪。其餘王潮彬等犯均照原奏分別擬以軍流徒杖完結，不復贅敘。"（錄副奏折）

66.9　接薩迎阿本月二十三日信。在信中，薩迎阿表達謝意，并賀新禧。

　　薩迎阿致楊以增函："正月二十一日使至，奉到手書，猥蒙吉詞誌喜，兼承遠惠春果百枚，藉悉福履綏和。惟當此軍書旁午之時，勞心防堵，兼籌河工。仍荷念及弟京中景況，分廉資助，足□摯愛，在遠不遺，欽佩古道。領愛之下，心切不安，感銘肌骨。承示團練得力，民情又安，深爲慰忭。賊氛散佈二載有餘，雖勝仗屢獲，尚未蕩平，近日□命之匪又竄大城，僧、勝二公合力痛剿，大約仲春可以蕆事。仰賴聖主洪福，上天默佑，此等邪悖之流，自不能容其久亂人世。惟國家經費不敷，司農不止仰屋，深爲可慮。弟回京二載以來，但司正白滿旗務，公事較繁，尚可藏拙，幸未兼理部事。今年已七十有四，支持供職，去冬又兼署廂軍蒙古旗務，受恩深重，不敢安逸。屛軀尚健，足慰遠懷。自道光丁未一人籌畫軍務，未及兩月，趕催剿辦完事。一切奏稿公文書信，均系親手辦理，以致大病。戊申春間病好，心氣已虧，以致雙目昏花，不能學書，非至好不敢親寫書信。今勉塗數語，復候賀新禧，兼候時祺，藉鳴謝悃。諸惟心照不宣。"（《海源閣珍存尺牘》）

二　月

66.10　二月初二日，攜帶估冊，趕赴豐北工地，逐一驗收挑工。

　　楊以增二月初五日《趕辦豐北壩工并驗收挑工摺》："臣等隨與本月初二日攜帶估冊，前詣逐分驗收。計引河長七百八十丈，口寬五十丈零三尺至六十二丈八尺，底寬三十六丈至五十丈，深二丈五尺六寸至三丈零四寸，長河工接引河尾下至徐州三山頭止，長一萬六千二百五十七丈，口寬十三丈八尺至四十八丈三尺，底寬十丈至三十六丈，深七尺三寸至二丈八尺一寸。迤下溝工線工長三萬五千六百五十八丈，口寬二丈八尺至十一丈六尺，底寬二丈至八丈，深二尺至九尺。按冊丈量，均與原估相符，尚無貼坡墊崖情弊，間有不如式處責令工員賠挑，違者從重查參。"（《先都御史公奏疏》卷十九）

66.11　二月初五日，上奏辦理豐工全工已完八分有餘，現正督率各廳營，星夜趕辦工程，相機啟放引河。

　　楊以增《趕辦豐北壩工并驗收挑工摺》："察看正壩金門雖已漸收漸窄，賴有二壩擎托，不至淘刷過深，然迎溜處所埽占已不時見蟄。二壩原估時水勢本較正壩深至二丈餘尺，現受正壩逼出之溜奔赴埽前，情形尤爲吃重。諄飭掌壩文武隨墊跟廂，慎重償辦，務於迅速之中力求穩實，計旬日以來東工正壩又得十五丈，西正壩又得十二丈，東二壩又得二十七丈，西二壩又得二十一丈，挑水壩前漲有新灘，已成天然挑壩。原估占埽本擬酌量節省，惟灘面出水無多，西正壩氣候過長，非建蓋壩難資掩護。因於挑壩前做柴壩，接入深水，外拋碎石，以收一舉兩得之益。現已做成二十八丈。統計全工已八分有餘，各起挑工均於正月內依限完報。……一面試放清水，遴委幹員，星夜搶挑水塘并引河頭掣溜工段。一俟全完，即當體察壩工水勢情形，相機啓放引河，再行專摺馳報。現在正壩金門僅餘二十餘丈，計日程土，正十分吃緊之際。臣等惟有督同文武員弁多方策勵，星夜償辦，以冀早慰聖懷。"（《先都御史公奏疏》卷十九）

66.12 二月十二日，連日在工督辦堵口工程，於是日辰刻順利啓放引河，溜勢十分暢順。咸豐帝爲此硃批"仰賴天神佑助，益增感畏，欣慰覽焉"。

楊以增二月十三日《啓放引河溜勢暢順摺》："計自二月初五日七次奏報以來，七日之間東正壩續得六丈，西正壩續得七丈，東西二壩又各得二十一丈，挑水壩前蓋壩又接長二十八丈，各壩上下水邊埽夾土壩一律跟進，大溜直注引河頭上脣，復折而南，由正壩埽前奔騰下注。維時金門僅餘八丈，以三百餘丈河身收束於數丈金門之內，溜勢倍常湍激，各壩占埽不時見墊，情勢過形吃重。臣等時與掌壩文武往來察看大河水勢已抬高四尺，水面高引河底一丈有餘，亟宜掣溜東注，俾得趕進門占，一氣呵成。其時下游禦水各工先已具報竣事，外南廳屬之順清河新草閘、中河廳屬之楊莊頭壩各水口亦均先期堵閉。謹於十二日辰刻虔祀河神，隨將引河啓放，大溜建瓴而下，電掣風馳，瞬息之間引河業已鋪滿。次日據銅沛廳稟報，黃流循徐州北門工東下，次日未時已行一百六十餘里，溜勢甚爲暢達。現查大溜已掣歸正河四分有餘，正壩誌椿落水一尺，此皆仰賴聖主洪福，河伯佑靈，順利吉祥爲從來所罕見。臣等現仍督催員弁，鼓勵兵夫，趕將門占廂做，一俟盤壓堅固，即可相機合龍。"（《先都御史公奏疏》卷十九）

66.13　二月十三日，上奏行漕河道各工程須於重運經臨前修築完竣，以利漕船運行，爲此請循例撥解南河大汛工需銀兩，以資修防。

楊以增《請撥大汛工需銀兩摺》："兹值春汛，如行漕各河道堤埽閘壩等工亟應於重運未到之前趕緊修復，以備隨時啓閉而利漕行。豐工指日合龍，黃流歸故，一切搶辦工程尤須錢糧先期解到，以資應用。兹據河庫、徐州、淮揚、淮海、常鎮各道會詳請撥前來，臣查此項銀兩爲大汛修防所必需，而本年挽黃歸正，倍應格外加慎。且各省撥款解工動輒數月，黃河汛漲遲早難定，亟應先事預籌，俾免貽誤。謹循例照數奏請，合無仰懇皇上天恩俯念河工緊要，飭下部臣，於就近藩關各庫撥銀一百五十萬兩，迅速解交河庫。臣仍督飭各道實力稽查，撙節動用，不任稍滋糜費。如有餘存，另行造冊報部。"（《先都御史公奏疏》卷十九）

66.14　二月二十三日，同陸建瀛等親臨豐北，指揮堵口工程，此後數日，見所謂河神，并派人迎送。

郭沛霖云："壬子二月二十三日，制、河兩帥同至豐北壩口，本廳張子涵司馬（渼）言：'大王見於堤上，居民已送至公館，擬於壩上設棚迎祀之。'兩帥皆以爲可，遂以河帥所乘之轎往迎。戌刻還報云：'大王初至公館，銅沛廳迎拜焉，送於督轅之東棚，方首而金鱗，觀者甚衆，少頃隱矣。'二十七日辰刻，詣東棚行香，聞李墨園（翰文）、焦海峰（肇瀛）兩大令言：'大王昨又見矣。'三月初二日辰刻，詣九龍將軍棚行禮，河帥先在焉。少頃制軍至，聞將軍出於堂東，余急趨視，方首而齊口，金質而綠文，自肩以下有硃點十三，自腹及尾則綠質而黑點也，長尺又咫，大如將指。甫出之時，值日四縣令以盤承之，昂首而登，若與人相習者。置於案中，迴旋良久，屢欲下案，則以盤承之，遂徑行於地，入棚西北蘆牆中。既又復出，迎之盤，仍置於案上，蜿蜒伏於神牌，良久不動。兩帥回行轅，余亦還總局。"（《日知堂筆記》，第193頁）

66.15　二月二十四日，上奏豐工啓放引河後猝遇風暴，大壩門占蟄動，現仍竭力慎重補做門占，相機趕辦合龍。咸豐帝對此非常關注，硃批"知道了，卿等竭盡心力，妥慎趕辦。朕惟有虔祈天佑，以待佳音"。

楊以增《豐工猝遇風暴門占蟄動摺》："竊臣等前將啓放引河情形

具奏後，維時口門收窄，北注之溜勢如懸瀑，湍疾異常，新占不時見蟄，門占撐擋不易。臣等鼓勵兵夫，設法捆船生纜，竭數晝夜之力，將門占盤壓堅鞏，正在掛纜合龍。二十三日陡起東南大風，將奔注引河之溜逼回金門，溜頭擁高丈許，致將門占刷塌。臣等目擊情形，當飭兩壩文武慎守後占，幸皆屹立如故，毫未帶動，於大局并無妨礙，工次料物錢糧亦均充足。臣等現仍策勵在事人員迅將門占慎重補做，以便趕辦合龍，一面委員查探引河水勢，隨時相機辦理。"（《先都御史公奏疏》卷十九）

三　月

66.16　三月初六日，上奏桃汛正旺，水勢奔騰湍急，埽占復有蟄塌，兩壩續塌十餘丈，現仍步步爲營，慎重進占，并懇請緩限時日，以慎重辦工。對豐工堵口不利，咸豐帝非常焦急，頒下上諭，要求"於慎重之中務求妥速之法"。

楊以增《桃汛正旺豐工埽占復蟄摺》："伏查豐北接壤豫東，土性沙松，與嘉慶元年豐工失事之處相距咫尺，彼時該工埽兜蟄塌四次，遲久始得蕆事。臣等引以爲鑒，錢糧諄囑文員節慎支放，以留有餘；工程責成武弁加倍慎重，以防意外。前次門占蟄塌後，金門愈刷愈深，大溜趨注，上水束高下水丈餘，奔騰湍悍，搜刷埽根，兩壩續作之工復又蟄塌十餘丈。維時桃汛正漲，勢難與水爭力，當即趕築攔黃堰以防引河受淤。一面與在事文武員弁悉心籌議，惟有搶築護埽，多拋碎石，於層層加廂之中寓步步爲營之意。合無仰懇聖恩，俯准寬限兼旬，俾昭慎重，臣等無任感激屏營之至。"（《先都御史公奏疏》卷十九）

三月辛酉（十一日）上諭："陸建瀛、楊以增奏稱，自前次門占蟄塌後，金門愈刷愈深，大溜趨注，兩壩續作之工復又蟄塌十餘丈，業已趕築攔黃堰，並搶護埽，多拋碎石，慎重趕辦。惟現在桃汛方漲，若復遷延旬日，水勢愈大，人力必愈難施。儻有疏失，不特數百萬帑金消歸烏有，其糧船運道、災區撫恤又將如何辦理，該督等自問能當此重咎耶？著陸建瀛、楊以增督率在事文武員弁竭力趕辦，於慎重之中務求妥速之法，是爲至要，凜之！"（《清文宗實錄》卷五六，《清實錄》，第43034頁）

66.17 三月十一日，上奏請以清河縣知縣吳棠陞署江南揚州府河務通判員缺。

楊以增《河廳要缺需員懇准陞署摺》："伏查揚州府河務通判一缺，有經營高寶運河兩岸堤埽磚石閘壩工程、催償空重漕船、啓閉蓄泄機宜，并管河湖灘地事務，必須熟諳勤幹之員方資治理，是以前將遇缺酌量補用通判張嘉琳請補，接准部駁，應即另行揀補。臣等復於現任暨遇缺先通判中逐加遴選，非現居要缺，即人地未宜，惟查有清河縣知縣吳棠現年四十歲，安徽舉人，甲辰大挑簽掣南河……該員年強才裕，留心河務，自到工以來，不獨於地方巡緝事務認真整飭，即幫同各廳搶險防工，亦俱異常出力。以之陞署揚河通判，洵堪勝任。……合無仰懇天恩俯念員缺緊要，仍准以吳棠陞署揚州府河務通判，洵於修防有裨。"（《先都御史公奏疏》卷十九）

66.18 三月十一日，因山安、海防、海安、海阜四廳長堤單薄，業於道光三十年次第修整完工，專摺上奏增培堤工尺數及動用錢糧數目。同日，因中河廳屬桃、清二汛南北兩岸縷堤損壞嚴重，於咸豐元年加培堤工，辦理完竣，特專摺上奏動用錢糧各數目。

楊以增《核明山海四廳加培堤工錢糧摺》："惟查該四廳長堤本較上游卑矮，二十八、九年估辦僅修十分之五，其餘剔緩段落復被漲水趨刷，僅賴子堰攔禦，實形險要，應行接辦，以禦汛漲。經臣於道光三十年奏明，旋經督同該道在於捐輸等款內通融籌辦，割段派員，次第興築完竣，驗收如式……計共用銀二十萬兩零八百九十五兩零，均與原估丈尺銀數相符。"（《先都御史公奏疏》卷十九）

楊以增《核明中河廳加培堤工錢糧摺》："竊照中河廳屬桃、清二汛南北兩岸縷堤承受東省蒙沂山泉及各湖之水，以濟運行，歷被漲水趨刷殘塌，道光三十年冬間經臣履勘，急應加高培厚，奏奉恩准撥銀，於咸豐元年春派員勒限趕辦完工，復經臣查驗奏報，抄摺咨部各在案。茲據淮海道將做過工段丈尺、動用錢糧造冊呈送前來，計中河廳增培堤工共用銀十九萬八千零七兩，臣按冊復核無浮，除飭造印冊詳送具題並送部查核外，謹先循例開具清單恭呈御覽。"（《先都御史公奏疏》卷十九）

66.19　三月十一日，上奏南河輪應大小修大柳船隻及應支工料銀兩數目，并趕緊修整以資運料。

楊以增《大柳船隻循例輪修摺》："茲據河庫、淮海、徐州三道詳稱，葦蕩船務營運葦大船及各河營柳船常年在於黃運鹽河上下往來，裝運柴料。伏秋大汛，沖風破浪。時逢冬令，冰凌擦碰。經歷數年，即致損壞，必須照例隨時修造，以供駕駛。所有咸豐元年分葦蕩船務營輪應大小修運葦大船七十只、又豐北、銅沛、睢南、邳北四河營輪應大修柳船四隻、工船七十四隻，查照奉准價值勘估請辦，并將各該船字型大小、上屆小修成造年分、完竣日期開單呈送請奏前來。臣嚴飭該道等親往驗明，實俱損壞，查與輪修年限相符，計共估需工料銀二千六百十六兩二錢七分六釐六毫。除飭按船給價購料，查照部定長寬式樣趕緊修整以資裝運。"（《先都御史公奏疏》卷十九）

66.20　三月十一日，上奏加緊整修南河所屬各閘壩、堤埽，并挑挖塘河淤墊之處，加緊越堵禮河，以籌備重運漕船順利運行。

楊以增《籌備重運挑築各工摺》："竊照江境南北運河由江口上達東省，綿亘六七百里，其間過塘渡黃，所歷各閘壩全賴因時蓄泄，修守得宜，俾期漕運無滯。節據該管各道廳先後稟報，運河廳宿汛柳園頭閘、王家溝劉老澗滾壩、舊河尾駱馬湖尾閭五壩、七閘越壩均系上年大汛啓放前以淶水日消，均經次第堵辦。外北廳浦家莊爲重運入口要道，兩岸托蓋壩埽照舊廂修完整，以資逼刷。外南廳上年空運所啓替河正堤新草閘并臨清土堰業已分別堵還，察看塘河淤墊之處估挑寬深，至臨清鉗口壩禦黃二壩、舊草閘內挑壩及該閘金閘由身上下迎分水雁翅并閘外挑壩臨黃護埽腐朽蟄塌，俱經分別廂修。禮河廳運口汛爲湖水入運門戶，所有頭南壩、外蓋壩、頭二三四壩并上下雁翅、張王廟前托水壩、福興正閘上下鉗束各壩迤下河尾蔣壩均因清水搜刷卑矮，一律加廂高整，以資捍衛。其餘有關濟運各工均仍督率，妥爲籌辦。山盱廳禮河越堵工程業於正月底堵合完竣，現在湖水逐漸加長，重運陸續上行，堪以源源接濟。"（《先都御史公奏疏》卷十九）

66.21　三月十七日，因趕辦豐工堵口工程中所築埽占復有蟄塌，受到咸豐帝嚴飭，仍遵旨加緊辦理壩工。

楊以增《遵旨趕辦壩工情形摺》："臣等督率無方，以致上煩慈系，撫衷循省，愧悚交深。竊惟春夏水性湍悍，與冬令迥異，誠如聖諭，水勢愈大，人力必愈難施。臣等與臬司查文經并在事文武悉心商籌，設法辦理。現於邊埽上下多拋碎石，壩面層層加壓柴土，俾臻鞏固。其金門下跌塘之處亦以碎石拋填，冀免吸溜。而口門逐漸收窄，上寬十七丈，下寬十二丈，水勢急如懸瀑。惟有鼓勵兵夫趕做埽占，層土層柴，盤壓結實，總於慎重之中力求妥速。所幸水不加長，克期月內相機掛纜合龍，以冀仰副諭戒諄諄之至意。"（《先都御史公奏疏》卷十九）

66.22　三月二十八日，疏浚江蘇淮揚運河。

三月戊寅（二十八日）"浚江蘇淮揚運河，從漕運總督楊殿邦請也"（《清文宗實錄》卷五七，《清實錄》，第 43052 頁）。

66.23　三月，《蕉聲館集》（清朱爲弼撰）八卷刊成。

楊以增序云："雖夙聞其（朱爲弼）博學能文，又工鍾鼎書，知名遠近，而未嘗得望眉宇、接聲欬，以爲憾。茲承乏南河，先生之猶子山泉別駕實屬同舟。別駕哀集先生遺文八卷，付梓時而乞序於予。後進末學，豈能勝皇甫之任？受讀卒業，見其考卯酉偏旁、論古王者錫命諸侯典禮，皆旁稽載籍，并以金石證經典之缺，穿穴貫串，不愧真讀書人。……予待罪河干，歲幾四匝，河事多故，重空阻滯，心力徒瘁，而於事無補。讀先生轉漕諸書，益爲之歎息神往，遂不能以無言。故書此以復別駕云。"（咸豐二年楊以增刻本《蕉聲館集》，南京圖書館藏）

按：朱爲弼撰《蕉聲館集》8 卷，版框 16.8 × 13.5 釐米，半葉十二行二十四字，白口，左右雙邊，單黑魚尾，刊刻於江蘇清江浦。

四 月

66.24　四月初五日，因南河豐工漫口尚未合龍，接奉咸豐帝上諭，及早著手籌辦，以免耽誤漕運。

四月乙酉（初五日）上諭："朱嶟奏請飭催河運漕糧一摺。本年江蘇蘇、松等四府一州糧米業經由海運抵津。其江安、浙江、江西、湖南、湖北各省漕糧仍由運河挽運北上。現在南河豐北漫工尚未據報合龍。各省糧船已次第兌開前進。南北運道設有阻隔，必致節節耽延，於漕務大有妨礙。着陸建瀛、楊以增、顏以燠、楊殿邦體察情形，趕緊籌辦，總期漕船及早催挽，如限抵通，毋致臨時周章。倘有貽誤，惟該督等是問。"（《清文宗實錄》卷五八，《清實錄》，第43063頁）

按：朱嶟時爲倉場侍郎。

66.25　四月初六日，因豐工兩次走占，未能合龍，咸豐帝嚴責楊以增、陸建瀛等負責大員。楊以增因辦理河工不利被革職，暫留工次，督辦河務。同時接奉咸豐帝上諭，認真籌辦重運北上及撫恤災民各事宜。

四月丙戌（初六日）上諭："陸建瀛、楊以增奏，豐工未能堵合，懇請展緩，并自請嚴加治罪一摺。南河豐北漫口，責成該督等辦理堵築。由部撥派鉅款，以濟工需。該河督等宜如何盡心竭力，妥慎督辦。乃自興工數月以來，兩次走占，以致不克合龍，請於霜降水落後補築，糜帑殃民，曷勝憤懣！惟念此時籌辦重運、撫恤災民，皆刻不容緩之事。若將該河督等概予罷斥治罪，轉得置身事外。楊以增著即革職，暫留工次，督辦河務。陸建瀛著降爲四品頂戴，仍責令秋天補築合龍，以觀後效。轉瞬重運經臨，如何設法，使無阻滯，江南、山東一帶被水災民如何撫恤，著河道總督、漕運總督并地方督撫等趕緊妥籌辦理。所有大工用存料物銀錢核實收存。即將秋間興築事宜預行籌計具奏。其掌管東西壩前經革職留任之河營參將呂邦治、淮徐遊擊闞興邦著即革任，留工效力。掌壩文員裏河同知于昌進、外南同知婁晉均著革職留任，責令籌辦重運。如再貽誤，即行嚴參。其迭次走失埽占，照例著賠。"（《清文宗實錄》卷五八，《清實錄》，第43064頁）

　　按：楊以增等辦理豐工堵口工程，其間兩次走占，未能順利合龍，并請於霜降後再行補築，咸豐帝得報震怒，嚴飭楊以增等"糜帑殃民，曷勝憤懣！"并對相關大員從重處置，"楊以增著即革職，暫留工次，督辦河務。陸建瀛著降爲四品頂戴，仍責令秋天補築合龍，以觀後效"（二年四月初六日上諭）。咸豐帝原本對楊以增等人寄予厚望，楊以增二年二月十三日《啟放引河溜勢暢順摺》稱於是日辰刻順利啟放引河，溜勢十分暢順。咸豐帝爲此硃批"仰賴天神佑助，益增感畏，欣慰覽焉"。楊以增二年二月二十四日《豐工猝遇風暴門占蟄動摺》稱豐工啟放引河後猝遇風暴，大壩門占蟄動，現仍竭力慎重補做門占，相機趕辦合龍。咸豐帝對此非常關注，硃批"知道了，卿等竭盡心力，妥慎趕辦。朕惟有虔祈天佑，以待佳音"，期待之情溢於言表。此外，對楊以增等要求的各款項，雖然國庫支絀，但也盡力滿足。元年十月二十二日專門頒下上諭："陸建瀛、楊以增奏請飭催各省撥款一摺。此次南河興辦大工，業經戶部指款在於山東、山西、陝西、甘肅、江西、安徽、浙江等省先後按數撥給。現在挑挖引河、採辦料物需用緊急，除業經解到及奏報啟程并抵撥各款外，著各督撫查照部撥銀數迅即委員解赴工次，以濟要需，毋得稍有遲延，致滋貽誤。"正因如此，在楊以增等辦理豐工堵口不利之後，咸豐帝自然非常震怒。一是認爲楊以增等辦理工程未能盡心，"該河督等宜如何盡心竭力，妥慎督辦？乃自興工數月以來，兩次走占，以致不克合龍"（二年四月初六日上諭）。二是值此經費緊張之時，徒糜巨款，誤國蠹民。在楊以增上奏第一次走占之後，咸豐帝於二年三月十一日上諭中即稱，一旦出現疏失，則"數百萬帑金消歸烏有"，損失必然非常巨大。三是擔心對運道民生造成損害，從而動搖統治根基。咸豐帝在歷次上諭中對此反復強調，不啻再三。二年三月十一日上諭稱"其糧船運道、災區撫恤又將如何辦理，該督等自問能當此重咎耶？"二年四月初六日上諭稱"轉瞬重運經臨，如何設法，使無阻滯，江南、山東一帶被水災民如何撫恤，著河道總督、漕運總督并地方督撫等趕緊妥籌辦理。"據此，則咸豐帝因豐工未能如期合龍，自然要對楊以增等人加以嚴處。綜合來看，此次豐工堵口不利，并非完全因爲經費緊張，物料不足。二年二月十四日楊以增《豐工猝遇風暴門占蟄動摺》云："當飭兩壩文武慎守後占，幸皆屹立如故，毫未帶動，於大局并無妨礙，工次料物錢糧亦均充足。"即爲明證。而此次堵口不利主要有以下幾方面原因。一是開工較晚，工期緊張。楊以增奏稱："萬不得已據實籲懇天恩，俯念關係運道民生，恩准敕部如數撥銀，趕於九月二十日左右到工，以便放手興辦。"（元年閏八月二十五日《遵勘豐工漫口工程撙節估計摺》）但因各處款項遲遲未能到位，不得已就解到之款，於十一月二十五日正式興工。（元年十一月二十五日《通籌豐工撥款諏吉興工摺》）這同預定計劃相比，已經遲延大約兩月，時間緊張，勢必影響工程的正常推進。二是豐北漫口一帶土質沙松，頗不利於施工。楊以增二年三月初六日《桃汛正旺豐工埽占復蟄摺》："伏查豐北接壤豫東，土性沙松"，而且此次漫口與嘉慶元年豐工失事之處相距咫尺，嘉慶元年之決口"埽兜蟄塌四次，遲久始得蕆事"，據此亦可見此次堵口工程難度之大。三是桃汛經臨，水勢過大。桃汛到來之前，黃河水勢較小，爲堵口的最佳時機。爲此，楊以增元年十一月二十五日《通籌豐工撥款諏吉興工摺》云："時已仲冬下旬，距來年桃汛僅八十餘日，勢難再緩。"對因款項未到，以致遲遲未能開工頗爲焦慮。正因開工較遲，以致堵辦合龍之時風勢、水勢已經很大，"二十三日陡起東南大風，將奔注引河之溜逼回金門，溜頭擁高丈許，致將門占刷塌"（二年二月二十四日《豐工猝遇風暴門占蟄動摺》）。此後雖經多次搶險，但是桃汛期間河水大漲，按時堵口合龍已無法實現，"前次門占蟄塌後，金門愈刷愈深，大溜趨注，上水束高下水丈餘，奔騰湍悍，搜刷埽根，兩壩續作之工復又蟄塌十餘丈。維時桃汛正漲，勢難與水爭力，當即趕築攔黃堰以防引河受淤。"（二年三月初六日楊以增《桃汛正旺豐工埽占復蟄摺》）最終不得不上奏咸豐帝，懇請緩至本年霜降水落後再行補築，并自請處分。總之，此次豐工堵口，楊以增等人雖然盡力辦理工程，但是因爲經費未能及時解到，開工較遲，加之河水漲發，終於未能如期完工，同時也給他造成了極大的心理壓力。

四月丁酉（十七日）上諭："顏以燠奏豫東黃運湖河現在受患情形一摺。上年江南豐北漫口，黃流旁溢，以致山東境內被淹。節

經降旨飭令該撫賑恤災民，并飭該河督將運道分別鑲挑，回空漕船
改由湖坡行走，先後歸次。見在豐北漫口未經堵合。顏以燠所陳河
湖受患，挽運艱難，原系實在情形。惟補救因時，全在該河督設法
辦理。見值糧船銜尾北上，務當督飭道廳營汛閘委各員協力催趲，
毋得藉口人力難施，稍形諉卸。遇黄水盛漲之時，應如何宣洩歸
海，免上游吃重，陸建瀛、楊以增隨時會商妥辦。"（《清文宗實
錄》卷五九，《清實錄》，第43077頁）亦可作爲以上所述的背景
材料。

五　月

66.26　五月二十六日，因運河漕路梗阻，上奏遵旨辦理海運事宜，籌
劃將浙江漕米八十一萬石設法運至上海，再經由海運至京。

　　楊以增《遵旨籌辦海運事宜摺》："臣等查漕糧爲天庾正供，如果
河流順軌，尚可設法勉行，自應竭力催趲北上，以實倉儲。第現尚未交
伏汛，東省運道已泛濫瀰漫，實非意料所及。查首進各幫現始陸續上閘
渡黄，即使趕緊催償，約計挽入東境之臺莊已在大汛期內，重載逆挽，
既無縴路，萬不能飛渡北上。且臺莊地處偏僻，距通尚有二千餘里，既
難就地盤剝寄囤，又難守候水消。當此進退維谷，惟有折回江省，另籌
截卸。然時候愈遲，辦理愈形棘手，臣等會同商酌，再四熟籌，現在東
省水既驟長，不得不通盤籌畫，查照倉場侍郎臣朱嶟及御史張祥晉各
奏，參以部議，分別受價海運，以持有備無患之計。且各省幫船得以就
近回空，趕早歸次，來歲新漕即可提前辦理，從此可復冬兌冬開舊例，
較之勉强北上，阻滯中途，以致重運回空兩有貽誤，得失判然。

　　查本年浙江省起運漕米八十一萬餘石，其嘉、湖二府漕船尚未離
次，且有未經歸次受兌者。即首進之杭、三等幫，雖經浙江撫臣奏報開
行，至今未入江境，竊恐尚在嘉興以南淺阻。現奉欽差大臣查辦山東、
江南賑濟，需米甚急，如此遲滯南行，恐亦未能應時接濟。查臣陸建瀛
前奏所稱海運亦有窒礙之處，系指旗丁與海船在中途交接而言。會浙江
幫船多未離次，似可令該省設法運至上海，俟江南海運船隻返棹時，憑
同地方官查照江蘇定章改由海運，則京倉不致缺米，旗丁得免苦累，時
日較寬，辦理亦不致掣時。倘因已經受兌開行之船未能一律照辦，或遵

部議截漕備賑每石一兩二錢之案，交價易銀解部，以備搭放，相應請旨敕下浙江巡撫自行籌議妥辦。其江安各幫本年起運漕米三十七萬伍千三百三十餘石，現已陸續渡黃北上，臣等仍嚴催前進，如東省現長之水日內得能消落，仍可於盛漲以前償過濟寧。倘實萬難行走，即令在於東省入境首站三臺莊一帶啓卸米三萬石，交山東藩司辦理賑務。其餘米七萬石即卸交邳、宿各州縣倉，爲江省淮、徐各屬賑濟之用。不敷米二十二萬餘石，再在江廣各幫分撥運往，以足三十萬石之數。至江廣各省本年起運漕米共計九十萬八千餘石，除截撥賑濟米二十二萬餘石外，尚存米六十八萬餘石。伏思各省兵餉向系銀米并放，會京都甲米既有搭放折色之議，則外省兵餉銀兩亦可變通給米，應請先就江蘇省有漕州縣各營應發秋、冬二季兵餉銀兩及江蘇、安徽因災緩缺改放折色之行月兵匠等項米石，一併改以截漕抵給，再將餘米均撥湖南、湖北、江西、安徽四省有漕州縣各營，抵放秋、冬二季兵餉銀兩。其米價以米抵銀者，請照部議每石一兩二錢，因災緩缺改放折色。仍給本色者，請照奏明及例定價值數目，由各藩司核明應放各營銀數，扣存司庫，并將折放米數移知糧道，飭各運弁幫丁於各該省沿江沿河州縣常平倉挨次斛交，妥爲存儲，報明藩司，轉飭各州縣領回，按季支放。所需運費歸於今冬辦漕州縣名下捐補。如抵放兵餉之外，再有多餘計數，亦屬有限，即責成押運廳員幫弁督飭旗丁於漕船所必由之揚州仙女廟及安徽樅陽等處照時價變賣，由押運廳員將價銀經繳各該省藩庫。惟江省米價現止一兩上下，而各幫漕糧米色本粗，且不一律，若照倉場侍郎臣朱嶟所奏，每石易銀二兩有奇，不敷固鉅，即照部議一兩二錢，亦恐不能如數。請由臣楊殿邦行令各省通漕各幫均勻抽貼補足一兩二錢之數，一并解交藩司，於年內彙齊解部，以供支放。各省漕船即各歸各次，預備新漕。"（録副奏折）

六　月

66.27　六月十二日，籌防辦理防湖濟運各工，以保證漕運暢通。

　　楊以增《籌辦防湖濟運各工摺》："伏念洪湖關鍵，全賴山盱廳境之仁、義、禮三河，林、智、信三壩，河身壩底一律堅固，方能操縱由人。奈河壩年久失修，歷經啟放，過溜猛激，以致沖跌成塘。義字引河自道光八年越堵後至今未啓，不能修復。今禮字河又甫經堵閉，惟有仁字河及林、智、信三壩尚可補修，而需費不貲，亦難同時興舉。臣督同該道廳等再三籌商，將林壩從緩，先將仁字河并智、信二壩修補完全，以爲宣洩之用，又裏河惠濟越閘爲糧艘往來要道，前因墙石脫落膨裂，閘底衝損冒椿，即經奏明啟放正閘，將越閘堵閉，以便估修在案。昨據淮揚道勘明應行通體拆修，照例將磚石分別選舊添新，造具估需料匠夫土、越壩束水等項銀兩清册前來，經臣復加勘減，即飭該廳于昌進照估購料趕辦，以備輪替啟用而利運行。以上仁字河、智信二壩及惠濟越閘工程共實估三十五萬數千兩零，例應專案請撥。而籌款維艱，臣何敢率行瀆請？查河庫有前撥未用之十萬一千九百餘兩，又扣存上年減平銀十六萬餘兩，其不敷者即在常平年例項內通融支用，俾錢糧無須專請，而要工亦不至誤延。現在仁字河購買木石各料，智、信二壩并裏河惠濟越閘六月內外均可告竣，統俟驗收後分案報銷。至堰盱兩廳石工上年二月至八月歷經風暴，掣卸多段。彼時因湖水過大，不能補砌，先將深塘大段分別用料用石隨時摟護，節將情形具奏在案。該工爲淮揚保障，亟應趕緊補修，以資捍禦。現已覈實減估，分派趕辦，并飭將應賠新工督令各員弁同時興築，完報候驗。倘有草率遲延，即行嚴參。”（録副奏折）

66.28　六月十二日，上奏葦蕩青柴長發情形。

楊以增《葦蕩青柴長發情形片》：“南河葦蕩左右兩營增採柴束原定章程，每年五月內將青柴長發情形由該管道員確勘詳請具奏，設有水旱蟲傷，隨時聲明等因，稟部覈准在案。兹據陞淮海道梁佐中稟稱左營地居黃河之北，本年青葦因雨水較大，窪處蘆芽被悶，高阜柴質稍茂；右營地居黃河之南，得雨較遲，低處長發尚旺，高灘所產多形矮茸。如伏秋雨水調匀，不受蟲傷，可期符額等情，請奏前來。除批飭仍俟霜降後儘數估採，不准藉詞虧額外，理合循例附片陳明，伏乞聖鑒。”（録副奏折）

66.29　六月二十一日，因豐工未能合龍，導致漕運不暢，不得已而議行海運，咸豐帝下旨議處。吏部尚書柏葰等議定給予楊以增降二級調用處分。

吏部尚書柏葰《漕船阻滯遵旨分別議處摺》：“內閣抄出咸豐二年六月十二日奉上諭：户部奏遵旨速議漕運事宜一摺。所有江安、江廣各幫起運米石均著照該部所議分別催償，并截留備賑，抵給銀款。其浙江幫船本年秋間是否尚能改行海運，著陸建瀛悉心酌覈。如果確有把握，即責成該督妥爲辦理。應用水腳剝價等銀仍由浙江巡撫覈實籌備。倘因時交秋令，行駛維艱，該督即會同浙江巡撫妥商截卸，在附近上海地方存儲，於今冬預籌來歲海運，毋得互相推諉，致干重咎。此次漕行遲誤，總由豐工未能合龍所致，陸建瀛、楊以增著交部分別議處。另片奏銅鉛起運亟應變通等語，著山東巡撫體察情形，於各運到境，即飭地方官僱備車輛，多備剝船，催令迅速北上。其在後各運并著兩江總督設法催出江境，毋任稍有遲延。餘依議。欽此欽遵，抄出到部。查定例，沿河堤岸預先不行修築，以致運糧時漕船阻滯者，經管官降一級調用。又定例，議處事件有與例文相似而案情迥殊者，即照加等之例辦理，其由降調加等者酌量遞加等語。除恭錄諭旨，移咨兩江總督、浙江巡撫、山東巡撫欽遵辦理外，此案漕行遲誤，欽奉諭旨：‘總由豐工未能合龍所致，陸建瀛、楊以增著交部分別議處。’應請將兩江總督降爲四品頂戴，陸建瀛比照沿河堤岸預先不行修築，以致漕船阻滯經管官降一級調用例，降一級調用。南河河道總督楊以增應於陸建瀛降一級調用例上分別加等，議以降二級調用，俱系公罪，例准抵消。”（錄副奏摺）

66.30　六月二十二日，上奏循例修造運葦大船，以資運料。

楊以增《運葦大船輪應成造摺》：“茲據河庫、淮海二道稟稱：葦蕩船務營運料，伏秋大汛，沖風破浪，時逢冬令，冰凌擦碰，經歷數年，即致損壞。必須照例隨時修造，以供駕駛。所有咸豐二年分輪應大修運葦大船十六隻，查明奉准價值，稟請乘時發辦，并將各該船隻字號、上屆大修年分、完竣日期開單呈送，請奏前來。臣嚴飭該道等親往驗明，實俱朽壞，查與輪應修造年限相符，共估需工料四千八百二十八兩六錢四分三釐二毫。除飭按船給價購料，查照部定長寬式樣，趕緊成造以資裝運，照例取具实用工料細冊，恭疏具題，并送部查核外，謹繕清單，會同兩江總督臣陸建瀛恭摺具奏，伏乞皇上聖鑒。”（錄副奏摺）

66.31　六月十二日，因豐工辦理不力，未能及早合龍，以致本年漕運遲誤，因此被咸豐帝降諭交部議處。

六月辛卯（十二日）“户部奏遵速議漕運事宜一摺。所有江安、江

廣各幫起運米石均著照該部所議分別催趲，并截留備賑，抵給銀款。其
浙江幫船本年秋間是否尚能改行海運，著陸建瀛悉心酌覈，如果確有把
握，即責成該督妥爲辦理。應用水腳剝價等銀仍由浙江巡撫覈實籌備。
倘因時交秋令，行駛維艱，該督即會同浙江巡撫妥商截卸，在附近上海
地方存儲，於今冬預籌來歲海運，毋得互相推諉，致干重咎。此次漕行
遲誤，總由豐工未能合龍所致，陸建瀛、楊以增著交部分別議處。"
（《清文宗實錄》卷六三，《清實錄》，第 43133 頁）

66.32　六月十六日，因本年漕船運行不暢，受命協同楊殿邦等從嚴
催趲。

　　六月乙未（十六日）上諭："陸建瀛奏出省督催幫船，請旨飭催在
後各幫迅速趲行一摺。本年江安、江廣各幫河運漕米，除截留備賑外，
其應行運赴通州之米爲數尚多，事關京倉儲備。該漕河諸臣宜如何竭力
籌維，悉心趕辦？茲據該督奏稱現在渡黃之船僅止三百七十餘隻，其首
先渡黃之大河前幫尚未行入山東境內，湖北、江西、湖南各幫亦皆阻壓
不前。轉瞬即交秋汛，似此任意遲延，必致貽誤。該漕河總督及地方大
吏所司何事？現在陸建瀛業已督押江西尾幫提上清江浦。并即馳往韓
莊、濟甯一帶督催。所有在後各幫船。著楊殿邦、楊以增、顏以燠督飭
嚴催，毋許片刻稽留。倘意存諉卸，任聽幫丁人等藉端遷延，以致誤漕
誤賑，該督等豈能當此重咎耶？"（《清文宗實錄》卷六四，《清實錄》，
第 43136 頁）

66.33　六月十九日，河東河道總督顏以燠因於大汛經臨之時稱病，被
處開缺處分。

　　六月戊戌（十九日）上諭："顏以燠奏患病增劇勢難赴工一摺。本
年豐北口門未經合龍，運河漫水未退，南糧北上已形艱滯。現在大汛經
臨，黃河水長，濟運修防，諸關緊要。該河督受恩深重，正當力圖報
效。據稱手足麻木，系屬積勞舊疾，何以不早請開缺？當此吃緊之時，
輒請將河督印信交河南巡撫兼署，顯系畏難苟安，諉過他人，實屬取
巧。顏以燠著即開缺，仍留東河，俟病痊後以道員降補。河東河道總督
著慧成補授，即著馳驛前往。慧成未到任以前，著陸應穀暫行兼署。"
（《清文宗實錄》卷六四，《清實錄》，第 43138 頁）

七　月

66.34　七月初二日，上奏宣防湖河水勢工程平穩情形及并重運渡黃出境數目。

　　楊以增《湖河水勢工程并重運渡黃情形摺》："查洪湖自啓放桃南于家灣外南吳城七堡，并闢展順清河之後，湖水仍每日報長二三寸，誌椿積存二丈三尺二寸，浩瀚已極，堰盱兩廳臨湖石工平水入水，西風偶作，浪若排山，石工間有掣塌，槽土亦被衝刷，山盱各壩河護埽及攔堰等工潰塌蟄卸，均經分投搶護鑲修。幸風勢爲時皆不甚久，得以搶辦平穩。察看湖心飽滿，來源過旺，金風司令，在在堪虞。必得再添去路，方資暢減。當與該道將廳營等熟商，林家西壩坐當湖心，石底損壞，仁河甫在估修，信壩雖已竣工，灰漿未老。智壩尚未修完，均屬不能啓放。惟查禮河洩水最靈，又慮越堵費鉅，而此外更無再有分減之處。堰盱大堤爲淮、揚兩郡保障，臣與督臣再四籌酌，權衡輕重，祇得將禮河於六月十七日啓通過水，十八、九日仍長三寸，二十日以後甫見消落。現已消去二尺餘寸，而減下之水注入高寶等湖，由揚河、江運二廳西岸各港口匯入運河，長水亦驟。現將歸江之金灣、東西灣、瓦窯鋪、鳳凰、壁虎等橋壩及入裏各去路次第啓放，俾循序消減，以免漲滿。至北運河因東省山泉漲發，下注江境，河水又見加長，□前將各處分洩水口加展寬深，騰開河面，尚資容納。然宿遷十字河誌椿已長逾上年盛漲，運中二廳兩岸彌形喫重，凡舊埽卑矮蟄卸段落分別鑲補，堤工殘缺卑薄之處幫餕加堰，酌鑲防風，運河廳劉老澗東束水堤護埽照舊鑲修，中河廳半路劉滾壩對岸替河業已挑成，委驗如式，即飭啓放。其雙金閘鉗口壩於春間啓拆，放出運葦等船。因彼時水小，復堵濟運，仍飭令察看酌啓，以濟鹽柴運行。現在南北運河汛防喫緊，臣惟有督帥該管文武加意防守，務期平穩。重運軍船截至七月初二日止，已渡黃二十二幫，計八百九十隻，約初十以前江西各船即可全數渡黃。截至六月二十六日，已催出江境黃林莊八幫，計二百七十二隻，已挽入山東韓莊入微山湖者四幫，後船跟接上行，不任停滯。"（録副奏摺）

66.35 七月十一日，上奏欽差大臣杜受田因病出缺及身後事宜辦理情形。

楊以增會同怡良《欽差大臣杜受田因病出缺情形摺》："臣怡良同協辦大學士臣杜受田奉命查辦山東、江南事件，前於濟寧州具奏山東賑務情形後，當即馳抵江南清江浦，復將賑務情形公同商酌，於七月初八日恭摺具奏。其另查事件正在會同查辦間，詎料臣杜受田因一路積受暑濕，觸動舊患肝疾，到清江後雖即延醫調治，病勢未減。臣怡良等屢勸以請假調養，而臣杜受田總以公事爲重，未敢瀆請。延至初九日，陡加委頓，氣促神昏，藥餌俱不能進，惟有輾轉涕零，口稱受恩深重，未報涓埃，雖在九泉，不能瞑目。謹將遺摺一件，交臣代奏，伏枕碰頭，淚竭音咽。臣等目睹情形，同爲落淚，尚勸以安心靜攝，以待轉機，不意延至戌刻，遽爾出缺。臣當即會同江南河督臣楊以增暨隨帶司員等將其身後事宜眼同經理，一切尚屬妥備。仍囑地方官俟其家屬前來扶櫬時，沿途妥爲照料。至另行查辦事件，臣怡良仍率同隨帶司員等悉心查辦，再行具奏。其奏摺、文移等件仍用禮部備帶印文，合併聲明。"（錄副奏摺）

66.36 七月十一日，上奏本年黃河水勢情形。

楊以增《黃河水勢情形片》："本年黃河來源自四月二十八日起，至六月二十一日，除甘肅寧夏在萬錦灘上游毋庸重計外，節據河南陝州武陟縣、鞏縣馳報，萬錦灘并沁河、洛河陸續共長水十八次，統計六丈零九寸，江境蕭南廳王平莊誌椿先後長水二丈二尺九寸，落水一丈六尺五寸，除扣抵外，計存長水六尺四寸。七月初六日誌存一丈六尺四寸，比上年此時小一尺七寸，比上年八月盛漲小九尺六寸。豐工兵三堡口門已展寬至一百丈，內金門中長十五丈，水深十丈餘，兩頭逐漸遞減，至壩頭亦尚水深一二三丈，其寬已與長河相等，而深則倍蓰。較量該處水誌，比上年盛漲小至一丈九尺八寸，實爲去路通暢之證。子房山挑工業已一律完竣，委據徐州道稟報驗收如式，於七月初六日啓堰放水，頗爲暢順。加此一路分洩，則上游黃河自必掣消愈速，斷無壅滯之患。豐蕭二廳地接東豫，土性沙鬆，兩岸長堤向俱歲加幫培。本年據該道估稟，已減准飭辦，克資抵衛。"（錄副奏摺）

66.37 七月□日，上奏本年黄河長水修防情形。

楊以增《黄河長水修防情形片》："據河南陝州馳報，萬錦灘黄河於七月初九日兩次長水六尺八寸，十五長三尺五寸。又據鞏縣馳報，洛河於七月十四、五日兩次長水七尺八寸，匯流下注江境，豐蕭兩廳旋長旋消，豐工口門加展之後，去水愈急，是以來源雖旺，并無積存。蕭南廳前於長水之際，碭上下兩汛間有漫灘，直抵堤根之處，擇要搶鑲防風，并將舊埽蟄矮段落隨時鑲修，悉資捍衛。"（録副奏摺）

66.38 七月二十六日，接奉咸豐帝上諭，務求妥慎選員購料，及早堵築決口，以安民生。

七月甲戌（二十六日）上諭："前據周天爵奏參豐北誤工各員，當交怡良等查奏。茲據怡良奏稱，南河掌管東壩裏河同知于昌進，查無盤踞勾結及侵漁錢糧情事。其承辦引河料廠各委員亦無需索使費、偷減料物弊端，均著無庸置議。至已革河營參將李勝赴工，希圖投效，致滋物議，應得笞罪，著照所擬辦理。現在豐工未合，田廬多被淹浸，必應及早堵築，以奠民生。著陸建瀛會同楊以增迅速妥籌，購料興工，慎選賢員，無滋弊混。倘再延玩，該督等能當此重咎耶，懍之！"（《清文宗實録》卷六七，《清實録》，第 43173 頁）

八　月

66.39 八月初三日，循例請撥來年歲料銀兩，以及時購買河工料物，以供修防。

楊以增《請撥來年歲料銀兩摺》："現在豐工已委員查估備堵，指日挽黄歸故，所有黄運各工均需估辦春修。查嘉慶二十四、五年及道光二十一、三等年豫省漫口，江南歲料銀兩系照常請撥。茲節近秋分，新稻登場，蘆柴倏亦採刈，所有來年歲料銀兩亟應乘時請撥，於九、十兩月陸續解到，俾得及早發辦，從容購儲。茲據河庫、淮揚、淮海、徐州、常鎮各道具詳請奏前來，相應專摺具奏，仰懇皇上天恩俯准，敕部於就近藩關各庫撥銀一百二十萬兩，速解河庫。由臣督帥各道查明各廳存料多寡，工程繁簡，酌定應備料數，乘時覈發趕購，勒照例限，全數到工，再行逐細確查，堅實堆儲，以重帑項而資工用，實於修防有裨。

再查前河臣潘錫恩任内奏明動用道光二十七、八兩年減平銀二十三萬兩，奉准部咨，分作四次扣還。除二十九、三十兩年并咸豐元年先後三次共已扣銀十七萬兩外，尚有未扣銀六萬兩，專項應請照數扣清。又二十九年減平銀十九萬二千兩，奉准部咨分作五年扣還，於上年照扣初限三萬八千四百兩，其本年應扣二限銀三萬八千四百兩，亦請扣撥，合并聲明。"（録副奏摺）

66.40　八月初三日，上奏湖南三幫船隻業已次第挽上各閘壩，即日渡黄。

楊以增《湖南三幫船隻即日渡黄情形片》："重運軍船及銅鉛船隻渡黄出境日期，均經隨時陳奏在案。茲查湖南三幫船隻業已次第挽上各閘壩，即日渡黄分卸，不誤賑濟之用。截至七月二十四日止，已出江南黄林莊境十六幫，計五百八十九隻，據委員稟報跟接上行，共已過山東韓莊渡湖船十五幫，計五百四十二隻。"（録副奏摺）

66.41　八月初五日，受命在南河白露之後，仍當認真防護。

八月癸未（初五日）"江南河道總督楊以增奏節交白露湖河水勢，宣防平穩。得旨：'仍應加意防護，勿稍疏虞。'"（《清文宗實録》卷六八，《清實録》，第43181頁）

66.42　八月初六日，受命與陸建瀛仍遵前旨，於秋閑之時候辦理豐工堵築工程。

八月甲申（初六日）上諭："陸建瀛奏江西防堵緊要，擬即親赴會商辦理。又奏浙漕遲緩情形各一摺。另片奏堵築豐工，請派大員督辦等語。逆匪竄踞湖南郴州。東與江西接界。前已飭令陸元烺派兵防堵。本日又降旨令羅繞典署理江西巡撫，就近由湖南馳往辦理防堵事宜。該督所請馳赴揚州趕辦鹽務奏銷，即回省清厘積案後，以閲兵爲名親赴江西商辦防堵，自系爲軍務緊要起見。惟現在江南省河工、漕務、鹽務皆屬刻不可緩，且皆該督經手專責之事，豈可暫離，更易生手？所請親往江西察看防堵著毋庸議。……至豐工缺口，陸建瀛、楊以增原系失事之人，自請戴罪於秋閑堵築。朕以使功不如使過，且該督辦事素能任勞任怨，仍令與楊以增一手辦理，以期於事有濟，節降諭旨甚明。何以此時

忽請另派大員，臨工督辦？若因原派委員有被人指摘者，姑爲此請無論
委員人數衆多，斷不能保其盡能核實無弊。且既無瑕可指，亦何恤乎人
言？而該督現在辦工，即盡用原派委員，但期善補過以贖前愆，亦不難
再邀恩獎。所有籌備江海關税銀及海運節省項下銀兩如有不敷，在藩關
各庫及應解南河工需款内催提湊用後，俟捐項收齊歸款，均照所議辦
理。該督即會同楊以增悉心籌辦，無恤其他。"（《清文宗實録》卷六
八，《清實録》，第43181頁）

66.43　八月九日，漕運總督楊殿邦因漕運遲緩被處降三級留任，并摘
去頂戴。

八月丁亥（初九日）"吏部遵議遲誤漕糧處分。請將漕運總督楊殿
邦、前任浙江巡撫常大淳、署浙江巡撫布政使椿壽均降一級調用，浙江
糧道胡元博降二級調用。得旨：'楊殿邦著改爲降三級留任，并摘去頂
帶。常大淳、椿壽均著改爲降二級留任，俱不准抵銷。胡元博著改爲降
一級調用。'仍責令趕緊押運北上，一手經理，毋再延誤"（《清文宗實
録》卷六八，《清實録》，第43191頁）。

66.44　八月十七日，上奏本年秋分前後河湖水勢工程平穩情形。

楊以增《秋分前後河湖水勢工程情形摺》："續據河南陝州馳報，
萬錦灘黄河於七月二十三、八月初五等日兩次長水七尺八寸，武陟縣馳
報沁河七月十四、五兩日共長水七尺，先後匯注江境，豐蕭兩廳承受來
源，旋長旋消，并未積存，惟豐工口門洩水迅激，豐工汛外灘歷經漲水
串注，漾抵堤根，并豐下汛兵十堡一帶大堤北面溜勢掃刷，潰及堤坡，
迎風犯浪，均甚吃緊。經該道廳稟報，擇要酌鑲防風掩護，克資捍衛。
洪澤湖水業已暢消，所有山盱聽禮河越堵工程責成淮海道曹文昭駐工，
會同署河營參將安振業督帥廳營委員等，分投購運正雜料物，勒限到
工，一面先築土壩基，以便接手用料，星速進築，俾資瀦蓄而利運行。
外南廳兵七堡洩水口門已於八月初六日堵合，并即補還大堤，以資靠
衛。裏河、揚江等廳漲水已消，高郵汛南關兩壩毋庸添啓，下河中晚禾
次第登場，民情歡抃，車、中兩壩已飭備料，察看堵辦，通工一律平
穩。外南、北境黄河内楊莊之下仍做上冬辦法，築做攔壩擋蓄，俾現在
浙江幫船既資暢達，而隨後回空亦得兼資利濟。臣總當隨事豫爲籌備，

不敢稍有疏懈。"（録副奏摺）

66.45　八月十七日，上奏杜翰到達清江浦，扶父杜受田靈柩回京情形。

　　楊以增《湖北學政杜翰行抵清江扶柩回京片》："前任湖北學政杜翰現已到浦，據稱前於七月二十二日聞訃，丁本生父杜受田憂，當即將學政關防移交湖北巡撫署理，旋於二十四日奉到恩旨，令杜翰即由湖北馳赴清江浦，扶柩回京。跪聆之下，伏地碰頭，感痛交深，即於二十五日星奔就道，於八月十五日行抵清江浦料理一切，速即扶柩回京。"（録副奏摺）

66.46　囑高均儒校訂《九水山房文存》（清畢亨撰）二卷，八月刊成，爲《海源閣叢書》之一。

　　楊以增《〈九水山房文存〉序》："《九水山房文存》二卷，九水先生著述之僅存者也。先生山東之文登人，姓畢氏……嘉慶丁卯領鄉薦，累困春官，又改名亨。道光丙戌大挑一等，籤分江西，署安義，補崇義，卒官。……愛即墨勞山九水之幽勝，因號九水先生。從休寧戴東原先生遊，精漢人故訓，尤長於書。雖爲貼括家言，非其意也。以國子生主東郡啓文書院，郡中縉紳無敢以年職凌诮者。然遠於利禄之途，莫肯傳先生之學。惟增業師葉亦園先生敬愛備至，以爲我東學人莫之或先。陽湖孫淵如觀察以魏科菰東土，疊攝藩臬事，擅博雅名，爲先生舉主，然折節下交，久而益敬。觀察每有所疑，必質之先生。先生就其手稿塗抹，或至不可辨。及觀察彙梓所纂叢書，凡先生所乙改悉仍之，不易一字。説者謂觀察《易》、《書》二經疏義精當處多本先生説，匪直《孫子敘録》一卷爲先生所譔也。桂未谷先生《説文解字義證》引先生篤論至數十百事。先生嘗修《東郡志》，未卒業，繼之者時有竄易補綴，不能必其主名。先生每與有朋談讌，抉摘經史疑義，多人所未聞，然一皆引申古訓，無拾唾之論，亦無憑肔之談。道光三十年，先生長嗣文昭存增於南河署，詢求遺書，僅存此冊，而傳抄不無錯誤。因屬嘉興高君伯平詳校，付之梓人。篇不過三十，文不過三萬，而考核精審，詞意淵茂。……先生之學出於休寧，休寧亦時有據孤證意改故籍之弊，先生則非集衆證，不肯輕下一字。近世名流述作率繁複，惟江都汪容甫明經晚年有《述學》二卷，爲自定真稿，與先生遺書篇帙略當，論文則明經之雋郎駞宕過先生，論學則識力俱相若。而明經身後且六十年，名稱益盛，先生乃寥落至此。然好學者得先生遺書，果能精心推勘，觸類而長，則先生之説散見他氏者皆可別識，是先生之學久彌光，先生亦可以無憾也。"（咸豐二年楊以增刻本《九水山房文存》，國家圖書館藏）

包世臣《〈九水山房文存〉後序》："嘉慶辛未赴春明二月杪，始至德州，停驂草棚下，遇九水先生，同席各飯。談次知先生來自濟南，因詢東省風氣。先生言通省所苦在知府無權，益不事事，恃節壽爲生涯，助州縣浚閭閻而已。世臣心折其持論得要領，而先生飯畢先行。世臣至都，晤舊識之姚秋農尚書、朱玉存宮贊，語及先生，乃知爲二公丁卯所得士，皆極口稱先生爲當代經生。世臣以經生多不解事，益奇之。詢得寓所，遂頻書往返，談讌常至夜分，深服先生之學。……及道光丙戌，先生以大挑一等分發江西，瀕行問居官之要。世臣曰：'先生年已七十，雖清健似五十許人，而實未足供馳驅。先生到彼，需次多暇，牽念《尚書》爲政書，而向少善説者，縱未遑句比字櫛，於大義所存逐條疏記，付梓以餉後來，則功比遺愛一邑爲大，先生首肯之。委署安義，值赦令，邑有兄殺胞弟之案，先生列之不准援救，上游駁斥。先生執'不念鞠子哀，泯亂倫彝，刑茲無救'之經義以爭之，大府怒，已定劾休。適歙程春海侍郎主試廣東，取道豫章，大府款之。侍郎問先生起居甚悉，事乃得解。嗣補崇義，崇義俗悍地瘠，會匪所叢集，長官經月不能數日在署治事。先生年且八十，遂積勞卒官，而書竟未成。先生夙具服古入官之志，而臨事未見經術飾吏治爲吾黨生色者，以見用已晚、筋力不任故也，至可悼惜。己酉夏，世臣客楊至堂侍郎南河署，晤長嗣文昭。茂才詢遺書，唯前後雜文一册。侍郎珍藏至壬子秋，以囑嘉興高伯平茂才校而刻之，僅三萬餘言，先生爲學之宗旨具在。果有好學深思觸類而長之儒善讀之，則先生之學不患其無傳。侍郎此舉非唯篤念耆舊已也，其嘉惠來學，意至深遠，世臣故歷敍締交始末，并略記所聞，以告觀者。咸豐壬子季秋，安吳包世臣書後。"

光緒《嘉興府志》卷五十二《秀水列傳》："高均儒，字伯平，廩貢生，先世閩人。均儒始占籍秀水，幼奉車氏慈訓，念母劬勞，終身布衣。治經精聲音訓詁，確守段懋堂、王懷祖六書之義，文章師法桐城，服膺葉采，註《近思録》，校刊以勸後學。咸豐間客游兩淮，河帥楊以增、漕帥吳棠爭幣聘，屬勘書籍。"

　　按:《九水山房文存》二卷（清）畢亨撰，楊以增序，包世臣後序，海源閣咸豐二年（1852）刊。版框 18.5×13.5 釐米，九行二十一字，大黑口，四周雙邊，單黑魚尾。畢亨，初名以珣，改名以田，山東文登人。嘉慶十二年（1807）舉人，道光六年（1836）以大挑一等，簽分江西署安義，後補崇義，以積勞卒官，年且八十。畢亨愛即墨嶗山九水之幽勝，因號九水先生。初從休甯戴震游，精漢人古訓之學，尤長於《書》。孫星衍《易》《書》二經疏義，精當處多采亨說，且每稱以爲經學無雙。桂未谷先生《說文解字義證》引先生篤論至數十百事。楊以增對畢亨治學以"漢學"爲基亦推崇備至（見楊以增序）。然畢亨著作存世不多，故楊以增在談及何以刊刻此書時云:"《九水山房文存》二卷，九水先生著述之僅存者也……好學者得先生遺書，果能精心推勘，觸類而長，則先生之說，散見他氏者皆可別識，是先生之學久彌光，先生亦可以無憾矣。"

九　月

66.47　九月初七日，請留調任臬司查文經幫辦大工，於此日得到咸豐帝允准。

　　九月甲寅（初七日）上諭:"陸建瀛、楊以增奏請留調任臬司幫辦大工等語。調任甘肅按察使查文經上年幫辦豐北大工未能堵合，昨降旨交部議處。茲據該督等奏稱，該臬司熟悉工程，任勞任怨，著准其仍留南河幫辦堵築事宜，工竣再行來京陛見。"（《清文宗實錄》卷七一，《清實錄》，第 43225 頁）

66.48　九月十一日，上奏節屆霜降，河湖水消，各工修防平穩情形。

　　楊以增《節屆霜降河湖水消各工修防平穩摺》:"竊照本年自交汛起，至秋分後止，水勢工程情形歷經具奏在案。茲統計本年黃河來源，河南萬錦灘報長水十一次，武陟沁河報長十七次，鞏縣洛河報長四次，總計陸續共長水九丈五尺，比上年來源僅小三尺餘寸。江境蕭南廳王平莊工水誌旋長旋消，緣豐工口門洩水甚暢，是以上游不致積存喫重。惟洪澤湖承受淮源，長發勤驟，六月中旬長至二丈三尺以外，偶遇西風，堰盱二廳石工即被掣塌。大堤出水無多，僅賴子堰搪禦，各壩河護埽亦多被浪刷蟄，情形危險。一面督飭分別摟護搶鑲，一面先將裏河廳束清西壩拆展三十丈，并將外南廳之順清河酌加闊展，俾湖水洩入外南北、山海等廳，暢流入海，既資減漲，更得刷滌河身。旋又啓放桃南于家灣外南兵七堡，多方分減，滔滔東注外北廳境，加以緊接中河，分注之水尤形湧激，致將北岸汛馬家莊淤閉，舊埽潰塌淨盡，刷及堤身，當經趕廂新埽長一百三十餘丈，克資捍衛。而洪湖仍有長無消，淮源實屬旺甚。遂不得已趕啓山盱禮河，甫得逐漸消落。其減下之水，注入寶高等湖，遞達揚州運河，亦形浩瀚，由各閘洞橋壩及車邏五里等壩，以次分減，運河堤岸均經修守平穩。白露以後，淮源漸弱，湖水消之甚速。又慮減洩太枯，有礙運行，旋將桃南于家灣外南兵七堡趕爲堵閉，補還大堤，并將順清河及裏河束清壩照舊進埽收窄，以符原制。山盱廳越堵裏河工程已將壩基築成，催運料物，陸續到工，進占興堵，限築後餞，仍嚴飭該道將廳營等妥速趕辦，勒限完報。并飭揚河、江運二廳將歸江歸海各橋壩次第堵辦，以備糧船回空。中河廳雙金閘鉗口壩業經啓放，以濟鹽柴運行。該閘上下鉗托各壩并遙堤迎護等埽，并安汛監河兩岸舊埽朽塌卑矮之處，均經先後分別鑲修完整。邳宿運河前此盛漲，水高堤頂，經該廳營等隨時搶加子堰，竭力修守，悉保平穩。茲已節屆霜降，所有河湖水消各工穩固緣由，理合會同兩江總督臣陸建瀛，恭摺循例由驛具陳，仰祈皇上聖鑒。”（録副奏摺）

66.49 九月二十二日，與陸建瀛等得咸豐帝指示，從嚴查處豐北挑挖引河工地培墊河崖等弊端，以免再有疏虞。

九月己巳（二十二日）上諭：“御史孫鳴珂奏豐北大工宜妥籌堵築一摺。自豐工決口年餘，江蘇、山東被水各州縣災民困苦流離，不堪言狀。兼以運河淤墊，漕艘挽運維艱，若再延時日，貽患何時底止？去年陸建瀛等辦公草率，以致合而復決。如該御史所奏，挑挖引河皆系夫頭包辦，挑出之土即以培墊河崖，量深雖有三丈，其實入地止一丈有餘，且上寬下窄，中高邊窪，弊端不可枚舉。現屆大工吃緊之時，著該督等將前項弊竇嚴加查察，毋任草率偷減，再有疏虞。倘事仍遷延，致災民不能安業，運道久難修復，必致貽誤新漕，恐該督等不能當此重咎也。"
(《清文宗實錄》卷七二，《清實錄》第 43235 頁)

66.50 九月二十三日，上奏其子紹和考中舉人，并恭謝天恩。

楊以增《子紹和鄉試中式恭謝天恩摺》："竊臣現接壬子科鄉試題名錄，知臣子附學生二品蔭生紹和中式第十三名舉人，閱悉之餘，莫名悚惕，當即恭設香案，望闕叩頭謝恩。欽惟皇上德洽敷文，治資董道，壬林有慶，建猷而廣席藎圖；子惠無疆，籲俊而速開菶榜。際棫樸薪樵之盛，大構羣才；標梗楠杞梓之名，不遺小草。臣子年方逾冠，學未通經，泮游先採藻芹，恩蔭得膺章服。觀光東國，咸占利用之賓；受育中河，意入興賢之選。臣惟有勖之勵志，策以讀書，仍事丹鉛，勿忘寒素。鹿鳴肆雅，賦笙簧而早示周行；蟻悃抒忱，傾葵霍而忻俯化宇。"
(錄副奏摺)

宣統《續修聊城縣志》卷八《人物志》，《楊紹和傳》："咸豐壬子舉於鄉。"

66.51 因本年漕船北上遲延，於本日迅速撥船、趕運漕糧之諭內，指出南河催趲漕船未能得力之責。

九月丁丑（三十日）上諭："前因李僡奏請豫籌剝運，曾經降旨令倉場侍郎、直隸總督即飭將楊村剝船調集一千五百隻，迅赴臨清牐挨次剝運，毋稍稽延。該侍郎等接奉諭旨，即當飭令該道迅催剝船，前往迎剝。即剝船不敷，亦當酌撥數百隻，迅速轉運。乃本日據慶祺、朱嶟奏，接據天津道張起鵷稟稱，計剝船趕到臨清，河水恐已凝凍，且口糧需費甚鉅，道庫無款可墊，又恐有誤來春供撥，請將浙省各幫於臨清、德州等倉暫行截卸，俟來年再爲轉運等語。似此推諉空言，只憑該道一稟，率行入奏，全未籌畫。倉儲急需及鄰省辦理難易情形概置不問，豈竟諉之山東，但以一奏了事耶？本年南漕遲滯固由河道阻礙，而浙江幫船開兌遲延，亦從來所未有。如果漕運總督并沿途各督撫同心協力，及早設法催趲，何至如此貽誤？乃江南漕船以勉強催至山東境爲卸責，迨至山東需用直隸剝船又不趕緊籌撥。觀該道張起鵷所稟，名爲實在情形，實則推諉不辦。且既知撥運周章，豈不思及截卸有無窒礙耶？現在浙江嘉杭等幫米石如能撥船趕運，當仍遵前旨酌撥楊村船隻，趁此天氣

晴和，迅往撥運。設或沿途必須截卸臨清、德州等倉，是否足資容納，
著倉場侍郎、直隸總督、漕運總督、山東巡撫各將現在應辦急務迅速妥
爲辦理，毋得任聽屬員推諉惡習，各分畛域，再致貽誤。"（《清文宗實
錄》卷七二，《清實錄》，第43239頁）

66.52　九月，《六藝堂詩禮七編》（清丁晏撰）十六卷刊成，楊以增序
於南河節署。

　　楊以增《〈六藝堂詩禮七編〉序》："鄉先生北海鄭君（康成）
《經》、《傳》洽孰，爲世儒宗，其所註《易》、《書》、《論語》皆佚，
今所傳者《詩箋》、《禮注》而已。自後儒空言義理，而鄭君之學微。
然王禕謂：朱子《詩集傳》訓詁多用毛、鄭。朱子《論孟精義序》云：
'漢儒正音讀，通訓詁，考制度，辨名物，其功博矣。'學者苟不先涉
其流，則亦何以用力於此？《孟子集註》'以《柏舟》爲衛之仁人'、
《白鹿洞賦》'廣青衿之疑問'，仍用毛、鄭舊説。至《儀禮經傳通解》
徵引《三禮》，備載鄭註。讀經而不由鄭學，猶欲入室而不由門户也。
山陽丁儉卿同年覃精研思，諸經皆有譔述，篤好鄭學，於《詩箋》、
《禮注》研討尤深。以毛公之學，得聖賢之正傳，其所稱道，與周、秦
諸子相出入。鄭君申暢《毛義》，修敬作《箋》。孔疏不能尋繹，誤謂
破字改毛，援引疏漏，多失鄭旨。因博稽互考，證之故書雅記，義若合
符，撰《毛鄭詩釋》四卷；《鄭君詩譜》，宋歐陽氏補，亡，今有通志
堂刊本，謫脱踦駁，爰據《正義》排比重編，撰《鄭氏詩譜考正》一
卷；鄭君兼采三家詩，王應麟（厚齋）有《三家詩考》，附刊《玉海》
之後，舛謬錯出，世無善本，乃蒐采原書，校讎是正，撰《詩考補註》
二卷，《補遺》一卷。鄭氏註《禮》至精，去古未遠，不爲憑虛臆説。
迄今可考見者，如《儀禮·喪服》，註多依馬融師説。《士虞禮》：'中
月而禫'，注'二十七月'，依《戴禮》'喪服變除'。《周禮·大司
樂》：'鼓'，'韶'，註依許叔重説，與先鄭不同。《小胥》：'縣鐘磬'，
註'二八十六枚而在一虞'，依劉向《五經要義》。《小宗伯》註：'五
精帝'，依劉向《五經通義》。《射人》註稱'今儒家'，依賈侍中註。
《考工記》：'山以章'，註作'獐'，依馬季長注。《禮記·檀弓》：'瓦
不成味'，注當作'沬'，依班固《白虎通》。《王制》：'大綏小綏'，
註當作"緌"，依劉子政《説苑》。《玉藻》：'玄端朝日'，鄭讀爲

'冕'，依《大戴禮》'朝事'義。《祭法》：'幽宗'、'雩宗'，鄭讀爲'禜'，依許氏《説文》。鄭君信而好古，原本先儒，確有依據。凡此釋義，補孔之遺闕，皆前人未發之秘。疏通證明，燦若爌火。撰《三禮釋註》共八卷，深明小學，形正舊文，申奧析疑，平易醇實，無穿鑿傅會之辭，亦無高遠詭僻之論，俾學者循覽易曉，訓詁既定義理斯明，其有功於經學匪淺少也。儉卿著書甚多，既輯《鄭君年譜》，又署其堂曰'六藝'，取鄭君《六藝論》，以志仰止之思。余録其釋《詩》、《禮》者，匯刻《六藝堂詩禮七編》，於以翼贊《箋》、《注》，嘉惠來茲。而鄉先生北海之學亦籍是以闡明也已。咸豐壬子秋九月年愚弟聊城楊以增敘於南河節署。"

楊以增《致丁晏書》："儉卿三兄年大人閣下：昨承來翰，一切均聆。比惟祉與時偕《階庭集》，慶深慰鄙懷。刻字人已支過九三大錢一百千，寶銀一百兩，合足錢二百千零。催其趕緊刊刻爲妥。將來可單行亦可，作《詩禮》七種似無不可。惟鑒定云必應刪去，勿貽笑大方也。皮面上刊'海源閣藏版'或'梓行'，尚無礙於理耳。河庫各種書謹呈一分，存慎翁處兩箱，內有《安瀾紀要》、《南河祀典》二種帶往豐工，回時可奉上也。汪世兄館地難覓，容爲設法成全也。弟即日赴工，專此布復，順請文祺，諸惟荃照不一。年愚弟楊以增頓首。"（《山陽丁氏投贈書牘》）

> 按：此序爲楊以增爲咸豐二年（1852）海源閣刻本《六藝堂詩禮七編》所作。《六藝堂詩禮七編》十七卷（附《年譜》一卷）計有《毛鄭詩釋》三卷《續録》一卷，《鄭氏詩譜考正》一卷，《詩考補註》二卷，《詩考補遺》一卷，《周禮釋注》二卷，《儀禮釋註》二卷，《禮記釋注》四卷，附《鄭君年譜》一卷。版框18.65×12.85釐米，十行二十二字，白口，左右雙邊，單黑魚尾，有書牌：咸豐二年聊城海源閣梓行。魯圖藏三種，國圖、南圖全種收藏。《七編》作者丁晏。丁晏（1794—1875），清代經學家。字儉卿，號柘堂，晚年號石亭居士。山陽（淮安）人，篤好鄭學，有"江淮經師"之稱。撰著極富，達47種136卷。丁晏與楊以增爲同年友，交誼頗深，以增卒於官，曾作《祭同年楊河帥文》以寄託哀思。學術上亦悉遵鄭學，楊以增刻此書亦以闡揚"北海之學"。

又按：上引楊以增《致丁晏書》爲楊以增手稿，録自清稿本《山陽丁氏投贈書牘》（二冊，南京圖書館藏），爲《書牘》首篇。信未署年月，但據《六藝堂詩禮七編》刻於咸豐二年可知，此信應寫於《六藝堂詩禮七編》刻成之前，故系於本年。據信又知，《六藝堂詩禮七編》發行遵以增之意既有單行本，又有合訂本。如國圖既藏有如《周禮釋註》二卷、《儀禮釋註》二卷等單行本，又藏《七編》十七卷合訂本。信中所言"慎翁"，即包世臣（字慎翁），曾館楊以增南河節署中，助以增校刻書籍。據丁壽恒編《柘唐府君年譜》言："兩先生（指梅曾亮與包世臣）館端勤公署中，每延府君（丁晏）談藝，旬日不休。端勤公欲盡刊府君説經等書，先以《鄭氏詩譜考正》鏤版，接刊《詩禮七編》，共十七卷。"

十　月

66.53　十月十三日，上奏因興堵豐北大工，請將軍政期限延至工竣後再行辦理。

楊以增《請展軍政期限摺》："竊准兵部咨：'本年屆當軍政，行令照例舉行，應於十月內恭疏具題。'等因。臣所屬操防河犇各營自應於限內悉心考察，惟現在興堵豐北大工，各營員弁多有調往差遣，臣住工督堵，竊恐工次匆促，查察難周。合無仰懇皇上天恩俯准，展俟大工告竣後再行辦理，俾得詳慎考察，以肅軍政，仰副皇上慎重武備至意。"（《先都御史公奏疏》卷二十二）

66.54　十月十三日，因太平天國戰事軍需浩繁，捐助廉銀一萬兩。爲此，咸豐帝下旨賞戴花翎。

楊以增《捐助軍餉片》："廣西軍興數載，現復擾及湖南，雖不難指日蕩平，而善後事宜所需甚巨。凡屬中外大小臣工無不報效情殷，輸將恐後。臣受恩深重，謹捐廉銀庫平一萬兩，解存藩庫，聽候户部撥用。臣因軍需緊要，略抒下忱，不敢仰邀議敘。"（《先都御史公奏疏》卷二十二）

楊以增十二月二十七日《恭謝恩賞花翎片》："臣於工次接准禮部諮："奉上諭：'楊以增捐備軍需銀一萬兩，著賞戴花翎。'欽此。竊臣自陝西巡撫調任南河，奉職無狀，仰荷恩施稠迭，逾格優容。茲因粤楚軍需捐廉備餉，復蒙高厚，一體給予翎枝。申命自天，悚惶無地。伏願師干統領三路進兵，拉朽摧枯，欃槍淨掃，庶得膚功迅奏，上慰宸廑，不勝虔祝之至。”（《先都御史公奏疏》卷二十二）

《崇祀鄉賢録·事實》：“咸豐二年，賞戴花翎。”

龍啓瑞《兵部侍郎都察院右副都督御史江南河道總督楊公神道碑》：“粤兵竄擾兩湖，清軍江南設防，楊以增捐備軍需銀一萬兩，奉旨賞戴花翎。”（《經德堂文集》卷四）

按：咸豐帝賞戴花翎上諭時間爲十月二十三日。

66.55 十月二十二日，上奏本年回空軍船順利渡黄，銜尾南下，暢順無阻。咸豐帝對本年回空漕船能否順利南下非常重視，并要求楊以增等嚴催督趲，務必及早歸次，不誤來年新漕。

楊以增《回空軍船渡黄南下日期摺》：“查重運自江安大河前幫至江西前幫先已渡黄北上，直達通州。其江西後幫、湖南三幫截留賑米，亦於江南、山東各水次如數交訖，茲於豐北工次據署淮揚道曹文昭稟稱，本年空運漕船首幫系九江前幫，於十月十二日巳時渡黄，由外南廳之順清河、裏河廳之頭二三閘跟蹤南下，暢順無阻。臣等仍嚴飭印委各員弁催提後船，隨到隨渡，務期全數及早渡黄歸次。”（《先都御史公奏疏》卷二十二）

十月辛丑（二十四日）上諭：“漕糧爲天庾正供，近來重運漕船不能如期抵壩，以致回空歸次、兑受新漕節節耽延。本年幫船北上，開行已遲，沿途又不實力催趲，直至運河漸已凍合，尚未全數抵通。……除浙江各幫該撫請改海運，江蘇各幫明年仍分別海運外，其餘各省幫船著漕運總督嚴飭起卸。各幫即日連檣南下，銜尾遄行，不准片刻停留。并著東河、南河總督及有漕各督撫分飭各地方嚴切催提，及早歸次。來年新漕尤當迅速辦理，按期開兑，統於四月初十日以前催抵清江，克期渡黄。毋得因本年回空較晚，又復藉口耽延。倘將節次諭旨視爲具文，仍致臨時周章，有逾例限，定將該漕督及有漕各省督撫嚴行懲處，絶不寬貸。”（《清文宗實録》卷七四，《清實録》，第43260頁）

66.56 十月二十五日，上奏豐工引河挑挖順利，現已挑有三分工程，且大壩於是日諏吉先由西壩進占，妥速認真辦理。

楊以增《豐工引河挑有分數并正壩諏吉進占摺》："查自興工以來，雖間遇陰雨，幸即放晴，現已一律挑有三分工程，臣等稔知貼坡墊崖爲挑河積弊，且長河遠至一百四十餘里，又夏間豫挑子房山迤下河道啓放時，清水挾沙而下，兼之伏令大雨時行，多有淤墊，復飭原辦委員照估挑足。合之長河工段不下二百六七十里，不肖工員未必不因臣等鞭長莫及，設法偷減。臣陸建瀛因於十月二十二日親自工頭挨次查至工尾，再由工尾挨查而上。一經查有弊端，立即從嚴參辦。至工次正雜料物，刻已陸續運到，謹諏吉於十月二十五日督飭掌壩文武先由西壩進占，妥愼辦理，挑水壩應行接長之處亦即同時興工，俾挑溜得力，西壩亦資蓋護。"（《先都御史公奏疏》卷二十二）

郭沛霖云："余以今昔情形論之，而知子房山引渠之説斷不可恃，因乘間言諸制軍、河帥，以爲子房山挑河僅能泄荆山橋之水，不能泄微山湖之水，仍屬有名無實，兩帥皆以爲然，而總辦某公力言子房山之河宜挑。及四月初一日已定緩堵之議，而某公仍持此説。兩帥會勘既畢，河帥語制軍云：'此河萬不必挑，可以中止。'制軍初以爲然，既而某公復言此河萬不可不挑，制軍竟從之。河帥重違其意，亦勉從之。凡用餉二十餘萬，而徐州以下運河仍不暢行。"（《日知堂筆記》卷中，第177頁）

　　按：嘉慶中，河臣蘭第錫曾有開子房山引渠以洩洪之議，當時效果即不佳。此後道光、咸豐中，河湖淤墊更爲嚴重，開子房引渠洩洪更不可行。郭沛霖就此建議楊以增、陸建瀛不必開此河。後陸建瀛堅持開河，楊以增雖不以爲可，但無法阻止，只能勉力從之。此後開河效果不佳，果如郭沛霖所言。

66.57　十月二十六日，上奏特參挑挖引河希圖墊崖之工員，并請旨將特參各工員革職，暫行留工，勒限償挑。咸豐帝專門頒下上諭，對上述工員嚴加懲處。

楊以增《特參挑河工員摺》："竊照復堵豐工漫口全恃下游之引河挑挖深通，掣流歸槽，合龍時方有把握，是以臣等於派委承挑人員時三令五申，嚴行諭飭，必須親身到工，實力挑辦，不准假手幕友家丁取巧蒙混。茲據查催引河委員詹事府左贊善郭沛霖、候補道梁佐中等查出第三十三分委員宿南營守備劉元甫經興工，即將車路墊高一二尺。又四十三分委員外北營守備石榮竟將河身墊高二尺餘寸，該從灘上挑挖，以爲墊崖地步。又二十八分委員邳北道通判丁承鈞承辦之工亦於南岸墊路一二尺不等，稟請參辦前來。……該員備膽敢首先巧爲嘗試，若不嚴行指參，則辦工人數衆多，難期整飭，應請旨將宿南營守備劉元、外北營守備石榮、邳北通判丁承鈞一併革職，以杜效尤。"（《先都御史公奏疏》卷二十二）

十一月丁未（初一日）上諭："陸建瀛、楊以增奏參挑挖引河希圖墊崖之工員一摺。南河委員宿南營守備劉元、外北營守備石榮、邳北道通判丁承鈞於委挑引河工段膽敢將岸路河身一併墊高，并從灘上挑挖，豫爲墊崖地步，似此侵帑舞弊，巧爲嘗試，無怪上年引河不暢，貽誤大工。現當辦工吃緊之時，該員等故智復萌，實屬可惡，僅予革職不足蔽辜。劉元、石榮、丁承鈞均著革職，枷示河干，并責令將墊高之土盡數起除，按照原估丈尺如式挑挖，依限報竣。儻再草率弊混，即行從重治罪。仍著該督等嚴查此外工段，如有前項情弊，即將該工員嚴參重懲，毋稍瞻徇。"（《清文宗實錄》卷七五，《清實錄》，第43267頁）

66.58 十月，仿宋刻本《蔡中郎集》（漢蔡邕撰）十卷刊成，并以序志其事。

楊以增序云："以增少業是集，心好之，而所見之本或六卷，或八卷，或二卷，互有錯忤，苦無善本對勘……迭翻詳核，各有可取，亦各有可議。每思匯而別之，徵其同異，析其是非，當著之説列於句下，當補之篇附於卷餘。庶察應袪之偽，以存未汩之真籍，或稍糾俗本之謬，而退食鮮暇，蓄此志者，倏又數年。比識秀水高君伯平均儒，舉以商榷，伯平韙之爲仿朱崇沐刻《韓文考異》舊式……擇善而從。"（《蔡中郎集》，國家圖書館藏）

按：蔡邕集宋刻歐靜序本至明代已亡，明清版本可考知見者約二十餘種，其中傳世版本中，明版有弘治蘭雪堂活字本《蔡集》十卷外集一卷，正德華堅活字銅板本、正德覆華堅本均爲文集十卷外集一卷，嘉靖間宗文堂鄭氏本文集十卷外集一卷詩二卷《獨斷》二卷，嘉靖間喬世寧本集六卷，萬曆間徐子器本、馬維驥本、茅一相本均爲集十卷外集一卷，萬曆間汪士賢本集八卷，天啓間張溥輯《百三家集》本二卷；清本至咸豐二年（1852）海源閣楊以增刻本之前，有康熙間劉嗣美、劉嗣奇本集六卷補遺一卷，雍正間陳留本六卷，又有明末清初葉石君抄本文集十卷外集一卷等。可見，明清《蔡集》版本頗多，且卷數不一，收録蔡氏作品數量亦異，又各本文字訛誤參差，給後人治學帶來不便。道光三十年（1850），楊以增官南河時，購得黄丕烈、顧千里合校的萬曆間徐子器本，并以此爲底本，搜集諸本參校，延聘高均儒精心校勘，至咸豐三年（1853）終於刊成足本《蔡集》十六卷。楊本《蔡集》封面篆字題：蔡中郎集十卷。左下雙行小字題：原編外紀一卷今編/外集四卷傳表一卷。即集十卷外集四卷外紀一卷列傳、年表合一卷，都十六卷。扉頁雙行隸書題：咸豐二年東郡楊/氏海源閣仿宋刊。版框高廣爲 19.2×13.3 釐米，九行十八字，注文雙行字數同，白口，左右雙邊，單黑魚尾，魚尾上題“蔡中郎集”，魚尾下題“卷幾”，次下頁數，次下右刻“海源閣”三字，左下記大小刻字數。每卷末亦記大小刻字數。卷首目録後題“金陵柏士達刊”。字體仿宋。避清諱，“玄”字缺筆。

　　楊氏刻蔡集，是欲以定本行世的，楊本則對底本“非是”或訛誤字處直接改動，然後再於句下註明底本作某，從何本而改。即如均儒所言“姑就度擇以句意曉暢者列於正文，余悉註於句下”。（《〈蔡中郎集〉跋》）如卷一《太尉橋公碑》：“廣川相之孫”。楊本校云：“‘川’從抄本及他本。徐本訛作‘州’。”原底本徐本爲“州”，誤。楊本則將原徐本誤字“州”直接改爲“川”。這種處理方法雖不合前人通行做法，然因又於句下附加説明，亦使我們能夠看到原本的面貌，因而它實際上兼具校本與原本兩者之長。此外，楊本在詩文編排上，前十卷依原徐本例，同時又有微調，楊本《凡例》云：“徐本十卷似照歐輯。首列碑銘，以人類次，其例甚善。惟第九卷亦屬碑銘，列於論、表之後，似徐改掇，斷非歐輯之舊，今移列第六卷。其原第六卷循次遞下，以歸一例。篇次悉仍其舊。”外集四卷六十二篇在編排時，前三卷六十一篇按十卷本碑、頌、銘、贊、祝、吊、疏、議、論、書、賦、詩等先後序次排列，《獨斷》一篇的安排則采用了明萬曆三十二年朱崇沐刻本《韓文考異》的做法，即將其單獨列爲第四卷。高均儒於《外集》四卷卷末《跋》云：“右《蔡中郎外集》四卷，皆徐刻歐序十卷本所不載。從喬本、汪本、張本、劉本參覈輯録者。……茲摭録不載十卷本者爲外集，以碑、頌、銘、贊二十二篇爲第一卷，附《箴》、《連》、《珠》各一篇，祝吊文五篇；疏、議、論、書十篇爲第二卷，附《女訓》一篇；賦、詩二十篇爲第三卷。依十卷本例也。《獨斷》記炎漢掌故，爲文外之專述，別爲第四卷，編於卷末，依朱崇沐刻《韓文考異》順序，宗《實録》例也。”故其分類清晰，編排亦頗條理。

十一月

66.59　十一月初一日，得到咸豐帝指示，務必慎重辦理豐北堵口工程。

十一月丁未（初一日）：“兩江總督陸建瀛、江南河道總督楊以增奏稱，前次豐工未能合龍，人咸以爲過於節省，群相煽惑，以冀多請錢糧。惟有堅持定見，認真妥辦。得旨：‘辦此鉅工，首重核實。朕知卿等斷不爲浮言所惑。益當不避嫌怨，慎重爲之，以蘇民困，以慰朕懷。’”（《清文宗實録》卷七，《清實録》，第43266頁）

66.60　十一月初五日，上奏旬日以來，豐北壩工做成丈尺并引河挑成分數已達五分以上，正從嚴督催，務求先行辦完挑工，以便全力辦理壩工。

楊以增等《豐北做成丈尺并引河挑成分數摺》：“旬日以來，西壩埽占已做成九丈，東壩亦即進埽，約束溜勢，俾免偏注。兩壩上下邊埽經伏汛淘刷，墊塌較甚，現仍趕辦加廂，以便隨同正壩一律前進。挑水壩藉資挑溜，而西壩氣候過長，尤資蓋護。該壩壩身業經加廂完整，亦已接做新占六丈，引河頭迤南大河溜勢上堤，生灣東注。今就南唇展寬，尚恐未能得力，茲於舊引河頭南加挑引河頭一百二十丈，以期順勢。至前此引河工員辦理未能妥速，經臣分別奏參懲處，尚知警畏。臣陸建瀛自子房山河尾挨查回工，查已挑有五分工程，并有五分以上者。

節候已近冬至，既恐寒天風雪有妨工作，亦慮大河淌凌，金門吃重。現幸天氣晴和，施工較易，臣等惟有勒限嚴催，務使挑工先竣，即可專意壩工，早日蔵事，以冀仰副我皇上速工安民之至意。"（《先都御史公奏疏》卷二十二）

66.61　十一月初五日，上奏加緊堵辦各壩河工程，瀦蓄湖河水勢，并酌廂埽壩，以利運行各情形。

　　楊以增《堵辦壩河瀦蓄利運摺》："查禮河越堵工程較長，所需正雜料物甚巨，臣於七月內即籌款分委幹員，四路採購，飭令該管淮揚道曹文昭駐工，督同廳營委員等一面催運料物，一面先築土壩基，并打椿捆船以備進堵。八月底各料集有成數，壩基業經築成，遂即興工。先於北壩進占，越過深水，復於南壩一并進築，跟澆後餞。雖九月間風雨不時，取土做工諸多費手，臣與督臣均嚴飭在事文武，鼓勵兵夫，晝夜搶辦，不准藉詞稽緩。茲據稟報業於十月初七日合龍，仍在加壓重土，并照舊章在於越壩禮河補還直壩，以資修守。洪湖水誌現存一丈一尺一寸，江廣軍船截留江省，山東賑米已先後起卸，回空自十月十二日陸續渡黃南下，業經由驛具奏，仍飭沿途印委員弁加緊催償。江運廳境歸江各橋壩均已次第堵閉，其揚河廳境車邏壩已堵，五里中壩因連年過水衝擊，本有跌塘，本年泄漲更猛，愈跌愈深。自興堵以來，埽占屢有蟄塌。臣與督臣均嚴飭該廳營設法趕爲搶堵，倘有遲誤，即行嚴參。至黃河以北運中河現當冬令，來源漸弱，所有前此啓放各水口應於豐工合龍之前查看堵辦。而中河廳桃源汛半路劉滾壩因石底跌塘，泄水尤大，應即先爲越堵，并於上水築做挑壩，俾河水逼入南岸替河，以分滾壩溜勢，庶易堵合。現飭該道廳趕爲興築，勒限完報，以利運行。"（《先都御史公奏疏》卷二十二）

66.62　十一月初七日，上奏請以趙作賓陞署徐州道。

　　楊以增《揀員請補授徐州知府摺》："臣等伏查徐州府係題補之缺。該府界連皖豫、山東，爲南北衝途，民情刁悍，詞訟極繁。且時有捻幅匪徒往來出沒，兼轄黃、運兩河。現當堵築合龍，散放賑撫之際，在在均關緊要，非熟悉情形、通曉河務之員難期勝任。世焜現已到省，臣等詳加察看，人頗明白，惟初膺外任，詢以河防緝捕事宜，尚少閱歷，於徐州府一缺，人地不甚相宜。臣等未敢稍事拘泥，相應請旨將世焜留省，另行補用，其徐州府知府員缺謹會同遴選。查有海阜同知趙作賓年五十七歲，直隸舉人，大挑一等，分發東河，借補安陽縣縣丞，陞曹縣通判。道光二十二年祥工告竣，奉旨：賞帶藍翎。旋陞蘭儀同知。二十五年安瀾保奏，奉旨：著遇有東河知府缺出，即行補用。丁憂起復，二十九年順天捐輸，奉旨：著以同知改發南河，歸新班遇缺前先補，仍遵前旨，以知府用。欽此。三月到工，題署今職。於明保案內，經臣楊以增遵旨保舉，奉硃筆圈出，無庸送部引見，咸豐元年四月二十七日奉文准署任事，題請實授，尚未接准部覆。查該員守優才練，熟諳修防，現署徐州府印務，辦理裕如。以之請補徐州府知府，實堪勝任，與例亦屬相符。合無仰懇天恩，俯念員缺緊要，准以趙作賓補授徐州府知府，實於河工、地方兩有裨益。如蒙俞允，俟部覆至日，照例給咨送部引見，恭候欽定。"（録副奏摺）

66.63 十一月□日，上奏洪澤湖歷次風暴掣卸石工及整修情形。

楊以增《洪澤湖被風暴掣卸石工及估修情形片》："自咸豐元年二月起至八月止，洪澤湖歷次風暴掣卸石工，計高堰廳屬共長八百四十六丈九尺五寸，內除新工著原辦之員賠修外，實計舊工長八百零八丈四尺五寸；山盱廳屬共長二千八百五十七丈九尺，內除新工著原辦之員賠修外，實計舊工長一千七百六十五丈九尺，並新工下間有掣卸舊石層路，均經隨時確估請修，以資捍衛。"（録副奏摺）

66.64 十一月十五日，上奏節交冬至，加緊趕辦豐工壩工，現東西大壩進展順利，挑工已有八分工程，并從嚴管理，務求妥速。

楊以增《節交冬至趕辦豐工摺》："旬日以來，仰叨聖主洪福，天色晴霽，督飭掌壩文武鼓勵兵夫，并力進埽，截至十五日止，東壩埽占已做成二十一丈，西壩又得十二丈，上下邊埽夾土壩一律跟進。挑水壩亦續成十六丈……長河挑工辦理未能妥速，各員經臣等參奏，奉旨枷號河干。工員觸目驚心，益加敬畏。現在普律挑有八分工程，間有挑出稀淤瀾沙之段，責令設法趕辦，不准藉口耽延。統俟全完，挨逐驗收。如有草率弊混，再行嚴參。"（《先都御史公奏疏》卷二十二）

66.65 十一月十九日，因太平軍進攻武昌，陸建瀛現正督辦豐工，接奉咸豐帝上諭，倘若因軍情緊急，離工辦理剿堵，則豐工事宜則由楊以增主持辦理。

十一月乙丑（十九日）上諭："現在逆匪竄踞嶽州，直犯武昌，勢甚猖獗，沿江各省均須急籌防堵。陸建瀛現住豐工，督率彈壓，正當吃緊之時。惟安徽、江西俱系該督兼轄省分，儻軍情緊急，必須親往督辦。即著扼要駐劄，以資調度。河工要務，楊以增即督飭查文經妥速辦理，毋稍延誤。"（《清文宗實錄》卷七，《清實錄》，第43290頁）

66.66 指示由青麐督同楊以增辦理豐北堵口工程。

十一月丙寅（二十日）上諭："現在豐工正當吃緊之際，朕心深爲懸系，若陸建瀛駐工督辦，一切呼應較靈，更易集事。倘因軍情緊急，必須該督前往調度，亦不能不先其所急。朕思青麐交卸學政，尚未來京，著即暫留工次，幫同該督等督率彈壓。如陸建瀛前往要隘防堵，工次仍有大員幫辦，就近調遣。陸建瀛兼轄三省，應如何酌量緩急，相機籌辦之處，朕亦不爲遙制，總期撫綏鎮靜，勿失事機。"（《清文宗實錄》卷七六，《清實錄》，第43293頁）

66.67 十一月二十五日，上奏慎重辦理壩工，金門僅寬二十七丈，并嚴催趕辦引河，務求趕在壩工完成前全部挑完，以期大工早日完竣。

楊以增《豐工慎重進占并嚴催引河摺》："竊臣等前將辦理豐工情形二次按旬奏報後，維時西壩埽占甫經做近深塘，金門漸收漸窄，淘刷堪虞。臣等親督在事文武，鼓勵兵夫，趕將兩壩埽占連環遞進，仍令層土層柴，逐占盤壓，以期穩實。計旬日以來，東壩續得十二丈，西壩續得六丈，加以兩壩盤頭，計共做成七十七丈，挑水壩亦續得四丈，連前共做成二十六丈。緝量金門僅存寬二十七丈，壩工約計春前當可竣事。惟壩河相爲表裏，只可河成等壩，斷不可壩成等河。臣等嚴飭挑河員弁星夜趕辦。一俟長河告竣，臣楊以增即馳赴工尾，自下而上逐段驗收，試放清水……總期河先壩成，無誤啓放，以冀早日蕆工，仰紓宸廑。"（《先都御史公奏疏》卷二十二）

咸豐帝硃批："知道了，妥速辦理，斷不准不肖工員因總督遠離藉端遲延，以爲冒銷地步。儻有似此者即據實嚴參，朕必從嚴懲辦，不止枷示河干。將此意可曉諭在工員弁知之。"

66.68　十一月二十六日，因陸建瀛可能籌備江防，無法在豐北督工，奉到上諭，由學政青麐幫同在豐北工次彈壓督辦。

十一月壬申（二十六日）上諭："前因江防緊要，迭次降旨令陸建瀛酌度情形，如需親往堵辦，即著馳赴上游扼要調度。……現豐工亦在吃緊之際，該督啓程後，即責成楊以增督同查文經竭力妥辦，并飭該鎮道等認真彈壓稽查，務須趁此天氣晴和、料物充足之時催令進占，克期合龍。該河督系專管河務，查文經亦兩次派辦河工，責無旁貸，儻再因循誤事，朕惟楊以增、查文經是問。青麐於河工本非所習，因其任滿回京，令在工幫同彈壓，非特派督辦者可比，楊以增等不得藉詞諉卸。青麐亦不可另出己見，祗須按陸建瀛等所定章程迅速催辦合龍後，即行來京可也。將此由六百里諭知陸建瀛、楊以增、青麐，並傳諭查文經知之。"（《清文宗實錄》卷七，《清實錄》，第43308頁）

十二月

66.69　十二月初二日，上奏截留江西、湖南賑米回空軍船已於十一月二十一日全數渡黃，現正加緊督催回空漕船趕緊渡黃事宜。

楊以增《江廣回空軍船全數渡黃日期摺》："竊江西、湖南各幫截留賑米已於江南、山東各水次如數交訖，其回空船隻自九江前幫起，於十二月十二日巳時渡黃，業經奏明在案。查截留賑米道途遠近不同，交卸遲速亦異。山東至江南境內文武員弁節節分催，截至十一月二十一日止，截留賑米之江西、湖南各幫回空船共五百二十八隻，已全數渡黃。其自同州回空之大河衛前幫軍船即於二十二日渡黃，幸天氣晴和，雖有薄冰，不致凍阻。在後船隻銜尾跟進，斷不令其脫空。清江閘以下運河水勢充盈，堪資浮送。俟豐工合龍後，仍用灌塘舊法。已飭淮揚道責成各廳營將草塘妥爲預備，臣仍嚴飭文武員弁晝夜梭催，俾通州回空各幫趕緊渡黃歸次受兌。"（《先都御史公奏疏》卷二十二）

66.70　十二月初五日，上奏壩工金門收窄，并親自在引河工地從嚴督催，加緊辦理，并擇機堵合決口，放河歸正。

　　楊以增《豐工金門收窄搶辦引河水塘摺》："竊豐工辦理情形三次按旬馳報後，西壩埽占續得五丈，挑水壩續得七丈，東壩回溜搜根淘刷，諄囑辦工員弁星夜廂築堅鞏，相機前進。……緣金門愈收愈窄，愈窄愈險，既防新占蟄動，搶廂不遑，尤慮金門刷深，合龍不易。本年挑工九月即已派辦，彼時查文經甫經奉旨幫辦大工，即據稟請截留解工銀兩，就近在清江浦飭發工員領銀雇夫，勒限十一月初十日完工，期限本屬寬裕。臣前因壩工收窄，全河大溜奔注，於二十餘丈金門之內埽占不時蜇矮，難以停壩待河。當即親赴長河嚴督星夜趕挑，旋據承辦挑工各員先後報竣。臣隨自下而上，逐段驗收丈尺，均多挑足，其有辦理遲延、未能全完之段勒限另行附參。惟時距立春僅二十二日，再進一兩占，查看風色溜勢，一有可乘之機，即須放河歸正，奏慰聖懷。"（《先都御史公奏疏》卷二十二）

66.71　十二月初五日，上奏高堰通判英禄承辦引河工程進展不快，拖累引河大工，請旨從嚴懲處。

　　楊以增《復參挑河工員片》："再查引河爲合龍關鍵，必須如期挑就，以待放河。臣於十一月二十七日赴下游驗收引河，自下而上，計共四十七段，逐段丈量高下寬深，均屬如式。間有水盆腮土，飭令與各段梗界全行啓除，以便放出清水，搶辦清水塘挑工。惟第三十八段引河系署高堰通判英禄承挑，計工僅有八分，該倅并未在工，夫役亦多半散去。據總催京員江西道御史存葆揭稱'該倅因錢糧不繼，自赴郡城挪借'等語。查該倅應領之銀由總局已經全發，何以通工挑畢，該倅僅有八分工程？設誤放河，所關匪細，殊屬玩視要工。相應請旨將署高堰通判候補通判英禄先行革職，一面委員幫辦，勒限三日內全完，儻屆放河之期，稍有貽悞，再行從重嚴參。"（《先都御史公奏疏》卷二十二）

66.72　十二月十五日，上奏金門收窄，溜勢迅激，十四日因驟轉東風，冰凌漸化，趁機加緊搶辦，以期相機放河。咸豐帝覽奏，強調務必迅速施工，務求年內合龍。

　　楊以增等《遵旨妥速辦理壩工摺》："伏查節遇冬至，即交凌汛。前雖朔風時來，嚴寒未篤。初三以後風雪交作，始而淌凌，繼遂凝凍，維時金門收窄僅存二十餘丈，一經大凌湧注，船埽均虞受傷，未敢冒險進占，致有疏失。謹照歷屆大工守凍成案，埽前密掛擋凌椿板，多方衛護。已成埽占督飭盡力盤壓，并於上下水加拋碎石，俾益穩固。一面多備敲凌船隻，相機敲鑿。詎十二三日辰刻復又同雲密佈，飛霙間灑。臣等正深焦慮，潛心默禱，仰仗皇上洪福，十四日卯刻驟轉東風，冰凌徐泮。一俟積凌淌盡，兩埽各進一占，即可相機放河。此次執事文武多系原堵人員，荷蒙逾格鴻慈，俯准棄瑕委用。各該員救過不遑，何敢因督臣遠離，稍涉鬆懈？茲復將奉到硃批通行曉諭，兩壩文武同深感畏。至於錢糧、料物，查文經稽查嚴密，不避嫌怨。縱有不肖員弁不敢妄生希冀，亦無所施其伎倆。工次人夫眾多，又值挑河甫竣，恐其麇聚壩頭，乘間滋事。臣等諄飭該管鎮道認真彈壓，隨地巡防，以昭慎密。臣楊以增與查文經責無旁貸，臣青麐遵旨彈壓催辦，惟有同心竭力，慎速蕆事，仰副聖主垂廑要工、早求底定之至意。"（《先都御史公奏疏》卷二二）

咸豐帝硃批："知道了，爾等竭力搶辦，倍加慎重，覽奏。十四日卯刻驟轉東風，此皆仰賴天神佑助，即日已遣恭親王虔詣圓明園河神廟惠濟祠，拈香以答神庥。"

十二月丙申（二十一日）"青麐、楊以增奏辦理壩工一摺。豐工緊要，日盼合龍。自本月初二日奏報進占後，迄今又逾半月。據稱初三以後風雪交作，淌凌凝凍，未能冒險進占放河等語。大工垂成，不可不認真趕辦。但人力可施，即須督令進占，未可以天寒藉口，致誤事機。該河督即督同在工各員趁金門收窄之時，迅速設法進占，總期年內及早合龍，以副朕望。楊以增、查文經及在事員弁經朕棄瑕錄用，應如何感激思奮，急圖自效？儻再有疏虞，其能當此重罪耶？青麐著仍遵前旨住工督催，毋任延誤。將此由四百里諭知青麐、楊以增并傳諭查文經知之。"（《清文宗實錄》卷八十，《清實錄》，第43351頁）

66.73　十二月二十五日，上奏十六日夜，豐工一帶突降下雪，大河冰凍，施工甚爲艱難。因大工垂成，不敢一味求速，上奏請俟天氣轉暖、冰凌融化後，再加緊進占堵口。咸豐帝頗不認可，要求儘快施工，嚴禁拖延，并指示青麐迅即回京，由楊以增全權負責豐工堵口工程，以專責成。

楊以增《豐工雪後河凍請俟冰泮進占摺》："竊臣將豐工守凍情

形五次奏報後，十五、六日連得東風，積凌已將消盡。通工文武歡欣踴躍，正在撐檔進埽。詎十六日夜間朔飆怒號，大雪連宵，平地積存一尺有餘，黃河復又凍阻，兩壩往來車輛輾冰直渡，較之初次凝凍倍加堅厚。臣等督飭兩壩員弁，多集兵夫，并力敲鑿，無如旋鑿旋合，人力難施。目睹兵夫手□足瘃情形，憐恤之中彌深焦灼。因念壩工守凍，不免稍遲。……臣等會同體查金門僅存二十餘丈，兩壩各進三兩占，至多旬餘日即可掛纜合龍。工程業屆垂成，未敢專事欲速，致有疏虞。惟有督飭文武員弁密排擋凌樁板，慎守已成埽占，務保穩固。節候已屆立春，陽氣漸舒，一俟河冰融泮，即當恪遵聖訓，加緊趕辦，以期一氣呵成，仰紓宸厪。"（《先都御史公奏疏》卷二十二）

十二月乙巳（三十日）上諭："青麐、楊以增奏黃河雪後復凍，請俟天融冰泮加緊進占一摺。前據該河督奏稱，十二月十四日卯刻南河工次驟轉東風，冰凌解泮，兩壩各進一兩占，即相機放河，朕心稍慰。茲據奏稱十六日夜間大雪連宵，黃河復又凍阻，旋鑿旋合，人力難施。擬俟河凍融泮，加緊趕辦等語。金門現存二十餘丈，進占掛纜最關緊要。即謂大河偶凍，亦應設法辦理，斷無工屆垂成、忽然停待之理。刻下節逾立春，轉瞬桃汛將至，若不加緊辦理，萬一再有疏失，自問當得何罪？青麐本無辦公之責，著即由驛回京，無庸駐工督催。豐工一切事宜系楊以增、查文經專責，著即迅速妥籌，相機克期進占，毋得藉口人力難施，稍有延誤。并著將此旨傳諭在工人員等趕緊遵辦，儻再有貽誤，朕惟有將楊以增、查文經及辦公各員從重治罪，決不寬貸。懍之，慎之！"（《清文宗實錄》卷八十，《清實錄》，第 43372 頁）

66.74　十二月二十七日，上奏南河各廳至咸豐二年霜降止，辦理另案各工動用銀數。

楊以增《核明另案各工銀數摺》："所有咸豐二年霜降止各廳辦理培築堤壩堰戧、疏挑運道、啓閉壩河堤工、廂築壩埽、摟護補修磚石等項工程，均經臣隨時督率各道將廳營分投辦理，節次奏報，鈔摺咨部。茲據徐州、淮揚、淮海、常鎮各道分案造冊，呈送前來。共四十八案，內估定辦理者工竣後經臣勘驗，其隨時辦理者先由各道查量具報，復經臣確核删減，不准稍有浮糜。茲統計各工删定銀數共用銀一百六十一萬六千八百四十六兩零，按册查核，均與原估及勘准册案相符。"（《先都御史公奏疏》卷二十二）

66.75　十二月二十七日，上奏因預備黄河歸正，加緊整修臨黄各埽壩情形。

　　楊以增《籌備挽黄歸正各工片》："黄河即歸故道，各廳臨黄埽壩應即分別拆補加廂。已飭發歲料銀兩分投購辦，以資抵禦。外南廳順清河現已堵閉，補還大堤。隨後所到回空軍船仍用灌塘法，所有舊草閘外挑束壩并該閘金門由身上下迎分水雁翅、護埽及閘内挑壩、禦黄二壩、臨清鉗口壩等工間有腐朽蟄塌，業經分別廂修。并將臨黄堰外灘面挑挖寬深，以利運行，中河廳楊莊頭壩亦備料查看酌堵。裏河廳惠濟越閘拆修工程業已完工，飭將應廂各埽壩照舊豫爲估修，以備輪替啓用。揚河廳五里中壩亦經合龍，跟築後戧，上下運道收蓄充盈，均無淺滯。"（《先都御史公奏疏》卷二十二）

66.76　十二月二十七日，因江南淮安府外北河務通判黄世恩丁憂，所遺員缺，請以不論班次遇缺即補同知沈文藻借署。

　　楊以增《揀員接署要缺通判摺》："江南淮安府外北河務通判黄世恩於咸豐二年八月十八日在任丁憂……所有淮安府外北河務通判員缺照例以丁憂本日作爲開缺日期，歸入八月分截缺。……查外北河務通判一缺經管黄河北岸堤埽工程，并浦家莊一帶往來重空漕船催償事宜，均關緊要，必得明白河務、賢能勤幹之員方能勝任。……查有不論班次遇缺即補同知沈文藻現年五十歲，浙江湖州府歸安縣人，由監生遵籌餉例報捐同知，豫工例分發投效東河……該員心地樸誠，勇於任事，在江年久，熟悉情形。以之借署外北河務通判，實堪勝任……合無仰懇皇上天恩俯念要缺需人，准以沈文藻借署外北通判，實於公事有裨。"（《先都御史公奏疏》卷二十二）

66.77　冬，於豐北工次得濟寧劉淇《字册》二十六幀五卷。

　　楊以增云："咸豐壬子冬，有人貽字册於豐北工次。見書法入古，於晉唐諸賢，具體而微。落款劉淇，後附其弟汶書，亦饒有古意。"

（《〈劉武仲字册〉跋尾》）

66.78　高郵州運河六月二十九日水長一丈五尺一寸，啟車邏壩中壩。
（光緒《再續高郵州志》）

　　　　按：本年中壩沖壞，補還大堤，自是中壩遂廢，高郵只存
　　三壩。

66.79　刊成《柳真君勸孝歌》一卷，包世臣序，序以手書上版。
　　包世臣《〈柳真君勸孝歌〉序》："曾子所謂五非孝，乃議道自己，
孟子所稱五不孝，則制法以民。孟、曾相去僅百餘年，而議殊如此。蓋
世風日下，藥必對症，方能奏效故也。柳真君去孟子又二千年，人心世
道，其變幻實亦遠已，是以分勸男、女《行孝歌》，其言必淺近俚俗，
使村夫灶嫗，無不通曉，聞歌無不汗下。然足以挽薄俗而迴流風，以此
知真君救世之心彌苦，而立言更切。得是書者，如以其淺近俚俗而忽視
之，則亦自外生成，而茲真君所不能振扳者矣。咸豐二年春二月，學人
包世臣敬敘。"

　　　　按：此文是包世臣爲楊氏海源閣咸豐二年（1852）刻《柳真
　　君勸孝歌》所作序言。是書封面鐫"柳真君勸孝十字讚"，封二鐫
　　"咸豐壬子鐫"，次"柳真君勸孝歌"，次"海源閣藏板"，版式爲
　　八行十二字，左右雙欄，白口，單黑魚尾。封底題"山左海原閣敬
　　刊"。文分兩部分，即呂純陽（呂洞賓）祖師弟子柳宏教真君《勸
　　男孝歌》與《勸女孝歌》。楊以增何以刊刻是書，恰如世臣於
　　《序》中所言"世風日下，藥必對症，方能奏效"，故世臣亦序之、
　　刻印之也。《序》以世臣手寫上版，以此可見其書法之"包體"特
　　點。咸豐二年（1852）楊以增刻本《柳真君勸孝歌》藏中国科学
　　院圖書館。

66.80　於清江得北宋本《淮南鴻烈解》二十一卷十二册。
　　紹和題北宋本《淮南鴻烈解》："咸豐壬子，先公得於袁浦，亟思
鋟木，以惠藝林。乃校未及半，會江南寇起，日治軍書，事遂中輟。比

年，和鄉居多暇，而學殖淺落，又未敢懷鉛提槧。且北地手民亦鮮工剞劂，正不知何時得酬斯願，用承先公未竟之志也。撫書遠想，曷禁慨然！"（《楹書隅録》卷三）

按：此本自楊氏書散出後，傅增湘、葉恭綽、周叔弢、王子霖、酈承銓均曾經眼。茲據以上各家著録，其版式爲：十二行二十二字，注文雙行，行二十五字。每卷第二行題"太尉祭酒臣許慎記上"。每册書面題簽"《淮南子》，許叔重注。北宋本。第×册"。《楹书隅録》《記大連圖書館所收海源閣藏宋本四種》均題北宋本。紹和云："'慎'字惟卷十八缺筆，當是修補之頁。"周叔弢云："建本。密行細字。"（《楹書隅録》批注）顧廣圻曾以此本校《道藏》本，校出訛脱倒衍五十五例，其中訛誤四十六例，脱五例，倒一例，衍三例，故云："以上諸條，實遠出《道藏》本之上，而他本無論矣。至於註文足正各本之誤者，尤不勝枚舉，茲弗具述。"又云"此於今日，洵爲最善之本矣"。紹和亦云："若此至精至善之本，實於人間無兩。"鈐有曹楝亭、黄丕烈、顧廣圻、汪士鐘諸印。咸豐二年（1852），楊以增得於清江。今存俄羅斯國家圖書館。

66.81　在南河節署得宋元本陶、孟、王、韋等四君子之集。

郭沛霖云："（咸豐）壬子七月初六日，謁河帥楊至堂先生，談次，告余以近來有得意之事，得四經四史皆宋刻，殊可喜。……近又得陶淵明、孟襄陽、王摩詰、韋蘇州四君子之集，皆宋元版本，均可喜云。"（《日知堂筆記》卷下，第182頁）

66.82　刊成《石笥山房集》（胡天游撰）二十三卷。是書前有刻本，然搜集不全，是刻爲全本，楊以增撰序詳説刻梓原委及胡天游詩風特點。此前包世臣曾亦爲此書作序，頗可參考。

楊以增《〈石笥山房集〉敘》："先生無專集行世。唯以坊選中一鱗半爪見珍藝林。予在黔得鈔本四册，續又鈔遺稿兩册，藏弆海源閣。嗣聞有趙、阮兩刻，而版本竟不可見。道光丙午，先生四世諸孫秋潮大令任吾東之博平，出家藏傳鈔本，得文六卷，詩十二卷，付梨棗。苦校勘未精，鋟刻未善，囑其嗣君冠山贊府訪碩儒求良匠重刻之。贊府需次南河，予重其志揚先德，出所藏畀資參覆，而淹聞渺慮之。嘉興高君伯平諸贊府司其事，又從南豐譚桐舫司馬得影鈔趙刻本，與黔之鈔本同擇善而從。其集內徵引古籍，有原書可檢尋者，據正錯誤，蓋什得七八。若有必不可通，仍缺之，以待來哲於校正。大令原刻之外，附錄《補遺》三卷，先生著述至是亦幾詳備矣。”“恐先生之傳復不盛，故使秋潮冠山賢喬梓極力表章，以惠來學。”（《石笥山房集》卷首）

　　包世臣《〈石笥山房集〉序》：“《石笥山房文集》六卷，《詩集》十二卷，山陰胡稚威徵君之所作也。徵君應乾隆初鴻博科，同舉二百餘人，推徵君爲首，選其詩文，散見於外者罕。道光丙午，徵君之四世諸孫秋潮大令出家藏抄本，刻於山左。大令之嗣君冠山贊府官南河，大令以東省刻工劣，又徵君文學淵奧，摭拾秘笈，多人所未見，抄本時有錯誤，遺憾蓋闕。爰命贊府於南中覓良工，求方聞士，詳加校覆，重刊以廣其傳，甚盛舉也。予適就食河壖，贊府索并首之辭。徵君才名噪一時，身後且百年，聲稱如舊，皇甫之任，匪鄙人所堪。唯少小曾讀徵君文，於坊選求其集，五六十年不可得。今幸窺全豹，悉其心力所至，是安可以無言？徵君之長篇鉅制，屬詞比事，以多爲責，援引繁富，今古雜陳，如長江大河，沙石并下，頃刻不能得分和之源、歸虛之委。細繹機括，在乎換成言、擇字義相類者，更代以明新；於駢語習見者，顛倒以示奇。其小文短章，則字棘句鈎，急切不能了指歸，其要領在乎節助字。蓋多借助字，意與詞適以熟，易滑。節之，則詞生意窈，賴咀味求之。前哲間以此爲濟勝之具，至徵君乃爲專家。然集內《雜著》一卷，多有關人心世道之言，是知徵君非僅以字句縱觀聽者也。詩具衆體，氣格略與文同。自子雲開艱深之門，而退之篤好之，常以尚異立說，《曹成王》一碑庶幾後勁；詩則《南山》、《陸渾山火》聯句諸什，真險語破鬼膽已。徵君刻意求似，唯琢句險易交錯爲異，其在當時，誠爲間出。才子袁君，與徵君同舉，年最少，名亦相逼。其文故條達，而爲徵君哀詞，欲逐跡追風，遂至失其故步。以是知佶屈聱牙，殊非易事也。唐人推樊紹述文爲奇澀，退之稱‘爲文必己出’，字各識職，尤歎其多，爲自古未有。然至今唯存《絳守居園池記》、《錦州越王樓詩序》。予讀《園池記》，雖得解而非所好。《詩序》竟未之見，以爲憾。徵君跋《園池記》云：‘既珍愛其文，且惜其見於人者少，又懼其詞之古，而不悦於世。' 觀此可以見徵君爲文之宗旨。徵君文固不至如紹述之奇澀，然在今世，與紹述之在唐，亦略當矣。而茲集衰然數千首，世豈無探奇索隱之士珍爲鴻寶，秘之枕中者乎？惜予幼學本成薄，加以衰耄善忘，於徵君換成言、節助字之法，雖能墨喻，而徵君耳目絶人，又或形聲相近、傳寫訛謬莫敢質言者，亦什二三。冠山自公少暇，袁浦足遊客碩師，其請訂定，必成完璧，則藝林之快也。道光庚戌二月望，安吳包世臣。"

　　　　按：楊氏所言"趙、阮兩刻"，即《石笥山房文集》六卷乾隆趙希璜刻本和《石笥山房集》文六卷詩四卷嘉慶三年（1798）阮元刻本，其中趙刻爲首刻。道光丙午（1846）年，胡天游四世諸孫秋潮大令學醇知博平（今已劃入山東聊城市茌平縣）時又刻，計文六卷，詩十二卷，南京圖書館有藏，題清道光二十六年（1846）博平縣衙門刻本。咸豐二年（1852），楊以增和冠山贊府鳴泰在秋潮大令原刻的基礎上，搜羅諸本於南河，加以重刻，共文集六卷、補遺一卷，詩集十一卷，詩餘一卷，詩集補遺上、下兩卷，詩續補遺上、下兩卷，都二十三卷。是刻南京圖書館有藏。十行二十字，白口，四周雙邊，單黑魚尾。書牌云：咸豐二年三月重刊。道光庚戌（1850），冠山贊府官於楊以增南河督署，而此時包氏亦客南河，兩人遂即相熟。包氏對天遊作品從少小曾讀，搜尋五六十年不得，今幸窺全豹，且又深服其學，"是安可以無言"。又由包氏於序中云"予適就食河壖，贊府索弁首之辭"，可知此序應冠山贊府之請爲之，也即在《石笥山房集》道光刻本之後、咸豐二年（1852）重刻本刻成之前的道光庚戌（1850）二月寫就。

66.83　是年，於南清河節署重裝宋本《説文解字》。

　　楊紹和題宋本《説文解字》："咸豐壬子，重裝於南河節署。"（《楹書隅録》卷一）。

　　　　按：此本爲宋元遞修本。半葉十行十六至十八字不等，註文雙行，行約三十字左右，白口，左右雙邊，白紙，單魚尾，版心上記大小字數，下記刊工姓名。此本各卷卷端首行頂格鐫"説文解字第幾上或下"，下題"漢太尉祭酒許慎記"；二行低二格鐫"銀青光禄大夫守右散騎常侍上柱國東海縣開國子食邑五百户徐鉉等奉敕校定"。卷末有中書門下於雍熙三年（986）奉旨下牒徐鉉等新校定《説文》牒文："許慎《説文》起於東漢，歷代傳寫，訛謬實多，六書之蹤，無所取法。若不重加刊正，漸恐失其源流。爰命儒學之臣，共詳篆籀之迹。右散騎常侍徐鉉等，深明舊史，多識前言。若能商榷是非，補正缺漏，成書上奏，克副朕心，宜遣雕鐫，用廣流布。自我朝之垂范，俾永世以作程。其書宜付史館，仍令國子監雕爲印版，依《九經》書例，許人納紙墨價錢收贖，兼委徐鉉等點檢書寫雕造，無令差錯，致誤後人。"可見，由北宋雍熙三年（986）國子監雕印的這部《説文》，從負責校定，到點檢、書寫、雕造等都是由徐鉉領銜主持的。但此本卻并非就是北宋國子監初刻本，這一點從避諱可以看出。監本避諱一般都很嚴格，此本則如"貞""慎"等字有避有不避，則定非原監本。《説文》是小學書中最重要的字書，故其後便一刻再刻，但所刻都以最早的雍熙三年（986）本爲底本，從現在保存於國圖的另兩部宋本就可知道，此本亦不例外。然此本究竟刻於何時？清代學者以宋諱多不缺筆，定爲北榘本，趙萬里認爲這是以訛傳訛，絕非事實。今考其卷中刻工，知趙氏説法確然。刻工約分三期：如何升、何澤、許忠、顧永、蔡邠、阮于、張升、周明等爲南宋初葉杭州地區良工，是謂第一期，何升、何澤曾刻宋眉山本《南齊書》、宋嘉定杭州本《荀子》，周明曾刻宋慶元六年（1195）紹興府八行注疏本《春秋左傳正義》；南宋中葉杭州地區補版工人有陳壽、董澄、詹世榮、陳彬、陳晃、丁之才、金嵩、丁松年、劉昭、夏义、曹鼎等，爲第二期，董澄曾刻宋鄭定嘉興刊《唐柳先生集》、宋刊《太玄經集註》等書，丁松年曾參與宋兩浙茶鹽司黃唐刊越州本《周易註疏》、宋紹興淮南路轉運司本《史記集解》以及宋杭州本《經典釋文》的補版工作；宋元之際和元時補版工人爲史伯恭、石中、敬明、李德瑛、胡勝、鄭埜、范堅、徐泳、李寶等爲第三期，史伯恭是宋元之際的刻工，於元朝曾參與宋兩浙庚司刊本《禮記正義》、宋慶元六年（1195）紹興府刊本《春秋左傳正義》的補版工作，李德瑛曾參與宋兩浙茶鹽司黃唐刊越州本《周禮疏》、宋杭州刊《國語解》

的補版工作。且以上這些刻工都爲杭州地區刻工。綜上三批刻工，推知此書應著錄爲“南宋初期杭州地區刻宋元遞修本”最爲切宜。李致忠又云：“行格適度，字體嚴整，刀法穩健，端莊古樸，有明顯的補版。”（《宋版書敘錄》，第274頁）楊紹和則云：“近時汲古閣本、平津館本、藤花樹本，皆依宋槧開雕。汲古閣本行字不同，而此本毛氏之印累累，當亦汲古閣所弄。至延令書目著錄之《説文》六本，及藤花樹所據之宋槧，即此本也。百宋一廛所載小字本款式無異，不知同出一板否？但彼多抄葉，此則完帙耳。”（《楹書隅錄》卷一）該書有名家藏印近七十枚，如“虞山毛氏汲古閣收藏”“季振宜印”“蘇齋桂馥之印”“阮元印”“姚氏伯山”“新安汪灝藏本”“戴大章印”“葉志詵”“顧廣圻印”“額勒布號約齋”“無峰寶奎之章”“許瀚之印”“何紹基觀”“汪喜孫印”“陳慶鏞頌南”及楊氏藏印。楊以增於道光二十一年（1841）、二十二年（1842）任河南道員時，由契交汪喜孫贈送。楊以增得此書後，越十年重新裝池，可見對此書之珍重。楊氏書散出後，歸陳清華，後轉歸國家圖書館。

咸豐三年癸丑（1853）六十七歲

（在江蘇清江浦）

【概要】接續辦理上年漕運事宜，正月初十日，回空漕船全數渡黃，平穩南下；十二月二十七日，奉旨兼署漕運總督。接續辦理豐工堵口事宜，正月二十日，設法鑿冰進占，順利啟放引河，大溜掣歸正河六分有餘；正月二十六日，親臨河干，督率兵夫全力趕築，豐北大工合龍穩固，全黃歸正，咸豐帝得報甚爲欣喜，楊以增於二月初二日開復革職留任處分，給還頂戴，賞加三級，并交部從優議敘。因連日大雨，黃河大漲，豐工西壩尾土基於五月二十八日漫塌，咸豐帝大爲震怒，楊以增於六月十一日被處革職，仍留本任。七月初五日，遵旨賑濟豐北災民，并設法行用鈔票。艱難籌措南河河工經費，二月十二日、三月初二日，接連上奏南河河庫支絀情形，并請循例撥發大汛工需銀兩一百五十萬兩，以資修防；五月十九日，因南河工款支絀，無從借墊，上奏請撥豐工案內戶部銀票五十萬兩；八月二十一日，上奏請撥來年歲料銀兩一百二十萬兩，以資修守，所請均未能如數撥給。
本年，楊以增奉旨督防江北，兼管長江南北糧臺，積極防堵太平軍北
上。其子楊紹和侍於戎幕，輔佐贊畫機宜。正月，遴員於黃河渡口等
處嚴查奸細，并將船隻收往黃河北岸。二月，遵旨練兵籌防，嚴守黃
河渡口，并嚴拿捻匪頭目。三月，參劾高郵州知州魏源未能繞道送達
江南文報，上奏請將魏源革職。五月，嚴查黃河渡口，派兵分駐黃河
兩岸，并安設炮臺。十月十七日，因奕經因病去世，徐州、宿遷一帶
防守形勢緊要，受命就近兼顧徐州一帶防堵事宜。十月二十二日，受
命撥派兵勇，在徐州、宿遷一帶要隘嚴密設防。十二月初三日，因太
平軍佔領揚州，形勢嚴峻，受命嚴防黃河漫口上下游，籌堵太平軍北
上。得金本《新刊韻略》五卷三冊；刊成凌廷堪、張成孫撰《禮理
篇》，并提出漢宋"二說不容偏廢"之觀點，重刊元至正本《六藝綱
目》四卷，并跋《劉武仲字冊》。本年冬，將包括宋乾道本《史記》
在內的善本載歸陶南山館。

正　月

67.1　正月初五日，上奏河冰徐泮，凌塊漸酥，現正趕辦壩工，等待
凌塊淌盡，即可迅速堵口。咸豐帝對此頗爲不滿，指出桃汛將臨，嚴令
楊以增等儘快辦工，儘早堵合決口。

　　楊以增《河冰徐泮趕辦壩工摺》："伏查年前黃河復凍，實緣大雪
朔風連朝不息，以致甫泮之冰復又凍合，雖循案備有□凌船隻，集夫敲
鑿，無如旋鑿旋合，刻難見效，臣等實深焦灼。維時金門雖緩進占，而
上下水邊埽圓壩并加壓後臺，澆築小戧等共系後此應辦之工，趁此提前
趕辦，以便將來冰泮時并力專做占埽，一氣呵成。復仰體聖主軫念災
黎、拯溺迫切之忱，臣等敬詣河神廟虔心默禱。幸立春後東風入律，凌
質漸酥，正月初三以後迎溜處所時有凌塊淌下，厚四五尺至丈餘、寬數
丈至二十餘丈不等，其緩溜背陰之處至初五日亦漸就酥融，一俟積凌淌
盡，即可星夜進占，克期藏事，以冀仰紓宸廑。至工次人夫衆多，臣青
麐督同鎮道暨調工文武員弁認真彈壓，有犯必懲，現尚一律安靜。"
（《先都御史公奏疏》卷二十三）

　　正月丙辰（十一日）上諭："青麐、楊以增奏請俟積凌淌盡趕辦進

占一摺。據稱立春後凌質漸酥，迎溜處所時有凌塊淌下，一俟積凌淌
盡，克期蔵事等語。豐工緊要，日盼合龍，迭經降旨嚴催，該河督宜如
何督同查文經認真趕辦？現在凌塊已酥，正當多備船隻，集夫打凌，即
日進占。若俟積凌淌盡，桃汛已臨，必致貽誤，楊以增與查文經等其能
當此重咎耶？將此由四百里諭知楊以增，並傳諭查文經知之。"（《清文
宗實錄》卷八二，《清實錄》，第 43401 頁）

67.2　正月□日，上奏遵旨密飭徐州道王夢齡，緝拿偽造執照人犯候
選未入流車紹文。

　　楊以增《遵旨嚴緝偽造執照人犯摺》："臣接准刑部咨准都察院咨
送王汝霖呈報車印川代捐翰林院待詔，執照篆文不符一案，究出偽造
假照之候選未入流車紹文起意描摹印信，誆騙銀兩，車紹文現往南河
工次攬辦稭料，在西壩黃家廟黃昌泰家居住等語，請旨飭下屬查拿解
部訊辦，等因。奉硃批：著楊以增派員嚴拿，務獲解部審辦。欽此。
咨行欽遵前來。臣隨即密飭徐州道王夢齡將候選未入流車紹文嚴拿務
獲去後，今據該道稟稱，遵即委員會同前往西壩地方，不動聲色，嚴
密查拿。旋據查傳黃昌泰到案，訊據訊稱并未開設客店，上年冬月
間，記不清日期，曾有車姓說是四川人借住一宿，後再未見，今年委
無車紹文在伊家居住。如日後查有容留情事，情願甘罪。職道親提研
訊，堅供如前，似無遁飾。除飭縣嚴緝車紹文，務獲究報外，理合稟
覆等情到臣。據此臣伏查本年購辦正雜料均由各廳營承辦，并未收買
民料，訊據黃昌泰供，并無車紹文住伊家辦料之事，似屬可信。"（錄
副奏摺）

　　刑部尚書、總管內務府大臣阿靈阿咸豐二年十月十六日《請旨飭提
偽造假照人犯摺》："准都察院咨送王汝霖呈控車印川代捐翰林院待詔
執照篆文不符一案，訊據王汝霖供系河南南陽府人，上年三月間伊託車
印川代捐翰林院待詔職銜，因無現銀，車印川代伊墊捐，領出執照，車
印川令子車文樞攜帶執照，同伊回家取銀交照。伊因在籍與人涉訟，將
照呈驗，經南陽府驗出執照并無滿篆，將照扣留，伊情急來京呈控等
語。隨飭傳車印川到案。據供系四川監生，在國子監肄業，因王汝霖託
伊墊捐待詔職銜，伊堂弟候選未入流車紹文起意偽造假照，描摹印信，
欲向王汝霖誆騙銀兩。車紹文現往南河工次攬辦稭料，在西壩黃家廟黃

昌泰家居住等語。查車印川以國子監肄業監生，因王汝霖託捐職銜，輒敢偽造部照，情殊藐法，據供系伊弟車紹文起意偽造誆騙，自應提到車紹文，一併嚴切根究。且既供有描摹印信情事，難保無另犯不法重情。除將車印川監生先行咨革，并飛咨河南巡撫將王汝霖呈出執照送部查驗外，相應請旨下南河河道總督，飭屬將候選未入流車紹文嚴密查拿，迅速解部，以憑訊辦。"（録副奏摺）

67.3　正月初十日，經連續催趲，至是日渡黃各船累計已達三十三幫，一千三百三十只，回空漕船全數渡黃，平穩南下。

　　楊以增等正月十八日《回空漕船渡黃南下摺》："查自通州回空之大河前幫軍船已於十一月二十二日渡黃，臣等隨即分派委員沿途上下提催，隨到隨渡，并以天寒地凍，分飭沿河地方文武員弁多備船隻器具，認真敲擊冰凌，不使凍阻，因十二月內雪深三尺，冰厚而堅，經臣楊殿邦在後督催，不遺餘力。茲據署淮揚道曹文昭、淮海道吳葆晉等稟稱，查量塘河水勢高於太平河，三閘一帶仍用灌塘放渡，以期妥速。又臨清堰水勢高下懸殊，一經啓放，恐陡泄塘河之水，築做束水柴壩一道，以資收蓄。截至正月初十日止，共入塘河船六百三十只，隨即堵閉臨黃堰，一面趕將三閘堵閉，頂托水勢；一面趕啓臨清堰，催船出塘，連前頭進及截米各船隻共渡黃船一千三百三十只，計三十三幫。仍嚴飭印委員弁加緊催趲，克日飛挽過閘，迅速歸次，受兌新漕。"（《先都御史公奏疏》卷二十三）

67.4　正月十五日，上奏初六、初七日連日東風，冰凌一律融泮，現正星速進占，豫備相機放河。咸豐帝再次嚴令楊以增加緊辦理，務必於桃汛之前完工。

　　楊以增《豐工冰泮進占相機放河摺》："初六、七等日連得東風，大河迎溜處所積凌盡解，隨即督飭掌壩文武，鼓勵兵夫，星夜進占。茲截至十五日止，兩壩占埽共又做成十一丈上下，邊埽夾土壩一律跟進，挑水壩亦續成八丈。惟時積雪盡融，水勢驟長，頗有奔騰澎湃之勢。幸系積凌客水，旋長可冀旋消。且前此守凍時，上下水多做成石壩邁埽，足資偎護。現在金門收窄，僅在十餘丈。兩壩再進一占，察看風色溜勢，一有可乘之機，即當放河歸正，另行馳報，仰紓聖懷。"（《先都御

史公奏疏》卷二十三)

正月乙丑(二十日)上諭:"楊以增奏豐工冰泮進占情形一摺。據稱本月初六、七等日連得東風,大河迎溜、背溜處所積淩盡解,隨即督飭在工人員星夜進占,現在金門收窄,僅存十餘丈。兩壩再進一占,查看風色溜勢,即當開放引河等語。前經迭次諭令該河督等趕緊籌辦,茲屆大工垂成,必須於桃汛未至之前克期蔵事。著楊以增督同查文經嚴飭在工各員等認真趕辦,及早合龍,毋稍延緩。"(《清文宗實錄》卷八二,《清實錄》,第 43417 頁)

按:太平軍迅速北上,清軍節節敗退,"現在逆匪竄踞巘州,直犯武昌,勢甚猖獗,沿江各省均須急籌防堵",而"陸建瀛現駐豐工,督率彈壓,正當吃緊之時"(二年十一月十九日上諭),"若陸建瀛駐工督辦,一切呼應較靈,更易集事"(二年十一月二十日上諭),但"安徽、江西俱系該督兼轄省份,倘軍情緊急,必須親往督辦,即著扼要駐紮,以資調度"(元年十一月十九日上諭)。因此,咸豐帝只得將豐工堵口工程交由楊以增"即督飭查文經妥速辦理,毋稍延誤"(二年十一月十九日上諭)。但是咸豐帝對楊以增是否能辦理妥善,并不能完全放心,因"青廳交卸學政,尚未來京,著即暫留工次,幫同該督等督率彈壓"(二年十一月二十日上諭)。其本意爲二人互相協助,通同辦理。但青廳到工之後,南河堵口工程進展頗不順利,二年十二月十五日楊以增、青廳等上《遵旨妥速辦理壩工摺》,稱"初三以後風雪交作,始而淌淩,繼遂凝凍,維時金門收窄僅存二十餘丈,一經大淩湧注,船埽均虞受傷,未敢冒險進占,致有疏失"。二年十二月二十五日楊以增、青廳等上《豐工雪後河凍請俟冰泮進占摺》,稱:"詎十六日夜間朔飆怒號,大雪連宵,平地積存一尺有餘,黃河復又凍阻,兩壩往來車輛輾冰直渡,較之初次凝凍倍加堅厚。""兩壩各進三兩占,至多旬餘日即可掛纜合龍。工程業屆垂成,未敢專事欲速,致有疏虞。"因堵口工程進展不快,咸豐帝非常焦灼,并對楊以增、青廳辦理遲緩大加斥責:"茲據奏稱十六日夜間大雪連宵,黃河復又凍阻,旋鑿旋合,人力難施。擬俟河凍融泮,加緊趕辦等語。金門現存二十餘丈,進占掛纜最關緊要。即謂大河偶凍,亦應設法辦理,斷無工屆垂成、忽然停待之理。刻下節逾立春，轉瞬桃汛將至，若不加緊辦理，萬一再有疏失，自問當得何罪？"（二年十二月三十日上諭）同時咸豐帝亦考慮到若留青麐繼續在工幫辦，會使楊以增等在工人員推卸責任，因此明確指示"青麐本無辦公之責，著即由驛回京，無庸駐工督催。豐工一切事宜系楊以增、查文經專責，著即迅速妥籌，相機克期進占，毋得藉口人力難施，稍有延誤"（二年十二月三十日上諭），并再次強調"儻再有貽誤，朕惟有將楊以增、查文經及辦公各員從重治罪，決不寬貸"（二年十二月三十日上諭），明確將所有責任壓到楊以增肩上，徹底斷絶其退路。楊以增一方面一再表明"此次執事文武多系原堵人員，荷蒙逾格鴻慈，俯准棄瑕委用。各該員救過不遑，何敢因督臣遠離，稍涉鬆懈？"（二年十二月十五日《遵旨妥速辦理壩工摺》）但一方面亦承受逐日增加的巨大壓力。此後，咸豐帝對楊以增刻刻嚴催，有加無已。三年正月初五日，楊以增上奏"正月初三以後，迎溜處所時有凌塊淌下，厚四五尺至丈餘，寬數丈至二十餘丈不等，其緩溜背陰之處至初五日亦漸就酥融。一俟積凌淌盡，即可星夜進占，克期蕆事"（《河冰徐泮趕辦壩工摺》）。對此，咸豐帝三年正月十一日上諭稱："豐工緊要，日盼合龍，迭經降旨嚴催，該河督宜如何督同查文經認真趕辦？現在凌塊已酥，正當多備船隻，集夫打凌，即日進占。若俟積凌淌盡，桃汛已臨，必致貽誤，楊以增與查文經等其能當此重咎耶？著再將此旨傳諭在工人員，迅速相機進占，及早堵合，以慰朕盼，毋稍玩延，自干重罪。"三年正月十五日，楊以增上奏"現在金門收窄，僅在十餘丈。兩壩再進一占，察看風色溜勢，一有可乘之機，即當放河歸正，另行馳報，仰紓聖懷"（《豐工冰泮進占相機放河摺》），咸豐帝三年正月二十日頒下上諭："前經迭次諭令該河督等趕緊籌辦，茲屆大工垂成，必須於桃汛未至之前克期蕆事。著楊以增督同查文經，嚴飭在工各員等認真趕辦，及早合龍，毋稍延緩。"正是在咸豐帝多次嚴催之下，豐工終於在三年正月二十六日成功合龍。但因工程倉促，也埋下了較爲嚴重的質量隱患，成爲黃河當年再次出現漫口的重要原因。

67.5　正月十五日，上奏拿獲謝羊、王挪、夏貞、胡雪、梁分、李成、張青揚等結捻強劫拒捕各犯，詳明上奏各犯搶劫案情，并按律審明定擬。（楊以增《拿獲結捻各犯審明定擬摺》，《先都御史公奏疏》卷二十三）

67.6　正月二十日，因連日風雪，黃河復凍，經設法鑿冰進占，且乘西風大作之機，於本日啟放引河，水勢順暢，大溜掣歸正河六分有餘，正壩誌椿落水二尺。正在加緊修築西壩門占，以期早日合龍穩固。咸豐帝要求楊以增儘快施工，務必及早完工。

楊以增正月二十二日《豐工鑿冰進占并啓放引河摺》："正在嚴催趕辦間，詎又連值風雪，黃河復凍，冰塊厚至四五六寸及尺餘不等。維時西壩已成，埽占正在加鑲，多掛擋凌椿板柳把，足資蓋護。而東壩門占甫經撐足，深慮上游冰塊隨流淌下，繩纜船隻致被鑕折，當與在壩文武悉心商酌，趕將近埽冰凌，集夫敲鑿，一面將東壩捆鑲船加系繩索，分爲裏外把。外把生於西上邊埽拐角後，裏把生於東上邊埽拐角後，鼓勵兵夫，履險進占。至十七日上游水勢驟長，瞬將兩岸冰凌捧高，凌塊隨溜旋激，致將摘腦繩纜一千數百條登時鑕斷。幸加系兩邊埽拐角以後之纜高於水面數丈，穩系不動。臣等復又親督兵夫奮力趕辦……趕將東壩門占四丈於十九日追壓到底。現仍層土層柴，加築高鞏，務保無虞。惟金門僅存七丈，上游淌下凌塊，擁緊口門，以上挑水壩引河頭一帶積厚至八九尺、丈餘，愈積愈多。因念春後之冰究與冬令迴異，一遇東風，即恐排山倒海而來。兩壩吃重，必須相機妥辦，寓變通於慎重之中，庶免臨時束手。當調撥□凌船隻先將引河頭一帶冰塊鑿開。察看水勢趨向，竊喜河面雖凍，冰下大溜臥注引河，折至東壩。上邊埽又從積凌下斜注口門，形勢極順。臣等悉心籌議，三百餘丈河流收束於七丈口門之內，若待天融冰泮，既稽時日，更恐上游大塊冰凌同時下注，致有疏虞。維時挑水壩甫又做成埽占五丈，逼溜甚資得力，且又適值西風大作，正可吹送溜勢暢達東趨。揆勢形實有可乘之機會，遂於二十日巳刻啓放引河，大溜挾凌奔注，頃刻間已將引河頭五段鋪滿，建瓴直下，次日即據銅沛聽稟報，黃流於二十一日子時循徐州北門工東注，計歷六時已行一百六十餘里，大溜掣歸正河六分有餘，正壩誌椿落水二尺。四野窮黎目睹田廬即復，無不感頌皇仁，歡聲載道。現仍督催員弁兵夫接手

趕做西壩門占，一俟盤壓堅固，即可相機合龍。"（《先都御史公奏疏》卷二十三）

正月壬申（二十七日）上諭："楊以增奏設法鑿冰進占并啓放引河一摺。據稱連日風雪，黃河復凍，東西兩壩屢出險工。經該河督等親督兵夫鑿冰進占，現在金門僅存七丈，大溜從積凌下斜注口門，形勢尚順，隨於二十日啓放引河，大溜挾凌下注，掣歸正河六分有餘。一俟西壩門占盤壓堅固，即可相機合龍等語。現在節逾驚蟄，鑿冰進占，人力易施。著即督同查文經嚴飭在工各員認真催辦，克期合龍，循例馳奏，毋得稍有耽延。"（《清文宗實錄》卷八三，《清實錄》，第43435頁）

67.7　正月二十六日，本日正午，楊以增親臨河干，督率兵夫全力趕築，經一晝夜，豐北大工合龍穩固，全黃歸正。咸豐帝得報高興異常，硃批"覽奏，大工合龍，朕欣幸之餘，倍感天恩深厚"。二月初二日，下旨開復其革職留任處分，給還頂戴，賞加三級，前次捐輸河工經費并著交部從優議敍。本年二月初八日，楊以增專門上摺謝恩。

楊以增《豐北大工合龍穩固全黃歸正摺》："彼時西壩門占三丈業已撐足，金門僅存四丈，愈收愈窄，北注之溜勢如懸瀑，湍急異常。當飭在壩文武趕將挑水壩星夜接進埽占四丈，以資蓋護，并將兩壩門占盤壓堅鞏，即於二十六日午刻敬祀河神，掛纜合龍。臣等親捧秫秸下兜，員弁兵夫踴躍爭先，料土并進，一晝夜之力追壓到底，壩前業已斷流，大溜悉歸故道，現即趕做關門大埽以爲外捍，一面將上年大汛拆展二壩跟手接築堵合，俾作重門保障。伏念豐北漫工關係民生運道，上年籌堵未善，負疚滋深，夙夜籌思，惟有節帑速工，尚可稍紓宵旰。祇以北岸大工向稱難辦，豐北地接東豫，土性純沙，尤爲費手，因而衆口沸騰，僉謂前工既阨於垂成，續堵比增於原撥，秋間復估竟至六百餘萬之多。臣等深知國家經費有常，且當軍興用繁之際，曷忍糜鉅款以供中飽，當經奏請借撥藩關各庫銀兩，并提備常年工需以一百八十萬兩爲率。隨又奏請查文經來工襄辦，摒除群議，力持定見。幸在事文武救過圖功，異常奮勉，本可年內合龍，因值兩次凍阻，稍稽時日。幸賴皇上至誠感格，昊眷丕昭，春融以後，氣候舒和，并蒙聖訓時頒，提撕敬覺，共竭駑駘，遵旨趕辦，得於正月內合龍，俾河水朝宗，災區涸復。農民扶老攜幼，相率歸耕，欣幸之餘，倍深凜感。現在綜計用款共支庫平銀一百五十萬兩，比原擬一百八十萬之數仍有節省，較牟工復堵用銀四百九十八萬餘兩不及三分之一，實非臣等初念所及。"（《先都御史公奏疏》卷二十三）

二月丁丑（初二日）上諭："本日據楊以增馳奏豐北大工合龍穩固、全黃歸正一摺。此次興舉大工，專責成楊以增、查文經專心督辦。節據該河督將辦理情形隨時奏報，本年正月二十日啓放引河，大溜挾凌下注，甚爲暢順。茲據奏稱於二十六日掛纜合龍，竭一晝夜之力追壓到底，正溜悉歸故道，順軌東趨，查勘運河并無淤墊。此皆仰邀天恩神佑，俾於初春一律藏工。朕欣幸之餘，倍切寅感。即日派恭親王奕訢敬詣圓明園惠濟祠河神廟代朕拈香叩謝，著發去大藏香十炷，交楊以增祗領，虔赴工次各處河神廟，代朕敬謹祀謝，以答神庥。楊以增經理得宜，不負委任，著加恩開復革職留任處分，給還頂戴，賞加三級，其前次捐輸河工經費并著交部從優議敘。查文經襄辦大工，始終奮勉，更能認真稽查，節省錢糧。著加恩開復處分，并賞戴花翎。其餘在工出力員弁著該河督核實保奏，候朕施恩，毋許冒濫。現在大工甫經告成，善後各工俱關緊要。仍著楊以增督飭各員弁妥協辦理，務須慎益加慎，以期全工穩固，永慶安瀾。"（《清文宗實錄》卷八四，《清實錄》，第43448頁）

楊以增二月初八日《恭謝天恩摺》："俯念臣職領南河，責無旁貸，前歲失察豐北廳漫口，負咎滋深，及撥款鳩工，又未能如期堵合。蒙皇上不加嚴譴，初僅摘頂，繼仍革留。幸賴聖訓頻頒，諄諄指示，乃能合龍穩固，順軌東趨。茲復逾格恩施，有加無已，撫躬循省，感激淚零。惟有殫竭駑駘，矢勤矢慎，庶幾錢糧節省，工固瀾安，冀上副皇上永奠民生之至意。"（《先都御史公奏疏》卷二十三）

67.8 正月二十七日，奉命爲防範太平軍渡黃北上，遴派妥員於黃河渡口等處嚴查奸細，并適時將船隻收往黃河北岸，以防偷渡。

正月壬申（二十七日）上諭："前李僡奏過賊北竄，莫如扼守黃河。當有旨令該河督、該撫等一體辦理。現在賊匪東竄，已過九江，難保無奸細渡河窺探。朕聞琦善在豫出示曉諭，凡有荊楚口音、形跡可疑者，概行禁止。若搜出奸匪實據，許民擅殺。楚匪不敢偷渡，查辦實爲嚴密。著楊以增、福濟、李僡、陸應穀仍遵前旨，分飭所屬廳營州縣，并遴派妥員，各於黃河渡口實力盤查。遇有緊急，即將船隻收至北岸，使無船可掠，自難偷渡。扼守黃河系北省安危所系，楊以增等若稍分畛域，朕必即以軍法嚴辦。"（《清文宗實錄》卷八三，《清實錄》，第43437頁）

67.9　正月二十九日，上奏核明咸豐二年春，黃河各廳鑲做禦水埽工，動用錢糧數目情形。

楊以增《核明禦水埽工動用錢糧數目摺》："竊照黃河上自銅沛，下至桃源，計程五百餘里，兩岸埽壩櫛比。咸豐元年八月，因豐北兵三堡失事，下游漲水陡落，遂飭概行停修，朽蟄之段甚多。當於是年冬查明必須鑲修，以備黃流下注，俾資抵禦。飭據各道勘估造冊稟送，經臣復核減准，在於歲料款內通融發銀，飭令各廳購辦料物，趕鑲完竣，節經奏報鈔摺咨部各在案。茲據徐州、淮揚、淮海三道將各廳咸豐二年春鑲做禦水埽工丈尺、估需料物錢糧造冊呈送前來，計共用銀二十二萬三千三百十兩零，覆核無浮。"（《先都御史公奏疏》卷二十三）

二　月

67.10　二月初四日，太平軍直逼南京，漕運總督楊殿邦奏請急調水陸精兵設防，受命派兵五百名交楊殿邦調用。

二月己卯（初四日）上諭："楊殿邦奏請調精兵水陸兼防，并請飭調徐州鎮兵各摺片。賊匪已至蕪湖，順流而下。且水陸并進，江甯城大兵單，勢甚危急。而下游瓜州京口爲南北咽喉，均極吃重。楊殿邦既已馳抵瓜州，并察看陸路由廬、滁等處繞道天長、六合，可以直達儀揚。是必須扼要設防，方爲嚴密。……著楊以增飭令徐州鎮，迅即揀調該標得力官兵五百名，迅飭前赴瓜州江口，交楊殿邦撥用，毋稍貽誤。"（《清文宗實錄》卷八十四，《清實錄》，第43454頁）

67.11　二月初五日，當南京防守緊急之時，受命防範豐工遣散人夫爲太平軍所用。

二月庚辰（初五日）上諭："寄諭欽差大臣江甯將軍祥厚等，本日據周天爵奏逆匪大隊直犯江南省城、文報不通一摺，覽奏不勝焦灼。已飛諭向榮、陳金綬各帶大兵，分路來援，并令琦善帶兵在江北接應矣。
該大臣等務須督率在城紳民兵勇，竭力固守，以待外援。俟大兵雲集，
內外夾擊，必可取勝。……至揚州、鎮江、一水可達，亦難保該逆不分
股滋擾。著該漕督、巡撫等於江面趕緊設法堵禦。鹽販及糧船水手，皆
可招爲我用。豐工遣散人夫，并著楊以增留心防範，勿令爲賊所誘。"
（《清文宗實錄》卷八十四，《清實錄》，第 43457 頁）

67.12 二月初六日，受命嚴防黄河南北兩岸。

二月辛巳（初六日）"又據御史黎吉雲奏請派兵防守江北及河北各
處，添派浙江水師提督葉紹春、總兵陳世忠堵守鎮江丹陽，并請於揚州
及清江浦各南北并王家營等處，厚集兵力，收船築墩，阻賊北竄各等
語。已諭令怡良、黄宗漢迅調葉紹春等帶兵即赴福山江口接應矣。賊船
偪近江甯，所有瓜州、京口、東壩及下游一帶均關緊要，大江以北及黄
河南北兩岸亦應豫爲籌防。著楊殿邦、楊文定、文藝、楊以增各就地方
情形，仍遵前旨，嚴密籌防。并著隨時知照向榮合力夾擊，以期互爲聲
援。（《清文宗實錄》卷八十四，《清實錄》，第 43461 頁）

67.13 二月初八日，因賴神力佑護，新建埽占得以穩固，且西風大
作，得以順利防河。爲此上奏請捐廉興建河神廟宇，敬答靈貺。

楊以增《請建河神廟宇摺》："竊向來大工告竣，敕建河神廟宇，
奠定黄流。此次復堵豐工，當兩次凍阻之時，正值金門收窄，溜急水
深，兩壩已成新占不時報蟄，臣與户部侍郎青廮并司道等敬祀河神，齋
心虔禱，幸均化險爲平。逮正月十五日以後三次凝凍，引河頭積冰數尺
至丈餘不等，放河則恐凌塊堵塞，東注不暢；守待則慮桃汛伊邇，春水
發生。幸賴神力佑助，西風大作，因得冒險鑿冰，乘機放河。始則水借
風勢，繼且冰助水力，排山倒海，雷擊星馳，誌椿連報落水，壩工得以
穩合，應即建修廟宇，仰酬靈貺。臣謹與道廳等捐廉公建，除俟落成請
頒御書匾額外，先行恭摺陳請，伏乞皇上聖鑒。"（《先都御史公奏疏》
卷二十三）

二月丁酉（二十二日）"建立江南豐北工次河神廟，從江南河道總
督楊以增請也。"（《清文宗實錄》卷八十六，《清實錄》，第 43495 頁）

67.14　二月初十日，受命認真稽查轄地，嚴防偷渡，并歸并渡口。

二月乙酉（初十日）上諭："據李僡奏將各渡口船隻歸并劉家口、董家口二處，不准別口私渡。又另派弁兵駐劄，會同印委各員嚴密盤詰等語。逆匪竄入安慶，現又竄出肆擾。難民逃徙愈多，恐奸細溷跡，冀圖偷渡黃河，潛行窺探。江蘇淮、徐兩府屬濱河地方，十分吃緊，黃河南北兩岸，自河南孟縣、鞏縣，泛水以下，地多平疇，防範尤應周密。其山東曹單兩縣迤西沿河，尚有直隸地面，亦須一體設防。著訥爾經額、楊以增、福濟、楊文定、陸應穀督飭所屬廳營州縣，各按所管地段認真稽查，嚴防偷渡。并遴派妥員，隨同巡緝。遇有緊急，將船隻收入北岸，勿任奸匪潛越。至各處渡口必歸併一二大渡，盤查始覺嚴密。著該督撫等體察情形，迅速籌辦，不可稍涉大意。"（《清文宗實錄》卷八十四，《清實錄》，第43472頁）

67.15　二月十二日，上奏豐工合龍後，嚴飭南河工員小心防守，認真盤壓，以期全工穩固，用慶瀾安。

楊以增《豐工合龍穩固摺》："黃河兩岸工程嚴囑該管道將廳營小心防守，以期全工穩固，用慶瀾安。合龍壩工臣仍督同臬司查文經諄囑在事文武鼓勵兵夫，層土層柴，認真盤壓。統計新埽入水不下十餘丈，正壩上下邊埽一律高鞏，壩前業已停淤，水色澄清，壩下深塘悉成止水，實已十分穩固。日來正河溜勢滔滔東注，益見朝宗順軌，洵堪仰慰聖懷。惟壩工壁立，後系深塘，應照章程趕澆土餼，俾資倚靠。現在遴派妥員趕辦，會同善後各要工另摺陳奏。"（《先都御史公奏疏》卷二十三）

67.16　二月十二日，上奏南河河庫支絀情形，并請循例撥發大汛工需銀兩一百五十萬兩，以資修防。

楊以增《河庫支絀情形片》："各廳應領未發銀兩至一百數十萬之多，而河營兵餉、葦蕩刀本、堡夫工食、各官養廉尚不在此數內。各廳債如山積，賒欠無門。捐局所收之銀本屬無幾，亦盡為豐工河庫借用。兩淮、浙江滸墅關、蕪湖關共欠解歲料銀三十餘萬，屢催罔應。當甫值合龍之後，桃汛將臨，若不急事興修，大汛更不堪設想。其中河之滾壩、雙金閘俱有損壞，關係運柴運鹽洪澤湖之石工、仁字河林家西壩，經欽差福州將軍怡良遵旨查明應辦，奏交臣等覆查，前已勘明除歸入常年通融辦理外，約需請撥銀四五十萬兩。因豐工未堵，雖系不可從緩之工，至今未敢奏明。知軍需旁午，支絀異常，何忍嘵嘵瀆請？而事關全局，不敢不據實直陳。"（《先都御史公奏疏》卷二十三）

　　楊以增《請撥大汛工需銀兩摺》："查豐工現已合龍，黃流復歸故道。時當春汛，所有豫備重運經由各河道堤埽閘埽、啓閉挑築等工，必當隨時相機辦理，以利運行。轉瞬大汛經臨，搶辦工程必須錢糧先期解到，以資應用。茲據河庫、徐州、淮海、淮揚、常鎮各道會詳請撥前來，臣查此項銀兩爲大汛修防所必需，且各省撥款解工動輒數月，黃河汛漲遲速難定，尤應先事豫籌，俾免貽誤。謹循例照數奏請，合無仰懇皇上天恩，俯念河工緊要，敕部於就近藩關各庫撥銀一百五十萬兩迅速解交河庫。臣仍當督同各道實力稽查，撙節動用，不任稍有糜費。如有餘存，另行造冊報部。"（《先都御史公奏疏》卷二十三）

67.17　二月十二日，上奏遵旨防堵江北，嚴查渡口，以防太平軍北上，同時認眞辦理捐輸各事宜。

　　楊以增《嚴查黃河渡口并籌防江北摺》："伏查三口河系由瓜洲、儀征兩口赴揚州總口，現在咨商漕臣妥爲佈置。豐工未盡事宜，該管道將廳營例有修守之責，茲復遵旨行令查文經留工，督同留壩文武妥愼辦理。并令該司親查渡口上自東豫交界，下至海口，逐處稽查，毋令陽奉陰違，致有偷渡。至富民捐輸易啓劣員需索之漸，臣惟有會同漕臣推誠布公，曉以大義，俾樂捐輸出於本心，富民不致畏徙，以仰副皇上以民衛民之至意。"（《先都御史公奏疏》卷二十三）

67.18　二月十五日，受命妥爲安撫豐工決口災民，以免流離。

　　二月庚寅（十五日）上諭："呂賢基奏請安撫災民一摺。據稱豐工合龍，災民乏食，應令該督撫早爲安置等語。被災饑民現在無工代賑，應如何量爲安撫，俾免流離之處，著楊以增、楊文定酌委賢員，分投履勘，各就地方情形，妥爲辦理。總期無告窮民不至失所，方爲妥善。原摺著鈔給閱看。"（《清文宗實錄》卷八十五，《清實錄》，第43477頁）

67.19　二月十七日，受命協助山東巡撫李僡嚴密巡防，稽查堵截太平軍。

二月壬辰（十七日）上諭："現在兗沂曹一帶巡防，大河千里，處處險要。該撫慮事周密，想已妥爲佈置，竭力設防。其上鄰河南，下接江蘇各州縣應如何合力防守，仍須隨時知照楊以增、福濟一體稽查堵截。山東一省關係全局，朕惟李僡是倚。勉之望之！陸應穀已命馳往歸德一帶，此時當可啓程。亦當與之聲息相通，以期聯絡。"（《清文宗實錄》卷八十五，《清實錄》，第43485頁）

67.20　二月十七日，因江寧省城於本月十一日失守，江北防堵緊要，因南河河庫空虛，兵丁僅存一千餘名，且有防剿捻匪之責。現正招募壯勇，以壯聲勢，并上奏懇請撥兵撥餉，以防堵太平軍北上。咸豐帝認可楊以增對形勢的分析，并允其所請，調派官兵，加強防範。但因籌餉艱難，要求楊以增不論河庫何款，先行供應軍務支用。

楊以增《江北防堵緊要請撥兵撥餉摺》："又黃河南北兩岸，奉旨：'各將地方情形嚴密籌防，等因，欽此。'正在籌辦間，准漕臣咨行撫臣鈔片內稱：'江寧省城已於十一日失守'等語。查揚州爲江寧下游，清江距揚州四百餘里，爲由南至北水陸通衢，無城郭可守，無險隘可恃，向以揚州爲第一重門戶，淮安府爲第二重門戶。揚州有警，則淮安可危。過淮安則渡黃而北，直窺東豫。……惟河庫空虛，兵餉、火藥、器械、官弁兵丁薪水無可支應。懇請皇上天恩敕部酌撥銀數十萬兩，星速解浦備支。至黃河地面山東境內不過二百里，渡口不過數處，且系一岸，防守較易。江南黃河上自山東、河南交界，下至海口兩岸，計長二千餘里，大小渡口不下百數十處，船隻尚可收至北岸，歸并編號，樹木則遍地皆有，紮筏即可偷渡，防守之難十倍於山東。且以二千餘里之黃河每里派兵十餘名，即需二萬餘兵，亦屬無從調撥。臣竊以爲防守黃河必須扼守渡河來路，如揚州爲清江浦渡河必由之路，安徽宿州、亳州等處爲徐州府渡河必由之路，扼其來路，則地少而兵力易集，遍防黃河則兵多而稽查難周。且南岸奸匪防其偷渡，北岸如山東曹單、江南邳宿等州縣，捻幅各匪尤恐其勾通逆賊，將收至北岸船隻偷放予賊。必須南北兼防，毋分畛域，方足以杜賊蹤。查江南兵丁雖有三萬數千，大江以南督撫提鎮各營應留爲救援江寧、蘇州，防守鎮江東壩及沿江炮臺之用，

漕標淮安各營除調撥外，余應留爲淮安府城及各汛地防守之用，不能調
撥。臣標五營兵丁除撥江西江寧防堵及豐工善後工程彈壓外，存營不過
一千七百餘名，而右營邳宿一帶捻匪不時竊發。洪湖爲私梟出没之區，
巡防尤關緊要。是臣標存營兵丁以之防守五營汛地已屬不敷，更無餘兵
防守黄河、清江，遏賊北竄之路。臣通權籌辦，先行措資招募確有根底
來歷之精壯民勇數百名，以壯聲勢而資彈壓，一面廣懸賞格，勸諭團
練，俾土匪不致竊發，民心藉以安定。仍懇皇上飭令琦善、陳金綬各統
大兵十分之七收復江寧，防堵鎮江、蘇州，撥十分之三星夜馳赴清江
浦，防賊北竄，并撥江南狼山鎮標兵一千名，掘港、靖江、鹽城三營兵
各一百名，以備會同堵截。"（《先都御史公奏疏》卷二十三）

　　二月丙申（二十一日）上諭："楊以增奏江北防堵緊要請撥兵撥餉
一摺。據稱江南黄河渡口不下百數十處，必須扼守來路。揚州爲清江浦
渡河必由之路，安徽宿州、亳州等處爲徐州渡河必由之路。扼其來路，
兵力易集。其收至北岸船隻尤恐捻幅各匪勾通逆賊偷放，必南北兼防，
方足以杜賊蹤等語，所奏頗爲明晰。河標存營兵丁不敷調遣，漕標兵丁
亦屬單弱，惟琦善等所帶官兵可以就近接應，著即遵旨飛催，酌撥協
濟。本日已有旨，令慧成帶陝西官兵數千名馳赴淮揚一帶會同防剿矣。
所請江南狼山鎮標兵一千名，掘港、靖江、鹽城三營兵各一百名，并著
飛咨調撥，以資防守。至招募壯勇，勸諭團練，收集洪湖南岸船隻，資
遣難民，均著照所議辦理。該督等務宜督飭文武員弁晝夜巡防，尤宜彈
壓土匪，查拿奸細。一有奸匪蹤跡，或土匪勾結，即嚴拿究辦，斷不可
稍涉大意。所需餉銀數十萬兩前因楊殿邦請餉，已由戶部議准撥給山東
藩運兩庫及長蘆解部各款銀三十萬兩，自可通融動用。河庫無論何款，
亦須先其所急，極力籌畫。近日籌餉之艱，諒所深悉。務須加意撙節，
勿稍浮冒。另片奏請飭查文經辦理江北防堵等語，前有旨令該員留辦豐
工未盡事宜并巡查黄河渡口，著楊以增即飭該員幫辦防堵。至周天爵前
奏令該員管理糧臺事務，是否尚能兼顧，著該督等酌量咨商辦理。"
（《清文宗實録》卷八六，《清實録》，第 43493 頁）

67.21　二月十八日，受命全力籌集現有款項，以濟軍餉要需。

　　二月癸巳（十八日）上諭："本日據楊殿邦奏賊匪竄踞金陵，勢甚
猖獗，并因需餉孔急，札飭淮、揚、通三屬將徵存地丁錢糧，并本年截

留漕糧之節省漕項幫費津貼等款解揚應用，未據各州縣稟覆。值此軍務緊急之時，豈容藉詞推諉？現在楊文定相距較遠，著楊殿邦、楊以增嚴飭地方河道各屬，無論何款，先行提解，以濟要需。"（《清文宗實錄》卷八五，《清實錄》，第43486頁）

67.22　二月十九日，上奏遵旨練兵籌防、嚴守黄河渡口，并嚴拿捻匪頭目等事。

楊以增《遵旨籌辦各事宜摺》："先是臣在豐北督工，聞賊氛漸近，清江無城可守，四通八達，時以爲憂。河庫道法良設法籌防，會同淮海道吳葆晉先各捐制錢三千串，二十三廳共捐銀一萬兩。因鄉勇易聚難散，糧船水手尤屬駕馭維艱，議將河廳二十二營除高寶、江運二營逼近揚州不行劄調，其餘二十營并葦蕩左右船務三營，每營各調壯健兵五十名，共一千一百五十名，置備衣帽軍器，派員團練，漸覺步伐可觀，較之招募烏合之人實爲可靠。臣與甘肅臬司查文經先後回浦，同河庫道法良、淮揚道曹文昭、署淮海道梁佐中等諄切講求，請兵請餉，擇紳士之公正者勸捐團練，廣爲招徠，斷不假手吏胥，致滋流弊。……至府丞張錫庚奏請明懸賞格，禮部主事尹耕雲急籌火攻，均應分別照辦。……臣在豐工時，據豐縣招解捻匪各案内，其捻首有三，一袁驢，臣審明恭請王命正法；一齊雙，因分贓不均，被皇甫吉殺斃；一皇甫吉，在逃未獲。據夥犯供稱，皇甫吉又名二旋風，年二十一歲，糾結四五十人在各處搶劫，似摺内指稱之皇甫堂、皇甫金即皇甫吉無疑，前已飭令道府縣嚴拿務獲。"（《先都御史公奏疏》卷二十三）

67.23　二月二十四日，上奏核明外北廳屬於道光三十年，在王營舊減壩迤南臨黄正堤處所，添建滾水石壩動用錢糧情形。

楊以增《核明王營減壩動用銀數摺》："竊照外北廳屬黄河北岸王家營舊有減水石壩二座，系籌備減黄，由鹽河下達武障河入北潮河入海要路，道光二十九年冬經欽差户部侍郎臣福濟會同前督臣陸建瀛勘明奏辦。嗣經查得該壩歷今三十餘年，黄河逐漸淤高，誠恐啟放掣溜過甚，應於該壩迤南臨黄正堤處所添建滾水石壩一座，以爲重門，俾分減盛漲，循序下注，以昭慎重，即經奏准於南河捐輸項下辦理，作正開銷，飭據道將核實估計。臣與前督臣復加節減，於三十年發銀派委裏河同知于昌進、外南同知婁晉、外北通判黃世恩具領趕辦，并先築越壩，次第辦理，勒限完工……嗣據該委員等呈報完工，當委淮揚道前往逐細驗收如式。臣與前督臣復勘無異……計用捐輸項下銀二十三萬八千七百二十五兩零，按冊查核，均屬相符。……謹循例開具清單，恭呈御覽，仰祈敕部查核施行。"（《先都御史公奏疏》卷二十三）

67.24　二月二十四日，上奏土夫王澱如因向佟信索欠爭吵，糾眾鬥毆，逞凶拒捕。現將王澱如緝拿歸案，并按律定擬。（楊以增《審明逞兇拒捕各犯從重定擬摺》，《先都御史公奏疏》卷二十三）

67.25　二月二十四日，上奏捕獲徐州境內積年結捻行劫并拒捕放火殺人之袁驢、王宗岳、王雪、李憨、王傳、胡百科等首要各犯，按律處斬，并將餘犯按律定擬。（楊以增《審明結捻拒捕各犯分別定擬摺》，《先都御史公奏疏》卷二十三）

67.26　二月二十六日，上奏為嚴防太平軍偷渡黃河，籌議稽查黃河渡口章程。此奏得到咸豐帝的認可。

楊以增《籌議稽查黃河渡口摺》："竊臣節奉諭旨：'敕將黃河船隻歸并編號，遇有緊急收至北岸。'即經飭令該管文武欽遵辦理。茲據淮揚、淮海、徐州三道各查明境內應裁應并渡口開具清冊、會議章程具稟。……務期實見執行，不准虛應故事。并與臬司查文經悉心酌核，仍隨時密飭委員前往抽查，毋許陽奉陰違，致匪徒勾結偷渡，以肅渡口而固藩籬。"（《先都御史公奏疏》卷二十三）

三月丁未（初三日）上諭："楊以增奏籌議稽查河口章程，開單呈覽所議各條，尚屬周妥。著該河督即會商雷以誠、晉康并督同臬司查文經嚴飭在防文武員弁無分晝夜，實力盤查，并隨時密飭委員前往抽查，毋任匪徒勾結偷渡，致有疏虞。"（《清文宗實錄》卷八七，《清實錄》第四一冊，第142頁）

67.27　二月二十九日，受命調派兵丁歸琦善使用。

二月甲辰（二十九日）上諭："現在江北防堵緊要，所有前此調往江南之山東官兵，據琦善奏稱，現存桐城尚有二千餘名。著楊以增、楊殿邦迅即飛調，以供防守。若此項官兵復經他處調派，或不敷二千之數，即著該漕督等飛咨欽差大臣軍營，酌量調度。勿得拘泥原奏，致誤事機。"（《清文宗實錄》卷八六，《清實錄》，第 43512 頁）

67.28　二月，接周爾墉函。周爾墉在信中對黃河豐工合龍頗爲稱揚，對江南形勢頗爲擔憂，并提出自己的防堵見解。

周爾墉致楊以增函："正月杪，肅賀寸箋，由琪丞處轉寄，計蒙偉照。頃閱邸抄，知合龍成功，已於廿九日飛章入告，上慰九重，下安萬姓，且當此氛沴鷗張之際，續奏平成，不獨大河永慶安瀾，而消反側於無窮者，其功匪小。天顏有喜，臣子靖獻之忱，亦可稍慰。爾墉久客思歸，此念本切，近日得邸報，悉江南消息，憤懣之懷，幾不能自主。立翁獲譴，安翁又移堵鎮江，金陵情形不堪設想。賊由陸而水，順流東竄。一到南京後，恐由水而陸。局外私憂，以爲淮揚之防剿，似更吃重於鎮江以南之防。況河漕標兵各有專司，例不操演。想全域羅胸者，必有預撥勁旅（下闕）"（《海源閣珍存尺牘》）

　　按：陸建瀛於咸豐二年（1852）十二月被任命爲欽差大臣，負責蘇、皖、贛三省防務。後因形勢嚴峻，受命赴九江防堵太平軍。三年（1853）正月，陸建瀛擅自折回江甯省城，因"遇事張惶失措，退縮自全"，（《清文宗實錄》卷八四，《清實錄》第 41 冊，第 31 頁）而被革職。江蘇巡撫楊文定因藉詞退守，被革職留任，并受命防守鎮江。此正可與"立翁獲譴，安翁又移堵鎮江"相印證。據此，則此信當寫於咸豐三年（1853）二月。

　　楊以增堵合南河下北廳豐工決口在咸豐三年（1853）正月二十六日。此時太平軍已深入長江流域，此次順利堵口確是在"氛沴鷗張之際，續奏平成"，周爾墉也因此對楊以增頗多讚賞。此信未完，下文當陳述自己對於江南防務的看法，并對楊以增所屬河兵戰鬥力表示擔憂。楊以增在堵築豐工決口完工後，即積極進行江南防禦。咸豐三年（1853）四月六日，與四川總督慧成上《統籌全域擇要佈置折》，對徐州、揚州一代佈防進行了通盤安排。同時積極整治清江一帶防務，在咸豐三年（1853）四月十八日上《清江西路緊要添兵嚴防摺》，派委千總劉冠文、武舉張萬春等管帶練勇三百名

馳赴蔣壩紮營，并赴來安、天長等處分投巡哨。又因滁、鳳東北臨
淮關爲進入洪湖要路，隨飭山東萊州營參將嵩瑞率領所帶官兵馳赴
盱眙上游，以資堵截，并飛劄沿湖州縣將湖船悉數調泊北岸，委員
嚴查，以防偷越。自此直至他於咸豐五年（1855）冬病故，楊以
增作爲河道總督，在軍興之時竭力籌畫佈置，設立糧台，安排糧
餉，置辦火藥鉛子，調派官兵練勇，時與太平軍及捻軍周旋，殫精
竭慮，不遺餘力，頗盡忠臣之責。信中所言，涉及背景如是。

三　月

67.29 三月初一日，因揚州失守，受命與琦善、楊殿邦、李僡等全力
防守，聯絡聲勢，并相機進攻，以防太平軍北上。

三月乙巳（初一日）上諭：“楊殿邦馳奏揚州失守自請治罪一摺，
覽奏憤恨之極。逆匪連檔東竄，疊次諭令琦善、陳金綬督兵前進，嚴防
江北。并分兵兼顧儀徵、瓜州一帶。琦善、陳金綬等如果迅速應援，猶
可扼要堵禦，何至賊匪竄入揚郡？陳金綬著即摘去頂帶，戴罪圖功。琦
善前已革去都統銜，此時若加重懲，轉得置身事外。著該大臣等迅督大
兵，前往督剿。若再延誤，自問當得何罪？楊殿邦著革職留任，仍令會
同楊以增極力防守，毋得再失機宜，致干重罪。”（《清文宗實錄》卷八
七，《清實錄》，第 43514 頁）

三月乙巳（初一日）上諭：“寄諭山東巡撫李僡，現在賊匪竄入揚
郡，山東與江南交界地方必須嚴爲堵禦。東路各省營兵如有可調，務即
調赴徐州接壤之處，督飭鎮將，密爲防堵。沿河兩岸前經疊次諭令該撫
設法巡防，想已佈置周密。仍隨時偵探，與楊以增等聲勢聯絡，毋令賊
匪北竄。”（《清文宗實錄》卷八七，《清實錄》，第 43514 頁）

三月乙巳（初一日）上諭：“本日據楊殿邦馳奏揚州失守，覽奏曷
勝憤懣。前經疊次諭令琦善、陳金綬等嚴防江北，杜賊奔竄。如果該大
臣等迅速進兵，相機防剿，何至貽誤至此？揚州失守，則淮徐一帶在在
堪虞。著琦善、陳金綬、勝保即統帶大兵，會同楊殿邦、楊以增探明何
路緊急，即由何路進攻。其黑龍江、吉林馬隊官兵諒已行抵江北一帶，
著即飛催進援，以遏賊鋒。軍情變幻靡常，該大臣等務須相機應變，力
遏賊匪北竄之路，萬勿再有延誤，致干重罪。”（《清文宗實錄》卷八

七，《清實録》，第 43515 頁）

67.30　三月初一日，咸豐帝對楊殿邦開放閘壩，放盡淮水，阻滯太平軍乘船沿淮北上的意見并不認可，令其斟酌行之。

　　三月乙巳（初一日）上諭："楊殿邦馳奏揚州失守一摺。所稱啓放各閘壩，泄盡淮水，使賊舟滯行，不能上竄，只可如此辦理。若賊至高寶，或竟決洪湖，使水下注，俾全股淹没等情。事至危急，或可相機應變。但恐賊匪未能全股淹没，而吾民又遭昏墊之苦。該督等斟酌行之，不必拘泥。"（《清文宗實録》卷八七，《清實録》，第 43515 頁）

67.31　三月初二日，上奏豐工河庫均無存銀，現在工程緊要，請迅速撥解大汛工需銀一百五十萬兩，以濟要需。

　　楊以增《豐工河庫無存款請速發給大汛工需事》："查南河工用向需四五百萬不等，近年力求撙節，祇用三百數十萬，上年僅用二百二十萬餘兩，實係節省一百數十萬兩，而所省銀兩即係未解撥款、未收捐款，非有現銀存工存庫也，是以上年復堵時奏請借撥應用。……又上年用存銀料已於緩堵案内抵用，本年用存銀料已歸善後案内動用，此又總計雖有節省，而現在并無存銀之實在情形也。再查河庫寅食卯糧，久已異常支絀，現復兩次撥歸豐工百餘萬，以致黃、運各廳應發之款批庫未發者愈積愈多……不下一百六十餘萬兩。運河各廳空船鱗集，黃河各廳甫經受水，溜勢提移未定，埽壩在在吃重。庫無存銀，工無存料，各廳各款接濟均已墊無可墊，借無可借。此時桃汛已臨，設遇來源旺發，憑何修守？且軍務與河工相爲表裏。現在逆氛逼近，尤須慎防，若河工稍有疏虞，則運道民生隱憂尤切。惟有仰懇天恩，俯念工程緊要，庫無存銀，敕部將臣前請例撥大汛工需銀一百五十萬兩如數撥給。現在待用孔殷，并請於北省實徵項下指撥，迅速解工，俾濟要需。"（録副奏摺）

67.32　三月初二日，上奏豐工堵口出力人員清單，以資鼓勵。

　　楊以增《奏爲保舉豐工出力各員事》："遵查歷舉大工，皆藉資群策群力，需用員弁不下四五百人。而豐工初未合龍，嗣經復堵，前後匯計人數尤多。先由臬司分別具詳，臣復加酌核，不敢稍涉冒濫，當此需才孔亟，渥荷恩施，凡在庶官莫不奮興觀感。爲此開列清單，恭呈御

覽。"（録副奏摺）

67.33　三月初二日，上奏京員學習期滿，循例以道府留工補用，且因豐工出力，請先加陞銜，待補缺時再行送部引見。

　　楊以增《京員學習期滿請留工補用并豐工出力請鼓勵摺》："竊河工學習人員例應於二年期滿後分別留工補用。茲查詹事府左贊善郭沛霖、掌江西道監察御史存葆、户部河南司員外郎顏錫惠於咸豐元年奉旨：'發往南河差遣委用。'是年三月二十七、四月初八、十七等日先後到工。兩年以來，經臣派往各屬查料勘工，協防大汛，催償漕船，留心察看，均屬才堪造就。連閏扣至本年二月二十七至三月初八、十七等日學習二年期滿，郭沛霖應遵例請留南河以道員用，存葆、顏錫惠應遵例請留南河以知府用。復查郭沛霖上年派管豐工總局，此次督挑引河，存葆兩次總催引河，顏錫惠上年派管豐工分局，此次委催各處錢糧，均能辦理認真，不避嫌怨，洵稱有爲有守之員。合無仰懇皇上天恩，准於該員等應補之缺先加陞銜，俟補缺時再行送部引見，以示鼓勵之處出自鴻慈。"（録副奏摺）

67.34　三月初三日，受命於陳金綬等收復鎮江之後，與其擇要堵截。

　　三月丁未（初三日）上諭："陳金綬、勝保奏進剿浦口大破逆賊一摺。據稱於上月二十六日進攻浦口，鎮城內外賊匪紛至。我兵奮力攻殺，并繞出賊前截擊。該逆勢不能支，紛紛逃竄，復將逆匪沿江蘆垛焚毀，鎮城業已收復等語。江北之兵初次接仗，尚爲得手。惟逆匪總未大受懲創，現在竄至揚州。著陳金綬、勝保督帶大兵，星速赴援，會同楊殿邦、楊以增擇要堵截。若能痛加剿洗。出力將弁，准其據實保奏，并著琦善督兵迅速接應，毋得稍有遲誤。"（《清文宗實録》卷八七，《清實録》，第 43518 頁）

67.35　三月初五日，奉到咸豐帝諭令，妥善辦理因豐工決口所致流離百姓的賑濟撫恤各務，以保護民生，保障地方。

　　三月己酉（初五日）上諭："朕聞山東、江蘇接壤地方，饑民沿途乞食，十百爲群，多系老幼婦女，繞路啼號，不可勝數，實堪憫惻。上年因南河決口，山東、江蘇被災處所疊經降旨截漕賑濟，安輯窮黎。本年二月復令楊以增、楊文定派委賢員，分投履勘，各就地方情形妥爲辦理。現在豐工合龍，田廬雖已涸復，而無業窮民仍如此流離顛沛。即籌辦團練或可收集壯丁，而老弱婦女終無生理，若不急籌撫字，爲民父母，何以爲懷？著楊以增、李僡即行設法妥爲賑恤，並派大員督率府縣，會同公正紳耆，實心經理，以蘇民困而靖地方。"（《清文宗實錄》，卷八七，《清實錄》，第43524頁）

67.36　三月初六日，受命與李僡協同嚴防太平軍北上。

三月庚戌（初六日）上諭："前經添調山西、陝甘官兵迅赴山東，交李僡調遣，一時未能即到。所有黑龍江馬隊官兵由山東境内行走，著李僡酌量情形，如須留於山東、江南交界扼要處所，即知照琦善、陳金綬、勝保等酌量佈置。現當賊勢狓猖，地方吃緊，該撫務宜妥速籌防，與楊殿邦、楊以增合力辦理，萬不可令逆匪北竄。"（《清文宗實錄》卷八七，《清實錄》，第43527頁）

67.37　三月初七日，就楊以增籌防江北一摺，指示加強清江一帶防禦。

三月辛亥（初七日）上諭："楊以增奏籌防江北一摺。據稱清江爲山東門戶，無險可扼，非大兵屯駐，難期堵禦。現在浦上存兵不過二百名，新募練勇僅一千餘名，實系單弱。該處近接淮安，爲河防重地，與東省毗連，防堵萬分緊要。陳金綬、勝保接奉前旨，想已繞赴淮、徐一帶，遏賊北路。該大臣等嚴防江北，是其專責。今賊已竄至揚郡，則淮安、清江勢甚危急。陳金綬、勝保必須設法繞出賊前，迅速援應，方不致有疏虞。賊蹤靡定，軍務情形旦夕不同。相機應變，一切佈置，朕既不爲遙制。琦善等統領重兵，若不能爲民除害，任賊北竄，自問當得何罪？至江南一帶。文報、餉銀尤關緊要，著飭令地方官探明水陸道路，妥速遞送運解，毋稍遲誤。"（《清文宗實錄》卷八七，《清實錄》，第43528頁）

同日上諭："楊以增奏揚州失守、籌防江北一摺。琦善現抵浦口，陳金綬、勝保已於二十九日先行啓程，前往儀徵，復有旨諭令繞赴清江淮安一帶迎頭截擊。該督等一面設法嚴防，一面飛催陳金綬等援兵，合力剿辦。淮河以下水勢湍急……其由陸路分竄者似非大股，陳金綬所帶之兵足敷抵禦。楊殿邦前奏自浦回淮後，招募水手鄉勇，亦可以助兵力。著即會同擇要堵剿，萬不可使其踰淮而北。黃河襟帶，雖云天險，防守總恃人力。若不截之下游，一經竄至清江，愈難著力。該督等總須加意慎重，勿致疏虞。江南文報此時必多梗阻，即飭地方官探明水陸道路何處妥速，即由何處轉遞。各省解往餉銀尤關緊要，儻有疏失，貽誤非輕。亦著一體妥籌，迅速解運。向榮渡江，現在何處？楊文定防守鎮江，情形若何？賊踞金陵，江面上下，我軍船炮是否可以轟擊？著即探明具奏。"（《清文宗實錄》卷八七，《清實錄》，第 43529 頁）

67.38　三月初八日，受命與陳金綬等會同防剿，以期早日克復揚州。

三月壬子（初八日）上諭："琦善奏籌議留防江北及探聞賊情一摺。又片奏拿獲奸細，提訊供情，披覽均悉。揚州失守，惟徐戒嚴，疊經令該大臣等相機援應。陳金綬、勝保自以急剿揚州之賊為要，其所帶官兵有六千七百餘名，亦不為單弱。其未到各路官兵既經琦善加緊催提，當可陸續趕到。所需鑼鍋、帳房、鉛彈、火藥等項，已有旨令陸應谷嚴飭軍需總局趕緊支應矣。賊氛日熾，若再遷延，其勢幾不可問。陳金綬、勝保既抵揚州，著即剋期克復，會同楊殿邦、楊以增等扼要防剿。琦善仍遵前旨，隨時策應。該逆聲東擊西，避實搗虛，是其慣技。或由陸路，或由水路，應如何防堵截擊，軍情變遷靡定，在該大臣等熟籌緩急，遏賊北竄，不致貽誤事機，方為盡善。"（《清文宗實錄》卷八七，《清實錄》，第 43530 頁）

67.39　三月初九日，受命賑濟遭受連年水旱之災民。

三月癸丑（初九日）上諭："前因山東、江蘇接壤地方窮民顛沛流離，降旨令楊以增、李僡妥籌賑濟。茲據雷以諴、晉康奏，經過茌平、東平、東阿、汶上等州縣，途閒饑民紛紛求食。至滋陽、鄒縣及滕縣、嶧縣、邳州等處，男婦老幼十百成群，攀轅乞丐。詢之途人，僉稱數年來疊遭水旱，十室九空。自上年冬閒至本年正月凍餒尤不堪言狀。當此青黃不接之時，少壯俱已逃亡，老穉不能相顧，若不及早撫綏，勢必盡轉溝壑等語。所奏自系實情，朕披覽之餘，不勝愴惻。楊文定現辦軍務，未能兼顧地方事宜，著楊以增、李僡仍遵前旨，迅速設法賑恤，并飭委員等妥為經理，俾無業窮黎不致日久失所，用副朕勤恤民隱、有加

無已之至意。"（《清文宗實錄》卷八七，《清實錄》，第43533頁）

67.40　三月十四日，因太平軍攻陷揚州後，在邵伯鎮以下之灣頭築城，對清江等處頗有威脅，因命相關官員竭力防剿。

三月戊午（十四日）上諭："楊殿邦奏招募壯勇、合力進剿一摺。據稱挑選精壯水手一千五百名，又招募壯勇一千五百名，派令前任淮安府知府福楳管帶。又河標右營遊擊馮景尼率領徐州兵勇及添募壯勇共三千名，所募壯勇皆系敢死之士，復諭以大義，明立規條，頗知感奮。接到陳金綬、勝保飛咨，已統帶大兵，駐劄揚州之甘泉山，會同攻剿。兵勇聞之，膽氣倍足等語。朕聞現在賊據邵伯鎮以下之灣頭挑築土城，分令各賊赴六堡買糧，以爲持久之計。此時楊殿邦尚在淮安府，所派接應之淮揚道曹文昭、河標中營副將李輝連逗遛不進，馮景尼帶領募勇尚未到齊，與楊殿邦所奏情形不符，深爲懸念。逆匪占踞揚州，築城囤米，其心叵測。恐暗遣奸細，探聽前途虛實，又圖竄突。正當乘其佈置未定極力攻剿，并斷賊接濟，嚴防竄路。陳金綬、勝保已抵揚州之甘泉山，其地是否扼要，且在賊後路攻擊。若賊北竄，楊殿邦等所募壯勇當賊前沖。儻不得力，則淮安、清江勢甚危急，稍有疏虞，關係甚鉅。陳金綬、勝保務須分飭官兵，設法繞出賊前，與楊殿邦等所派兵勇會剿，使賊腹背受敵，庶可一鼓殲除。楊殿邦、楊以增、所派將弁兵勇。亦應嚴飭併力夾攻，不得但恃援兵，致有延誤。"（《清文宗實錄》卷八八，《清實錄》，第43544頁）

上諭："雷以諴、晉康奏行抵清江浦，訪聞賊陷揚州以後，現踞邵伯鎮以下之灣頭挑築土城。因賊衆糧少，分赴六堡買米接濟。楊殿邦十數日之久，尚在淮安，一籌莫展。所委應援之淮揚道曹文昭、河標中營副將李輝連逗遛不進，竟將高郵、寶應置之不問，所募鄉勇亦不足恃各等語。覽奏實深懸念。陳金綬、勝保已帶兵行抵甘泉山，本日已諭令設法繞出賊前。遏其北竄，又諭令楊以增、楊殿邦等各飭兵勇前後夾擊矣。雷以諴等，巡查河岸是其專責，若有逆匪奸細假扮商賈等樣，溷跡偷渡，必當嚴拿究辦，不可稍有疏漏。"（《清文宗實錄》卷八八，《清實錄》，第43545頁）

67.41　三月十五日，參劾高郵州知州魏源未能繞道送達江南文報，實屬玩視軍務，上奏請將魏源革職。爲此，咸豐帝於是日頒下上諭，對魏源予以革職處分。

三月己未（十五日）上諭：“楊以增奏參知州貽誤文報等語。江蘇高郵州知州魏源，於江南文報并不繞道遞送，屢將急遞退回，以致南北資訊不通，實屬玩視軍務。魏源著即革職，以示懲儆。楊文定現在江南，如有江北文武員弁貽誤不職，即著楊殿邦、楊以增查明參奏，勿稍循隱。”（《清文宗實録》卷八八，《清實録》，第 43546 頁）

67.42　同月，上奏魏源未能查明揚州附近州縣是否被擾及是否有接濟太平軍情形。

楊以增片：“再，奉旨敕查揚州附近各州縣曾否被擾，仰見眷懷饑溺，宵旰時殷。臣聞儀徵縣逆匪已進城，然未據報失守。時知州魏源具稟，極力阻兵，稟内并有下河小民接濟賊匪米石之語。是揚城附近州縣官竟似與逆匪不相爲仇。究竟曾否被擾，曾無一字稟復。容再查明具奏，伏乞聖鑒。”（録副奏摺）

咸豐帝三月三十日朱批：“確切查准，不准絲毫隱諱。朕聞揚州一帶，閭閻門户上俱貼順字，民心不固，皆地方庸吏作俑。此等不肖官員，任伊依違勢禄，皆朕無知人之明，不知督撫大吏知愧否？如若照例委查，曲爲掩飾，或惑於積陰功之説，不知此等人正不足惜。若曲護之，則彼之效死勿去者何由伸憤？爲此等事失於仁，正是無陰功也。”

姚承輿《魏刺史高郵事記》：“魏默深刺史，名源，甲辰進士，湖南人，來訪，贈《聖武記》、《海國圖志》各一部。嗣屢往還，知其學問深，識見短，雖談經濟，而世故人情似欠諳練。然刺史任高郵時，賊破金陵，繼襲維揚，高郵、邵伯等處勢甚危殆，幾有朝不及夕之勢。而刺史出示安民，募雇壯勇，日日習練，到處巡緝。遇有土匪劫奪者，立即梟示，逃兵潰勇盡行驅逐。一有犯法之事，亦即重懲。官兵過境，有犯強姦擄掠等事，即拿正法。帶兵官討情，亦無一允者。因之地方清肅，高郵無恙，寶應、邵伯亦各安堵，皆刺史一人之力。苟守土官皆如是，賊能東竄西劫，如入無人之境乎？執意刺史因整頓地方，而獲罪於統兵大員，借驛傳事革職，後卒於浙江。可惜也，亦可慨也。”（《姚正父文集》卷七）

按：由上述材料可見，魏源被奏稟撤職的緣由較爲複雜。楊以增奏參魏源，理由爲魏源未能及時妥帖送達江南文報，以致南北資訊不通。當時軍務正在吃緊之時，咸豐帝對此非常焦急。因此楊以增奏參魏源，得到了咸豐帝的高度重視。而姚承輿所言則爲魏源嚴守高郵，整肅紀律，懲治逃兵潰勇，因此得罪楊以增。但從楊以增的個人性格和面臨形勢而言，他一方面當非狹隘不明之人；而且此時長江南北防堵太平軍形勢非常嚴峻，魏源積極防禦，有效減輕了楊以增的壓力。由此，則楊以增或亦不會因逃兵被按法懲處而遷怒於魏源。

67.43 三月十五日，受命查辦出城避兵之泰州營遊擊奎喜。

三月己未（十五日）上諭："楊以增奏請將出城潛逃之遊擊革職拿問等語。江蘇泰州營遊擊奎喜聞逆匪偪近州境，即於深夜潛逃出城，數日不歸，實出情理之外。著即革職，交該河督嚴拿到案，訊明如系有心逃避，擅離職守，即著該河督一面奏聞，一面將該員即行正法，以肅軍令。尋奏，審明已革遊擊奎喜尚非潛逃，請發軍台效力，下部議行。"（《清文宗實錄》卷八八，《清實錄》，第43546頁）

67.44 三月十五日，咸豐帝命儘快籌集軍餉，并進剿揚州附近之太平軍。

三月己未（十五日）上諭："據楊以增奏河庫現銀僅敷十數日支放，請飭催部撥銀三十萬兩，星夜馳解。又據張芾奏向榮大營及江西防堵等項需餉孔亟，各省撥銀一無解到，并稱部撥陝西銀一萬七千一百餘兩據陝西巡撫咨覆，實存三千八百八十餘兩；部撥粵海關銀四十八萬五千八百兩據該關知會，止解實徵銀十二萬二千兩。似此阻滯耽延，致各路軍營停兵待餉。設有貽誤，所關非淺。著户部迅速查明何項已報啓程，何項尚非實數，飛催原撥各省分趕緊起解。即或道路梗阻，亦令設法繞道趕行。儻有藉詞稽延，或擅自截留，即令沿途督撫據實參奏。其粵海關續徵稅銀現存若干，即著飛催，盡數續解。粵省距江西較近，解運可期迅速。至陝西藩庫存銀不敷原撥之數，即著該部酌量改撥，以濟急需。"（《清文宗實錄》卷八八，《清實錄》，第43546頁）

三月己未（十五日）上諭："楊以增奏籌辦防堵緝匪并請飭催准撥

銀兩各一摺。江北防堵緊要，疊經降旨，令該督等妥籌愼守矣。逆匪占踞揚州，築有土城，希冀抗拒，急應設法進剿。陳金綬、勝保督帶大兵，駐劄揚州之甘泉山，偪近賊營，經楊以增劄調遊擊馮景尼帶領兵勇前往協剿，并飭防堵下游之淮揚道曹文昭、副將李輝連一併隨同楊殿邦進攻。該漕督選派水手，招募壯勇，已有三千名，兵力足資守禦。昨有旨令陳金綬等繞出賊前，果能佈置得宜，互相掎角，則揚州克復可克期而待，淮安以北亦不至稍有疏虞。該督等務宜防剿兼施，俾賊匪不敢北竄，方爲扼要。至捻匪勾結，尤宜嚴防，著飭該員等認眞查緝奸細，斷不可令勾結爲患。其被脅愚民自應招徠，以解散黨與。但宜區別良莠，不可令奸匪溷跡。至前准撥山東、長蘆銀三十萬兩，已有旨令戶部飛催該撫暨鹽政迅速撥解矣。"（《清文宗實錄》卷八八，《清實錄》，第43547頁）

67.45　三月十六日，上奏豐工合龍後，全黃順流入海，桃汛期間水勢上漲，迅速發銀督修沿途堤埽，確保黃河安瀾。

　　楊以增《桃汛安瀾并河湖水勢工程情形摺》："竊照江境黃河自豐工放河合龍後全黃挽正，奔騰注海，極爲暢順。截至清明前一日止，外南廳順黃壩誌椿計共長水九尺。清明節後二十日爲河工桃汛之期，兩旬之間水長加勤，共長四尺一寸。除已落水扣抵外，順黃壩誌椿現存水三丈五尺三寸。各廳臨黃埽壩雖經酌發歲料，擇其至緊至要者先爲鑲修，而未修工段甚多。經此大溜趨刷，蟄塌紛紛，均分飭該管道將前往督□搶護，務期化險爲平。惟河庫空虛，專望大汛工需恩准撥發，庶得撒手購料，修守有資。至邳宿運河柳園頭閘、王家溝劉老澗舊河尾及駱馬湖尾閭五壩於上年汛前先後啓放，並咸豐元年所啓之七閘越壩分泄漲水均爲得力。茲因源弱水消，已飭該廳分投堵閉收蓄。其中河廳清汛雙金閘鉗口壩於上冬鹽柴運竣後即經堵閉蓄水，以濟空運。時因鹽河內卸空鹽船，須赴葦右營運柴，當經該壩啓□，提出船隻。仍即飭令察看趕堵，跟澆後餿。其楊莊頭壩先因外南堵辦順清河，埽占著重，暫將該壩堵閉，以節來源。嗣空運南下，復經啓放通漕。現仍飭令隨時察看，如黃水內漾，即日趕堵，以免壩內受淤。"（錄副奏摺）

67. 46　三月二十日，受命阻止太平軍北上，并嚴防淮浦一帶。

三月甲子（二十日）上諭："前據楊殿邦奏招募壯勇并楊以增奏籌辦防堵情形，已疊次諭令該督等防剿兼施，無任賊匪北竄矣。遊擊馮景尼業經飭令帶勇赴剿，知府福楙帶勇三千名，是否足資守禦？楊殿邦、楊以增於北路防守事宜究竟作何佈置，現據琦善、向榮、陳金綬等疊次奏報剿辦江甯、揚州賊匪，屢獲大勝。該逆受創窮蹙，難保不豕突狼奔。儻大股逆匪直趨淮浦，該督等何以禦之？且賊匪竄踞各處，每於城外添築土木各城，層層設備，以圖堅拒我師，豈該督等於淮安清江一帶獨不能設法嚴防耶？現在南路攻剿雖可期得手，而北路防守尤爲吃重。該督等務須扼要佈置，計出萬全，切勿專靠南路大兵，以爲可幸無虞。儻敢稍涉大意，致有疏失，朕惟楊殿邦、楊以增是問。其揚州附近各州縣曾否被擾，上游邳宿一帶本多土匪，亦須確切偵探。儻賊匪被剿分竄，著即知會周天爵帶兵協剿。"（《清文宗實錄》卷八八，《清實錄》，第 43560 頁）

67. 47　三月二十五日，因額解收捐未能應手，工部議定撥款二十萬兩不足使用。因此上摺籲懇天恩，敕部速撥工需銀兩，以便放手修守，以保河湖安穩大局。咸豐帝對楊以增此奏非常反感和不滿，對他不能爲上分憂大加斥責。但是爲南河大局，仍交工部核議撥款事宜。

楊以增《奏請速撥工需銀兩摺》："竊臣□奏豐工河庫均無存銀，請將大汛工需如數撥給一摺。現准部諮議撥銀二十萬兩，除令催提額解設法收捐通融動用等因。在部臣總司出納，當此軍餉難籌之際，撥給南河銀二十萬兩自已斟酌至再，但額解收捐未能應用，工次竭蹶情形□爲我皇上詳陳之。南河額解以兩淮及江藩庫爲大宗。此時逆氛未靖，無從議及，其廣東、福建暨浙江、江蘇應解之款亦因江路梗塞未能催提。又葦營蕩柴作價二十餘萬兩，原系例收之款，惟蕩柴刀本運腳、挑渠修埝歲需現銀十餘萬方能收柴運出，發廳作價，除抵用外所剩無幾。現因無款可給，上年產柴亦尚存營未運，此額解及柴價之未能應用也。至捐款如果踴躍，亦可廣爲招徠。無如大捐捐輸陳陳相因，近地紳士本已屢次輸將，遠方捐生各就本地交納，未能薈萃一處，是以前發民票五十萬兩迄未行用，即上年所收捐項亦僅十餘萬兩，且有各廳印領在內。現在捐例雖又推廣，而沿江各邑播遷失所，稍遠地方亦風鶴驚傳。縱有急公之人竭力呈捐，一時斷難積有成數，此捐款之未能應用也。查各廳工程以春修爲根本，前因本年歲料撥款未齊，河庫無款墊發，春修埽工未能做足，茲據該管道廳紛紛具稟，僉稱要工林立，埽段朽塌，桃汛水未大長，業已岌岌可危，往後來源日□，溜力日勁，庫無存銀，工無存料，即使奉撥銀二十萬兩克日解到，當不及例撥十分之二。黄河兩岸二千餘里已經水長，漫灘處處可慮，南北運河及堰盱各廳居揚州上游，宣防尤關緊要。設遇險工，勢將束手，請速籌撥等語。臣查該道廳所稟固屬實情，然猶是在工言工。河工關係運道民生，一有疏失，上煩宵旰，下累蒼黎，且非千萬帑金，經年累月不克圖工。況江寧、揚州現爲賊踞，河北捻幅各□未盡斂跡。若得款□工，即虞近工居民趁食乏路。設使少有疏虞，則被水災民勢將勾結爲患。臣自維才力遠遜前人，危險屢經，益覺毫無把握。苟依違緘默，臨事周章，是臣坐誤貽患，重負生成，將何以仰對君父？後於河庫管河各道通盤籌計，大汛工需能否節省，總視水勢大小，工程平險，目前實不敢豫定，然籌備斷難稽緩。第部庫既在爲難，又何敢堅持舊章，嘵嘵屢瀆？約計目前急款，春季兵餉、堡夫工食、葦蕩營刀本、船務營運腳、大汛以前各廳應備正雜防料、兩岸應修堤工已共需銀七八十萬兩方能敷衍，其伏秋汛內防險及相機搶辦啓閉各務尚不在內。惟有分次請撥，庶時日較寬，度支稍易。仰懇天恩俯念工關緊要，敕部於北省先再撥銀五十萬兩迅速解工，以濟要需。其餘銀八十萬兩酌分五月、七月兩次撥解到工。"（録副奏摺）

　　咸豐帝四月初四日硃批："覽奏，各情固無虛捏，然大吏所司者何事？雖不必爲朕分憂，顧不能爲部臣分憂耶？目下籌款艱難，汝斷不能不知。動請部撥，亦何若是之厚顏耶？第此時情形萬分緊要，著户部再行妥速議奏，欽此。"

　　　按：因太平天國農民起義衝擊等因素的影響，咸豐三年（1853），清政府財政歲入已近枯竭。在戰亂波及的省份，地丁、漕糧已無可催征。清政府部庫餉源原本以鹽課爲大宗，而鹽課又以兩淮爲大宗。是年户部稱揚州久被賊占，漢口瘡痍未復，淮南全綱不可收拾，是鹽課所入去其大半。其關稅徵收則因"蕪湖、九江、江甯、鳳陽等地先後陷入兵事，夔關、蘇關商販亦多裹足"，因此"關稅所入僅存虛名"；求助於捐輸，近來不僅數量大減於前，且

"緩不可待"（咸豐三年六月十六日《瀝陳庫款窘迫軍餉難籌情
形》，《貨幣史資料》第 1 輯上冊，第 175—176 頁）。是年六月十
二日，户部銀庫結存的正項待支銀已只有 22.7 萬餘兩。多年供職
於户部的官員説：國家度支 "從未見窘迫情形，竟有至於今日者"
（《貨幣史資料》第 1 輯上冊，第 176 頁）。正因如此，咸豐帝因財
政支絀非常焦灼，因此對楊以增動輒要求撥款的請求非常不滿，并
大加斥責。

67.48　三月二十七日，受命帶領因揚州失陷被革職之楊殿邦，繼續留
於清江浦辦理防堵。

三月辛未（二十七日）上諭："琦善等奏查訪揚州失守文武員弁下
落一摺。前因逆匪東竄，揚州防堵最爲吃緊。特令漕運總督楊殿邦督同
前任兩淮鹽運使但明倫、兩淮鹽運使劉良駒辦理防堵。乃賊匪竄入揚
城，楊殿邦輒先期退至上游，但明倫、劉良駒及揚州府知府張廷瑞等至
今杳無下落，實屬罪無可逭。楊殿邦、但明倫、劉良駒、張廷瑞并甘泉
縣知縣梁園棣均著革職，交刑部分別定擬罪名具奏。楊殿邦仍著留於清
江浦，隨同楊以增辦理防堵，戴罪自效。"（《清文宗實録》卷八九，
《清實録》，第 43575 頁）

67.49　三月二十七日，受命派員協同辦理徐州糧臺。

三月辛未（二十七日）上諭："前有旨令將琦善大營糧台改設徐
州，并派河南藩司鄭敦謹馳往該處，總司其事，兹據陸應穀奏稱已飭鄭
敦謹前往辦理。惟徐州系屬隔省，恐河南糧台委員人地生疏，呼應不靈
等語。著楊以增添派道府大員駐劄徐州，會同籌辦，以臻妥協而免延
誤。"（《清文宗實録》卷八九，《清實録》第 43576 頁）

67.50　受命於清江浦嚴密防守，并嚴查因循不職之官員。

三月壬申（二十八日）上諭："楊以增奏遵查防剿情形并嚴防奸細
一摺。逆匪竄踞揚城，負固不出，昨據琦善等奏報已將腒壩宣洩，杜其
由運河上竄之路。西北兩面均已劄立營盤，東路橋樑盡行拆斷，陸路亦
經堵截，惟灣頭鎮至邵伯一帶兵力尚單，已諭慧成酌籌扼剿矣。慧成於
二十五日已到徐州，此時計可行抵清江。楊以增所奏揚州西路由蔣壩走

洪湖東岸，可直抵清江浦；東路由下河間道可趨淮安東門。該督現駐清江浦，則該處防堵自已妥爲籌備。河標存兵雖不甚多，朕已命奕經帶兵駐劄王家營，托明阿帶兵馳赴清江浦，又命查文經護理漕運總督，統領楊殿邦所帶兵勇，揚州以北兵力不爲單薄。該督務當力籌防守，毋稍疏虞。至捻匪勾結爲患，著督飭地方員弁認真緝拿。而奸細薙發改裝，尤不可不嚴密查察。軍中偵探最爲緊要，當隨時設法，密派親信幹練之人探聽確信，與軍營互相知照，庶不致誤聽浮言，墮賊詭計。現在該省督撫皆遠隔江南，所有地方文武各員因循不職，著楊以增據實參奏，毋稍姑容。"（《清文宗實錄》卷八九，《清實錄》，第 43580 頁）

67.51　三月，跋《劉武仲字冊》。

　　楊以增《跋》云："往讀嘉興錢警石泰吉《曝書雜記》云：'二十年前若估持書目，有《助字辨略》，謂是鄉學究啓悟童蒙，俾免杜溫夫之誚耳。及得其書而讀之，則先秦兩漢舊籍，引據賅洽，實爲小學之創例。撰人爲碻山劉淇武仲，凡五卷。……其書刻於康熙五十年，海城盧承炎撰序。所著尚有《周易通説》、《禹貢説》若干卷。謹檢《四庫總目》，俱未著録，則劉君所著，鮮傳本矣。後讀陸朗夫先生《切問齋文鈔》第十五卷，録《堂邑志賦役論》，乃知劉君一字龍田，號南泉，濟寧人，有《衛園集》、《皇朝經世文編爵里考同》。近時王伯申尚書著《經傳釋詞》十卷，其撰者之意略同此書，詁訓益精密。然創始之功，不能不推劉君也。'云云。余讀而識之，遇濟上契好，即詢此君及此書，無知者。咸豐壬子冬，有人貽《字冊》於豐北工次，見書法入古，於晉唐宋諸賢具體而微。款落劉淇，後附其弟汶書，亦饒有古意。濟寧黃氏跋尾云：'先生名淇，字龍田，一字武仲，號衛園。其先河南碻山人，本姓劉，後以從龍故，賜姓何。'弟汶，字魯田，晚寓濟寧，遂家焉。余因念劉君經學如彼，書法若此，其《賦役論》又有心濟世者也。生既淪落，般則已焉！《助字辨略》雖梓行，而未能流布。《周易通説》、《禹貢説》僅録其名。世之懷才不遇如劉君者，何可勝道！爲噓唏者久之，乃録錢、黃跋語，以存其梗概云。咸豐三年三月初吉，聊攝楊以增書。"（《〈劉武仲字冊〉跋尾》）

四　月

67.52　四月初六日，上奏統籌分水旱數路防堵全局，并擇要佈置情形，務求從嚴扼要防守，以免太平軍北上。并指出此時練勇過多，須待官兵到達後分別裁汰。

楊以增等《統籌全局擇要佈置摺》：“竊臣慧成馳抵清江後，查訪賊營形勢，參看地圖志乘，日與臣楊以增等暨地方文武悉心講究陸路以徐州爲東路門户，而徐州北枕韓莊，南接宿州，韓莊有山東防兵扼守，宿州現有周天爵等控制，廬、鳳、潁、毫，臣慧成復留兵五百名在徐協同防守，并諄諭徐州鎮道飛飭廬、鳳一帶道府留心探查。如賊匪窺伺陸路即飛稟，由臣等咨商山東撫臣分撥現擬駐紮宿遷等處之兵及山東防兵前往策應。水路以清江爲山東門户，而揚州又爲清淮門户，揚州東南要津，四通八達，賊匪受創，勢必乘虚分竄。查欽差大臣琦善等統領大兵進逼西路，船艇嚴堵南路，河營遊擊馮景尼、河標副將李輝連、前淮安府福懋、陝西管帶潼關防兵之參將松林等帶領兵勇扼守北路，逆匪均難偷竄。惟東路泰州、通州一帶港□紛歧，可通蘇、常等府，亦應分兵堵禦，擬商令奕經督帶精兵二千名，移駐揚州東路霍家橋、仙女廟一帶，相機防剿，俾免勾結蔓延。至揚州赴清江計有三路可通，經臣楊以增等分派練勇扼要防守，奏明有案。惟練勇尚多，不逞之徒繩以紀律，則易致跋扈；啗以重利，則恐爲賊用。現查中路馮景尼等練勇多至六千餘名，官兵不及十分之二，深恐難資約束。臣等擬俟西路兵到，分爲兵七勇三，以資牽制而防勾結。至清江先後募勇，甫經訓練，多不適用，指日大兵雲集，即應分別裁汰以節錢糧。其西路蔣壩、洪湖一帶，東路下河湖蕩、淮安東門一帶兵勇過少。俟大兵到時，再行酌量添撥。臣查文經即赴邵伯一帶督兵進剿，臣慧成俟奉調之兵到來，亦即隨後馳往，相機防剿，以期迅掃妖氛，仰副皇上眷懷南服、軫念瘡痍之至意。”（《先都御史公奏疏》卷二十五）

67.53　四月初六日，因徐州所設糧臺存貯糧餉過多，爲分設糧臺，且方便就近接濟，奏請在宿遷改設糧臺。

楊以增等《請改設糧臺片》：“查徐州倚河爲城，城堞矮於大堤，

俯視官署，民廛如在釜底，似難恃以爲固。查琦善、周天爵等糧臺均在
徐州，款項過多，彙聚不如分儲。且臣等兵營分紮揚州、清淮一帶，兵
餉經戶部奏明江海關續徵盡解，由關取道臣等兵營，北解至徐州，再由
徐轉解回營，往返二千餘里，既恐接濟不及。查徐州府屬宿遷縣距營較
近，且有重兵駐守，若將臣等糧臺改設宿遷縣較爲穩便。如值軍務吃
緊，江海關解項經過臣等營盤，亦即隨時截留，知照糧臺，以免往返。"
（《先都御史公奏疏》卷二十五）

67.54　四月十二日，受命埋葬豐工決口受災百姓之屍骨，并仍加緊辦
理防剿事宜。

四月丙戌（十二日）上諭："侍郎羅惇衍奏風聞江蘇之清河、宿
遷、邳州，山東之滕縣、魚台、嘉祥等處民多餓殍，屍骸遍野，請置義
冢埋葬等語。上年豐工未經合龍，山東、江蘇交界處所民多流離，節經
降旨截留漕米，分別賑濟，復令各該督撫妥爲撫恤，以紓民困。茲覽該
侍郎所奏情形，實堪憫惻，著東南兩河總督、江蘇山東巡撫分飭各該地
方官督同紳士耆老，廣置義塚，將屍骸埋殮。其未經復業居民著仍遵前
旨，設法安撫，毋使失所。至被賊滋擾地方慘遭荼戮，并著該督撫飭屬
掩埋，毋令暴露，用副朕惠愛黎元、澤及枯骨之至意。"（《清文宗實
錄》卷九一，《清實錄》，第 43607 頁）

同日又諭："侍講學士晉康奏請隨同防剿一摺。晉康著與查文經，
隨同慧成辦理防剿事宜。其巡查黃河口岸，仍著雷以誠會同楊以增辦
理。"（《清文宗實錄》卷九一，《清實錄》，第 43607 頁）

67.55　四月十二日，因巡查南河渡口中有不便居民者，奏請酌量添設
以示體恤而彌奸匪。

楊以增等咸豐三年四月十二日《請酌量添設南河渡口摺》："竊臣
雷以誠、臣晉康奉命會同巡查南河口岸，所有歸并渡口八處，并酌定章
程，先經臣楊以增奏明在案。臣雷以誠、臣晉康到浦後，復札飭各廳州
縣將向來舊有官民各渡口及現在歸併處所分別逐段繪圖貼說，并詳開船
隻數目、夫役姓名暨委查文武員弁，以便按段巡查。臣楊以增奉旨會辦
防剿事宜，未能兼顧。臣雷以誠、臣晉康即帶同委員署蕭南同知陞用通
判馬濬於三月十五日啓行，先從河北下游安東縣起，至上游蕭縣止，復

從南岸順流而下，逐處稽查，覈與原定章程均相符合。惟途次連接銅山、碭山等縣并雙溝、洋河各鎮生監居民唐紹孟、朱綺堂、沈錫齡、王芝齡等具呈，或稱歸併渡口太遠，居民覓食維艱，或稱雜糧商船民食倚賴，勢難夜間急靠北岸，懇求添設渡口，變通辦理，以救民命各等情，當經先後批飭徐州道王夢齡體察情形，妥擬詳辦，并確查別處如再有似此者，一并酌定，仍一面稟明臣楊以增，以便會同奏辦去後，茲據該道詳稱，查徐州府城東門外雞嘴壩地方向爲糧食馬頭，往來貨船每多聚泊。現因稽查嚴密，商船稀少，糧價騰昂，於民食殊多窒礙。詳加查察，該船戶均有資本，且在本籍，開行時已由地方官給票兌驗，迨行抵卸載之處，又有牙行承保，似應准其照常停泊。遵照前定章程，遇有緊急，再行收集北岸，仍責成渡口委員隨時稽查，以昭慎密。至碭山縣所屬之清華觀地方，對岸即系豐工，現在辦理善後工程，夫役衆多，貿易輳集，該處民夫須赴上游五十里之徐家渡口買食，往返不止百餘里，於居民大有不便。又徐城北門工以下九十里戴家樓以上六十里之雙溝地方，系銅山縣管轄，又戴家樓以下五十里之峯山地方，對岸爲皂河鎮，又小古城以下五十里桃源縣以上六十里之洋河鎮，均系宿遷縣管轄。該三處均爲著名鎮市、商賈蟻集之區，刻下渡口裁撤，必須繞至百餘里或數十里不等，始能渡河，附近居民固未便宜，即原來客販亦未免觀望不前，與碭山縣之清華觀地方情形相同。以上四處似應設立官渡，每處以渡船五隻爲額，仍照原奏章程由官編號給票，派撥弁兵，專駐盤查各等因。

臣等查南河境內計一千數百餘里，向來官民渡口約共一百數十處，前議僅歸并八處，雖系爲盤查奸細起見，然居民經連歲災荒之後，瑣尾流離，大半多用器具木料等件赴城鎮市集換錢買食。茲因渡口歸并太少，或往返百餘里至二百里不等，非特不敷盤費，即使購得食物，而人已餓弊。彼偷渡則違法，循法則無以爲生。饑驅之餘，爲匪較易，轉非禦暴安民之道。臣等公同酌議，自當俯順輿情，應如該道所擬，於清華觀及雙溝、洋河、皂河等鎮酌添渡口四處，每處以渡船五隻爲額。其河南雜糧商船向來靠徐城南岸起卸，若遽令夜泊北岸，河面既寬，儻遇風暴溜急，斷難即時挽渡，若不變通辦理，商販漸少，即民食愈艱，實屬窒礙難行。亦應如該道所擬，准其於商船到時驗明官票，趕緊起卸，即行挽回北岸，并責成牙行出具保結，除嚴飭該道率屬實力盤查，毋得稍涉疏懈外，臣等仍不時另派文武幹員明察暗訪。如敢視爲具文，致有私渡及姦匪偷渡等情，立即嚴參懲辦。再據各屬面稟，此次巡查口岸不惟奸細有所嚴憚，并於剿辦土匪極爲得力，以渡口歸并，不能此拿彼竄也，合并聲明。"（録副奏摺）

67.56　四月十六日，接受咸豐帝指示，負責查辦在太平軍進攻揚州之時劉良駒、文玉等臨陣避退脱逃各官員，并查明參辦其他有負職守各官員。

　　四月庚寅（十六日）上諭："前有旨令琦善等將揚州失守之文武各員查明下落，請旨懲辦。兹據奏稱，已革兩淮鹽運使劉良駒、署揚州營參將文玉、守備方綱、巡捕營都司宋天麒等均到軍營謁見。該員等各有防守之責，乃賊匪竄擾，輒以衆寡不敵，紛紛退避，罪實難辭。文玉、方綱、宋天麒著即革職，與業經革職之運司劉良駒均交楊以增拿問，嚴行審訊，一併按律定擬具奏。此外，尚有應行查參之文武員弁，并著楊以增就近查明參辦。"（剿捕檔，轉引自《清政府鎮壓太平天國檔案史料》第6冊，第421頁）

67.57　四月十八日，上奏清江西路緊要，派遣官兵、練勇分赴蔣壩及淮河上游紥營，并在高堰等處巡防，同時將船隻收攏北岸，以防太平軍北上。咸豐帝諭令楊以增及時偵探敵情，相機進剿。本年四月，太平軍爲迷惑負有堵截任務的欽差大臣琦善、直隸提督陳金綏、安徽巡撫李嘉端、兵部侍郎周天爵、署四川總督慧成、江南河道總督楊以增等人，采取分路北進、化整爲零的行軍方式，而楊以增等人的防堵也給太平軍北上造成一定障礙。

　　楊以增《清江西路緊要添兵嚴防摺》："竊臣於四月十七日接准欽差大臣向榮飛咨，以賊由江浦越竄滁州，咨會堵截等因。查滁州北距徐州六百餘里，系屬驛路；東北距清江浦三百餘里，系屬間道，即前奏由蔣壩可通清江之西路。該處近接山盱、高堰湖堤，現值湖水見長，關係尤重。前飭淮揚遊擊蔡天禄等就地募勇，并派洪湖河右營兵前往設防，尚嫌力單。署四川督臣慧成先於十六日輕舟駛往揚州，溯行時已風聞逆匪竄擾江浦、六合之信，當會咨山東撫臣李僡撥兵在交界嚴防，并會飭自揚州折回山東壽張營遊擊馮化清帶兵速赴徐州，聽候調遣。臣一面派委千總劉冠文、武舉張萬春等管帶練勇三百名，馳赴蔣壩縶營，時赴來安、天長等處分投巡哨，並因一線湖堤袤延百數十里，無險可扼，現於蔣壩迤南築做土堰，以備屯兵守禦，此陸路情形也。又查滁鳳東北爲臨淮關，再下即淮河口，乃入洪湖要路。查湖內山岡叢錯，湖面周圍四百餘里，一帆可達，是水路較陸路尤爲緊要。隨飭山東後起萊州營參將嵩端率領所帶官兵馳赴盱眙上游，擇淮河要隘處所相地縶營，以資堵截，并將已到綏遠官兵及河營新練弁兵分派清口及高堰等處巡防。一面飛劄沿湖州縣將湖船悉數調泊北岸，委員嚴查，以防偷越，此水路情形也。惟賊竄滁、鳳一帶，現經欽差大臣琦善派兵追剿，并有侍郎臣周天爵等遏其前路，難免豕突狼奔。所有盱眙水陸兩路俟續有兵到，尚需添撥，方昭慎重。此時錢糧軍火均在清江，幸欽差侍郎臣奕經往來黃河南北兩岸，扼要巡防，并分密雲兵五百名縶營束清壩，臣借可隨時商榷，以防後路。"（《先都御史公奏疏》卷二十五）

四月丙申（二十二日）上諭："楊以增奏清江西路添兵嚴防、李嘉端奏赴援日期各一摺。現在逆匪盤踞臨淮鳳陽，勢甚危急，亟宜四面兜剿，遏其北竄。李嘉端於十八日帶兵赴援，自系刻不容緩。惟所帶兵勇僅數百名，實屬單薄。即號召練勇，勸借軍餉，亦屬緩不濟急。該撫既冒險前進，倘各路竟無接應，致令賊勢益張，所關匪細。朕數日以來，聞賊由陸路北竄，倍深焦急。著周天爵、呂賢基迅即帶領兵勇，星速赴援。前准截留之陝甘兵現在抵皖，已有若干名。周天爵即一并統帶，與托明阿、善祿及李嘉端或合兵進攻，獲分路兜截。當此防剿吃緊之時，赴援應機，兵貴神速，萬不可稍涉拘執，致有延誤。至清江西路亦宜嚴防，楊以增所奏水陸防堵情形自爲遏賊分竄起見。惟退守不如進攻，楊以增仍當偵探賊情，隨時相機進剿，以爲我軍後路聲援。若但知株守一隅，恐藩籬亦難自固。聞李僡現已帶兵前抵宿遷，正可與楊以增聲勢聯絡，互相策應。該侍郎總以權衡緩急，先機應變，力堵賊匪北竄勾結，是爲至要。"（《清文宗實錄》卷九二，《清實錄》，第 43629 頁）

洪三度《協守鎮江指揮洪三度致貞得王稟文》："協守鎮江指揮小弟洪三度敬稟貞得王殿下。敬稟者：小弟密探奇（即琦善）、陳（即陳金綬）二妖素系慣於逃走，所言皆爲虛假，張虛聲勢，皆無實力，不足防焉。滁州各去路不甚得手，老兄弟歎傷數人，新兄弟傷死太多。北兵節節必（逼）緊，北上之計可以緩行。惟有東壩各妖兵不大真查，都是鬆散，不肯過於向前。現有兄弟姐妹銀物船隻俱安平過去，所率領各兄弟可行則行，不要盡等匯齊。臨淮招募新兄弟有一千三百六十七名，都不甚向心，暫尚未匯，因李妖（即李嘉端）、惠妖（即慧成），又有周妖（即周天爵），不可令其看破，故而散處。當及（即）分出一隻（支）暗到武昌、漢陽，必然向老妖（即向榮）分兵去救。如果南京妖兵分去武昌，即南京可得分兵去北，可以不必慮浙江之事，亦不及焉。楊妖（即楊以增）放到水中又去多人，聞信水中過去矣。如可得手，必可會著焉。惟祈急速就勢施行爲妙。"（向榮等五月二十二日《奏報丹陽紳勇擊沉股船情形并搜出僞書片》附録，録副奏摺）

　　按：其中涉及東壩清軍防守鬆散，楊以增派兵嚴防洪澤湖等情形，均可與奏摺內容相印證。

67.58　四月十八日，受命酌添渡口，并嚴密巡查防範。

　　四月壬辰（十八日）上諭："雷以諴、晉康、楊以增奏請酌添渡口以便居民一摺。黃河上下渡口前經楊以增奏歸并八處，實力巡查。茲據雷以諴等奏稱歸并渡口太遠，居民買食維艱。并以雜糧商船民食倚賴，請添設渡口變通辦理等語。著照所請，准其於清華觀及雙溝、洋河、皂河等鎮酌添渡口四處，每處以渡船五隻爲額。仍照原奏章程，由官編號給票。派撥弁兵，專駐盤查。其河南雜糧商船在徐城南岸起卸，亦照所擬辦理。惟於各商船到時即令驗票趕卸，迅速挽回北岸，毋得托故逗遛。此系爲體恤民隱起見，仍當酌量緩急，一律嚴密巡查，毋稍疏懈。"（《清文宗實録》卷九一，《清實録》，第 43618 頁）

67.59　四月十八日，因署四川總督慧成奏江南徐州鎮總兵聶金鏞遲鈍模棱，難期勝任，奏請將其開缺，交部嚴加議處。所遺員缺，奏請由揚州參將玉德暫行署理。

　　楊以增等《委署總兵印務摺》："竊奉上諭：'慧成奏總兵玩視軍務一摺。江南徐州鎮總兵聶金鏞據該督訊以軍務機宜，遲鈍模棱，難期勝任，且查所屬官兵率多軟弱頹廢。聶金鏞著即開缺，交部嚴加議處，所有該總兵員缺著慧成、楊以增派員署理。'欽此。遵查徐州地方爲南北水陸之沖途，控制數省，本系江北重鎮，現在穎、亳一帶土匪未淨，又風聞賊氛竄擾滁、鳳，逼近徐州，堵禦巡防尤關緊要，一時無員可委。適有揚州參將玉德卸署安徽壽春鎮，過浦來見。詢以營務，尚爲明白。應請暫行署理，以專責成。"（《先都御史公奏疏》卷二十五）

　　按：咸豐帝上述上諭時間爲四月庚辰（初六日）。

67.60　四月二十日，上奏伏汛將臨，多方籌措錢糧，積極補築南河埽壩各工，盡心辦理南河河務。

　　楊以增《伏汛將臨籌防各工摺》："月餘以來，黃河水勢消長相乘，臨黃埽壩因大河甫經歸正，朽塌卑矮應鑲段落甚多，而限於錢糧，不能普辦。前經酌發歲料，據報陸續到工。臣在清淮防堵，未克周歷查勘，嚴飭該管各道隨時點驗，即督率各廳擇緊鑲修，一俟撥款到來，再行添撥正雜料石，以資防備。洪澤湖水間日見長一寸，高堰椿誌已積存一丈五尺五寸。山盱廳智壩補修石底業於三月望間完成，惟臨湖石工上、前兩年風掣塌卸段落雖經估准，因豐工合龍之前，河庫應收各款銀兩多解工次應用，是以至今尚未發解。現俟大汛工需解來，方能酌量發銀償築。而湖誌已長逾往年啓壩尺寸，現飭該道籌議酌啓，以保湖堤。裏河廳運口汛爲湖水入運門戶，所有頭南壩、外蓋壩、頭二三四壩并上下雁翅、張王廟前托水壩、福興正閘上鉗口壩、閘下束水壩、迤下河尾蔣壩因清水搜刷卑矮，均經加鑲高整。茲伏汛將臨，河湖各工處處緊要，而當此錢糧極絀之時，又值軍務未平之際，臣惟有於萬難措手之中殫竭血誠，督率在事文武振刷精神，盡心經理，不敢稍有疏懈。"（《先都御史公奏疏》卷二十五）

67.61　四月二十四日，受命駐紮清江，隨時偵查，并與吉林兵互爲聲援，刻刻嚴防偷襲。

　　四月戊戌（二十四日）上諭："奕經奏探聞逆匪分竄、相機防剿一摺。托明阿尚無到浦口確信，不知現在行抵何處，即著飛催帶兵前進。如托明阿相離較遠，即著奕經迅帶現到各兵前往截擊。刻下滁、鳳一帶軍情萬分緊急，斷不可稍有遲誤。李僡奏徐州現無重兵扼守，空虛可慮，將隨後經過在境之山西三四等起官兵一千餘名交陞署膠州協副將武隆額帶領馳往徐州。并將綏遠……官兵二千四百餘名由韓莊改道撥赴徐州，飛咨徐州鎮百勝赴徐帶領，與武隆額互爲接應，所見甚合機宜。仍即添派委員持令分催，以期迅速。并著李僡兼程前往宿遷，偵探賊蹤，相機進剿。並飛催後路官兵源源前進，既可以固東省藩籬，又可爲托明阿等應援。周天爵帶領兵勇并截留陝甘官兵想亦馳往迎擊。賊情詭詐，變幻靡定。設大兵多趨徐郡，而該逆又窺伺清江，亦不可不豫爲計及。楊以增駐劄該處，務須隨時偵訪，刻刻嚴防，毋稍大意。"（《清文宗實錄》卷九二，《清實錄》，第 43637 頁）

慧成五月初一日上《奏報接奉廷寄辦理防剿情形片》："奴才慧成於四月二十七、八等日，連奉四月二十三、四等日寄諭兩道，命奴才與琦善等迅圖克復揚州，并統籌水陸全局，以遏北竄。……奴才前接奕經來告，恐逆匪揚帆駛入洪湖，窺伺清浦，當即酌撥現到清江之吉林兵，再由楊以增互爲聲援，是高、寶後路策應不致空虛也。托明阿、奕經等現帶兵赴滁、鳳一帶迎剿，又有周天爵等率領兵勇截擊，奴才復飛咨陸應谷於毘近江境處嚴密防範，至徐州府已派護徐州鎮玉德帶兵前往扼要堵剿，昨盛保又馳往滁、鳳應援，是陸路不致空虛也。以上各路領兵諸臣多系一二品大員，受恩深重，自能仰體聖意，相機辦理。"（錄副奏摺）

67. 62　四月二十五日，奉命與查文經協力收管船隻，嚴查奸細，全力堵截太平軍北進。

四月己亥（二十五日）上諭："據查文經奏，探聞賊匪竄過鳳陽，請分兵防堵一摺。北路情形現已佈置周妥。查文經奏稱，恐賊匪南窺洪湖，請派員前往上游，將淮河船隻全數收入湖東束清壩一帶，免致爲賊所得。著該護督即與楊以增會籌妥辦，毋令奸匪混跡。"（《清文宗實錄》卷九二，《清實錄》，第 43638 頁）

37. 63　四月二十九日，上奏遵旨派兵扼守洪湖水面狹窄處，并雇募湖船水勇，與官兵呼應，以嚴防洪湖要隘，防備太平軍北上。

楊以增《嚴防洪湖要隘摺》："伏查清江背河倚湖，既爲水陸沖要，又爲南北咽喉，且現爲錢糧軍火萃集之區。我之所重，即賊之所覬。臣自聞賊竄滁、鳳，分別佈置後，時與欽差侍郎臣奕經、綏遠城將軍臣托明阿密商熟計，遏賊分竄必須水陸兼防，惟洪湖周圍數百里，水面則波濤浩淼，陸路則灘岸回環。現在兵力較單，且無戰艦，若俟其入湖而後議剿，制勝綦難。查盱眙縣之浮山與對岸泗州之潼河相距僅二里許，水面較窄，當派山東萊州營參將嵩瑞督帶官兵五百名，募勇三百名在該處南岸安炮扼守。托明阿已於二十七日帶兵前往，由泗州迎擊，可至該處北岸。但能嚴守，匪船自不能飛越。然清江在洪湖下游，濱湖各處不能不嚴益加嚴。除查明要隘，分設兵勇外，現經清河縣知縣吳棠雇募湖船水勇排泊湖內，與洪湖營兵互為聲援。市闡湊集處所民自團練，聲勢頗壯，並委文武員弁晝夜巡查，以防奸細。臣原擬日內與奕經輪流前往盱眙浮山口駐防……現在各處積兵均趨西路，則清江尤為緊要，自當遵旨偵探賊情，與奕經隨時相機防剿。"（《先都御史公奏疏》卷二十五）

五月己酉（初五日）上諭："昨據楊以增奏清江為南北咽喉，必須水陸兼防，方能遏賊分竄，已與奕經、托明阿密商熟計，分別佈置等語。現在托明阿帶兵由泗州迎擊賊匪，奕經督兵前往徐州駐劄。楊以增駐守清江，必當認真查察，加意嚴防。本日據雷以誠奏數日之內連獲奸細三名，其王連升、沈炳維二名訊明系由揚州出城，探聽官兵消息，同伴六人，在清江浦潛匿八日，回至邵伯鎮被獲。又據供稱連日出城奸細共百餘名，有潛赴黃河北岸者。該匪黨潛至清江，何以地方官毫無覺察？黃河兩岸未聞盤獲一人，所謂巡防者安在耶？著楊以增嚴飭各員弁實力查緝各處渡口，以杜奸匪偷越。如稍疏虞，惟該河督是問。"（《清文宗實錄》卷九三，《清實錄》，第43657頁）

67.64 四月，重刊元至正本《六藝綱目》四卷，并作跋。

楊以增《六藝綱目》跋語："大興朱笥河先生手校《六藝綱目》，元至正本也。吾鄉劉燕庭方伯影抄藏弆，經徐君青方伯改正，糾中脫誤若干字。燕庭開藩兩浙，就文瀾閣本復事校刊付梓。殆是書卷分上下，藝蘊畢該，四言協韻，尤便童蒙。小學首基，所宜必讀。重加剞劂，用廣其傳。先鋒三年，歲在癸丑，孟春三月，聊攝楊以增跋。"（《六藝綱目》卷末，咸豐三年楊以增海源閣刻本）

按：楊以增刻《六藝綱目》二卷、《附錄》二卷，版框22×13.5釐米，半葉九行十九字，左右雙邊，白口，單黑魚尾，刻於江蘇清江浦。劉喜海曾藏朱笥河手校元本《六藝綱目》，并於道光二十八年影元精刊。由於印數較少，傳播不廣。楊以增以劉喜海校本爲底本，於咸豐三年（1853）重加刊印，此本在仿刻過程中，爲再現原本真實面貌，除勘誤文字錯訛外，均"保留舊式"。

五　月

67.65　五月初二日，奉命與雷以諴嚴防渡口，防範太平軍北上。

五月丙午（初二日）上諭："雷以諴奏查閱淮安、高寶等處情形并拿獲奸細審辦各摺片。所稱下河各州縣地方遼闊，港汊紛歧，急宜保守。應於裏下河一帶佈置周密，以牽制金陵、揚州賊勢，自系實在情形，著照所議辦理。現在逆匪分股竄擾滁州、臨淮關、鳳陽等處，沿河地方十分緊要。雷以諴系特派巡查河岸大員，仍著會同楊以增認真查閱，嚴防各處渡口，以杜奸匪偷越，毋稍疏虞。至各州縣應如何設法防堵，嚴密佈置，即知照琦善、慧成等妥速籌辦。"（《清文宗實錄》卷九三，《清實錄》，第 43652 頁）

67.66　五月初四日，上奏因清江地方緊要，請將密雲兵等留浦，以資防守。咸豐帝指示楊以增將現有山東官兵及本境防兵與所募練勇酌量分撥，嚴密防守，同時與雷以諴等嚴密巡查河岸。

《請留兵防守摺》："伏查清江浦水陸沖途，爲南北第一緊要關鍵。自二月下旬揚州失守，居民紛紛遷徙，經臣督率司道府廳縣設法曉諭，并勸捐團練，人心稍定。嗣奉欽派署四川總督慧成帶兵到浦後，經慧成奏明清江爲揚州後路，必須有重臣駐紮，方敢前進。旋於四月望間刑部侍郎奕經帶密雲兵一千名分駐黃河南北兩岸，慧成始放心南下。四月初旬，賊復竄擾江北，滁州失陷，直趨臨淮。該處據洪湖上游水路，一帆可達，清江陸路則泗州、五河、盱眙等處路路可通，其險要情形較之滁、鳳倍甚。兼以徐州緊要，奉旨命將軍托明阿帶兵迎擊。因該將軍管帶之兵僅到綏遠城兵五百名，遂將奕經所帶密雲兵分撥五百名隨往，是存兵已極單弱。臣與奕經悉心籌畫，將通湖各隘口并陸路扼要之區分設兵勇，嚴密防守，奏明浮山口形勢最要，臣與奕經輪流前往防剿。……查前奉准調安徽留防山東兵二千名，僅陸續到浦七百餘名，經臣派往浮山口防守，其餘各路官兵均爲徐州安徽截留，統計王營、清江止有密雲兵五百名，若再調出，民心必先驚動，關係匪輕。茲接欽差侍郎臣奕經咨會，轉准欽差大臣琦善咨照，迅速帶兵馳往鳳陽援剿。在奕經既奉調派，不敢不拔營前往，惟清江最要之地，軍火糧餉均儲於此，且平日商賈輻湊，久爲賊所覬覦，豈可不留一兵？……惟有仰懇皇上天恩准留奕經駐紮清江，民心借資鎮定。現據沿途州縣稟報，綏遠後起官兵已由半途截回，隨托明阿前往土默特兵亦漸次可到，擬請敕下該將軍，俟所帶兵丁到齊後，仍將密雲兵撥回清江紮營，始臻嚴密。"（《先都御史公奏疏》卷二十五）

五月壬子（初八日）"本日據楊以增奏，清江吃緊，急應留兵保衛。請將奕經帶赴皖省之密雲官兵俟托明阿所帶之兵到齊後，仍撥回清江等語。現在皖省賊情緊急，昨據陸應穀奏，賊由西路竄擾蒙城，已諭令奕經帶兵赴援，是所帶之密雲官兵勢難撤回。琦善節制北路諸軍，慧成、恩華等前後所帶之兵均可調遣，務須統籌全局。清江爲淮揚後路，應如何派兵駐守，著即知照楊以增酌量調撥，切勿以有用之兵零星分佈，轉致防剿均不得力也。"（剿捕檔，轉引自《清政府鎮壓太平天國檔案史料》第七冊，第66頁）

五月壬子（初八日）上諭："奕經奏拔營赴援，楊以增奏請留兵清江浦，并留前任漕臣會防各摺片。賊匪竄擾懷遠、蒙城，該處東西兩路與宿、亳接壤，昨降諭旨，令托明阿、奕經確探何路緊急，即由何路督兵進剿。茲據奕經奏已帶密雲兵四百餘名趕緊拔營，前赴援剿。著即迅速兼程前進，與托明阿所帶各兵會合，兵力自不致單弱，并與周天爵等協力夾擊，不必再折回清江，徒多往返。至清江浦地方爲淮揚後路，水陸沖途，自宜扼要嚴防。著楊以增將現有之山東官兵及本境防兵與所募練勇酌量分撥，妥爲防守。本日已諭令琦善察度情形，兼顧清淮，或應分兵協防，即令迅籌辦理。琦善總統北路諸軍，慧成恩華所帶之兵均歸調遣。該河督即咨商該大臣，就近於續調之兵酌撥調度。或一面與李僡熟籌，彼此互爲聲援，呼應可期得力。至奕經已帶赴皖之兵自應先其所急。無庸再行撥回。五品銜前任漕運總督李湘棻著即留於清江，與該河督籌商防禦事件。署邳州吳棠練勇捕賊，如有成效，即飭令該員認真督率辦理，毋稍疏懈。"（《清文宗實錄》卷九三，《清實錄》，第43664頁）

67.67　五月初五日，受命嚴密巡查黃河河岸，及時防堵太平軍。

五月己酉（初五）"雷以諴奏現駐仙女廟，保守裏下河等語。賊踞

揚州下河一帶，地方遼闊，自應妥爲佈置，以防賊匪竄逸。該副都御史
既稱募勇籌餉尚有可爲，即著迅速籌辦，仍隨時知照琦善、慧成一體嚴
防。至稽查黃河堵口最關緊要，雷以誠系特派大員，豈得任聽各屬一稟
了事？現在揚州賊勢已懾，難保不分遣匪党，四路窺探。著雷以誠一面
設法保衛下河地方，一面會同楊以增等嚴密巡查河岸，如有奸匪偷越，
立即掩捕，無稍疏虞。如河工派委各員查有疏懈貽誤等情，即據實參
辦。"（《清文宗實錄》卷九三，《清實錄》，第43657頁）

67.68 五月十一日，因江北軍營待餉孔亟，上奏請求盡快飭催各地趕
解軍餉，以濟要需。

楊以增《請飭催趕解軍餉以濟要需摺》："竊江北軍餉奉部准撥長
蘆、山東銀三十萬兩，行令通融動用，嗣戶部奏明，將臣等三處軍餉歸
并一處糧臺支給，復又撥給臣等內帑三十萬兩，前後計奉撥銀六十萬
兩。截至現在，僅收銀三十一萬兩，其餘二十九萬兩是否悉系內帑，抑
又改撥何省，未准咨會，亦未報起解。查臣等三路兵勇現已陸續增添，
又有歸化、綏遠、密雲等處官兵，原議歸山東糧臺支應者，嗣因改調，
均歸清江防局支應。又吉林等處官兵原未議定何處支應，茲既到江北，
軍情緊要，亦不得不即爲支應，而綜計官兵鹽糧馬乾日需銀六七千兩，
計口授食，刻不可少，製備軍火器械，亦刻不容緩。據管理局務河庫道
法良等稟稱，現僅存銀數萬兩，不足二十日之用，設有缺誤，所關匪
細，稟請奏催前來。惟有仰懇天恩，俯念軍需緊要，敕部查催趕解清江
防局，以免缺誤。"（錄副奏摺）

67.69 五月十四日，楊殿邦等被命隨同楊以增辦理防堵。

五月戊午（十四日）上諭："刑部奏定擬揚州失守官員罪名一摺。
已革漕運總督楊殿邦、已革前任鹽運使但明倫均著照部議從重發往新疆
充當苦差。仍令暫留清江浦，隨同楊以增等辦理防堵，戴罪自效。"
（《清文宗實錄》卷九四，《清實錄》，第43681頁）

67.70 五月十八日，上奏嚴查黃河渡口，派兵分駐黃河兩岸，并安設
炮臺，籌畫遏賊北竄情形。

楊以增《嚴查黃河渡口并遏賊北竄摺》："竊本月十二日承准軍機

大臣字寄，以臣前奏清江地要兵單，奉諭飭臣將東境防兵酌商分撥，妥
爲防守，咨商琦善就近於續到官兵酌撥調度，或一面與李僡熟籌，彼此
互爲聲援……正在覆奏間，接准署河東河臣長臻飛咨內稱，河南歸德府
城於五月初七日失守，照飭各鎮道馳往防堵，將各口渡船收聚北岸，咨
會一體嚴防，等因。臣接閱之下，爲之切齒。查歸德濱河不遠，順流而
下，距江境僅一百餘里，若偷渡黃河，則曹、兗可慮。先因賊到亳州，
已飭令徐州鎮道督兵堵禦，各屬收船禁渡，絕其北竄，兼防東下。現准
東河來咨，復飛申告誡。查侍郎臣周天爵、呂賢基及將軍臣托明阿均到
徐州上游，自已相機追剿。東撫臣李僡、侍郎臣奕經亦必分路進兵。惟
時交夏至，正黃河長水之時，兩岸堤工在在可慮，清江無城無郭，且爲
揚州之後路，深恐逆匪由此徑撲大營，極關緊要。臨淮一帶雖已肅清，
特恐續有竄至洪湖，亦不容撤防。奉諭：令琦善兼顧清江。臣亦遵旨咨
請速籌東境防兵，聞亦赴援皖豫。臣與前漕臣李湘棻悉心商酌，揚州之
兵既不能分，北路之兵又經改調，急切難望添兵，祇可就現存兵勇設法
籌防。擬將派防浮山口之山東登州兵五百名，又練勇三百名，飭令參將
嵩瑞等管帶回浦，分駐黃河南北兩岸，上下巡哨。其山東青州壽樂營兵
二百餘名，仍留浮山口，以備不虞。并勘得外南北兩廳境內黃河坐灣處
形同鎖鑰，又吳城七堡臨湖處背河面湖，形勢扼要，均可築臺安炮以備
堵禦。業飭分投趕辦新制舊存銅鐵炮，亦尚敷用。此外多設疑兵以壯聲
勢，嚴拿土匪以杜勾結，惟有與道將廳營及兵勇同心協力，眾志成城，
斷不敢以兵勇無多，稍涉鬆懈，有負皇上厪念清江之至意。"（《先都御
史公奏疏》卷二十五）

67. 71　五月十八日，因清江地處南北要衝，專摺上奏分派員弁嚴加稽
查，并拿獲多名形跡可疑人員。

楊以增《嚴緝奸細片》："伏查清江爲南北沖途，五方雜處，并無
城郭，易於藏奸。臣於設防之始，即分派員弁按段巡查不怠，并於廟宇
旅店設簿登記往來之人，專員稽查。前據各委員盤獲形跡可疑人犯，除
有揚州糧臺印信護牌之九名行文關查無異，保釋遞籍外，內有南羅山縣
唐姓二人臂有烙印，據供曾在大營服役，行查未復，尚在管押。續獲海
州人何招琴、河南永城人黃玉山二名，據供在揚州貿易，被賊擄至金
陵。此次賊船千餘號駛往上游，湖廣人最多，江西次之，聞各匪原來時

粵匪許以官職財物，并許室家團聚。茲粵匪居功專利，仍不准他人親戚相見，是以湖廣、江西各匪咸思解散，該二人乘間逃生等語，與向榮所奏大略相同。惟逆賊詭計多端，其所供潛赴何處，固不足憑，所供之背賊逃生，亦難盡信。仍禁押行查，據實核辦。臣惟有嚴飭派出各員，實力巡緝，并遵旨於要隘渡口密爲防範。如獲真正奸細，即當立時正法，以絕窺伺而免疏虞。"（《先都御史公奏疏》卷二十五）

67.72　五月十九日，因節交夏至，河湖水勢加長，上奏分飭南河各廳督率兵夫認真防守河工，從嚴盤查來往人員，南河工程修防平穩情形。

楊以增《節交夏至河湖修守平穩摺》："嗣准東河咨報，陝州萬錦灘黃河於五月初五日長水三尺五寸，等因，當即飛飭江境各廳小心防守。據報初十內外各工先後長水尺餘至二尺餘寸不等，幸臨黃埽壩先經擇緊鑲修，均資抵禦，前水旋見消退。十五日節交夏至，已入伏汛。十七日復見長水二尺，外南順黃壩誌樁現存三丈六尺五寸，臣分飭該管道將廳營暨沿河府縣文武汛員弁督率兵夫，加意防護，并照章添委候補人員分赴各屬會同協守，以資周密。大汛工需解到無多，察看各廳工程多寡，分別酌給接濟，添購料物，趕運蕩柴，搏節修守。當此錢糧極絀之際，務期竭盡人力，共保安恬。洪澤湖水仍在日逐加長，高堰誌樁積存一丈六尺九寸，比往年啓壩時已大一二尺，湖堤吃重，未敢拘泥，已飭據山盱廳營稟報，先將信字壩於十五日啓通分減。如仍續長，再將智壩接啓。所有下游歸江各橋壩久經啓放膽空，河面信壩下注之水循序遞消，不虞積漲。現在湖岸既需防水，尤應防賊，盤查守護較往年倍爲緊要。除分派操河各營弁兵節節防守之外，并密派幹員往來稽查，不任稍有鬆懈。"（《先都御史公奏疏》卷二十五）

67.73　五月十九日，因南河工款支絀，無從借墊，上奏請撥豐工案內戶部銀票五十萬兩，并請設法試行。

楊以增《設法試行銀票片》："南河庫款應發未發前已積至一百六十餘萬兩，奏蒙聖鑒，查每年二月例撥防料銀一百五十萬兩，今先後奉部撥銀七十萬兩，內有准臣由就近藩關通融籌辦解銀三十五萬兩，均紛紛咨回另撥，其部撥之認解者亦因軍餉未能即解，現僅收到山東銀十萬兩，而應發之款日積月累，刻已共有一百九十餘萬兩。內以工料爲大

宗，其餘則蕩柴、刀本、水腳、工食、修船、建堡等項，而南河二十五
營已五個月未放兵餉。各廳險工林立，雖前飭各廳自顧考成，多方措
辦，乃始猶竭蹶張羅，今再無從措墊。時逾夏至，河淮屢次報長，設遇
險工，勢將束手。因思豐工案內經户部頒給銀票五十萬兩，嗣經奏明歸
於南河捐局收捐。緣捐生未諳部票章程，致多觀望。現據各廳稟稱‘各
省捐生不乏急公之人，祇以道路修阻，挾資不便，如蒙發給銀票，由廳
員各處招徠，准令不拘何省上兌，可冀補苴’等語。臣復加查核，尚系
以公完公，倘有弊端，有承領之員可問，不致無著。如果流通，則於工
款兩有裨益。除酌發試行，俟積有成數再將截角咨繳。如不能通行，或
用有餘剩，仍將原票咨部繳銷。”（《先都御史公奏疏》卷二十五）

67.74　五月二十二日，受命防守黄河，嚴防太平軍渡河北上。

五月丙寅（二十二日）上諭：“本日據李僡奏賊匪由曹河上游乘船
搶渡，駛至中流，經曹縣知縣姚景崇督率兵勇用炮擊沈，斃賊二百餘
名，後遂無船繼進等語。東省曹單河岸僅二百餘里，餘皆直隸、江南、
河南三省所轄。現在賊撲汴城，直隸之東明、長垣一帶，豫省之衛輝、
懷慶等府，江南徐州上下各河口岸均關緊要。如果節節嚴防，逆船斷難
飛渡。著訥爾經額、長臻、楊以增各飭沿河文武員弁實力防守，如有匪
徒偷渡，務當立時截擊，毋令片帆北駛。儻該管官巡防不力，或因地界
犬牙相錯，藉詞諉卸，致令賊船乘間搶渡，朕惟該督等是問。”（《清文
宗實錄》卷九五，《清實錄》第43710頁）

67.75　五月二十八日，因是日河水驟漲，豐北廳豐工地西土基無埽處
所漫塌決口，楊以增於六月初六日上奏相關情形。除楊以增外，周天
爵、奕經等也專摺上奏。楊以增因奉命駐防清江浦督防，無法分身前
往，故委派參將前往勘查搶辦。豐工漫口後，楊以增一面指揮搶險，避
免繼續塌寬；一面救濟撫恤遭災百姓，上奏宣洩洪水、保護宿遷以下運
河堤工各措施，並嚴參相關人員。咸豐帝得報甚爲不滿，六月十一日，
楊以增因此被處以“革職仍留本任”的處分。對此次大壩漫塌，楊以
增等相關人員在應賠之外，又被處以加倍罰賠，并迅即辦理撫恤災民、
彈壓土匪等務。

楊以增六月初六日《黄水陡漲豐工壩尾浸塌摺》：“旋據東河咨報，

河南陝州萬錦灘黃河於五月十五日未時長水三尺五寸，武陟沁河於十三日卯時至戌時共長水八尺六寸，統計兩處來源兩日之間共長一丈二尺一寸，實爲非常異漲。江境地居下游，且河道較豫省爲窄，來源過旺，悚懼萬分。接據各廳稟報於五月二十七、八、九等日先後驟長七八尺，激猛異常，紛紛報險，各埽壩刷蟄卑矮段落分投跟加，其漫灘串注堤根之處擇要搶鑲防風，經臣嚴飭通工文武加意防守。旋據豐北廳營稟稱豐工於五月二十八日卯刻水長三尺四寸，辰刻又接長九尺五寸，午刻陡起西南風暴，大雨傾盆，水勢復抬高數尺，致將大壩西首土基平漫，立形坐蟄，水注內塘，間段漫過二壩。會同奉留守壩委員多集人夫，分投搶辦，是晚水見消退，風雨亦止。雖外灘串溝既大且多，現在乘此水消撤手辦理等情。臣接閱之餘，心膽俱裂，當經批飭趕爲搶護，務保無虞。清江距豐北六百餘里，不及親往，旋據徐州道王夢齡稟稱，該廳營稟稱，先將外灘溝槽堵截，一面搶加二壩，無如該處并無埽工，灘面寬廣，串溝不下數十道，深淺不一，雖經料土并進，竭一晝夜之力，而深者甫堵，淺者復串，甚至旋堵旋串，實屬措手不及，遂至坐蟄處刷寬三十餘丈，並將二壩迤西堤身漫塌二十餘丈，溜向北趨，人力難施等情。臣驚駭悚惶，莫能名狀，本應即行親往查勘，督率搶辦，惟此時賊匪業已窮蹙，一經痛剿，難免不乘突北竄，清淮防禦正在萬分吃緊，臣奉命駐浦督防，未敢擅離。一面飛飭該道設法補救，一面專委署河營參將呂邦治星夜前往勘查究竟，過水之處是否實系壩尾土基，抑在正壩之上，現在能否設法趕爲搶堵，速即確切繪圖稟復，以憑酌辦。"（《先都御史公奏疏》卷二十五）

六月壬午（初九日）上諭："周天爵、奕經奏豐工決口急宜嚴防土匪一摺。據稱豐工大壩近因水長溜急，於二十八、二十九兩日雷雨大作，黃水漫溢過堤，刷開口門三十餘丈等語。覽奏不勝焦急，已諭令楊以增查勘明確，設法撫恤災民矣。現在江甯等城尚未收復，豫省賊匪雖屢經挫衄，而北岸溫縣、武陟等處已有餘匪竄擾。當此用兵之際，又復河決，豐沛淮海一帶赤子何辜，復遭此劫？朕顧瞻南服，寢饋難安。儻逆匪探聞河決，勾結災民，爲患更鉅。該侍郎等督帶兵勇在徐州一帶，著即體察情形，妥爲佈置。應如何嚴防土匪，彈壓地方，務當妥速籌辦，并飭臧紆青管帶壯勇，保護糧台，毋稍疏虞。其難民中如有材技可用之壯丁，亦宜量爲招募，俾爲我用，不致流而爲匪。"（《清文宗實

録》卷九六，《清實録》，第43751頁）

六月壬午（初九日）上諭："周天爵、奕經奏豐北大壩因水長溜急，五月二十八、九兩日雷雨大作，黄水漫溢過堤，堤身坐蟄，刷開口門三十餘丈，大溜北趨十八里屯，腷水斷流等語，覽奏實深焦急。豐北大工今春甫經合龍，現復漫決。當此氛未靖，籌餉維艱，又復出此鉅工，該汛文武所司何事？該河督此時諒已奏報在途。其決口處所系何工段，是否即上年開決之處，河流現在從何處入海？著楊以增確切查明，繪圖貼説，據實具奏，并將失事員弁嚴參。軍務未竣，又遭河患，皆朕不能誠格上天。朕罪復加，吾民何辜？汝亦諒吾衷也。至被災難民蕩析離居，深堪憫惻，著即設法妥速撫恤，勿致被賊党及土匪暗相煽誘。其丁壯酌量招充練勇，勿令流而爲匪。該河督惟當體察情形，撫綏彈壓，迅速籌辦。"（《清文宗實録》卷九六，《清實録》，第43752頁）

六月甲申（十一日）上諭："寄諭江南河道總督楊以增：前據周天爵奏豐工決口，當有旨，著該督查明系何工段，據實具奏。茲據該督奏稱，豐工於五月二十八日陡遇風雨，水勢擡高，致大壩西首土基立形坐蟄。雖經堵搶，已致刷寬三十餘丈，并二壩迤西堤身漫塌二十餘丈等語。已明降諭旨，將該督革職，仍留任督辦矣。豐工既經決口，自應趕辦裹頭，以免愈刷愈寬，堵築益形費事。著該督即飭在事道將等迅速妥辦，毋許延誤。所稱汛期正長，萬不得已，或須添啓禮字河，以資減泄之處，著斟酌情形，妥爲辦理。至被難災民急應撫恤，免被賊匪煽誘。及招集丁壯作爲練勇，勿令流而爲匪之處，該督仍遵前旨，妥速籌辦。將此由五百里諭令知之。"（《咸豐朝上諭檔》第三册，第234頁）

楊以增六月十八日上《查明豐工漫溢情形并參疏防各員摺》："伏念臣職司全河，乃豐工堵合未久，值此軍務吃緊之際，該壩尾土基又復漫塌奪溜，此皆臣督率無方，未能先事豫防所致，厥咎甚巨。仰蒙天恩高厚，不加嚴譴，僅予革職留任。臣望闕碰頭，感激涕零，悚惶無地。……漫溢處所系因五月二十八日河水驟漲，數時之間，長至一丈二尺餘寸，爲從來未有之事。該處灘面普漫行溜，加以風狂雨大，水益抬高，搶辦不及，以致豐工迤西土基無埽處所漫塌坐蟄，水注内塘，漫過二壩，西首堤身立時跌刷奪溜，委署人力難施。現探量臨河口門塌寬六十一丈，裏首口門寬八十七丈，仍在續塌。現查大溜由挑水壩前直射正壩西首，循埽擁入口門，其正壩埽占毫未損動。此時口門刷塌寬深，正當大汛，無法搶堵，惟有先盤築裹頭，不任塌寬。一面辟展去路，並於正河築做攔壩，以免多受淤墊。……漫水經由去路仍與前次兵三堡情形相同，以微山湖爲歸宿。該湖距漫口八九十里，濁流至彼，漸即澄清，由湖溢出者，皆系清水，應將銅沛廳向泄湖水之藺家山壩啓放，俾由荆山橋河而達邳宿運河。宿遷以上本無堤工，即宣入隅頭、駱馬等湖而入六塘河下注歸海。所有運河廳境之舊河尾、駱馬湖尾閭五壩前雖擬堵，嗣以本年并無重運，毋須蓄水，遂即敞放。此時正可辟展暢泄，并飭將邳宿北岸之竹簍壩、駝車頭王柳二壩、劉老澗通湖各水口一律啓放，以保宿遷以下運河堤工。所有被水災民當由該地方文武捐資先爲恤濟。現由臣一面會商督臣怡良、署撫臣許乃釗設法籌辦，并諮山東巡撫飭屬一體安撫，務期災黎口食有資，其丁壯即選充練勇，俾不致流而爲匪。查口門以下黃流雖斷，而外南北境有洪湖，水勢可以外放，由山海等廳入海，既泄湖漲，又刷下游黃河。則王家營等處渡口大河之限依然猶在。現飭外南廳速將向來泄湖之吳城七堡及順清河外灘星夜抽挑，即日啓放，務期暢出，俾湖漲由此分減入海，較之全由山旰各壩宣入淮揚下河致礙民田者，損益判然。所有下游各渡口臣督率印委員弁等加慎嚴防，以杜賊匪奸細偷渡勾結，并嚴拿土匪，隨時從重懲辦，不任稍有疏懈。至此案疏防專管官之同知借署豐北廳通判張渼、署豐北營守備賀正捷，應請旨交部嚴加議處。其兼轄之徐州道王夢齡、河營參將呂邦治、淮揚遊擊王基棠、徐州府知府趙作賓、碭山縣知縣賴以平，均請旨交部照例分別議處。"（《先都御史公奏疏》卷二十五）

咸豐三年六月二十日內閣奉上諭："文瑞奏豐工復墊，請勒限賠修一摺。南河每歲工需數百萬兩，楊以增身任河督，數載於茲，應如何撙節慎防，以期帑不虛糜，工歸實用？乃豐北決口，本年二月方報蕆工。未經伏汛，新工即有墊動。總由該河督不能實力稽查，承辦各員辦理草率所致。前已降旨將楊以增革職，仍留督辦河工。所有此次豐北應修工程，楊以增及承辦工段各員，著於應賠之外，加倍罰賠，以儆玩泄。另片奏江蘇臬司查文經請一并罰賠等語，查文經雖已離工次，其從前督辦草率，咎實難辭，著拔去花翎，仍交部議處。"（《咸豐朝上諭檔》第三冊，第244頁）

咸豐三年六月二十三日內閣奉上諭："楊以增奏查豐工漫口情形并參奏疏防文武員弁各等語。豐工西壩尾土基漫塌口門至八十七丈之多，該員弁等堵築草率，臨時又搶堵不力，均屬咎無可辭。所有疏防之專管官同知借署豐北廳通判張渼、署豐北營守備賀正捷均著交部嚴加議處，兼轄之徐州道王夢齡、河營參將呂邦治、淮徐遊擊王基棠、徐州府知府趙作賓、署碭山縣知縣賴以平均著交部照例分別議處。其工次專委守壩之候補通判章儀林著一并交部照例議處。仍責令該員等趕緊設法裹築盤頭，并遵照前旨於例賠之外加倍罰賠，以警玩泄，不得以現辦糧臺、防堵等事曲爲開脱。其宣洩漫水由六塘河下注歸海以保運河堤工之處，均著照所議辦理。"（《咸豐朝上諭檔》第三册，第245頁）

　　光緒《豐縣志》卷十六："咸豐元年八月十九日，河決碭山縣之蟠龍集，集界碭北，踰集里許即入豐境。決口據上游，縣城適當其衝，幸集中坊肆櫛比，溜壅而東，以漸而北，遂徑華山、戚山，入沛縣之微山湖。餘流旁溢，逆泛浸淫及縣城之東。於是縣之東南北舉爲澤國。是年冬，河道總督楊以增、兩江總督陸建瀛同駐節工次，募民夫十餘萬塞之。二年正月，塞而復決，工旋罷，嗣奉嚴旨詰責。遂於是秋廣購料木竹石，及冬復大集民夫施工。三年春，決口閉流，民相率復業。忽於六月初八日故口復決，水驟至，漂溺人畜無算。然是年二月，粵匪已陷省城據之。自是大江南北日議兵事，於河防不遑兼顧，遂置焉。"

六　月

67.76　六月初七日，上奏請催山東應撥未解銀共三十九萬兩，儘快撥付糧臺，以濟軍需。

　　楊以增《請催撥款摺》："竊據總辦徐州糧臺江寧藩司陳啓邁稟稱，宿遷糧臺總局及清江、徐州各分局現共存銀數萬兩，核計各路官兵應需鹽糧馬乾等項不敷一月支放，急待餉銀接濟。查山東原撥銀二十六萬兩，内計未解到銀九萬兩。又續奉部指撥山東省毋庸歸款銀二十萬兩，藩庫銀十萬兩。計山東省先後應解銀三十九萬兩，均未解到。當此代用萬分緊急之時，勢難再任稍遲，致有貽誤，稟查聯銜奏催等情。臣等復查行軍以備餉爲先務，該藩司所管各處總局、分局糧臺現存銀款既不敷一月之用，所有山東省已撥未解銀三十九萬兩惟有仰懇天恩敕催山東撫臣行司速解，以濟要需而免貽誤。"（《先都御史公奏疏》卷二十五）

67.77　六月初七日，河庫道法良循例應與督臣怡良回避，因清江正在用人之際，爲此專摺奏請留於清江差遣。

　　楊以增《請留道員片》："本年正月逆氛沿江而下，臣以增與道廳遠在豐工，經河庫道法良團練倡捐，民心賴以安定。嗣揚州失守，經臣等委令辦理籌防局務數月以來，不辭勞瘁。茲該道回避督臣怡良，并因防局亦有錢糧考核一并交卸。惟查清江爲揚州後路，兼須嚴防。黃河要隘，在在需人。該道才明識裕，勇敢有爲，合無仰懇恩准留於清江差遣，俾臣等得收指臂之助。"（《先都御史公奏疏》卷二十五）

67.78　六月十八日，受命嚴防清江，以防佔據揚州之太平軍突襲。

　　六月辛卯（十八日）上諭："朕聞揚城賊匪每日止有南門出入，取水取菜，鈔關徐凝門亦間或一開。近日賊中火藥不足，放礮甚少，油燭亦盡。惟存糧尚多，水道未斷，以致賊勢雖蹙，郡城尚難攻復。逆匪竄踞揚城，已將四月，果能將其接濟之路處處斷絶，蕞爾孤城，斷無不內潰之理。……慧成自抵清江後，至今未見奏報，不知現在行抵何處。豐北壩工現復續有漫塌，黃河下游必已斷流。儻賊中聞此信息，潰圍突出，竟竄清江，亦不可不先爲防備。著即知照周天爵、奕經、楊以增等一體嚴防，仍知會李嘉端等防其續竄滁鳳，援應河南之賊。務使四面合圍，俾城破之後，不任一賊竄逸，方爲盡善。"（《清文宗實錄》卷九，《清文宗實錄》，第 43775 頁）

67.79　六月二十二日，因兵丁軍需不足，奏請循案變通辦理，以合理分配軍餉并示對兵丁之體恤。

　　楊以增《察看兵丁苦累情形懇請循案變通辦理摺》："臣等竊查賊匪佔據江寧、揚州等城，始猶暗以重利□我兵勇，近則明目張膽，在城頭招呼兵勇爲弟兄，并云爾等日領錢數百，身居帳房沮洳潮熱之地，受此千辛萬苦，曷不同進城來，日領千錢，并有高樓大廈可居云云，煽惑衆心，在我朝深仁厚澤二百餘年，兵丁具有天良，斷不爲其所惑，惟是轉戰已久，兵老不無歸心，勇多每有驕志。若食息喂養，使之不贍，恐即有不堪設想之處。此情惟親歷戎行者知之，非敢藉危辭以爲靡費地步。而衆心向背所關，則尤不忍博撙節之名，壅於上聞也。惟皇仁自當推廣，而經費亦宜節省，謹查照歷辦成案，酌擬核實辦法，伏乞皇上訓示遵行。

一、馬乾請日給銀一錢也。查海疆防夷及江蘇滑縣成案，每馬一匹均日給銀一錢。本年河南奏請援案折給，奉部議准五分，自系查照定例辦理。惟賊匪蹂躪數省，商販逃散，草料一應昂貴，擬請每匹仍給銀一錢，以資喂養。惟經費有常，請以定例五分作正開銷，其五分俟事竣後循案歸於行兵省分攤補。

一、進剿兵丁口糧請自進剿日起一律照一錢五分支給也。查江蘇海疆防夷成案暨豫省奏定新章，無論滿漢各路外調本省，凡進剿官兵均日給銀一錢五分，不另支鹽菜，仰荷恩施，允准照發。現在賊匪四擾，官兵所到，情形相同。擬請一律照豫省新章，無論滿漢，各路外調本省，凡進剿官兵均請自進剿之日起，一概給銀一錢五分，毋庸各省隨時具陳，以歸劃一而省簡牘。

一、津貼官弁薪水也。查食物昂貴，官弁鹽糧不敷與兵丁無異。且賊氛遍擾，行兵省分率皆凋敝不堪，窮員典質借貸，亦難為常，擬於鹽糧外酌給津貼，以示優恤，例定數目作正開銷，津貼俟事竣後循案歸於行兵省分攤補。

一、採辦請照民價也。軍營需用物件，率皆例價少而時價多，委員無力賠墊，非因此勒派民間，即藉口苛累行户。至有官勇經過地方行店關閉，甚至日用食物無處購買，累官累兵，因而累民，殊非核實辦公之道。擬請軍營需用一切，概照民價購買，其有時價較省於例價者，即以此之有餘補彼之不足。事竣通盤核算，如有不敷，歸於行兵省分攤補。

以上各條辦理概從核實經費，不至加耗，士飽馬騰，庶可速掃妖氛，收衆志成城之效。臣等往返札商，意見相同，為此合詞恭摺馳奏，伏乞皇上聖鑒訓示。"（録副奏摺）

67.80 六月二十六日，因揚州圍攻日久，情形緊要，清江防守無兵，恭摺仰懇聖恩調撥官兵，以資防禦。

楊以增《清江防守無兵懇敕調撥以資堵禦摺》："竊清江地當孔道，一爲揚州之後路，一爲山東之門户，實系南北咽喉……嗣因皖、豫告警，各路精兵紛紛改調。續經琦善以清江緊要，咨調瑞昌所帶盛京兵二千名，又爲前路截留，迄未到浦。清江既爲南北咽喉，樹聲援則揚州之接應有資，鍵門户則山東之堂奧自固，是防守不容疏懈。現除山東兵共七百五十名，修防河營雇募練勇並無曾經打仗之兵。設逆匪竄出北來，不堪設想。查揚州攻圍日久，仍在相持，且聞瓜洲一帶地方深夜賊至，兵勇未能取勝，多有傷亡，因而高寶、清淮不無震恐。臣現經咨請欽差大臣琦善酌撥官兵來浦。揚州自勝保、慧成離營後兵力已單，未便再行抽調，臣與李湘棻再四籌商，實深焦灼，惟有仰懇天恩俯念清江地方緊要，敕撥勁兵二千名迅速來浦，臣等再招募炮勇三四百名，以安人心而防寇警。"（《先都御史公奏疏》卷二十五）

67.81　六月二十六日，上奏督飭各道府緝拿土匪、招募兵勇情形，并專門指出清河縣知縣吳棠所練兵勇最爲得力。

楊以增《緝拿土匪及招募勇丁片》："清江設防之始，各屬土匪竊發。經臣剴飭該管道府督同各州縣實力緝拿，三四月間拿獲著名幅首及格殺轟斃者不計其數，均報明在案。惟海州、沭陽并毗連清河、安東等處，前值瓜揚失守，匪徒乘機聚衆數千人各分各幅，攜帶抬槍、火炮到處搶劫，且有欲勾結逆匪之謀。臣飭委署淮海道梁佐中督同中河通判朱善張、江浦縣於醇儒及地方文武紳董役兵勇，於四月初在海州及沭陽縣謝家口、高塘溝、周家集、隴西集、東流、桑墟各地方生擒格殺幅匪五百餘名，又於清河安東地方拿獲幅首張九高等，解經臣勘審明確，隨即恭請王命正法，閭閻得以稍安。……現仍嚴飭印委各官認真查拿，勿任鬆懈。至清江防兵甚少，自二月募勇團練，内清河縣知縣吳棠所練之勇尤爲得力。"（《先都御史公奏疏》卷二十五）

七　月

67.82　七月初五日，遵旨辦理賑濟豐北災民，并設法行用鈔票各事宜。

七月戊申（初五日）："軍機大臣字寄江南河道總督楊，咸豐三年七月初五日奉上諭：'御史方俊奏請將豐北一帶災民充民兵，并多制鈔票濟餉備賑等語。前因豐工復決，當降旨令楊以增將被災難民設法撫恤，其兵壯酌量召充練勇，已據該河督奏飭屬妥辦。其鈔票一項，前經户部奏請頒給各省設局通行，亦經降旨允准。從前户部撥給南河之銀票五十萬兩，據該河督現奏已經設法行用。當此帑項支絀，籌賑維艱，自應變通盡利，以資接濟。著楊以增酌量情形妥速籌議具奏。"（剿捕檔，转引自《清政府鎮壓太平天國檔案史料》第八册，第 367 頁）

67.83 七月初五日，上奏節逾立秋，積極整修工程，并及時宣洩，保障水勢平穩，且下河早稻業已刈獲、民情極爲歡忭。

　　楊以增《立秋河湖水勢工程情形摺》："竊照洪澤湖水自入夏以後長發較驟，堰盱大堤爲淮揚兩郡保障，最關緊要，必須豫籌減泄。經臣督率該道廳等先將信壩啓放，仍復有長無消，旋又接啓智壩，俾得循序分減，又慮下游水漲，有礙秋禾，先將埽工各去路次第啓泄，俾寶高湖河預爲膽空。是以智、信二壩減下之水克資容納，高郵四壩得以堅守未啓。查壩下民田向種早禾，夏末即已成熟。茲節逾立秋，均得刈獲登場，民情極爲歡忭，現在湖水雖見消動，但秋汛綿長，金風可慮，仍飭外南廳將順清河即日酌放，以防復漲，兼刷黃河底淤。裏河廳束清壩爲湖水入運門户，歷被溜勢搜刷蟄矮，業經加鑲高整。該廳暨揚河、江運等廳舊護埽卑矮蟄卸者隨時鑲修，并將堤坡被刷段落擇要鑲做防風，以資捍衛。黃河來源甚旺，江境節次加長。豐、蕭、銅、沛等廳地接東豫，土性沙松，前已查照向章，擇其卑薄最甚工段量爲加培。睢南廳王家堂汛兵八堡地方向無埽工，前於五月盛漲時塌灘潰堤，當築土壩數道，盤頭抛石，克資抵禦。豐工大壩并無損動，其迤西口門應裹頭并攔河壩工均派幹員分投購料趕辦，不任遲延。邳宿運河因分減路多，水長尚不過驟。中河廳雙閘鉗壩前經堵閉，蓄濟空漕，并將楊莊二、三鑲修收束，其頭壩於空漕完後因黃水加長，誠恐内漾，即經堵合。茲運河來源漸旺，現將各該壩分別啓放拆展，以資暢泄。該二廳兩岸舊埽間有蟄塌卑矮段落分別補加，其卑薄堤身迎溜潰坡之處隨時酌量或鑲做防風，或加堰幫餞，務期無誤無糜。"（録副奏摺）

67.84 七月初五日，上奏咸豐二年分南河大柳船隻輪應大小修共船十七隻，以資運料。（楊以增《南河應修大柳船隻摺》，録副奏摺）

67.85 七月十五日，受命認真辦理捐輸。

　　七月戊午（十五日）"江南河道總督楊以增奏清江緊要，添勇勤操，以爲揚州後路聲援。得旨：'所籌俱妥。現辦捐輸，著隨時奏請，

即可降旨施恩，以期踴躍。'"（《清文宗實録》卷一〇〇，《清實録》，
第 43844 頁）

67.86　七月二十三日，上奏立秋後洪澤湖水逐日上漲，及時查看水
情，啟放閘壩，并預備物料，準備修守各事宜。

楊以增《洪澤湖水長啓放修守摺》："洪澤湖水立秋前後已見消動，
乃自七月初六日又復見長每日一二寸不等，外南廳吳城七堡、臨清河兩
處内外灘面業已挑浚，隨於初九、十三等日先後啓放，二十日水口報
定，二十一仍長一寸，湖誌積存一丈九尺五寸，來源旺極。所有高堰、
山盱兩廳上前兩年風掣石工歷被風浪撞刷，槽土潰塌，直抵堰根，幸先
爲籌發料石，堆積土方，得以隨時分別搶搜鑲護，其林壩、仁河并新舊
義河直壩以及仁義河中攔堰各護埽掣塌段落亦俱補加高整，悉資抵禦。
下河早稻久經收穫，現在中禾并亦登場，民情極爲安豫。"（録副奏摺）

八　月

67.87　八月初一日，接奉咸豐帝諭旨，嚴查王夢齡擅動大工要款
等事。

八月癸酉（初一日）上諭："據查文經奏稱，豐北西壩尾工程系豐
北廳營承辦、徐州道驗收之工，非大工各員承辦之工。查文經離工次
時，尚存銀十九萬餘兩，錢五萬餘串，正料八百堆，繩纜以數萬計，草
石橛木堆積甚多，并非無銀無料。惟因徐州道王夢齡見好屬員，擅將大
工要款挪作他用，以致大汛時搶險無資。河臣所稱人力難施之處亦有不
實，至留壩文員系候補通判章儀林，武弁即系豐北原案失事合龍後開復
之遊擊闞興邦。河臣未將闞興邦附參，亦屬遺漏等語。著楊以增秉公嚴
查，王夢齡因何擅動大工要款，以致貽誤，據實參辦。遊擊闞興邦著一
併查明參奏，毋得稍存回護，致干重咎，將此諭令知之。尋奏：徐州道
王夢齡支發各廳禦水埽工及募勇借給豐、碭等縣辦理兵差等尚非擅動。
惟借給銅沛同知沈文藻、宿南通判金安清銀兩，雖系因公，究屬不知緩
急，請旨將前任徐州道王夢齡交部議處。遊擊闞興邦續派守壩，該道初
稟，未經請參，亦屬遺漏。應請將候補遊擊闞興邦一併交部議處。得
旨：王夢齡、闞興邦著交部分別議處。"（《清文宗實録》卷一百二《清

實録》第四册，第492頁）

67.88　八月初八日，上奏洪湖積漲，風雨交加，堤工險要，趕緊添啟壩河，得以保護平穩情形。

楊以增《洪澤湖積漲啓壩保護平穩摺》："竊照堰盱大堤爲淮、揚兩郡保障，本年淮源節次長發，匯注洪澤湖，經臣飭將山盱廳智、信兩壩次第啓放，仍屬有長無消，復將外南廳吳城七堡、順清河先後啓泄……詎七月二十四日，驟雨狂風連宵達旦，始而風色尚系東南，漸而轉至西北，全湖巨浪湧若排山……炎炎之勢，危在呼吸。……當此萬分危險之際，設大堤一有疏虞，則淮、揚兩郡悉付淪胥，所關甚巨。臣權衡輕重，不敢拘泥延誤，當飭將該河越壩於二十五日拆啓宣洩，以保大局，一面飛飭下游揚河、江運等廳先將各閘洞暨歸江各路一律啓放。現據該廳營等稟報，下游承受壩水，加長亦驟，二十七日高郵誌椿長至一丈三尺七寸，已逾啓壩定誌，堤埽各工經此漲水湧注，風浪時作，潰刷殘塌，吃重異常。且湖河通連之處一線東堤，城鎮櫛比，尤形險要。該廳營等分投輪護，鑲舊補新，加堰幫戧，應接不暇。臣查高郵所設泄水四壩新定章程：'節交處暑，即應全啓。'兹已時届白露，下河秋收全畢，當飭將車邏壩先爲啓放。如仍長而不消，再爲接啓南關等壩，俾得循序宣洩，以保東堤。"（録副奏摺）

67.89　八月初八日，上奏豐北西壩工段漫塌段落在邳北營守備徐成宗承辦工段内，責任明確，確鑿無疑，請將徐成宗交部嚴加議處。

楊以增《特參失事守備請交部嚴議摺》："據稟西壩土基長三十丈，壩尾長五百二十二丈，原塌處長三十餘丈，在邳北守備徐成宗承辦第七分長五十五丈段内。該工系咸豐元年九月十五興工，十月初十日完竣，報明有案……該工漫溢後，溜向東趨，是以兩壩續塌無多，徐成宗承辦之工除塌尚存十一丈，其原塌三十餘丈實系該守備段内，明察暗訪，確鑿可據……臣查該工系元年九月由廳領銀轉給各委員承辦，於十月初十日完竣，尚在壩工未經興堵以前。本年合龍後，據請加高培厚，因錢糧支絀，興辦少遲。詎伏汛未交，五月下旬黃水即猝長一丈餘尺，風雨更作，驟然平漫，固屬人力難施，但原辦之員咎有應得，謹遵旨查明，據實奏參，請將邳北營守備徐成宗交部嚴加議處，以貽儆戒。"（録副奏摺）

67.90　八月二十一日，上奏大挑知縣借補徐州府銅山縣縣丞陳保元，因現年六十五歲，因精力不足，不能勝任奔走修防及地方事務，情願循例改歸教職候選。（楊以增《大挑知縣借補縣丞呈請改教摺》，録副奏摺）

67.91　八月二十一日，因軍務未竣，爲慎重起見，請奏從緩堵築豐北漫口。

　　楊以增《奏請豐北漫口從緩議堵摺》："竊照豐工西壩土尾漫缺工程按照向稟自應趕爲集料，以備霜後興堵，并一面估挑長河，次第佈置，惟需帑較巨，既非急切所能籌辦，況現在南北軍務悉未平定，各處土匪亦多竊發。大工興舉，動役數十萬人夫，烏合湊集，莫辨良奸。設使賊匪溷跡其中，料物則慮其焚毀，錢糧更啓其覬覦。猝滋事端，噬臍何及？……只有暫行緩堵，一俟賊匪剿盡，再行勘籌估辦。"（録副奏摺）

67.92　八月二十一日，雖黃河漫口，但南河十五廳仍照常修守，且應修工段較多，爲此上奏循例請撥來年歲料銀兩一百二十萬兩，以資修守。咸豐帝批示此款無法如數撥給，且要求楊以增撙節使用南河經費，并試用銀票。

　　楊以增《請撥來年歲料銀兩摺》："竊照南河修守向於八月內奏請撥銀一百二十萬兩，歷經遵循辦理，即上游豫省及江南漫口年分亦均照數准撥在案。誠以黃河漫口，洪湖、運河在在均關緊要。雖力加節省，無如河庫異常支絀，以致緊要工程及官兵俸餉批准行庫、無銀可發者積至二百餘萬之多。刻下黃河雖少七廳工程，而其餘十五廳皆仍照常修守。本年洪湖及南北運河水勢皆大，險工迭出，搶辦之費已屬不貲，所啓各壩河轉瞬又應興堵。且山盱裏河越堵所費不下二十萬，仍須於後身補還直壩，亦約銀十萬內外。上年越堵之後，因無銀未經補還，而隨時加鑲越壩。工堵段較長，用料亦多，且難放心。本年應照章補築，其堰、盱二廳臨湖石工歷被風暴掣塌，兩年未修，其勢萬難再緩，又約需二十餘萬兩。各壩等工統共約需銀六七十萬兩，加以各廳應辦柴料并官兵俸餉、運腳皆爲年內所必需，而各處應解、額解銀兩節次催提，迄無回應。至葦營蕩柴系官采官用，不過較之購買民料計有節省，而其實無節省之銀在庫，更不能指以抵用。南河捐局所收亦甚寥寥，即有現銀，亦全付糧臺支用，不能接濟河工。臣責任全河，斷難置要工於不辦。而時艱項絀，焦急徒深。……伏乞天恩俯准敕部於就近藩關各庫撥給約徵銀一百二十萬兩，迅解河庫，并將應行帶扣之各年減平銀兩暫行免扣，俾得分別擇緊購料辦工，通融支應。（錄副奏摺）

九月戊申（初六日）上諭："楊以增奏軍務未竣、應行緩堵漫口一摺。南河現當辦理防堵，若興舉大工，誠恐數十萬夫虜集河干，奸匪因而溷跡，自應暫緩堵築，以昭慎重。該河督務將漫口盤頭督飭廳營各員竭力裹住。勿令續塌，俟來歲秋間再行興辦。至另奏請撥歲料銀一百二十萬兩，已交戶部議奏。惟部庫支絀異常，各路軍需尚有應接不暇之勢，斷難如數撥給。現在豐北上游漫口，下游工程自必稀少。該河督必當撙節核計，不可任聽屬員仍前浮濫，并著剴切曉諭所屬，無論河工、地方人員有能捐貲購料，或分段承認歲料工程者，即行開單奏請恩施，庶幾於萬難措置之中力求補苴之術。或於官紳商民中剴切勸捐。集貲濟急，或酌量情形，可以行用官銀錢票，較爲便捷。并著該河督斟酌妥速籌辦，毋誤要工。"（《清文宗實錄》卷一〇五，《清實錄》，第 43962 頁）

67.93 八月二十一日，上奏嚴飭揚河廳不循水勢、不按舊章辦理啟壩之河工人員。

楊以增《河湖水清工程平穩片》："洪澤湖自添啓山盱禮字引河後，兼旬以來已消水六尺餘寸，下游揚河廳境前於啓放車邏壩後，七月二十九日仍長水六寸。接啓南關新壩，八月初一日仍見長水，自系前啓之壩尚未暢達之故。自應暫守未放之壩，以免下河驟漲。乃據該廳等稟報，復將南關大壩、五里中壩於初一日一并啓放等情。查放壩章程向俱察看水勢，挨次酌啓，上、前兩年水勢大小與本年相等，祇啓兩壩已資減泄。茲該廳不按舊章，率將四壩全啓，且於一日之中連放兩壩，雖下河久已收穫，而辦理實屬錯謬。況中壩跌塘已深，誠恐再放即與兩牆并石底有礙。經臣專發料銀，諄飭該廳堅守。乃并不遵照辦理，未便稍有姑容。當已飭令該署廳李慶安速將中壩即日賠堵，以示薄懲。倘稍遷延，以致兩牆及石底沖塌，再行嚴參著賠。現在裏河運口以下直至江口均已遞消，土埧工程擇緊幫加鑲修平穩，外南廳順清河吳城七堡暨北岸中河所出之水匯流注海，溜勢湍激。海阜廳仁和汛陳家浦石壩以下存灘潰塌殆盡，足爲清水滌淤之徵。當經趕築柴土石壩三道，并於壩擋拋石，俾資挑禦。"（錄副奏摺）

九　月

67.94　九月初五日，上奏河工開局報捐籌餉以來，捐數不多，現准各廳以印領報捐，酌情議敘。

　　楊以增《河工開局報捐籌餉片》："上年豐工奏發銀票五十萬兩，防料案內戶部咨令照籌餉例由南河設局捐銀九十萬兩，自上年四月設局起截至年終，捐數寥寥，連各廳印領銀數匯同各部并於請飭摺內據實聲明在案。本年經戶部奏准籌餉及常例銀數酌減十分之二，無論銀兩、錢文、米石均准赴糧臺交納，又經欽差刑部侍郎雷以誠議以錢一千六百文作銀一兩。河工捐局乃系實銀上兌，不折不扣，是以本年開局後并無一人報捐，其河工應發之銀已至二百餘萬。因念各廳領款日積日多，若准各廳以印領報捐，酌請議敘，是捐局多收一款，河庫即少發一款，與呈捐工料相符，亦與實收捐項無異，實屬不得以救急之方。現據各廳及其戚族以印領先行倡捐，亦僅得二十萬，已於捐册內聲明。且此項抵兌上捐系爲清厘河庫起見，不准折減，所具印領皆已做要工應領之款。一切遠年墊辦及可以緩領之款不准報捐，至用銀錢上兌者仍歸糧臺收用，以昭區別而示限制。"（錄副奏摺）

67.95　九月初九日，上奏上年浙船過境無滯，其凍阻與南河無關，請免賠打冰經費。

　　楊以增《奏請河漕各員免賠上年漕運打冰經費摺》："竊准直隸督臣訥爾經額咨會上年剝運南糧打冰經費，奏請歸於河漕各員分成賠補等因。……臣復加查核，上年江境運河水勢充盈，足資浮送，外南廳河口地方系清水濟運，各省軍船隨到隨渡，並無稽滯，即幫次最後之江廣各船亦均回空南來，并未沿途打凍。其浙江湖州等幫因本省運道淺阻，至七月間尚未出離水次，歷經漕臣、浙撫臣具奏咨明有案。是以浙江杭、嚴三首幫於八月十七日始行抵壩渡黃，海寧□尾幫於九月十一日始抵壩渡黃。蓋緣離次過遲，因而渡黃較晚。冬至後行抵直隸天津一帶，風雪大作，遂致凍阻。如果浙船早離水次，依限渡黃，則冬至前後早已回空南下，何致有在直隸打冰之事？查道光三十年江西幫船在同州凍阻，經漕臣咨部，軍船挽入東境以後行走並無稽延，所有打冰車價等項東省請免議攤，覆准在案。所有上年浙船行入江境亦無稽延，前項打冰經費現雖未奉核准，應請敕下戶部，俟直省聲覆到部，候時查明浙省各幫開行遲滯緣由，准將直隸境內打冰經費免令江省河員分賠，以昭公允。"（錄副奏摺）

67.96　九月初十日，因軍營兵餉短缺，上奏請敕部迅催各省撥款以贍兵糈。

　　楊以增《請迅催各省撥款以贍兵糈摺》："竊揚州軍餉僅敷半月支放，奉部指撥山東銀十二萬兩、浙江應解天津道海稅銀一萬兩、應解倉場輕賚銀八千八百兩、臨清關約徵稅銀一萬一千九百二十四兩、四川耀變穀價銀七萬兩、山西銀五萬兩，均未據報起程。查山西銀兩系奉部續撥之款，四川程途過遠，均恐難期迅速。軍營待餉甚殷，仰懇皇上敕部迅催山東、浙江、臨清關趕將指撥各款限九月二十日前解銀濟用，一面咨催四川、山西星飛馳解，并咨經過省分遇有餉鞘到境，無分雨夜，星速護送前進，以濟要需。"（錄副奏摺）

67.97　九月二十三日，奉命嚴查黃河渡口，嚴防太平軍北上。

　　九月乙丑（二十三日）"昨復據江忠源奏，賊匪由九江竄擾湖北，興國、田鎮失守。河南、山東與皖、豫壤地毗連，尤宜防賊北竄。因思豫東現辦團練，尚屬認真，徐廣縉剿辦河南歸德各屬土匪已有成效。著陸應谷即飭令徐廣縉會同總兵柏山及地方官督率弁兵，與各屬辦理團練紳民并力嚴防。瑞昌現駐山東濮州，與鎮道等聲勢聯絡，仍須各屬團練，協助兵力。聞劉韻珂、毛鴻賓等均能熟悉本處地方情形，著崇恩傳諭各員并所屬官紳一體扼要防堵，毋令南來匪徒乘閒闌入，已革總兵三星保著留於山東差遣委用。此時徵調遠兵勢難濟急，惟有官民合力，保衛地方，眾志成城，必有實效。其黃河各處渡口船隻仍當認真收集，并隨時知照王履謙、長臻、楊以增實力巡查，萬不可令賊匪偷渡。"（《清文宗實錄》卷一○七，《清實錄》，第44008頁）

67.98　九月二十三日，因徐州道王夢齡在豐工漫口中有兼轄之責，且因公借款有不當之處，爲此遵照咸豐帝上諭，上奏請將王夢齡交部議處。

　　楊以增《特參前任徐州道王夢齡等疏防豐工漫口請議處事》："竊臣承准軍機大臣字寄：咸豐三年八月初一日奉上諭：'前據楊以增奏參豐工漫口疏防文武員弁，當經降旨將兼轄之徐州道王夢齡、工次專委守壩之候補通判章儀林均交部分別議覆。'等因，欽此。當飭徐州道王夢齡明白稟復，并調取總局冊案核辦。茲據該道稟復前來，臣復加確核，所稱半日間長水一丈餘尺，加以狂風驟雨，處處平漫，委員接管時尚有銀錢料物，雖無虛飾，總屬疏防。至該工西壩尾土基漫缺處所系豐北廳領銀，轉給邳北營守備徐成宗承辦。因徐成宗現已病故，恐有假借，復飭現署豐北廳黃海安繪圖比□無異。至復堵豐工上年借撥銀一百八十萬兩內，兩淮有未解銀七萬餘兩，彼時恐不敷用，當將本年歲料銀提借十六萬兩赴工接濟，迨合龍時總局冊報存銀十九萬餘兩。查上年十二月內徐州道稟准撥發各廳禦水埽工銀五萬餘兩，又督臣陸建瀛在工飭募現由參將馮景尼管帶在揚攻剿之勇借用安家等銀約三萬兩，并借給豐、碭等縣辦理兵差及大工奏明一切經費外支銷等項尚□□動。惟有借給銅沛同知沈文藻銀一千五百兩、宿南通判金安清銀三千五百兩雖系因公，且已歸款，實屬不知緩急，相應請旨將前任徐州道王夢齡交部議處。又遊擊闞興邦續派守壩，該道初稟未經請奏，亦屬遺漏，應請將候補遊擊闞興邦一併交部議處。"（錄副奏摺）

67.99　九月二十八日，受命收集船隻，并嚴防太平軍搶渡北上。

　　九月庚午（二十八日）上諭："現在江西逆匪竄踞安慶，偪近廬州。復有另股賊匪竄擾湖北蕲州一帶，難保不意圖北竄。黃河爲南北要隘，果能認真守禦，逆匪豈能飛渡？前經疊次諭令沿河各督撫并特派大員嚴查河岸，乃該匪竟由河南之雒河搶船偷渡，以致蔓延，竄及直境。奕經現駐徐州，距江甚近。此時豐工漫口河湖交匯，所有南北各處船隻即著奕經、楊以增、崇恩派委妥幹大員，督令河工與地方各員設法收集。其河南地面上接山陝，下達江境，楚皖匪徒尤易乘閑偷渡。昨已諭令王履謙、長臻等實力巡查，并著英桂於南北兩岸，嚴飭地方文武一體認真稽查。黃河船隻固應收集，即湖河支流港汊，凡通黃河各處船隻，均應一律收藏，去其槳舵，毋得再有疏忽，致賊搶渡。朕降旨飭諭，不啻至再至三，該侍郎督撫等務當恪遵妥辦，尤不可稍分畛域，致誤事機。"（《清文宗實錄》卷一百七，《清實錄》，第44019頁）

十　月

67.100　十月初一日，參奏畏難取巧、中途稟請截留之陝西解餉委員黃傳駛。

楊以增《特參解餉委員摺》："竊照宿遷糧臺軍餉匱乏，前經臣等請旨飭部嚴催趕緊撥解在案。詎有省委員候補未入流黃傳駛管解宿遷糧臺銀三千兩、徐州糧臺銀四萬九千兩，共軍餉五萬二千兩，行抵豫省，因聞東路有匪徒滋事，即藉口道路不通，不克前進等情，在祥符縣具稟懇恳截留。伏查軍中要需迫不及待，即使沿途不靖，亦當與地方官熟商，多派兵役，繞路護解，方爲正辦。乃該委員率以風聞道阻爲詞，稟請截留，冀免押解，實屬畏難取巧。此等退縮游滑之輩，若稍事姑容，恐嗣後解餉之員相率效尤，貽誤軍情，所關匪淺。臣等往返函商，意見相同，相應請旨，將候補未入流黃傳駛即行革職，飭令回籍，不准別省留營效力。前項銀兩，仍令河南省另委妥員迅速解徐、宿，以免糾纏而杜效尤。"（録副奏摺）

67.101　十月初三日，豐工漫口後，受災百姓流離失所，生計困難，受命辦理百姓安撫賑濟事項。

十月甲戌（初三日）內閣奉上諭："本年豐工漫口，疊次諭令該督撫等籌備銀米，撫恤災民。其被賊之湖南、湖北、江西、安徽、江蘇、河南等處，亦經諭令各督撫查明蠲緩。乃逆匪由懷慶竄入山西，復擾及直隸近畿一帶，所過州縣均被蹂躪。今秋雨水較多，永定河決口，地方復被水災，赤子何辜，遭此涂炭？朕厪懷民瘼，寢食難安。本年秋賦錢糧若照常徵收，民力不無拮据。著各該督撫即將被水、被賊地方應徵本年下忙錢糧，分別應蠲、應緩，迅速具奏，江南、山東被災饑民應如何賑恤之處著楊以增、崇恩妥速籌辦，其各省被災、被賊地方，業經諭令各督撫將來春應否接濟查明具奏。如有應行蠲緩之處，仍遵前旨迅即查辦，奏請恩施。"（剿捕檔，轉引自《清政府鎮壓太平天國檔案史料》

第十冊，第 370 頁）

67.102　十月十三日，受命收集船隻，實力巡查，嚴防太平軍渡河北上。

　　十月乙酉（十三日）上諭："前經疊次諭令沿河各督撫等嚴查河岸，收集船隻，毋得再有疏忽，致賊搶渡。本日據陸應穀奏逆匪由漢陽分竄，窺伺德安。江面灣泊賊船約二千餘艘，黃陂灄口均有賊匪，難保不意圖北竄。黃河為南北要隘，必應認真巡查。著奕經、王履謙、楊以增、長臻、英桂、崇恩督飭河工地方員弁實力巡查，收集船隻，勿令奸細漏跡偷渡。沿河地方遼闊，兵力或有不敷，仍須勸諭近河地方紳民團練，幫助官兵緝拿奸匪，嚴查口岸船隻，務使兵民聲勢聯絡，匪徒無隙可乘。如有稽查不嚴，致奸細偷越及逆匪搶渡之事，必將該處地方文武即行正法。該侍郎督撫等尤當不分畛域，一體稽查，毋得稍有推諉，致干重咎。"（《清文宗實錄》卷一〇九，《清實錄》第 44061 頁）

67.103　十月，奕經因病去世，徐州、宿遷一帶防守形勢緊要，受命就近兼顧徐州一帶防堵事宜。

　　十月戊子（十六日）上諭："百勝、王夢齡奏侍郎奕經因病出缺，請簡大員來徐督辦等語。已諭知向榮於和春、蘇布通阿內酌派一員赴徐州接辦防堵事宜，第恐一時未能趕到，現在皖匪未盡，徐、宿總扼南北之沖，情形緊要。楊以增本有防河之責，著即就近兼顧徐州一帶稽查防堵事宜。其調兵募勇一切均遵照前寄奕經諭旨，并與百勝、王夢齡等體察地方情形，相機辦理。"（《清文宗實錄》卷一〇九，《清實錄》，第 44067 頁）

　　咸豐十年十月十七日內閣奉上諭："刑部右侍郎奕經曾任尚書協辦大學士，屢次獲咎，經朕棄瑕錄用，派令統帶官兵，至徐、宿一帶防剿，斬獲首要匪犯多名，一切佈置尚合機宜。前因感患瘧疾，賞假調理，方冀速痊，藉資倚畀，遽聞溘逝，軫惜殊深。奕經著照侍郎軍營病故例賜恤，任內一切處分悉予開復，應得恤典，該衙門察例具奏。欽此。"（《咸豐朝上諭檔》第三冊，第 350 頁）

67.104　受命剿辦土匪，以便撥運淮北票鹽。

十月辛卯（十九日）上諭："福濟奏皖省撥運淮北票鹽，現在嚴催趕辦。惟土匪不靖，運道梗阻，請飭帶兵大員迅速剿除等語。安徽需餉孔亟，此項撥運票鹽原欲銷售以期接濟。若因土匪未靖，以致商販裹足，不特皖省無以應急，於淮北全課亦多關礙。楊以增現在接管奕經所帶兵勇，袁甲三剿辦潁亳土匪，呂賢基督辦團練，劉裕鉁署任巡撫，一切剿匪事宜均屬責無旁貸。著該侍郎等迅將各處土匪逐股撲滅，不得稍分畛域。一面督飭地方文武設法護送票鹽，務使道路肅清，運行無滯，於軍餉民食兩有裨益，方爲妥善。"（《清文宗實錄》卷一〇九，《清實錄》第 44072 頁）

67.105　十月二十一日，上奏節逾霜降，河湖水消，豐工裹頭并無損動，并擇要整修運河、中河等廳各項工程。

楊以增《霜降河湖工程平穩并籌堵各壩河情形摺》："查洪澤湖水現已暢消，高堰誌樁消存一丈以內，裹揚江運等廳亦遞見消落，所有山盱前啓各壩河內智、信二壩已發料堵辦。惟禮字引河壩底久已跌塘，節次啓放，愈跌愈深，越堵愈遠，築辦匪易，須費益多。而河庫既屬空虛，勸捐亦無回應。臣現飭該廳營等先爲設法集料，以收得尺得寸之益。部撥歲料銀兩一有到來，再行查核興堵，撒手辦理……其揚河各壩現亦飭令次第堵辦，下河晚稻久已登場，不獨民情歡忭，實於軍糈大有裨益。節逾霜降，黃河水落歸槽，豐北正、二兩壩裹頭久經成，經前迭次長水，正壩并無損動，其上下邊埽均經隨時鑲壓平穩。北運河來源日弱，運、中二廳堤埽工程及雙金閘下之沿河堤埽前此漲水趨刷蟄卸各工悉已擇緊廂修穩固，淮北票鹽并左營蕩柴船隻俱在裝運上行，清淮一帶安堵如常，均堪上慰聖厪。"（錄副奏摺）

67.106　十月二十一日，豐北漫口現經奏准緩堵，各災區百姓亟需賑濟，上奏請多方籌措，認真辦理賑災事宜。

楊以增《緩堵豐北漫口請賑撫被水災黎片》："此次漫水由舊槽下注，各屬被淹情形與元、二兩年相似。內宿遷縣成災較輕，由該縣勸捐籌辦，其豐、沛、銅、碭、邳五屬擬仿照元年成案辦理錢賑，至少以四個月爲度，約需銀十餘萬兩。并據該道親詣各該州縣確勘被水各區成災分數，會同前署江藩司麟桂通詳請辦。臣查小民罹此水患，自必待賑情殷，惟現當國用浩繁，江蘇各州縣被兵、被水，應徵錢糧催料不易，存與本息又大半供糧臺急用，籌款甚艱。且查賑、放賑稍不經意，即實惠難於遍及。……所有徐州府屬成災各處是否給與賑米或錢米并放，抑即捐辦錢賑以歸簡易而期核實，除咨商督撫臣酌定會奏外，謹先附片陳明。"（錄副奏摺）

67.107 十月二十二日，受命撥派兵勇，在徐州、宿遷一帶要隘嚴密設防。

咸豐三年十月二十二日奉上諭："前因皖省匪徒未净，諭令楊以增兼顧徐州一帶，稽查防堵事宜。本日據呂賢基、劉裕鉁奏，賊匪大股乘雨夜直撲集賢關，各營兵勇潰散，桐城失守。已諭令呂賢基、劉裕鉁迅籌剿辦，袁甲三帶領兵勇前往攻剿矣。惟賊匪闌入桐城，難保不希圖北竄，徐、宿等處情形甚爲緊要，著楊以增撥派兵勇，於要隘處所嚴密設防。恩賜前有旨令署安徽藩司，此時江忠源計已到皖，劉裕鉁即可回任，恩賜現在徐州，著即飭令該員協同籌辦，務當妥速佈置，毋得稍有疏虞。"（剿捕檔，转引自《清政府鎮壓太平天國檔案史料》第十册，第624頁）

67.108 十月二十八日，南河捐輸成效不佳，而南河河庫空虛，要工勢不能緩，請求飭撥歲料銀兩，以資儘快辦理。

楊以增《奏請飭撥河工歲料銀兩摺》："迄今兩月尚無呈捐之人，查南河二十二廳豐北漫口後，惟銅、沛、睢、宿南北、桃南北七廳無水停工，其餘十五廳均須照常修守，而目前應辦要工如山盱之越堵禮河、堰盱之補砌石工、裏河之籌備堵閘啓閘、揚河江運之堵閉歸江歸海各閘壩、運河中河之堵閉收束各水口、外南北之應築攔河壩皆刻不容緩。轉瞬冬九，籌防凌汛，其各廳歲料亦應酌發趕辦，庶可無誤春修。查河庫久已空虛，一切應發之項因撥款未到，愈積愈多。以上各要工實屬無銀可發。各廳積累已深，更難墊此鉅款。臣與各廳反復籌思，當此軍需緊迫，自比河工爲更緊要。然各該工爲河湖蓄泄機宜，禮河不堵，則湖水泄盡，淮北票鹽即不能運皖。北運河水口不堵，則雙金閘無水注入鹽河，則鹽船不能到壩，蕩柴亦無可出運。且關係軍報往來，及軍□經行

要道，均屬勢難從緩。……惟有仰懇天恩勅部速將歲料銀兩議撥。如籌
款不易，即請先行撥發數十萬，其餘不敷之數仿照給賑案內湊發官票，
俾得設法行用，趕辦要工而免貽誤。"（録副奏摺）

67.109　十月，刊成《禮理篇》（凌廷堪、張成孫撰），提出漢宋二説
不容偏廢的觀點。

　　楊以增《禮理篇》書後曰："往讀凌次仲（廷堪）《復禮論》三篇，
根據禮經詮發聖學，以禮爲學之始終，儀征阮相國（阮元）稱其'卓
然可傳'，唐宋以來儒者所未有也。顧仁義道德，非禮不成，自屬實事
求是。然謂'孔子但言禮未曾一言及理也，宋儒言理儒釋之互援實始於
此。聖學禮也，不云理也'。其道正相反，持論似覺失中。……嗣讀
《張彥惟（成孫）答方彥聞書》三篇，其説相成而不相悖。謂：'漢之
學要在禮；宋之學要在理。漢儒非不言理，以爲言禮即具理也；宋儒非
不知禮，以爲言理而後可以言禮也。'……是彥惟此書與次仲之論足相
發明，二説不容偏廢。"（咸豐三年楊以增刻本《禮理篇》）

　　楊以增《禮理篇》跋云："孔子讀《烝民》之詩曰：'爲此詩者，
其知道乎！故有物必有則，民之秉彝也，故好是懿德。'物則者，理所
著也。好德者，禮所生也。學者以宋儒之'居敬窮理'爲漢儒之'實
事求是'，天德王道，一以貫之。蓋漢儒精於訓詁，宋儒深於義理。陳
侍郎用光序姚郎中《經説》云：'先生之於經，不孤守宋儒而兼總鄭馬
以核其實，不矜言漢學而原本程朱以究其歸。'亦若是焉已矣。"（咸豐
三年楊以增刻本《禮理篇》）

　　高均儒跋《禮理篇》云："禮猶體，理即脈。人具體而脈不調，則
病；人襲禮而理不析，則誣。漢儒精言禮，宋儒承之，而特揭理字，導
人以從入之徑、持循之端，猶之醫者切脈以審人氣血偏滯之由，而後方
以治之，其體始可無恙也。學者不察，自判漢宋，各執門户，爲一家
言，亦曰勤止，而制禮之初意果如是乎？至堂先生學審其是，徵流溯
源，恐沿之者日滋於弊也。爰以近儒凌君次仲廷堪《復禮》三篇、張
君彥惟成孫《與方彥聞書》三篇合刊，而書其後。先徵"理"字之見
諸經者，以孔子讀《烝民》之詩爲折衷，末附陳侍郎序姚郎中《經説》
之語，惟學遜志主善，爲師之碩義，於是燦然。……而僅舉此以示爲學
之准，其用意微摯，亦惟智者善喻之耳。若謂調停漢宋，模棱持兩端，

是淺識之昧昧自誣。直與病人膏肓，尚諱言忌醫，強詡克保其體者同堪閔已。"（咸豐三年楊以增刻本《禮理篇》）

　　按：楊以增自幼治經學，精於漢鄭之學，曾得王引之器重。龍啓瑞云："公少治經學，爲高郵王公引之所重。"（《兵部侍郎都察院右副都御史江南河道總督楊公神道碑》，《經德堂文集》卷四）以增督南河時，客於楊氏節署的包世臣、梅曾亮等佩服以增的漢學功夫，包世臣云："唐以後音學少專家之書，至我朝諸儒而極盛。世臣於音韻之學無心得，年來居退思先生節幕，先生湛深漢學，於音均尤精，後學多獲教益。"（《金本〈新刊韻略〉跋》，《楄書隅錄》卷一）楊以增云："學先識字，循軌轍於汝南（許慎），教重傳經，溯淵源於高密（鄭玄）。"（《楊至堂致許印林書八通》之一，王獻唐編《顧黃書寮雜錄》，第147頁）楊氏孜孜於漢學，但并無門户之見，對宋學亦不偏廢。他對主張宋學的姚鼐極爲推崇，"姚姬傳先生嘗言，近世言漢學者，無宋儒苦身力行之學，而摘其文義小疵相詬病，是妄人也。公深契乎先生之言……公之所以自處者可見也"。

　　楊以增刊刻的《禮理篇》包括張成孫答方履籛（彦聞）的三封信和凌廷堪《複禮》上、中、下三篇。以增將張氏與凌氏之作合於一起，并以"禮理"命名，實際上包含著漢宋二説不容偏廢的思想。凌廷堪治學淵源於同鄉江永、戴震，遵宗漢學，反對宋學，專攻禮學，其《禮經釋例》一書對禮制進行了細緻的整理歸納考訂研究，《復禮》三篇標誌著凌氏禮學思想的形成。凌氏禮學實肇自乾嘉漢學，但又與之不同。乾嘉漢學以考證爲主，造成與現實人生隔絶之弊端。凌氏起而矯正，指出學問當以經世爲歸，而經世之最切實用者，莫如典章制度，故宣導整理典制，力圖通過復禮來經世正俗。在《復禮》上篇中，凌氏提出"聖人之道，一禮已矣"，認爲一切道德仁義都附於禮上，舍禮言道，則空無所憑，舍禮言性，則茫無所從，禮是道、性的具體實現。凌廷堪雖然否定理學而代之以禮學，但在推行五倫之禮治社會與端正人心和社會風俗方面，其精神仍與朱熹、江永、戴震等人的重禮傳統相一貫。與朱熹等不同在於，凌氏將其提高到踐履的層面上，追求其實際社會效應。凌氏禮學思想後經阮元、焦循等人推導，風靡學界，遍及徽州、江浙，和當時的理學界形成對峙局面，并引發了一系列的禮、理爭辯。如張成孫與方履籛的"表與裡"之爭、方東樹的"天理與節文"之辨、黃式三"約禮求理"及與夏炘、夏炯之辯難等等。張成孫給方履籛的三封信分別撰寫於嘉慶十七年（1812）的八、九、十月。兩人論禮、理之三書，只見張氏"答書"，未見方氏"問書"。然從"答書"中，仍可梳理出爭論之來龍去脈。第一封信討論何謂漢學、宋學；第二封信論辨聖人之道和入聖之道的途徑；第三封信分辨兩者之異。

楊以增肯定了凌廷堪的禮學思想，認爲以禮爲治學的始終是一個創舉。再好的仁義道德不通過禮來實現也不能有任何的社會效應，只有堅持實踐才能實現道德之完成。這自然抓住了問題的本質。但是，楊以增對凌廷堪所云孔子"但恒言禮，未嘗一言及理也"（《復禮下》），則以爲"持論似覺失中"（《禮理篇·跋》）。這不僅是一個文字有無的問題，而是涉及是否認識到理的問題，所以楊以增力辨之。他說"聖賢未始不言理也"（《禮理篇·跋》），并舉例云："'文理密察'見於《中庸》，'理義悦心'見於《孟子》，'窮理盡性至於命'見於《周易》。"（《禮理篇·跋》）其後，楊以增又讀到張成孫致方履籛書三篇，認爲"其説相成而不相悖"（《禮理篇·跋》）。張成孫認爲漢學、宋學的差異是其重點的不同："漢之學，要在禮。宋之學，要在理。漢儒非不言理，以爲言禮即具理也。宋儒非不知禮，以爲言理而後可以言禮也。漢俟其人自明，故其言宏；宋强人以爲善，故其言密。然則不學於宋，無以正其趨；不學於漢，無以充其用。"（張成孫《答方彦聞書》，《禮理篇》）漢學重禮，因而漢學側重行爲之實踐與治天下之方策；而宋學重理，所以強調人天性之善之擴充。前者的目的在"充其用"；後者的目的在"正其趨"。二者只不過是各就其一而精言之，并不相歧。成孫在第三封信中不僅直接分辨禮理之異，且明白表示在禮理漢宋之間自己支持禮學，并詳論其原因："禮者，言表而含裡者也；理者，言裏而遺表者也。漢人説禮，而製作之精自具；宋人説理，舉理以附合之，其説乃全。"（張成孫《答方彦聞書》，《禮理篇》）這裏，成孫以非常形象的詞語——"表"和"裏"來表示漢宋禮理之別。成孫所謂表是指已經訂立的禮制等，它必定包含具有其被制定的原則和道理，原則等是內在的"裏"。所以，作爲禮的表是兼含著理的裡之表，而裡則只指原則等，是內在的，無法包含外在的禮制等。儘管成孫指出了理的缺陷，但同時指出了理的重要性，"凡事莫不各具其理，聖人制禮，必揆於事之所必然者，而後著以爲經，使可舉焉。則理者，儒者之所不可不知也"（張成孫《答方彥聞書》，《禮理篇》）。禮的基礎是理，沒有理，不會產生禮，由此亦可看出理的不可或缺性。楊以增在《禮理篇·跋》中，轉引了張成孫的上述三段話，認爲"是彥惟此書與次仲之論足相發明"，廷堪強調立足於社會效應層面，集中考慮如何把道德五倫在實事上踐履出來，即他關心的不是理，而是理的實踐方式和完成。成孫推尊的是已經內攝義理原則的制度——禮，成孫支持禮學，但并不排斥理學，兩者只是有所側重而已。正是在此基礎之上，楊以增提出了漢宋禮理"二說不容偏廢"（《禮理篇·跋》）的學術觀點。漢宋之爭一直是清代學術的一個焦點，尊漢抑宋或者尊宋抑漢，二百年來水火不容，難以調和。楊以增在張成孫基礎上能夠找到一個契合點并兼顧容納二說，在清代學術史上的意義不言而喻。

十一月

67. 110 十一月十八日，奉命迅速籌運淮北票鹽，以濟軍需。

十一月己未（十八日）"淮渦以上鹽船、貨船總須設法通暢。近來籌餉極艱，不得已而借撥淮北票鹽，實專爲皖餉起見。特恐鹽務官員意存畛域，藉口遷延。著該給事中（指袁甲三）咨照福濟、楊以增迅速籌運，以濟要需。"（《清文宗實錄》卷一一二，《清實錄》，第44129頁）

67. 111 十一月十九日，上奏軍務河工糧餉不足，請將官票與銀錢并用，并可兌換銀錢，以順暢行用官票，以濟南河要需。

楊以增《軍務河工待餉孔亟請通行官票以濟要需摺》："查原奏議發各省官票諒已領發，近又發給豐工賑濟官票十萬兩，南河歲料官票十萬兩，自不難於通行。然銀錢之所以通行者，爲上下流通也。今改而用票，亦必上以是徵收，下以是交納。今日之票，明日即可得銀。此省之票，彼省亦可支銀，方能上下流通。臣因南河奉發官票，自應實力試行。連日與所屬文武悉心商確，并采訪輿論，僉謂部文內有得銀票者不准支銀及不准以銀票搭解部庫兩語……查各省銀號匯兌銀兩盈千累萬，僅一紙爲憑者，信也。外省錢鋪資本數萬，而出票十餘萬者，通也。……現在軍務河工引領待餉……惟有通行官票可濟目前之急，擬請商民得官票者無論何省，隨地隨時均准支銀，其藩關、運庫收官票者無論正雜款項均准搭解部庫，使天下曉然於官票與銀錢并重，群相寶貴，然後可以通行。或謂准支現銀恐無以准解部庫，無裨度支，不知戶部歲入有常，現撥官票有限，即全行抵解，不及十分之一。既通行之後，商賈便於□遷，殷富易於儲蓄，得票者方深藏之不暇，何肯支銀？既不支銀，外省解票亦必無多。是准其流通，然後可以行用，將見夫下以票爲重，以票爲便，迨其後衹知有票，不知有銀錢，而戶部之票取之不盡，用之不竭，誠如聖諭：久久行之，利國利民於無窮盡也，蓋通行則必有是效也。”（録副奏摺）

67.112　十一月十八日，接奉上諭，迅速撥發淮北票鹽，以保障皖餉。

十一月十八日，軍機大臣字寄袁甲三：“另摺所稱，捻匪剿辦過鷹，恐其并歸逆黨，自系實在情形。然該處遍地皆匪，勾結最易，急剿則尚知震懾，緩圖則愈肆鴟張。……淮渦以上鹽船、貨船總需設法通暢。近來籌餉極艱，不得已而借撥淮北票鹽，實專爲皖餉起見，特恐鹽務官員意存畛域，藉口遷延，著該給事中咨照福濟、楊以增迅速籌運，以濟要需。”（剿捕檔，转引自《清政府鎮壓太平天國檔案史料》第十一册，第254頁）

十二月

67.113　十二月初三日，因太平軍佔領揚州，形勢嚴峻，受命嚴防黃河漫口上下游，籌堵太平軍北上。

十二月癸酉（初三日）“賊踞揚城，久未克復，現在逆衆救援麕至，勢甚披猖，恐其由揚州東北一帶乘機紛竄。清江浦爲淮揚後路，此時更應嚴密堵截，著楊以增督率地方河工文武扼要嚴防。知縣吳棠聞其

團練壯勇，甚得民心，若飭令帶勇擊賊，定當得力。至黃河爲南北天
險，前已疊次諭令王履謙、長臻督率巡河員弁嚴防渡口。現在情形尤屬
緊要，著遵照前旨實力稽查，將各處隘口船隻概行收集。倘有疏虞，惟
王履謙、長臻是問。并著楊以增督飭文武於黃河漫口上下游嚴防奸匪竄
逸，毋得互相推諉，致滋貽誤。倘令揚州逸匪乘間北來，該河督等均難
辭重罪也。"（剿捕檔，轉引自《清政府鎮壓太平天國檔案史料》第十
一冊，第 405 頁）

67.114　十二月初十日，南河徐州府蕭南同知劉炳鉄之父劉枚庭於九
月初七日在籍病故，因河工廳缺緊要，所遺員缺請以江浦縣知縣于醇儒
陞補，以重修防。

　　楊以增《揀員陞補河工廳缺摺》："南河徐州府蕭南同知劉炳鉄之
父枚庭於九月初七日在籍病故……除飭該員遵照丁憂具報，另行核辦
外，所有蕭南同知一缺應照部定章程以十一月九日准諮之日開缺。查該
廳管理徐州府蕭碭南岸黃河堤埽工程，地接豫省，土性沙松，爲南河首
境要缺，必須擇幹練之員方克勝任。臣逐加揀選，查有江浦縣知縣于醇
儒，山東進士……該員年壯才明，性情儉樸，歷署沿河知縣，熟悉修
防。以之陞補徐州府蕭南河務同知，堪期勝任。"（錄副奏摺）

67.115　十二月二十七日，奉旨兼署漕運總督，并於翌年（咸豐四年）
正月二十四日，上摺恭謝天恩。

　　《崇祀鄉賢錄·事實》："三年，奉旨督防江北，兼署漕運總督。"

　　十二月丁酉（二十七日）："以江南河道總督楊以增兼署漕運總
督。"（《清文宗實錄》卷一一六，《清實錄》，第 44217 頁）

　　楊以增咸豐四年正月二十四日《兼署漕運總督恭謝天恩摺》："竊
臣接准吏部咨咸豐三年十二月二十七日奉上諭：'邵燦未到任以前，漕
運總督著楊以增兼署。'欽此欽遵。當即恭設香案，望闕叩頭。伏查河
湖工程半爲漕運而設，河漕事本相因，惟現在軍務未竣，江廣漕糧未能
兌運，江浙已徵漕米商辦海運未識如何定議。臣受恩慎重，苟能盡一分
心力，於國事有一分裨益，斷不敢以暫時兼攝稍有因循。"（《先都御史
公奏疏》卷二九）

67.116　十二月二十四日，太平軍攻陷廬州，防堵形勢更加嚴峻。奉旨嚴防河岸，并分派兵員，歸福濟調遣。

十二月甲午（二十四日）上諭："逆匪竄踞廬州，勢益鴟張，深恐乘機北竄。前經迭次諭令楊以增等嚴防河岸，諒已遵照辦理。此時情形更爲吃緊，尤當嚴密防範，勿稍大意。其應如何擇要駐兵堵剿之處，著楊以增、長臻、張亮基、英桂迅籌妥辦，總期聲勢聯絡，彼此應援，不可稍分畛域。儻任聽逆匪偷渡北竄，朕惟該督撫等是問。……張鼎元前在安徽防堵，熟悉情形，著楊以增迅飭該員帶山東兵二百餘名，配齊軍裝器械，馳赴廬、鳳一帶聽候福濟調遣，原片著抄給閱看。"（《清文宗實錄》卷一一六，《清實錄》，第44209頁）

67.117　楊以增奉旨督防江北，兼江南北糧臺大臣。其子楊紹和侍於戎幕，輔佐贊畫機宜。（《崇祀鄉賢錄·事實》）

67.118　致信友人，并贈奠儀，以表慰問。

楊以增致友人函："前奉訃音，驚悉祖太夫人瑤池證果，兜率歸天，捧讀之餘，莫名悲悷。伏念祖太夫人榮膺封誥，壽享期頤，身世無復遺憾。尚希節哀順變，以當大事，以慰先靈，是所禱切。承囑代投各信，當即分別妥交矣。弟承乏南河，冰兢日切，撫蚊肩而滋懼，感駒影之如馳。泐此佈唁，并呈奠分貳百金，略抒芻獻，順候孝履不具。愚弟楊以增頓首。令叔九先生均此致唁。"（《小莽蒼蒼齋藏清代學者書劄》（修訂版），第579頁）

　　　按：此信未寫收信人姓名。據此信"弟承乏南河，冰兢日切"，可判斷此信當作於楊以增擔任江南河道總督一段時間之後，姑系於此年。

67.119　冬，包世臣與楊紹和游於淮上，得金本《新刊韻略》五卷三冊。楊以增命包世臣加以校補。

包世臣金本《新刊韻略·跋》："唐以後音學少專家之書，至我朝諸儒而極盛。世臣於音韻之學無心得，年來居退思先生節幕，先生湛深漢學，於音均尤精，後學多獲教益。昨冬與緦卿有淮上之遊，得此書而歸，呈諸先生。命世臣補録錢詹事原跋二則，并疏各本異字於另紙，附之卷後，以存古籍之遺焉。甲寅四月，布衣包世臣跋。"（《楹書隅録》卷一）

　　按：此文見於楊紹和《楹書隅録》卷一金本《新刊韻略》條目，原書已佚。包氏跋前有咸豐甲寅（1854）春江南河道總督楊以增（退思老人）於南清河節署四宜軒所題識語。跋後又有楊以增子（楊紹和協卿）之題識。紹和詳記得書經過，并考定此書爲金刻元修本。從紹和題識及包氏跋中可知，此書是包氏與紹和於上年冬游淮上時所得。原書已失竹汀居士錢大昕兩跋，據楊以增之意，包氏從張金吾《愛日精廬藏書志》中移録錢跋，此兩跋見於《隅録》卷一楊以增題識之前。又因此書佚去，故包氏另紙所附卷後之"疏各本異字"亦不能見之。從上可知，包氏客於南河署時，不僅襄助楊氏刻書，亦襄助藏書事宜。是跋作於咸豐甲寅（1854），則所稱"昨冬"即爲本年，故系此條於此。

67.120　冬，將包括宋乾道本《史記》在內的善本載歸陶南山館。

　　紹和於宋本《史記》題云："癸丑冬，載歸陶南別業。"（《楹書隅録》卷二）

咸豐四年甲寅（1854）六十八歲
（在江蘇清江浦）

　　【概要】辦理南河工程情形：積極籌措經費，正月初七日，奏請換發官票，以濟要需。五月十二日，奏請撥户部銀票四十萬兩并淮安關銀四萬兩，以趕辦工程。五月二十一日，因設局收捐成效不佳，上奏令各員以所准工料赴局上兑。八月二十二日，請撥歲料銀八十萬兩，并在所發官票內酌發現銀，以搭配使用。積極辦理河工。正月，因節屆立春，於豐北壩門密掛擋凌椿木。七月，上奏積極籌辦南河各工，安然度過伏汛情形。十二月，上奏防守黃河凌汛，豐工口門密掛擋凌椿木，水勢工程平穩，并籌備蕭南王平莊工程。遵旨於六月裁汰河庫道暨道庫大使員缺，并設局清查。剿辦散勇土匪情形：正月，派兵剿辦李三鬧爲首之潰勇，并續將頭目李三鬧成功緝拿。二月，剿辦海沭一帶捻幅匪徒，派遣淮海道梁佐中等生擒匪首多名，并嚴捕餘匪。九月，會剿雲梯關外河沙荒地王大老虎等洋匪，分別擒獲王大老虎、金四將軍等匪首，續又設法搜捕陳二將軍等頭目，餘黨一律肅清。十月，肅清銅山、豐沛等地張彥、李大選、杜四等土匪，地方得以安謐；圍剿捻匪宋萬等人，并依律正法。積極防堵太平軍情形：正月二十七日，上奏裁并徐州、宿遷兩處糧臺，統一歸并清江糧臺，以節省經費，方便辦理。正月二十八日，上奏團練民勇，并勸捐米石，供給兵勇用度。二月，因太平軍擾陷蒙城、永城，逼近徐州，分派兵力防守徐州、清江，并派前漕臣李湘棻統帶兵勇，先往宿遷保護糧臺。實力辦理鹽務、錢務、捐輸情形：四月，接准部咨，設法妥善辦理淮北鹽務。同年，奏請於清江中和官局印製小額官銀散票，并積極鑄造大錢。於五月二十一日倡捐二千兩，并率屬共捐輸軍餉一萬兩，爲此於五月二十五日被從優議敘，帶加四級。本年，得宋本《三續千字文註》、宋本《詳註東萊先生左氏博議》、殘南宋蜀本《孟東野文集》；刊成應撝潛撰《應潛齋先生集》，并於清河節署之四宜軒跋金本《新刊韻略》五卷。迎摯友梅曾亮於南河督署之清宴園，自此二人"對案食者一年"。爲避難安親，由其子楊紹和於肥城陶山之陽建陶南山莊。

正 月

68.1 正月初七日，上奏南河工需短絀，各省額解各款難以催到，蕩柴到工亦需實銀發辦，爲此懇恩換發官票，以濟南河要需。

楊以增《工需短絀請換發官票摺》："竊臣請發本年歲料銀兩，奉部覆稱：南河歲料一百二十萬兩，原備二十二廳修守之用。茲豐北漫後，七廳無工，其有工之十五廳，估工自必減少，約計可省一半，先後准給官票二十五萬兩，并令將各省例解及葦蕩柴束變價等項銀九十餘萬兩趕緊催提，以濟要需。又豐工案內用存部頒收捐執照四十萬兩，亦令通融籌辦，等因。……查南河二十二廳現當豐工緩堵，除銅沛等七廳無工外，其有工之十五廳內，外南北、山海、安阜、黃河六廳承受洪湖及北運河減泄之水，其匯注歸墟之勢不減於黃流，即不能不照常修守。其邳宿桃清之北運河及裏揚江運之南運河綿長七百數十里，兩岸埽段閘壩

鱗次櫛比。又高堰山盱防湖之石工、泄水之壩座修守啓閉均與黃河無
涉，更屬一無可省。溯查從前南河每年用項多至八九百萬及五六百萬，
近二十年來減至四百萬，臣到任復凜遵聖訓，力求撙節，減至三百三四
十萬，實屬省而又省。今即按十五廳約計縮除，亦須二百數十萬方敷修
守。此外兵餉、夫食、蕩柴、刀本、水腳、內外衙門飯食、辛工等項約
需銀三十餘萬兩，更屬不能停支。上年歲料、防料兩次撥款均未到齊，
額解僅到兩淮癸丑下半鹽課銀十五萬兩，又奏准以印領抵捐約計五十餘
萬兩，核對放款，僅止及半，以致應發之款愈積愈多。如現在亟應堵閉
收束之高郵四壩、山盱禮河、中運河水口閘壩又堰盱兩廳三年來風掣必
應補砌之石工皆以無款不能興辦，尤關緊要。一切支絀情形，自邀洞
鑒。本年水勢大小固難預知，修守情形自與上年相仿。今部臣於官票二
十五萬兩之外復議及額解柴價九十餘萬兩、收捐執照四十萬兩，實已籌
畫無遺。如能全數作收，原可暫濟眉急。無如額解之款以兩淮及江藩庫
爲大宗，現在賊氛未靖，淮務地方縱有徵收，亦必先盡軍餉，未能挹注
河工。其他省額解或因道遠，或因無款，徒事催提，均難濟用。蕩柴到
工原可抵發現銀，惟刀本、水腳等項先須實銀十餘萬方能運柴出蕩，否
則漂淌霉朽，仍歸烏有，是額解柴價有款而無著。目前要工萬分掣肘，
臣深知國用浩繁，何敢添請現銀，致煩籌撥？因思部頒執照四十萬，專
待收捐，急切未能濟用，且現在官票通行，外間以前項執照名目既異，
行用又殊，皆遲疑而不敢領。惟有仰懇天恩敕部還給官票，俾得趕辦要
工而免貽誤。臣仍督飭各道認真稽查，如有浮冒，指名嚴參，以期仰副
皇上慎工節帑之至意。"（《先都御史公奏疏》卷二十九）

68.2　正月初七日，上奏部頒收捐執照僅能抵捐，非請換官票不能通
行，因換發票張既須添註冊文，又須製造工本，請將此項執照與官票一
律行使。楊以增（《請部頒執照與官票一律通行片》《都御史公奏疏》
卷二十九）

68.3　正月初八日，上奏節屆立春，豐北壩門密掛擋凌椿木，各廳修
守工程平穩，并酌發歲料以資修守。
　　楊以增《節屆立春工程平穩摺》："竊照河工向以冬至起至立春止
爲凌汛之期，防守亦關緊要，先經臣通飭各道將廳營小心防護，旋據陸

續稟報上年十二月初旬起至本年正月初四日止，淮揚徐海一帶先後得有瑞雪，積厚尺許至三尺不等，普律優沾，民情歡忭。豐蕭境內黃流間遇冰凌，均隨時疏導下行。豐北壩門密掛擋凌椿木，裹頭護埽等工悉無鏟削之虞。南北運河亦未凍結，各工一律平穩。至歲料爲修防根本，除黃河無水七廳外，其餘黃運各廳應發歲料值此庫項極艱之際，臣督令各道再三節減，即於奉發官票內分給各廳領辦。雖初行官票之際，料戶未免遲疑，臣遵奉諭旨，除頒發謄黃宣示外，又復諄切曉諭，務使一律通行，歸於實用，不任稍有藉口。"（《先都御史公奏疏》卷二十九）

68.4　正月初八日，上奏遵查河灘荒地情形，并飭令徐州道等督令兵夫，隨地土所宜，分別種植。

楊以增《遵查河灘荒地飭令隨宜種植片》："臣伏查黃河兩岸灘面沿堤十五丈以內本系官地，向給河兵、堡夫承領種植秋秸，添補歲修工程之用，此外皆爲民田，任其種植，并無曠土。茲豐工以下至外南北以上數百里雖已斷流，而河形仍有存水，下系嫩淤，堪施耕作者其少。臣前與韓椿面商，即已飭令徐州道暨前河營參將呂邦治往勘，督令兵夫凡官灘及河形內有栽種之地，務當乘此春耕之際，隨其所宜，分別種植，不任地土曠廢，俾利兵夫而平料價。"（《先都御史公奏疏》卷二十九）

咸豐三年十二月甲申（十四日）上諭："韓椿奏請將河灘荒地栽種雜糧秸柴等語。據稱自豐工以下至外南、外北等廳以上南北七百餘里，現在缺口既議緩堵，則河身地土荒廢幾及一年。果如該臬司所奏，責令各廳營兵夫栽種雜糧秸柴，不特於兵夫民生大有裨益，即將來興辦大工，料價亦可節省。著楊以增酌量情形，妥籌辦理。"（《清文宗實錄》卷一一五，《清實錄》，第44186頁）

68.5　正月十五日，上奏盧郡失陷後，防淮更重於防河，爲此分咨統兵大員扼守淮南，并責成淮南、淮北各地認真辦理團練。

楊以增《盧郡失陷防淮重於防河現飭實行團練并撥兵赴皖摺》："伏查揚州賊竄以後，清淮情形似輕。但賊匪難保大股不去而復來，是逆氛一日不淨，清淮一帶一日不能撤防。今盧郡失陷，逆勢鴟張，血氣之倫，無不切齒。查盧州驛路直達徐州，僅七百餘里，現在豐北以下黃河斷流，間有積水，亦俱冰凍，行旅車馬處處可以往來，若沿岸設防，非數十萬重兵不敷分佈。不獨無此辦法，抑且無此經費。現惟嚴飭印委員弁擇要慎防，冀免偷越。惟長堤千餘里，豈能節節有人？臣每一念及，實深惴栗。查黄河以南有淮河東西橫亘，亦屬天險。現在賊踞廬州，距淮不遠，一面分咨各路帶兵大員扼守淮南，并責成淮南北各州縣實力團練，以助兵力之不足。否則賊逼長淮，溯流而下，徑達洪湖，較之由陸路北趨徐州，其勢更易，是洪湖水路隘口尤關緊要。上年所派參將蔡天禄與在籍候補知府蔡觀龍及該管廳縣均極出力，蔡觀龍將守塢之船團練水勇二千餘人，前此李湘棻往彼巡閲，槍炮技藝均屬可觀，洵足以壯聲威。惟春融冰泮，各該船須赴上游貿易，現飭設法獎勸，俾得久留。至福濟赴援皖省，臣於未奉諭旨之前，先即將山東官兵四百餘名撥歸統帶，并撥給清河縣練勇三百名隨往攻剿。兹又將蔣壩駐紮守備張鼎元所帶兵丁籌給口糧，飭令星馳前往福濟行營聽候調遣。惟官兵拔營後蔣壩不免空虛，現雖兵單餉絀，臣惟有竭盡心力，另籌派撥，以慎堵禦而資鎮定。"（《先都御史公奏疏》卷二十九）

68.6　正月十六日，上奏揚營勇目李三鬧率勇沿途劫掠，并抗拒官兵。現經楊以增派兵剿辦，潰勇大夥已散，現正加緊緝拿頭目李三鬧。

　　楊以增《剿辦滋事潰勇獲勝摺》："嗣聞揚營勇目有李三鬧者，馮景尼待之極優，乃狼子野心，當圍攻吃緊之時首先潰散，率勇千餘人沿途劫掠，逃至靈泗交界之高家集樹旗築壘，意圖不軌，當經密飭各路文武迅速兜拿。總辦糧臺廣東高廉道法良得信最早，一面派兵，一面約會徐州鎮百勝、徐州道王夢齡會同派兵往剿。……經徐州鎮道函商，袁甲三派臧紆青帶勇五百名，復經法良派委留防宿遷之署山西大同參將群壽帶兵四百名，百勝又親帶標兵五百名并山東舉人李延忠帶勇四百名，山西大同參將高培帶兵五百名，分投馳往。上年十二月二十九日臧紆青帶勇先至大李集紮住。正月初一日夜間，該匪率衆三千餘人突撲大李集，幸法良派去群壽及睢寧縣知縣高丙謀帶領委員兵勇趕到，在集設伏，乘勢沖出，該匪即開槍抵拒。臧紆青、群壽、高丙謀及地方文武分督兵勇，奮力轟擊，殺賊二百數十名，獲大紅旗兩面，三四百觔炮十餘尊，抬槍三十餘杆。該匪遂四散逃竄，我兵分路追趕，又殺賊二百餘名，奪獲槍炮器械六百餘件，馬七匹，牛車二輛，火藥鉛丸二千餘觔，擋牌十四架。現存餘匪不足千人，四奔潰散。……查此次李三鬧滋事，幸得信較早，派出文武俱各奮力，得以痛加剿殺，可免燎原。惟李三鬧是否轟斃，抑尚在逃，除飭懸賞購線搜捕餘孽，不准一名漏網，以絕逆萌而靖地方。"（《先都御史公奏疏》卷二十九）

正月乙亥（二十二日）上諭："楊以增、袁甲三奏剿辦潰勇獲勝各一摺。揚州勇目李興青即李三鬧潰逃後至原籍泗州，盤踞高家集，樹旗築壘，聚衆搶掠，實屬罪大惡極，現經楊以增、袁甲三會同剿辦，業將該匪大股殲斃殆盡，惟首匪李三鬧尚未弋獲。著楊以增、袁甲三仍督飭文武員弁迅速掩捕，毋令漏網，鄉民練勇有能將首犯購線擒獻者，著即據實保奏。所有此次出力員弁兵勇并著楊以增、袁甲三查明奏請獎勵，無稍冒濫。"（《清文宗實錄》卷一一九，《清實錄》，第 44265 頁）

68.7　正月十六日，上奏特參張恩培、富森、張喬森等職官藉公索詐，請旨即行革職，嚴加審訊，以儆官邪。

楊以增《特參職官藉公索詐請革職訊辦摺》："竊據臬司查文經稟稱，據甘泉縣捐職州同臧仁壽呈控，南河候補州同張恩培藉稱奉派團練，向伊需索洋銀，并盤獲鄉勇劉愷等疑系奸細，派伊出解費不允，將劉愷捆送當鋪內，希圖嚇詐。伊將鄉勇送營，張恩培復以藏匿奸細爲詞，向伊恐嚇，并稱有欽差雷以誠、委員佐領富森奉委往提劉愷等，向伊鋪友恐嚇索詐等情。該司摘傳人證，逐一查訊，張恩培向臧仁壽索洋銀十四元，并向監生陸登山、陸德山需索制錢三十六千文屬實。又同局副貢生張喬森捏造假賬，將需索錢文作爲團練公費，亦已查實……伏查現當團練吃緊之時，似此藉端索詐，必至鄉民畏縮，相應請旨，將南河候補直隸州州同張恩培、佐領富森一併革職，張喬森革去副貢生，交臬司查文經研訊確情，按律定擬，以儆官邪而重團練。"（《先都御史公奏疏》卷二十九）

正月乙亥（二十二日）上諭："楊以增奏參職官藉公索詐請旨革訊一摺。南河候補州同張恩培藉派團練，索詐銀錢，并有佐領富森冒充委員，副貢生張喬森捏造假賬，種種擾害，業經前任江蘇臬司查文經稟稱查訊屬實。現當團練吃緊之時，似此藉端滋擾，於地方大有關係，張恩培、富森均著革職，張喬森著革去副貢生，即交楊以增提齊該革員等研訊確情，按律定擬具奏。"（《清文宗實錄》卷一一九，《清實錄》，第 44265 頁）

68.8　正月二十四日，上奏稽查戶口，積極籌款，妥善辦理徐州賑務大概情形。

　　楊以增《籌辦徐州賑務摺》："竊查徐州府屬被水災民亟應賑濟，前飭司道籌辦，旋據署江藩司麟桂、暫署徐州道王夢齡會詳稱，豐、沛、邳、銅、碭五州縣坐落災區，各戶擬仿元年成案給賑三個月，所需經費該藩司於江北各州縣應徵錢糧並漕米變價及存典本息各項籌撥解徐，業於上冬由該道督府委員分赴災區稽查戶口，核實散放。其宿遷以下各州縣被淹尚輕，飭令勸捐，酌辦撫恤，不得任其流離。又據該司道另詳賑需即已籌有款項，所有奉發賑濟官票十萬兩俟勸諭商民承領，辦有成數，隨時稟商撥用。"（《先都御史公奏疏》卷二十九）

68.9　正月二十七日，楊以增上奏裁併徐州、宿遷兩處糧臺，統一歸並清江糧臺，以節省經費，方便辦理。

　　楊以增《裁并糧臺以節經費摺》："竊照上年清江設防之始，系倡捐辦理，嗣徵兵到營，即奉戶部議設糧臺，陸續撥餉支應。所有揚州大營需用軍火、帳篷、器械及來往官兵鹽糧、馬乾均由浦局製造支應，其留防清江外調官兵以及河兵雇勇所需口糧亦在浦局支領。計自設局以來已將一載，茲據總辦糧臺廣東高廉道法良稟以該道糧臺承辦慧成、福濟及臣三處徵防官弁兵勇鹽糧、馬乾等項，每月需餉十萬餘兩。現在福濟帶兵赴皖，慧成營內兵勇俱無。清、徐、宿三處每月需餉三萬餘兩，擬歸并清江，以節糜費。該道奉旨統帶山西兵八百五十名擬交接辦河南糧臺文煜帶領，所調河兵五百名擬裁撤歸營，稟請具奏前來。臣查多一處糧臺即多一處經費，該道所議系爲節費起見，且慧成行營糧臺已據奏明歸併清江，相應請旨將宿遷糧臺亦即歸并清江，所有原歸宿遷糧臺支應之官弁、兵勇、鹽糧、馬乾等項均由清江局內給發，以歸簡易。現在奉部飭取用項款目，飭俟單式發到，迅速查明請奏，不許稽延。"（《先都御史公奏疏》卷二十九）

　　二月甲戌（初五日）上諭："前因福濟帶兵赴皖，慧成所帶之兵迭經裁撥，當諭令琦善將法良所管糧臺統歸文煜經理。茲據楊以增奏請將宿遷糧臺裁撤，歸并清江，著即遵照前旨，覈實辦理。至清江籌防局仍著暫留法良經管，飭令將一切用款認真裁汰，毋許冒濫。"（《清文宗實錄》卷一二〇，《清實錄》，第44286頁）

68.10 正月二十八日，上奏團練民勇，畫夜守望，有事爲兵，無事爲民，并勸捐米石，供給兵勇用度，以聯聲勢而濟軍儲。

楊以增《團練民勇勸捐米石摺》："竊自廬郡失陷後，防淮重於防河，所有南通、天長、六合之蔣壩尤爲要隘，曾囑前漕臣李湘棻前往巡閱，查得守壩之船團練水勇二千餘人，各鄉團練民勇二萬餘人，當飭印委各員督率防兵募勇，與民勇互相聯絡，以壯聲威。蔣壩之南有禮河減水壩，本應籌堵以節湖瀦，惟該壩水深溜激，間隔南北，可爲天險，其下游高郵各壩即日堵竣，民田即可播種。往後洪湖水長由禮河循序而下，早辟歸江各路，俾其暢泄，不令有礙民田。先是調任漕臣福濟因高寶一帶兵力不足，函商李湘棻勸練民勇，有事爲兵，無事歸農，庶幾節口糧而可經久。當委前任淮安府知府福楙、淮安衛守備陳迪怡分頭勸諭。茲福濟奉命赴皖剿辦，臣囑李湘棻親赴下游查驗。自淮關至邵伯止二百六十餘里中，共團一萬三千餘戶，出丁二萬餘人。沿河村莊星羅棋佈，俱極整齊，器械精利，旗幟鮮明。李湘棻宣佈皇仁，勉以大義，處處歡聲雷動，同仇之意見諸顏色。爲之示以約束，教以號令，無事則晝夜守望，有警則鳴鑼爲號，長堤一線，兩面伏擊……此沿河團練民勇之情形也。再查糧臺撥款解到寥寥，清江兵勇有乏食之虞。李湘棻同爲焦灼，當囑其順道體查，設法勸捐。旋據函稱查看民勇就勢勸諭，知下河各邑上年秋收頗稔，莫若以米代錢，散放兵勇口糧，其勢尚順。詢之紳耆，僉以爲可。當此錢糧支絀之際，亦各願竭力輸將，遂即出示，按照糧臺新例，仍以錢一千六百文作銀一兩，確查時值，收兌米石，以期踴躍。并委廣東候補道黃錫慶、前淮安府知府福楙在寶應、高郵、七邑適中之地分設二局，聽民就近上兌，以示招徠。統俟捐有成數，再行匯奏請獎。"（《先都御史公奏疏》卷二十九）

二月壬辰（二十三日）"又奏團練民勇、勸捐米石情形，批：各處團練原爲守禦本處，若必使有一團即籌一團之費，是虛糜帑項，擲之無用之地。此等團練斷不准豫籌經費，如有捐輸較多者，奏明破格請獎，將捐項徑解琦善大營"（《清文宗實錄》卷一二二，《清實錄》，第44326頁）。

68. 11　正月二十八日，清河縣知縣吳棠懲暴安民，練勇禦寇，事事實心，不辭勞瘁。因報丁父憂，例應交卸，請準令該員交卸治喪，俟百日後仍以該員署理清河縣事。

楊以增《請留丁憂知縣暫行署缺片》："上年春間揚州失守後，清淮震動，經臣飭調清河縣知縣吳棠回任。該員懲暴安民，練勇禦寇，事事實心，不辭勞瘁。茲據報丁父憂，例應交卸。旋據合邑紳耆呈請留任前來。臣查吳棠之有益清淮，久在聖明洞鑒之中。惟該員甫遭父喪，臣仰體皇上孝治天下之心，未便遽奪其情，亦不敢違例具奏。然賊氛不遠，防兵無多，該員所練募勇及各鄉民勇必須鈐制得宜，一時接手，殊難其選。除委海防同知李萬傑代理外，擬懇聖恩准令該員交卸治喪，俟百日後仍以該員署理清河縣事，俟軍務完竣再令回籍守制，以符定例。"（《先都御史公奏疏》卷二十九）

　　　　按：咸豐四年（1854）正月二十四日，吳棠之母在清江浦寓所病逝，當時太平天國北伐援軍正在碭山、蕭縣一帶活動，并趁機北進。清淮居民聽説吳棠丁憂，十分憂慮，請吳棠同年魯一同向其父請求，并向楊以增請求留任。吳棠《顯考北山府君行述》稱："清淮居民猝聞不孝棠當大故，行將去職，奔走號告街衢，人人自危。是日，縉紳、父老數百人，相率具牒大府請留。大府既定計入告，而慮不孝棠義不可強留。於是淮海道梁公、管河庫道婁公以下五六君者，介魯孝廉一同致語府君。魯君入拜床下具述：'天子明聖，廷寄嘉獎，德音之厚且渥，與縉紳兵民攀留，呼號之聲不忍重達。'府君良久歎曰：'吾豈爲其私，顧於禮不可，然幸爲我告諸公，勿以我故撓大計也。'大府既入告，奉旨准給百日治喪，不孝棠忍痛返葬，百日復以墨絰視事……年餘，會高唐連鎮相繼克復，逆氛漸平，哀籲陳請，乞請終制，大府允准。"（吳棠《望三益齋雜體文》卷一）《清史稿·吳棠傳》亦稱"咸豐三年，粵匪陷揚州，時圖北竄。棠召集鄉勇，分設七十二局，合數萬人，聯絡臨近十餘縣，合力防禦，有聲江淮間。丁母憂，士民攀留，河道總督楊以增疏請令治喪百日後，仍署南河"（《清史稿》卷四二五《列傳》二一二，第12222頁）。由此亦足可見吳棠帶兵剿匪有方，深爲當地百姓所倚，而楊以增亦深重其才。因此當地士民挽留吳棠，并在得到其父允准後報知楊以增。楊以增早有此意，因此專折上報，得到咸豐帝允准。

二　月

68.12　二月初九日，受命督催淮揚、淮海、淮徐三屬錢糧漕米，并加緊銷鹽籌款，以濟琦善大營軍需。

二月戊子（初九日）上諭："疊據琦善奏陳軍餉告匱情形，均經批飭戶部速籌。惟撥款轉解需時，即使指撥改撥各款如數解到，亦僅敷一月之糧，此外更無濟急之策。因思淮揚、淮海、淮徐三屬錢糧漕米俱屬維正之供，該督撫遠在江南，值此賊氛竄擾，輾轉催提尚恐鞭長莫及。楊以增近在江北，即著飭令該管道府督率所屬認真實力催徵，隨時運解琦善軍營，俾可源源接濟。郭沛霖現署兩淮運司，駐劄泰州，督銷鹽引，所徵鹽課亦可協撥軍糈。著楊以增督催趕緊銷運，以濟軍需。并著琦善就近提取應用，事竣核實報銷。此時各路軍餉籌撥甚難，惟有先就本地情形設法籌辦，以期於事有濟，不致遲誤。"（《清文宗實錄》卷一二一，《清實錄》，第44315頁）

68.13　二月十四日，正式兼署漕運總督。

楊以增二月十七日上《恭報兼署漕督日期摺》："茲准調任漕臣福濟將漕運總督關防一顆并王命旗牌文卷等件，委員齎送到浦，臣即於本月十四日恭設香案，望闕叩頭，接印視事。伏查本年江廣等省漕米大半就地折收，并無起運軍船，現惟咨催浙江、江蘇各撫臣將議商海運漕糧飭屬趕緊裝運。一俟劉河挑竣，即行齊集沙船，兌米放洋，以期早達天庾。"（《先都御史公奏疏》卷二十九）

68.14　二月十七日，上奏逆匪擾陷蒙城、永城，逼近徐州，意圖北竄，爲此分派兵力進行防堵，并重點防守徐州，同時加強清江防守。

楊以增《賊匪竄逼徐州亟籌防剿摺》："竊照江省水路沖途，東路以清江爲要，西路以徐州爲要。皖省賊勢蔓延，臣時慮其乘機北竄，迭經照飭徐州鎮道於交界處所不分畛域，嚴密巡防。茲據該鎮道會稟，逆匪自六安州一帶竄出二萬餘人，由正陽關攻陷潁上縣。二月初三日竄至

蒙城，八日即陷豫省之永城。……當飭署蕭縣知縣楊蘊緒、蕭營都司李
恒清帶領兵勇三百五十名，並在籍庶吉士段廣瀛等選帶民勇一千餘人，
馳赴永城之瓦子口防禦。又派山西陽和城都司崇順帶大同兵二百名，會
同碭山縣知縣調集守城兵勇加意防範。該鎮道挑選兵丁一千五百名，進
駐北辰，以扼蕭碭至徐總路。惟郡城空虛，勢須兼顧。適有紳士等挑選
壯丁三千名來郡捍衛，藉壯聲威。又飭山東舉人李延忠添募練勇五百
名，並劄調河兵，分派防禦，所需口糧分別支給。又據另稟，該匪由間
道於十二日未刻竄至蕭縣黃家口地方，先有土匪爲之宣導，焚掠裹挾，
聲言直驅徐州。又據蕭縣知縣楊蘊緒拿獲長髮賊九名，訊供欲往北路救
援賊約二萬人，馬千餘匹，大炮二十餘尊各等情。臣接閱之下，憤懣難
名。查徐州兵勇不足二千人，現在該鎮百勝、該道王夢齡雖經調募河兵
練勇，并招致民勇數千，但訓練未久，究不足恃。徐州爲江南重鎮，且
自古用兵必爭之地。該匪既圖北竄，接應河間，則豐工以下黃河斷流，
無險可扼，恐以全力趨赴，所關匪細。現在面商前漕臣李湘棻，酌帶炮
勇三百名，并留防清江之山西大同兵三百名、狼山兵五十名、因差來浦
之壽春兵一百名，又駐紮宿遷之山西大同兵五百名，共一千二百五十
名，配齊軍火，兼程前往。臣因海沭一帶土匪陳玉彪等出沒無常，現令
淮海道梁佐中帶勇往拿。清江四通八達，客兵既無可添調，惟有督飭漕
河兩標副將將存營弁兵認真操練，至河兵募勇僅二千餘名，亦飭管帶員
弁，擇要設防。洪澤湖禮字河亦暫行緩堵，以資守禦而紓廑懷。"(《先
都御史公奏疏》卷二十九)

68.15　二月二十日，上奏逆匪竄逼徐州，萬分危急，現正扼守徐州，
同時防備太平軍聲東擊西，尋機北上。因清江形勢嚴峻，不能遠離，因
此派遣前漕臣李湘棻統帶兵勇先往宿遷保護糧臺，並咨會山東撫臣
截擊。

　　楊以增《賊匪由徐州北竄亟籌會剿折》："本日又據徐州鎮道馳稟，
賊自皖省北竄，先有土匪爲之前導，二月十二日賊至蕭縣黃家口焚掠，
被官兵民勇擊散。次日突有大股逆匪踵至，約三四萬人，見豐工以下黃
河乾涸，即屯踞各村莊，意圖分道直撲徐城。該鎮道因徐州城垣卑於大
堤，且北岸系通京驛道，現赴上游南北兩岸紮營扼堵，俟給事中袁甲三
所派兵勇及挑選民勇到齊，即相機進剿。至豐工口門上下游黃河船隻久

經撤盡，該逆無舟可覓。惟口門以下水勢散漫，誠恐該逆擇水淺處或搭浮橋，或紮木筏，偷渡竄擾，該處河北逼近東省，請飛咨防堵等情。查避實襲虛、聲東擊西是逆匪慣技，該逆踞永城後據探分股西去，今忽北竄，是明知徐州兵單，乘間窺伺。現在屯住豐工上下，聲言直撲徐州，又難保不於口門以下斷流之處潛圖北竄。逆焰鴟張，實堪髮指。清江距徐州至蕭、碭地方五百餘里，且署淮海道兼署運司郭沛霖現駐泰州，署淮海道梁佐中因海沭土匪帶兵往剿，兼之廬州一水可達洪湖。現在清淮人心已覺驚慌，臣若遠離，恐生肘腋之患。而徐州萬分緊急，又不敢顧此失彼。現囑前漕臣李湘棻統帶兵勇先往宿遷保護糧臺，相機前進。惟豐工以下水已斷流，處處可渡北岸，即東省地方必須自北截剿，方能得手。除飛飭駐紮山東界內之山東臬司屬恩管帶兵會剿，并飛咨山東撫臣發兵迎頭截擊外，爲此繕摺由六百里馳奏，伏乞皇上聖鑒訓示。"（《先都御史公奏疏》卷二十九）

二月壬辰（二十三日）："江南河道總督楊以增奏逆匪偪近徐州，急籌防剿情形。得旨：汝在清江，何無探報？專待該鎮道具稟到汝，始行具奏，朕已早知數日矣。現在逆匪業已渡黃，汝竟毫無知覺，形同聾瞶，即使續有報來，已是遲了。"（《清文宗實錄》卷一二二，《清實錄》，第44325頁）

　　　　按：因豐工以下黃河斷流，防堵太平軍北上難度很大。本年二月初四日，有人奏報豐工下游包家樓一帶土匪渡河北竄，咸豐帝得報震怒，將淮徐道王夢齡、徐州總兵百勝均予革職留任，而楊以增身爲河督，因未能先事籌防，并著交部議處。此後，咸豐帝又節次嚴諭楊以增等加意嚴防太平軍續行偷渡。此外，楊以增多次因文報遲緩遭到咸豐帝嚴飭，因此在防禦太平軍逼近徐州方面，楊以增壓力很大，故上奏要求增兵匯剿。

68.16　二月二十五日，因未能防範土匪偷渡黃河，被咸豐帝交部議處。

二月甲午（二十五日）上諭："百勝、王夢齡奏豐工下游包家樓一帶現有土匪假充逆賊，紮筏渡河。該鎮等未能杜其偷竄，均屬罪有應得。除淮徐道王夢齡前經革職暫留本任外，徐州鎮總兵百勝著即革職，仍留本任，與王夢齡督帶兵勇，迅將股匪剿捕淨盡，毋再疏虞，致干重罪。江南河道總督楊以增未能先事籌防，并著交部議處。"（《清文宗實錄》卷一二二，《清實錄》，第44328頁）

署吏部尚書臣阿靈阿等二月二十九日《遵旨核議南河總督處分摺》："內閣抄出咸豐四年二月二十五日奉上諭：百勝、王夢齡奏現追剿賊匪情形，并自請嚴議等語。豐工下游包家樓一帶現有土匪假充逆賊，紮筏渡河，該鎮等未能杜其偷窺，均屬罪有應得。除淮徐道王夢齡前經革職，暫留本任外，徐州鎮總兵百勝著即革職，仍暫留本任，與王夢齡督帶兵勇，迅將股匪剿捕淨盡，毋再疏虞，致干重罪。江南河道總督楊以增未能先事籌防，著交部議處。欽此。欽遵到部。查定例：官員防範不嚴者降一級留任，又例輕而案情較重者酌量加等各等語。除徐州鎮總兵百勝著即革職，仍留本任，應由兵部辦理，王夢齡督帶兵勇，迅將股匪剿捕淨盡，臣部另行知照外，此案豐工下游包家樓一帶現有土匪假充逆賊，紮筏渡河，該督未能先事籌防，欽奉上諭：交部議處。應請將江南河道總督楊以增照防範不嚴降一級留任例上加等，議以降二級留任。係公罪，例准抵消。可否准其抵消之處，恭候欽定。俟命下之日，臣部再行辦理。"

68.17 二月二十六日，因奏報太平軍渡河不及時，遭到咸豐帝嚴厲斥責。

二月乙未（二十六日）："江南河道總督楊以增奏陳徐州危急堵禦情形。得旨：若欲專待汝奏報，則事事遲誤。現在竟不知逆匪已渡黃河，惟問汝是河督，抑是清江知縣？豈有無一探報，僅據稟轉奏？營兵家丁有可靠者，皆可使令偵探軍情。重賞之下，必得壯士。若靳茲小費，是直自貽咎也。"（《清文宗實錄》卷一二二，《清實錄》，第44330頁）

68.18 二月二十五日，上奏逆匪擾逼徐州，襲虛分竄，并由黃家口一帶紮筏渡黃，亟應集合兵力，會和山東、河南撫臣，全力會籌堵剿。因防堵不利，致太平軍北渡黃河，因此參劾辦理防堵各官員，并自請交部議處。

楊以增《賊匪由徐州北竄亟籌會剿摺》："竊照逆匪擾逼徐州急籌

剿辦情形，臣於本月十七、二十等日兩次馳奏後，商催前遭臣李湘棻統帶兵勇星夜馳往宿遷，相機前進，惟駐紮宿遷之山西大同營兵五百名原爲保護糧臺而設，先因保徐即所以護臺，是以奏調。繼因海沭一帶土匪正在剿捕，恐由東路擾及宿境，據糧臺道員法良、楊能格會稟，護臺之兵未便遠離，臣已囑李湘棻到宿體查，以免顧彼失此。一面飛飭徐州鎮道就所有兵勇先行進剿，茲於二十五日接據該鎮道稟稱盤獲奸細，據供賊匪竟有直撲徐城、由荊山橋北竄之意，而黃家口背面業經該匪築垣挑濠，上游一帶聲息隔絕，遂由舊河兩岸分路進剿，途次復據確探，逆匪由黃家口擾至黃河，覓船不得，將附近村莊房產拆毀，運至包家樓平水處所紮筏偷渡等情。臣接閱之下，憤恨填膺。查徐州地方與東豫接壤，關係至爲緊要，迭奉諭飭嚴防，經臣轉飭該鎮道督率文武加意堵禦，不啻三令五申。此次竄擾徐境，臣密派幹弁偵探，并自蕭碭來者均稱多系土匪，祇以人數巨萬，徐州兵勇過單，衆寡不敵，且甫經號召之民勇祇能守衛，未足折沖。是以漫口之下，雖無船隻，該逆有紮筏偷渡者屯住單縣地方，有仍回永城來路者，紛紛分竄，此系實在情形也。現在既有分竄，無論逆匪土匪，恐與北路之賊連而爲一，則剿辦愈難，應請敕下山東、河南撫臣各於交界處所帶兵會剿，使該匪腹背受敵，庶免蔓延。至該鎮道雖應保守郡城，力難兼顧，然究未能杜賊竄渡，實屬咎無可辭，除鎮道自請嚴議外，其該管文武員弁應逐一查明，先行革職。臣統禦無方，請旨交部一併嚴加議處。”（《先都御史公奏疏》卷二十九）

68.19 二月二十五日，上奏防守蔣壩水路船勇武器精良，陸路團練鄉勇人數衆多。惟清江兵力單薄，但經急籌防備，現正安堵如常。

楊以增《防守蔣壩并清江安堵情形片》：“再，廬州失守後，逆匪復攻陷六安、潁上、蒙城等處，迭據洪湖防堵文武稟稱，山盱蔣壩與臨淮一水可通，日來無數賊船在臨淮一帶游奕，稟請酌添兵勇等因。臣查蔣壩船勇系運鹽之船，槍炮最爲得力。禮字河暫行緩堵，可爲天塹，水路斷可無虞。陸路有催募之練勇、各村團練之鄉勇不下二萬餘人，又分設炮臺，派洪湖營兵丁駐防，亦足資堵禦。至清江浦兵勇無多，復經前遭臣李湘棻帶往徐州會剿，逾形單薄，人心未免驚惶。臣集合各街市民勇，日加訓練，告以揚州收復，逆賊遠揚，蔣壩設防緊嚴，徐州相隔遙遠，盡可放心，並諭知各鄉村安堵如常。”（《先都御史公奏疏》卷二十九）

68.20 二月二十九日，上奏剿辦海沭一帶捻幅匪徒，派遣淮海道梁佐中等會和兵勇，四面夾攻，生擒匪首多名，并嚴捕餘匪，邊境得以肅清。

楊以增《派兵剿辦海沭等屬捻幅各匪擒獲首從要犯摺》："竊照捻匪劉雪得在宿遷交界之堰頭鎮帶同逃勇，約會海州幅匪陳玉標、朱二虎、喬□來、方二等各帶匪徒起意滋事，經宿遷縣知縣許炳章帶兵追擊，該匪等竄入沭陽、海州一帶，沿途搶掠。……聞信即飭委前任海州候補知府毓彬督同千把總張丙照、張萬春帶領兵勇五百名由沭陽前往追捕，一面飭令淮海道梁佐中督同中河通判朱善張、候補通判沈政新等帶領兵勇八百名由鹽河前往兜拿。……該匪於二月十八日又由莒州竄回贛榆縣黑林地方，沿途裹脅二千餘人、馬三四百匹，勢甚猖獗，且有直撲縣城之信。該道梁佐中督同印委員弁激勵兵勇，於城外馬廠地方紮營佈陣，以壯聲威，該匪忽分股竄擾城頭、歡墩埠各村堡，當派通判朱善張帶勇由駝溝直趨城頭，又飭候補知府毓彬帶勇由大沙河繞赴歡墩埠，知會山東州縣暨各營兵勇四面夾攻，二十一日齊至歡墩埠，併力合圍。該匪膽敢開炮抗拒，我兵勇奮力直射，前亦開放連環槍炮，轟斃賊匪數百人，馬數十匹，生擒幅匪六十餘人，奪回銅炮等件。賊匪見勢難支，各鳥獸散，兵勇乘勢追殺，各匪自相踐踏，及落河死者不計其數。當將生擒匪犯發交贛榆縣嚴訊懲治，內騎馬幅首朱二虎、喬□來、方二等審明後就地正法，以快人心，餘匪逃至夾穀山內，亦爲我兵擊散……批飭派員帶勇入山捕獲并懸賞嚴拿，以期盡絕根株。"（《先都御史公奏疏》卷二十九）

68.21 二月二十九日，上奏太平軍北上，攻佔豐縣，爲切斷太平軍聯繫，派李湘棻帶兵繞道截擊。

楊以增《賊匪北竄派兵繞道截擊片》："逆匪竄逼徐郡，臣商令李湘棻統帶兵勇馳往宿遷，保護糧臺，相機進剿。然清江浦距豐、碭上游七百餘里，得信前往，已屬鞭長莫及，即便趕到，亦成尾追之勢。據徐州道府稟報豐縣失守，賊已竄入東境，臣接閱之下，憤恨實深，且思山東撫臣遠在直隸境內，東省西界并無大員扼守，設該匪竟與北路之賊連絡，則剿辦更難爲力，臣先已飛函知會李湘棻即由宿遷一帶帶領兵勇馳往濟寧，繞道抄出賊前，迎頭截擊，以遏北竄而免蔓延。"（《先都御史

公奏疏》卷二十九）

68.22　二月二十九日，因琦善大營缺餉，上奏已將揚、徐、海三屬已徵錢糧、已折漕米及已徵鹽課分解琦善大營，以應急需。咸豐帝指示加緊嚴催。

　　楊以增《籌解軍營餉需片》："臣承准軍機大臣字寄：欽奉上諭：'以琦善大營缺餉已久，敕令臣將淮揚、淮海、淮徐三屬錢糧漕米並兩淮鹽課就近督催，隨時運解琦善軍營，俾可源源接濟。'等因，欽此。除分飭揚、徐、海三屬查明已徵錢糧、已折漕米，并飭運司查明已徵鹽課迅速解赴琦善大營接濟兵餉，其未徵錢漕鹽課嚴飭設法籌辦，源源起運。"三月甲辰（初五日）硃批："知道了。非尋常照例飭催者可比，著加緊嚴催，以期軍營早得接濟。"（《先都御史公奏疏》卷二十九）

68.23　二月二十九日，上奏剿辦滋事潰勇李三鬧，先後拿獲潰勇數十名，并在睢寧縣陳家宅地方將李三鬧拿獲。

　　楊以增《擒獲滋事潰勇首犯片》："查前此會剿潰勇惟同知銜臧紓青、睢寧縣知縣高丙謀、山西大同營署參將群壽最爲出力，臣劄飭高丙謀設法掩捕，俟據續獲夥匪湯鳳等數十名，就地正法。茲據睢寧知縣高丙謀馳稟選捕購線，分路訪緝，偵知該匪李三鬧潛匿陳家宅地方，當即會營并委員等酌帶兵勇星夜馳往，出其不意，將首匪李三鬧及其頭目孫蘭枝等登時拿獲，帶縣收禁，稟報前來。除飭就近解赴徐州，由徐州道王夢齡審明盡法懲辦外，所有拿獲潰勇首匪緣由謹附片陳明，伏乞聖鑒。"（《先都御史公奏疏》卷二十九）

68.24　二月二十三日，上奏各廳咸豐三年霜降止辦理另案各工動用銀數。

　　楊以增《奏報咸豐三年各屬另案各工動用銀數事》："所有道光三十年霜降止各廳培堤壩堰餕、鑲做禦水壩工暨護埽防風、啓閉壩堰閘河、挑□拋石、鑲補埽壩、摟護風掣石工等項工程，均經臣隨時督率各道將廳營分投辦理，節次奏報，鈔摺咨部。茲據徐州、淮揚、淮海、常鎮四道分案造冊，呈送前來，共六十三案。內估定辦理者工竣後經臣勘驗，其隨時辦理者先由各該道查量具報，復經臣確核，從嚴刪減，不准

稍有浮糜。茲統計各工共用銀一百一十六萬三千六百八十四兩零。按冊查核，均於原估及勘准刪定冊案相符。"（錄副奏摺）

　　按：因上述數條內容前後相連，故將此條系於本月之末。

三　月

68.25　三月初一日，於太平軍渡黃北上後，受命嚴守黃河，嚴防太平軍再次偷渡。

　　三月庚子（初一日）上諭："本日據張亮基奏賊匪連陷鉅野、鄆城，欲從范縣、濮州等處潛入直境，且稱永城之賊尚欲續行渡黃。該河督雖距徐州稍遠，而黃河兩岸是其專轄。百勝等防堵徐州，爲日已久，一切佈置尤應早爲豫備。前此疏於防範，朕不加嚴譴，已屬格外從寬。儻仍不知奮勉，致令逆匪再有偷渡，自問當得何罪？此時軍務，總應以剿爲防。固不可空城而出，亦豈有株守郡垣之理？……楊以增所奏蔣壩等處水陸似皆有備，而豐工口岸并未提及。豈百勝等如何佈置，該河督竟未與聞耶？著即將籌辦情形迅速馳奏。百勝等仍就現帶兵勇嚴扼河岸，實力防剿。若再令永城逆匪陸續渡黃，朕必將百勝等從重治罪，即楊以增亦不能辭重罪也。將此由六百里加緊諭知楊以增，并傳諭百勝、王夢齡、知之。"（《清文宗實錄》卷一二三，《清實錄》，第 44344 頁）

68.26　三月初五日，受命繼續嚴防黃河，并重點防守碭山一帶。

　　三月甲辰（初五日）上諭："本日據勝保奏，探聞賊已攻陷冠縣，并踞館陶縣所屬之地，距臨清甚近，北路情形萬分緊急。儻再有南來逆匪陸續渡黃，與東省之賊接應，剿辦愈難得手。楊以增既專轄黃河，百勝等又防堵徐州日久，業已疏忽於前，漫無抵禦。若再任該逆偷渡，罪更難逭。茲據張之萬奏黃河上流各渡惟碭山一帶河口最關緊要，若該處不扼要嚴防，必致皖省之賊任意往來，與渡河逆匪時通消息。著楊以增等迅將碭山一帶趕緊設法籌防，派令精銳弁兵，嚴緝奸宄，斷其往來之路。并著百勝等即就現帶兵勇實力防剿。儻仍不知奮勉，疊次嚴諭視爲具文，使逆匪續有偷渡，必將該河督等從重治罪。所有現在籌辦情形并著隨時奏報，毋稍延緩。將此由六百里加緊諭知楊以增、並傳諭百勝、

王夢齡知之。"（《清文宗實錄》卷一二三，《清實錄》第 44355 頁）

68.27　三月，積極籌集兵餉，以供江北大營之用。

三月甲辰（初五日）"江南河道總督楊以增奏分飭揚、徐、海三屬，將已徵錢糧、漕米鹽課迅解江北大營，接濟兵餉。得旨：'非尋常照例飭催者可比，著加緊嚴催，以期軍營早得接濟。'"（《清文宗實錄》卷一二三，《清實錄》第 44356 頁）

68.28　三月初六日，受命嚴密防堵豐工兩岸各要隘，以防太平軍渡黃北上。

三月乙巳（初六日）上諭："本日據張亮基奏豐、單交界處所已委同知高振洛募勇巡防，惟豐工南北兩岸均隸江南，請迅飭撥兵嚴守等語。現在偷渡逆匪竄擾山東陽穀等縣，距臨清甚近，爲數亦復不少。若再有逆匪續行偷渡，恐勾結愈多，更難剿辦。著楊以增等迅就現有兵勇於豐工兩岸各要隘嚴密堵禦，遏賊續竄。前派秦定三赴徐會剿，并吉連、劉玉豹所帶各兵是否趕到，并著星速迎提，以資防守。該督等屢誤事機，罪無可逭，若再有疏虞，國法具在，朕斷不能曲宥也！將此由六百里加緊諭知楊以增、并傳諭百勝、王夢齡知之。"（《清文宗實錄》卷一二三，《清實錄》第 44357 頁）

68.29　三月十四日，受命嚴防黃河河岸，防範太平軍從蘭儀渡河。

三月癸丑（十四日）："本日復據桂良奏，開州拿獲奸匪，有逆匪催令後起由蘭儀渡河之語。已諭令王履謙、長臻、楊以增、英桂等嚴防河岸，並著崇恩飭屬一體嚴防，毋稍疏懈。臨清逆匪又成負嵎之勢。該大臣務當激勵將士，督率兵勇，迅速設法內外夾攻，毋再延緩，致干重罪。"（《清文宗實錄》卷一二四，《清實錄》，第 44385 頁）

三月癸丑（十四日）上諭："前因皖省逆匪陸續北竄，均由河岸偷渡。河南、山東等省辦理防堵，以扼守黃河爲第一要著。長臻、楊以增皆職任河督，王履謙系奉旨派辦防河大員，英桂統轄豫省，於河南境內口岸處所，均應實力巡緝。疊經嚴諭英桂等督率地方文武，認真稽查，毋稍鬆懈。現在南來之賊攻擾臨清，已有四五萬衆。若從前豐工下游撥兵扼守，何至任賊渡黃？肆行奔竄。本日據桂良奏開州拿獲奸匪，及署提督張殿元所報，均有賊目催令安徽後起賊匪由蘭儀渡河北犯之說。著王履謙、長臻、英桂等嚴飭地方河工文武梭織巡邏，力加堵截。楊以增近在清河，亦應一體緝捕。儻再令匪蹤北犯，朕必將王履謙等從重治罪，不能幸邀寬典也。將此由六百里加緊各諭令知之。"（《清文宗實錄》卷一二四，《清實錄》，第44386頁）

三月甲寅（十五日）上諭："黃河天塹爲南北關鍵之區，節經嚴諭巡河督撫及近河一帶管轄各地方官加意防範。及逆匪北來，仍令偷越，殊堪痛恨。昨據桂良馳奏開州拿獲奸匪，并張殿元所報該逆竟有催令後起各賊欲由蘭儀渡河北犯之說，本日勝保奏報情亦相同。并據逆供，現來之賊系僞西王派來，尚有僞翼王、僞東王所派，現尚未到等語。是逆黨衆多，欲謀渡黃者已非一起。朕前此早經料及，是以疊次諭令百勝、王夢齡嚴防陸續偷渡。昨又諭令長臻、王履謙、楊以增、英桂一體巡緝。惟賊情詭譎異常，或故作此虛聲，使我兵專注蘭儀一路，仍催趲後隊由豐工下游續行竄越，均屬不可不防。勝保請防蟠龍集等處未爲無見，該處系皖匪從前經過之地，著百勝等懍遵疊次諭旨，嚴飭文武員弁，實力邀擊，不得任令賊匪渡河，又蹈覆轍。朕於百勝等業經諄諭再三，若再疏懈，惟有執法從事，勿謂徐州前路已有秦定三、袁甲三等在彼堵遏，百勝等遂得再邀寬宥也。將此由六百里加緊傳諭知之。"（《清文宗實錄》卷一二四，《清實錄》，第44391頁）

68.30　三月十八日，因太平軍由豐工渡河，受命嚴防偷渡，并參奏負責豐工防河官員。

三月丁巳（十八日）上諭："前因逆匪北竄，均由河岸偷渡，疊經諭令沿河各督撫嚴密防範。本日據勝保奏賊由豐工渡河，用渡船及木筏偷渡，十日之久，始行渡竣，官兵毫無攔阻等語。黃河爲天險要隘，如果認真稽查，賊匪豈能飛渡？現在皖省之賊竄擾臨清，以致州城失陷。北路軍情萬分緊急，若南路賊匪續有竄逸，畿輔地面何日得以肅清？著王履謙、長臻、楊以增、崇恩、英桂及百勝、王夢齡等懍遵疊次諭旨，嚴飭地方及河工文武各員，分段設防。并著將每段派兵若干名，列炮若干位，繪圖貼説，迅速具奏。并聞賊匪偷渡時，每起不過數百名。乘零星半渡之時，用炮轟擊，不難盡數殲除。何得藉口於賊多兵少，任聽從容縶筏，陸續偷渡？自此次申諭之後，儻再稍有疏虞，賊由何處偷渡，即將該管員弁及各上司以軍法從事，決不寬貸。前次賊由豐工渡河，該處河段系何員專管，著楊以增等迅即查明，指名參奏。將此由六百里加緊諭知王履謙、長臻、楊以增、崇恩、英桂、並傳諭百勝、王夢齡知之。"（《清文宗實錄》卷一二四，《清實錄》，第44400頁）

68.31 三月二十四日，受命商酌試行捐釐助餉事宜。

三月癸亥（二十四日）"雷以諴奏試行捐釐助餉，業有成效，請推廣照辦，以裕軍儲，并開列章程呈覽一摺。粵逆竄擾以來，需餉浩繁，勢不能不借資民力，歷經各路統兵大臣及各直省督撫奏請設局捐輸，均已允行。茲據雷以諴所奏捐釐章程，係於勸諭捐輸之中設法變通，以冀衆擎易舉。據稱裏下河一帶辦有成效，其餘各州縣情形想復不甚相遠。著怡良、許乃釗、楊以增各就江南北地方情形妥速商酌。若事屬可行，即督飭所屬勸諭紳董籌辦。其有應行變通之處，亦須悉心斟酌，總期於事有濟，亦不致滋擾累，方爲妥善。雷以諴摺單均著鈔給閱看。將此由六百里各諭令知之。"（《清文宗實錄》卷一二五，《清實錄》第44420頁）

（同日）上諭："雷以諴奏設法勸捐以助兵餉一摺。據稱防守東路以來，軍餉各項皆取給於裏下河十數州縣之捐輸。上年秋冬及本年二月間，曾疊次撥解琦善等營軍餉。現擬將所募練勇酌量裁減，即以裁減餘項接濟琦善各營官兵之用。仍極力勸捐，專事籌餉等語。所奏自系因時變通之法，尚屬籌辦得宜。著琦善即飭雷以諴將裏下河一帶商民諄切曉諭，實力勸捐。俾該商民等咸知捐輸接濟兵糈，即所以保衛身家，自能踴躍急公，不至遷延觀望。……所有捐輸團練事宜，即責成雷以諴悉心妥辦爲要。"（《清文宗實錄》卷一二五，《清實錄》，第44419頁）

按：太平天國起義爆發後，清政府稅收減少，軍餉激增，部庫儲存漸趨枯竭。咸豐三年（1853）二月底，幫辦揚州軍務刑部侍郎雷以諴採納幕客錢江建議，在揚州裏下河地區仙女廟、邵伯、宜陵等鎮勸諭米行"捐釐助餉"。是年三月，雷以諴奏請在河南、江蘇等地府縣廣泛推行"抽釐"。抽釐亦稱"釐捐"，是對運銷過程中的日用必需品抽收百分之一稅款，作爲臨時性籌款措施，實爲變相捐輸。釐捐分"活釐"（亦稱"行釐"，抽行商之貨物通過稅）、

"板釐" （亦稱"坐釐"，抽坐商交易稅），又分"從量抽釐"與
"從價抽釐"。後經勝保奏請推行於其他各省，咸豐五年（1855），
湘、鄂、川、新、奉、吉、皖、閩等省相繼仿行。咸豐七年
（1857），勝保復奏請於全國各省一律辦理。在與太平天國的戰爭
中，清政府通過釐捐，有效籌措軍費，得以逐步遏制太平軍的勢
頭，在最終撲滅太平天國運動方面，發揮了很大的作用。

68.32　三月二十五日，上奏桃汛水勢工程平穩，且因不需蓄水濟運，
相機緩堵禮河壩工情形。

楊以增《桃汛水勢工程平穩并緩堵禮壩摺》："竊照清明節後二十
日爲河工桃汛之期，防守緊要。黃河水勢入春以來，豐、蕭二廳境內除
消長相抵外，計長水一尺餘寸，豐工裏頭并未蟄動，仍酌發料石，嚴飭
慎重修守。邳宿以下運河各水口正資減泄，毋庸議堵。洪澤湖水本年淨
長五寸，誌存八尺五寸。其山盱廳裏河壩底久經跌損，近年均系越堵，
連補還直壩非三十餘萬金不可。現既無此鉅款，且本年南漕不由內河上
引，無須蓄水濟運，遂與道將再三熟商，湖水不蓄，則壩河常川下達入
口，有來有去，淮揚運河不致漲滿，即可堅守高郵四壩以保下河。若往
年不得已而蓄水濟運，及至漕竣後湖漲已甚，亟圖保護湖堤。猛然放
壩，全湖之水驟注於高寶，湖河歸江之路宣洩不及，勢不能不啓歸海之
車南等壩以保東堤，是禮河之堵與不堵利害判然。……況可藉此河爲扼賊由
蔣壩北竄之險。……至淮北票鹽現在盤壩入湖，所費無幾，商販相安，
亦復無須潴蓄。……惟每年一啓一堵之壩今忽議緩，淮揚官吏士庶轉慮
下河被淹，蓋不稔川塞而潰之義。已飭該司道愷切曉諭，俾息浮言，并
飭將歸江各河壩預爲啓放，以資暢泄。所有高郵各壩業於正、二月內一
律堵竣，農民耕作如常，黃運各廳堤埽工程均飭各道擇緊搏節估修。前
發歲料銀兩均系官票，因初行之際，料戶疑慮，不免遲緩。經臣督率勸
諭，已陸續到工，不誤春修之用。現在桃汛雖過，轉瞬大汛經臨，臣惟
有率屬加意防範，不敢稍有疏懈。"（錄副奏摺）

68.33　三月二十五日，奏報勘辦河灘荒地，查看情形，隨宜播種，以
平料價。

楊以增《勘辦河灘荒地情形片》："黃河兩岸灘面官民地畝本俱種

植，并無曠土，其河身數百里除水塘並數淤新沙難以施犁外，會飭各廳營督令兵夫將河□内乾地查看情形，□隨宜播種等情，現即批令認真經理，容秋後確查輸公，冀平料價。又查洪澤湖東北隅束清壩一帶前河臣靳輔挑有五道引河，其餘灘地官民互種，如臣標中營養馬灘及清河縣學義田均錯雜其中。嗣因清水旺盛，滔滔外注，將該灘地刷滌無存，迄後東河南岸屢次漫口，灌注洪湖，逐漸停淤，兼以南河道光十二年于工漫口，二十九年泄黄入湖，切近湖濱淤灘益廣。近來清河士民遂有持舊契呈請領種者，并有棍徒矇官私種者。臣以該灘先經淪没，此時復淤崖略，雖是兩界址已内，若准領種，必起爭端。除委員丈量，遴選河營耕種，一律輸公，稍裨經費，并飭縣查拿私種棍徒懲辦。"（録副奏摺）

68.34 春，於南清河節署之四宜軒跋金本《新刊韻略》五卷。

楊以增題金本《新刊韻略》："是書罕見著録，惟張氏《愛日精廬書目》中收之，乃黄復翁藏本，而月宵記之者也。金元人著述頗稀，而版刻傳於今者尤鮮，數百年來歷爲名家收弃，劫燼之餘，尤爲珍已。咸豐甲寅春季上浣，退思老人題於南清河節署之四宜軒。"（《楹書隅録》卷一）

四 月

68.35 四月初四日，因參奏防堵太平軍北上人員不力，於是日受到咸豐帝嚴飭。

四月壬申（初四日）上諭："前因逆匪由豐工渡河，降旨令楊以增將該處河段專管之員指名參奏，本日據該河督覆奏籌防徐州并防堵清淮情形，於查參河段官員一節僅以現在催查，分別奏參一語了事。該地方文武於屢奉嚴旨防河之後仍敢視爲具文，致逆匪紮筏偷渡，豈尋常疏於防範可比。即律以軍法，亦屬罪無可逭。該河督既不先行嚴參，迨奉有諭旨，猶復視同泛常，僅照查參例摺聲敘，實屬不知緩急。著楊以增迅即查明此次豐工河段專管之員，據實嚴參，不准再有遲延輕縱。至李湘棻雖系三品頂帶，現無職守，何得輒行奏事？徐州地方現有革職暫留之鎮道百勝、王夢齡，於軍情緊要事件盡可隨時奏報，何必更待該員會銜？所有徐州防堵事宜即著百勝等督同李湘棻籌辦，不准會銜奏事。現在臨清賊匪屢經痛剿，漸次南奔。儻潰敗回竄，或續有南來逆匪希圖偷渡，均著楊以增嚴飭文武員弁奮力截殺。若再有疏虞，必將該河督并地方文武一并從重治罪，決不寬貸！將此由六百里加緊諭知楊以增，并傳諭百勝、王夢齡知之。"（《清文宗實錄》卷一二六，《清實錄》，第44448頁）

68.36　四月初八日，上奏前廣東高廉道法良舊疾復發，請開缺調理。

　　楊以增《道員舊疾復發請開缺調理摺》："竊前據廣東高廉道法良稟稱……因受風寒，請假調養。續據該道稟服藥未痊，復引舊疾，緣前在江西糧道任內督運三載，感受寒熱，致成肝脾兩傷之症。今在糧臺半載，經費支絀，籌畫艱難，心氣大虧，以致引起舊疾。現在頭暈目眩，精神恍惚，不能先事，非靜養數月，難望速痊。……軍需要務若以病軀從事，貽誤匪輕，稟請具奏開缺、回旗調理。"（錄副奏摺）

68.37　四月初八日，上奏軍營回旗閒散人等因患瘧疾，回旗調理，并非私自逃回，且并無違法之事。

　　楊以增《查明軍營回旗閒散人員情形摺》："竊臣轉准兵部咨：咸豐三年十二月二十五日內閣奉上諭：'□書奏審明跟隨出徵官兵之閒散人等由軍營回旗，請飭查辦各摺片，并開單呈覽，所有由揚州軍營回旗之閒散春瑞等二十一名、由徐州軍營回旗之閒散佛青阿等五十九名是否由該管佐領給假回旗，抑系私自逃回，著揚州、徐州統帶此項官兵大臣查明具奏，單二件并發。'欽此。……茲據管帶熱河官兵協領桂成呈稱'上年徐郡瘧疾盛行，本營官兵丁役不服水土，因而傳染者十之六七，有一帳之內全數患病，兵役竟不能相顧買薪汲水炊爨之人，是以閒散佛青阿等五十九名懇以月支鹽糧暫雇民夫代役，乞假回旗調理，就便往取棉衣，並非私自逃回，該閒散等在營亦無為匪不法情事'等情，并據暫署徐州道王夢齡查覆無異。"（錄副奏摺）

68.38　四月十二日，因太平軍退守豐縣，受命協同勝保全力進攻，并分防南北河岸。

　　四月庚辰（十二日）上諭："前此逆匪由豐工竄越黃河，長驅北犯，百勝、王夢齡近在徐州，防河是其專責，乃任令逆眾從容縶筏偷渡，已屬形同聾瞶。比經勝保由臨清扼截追殺，該逆果即亡命南奔。節次嚴諭楊以增并百勝、王夢齡等加意嚴防，毋令南賊續行偷渡，北賊乘虛竄入，該鎮道等應如何實心堵禦，稍贖前愆？茲據勝保馳奏，由鄆城之梁山一路追剿，直至金鄉以南，沿途斬擒無算，下餘逆賊二三千人竟於初七日竄入豐縣城中。是直以歷奉嚴旨視爲具文，殊堪痛恨。該逆負嵎死守，乃其長技。豐縣一城爲南北衝要，西與豫皖接壤，尤不可不防其會合勾結，致令廬州、六安之賊接踵而至，復肆鴟張。著楊以增嚴飭百勝、王夢齡一面就現有官兵練勇，督令隨同勝保協力進攻，一面分防南北河岸，毋令該逆復又乘隙竄突。儻賊匪不能克期剿滅，堵禦仍有疏虞，朕必將百勝、王夢齡立予正法，斷不能再從曲宥。楊以增職司總河，亦不得以該處距清江稍遠，謂可置身事外，希冀幸邀寬典也。懍之！”（《清文宗實錄》卷一二七，《清實錄》，第 44467 頁）

68.39　四月十四日，奉命查辦洪澤湖買米接濟太平軍之船隻，并就近扶綏豐縣被兵災民。

　　四月壬午（十四日）上諭：“據袁甲三奏臨淮地方有小船蜂聚，以貴價購米，所買米石探系運入洪澤湖，歸并大船，駕船人多系湖北口音等語。洪澤湖周圍廣闊，交通江河，賊蹤最易潛藏。若如所奏，有小船運米入湖，顯系接濟逆匪，該地方官何以毫無覺察？現在淮揚等處偪近賊氛，奸細潛蹤在所不免，必當嚴加掩捕，勿令窩藏。著楊以增迅即密派妥員，於洪澤湖上下及緊臨湖岸之盱眙縣一帶嚴密稽查。如有此等形跡可疑船隻，著即查拿究辦。本日勝保奏豐縣賊匪業已追至河邊，殲除淨盡。該縣民人重被蹂躪，深堪憫惻。著楊以增就近妥爲撫綏，俾無業窮民不致流而爲匪。此股逆賊雖經大兵剿洗，尚恐有逃散餘匪，與土匪乘間滋事。且恐南來匪徒續行偷渡，并著該河督嚴飭百勝、王夢齡及地方河工文武員弁實力巡查防堵，不得稍有疏懈，致干重罪。將此由六百里加緊諭令知之。”（《清文宗實錄》卷一二七，《清實錄》，第 44477 頁）

68.40　四月十四日，上奏接准部咨令辦鹽務日期，詳查淮北鹽務情形，并督同署運司郭沛霖，及時與怡良、福濟等人籌商，設法妥善辦理。咸豐帝要求他不要心存“難”字，辦理方能有成效。

　　楊以增《奏報辦理鹽務日期并淮北鹽務大概情形片》：“伏查淮北票鹽自上年五月粵匪北竄過皖，土盜從而繼之，半載之中，道梗匪□，商販裹足，本年春間，賊來往正陽關，兩次焚掠。該處湖販聚集，與淮南、漢口相同，被擾之餘，商民星散。現經撫臣福濟、給事中臣袁甲三遵旨遴委文武員弁肅清河道，必銷路能於疏通，斯大局方有銀錢。臣於鹽務素未經歷，惟當籌餉孔殷，接見署運司郭沛霖、海州運判許惇詩，時時詢及，知王營西壩存積未售之鹽共有數十萬包，其在場未運者尚不在內，票商多方跌價，售者甚稀。上年癸丑綱應徵四十六萬引鹽課，除皖餉撥運外，其販課正雜錢糧雖已完足，尚代納淮南引十數萬餘兩，迄未全完。現須□辦甲寅新綱，商本無貲辦理，極爲棘手。臣受恩深重，目視時艱餉絀，惟有殫竭血誠，督同署運司郭沛霖因時制宜，妥籌良策，隨時函商兩江督臣怡良、安徽撫臣福濟，設法辦理。"硃批："亟應講求整頓，若先有一難字在胸，斯無起色之日矣。"（録副奏摺）

68.41 四月十四日，上奏籌備整修揚州府屬馬棚灣、潘家河、三岔河等運河堤工，并驗明歲料，從嚴堅實修築。

楊以增《奏籌修揚屬運河堤工情形摺》："查禮河既議緩堵，則下游去路必須通暢，庶湖水下注，循序歸江，實高甘泉一帶湖河方免漲滿多患。飭據該管廳營稟報，業將歸江各河壩及人字河等處先後全行啓泄，克資暢減。惟揚河、江運二廳兩岸堤工經上年洪湖漲水，由山盱各壩河□注，存站日久，迭經風浪沖刷殘塌，西堤多已平漫，湖河通連，全恃東岸一線單堤爲下河之保障。彼時分投搶險，一面酌啓高郵壩座，幸保安恬。本年水勢大小莫必，亟應早爲籌備，擬將東堤擇緊勘估，分別幫加。西堤殘塌之處甚多，若同日興辦，實屬無此鉅款。惟馬棚灣系屬名險要工，不可從緩，應即補築堅整，並酌包碎石，以禦風浪，而爲東堤之重障。高堰、山盱二廳□前兩年風掣石工固無銀款，未得碎石修補，茲洪湖存水極小，已飭乘此補砌，以備汛漲。徐州道屬之運河廳承受東省蒙、沂山泉諸來源，每遇大雨時行，泉源漲發，全賴分泄，以保堤工。其泄水最要之潘家河、三岔河、馬□二莊竹簍壩、駝車頭王柳二閘及舊河尾并駱馬湖尾閭五壩……經上年山水挾沙噴注，多有淤墊淺窄，應即擇要展挑寬深，以資通暢。其宿遷汛劉老澗滾壩因上年大汛啓放，漲溜湧激，致損石底，逐漸跌通。若再任其過水，即恐石底跌盡，帶動兩牆，特致費手。並查舊壩基處亦復沖跌深塘，不能直堵，應自上□東角起，稍向外越，先築土壩基長二十五丈，外鑲護埽，再用料堵長二十六丈。據該道分別估稟前來，均經臣減准飭辦。至各廳春修應築埽工，已飭該管道驗明歲料，督飭堅實鑲做，仍俟工完由臣親往量驗，不任浮混。"（錄副奏摺）

68.42　四月十七日，因咸豐帝認爲已革湖北巡撫龔裕借病巧避，楊以增上奏懇請免於戍邊，此請未得到咸豐帝允准。

四月乙酉（十七日）上諭："已革湖北巡撫龔裕前因藉病回籍，飾詞巧避，當降旨發往新疆效力贖罪。茲據楊以增奏稱該革員因病未能起解，捐餉贖罪，懇請免戍等語。龔裕系曾任巡撫大員，特旨發遣，情節較重。楊以增冒昧瀆請，殊屬非是。龔裕著不准捐輸，仍遵前旨，即行發遣。"（《清文宗實錄》卷一二七，《清實錄》，第 44483 頁）

68.43　接翁同書信函，得以瞭解揚州一帶戰事，並承詢梅曾亮近況。

翁同書致楊以增函："吳藹臣至，賷到諭函。辱荷關愛逾常，感難筆罄。就稔保障江淮，勛銘鐘鼎，以欣以慰。吳弁此次北行，藉詢以軍中近況，達於庭闈，甚愜鄙忱。姪樗散孤落，百無一能，以子墨客卿爲軍諮祭酒，熱腸傲骨，不自知其不合時宜，良以爲媿。軍中投石，曾無橫草之功；江上習流，豈有乘風之志。眼前碌碌，縱今有識者，唏噓而已。畿南桴鼓晝鳴，山左戈鋋云擾。比聞楚氛甚惡，又逼隨州，息耗謠傳，令人增悶。□湖口之防兵現經節帥調回四百名，協防浦口。留馬隊五百，與群參將所帶之山西兵駐守小店，又將宿遷糧臺奏請移至揚州，并以附聞。梅伯言年丈不知避地何所，如鈴齋當通音問，乞爲寄聲。專此肅復，敬請勛安。諸希鈞鑒，不莊。"（《海源閣珍藏尺牘》）

　　按：據此信所述"畿南桴鼓晝鳴，山左戈鋋云擾"，可知此時太平軍正在進行北伐。此次北伐開始於咸豐三年（1853）五月，而翁同書此信所署日期爲四月九日，據此可以判斷，此信當作於咸豐四年（1854）四月初九日，是時太平軍正在直隸、山東及江南一帶與清軍激戰。

68.44　包世臣跋金本《新刊韻略》。

　　包世臣金本《〈新刊韻略〉跋》："唐以後音學少專家之書，至我朝諸儒而極盛。世臣於音均之學無心得，年來居退思先生節幕，先生湛深漢學，於音均尤精，後學多獲教益。昨冬與碷卿有淮上之遊，得此書而歸，呈諸先生。命世臣補録錢詹事原跋二則，并疏各本異字於另紙，附之卷後，以存古籍之遺意焉。甲寅四月，布衣包世臣跋。"（《楬書隅録》卷一）

五　月

68.45　五月十二日，上奏高寶運河東堤、邳宿運河河堤、洪澤湖石工等緊要工程急需補築，勢難停緩。因錢糧支絀，懇恩酌撥大汛工需戶部銀票四十萬兩并淮安關銀四萬兩，以儘快趕辦工程。此請得到咸豐帝的允準。

　　楊以增《奏請酌撥大汛工需銀兩摺》："竊照南河工程除豐工以下七廳無水外，其餘十五廳均須照常修守。而河營兵餉、堡夫工食、葦蕩之刀本、船務之運腳皆在所必需。即照部議因有各省額解減半核計，亦須一百五六十萬方敷支放。連年積欠已多，而本年歲料僅奉撥官票二十五萬兩，加以換發之票四十萬兩，亦僅六十五萬兩。二月內請撥大汛工需之款因軍務方殷，經費支絀，臣未敢循例請撥，仰瀆宸聰。但山盱禮河未堵，洪湖之水匯注高寶湖，以運河一線堰工攔禦數百里有源之水。東堤爲下河七州縣保障，城郭田廬數百萬生靈，所關甚巨。且該州縣產米最多，爲江北口獲根本，此高寶運河東堤土埽各工必不容緩也。又邳宿運河堤工平時抵禦清水，已形單薄，現因黃河從微山湖串入運河，匯流下注，溜形湍悍。該堤若不能支，下游海、沭各州縣均有淪胥之患，此北運河土埽各工必不容緩也。又洪澤湖石工頻年風掣積長數千丈，皆以無款緩補，本年漲水較小，清槽補砌可以經久，若再任其接掣，則子堰土堤斷難捍禦。查堰盱石工爲淮揚保障，設有疏虞，何堪設想，此補砌石工必不容緩也。此外要工尚多，未敢枚舉。查奏發官票六十五萬兩，僅及歲料之半，若遵部議，應請大汛工需七八十萬。臣仰體聖主宵盱憂勤，部臣籌撥不易，時屆夏至，轉眴伏秋大汛經臨。若再緘默不言，致緊要各工均不能辦，臣罪滋深。不得已據實直陳河務，仰懇皇上俯念工關至要，於減半中再行酌減，恩准勅部撥□大汛工需銀票四十萬兩，由臣督率道廳，設法籌辦。再查奏發官票按照新例必須一半現銀方能撥放，故□有票無銀，工員領□，□能押購料石，其買土雇夫向用現銀，斷不能以官票散放。臣與各道悉心籌計，五成現銀固不易得，至少亦須一二成現銀方能敷衍，□部撥既不易籌，惟有貸借額解，而各省額解久因道阻不來。……淮北新綱未開，江北上忙及漕米新價銀兩，臣遵旨委員分催，亦盡徵盡解琦善軍營，未便分撥。惟就近淮安關亦日少有徵收，本欠河庫額解銀五萬三千餘兩，經前監督福瑞奏明飭行緩解在案。茲值萬分爲難之際，擬就該關陸續通挪，以銀四萬兩爲度，斷不敢逾欠解之數。庶幾搭配銀票，□□急需，不致貽誤。"（録副奏摺）

六月戊辰（初一日）："撥户部銀票四十萬兩并淮安關銀四萬兩，解往南河，以備工需。"（《清文宗實録》卷一三二，《清實録》，第44571頁）

68.46　五月二十日，受命嚴防黄河，以防太平軍連鎮南退之餘部渡黄南下。

五月戊午（二十日）上諭："徐州系江南重鎮，南北要區。據黄河之險，實力防守。足以扼賊往來之路。現在連鎮之賊亟思南竄，即高唐逆匪亦困守孤城，糧食火藥無所搶掠，勢難久占。大兵圍剿，即能就地斬擒。仍難保無零星散匪，捨命南奔，復向豐工一帶鳧水逃生。而廬州之賊尚未殲滅，更恐分股北犯，希圖援應，是徐州之緊要較前尤甚。該處文武員弁果能與大軍前截後擊，更可得手。傅振邦署理徐州鎮總兵，到任需時，即著興慶暫行代理。該參將距徐較近，且系曾經行陣之員，著邵燦等飛飭來徐，以資堵禦。徐屬練勇七千餘人前此已自請前驅殺賊，士氣尚爲可恃，若加以鼓舞振作，使與將弁官兵同心剿賊，定能得手。況黄流湍急，能於南北岸及上下游等處層層佈置，該逆豈能飛渡？邵燦初膺外簡，楊以增久任河防，於該鎮道等之能否勝任均應據實入告。如興慶抵徐後未可深倚，即當隨時奏聞，毋稍回護。若連鎮高唐之賊被剿窮竄，正可迎頭截擊，斷不准再任偷渡，復肆鴟張。該督等務當認真督率，毋得稍存大意。將此由五百里各諭令知之。"（《清文宗實録》卷一百三十，《清實録》，第44545頁）

68.47　五月二十一日，上奏遵命量力捐輸，倡捐二千兩，并率屬共捐輸軍餉一萬兩，以稍竭微忱。五月二十五日，上諭交部從優議敘，得以帶加四級。爲此於九月十三日上摺率屬謝恩。

　　楊以增《率屬捐輸軍餉摺》："竊臣前奉欽命，總理巡防事宜□命大將軍和碩惠親王并王大臣會劄議令京外大小文武各官無論已捐未捐，均一體量力捐輸，具呈交納，由該管上司匯交。如有銀數較多者仍隨時奏請從優獎勵，務即倡率所屬盡力捐輸，以濟軍餉，等因。當經轉行遵照在案。伏念軍興以來，無一路不仰望王師，即無一事不上煩聖慮，徵兵調餉，日昃不遑。當此逆氛未靖，籌款維艱，□海人民輸將恐後，況大小臣工同仇志切，莫不願□敵愾，各效涓埃。茲乃復倡捐銀二千兩，并據道將廳營各自捐輸，共成銀一萬兩，當即發交江寧藩庫暫行收存。"（録副奏摺）

　　楊以增九月十三日《率屬捐輸從優議敘謝恩摺》："竊於咸豐四年五月二十五日内閣奉上諭：'楊以增奏率屬捐餉開單呈覽一摺。革職留任江南河道總督楊以增著交部從優議敘。'欽此。茲准部咨：'准隨帶加四級。'行知到臣。臣伏念粵匪滋事蔓延數省，□海臣民同仇志切，昨以奉命大將軍惠親王通行助餉，臣捐銀二千兩，方愧涓埃之無裨，乃蒙甄敘之有加。……現在瓜鎮未復，清淮未能撤防，所有兵勇口糧及一切籌防之需，臣仍督飭局員設法籌捐，隨時接濟，惟盼□□迅掃，衽席咸登，庶幾仰副聖主宵旰憂勤之至意。"（録副奏摺）

68.48　五月二十一日，上奏南河工費支絀異常，設局收捐成效不佳，而南河修守工程浩大，因此不得已令各員以所准工料赴局上兑，實與現銀無異。

　　楊以增《查明即領抵捐與現銀無異摺》："竊准户部諮議覆安徽巡撫福濟查奏南河并無墊辦名目一摺，以捐工者必須工段做成，捐料者必須料物到工，合以歲修印領，招捐難期核實。且南河防堵捐輸非止辦公，兼以輸餉，嗣後不得以印領招捐，已捐各員勒徵現銀等因，具奏奉旨：'依議。'欽此。咨行到臣。伏查咸豐三年南河大汛工需少撥銀九十萬兩，奉部行令設局收捐。因南河收捐除按例十成，不折不扣，其捐銜請知等項并照常例議加三成，是以截至是年□□，捐數寥寥。迨上年春間賊氛逼近，各路糧臺收捐均減二成，嗣又奏准以錢一千六百文合銀一兩，凡有捐者均赴糧臺上兌。而南河不折不扣并加三成之捐遂致無人過問。臣以軍興多用，當年例撥尚難如數，何敢以奏行收捐之款復請籌撥？但河庫欠發各款愈積愈多，各工員均已墊無可墊，借無可借，而各處緊要工程層見迭出，勢不容緩，不得已令各廳員竭力設法趕辦要工，即以所准工料即領赴局上兌，□可騰挪錢料，辦理工程。且思核准各工，俟軍務完竣，總須找發。若此時捐局多收一款，即他日河庫少發一款，雖系不得已救急之方，實亦清厘庫款之策，況與捐工捐料之旨相符，亦與實收現銀無異。曾經屢次陳奏，欽奉硃批：'户部知道。'欽此。欽遵在案。茲准户部諮議令繳銀，臣復加查核，南河捐局所收印領均系做成工段，到工物料各爲印領，實即現銀。況工員於無可如何之時設法辦工，因領銀無期，准令報效，若責令繳銀，不獨各捐生即已出資辦工，斷無餘力重繳捐項，於軍務毫無裨益。更恐聞風畏懼，往後一籌莫展，於河務亦大有關係。且南河防堵捐輸均收現錢，隨時給發，兵勇口糧與工料印領無涉。若工料印領不准抵消，則部准收捐之九十萬無從勸辦，勢須仍請現銀，重煩部臣籌畫，臣又何敢出此？惟有據實陳明，仰懇聖慈俯念已捐印領皆系實工實料、刪剩准銷之款，且經安徽巡撫福濟逐一提驗，并無墊辦冒銷情弊，於糧臺捐局亦兩不相妨，恩准勅部復議免再徵銀，感戴鴻施，洵無既極！至蕩柴、水腳等項六千餘兩并非急款，應遵部議速徵現銀。"（録副奏摺）

六　月

68.49　六月十一日，遵旨裁汰河庫道暨道庫大使員缺，并設局清查以便劃清界限，分歸各道管理。

楊以增《遵旨裁汰河庫道及庫大使并設局清查摺》："臣等伏查南河河庫道員系雍正八年所設，閱今一百二十餘年，較比東河各道庫情形迴異。蓋東河工用既比南河爲少，而錢糧系於豫、東兩省藩庫就近支撥，盡收盡放，年清年款。南河則工緊用巨，江蘇兩藩庫相隔大江，距工較遠，歲撥無多，全恃部撥、他省及各處額解并生息等銀湊集□用。其解工之項長短不齊，遲速難定，此款不到，即在他款借動。加以欠解欠發應徵應扣搭後牽前，雖各有文册可憑，無從弊混，而賬目叢雜，款項紛紜，在統歸一庫時截長補短，脈絡分明，猶可按款而稽，隨時厘剔。今一但剖分數庫，勢非設局清查不能條分縷析。溯自道光十六年清查河庫後，迄今十餘載。前於元年曾准工部咨令清查，俟因豐工及軍務展緩未辦，而案款繁多，一經清查，非年餘不克竣事，而奉旨裁汰之缺未便久延，茲飭現署河庫道婁晉將咸豐三年年底應行咨部各册趕爲辦理詳送後，即遵旨將河庫道及庫大使關防再行呈繳咨銷，一面委員設局清查并釐定各道分管事宜。其葦務報銷即歸淮海道一處經理，至礙難分管之公項款內額支并官兵俸餉、武職養廉、兵夫恤賞、堡夫工食等款即歸總河衙門匯總辦理。凡吏書人等文案卷宗分別歸并各處，俾案無遺失，事有責成，飭據該署道婁晉具詳前來。臣等覆核無異，除遴委幹練人員經理清查局務，并飭婁晉會同管河各道，將歸併分管各事宜妥議造册，詳由臣等復核，分別題咨。"（錄副奏摺）

（咸豐三年）十一月癸丑（十二日）："裁南河河庫道員缺，以其職歸淮揚、淮海、淮徐各道管理，從户部左侍郎王慶雲請也。"（《清文宗實錄》卷一一二，《清實錄》，第44118頁）

68.50　六月十一日，因户部撥發官票面額過大，不便行用，奏請於清江中和官局印製小額官銀散票，以利推行。咸豐帝對此表示認可，硃批"所擬是，應隨時變通，著户部知道"。

楊以增《設局印製官銀散票以利推行片》："查户部頒行官票每銀百兩內五十兩者一張，十兩者四張，五兩、三兩者各一張，一兩者二張，原系仿照現銀大小錠式整散兼行，實與現銀無異。又奉部咨，各省藩關、鹽庫應行解京銀兩搭用官票有一成至五成，悉聽搭銀，其不及一成者不准率收。并議令此省之票准行彼省，又定有吏胥刁難勒捐全索實銀者罪，各官員縱容失察者處分，立法已極詳明，人人應知寶貴。乃迄今尚未暢行者，推原其故，民間所使現銀即整者少而散者多，其整者又可錘剪傾鎔，視其使用之所宜，聽其重輕之自便，與部頒之票整數九成、散數一成大相懸殊。且民人完納地丁錢糧，商賈呈交關稅鹽課以及市肆交易，推而至於軍需應用，亦均系整數少而散數多。經細加體察，果能分製散票，似即可以暢行。惟現在整票較多，若再咨部更換，往返需時，且費票局工本，自應在外變通，乃可因勢利導。因查閩浙總督臣王懿德奏請開設永豐官局製造官銀錢票，提發正雜款項，業蒙允准。今清江亦經遵照部定章程，設立中和官局，委員經理，施行大錢，擬即令該局製造一兩至五兩官銀票五種，其式即照部票精選紙張，邊用龍紋，并由江寧藩司蓋用印信，以昭慎重。凡軍民商賈有以十兩、五十兩二項部票赴該局更換散票者如數換給，以便行用。仍照部定章程准其搭交本省地丁、關稅、鹽課及一切交官等項。惟外制之票只准行之本省，不得通行他省，其搭解部庫及協撥他省款項并赴他省行使者，仍換用部頒官票，以符原案而示區別。"（錄副奏摺）

　　按：咸豐中，爲克服嚴重的財政危機，維持高額軍費和行政費用，清政府開始發行紙幣。自咸豐三年（1853）底開始，"三四個月就發行一百幾十萬串，後來爲了回收當千、當五百大錢，發行更有增加"（《中國貨幣史》，第 580 頁）。領到紙幣的人，不容易兌換到現錢，而私人錢莊的錢票信用比較好，所以百姓重私票而輕官鈔，導致鈔價下跌。起初寶鈔一千文可值四五百文，這正是咸豐四年（1854）七月間當千大錢所值的數目。至"咸豐六年十二月，銀票一兩在北京只值制錢八九百文，京外更少。當時清朝政府的各種開支，都用紙幣搭放，甚至只發出而不肯收進"（《中國貨幣史》，第 580 頁）。百姓拿紙幣去買東西，商人則故意加價，或者藏起貨物。百姓拿紙幣向官號兌現，即使能兌到，也是大錢。加以官吏作弊，濫發紙幣，更造成了紙幣大幅貶值。

七　月

68.51 七月初二日，上奏夏至以後河湖水勢加長，因歸江各壩先後全啟，循序減泄，且將兩岸護埽擇要鑲加，南河修防得以平穩。

楊以增《河湖水長修防平穩情形摺》："竊照河工以節交夏至爲伏汛長水之期，防守備宜加慎。節據河南陝州武陟縣馳報，黃、沁兩河陸續共長水二丈六尺餘寸，以致江境黃河豐、蕭二廳亦先後報長，幸去路通暢，旋長旋消，豐工裹頭及□大壩護埽歷被大溜趨刷，間有見蟄，均隨時鑲加穩固。該兩廳地接東豫，土性沙松，兩岸堤工雖經歲加酌修，因於錢糧未能普律辦理，本年仍擇要酌估加培，以資抵禦。北運河因東省山泉漲發，匯流下注，節經加長，賴各水口減泄極暢，尚資容納，兩岸堤埽均經修防平穩。洪澤湖等五月以來陸續長水二尺餘寸，高堰誌椿現存水一丈一尺四寸。本年山盱裏河啓放，循序減泄，堰盱大堤克免積漲生險。下游揚河、江運廳境承受來源，逐漸加長，幸歸江各沙壩先後全啓，謄出河面，是以長水亦不極驟，現比上年盛漲尚小三尺餘寸。所有該二廳東岸堤工爲下河保障，前將著名最險之馬棚灣等處先爲築辦。其餘堤岸經上年漲水刷塌殘缺卑窄段落，隨亦擇緊分別幫加，并將兩岸舊護埽擇要撙節鑲修，務資捍衛。其高郵四壩專派員弁駐守，協同廳營加意防護。該管淮揚道郭沛霖兼署運司篆務，移駐泰州，籌辦南鹽，其地正與揚河工程相近，該道董率修防，實心實力，總期無誤。"（録副奏摺）

68.52　七月初二日，上奏雇募浙江工匠，鑄造大錢，百姓亦行用順暢，現正試鑄當千當五百大錢及鐵鉛等錢。

　　楊以增《遵鑄各項大錢現已行用摺》："現值軍需吃緊，所有籌款購銅等項頗形支絀。又因清江匠人較少，於鑄法亦不甚諳練，復募浙江匠人五十名來浦設立爐□，始得按照部定章程，啓爐試鑄。計自本年二月二十六日起，現已趕成六□，共成當十、當五十、當百等大錢，共計抵制錢二萬餘串，分成搭放兵餉，市肆暢行，莫不歡忭寶貴，群頌我皇上卓財解愠之麻。至當千當五百大錢甫經奉制，式樣尚未鑄出。又新奉部咨，令各省一體仿鑄鐵鉛等錢，臣現與住局□□籌商試辦，再當隨時奏報。"（録副奏摺）

68.53　七月初二日，上奏新鑄大錢甫得暢行，除當十大錢酌減分量外，其餘已鑄大錢請暫免照新章一體改減，以便行用。

　　楊以增《新鑄大錢請暫免照新章一體改減片》："臣初次奉到部咨，當即啓爐鼓鑄，所有大錢分兩俱照初定章程遵辦，是以已經發行之錢與新奉部咨將大錢分量以次遞減者不同，自應遵改，以昭畫一。惟臣體察清江現在情形，大錢甫得暢行，若驟加改易，分兩懸殊，式樣不一，已成者既須傾化費工，發用者未便收回另鑄，氓之蚩蚩，稍滋□議，實與大局有關。臣再四思維，已飭將當十大錢照爲酌減，其當百、當五十者折當既多，未便驟改。臣恭閱邸抄，閩浙總督王懿德具奏亦以大錢行用已久，未便議改，業奉俞允准行。清江事同一例，可否仰祈皇上格外恩施，俾暫免照新章一體改減。"（録副奏摺）

按：咸豐三年（1853），清政府軍餉已經超過二千萬兩。當時太平軍進攻勢如破竹，清政府財政收入隨之銳減。爲克服嚴重的財政危機，清政府於咸豐三年（1853）三月，開始發行當十大錢。同年七月，王懿德在福建添鑄當二十、當五十、當百大錢。咸豐四年（1854）正月，開鑄當五百、當千大錢。因折當過多，私鑄嚴重，到咸豐四年（1854）七月，當千和當五百大錢，每千文只值四五百文，"當百和當五十大錢自每千值五六百文跌到三百多文，以致於没有行市"（《中國貨幣史》，第580頁）。大錢迅速貶值，造成嚴重的通貨膨脹，當時大部分物價以制錢計算，而大錢則多按市價折合制錢，對百姓生活造成很大影響。

68.54　七月初二日，上奏核議武職捐陞千總把總捐免驗看，且武職舉人亦准扣算原資銀數，以鼓勵捐輸。

楊以增《武職捐陞千總請免驗看片》："逆跡現尚稽誅，各路防剿均關緊要，當此籌餉維艱，全資勸捐湊用，欲其聞風踴躍，總當推廣變通。查部議事例及各項章程已極周備，臣復於現行條例細加講求，酌訪輿論，尚有應行推廣者。如現任候補、候選爲官加捐陞銜，文職已有專條，而武職尚無准捐陞銜之例，未免尚□，擬請武職一體准其報捐陞銜。又如文職首領佐雜等官，安徽、山東等省已定有捐免驗看章程，尚未議及武職，擬請報捐武職之千總、把總亦一體准其捐免驗看。至文進士、舉人報捐職銜者例准扣算原資銀數，而武進士、舉人捐銜尚無扣算原資銀數明文，擬請仿照一律酌定。"（録副奏摺）

68.55　七月二十八日，上奏伏汛河湖水長，積極籌辦南河各工，現在時逾立秋，水勢平穩，下河早稻業已刈獲情形。

楊以增《伏汛各工平穩摺》："嗣據東河先後馳報，六月十九至三十日旬日之間，沁、黃兩河共長水四丈有奇，奔騰下注，以致江境豐、蕭兩廳各長水一丈二三尺。伏查豐工兩壩尾口門去路不爲不暢，而宣消仍難迅速。江境堤工既屬著重，而豫東長河千里，更虞節節上抬，所關甚巨。昨據該廳營稟請，酌將口門東岸之土埽量加折展等情，尚合機宜，已批飭該道廳營妥爲辦理，以暢河流。其豐蕭境內黃水漫抵堤根，風浪汕刷及口門以下大堤北面漫坡之處均擇要酌鑲防風，以資搪禦。邳宿運河因時雨頻仍，山泉漲發，加以微湖下注之水同時匯□，途中二廳卡水亦湧兩岸，舊埽刷蟄卑矮段落分別鑲加，其卡堤被溜刷坡之處或鑲做防風，或幫戧加堰，其宿北廳皂、□二汛大堤後身北鄰運河，漾抵堤根，潰坡處所即酌鑲防風，均資捍衛。中河楊莊頭二三壩春間照舊收束，俾水勢多注鹽河，以利鹽柴運行。昨因水大，仍復酌量折展，以資減泄。并將外南順清河進占收束，使楊莊所出之水全注黃河，不任內灌，藉以刷滌下游河身。至洪澤湖七月以來加長五寸，誌樁現存一丈一尺九寸，西風間作，林壩仁河并新舊義河直壩及攔堰各護埽歷被浪掣，間段殘塌，均經補加高整。裏河廳運口汛爲湖水入運門户，閘壩層迭，攸關緊要，所有頭南壩、外蓋壩、頭二三四壩并上下雁翅、惠濟正閘上下鉗束壩、張王廟前托水壩、福興正閘上下鉗束壩、迤下河尾蔣壩因清水日見搜刷，俱形蟄矮，隨時加鑲高整。該境及揚河、江運等廳兩岸舊埽見蟄卑矮，擇要鑲修。其迎溜埽灣潰及堤坡之處酌鑲護埽防風，悉資抵衛。本年盱禮字河壩既因越堵錢糧過大，且可留此天險以爲遏賊由蔣家壩北竄之路，是以奏明緩堵。而又深虞下游揚江一帶工程吃重，迭經臣督率該管道廳等預將歸江各路一律啓泄，騰開河湖水面，一面詳籌修守之法。復因錢糧短絀，且官票尚未暢行，購料辦工倍形棘手，即經諄飭各州縣勸諭下河紳富典商或捐或借，俾得幫濟工需，并許以安瀾之後，查明優獎。該州縣暨紳商等亦深明大義，捐資出力，共保堤防。刻已時逾立秋，各工平穩，下河早稻業在登場。一過處暑，中禾亦可收穫。淮揚士庶歡忭異常，足以上慰宸厪。"（録副奏摺）

閏七月

68.56　閏七月十一日，發函告知漕運總督邵燦，欽差大臣琦善於本月初三日在軍營病故。

漕運總督邵燦奏報："淮城近日防堵吃緊，勢難遠離，謹將實在情形恭摺奏祈聖鑒事。竊臣於七月二十八日由陸路赴皖會審事件，連日督飭委員，逐款研訊，甫有端倪。忽於閏七月十一日疊接河臣楊以增來函暨淮安府知府恒廉飛稟，內稱欽差大臣琦善於本月初三日在營病故，一時統兵乏人，兵心渙散，瓜洲賊匪竟欲乘間竄逸。"（録副奏摺）

68.57　閏七月十五日，受命剿辦張彥、李大選、杜四、杜五等土匪。

　　閏七月壬午（十五日）上諭："有人奏河北銅山、豐沛間有新起土匪頭目張彥、李大選、杜四、杜五等聚衆千餘，在水路擄掠爲患。現在江南徐州一帶正值防堵喫緊之時，豈容此等匪徒嘯聚，貽害地方？若不乘其初起即行掩捕，將來蔓延日甚，更恐與逆匪暗相勾結。著怡良、吉爾杭阿、楊以增、崇恩嚴飭該地方文武并酌派兵丁，會同嚴密查拿。該二省交界處所，務當不分畛域，一體拿辦，俾絕根株，毋任一名漏網。將此由四百里各諭令知之"（《清文宗實錄》卷一三九，《清實錄》，第44677頁）

68.58　閏七月二十四日，受命盡快將上年揚州失守責任官員押解啟程。

　　閏七月辛卯（二十四日）上諭："上年賊擾揚州，府城失陷，當降旨將督辦防堵之漕運總督楊殿邦等及失守地方之鹽運使劉良駒等革職，分別治罪。旋經琦善、福濟、雷以諴各將該革員等奏請留營，亦經先後允准。昨據雷以諴奏，已革揚州府知府張廷瑞、已革江都縣知縣陸武曾均因剿匪出力，請分別免罪減等，并留營效力，業經降旨允行。惟該革員等失守城池，罪名綦重，僅予發遣，已屬從寬，若皆藉端保舉，必致紛紛瀆請，濫開僥幸之門。且閱怡良昨奏揚城失陷之時，候補微員尚有全家殉難者，而該革員等或身爲大吏，或責在守土，轉得偷息行間，冀邀寬典，何以慰死節而勵人心？除陸武曾罪名經刑部議准減等，改發新疆外，其張廷瑞罪名亦著減等，改發軍臺效力贖罪。著楊以增即行派員將該二員迅速押解啟程，毋再延玩。至楊殿邦現有應賠提用淮北鹽課銀兩，著福濟飭令速行完繳。如未能繳齊，即行具奏，遵旨發遣，不得以籌措賠項爲詞，致滋延宕。其但明倫、劉良駒及此案內應行發遣各革員著一併迅速起解，毋許逗遛，并將起解日期即行具奏。"（《清文宗實錄》卷一四○，《清實錄》第四二冊，第464頁）

68.59　受命與兩江總督怡良實力督銷鹽引，以保障課款徵收。

　　閏七月辛卯（二十四日）軍機大臣等奉上諭："……此項淮北滯銷鹽引已逾奏銷，尚未議定銷售章程。若再令會議酌辦，往返咨商，徒延時日，於課款仍無裨益。怡良既稱暫停代納淮南鹽引一款可以維繫新綱，又可無害於鹺局，自必確有把握。即著該督會同楊以增督同署運司設法辦理，袁甲三著無庸會辦。怡良職司鹺務，責無旁貸，楊以增近在淮北，稽查較便，務當遴委賢員，實力督銷，不得以商疲引滯藉口，致課款再有短絀。"（《兩淮鹽法志》卷五《王制門》）

八　月

68.60　八月初五日，因鹽價上漲，接奉上諭，會同怡良實力銷鹽。

八月辛丑（初五日）："淮北鹺務，曾據怡良奏暫停代納淮南懸引，可以維繫新綱。已有旨，令該督會同楊以增實力疏銷。現在河路已通，鹽價漸起，仍歸怡良督辦，以期畫一。"（《清文宗實錄》卷一四一，《清實錄》，第44709頁）

68.61　八月初十日，上奏節逾秋分，河湖水勢續有上漲，及時修整中河廳雙金閘等受損工程，同時積存工料，嚴防秋汛，河湖各工修防形勢平穩。

楊以增《節逾秋分河湖各工修防平穩摺》："查黃河水勢續據河南馳報，七月十二日至閏七月十九日萬錦灘五次共長水二丈一尺，沁河兩次長水四尺八寸，匯流下注，豐、蕭境內先後每次長水二三尺至四尺餘寸不等。幸去路道暢，旋長旋消。豐北廳上汛兵四堡一帶順堤河形停水本屬寬深，加之長水串注，風浪撞刷，致將堤身汕塌。經該道廳勘明緊要，搶筑土壩七道，藉資抵禦。邳宿運河因秋雨頻仍，上游山泉漲發，長水亦旺，兩岸堤埽甚形吃重。經該廳營汛等設法分投竭力搶護，悉保無虞。中河廳雙金閘鉗壩及以下束托各壩爲出運鹽柴要工，歷經漲水趨刷，間有蟄矮塌卸。及鹽河兩岸堤埽刷塌段落均飭擇緊摶節廂修。桃北廳崔黃二汛大堤後身向有積水深塘，因中河半路劉滾壩南面替河分流下注，致將該二汛堤北爪潰刷，隨經酌鑲護埽防風，以資捍衞。外南北、山海各廳承受中運河漲水下注，藉可刷滌河身。現值秋潮之期，風雨不時，各工舊埽閱時未修，難免朽蟄，均飭分運蕩柴儲防，擇其實在緊要，量爲廂加。洪澤湖水勢已消尺許，惟金飆司令，風浪時作，大堤石工未補段落誠恐愈見搜掣，致礙堤身，擇緊酌量摟護。裏河束清壩爲湖水入運門户，兩壩頭歷被溜勢趨刷蟄矮，均經加廂高整。揚河江運廳境河湖水勢亦均各消尺餘，工程一律平穩。現在時逾秋分，照此情形，高郵四壩俱已無須啓放，下河各州縣不獨秋收豐稔，且得種植春麥，爲多年未有之事。"（録副奏摺）

68.62 八月二十二日，受命認真催銷淮北鹽課，以濟安徽軍營要需。

八月戊午（二十二日）上諭："和春、福濟奏皖省待餉孔亟，請飭撥鹽課，按省分給一摺。淮北鹽課前曾諭令接濟江蘇、安徽兩省軍需，自應按數分撥。惟安徽現在需餉甚急，兵勇口糧欠至三四月、五六月不等，且陝省按月應行協濟之款已據王慶雲奏明無可撥解。江北地方被賊者十居七八，徽甯應徵款項又因防剿緊急，全數截留，較蘇省情形尤爲拮据。江南軍餉尚有浙江等省按月撥解，當不至有誤要需。著怡良、楊以增督飭所屬，於淮北鹽課認真催銷。收有成數，先盡安徽軍營酌撥應用，務期源源接濟，毋誤軍儲爲要。將此由六百里加緊各諭令知之。"（《清文宗實録》卷一四二，《清實録》，第 44732 頁）

68.63 八月二十二日，上奏南河除無工七廳外，其餘十五廳尚照常修守，且歲料爲修防根本，請撥歲料銀八十萬兩，并在所發官票內酌發現銀，以搭配使用。

楊以增《請撥來年歲料銀兩摺》："現在豐工未堵，黄河雖少七廳，而其餘十五廳皆照常修守，本年奉發歲防爲數□少，且均系官票，尚未流通，各省額解銀兩又復一無解到，南河捐局所收銀錢無多，支放兵勇餉糧尚屬不足，亦未能兼顧河工，以致大汛搶辦工程倍形棘手。經臣嚴飭各廳隨時設法挪借應急，不准藉詞諉誤。該工員等自顧考成，亦均竭力辦理，得以保護平穩。現在轉已秋深，新料將次登場，既應早爲購儲……臣與各道再三講求，不敢緘默致誤。兹擬照往年撥數節去四十萬兩，請撥八十萬兩，庶得擇緊撙節經理，務使一料一工悉得實用，不任絲毫糜費。相應瀝情據實奏請，伏乞皇上天恩俯念河工緊要，准賜如數發給，以實修守。再，查官票章程出納均以五成爲率，現在東河系發官票五成，現銀二成，制錢三成。所有南河現請歲料八十萬兩并求勅部發給官票內酌發現銀，俾資搭用。"（録副奏摺）

68.64　八月，因江蘇候補直隸州知州海安通判張學韶派管籌防局銀錢賬目，署宿北同知候補通判賈海安派管中和局官錢店，署高堰通判候補通判鄭居仁派管籌防局分爐鑄錢，據報先後丁憂，例應回籍。因該三員人俱勤慎可靠，經手錢糧事件，一時難得其人。又候補通判曹象曾上年在伊故父前淮揚道曹文昭營內經管兵勇鹽糧，一切款目當須核對查視。因籌辦軍務丁憂人員例准奏留，請旨將張學韶、黃海安、鄭居仁、曹象曾暫留清江，俟治喪百日後，照舊會南河當差，統俟軍務告竣後，再令回籍終制。（《請暫留丁憂河員片》，錄副奏摺）

68.65　八月二十二日，奏報咸豐三年欠解工需銀三十餘萬兩，南河河庫扣存減平銀均隨時支工使用。

楊以增《奏報欠解工需銀數并扣存銀兩隨時湊支片》：“咸豐三年歲料實奉部撥銀八十八萬餘兩，又該年大汛工需部撥三十五萬兩，二共銀一百二十餘萬兩，本不及往年之半，仍僅續解到八十餘萬，計欠解銀三十餘萬兩。而各省額解南河銀款截至上年冬間，積欠至二百數十萬之多，節經咨催，均以賊氛未靖，道路梗阻，或留抵軍需，或無銀可撥。加以淮鹽滯銷，關稅短絀，以致積欠愈夥，河工修守情形彌形掣肘。所有咸豐三年河庫扣存減平銀八萬四千九百餘兩均隨時湊支工用。”（錄副奏摺）

68.66　八月，接摯友梅曾亮至南河督署之清宴園，前后“對案食者一年”。

楊以增《柏梘山房集·文集序》：“伯言同年以甲寅秋攜家自王墅移居興化，又移居淮安，乃得至清江而館余署之清晏園，以同年三十餘年之久，經憂患之餘，得見而聚處朝夕，不可謂非幸事矣。”（咸豐六年刊本，國家圖書館藏）

梅曾亮《至清江楊至堂留寓節署》：“見即開賓榻，知君友意真。殘生逗優渥，高興撥悲辛。意倦聊齊峽，情忘任吐茵。夢魂安幕府，飄撼尚江津。”（《柏梘山房集·詩續集卷二》）

丁晏《梅伯言戶部》：“癸丑春，（曾亮）陷賊中逾月。乘間逸出，全家轉徙至淮。……至堂河帥同年備加賙急，屋宇衣食皆資焉。”（丁晏《頤志齋感舊詩》）

《梅郎中年譜》："四年甲寅，六十九歲。居王墅，又移興化，又移淮安，乃得至清江浦，依南河總督楊至堂（以增）。楊固先生同年，館先生於墅之清晏園，朝夕與揚論藝。蓋流離賊中，至是始定。"（《國學月刊》第四卷第一號）

九　月

68.67　九月初二日，受命籌集軍餉，以濟入江助剿之紅單師船所需。

九月戊辰（初二日）上諭："托明阿等奏請飭撥兵餉以濟急需等語。所有入江助剿之紅單師船，本由粵東捐貲，協濟經費。現在該省新起土匪勢頗猖獗，近省之高明、順德等縣相繼失陷，恐難兼顧及此。至江南原募艇師各船及陸路各營軍食需餉亦甚迫切，當此江路攻剿喫緊之時，若因餉糈匱乏，致誤機宜，所關匪細。著怡良、楊以增於淮揚、淮海、淮徐各屬截漕項下，並淮北應徵鹽課款內趕緊設法通融籌撥，剋日解赴托明阿軍營，協濟紅單船經費。其陸路各營及艇師各船兵餉仍著該督等遵照前旨，分飭所屬隨時撥款，源源接濟，以期無誤要需。將此由六百里加緊各諭令知之。"（《清文宗實錄》卷一四四，《清實錄》，第44755頁）

68.68　九月初三日，上奏節逾霜降，河湖水勢逐漸消落，南河各廳工程一律平穩。且因漕船不由內河上行，不需堵閉禮字河，節省經費，并減輕防堵壓力。

楊以增《節逾霜降湖河工程平穩摺》："伏查黃河來源大汛期內節據豫省馳報，黃、沁兩河先後長水三十五次，共十丈八尺四寸……勢甚浩瀚，豐、蕭二廳屢經盛漲，情形吃重。幸先將兩岸堤工擇緊加培，并隨時相機築壩鑲埽，續將豐工口門酌加折展，俾漲水暢泄，消長相乘，江境既保無虞，豫東境內亦免壅積之患。邳宿桃清運中河承受東省蒙沂各水，夏秋大雨時行，山泉漲發，加以微山等湖漲水同時下注，兩岸堤埽平水、入水異常險要，經該道督率廳營縣汛等分投搶護，料土并進，鑲築兼施，悉資捍禦。楊莊廳出運河之水下注黃河，由外南北、山海等廳減泄入海，藉資淘刷底淤，其兩岸舊埽朽蟄段落飭運蕩柴，擇緊酌鑲穩固。洪澤湖為淮水匯注巨浸，堰、盱二廳大堤石工長一萬八千餘丈，屹爲淮揚保障，關係最巨。……經臣督同該管道將廳營悉心講求，本年南漕不由内河上行，無須儲蓄，遂定計將山盱禮字河不復堵閉，既省堵費三十餘萬金，而湖潴常川宣注，不致積漲生險。惟下游揚河、江運等廳湖河不無吃重，旋將歸江各去路預爲次第全啓，并將兩岸堤埽各工擇緊加意鑲築，并於水長工忙、錢糧不繼之際，經淮揚道郭沛霖督率各州縣勸借，紳富商民衆力伙助，幫同河工文武竭力修守。仰賴皇上福庇，河神默佑，一律保護平穩，高郵四壩得以堅守未啓，下河各州縣普獲豐收，更將遍行種麥，不特糧價平減，户有蓋藏，且就近軍營兵食亦得藉以爲恃。"（録副奏摺）

68.69　九月初三日，上奏官局銀票籌有票本，兵民持票取錢，隨到隨放，與現錢無異，請將兵丁鹽糧等項一律搭放有本官票，以便流通。

　　楊以增《請飭兵丁鹽糧一律搭放有本官票摺》："伏查兵丁鹽糧計口撥食，必須逐日零星給發，若以無本之票搭解大營，散給兵丁，各兵無處所□，勢必藉端滋事，是以欽差大臣琦善有毋庸搭放官票之請，而部臣亦即議准也。現在臣等與督臣、撫臣會議推行官票一摺已奉户部議准，奉旨允行，凡搭解軍營之票均已籌有票本，提□官局。無論兵民有以官局售去之票，赴局取錢者隨到隨放，與現銀現錢無異。本月初間欽差大臣托明阿赴營時臣等面告一切，已知有本之票營中可用，議明照章搭解。所有此次部咨系在會議推行官票之先，應請諭飭專管糧臺大員查照新章，將兵丁鹽糧等項一律搭放有本官票，以歸畫一而冀流通。"（録副奏摺）

68.70　九月初三日，因本年河湖形勢嚴峻，各廳盡心修守，保證安瀾，且堅持未堵禮河，從嚴防守，節省錢糧，下游得以種麥，爲此上奏保薦出力人員。咸豐帝因決口未堵，即請保奏，對此摺非常不滿，并嚴厲斥責。

　　楊以增《河湖安瀾保薦出力人員片》："河工事繁任重，向來防守大汛出力人員每於安瀾後核實保薦，即遇河工失事之年，其修防無誤各廳仍許擇優請獎。南河自咸豐元年豐工失事，上煩宵旰焦勞，臣負疚滋深。雖所屬有工之文武節慎修防，認真出力者迄今三載，不敢遽乞恩施，然南河黃運河湖二十二廳除銅沛以下七廳因豐工漫口無水外，其餘均照常修守，而豐、蕭兩廳逼近口門，掣溜迅屬；運中兩廳黃流串注，奇險迭生，迥非尋常水勢可比。至堰盱、裏揚等廳專防淮水，更須格外小心。本年黃河來源勤激，較上年情形尤重。淮水匯注洪澤湖，因山盱禮河跌塘，堵則經費不貲，兼恐漲滿復塌；不堵則湖水建瓴而下，高寶一線東堤難資抵禦，下河七邑有淪胥及溺之虞。時淮揚紳□謂禮河宜堵者異口同聲，臣力排衆議，堅持不堵，一面督飭堰盱廳營慎守越壩，毋許塌寬，一面飛飭江運廳速啓歸江各路，不任存積。幸賴聖主洪福，湖水隨長隨消，得以相機修守高郵四壩，遂可不啓，計各廳省銀十萬兩。且下河田畝普獲豐收，并已遍行種麥，尤爲從來所未有。是以各該境雖距賊氛不遠，而大有既占，民心極定，歡欣鼓舞，無不歌誦皇仁。所有在事文武或昕宵籌策，或風雨賓士，實屬著有微勞，可否擇其尤爲出力并實心節省者核實保奏數員，以示激勸之處出自逾格鴻慈。”　硃批：“現在決口尚未堵築，斷難准汝保奏河員。且各廳節省錢糧分所當爲，豈能許其優獎？沽譽見好，可惡已極！且明言失事之年，尚准擇尤請獎，修防無誤，各廳更屬膽大！著該部查明有無成案，嚴參具奏。”（錄副奏摺）

　　吏部尚書臣柏葰等十月十八日《請將率行請獎防汛各員依律議處摺》：“先經臣部具奏，內閣抄出江南河道總督革職留任楊以增保舉防守大汛出力人員一摺，咸豐四年九月初九日奉硃批：現在缺口尚未堵築，斷難准汝保奏河員。且各廳節省錢糧，分所當爲，豈能許其優獎？沽譽見好，可惡已極！且明言失事之年，尚准擇優請獎修防無誤各廳，更屬膽大。著該部查明有無成案，嚴參具奏。欽此。欽遵。抄出到部。臣等查道光二十二年七月南河桃北崔鎮地方河水漫溢，是年九月二十八日奉上諭：麟慶奏節交霜降黃河上游長水消落，湖運各工修防平穩一摺，本年大河來源甚旺，險工疊出，蕭莊失事各員業經參革。其上游黃河及湖運各工修防尚屬穩固，所有派防文武員弁，著該河督擇其尤爲出力者秉公著保數員，候朕施恩，毋許冒濫。欽此。此係奏奉特旨允行，未便據爲常例。今該河督楊以增率行請獎，並明言河工失事之年，其修防無誤各廳仍俾擇優請獎，殊屬冒昧。相應請旨，將江南河道總督楊以增交臣部議處。等因。咸豐四年九月二十日奉旨：依議。欽此。查律載：凡不應得爲而爲之事，理重者杖八十；係公罪，降二級留任等語。此案江南河道總督楊以增於河工缺口尚未堵築，將防汛出力人員率行請獎，雖查有成案，究屬冒昧，應請將江南河道總督楊以增照不應重降二級留任律，降二級留任，係公罪，例准抵消。可否准其抵消之處，恭候欽定。俟命下之日，臣部再行辦理。"

68.71 九月十三日，上奏雲梯關外河沙荒地屢有洋匪聚集，劫殺商販，經查有王大老虎等匪首修築巢穴，藏有槍炮。爲保障海運，免其與內地匪徒勾結，派遣幹員趕籌會剿。

楊以增等《訪有洋匪蹤跡趕籌會剿摺》："竊照黃河海口南北洋面分隸漕河兩標管轄，從前雲梯關外即系海口，嗣後逐漸停淤，關外河沙積至三百餘里……漁户樵夫零星散處，其中本易藏奸。自上年賊氛不靖，標兵徵調一空，臣楊以增迭飭嚴防，遇有土匪，隨時拿辦。臣邵燦本年到任後，即將闒茸多病之遊擊徐朝棟奏參撤任，冀振委靡而重海防。乃近聞海外洋盜乘船結□，隨潮出没，勾結濱海土匪肆行搶掠。迭據商販呈報貨物被搶事主被傷，并有無首及殘塊屍身數十具共漂至海岸，其凶惡情形殊堪髮指。□據委員密稟，訪有洋匪五股，每股數百人，其頭目有王大老虎、陳二將軍等名目，乘船數十隻，時在洋面劫掠。近又於海灘人跡罕到之地築壘挖濠，藏有槍炮……則有閩廣口音等情。臣等密計熟籌，黃河海口與上海洋面遥遥相望，轉瞬籌辦海運，難保無匪船窺伺，且兩岸□灘數百里，等與沙漠。其長葦之地□根盤結，土性沮洳，設經土匪占擾，則洋面接應，飄忽無常。……若與內地匪徒勾結，彌恐滋蔓難圖。必須趕籌剿洗，庶免燎原。而水師營務廢弛，非有幹員鉗制，難期得力。當查有候選道中河通判朱善張屢拿土匪，謀勇兼全。又葦蕩左營守備楊鎮華勇敢有爲，臣等面授機宜，令其帶勇馳往，一面密飭漕河水陸各營并印委員弁揀選兵勇星羅棋佈，相機兜拿。"（録副奏摺）

九月丙戌（二十日）上諭："邵燦、楊以增奏洋匪肆擾趕籌會剿一摺。據稱黃河海口有洋盜勾結濱海土匪，肆行搶掠，經委員訪有洋匪五股，每股數百人，其頭目有王大老虎、陳二將軍等名目，時在洋面劫掠。又於海灘築壘挖濠，藏有槍炮器械等語。黃河海口與上海洋面相距匪遥，現在滬城尚未克復，設此股匪徒乘間潛煽，沿海一帶地方更難安謐。且轉瞬辦理海運，若海淤沙地被匪徒占踞，更恐有意外之虞。現經邵燦等派委中河通判朱善張、葦蕩左營守備楊鎮華帶勇馳往該處，會同漕河水陸各營相機兜拿。惟兵力甚單，搜捕恐難得力，著怡良、吉爾杭阿即飭狼山鎮總兵泊承升督帶水師會同剿辦，務將首犯王大老虎等按名弋獲，以清海道。"（《清文宗實錄》卷一四五，《清實錄》，第44783頁）

十　月

68.72　十月初五日，上奏將籌防捐局續捐人員銀錢數目繕具清單，且因上年豐收，實行捐米，并請迅發執照。

　　楊以增《籌防捐局續收銀錢并勸捐米稻摺》："茲據捐局委員等詳報，續有急公報效者自應隨時請獎，理合繕呈清單，伏候恩施，俾知觀感，并造具履歷清冊，咨部查核。內有已奉預發空白職銜監生各照者，遵即隨時填給，均於咨部冊內註明，其報捐實在官職等項，凡冊內未註給照者，應請由部迅即頒發，以昭激勸。再查歷次捐輸執照均已陸續頒到，臣轉給承領，惟有上年九月間初次捐輸案內官生查煥群、雷鳳翥等執照及歷次武職各執照迄未奉到，并請由部查明頒發，以便給領。再，本年下河各州縣普獲豐收，願捐米稻者自不乏人。前經臣遴委幹員會同地方官妥爲勸捐，所有米稻價值檢查成案，參以時勢，酌中定擬，應照道光二十七年江蘇捐米章程，每石庫平銀三兩，內運腳一兩，米價二兩。此次捐米請即仿照每石定價二兩，稻價減半，每石作銀一兩，均連運腳在內，業經出示曉諭。現在捐稻者踴躍，一俟集有成數，即當匯奏請獎。凡有報捐貢監以及各項職銜已奉頒有空白執照，亦即隨時填發。惟前頒之照尚不敷用，仍應續請，仰懇勅部續頒監照及從九品職銜執照各二百張、貢照一百張，與上次續請各項職銜封典執照一并迅賜頒發，以廣招徠，合并陳明。"（《先都御史公奏疏》卷三十三）

68.73　十月初五日，上奏分海、陸數路分別剿辦洋匪，分別擒獲王大老虎、金四將軍等匪首，并設法搜捕餘匪。

　　楊以增等《剿辦洋匪股首就擒仍搜捕餘孽摺》："伏查洋匪肆擾，臣與漕臣遴派委員會同水陸各營分投進剿。拜摺後復據委員密稟王大老虎、陳二將軍之外，尚有股首王小老虎、金四將軍、王永、王三砍、李廣實、蕭大六子、孟自善等，每股人數多寡不等，均以王大老虎爲總頭目，連日在於海灘試演槍炮，豫備與官兵對敵。臣復添派淮安府知府恒廉、署外南同知鐘照選帶兵勇，先後馳往接應。幸蒙皇上垂念兵力尚單，諭飭狼山鎮臣統領水師前來會勦辦理，自易得手。當即恭録，飛行欽遵就道。……二十二日賊船乘潮駛出，水師兵船槍炮齊施，擊沉匪船八隻，賊匪除轟斃落水外，生擒周正長等三名，奪獲大賊船二隻，大炮三尊，銅炮一尊，鳥槍刀矛多件，客貨油簍一百五十個。維時有洋面匪艇前來接應，當經師船開炮擊沉匪艇數隻，餘艇向東南外洋駛去，此水師勦賊情形也。其陸路海灘賊巢二處，一在二汯以北洋潮地方，一在六汯以下本港，當即知會各處員弁兵勇丁役先搗二汯巢穴。……我兵勇開炮攻擊，乘勢由泥淖中搶上炮臺，擊斃匪徒七十餘名，生擒陳大金等十八名，奪獲大炮三尊，器械多件，小船四隻，油簍一百十一個。餘匪竄入蘆葦，當將匪巢燒毀。即於是夜下至六汯，該處近海港道紛歧，賊巢北踞本港，開炮抗拒，我兵勇施放銅炮，賊匪紛紛落水，官兵搶入賊巢，生擒股首金四將軍即金巧等三名。各勇由東西兩面搶進，奮勇殺賊，奪獲大船二隻，小船四隻，大炮一尊，抬砲三杆，火藥二簍，槍子二包，油簍一百零四個。是日各股匪首王大老虎即王起高從北岸逸至南岸，文武員弁躡蹤而至，復經南岸官兵民勇攔截，登時拿獲，此海灘連搗賊巢情形也。二十四日探得股首二代王孟自善率領數十人潛伏胡蘆尖民灘，當即諭會紳士王裕如等帶領民練於二十五日黎明將該灘四面縱火，煙焰蔽天，該匪膽敢開槍，打傷民勇數十人，冒火沖出，經紳士王裕如等生擒股首孟自善等四名，其餘匪徒全行燒斃，此圍燒葦灘情形也。又股首李廣實綽號托塔天王赴海州哨探，經鹽知事楊鍾琛購線，隨同署海州知州于醇儒捕獲。又股首王永綽號代王，赴阜寧縣哨探，經遊擊劉錫溫、知縣白聯元緝獲。又股首王三砍在七巴嶺旁地方嘯聚，經兵勇掩捕，并在該犯巢内搜出王永書信三紙，有'豫備對敵，好成大事'等語。"（《先都御史公奏疏》卷三十三）

68.74　十月初五日，上奏朝鮮國夷人在洋遭遇風暴，飄流至江北海岸，循案咨解禮部辦理。

楊以增《遭風難夷循例咨解禮部摺》："竊據署東台縣知縣陳恭溥詳稱，咸豐四年八月初九日拼茶場地方見有男丁四人、婦女兩口衣服與内地不同，言語不通。由該場大使護送到縣，當即逐加詢問，内有一人能寫，給與紙筆，書稱‘一名崔命禄，年二十歲；一名崔成五，年二十五歲；一名朴桂花，年二十二歲；一名禹而還，年二十一歲，婦女兩口，系崔命禄同胞所生，均系朝鮮國京起小青島人。本年七月二十五日，吾等本有七人，乘船前往白翎島割稻，次日猝遭大風，船隻擊壞，淹斃一人，吾等漂到這裏灘上得生’等詞。……該難夷思鄉情切，往後天氣漸寒，亦未可久羈。……現經臣捐給銀兩，并給皮衣，以示體恤。除遴委河標右營宿汛把總徐政芳將該難夷六名口妥爲解送禮部，聽候訊辦，一面移咨直隸、山東等省飭知沿途地方官逐站支應，接護前進。”（《先都御史公奏疏》卷三十三）

68.75 十月十六日，上奏派兵連續進剿，生擒陳二將軍等頭目三人，并擊沉匪艇三艘，洋匪餘黨一律肅清。咸豐帝接報，認爲“剿辦尚爲迅速”，并命選尤爲出力者，保奏數人。

楊以增《續獲洋匪股首餘黨肅清摺》：“自九月二十七至十月初四日止，竭七晝夜之力，直至海濱，窮搜力索，凡遇賊巢，各兵勇奮勉爭先，一可當十，除格殺落水不計外，又生擒數十餘名，內有股首陳二將軍即陳學恒，又小霸王、蕭大六子，并其軍師王昌九三名，膂力過人，格鬥時兵勇受傷不少。隨將賊巢全行燒毀，所獲槍炮按數點解回營。并據犯供，股首王小老虎被炮轟斃，此外餘黨搜捕殆盡，脅從之人均分別訊明，量予保釋。先是九月二十一日水師轟沉匪艇後，深恐餘艇復來接應，商派候選同知潘榮准、候補知州李會文募帶水勇密赴通洋之射湖口會水師營巡哨。二十四日，瞥見匪船游奕，當令罩網船乘潮外出，相距五六里。……該匪船在巨浪中亦被兵勇用大炮擊沉，淹斃屍身三十餘具。……臣查此次洋匪本訪有五股，系王大老虎、陳二將軍、王小老虎、王三砍、李廣實等五名。另股匪首又有王永、孟自善、金巧、蕭大六子四名。除王小老虎轟斃外，所有股首悉已就擒。現批飭小心解浦，由臣親提勘訊，并令搜捕餘黨，一律肅清，勸辦團練，以固藩籬。”（《先都御史公奏疏》卷三十三）

十月丙辰（二十一日）上諭：“楊以增奏續獲洋匪剿捕淨盡一摺。黃河海口前有洋匪勾結濱海土匪肆行搶掠，經楊以增等委派員弁剿捕，業將洋匪股首擒拿懲辦。茲據奏稱，該匪股數甚多，九月二十七等日經淮安府知府恒廉等督率兵勇分隊進剿，直至海濱搜索賊巢，格殺無數，并生擒匪徒數十名，內有股首陳學恒等三名，隨將賊巢全行燒毀，又轟斃股首王小老虎一名。此外，另股匪首王永等四名悉數就擒，餘黨均已剿捕淨盡。其外洋接應匪艇亦經候選同知潘榮淮等募帶水勇赴射湖口夾攻，擊沉匪舡三隻，淹斃匪徒甚眾，現在濱海股匪一律肅清，剿辦尚爲迅速。所有在事文武各員弁著楊以增擇其尤爲出力者核實酌保數員，候朕施恩，毋許冒濫。"（《清文宗實錄》卷一四九，《清實錄》，第44828頁）

68.76　十月十八日，江南提督臣和春、安徽巡撫陳福濟因軍營糧餉緊缺，請旨飭令河臣楊以增先將部議淮北鹽課十萬兩撥解廬州軍營。

　　和春、福濟"跪奏，爲淮北鹽課專資軍餉，請無庸撥解河工，以應急需。……欽奉諭旨，飭令怡良、楊以增督飭所屬於淮北鹽課認真催銷，收有成數，先儘安徽軍營酌撥應用，務期源源接濟，毋誤軍餉。……乃本月初七日接准部咨，以河臣楊以增請撥預購歲料銀兩，部臣又以淮北鹽課十萬兩准撥南河搭放。伏思淮北鹽課共五十八萬餘兩，廬營與揚營各分二十九萬餘兩，縱能全數解來，亦不敷兩月之餉。……現在瀘州待餉萬分緊急，尚未分厘撥解，而部臣、河臣竟欲於此車薪杯水再事豆剖而瓜分，是使廬州徒有撥鹽課之名，而無用鹽課之實也。且查豐工既未堵合，黃河各廳無工，運河、洪湖亦多停緩，而所撥之款已有官票抵銀四十萬兩，又令於葦蕩柴束變價，每年經解二十萬兩，就近催提，加之廣爲勸捐，以資接濟……與其廣儲歲料，預籌日後未必有之工程，何如先儘軍需，以救目前不及待之饑渴，輕重緩急，大相懸殊。合無仰懇天恩，伏念兵勇嗷嗷待哺，部議淮北鹽課十萬兩無庸撥解南河，并請飭令河臣楊以增先將此項撥款盡解廬營，以應急需。"咸豐四年十月二十三日硃批："戶部速議具奏。"（朱批奏摺）

68.77　十月二十五日，上奏河北銅山、豐沛等地土匪張彥、李大選、杜四等侵擾地方，到處焚掠，派遣王夢齡等人多次剿辦，終於徹底肅清，依法懲治，地方安謐。

　　楊以增《遵旨飭拿巨匪悉數就擒摺》："署徐州鎮興慶、徐州道王夢齡會稟，督率各員弁先將張彥之母張趙氏、妻張王氏獲案，并將張彥等素昔窩藏出沒之板橋小□山匪巢全行焚毀。該道王夢齡探知張彥、杜

四、李大選遁入邳州蘭山一帶，恐其遠颺，當將兵勇佯爲撤退，在於附近要地埋伏，并密飭各州縣嚴加堵緝。九月初九日，張彥聞知兵勇折回，復與李大選、杜四糾聚二百餘人乘坐大小船二十餘隻，突至耿家灣地方，揚言搬取家口，再與官兵拚戰。維時委員毓彬等與地方文武練總帶領兵勇伏於柳八集等處，當即會同兜剿，該匪等開放槍炮，我兵各用擋牌遮護，同時齊進，擊沉匪船十餘隻，匪衆紛紛落水，死者一百餘名，生擒黃廷芳等二十五名，據供杜五在沉船內淹斃。張彥等駛船亂竄，各員弁分投跟進。十二日張彥逸至睢寧縣鮑家樓改裝登岸，經知縣高丙謀率同練勇、團練圍捕，張彥用刀自戕，即被擒獲。十三日練總鹿肇侯等在朱李湖地方復獲杜四，又據在籍團練之候補直隸州知州張夢麟會同署邳州知州焦肇瀛訪知李大選在銅邳交界之蘆叢中潛匿，搜至宗家廟地方，李大選鳧水逃走，焦肇瀛督勇將該犯扎傷，隨即擒獲，押解到徐。……至此次在事文武及團練紳士賓士水陸，五月於茲，不避危險，實屬著有微勞，可否擇其尤爲出力者量予鼓勵。"（《先都御史公奏疏》卷三十三）

十一月（甲寅）初一日上諭："楊以增奏遵旨飭拿巨匪悉數就擒一摺。江南銅山豐沛地方有土匪張彥等聚衆擄掠，先經徐州道王夢齡派員兜捕，擒獲多名，楊以增復派通判于贊等隨同怡良原派之候補知府毓彬會拿，已將張彥、杜四等先後於耿家灣、鮑家樓等處擒獲，并擊沉匪船多隻，又經在籍團練之候補直隸州知州張夢麟、署邳州知州焦肇瀛在銅沛交界地方搜獲逆首李大選，均即正法。該匪等結捻搶劫，實屬罪大惡極，現經該地方文武紳團水陸兜拿，悉數弋獲，均屬著有微勞。所有出力各員著准其擇尤保奏，毋許冒濫。"（《清文宗實錄》卷一五〇，《清實錄》，第44847頁）

68.78　十月二十五日，上奏徐州所屬有捻匪宋萬等人往來劫掠，派遣徐州道王夢齡等圍剿，并於鐵佛寺將宋萬拿獲，并依律正法。

楊以增《拿獲積年捻首正法片》："本年二月逆匪由六安北犯，宋萬又乘亂率黨數千人頭紮紅巾，在永城陳家集等處焚劫，經該鎮道奏明堵緝，并與辦理團練之編修段廣瀛密商捕拿。九月十五日偵知宋萬同腹党四百餘人在永宿交界之鐵佛寺盤踞，段廣瀛即約會蕭縣知縣楊韞等帶領兵勇出其不意，馳抵該處，四面兜圍，宋萬聞信，率黨死拒，各兵勇奮力上前，砍殺匪犯數十名，并將宋萬格傷墜馬，立時擒獲，餘匪全行潰散。……查宋萬系積年著名巨匪，夥黨有數千之衆，縱橫三省交界之間，屢次殺傷官兵，其兇惡與張彥等，其擾害比張彥尤久。其情同叛逆，罪不容誅，經臣飭提到浦訓明，恭請王命正法梟首示衆，以昭炯戒。"（《先都御史公奏疏》卷三十三）

十一月

68.79 十一月初七日，上奏查明剿辦海洋股匪尤爲出力人員遵旨核實保奏。

楊以增《查明剿辦洋匪出力人員遵旨保奏摺》："伏查此次洋盜與濱海股匪勾結肆擾……當即遴派候選道中河通判朱善張、葦蕩左營守備楊鎮華選帶兵勇先往查看。復恐兵力尚單，又派淮安府知府恒廉、署外南同知鍾照、候選同知潘榮淮等添調兵勇，馳往接應。該匪股數既多，水陸分踞，意在牽制官兵，狡焉思逞，幸蒙特派狼山鎮臣前來會剿，聲威遥壯，小丑膽寒。恒廉與在事文武密計熟籌，出奇設伏，仰賴聖主鴻福，水陸接仗均獲全勝，渠魁授首，餘黨殲除，海隅蒼生同聲歡頌。茲奉諭旨，飭保出力人員。復念該員弁等奉委從公，原屬分所應盡。惟海灘荒野之區，人跡罕到，港汊紛歧，蘆葦接天，沮洳滿地。各股匪盤踞其中，伺隙開炮，我兵勇裹糧深入，既慮迷途，又虞中伏。各員弁爭先帶隊，且出洋擊匪，不避風濤，得於五旬之內將股首悉數弋獲，餘黨搜捕淨盡。濱海肅清，賈舶往來如故。……第此次印委員弁及水陸各營人數較多，臣秉公確核水師各營將備千把功過尚足相抵，懇恩免其查參。惟降調千總李崇連既已失察於前，現復縱勇滋擾，應即咨部斥革示懲。除出力稍次者存記候獎外，謹擇其尤爲出力者繕具清單仰懇鴻慈獎勵。"（《先都御史公奏疏卷》三十三）

咸豐四年十一月十四日內閣奉上諭："楊以增奏遵保剿辦洋匪出力人員開單呈覽一摺。南河候選道中河通判朱善張著交部從優議敘，陞用同知。直隸州知州揚河通判鍾照著開缺以同知即陞，并賞戴花翎。候選同知潘榮淮著仍留南河，俟補缺後以知府用。候補知州李會文著遇缺儘先補用，均著賞戴藍翎。候補通判陸費棻著俟補缺後以同知用，先換頂戴陞用同知。直隸州知州江浦縣知縣于醇儒、陞銜阜寧縣知縣白聯元均著賞加運同銜。陞用同知直隸州知州借補海州州同郭世昌、同知銜署鹽城縣知縣勵絅均著俟補缺後以同知直隸州知州即補。大挑知縣黃壽豹著免其試用借補，以沿河知縣酌量補用，幷賞加陞銜。大挑知縣王崧齡著免其試用借補，以沿河知縣補用。縣丞師炳、許銘恩、俞字馨均著以沿河知縣補用。候補縣丞楊鐸著歸分缺先班，俟補缺後以知縣用。候補縣丞王慶元著俟補缺後以知縣用。州同朱善寶著賞加知州銜。候補鹽知事楊鐘琛著免補本班，仍留兩淮以鹽大使即補。縣丞翟敦甫、唐□、主簿董保成、巡檢李應麟均著賞給六品頂戴。主簿馮昌運、巡檢周壬林、署巡檢靳鎔均著賞加州同銜。閘官秦守中著以應陞之缺陞用。守備楊鎮華著換花翎，以河營應升之缺陞用，先換頂戴。署都司特克什赫、守備周立成、千總陳勳、把總李振凱均著賞加陞銜。守備劉毅廷、千總臧義田、周長泰、把總高志忠、外委孫繩武均著賞戴藍翎。把總沈祥城、外委劉佐廷均著賞給六品頂戴。通判金慶瀾著留於南河歸分缺先補用。縱九品王應傑、王榮階、俊秀王裕如、徐香山均著賞給六品職銜。其失察之水師各營將備、千總、把總功過尚足相抵，均著免其查參。降調千總李崇連既經失察於前，又復縱勇滋擾，著即革職，以示懲儆。餘著照所請辦理，該部知道，單幷發。"（《咸豐朝上諭檔》第四冊，第330頁）

68.80　十一月初七日，因婁晉、于昌進等人在剿辦洋匪中接濟兵餉，得以迅速進剿，爲此上奏請將管理局務之道員婁晉、于昌進等量予鼓勵。

　　楊以增《請將管理局務之道員鼓勵片》："上年江北設防，先經前河庫道法良議立安鎮局，雇勇團練。嗣揚州失守，清淮震動，經臣徵兵籌餉，竭力設防，改爲籌防局，一切章程由前臬司查文經及法良督同裏河同知于昌進等隨時規劃。嗣派署河庫道婁晉接管局務，凡擇要設備及支應各路大營兵糧軍火，毫無貽誤。本年裁撤糧臺以後，經費不繼，倍費持籌。此次剿辦海洋股匪兵勇衆多，深慮乏食，當經婁晉、于昌進等設法勸捐，源源接濟，幷與恒廉等密計熟商，得以立時撲滅，不致蔓延，洵屬實心任事、不可多得之員。除局內文武員弁統俟撤防時匯核請獎外，合無仰懇聖恩俯准，將議敘候陞道現署河庫道外南同知婁晉、候陞道裏河同知于昌進均開缺以道員留於南河，酌量補用，俾臣得收指臂之助，實於公事有益。"（《先都御史公奏疏》卷三十三）

十一月己卯（十四日）上諭：“楊以增奏請鼓勵候陞道員等語。南河候陞道外南同知婁晉、候陞道裏河同知于昌進於剿辦海洋股匪設法勸捐，接濟兵餉，得以立時撲滅，自應量予鼓勵。婁晉、于昌進均著開缺以道員留於南河酌量補用，該部知道。”（《咸豐朝上諭檔》第四册，第331頁）

68.81　十一月初七日，上奏遵查弭盜安民之知縣吳棠始終勤勉，此次剿辦海匪，所練之勇頗爲得力，爲此懇請俟吳棠服闋後免補知縣，以同知直隸州即補。

楊以增《遵查弭盜安民之知縣懇請鼓勵片》：“清河縣知縣吳棠於上年清淮震動時練勇禦寇，懲暴安良，民心賴以維繫，所關於大局者甚巨。是以本年春間該員報丁憂，經臣奏留署任，以重地方。此次剿辦海匪，該員所練之勇頗爲出力。查上年欽奉上諭：‘太常寺少卿王茂蔭奏酌保人材開列呈覽，據稱江蘇署邳州吳棠補盜認真，士民稱頌等語。著楊以增就近查看，該員如果弭盜安民，著有成效，即著據實保奏。’欽此，欽遵。迄今時閱年餘，該員始終不懈，擬懇恩准將陞用同知直隸州署清河縣知縣吳棠俟服闋後免補知縣，以同知直隸州即補，並懇恩賞戴花翎，以昭激勸。又吳棠帶勇之羊寨司巡檢朱懋績請以縣丞用，吳炳輝請留於南河補用，吳炳耀請留於江蘇補用。”（《先都御史公奏疏》卷三十三）

十一月己卯（十四日）“以江蘇清河縣練勇出力，賞知縣吳棠花翎，餘陞補有差。”（《清文宗實錄》卷一五一，《清實錄》，第44860頁）

咸豐四年十一月十四日內閣奉上諭：“楊以增奏遵查練勇有效之署知縣請旨鼓勵等語。南河陞用直隸州知州署清河縣知縣吳棠練勇補盜始終不懈，自應量加獎勵。吳棠著俟服闋後免補知縣，以同知直隸州知州即補，并賞戴花翎。其隨同帶勇之羊寨司巡檢朱懋績著以縣丞用，從九品吳炳輝著留於南河補用，吳炳耀著留於江蘇補用，以示鼓勵。該部知道。（《咸豐朝上諭檔》第四册，第331頁）

《清史稿·吳棠傳》：“太常寺少卿王茂蔭疏薦，詔詢以增，亦以治績上，特命以同知直隸州即補，賜花翎。”（《清史稿》卷四二五《列傳》二一二，第12222頁）

68.82 十一月十五日，設局鼓鑄辦有成效，現鑄出大錢合制錢已逾十萬餘串，周轉流通，毫無阻塞，遵保出力人員，并仰懇獎勵。

楊以增《設局鑄錢出力人員懇請獎勵摺》："當試辦之初，籌款購銅諸凡竭蹶，本地工匠又不諳練。且事屬創始，深恐未能得法，於蘇州、山東分投采買銅鉛，陸續購運，并從浙江雇募匠人開爐镕鑄，考較講求，力爭如式。是以凡有鑄出各項大錢，悉能質地堅凝，分兩劃一，輪孔整齊，磨礱光潔。分成搭放兵勇口糧，散與市肆使用，無不歡欣寶貴。自二月起至十月底止，計鑄出大錢合制錢已逾十萬餘串，周轉流通，毫無阻塞，兵勇口糧得資接濟，此皆仰賴皇上指示規模，得以奉行有效。……伏念清江浦設局鼓鑄十閱月來，法屬初行，經理不易，所委各員或監鑄收支，廉能杜弊；或購銅募匠，跋涉道途，俱能晝夜辛勤，不辭勞瘁。今已鑄成，數逾十萬，接濟軍需，著有成效，實屬認真出力。臣不敢沒其微勞，合將在事各員中擇其尤爲出力者遵旨酌保，繕具清單，恭呈御覽，仰懇皇上恩施獎勵，以昭激勸。"（《先都御史公奏疏》卷三十三）

咸豐四年十一月二十三日內閣奉上諭："楊以增奏請獎鑄錢出力各員開單呈覽一摺。南河需餉浩繁，經該河督設立寶蘇分局，飭屬試鑄各項大錢周轉流通，得以接濟軍餉。該員等或監鑄收支，或購銅募匠，均屬著有微勞，自應量予獎勵，南河捐陞道山安同知郭禮圖著以道員儘先選用。知府用前山旰同知黃欽鼎著俟服闋後免補同知，以知府留於江蘇補用。候補通判許大猷著俟補缺後以同知用，先換頂戴。候補通判黃程直、候補知縣周力城均著賞加陞銜。候補縣丞餘元愷著免補縣丞，以知縣留於江蘇補用。閘官姜湜著以應陞之缺陞用。候補從九品李世康著俟補缺後以應陞之缺陞用，候補從九品朱祿生、林翰年均著歸分缺前先補用。"（《咸豐朝上諭檔》第四冊，第343頁）

68.83 十一月十五日，上奏山陽官紳勸助軍餉，爲此繕具清單，恭請恩獎，并請迅速頒發執照。

楊以增《官紳捐助軍餉懇請獎勵摺》："竊自上年逆匪竄擾江境以來，金陵、鎮揚相繼失守，各路進剿，需餉甚急。清淮逼近賊氛，防堵緊要，亦籌款維艱。節經臣剳飭各屬并遴委妥員會同勸捐，分解各營，以資接濟。且因各路行營較遠，督臣、撫臣俱在江南。分案請獎，將恐混淆，飭俟捐有成數，就近匯詳，由臣會同漕臣奏請獎勵，以期核實。茲據山陽縣知縣王慶瑞等詳稱‘協同委員設局勸捐，截至本年閏七月止，共收捐項足制錢四萬八千二百六十千文，開送履歷，先行請獎，俾未繳各户感而興起’等因到臣。當即飭交捐局委員遵照部定章程，按籌餉事例及常例銀數酌減十分之二，以錢一千六百文作銀一兩，逐名查核，均屬有盈無絀。自應先行請獎，以廣招徠。除造具履歷清册咨部備核外，理合繕呈清單，伏候恩獎，并請敕部迅即頒發執照，俾昭激勸。”（《先都御史公奏疏》卷三十三）

68.84　十一月二十五日，上奏籌防捐局續收銀錢，爲此繕具清單，并請迅速發放執照。

楊以增《籌防捐局續收銀錢摺》：“茲據捐局委員等詳報，續有急公報效者自應隨時請獎，理合繕呈清單，伏候恩施，俾知觀感，并造具履歷清册，咨部查核。内有已奉頒發空白職銜及監生各照者遵即隨時填給，均於咨部册内註明。其報捐實在官職等項凡册内未註給照者應請由部迅即頒發，以昭激勸。惟前頒各照尚不敷用，仍應續請，仰懇敕部續頒封典執照五十張，與上兩次續請各項執照一并迅賜封發，以廣招徠。再，前准部咨捐收禾稻，經臣委員赴下河一帶勸捐，尚屬踴躍。惟清江所收捐項已遵部定章程搭收官票大錢，而下河一帶尚未行用，現飭捐稻委員一律兼收，以期流通，合并陳明。”（《先都御史公奏疏》卷三十三）

68.85　十一月二十五日，豐北通判馬浚於上年九月到任後不辭勞瘁，實爲不可多得之員。現丁母憂，奏請准令該通判治喪百日後，仍行署理豐北廳缺，俟河務、軍務完竣再令回籍守制。（《請將丁憂通判留任片》，《先都御史公奏疏》卷三十三）

68.86　十一月二十五日，上奏因裁撤河庫道及道庫大使員缺，請委派署河庫道婁晉總理經查局務，以便劃分管理。

楊以增《清查河庫錢糧劃分管理摺》：“查河庫爲通工錢糧總匯，閱年既久，案款尤繁。今一旦剖爲數庫，勢非設局清查，不能劃清界限，即難分歸管理。第清查非一二年不克竣事，而奉旨裁汰之缺又無久

懸之理。今會同籌議，查各省額解撥解向皆撥解總河衙門劄發，河庫收
兌，隨後改歸各道庫，亦應解至總河聽候分成，照例酌派。而自上年以
來，既無額解，其部歲防撥料價又系官票，每次數十萬兩，一經分派，
不敷輪轉。況河庫向有欠發正雜各項銀一百餘萬兩，已屬前後牽劄。加
以豐工用項尚未厘定，若不逐款劃清，實屬無從措手。應請一面設局清
查，一面呈繳關防，將河庫出納錢糧賬目先就近歸總河衙門綜司其事。
除工程料物等款俟奉批准後飭由各管道收放，其葦船三營事宜向由河庫
道會核者，應歸總河衙門督同淮海道管理。至河工錢糧并專案之武職養
廉、兵夫恤賞、堡夫工食及公項額支、官兵俸餉、葦柴報銷管事悉歸總
河衙門匯辦，凡吏書文案均仍暫循其舊，俾通工收支冊檔無虞散失。其
餘未盡事宜應俟清查辦竣，通盤籌計，再行詳辦。……庫賬紛繁，必須
設局清查，方能劃清界限，先將不能分管各務統歸總河衙門匯辦。……
查署河庫道婓晉老成諳練，應飭於交篆後即派令該道總理清查局務，并
酌派通曉庫賬承倅佐雜數員，調集書吏冊案，隨同查辦。限一年內自道
光十六年清查後起至現在止，一切收支逐款厘清，分別存欠造具細冊，
詳送核辦。"（《先都御史公奏疏》卷三十三）

68.87　十一月二十五日，上奏歲料項下奉撥淮北課銀遵照部議該解廬
州軍營，并請敕部另行籌撥歲料現銀十餘萬兩并添發官票二十萬兩，以
供濟南河工需。

　　楊以增《歲料銀兩改解軍營請另行籌撥摺》："竊照南河應備來年
歲料銀兩前經臣酌核，從省奏請，照往年撥款數節去四十萬兩，止請撥
銀八十萬兩，并請撥給官票酌搭現銀。接准部議，先撥官票抵銀四十萬
兩，撥提淮北課銀十餘萬兩，飭令於葦蕩柴束變價銀兩內催提應用，并
令廣為勸捐，以資接濟等因。茲又接准部咨，以廬州軍營待餉孔殷，豐
工未堵，權其緩急，應將前撥歲料內之鹽課銀十餘萬兩改解廬營，奏奉
諭旨：'依議。'欽此。咨行前來，現已欽遵辦理。惟查南河豐工雖未
堵合，而現在無水者僅止七廳，其餘十五廳黃運湖河各工均系照常修
守，并未停緩。臣所請歲料較往年少至四十萬兩。職此之故，至葦營蕩
柴本系官地之物，每年各工收用後僅止作價造銷，并非實銀解庫。況采
辦蕩柴之刀本、溝渠、車路、運腳、薪飯等項所用甚夥，轉需於河庫所
收歲防料等項內通融支應。此皆部臣所深悉，并經臣於春間縷晰奏蒙聖

鑒在案。是柴價既不能抵作現銀，而鹽課又改歸皖餉，僅有官票四十萬兩，毫無現銀搭配，滯礙難行。至捐輸現仍四處分勸，隨時支放，防堵兵勇口糧等事尚多不足。歲料爲修防根本，且河葦二十餘營兵餉亦無不仰給於此。臣夙夜思維，萬分焦急，明知部庫籌款維艱，而河務關係重大，不敢不據實奏陳，伏乞皇上天恩俯准，飭部於就近省分撥解現銀十餘萬兩并添發官票銀二十萬兩，俾得酌量辦理，修守有資。"（《先都御史公奏疏》卷三十三）

68.88　十一月，校證後的《夏小正傳》刊刻完成。

楊紹和《〈夏小正〉傳》跋："右《夏小正傳》分上、下卷，嘉慶三年歲在戊午，孫淵如觀察校刊於兗郡，越五十七年，先君重校刊於南清河。以舊藏原刻本磨損末二葉，屬家石卿大令鐸假丁子敬明經壽征藏本勘補，明經前校識異同於簡端行裡，說甚夥。大令錄而次之，爲校勘記，亦分上、下卷。先君嘉其審慎，與孫刻相發明，遂并刊之。時咸豐四年歲在甲寅冬月刊成。經年先君鄭重再三，校未即印本行世，而奄忽告終。紹和謹案：《葉石農先生自編年譜》歲戊午四月孫觀察寄贈先生篆書楹帖句云：'周秦之上古學在，聊攝以東吾道傳。'故知觀察與先生道藝至契，先祖暨先君皆受業於先生。先君受讀是本，當在初刊之時，閱歲既多，慮版漫漶，并刊別校本以資互證。淵源師門之意，何可泯焉？敢略述之以諗讀者？咸豐六年冬十二月，紹和謹書。"

按：《夏小正傳》兩卷（今藏國家圖書館），由楊以增於咸豐四年（1854）冬在南清河江南河道總督署重校并刊成。九行十八字，四周雙邊，註文雙行同，白口，單黑魚尾。每標籤題下均題：楊以增重校。《葉石農先生自編年譜》即《跛奚年譜》，爲楊以增生前囑高均儒校勘，咸豐六年（1856）正月下旬，《跛奚年譜》刊成。高均儒跋曰："聊城葉石農先生沒後三十有四年，其高業弟子楊侍郎既屬上元梅户部（曾亮）撰教思碑，復以先生《自編年譜》屬均儒書付諸版。……譜刻成而侍郎不及見。"由紹和跋可知，以增校刊是書一爲書版漫漶，不便閱讀。二爲不泯師門之意。

68.89　刊刻孫淵如校本《急就章考異》。

　　楊紹和《〈急就章考異〉跋》："《急就章考異》亦孫淵如校本。案觀察自序：'惜顏本不依古本分章，《玉海》所稱碑本異字，核之今帖，尚有遺漏。因以帖本爲定，校各本文字爲《考異》一卷。'卷首第二行標題史遊撰，旁註顏師古本四字，其於碑本所無，顏本所有之章或低一格附列，或不録，只仍其舊，間有顯然之誤，如'路正陽'是碑本，顏本作'政陽'，《玉海》本作'政楊'，誤。《玉海》爲'顏樊愛君'，誤'君'爲'尹'；'鍛鑄鉛錫鐙鐎錠'，誤'鉛'爲'鈆'；'蠡鬥參升半厄產'，誤'蠡'爲'蠡'；'癉熱瘑痔眵'……先君重校《夏小正》及是章，刊既經年，皆未作敍，刷布誠恐尚有疏舛。紹和僅就刊正數條記於章末，其他疑似，惟冀博雅君子鑒而教之。咸豐六年冬，紹和謹書。"

　　　　按：《急就章考異》一卷，藏國家圖書館。九行十八字，四周雙邊，註文雙行同，白口，單黑魚尾。卷首標題下題：楊以增重校。由"先君重校《夏小正》及是章，刊既經年"可知，是書刊行時間、地點與《夏小正傳》相同。故系此條於此。

十二月

68.90　受命辦理楊殿邦賠繳提用銀兩一事。

　　十二月戊戌（初四日）上諭："前因已革漕運總督楊殿邦有應賠提用銀兩，曾經降旨交福濟飭令該革員如數賠足。茲據該撫奏，查明該革員實用銀數現未據經手各員報銷，請飭河臣就近調集質算等語。所有楊殿邦提用未銷鹽課銀十二萬餘兩，即著楊以增調齊卷宗，及領放經費之已革揚州府知府張廷瑞、前淮北簽掣同知李安中、海州運判許敦詩與楊殿邦，將用存確數逐一質算，責令該革員等趕緊賠繳，毋任藉詞延宕。"（《清文宗實録》卷一五三，《清實録》第四二册，第 656 頁）

68.91　十二月初七日，上奏設法推行官票妥議章程，並指出疏通鈔法關鍵在於徵收，有放有收，才能周轉順暢，官票才能通行。

　　楊以增等《妥議章程推行官票摺》："當於清淮適中之板閘地方設

立官局，遴委淮安府知府恒廉等選派紳董謝祖馨、田徵、宣廷鏡等體察試行。并經臣邵燦奏奉上諭：'著署江寧布政司何俊督辦。'等因，又經會飭將一切章程細爲酌定。茲據該署藩司何俊詳稱，推行官票必須有放有收，方可周轉無滯。江北官票百萬，有放無收，致形擁塞，若不急求疏通，必致鈔法不行。疏通之法惟在徵收，衙門按成搭收，但官民領得鈔票，無從支取現錢，疑懼推阻，勢所必然。今議淮城設局，鼓鑄大錢，并將官票售於商民納交賦稅，收回票本，抵作官票易錢之用。軍營開放現銀，兵丁支領無非兌換錢文，購買食物。官票既可換錢，則與現銀無異，自可一律收放。軍營一通，則四路皆通，官票可期暢行，於鈔法大有裨益。現在商民已在官局購買官票，納交關稅，由淮關搭解江北糧臺，糧臺將官票在邵伯官局提取錢文，搭放兵餉，并無窒礙，行之已有成效。江南北徵收衙門自可一律辦理，無所用其疑忌。所有議定推行章程詳請會奏前來，臣等伏查當此制用孔亟之時，仰體宵旰憂勤，除推行官票之外別無良策，部定章程本已周備，現議設局售票，求通於塞，化無爲有，在事各員實亦竭盡心力，但能行之以漸，持之以恆，自無不通之理。若官吏奉行不力，商民藉端阻撓，逞一己之私，不顧大局，臣等惟有據實嚴參請旨懲辦，以儆效尤而固票法。"（《先都御史公奏疏》卷三十三）

68.92　十二月十五日，上奏興慶、王夢齡、趙作賓等徐州鎮道各員會剿捻匪張彦、宋萬等人，異常奮勉，一律肅清，懇請量予鼓勵。咸豐帝頒諭予以獎勵。

　　楊以增《上奏徐州鎮道各員會剿捻匪片》："署徐州鎮總兵鎮江營參將興慶、革職暫留本任徐州道王夢齡、徐州府知府趙作賓先於夏秋間聞捻匪張彦等聚衆擄掠，即督同文武員弁及紳士兵勇四出兜拿。嗣奉諭旨飭令會剿務獲，該鎮道府同臣等派委員弁將首要犯悉行就擒，并無一名漏網。至江南、河南交界地方有著名捻首宋萬聚衆數千，較張彦尤爲兇橫，亦經該鎮道府會督文武全數掃除，并獲捻首宋萬，交界之處一律肅清，實屬異常奮勉。查興慶現署總兵，系武職大員，不敢保列單內，可否賞加副將銜之處聽候恩施。徐州道王夢齡、徐州府趙作賓均因豐工復溢革任暫留，此次督率兵勇籌措經費，備極艱難，先由臣等存記，再觀後效，理合附片陳明。"（《先都御史公奏疏》卷三十三）

68.93 十二月十五日，上奏請將剿辦捻匪宋萬出力各員并爲請獎，以昭激勸。咸豐帝頒諭予以獎勵。

楊以增《請將剿辦捻匪出力各員獎勵片》："本年二月逆匪由六安北犯，時有捻匪宋萬乘亂率黨數千人頭紥紅巾，在永城陳家集等處焚劫，經徐州鎮道奏明堵緝，九月間宋萬同腹党四百餘人盤踞永宿交界之鐵佛寺，經辦理團練之段廣瀛及蕭縣知縣楊韞緒等帶領兵勇將宋萬擒獲，解至清江。臣以宋萬系積年著名巨匪，夥黨有數千之衆，縱橫三省之間，屢次殺傷官兵，其凶惡與張彥相等，其擾害視張彥尤久，訊明正法，附片奏蒙聖鑒。所有在事員弁設伏購線，身親鋒鏑，洵屬急公。仰體聖主微勞必錄之意，自應一體請獎，庶昭激勸，謹另繕清單附片陳請。"（《先都御史公奏疏》卷三十三）

68.94 十二月十五日，上奏請將自備資斧、出力偵探一年有餘之各員量予獎勵。

楊以增《請將偵探出力委員獎勵片》："上年五月間逆匪自皖竄豫，擾及直隸地方。經臣楊以增派委候補通判張文濤在東河蘭陽渡口偵探，候補州同王廷煒在東河柳陽渡口偵探，候補通判金葉在河南許州、信陽州一帶偵探，候補知縣李均在山東直隸交界偵探。該員等隨時稟報，自備資斧，已閱一年有奇。可否均歸各本班分缺先用，以昭激勸。"（《先都御史公奏疏》卷三十三）

68.95 十一月十五日，上奏爲在辦理山陽縣防堵中，積極勸捐、頗爲出力之各員請獎，以資鼓勵。

楊以增《請將勸捐各員鼓勵片》："再查上年揚州失守後，淮安爲最要門户。該府恒廉督同印委各員分防團練，辦理山陽縣防堵，土匪聞而解散，逆匪聞而卻退，所關於大局者甚重。所需經費先後勸捐錢六萬七千餘串。嗣因揚州、上海各營需餉孔殷，該員等又遵飭勸捐錢四萬八千餘串，統計一歲一邑之內捐錢十二萬串，固由士民好義，亦賴委員宣佈皇仁，勸諭得法。查在事各員除淮安府知府恒廉系方面大員，且甫於剿匪案內遵旨請獎，不敢再邀議敘外，所有前署山陽縣知縣楊承忠擬請俟補缺後以直隸州知州陞用，陞衛現任山陽縣知縣王慶琛請俟俸滿後以直隸州知州陞用，委員東河同知銜候補通判王松齡請歸分缺先補用，江都縣丞惲光業請開缺以知縣補用，候補縣丞唐瀹請俟補缺後以知縣用。以上五員最爲出力，伏祈恩准，俾昭激勸。至出力稍次各員由臣等存記另獎。"（《先都御史公奏疏》卷三十三）

68.96　十二月十八日，上奏籌防捐局續收銀錢，繕具清單，恭懇恩獎，并請迅速發放執照，以供使用。

楊以增《籌防捐局續收銀錢并三次請頒之執照懇飭迅速對發摺》："茲據捐局委員等詳報，續有急公報效者自應隨時請獎，理合繕呈清單，伏候恩施，俾知觀感。并造具履歷清册，咨部查核。內有已奉頒發空白職衘監生各照者，遵即隨時填給，均於咨部册內註明。其報捐實在官職等項，凡册內未注給照者，應請由部迅即頒發，以昭激勸。至前頒各照歷經填給，并飭委員帶赴下河各州縣捐收米稻兼收官票大錢，隨捐隨給，所存無幾，曾經三次奏請頒發，仰懇敕部照前請數目迅即封發，以廣招徠，合并陳明。"（《先都御史公奏疏》卷三十三）

68.97　十二月十九日，上奏防守黃河凌汛，豐工口門密掛擋凌椿木，水勢工程平穩，并籌備蕭南王平莊工程。

楊以增《防守凌汛平穩并蕭南王平莊要工籌備情形摺》："竊照河工以冬至節起至立春止爲凌汛之期，防守亦關緊要。本年冬九以來雨雪間作，天氣沍寒，黃運湖河冰凌擁注。經臣先期分飭該管道將督率廳營員弁等帶領兵夫隨時疏打，小心守護，豐工口門內外埽壩密掛擋凌椿木，以免鑽削之虞。茲時逾立春，氣候日和，凌漸漸泮，各工防守一律平穩。蕭南廳碭上汛王平莊淤閉舊工灘面本寬，本年秋汛河勢漸向南趨，灘唇陸續刷塌。迨霜降水落歸槽，對岸嫩灘愈挺，日形挑逼，以致南岸淤灘潰塌日甚。現量灘面至窄處僅存一百十一餘丈。轉瞬桃汛經臨，水力日勁，誠恐塌近堤根，即致搶辦費手。據徐州道將稟請先築土壩十二道，并酌購料石儲防等情，尚屬合宜。惟查王平莊工本在外灘民堰之上，向系河庫發銀，官爲修守，工完後核實報銷，將庫墊銀兩由江寧藩司在於徐屬各州縣境內分別按年攤徵，解還河庫歸款各在案。茲該處籌備土料碎石，自應循照辦理，但全用官票勢實難行，除於前此奏撥准關徵存項下抵發額解銀內酌解徐州道搏節籌辦外，并令該道等示諭該處紳農富户量力捐助秸料，許以按值給獎。當此庫項支絀之時，得能多收一分捐料，即可少墊一分料價。臣總當督率該道廳妥爲經理，期無糜誤。至各廳應備歲料現已減定數目，飭令預爲訂購。一俟部撥銀票解到，即撒手趕運儲工，以備春修之用。"（《先都御史公奏疏》卷三十三）

68.98 十二月十九日，上奏核明各廳咸豐四年霜降止，辦理另案各工動用銀數，共計六十六萬七千六百九十六兩零。

　　楊以增《核明各廳另案工用銀數摺》："竊照每年伏秋大汛各廳搶辦另案新工於嘉慶八年准工部咨令於霜降後核明銀數匯奏一次，以憑考核。又於道光十五年九月内准工部咨，欽奉上諭：'嗣後每年匯奏清單務遵奏定限期，無論奏咨各案匯爲一册。'等因。當經前河臣查明，請照東河章程，截至霜降之日爲止，將霜後所辦各工歸入次年清單開列，奏奉俞准照辦各在案。所有咸豐四年霜降止各廳辦理培築堤壩堰壩餀、鑲做護埽防風、疏挑水渠、堵束壩河、搜護風掣石工等項工程，均經臣隨時督率各道將廳營分投辦理，節次奏報鈔摺咨部。茲據徐州、淮揚、淮海、常鎮四道分案造册，呈送前來。共二十七案，内估定辦理者工竣後經臣勘驗，其隨時辦理者先由各道查量具報，復經臣確核刪減，不准稍有浮糜。茲統計各工刪定銀數共用銀六十六萬七千六百九十六兩零。按册查核，均與原估及勘准册案相符。除飭另造印册詳送，次第具題并送部查核外，謹將各廳咸豐四年霜降止辦理另案各工動用銀數循例匯開清單恭呈御覽。"（《先都御史公奏疏》卷三十三）

68.99 十二月二十四日，上奏淮河水淺，鹽船不能行走，擬委派人員，勸捐堵壩，以節約正項開支，并供給兵餉。

　　楊以增等《籌濟淮河鹽船擬勸捐堵壩摺》："竊照揚州大營兵多餉絀，當此攻剿吃緊之時，必須廣籌接濟，方期士飽馬騰，克敵制勝。因查就近催提，以淮北鹽課爲大宗，惟入秋後雨雪稀少，以致淮源淺涸，鹽船不能行走，兵餉無出，非蓄高洪澤湖水頂托淮流，難期濟運裕餉。查山盱禮字河越壩原議緩堵，嗣恐誤運，經臣楊以增酌籌現銀接濟，已堵三百餘丈。尚有一百十餘丈未堵，量水較深，亟應趕緊堵合。委員查估，需銀甚巨。河庫無現款可籌，臣等往返劄商，革職留營臬司查文經曾任淮揚道，熟悉情形，商民信服。海州運判杜文瀾人亦廉明，若責令該革司查文經督同杜文瀾勸捐堵築，可節正項而資利濟，於鹽務、兵餉兩有裨益。此項工程緊急，除檄飭遵照，并先在鹽款項下借撥銀兩購辦料物，俟捐有成數，提還歸款"。（《先都御史公奏疏》卷三十三）

　　咸豐五年正月丙寅（初二日）"托明阿、楊以增奏籌濟淮河鹽船擬勸捐堵壩一摺。現在淮河水淺，鹽船行走維艱，必須蓄高洪澤湖水，頂托淮河，方能濟運。業經楊以增籌款堵山盱禮字河越壩三百餘丈，尚有一百餘丈未曾堵合。准其先行借撥鹽款項下銀兩，趕緊購料辦理，并飭已革臬司查文經督同海州運判杜文瀾勸諭捐輸，俟有成數，提還歸款"。（《清文宗實錄》卷一五六，《清實錄》，第44921頁）

68.100　高郵州知州張鵬展以東堤四年失修，殘缺已甚，上游禮河未堵，潮水較去年更大五尺，危險堪虞，飭民董修理。據高興二邑董事籌辦，按畝攤已有數千串解共濟用。而工程甚巨，尚須下游各邑出資接濟，以固堤工。嗣本邑總局户部主事朱枬等、興邑總局職貢生趙振鐸等共爲經理壩堤各工，次第修理。（《再續高郵州志》）

68.101　奉旨兼理淮北鹽務。（《崇祀鄉賢錄·事實》）

68.102　命共重梓宋本《三續千字文注》（宋葛剛正撰）一卷一册。
　　楊以增《〈三續千字文註〉跋》："《三續千字文》，宋季江陰葛氏剛正撰，其續之之意，篇末自述自註詳矣。案：《梁書·蕭子範傳》曰：'除大司馬南平王户曹屬從事中郎。王嘗曰，此宗室奇才，使製《千字文》，其辭甚美，命記室蔡蓮註釋之。'《周興嗣傳》曰：'次韻王羲之書《千字》，使興嗣爲文。'《陳書·沈衆傳》曰：'梁武帝製《千字詩》，衆爲之注解。'《隋書·經籍志》載《千字文》一卷，梁給事郎周興嗣撰。又載一卷，梁國子祭酒蕭子雲註。又載一卷，胡肅註。《舊唐書·志》載撰者姓名，與《梁書》同。顧氏炎武《日知錄》但著《隋志》所載之異，未辨孰是。《隋》、《唐書》志又有《演千字文》五卷，不著何人作。要之作《千字文》者，唐以前已不獨蕭、周二人。此本則繼周次韻及其長洲先族暐續作，分註合爲一編。今所存僅此，例亦不用複字。視前二篇文徑尤纖仄，而聯綴皆有典可覈，遞註犁然。惜合刻之前二篇佚莫覯也。案：《江陰縣志》載：'葛勝仲，字魯思。'即

註作稱爲皇祐二年進士、朝散大夫、侍其公曄作墓誌之文康公。《志》
載：葛郯，字楚輔，文康孫，諡文定。即《注》所稱伯祖。而《選舉
志》無剛正名，《藝文志》亦遂不及此篇，豈以沾沾小學未足采與？而
吾邱氏衍《學古編》載：‘《續千字文》，葛剛正書，字法極好。’其所
稱者篆書，即《注》所謂以備古篆之體。此本楷法勁秀，雅近率更，
當亦屬原刻。且新註次韻，詳詁續作，已復繼而三之，雖未匯證
《梁》、《陳》、《隋》、《唐書》所載之他本，而就其所見，勘正蒐輯，
亦可謂勤覃厥思者矣。脱此篇併佚，後世又疇知江陰葛氏有剛正其人
者？剛正爲名，字且莫考載誦。此篇及註，總萬四千餘言，悉有根據，
度其人，必孜孜簡策，老而靡倦者。遺茲片羽，何可泯焉？爰依舊式，
命工重摹付版。其文字點畫偶有沿俗者正之，註字有俗且訛者則去泰去
甚；間有省筆襲帖體及所引書名刊虛白字，式未歸一者，可仍則仍之；
於意不甚乖重，存其舊也。士君子續學纘言，上之闡發經義，羽翼傳
註，昭示來茲，次亦必期小有裨益於人，以適時用，庶不流爲虛誕無
稽。否則，才如長卿、孟堅，猶謂爲文豔用寡，矧所記所誦百不逮長卿
之多識博物者乎？予之重刻此篇，以其旁搜詮詁，足誨髫幼，爲有用
也。并書所見，以諗讀者。”（《楹書隅録》卷一）

　　按：《三續千字文註》，版框 19.5×13.5 釐米，十行二十三字，
白口，四周雙邊，雙黑魚尾。《三續千字文註》爲蒙學讀物。楊以
增在刊刻時，爲方便童幼閲讀，棄宋槧原刻篆書，而用正書。

68.103　諸城劉喜海寄贈《詳注東萊先生左氏博議》二十五卷十二册。
　　楊紹和題宋本《詳註東萊先生左氏博議》：“咸豐甲寅，燕庭劉丈
寄贈先公於袁江節署。同治癸亥仲秋，彦合楊紹和識。”（《楹書隅録》
卷一）

　　按：劉喜海（1793—1854），字燕庭，一作燕亭，山東諸城人。
嘉慶舉人，歷官福建汀州太守、陝西延榆道、按察使、浙江布政
使。喜海藏書極富，且多精本，如宋本《史記集解》《史記集解索
隱》和三家注《史記》、宋本《張説之文集》等，有《劉燕庭藏書
目》，今藏山東大學圖書館。又喜鑒賞金石，著《金石苑》一百二

十一卷。抄罕見之書達八十餘種，刻有《嘉蔭簃叢書》。劉喜海與楊以增同省，海源閣藏《詳注東萊先生左氏博議》，即爲喜海官浙江布政使時寄贈。此本半葉十行，行二十字。卷首有“溫陵黃俞邰藏書印”“燕越胡茨村藏書印”等，爲北圖收購天津鹽業銀行九十二種之一，《北京圖書館善本書目》著録，題明刻本。傅增湘在明刊本《儀禮注》條中指出，楊氏藏書除明刻《儀禮註》誤定爲宋本外，尚有《春秋經傳集解》《東萊左氏博議》《脈經》，皆明本而號爲宋刊，《大戴禮記》爲元本而號爲宋刊。（《藏園群書經眼録》卷一，第 49 頁）

68.104 得殘南宋蜀本《孟東野文集》（孟郊撰，原十卷）一至五卷。

楊紹和校宋舊抄本《孟東野詩集》題識中附記云：“小字本已歸余齋，越四年甲寅，殘宋本亦歸余齋。”（《楹書隅録》卷四）

　　按：此本不見《海源閣書目》五種所載。楊氏得此書後，不知何故未予著録。楊紹和校宋舊抄本《孟東野詩集》題識中附記云：“小字本已歸余齋，越四年甲寅，殘宋本亦歸余齋。”紹和所云小字本即宋本《孟東野詩集》，所云殘宋本即此本。十二行二十一字，白口，左右雙邊，雙魚尾，上魚尾下題“孟幾”，下題頁數。觀其字體刀法等都似宋蜀刻本，實爲宋蜀刻之十二行二十一字本系統。黃丕烈於卷末《跋》云：“或云是蜀本，余以字形核之，當不謬也。……獲觀者相傳卷中有‘翰林國史院官書’朱記，余即斷以爲宋刻，蓋余家藏有二劉及孟浩然_{孟集獨全}，周文香嚴藏有姚合諸集，同此字形，并同此朱記，故信之也。”但復翁又以此本爲北宋蜀本，其跋宋本《孟東野詩集》云：“嘉慶十五年孟夏二十有八日，從錫山書友復得北宋蜀本，每頁二十四行，行二十一字，殘本一至五卷，目十卷全。”蜀刻十二本均刻於南宋中期，此本“敦”字缺筆即明證。傅增湘糾正了這一錯誤：“各集中敦字已闕筆，《元微之集》序言刻於建安，則黃氏所言北宋蜀本者殆疏於考證，而以意推之耳。”（《藏園群書經眼録》卷十二，第 1048 頁）弢翁《自莊嚴堪善本書目》亦題爲“南宋蜀本”。（《自莊嚴堪善本書

目》，第 73 頁）

　　此本曾藏於元代官府，鈐有"翰林國史院官書"。清代先歸黃
丕烈，後歸汪士鐘，鈐有"百宋一廛""黃丕烈"印，又有"汪印
士鐘""閬源甫"和"郁印松年""泰峰"諸印。此書於 1914 年流
入廠肆，傅增湘得一、二卷，完顏景賢得三、四、五卷，這五卷後
來又都同歸周叔弢。勞健《跋》云："宋本《孟東野集》，存目錄
卷一至卷五。遞藏士禮居黃氏、藝芸書舍汪氏、宜稼堂鬱氏，後歸
海源閣楊氏。不知何時散佚，目錄及卷一卷二，丙辰冬歸江安傅沅
叔，卷三至卷五爲完顏景朴孫所得。兩家互不相讓。丙寅春，叔弢
得景氏所藏卷三至卷五，復從沅叔乞讓首冊，逾年又在文德堂韓左
泉處搜得卷二之第八頁。於是此書分裂三處者，復合而爲一。佛氏
所謂因緣蓋在可知不可知之間，叔弢固佞佛者，或能默契於是乎。
此書第二冊仍士禮居原裝，惜沅叔得首冊時殘破過甚，不能不損裝
重修，遂難盡復舊顴，今叔弢更命工以卷二第八頁裝入書中，餘因
爲記書之離合於後云。"今藏國家圖書館。

68. 105　刊成《應潛齋先生集》（應撝潛撰）八卷。

　　咸豐四年（1854）楊以增刻本，版框 17×12.5 釐米，十行二十一
字，白口，左右雙邊，單黑魚尾。刻於江蘇清江浦。南京圖書館藏。

68. 106　太平軍北上，楊紹和爲避難安親，聽從岳父傅繩勛的建議，
於肥城陶山之陽建陶南山莊，亦爲藏書之所。

　　楊保彝《重修陶南山莊眉園記》："余生三年，維咸豐甲寅丁寇亂。
江河南北，莠民蜂起。時吾先祖端勤公帥南河，奉命治軍江北，積勞甚
病。及髮逆北竄，迭陷畿疆，神京震動。吾父學士公奉吾祖母太夫人家
居。密通寇氛，人心慄慄。吾父謀所以安親紓難及避難之策於外王父傅
秋屏先生，先生曰：'事危矣，子父子誼應殉國，然明德達人，不可無
後。吾聞距吾郡百里，古肥子園有地，境僻而山匝，土沃而民純，所謂
桃源者似矣。子盍奉母挈子往居之，而後馳紓父難可也。'學士公從之，
陶南山莊甫築於是焉。"（《王子霖古籍版本學文集》第三冊，第 142
頁）

按：楊以增收藏書籍的高峰時期在咸豐初，楊紹和云："咸豐初，揚州始復，南北各軍往來淮上，往往攜古書珍玩求售。"（金本《新刊韻略》提要，《楹書隅録》卷一）楊以增不僅坐收南來之書，期間還曾兩次讓其子紹和等人沿運河到揚州、蘇州收書。楊氏信奉"大亂居鄉，小亂居城"的顴點，爲長久保存自己辛苦收藏的典籍，因此既將山莊作避難之所，又作藏書之處。當咸豐四年（1854）冬太平軍威脅清江時，楊以增爲保全這批藏書，在將一部分運往海源閣收藏的同時，將包括宋本《史記》在內的大批善本載歸南山莊。楊紹和《楹書隅録》卷二宋本《史記》條云："癸丑冬，載歸陶南別業。"（"癸丑"乃咸豐三年，此處可能爲楊紹和誤記。據楊保彝《重修陶南山莊眉園記》之"余生三年，維咸豐甲寅丁寇亂"云云，則陶南山莊始建於咸豐四年）據《楹書隅録》記載，運抵山莊的還有宋本《毛詩》、宋本《監本纂圖重言重意互註點校毛詩》、宋巾箱本《春秋經傳集解》、宋本《三續千字文註》、宋乾道七年蔡夢弼東塾刻本《史記集解索隱》、元本《資治通鑒》、宋本《花間集》等。這些藏書均爲極精善之本，其中三種列於宋版"四經四史"。楊敬夫在《藏書三期》中説："余曾祖父指示，書分兩份，以十分之四藏於聊城故居，十分之六藏於陶南別墅。"（劉文生：《海源閣藏書概述》，《聊城文史資料選輯》第1輯）這説明，陶南所藏比海源閣還要多，所以江標在顧書後歎云"豈知琅嬛福地，別在陶南"。（江標《海源閣藏書目》跋，《海源閣藏書目》卷末）如按楊氏所藏普本和善本總量估算，則此處藏書至少有二千餘種，而宋元本也至少在百餘種之上。另外，山莊還藏有很多端硯和珍貴尺牘等。然而天有不測風雲，陶南山莊於咸豐辛酉十一年（1861）慘遭洗劫。時太平天國在南方江浙一帶將天一閣等洗劫一空，北方則有捻軍擾亂齊魯大地。是年二月，捻軍渡運河北上，洗劫山東長清、肥城等地，將陶南所藏焚失近半，所焚多爲宋元舊槧，尤以經部爲多。（詳情見本書"譜後·咸豐十一年辛酉"所載）此後，原藏陶南山莊殘存的書籍、字畫等運回海源閣保存。同治初元，楊紹和在京師爲官後，山莊荒蕪四十餘年。至光緒二十九年（1903），楊保彝辭官歸隱於此，始又重新修繕。保彝在"光緒三十一年太歲在乙巳十月既望"撰《重修陶南山莊眉園記》，并刻石立碑。《記》云：“泊同治初元（1862），隨侍學士公相繼官於朝，斯地荒蕪弗治者四十年僅矣。光緒癸卯，余歸自京師，來是莊，見草汙花肆，垣頹井湮，念爲先人之所置，而吾髫齡之所遊也。慨然葺之，乃鳩工庀材，誅茅補屋，蒔花種竹，架石引泉，雖不敢上擬平泉獨樂之勝，乃居然有考槃之遺風焉。”（《重修陶南山莊眉園記》）保彝在爲官時，亦曾收藏不少善本，又治學頗有建樹，此時隱居於此，仍以讀書爲樂。楊保彝將修繕後的山莊重新命名，其莊內所修花園堂所之總名爲“眉園”，齋則名曰“歸瓿齋”，并云：“今吾園也，左揖泰山，右扶大河，汶泗鄰其南，陶山鎮其北。山川雄俊，花木蔚然，非得天者厚歟？且日相見而與吾遊者，舉不知地球間事，而吾也傀然以處。雖面目覸然，無復耳目之治，一若眉之居其所，而無所職焉。是所謂吾之園也。爰名吾門前之山曰伏鳳山原名啓鳳，新種之樹曰種字林，堂曰厚遺堂，齋曰歸瓿齋。而總其名曰‘眉園’。是所謂吾之園，吾先人之所置而吾之所安也。”（《重修陶南山莊眉園記》）陶南山莊在楊保彝過世後，遂無人過問。今陶南山莊舊址仍存，包括大門及前後四進院四十餘間房屋，從中可見當時氣象。

咸豐五年乙卯（1855）六十九歲
（在江蘇清江浦）

【概要】積極剿匪：正月，圍剿以吳學禮爲首盤踞海州之洋匪。四月，奉命辦理火藥三萬斤及炮子、火繩等件，解赴向榮軍營。八月二十七日，上奏遴派官兵扼要防禦，不使皖省土匪張樂行、蘇添福等進入江境。辦理河工：三月，積極應對桃汛，豐工、蕭南王平莊等處河工均修補堅整，并派員前往查驗各廳歲料。六月二十七日，上奏伏汛期內水勢續漲，南河修防平穩。四月初六日，請撥大汛工需八十萬兩，并請搭撥現銀三四成。八月二十七日，請撥來年歲料銀八十萬兩，以資南河修守。十一月初一日，奏請如數撥給銀票二十萬兩，以清欠款。六月十九日，東河下北聽銅瓦廂決口，黃河改道北流，下游完全斷流，遵旨籌款辦理豐工堵口工程。八月二十七日，上奏定期興築賠堵豐工舊口門。十一月初一日，上奏仍請堵築豐工舊口門，并由道府各員全數認賠，分段認工辦理。籌措款項：正月十九日，上奏收商民半錢半票，分爐添鑄，并以餘剩提作籌防兵勇口糧。三月十九日，因鐵價較賤，試鑄鐵錢。六月起，請發放空白執照，以供捐輸應用。六月初一日，稟請鑄造當三十、當二十大錢，以便行用。刻印書籍：五月，復延高均儒襄助校書刻書。七月，校編梅曾亮撰《柏梘山房文集》，并刊成十六卷。九月，始刊劉淇《助字辨略》五卷。九月，刊成清姚鼐撰《惜抱先生尺牘》八卷。囑梅曾亮作《業石農先生教思碑》，并囑高均儒手書《跋奚年譜》上板，以便刊刻廣佈。十二月，因黃河決口北徙，山東遭受洪災，囑家屬捐谷一千五百石。十二月十八日，積勞病逝。去世前謹具遺摺，自報病危，并叩謝天恩。

<h1 style="text-align:center">正　月</h1>

69.1　正月十二日，受命儘快解送淮北鹽課，以濟安徽軍營要需。

正月丙子（十二日）上諭："和春、福濟奏淮北鹽課請仍飭迅速撥解安徽軍營，以濟急需等語。淮北課銀前經諭令分解江蘇、安徽兩省，接濟軍需，并疊飭怡良等趕緊抽撥，先儘安徽，此次戶部所咨原系遵照向例辦理。惟現在皖省待餉孔殷，若令停解待撥，必致遷延時日，貽誤要需。著怡良、楊以增仍遵前旨，嚴飭海州分司趕緊徵收。每次解皖餉二萬兩，再解揚州軍營一萬兩，以符前撥之數，毋庸拘泥戶部原奏，仍將每次撥解銀數隨時咨報戶部，以憑查核。將此由六百里加緊各諭令知之。"（《清文宗實錄》卷一五六，《清實錄》，第 44926 頁）

69.2　正月十九日，上奏訪有另股洋匪吳學禮等人盤踞海州，隨即派遣海州運判杜文瀾等率領官兵、練勇四面圍剿，將吳學禮等洋匪全部擒獲。

楊以增《訪獲另股洋匪情形摺》："迨十二月內復訪得黃河海口迤北五百餘里漕標廳轄之海州境內埒子口地方有另股洋匪出沒無常，在海州及山東洋面聚衆□擾。……時值隆冬，海汊凍結，匪徒吳學禮等盤踞其中，必須四面兜拿，方免竄逸。遂將海州、東海、葦蕩各營官兵及練勇、民勇星羅棋佈，屯紮周遭。各文武員弁探明路經，鼓勵兵勇分路撲進匪巢。該匪等開槍抗拒，兵勇奮力上前，除積穀不計外，登時捕獲匪首吳學禮等五名，奪獲抬槍九杆、火槍二杆、九節炮三門、豆餅紙捆數百件，當將匪巢燒毀，并於海灘搜獲餘匪邢有見等三十餘名，一并押解前來。伏查海濱荒遠，本易藏奸，若稍涉因循，俟賊鴟張，再行勦辦，必至燎原難撲，爲害不可勝言。今於萌發之始悉數就擒，洵足以靖海洋而除隱患。"（録副奏摺）

69.3　正月十九，上奏收商民半錢半票，分爐添鑄，并以餘剩提作籌防兵勇口糧，以濟兵餉。

楊以增《以商民官票納本添鑄以濟兵餉片》："江北籌防因撥款不繼，設局開爐鼓鑄大錢，以資挹注。復因銅本難籌，議收商民半錢半票分爐添鑄，除按數發還外，積有餘剩，亦可提作籌防兵勇口糧。臣標操防、修防及葦蕩、船務各營官兵月餉因河庫、藩庫錢糧支絀，欠發過多，兵衆萬餘，難免枵腹從公，情殊可憫。現由臣設法籌本，添爐鑄錢，并准商民以零星官票掛號納本，俾小票既可流通，而藉資民力，接濟兵餉，實屬官民兩便。至有利即須防弊，派委清河縣知縣吳棠稽查彈壓，設有弊端，臣當隨時糾參，以重鼓鑄。"（録副奏摺）

69.4　接吳式芬函。吳式芬對得到楊以增幫助非常感激，并對獲贈書籍非常欣喜。

吳式芬致楊以增函："昨遇清河，幸聆雅教。仰荷盛宴寵召，差弁護行，厚誼有加，感忱曷已！別來旬日，序入新春。伏惟榮節延釐，絲綸錫福，臨風馳仰，莫罄頌忱。弟解維後，因沿途阻凍，至十九日始得渡江，又以月河水淺，登陸至丹陽換船，今日可抵常州。此後可以暢行，年內當能到杭。佈置出棚，當在燈節間矣。途中聞傳言有克復連鎮之信，未得確音，殊深盼切。金陵、鎮江情形猶昔，至曾、塔兩軍，江以南亦只聞到九江之信。想因皖境阻隔，故得信較遲也。惠賜書籍，《中郎》爲專集之首，《六藝》爲初學所先。校刻均精，永當珍庋。畢如水先生著作，從前只見《説迪》一篇，今獲觀全集，快甚！年大人表章先哲，嘉惠士林，甚盛舉也。"

　　按：連鎮位於河北省吳橋縣北，爲運河要道。時太平軍李開芳據守，清廷調僧格林沁反撲，於咸豐四年（1854）攻克。此處曾、塔兩軍，曾指曾國藩，時任湖北巡撫；塔爲塔其布，時署湖南提督。

二　月

69.5　二月二十九日，與梅曾亮、何俊等共同祭奠李宗昉墓，楊以增等均出其門下。

梅曾亮《光禄大夫經筵講官禮部尚書李公墓碑》："光禄大夫經筵講官禮部尚書李公，以道光二十六年葬山陽縣郭南十五里曰高梁。咸豐五年二月十九日清明節，門下士南河總督楊以增、署江寧布政使何俊以牲牢樽俎奠祭於墓。及禮部員外赫特赫訥、前户部郎中梅曾亮亦與焉，皆門下士也。"（梅曾亮《柏梘山房全集》文續集）

三　月

69.6　三月初四日，上奏候陞道淮安府裏河同知于昌進開缺以道員留於南河酌量補用，奏請以候選道淮安府中河通判朱善張陞署。

楊以增《遴員請陞河廳要缺摺》："竊照候陞道淮安府裏河同知于昌進於剿辦海洋股匪案内奏奉諭旨：'著開缺以道員留於南河酌量補用。'欽此。經吏部知照前來，應歸上年十二月截缺。查裏河同知一缺爲洪湖入運門户，閘壩層迭，經管山清運河兩岸，堤埽綿長，修防啓閉，兼有催儹之責，均關緊要。且系通工首廳，時有委令查勘會辦事件，必得熟悉情形、辦事結實之員方資治理。經臣與督臣往返剳商，在於現任候補、應陞人員内逐加遴選，查有候選道淮安府中河通判朱善張現年四十六歲，浙江附生……該員居心醇正，辦事安詳，於河工錢糧向知節省，本系奉旨陞用之員，并無違礙處分，亦無未完賠項銀兩。以之陞署裏河同知，實堪勝任。"（録副奏摺）

69.7　三月初四日，上奏禮部員外郎赫特赫訥於南河學習期滿，請留南河補用。咸豐帝允准將赫特赫訥以南河道員酌量補用。

楊以增《京員學習期滿請留南河補用摺》："茲查禮部員外郎赫特赫訥於咸豐三年奉旨發來南河學習差遣，是年五月十五日到工。兩年以來派往各廳查料勘工，協防大汛，留心習練，辦事認真。茲屆期滿，照例以知府留江補用。惟查該員到工時正值粵匪竄入江境，金陵、鎮、揚相繼失守，清淮逼近賊氛。經臣設局籌防，派令該員會同各道籌餉練勇，並委在寶蘇分局督鑄大錢暨辦理捐輸事務，實能任勞任怨，備著率勤。可否仰懇天恩，准將赫特赫訥留於南河，以道員酌量補用。"（錄副奏摺）

禮部尚書臣花沙納咸豐五年四月初八日《遵旨議奏南河留用道員情形摺》："內閣抄出江南河道總督楊以增奏稱，京員禮部員外郎赫特赫訥咸豐三年五月十五日到工，兩年以來派往各廳查料勘工，協防大汛，留心習練，辦事認真。茲屆期滿，照例以知府留江補用。惟查該員到工時正值粵匪竄入江境，金陵、鎮江相繼失事，清淮逼近賊氛，經臣設局籌防，派令該員會同各道籌餉練勇，并委在寶蘇分局督鑄大錢暨辦理捐輸事務，實能任勞任怨，備著辛勤。可否仰懇天恩准將赫特赫訥留於南河，以道員酌量補用，俟補缺時再行送部引見，等因。咸豐五年三月十九日奉硃批：吏部議奏。欽此。欽遵，抄出到部。查定例，京員揀派河工學習，到工後，隨同該河督等專心學習估工查料，周歷河湖堤堰，查勘情形及一切疏濬堵築各事宜，不必承辦要工，亦不准經管錢糧。其黽勉勤慎，尚堪造就者，二年差竣，由該河督出具切實考語，送部引見，候旨錄用等語。今赫特赫訥鑲黃旗滿洲進士，由禮部員外郎咸豐三年正月二十七日奉旨：發往南河差遣委用。欽此。是年五月十五日到工，現經二年屆滿，例應由該河督出具切實考語，給咨赴部引見，候旨錄用。查該員系由員外郎揀發河工，如奉旨錄用後，按照成案，祇准以知府補用，惟據該河督奏稱，該員到工時正值粵匪竄入江境，派令籌餉練勇，并委督鑄大錢暨辦理捐輸事務，備著辛勤，可否留於南河，以道員酌量補用，等因。臣等查此等勞績，臣部定例并無併計給獎明文，歷由各省督撫酌量保奏，恭候恩施，相應奏明請旨，可否准如該河督所請，將赫特赫訥以道員留於南河，酌量補用，俟補缺時再行送部引見，抑或另行恩予獎勵，并令該河督照例給咨赴部引見，候旨錄用之處，恭候欽定。"（錄副奏摺）

69.8　三月十九日，上奏桃汛經臨，黃河迭次漲水，豐工、蕭南王平莊等處河工均修補堅整，并派員前往查驗各廳歲料。

　　楊以增《桃汛河湖工程平穩摺》："竊照河工以清明節後二十日爲桃汛之期，防堵吃緊。茲查豐、蕭兩廳境內黃河水勢正月以來至清明前已共長水三尺餘寸，自二月十九日節交清明後，續又長水二尺餘，豐工裏頭、護埽等工間有見蟄，均經隨時鑲加穩實。蕭南王平莊塌灘處所又見塌數丈，前估土壩業經築成，防石已購運儲工，勸捐民料現據稟報已及二百堆，飭令按例堆收，以資防備。各廳歲料業據報驗到工，當飭該管道并委在工學習之禮部員外郎赫特赫訥前往查驗，不准短少弊混。其應辦春修土埽各工經各道勘減估報，復經臣確核刪准，批令認真鑲築，完報候驗。邳宿運河水勢未見加長，各宣洩去路遇有淤墊淺窄之處，均飭隨時挑撈通暢。洪澤湖自山盱裏河堵後漸次卡水，并經前江蘇臬司查文經勘明高堰十四堡起至裏河束清壩一帶河身淤墊，督令海州運判等查估挑深，均由商捐派員挑辦，克日竣事，以濟引運。淮揚下游運河冬春水涸，誠恐兵差軍餉往來船隻淺滯，當將歸江各河壩次第堵閉，并於河寬水緩之處酌做小壩，收束刷滌，以期通利，各處工程現俱一律平穩。江境已得透雨，麥苗旺發，民氣牧安。"（錄副奏摺）

69.9　三月十九日，爲鼓勵捐輸，奏請捐輸銀錢兌率仍照閩省捐輸舊章，以制錢一千六百折銀一兩辦理。

　　楊以增《捐輸銀錢兌率請仍照閩省捐輸舊章片》："臣查清江設防練勇於咸豐三年奏請以錢一千六百文作銀一兩收捐，欽奉硃批：'所籌俱妥，現辦捐輸，著隨時奏請即可降旨施恩，以期踴躍，該部知道。'欽此。連年遵照收捐，迭經奏蒙恩准。現在瓜洲情形如故，清淮未能撤防，且自糧臺裁併後，全仗捐輸接濟軍餉。而用兵省分銀價長落無常，現錢盤運不易。若復驟爲加增，恐致觀望不前，似應仍遵奏准章程，以錢一千六百文合銀一兩，方順輿情而期踴躍。"（錄副奏摺）

69.10　三月十九日，上奏因鐵價較賤，產鐵較多，請委派人員采鐵雇匠，試鑄鐵錢。

　　楊以增《委員采鐵雇匠試鑄鐵錢片》："臣因經費支絀，遵旨開爐鼓鑄當百以下大錢，迭經奏蒙聖鑒。又官素無本，票價日跌，議收商民銅本，添爐鑄錢，亦經署藩司何俊列入章程，通詳會奏在案。惟一載以來，清江雖已行使，他邑尚未流通。各局大錢愈鑄愈多，閭閻行用，不無折扣……目前急則治標，非多鑄當十大錢難期調劑。但銅價日昂，多鑄當十等錢成本不敷。因思前准戶部奏稱內外庫藏均形短絀，惟有推廣錢法，以濟銀之不足。查產鐵省分甚多，并少仿照……鼓鑄鐵制錢，或添鑄當十當五大鐵錢，以供應用。請旨飭下各直省督撫迅即添爐加鑄各項大錢，并添鑄鐵鉛等錢，以便商民交易等因，奉旨：'依議。'欽此。并聞福建、山西、河南等省均已鼓鑄鐵錢。臣與藩司暨管局各道等悉心籌計，鐵價稍賤，可以多鑄數少之錢，與當百等錢相輔而行……隨即委員采鐵雇造，茲已到浦。除飭趕緊試鑄，俟有成效，再行具明。"（錄副奏摺）

四　月

69.11 四月初六日，上奏請撥大汛工需八十萬兩，且因官票行用困難，請仿照東河銀錢搭票章程，將南河大汛工需八十萬兩撥給現銀三四成，以保河防。

　　楊以增《請撥大汛工需摺》："竊查南河工需向於年前請撥一百二十萬兩，爲歲搶修工程及臣兵俸餉額支各款之用，春間奏撥銀一百五十萬兩專防大汛、搶辦險工及啓閉壩河等工之用。歷經循□在案。自咸豐二年以來，因豐工漫口，黃河有停修者七廳，是以額請銀兩均從節減。伏查江南黃運湖河共二十二廳，除去停修七廳，仍有十五廳照常修守。上冬請發本年歲料時，經臣核寬酌減，奉部准發在案。茲大汛工需亦應酌減，請□額支一百五十萬兩減去七十萬兩，應請發八十萬兩。轉瞬大汛，亟應早爲籌備。惟兩年來均系奉發官票，并無實銀。而各省額解銀款經戶部奏明專催，乃均因軍務提用，空文回復，以致辦料辦工備形掣肘。所有流通官票之法，經臣再三籌畫，廣爲勸諭，并奏明開設官局，令商民赴局購票，遵照部章搭交地丁、鹽課、關稅等項。乃告諭成帙，不啻再三，迄今仍未通行。工員領去官票，現在每兩僅易錢三四百文……倘要工坐誤，上負高深，即將臣等治罪，亦屬無補於公。不得以據實直陳，伏乞皇上天恩俯念河工緊要，飭部仿照東河銀錢搭票章程，准將南河大汛工需八十萬兩撥給現銀三四成，其餘發給散□官票，俾資搭用以益河防。"（錄副奏摺）

69.12　四月初六日，上奏查文經率員勸捐堵閉洪澤湖禮字河越壩缺口，并挑浚洪湖引河，全由商民捐修，不需動用庫款。

　　楊以增《奏爲勸捐堵閉洪澤湖禮字河工竣事》："竊臣等議堵禮字河越壩缺口以利鹽運而裕餉課，因河庫無現款可籌，奏奉諭旨，飭令已革江蘇臬司查文經督同署海州分司運判杜文瀾勸捐堵閉。正籌捐間，據商民公稟，洪湖引河乾涸，船載盤壩維艱，懇求一并籌挑，復經臣等飭委查文經一手勸捐督辦。兹禮字河缺口一百十二丈已於二月十三日合龍，引河七千四百一十丈亦於三月十五日完工，共用制錢六萬六千八百三十餘千。查湖面寬至四百餘里，全湖之水悉由禮字河越壩缺口奔騰東注……該革司親督文武員弁，趁連日東風溜弱，竭十晝夜之力即已合龍。引河亦挑挖深通，船行無阻，錢糧既屬節省，工程均尚妥速。所用錢糧商民踴躍□輸，業已全數認捐，無須開銷庫項，亦□商民翕服，勸導有方。除查文經系革職留營效力之員，不敢仰邀議敘。其餘出力各員弁由臣等存記，俟續有勞跡，再行恭懇恩施外，至此案工程系屬捐辦，懇免其造册報銷。"（録副奏摺）

69.13　四月初六日，因候陞道淮安府外南同知婁晉開缺以道員留於南河酌量補用，請以由揚河通判開缺以同知即陞之鍾照陞署。

　　楊以增《遴員請陞河廳要缺摺》："竊照候陞道淮安府外南同知婁晉於剿辦洋匪出力案內奏奉諭旨：'著開缺以道員留於南河酌量補用。'欽此。經吏部知照前來，應歸上年十一月分截缺。查外南同知管理山清兩縣境內黄河南岸工程，地當清黄交匯之區，堤埽險要，且塘河閘堰爲漕運銅鉛船隻往來要道，啓閉放渡機宜尤須熟悉情形、結實可靠之員方資治理。臣與督臣往返酌商，在於現任、候補應陞人員內逐加遴選。查有由揚河通判開缺以同知即陞之鍾照現年四十六歲，浙江監生，遵豫工例捐納州同，報效東河。……該員才具精詳，錢糧謹慎，現署斯缺，經理裕如，以之陞署外南同知實堪勝任。"（録副奏摺）

69.14　四月初六日，因直隸州知州梁寶森捐錢七千六百千，請循例懇恩准將梁寶森以知府歸部不論雙單月選用。（楊以增《奏請獎敘通州運判梁寶森捐輸軍餉事》，録副奏摺）

69.15　四月，奉命辦理火藥三萬斤及炮子、火繩等件，委派人員於五月十二日解赴向榮軍營交收。

楊以增《委員解送火藥赴向榮大營片》：“四月初四日上諭：據向榮奏前次調到山陝等省火藥、鉛子等件所存現已無幾，請飭直隸、河南及江南各調火藥三萬斤等語，等因。欽此。伏查河標各營額儲火藥僅敷操演，所餘無多。惟清江設防之區，供應各營軍火□委候選知府熊存東提煉硝磺，加□製造火藥。除就近解交揚州大營及本地操練兵勇各路捕拿土匪，又撥解上海、鎮江、江寧各大營共計三十餘萬斤外，現查尚有存儲。當即飭提火藥三萬斤，遴委妥弁於十二日起身，兼程解赴欽差大臣向榮軍營交收，以備攻剿之用。□仍飭局籌款補造，俾免缺乏。又炮子、火繩等件為軍火所必須，亦飭酌辦配解。（錄副奏摺）

69.16　囑梅曾亮作《葉石農先生教思碑》。

梅曾亮《葉石農先生教思碑》：“若先生之教，没雖已數十年，門人追慕皆久而不替。群欲立碑頌德，慰仰止於無極，則《傳》所謂‘老而教，没而人思’者歟？於是，衆以侍郎楊公實隨其先贈公兩世受業，淵源獨深，碑宜為之詞。侍郎曰：‘某則誠宜為之，然是文也，必吾年友曾亮不得辭。’乃撰，次其事以被於石。咸豐五年四月，上元梅曾亮撰。”（《柏梘山房詩文集》，上海古籍出版社 2005 年版，第 377 頁）

五　月

69.17　五月，上奏請將淮關銀兩搭配鈔票，撥給南河使用，以保河工。

楊以增《奏請淮關銀兩搭配鈔票撥給南河片》：“本年奏請防料案內經戶部奏准指撥本省江海關稅銀五萬兩，淮徐關稅銀五萬兩，俾得搭配鈔票以濟要需，嗣准江蘇巡撫吉爾杭阿咨稱軍需緊要，江海關稅課不能分撥河工，業已奏明在案。又據管理揚州糧臺江寧藩司文煜函稱淮關稅課系原任親差大臣琦善奏明准提濟餉等。謹查南河二十二廳除黃河七廳無工外，其餘皆照常修守，正值伏秋大汛，為日甚長，若無現銀，雖有鈔票，實難應用。現據徐州鎮所稟，淮、海、徐三屬撥解徐州之餉每

月可減省三千餘兩，或充兵餉，或作軍需，應由督臣、撫臣核實。江海
關稅課既不能分撥河工，而淮關銀兩系南河額解之款，可否仍撥給南河
搭配鈔票，以濟要需。"（録副奏摺）

69.18　五月，復延高均儒襄助校書刻書，并與梅曾亮相見。

　　高均儒跋《柏梘山房文稿》云："又明年（1855）五月，均儒應侍
郎招，復遊淮浦，侍郎導均儒與户部相見。"（《柏梘山房文稿》，國家
圖書館藏）

六　月

69.19　六月初一日，上奏籌防捐局續收銀錢數目，并請發放空白執
照，以便應用。

　　楊以增《籌防捐局續收銀錢摺》："兹據捐局委員等詳報，續有急
公報效者自應隨時請獎，理合繕呈清單，伏候恩施，俾知觀感，并造具
履歷清册，咨部查核。内有填發空白執照者已於册内註明，毋庸再發執
照。其餘各員應請由部迅即頒發，以廣招徠，仰懇敕部迅即封發，以昭
激勸。再，此次捐項内有制錢四千九百四十四千文，系發漕標、東海二
營之用，合并陳明。"（《先都御史公奏疏》卷三十五）

69.20　六月初一日，因太平天國北伐已於馮官屯失敗，防堵形勢有所
緩和，上奏酌量裁撤徐州兵勇，并分段設防。

　　楊以增《徐州兵勇酌量裁撤片》："徐州府爲南北沖衢，奉旨責成
鎮道帶領兵勇防堵，經臣會摺奏明在於淮、徐、海三屬地漕錢糧内按月
撥銀七千兩，其餘不敷銀兩由道勸捐抽釐，以濟支用在案。兹據署徐州
鎮總兵興慶、革職留署徐州道王夢齡稟稱，皖省之廬、舒尚未克復，
豐、碭以上雖有大河之隔，而銅、蕭以下久已斷流，勢不能即行撤防。
惟月餉欠解過多，勸捐抽釐亦爲數無幾，東省馮官屯業已蕩平，自應於
從前兵勇之中量加核減，所有在徐大同官兵共一千零五十五名經署徐州
鎮總兵興慶逐一校閲，除大同兵五百五十名飭令原帶之參將張琴堂、千
總王攀桂分起回大同歸伍外，所有挑留之大同馬步兵五百名，實馬一百
四十三匹，并徐州練勇挑留二千名，共二千五百名，現飭參將高培、都

司崇順帶領大同兵五百名駐紮豐、碭北岸，防守黃河，并飭守備馬裕春、知縣李延忠、千總張銘磐、王光霞及紳士張夢齡等分帶練勇二千名在於徐郡西南門外擇要紮營，專防南路，每月口糧較從前可節省銀三千餘兩，淮、徐、海各屬原派月餉可以量減。"（《先都御史公奏疏》卷三十五）

69.21　六月初一日，上奏夏至後河湖持續漲水，迅速將各河挑挖寬深，并酌修洪澤湖湖堤，同時令各廳儘快賒購歲料，以備大汛工需。

　　楊以增《夏至後籌備河湖各工摺》："嗣節交夏至，爲河工伏汛之期，防守備宜加慎。黃河水勢長水無多，豐工裹頭護埽等工均隨時鑲修平穩，蕭南王平莊灘面續塌無多，料石均有所備，并將壩臺堤身擇要加幫，以資捍衛。邳宿運河承受清黃來源，所有分泄去路之潘家河、三岔河、舊河頭、馬萬二莊駝車頭引河、王柳二閘、駱馬湖尾閭五壩因上年伏秋東省山泉漲發，挾沙噴注，多形淤塞。據該管道廳稟請展挑寬深，業經減准發辦，勒限完報，以免壅滯。洪澤湖自山盱禮河越壩堵合後，日逐加長，旋因淮源旺盛，每日竟長至三四寸，共計長水八尺餘寸，勢甚浩瀚。沿湖歷次風掣石工久經估修，因無現銀，未能興辦，歷經督臣籌款會奏在案。四月十六、七日連起西北風暴，浪若排山，堤工險要。查禮河越壩共長一千二百數十丈，其新堵之工及中間深水工段自應得守且守，其北首壩尾淺水處所向來啓放均過浮面之水，不致宣洩太甚。茲湖堤關係綦重，水大風猛，亟應分減保護，隨將該壩尾啓通過水，大湖甫得報定。旬餘以來，見消三寸，現在誌存一丈四尺。淮北鹽運祇須存水一丈以內即資浮送，現尚多餘水四五尺，總期於保堤、運鹽兩有裨益。裏、揚等廳承受湖源，兩岸堤埽漸形吃重，均飭加意防守。各廳應備大汛料物各道酌數稟請，經臣分別減准，先令各廳赴產賒購，并招呼熟識船戶源源運工，候撥款到來，即行分給接應。本年大汛工需僅奉部議准官票二十四萬兩，不日自可解到，而分撥江、浙各關稅銀十五萬兩雖經部臣咨行趕解，正不知能否早日全到。汛期已屆，倍切冰兢。臣惟有率屬慎重籌防，不准以錢糧支絀，稍有松懈。"（《先都御史公奏疏》卷三十五）

69.22 六月初一日，上奏南河運葦大船輪應成造四十二隻，共估需工料銀一萬二千六百七十五兩一錢八分八釐四毫。除飭按船給價購料，查照部定長寬式樣，趕緊成修造，以資裝運。（楊以增《運葦大船輪應成造摺》，《先都御史公奏疏》卷三十五）

69.23 六月初一日，因當百、當五十大錢疏通大錢抵數過多，私鑄混淆，因而紛紛折扣，稟請鑄造當三十、當二十大錢，以便行用。

楊以增《疏通大錢片》："清江各局鼓鑄大錢初以接濟軍需，繼復推行官票，原因銀款久無，除此別無善策，且當百以下大錢奉旨'永遠通行'。是以設法籌辦，期紓經費。乃春夏以來，頓行壅滯。推原其故，商賈貿易萃於蘇杭，而當百、當五十兩項大錢江南尚未推行，僅恃江北一隅之地，本難周轉，況當百、當五十兩項抵數過多，私鑄混淆，因而紛紛折扣，竟難勢禁。茲據管局道員等議稟閩省曾鑄當三十、當二十兩項大錢，聞頗便使用，請亦仿鑄當二十者重六錢、當三十者重八錢等情。臣等以補偏救弊，原應斟酌損益。除批准照辦，并與督臣、撫臣熟商擬請江南各屬通用當百以下大錢外，理合附片陳請，伏乞聖鑒訓示。"（《先都御史公奏疏》卷三十五）

69.24 六月十二日，上奏江蘇官紳有急公報效、捐輸銀錢者，請隨時請獎，并迅頒執照。

楊以增《江蘇官紳捐輸銀錢摺》："竊准戶部咨：糧臺收捐照籌餉例及常例銀數酌減十分之二，并經臣團練炮勇，奏請以錢一千六百文作銀一兩，欽奉硃批：所籌俱妥，現辦捐輸，著隨時奏請，即可降旨施恩，以期踴躍，該部知道，欽此。嗣准部咨以閩省捐輸，輾轉統算，令交錢者概以制錢二千抵銀一兩，等因。曾經臣附片奏准，仍以前一千六百文作銀一兩在案。前即在浦設局收捐，并諄飭各委員分赴各州縣，會同地方官，多方勸諭，以廣招徠，茲據新授安徽寧池太廣道顏培嶸、已革南河候補通判章儀林詳報，江蘇官紳有急公報效者，自應隨時請獎，理合繕呈清單，伏候恩施，仰懇敕部迅頒執照，俾知觀感。"（《先都御史公奏疏》卷三十五）

69.25　六月二十日，黄河在銅瓦廂決口北流，奪大清河入海。

（咸豐五年）是月（六月）二十日"蔣啓揚奏，爲下北蘭陽汛三堡無工處所漫溢，業已奪溜，下游正河斷流，并參疏防各官事。竊照黄河水勢異漲，兩岸普律漫灘，間多堤水相平之處，下北廳蘭陽汛銅瓦廂三堡以下無工處所塌堤迅速，萬分危險情形。於十八日馳陳後，臣仍督飭竭力搶辦，道廳文武員弁於黑夜泥淖之中或加幫後戧，或剄枕擋護，均各竭盡心力。無如水勢復長，所加之土不敵所長之水。適值南風暴發，巨浪掀騰，直撲堤頂，兵夫不能站立，人力難施，以致於十九日漫溢過水。初尚分溜三分，於二十日全行奪溜，下游正河業已斷流。該處土性沙松，口門刷寬七八十丈。臣心驚膽裂，淚汗交流。現在督飭道廳趕集料物，盤作裹頭。察看漫水微向西趨，復折向東北下注。由何州縣地方行走，歸宿何處入海，另容查明具奏。附近居民早已搬避，遷於堤頂者，臣當先爲撫恤，并散給饃餅。一面飛咨河南、山東撫臣、直隸總督及各藩司趕緊飭令各府州縣，確查黄水經由之處，將被水災黎妥爲安撫賑恤。"（《黄運兩河修防章程》）

六月丙辰（二十五日）上諭："蔣啓揚奏下北蘭陽汛三堡漫溢，請將疏防各員分別懲處一摺。本年黄河水勢異漲，下北廳蘭陽汛銅瓦廂三堡堤工危險。六月十八日以後水勢復長，南風暴發，巨浪掀騰。以致十九日漫溢過水，二十日全行奪溜。刷寬口門至七八十丈，迤下正河業已斷流。下游居民罹此凶災，流離失所，朕心實深憫惻。著桂良、崇恩、英桂趕緊派員籌款前往。確查黄水經由之處，將被水災黎妥爲撫恤，無令一夫失所。并著該署河督嚴飭道廳趕集料物，裹做盤頭，毋使再行坍寬，以致工程愈大，糜帑愈多。所有疏防專管之署下北河同知王熙文、署下北守備梁美、汛官蘭陽主簿林際泰、蘭陽千總諸葛元、蘭陽汛額外外委司文端，均著即行革，職枷號河干，以示懲儆。兼轄之代辦河北道事務黄沁同知王緒崐，著交部議處。蔣啓揚以該管道員署理河督，未能先事豫防，實難辭咎，著摘去頂戴，革職留任，仍責成趕緊督辦，以贖前愆。"（《清文宗實録》卷一七〇，《清實録》，第 45123 頁）

六月，"黄河向西北斜注，淹及河南封丘、祥符二縣。復折轉東北，漫注河南蘭儀、考城，直隸長垣、東明等縣。復分三股，一股由趙王河走山東曹州府南下注，兩股由直隸東明南北分注，經山東濮州、范縣，至張秋鎮，穿過運河，漫入大清河歸海。濮、范以下，壽張、東阿以上盡遭淹没。其他如東平、汶上、平陰、茌平、長清、肥城、齊河、歷城、濟陽、齊東、惠民、蒲臺、濱州、利津，沿河各州縣均被波及，災民甚重”。（《山東通志》）

是年，“河決河南銅瓦厢，衝山東運堤，由張秋東至安山，運河阻滯，值軍務未平，改由海運。於是河運廢弛十有餘年”。（《山東通志》）

六月，“黃河大決蘭儀縣銅瓦厢，奪大清河入海，不塞遂徙。是時舊黃河淤高，淮水不能自復故道。禮河不閉，淮水由之，山盱滾壩悉廢”。（《江蘇水利全書》）

是年，“黃河北徙，中運河水分由順清河入裏運河，南北貫通，清口塘河閉塞，灌運工程悉廢。”（《江蘇水利全書》）

按：銅瓦厢決口是明清黃河史上最嚴重、影響最大的一次決口。銅瓦厢是黃河著名險工，咸豐五年（1855）決口前險情就非常嚴重。從當時黃河河道形勢看，它已經是一條很高的懸河，背河面堤高一般二丈至四丈餘尺，個別地方達到五丈以上。懸河的高度，據道光五年（1825）張井奏稱：堤外河灘高堤內平地三、四丈之多。道光二十一年（1841）東河總督文沖又説：黃河灘面高於平地二、三丈不等，一經奪溜，建瓴而下。咸豐元年（1851），東河總督顏以燠説：兩岸埽壩處處著重，而以下北廳尤爲險要，全河溜勢側注蘭陽汛銅瓦厢并十四、六、七堡一帶趨刷。因此，他於是年坐鎮廟工，親督搶險。咸豐三年（1853）長臻奏稱：下北廳蘭陽汛銅瓦厢上次搶險之處溜勢下卸，又出奇險。可見在改道前的幾年中，銅瓦厢連年搶險，已是東河上一處最險要的地方。當時因爲太平天國戰事影響，造成河工經費嚴重不足。且河員貪腐已極，治河經費并不能用於工程，黃河沿線工程破敗，險工迭出。加之當年降水集中，洪水水勢較大，因此終於造成了銅瓦厢決口。此後，決口洪水穿過運河後，匯入大清河，使大清河迅速沖寬刷深，至同治末年已是一條深通的大河。自光緒初年以後，運西的漫流逐漸集中，并修起堤防，使進入大清河水流的含沙量增加，這樣大清河又轉向淤積，至光緒八、九年，河患明顯增加，光緒九年至十一年，大清河兩岸修起大堤。至此，新河道初步形成，黃河南流入海的格局從此徹底改變。

69.26　六月二十六日，受命借此黃河斷流之機，設法儘快堵築豐工決口。

　　軍機大臣字寄江南河道總督楊，咸豐五年六月二十六日奉上諭："南河豐北決口堵後復墊，至今未議堵合。現當東河漫口，上游奪溜，下游業已斷流，豐北口門亦成陸地。若趁此機會及時堵築，必能事半功倍，於經費大可節省。著楊以增詳細履勘，核計興工購料約需用項若干，先行馳奏。現當軍需孔亟、帑藏支絀之時，惟有勸諭捐輸，以資接濟。即如土方稭料均可捐輸，在民間所費無多，而到工濟用，較之由商販購辦者，其值懸殊。此外，如捐米可發夫工，捐銅可資鼓鑄，均可核給獎敘。著該河督悉心妥議具奏。至此次東河漫口，據稱直注直隸、山東境內。未知是否灌入運河，仍入江南境地，并著查明具奏。將此由五百里各諭令知之。（《咸豐朝上諭檔》第五冊，第242頁）

69.27　六月二十五日，上奏伏汛期內水勢續漲，南河修防平穩。現在時屆立秋，下河早稻即將次第收穫。

　　楊以增《伏汛修守平穩摺》："隨據東河陸續馳報黃河萬錦灘七次共長水二丈二尺二寸，武陟沁河七次共長水一丈八尺五寸，先後匯流下注，以致江境黃河同時加長，比上年盛漲大一尺餘寸，極形浩瀚，豐北、蕭南兩廳漫灘，水抵堤根。豐上汛大堤北面湖河匯注，一經風浪，悉見潰刷。豐下汛兵八堡迤下大堤北首緣口門大溜下注猛勁，坡爪亦見潰塌，均擇緊酌鑲防風，以資捍衛。該二廳長堤土性沙松，節年以來歲加修培，因限於錢糧，未能普律辦理，本年仍擇要酌估幫加。其蕭南王平莊塌灘處至窄處已塌存八十餘丈，乃現因河水盛漲，漫灘而行，新土壩頭已漸潰刷，趕即動料，酌量鑲護，仍飭慎重防守。豐工裹頭護埽經此大溜趨刷，行蟄卑矮，平水入水。幸料物有備，均經鑲修穩固。邳宿運河承受東省來源，近因大雨時行，山泉漲發，兼之微湖來水較旺，運、中二廳兩岸堤埽彌形著重。凡舊埽刷蟄卑矮段落分別鑲加，其長堤被溜刷坡之處，或鑲做防風，或幫搶加堰。宿北、桃北二廳大堤後身北鄰運河，漾抵堤根，風浪鼓蕩，堤坡潰刷處所亦即酌鑲防風。中河楊莊頭二、三壩春間照舊收束，俾河水多由雙金閘注入鹽河，以濟鹽柴運行，并將鹽河兩岸堤埽塌卸潰坡之處擇要分別鑲。現在來源既大，仍將楊莊頭二三壩酌量拆展，以資暢減，外南北、山海、安阜等廳承受北運河漲水下注，深資下滌，兩岸舊埽腐朽蟄卸段落隨時擇緊修鑲，并將外南順清河東西壩尾鑲高，酌量收束，以節淮揚運河之源。洪澤湖水復又長回五寸，堰盱二廳前塌石工未砌段落間遇風浪潰刷槽土，酌鑲摟護。山盱各壩河及攔堰舊護埽蟄矮工段鑲加穩實，裏河運口汛束清壩暨頭南壩、外蓋壩、頭二三四壩、惠濟閘上下鉗束壩并張王廟前托水壩、福興正閘上下鉗束壩、迄下河尾蔣壩均爲湖水入運門户，歷被溜刷見蟄，悉已加廂高整。該境及揚河、江運等廳兩岸舊埽蟄卸段落亦均擇要鑲修，其迎溜埽灣潰及堤坡之處酌鑲護埽防風，俾資抵禦。江運廳境歸江各橋壩久經全行啓放，高郵水誌現比啓壩定章尚少尺餘，兼旬以來并未續長。時已交秋，下河早稻將次收成，民情歡忭。現在伏汛已過，各工修防平穩，惟秋汛綿長，臣仍當率屬加意防守，不敢稍有疏懈。"（《先都御史公奏疏》卷三十五）

69.28　六月二十七日，上奏因咸豐四年南河共奉撥票銀一百零五萬兩，尚未及往年之半，且官票價值甚賤，爲此動用南河減平銀兩。

　　楊以增《上奏動用減平銀兩片》："咸豐四年歲料兩次奉發官票二十五萬兩，又以豐工用存部頒捐照換給官票四十萬兩，大汛工需奉撥官票四十萬兩，統計票銀一百零五萬兩，較之往年撥數不及十分之四，且官票迄未流通，價值甚賤，而各省額解南河銀款更屬屢催罔應，以致購料辦工異常竭蹶。所有該年河庫應扣減平銀十四萬六千四百餘兩全系官票，均已隨時湊發工用，理合附片陳明。"（《先都御史公奏疏》卷三十五）

七　月

69.29　七月初一日，因南河工款支絀異常，上奏請撥淮關稅銀五萬兩，以便搭配鈔票，以濟工需。

　　楊以增《請撥淮關稅銀片》："臣接准户部咨稱：'江省攻剿吃緊，需餉孔殷，前撥江、海、淮、宿關稅銀自應先盡軍營撥用，無庸分撥河工。'惟南河伏秋大汛需餉亦關緊要，而另籌款項甚屬維艱。各省藩關道運各庫應行額解南河各款共計積欠一百二十餘萬兩之多，嚴催趕解南河，俾資工用，各等因。臣查南河每年額解以兩淮三十餘萬、江藩十八萬爲大宗，已盡解全歸揚州及安徽大營。淮宿關亦有南河額解，其餘額解多則萬餘，少則數千，經戶部嚴切頻催，三載以來，無不以軍需爲詞，空文搪塞，即戶部再行分催，亦恐徒成畫餅。現值湖河併漲，處處險工，秋汛防長，無以摒擋。且洪澤湖石工爲淮揚保障，而淮北運鹽之往返、下河州縣之收成，皆賴湖水安瀾，石工鞏固。因石工停修已久，坍塌過多，設有疏虞，不堪設想。撙節估計，需銀二十萬兩有奇，若無現銀，斷難概用鈔票，前經據實片陳在案。至揚州軍營提用江北錢糧漕摺，并分用淮南北稅課，而南河僅撥淮關銀兩爲數無多。惟有籲懇天恩，准將淮宿關銀稅五萬兩，仍撥南河搭配鈔票，以濟石工要需，於鹽務、民生實有裨益。"（《先都御史公奏疏》卷三十五）

69.30　七月初九日，因下北廳漫口，黄河大溜北注，下游斷流，遵旨加緊勸捐，多方籌款，加緊辦理豐工堵口工程。咸豐帝亦督催楊以增加緊辦理，并及時上奏。

楊以增《遵旨籌堵豐北漫口摺》："竊臣承准軍機大臣字寄：咸豐五年六月二十六日奉諭旨，知漫口在下北廳屬，仰蒙聖主於宵旰焦勞之際，厪念豐工，飭令即時堵築，并令核計興工購料，約需用項若干，先行馳奏。臣查豐北大工迎溜頂沖口門，淘刷日深，堵築匪易。茲當上游奪溜，下游斷流，誠如聖諭，趁此機會，必能事半功倍。惟口門存水尚深，河水甫落，上下悉系淤灘，難以立足，一時尚未能履勘確估。至需用錢糧，近地紳士感戴皇仁，淪肌浹髓，今知興辦巨工，災區可以復業。一經勸諭，自必樂於輸將。惟豐、沛地方被淹已久，其餘各邑連年捐輸軍餉至再至三，實均不遺餘力。若同時再捐河工經費，深慮一時難以集數，轉誤事機。伏念臣自豐工復漫以後，負疚益深，雖迭荷恩慈，不加嚴譴，而撫衷循省，實無以上對君父。現當軍需孔亟、帑藏支絀之時，勸捐既不足恃，何敢一籌莫展，有負生成？臣惟有督率疏防之道將府廳等，將應行補還正堤工程設法籌款，於估定後趕緊賠堵，以贖前愆。再查，蘭陽三堡地居上游，下注直隸、山東，自應早爲堵合。第黃流歸故之先，豐工新補堤外應鑲護坦、江境長河應估挑工以及各廳禦水坦工，統計需用，尚屬不貲。容臣遴派幹員，廣爲勸諭。能否積少成多，稍裨經費，仍俟豫工興堵有期，通盤籌計，隨時據實具奏，以重要工而紓宸廑。至東河北岸失事，溯查嘉慶年間衡工、馬工漫水俱在張秋穿運，由大清河故道歸利津口入海，此次情形諒必相同，即間有分溜串入運河，亦不致注入江南境内。"（《先都御史公奏疏》卷三十五）

七月庚辰（十九日）上諭："前因東河下北廳屬銅瓦廂黄水漫溢，諭令楊以增將豐北口門乘機堵築。兹據該河督奏稱興勸捐難以濟事，惟有督率疏防之道將府廳等，將應行補還正堤工程設法籌款，趕緊賠堵等語。此項工程趁此機會，自可節省經費，著楊以增詳細履勘，即在該道將等應行補還項下設法籌辦。其餘應辦垺工、應估挑工所需用項尚多，能否勸捐接濟，該河督務當實力辦理。一俟捐項賠項集有成數，即行據實奏聞。"（《清文宗實録》卷一七二，《清實録》，第45144頁）

69.31　七月初九日，上奏籌防捐局續收銀錢數目，并請由部迅速頒發執照。

楊以增《籌防捐局續收錢糧摺》："兹據捐局委員等詳報，續有急公報效者自應隨時請獎，理合繕呈清單，伏候恩獎，俾知觀感，并造具履歷清册，咨部查核。内有填發空白執照者已於册内註明無庸再發執照，其餘各員應請由部迅即頒發，以廣招徠。仰懇敕部迅即封發，以昭激勸。"（《先都御史公奏疏》卷三十五）

69.32　七月，校編《柏梘山房文集》（梅曾亮撰）十六卷成，并爲此書作序。

楊以增《〈柏梘山房文集〉序》云："伯言同年以甲寅秋攜家自王墅移居興化，又移居淮安，乃得至清江，而館余署之清晏園。以同年三十餘年之久，經憂患之餘，得見而聚處朝夕，不可謂非幸事矣。伯言雖屢有遷徙，詩稿幸無遺失。余亦曾録有副本。君寓居無事，頗復有删益，因校勘之。以君今歲七十，即以是爲壽。而伯言自以少好駢體文，年近三十，始有志於漢唐宋諸君子之作者。其託始之年不欲忘之，而文之少而壯，壯而老，亦不能無盛衰得失於其間。非年以識之，亦無以自見也。故詩既編年，文則分體之中仍以年次，而復以編年。無分體者，總其目於前。蓋君之文已足自質於古人，而猶欲驗後，此功力之進退於歲月者焉，齒之宿而志之精，爲尤不可及也夫！"（《柏梘山房集・文集序》，咸豐六年刊本）

按：《柏梘山房集》三十一卷，屬詩文合集，代表了梅曾亮的全部文學成就。楊氏刊刻是集經歷了一個漫長的過程，先後經過兩次續刻，始成足本。首刻《柏梘山房文集》十六卷、《文續集》一卷，楊以增咸豐五年（1855）刻本。半葉十行二十一字，白口，四周雙邊，單黑魚尾，卷首有楊以增序，《海源閣書目》著錄。楊以增《〈柏梘山房文集〉序》記其作序時間爲“乙卯（1855）七月”。朱琦曰：“是時（1855）先生亦自王墅徙居淮上，而館於河督楊公至堂。至堂先生，同年友也。盡裒先生所爲文，分體之中仍以年次，復以編年無分體者總其目於前。刊既成，先生及見之，未幾，楊公卒，先生驚悼亦卒，年七十一，是爲咸豐六年正月。琦按：是集卷首有楊公序，刻於五年（1855）七月，在先生未殁前，疑其自定，間增損舊稿，視涵通樓刊本小異，而多近數年作。”（朱琦《〈柏梘山房文集〉書後》，《柏梘山房文續集》，同治三年楊紹穀、楊紹和補刻本）而梅曾亮於1855年又作《至堂爲刊文集成續刊詩集駢體志感》一詩亦證此事。紹穀、紹和題識曰：“先君子校刊伯言先生文集既成，續校詩集、駢體文，刊未及半先君子薨。”（楊紹穀、楊紹和《〈柏梘山房文續集〉題識》，《柏梘山房文續集》，附於《兵部侍郎江南河道總督楊公家傳》之後，同治三年楊紹穀、楊紹和補刻本）其文集始刊時間爲咸豐五年七月，刊成時間則爲是年十月，據參與校刊梅集的高均儒云：“校畢，刻工滯至十月始修成。”（高均儒《〈柏梘山房文稿〉跋》，《柏梘山房文稿》卷末，藏國家圖書館）由此可知，是集在咸豐五年末即兩位同年友逝世前已刊刻而成，收文二百八十一篇。

二刻《柏梘山房集》三十一卷，楊紹穀、楊紹和咸豐六年（1856）三月補刻本，版式同上。扉頁書牌：咸豐六年三月刊成。版框爲 18.1×13.8 釐米，版式同首刻，版心上分別鑴“柏梘山房文集”“柏梘山房詩集”“柏梘山房駢體文”。此集增加《詩集》十卷、《詩續集》二卷、《駢體文》二卷。并於《文續集》後補紹穀、紹和丙辰年（1856）題識一篇，識曰：“穀等泣請先生爲傳誌之文。時先生患鼻衄，旋淮安寓舍。逾旬，撰家傳寄示。不數日，先生亦卒，是爲咸豐六年正月十二日，距先君子薨僅二十四日。嗚呼！迨穀等促工刊藏詩及駢體十五卷，都文集爲三十一卷，先生已不及見矣。此傳編列文續集之末，目仍分年爲丙辰。特著一篇，愴誦攀號，追慕罔極。紹穀、紹和泣識。"遺憾的是，當紹穀、紹和於咸豐六年三月終於將合集刊刻成功時，兩位同年至交卻已不在人世。是集除文外又補詩六百七十八首，駢文二十九篇。

　　三刻《柏梘山房集》三十一卷，紹穀、紹和同治三年（1864）補刻本，版式同首刻。楊以增《文集序》、《文集》第十六卷第六頁及《文續集》第八至十三頁板心下均鐫"甲子補刊"。"甲子補刊"即爲同治三年補刻。《文集》後增加丙辰（1856）九月朱琦"柏梘山房文集書後"一篇。是刻補録部分於《文集》十六卷末有二篇：祭陶文毅公文己亥，《柏梘山房文集》書後（朱琦撰）；《文續集》末四篇：姚姬傳先生尺牘序乙卯；季諧寓先生墓表乙卯；兵部侍郎江南河道總督楊公家傳丙辰；紹穀、紹和識；此六篇版心下均鐫"甲子補刊"。另此六篇字體與咸豐六年（1856）刻本不一，咸豐六年（1856）板字體瘦長、字距小，而同治三年（1864）補版則字體肥矮、字距大，補刻部分單獨補於其後，且所屬類別不分，與前文分類排列不同，·知非一時所刻。至此，經兩次續補，《柏梘山房集》三十一卷本已臻完善。

69.33　七月，得許乃普函。在信中，許乃普對楊以增爲官之難頗爲關切，并催促儘快讓其次子紹和赴京應試。

　　許乃普至楊以增函："老懶久未奉書，想勞重盼。新秋暑退，惟鈞候勝常爲頌。蘭陽下北廳告警，恐直隸大名所屬及山東曹、單一帶皆不免有被淹處所。堵築力有不及，撫恤政所必先，否則嗸鴻滿目，患有不可勝言者。本年海運到津甚速，而洋盜已漸萌動。倘運河有阻，則海運亦不盡可恃。蒿目時艱，真令人無從籌策也。七舍弟赴湘省辦理團防事宜，與各當事頗稱相得，尚易措手。惟餉需不給，□恃勸捐抽釐，終非持久之策耳。秋闈在即，北上者紛紛。近京一帶自五月來時雨時暘，大田多稼，大有豐年景象。深盼協卿（即颺卿，楊以增次子紹和字）來京，當差之暇，仍可下帷研究也。舍親吳少京兆清鵬喬梓書院一席，還望推愛噓植，俾得蟬聯，感同身受。草草敬泐，虔頌勳安，并潭署嘉福。年愚兄普頓首。七月初五日。

　　再，舍親吳孝廉安業，前承推愛，爲置海州板浦書院一席。伊喬梓書來，極爲銘感，還祈始終栽培爲幸。舍侄美身、道身現已無須回避，恩帡之下歲月方長。敢乞隨事隨時加之教誨，俾識步趨，舉家戴德，載渺惟垂鑒至荷。謹又啓。"

按：咸豐五年（1855）六月二十日，黃河在河南蘭陽下北廳銅瓦廂決口，據"蘭陽下北廳告警"等語，可知此信作於咸豐五年（1855）七月初五日。

黃河此次決口，河水分爲三股，從直隸、山東境內入海，濮、范以下，壽張、東阿以上盡遭淹沒，沿途百姓流離失所，受災嚴重。此時太平天國運動如火如荼，清政府全力鎮壓，應接不暇。運河漕運不暢，部分漕糧改由海運，但又受洋盜騷擾，許乃普所稱"洋盜萌動"，確屬實在情形。楊以增身肩辦理漕運、保障地方之責，於咸豐四年（1854）九月擒獲土匪頭目張彥、杜四、李大選，十月於黃河海口擒獲洋盜王大老虎、王永等五十餘人，十一月擒獲洋盜包學玉、吳學孔等三十餘人；咸豐五年（1855）八月又積極防堵捻軍張樂行、蘇添福部，奮力支撐危局，可謂身心交瘁。是年十二月，楊以增"病已篤，鄉信鴻哀，聞之心惻。購粟千五百石，交官散放，全活尤衆"（《崇祀鄉賢錄·事實》），拳拳愛民之心由此即可概見。許乃普建議讓楊以增之子紹和赴京任職，一面當差，一面認真研習舉業，准備進士考試，同時亦請求楊以增在力所能及的範圍內對其親戚加以照拂，足見二人關係之深摯。

八 月

69.34 八月初三日，上奏邳宿運河水勢異漲，經加緊搶辦，已化險爲夷，且加緊整修下游各埽壩。現已時逾白露，南河各工修守平穩。

楊以增《節逾白露修守平穩摺》："竊臣前將伏汛黃水極漲搶護各工暨擬賠堵豐工幹口各緣由先後具奏在案，茲查江境黃河斷流後，因豐工舊口門以下運河水大，頂托難消，豐蕭境內長河及門口一帶至今尚未涸露，須俟秋深水退，有土可取方能堵築。本年邳宿運中河因東省蒙沂山水節次漲注，本形旺盛，且探知豫省漫水仍有分溜由湖入運，而前月上旬至十三日無日不雨，無雨不大，加以狂風競作，達旦連宵，堤埽工程蟄塌滲水，險要已極。經該管廳營縣汛等於風雨泥淖之中分投鑲做防風，加堰幫餼，奮力搶辦，乃於拍岸盈堤之際復因東省蒙山起蛟，更又陡長三尺餘寸，猛驟迅激，建瓴而來，水堤莫辨，兩岸勢不能容，已將普漫。仰賴皇上福庇，河神默佑，十四日雨止風收，河水漸退，得以放手搶築，化險爲平。臣欣幸之餘，莫名寅感。中河楊莊頭壩所出漲水由外南北、山海等廳暢達歸墟，借資刷滌，兩岸舊埽見蟄段落均經擇要鑲修穩固。洪澤湖因禮河壩尾前經啓通百餘丈分減，是以續長無多。而金風司令，大雨頻傾，亦甚著重。山盱廳信、智、仁、林等壩河并新舊義河直壩及攔堰各護埽歷次風掣殘塌，悉經隨時補加高整。裏揚、江運等廳亦因雨水過大，有長無消，幸均先期鑲築，克資抵禦。禮河惠濟閘爲湖水入運門戶，歷經大溜趨注，高下六七尺之多，勢如懸瀑，以致閘底間有沖損，冒椿下水，石牆亦形蟄裂。現飭道將督率廳營設法保護，務期無虞。茲已時逾白露，高郵四壩堅守未啓，下河早稻久經登場，中晚禾因秋霖過甚，不免受傷，然究屬普律有收，民情尚俱安帖，堪以上慰宸厪。"（《先都御史公奏疏》卷三十五）

69.35　八月初三日，上奏因江南河標五營因調防或戒嚴，均不便稍離職守，請將軍政舉劾展期查辦。

楊以增《軍政舉劾請展期查辦片》："再查江南河標五營咸豐三年時屆軍政之期，當因興堵豐工，各營員弁多有調往差遣，經臣恭摺奏請，展俟大工告竣後再行考驗，恭奉硃批：'著照所請，行兵部知道。'欽此。及至大工告竣，又因粵匪竄入江境，操防河葦各營或奉調出師，或派防差遣，未能查辦，復經咨明兵部各在案。茲准兵部咨扣至本年已屆二年半薦舉之期，各省綠營武職如有應行薦舉及參劾之員，行文該督，查照定例辦理，等因。准賜伏查江寧、鎮江、瓜洲等處尚未克復，各營員弁調在軍營者固難調驗，即存營員弁處處戒嚴，亦未便稍離汛守。所有臣標五營屆辦二年半舉劾之案，應請緩俟軍務告竣再行辦理。"（《先都御史公奏疏》卷三十五）

69.36　八月二十七日，上奏皖省土匪張樂行、蘇添福等竄擾河南夏邑，威脅清江，爲此遴派官兵扼要防禦，不使進入江境。

楊以增《皖捻竄擾豫境派兵防禦摺》："竊照亳州土匪張樂行聚衆

劫掠，橫行皖豫交界之間，已非一日。上年夏間其党蘇添幅與永城團長賈二洪互相焚殺，經袁甲三派兵擊散，本年七月該匪又與其党蘇添幅攻撲蒙城，經官兵擊退，旋又糾其黨夥六七千人頭紮紅巾，在亳州之白龍廟與官兵接仗。彼時徐州鎮道因相距較近，當飭參將高培、都司崇順帶領大同官兵分赴碭山、蕭縣扼要駐守。茲據代理徐州鎮興慶、留署徐州道王夢齡馳稟，該匪張樂行於本月十七日率眾竄至河南夏邑縣之泥秋店，該處官兵截擊失挫，該匪進踞會亭驛，即於十八日擾至夏邑縣城，并在城外大肆焚掠。因夏邑距江境碭山縣城僅六十里，該鎮興慶即日帶領本標兵二百名，又知縣李延忠管帶練勇六百名星夜起程赴碭，扼要堵剿。并派千總張銘磬等管帶仁勇三百名，馳赴蕭縣之青里集駐防等情。臣查徐州爲南北要隘，現在皖省逆匪尚熾，南路兵勇未能撥調。清江爲瓜揚後路，現無客兵存營，兵丁亦難輕動。而夏邑逼近徐城，所派兵勇尚嫌單薄，已飭該道王夢齡偵探確情，選帶兵勇，相機防剿，不任闌入江境。惟軍行以籌餉爲先，刻又飛飭署藩司何俊將欠解徐州防兵月餉星速解往，俾應急用。"（《先都御史公奏疏》卷三十五）

69.37　八月二十七日，上報籌防捐局續收銀錢數目，並請迅速頒發執照，以資使用。

楊以增《籌防捐局續收銀錢摺》："茲據捐局委員等詳報，續有急公報效者自應隨時請獎，理合繕呈清單伏候恩施，俾知觀感。并造具履歷清册，咨部查核。內有填發空白執照者，已於册內注明，毋庸再發執照。其餘各員仰懇敕部迅即查核頒發執照。再前此奉發從六品空白執照十張現已將次用竣，應請由部再行頒發五十張到臣，以備填給而廣招徠。"（《先都御史公奏疏》卷三十五）

69.38　八月二十七日，上奏賠堵豐工舊口門，定期興築，并請旨派查文經督催辦理。咸豐帝上諭稱現正派員查勘黃河北徙情形，蘭陽大工暫行緩築。是否徑由黃河北流，尚未定計，諭令楊以增直陳所見，以備采擇。

楊以增《賠堵豐工定期興摺》："竊臣前准軍機大臣字寄：咸豐五年七月十九日奉上諭：'前因東河下北廳屬銅瓦廂黃水漫溢，諭令楊以增趕將豐北口乘機堵築。茲據該河督奏稱：興經費勸捐難以濟事，惟有督率疏防之道將府廳等將應行補還正堤工程設法籌款，趕緊賠堵等語。此項工程趁此機會，自可節省經費，著楊以增詳細履勘，即在該道將等應行補還項下設法籌辦，其餘應辦埽工，應估挑工所需用項尚多。能否勸捐接濟，該河督務當實力辦理。一俟捐項、賠項集有成數，即行據實奏聞。'欽此。除應辦埽工、應估挑工設法勸捐，隨後另奏外，遵即飭行徐州道王夢齡督率廳營，一俟水勢消落，詳細勘估。茲據查估造冊，稟送到臣。臣以工程重大，固慮浮冒。尤恐視爲賠堵之工，草率遷就，諄飭該道等認真辦理，用所當用，不必預定額數。總期堵合後黃流歸故，足爲埽石之靠，庶可冀經久而免他慮。惟節令已近秋深，若非趁嚴寒以前完工，凍築土壩，難期結實。而土程欲速，則需費較多，又恐工員貪小利而誤要工。因念留營已革江蘇皋司查文經廉直可靠，素爲河員敬畏，擬懇皇上天恩，飭令該革司前往督催稽查，以期妥速。工程仍責成道廳營員承辦，如有草率貽誤，惟該道廳是問，以免推諉。除行知查文經先往覆估，定期九月內興工外，爲此附驛具奏。"（《先都御史公奏疏》卷三十五）

　　九月甲子（初四日）上諭："楊以增奏賠堵豐工舊口門定期興工一摺。前因軍務未竣，籌餉維艱，蘭陽堵築漫口非數百萬帑金不能集事，恐一時難以興辦，而橫流旁溢，無所歸宿，災民顛沛流離，朕心不勝軫念。業經諭令李鈞派委張亮基會同直隸、山東、河南地方官委員詳細履勘，將黃流漫溢之處疏導歸海，蘭陽大工即可暫議緩堵，現尚未據覆奏。所有豐北口門亦應暫緩興築，俟李鈞等定議如何，再行酌辦。至該河員等應賠款項不得以暫緩興工藉口觀望，著楊以增飭令按應賠成數迅速完繳，并著先行勸諭捐輸，俾經費得以充裕，一俟蘭陽擇日興工，即可同時并舉。所有賠項、捐項均於集有成數後隨時奏聞，不得挪作他用。至蘭陽漫口議者有謂宜因勢利導，使河流徙歸北趨，由大清河入海者。此時命張亮基等查勘，祇爲目前緩築之計。若欲從此徙河北流，事關大局，尚需特派大員詳加履勘，非可草率從事。楊以增熟諳河務，於古今治河源流諒能通曉。如有所見，不妨據實敷陳，以備采擇。"（《清文宗實錄》卷一七六，《清實錄》，第45193頁）

69.39　八月二十七日，上奏大挑知縣黎勉基等試用期滿，請改歸江蘇地方補用。

　　楊以增《大挑知縣試用期滿請改歸江蘇地方補用摺》："查癸丑科

挑發河南知縣到工日期先後不等，除將期滿各員中通曉河務者照例咨部註册，留工補用。又□榮俊一員經安徽撫臣奏留皖省補用，江清□一員經揚州糧臺保奏免補本班，歸於江蘇地方以直隸州補用，□豹、王崧齡二員於剿辦洋匪出力案内經臣楊以增保奏，免其借補佐貳，以沿河知縣補用外，現查黎勉基一員扣至本年五月、陳恭□扣至本年七月，均届試用二年期滿。察看該二員於河工機宜未能練習，而年力富强，詢以地方吏治，均尚明白。相應請旨，將大挑知縣黎勉基、陳恭□均改歸江蘇地方，仍按科分名次以知縣照例補用。"（録副奏摺）

69.40　八月二十七日，上奏查明剿捕吳學孔等洋匪出力人員，擇其尤爲出力者，遵旨保奏數員。

　　楊以增《遵旨保奏剿捕洋匪出力人員摺》："竊照上年十二月間，臣訪聞海州境内埒子口地方有另股洋匪出没無常，在海州及山東洋面肆擾，當與漕臣往返劄商，密委海州運判杜文瀾帶同所屬及地方文武設法掩捕。又恐兵力較單，添委候補知府金安瀾、中河通判朱善張、會□備弁，酌帶兵勇，馳往接應。時值隆冬，海汊凍結……各文武員弁分路撲進，匪等開槍抗拒。兵勇奮力上前，登時□獲吳學孔等五名，又邢有見等三十餘名，奪獲槍炮多件。……印委員弁督帶兵勇，奔馳冰雪之中，親冒烽煙之險，消除伏莽，安靖海疆，實屬勇敢有爲，辛勤□□。即承審各員人犯衆多，晝夜研鞫，亦屬著有微勞。可否擇其尤爲出力者酌保數員，以昭激勸，欽奉硃批：'刑部議奏，其所請酌獎之處附摺奏明。'欽此。嗣經刑部核實案摺内奏明，奉旨：'依議。'欽此。咨行到臣。伏查河濱荒遠，本易藏奸，若稍涉因循，俟賊勢鴟張，再行剿辦，必至燎原難撲，爲害不可勝言。且當江浙辦理海運之際，設有盜艇窺伺，舟行何能迅速？此案匪徒萌發之始，悉數就擒，洵足以靖海洋而除隱患。兹蒙恩准保奏，臣復加確核，在事員弁衆多，未敢濫登薦牘。即此次最爲出力之中河通判朱善張、葦左營守備楊鎮華因上年已經别案奏獎，亦祇註檔存記。謹擇其實在出力者另繕清單，伏候甄敍，并嚴飭沿河各營認真巡哨，務期有犯必獲，以絶根株，仰副聖主慎重海疆之至意。"（録副奏摺）

69.41　八月二十七日，上奏請撥來年歲料銀兩八十萬兩，以資南河修守，并請找撥本年防料銀票二十萬兩，以應急需。

　　楊以增《奏請撥發來年歲料銀兩摺》："竊照河工修守以柴秸爲大宗，向於八月奏請撥銀一百二十萬兩，預辦歲料，即上游漫口年分亦均照數准撥在案。查上年歲料奏請八十萬兩，系因豐工緩堵，下游節省七廳，是以減請。今蘭陽大工現准東河河臣咨會，遵奉諭旨，籌議緩堵，所有南河歲料應□上年章程請撥，庶資應用。且河營兵餉欠發年餘，衆口嗷嗷，待□甚迫。南河捐局新收銀錢隨時支放，兵勇口糧、制□火藥軍裝器械、委員薪飯等事尚多不足，實無餘項可□共用。而歲料爲修防根本，必得及時籌備，方免貽誤，相應恭摺奏請，仰祈皇上天恩俯准，敕部查照上屆撥發八十萬兩票銀各□，俾得搭用而重修守。"（錄副奏摺）

　　楊以增《奏請找撥本年防料銀票片》："上年大汛防料經戶部撥銀票四十萬兩、淮關現徵銀四萬兩，僅足敷衍。本年防料案內經戶部撥銀票二十四萬兩，關稅現徵銀十五萬兩，現因各關稅均以軍需爲詞，并未撥解，而要工多不能辦。河營兵餉欠發至一年有奇，合無仰懇聖恩，敕部找撥本年防料銀票二十萬以應急需，實爲工益。"（錄副奏摺）

69.42　八月二十七日，江蘇阜寧縣揀選知縣王文錦等緝拿海匪出力，爲此上奏請予鼓勵。

　　楊以增《奏請鼓勵緝拿海匪出力人員片》："海濱遼闊，距該管地方衙門近則數十里，遠則數百里，全賴本地士民同心堵禦，庶盜賊聞風遠揚。此次緝拿垺子口海匪，有江蘇阜寧縣舉人揀選知縣王文錦、海州生員孫蔚霞、山東膠州生員冷金藤或接濟兵食，或協同搜捕，實屬深明大義。王文錦擬請以知縣歸部儘先選用，孫蔚霞、冷金藤擬請以訓導歸部選用，以示鼓勵。"（錄副奏摺）

九　月

69.43　九月二十二日，上奏節逾霜降，南河河湖水消，工程平穩，現正籌堵各水口，以保運行。

　　楊以增《節逾霜降河湖水消工穩情形摺》："查近時雨水較少，茲已節逾霜降，各處來源日弱，江境運中河水勢日消，洪澤湖亦遞見消落，上下各工一律平穩。雖來年重漕是否海運、河運尚在未定，所有南北運道亟宜預爲籌蓄。且淮北鹽引、葦營蕩柴并採購正雜料物及兵差往來均須運路通暢，庶免稽誤。查□運河各水口前因大汛盛漲，全行啓泄，方克修守平穩。洪澤湖只啓禮河壩尾，以保石堤，此時皆應次第堵閉。現經臣□飭該管道將督同廳營確切勘估，造冊呈送，以憑減宣發辦。淮揚運河水亦暢消，高郵四壩本年又得堅守未啓。下河各州縣普律再收，民情極爲歡忭，洵堪上慰聖懷。"（録副奏摺）

69.44　九月二十三日，受命儘快將鹽課等款解赴廬州大營。

九月癸未（二十三日）上諭："和春、福濟奏稱皖省兵勇衆多、餉需專恃協濟，各省報解者寥寥，糧台支放已竭等語。怡良節制兩江，皖省系其兼轄。設使餉竭兵饑，大局掣肘，亦豈能置身事外？目前無論是何款項，可以移緩就急，著怡良迅速籌商，於現在三四個月內，按月撥銀二三萬兩，派員解赴廬州軍營，交和春分撥應用。并著楊以增於鹽課經費贏餘及淮北協貼淮南項下，就現在兩三個月內按月撥銀二三萬兩，解赴廬州，以資接濟，務各按期如數，無誤餉糈。將此由六百里各諭令知之。"（《清文宗實録》卷一七八，《清實録》，第 45217 頁）

69.45　九月三十日，上奏續收江蘇各官紳捐輸銀錢數目，繕單恭懇恩獎，并請迅頒執照。

楊以增《江蘇官紳捐輸請獎摺》："兹據南河差遣委用廣東候補道□□營前陞銜候補通判捐復原銜章儀林詳報：江蘇續有官紳急公報效者，□□隨時請獎。理合繕具清單，伏候恩施，俾知觀感。并造具履歷清冊咨部查核，内有填發空白執照者已於冊內註明，無庸再發執照，其餘各員仰懇敕部迅即頒發執照以昭激勸。"（録副奏摺）

69.46　九月三十日，上奏在徐州設局，以辦理豐北大工所用各款錢糧事。

楊以增《設局辦理豐北大工所用款錢糧片》："查豐北大工初堵、復堵所用各款錢糧因上屆合龍以後即值軍書旁午，該管徐州道王夢齡設防籌餉，寢食不遑，在事各員又多調派各營，以致未能查辦。本年北路催撥該道於六月二十日在徐州設局，并委留署豐北通判馬浚、候補知州吳世雄隨同辦理。現在調齊冊檔，逐款鈎稽，已有頭緒，約計來年春夏之交即可竣事。"（録副奏摺）

69.47　九月，接許瀚函。許瀚在信中概述了自魯抵杭的行程及到杭後的交遊情形。本年四、五月間，吳式芬曾致函楊以增，請求轉交其邀請許瀚赴杭之信件，正爲許瀚赴杭之緣起。

許瀚致楊以增函："晚生許瀚頓首頓首謹稟至堂老先生大人閣下：前者樞謁，渥承鈞誨，備荷鴻慈，蠲其宿逋，籌及内顧，感何可名！拜辭後即日登舟，於是月十一日抵杭，沿途均叨庇平順。各處年歲豐穰，情形安謐，惟月河潮湧，不便行人，乃皆取道孟河。江面太闊，又值阻風，耽延五日，是以到杭較遲。與子苾先生接見，久別重會，情誼殷拳。同事十餘人，或舊好，或神交，或新識，皆相契洽。主人公暇，輒聚同好諸友，討論金石文字，意欲有所箸定，尚無章程。兼之搨本重累，在署十無一二。又趁書籍，遇有考訂，靡所稽察。此事固非可以白戰奏功，聊復萃集衆見，留備采擇，將來未必能有成書也。瀚到日無多，行止未能即決。知荷厪注，先此略陳大概，稟請鈞安，餘容續稟。瀚謹稟。"（《海源閣珍存尺牘》）

吳式芬致楊以增函："再啓者：正月初間，弟接心齋信，知許印林奉諱肯來杭州，當即專函敦請。又恐學政官封不能遞至日照，特懇臺端加封寄去。日久未得回示，正以爲疑。茲奉三月初旬惠翰，始知前信尚未遞到。茲特再爲印林作劄，仍懇設法速爲妥寄，是所拜禱。心齋來信言，印林奉諱後，正在無憀，一聞弟延請之信，頗覺欣然。其所以不來者，特以未得弟信。而此信乃於遞中沉滯，實爲可恨。至印林來時，倘盤費不足，望代爲墊給。渠來時，弟當亦回省，即覓便寄□也。特此再請臺安不一。弟芬又頓首。"（《海源閣珍存尺牘》）

按：吳式芬擔任浙江學政在咸豐四年（1854）十月，咸豐五年（1855）十二月因病解任。吳式芬致楊以增函稱："正月初間，弟因接丁心齋（丁心存）信，知許印林奉諱肯來杭州。"據《許瀚年譜》"1854年條"稱許瀚父致和卒於是年十月，"1855年條"稱是年八月，許瀚赴吳式芬之邀，赴署校文。同年九月途經蘇州，九月十一日抵達杭州。結合信中“瀚到日無多”等語，可判斷此信當作於咸豐五年（1855）九月中下旬。

　　許瀚精於小學，楊紹和曾有詩贊曰：“説文八千字，汝南承家學。窮年事丹鉛，觀書眼卓犖。”楊以增於道光二十一年（1841）署河南按察使時即結識許瀚。道光二十二年（1842），楊以增委託許瀚校訂刊刻桂馥《説文解字義證》五十卷及許鴻磐《方輿考證》一百二十卷，并相互購贈善本書。從楊以增致許瀚信中，即可暸解二人就刊刻《説文解字義證》往返商議的過程，同時也足見楊以增對許瀚人品才學的充分信任。楊以增翌年四月即陞任甘肅按察使，《義證》未能校訂完畢，僅刊刻一册。但此後二人通信不絶，道光二十八年（1848）三月，楊以增在陝西巡撫任上，得知江南有刊刻《義證》之訊，遂致信許瀚詳詢，并問及桂馥近況。但在此之前，兩人并未見過面，直至此次赴杭州，路經清江督署，始首次相見。爲解除許瀚路途及赴杭的後顧之憂，楊以增還“蠲其宿逋，籌及内顧”，令許瀚非常感激。因此許瀚遂於到杭之後，迅即寫信告知楊以增其會友、校書近況。

69.48　九月，始刊《助字辨略》五卷。

　　楊紹和《〈助字辨略〉跋》：“先君往於錢學博《曝書雜記》中，識濟甯劉南泉先生纂《助字辨略》五卷。每遇濟上交遊，諮求之，尠有知其人者。歲壬子冬，有鄉人謁先君於豐北工次，詒一册，爲先生及其弟魯田先生所書。先君跋尾云：‘書法入古，於晉、唐、宋諸賢，具體而微。’又云：‘劉君經學若彼，書法若此，所著《堂邑志》、《賦役論》，又有心濟世者也。生既淪落，歾則已焉。《助字辨略》雖已梓，而未能流布。世之懷才不遇如劉君者，可勝道耶？’先君既撰是跋，越二歲乙卯，從錢學博所録得是本，檢多訛字，復寄學博，分屬李君、曹君、張君、唐君參校，學博綜覈寄復。九月付版，明年正月訖工，時先君薨已逾月。噫！先君惓惓南泉先生之懷才不遇，爲刊是本，期於工訖後敘明重刊之意，而竟未之及也。紹和竊嘗聞先君論訓詁之學，大備且精，莫過於乾嘉間。當先生時，此詣尚未甚盛，而先生倡專訓助學之例，獨標心得，後有作者，縱愈密審，顧非先生導之於前乎？紹和痛先君不逮敘，而敬檢手澤，述所聞并記録刊之歲月，追慕曷已。咸豐六年十二月，楊紹和謹書。

　　按：《助字辨略》五卷，咸豐五年（1855）海源閣刻本，白口，左右雙邊，單黑魚尾，版心下鍥：海源閣。扉頁書牌：咸豐五年九月啓乙卯年正月迄刊。跋中言"先君跋尾"一事今考如下。於紹和作此跋之前，以增於咸豐三年（1853）三月曾作一長跋，述其得書經過，附於書後。1929年海源閣遭劫後，此書散佚，後爲王獻唐收歸山東省立圖書館，但今查已佚。所幸此跋已由王氏録載《山東省立圖書館季刊》（1931年第一集第一期），今《海源閣研究資料》亦收之。王氏於此跋前記曰："本館（山東省立圖書館）近收得濟甯劉武仲、劉魯田兄弟合作字册二十六幀，爲聊城楊氏海源閣舊藏。有楊志堂跋尾，及濟甯黄艮圃題記二段。楊跋字跡，似出嘉興高伯平手，以與劉氏生平及山東文獻掌故有關，爲移録於此。至劉氏《助字辨略》，海源閣有重刻本，此跋乃重刻以前所作也。"又從以增跋中言："謹檢《四庫總目》，俱未著録，則劉君所著，鮮傳本矣。""《助字辨略》雖梓行，而未能流布。"（楊以增《劉武仲字册跋尾》）由此可知，楊以增早在兩年前，即有刊刻《助字辨略》一書之意。咸豐五年（1855）楊以增刻本劉淇《助字辨略》，國家圖書館藏。

69.49　九月，刊成《惜抱先生尺牘》（清姚鼐撰）八卷。

梅曾亮《〈惜抱先生尺牘〉序》："同年楊至堂侍郎深企慕乎先生（姚鼐）之爲人，以爲其超俗者非獨文與詩也，即尺牘亦德人之雅音。因以新城陳氏刊本，延高君伯平重爲校刊。伯平遂悉手寫之以上版，字體渾穆，使此書益可欽玩。"（咸豐五年楊以增刻本《惜抱先生尺牘》卷首）

　　按：《惜抱先生尺牘》，板框19.2×13.1釐米，半葉九行十八字，白口，左右雙邊，單黑魚尾，刻於江蘇清江浦。

十　月

69.50　十月初七日，受命派兵協同武隆額等，共同剿辦捻軍。

　　十月丁酉（初七日）上諭："楊以增奏堵剿捻匪獲勝、現籌會剿一摺。前因江蘇、安徽、河南三省會剿捻匪，急須大員統帶兵勇。已諭知崇恩傳旨令新授湖南提督武隆額由山東帶兵，即赴亳州駐劄，各省兵勇悉歸該提督調度，并諭和春等將楊以增所派興慶帶往之兵一并歸武隆額節制。茲據楊以增奏，該署鎮興慶已於虞、碭交界之處疊次斃匪多名。探得該匪竄至商邱地方，并有率衆攻亳州之信，飛飭該鎮道固守藩籬等語。現在潁、亳一帶捻匪猖獗殊甚，必得趕緊會剿，方可一鼓殲除。著楊以增即飭興慶迅帶兵勇赴皖，與容照所帶吉林馬隊會合前進，聽候武隆額調遣，務將此股捻匪迅速兜剿，毋稍遲延。"（《清文宗實錄》卷一七九，《清實錄》，第 45231 頁）

十一月

69.51　十一月初一日，上奏因豐工口門以下被水已有四年，災民復業情殷，仍請賠堵豐工舊口門，并由查文經稽查催辦，以順輿情。咸豐帝指示亟應預籌工料，分段認工，克日興辦。

　　楊以增《豐工舊口門仍請賠堵摺》："就河工大局而論，現在蘭工緩堵，黃流未歸，誠如聖諭：□可俟蘭陽擇日興工，同時并舉。惟豐工口門以下被水之區四年以來盡成澤國。現在上游旁溢，田疇可期涸復，災民次第歸來，群思及時播種。但豐工口門以上、蘭工口門以下數百里長河積水甚多，若不即爲籌堵，來年大雨時行，兩岸灘水匯同巨浸，仍由豐工口門滔滔下注，則新種之地又有淹灌之虞，顛沛窮黎何以堪此？況昨議督工，民可復業，將來民力稍蘇，於勸諭經費較易爲力。又無業窮民聞工作將興，紛紛就食。現據銅、豐、沛三縣被水災區士民梁振業、李著函、張士□等以請堵救民等詞先後□訴前來。……伏查豐工口門下游被災以來，哀鴻四散，於今數載。適值黃流北溢，百姓扶老攜幼，踉蹌歸來，希冀及時復業，系屬實在情形。若口門緩堵，則上游數百里漫灘雨水均足下注爲災，溝壑餘生殊堪憫惻。且本年東豫被水災民備趁無方，竊慮皖匪煽誘，流而爲匪，亦急需以工代賑，冀免他虞。謹據實覆陳，仰懇天恩俯念災民望堵情殷，准照前奏賠堵。仍派革任臬司查文經稽查催辦，以順興情而昭慎重。再，現離冬至不遠，凍土施工，難期堅實。如蒙俞允，容臣督催工員，豫雇人夫，一俟交春，天氣融合，即可擇日興工趕辦。”（録副奏摺）

十一月丁亥（二十八日）上諭：“前因楊以增奏請賠堵豐工舊口門一摺，當交軍機大臣會同該部議奏。茲據文慶等奏稱，南河豐工漫口以下被水災區，四年以來盡成澤國。見在上游東河蘭陽漫口，河流旁溢，豐工以下田疇可期涸復。災民次第歸來，群思及時播種。若不即爲堵築，來年大雨時行，兩岸灘水，仍由口門下注，必致淹浸民田。自應早籌堵合，以順興情。著照所議，所有豐工舊口門著楊以增即飭已革藩司查文經督催查辦，責令該河員分段認工，克日興辦。不得因賠堵之工任令草率偷減。其護埽長河等項應需工料，并著及早預籌。倘各該員等以乾口工程希圖易於集事，而於埽工、挑工毫無準備，恐來年春漲下注，或蘭陽堵築後大溜歸槽，必致險工迭出，則此次賠堵工程仍屬有名無實，朕惟該河督是問。至此次需用料物若干，各員認辦若干，著即查造估冊，先行報部查核。并將初堵復堵動用錢糧款目，趕緊造冊報部，仍由該河督嚴催賠款，毋任遲延。倘前項賠款未完，即此次合龍，亦不得遽爲乞恩，以杜牽混而重帑項。”（《清文宗實録》卷一八四，《清實録》第45285頁）

69.52　十一月初一日，上奏因南河工款異常支絀，請飭部照前所請，如數撥給銀票二十萬兩，以清欠款。

楊以增《請如數撥給銀票片》：“本年防料案内撥關稅銀兩均以軍需爲□，并未撥解，前經附請找撥銀票二十萬兩，接准部覆，以節交霜降，大汛已過，防料之需自不必再爲找撥等因。查大汛防料工需内准銀一百五十萬兩，本年因工程較簡，未敢循例請撥，俟奉部撥現銀、銀票三十九萬兩，不過四分之一，而現銀又皆停解，以致大汛工用諸多掣肘，欠發甚巨。且河營兵餉、葦營刀本均積欠一年以上，衆口嗷嗷，咸皆引領。臣深知部款支絀，不敢請找現銀，而河庫支絀情形尤甚，又不得不上瀆宸聰。所有前請找撥銀票二十萬兩，惟有仰懇恩准敕部如數撥給，俾清欠款。”（録副奏摺）

69.53 十一月初一日，上奏豐工堵口工程由道府各員全數認賠，并飭令各員分段認工，自行通融挪借，以便儘快完工。

楊以增《飭令分賠各員分段認工片》："欽奉上諭：'該廳員等應賠款項不得以暫緩興工藉可觀望，著楊以增飭令各按應賠成數，迅速完繳，並著先行勸諭捐項，俾經費得以充裕。一俟蘭陽擇日興工，即可同時并舉。所有賠項、捐項均於集有成數後隨時奏聞，不得挪作他用。'等因，欽此。遵查從前桃北蕭工堵築幹口，照例銷六賠四。此次堵築豐工舊口門，臣因庫款支絀，不敢仰瀆宸聰，亟擬督同道府各員全數認賠，庶幾稍贖前愆，仰酬高厚。而民間盼堵甚殷，例應分賠。各員又一時無力措繳現銀，再四思惟，因飭令各員分段認工，俾經費、夫價可自行通融挪貸，庶力稍紓而工易完，口門下游百姓可望即免蕩析。至豐工初堵、復堵所用錢糧，臣與所屬文武應賠銀數尚巨，現在設局查辦報銷，一俟核定應賠數目奏明後，即當□限陸續催繳，斷不敢以口門已堵藉詞觀望，致滋罪戾。"（錄副奏摺）

十二月

69.54 十二月，因黃河決口北徙，山東遭受洪災，囑家屬捐谷一千五百石，赴本籍聊城等縣上兌，以救災民。

山東巡撫崇恩《南河督臣遣家屬捐谷一千五百石請量予鼓勵片》："南河河臣楊以增囑家屬赴臣衙門具呈，以東省現辦災賑，情殷桑梓，捐備穀一千五百石，赴本籍聊城等縣上兌，聽候撥用。除行司轉飭收兌，據□賑需匯案辦理外，理合附片奏聞。該家屬原呈聲明不敢仰邀議敘，應否量予恩施出自聖裁。"（錄副奏摺）

《崇祀鄉賢錄·事實》：（六月，黃河決口蘭陽，大水奪大清河入海，附近各村莊皆被水）"鄉信鴻哀，聞之心惻，購粟千五百石，交官散放，全活尤眾。"

69.55 十二月十八日，因積勞病重，於是日去世。同僚、屬員皆深念其品行勳勞。

楊以增《奏為自報病危事》："竊臣山左庸才，草茅下士，由道光二年壬午恩科進士，即用知縣，分發貴州，涔陞府道，二十二年開歸道任內陞補兩淮運司。未及到任，渥蒙宣宗成皇帝簡放甘肅按察使，二十六年陞授陝西布政使，二十七年升授陝西巡撫，二十八年九月簡調江南河道總督，陛見後於十二月到任。凡此恩榮之優渥，實非夢想所感期。感激悚惶，愧無報稱，祇惟勤廉率屬，竭力修防，冀稍圖報於萬一。乃咸豐元年以後黃水非常異漲，致有豐工之事，咎戾滋深，渥荷寬恩逾格，浹髓淪肌。至豐工口門前經奏明，督率在事文武集項賠堵，業已預爲佈置，以便春融興築。臣甫屆七旬，身體素健，方以爲犬馬之勞堪以長效。詎自三年粵匪竄擾金陵、鎮揚之後，清淮相距甚近，賊氛既咫尺相侵，土匪復到處竊發，撫臣均在江南堵剿，所有江北之徐州、淮海一帶幅□遼闊，防禦甚難，經臣設局籌防，練兵團勇。加以餉糈無出，設法勸捐抽釐，購銅鑄錢，鼓勵各屬，齊心團練。仰賴聖主洪福，官民并力，是以土匪、海寇均得隨時剿辦，未致釀成巨患。而三年來籌餉之難，辦事之苦，心力交瘁，每至徹夜無眠。入秋以來，忽患泄瀉之疾，延醫診視，僉以爲思慮傷脾，投以安神培土之劑，亦無大效。凡河務軍務，臣仍帶病勉力經理，不敢以微疾具摺請假，致煩聖心。嗣於冬至節後泄瀉日加，飲食日減，復進參芪補劑，如石投水，總緣下泄日久，氣血虧極。現在飲食不進，危在旦夕，君恩未報，齎恨無窮。臣有二子，長子紹穀，曾選雲南大理府彌渡通判，現在在籍。次子紹和壬子科舉人，候補中書。切囑其服官盡職，以冀稍答高厚之恩。伏枕哀鳴，仰祈皇上矜鑒臣一息奄奄，自問已無生理，除將江南河道總督關防及王命旗牌、庫存銀錢鈔票等件先交淮海道梁佐中封儲，臨時稟請兩江總督臣怡良具摺請旨。"（録副奏摺）

兩江總督怡良上奏："竊奴才於咸豐五年十二月二十二日接據淮海道梁佐中稟稱，河臣楊以增自交秋以來，染患泄瀉病症，延醫調治，時重時輕，均尚力疾辦事。冬至後日漸沉重，服藥罔效，於十二月十八日未刻出缺，將所交遺摺一件，奏請轉奏前來。伏查楊以增心術醇正，操守清廉，歷練老成，明達政體，自咸豐三年至今，總理江北團練防堵事宜，會辦淮北鹽務，殫心竭慮，夙夜精勤，未嘗以矯激沽名，亦不聽以因循致誤。茲因積勞病故，聞其宦囊蕭然，深爲憫惻，其身後事宜，業經該道廳妥爲料理。"（録副奏摺）

郭沛霖云："乙卯十二月二十一日，得浦署家人稟，知河帥楊至堂師已於十八日未刻捐館。回憶五年以來，學習則有師生之誼，奏留則有堂屬之情，而德盛禮恭推心置腹，則有知己之感。中心慘然，不覺淚涔涔下也。次日作挽聯云：'守官能守道，只一介儒生，晝研經史，夕理簿書，於黔於粵於楚於豫於涼於陝，所至常見思，帥府晚開，富貴何曾殊措大；治水兼治兵，以數千羸卒，保障河淮，蔽遮幽燕，若陳若潘若于若靳若徐若黎，諸賢皆未有，將星遽隕，風雲應爲護儲胥。'語雖不工，似亦頗能隱括師之生平矣。"（《日知堂筆記》卷下）

69.56　淮揚兵備道兼署兩淮鹽運司郭沛霖飭修理西堤，先於報捐存款內提撥制錢兩萬串，發交高郵州知州督同汛弁暨紳董，將殘塌處所於大汛未漲前擇要興修。嗣據欽差托明阿呈准借撥揚、通兩屬推廣按畝捐輸錢一萬串。工竣後仍令地方官籌款解還。自是高興兩邑紳董不願遵領，但自行籌款，將馬棚灣緊要工程計長一百七十丈修理堅固。（《再續高郵州志》）

69.57　囑高均儒手書《跛奚年譜》上板，以便刊刻廣佈。

高均儒《〈跛奚年譜〉跋》："聊城葉石農先生沒後三十有四年，其高業弟子楊侍郎既屬上元梅戶部撰教思碑，復以先生《自編年譜》屬均儒書付諸版。原稿有羨改塗乙，侍郎鄭重摩核，更囑均儒重校。且書且刻，未畢而侍郎歿。其疾漸革時，省勘譜中疑字，并類識先生題楹偶語，遣侍者檢示均儒，墨漬猶新也。拳拳師門，久而愈摯，侍郎之賢，即足以徵。"

按：《跛溪年譜》一卷，咸豐六年（1856）刊成。版框22×13.5釐米，半葉八行十六字，四周單邊，小字雙行同，欄外記頁數，刊刻於江蘇清江浦。

69.58　接王拯函。王拯在信中對楊以增贈送梅曾亮《柏梘山房文集》及陳祖望《思退堂詩鈔》深表感謝，并受託轉贈龍啟瑞和曾國藩。同時，亦請楊以增在梅曾亮詩集刊刻完成後續贈給他。

王拯致楊以增函："敬再啓者：賜寄柏梘先生文集、冀子丈詩集各五部，均已拜□。囑送滁翁各一部，即送去。龍翰臣適已到京，亦將《柏梘山房》如指送交，并達尊意拳拳，翰臣當即有書奉報也。柏梘文爲方、姚以來一大宗，陳詩亦嘉、道間絕好家數，大力付梓，功德無量。我輩咸當感□肺腑。拙文爲涵通樓謬收，承加獎勉勖，慚感之至。學業未成，但深嚮往，敢不益加策勵？天使言老依然世上，亟當料理所業，以就正有道。乃□□塵土，迄今未及，當徐圖之。刻下亦不復致書，其詩集續刊印成，仍望賜寄。想比來所作文必不少，前所寄示兩册，日下知交傳睹殆遍，傳抄甚多，遂已散佈人間矣。時方寥落，幸得先生鴻獎，存斯事於一線，望風傾仰，莫罄佩忱。臨楮不盡之懷，敬得長句一章，聊寫鄙懷，輒□另紙呈教。滌翁已□□□記名，其文集補刊將竟，獨有千古，亦爲當時碩果蒙泉矣。專肅載頌台祺，不盡百一。晚又頓首。四日。

命覓涵通樓全帙，續有鄉人帶到，必當寄呈，此板在桂林故也。又及。"（《海源閣珍存尺牘》）

按：楊以增道光三十年（1850）刊刻陳祖望《思退堂詩抄》十二卷、《青琅玕吟館詞抄》一卷，咸豐五年（1855）十月刊成梅曾亮《柏梘山房文集》。楊以增卒於同年十二月，則此信當作於咸豐五年（1855）冬，故系於此。

此信未署名，據抬頭"敬再啓者"及末尾"晚又頓首"，可知此信之前當有一信。上信寫完後，尚有餘意未盡，故又續作此信。或因此兩信同時寄出，故此信未署名。信中稱"龍翰臣適已到京，亦將《柏梘山房》如指送交，并達尊意拳拳，翰臣當即有書奉報也"。今檢龍啓瑞《經德堂文集》卷三《上楊至堂年丈書》云："前月入都，乃於同年少鶴農部所，得見惠大刻《梅伯言先生文集》一部。少鶴并述書中見及語，意思拳拳，感與慚并不可名狀"，（《龍啓瑞詩文集校箋》，第427頁）正可與此信內容相印證。龍信中所稱少鶴農部爲廣西馬平人王拯。王拯（1815—1876）與龍啓瑞均爲廣西人，同中道光二十一年（1841）恩科進士，龍啓瑞并中此科狀元。二人既有同鄉之好，兼修同年之誼，過從甚密，且均師事梅曾亮，每有所作，輒奉梅曾亮校正，故頗以古文知名，而與呂璜、朱琦、彭昱堯并稱"桂嶺五大家"。因王拯、龍啓瑞均師事梅曾亮，故楊以增在其文集刊刻完成後，專門派人送至京城王拯處，并托王拯轉交龍啓瑞。龍啓瑞對梅曾亮詩文非常關注，其《經德堂文集》卷三《上梅伯言先生書》云："先生文集曾否刻成？便丐以一帙見寄。……先生詩集從前未録出，不知能以副本見寄否？"（《龍啓瑞詩文集校箋》，第 425 頁）因此楊以增寄送《柏梘山房集》於龍啓瑞，可謂正愜所懷。梅曾亮與楊以增關係十分密切，多年來訊問不斷，時相酬答，交誼深厚。梅曾亮晚年受太平天國戰亂所擾，顛沛流離，楊以增於咸豐四年（1854）八月將梅曾亮接至江蘇清江浦南河總督衙署，兩人對案食者逾年，并在南河節署爲梅曾亮刊刻詩文集，以賀梅曾亮七十之壽。曾國藩繼承桐城派方苞、姚鼐而自立風格，對梅曾亮也非常推崇，故楊以增亦專門托王拯轉贈曾國藩一部。

69.59　接龍啓瑞來信。信中，龍啓瑞對楊以增刊刻梅曾亮著述，以嘉惠後學之舉大加讚賞，并再三表達欽慕之意。

龍啓瑞《上楊至堂年丈書》："至堂節帥閣下：十年前驥從以述職來京，瞻仰豐儀，雖未獲屢接言論，竊見其藹然之容、淵然之度，私以爲今之賢大吏如執事者，蓋未數數觀也。別來既久，未克以一書通問於左右。前月入都，乃於同年少鶴農部所，得見惠大刻《梅伯言先生文集》一部。少鶴并述書中見及語，意思拳拳，感與慚並不可名狀，即辰伏維順時節宜，臺候萬福爲頌。方今時勢遷流，不可思議。當局每皇然救過慮患之不暇，其他無問得爲不得爲，皆一切置之度外，曰：吾將有待以盡吾職也。既問其職之所當盡者，而仍貿然。即其所待者至矣，仍頹然自放，以付諸無可如可之數。然則其平日一切置之度外者，不且爲避事養閒之便。而有能者起，必不肯當其地，而遂漫無所爲作耶？今執事建牙河上，值時勢艱難之會，乃能篤念舊好，刊刻文字，存作者之苦心，示津逮於來學，此其心殆不肯於無事之時弛置自便，又不藉口於方有事而無恤其他者。因是而推，則執事之所部無不辦治，即他日遇可爲之事，亦必不肯聽諸無如何，蓋可知也。私心慶幸，不獨爲斯文賀。言翁於某，義兼師友，竊比爲今之杜韓。而執事之用情故舊，則張建封、嚴武視之有慚德焉。然則天下有一藝之長者，孰不願自效以託於知愛之末也？某數載里居，毫無建立，比者奉母入都，冀得侍養讀書爲樂。尚祈俯念年家子之末，時施教誨，則感且無既。有詩文數首寄獻言翁處，未及呈稿，非就正於大君子之義。如承不棄而賜教焉，尤幸甚也。"

（《经德堂文集》卷三）

　　按：《柏梘山房文集》十六卷、《柏梘山房文續集》一卷，楊以增咸豐五年（1855）刻本。十行二十一字，白口，四周雙邊，單黑魚尾，卷首有楊以增序，《海源閣書目》著録。楊以增《〈柏梘山房文集〉序》記其作序時間爲"乙卯（1855），七月。"朱琦曰："是時（1855）先生亦自王墅徙居淮上，而館於河督楊公至堂。至堂先生，同年友也。盡哀先生所爲文，分體之中仍以年次，復以編年無分體者總其目於前。刊既成，先生及見之。未幾，楊公卒，先生驚悼亦卒，年七十一，是爲咸豐六年正月。琦按：是集卷首有楊公序，刻於五年（1855）七月，在先生未歿前，疑其自定，間增損舊稿，視涵通樓刊本小異，而多近數年作。"（《〈柏梘山房文集〉書後》）而梅曾亮於1855年又作《至堂爲刊文集成續刊詩集駢體志感》一詩亦證此事。紹毅、紹和題識曰："先君子校刊伯言先生文集既成，續校詩集、駢體文，刊未及半先君子薨。"（《〈柏梘山房文續集〉題識》）其文集始刊時間爲咸豐五年七月，刊成時間則爲是年十月，參與校刊梅集的高均儒云："校畢，刻工滯至十月始修成。"（《柏梘山房文集·跋》）由此可知，是集在咸豐五年（1855）末即兩位同年友逝世前已刊刻而成，收文二百八十一篇。而且這個十七卷本在當時已經寄贈發售，楊以增在刻成《柏梘山房文集》後曾寄贈給王拯五部，并托王拯轉送曾國藩、龍啓瑞各一部。此時《詩集》尚未刊成，而王拯仍祈以增待刻成後寄贈。

譜　後

咸豐六年丙辰（1856）

1. 正月初四日，以軍營病故例獲祭葬，并蔭一子入監讀書，旋以長孫楊保彝承蔭。

正月初四日內閣奉上諭：“江南河道總督楊以增由知縣陞任府道，洊歷封圻，調任河督，宣力有年。前因豐工漫口，降旨革職留任。比年因淮徐一帶逼近賊氛，督辦防堵事宜，不辭勞瘁，諸臻妥協。茲聞溘逝，軫惜殊深。楊以增著加恩開復革職留任處分，并照軍營病故例賜恤。”（《咸豐朝上諭檔》第六冊，第 8 頁）

正月初四日內閣奉上諭：“江南河道總督著庚長補授。其未到任以前，著邵燦兼署，并督辦防堵事宜。”（《咸豐朝上諭檔》第六冊，第 8 頁）

正月壬戌（初四日）“予故江南河道總督楊以增祭葬恤蔭，如軍營病故例。”（《清文宗實錄》卷一八八，《清實錄》，第 45337 頁）

《崇祀鄉賢錄·事實》：“五年十二月卒於官，年六十有九，奉恩旨照軍營病故例議恤，晋贈右都御史銜，蔭一子入監讀書，期滿以知縣銓選。”

2. 楊以增卒，諸同好皆悲痛之至。

高均儒記云：“戶部（梅曾亮）來哭侍郎。”（高均儒《跛奚年譜·跋》）又云：“戶部與均儒視斂，相對哽咽不能語。”（高均儒《柏梘山房文稿·跋》）

丁晏云：“及河帥殂，伯言（梅曾亮）年逾七旬，撫屍慟而無淚，數日遂殂。”（丁晏《頤志齋感舊詩·梅伯言戶部》）

3. 梅曾亮爲作《兵部侍郎江南河道總督楊公家傳》，后二十四日，亦卒。

楊紹穀、楊紹和云：“穀等泣請先生爲傳志之文。時先生患鼻衄，旋淮安寓舍。逾旬，撰家傳寄示。不數日，先生亦卒，時爲咸豐六年正月十二日，距先君子薨僅二十四日。"（《柏梘山房文集·文續集》後楊紹穀、楊紹和丙辰年題識）

4. 正月下旬，《跛奚年譜》（葉葆編，葉錫麟續編）刊成。

高均儒《〈跛奚年譜〉跋》："先生（指葉葆）之孫硯孫贊府方爲侍郎從官，慨是譜刻成而侍郎不及見，請序以章其誼。均儒謂仍宜户部（指梅曾亮），户部來哭侍郎，已見諾。距侍郎歿未三旬，户部亦逝。贊府諄屬均儒，再三不獲辭，而愴惻爲之跋。咸豐六年正月下旬，閩高均儒書於南清河寓舍。"

5. 二月，楊紹穀、楊紹和扶楊以增靈柩，返回聊城故里。

高均儒云："二月，楊公子奉侍郎喪還。"（《〈柏梘山房文稿〉跋》，國家圖書館藏）

楊紹和云："自丙辰奉諱歸里，於兹七載，從未睹一舊籍，恒用是悒悒。"（宋本《脈經》提要，《楹書隅録》卷三）

6. 三月，《柏梘山房集》（梅曾亮撰）三十一卷刊成。

楊紹穀、楊紹和跋曰："迨穀等促工刊藏詩及駢體十五卷，都文集爲三十一卷，先生已不及見矣。此傳編列文續集之末，目仍分年爲丙辰，特著一篇，愴誦攀號，追慕罔極。紹穀、紹和泣識。"（《柏梘山房集·文續集》後楊紹穀、楊紹和丙辰年題識）

7. 《爾雅郭註義疏》（清郝懿行撰）二十卷刊成。

胡珽跋曰："歲乙卯，嘉興高伯平均儒文學得嚴鶴山所抄郝《疏》足本，以奉河帥楊至堂先生，讀而善之，郵書寄資命爲校刻。功方過半，至堂先生遽歸道山，珽因益資以竣事焉。"（《爾雅郭註義疏》，上海鴻章書局影印咸豐六年刻本，復旦大學圖書館藏）

　　按：郝懿行《爾雅郭注義疏》二十卷，版框 19.3×13.5 釐米，半葉九行二十一字，小字雙行同，大黑口，左右雙邊，單黑魚尾。刊刻於吳門（蘇州）。

8. 丁晏撰《祭同年楊河帥文》，以寄哀思。

　　丁晏《祭同年楊河帥文》："惟公厚德，鐘於岱宗。斷斷無技，休休有容。鉅公賞識，始林文忠。自謂不及，上達九重。帝簡封疆，鎮如山嶽。綜密理微，平實堅確。勞於庀事，逸於任人。光風和煦，與物皆春。淮徐保障，畿輔要衝。蔽江而下，猖獗賊蹤。舉一吳令，截斷凶鋒。北門官籥，維公之功。撫馭海邦，奸宄屏跡。殲厥渠魁，定以傳檄。懸首藁街，陸聾水慄。安堵無警，生民休息。勳勞不伐，恩誼弗居。與物無競，守道中虛。位躋八座，蕭然書生。布衾土銼，署冷於冰。粹然如玉，韞之愈瑩。皎然如雪，挹之彌清。廉而好施，予而不取。篤念友朋，存恤孤孺。萬間廣廈，八百孤寒。溫以仁絮，嘉善矜頑。民戴慈父，士親經師。斛一靜謐，吹萬蕃滋。公之德量，宰輔之器。公之藝文，學統所系。斯文淪喪，天下愁遺。靈光圮殿，星野騎箕。惟公知我，惟我知公。蕭山師相，沉瀣攸同。瞻拜畫像，石室文翁。寢門一慟，匪云私衷。爲天下惜，吾道將窮。嗚呼哀哉，尚饗！"（清抄本《頤志齋文集》卷五）

咸豐七年丁巳（1857）

1. 東昌府士紳王衍慶、呂恒安等公呈請入祀鄉賢祠。

　　王衍慶、呂恒安等公呈文："竊維禮崇祭社，薦芹藻於錡筐；祀配嚳宗，潔馨香於俎豆。立德功言而不朽，春秋食報宜隆；通天地人以爲儒，史乘垂芳弗替。是以桐鄉遺愛，謳思尚有甘棠，豈其梓里觀型，瞻仰不留喬木？伏見故兵部侍郎江南河道總督楊公以增，聊攝名家，弘農望族，幼而穎悟，張堪夙號神童；生有奇徵，劉晏本稱國瑞。鳩車怡大母，李令伯心戀慈烏；鯉對奉嚴君，韓冬郎名高雛鳳。風生黌序，文疆乃江夏無雙；秀出班行，叔開爲茂才第一。旋登秋榜，展鳳翮於三霄；繼捷春官，肇鵬程於萬里。苟公然身膺墨綬，召翁歸秩晉銀章。職任監司，段正則福星載道；陳時臬事，李壽之法駕齊名。洊列屏藩，遂開幕府。王忠嗣兼權節度，經略西陲；陳堯夫奉命宣防，敉安南服。風清漕政，澤沛鹽綱。會妖焰之彗天，壺頭曳足；俄大星之墜地，鼓角吞聲。書邑而殞柳莊，勤事無慚完節；加緋而封丙吉，飾終備極恩榮。蓋守官之默契宸衷，實積學之遠希前哲。統觀行誼，歷綜生平，陳仲弓孝友性成，柳公綽清嚴鳳著。爲伯符割宅，几榻悉以付人；學陰慶讓園，草木皆知感德。魏舒是外家宅相，手上紫泥之封；共姜尤當代女宗，首裒彤管之録。雉環有堞，檀公便是長城；鳧没無饑，魯肅能捐家廪。披伯喈枕中之祕，壽以棗梨；爲孔融座上之賓，門多桃李。而且銘"退思"之研，丙舍繪圖；著《志學》之箴，海源名閣。以經術飾吏治，究東西漢之遺書；爲理學作功臣，慕南北宋之絶業。解字發顧江之義，子雲博采《方言》；正韻集周沈之成，張辣兼工小學。考一生之品詣，曰誠、曰敬、曰仁；樹百世之楷模，有猷、有爲、有守。衣冠矜式，即是鄭公通德之門；簡册輝光，如讀楚國先賢之傳。職等久欽山斗，望若登龍，親炙光儀，慚云附驥。幸託大賢之里，人切景行；敢援合食之條，典垂明祀。伏乞俯從衆請，表此芳徽，分釋菜之隆儀，傍宫牆於萬仞；立維桑之懿范，縣享祀於千秋。"（《崇祀鄉賢録·公呈》）

2. 九月，山東巡撫崇恩題請入祀鄉賢祠。

　　崇恩咸豐七年九月上奏稱："故兵部侍郎江南河道總督楊以增幼隆駿譽，長擅鴻名，身登甲乙之科，家守程朱之學。戀循聲於卓魯，花縣分封；媲雅化於龔黄，竹符晋秩。陟監司而才猷愈著，陳臬事而明慎不留。聽民口之成碑，開藩兩陝；邀帝心之特簡，秉鉞三秦。方膺寵眷於北宸，更領宣防於南國。值狼奔之警，運籌策以見良謀。整虎旅而前，靜烽煙而操勝算，洵稱才兼文武而志抱忠貞者矣。至其持躬立己，人瑞同欽，慕義懷仁，先賢無愧。哲人雖往，莫非仰止而景行；風化能持，詎類隨聲而附和。忠臣孝子，自足爲桑梓之光榮；碩士通儒，宜分享聖賢之俎豆。崇之禋祀，有何間言？擬合造具本紳履歷暨居官事實清册，并取具紳士耆庶及廪增附生員各甘結，加具印結，備文牒送。爲此合牒請煩查照，加看結轉等因到縣。准此，該聊城縣知縣德銓覆查得故兵部侍郎江南河道總督楊以增值品端方，居官清正，傳家詩禮，觸辰勵志乎芸窗；華國文章，綺歲標名於竹牒。研程朱之義理，不愧通儒；探王陸之淵源，無慚積學。桂枝早掇，杏苑聯登。百里分封，嘗攬飛鳧之舄；一麾典郡，輒投飲馬之錢。旋晋監司，洊膺卿秩。樹屏藩於兩陝，秉節鉞於三秦。靡不竭智盡忠，殫精瘁慮。洎乎眷隆北闕，任重南河，漕政兼權，鹺綱并攝。靜三月桃花之浪，櫛沐頻經；安九秋箭筈之流，寢餐俱廢。況值瓜江霧障，豕突屢驚；蒜嶺烽迷，鴟張爲患。整軍威於淮上，隊肅銀刀；飭武備於行間，風森鐵壘。卒使群情安堵，衆志成城，乃續丕昭，厥功愈偉。若夫淵衷純篤，天性肫誠。坐中懷橘之年，孝能怡志；喪次寢苫之日，泣不成聲。誼重解推，輕千金之財帛；情殷保衛，葺百堵之城垣。捐粟米以賑鴻鷔，引親朋而登鵬路。興評籍甚，士論翕然。亡何星隕營前，魂歸天上。絲綸疊錫，既荷黃封芝誥之殊恩；俎豆上陳，宜躋朱邑桐鄉之盛事。庶幾蘋蘩表敬千秋，永薦馨香桑梓。傾誠百世，常瞻模範。并將冊內所列該故宦居官事蹟逐一轉採輿論，委系名實相符。查明其子孫實無現任九卿之人，自應俯循衆請，重以明禋。擬合將送到事實冊結加具印結，具文詳請核轉等情到府。

　　據此該東昌府知府王觀澄覆查無異，轉詳到司。據此該署布政使升福查看得聊城縣故兵部侍郎江南河道總督楊以增持躬端謹，勵志靖共，既孝友之可風，復清廉之足法。掇巍科而榮登甲榜，文章偕德行交修；由大令而洊擢總河，爲守與謀猷并著。江淮統制，彌盡瘁於宣防；氛孽攘除，更運籌於剿禦。理鹽筴則思艱圖易，鞏堤茭而化險爲平。惟其學本程朱，措施皆當允矣。功齊潘靳，德澤永垂，況又敦族睦鄰，義情兼至，修城助賑，慷慨厚輸。凡茲勳業之堪稽，猶見典型之宛在。芝綸炳煥，昭特恤於良臣；梓里馨香，報宜崇乎前哲。應如公籲，用表遺徽。

　　茲據該縣學取具事實冊結，由府詳送前來，擬合詳情會核具題等情，呈詳到署。撫臣吳廷棟未及具題，移文到臣。該臣看得聊城縣故兵部侍郎江南河道總督楊以增孝友承家，端方立品，敦睦則惠周宗黨，拯濟則澤遍枌榆。學有淵源，處爲鄉閭之模範；政成清愼，出留里巷之謳歌。允協公評，宜崇鄉祀。茲據該管府縣取具事蹟冊結，由府詳司，詳請具題前來，臣覆核無異。除冊結送部外，臣謹會同山東學政臣呂序程具題，伏祈皇上聖鑒，敕部議覆施行，謹題請旨。"（《崇祀鄉賢錄・題本》）

3. 十月，禮部請旨准許楊以增入祀鄉賢祠，咸豐帝允准。

　　禮部部議稱："臣等核其事蹟，該故宦生有至性，二齡失恃，爲祖母所撫育，終其身以不逮事母爲憾。舅氏無子家貧，爲擇嗣置宅產，藉以展孝思。少時資稟過人，爲文根柢經史，而熟復兵、河、鹽、漕諸書，務爲經世之學。嘗作《志學箴》，專講漢學，而折衷於宋儒焉。起家牧令，任荔波、貴筑、長寨、松桃，皆民苗雜處，素稱難治。與諸生説經習文，專以德化。輕徭役，免追呼，循聲懋著，尤長治獄，所至驚其神明。知貴陽府、黎平府，有賄買頂兇事，查其僞，緝獲正犯。官安襄鄖荆道，平反盜汙民婦獄。官甘肅按察使，秦安縣有夫死，誣婦謀殺者，親提嚴鞠，出婦罪。中衛縣貞女被誣，雪而旌之。陞陝西布政使，關中苦旱，民大飢，巡撫林則徐舉該故宦自代，奉命攝巡撫事。以救荒易爲吏胥所侵漁，官賑錢米，擇公正紳耆經理之。飭官民陳利害，凡有裨於荒政者立予施行。是歲災區延袤千餘里，民命獲全。移督南河，正值經費維艱，百端擘畫，工程力求其堅，款目務核其實。曾蒙宣宗成皇帝‘一洗舊習，朕甚嘉焉’之褒，并奉皇上‘誠敬事天，篤念愛民，我君臣當共勉之’之諭。咸豐癸丑春，督防江北，江寧、鎮江、揚州相機陷，清淮爲南北門戶，仍徵餉募勇，力籌防禦。乘機潛發者，分兵剿捕擒其魁，江浦以安。至於保衛鄉里，厥功尤偉。先是，郡城年久就傾，議修者怵於工鉅，獨力成之。不十年粵氛北擾，官民藉以捍禦，以保闔郡。平日量宏施濟，戚族待舉火者數十家。按月分金，計人貸粟，其無力讀書者及婚嫁喪葬者，隨時優給。乙卯河決蘭陽，附近村莊被水，該故宦購粟千五百石，交官散放，全活甚衆。所有已故江南河道總督楊以增題請入祀鄉賢之處，洵屬名實相副。謹擬如該撫等所請，准其入祀鄉賢祠，恭候命下臣部，遵奉施行。”（《崇祀鄉賢錄·部議》）

咸豐八年戊午（1858）

1. 楊紹穀、楊紹和安葬父以增於聊城縣西南三十里田家莊之楊家林。

　　許乃普《江南河道總督楊公墓誌銘》：“越二年戊午，公子紹穀、紹和卜葬於聊城縣西鄉田家莊之原。”（宣統二年修《聊城縣志·耆獻文徵卷下》）

2. 九月二十四日，入祀鄉賢祠。東昌府知府張鵬逵、聊城縣知縣許濟清與王衍慶、傅繩勛等親友及學生參加了此次儀式。

　　東昌府知府張鵬逵、聊城縣知縣許濟清祭文：“維咸豐八年，歲次戊午，九月癸酉朔，越二十四日丙申，東昌府知府張鵬逵、聊城縣知縣許濟清敢昭告於至聖先師、先賢先儒神位前曰：千古無仔肩大道之人，則淵源孰接？一鄉有繼武名賢之士，則簡册彌光。神即化爲星辰，名并懸於日月。過董陽之里，便欲表閭；聞巨源之風，更思祭社。其揆則一，既先後聖之同符；不朽有三，何上下庠之多愧。茲有原任兵部侍郎江南河道總督楊以增，少而敦敏，長更深醇。卻四知之金，道脈遠承鱣署；守一中之訓，家風近接龜山。侍親以《孝經》一書，致君惟《論語》半部。視夔龍而多學，朝廷倚之治東南；比鴻鵠而能仁，閭閻因之稱父母。善非一族，總期有益於人；勤施四方，大抵必求諸道。牙籤三萬，不藏非聖之書；銀管一雙，半紀居鄉之事。從大夫後，固已非法不言；近聖人居，庶幾得門而入。仰邀盛典，得配明禋。分茲俎豆馨香，是真附驥。觀其車服禮器，豈止登龍。見於羹見於牆，從此聽金絲而北面；與其進與其潔，何妨執丹漆以南行。鵬途等蕭薦蘋蘩，恪修籩豆，敬遷栗主，配享芹宮。後海先河，探同源於洙泗；秋霜春露，昭明德於梓桑。敬援合食之條，永附陞香之祝。千年廟貌，同爲盛世之完人；萬仞宮牆，此是後來之弟子。謹告。"（《崇祀鄉賢錄·告聖進主文》）

　　後學王衍慶、傅繩勛等祭文："維咸豐七（誤，當作八）年，歲次戊午，九月癸酉朔，越祭日丙申，後學王衍慶、傅繩勛等敢致祭於皇清誥授榮祿大夫、晉贈右都御史、兵部侍郎、都察院右副都御史、江南河道總督楊公神位前曰：茫茫宙合，數百里而地始生賢；落落淵源，二千年而士皆宗聖。既古今人之相及，上下庠而何慚？最著者神化丹青，不祧者馨香俎豆。文章政事，幾分十子之科；春露秋霜，允坿四丁之祀。茲當陞香之始，敬爲冊祝之文。恭維我公河岳分靈，雲霄集望，既恢張於六籍，乃亭毒夫八荒。太常之勛將上之郭氏，通德之望復協乎鄉評。不爲一字之誇，冀質千秋之聽。綜其懿行，可得而言。夫負經濟者或疏於內行，都富貴者易憾於人倫。是以馳驅王事，且聞溫嶠絕裾；感愴祖庭，獨讓范喬泣硯。本根已撥，末節何知？公則循百藥之名，李合伯陳情上表；思一芹之獻，徐應魁負土成墳。石建浣幃，人夸長官之孝；王延扇枕，克承繼母之歡。手上鸞章，爲外氏成此宅。相首鑴鴻，實待先生，足愧莊荒。至於篤念疏宗，眷懷故誼，則又有晏嬰分祿之意、邱成割宅之風焉，公之不可及者一也。從來小知者難大受，獨任者少兼長。人是子陽，方許總持五縣；世無荀羨，誰堪兼督八州？公則探曲江之宴，即屈鸞棲；分貴筑之符，稍酬驥展。既移桂郡，遂借荆州。嶺表白龍，方聽備兵之詔；磯頭黃鵠，又迎陳梟之驄。盛世皋蘇，天子命保釐洛邑；古時周召，名臣例經略關中。自是以還，復多貼職。步陸孤腰恒四綏，周太宰身掌六卿。爰自北而徂南，伯禹則環河導牧；更攘左而塞右，龐玉以監門典兵。六百萬漕轉山東，至孝武而多達；十三院鹽徵淮北，經劉晏而頓增。凡此數端，咸持一手，而公且槃槃才裕，矻矻思精，公之不可及者二也。且身達則公或忘私，官久則家嘗似客。雖生入洛，鄉思轉深。而楚客歸燕，悲心已減。況屬依槐列棘，誰能敬梓恭桑？公則時挹廉泉，遍沾故里。倣文翁建學，復芹沼之舊觀；爲巴婦築臺，表柏舟之苦節。民畏寇也，則周城軒城，築墉有仡。民苦飢也，則公量家量，振廩先空。卒使十萬赤眉之衆，揮盂弧而不登；三千黃口之兒，仰淖糜而俱活。頌聞雷動，義薄雲高，公之不可及者三也。況夫富貴易忘，貧清多絕。物一貴一賤，人怯翟公之門。三盈三虛，欲還祢衡之刺。去猶拂座，出亦無車。公則東閣欽遲，門多揖客，南樓嘯傲，坐盡名流。畢吏部婣雅通才，代授麻沙之本；梅都官文章碩彥，共校《論衡》之書。其他頭角未成，每荷齒牙之獎。元亭載酒，開館而納侯芭；禮堂寫經，卻贅而延應劭，萬流淵鏡，群士楷模，公之不可及者四也。人當羽檄縱橫之下、牢盆顛倒之餘，風起波飛，大有平吞之勢；帆開雲擁，又傳邪許之聲。大都舉止倉皇，未必風神鎮定。誰復網羅典籍，枕葄圖經？而公則百度營心，一編在手，以漢、宋爲同鑪之冶，替朱、陸作解圍之詞。海源閣舊襲緹緗，倅於秘府；退思廬新傳著述，副任在名山。經世大文。恍睹廬陵之作；遺懷小什，應在義熙之年。至其韻學獨精，解呼雌蜺，若論經神，著譽久擅。丁鴻固早歲而知名，迄晚年而論定。杜預所謂在官則畢力理治，在家則滋味經籍，彼無忝此，今又兼之，公之不可及者五也。無如卿雲易散，梁木先摧。盾鼻飛書，方上籌邊之策；壺頭穿岸，已爲中病之身。馬肝之石無靈，魚復之星竟隕。所幸關西學問，上達於九重，因教北斗聲名，下隆夫千襈。黃封初上，丹詔爰頒。宮牆莪莪，榮以釋菜；黍稷翼翼，賦其采蘩。雖桐鄉有朱邑之祠，太邱有陳寔之畫，方滋蒾矣，固無愧焉。衍慶等昔侍龍門，今違馬帳，振之醇德，愧負傳薪。奪我哲人，悲深植樹，魂依朱鳥，痛《九辯》其何招？是蒼龍識三立之不朽，恭逢盛典，倍惜斯文。鼉鼓聲中，折疏麻而作奠；鸞旗影里，映梑巖以彌光。嗚呼，百世猶興，我幸託鄭司農之里；九原可作，人皆知隨武子之賢。公具瓣香，庶幾來格，尚饗！”（《崇祀鄉賢錄·奉主入祠公祭文》）

　　受業門人祭文：“維咸豐八年，歲次戊午，九月癸酉朔，越祭日丙申，受業門人劉宰金、李宗泰、傅廣安、黄維翰、葛文麟、許世錂、李春芳、王厚階、張芳亭、劉毓敏、任澍增、王恩毅、鄧元燈，暨門下晚學生葉怡昌、梁宗彦、潘枚、潘楨、傅斯罋等，敬致祭於皇清誥授榮禄大夫、晉贈右都御史、兵部侍郎、都察院右副督御史、江南河道總督先師楊公神位前曰：嗚呼，先生志度淵英，華嶽千丈，中臺一星。泰山巖巖，是鍾其靈；東海湯湯，實孕其精。扶輿磅礴，篤生先生。先生之行，世仰純淑。范喬泣硯，崔邠引轂。烏鳥陳情，蓼莪廢讀。齧指知痛，因心則篤。宅相比魏，莊荒笑陸。模楷人倫，激揚流俗。先生之學，擇乎中庸。橫渠篤實，康節從容。鴻都經術，鹿洞儒宗。九能并重，六籍旁通。主有動靜，源無異同。《志學》一箴，千古折衷。先生之德，蛇蛇孔碩，胞與爲心，恢臺布澤。范子助舟，周郎割宅，雉堞既完，鴻哀漸息。節表幽宮，憂先澤國，善人云殂，啜如其泣。先生之功，熟在人耳，始以鶯棲，繼乃鵲起。備兵桂林，按獄湘水，東夏風行，西陲政美。兩瓣花門，一防瓠子，銀濤久奠，玉壘未改。帝鑒其忠，民歌其采，既勵晚節，彌董義方。碧梧娟秀，丹桂芬芳，伯兮純吏，仲也省郎。孔惠孔博，寢熾寢昌。世德未艾，哲人已亡。曩值燕閒，辱被容接。門李依桃，姻羅施柏。謝傅裂金，任公擷石。夔虎宣勞，龍蛇遇卮。未既王事，已竭臣力。郭塢隕星，陳臺歸魄。野老巷哭，至尊心惻。絳帳如在，素帷無色。翳維桑梓，尤切典型。没祭於社，其在斯人。爰請大府入告九閽，聿新祀典，載觀厥成。雝雝肅肅，苾苾芬芬，壽考龍光，以永令名。嗚呼，先生生而爲英，死而爲靈，烝嘗百世，神其是聽，尚饗！"（《崇祀鄉賢録·及門公祭文》）

咸豐九年己未（1859）

1. 陝西士紳呈請入祀通省名宦祠。

　　馬百齡、聶澐等呈請入祀名宦祠："竊惟羊公布愷，襄陽矗嶧岘之碑；吏部敷慈，潮郡蕭歲時之祭。彪炳存乎史册，洽浹在乎人心，宜籲表揚，用光俎豆。茲有已故江南河道總督、前陝西巡撫楊公以增鍾靈東國，擢第南宮，始筮仕於黔中，嗣宣猷於楚豫，理艖淮上，陳臬隴西。道光二十六年陞任陝西布政使，次年陞任巡撫，二十八年陞任江南河道總督，咸豐五年十二月在任病故。豐功偉烈，幾遍寰區，善政流風，尚濡關輔。當公移節之始，正全陝告旱之秋，修己格天，安民奠國，飛霙陡需，下車而望慰雲霓；發粟頻聞，籲闈而民知雨露。整吏治則勾稽肅簿，峻官箴則餽謁杜門。鹿洞風澄，教養振菁莪之澤；鴟崖日射，威稜靖刀劍之聲。韜鐸高懸，野無滯抑，筐筐疊緩，吏罷追呼。迨膺開府之權，恩威彌普；更攝兼圻之任，兵食親籌。帝曰股肱，民之父母。迴憶元圭南指，視轅攀轍臥以羣悲；迄今素旐西聞，更巷哭衢謳而莫撤。謂非實心所洽，何以眾志僉同？職等感戀遺慈，甄詳實錄，月明共見，雲覆無私。溯牧令至封圻，實卅年如一日，蓋棺論定，立社情殷。況聞頒秩廕宗，楓陛之衮榮渥被；作坊樹表，梓鄉之廟食新崇。方今聖天子恩眷勖耆，法昭激勸，謹閣輿情而頌澤，冀秩元祀以酬功，庶幾踵兩陝之宗臣，重拜召公之樹；紹四知之家學，永鄰伯起之祠。爲此具呈公舉，并開列事實清冊，伏乞鑒核轉詳施行。"（《崇祀名宦録・公呈》）

2. 陝西巡撫曾望顏題請入祀通省名宦祠。

曾望顏上奏稱："該長安縣知縣李煒查看得已故江南河道總督、前陝西巡撫楊以增東魯鍾靈，南宮報捷，關中移節，陝右蒙庥。下車則望慰雲霓，發賑而歌無星罱。緩徵上請，億萬户盡免追呼；樂育功深，百二關誕興文教。緝匪爲安良之本，道不拾遺；采風與問俗兼賅，周爰諮度。倉儲備歉，合三秦而絕少哀鴻；官戒首廉，率百僚而共箴隨鶴。迄今樹猶遺愛，碑泐去思，感頌同孚，追慕未泯。清風亮節，允垂百世之型；崇德報功，宜享千秋之祀。茲據闔省紳耆馬百齡等呈賫事實清冊前來，相應鈐蓋縣印，并加具卑縣印結，具詳申請核轉等情到府。據此，該署西安府知府何丙勳看得已故江南河道總督、前陝西巡撫楊以增東國鍾靈，南宮擢第，始筮仕於黔楚，善政流傳；繼歷任乎封疆，豐功卓著。緬典型之尚在，百世流芳；邀恩眷之優隆，三秦樹表，宜光祀典，以勵官方。茲據該縣造具事實清冊前來，并加具卑府印節，具詳申請核轉等情到司。據此，該布政使林揚祖查看得已故江南河道總督、前陝西巡撫楊以增鍾靈東國，擢第南宮，儀範堪師，賢能足式。肅官方而行惠政，績著循良；端士習而恤窮黎，民思遺愛。流風餘韻，允垂百世之芳型；頌德歌功，宜享千秋之祀典。茲據該府縣造具事實冊結，詳送前來，相應詳請核題等情到臣。該臣看得已故江南河道總督、前陝西巡撫楊以增賢良卓著，仕學兼優，分陝開藩，和協寅恭之誼；全秦秉節，澤

遺子惠之歌。請賑而恤災祲，嗷鴻得所；守廉而肅吏治，隨鶴同清。止
艮不踰，行高履潔，惕乾匪懈，國計民生。溯厥高風，不愧臣心如水；
訪諸衆論，早聞民口成碑。忠勤原職分所當循，百辟惟儀型是式；慈惠
合輿情而悉洽，千秋之祀典宜膺。茲據布政使林揚祖取具事實冊結，詳
情入祀名宦祠前來，臣覆查無異，除冊結送部外，謹會同陝甘督臣樂
斌、陝甘學政臣翁同龢合詞具題，伏祈皇上聖鑒，敕部議覆施行。”
(《崇祀名宦錄·題本》)

3. 五月，禮部請旨准許楊以增入祀名宦祠，咸豐帝允准。

　　禮部部議稱：“今查已故江南河道總督、前陝西巡撫楊以增山東進
士，由縣令洊陞陝西巡撫、江南河道總督，咸豐五年卒於官，奉旨照軍
營病故例議恤，晉贈右都御史銜，恩賜祭葬。七年山東巡撫覺羅崇恩等
請入祀山東鄉賢祠，當經臣部議奏，奉旨允准在案。茲據陝西巡撫曾望
顏等請入祀該省名宦祠，并造具事實清冊送部，臣等核其事蹟，該故宦
道光丙午年奉命攝陝西巡撫事，關中苦旱，民大饑，曉諭境中，殷富各
保各村，官賑錢米擇公正紳耆經理，并發義倉平糶災區，千里卒賴以
全。賑議雖行，民氣凋敝，奏請將應徵錢糧蠲緩，次年復查咸寧等十餘
州縣流離猶未復業，又奏懇將所緩錢糧再展至來歲起徵，民命藉甦。關
中書院爲陝甘人文萃聚之地，每逢甄別時，傳集扃試，嚴加課程。書院
膏火獎賞向有包兌尅扣之弊，將銀發交錢店，寫票給諸生自領，以杜耗
蝕，士志奮興，文風丕振。陝甘各屬時有刀匪竊發，出沒無常，嚴飭各
州縣帶役捕擒，獲數百餘名，立置於法，宵小斂蹤，盜風頓息。該故宦
起家縣令，周知民間疾苦，撫陝時，延采群論，虛心諮訪，紳耆來見，
輒令直陳，地方利弊，凡有裨於荒政者，立予施行。陝省倉糧積儲最
厚，往往有以錢抵糧、因公挪移之處，嚴飭各屬買補，均皆足額，迄今
偶遇偏災，藉以餬口。持己勤儉，察吏廉明，凡有舉劾，一秉公正。移
督南河時，餽賮踵至，悉卻弗受，罔有私謁。自縣令至封圻，始終如
一。所有已故江南河道總督、前陝西巡撫楊以增入祀名宦祠之處洵屬名
實相副，謹擬如該撫等所請，准其入祀名宦祠，命下臣部，遵奉施行。
事關大臣崇祀，謹專摺具奏請旨。”(《崇祀名宦錄·部議》)

4. 清淮士紳呈請入祀通省名宦祠，咸豐帝允准。

　　高士魁、魯一同等呈請入祀名宦祠："竊惟蓋猷敷政，論功者安奠爲先；實惠及民，報德者明禋爲大。故聖域賢關之奧必祀通儒，而衢謳巷祝之謠聿思遺愛。……惟儀型里□，固揚枌社之光；表式官常，宜永桐鄉之祀。溯夫識優國器，名列賢書，銀榜題名，黔臺出宰。由銅符而錦綬，晉熊軾以蜺幢。其提封領郡也，則且蘭之化日彌長。其按道分巡也，則豫荊之觀風最肅。其雪冤獄弭邪教也，則甘州頌其休聲。其策荒政撫災黎也，則關中被其惠澤。迨恭膺簡命，移督南河，尤斯土之涵濡，更吾民所感戴者矣。當其茨防擘畫，親歷波濤，芰岸周巡，罔詟寒暑，三泛節虛糜之費，四閘嚴啓閉之防。宣洪湖以詟寇盜之心，復舊堤以固東西之險。桃湍柳漲，患免其魚；黌社珠湖，歡歌有多。時或公餘校藝，政暇談經，蒲褐禮賢，蘭膏助課。士有鳳池之彥，擢穎舒翹；教仍鹿洞之規，黜華崇實。會狂寇披猖之日，正軍防急遽之時，魚書狐火，已肆虔劉；封豕修蛇，漸萌反側。石頭城峻，竟竄金陵；京口烽多，旋侵甕邘。上則蕪城告警，清淮則帶水可航。故宦練勇徵兵，輸貲集餉，陣圖星布，礌石雷飛。卒使雁戶不驚，狼烽遠避，聞雞共奮，唳鶴無虞。用江東之子弟，人篤忠忱；拯淮北之蒼黔，家同尸祝。鞠躬盡瘁，長懷葛亮之心，永矢勿諼，宜勒馬棱之頌。作疆臣之矩鑊，即名宦之徵符。不特承魯國之人文，道惟山峻；亦且被袁江之德水，笑比河清。用敢採集輿評，推揚微績，願留芰茢，以報馨香。隆□饗於千秋，永鴻徽於一代。將見宦途所涖，合江淮河漢以銘勳；即茲遺澤孔長，歷春夏秋冬而奉祀。爲此合詞籲請，伏乞電核移詳，具題崇祀淮安清河名宦祠，以勵官方，以昭令典，深爲公便。"（《崇祀名宦祠·公呈》）

咸豐十一年辛酉（1861）

1. 二月，捻軍渡運河北上，楊氏肥城西華跗莊陶南山館所藏焚失近半，所毀多爲宋元舊槧，尤以經部爲多。

　　楊紹和云："辛酉，皖寇擾及齊魯之交，烽火亘千里，所過之區悉成焦土。二月初，犯肥城西境，據予華跗莊陶南山館者一晝夜，自分珍藏圖籍，必已盡付劫灰。及寇退，收拾燼餘，幸尚什存五六。而宋元舊槧所焚獨多，且經部尤甚。"（《楹書隅錄》卷一宋本《毛詩》題識）

按：《楹書隅録》記録了七種善本的遭損情況，計經部四種，史部兩種，集部一種，均爲宋本。如宋本《毛詩》，原本二十卷，"僅存十八至末三卷"，而另一宋本《監本纂圖重言重意互註點校毛詩》二十卷，"自第十二卷以下皆焚失"；宋巾箱本《春秋經傳集解》三十卷，"焚失八卷，止有抄頁之第十六至第二十三也"；宋本《三續千字文注》一卷，"僅存數頁"；宋乾道七年蔡夢弼東塾刻本《史記集解索隱》一百三十卷，"全書毀裂"；殘元本《資治通鑒》一百五十卷，"原書一百八十餘卷，有《考異》，辛酉寇亂，焚失三十餘卷，《考異》與末卷正在其中"；宋本《花間集》十卷，本來卷一前四頁、卷十後三頁及歐陽炯《序》、陸遊二《跋》均佚，毛氏抄補極工，但卷末三頁及子晉三印，因"辛酉之秋（按：應爲"春"）遭亂復失"。可見經部毀損最多。但這只是殘存下來的殘本，全本毀掉的則未予記載。

同治三年甲子（1864）

1. 五月初二日，山東巡撫閻敬銘上奏查明原任河道總督捐備軍餉銀數，懇恩加廣本籍聊城縣文武學額。

山東巡撫閻敬銘《原任河督捐輸請加本籍文武學額摺》："竊臣據陝西道員楊紹和稟，該道故父楊以增前在江南河道總督任內，於咸豐二年捐備軍餉銀一萬兩，十月二十三日奉上諭：著賞戴花翎。又於三年捐備軍餉銀二千兩，八月二十三日奉上諭：著交部從優議敘。又於四年率屬倡捐餉銀二千兩，五月二十五日奉上諭：著交部議敘。欽此。共計捐銀一萬四千兩，請照例加廣本籍聊城縣文武學額等情，行據藩司貢璸查明，山東省捐輸軍餉等項銀兩，經前撫臣於咸豐十年匯案奏准加聊城縣文武學定額各二名。今楊以增於江南河道總督任內三次捐備餉銀一萬四千兩，均經奏奉諭旨獎敘有案，應請以一萬兩加文武學定額各一名，以四千兩加一次廣額各二名，覈與奏定章程相符，亦未逾於原額之數，造冊詳請具奏前來。臣覆覈無異，合無仰懇天恩，俯准加聊城縣文武學定額各一名，一次廣額各二名，以廣登進而昭激勸。"（録副奏摺）

同治八年己巳（1869）

1. 四月二十九日，兩江總督馬新貽上奏請諡，卒獲諡端勤。

　　馬新貽《已故河臣楊以增勤勞懋著籲懇賜諡摺》："奏爲已故河臣保障清淮勤勞懋著籲懇天恩予諡，以彰藎績而順輿情，恭摺仰祈聖鑒事。竊據山陽縣紳士翰林院編修顧雲臣等、清河縣紳士刑部員外郎吳昆田等聯名呈稱，已故河臣楊以增總督南河，興利除弊，竭慮殫精，工程則力求其堅，款目則必核其實。是以宣宗成皇帝有'盡心職守，一洗舊習，朕甚嘉焉'之諭，文宗顯皇帝有'卿能克勤克敬，億萬生靈蒙福'之諭。及奉命督防江北，當癸丑之春，江寧、鎮揚相繼失陷，清江爲南北門戶，該河臣籌餉募兵，力扼上游，迎剿高寶以下，迭毀賊營。并分兵嚴防盱眙之浮山、泗州之潼河，遏賊繞襲之路。維時現任四川總督吳棠方任清河縣令，該河臣知其力能任事，授以方略，剿除旁近州縣捻匪、洋匪不下十餘起，消患於無形，厥功尤偉。前後四年，清淮終無失事，至今闔郡士民感念不忘。可否援案轉奏，籲懇加恩等情前來。臣查已故河臣楊以增山東進士，由貴州知縣洊陞。南河向稱繁富之區，自該河臣蒞任，力崇節儉，率下以廉，風氣爲之一變。咸豐三年以後，河防軍務并集，一時艱險萬狀。該河臣從容靜鎮，慎密籌防，卒能保障清淮，晏然無事。五年冬間，積勞病故，蒙恩照軍營例優恤，嗣由本籍紳士請祀鄉賢，陝西紳士請祀名宦，均經禮部議准在案。茲復據清淮紳士追念恩勤，合詞籲懇，想見流風善政，遺愛在人。伏查前漕臣邵燦、前河臣潘錫恩均由漕督臣張之萬專摺具奏，渥荷殊施，允准予諡，仰見聖朝衰顯忠良，有加無已，凡在臣僚，同深欽感。該河臣楊以增生平政績，先後同撰臣籍隸山東，與同鄉里，夙知其品端學邃，望重一時。上年蒞任兩江，沿途探訪，輿論尤切謳思，與該紳士等所稱適相符合，洵爲當世之純臣，允葉易名之令典。合無仰懇天恩俯准予諡，以彰藎績而順輿情出自逾格鴻施。"（《馬端敏公奏議》卷七）

　　光緒《淮安府志》卷二十七《仕蹟》："楊以增，河道總督，當官勤慎自守。時粵賊破金陵，鎮、揚相繼失陷，清淮岌岌不自保。以增督防江北，鎮之以靜，整頓卒伍，搜緝淮、徐亂民，河北大定。卒之日，庫存甚富，而私橐蕭然，人以爲得黎襄勤之清云。卒諡端勤。"

同治十年辛未（1871）

1. 十二月，楊紹和整理楊以增歷年所上奏疏，編訂完成《先都御史公奏疏》，并作序。

楊紹和《先都御史公奏疏·序》：“先端勤公自道光戊戌由湖北安襄鄖荆道署理臬篆，例得具摺陳謝。迨丙午權陝西巡撫，明年真除，以及移督南河，任封圻者十載，奏章不下數百件。乙卯，先公捐館舍，原摺悉經繳進。紹和謹就當時所鈔副本分年輯録，而所奉諭旨尚多未詳。同治乙丑，紹和官翰林，入值史館。嗣詔修方略，復與簪毫，乃於館中所儲遍加稽補，始克成編，都爲三十六卷。其間仍有未備者，則館中舊籍亦不無闕佚也。此册原擬求政當代通儒，賜之裁定，故每卷題款如是，行式并依官文例寫之，紹和不敢有所刪易也。己巳，以清淮士民之請，仰蒙天眷，先臣得邀易名之典，因重繕總目，列之卷首云。”

光緒二十六年庚子（1900）

1. 因八國聯軍入侵北京，楊保彝時任職京師，存京書籍藏品損失嚴重。

楊保彝《復葉居士絶句十首》之三：“驀然大地起風波，撞破家居奈爾何。一曲樽前何滿子，難將雙淚爲君歌。”（《歸瓻齋詩詞抄》）

楊敬夫云：“西元一九零零年庚子之役，八國聯軍進北京時，先父鳳阿先生正住北京南順街，那次戰亂中丟失了古代文物及宋元珍本書籍一百多種。”（《聊城海源閣藏書重要史料片斷——1966 年 2 月 10 日在天津訪問海源閣第四世主人楊承訓（敬夫）先生》，《山東省出版志資料》第一輯，第 188 頁）

宣統二年庚戌（1910）

1. 二月，山東巡撫孫寶琦奏請保護海源閣藏書。

孫寶琦《保護海源閣藏書摺》：“保存古物，莫重於書籍。海内士庶以收藏宏富著聲、稱於當世者，家數無多。山東故紳前南河總督楊以增搜集故書，雅多著録。所藏宋元舊槧各本，精審絶倫。其子前翰林院侍講學士楊紹和、其孫分省補用道楊保彝世守遺編，克綿其緒，是以海源閣藏書至今稱述弗衰。楊保彝以累世單傳，楹書無託，曾呈請地方官保護，永爲海源閣世產在案。上月十二日楊保彝病故，現在籍紳士翰林院編修馬蔭榮、楊毓泗等呈請切實保護在案前來。臣查保存古物定例宜遵，舊籍相傳，尤爲文明觀耀。昔韓宣子聘魯，觀書於太史氏，稱爲周禮在魯，此閣亦猶禮存於魯之一端。付託無人，深虞淪侠。各國方以存古爲重，中原尤以保萃爲先。自應珍重維持，俾延世澤。除飭學司妥籌保護，并分諮查照外，理合附片具奏。"（《圖書館學季刊》第一卷第一期、《中國古代藏書與近代圖書館史料》春秋至五四前後）

1927 年

1. 春，楊敬夫將二十六種宋元善本運到天津。葉恭綽提議整批買入未果，此批書籍後遂零散售出。

　　楊敬夫於 1927 年夏首次將二十六種子、集部善本秘密運津。敬夫本意欲先斥賣一部分，得資後於天津購一較大房屋，然後再移全部藏書至津。此批圖書書到津後，楊敬夫即標價出售。消息一出，立即引起轟動，書賈、藏書家紛紛出資爭購。

　　葉恭綽《海源閣藏書》云："擬介之公家收購，無應者。不得已，乃欲集同志十人，每人出資五千，將全數購入，以紓楊氏之急，免其爲市儈所劫持，以致分散，俟公家能收購時，即照原價歸公。其時如楊氏擬再售出，則亦再購入，再歸公。如此輾轉數次，楊氏所藏可不致分散，公家財力，亦得周轉。已定議，且收款矣。其時有數藏書專家在北京，如不令參與，則必爲所破壞，勢不能不與商。果也其人佯允從衆，而陰向楊氏挑撥，其言曰'此批書固不止此'。楊氏子固不省內容，因爲所動，於是磋商兩月，迄無結果。不得已，其事遂作罷，他方亦無能謀整批購入者。楊氏久候無辦法，旅費漸罄，不得已乃謀零售。於是某某者遂擇其至精者購入，而棄其餘。而楊氏零售所得即隨手用盡，遂不能在津購屋。"（《遐庵小品·遐庵談藝録》，第 19—20 頁）

　　按：此批藏書未能整批購藏，而是零散出售。李盛鐸率先以高價購得宋本《孟東野詩集》、宋本《孟浩然集》兩種。其後，售書單傳至北京。11 月 29 日，王君九聞訊後將二十七種善本書單抄寄給上海張元濟。張氏核對《楹書隅錄》，均有其書，每種開價少者千元，多者乃至幾千元。張元濟當即致函傅增湘請其赴津觀書，并謀求保全、購買之策。（1927 年冬至張元濟致傅增湘函，《張元濟傅增湘論書尺牘》，第 182—183 頁）12 月，《黃山谷詩》又爲李盛鐸購去，其後這二十三種善本陸續售於京津藏書家，惟購書者都爲既愛書又財力雄厚者，而如傅增湘等人雖爲書癡，因無經濟後盾，亦不能如願。正如他在致張元濟信中言 "一議不諧，遂不過問。實緣力不能辦"（同上書，第 186 頁）。諸家中劉少山得之最多，周叔弢次之，李盛鐸爲三。至 1931 年，除宋本《會稽三賦》未能售出而隨九十二種抵押於津行外，其餘均已陸陸續續售出，二十餘種子集鎮閣之寶就此散入諸多藏書家手中。

1928 年

1. 春，國民黨北伐軍西北軍第十七師馬鴻逵部占駐聊城，海源閣藏書稍有損失。當年冬，楊敬夫將海源閣藏珍本秘密運至天津。

楊敬夫云： "我家的宋元珍本書籍是民國十七年冬季下雪天開始運往天津的。那年春天國民黨軍隊到了聊城，西北軍第十七師馬鴻逵部占住聊城，才決定把家藏的珍寶外移。馬鴻逵部隊占聊城時，我家的藏書有些損失，但不甚大。此後有些親友，特別我的岳父勞之常對我作過多次勸告，我總以爲老家收藏最穩當。……從政治上看北伐之後，聊城已經無法繼續保守了。我最初回家處理珍貴藏書時，也感到有些茫然，回家住了兩三天，就找人秘密趕制書箱。完成後，裝了十幾個大箱子，雇了一輛長途汽車，先由聊城運到禹城，然後改由火車轉運天津。"（《聊城海源閣藏書重要史料片斷——1966 年 2 月 10 日在天津訪問海源閣第四世主人楊承訓（敬夫）先生》，《山東省出版志資料》第一輯，第 180、181 頁）

1929 年

1. 土匪王金髮劫掠聊城，海源閣藏書遭到嚴重損失。時山東省立圖書館館長王獻唐奉山東省教育廳廳長何思源令，前往聊城實地調查。

王獻唐云："見其書零落，積塵逾寸。宋本《史記》殘餘一冊，宋本《咸淳臨安志》殘餘二冊，均散置地上，與亂紙相雜。字畫碑帖，僅餘軸木夾板，中心多被撕去，藏硯數十方，只存硯盒，所有硯石亦無一倖免。楊至堂畫像一軸，撕裂如麻，投置几下。黃蕘圃手校宋本《蔡中郎集》，爲海源閣刻原本，第四冊後頁，亦以拭抹鴉片煙簽，塗汙滿紙。以鎮庫之珍籍，損壞如此，可爲痛心！其家人并謂匪徒每以閣上書籍炊火，舊書不易燃燒，憤言誰謂宋版書可貴。此均以毛頭紙印之，并不蓺火也。"（《聊城楊氏海源閣藏書之過去現在》，《山東省立圖書館叢刊》第一種，第 13 頁）

2. 此次損失最夥者爲書畫碑帖硯石等。

《大公報》載："巨匪王冠軍第一次陷城，海源閣幸保無恙，第二次千金子（按：指王金髮）率衆佔據楊宅。樓下之帖片、冊頁、字畫損失大半，古硯二百餘方，刻有名人題字，敘述硯之流傳，……連同所拓之片一概遺失。當時千金子正接洽投誠，對楊氏藏書特別保重，嚴令匪衆不得擅入書屋，故損失甚微。"（《海源閣訪問記》，《大公報》1931年 4 月 28 日第 5 版。亦見《申報》1931 年 5 月 1 日第 3 版之《海源閣藏書散失實況》）

按：王獻唐劫後清點遺書，其中有宋元抄校三十二種。所有殘餘書籍共得一百三十一種，其中有爲《楹書隅錄》和《海源閣宋元秘本書目》所失載者十六種。目內書中，宋本如《史記》一冊，《咸淳臨安志》二冊，《揚子法言》十三卷《音義》一卷四冊，《童蒙訓》三卷二冊和宋元明舊版《韓柳歐蘇小字本詩文集》一篋等；元本如《南史》《北史》《范德機詩集》《朱文公校昌黎先生集》《呂太史文集》《道園學古錄》《脈訣集成》《事文類聚翰墨大全》等，還有一些名家校抄本均爲海源閣精善之本。知楊敬夫上次運書之際，倉促之間，未及細檢，尚有遺漏善本不少。此次損失的主要就是敬夫遺留下來的部分宋元校抄本，而存於後宅三室的爲楊保彝《海源閣書目》著録的普通版本尚完好無損，未曾波及。據王獻唐當時估計，此次劫後殘餘一百三十一種中有三十二種爲《海源閣宋元秘本書目》著録，《海源閣宋元秘本書目》著録的其餘四百三十餘種精善之本大多已經運往天津，匪徒損毀"僅居百分之一二"，（《聊城楊氏海源閣藏書之過去現在》，《山東省立圖書館叢刊》第一種，第 15 頁）所以，書籍劫毀數量不是很大，但書畫碑帖卻損失大半。

1930 年

1. 春，河北土匪王冠軍再次攻佔聊城，并在城內外劫掠，海源閣受損非常嚴重。

《大公報·聊城元氣難復》云："十九年舊三月十九，大戰方酣，王冠軍又乘機率匪二千餘攻入聊城，富有之家，已聞風棄其所有而逃，留守貧民，不過十之二三。匪遂恣意焚擄。十五里以內村莊及城廂同遭洗劫，無一倖免。至舊八月六日出水，計焚掠六個月……城內有煤油、煙捲、電料……公司七家，中等以上商店一百二十家，工廠三四家，經此大劫，一概倒閉……全縣元氣已損失殆盡，現在西北仍遍地皆匪，俱已擄無可擄，架無可架。計全縣損失，以楊氏海源閣爲最鉅。"（《大公報》1931 年 4 月 27 日第 5 版）

《大公報·海源閣訪問記》云："海源閣仍爲千金子所據，復禁令重頒，不准擅動藏書。匪多啣恨其禦下之嚴，致遭暗殺。匪以千金子重視廢紙，乃以零亂書籍洩憤，樓下之充宋、充元、明版、清初版、殿版、手抄本焚燒、撕扯、揩器、作枕……無不以書代之。"（《大公報》1931 年 4 月 28 日第 5 版）

《大公報·海源閣藏書遭軍隊蹂躪》云：楊宅駐軍以"有組織的方法，爲舊文獻之破壞，曾由郵局以三千小包寄古書於天津。其後更由士兵攜帶，汽車託運。故其紛失數目，直不可以稽計。尤可恨者，群書悉按軍中官階大小，分別攤領，以是整套之書，分散各處。而某軍駐楊宅時，更有將《蔡中郎集》撕毀，拭擦鴉片煙槍之怪事，焚琴煮鶴，堪

爲髮指"。(《大公報》1931 年 1 月 12 日第 5 版)

《大公報·海源閣訪問記》云：王匪退去後，"古玩瓷器殘剩無幾，裝潢珍器之紫檀架、玻璃罩，形狀萬殊，堆積廣庭，不下千餘件，閣後之帖片貯藏室，帖片堆積數尺，因連雨一月，屋頂沖塌，帖片盡成黑泥，無隻字完整"。(《大公報》1931 年 4 月 28 日第 5 版)

《大公報·古書的厄運·可憐海源閣珍本散佚廁所馬廄中》1930 年 11 月間，國民黨第三路軍八十七旅擊退王匪，八十七旅司令部進駐海源閣，"楊宅已不見一人，院內室外，書籍滿地，廁所馬厩，亦無地無之，院內書籍，盡爲大雨淋爛"。(《大公報》1931 年 1 月 14 日第 3 版)

> 按：在匪患退去后，楊敬夫自天津返回聊城，派管家鄧華亭點驗收集，計損失經部十分之七，史部十分之四，子部十分之四，集部十分之三，宋元版完全損失，以孤本高麗版韻學書最有價值，所剩者爲充宋、充元、明清版、手抄本等，已多數不全。後院損失，古硯二十箱，一塊未剩；字帖片四十三箱，除被劫去者，餘悉爲大雨沖毀；康熙、乾隆、道光三帝瓷器四十箱，完全損失；康熙、道光時制紹興酒二十四罈，俱被匪飲，空罈已成溺器；價值四千餘元之木器傢具完全毀壞；各室鋪地長磚、方磚均掀破，掘地一丈餘深；"海源閣"匾額，被匪徒摘下，尚不知置於何處（"海源閣"匾額，當時被匪徒摘下後，被楊氏家人運往濟南，爲楊以增同族後人楊維訓收藏，1957 年由楊敬夫捐獻於山東省文化部門，今存山東省圖書館）。楊敬夫回津後，又聞八十七旅司令部駐兵將長一丈七尺，寬一尺九寸之戲臺板，一部分改造爲汽車座，一部分改造成木馬、跑城、浪橋架、天橋架板……體操用具，且某長官亦選去精版書運濟等。

2. 十二月，楊敬夫將劫餘書籍運往濟南保存。

12 月 26 日（按：一說爲 14 日、15 日），由管家鄧華亭經手，敬夫秘密將殘餘書籍共裝六十大箱，用七輛大馬車運往濟南，放於經二路緯一路東興里——敬夫已經預先置好的房子里。這些書籍由庶母負責看管，庶母曾對人言，無論如何，必竭力保證此書，不令遺失，亦絕不出售，無論何人有覬覦此書者，雖以性命抵抗之，亦不能令其拿去一本。另一部分則運到聊城西南田莊祖塋之旁的"弘農丙舍"暫存，所有楊氏先人歷代所刻制的《海源閣叢書》的書版，也都全部運到田莊收存。（《聊城海源閣藏書重要史料片斷——1966年2月10日在天津訪問海源閣第四世主人楊承訓（敬夫）先生》，《山東出版志資料》第一輯，第183頁）

3. 海源閣藏書遭劫流散後，濟南、聊城等地市場一時間有大量海源閣藏書出售。

《聊城地區文化志》記載："土匪把搶來的書，成包成包地賣給書販或當地居民，有的運往外地拍賣。一次聊城柳園大集，光是賣海源閣藏書的書攤足有一里長，實乃令人痛心。"（《聊城地區文化志》第九章"書院"，第11—13頁）

雷夢水《海源閣珍本的散失》云："1930年春，軍閥王冠軍陷聊城，海源閣又遭一劫。軍閥劫取宋元珍本八十箱，移至保定。不久王以事自殺，此物遂流失。有一部分被其部下劫取，流傳民間。當時正值兵荒馬亂的年月，民不聊生，識書者亦少。有的變賣家藏故物，也有的趁機兜售劫取之物，即在集市上設攤出售。這年夏天，琉璃廠書業崇文齋主人孫端卿由北京返里探親，乘火車至德縣打尖。恰逢該處正當集市，喧鬧異常。孫氏步行遊逛，偶遇舊貨攤上擺有古書一堆，無意中竟檢出一部稀世珍本宋刊《童蒙訓》兩冊。孫喜出望外，即以廉價購入，致使寶貴珍本免遭於毀。孫氏興高采烈地攜書返回北京，得善價售歸國立北京圖書館。"（《人民日報》1983年8月30日第8版）

止適齋主人王貢忱云："自東郡楊氏藏書散失後，其發現於濟南市者以敬古齋所得爲多，該肆王某善價而沽，據餘所見聞已不下四五十種矣。"（校本《孤臣泣血錄》題識，《文祿堂訪書記》卷二）

《海源閣藏書之全豹·濟南又發現元槧多種》云："聊城海源閣楊氏藏書，自經匪亂，流落外間，極爲各方面所注意，而平津書賈群集濟南，廣事搜羅，前後賣去者已不下數十種。最近發現宋元本多種，已爲北平書賈購去五種，內有《呂衡州集》一部二本，《劉賓客集》一部，均系黃蕘圃精校宋本，餘三種爲元槧，共售二千元，系從匪手輾轉來濟，尚非楊氏所售出。……前述之《呂衡州集》及《劉子新集》、《林和靖集》三種，去年省立圖書館出價二百五十元，書賈不售，嗣攜至北平。《劉子新集》一部一本，爲前教育總長傅增湘氏以一千元購去，現

《呂衡州集》又爲北平書賈所得，將來必有一注大財也。據某書賈談，楊氏藏書所以價昂如是，易於脫售，蓋因北平方面有清華、北平、北海三大圖書館，及傅增湘、陶蘭泉等不惜重金收買，爭相羅致。"（《申報》1931 年 4 月 12 日第 10 版）

　　按：山東省立圖書館雖絀於資金不足，但積極購入海源閣藏书。在得知平津書賈紛紛來濟南抬價購買時，教育廳一方面派人調查尚未售出之書，一方面備款，令山東省立圖書館廣行收買，以免流入域外。於多方努力之下，省立圖書館終於購獲多種，如用洋二百五十元分別得黃蕘圃、朱秋崖、何義門等合校《封氏聞見記》，吳枚庵手抄、黃蕘圃手校《江淮異人錄》，明本《武夷新集》和劉武仲兄弟合書《字冊》四種；用七十元購明抄本《大統錦靈經》一種一本，該書曾先爲江鄭堂收藏，後歸石研齋收藏；以三十元購得抄本《薛氏鐘鼎款識》一冊和《海源閣宋元秘本書目》一部；用濟南各界慰勞前敵討逆將士委員會所捐餘款二百五十元九角購買影宋抄本《呂衡州集》、明刻元抄本《政府奏議》兩種；其他尚有明嘉靖本《許白雲集》、清刻殘本《通志堂經解》。以上共十一種，都是在 1930 年底以前購得。此外還有劉松年售出的二十種。據現在存於山東省博物館的有二十八種，除去和以上重複的，仍有元本《宋史》，校舊抄本《霏雪錄》，明影抄本《經典釋文》，元本《漢書》，明正德仿宋刻本《五經》，舊抄本《五禮新儀》，元大德九年刻明修本《白虎通德論》，清張氏澤存堂仿宋刻本《大宋重修廣韻》，明宣德楊氏清江書堂刻本《新刊資治通鑒目大全》，明嘉靖黃姬水刻本《前漢高祖黃帝紀》，元本《晏子春秋》，明萬曆抄本《開原圖說》，明嘉靖白氏刻本《事類賦》，明嘉靖刻本《鼈峰類稿》，明嘉靖本《陂門山人集》，明嘉靖三年馬氏刻本《齊民要術》，明嘉靖李元陽刻九行十三經注疏本《禮記注疏》等，又於 1948 年購得胡澍手校清乾隆五十三年咸寧官署刻本《淮南子》。因而，王獻唐總共爲省立圖書館購得四十九種，另還購得海源閣藏書印記九石及一些書畫等。王獻唐則用薪俸購入黃丕烈校跋明本《穆天子傳》、顧千里校《說文解字系傳》兩種。如此王獻唐一共購書五十一種。其他則或爲北平書賈、藏書家收購，或散於當地書賈者，尚不知其數。

1931 年

1. 五月，楊敬夫曾於 1927 年、1928 年兩次運到天津的海源閣珍本，除零散售出外，尚有日本人覬覦之傳聞。爲此，山東省政府教育廳發佈啓事，堅決予以保護。

　　5 月 21 日《大公報》首版刊出《山東省政府教育廳重要啓事》：“聊城楊氏海源閣藏書。本廳疊令山東省立圖書館與書主商洽歸公家保存，現已略有端倪。忽有以四十萬元秘密出售。風傳并聞經手者系爲某國人待辦。事關全國文化，除即日派員赴津查詢協商外，特先鄭重聲明，無論何國人士，應以中華民族之公共文化關係與本省圖書館以優先讓渡權。如有不屑之徒甘心爲虎作倀，本廳當以古物保存法，嚴重究辦。特此通告。”

　　　　按：日本人購書并非空穴來風，楊敬夫曾說：那時住在天津的日本人也曾想染指，日本人表示願意多出錢出高價，他都嚴詞加以拒絕了。據現有資料考證，最終日本人購去有宋本七種，有六種實際由北平書賈高價倒賣於日本人，後來存於當時由日本人經營管理的大連滿鐵圖書館。據日本人橋川時雄《宋嘉泰重修三謝詩書後》云：予曩年（按：指 1934 年以前）因事赴遼，訪友大連圖書館，館長柿沼先生暨松崎先生柔甫，乃啓秘篋，任予瞻覽，內有宋本《三謝詩》一函，謂得自北平坊賈，攜來此間求售者。又鄺承銓《記大連圖書館所收海源閣藏宋本四種》云：當時聞以六萬元重價成貿。這四種分別爲《説苑》《管子》《淮南鴻烈解》和《三謝詩》，四種價格按 1929 年從敬夫所開價格合算，最高亦不足兩萬元，六萬元高價則定爲書賈謀以暴利賣與日本人，這與敬夫的説法完全一致。所以，日本人所購此六種（按：另兩種爲宋本《荀子》和《康節先生擊壤集》）非出於敬夫之手無疑。另一種爲宋本《咸淳臨安志》一冊爲日本文求堂所得，其後又高價售回國內。

2. 楊敬夫爲投資實業，將海源閣珍本九十二種抵押給天津鹽業銀行，後因經營失敗而無法收回。

　　楊敬夫云：“第一是辦工廠，向濟南成通紗廠投資兩萬元。第二在天津置了十五所房產，還投資到河北密雲、昌平的天興金礦一部分（後來被日本人没收）。還有一部分投資於河南淮陰鹽店。一小部分不到二年就都賠進去了（共約四五千元）。又投資到一個機制煤球公司幾千元。最多的搞了個進出口公司，賠了四五萬元。"（《聊城海源閣藏書重要史料片斷——1966 年 2 月 10 日在天津訪問海源閣第四世主人楊承訓（敬夫）先生》，《山東出版志資料》第一輯，第 182 頁）

　　　　按：1931 年 "九・一八" 事變爆發後，楊敬夫將九十二種善本，經北平琉璃廠經理王雨（即王子霖）介紹，以八萬元的價格，由平津人士潘復、常朗齋、王紹賢及現任天津市長張廷諤諸氏，組織存海學社，購存於天津鹽業銀行。由於投資均以失敗而告終，敬夫欲將這些藏書贖回的計畫完全泡湯，這樣潘復等人購買九十二種善本就變成了既成事實。

1942 年

1. 楊敬夫在濟南東興里的房屋出售後，最終將原存濟南的藏書運至北平暫存。

　　楊敬夫云："1942 年的日偽時期，我在濟南東興里的房子出售後，又曾想把這批書運往天津，但是又怕天津再發像 1937 年那樣的大洪水灌入市區，所以後來還是運到北京暫存。那時我的岳父勞之常住在北京宣武門外山東會館（原來是某王府的大殿），我也曾想遷到北京定居，爲了一時買不到房子，暫時借住在宣武門内的一個開醫院的親戚家。只有三間房子，也來不及對殘存的藏書加以整理。"（《聊城海源閣藏書重要史料片斷——1966 年 2 月 10 日在天津訪問海源閣第四代主人楊承訓（敬夫）先生》，《山東出版志資料》第一輯，第 182 頁）

1945 年

1. 春，山東人士組織的搜集海源閣書籍委員會，募款將海源閣存京普通版本藏書購歸濟南，存於麟祥街道德總社樓上。

　　山東人士痛感本省寶藏淪爲外籍。激於義憤，於是由本省人士與住京同鄉組成了搜集海源閣書籍委員會，成員有一百餘人。本省人士有苗蘭亭、辛鑄九、成逸庵、張蔚齋、張星五、周履庵等，旅京人士有張馥卿、崔芸青、劉雲坪等，遂在濟募集捐款三百萬，於此年春派張蔚齋、辛鑄九等購回濟南，存於麟祥街道德總社樓上。時或包以葦蓆，或盛於木箱，共計一百四十餘件，均有點收目録。惟由北京運至濟南時，因下車搬運箱破，稍有散失。（《海源閣藏書聚散始末記》，《教育短波》複刊第一卷第六期）

2. 十月，藏於麟祥街道德總社的海源閣藏書全部捐入山東省圖書館。

　　抗戰勝利後，山東省政府主席何思源抵濟，對運濟之書相當重視。省教育廳廳長面諭代理省立圖書館館長羅象臨調查海源閣遺書情況。省政府政務廳廳長劉道元對存於道德總社的楊氏藏書亦極爲重視，并偕同羅館長親往道德總社考查。期間，劉廳長倡議將這批書籍存入省立圖書館，以便永久保存，裨益於魯省文化。羅館長與苗蘭亭、辛鑄九等多次商榷斡旋，於 1945 年 10 月，終於使存於道德總社的楊氏藏書悉數捐入省立圖書館。消息傳出，全市文化人士爲之慶倖。（山東省教育廳檔《省立圖書館館長羅象臨呈報教育廳奉令調查海源閣書籍前後情形的呈文》，1945 年 10 月社教類社省字 1 號 1 冊，第 1 號。山東省檔案局藏）

3. 十一月，國立北平圖書館協商購買楊敬夫抵押給天津鹽業銀行的海源閣藏書。

　　1945 年 11 月，國立北平圖書館復館，即擬購藏這批圖書。報經教育部長朱家驊批准，撥專款收歸國有。時行政院院長宋子文視察平津，經與張廷諤市長商洽，并飭存海學社同人，將全書作價一千五百萬元，交由北平圖書館收藏，并手諭“其原購存該批書籍士紳，熱心可嘉，應於北平圖書館內，另辟存海學社，以資紀念”。（《本館收購海源閣遺書始末記》，《圖書季刊》新七卷一、二期合刊）

1946 年

1. 一月，國立北平圖書館派員攜款赴津購買海源閣藏書，并清點入藏海源閣善本九十二種一千二百零七冊，次月入藏國立北平圖書館。

1月28日，李家燭秘書代表監點，共九十二種一千二百零七冊，分裝七大箱，於2月1日由張廷諤委托杜建時派兵護運到京。北圖遵宋院長之意，成立專室，以資紀念，并編出書目。從此流落天津長達十五年的這批海源閣精槧，終歸國家典藏。（《本館收購海源閣遺書始末記》，《圖書季刊》新第七卷第一、二期合刊）

2. 六月至八月，山東省圖書館清點入藏海源閣普通版藏書兩千五百一十三種，三萬一千一百一十三冊。

1946年初夏，山東省圖書館羅象臨館長帶領邵養軒等人用半天功夫將一百四十餘包藏書運到圖書館。爲慎重起見，即呈請省府刊發"山東省立圖書館點收海源閣書籍之章"一枚，并請派員監收，自六月初點收至八月完竣，共兩千五百一十三種，三萬一千一百一十三冊（明史殘缺不完，未列冊數）。其中善本有元本《宋史》《兩漢書》等，而最珍貴者，則爲黃丕烈手跋明本《前漢書》和朱彝尊批校精抄本《咸淳臨安志》等數種。明版書有四百餘種，殿版書甚夥，餘則爲普通版本。（《海源閣藏書聚散始末記》，《教育短波》複刊第一卷第六期）

　　按：山東省圖書館點收海源閣藏書后，擬定先編《海源閣善本書目》和《海源閣善本選志》，再印行《海源閣善本書目專刊》。編目體例按《四庫全書總目》四部分類法，并加叢部。在編善本書目時，先檢查書之全缺，再辨認版本，繼之考核著者，復尋有無章記，終登錄各家題跋，根據以上手續，再判定版本之善否。《善本選志》則著錄更加細緻，除完成上述步驟外，再加考證，如版本之雕刻，書本之轉徙，字數之增刪，錯字之多寡，序跋之辨別等，都審慎分析，最後綜合起來，優者入選《善本選志》。負責編纂《善本選志》的是研究輔導部主任路大荒，《海源閣善本書目》則由吳天墀總領。兩人都是學者，頗通版本。兩目分別由他們負責，可謂深得其人，也就保證了目錄的品質。經過兩個多月的努力，兩目編纂終於完成。《善本書目》著錄共五百九十二種，九千八百零二冊，三萬二千八百二十二卷，其中元版書五種，明精刊本三百八十二種，清精刊本及內府本一百七十五種，精抄本二十二種。《善本選志》著録共六十八種，一千一百四十二册，三千三百六十九卷，元本五種，明精刊本三十八種，評校本五種，清精刊本十二種，精抄本七種，底本一種。兩目雖編妥，但由於資費浩大，未能及時付梓。（《海源閣藏書聚散始末記》，《教育短波》複刊第一卷第六期）

1947 年

1. 年初，聊城解放後，海源閣得到八路軍的妥善保護。

　　是年初，聊城解放，八路軍頒佈三項命令，其中第二條爲“保護中國四大藏書樓之一海源閣圖書館”。之後，朱德總司令等視察了海源閣故址，并命令有關單位認真保護。（《八路軍解放聊城入城三項命令》，延安《解放日報》1947 年 1 月 5 日）

1948 年

1. 秋，楊敬夫曾將家中剩餘書籍出售給北京的六家書店。

　　1948 年秋，王子霖將楊敬夫家最後一批書存放於法源寺，其中大部分爲普本，一些善本則存放於王子霖家中。敬夫要將這些劫後書籍出售，因子霖與敬夫相熟，便由子霖出面組織琉璃廠藻玉堂、文奎堂、文淵閣、多文閣、東來閣、修文堂等六家書店合股買下，共計兩千萬法幣。（《海源閣藏書研究》，第 453 頁）

1956 年

1. 十二月，山東省人民委員會公佈聊城海源閣藏書樓爲第一批省級重點文物保護單位。（《聊城海源閣藏書刻書簡述》，《山東出版志資料》第一輯）

1957 年

1. 六月，楊敬夫參加在全國人大第一屆四次會議間隙召開的山東省地方志座談會，提出了建立"聊城海源閣楊氏藏書刻書紀念館"的建議，并爲此向政府捐獻了珍藏多年的三十八種八十五件書籍文物。山東省委書記、省長趙健民代表政府接受了這批文獻。

楊敬夫説："在辛亥革命以後的封建軍閥反動統治時期——三十年前的 1928 年，我家歷代的藏書就開始失散。……（現在）最值得慶倖的是我家三代先人所苦心孤詣收藏下的珍貴典籍，經過種種變遷之後，目前已大部分輾轉集中到國家的收藏機關——北京圖書館和山東省圖書館了。另外使我終生難忘的大事：1947 年 1 月 1 日在我的故鄉聊城被僞頑匪軍盤踞了九年之後，生民塗炭，哀鴻盈城。在八路軍解放聊城之前，某部政治機關爲保護聊城固有文化免遭戰爭的損害，曾對入城部隊發出三項命令，其中第二條就是'保護中國四大藏書家之一海源閣圖書館'。我作爲海源閣的後代，對於共產黨和人民政府的這種英明措施，真是有説不盡的感激心情！今天我想在這個山東科學教育文學藝術界所舉行的盛會上，把我們楊氏三代先人所永世固守，經過三十多年劫後餘存下來有關海源閣藏的三十八種八十五件歷史文物，獻給國家，作爲山東地方政府在聊城興建'海源閣紀念館'的一點物質基礎，其中還包括了楊氏三代先人的遺像和手稿。我想在這個會上當著山東文化界的先進和革命前輩的面前，請趙健民省長代表政府，把這一批歷史文物接受下來，將來運回我的故鄉聊城公開展覽，并進一步做建立紀念館的准備工作。這不僅表示一個普通公民的一點愛國熱忱，也表示一個普通公民對於共產黨和人民政府的各項文物政策，包括專門頒佈保護聊城海源閣遺址的命令的竭誠擁護！"（《聊城海源閣楊氏藏書刻書簡述》，《山東出版志資料》第一輯，第 160 頁）趙省長當場表示，地方政府要盡一切可能貫徹黨的保護歷史文物政策，在山東省內外努力搜求流散的海源閣藏書，及有關歷史文物和其他文獻資料，充分利用聊城海源閣遺址，建立一座內容豐富的古文化遺址紀念館。

按：這批珍貴文物包括：楊氏三代畫像四幅，"海源閣"藏書樓匾額一方，海源閣藏書銘一軸，《海源閣書目》抄本六冊，海源閣藏書印章十一方，海源閣珍存尺牘（手稿）二冊及散頁二頁，楊端勤公奏疏二十一冊，楊氏刻《海源閣叢書》五種，楊氏刻圖冊五種，海源閣藏書二種，藏畫四幅，畫屏一方，藏碑拓本四種四冊，藏宋端硯及盒具四方，古幣兩枚，楊氏手稿七種。

1992 年

1. 是年初，中共聊城市委、市政府籌資三百餘萬元，在海源閣舊址上依照原樣恢復建成海源閣藏書樓。

1991 年，中共聊城市委、市政府籌資三百萬元，在海源閣舊址恢復建成海源閣藏書樓。新建的海源閣模仿原閣樣式。大門正上方是山東省著名書法家蔣維崧書"海源閣"紅地金字匾額，門前兩根紅柱鑲嵌有胡喬木同志的楹聯："一人致力萬代受益，四代藏書百世流芳。"院內左旁豎立著 1947 年八路軍冀魯豫政治部進城前發佈的保護聊城固有文物的三項命令石碑。右旁立著海源閣重建紀念碑。院中兩側爲左右配房，正北爲主體二層樓房，中門上高懸楊以增手書"海源閣"三個大字匾額，中門兩旁的楹聯爲"食薦四時新俎豆，書藏萬卷小琅嬛"。院中閣房內佈置的是有關海源閣的舊圖照片、楊氏主人介紹、藏書歷史以及所藏所刻的部分書籍，還有沈鵬、劉炳森等衆多書法家及當年曾在聊城工作過的趙健民、徐運北等人題辭。（《海源閣藏書研究》，第 500 頁）

參考文獻

A

《安順府志》，（清）常恩修、邹汉勋、吳寅邦撰，咸豐元年（1851）安順府署刻本。

《安吳四種》，（清）包世臣撰，同治十一年（1872）年包誠刻本，沈雲龍《近代中國史料叢刊》（第三十輯），文海出版社印行。

《安徽通志‧水工稿》，武同舉撰，民國二十三年（1934）安徽省通志館鉛印本。

B

《跋奚年譜》，（清）葉葆編、葉錫麟續編，咸豐六年（1856）楊氏海源閣刻本。

《柏梘山房集》，（清）梅曾亮撰，同治三年（1864）楊紹穀、楊紹和補刻本。

《包慎伯先生年譜》，胡蘊玉撰，民國十二年（1923）《樸學齋叢刊》本。

《包世臣全集》，（清）包世臣撰，李星校點，黃山書社1993年版。

《北京圖書館藏珍本年譜叢刊》，北京圖書館出版社1999年版。

《柏梘山房詩文集》，（清）梅曾亮撰，彭國忠、胡曉明校點，上海古籍出版社2005年版。

《北京圖書館善本書目》，北京圖書館善本部編，中華書局1959年版。

C

《崇祀鄉賢録》，臺灣"國立"故宮博物院圖書文献館。

《崇祀名宦録》，臺灣"國立"故宮博物院圖書文献館。

《蔡中郎集》，（漢）蔡邕撰，咸豐二年（1852）楊氏海源閣仿宋刻本。

《藏書紀事詩》（附補正），（清）葉昌熾撰，上海古籍出版社 1999年版。

D

《丁儉卿年譜》，丁壽恒等撰，稿本，國家圖書館藏。

《道咸宦海見聞録》，（清）張集馨撰，中華書局 1981 年版。

《大觀太清樓帖宋搨珍本》，文物出版社 2001 年版。

《訂補海源閣書目五種》，王紹曾、崔國光等整理，齊魯書社 2002年版。

《東昌望族》（内部刊行），聊城市東昌府區政協文史資料委員會，2003 年。

《道光朝上諭檔》，中國第一歷史檔案館編，廣西師範大學出版社 2008年版。

E

《爾雅郭註義疏》，（清）郝懿行撰，咸豐六年（1856）楊氏海源閣刻本，上海鴻章書局影印本。

F

《豐縣志》，（清）姚鴻傑撰，光緒二十年（1894）刊本。

G

《古文賞奇》，（明）陳仁錫輯評，（明）萬曆至天啓四十六年（1618）
　　刻本，山東省圖書館藏。

《貴陽府志》，（清）周作楫修，蕭琯、邹汉勋等纂，道光二十七年
　　（1847）定稿，咸豐二年（1852）刊竣，貴陽府署刊本。

《顧黄書寮雜録》，王献唐編，齊魯書社1984年版。

《館藏海源閣書目》，山東省圖書館編，齊魯書社1999年版。

《古籍文獻叢考》，丁延峰撰，黃山書社2012年版。

H

《海源閣珍存尺牘》，（清）楊紹和輯，山東省圖書館藏。

《户部漕運全書》，（清）載齡等修，光緒二年（1876）户部刊本。

《淮安府志》，（清）孫雲錦撰，光緒十年（1884）刊本。

《海源閣研究資料》，曹景英、馬明琴主編，山東友誼出版社1990
　　年版。

《海源閣文存資料》，張連增撰，楊玉堂編，山東省聊城海源閣圖書館
　　印，1997年版。

《海源閣研究論集》，丁延峰撰，中國社會科學出版社2010年版。

《海源閣藏書研究》，丁延峰撰，商務印書館2012年版。

《海源閣善本敘録》，丁延峰撰，國家圖書館出版社2015年版。

J

《經驗婦孺良方》，道光九年（1839）楊以增刻本。

《居士集》，（宋）歐陽修撰，海源閣抄本，山東省圖書館藏。

《九水山房文存》，（清）畢亨撰，咸豐二年（1852）楊以增刻本。

《蕉聲館集》，（清）朱爲弼撰，咸豐二年（1852）楊以增刻本。

《經德堂文集》，（清）龍啓瑞撰，光緒四年（1878）龍繼棟刻本。

《嘉興府志》，（清）許瑶光撰，光緒五年（1879）刻本。

《江蘇水利全書》，武同舉撰，南京水利實驗處民國刻本。

《教育短波》（複刊）第一卷第六期，1946 年 6 月出版。

《己亥雜詩註》，（清）龔自珍撰，劉逸生註，中華書局 1980 年版。

《汲古閣珍藏秘本書目》，《叢書集成初編》第 0034 種據《士禮居叢書》
本排印，中華書局 1985 年版。

K

《衎石斎记事续稿》，（清）錢儀吉撰，咸豐六年（1856）钱彝甫刻本。

L

《録副奏摺》，中國第一歷史檔案館藏。

《隸篇》，（清）翟雲升撰，道光十八年（1838）楊以增刻本。

《六藝堂詩禮七編》，（清）丁晏撰，咸豐二年（1852）楊氏海源閣
刻本。

《柳真君勸孝歌》，咸豐二年（1852）楊氏海源閣刻本。

《禮理篇》，（清）凌廷堪、張成孫撰，咸豐三年（1853）楊以增刻本。

《六藝綱目》，（元）舒天民撰，咸豐三年（1853）楊以增重刊元至
正本。

《李文恭公奏議》，（清）李星沅撰，同治四年（1864）湘陰李概等
刊本。

《荔波縣志》（清）蘇忠廷修，董承烈撰，光緒元年（1875）抄本，台
北《中國方志叢書》影印本。

《兩淮鹽法志》，（清）王定安撰，光緒三十一年（1905）刊本。

《林則徐日記》，（清）林則徐撰，中山大學歷史系編，中華書局 1965
年版。

《陸文節公奏議》，（清）陸建瀛撰，沔陽盧氏慎始基齋刊本，《近代中
國史料叢刊》（第三十五輯），文海出版社印行。

《李文恭公全集》，（清）李星沅撰，王有立主編《中華文史叢書》之七
十九，華文書局股份有限公司 1968 年版。

《聊城文史資料》（第 1 輯），聊城縣政協文史組編印，1982 年。

《冷廬雜識》，（清）陆以湉撰，中華書局 1984 年版。

《林則徐書簡》（增訂本），（清）林則徐撰，楊國楨編，福建人民出版社 1985 年版。

《聊城地区文化志》，山东省聊城地区文化局史志办公室编印（油印本），1990 年。

《林則徐傳》，楊國楨撰，人民出版社 1981 年版。

《林則徐年譜》（增訂本），來新夏撰，上海人民出版社 1981 年版。

《林則徐傳》，楊國楨撰，人民出版社 1995 年版。

《聊城文史资料》（第 7 辑），山东省政協聊城市委员会文史资料研究委员会编，1995 年。

《林則徐全集》《奏摺》卷，（清）林則徐撰，林則徐全集編輯委員会编，海峽文藝出版社 2002 年版。

《林則徐全集》《日記》卷，（清）林則徐撰，林則徐全集編輯委員会编，海峽文藝出版社 2002 年版。

M

《牧令書》，（清）李燧撰，道光二十八年（1848）楊以增、李燧刊本。

《馬端敏公奏議》，（清）馬新貽撰，光绪二十年（1894）閩浙督署校勘本。

《梅郎中年譜》，（清）吳常燾撰，《国专月刊》第四卷第一號，1936 年 9 月 15 日。

Q

《清河縣志》，（清）胡裕燕撰，光绪二年（1876）刊本。

《清河縣志》，（清）文彬修，吳昆田、鲁黄纂，光绪五年（1879）刊本，民國十七年（1928）重刊本。

《清鎮縣志稿》，方中、龍在深、楊永燾撰，民國三十七年（1948）鉛印本。

《清會典事例》，光绪三十四年（1908）上海商務印書館石印本。

《清實錄》，中華書局 1986 年版、2008 年版。

《清政府鎮壓太平天國檔案史料》（第6冊），中國第一歷史檔案館編，
　　社會科學文獻出版社1992年版。

《清政府鎮壓太平天國檔案史料》（第7冊），中國第一歷史檔案館編，
　　社會科學文獻出版社1993年版。

《清政府鎮壓太平天國檔案史料》（第8冊），中國第一歷史檔案館編，
　　社會科學文獻出版社1993年版。

《清政府鎮壓太平天國檔案史料》（第10冊），中國第一歷史檔案館編，
　　社會科學文獻出版社1993年版。

《清政府鎮壓太平天國檔案史料》（第11冊），中國第一歷史檔案館編，
　　社會科學文獻出版社1994年版。

《清史稿》，趙爾巽等撰，中華書局1998年版。

《清儒學案》，徐世昌等編纂，沈芝盈、梁運華點校，中華書局2008
　　年版。

《清人書目題跋叢刊》，中華書局1987年版。

R

《日知堂筆記》，（清）郭沛霖撰，中華書局2007年版。

《薼圃藏書題識》，（清）黃丕烈撰，上海遠東出版社1999年版。

S

《松桃廳志》，（清）肖琯撰，道光十六年（1836）松高書院刊本。

《思南府續志》，（清）夏修恕、陳文衡、楊矩源主修，肖琯、何廷熙主
　　纂，道光二十年（1840）刊本。

《授堂文抄》八卷《續集》二卷，（清）武億撰，道光二十三年
　　（1843）武未刊本。

《試篆存稿》，（清）黃鷖撰，道光二十七年（1848）求是齋刊本。

《山陽丁氏投贈書牘》，稿本，南京圖書館藏。

《石笥山房集》，（清）胡天遊撰，咸豐二年（1852）楊以增重刊本。

《山陽縣志》（清）張兆棟、文彬修，丁晏、何紹基纂，清同治十二年
　　（1873）刊本。

《山東省立圖書館叢刊》（第一種），1930 年 3 月山東省立圖書館編印。

《汪孟慈文集稿本》（清）汪喜孫撰，民國二十三年（1934）邃雅齋
　　刊本。

《山東通志》，孫葆田等撰，民國四年（1915）山東通志刊印局刊印，
　　民國二十三年（1934）上海商務印書館縮印本。

《史記書録》，賀次君撰，商務印書館 1958 年版。

《水窗春囈》，（清）金安清撰，謝興堯點校，中華書局 1984 年版。

《山東出版志資料》（第一輯），山東人民出版社 1984 年版。

《宋版書叙録》，李致忠撰，北京圖書館出版社 1994 年版。

《十駕齋養新録》，（清）錢大昕撰，《錢大昕全集》第七册，江蘇古籍
　　出版社 1997 年版。

《十朝詩乘》，（清）龍顧山人撰，卞孝萱等點校，福建人民出版社 2000
　　年版。

《〈史記〉版本研究》，張玉春撰，商務印書館 2001 年版。

《山東大學圖書館古籍善本書目》，齊魯書社 2006 年版。

《山東重要歷史人物》（第 4 卷）王志民主編，山東人民出版社 2009
　　年版。

T

《思退堂詩鈔》，（清）陳拜薌撰，道光三十年（1850）楊以增刊本。

《同州府志》，（清）李恩繼等撰，咸豐二年（1852）刊本。

《桐閣先生文鈔》，（清）李元春撰，光緒十年（1884）朝邑同義文
　　會刊。

《退思廬文存》，（清）楊以增撰，民國八年（1919）楊氏海源閣刊本。

《圖書館学季刊》（第一卷第一期），中華圖書館協會，1926 年 3 月編。

W

《笏山詩集》，（清）申甫撰，清乾隆刊本。

《望三益齋雜體文》，（清）吳棠撰，同治十三年（1874）成都使署
　　刊本。

《吳縣志》，曹允源撰，民國二十二年（1933）鉛印本。

《汪喜孫著作集》，（清）汪喜孫撰，楊晉龍主編，"中央研究院"中國文哲研究所古籍整理叢刊七，"中央研究院"中國文哲研究所，2003年。

《王子霖古籍版本學文集》（第三册），王子霖撰，上海古籍出版社2006年版。

《文祿堂訪書記》，王文進撰，上海古籍出版社2007年版。

X

《先都御史公奏疏》，（共三十六卷，存二十一卷），（清）楊以增撰，楊紹和抄本，山東省圖書館藏。

《續修張氏族譜》，（清）張峻嶺撰，清道光刊本。

《惜抱先生尺牘》，（清）姚鼐撰，咸豐五年（1855）楊氏海源閣刊本。

《夏小正傳》、《急就章攷異》，咸豐六年（1856）楊氏海源閣刊本。

《襄陽府志》，（清）恩聯等撰，光緒十一年（1885）刊本。

《續修聊城縣志》，（清）靳維熙等撰，宣統二年（1910）文行出版社刊本。

《咸豐朝上諭檔》，中國第一歷史檔案館編，廣西師範大學出版社2008年版。

《遐庵小品·遐庵談藝錄》，葉恭綽撰，北京出版社1998年版。

《小莽蒼蒼齋藏清代學者書札》（修訂版），陳烈編，人民文學出版社2014年版。

Y

《淵雅堂集》，（清）王芑孫撰，清嘉慶刊本。

《頤志齋文抄》，（清）丁晏撰，咸豐五年（1855）頤志齋刊本。

《頤志齋感舊詩》，（清）丁晏撰，清咸豐五年（1855）頤志齋刊本。

《楹書隅錄》，（清）楊紹和撰，光緒二十年（1894）楊保彝刊本。

《儀晉觀堂詩鈔》，（清）楊紹和撰，楊氏海源閣民國八年（1919）刊本。

《楊氏陶南山莊記往》，《藏書家》2009 年第 1 期，總第 16 輯。

Z

《朝邑縣志》，（清）李元春撰，咸豐元年（1851）刊本。

《助字辨略》，（清）劉淇撰，咸豐五年（1855）楊氏海源閣刊本。

《中衢一勺》（《安吳四種》之一），（清）包世臣撰，同治十一年（1875）注經堂刊本。

《曾文正公全集》，（清）曾國藩撰，光緒二年（1876）刊本。

《中國貨幣史》，彭信威撰，上海人民出版社 1958 年版。

《中國近代货币史资料》，中國人民銀行总行参事室金融史料组编，中華書局 1964 年版。

《中國版刻圖錄》，趙萬里編，文物出版社 1990 年版。

《中國古代藏書與近代圖書館史料》（春秋至五四前後），中華書局 1996 年版。

《柘唐府君年譜》，（清）丁壽恒等編，清抄本，《北京圖書館藏珍本年譜叢刊》第 148 冊，北京圖書館出版社 1999 年版。

《再續行水金鑒》，中國水利水電科學研究院水利史研究室編校，湖北人民出版社 2004 年版。

《中國大運河歷史文獻集成》，王雲、李泉主編，國家圖書館出版社 2014 年版。

《張元濟傅增湘論書尺牘》，張元濟、傅增湘撰，商務印書館 1983 年版。

《陶集考辨》，《照隅室古典文學論集》，郭紹虞撰，上海古籍出版社 1983 年版。

《自莊嚴堪善本書目》，周叔弢撰，天津古籍出版社 1985 年版。

後　記

　　楊以增何許人也？一曰清代中晚期著名藏書家，清代四大藏書樓之一——海源閣主人；二曰江南河道總督——從一品大吏。因此，認識楊以增要從兩個方面，一是藏書，二是仕宦。據以往的聞見，人們知之其人，更多的是從藏書方面。楊氏海源閣藏書樓享譽海內外，以所藏質優量多著稱，而楊氏藏書主要是由楊以增完成的，海源閣也是在他居家丁憂時所建。例如，在國家圖書館所藏八百多種宋刻本中，其中就有海源閣的八十多種，大多爲獨一無二的珍本佳槧，文物、學術價值頗高。楊氏藏書從治學、經世出發，注重實用，且摩挲賞鑒，悉心保護，爲傳承中華典籍文化做出了巨大貢獻。縱觀我們以往的研究，也一直側重於藏書、刻書、抄書與治學等，出版了《海源閣藏書研究》《清代聊城楊氏藏書世家研究》《海源閣善本敘錄》等專著，發表了一些相關論文，取得了一定成績。但對楊氏的其他方面，尤其是仕宦履歷方面涉及不多，關注不夠，而這一部分在楊以增的一生中恰恰佔據着非常重要的位置。隨着研究的不斷深入、視野的進一步擴展，近些年來，我們通過各種途徑，想方設法，又從中國第一歷史檔案館、臺北"國立故宮博物院"、山東省圖書館等蒐集到一些奏稿、書信，從一些方志、文集、實錄、日記中檢索到不少新的史料。這些都對更廣泛、深入地研究楊以增起到了至關重要的作用。楊以增是一位深受傳統教育的循吏、頗有卓見的學者和成就非凡的藏書家，如何全方位、客觀地認識這些，是一個新的課題；而從仕宦生涯的角度切入研究，可以揭開其人生鮮爲人知的另一面，可以再現其仕履生涯的方方面面，進而折射出一以貫之的經世致用思想及優秀的品行操守、巨大的人格魅力。楊以增三十六歲考中進士，在毫無背景之下，如何從一七品縣吏（知貴州長寨）累陞至從一品大員（江南河道總督）？我們可以從這些新史料中找到答案：其做人做事，"公、忠、正、厚"，勤勉兢業，堪稱典範。江南河道總督期間，三起三落，矢志不移，忠心耿耿，鞠躬盡瘁，且廉潔自律，卒後"宦囊洗然"。謚號"端勤"，亦是一生爲人處世的高度概括。這樣的品格、精神可以輻射到各個方面，無論爲官、藏書抑或治學。於是，我們不難理解楊氏爲何取得如此高的藏書成就，且能四代不散，保存完好；爲何在治學上，以實事求是爲準，兼從漢宋，不容偏廢；何以宦歷三十餘年，政績卓然，政聲極佳，百姓擁戴，同仁贊服，皇帝垂青。故而，對其仕宦及交游史料的挖掘、整理與研究——一項必須做的基礎工作，無疑具有重要的學術價值和歷史、現實意義。

2007 年《山東文獻集成》（后簡稱《集成》）第一輯出版，其中所收楊以增撰《先都御史公奏疏》（楊紹和抄本，山東省圖書館藏）得以首次面世，共收録奏稿四百多通（原本爲三十六卷，今存二十一卷）。2005 年夏，笔者曾於省圖膠捲上抄録過一部分，但因卷帙繁多，人手不够，費用浩大，無奈而罷。《集成》的問世，爲轉録標點《奏稿》提供了莫大的方便。其後我們又從中國第一歷史檔案館抄録所藏原軍機處録副奏摺四百七十餘通，從臺北"故宮"博物院録出二百餘通。一檔館所藏雖然最多，然亦不全，如省圖所藏就有百餘通爲其不見，臺北"故宮"博物院亦有五十餘通爲前兩家不見。可知楊氏奏稿在爲軍機處録副時或未全部收録，或於軍機處亦有散逸？而一檔館亦有爲其他兩家所不見者。經去重後，以上三家共得七百餘通。事實上，這也并不是楊氏奏摺的全部，如省圖所藏僅爲原抄本的一半多，尚有近半遺失，如按現存與軍機處、博物院重合比例，當有近百通爲上兩家不見。如今省圖所藏抄本中有十六卷早佚，一檔館録副本所缺者亦不見，估計總計所佚仍有近二百通（總數當約九百通），因無法找到這些佚摺，成爲此次整理工作的缺憾。這些奏摺互有重合，又有互爲不載者，重合者多有異文，需要校對。爲能提供一個釋讀方便的文本，還對一些專業術語及人名、地名、職官等進行了必要的注釋。《楊以增年譜略稿》最初發表於《歷史文獻》（上海圖書館編）2006 年總第 10 期，以藏書、刻書爲主，涉及宦歷較少。修改增補後，又於 2010 年出版的拙著《海源閣研究論集》卷末附載，2013 年出版的《清代聊城楊氏藏書世家研究》亦有收録。因奏稿及其他文獻亦有新的發現，於是在原有基礎上，又對原譜大量增補充實。適張宗友兄惠寄大作《朱彝尊年譜》，體例頗有發明，遂仿效之。如果説《奏摺》以仕宦爲線索，基本還原了楊以增中年以後的爲官經歷和生活，那麽《年譜》則是綜而合之，包括家世、宦歷、藏書、刻書、抄書、治學、交游等多個方面，應該説全方位、立體地展現了楊以增的人生及風貌。兩書的整理出版，相信可爲繼撰《楊以增評傳》以及其他相關研究奠定一定的基礎。

2012 年，我於聊城大學文學院爲研究生開設新課《目録版本學》，有幸結識周廣騫。廣騫誠懇踏實，善學聰穎，孜孜不倦。課上課下，交流頗多，治學、人生無話不談，且志趣相投，深得賞愛，故極器重，遂爲契交。屢次合作，非常愉快。廣騫在繁忙的碩博學業之餘，爲兩書的整理編著付出了大量勞動。聊城市海源閣圖書館館長李付興先生研究海源閣多年，學殖深厚，於楊氏履歷稔熟，故拜請校勘審訂《奏稿》。聊城大學運河學研究院首席專家王雲先生、台北“國立故宮博物院”圖書文獻處許媛婷先生以及新疆石河子大學杜宏春先生等提供了很多資料，中國社會科學出版社的郭沂紋先生和安芳先生爲此書的出版付出了勞動，在此一并表示感謝。

丁延峰

書於海源書屋

2016 年 11 月 11 日

校注凡例

　　一、本書收録楊以增自道光十三年（1833）陞署貴州興義府知府起，至咸豐五年（1855）卒於江南河道總督任上止，各類奏稿连同所附清單等共 752 件。並以附録形式，收録與楊以增有關之奏稿 30 件及其子楊紹和所作《〈先都御史公奏疏〉序》。

　　二、本書所收奏稿以中國第一歷史檔案館藏軍機處録副奏摺、台灣"國立"故宫博物院藏軍機處録副奏摺、中國第一歷史檔案館藏硃批奏摺、山東省圖書館藏楊紹和編紅格抄本《先都御史公奏疏》爲基礎。軍機處録副本收録較全，且文字錯訛較少。楊紹和編《先都御史公奏疏》原爲三十六卷，今存二十一卷，缺佚較多，不足以反映楊以增奏稿全貌，但對軍機處録副本有所校正，且其所録清帝上諭多爲録副本所不載，具有較高的文献價值。因此，本書以收録全、錯訛少的録副本爲底本，以楊紹和殘缺抄本爲校本，同時參閱《清實録》等相關資料，進行整理。凡所據爲臺灣"國立"故宫博物院藏軍機處録副奏摺、中國第一歷史檔案館藏硃批奏摺和楊紹和《先都御使公奏疏》整理的，均以腳註形式加以標明。

　　三、軍機處録副奏摺及楊紹和抄本提行格式均嚴格遵照奏疏要求，且均未斷句。現將所録奏摺通加標點，對較長的材料加以分段。爲完整反映奏摺作者特別是會銜作者信息，奏摺原稿中的職銜、姓名等酌予保留。

　　四、軍機處録副奏摺原無標題。今爲便於讀者查閱，酌據楊紹和抄本格式補加標題。楊紹和抄本殘佚者，徑據奏摺內容，略摘簡由以爲標題。

　　五、各奏摺按照上奏時間先後依序編排，並編列號碼。具文日期不明的，由編者根據奏摺內容及硃批、奉旨時間適當編排。原件具文日期列於摺首題目之下，同時爲保留奏摺原貌，其文末具文日期仍予保留。

六、各奏摺中避諱字及俗體字、異體字等均按標準格式逕予改正。文中錯字、漏字、衍字及漏句等，均加校勘，並以腳注形式予以注明。

七、爲方便閱讀，對所收奏摺中的一些人物、地理、名物、制度加以簡釋，並以腳註形式予以注明。

八、在正文腳註中，"楊以增《先都御史公奏疏》"均稱"楊紹和抄本"，以求行文簡潔。

九、軍機處録副奏摺及楊紹和抄本文後所著録行文日期等格式略有不同，軍機處録副奏摺逕作"某年某月某日"，楊紹和抄本中奏摺皆作"某年某月拜進"，夾片則作"某年某月附進"，文中不再逐一註明。另外楊紹和抄本均無上奏人官銜及姓名，亦不逐一註明。

由於整理者水平有限，缺點及錯訛之處可能還有很多，尚祈讀者不吝指正。

目　録

（下册）

道光二十三年（1843）

道光二十四年（1844）

道光二十五年（1845）

道光二十六年（1846）

道光二十七年（1847）

道光二十八年（1848）

道光二十九年（1849）

道光三十年（1850）

咸豐元年（1851）

咸豐三年（1853）

咸豐四年（1854）

咸豐五年（1855）

附録一

附録二

前　言

楊以增（1787—1855），字益之，一字至堂，別號東樵，又號退思老人，山東東昌府聊城縣人。楊以增一生"無他好，一專於書"。[①]他於道光二十年（1840）回鄉丁憂期間，在聊城楊家老宅內修建海源閣，並先後搜集、購買圖書十幾萬卷，其中頗多宋元刻本及名家校抄，藏書之富，獨步山左，海源閣因此得與常熟瞿氏鐵琴銅劍樓、杭州丁氏八千卷樓、吳興陸氏皕宋樓，並稱爲晚清四大藏書樓。海源閣以藏書精善著稱，相關研究在二十世紀三十年代、九十年代和近年來接連形成了數個高潮，尤其是丁延峰教授的《海源閣藏書研究》堪稱對楊以增藏書用力最深的典範之作，楊以增作爲藏書家的地位和貢獻也因此越來越受到重視和認可。

但就其人生經歷而言，楊以增雖酷愛藏書，縹緗滿架，但他更是一位深受儒家正統思想薰陶，由科舉而入仕，由地方牧令一直做到方面督撫的經世派官員。在入仕之前，他主要在家鄉聊城生活學習。家庭的教育薰陶，塑造了他坦蕩正直的性格；師友的教誨切磋，打牢了他廣博精深的學養基礎。入仕之後，他始則貴州、廣西，繼而湖北、河南，終至陝甘、江南，先後宦遊三十餘年，足跡遍及四方，逐步從基層牧令做到封疆大吏，在不同職位上得到了很好的歷練，同時也積累了豐富的從政經驗。他篤於交際，凡交往者，都極相契重，交遊遍於四方，林則徐、阮元、梅曾亮、陳官俊等與他亦師亦友，尤其是林則徐既對楊以增頗多教導，又多次極力舉薦，在楊以增一生中發揮了非常重要的作用。楊以增的從政之路並不平坦，他入仕之初即任職於苗漢雜處的貴州邊遠廳縣，丁憂後即參與河南祥工堵口工程，後又在陝西大旱之時署理陝西巡

---

① （清）梅曾亮：《柏梘山房集·文集》卷十一，咸豐五年楊氏刻本。

撫，在漕道梗阻、連年水災之際就任南河總督。楊以增既多次被破格提陞，同時也多次遭遇挫折，仕途也因此數次起落，經歷非常曲折複雜，其人生既有鮮明的個人色彩，同時也打上了深深的時代烙印。

一　入仕之前

　　青年時代的楊以增，既親聆其父楊兆煜之庭訓，受到良好家風的影響，同時又就教於名師葉葆，受到嚴格的私塾教育，因此自幼年起即挺秀於同儕，深得家庭和師友的期許和厚望。

　　楊以增出生於一個詩禮傳家的書香門第。楊兆煜爲人仁恕而質直，利達不驕，貧寒無怨。他於嘉慶三年（1798）考中舉人，至嘉慶十八年（1813），才得以選授萊州府即墨縣教諭，其母趙氏亦隨赴任所。嘉慶二十三年（1818），楊兆煜在擔任教諭六年后，因母親年老思鄉，辭官歸里養親。他對母親非常孝順，居家"奉母承色笑，日取元人説院本或小説家言之佳者，琅琅雒誦，母樂甚。母或時不懌，必長跪陳啟，至歡慰乃起"[1]。楊兆煜博學通經，具有較高的文化修養，海源閣存宋本《儀禮鄭註》即爲楊兆煜所藏。楊以增聰慧異常，深得楊兆煜的鍾愛，自幼即常面聆庭訓，少年時即以才識出衆爲鄉里所重。在楊兆煜的悉心教導下，楊以增不僅對書籍產生了由衷的愛好，同時也潛心學習舉業。他十七歲即補博士弟子員，進入聊城縣縣學就讀，後因考試成績名列一等成爲廩生，而獲得官府津貼，在縣學之中引起轟動。在縣學就讀期間，楊以增文采出衆，尤善屬文，"每試必屈其儕輩"，[2] 顯露了突出的才華。

　　楊兆煜雖然在培養楊以增方面耗費了大量心血，但教授舉業是一個非常專業的學問，爲此，他於嘉慶十一年（1806），將楊以增送到葉葆的道南家塾問學。葉葆（1759—1821），號玉岑，一號石農，又號跛

---

[1] （清）王延慶：《孝直先生傳》，《續修聊城縣志》附《耆獻文徵》卷中，宣統刻本。
[2] （清）許乃普：《江南河道總督楊公墓誌銘》，《續修聊城縣志》附《耆獻文徵》卷又下，宣統刻本。

奚，聊城人，乾隆己酉（1789）舉人。他因足跛不求仕進，而以舌耕
爲業，“自年二十四五，即以經書及時義文教授里中，至六十餘歲不
輟”。① 葉葆見聞淵博，識字傳經，授業有方，遠近聞名，“以闓道南書
塾授徒，四方來學者遠逾數千里，恆數百人”，②“又有遠不能及門，而
必寄文以求政者。其舉於鄉及禮部者衆矣，而人皆以爲能得師傳，無幸
獲，故遠近爭附”。③ 葉葆不僅長於教授，而且鑽研不輟，“晚年精漢
學，得許、鄭不傳之秘”。④ 楊兆煜早年即從葉葆讀書，並於嘉慶三年
（1798）考中舉人，對葉葆非常尊敬和推崇。楊以增到道南書塾求學
后，因才華出衆，品行淳篤，深爲葉葆喜愛和看重，“即命三子錫駿從
楊生讀書”。⑤ 嘉慶十五年（1810），楊以增赴秋試，葉葆專門寫信給
他，進行指點和鼓勵。在葉葆的悉心指導下，楊以增學問大進，嘉慶二
十四年（1819），“楊君以增、鄧君琳枝同中經魁。以增系兆煜子，兩
世及門，尤爲府君所青盼”。⑥ 道光元年（1821）葉葆教書授徒如常，
“正月二十七日，猶喚諸同學入內舍領課文，復一一指示。不料是晚忽
嘔吐，痰氣上壅，即不復言。二十八日巳時，竟不起”。⑦ 時楊以增仍
從葉葆學習，葉葆在去世前一天仍爲楊以增的學業傾注了心血。第二
年，楊以增即以第二甲第八十三名獲賜進士出身，打開了通往仕途的大
門。葉葆雖未能親見楊以增成進士，但其教誨則功不可沒。楊以增對恩
師葉葆非常感念。咸豐五年（1855），他囑好友梅曾亮爲其撰《教思
碑》，又囑高均儒將《跛奚年譜》手寫上板刊刻。高均儒《〈跛奚年譜〉
跋》云：“拳拳師門，久而愈摯，侍郎之賢，即足以徵。”⑧ 可謂的評。
　　楊以增性情豪爽，正直坦蕩，篤於“師友氣誼”，⑨ 爲人處世極得
人緣。他自青年時代即結交了很多摯友，深厚的友誼往往保持終生。比

① （清）梅曾亮：《葉石農先生教思碑》，《柏梘山房文續集》，楊氏咸豐六年補刻本。
② 《續修聊城縣志》卷八《人物誌》，宣統刻本。
③ （清）梅曾亮：《葉石農先生教思碑》，《柏梘山房文續集》，楊氏咸豐六年補刻本。
④ 《續修聊城縣志》卷八《人物誌》，宣統刻本。
⑤ （清）葉葆編、葉錫麟續編：《跛奚年譜》，楊氏咸豐六年刻本。
⑥ 同上。
⑦ 同上。
⑧ （清）高均儒：《〈跛奚年譜〉跋》，《跛奚年譜》卷末，楊氏咸豐六年刻本。
⑨ （清）龍啟瑞：《兵部侍郎都察院右副都御史江南河道總督楊公神道碑》，《經德堂文集》卷四，光緒四年龍繼棟刻本。

如傅繩勛，楊以增之父楊兆煜與傅繩勛之父傅廷輝“性情氣誼大略相同，故投契最深，無三日不過從也，如是者廿年”。① 道光九年（1829），東昌知府劉煜倡建“東昌府考院”，傅廷輝偕同楊兆煜帶頭捐資，可見兩人志趣之投合。楊以增與傅繩勛則爲“總角交”，平時切磋藝文，同遊共處，親如手足。傅繩勛於嘉慶十九年（1814）考中進士，先後在朝廷和地方任職，但與楊以增交往一直非常密切。傅繩勛的長女嫁給楊以增次子紹和，楊以增還爲傅繩勛父母分別作《映宸傅公家傳》和《傅母朱恭人家傳》。後來，山東一帶土匪蜂起，楊紹和聽從岳父傅繩勛的建議，於咸豐三年（1853），在肥城城西卜築陶南山莊，以避亂藏書。楊以增去世后，傅繩勛又於咸豐七年（1857）九月，主持了楊以增入祀鄉賢祠的儀式。再如梅曾亮，他爲楊以增同年友，中舉後不樂外任，任職京城多年，後辭官主講梅花書院，成爲著名的桐城派古文大家。兩人異地爲官，離多聚少，但相聚必詩酒盡歡。楊以增曾囑梅曾亮爲其父楊兆煜作《墓誌銘》。南京被太平軍攻陷后，梅曾亮被困城中，後來趁機逃至王墅，生活顛沛，困苦不堪。咸豐四年（1854）八月，楊以增將梅曾亮接到南河衙署之清晏園，兩人得以朝夕相處，談藝論文。楊以增親自校訂刊刻梅曾亮《柏梘山房文集》，作爲他七十大壽的賀禮，令梅曾亮非常感激。其餘友人如許乃普、翟雲升、丁晏等，也無不一見如故，深相交納，互相切磋，終生不懈。

二　從牧令到道員

從楊以增的仕宦經歷來看，他並不像很多官員一樣，先任職中央，從各部主事逐步陞遷，再到地方任職，而是先擔任最基層的牧令，熟悉情況，積累才幹，進而逐步擔當重任。在府縣任職，他必須直接面對百姓，處理各類複雜的事務。這既是非常重要的歷練，同時也是十分難得的機遇，對於楊以增經世之才的形成，起到了很大的作用。

---

① （清）楊以增：《映宸傅公家傳》，《東郡傅氏族譜》，道光二十三年劉喜海嘉蔭簃刻本。

（一）遠宦貴州

楊以增考中進士後，於道光二年（1822）分發貴州，"起家牧令……皆民苗雜處，素稱難治"①。他最初擔任長寨同知，道光三年（1823）改任安順府清鎮知縣，四年（1824）補任荔波知縣。後於八年（1828）擔任貴筑知縣，十一年（1831）一月到任松桃直隸廳同知，十二年（1832）陞任興義府知府，同年署思南府，十三年（1833）擔任貴陽府知府，先後在貴州各府、縣任職長達十三年，爲當地百姓做了很多好事，初步顯示了他的治理才幹。

在貴州任職期間，楊以增關愛百姓，設身處地爲百姓著想，爲他們解決了很多困難，頗有循吏之名。他擔任長寨同知時間不久，便碰到一個丈夫要休掉妻子的案子。楊以增並沒有馬上判決，而是"婉諭之竟日，夫婦皆感悟拜泣去"②。他每次辦理政事，有一個老吏總是側耳傾聽，並不時點頭嘆息。道光三年（1823），楊以增改任安順府清鎮知縣，離開長寨的時候，老吏給他送行，感慨地説："小人年七十矣，未見有慈父母如公者也。"③ 在荔波知縣任內，他在城西演武廳左側鑿井，以方便百姓取水。道光八年（1828）十月，楊以增離開荔波後，當地百姓對他的惠政非常感念，"邑人思之，立位祀於文廟之名宦祠"④。後來，他就任思南府，因當地交通非常不便，而捐資倡募，鑿山修路，以避峽口覆舟之險，百姓也非常感念。

楊以增非常重視教化，並以此爲治民理政的重要舉措。道光四年（1824），他在清鎮任內，捐資創建鳳梧書院，每年的束脩膏火都由縣捐給。在荔波縣任內，他頗注重文章教化，苗民敬服。"荔波苗號難治，公日坐書院，與諸生指授文字，而苗民俯首貼耳，爭就役恐後，同官驚服以爲神"⑤。荔波原本未設有書院，前任荔波知縣曾經倡議修建，但書院講堂、魁星閣尚未畢工，而齋房更屬闕如。楊以增認爲如果不加修

①　《崇祀鄉賢錄》，臺灣"國立"故宮博物院藏。
②　（清）許乃普：《江南河道總督楊公墓誌銘》，《續修聊城縣志》附《耆獻文徵》卷又下，宣統刻本。
③　同上。
④　《荔波縣志》卷七《秩官志》，清光緒刻本。
⑤　（清）龍啟瑞：《兵部侍郎都察院右副都督御史江南河道總督楊公神道碑》，《經德堂文集》卷四，龍繼棟光緒四年京師刻本。

繕，則會前功盡棄，實在非常可惜，因此於道光八年（1828）捐資籌款，終於將荔波書院修建完成。他先後於道光五年（1825）、八年（1828）兩充鄉試同考官，所取多知名士，一時之間，荔波文風大盛。在松桃任上，楊以增倡捐續修松桃廳文昌宫，先後修建後殿三間、頭門三間、廟門一間、廚房二間，並修周圍牆垣。同時因爲“松桃廳城隍廟規模湫隘，殿宇滲漏……爰與士民約重加繕葺，咸踴躍捐資，購拓地基，改建門樓，以爲演戲所。大殿之廢者，整而新之，翼以旁舍，固其垣墉，工凡閱月而畢”①。道光九年（1829），他任職貴筑期間，受巡撫嵩溥之命，延請宿學增補《黔中風土志》乾隆十四年（1749）以後之事，爲保存鄉邦文獻，做出不小的貢獻。

道光十三年（1833），楊以增擔任貴陽府知府，“凡一省重獄，必經首府讞決，案乃定。公至任，清厘積牘至數百件之夥”②。當時貴陽府治下黎平縣有一個賄買頂凶的鄉民，馬上就要被判處死刑。楊以增審案多年，敏感地意識到其中一定有問題。經過反復審訊，終於查明實情。他認爲，如果將頂兇的鄉民殺掉，必使有罪之人逃脱懲罰，此風斷不可長，因此終將兇犯緝拿歸案，使正義得以伸張。

楊以增深受儒家傳統教育影響，對傳統道德推崇備至。他任職松桃廳的時候，當地有節婦萬蕭氏夫死守節。她含辛茹苦將孫子人傑撫養成人，人傑考中秀才，並入學食廩。萬蕭氏在人傑十五歲的時候爲其娶妻。同年，萬蕭氏之兒媳游氏去世。三年之後，其孫人傑也不幸早逝。萬蕭氏因此備受打擊，不久即因病去世。此時人傑之妻年僅十九歲，又立志爲夫守節。但是萬家非常貧困，“家無餘資，廳主楊以增以萬門三世苦節，重其事，首先給錢五十千文，爲合郡倡成三百千文，付典生息，月給其家”③。不僅對蕭氏一家三代先後苦節守志加以旌表，同時也爲她們解決了經濟問題，在當地傳爲佳話。

道光四年（1834）十月，他因在貴州各地任内治績出色，循聲已著，頗得百姓之心，故爲上司護理貴州巡撫布政使吳榮光專摺保舉。吳榮光《遵旨保奏屬員摺》稱：

---

①　《松桃廳志》卷二十八《記》，清道光刻本。

②　（清）許乃普：《江南河道總督楊公墓誌銘》，宣統《續修聊城縣志》附《耆獻文徵》卷又下。

③　《松桃廳志》卷二十四《列女》，清道光刻本。

又查得荔波縣知縣楊以增……系山東聊城縣壬午科進士，榜下分發貴州，補授今職。該員才識練達，任事實心，歷署長寨同知、清鎮知縣，俱得民心。在清鎮任內，兼能振興文學，離任時，百姓攀留者甚衆。現在甫任荔波，循聲已著，洵爲明幹有爲之員。

對楊以增給予了很高的評價。同年，他又因治績出衆，而被保薦卓異。

道光十二年（1832），楊以增擔任松桃直隸廳同知僅一年有餘，因才幹優長、治績出衆，被雲貴總督阮元奏請陞任興義府知府。興義府知府一職對官員人選的要求很高，"查該府界連滇粤，管轄一州三縣，民苗雜處，訟獄繁多，必得精明幹練之員方足以資治理"。阮元在奏摺中稱："惟查有松桃直隸同知楊以增才明守潔，歷練有爲，以之請陞興義府，洵堪勝任。"① 在他的大力舉薦下，楊以增終於得以破格陞任興義府知府，在仕途上大大邁進了一步。他亦對阮元非常感激。道光二十九年（1849），楊以增祝賀阮元八十六歲壽辰，獲贈吉羊漢磚硯。他題磚硯云："太傅總制滇黔，增由黔令洊陞左江道，今秉河鉞，得研經遺硯，銘而識之。追溯淵源，敢忘所致。"對阮元的知遇之恩，一直銘感不忘。

楊以增被任命爲興義府知府後，第二年又陞任貴陽府知府，依例赴京覲見聆訊，在京城和梅曾亮、陳拜薌等好友重逢。梅曾亮有感於十一年後再會，欣然作詩以誌喜：

當年鶴版共黔中，叱馭回車偶不同。似我依違真畫虎，看君談笑得憑熊。

風如唐魏知刑簡，土雜民夷見政通。更欲借詢朱季子，應將教授倚文翁。

十一年前兩人同受詔書，楊以增遠宦貴州，梅曾亮任職京城。久別後得以再聚，自然感慨頗多。此時楊以增以政績知名，梅曾亮因此以朱熹、文翁之典贊其治民以教化爲先，有儒官循吏風，深爲好友的治績而

---

① （清）阮元：《請陞要缺知府摺》，録副奏摺。

由衷高興。

在回任途中，楊以增路過家鄉，親爲祖母卜葬。因爲行程非常緊張，他和堪輿家一同出城，尋找墳地。在途中，楊以增所騎之馬突然受驚狂奔，迷失道路，一直跑到聊城西南三十里的田莊才停下來。堪輿家到了之後，發現這裏的風水非常好，是塊難得的吉地。楊以增在此地安葬祖母，並修建了楊家的家族墓地楊家林。

（二）轉任荆襄

楊以增於道光十四年（1834）二月，陞任廣西左江道。時間不長，即於同年九月調任湖北安襄鄖荆道。他從基層的牧令陞任級別較高的道員，其勤政爲民之心並未移易，治獄、治盜的才幹得到進一步施展。更爲重要的是，在湖北任上，他與林則徐初定交誼，自此之後，他的人生便開始受到林則徐的巨大影響。

楊以增擔任安襄鄖荆道時間不長，治下襄陽府即發生一起案件，有一個獨居的民婦遭到盜賊的侮辱，當地一個無賴得知後，故意到民婦門前調戲詬罵。民婦羞愧異常，一氣之下即憤而自殺。當地官員逮捕了這個無賴，把他當作殺害民婦的兇手。無賴原本沒有殺人，但是無法自白，又被地方官嚴刑拷打，只得承認罪行。楊以增仔細審閱卷宗，經過親自審問，終於發現了其中的冤情，將此人無罪釋放，並抓獲了侮辱民婦的盜賊，將其依法嚴辦，當地百姓拍手稱快。

楊以增所任的安襄鄖荆道"所轄境與秦楚豫壤相錯。俗悍率爲盜，且出沒不易獲"，① 剿捕盜賊是楊以增的重要職責。因辦理公務的原因，楊以增和湖北提督羅思舉接觸很多，二人經常在鄖陽府一帶剿辦土匪，當地匪徒因此不敢橫行。羅思舉早年即在四川剿滅白蓮教起義中屢建大功，久歷戰陣幾四十年，從行伍小卒積功累遷至提督，根本不把尸位素餐的貴戚重臣放在眼裏，但是對楊以增非常敬重，楊以增也很佩服羅思舉的才幹。道光十七年（1837）五月，道光帝召見羅思舉。當時羅思舉已經七十四歲，道光帝發現他精力大不如前，讓林則徐調查羅思舉辦

---

① （清）許乃普：《江南河道總督楊公墓誌銘》，《續修聊城縣志》附《耆獻文徵》卷又下，清宣統刻本。

事情形。林則徐詢問下屬，楊以增稱羅思舉"訓練有方，習勞不倦"，①
給予他很高的評價。

　　林則徐時任湖廣總督，楊以增是他的直接下屬。道光十七年
（1837），楊以增與林則徐一見如故，初定交誼。此後，二人因志趣相
投，深相接納，結爲至交。其子楊紹和聰慧能詩，很受林則徐的賞識，
因此被林則徐收爲弟子。林、楊二人交往甚密，在林則徐道光十八年
（1838）的日記中也多有記述。

　　　（四月十三日）戌刻發驛遞摺，奏報撫軍丁憂，委方伯護撫，
　廉訪署藩，安襄道楊至堂署臬，劉園署安襄道。②
　　　（閏四月朔日）黎明詣文廟行香畢，復雨，西北風，回署後接
　見屬僚，署臬司楊至堂自安襄到省來見。③
　　　（閏四月初十日）晚延湘帆及楊至堂來署飯。④
　　　（六月初六日）早晨提訊湖南陳席聘京控案，邀陶亮鄉、楊至
　堂來署早飯。郭鏡堂適來，亦入座，申刻散。⑤
　　　（六月二十七日），署廉訪楊至堂聞訃丁外艱。其太翁於十九日
　終於襄陽道署，壽七十一，往唁之，午回。
　　　（六月二十八日），巳刻，公祭楊太翁。
　　　（六月三十日）卯刻，楊至堂往襄陽奔喪，與同人赴其寓中
　送之。⑥

　　由此，亦足見楊以增與林則徐交往之密切。在林則徐的舉薦下，楊
以增得以暫署湖北臬司篆務。道光十八年（1838）閏四月，他上摺恭
報接署按察使篆務日期並謝恩："茲復署理臬司，刑名總匯，一切案件
均關緊要，兢惕尤深。臣惟有矢愼矢勤……悉心研訊，務得確情，期無
枉縱。斷不敢以暫時署篆，稍涉因循，冀仰酬高厚鴻慈於萬一。"⑦ 這

---

① （清）林則徐：《遵旨回奏提督情形摺》，錄副奏摺。
② （清）林則徐：《林則徐全集》第九冊《日記》，海峽文藝出版社2002年版，第329頁。
③ 同上書，第332頁。
④ 同上書，第333頁。
⑤ 同上書，第340頁。
⑥ 同上書，第342頁。
⑦ （清）楊以增：《恭報接署按察使篆務日期並謝恩摺》，錄副奏摺。

是他從中級道員向高級官員臬司邁進的重要標誌。從此，他開始逐步積累擔任地方高級官員的經驗，並爲未來主政一方打下基礎。

道光十六年（1836），楊以增迎養父親楊兆煜至襄陽節署。楊兆煜頗喜登臨，因此遍覽襄陽、隆中、峴山、鹿門諸勝，并觴詠於其間。在襄陽節署東側有孟亭，供奉孟浩然石刻畫像。但日久傾頹。楊兆煜非常喜愛孟浩然的詩歌，因此重新修建了孟亭。當時楊紹和年方七歲，深受楊兆煜喜愛，時常跟隨祖父遊覽襄陽名勝。楊以增原本即非常重視湖北文治，並主持修建了襄陽府學宮的大成殿、露臺、景行堂、聞喜堂等，使學宮體制大備。楊兆煜到來后，他因父親喜好孟詩，因此將石刻歐陽修《和翰學士欽登聞喜亭詩》移置於鹿門書院。

（三）丁憂家居

道光十八年（1838）六月，楊兆煜卒於襄陽。楊以增扶父樞回鄉，安葬於田莊楊家林，并循制丁憂三年。

在守孝期間，他在楊家林建造了弘農丙舍，以爲守制、讀書之所，并寓追遠祖先、懷念前輩之意。他還請著名畫家江蘇鹽城萬瀾、汪鏞繪制了"丙舍讀書圖"，意在表現自己要在先人墓旁終年守孝之志。楊以增在弘農丙舍内建造書齋，名曰"退思廬"，並對家人説："吾得退休，當廬墓三年，稍贖遠宦離親之罪。"① 楊兆煜去世的第二年，楊以增"旋丁趙太夫人憂，喪葬皆如禮"②。楊以增的生母和氏去世很早，繼母趙氏對待楊以增如同己出。他對趙氏也非常孝順，"喪葬遵文公家禮，不爲習俗移"③。此後，他盡心爲父母守孝，直至道光二十一年（1841）服闋。

自道光二年（1822）楊以增任職貴州以來，一直在外地做官。此次回鄉守制，他於道光二十年（1840），在家鄉聊城城内光嶽樓南楊氏家宅第三進院的東跨院裏，建造了藏書樓海源閣。海源閣爲坐北朝南、三楹二層的樓房，樓下爲楊氏家祠，供奉楊氏先人牌位；樓上爲楊氏宋元珍本及精校名抄等秘笈收藏處。海源閣藏書樓前有東、西兩廊，東部

---

① 《崇祀鄉賢録》，臺灣"國立"故宮博物院藏。

② （清）許乃普：《江南河道總督楊公墓誌銘》，《續修聊城縣志》附《耆獻文徵》卷又下，清宣統刻本。

③ 《崇祀鄉賢録》，臺灣"國立"故宮博物院藏。

廊側有南北兩座全木結構門窗的高臺讀書亭，亦作春季曝書之用。海源閣藏書樓的上層中間門楹上，懸掛楊以增親書"海源閣"陽文匾額一方，並加以注釋云：

> 先大夫議立家廟未果，今於寢東先建此閣，以承祀事，並藉藏書。取《學記》先河後海語，顏曰"海源"，蓋寓追遠之思，亦傚鄞范氏之以"天一"名閣云。

文末下鈐有"楊以增"和"至堂"陽文篆體印章兩方。樓下家祠門外前廈的立柱上懸掛木刻楹聯一副："食薦四時新俎豆，書藏萬卷小琅嬛。"表達了楊氏追念祖先、藏書傳家的願望。

道光二十年（1840），楊以增與時任廣東鹽運使的傅繩勛等捐修城中光嶽樓，以爲全郡保障。"道光庚子間，以增方與傅子繩勛讀禮家居，詹子恩以樓爲全郡保障，及此不修，後將愈難爲力，遂呈明祝太守、章明府定議興修。太守、明府以下及西商之戀遷於吾郡者皆捐金有加，郡人士亦各相佽助。工始於道光二十年□月，迄二十一年□月工竣……石基磚座木材一一堅實，簷楹戶牖，丹漆黝堊，煥然惟新。郡人士乃歡欣鼓舞，以落其成也。"①

（四）辦理祥工

道光二十一年（1841），黄河在河南決口，正是急需用人之時。楊以增同年九月丁憂服闋後，即被任命爲開歸陳許道道員，參與辦理祥工堵口工程，開始了爲官河南的仕宦生涯。

道光帝派遣東閣大學士王鼎擔任河道總督，負責堵築決口。楊以增於十月二十八日在祥工工次就任，"奉委總理東壩，兼管總局，並查催引河"②。"昕夕蒞工次，雖風濤衝擊，身屹立不少避，閱數月遂藏工"③。他以敢於吃苦搶險、辦事認真扎實，深受上司的認可。朱襄上奏稱："楊以增秉性端方，老成練達，自上年到任後，委辦大工，實能

---

① （清）楊以增：《重修光嶽樓記》，《續修聊城縣志》卷七，清宣統刻本。
② （清）朱襄：《道員請免回避摺》，錄副奏摺。
③ （清）許乃普：《江南河道總督楊公墓誌銘》，《續修聊城縣志》附《耆獻文徵》卷又下，清宣統刻本。

細心講求，認真經理，且不避勞怨，毫無河工習氣。"① 對他給予了很高的評價。道光二十二年（1842），楊以增在參與堵辦祥工合龍後，又認真辦理善後，並奉命查訪春修，驗收料物，頗得上司倚重。

當時清政府在第一次鴉片戰爭中戰敗，投降派佔據上風，道光帝爲推卸戰敗之責，將林則徐革職，發配伊犁。此時王鼎督辦祥工，因林則徐曾擔任河東河道總督，經驗非常豐富，故奏請讓林則徐襄辦河工，給林則徐一個立功贖罪的機會，以便求得朝廷重新起用。楊以增與林則徐再次在工地相見，兩人在黃河工地，奔波於洪流泥淖之中，並肩奮力堵口長達六個月。直到祥工辦理完畢后，林則徐遣戍新疆，兩人才依依作別。

在擔任開歸陳許道期間，他於道光二十二年（1842）十月初四日，再次暫署臬篆。在《恭報接署臬篆日期摺》中，楊以增上奏稱："臬司爲刑名總匯，豫省爲南北衝途，戢暴詰奸，稽查驛傳，在在均關緊要。臣惟有矢勤矢慎，隨同撫臣認真經理，斷不敢以暫時署篆，稍涉因循，以期仰答高厚鴻慈於萬一。"② 楊以增以出衆的才幹，多次被委暫署臬篆，標誌著他已經具備了統轄一方的高級官員的素質。

三　任職西北

經過十餘年的官場歷練，楊以增終於在衆多官員中脫穎而出。道光二十三年（1843）四月初三日，他被任命爲兩淮鹽運使，但還未及上任，即於同年四月十七日被授予甘肅按察使，從中級官員向方面大員邁出了關鍵一步。林則徐對楊以增始終非常關注。他對楊以增就任兩淮鹽運使非常高興，但因爲兩淮鹽務積弊已深，因此又很爲楊以增擔心。故當他得知楊以增轉任甘肅按察使後，稱他"鷁帆未下於邗江，豸繡已移於瀧水"，喜悅之情可謂溢於言表。同時他對楊以增的才幹也非常推崇，

① （清）朱襄：《道員請免回避摺》，錄副奏摺。
② （清）楊以增：《先都御史公奏疏》卷一，楊紹和編，山東省圖書館藏（按：以下均簡稱"魯圖"，不再一一註明）。

"蓋一德久孚夫心簡，斯三遷屢晉夫頭銜。遙知北上承恩，側席之宸咨正切；即卜西來駐節，開藩之寵命旋頒"①。認爲楊以增此次陞遷，正是憑藉出衆的才幹，得到了道光帝的充分認可和眷顧。

(一) 署臬甘肅

楊以增自道光二十三年（1843）八月初七日正式上任甘肅按察使，至道光二十六年（1846）十月二十三日，被任命爲陝西布政使，在甘肅先後任職三年有餘。期間他又先後於道光二十三年（1843）十二月二十日和道光二十四年（1844）六月十三日，兩次兼署甘肅布政使，在不同崗位上得到了更多的歷練，同時也爲百姓做了很多好事。

農業爲民生之大本，道光二十三年（1843），楊以增赴任甘肅臬司途中，即注意了解沿途田禾長勢，並上奏沿途所見直隸保定一帶"夏雨調勻，秋禾暢茂"，河南彰衛懷陝等地"雨水較勤，於農田甚有裨益"，陝西、甘肅沿途"禾稼漸次登場"，並稱"秋成豐稔，民氣恬熙，洵足仰慰聖懷"，② 可見他對農事非常重視，對民生也非常關心。楊以增到任甘肅后，正逢當地久旱無雨，楊以增潛心禱告，不久即大雨滂沱，人們把他比作東海于公。同年六月，道光帝因甘肅荒地較多，要求認真辦理招墾事宜，並將其中未經報明、私自墾種的耕地，勒限照例陞科，以增加政府的賦稅收入。此事專委甘肅藩司鄧廷楨辦理，其藩司一職暫由楊以增署理。楊以增到任後，對百姓生計非常關注，認爲欲籌國計，先恤民生，增稅應當從寬。他從百姓角度提出建議稱，西陲瘠貧之地，氣候嚴寒，土地收成寥寥無幾，水田或挹彼注茲，山田則有耕無獲，倘再徵賦稅，那麼就會民不堪命了。正是因爲楊以增的一再堅持，富呢揚阿、鄧廷楨等人雖然未能全部采用楊以增的建議，但是"陞科復停者數十縣，卒賴公言"。③ 他在職責範圍之內，最大限度爲百姓減輕了負擔。

當時甘肅一帶白蓮教影響很大，白蓮教徒聚衆習教，對清朝統治造

---

① （清）林則徐：《林則徐全集》第七冊《信札》，海峽文藝出版社 2002 年版，總第3631 頁。

② （清）楊以增：《沿途經過地方田禾民情片》，楊紹和抄本《先都御史公奏疏》卷一，魯圖藏。

③ （清）龍啟瑞：《兵部侍郎都察院右副都督御史江南河道總督楊公神道碑》，《經德堂文集》卷四，龍繼棟光緒四年京師刻本。

成了較大的威脅。楊以增作爲甘肅臬司，捕盜安民是他的專職。爲此，他秘密查訪白蓮教首領，逮捕了甘肅境內的白蓮教頭目夏長春、毛智遠。因爲首要頭目李一元遠在四川，而白蓮教教徒人數衆多，且散佈多省，他主動和四川總督寶興、陝西巡撫李星沅等地方大員聯繫，終於將白蓮教教徒全部抓獲。道光二十五年（1845）正月，陝甘總督富呢揚阿到河州等處巡閱營伍，其屬員徐采、沈玉田奉命查驗軍器馬匹，在循化廳境內被賊匪搶劫。楊以增會同青海辦事大臣德興等人協同破案，終於將阿布塄寺所屬札依族番子三人抓獲歸案。

楊以增非常關注百姓疾苦，悉心爲百姓伸張正義。他轄內中衛縣有個百姓以家中的童養媳忤逆爲由，用棍棒將她打死。楊以增並沒有聽信一面之詞，通過認真調閱相關卷宗，發現被打死的童養媳全身傷痕，體無完膚。憑借多年辦案的經驗，楊以增敏銳地意識到此案或許另有隱情，因此將涉案的中衛百姓從嚴審訊，反復究詰，終於查清了真相。原來這家要把童養媳賣作娼妓，雖再三逼迫，但童養媳始終堅決不從，最終被炮烙毒打致死。楊以增審明定讞后，上奏皇帝，請求旌表被打死的無辜貞女，並將殺人罪犯按律治罪，終於使冤案得以昭雪，正義得以伸張。

（二）巡撫陝西

道光二十六年（1846）十月二十三日，楊以增陞任陝西布政使。楊以增任職甘肅三年，辦理事務妥帖周詳，其人品才能得到道光帝的充分認可。林則徐亦稱："陝藩一席，人人無不推袁，頃於初二午刻接奉諭旨，果如衆望。"[①] 可見，當時楊以增的才幹已有公論，而他陞任陝西布政使，亦是衆望所歸。當時林則徐因操勞公務，舊病復發，無法正常辦公。出於對楊以增人品能力的充分信任，他同年十一月上《患病未痊請開缺調治摺》，"仰懇皇上天恩俯念臣患病實情，准令楊以增先在陝西護理巡撫印務，俾臣得以交卸調治，庶免誤公"，[②] 正式請求讓楊以增代理陝西巡撫。林則徐是深受道光帝信任和倚重的方面大員，在他

---

① （清）林則徐：《林則徐全集》第八冊《信札》，海峽文藝出版社 2002 年版，總第 3820 頁。

② （清）林則徐：《林則徐全集》第四冊《奏摺》，海峽文藝出版社 2002 年版，總第 1782 頁。

的大力舉薦下，楊以增得以順利署理陝西巡撫。直至道光二十七年（1847）二月十五日，林則徐病情好轉後，他才重回本任。此後不久，林則徐即陞任雲貴總督，楊以增則於三月十六日繼任陝西巡撫，直至翌年九月四日就任江南河道總督。作爲管轄一省的地方大員，楊以增兢兢業業，認真辦事，其才華能力得到了進一步的展現。

　　降雨多少是農事豐歉的重要因素。陝西地處西北，降水較少，道光二十六年（1846）的災荒即因長期乾旱而起。楊以增到任後，及時將降雪降雨情形上奏皇帝，足見他對農事的重視。他所上的不少奏摺也得到了道光帝的高度重視。如道光二十六年（1846）十二月，楊以增上奏陝西降雪情形，道光帝硃批“稍紓廑念”。二十七年（1847）九月，他又上奏安康縣被雨情形，道光帝硃批“詳加查勘”。二十七年（1847）一年之中，楊以增先後十三次上奏雨雪情形，并詳細指出對農事的影響。如二十七年（1847）正月，楊以增上《恭報雪澤麥苗情形摺》，上奏西安、延安、鳳翔等十二府州降雪情形，並稱“此次雪澤闔省均沾，南北兩山土脈本極滋潤，而平原久旱之地獲此祥霙，已種之麥田可冀盤根穩固，其未種者亦可補種雜糧，藉資生計”。① 所奏非常清晰明白。陝西雖然經常缺雨，但若連日積霖，降雨過多，他又非常憂慮。如道光二十七年（1847）夏季降水偏多，“省城地方則自八月初一日起迭沛甘霖，連宵達旦，現逾兼旬，尚未晴霽，雨勢亦甚寬廣”。他盼望降雨能夠儘快結束，“查各屬農田正值晚秋陞漿吸籽之際，被澤已極透足，必須即日放晴，方可結實黃熟，其留種冬麥之地亦可趕緊翻犁，乘時播種，以免遲待”，② 足見楊以增對農事的了解和關注。糧價和收成直接相關，是農事的風向標。楊以增對糧價陞降也非常關心，時刻關注糧價的高低陞降，並多次與降雨情形同時奏報。道光二十八年（1848）七月，楊以增上奏陝西省雨水情形及六月糧價稱：“嗣據西安、延安……十二府州屬具報，六月下旬二十四五六七八九、七月上旬初一五六八九十、中旬十一二等日，先後得雨自一二三四寸至深透不等，所種一切秋禾雜糧獲此雨澤，可期長發。至通省糧價，西安、延安、漢

① （清）楊以增：《先都御史公奏疏》卷二，楊紹和編，魯圖藏。
② （清）楊以增：《恭報雨水田禾情形摺》，《先都御史公奏疏》卷三，楊紹和編，魯圖藏。

中、同州、興安、商州六府州屬俱報平減，餘與上月相同。"① 道光二十八年（1848）八月，楊以增上奏稱："臣查陝省入秋以來雨澤沾足，南北兩山及平原各邑秋禾漸次結實，其留種冬麥之地，亦可乘時翻犂播種。糧價平減，民情歡悦，堪以仰慰宸懷。"② 由此可見，雨澤得時，則糧價平減，二者關係非常密切。楊以增對糧價非常在意，充分顯現了他對農事的高度關注。

楊以增署理陝西巡撫之時，陝西正面臨嚴重的旱災。"自夏秋亢旱，至今小雨數番，晚禾收成大歉，冬麥播種尤稀。"③ 朝邑縣舉人李元春描述本縣災荒情形稱："現在饑民流徙滿路，或有縊樹、赴水、投崖而死者。其未徙之家，有闔門坐待餓殺者，有煮食乾瓜皮、辣菜葉，而卒無以延生者，其中鬻妻鬻子女、棄嬰兒者，殆不可勝數。"④ 陝西省道光二十六年（1846）災情之重，由此亦可見一斑。楊以增非常關注此次旱災，"素衣齋食，默申虔禱，受任之日，即得瑞雪"⑤。他在本年十二月上《優沾瑞雪片》稱："臣經過陝甘地方，入冬雪少，而陝省各屬因秋間被旱，待澤尤殷。隨查省城先經設壇祈禱，於十二月初五日得雪寸餘。茲又於十二日辰刻得雪，起疏密相間，至是夜丑刻除融化外，積地四寸有餘，十三日猶霏霏未已……不但宿麥可以盤根，即未經播種者亦可於開春後另種雜糧，藉資潤澤。"⑥ 此次降雪後，陝西旱情得以大大緩解，百姓得到了喘息的機會。除虔心禱雨外，楊以增還積極采取救濟措施。比如對李元春提出的"救饑民""懲奸民"二策，楊以增即積極採納。楊以增深知，面對此次大災荒，必須全力賑濟，因此他積極放賑，"所有乏食貧民糴借兼施，並勸紳富捐濟，均已各安生計，無虞失所"⑦。經過楊以增不懈努力，再加上雨水調和，"次年即反凶爲豐"，⑧ 順利度過此次災荒。

---

① （清）楊以增：《恭報雨水糧價情形摺》，錄副奏摺。
② （清）楊以增：《恭報雨水田禾糧價情形摺》，錄副奏摺。
③ （清）林則徐：《林則徐全集》第八冊《信札》，海峽文藝出版社2002年版，總第3823頁。
④ （清）李元春：《上護院楊至堂大人言救荒書》，《桐閣先生文鈔》卷六，清刻本。
⑤ （清）《崇祀鄉賢錄》，臺灣"國立"故宮博物院藏。
⑥ （清）楊以增：《先都御史公奏疏》卷二，楊紹和編，魯圖藏。
⑦ （清）楊以增：《恭報雨水田禾情形折》，《先都御史公奏疏》卷三，楊紹和編，魯圖藏。
⑧ 《朝邑縣志》卷下，清刻本。

除道光二十六年（1846）年這次波及全省的大旱災外，在楊以增陝西巡撫任內，陝西各地災情不斷，他均及時瞭解災情，全力加以救助。如道光二十七年（1847）六月初五日，漢中府屬略陽縣、寧羌州因山水、江水陡發，沖塌民房一百零六間，淹死百姓一百二十六人。楊以增得知後，"將被水民戶分別捐給口糧，並修理房間、埋葬淹斃人口等費。其漫淹田地、傷損禾苗之處，亦俱捐給籽糧，補種晚秋。"因爲救助及時，措施有效，"現在民情均極安堵，委系不致成災"①。再如道光二十七年（1847）八月，興安府安康縣接連下雨二十多天，楊以增深知安康縣地處山區，以種植包穀雜糧爲主，而秋雨連綿，對包穀生長非常不利，因此嚴令當地屬員"今既遭此積霖，間有青空，究竟輕重如何，有無妨礙，必須查明妥辦"②。此後，因安康縣糧價上漲，他又要求用官倉平抑糧價，"明春應於常平倉貯糧內酌量減價出糶，以平市價而裕民食"③。除全力動員省內力量、積極應對災情外，如果受災更爲嚴重，他則及時上奏災情，並積極爭取減免緩徵錢糧。如道光二十七年（1847）十一月，楊以增因榆林府屬五縣地處山區，百姓貧窮，當年秋禾收成僅有五分有餘，因此上奏請將該府舊欠錢糧緩至道光二十八年（1848）之後徵收。同年十二月，他因富平、涇陽二縣"連年積欠，今歲秋禾間爲陰雨損傷，又未一律豐稔，生計仍形拮据。若將新舊錢糧同時並徵，實屬未能力逮。"④因此上奏請將兩縣道光二十六年（1846）未完地丁錢糧緩至道光二十八年（1848）秋後徵收。這些舉措，大大減輕了百姓的負擔。

楊以增在貴州任上就積極修整轄內工程，百姓受惠頗深。任職陝西后，他對辦理各類工程均非常重視，對應辦工程從嚴核實，確保財盡其用。寧羌州、留壩廳棧道使用多年，一切偏橋、欄杆、馬牆多被山水沖塌，木料朽腐，而且這兩處棧道"爲川陝往來要路，文報差事絡繹不絕，若不急爲修整，必致阻滯，所關非細，非別項工程可比"。因此，他於道光二十七年（1847）二月上《修理棧道動用銀數摺》，請求在漢

①　（清）楊以增：《略陽等屬被水情形片》，《先都御史公奏疏》卷三，楊紹和編，魯圖藏。

②　（清）楊以增：《安康縣被雨情形片》，《先都御史公奏疏》卷四，楊紹和編，魯圖藏。

③　（清）楊以增：《遵查歉收各州縣來春應行接濟據實覆奏摺》，《先都御史公奏疏》卷四，楊紹和編，魯圖藏。

④　（清）楊以增：《查明富平等縣歉收懇將舊欠銀糧展緩摺》，《先都御史公奏疏》卷四，楊紹和編，魯圖藏。

中府庫存貯棧道備公本款銀內動支，加緊修理。西安附近滻河爲豫晉隴蜀驛路要津，道光二十七年（1847）八月，河水盛漲，沖傷西岸堤堰。道光二十八年（1848）七月，楊以增上奏稱："現經夏令，大雨時行，河水不時漲發，必須豫爲購料，趕緊修築。"爲此，他飭令當地官員"及早興修，以護橋岸而衛田廬"。①

此外，楊以增還積極鼓勵地方官紳辦理工程，并多次爲出力人員上奏請獎。大荔縣原本沒有書院，當地候選教諭李榮春捐出空地，議敍縣丞杜志銓等倡捐銀兩，於道光二十六年（1846）十月建成書院一座。楊以增爲此專門上摺，稱當地紳士慷慨捐資，"不特營造有資，並能籌備經費，洵屬急公好義，慷慨樂輸，殊堪嘉尚。相應請旨敕部從優議敍，以昭激勸"。② 同州府城垣自乾隆十八年（1753）重修後，八十餘年未能大加修整，城身坍塌嚴重，不足捍衛。當地士紳主動捐資，修復城牆。爲此，他專門於道光二十七年（1847）十二月上摺爲議叙知府銜蒙省三、武童党景理、俊秀李崇正、布經歷郭邦俊等人請獎。府谷縣城垣自乾隆五十一年（1786）修理後，"迄今六十餘載，早逾固限，一切圍牆、礮臺、城樓等項歷年久遠，坍塌過甚，若不急爲修理，不足以資防範"。而且，城內文廟規模狹隘，損壞嚴重，同樣亟需修理。當地官員凌樹棠、高鈞"勸諭士民捐輸，數逾巨萬，俾得資集工成，實屬督率有方，盡心公事"，③ 順利完成此項工程。爲此，他於道光二十八年（1848）六月上摺爲出力各官紳請獎，以示激勸。

陝西地處西北，軍務較多，特別是一旦甘肅等地發生戰事，陝西往往要率先支援。道光二十七年（1847），因喀什喀爾被安集延叛匪圍困，陝甘總督布彥泰擔任定西將軍，奉命剿辦，楊以增於同年八月二十三日受命署理陝甘總督，並負責辦理糧臺事務。他經過認真研究，計劃先設置蘭州、肅州兩處糧臺，並將"克日抵甘，相機籌度，共應安設幾處"，同時"力求妥善，務期轉輸克濟，帑項無縻"。④ 爲

---

① （清）楊以增：《修理棧道動用銀數摺》，錄副奏摺。

② （清）楊以增：《紳士捐建書院請分別獎敍摺》，《先都御史公奏疏》卷三，楊紹和編，魯圖藏。

③ （清）楊以增：《官民捐修城垣請分別獎勵摺》，錄副奏摺。

④ （清）楊以增：《恭謝奉旨署陝甘總督並辦理糧臺摺》，《先都御史公奏疏》卷三，楊紹和編，魯圖藏。

保證軍餉供應，楊以增根據陝甘總督布彥泰的咨會，於道光二十七年（1847）八月，先後籌集餉銀五十萬兩，派遣妥員解送甘肅，以供軍需。同年九月十一日，因關外調集官兵足資防禦安集延叛匪，布彥泰駐紮肅州策應，楊以增才受命仍回陝西巡撫本任。楊以增原本"於軍需事務向未經歷，一切尤屬生疏"①。但他奉命兼署陝甘總督後，積極擘畫糧臺事宜，並迅速籌措軍餉，終於不負委任，顯示了較高的辦事才能。同年十月，因葉爾羌阿克蘇軍餉不敷，雖然陝西正雜等項皆無可撥之款，但是軍需緊急，楊以增隨即在捐輸正息及餘剩留抵甘餉等銀內，湊集白銀五十萬兩，分作五起，委員解往軍營，積極爲甘肅戰事搞好後勤供應。

　　楊以增認真辦理本省軍務，對所轄官兵"勤加訓練，實力講求，不可聽其偷安，尤不可任其驕縱"。楊以增從實戰出發，非常重視火器，"鳥槍爲軍營利器，抬礮、抬槍更爲制勝及遠之具。臣於本標考缺放糧，先以火器爲准"。爲保證火器發揮最大作用，他積極改良火藥製作方法，"火藥一項陝省向用藥碾，今改臼杵，照依精造之法，盡數舂足，篩珠呈驗，精益求精"。同時，他認真操練軍隊，於道光二十七年（1847）十一月十六、七等日親赴校場，檢驗合圍佈陣、藤牌刀矛等項，并專門檢閱抬礮、抬槍"亦抬放合手，高下咸宜，其中靶者十得七八"。經過認真校閱，楊以增"將各兵技藝最優者分別獎賞，記名拔補，生疏者當場責懲，勒限練習"，楊天佑、黃秀、楊炳等年力俱衰、力弱技疏軍官均被斥革，以達"習一藝有一藝之功，備一兵得一兵之用"之效。②

　　陝西省各地刀匪侵擾百姓的情況比較嚴重，"匪類佩執凶刀，三五成群，到處生事。或藉端訛詐，或倚衆欺壓善良，最爲閭閻之害"。楊以增深知辦理刀匪，"全在守土之官隨時隨地互相稽察，設法跴拿，庶匪徒無所容身，不致肆行擾累。"因此他多次嚴令"各州縣選派幹役，在於城鄉市鎮無分畛域，嚴密堵緝"。道光二十七年（1847），在楊以增的認真督辦下，"州縣等於應拿各犯不敢回護，陸續緝獲多名……捕

　　① （清）楊以增：《恭謝奉旨署陝甘總督並辦理糧臺摺》，《先都御史公奏疏》卷三，楊紹和編，魯圖藏。

　　② （清）楊以增：《校閱省標官兵摺》，《先都御史公奏疏》卷四，楊紹和編，魯圖藏。

務較有起色"。其中富平縣先後拿獲刀匪胡奇州兒等二十四名，抓獲逃凶王林一名，臨潼縣拿獲刀匪安五兒等十六名，藍田縣拿獲刀匪王潮武等三名，涇陽縣拿獲刀匪駱萬興一名，渭南縣拿獲刀匪温奴思兒一名，蒲城縣拿獲刀匪武長命兒等十三名，大荔縣拿獲刀匪劉福林等七名，商南縣拿獲刀匪張麼兒等四名，淳化縣拿獲刀匪趙驢娃等二名。汧陽縣拿獲刀匪馮金貴一名，洵陽縣拿獲逃遣孟繼三一名，略陽縣拿獲逃盜羅甲兒一名，甘泉縣拿獲陝西翼城縣越獄流犯馬其娃一名。此外，各廳州縣先後拿獲逃軍五十八名、逃流二十一名、逃徒五名，"計獲匪犯統共一百五十九名，其中多系帶刀著名匪棍以及配逃不法軍流"。① 楊以增於道光二十七年（1847）十月上奏審明本省大荔縣刀匪丁雙受等在甘肅夥劫輪奸並拒傷官兵之案，"大荔縣刀匪丁雙受等因在甘肅夥劫並輪奸婦女被拿，拒傷官兵，潛逃回籍。當即飭據該縣知縣熊兆麟將丁六八、丁來成、丁五三、丁培娃、丁沙嘎兒、于囊壺及丁雙受、丁萬山一共八名俱先後訪獲"，按律將各人犯懲治，並將首犯丁雙受斬立決並梟示。②

　　除辦理刀匪案件、積極保境安民外，楊以增辦理其他案件，同樣不遺餘力。他派員在陝西境内，隨時認真查禁私錢，堅決查處行使小錢及私鑄情形，并由各地方官員出具印結，以明責任。他認真辦理京控案件，督飭下屬提集人證，審結完畢，並無遲誤逾限之案。道光二十八年（1848）七月，刑部人犯梁萼涵署内簽押家人王晉逃亡到陝西，楊以增得知後，密飭下屬將王晉拿獲到案，並派撥員役，將王晉解往山西，轉解赴京，歸案質訊。

　　楊以增對吏治非常重視，對各級官員的管理也非常嚴格。道光二十七年（1847）十月，永壽縣監犯會世太乘間越獄逃脱，後雖被抓獲，但是楊以增仍將邠州吏目尹紹伊革職，將更夫張萬成杖責三十，將禁卒楊生玉等革役。道光二十八年（1848），因陝西省接遞奏摺存在疏漏，楊以增認爲"文報往來最關緊要"，隨即安排綏延鎮總兵暨臬司嚴良訓等負責查辦，徹底查明各驛站遞送奏摺時刻，將遞送遲誤員弁"分別責革記過示懲"，並嚴令嗣後遇有一切公文，"務須按限馳遞，倘稍存玩

　　① （清）楊以增：《各屬拿獲匪徒分別懲辦摺》，《先都御史公奏疏》卷四，楊紹和編，魯圖藏。

　　② （清）楊以增：《審明夥刦刀匪按律定擬摺》，《先都御史公奏疏》卷四，楊紹和編，魯圖藏。

視，定即嚴參，以肅郵政而免稽滯。"① 楊以增還嚴查各官員連帶責任，如郾縣知縣陳椿冠因公挪移道光二十三年（1843）地丁銀七千五百零五兩、鹽課銀七百四十三兩，又因管理不善，黴爛常平倉京斗麥六千八百石，共虧缺銀一萬六千四百零九兩。陳椿冠病故後，雖在其名下追繳、變賣資財，但仍不能全數補齊。楊以增嚴格按照規定，追究相關人員責任，將陳椿冠虧短官庫銀兩分作十成，分別在各上司名下分賠，其中知府分賠五成，鹽法道分賠二成，藩司分賠二成，巡撫分賠一成，並將各追繳銀兩"應在於各任所及原籍、原旗著追完繳，就近報部撥用，俾免搭解之繁"，② 有效避免了國庫虛靡。

四　盡瘁南河

河政、漕運、鹽政並列爲清代三大政。清政府每年從山東、河南、江蘇、浙江、安徽、江西、湖北、湖南八省徵收漕糧數百萬石運往京師，主要供應滿漢官員、王公貴族、八旗官兵及其家屬消費，同時還要撥充各地駐防官兵兵餉，應付必要的賑災和平糴。爲確保漕運暢通，清初即設河道總督一人，總管全國水利事務。後因黃淮在清口匯流，江南河務成爲漕運重點，於雍正七年（1729）將河道總督一職分設爲江南河道總督和河東河道總督，分別管理江南和江北河務。其中江南河道總督駐節江蘇淮安清江浦，管轄江蘇、浙江、安徽三省水利事務，"掌黃淮會流入海，洪澤湖汕黃濟運，南北運河泄水行漕及瓜州江工，支河湖港疏浚、堤防之事"，③ 職責非常重要。至咸豐十年（1860）裁撤，江南河道總督職銜共存在一百三十一年，計有四十三任、三十五人，其中代署十二人。道光二十八年（1848）九月，楊以增由陝西巡撫轉任江南河道總督，直至咸豐五年（1855）十二月卒於任上，先後任職長達

---

① （清）楊以增：《查明臺站接遞奏摺遲延時刻摺》，《先都御史公奏疏》卷五，楊紹和編，魯圖藏。

② （清）楊以增：《故員虧缺銀兩分成著賠摺》，《先都御史公奏疏》卷三，楊紹和編，魯圖藏。

③ （清）允祹：《大清會典》（乾隆朝）卷七四，工部，都水清吏司，清刻本。

八年。期間楊以增竭力整修運道、修築堤防，爲保證晚清漕運暢通奔波操勞，卒諡"端勤"，堪稱晚清河務的守成之臣。

（一）受命於危難之際

清代至道光一朝，運河河務已經進入"河政弊壞與河運艱澀"的衰微期①，主要表現在以下幾方面。

魏源在《籌河篇》中说：康熙時海口深七八丈，"湖高於河丈許"，嘉慶後河底漸淤，道光朝海口深"不二、三丈，河堤內外淮地相平者，今淤高三、四、五丈"，洪澤湖"汪洋數百里，蓄深至二丈餘，尚不出口"②。河湖形勢從清高於黃變爲黃高於清，河道淤墊日甚一日，且海口不暢，中壅下滯，發生洪水潰堤進而影響漕運的可能性大大增加。

清代漕運一方面利用黃河自清口至董口二百餘里河道轉輸漕糧，同時又在清口蓄清敵黃，避免黃河倒灌運河，淤塞河道。但淮河若水勢過大，又可能造成決口。《清史稿·河渠志》指出："夫黃河南行，淮先受病，淮病而運亦病。由是治河、導淮、濟運三策群萃於淮安、清口一隅，施工之勤，糜帑之巨，人民田廬之頻歲受災，未有甚於此者。"③黃運兩河互相掣肘、難以兼治，同時漕運使用灌塘法，需用閘壩段段節制，造成黃運沿岸閘壩林立，啟閉宣洩任務非常繁重。

爲保持漕運暢通，每年南河河工經費達到三百萬兩上下，占國家歲入的百分之七至百分之九，已經成爲清政府的巨大負擔（詳見表一）。

表一　　　　　　　　**清道光朝末期南河河工經費及占比**

	道光二十五年	道光二十六年	道光二十七年
南河河工經費	330 萬兩	278 萬兩	300 萬兩
國家歲入	4061 萬兩	3922 萬兩	3938 萬兩
河工經費占比	8.13%	7.1%	7.6%

---

① 姚漢源：《京杭運河史》，中國水利水電出版社 1998 年版，第 521 頁。
② （清）魏源：《魏源集·籌河篇》，中華書局 1976 年版，第 370—371 頁。
③ 趙爾巽：《清史稿·河渠志二》，中華書局 1977 年版，第 3770 頁。

　　更爲嚴重的是，道光朝實際歲入較乾隆朝爲少，比如道光二十七年（1847），各省未完銀達六百余萬兩，而二十八年（1848）則增至八百余萬兩，河工經費已經成爲國家財政的沉重負擔。魏源説："夷煙者，民財之大漏卮，而河工者，國帑之大漏卮也。""以今日之財額應今日之河患，雖管、桑不能爲計"，① 可謂並非虛言。

　　河工帑項雖爲清政府支出大宗，但是其中有不少並未用於河工，而是被大小官員侵吞挪用。"道員及廳汛各官環峙而居，物力豐厚，每歲經費銀數百萬兩，實用之工程者十不及一。其餘以供文武員弁之揮霍，大小衙門之酬應，過客游士之餘潤。"② 周馥《河防雜著》云："大工一舉，集者數十萬人，至使四方游士猾商倡優無賴之流，無不奔走輻輳於河上。"③ 孫静庵《棲霞閣野乘》對清江片浦一帶的繁華景象進行了非常生動的描述："清江上下數十里，街市之繁，食貨之富，五方輻輳，肩摩轂擊，曲廊高廈，食客盈門，細谷豐冒，山腴海饌，揚揚然意氣自得。青樓綺閣之中，鬢雲朝氣，眉月夜朗，悲管清瑟，華燭通宵，不知其幾十百家也。梨園麗質貢媚於後堂，琳宮緇流抗顔爲上客。長袖利屣，颯遝如雲，不自覺其錯雜而不論也。"④ 而支撐這一切的很大一部分就是河工經費，因此清江浦的畸形繁華實爲清代河工靡費、河員貪腐的直接寫照。對此清朝皇帝也有清醒的認識，道光二十八年（1848）十一月十五日上諭稱：河工浮冒之弊，人所共知，可見皇帝對河工浮冒深惡痛絶。

（二）宦歷曲折

　　如前所述，道光朝的河湖淤墊和河政頽敗已經到了無以復加的地步，以至於一到雨季，作爲黄河、運河、淮河交匯之地的清江一帶往往水災連綿。至楊以增督河的時候，這種情況已經更加嚴重。他於道光二十八年（1848）接任南河總督起，即面臨著棘手的治河局面。當年夏季因黄河水勢大漲，兩江總督李星沅命人開壩向洪澤湖泄水，致使運道水淺舟澀，漕船行進遲緩。楊以增到任後，率領屬下文武吏員，指揮河

---

① （清）魏源：《魏源集·籌河篇》，中華書局 1976 年版，第 365、367 頁。
② （清）薛福成：《庸庵筆記》卷三，上海商務印書館 1937 年版，第 25 - 26 頁。
③ （清）周馥：《周愨慎公文集·文集一》，石印本，1922 年版，第 17 頁。
④ （清）孫静庵：《棲霞閣野乘》卷下，山西古籍出版社 1997 年版，第 87 頁。

兵和民工疏浚河道，於慎重中務求妥速之法，終於不誤漕期，安穩度過汛期。但自道光二十九年（1849）開始，楊以增面臨的形勢更加嚴峻，他的仕途也隨之"三起三落"。

六堡塌堤。道光二十九年（1849）入夏後陰雨連綿，河湖大漲，運道危急。楊以增一直堅守外南廳吳城七堡險峻堤段，督率道將廳營等催運料物，鼓勵兵夫，奮力搶辦。但"連日又復長水尺餘，河溜益猛，隨廂隨走，趕用碎石拋壓，亦仍沖失。竭三晝夜之力，黃水日長日高，大堤愈塌愈窄，有僅存頂寬一、二尺者，實屬危險異常"。無奈之下，楊以增與淮揚道查文經、淮安知府王夢齡及幕僚們反復商討斟酌，權其害而取其輕，決定從以前洪澤湖泄清水涮黃河的舊地段挑堤洩洪。至"六月二十八亥刻，溜勢愈形緊急，日前存堤頂一、二尺者頃刻塌盡，僅存底坡，瞬將過水"①。楊以增於萬不得已之中動工破堤，將黃河之水宣洩入洪澤湖，上下游險峻堤段得以保全，清江、淮安各處人心俱定。但由於泄黃河沙淤積，淮安至高郵段運河道淺澀不暢，且吳城七堡洩洪後，道廳河員趕工不利，黃河六堡坍塌後的河堤並未及時堵合，黃水沖灌運河，河床繼續淤墊，嚴重影響漕運。以致北上漕船行駛遲緩，比往年晚了將近一月，招致漕運總督楊殿邦的不滿。楊殿邦為此上《參玩工誤漕之道廳各員》一摺，道光帝覽後大為震怒，同年十一月上諭稱："現在運河受淤，漕船回空期迫，該道廳等所司何事？致令幫船羈阻，河身受害匪輕。必應示以懲創。淮揚道查文經、署外南同知海阜同知婁晉均著暫行革職，楊以增督辦不力，亦著摘去頂戴，勒限一月內將回空軍船掃數全催出江，並將各工賠修，以備明歲新漕逦行順利，倘再延誤，即著從嚴參辦。"②

不久，因楊以增、楊殿邦及兩江總督陸建瀛合力催趲，漕船終於按期過淮，不誤來年新漕兌運，清帝於道光三十年（1850）下旨："上年南河吳城七堡啟閉不能如式，以致河湖受淤，軍船遲滯，當將河督楊以增等交部嚴加議處，嗣據該部分別議以降調，仍令福濟等將是否不誤歸次情形詳察嚴奏。茲據奏稱，回空軍船現均陸續歸次受兌，比較嘉慶十

---

① （清）楊以增：《水漲工危急籌減泄以衛漕運而保清淮摺》，《先都御史公奏疏》卷九，楊紹和編，魯圖藏。

② 《清宣宗實錄》，《清實錄》卷四七四，中華書局 1986 年版，第 960 頁。

四、五年，新漕尚可趕辦。並將各河挑挖深通，俾清水易於攻刷，楊以增著仍加恩改爲降四級留任，不准抵消。"① 此後楊以增繼續堵塞泄黄決口。直到當年九月份，河湖工程才竣工合攏，楊以增的處分亦隨之撤銷。

豐北決口。咸豐元年（1851）八月九日，風雨交作，河水漫堤，黄河豐縣北部河堤被暴漲的河水沖決，大溜掣動正河斷流，分作數股在蘇北、魯南、豫東一帶橫溢。這次決口非同一般，楊以增馳抵豐北三堡，勘得口門連續坍塌，水深流急，已經無法堵築，而被淹居民流離失所，慘不忍睹，迅即將決口情形緊急奏聞皇上。咸豐帝於當年閏八月十一日下旨："楊以增奏勘明豐北廳漫口情形並請將疎防各員分別懲處一摺。……兹據楊以增奏，馳抵豐北兵三堡，勘得口門續經塌寬至一百八十五丈，水深三四丈不等，現在大溜全行掣動，迤下正河業已斷流，被淹地方居民罹此凶災，流離失所，朕心實深憫惻。著該督撫等迅速籌款派員，妥爲撫恤，毋令一夫失所。河溜現已分作兩股，所擬啟放各壩並勘估各工均著趕緊籌辦，仍嚴飭道將等將東西盤裹壩頭，竭力保護。儻再有疏虞，或致貽誤漕船回空，該河督等自問當得何罪耶？……楊以增身任河督，未能先事豫防，實難辭咎，著摘去頂戴，與兼管河務之兩江總督陸建瀛交部分別議處。"② 這是楊以增督河以來遭遇到的最大挫折。此前，楊以增曾多次就治河經費問題請示咸豐帝，要求按定額及時撥付，但因國庫空虛，河款未能撥付到位，以致黄運堤防修守不足，殘破嚴重，無工處所河防更爲薄弱。從這個意義上説，豐北決口可以説是黄運河工長期積累問題的總爆發。

至咸豐二年（1852）四月，由於錢糧支絀等原因，豐北決口遲遲不能堵合，楊以增上奏自請展緩並請嚴加治罪。咸豐帝因豐工漫口堵築不力大爲震怒，頒下上諭："南河豐北漫口責成該督等辦理堵築，由部撥解鉅款，以濟工需，該督等宜如何盡心竭力，妥慎督辦？乃於興工數月以來，兩次走占，以致不克合龍，請於霜降水落後補築，糜帑殃民，曷勝憤懣！惟念此時籌辦重運，撫恤災民，皆刻不可緩之事。若將該河督等概於罷斥治罪，轉將置身事外。楊以增著即革職，暫留工次，督辦

① 《清文宗實録》卷二，中華書局 2008 年版，第 42372 頁。
② 《清文宗實録》卷四一，中華書局 2008 年版，第 42861 頁。

河務，陸建瀛著降爲四品頂戴，均仍責令秋天補築合龍，以觀後效。"①
清代河工經多次堵築方能成功的例子並不少見，豐北大堤接連堵築失
敗，既有經費不足的因素，也有當地土質沙松、地形不利等多方面原
因。當時楊以增已六十五歲高齡，仍以戴罪之身同兩江總督陸建瀛一起
率領河員、民工挖土培堤，風餐露宿於治河工地。咸豐二年（1852）
十一月，粵匪竄擾兩湖，江南設防，軍餉緊張，楊以增捐養廉銀一萬
兩，奉旨賞戴花翎。咸豐三年（1853）正月，楊以增率領屬員，經過
不懈努力，終於堵合缺口，並於當月二十九日上《豐北大工合龍穩固全
黃歸正摺》："彼時西壩門占三丈業已撐足，金門僅存四丈，愈收愈窄，
北注之溜勢如懸瀑，湍急異常。當飭在壩文武趕將挑水壩星夜接進埽占
四丈，以資蓋護，並將兩壩門占盤壓堅鞏，即於二十六日午刻敬祀河
神，掛纜合龍。臣等親捧秫秸下兜，員弁兵夫踴躍爭先，料土並進，一
晝夜之力追壓到底，壩前業已斷流，大溜悉歸故道，現即趕做關門大
埽，以爲外捍，一面將上年大汛拆展二壩跟手接築堵合，俾作重門保
障。"咸豐帝覽奏大喜，於二月初二日頒下上諭："楊以增經理得宜，
不負委任，著加恩開復革職留任處分。給還頂戴，賞加三級。其前次捐
輸河工經費，並著交部從優議敘。"②豐工經過多次堵辦，終於成功合
龍。在此期間，楊以增親臨河干，帶頭挖土修堤，身先士卒，竭盡全
力，這次大工合龍，可以説是非常不易。

　　豐工再決。豐工在咸豐三年（1853）正月合龍後時間不長，即因
當年六月黃河河水陡漲，造成豐工西壩再次坍塌。咸豐三年（1853）
六月六日，楊以增上《黃水陡漲豐工霸尾浸塌摺》："豐工於五月二十
八日卯刻水長三尺四寸，辰刻又接長九尺五寸，午刻陡起西南風暴，大
雨傾盆，水勢復抬高數尺，致將大壩西首土基平漫，立形坐蟄，水注內
塘，間段漫過二壩……先將外灘溝槽堵截，一面搶加二壩，無如該處並
無埽工，灘面寬廣，串溝不下數十道，深淺不一。雖經料土並進，竭一
晝夜之力，而深者甫堵，淺者復串，甚至旋堵旋串，實屬措手不及，遂
至坐蟄處刷寬三十餘丈，並將二壩迤西堤身漫塌二十餘丈，溜向北趨，
人力難施。"皇帝聞訊震怒，認爲新築的堤壩數月而壞，其中必有弊病，

① 《清文宗實錄》卷五八，中華書局 2008 年版，第 43064 頁。
② 《清文宗實錄》卷八，中華書局 2008 年版，第 43448 頁。

旋於六月十一日頒下上諭："該督身任河防，未能先事綢繆，以致新築壩工遽行漫蟄，咎實難辭，楊以增著即革職，仍留本任，責令督飭道將等迅即盤築裏頭，毋令續有坍塌，並將如何堵禦搶築及撫恤災民、彈壓土匪等事妥籌辦理。"①

這次丰工復決，楊以增深自咎責，以爲罪責不輕，可能會遭貶戍邊，便開始收拾行裝，所備衣物細軟只敷日用，唯將珍藏之書裝滿幾箱，準備攜書上路。但咸豐帝也深知，豐工堤壩合而復決，責任並不全在督河之臣，特別是南河河工、漕運、剿匪任務繁重，楊以增能員難得，因此命楊以增仍留南河，戴罪效力，繼續主持堵合豐工決口。但因此時太平軍已經進至兩江一帶，防賊剿匪任務繁重。且南河帑項因軍費支出而大大縮減，因此工程進展不快。特別是黃河決口後，下游水患嚴重，百姓流離，咸豐四年（1854）二月，有人奏報豐工下游包家樓一帶土匪渡河北竄，觸動了皇帝防匪北上的敏感神經，咸豐帝爲此將淮徐道王夢齡、徐州總兵百勝革職留任，而楊以增亦因"未能先事籌防，並著交部議處"②。

咸豐五年（1855），太平天國運動已席捲大半個中國，清王朝遭受前所未有的政治危機，更無暇顧及黃河工程。黃河大堤破敗不堪，終於在當年六月汛期到來之際，在河南銅瓦廂發生了數百年來罕見的大潰決。洪水淹沒五府二十餘州縣，主流向西北由張秋穿運河，奪大清河道入海。黃河至此結束了延續七百多年的東南奪淮入海的歷史，作爲朝廷南北運輸大動脈的京杭運河也被攔腰截斷，無法全線通航，運河漕運迅速衰敗。咸豐五年（1855）冬，楊以增在接連受到沉重打擊之下，仍苦撐河務，鞠躬盡瘁，終因積勞成疾，臥病不起。其遺摺云：三年來籌餉之難，辦事之苦，心力交瘁，每至徹夜無眠。入秋以來，忽患泄瀉之疾，延醫診視，僉以爲思慮傷脾，投以安神培土之劑，亦無大效，凡河務軍務，臣仍帶病勉力經理，不敢以微疾具摺請假，致煩聖心。嗣於冬至節後泄瀉日加，飲食日減，復進參芪補劑，如石投水，總緣下洩日久，氣血虧極，現在飲食不進，危在旦夕。君恩未報，齎恨無窮，而其

---

① （清）楊紹和抄本《先都御史公奏疏》卷二五，魯圖藏。
② 《清文宗實錄》卷一二二，中華書局 1985 年版，第 102 頁。

"臨終時猶籌度其事未已矣"。① 卒之日，遠近失聲。馬新貽評價楊以增剿匪治河"清淮終無失事，至今闔郡士民感念不忘"。② 龍啟瑞則以銘概之云："吏乎儒者，惟古是師。燕處澄觀，先繩己疵。吏乎循者，惟民是毗。保我室家，如勤己私。公全體之，爲國藎臣，節鉞再秉，遘此艱屯。……公心用瘁，公疾弗瘳。以勤死職，歸神首邱。"③ 此時咸豐帝正忙於鎮壓太平天國起義，又驚悸於黃河大改道造成的澇災，對死於國事的楊以增雖然深表痛惜，卻沒有給予應有的恩榮，只下詔以軍營病故例議恤。直到同治八年（1869）太平天國運動被鎮壓以後，應兩江總督馬新貽及清淮百姓之籲請，才給予楊以增"端勤"的謚號。

（三）治河方略

楊以增擔任河督時間較長，形成了自己的治河理念和治河方法，其中有不少是對舊有做法的繼承，有的也體現了較爲鮮明的個人特色。

務保漕運。清政府擔心黃河北流影響運河，堅持"使南不使北"的防河思路，違背了河道變遷自然規律，給治河帶來很大困難。特別是自乾隆五十年（1785）始行借黃濟運後，運河淤墊日甚，堤防經常決口，以致"清高於黃，漕艘轉資黃水浮送，淤沙日積，利一而害百"④。在這種形勢下，清政府保持漕運暢通的要求更加強烈，道光帝更是強調治河即以通漕，要求河督漕船每進一幫即具奏一次，且明確規定，每年四月十日重船即需抵壩渡河，封凍之前必須全數歸南。因此造成了河潰事小、誤漕事大的思維模式。特別是每年重空經臨，河督駐紮清口，與江督、漕督連番催趲，疲於奔命，自然無暇他顧。作爲封建大臣，楊以增自然也把執行皇帝命令、保持漕運暢通作爲出發點。他對漕船按時通行非常重視，每至空重經臨，必定親自督催，並將漕船行進情況及時上報。比如，在他任河督後，僅道光二十九年（1849）十月二十八日、十一月十四日，就連上《回空漕船灌放頭塘摺》《回空漕船灌放二塘

① （清）梅曾亮：《兵部侍郎江南河道總督楊公家傳》，《柏梘山房文續集》，清同治三年楊紹穀、楊紹和補刻本。

② （清）馬新貽：《馬端敏公奏議》卷七，閩浙督署校勘本。

③ （清）龍啟瑞：《兵部侍郎都察院右副都御史江南河道總督楊公神道碑》，《經德堂文集》卷四，龍繼棟光緒四年京師刻本。

④ 趙爾巽：《清史稿》卷一二七《河渠志二》，中華書局 1986 年版。

摺》，向皇帝彙報漕船行進情況。其《灌放二塘摺》云："嗣即催船出塘，仍將臨清堰堵閉，一面飭令河漕各員弁將楊莊壩內已到船隻陸續外放，以備二塘灌渡。臣於初九日督率道將等啟放臨黃堰，將江淮頭幫起至台州前幫止共三十幫，計船九百六十二隻，循序提進草閘，堵閉臨黃堰，啟放臨清堰，設法催償南下，仍即相機接手放渡。臣親駐塘河，嚴飭廳營兵役等晝夜梭巡，以防火燭。並令清河縣會同營汛訪查，不許水手上岸滋事。"① 由此可見，對於漕運之事，楊以增高度重視，親臨河干，親自指揮，唯恐出現差池。

慎守河工。清代歷代皇帝對黃運河工都非常重視，江南河道總督必須在二十日內將相關情況報送朝廷，如有逾違，要嚴查系何處遲延，即將該管官每案罰俸一年。關於另案、搶修、大工等用銀報銷，則必須在十二天內報送，如遇巡勘工程，在途次拜發者，也要按道里遠近，將日期增減。但是道咸朝的黃運形勢已經和明代大大不同。當時黃河奪淮已經四五百年，淮河下游河道和洪澤湖淤積嚴重，黃淮運交匯的南河一帶形勢更加複雜。曾任江南河道總督的麟慶說："今之黃河，底已淤高，故湖水昔存九尺而暢出，今則二丈而不敵。若必強蓄，鳳、泗先受其災；迫蓄極而放，運河難容，勢必啟高郵五壩，淮揚又罹其難。"② 因此，不論是麟慶還是黎世序等較有作爲的河督，都注重在前人成規的基礎上進行改進。楊以增以河務爲專職，在河工方面自然不敢有絲毫放鬆，主要抓住兩個關鍵。一是料。在這一點上，他受林則徐影響很大。林則徐被任命爲東河總督後，沒有徑直到濟寧辦理交接手續，而是考慮到運河河道冬挑工程即將展開，因此從揚州"取道閘河先行順途履勘，以便興工挑辦，免致耽延"③。特別是他對河南、山東十五廳的河道逐段查驗河工，對沿河的七千多座料垛逐一拆驗，有弊者察治，所屬凜然，歲省度支無算。道光帝對此非常認可，並大加稱讚："向來河工查驗料垛，從未有如此認真者，揆諸天理人情，深可慨也。"④ 楊以增在嚴查物料方面可謂頗得林則徐之長，他於道光三十年（1850）四月初

---

① （清）楊以增：《先都御史公奏疏》卷十，楊紹和編，魯圖藏。

② （清）麟慶：《鴻雪因緣圖記》第二集下《洪澤歸帆》，北京古籍出版社 1984 年版，第 549 頁。

③ （清）林則徐：《林則徐集·奏稿》上，中華書局 1965 年版，第 12 頁。

④ （清）林則徐：《林則徐集·奏稿》下，中華書局 1965 年版，第 28 頁。

八日上《查驗歲料及勘辦春修工程摺》云："臣於三月中旬將應備重運挑築各工料理放心，即由北岸先赴徐州，上自豐北渡黃挨查而下，回至外南，查勘塘河挑工已竣，惟界壩腮土尚未啟盡，當令署淮揚道胡調元專駐催辦。臣復由南岸前赴海口直至工尾渡黃而上，現已旋抵清江。計黃河十五廳，裏河、運河、中河三廳均已周歷，除蕭南廳向不預發歲料外，其餘各廳歲料按冊查點，均系如數堆足。量驗高寬長丈，悉與定式相符，運河廳料堆亦俱照數補齊。臣每至一廳，除點數查量外，均挨工抽拆數垛，尚無虛松夾雜之弊。"① 這種認真態度保證了南河河工有料防堵，為工堅堤固爭取了主動。二是工。他非常注重工程品質，對偷工減料之徒嚴加懲辦。在驗收江南、江揚兩廳西堤工程時，他發現"江運廳境各工，間有碎石單薄，土工亦有不堅實之處，所有承辦各工之員一律革職賠修"②。他在豐工引河開挖工程中，對通過墊崖偷工減料的官員進行嚴參。為此，他於咸豐二年十月二十六日上《特參挑河工員摺》："第三十三分委員宿南營守備劉元甫經興工，即將車路墊高一二尺。又四十三分委員外北營守備石榮竟將河身墊高二尺餘寸，該從灘上挑挖，以為墊崖地步。又二十八分委員邳北道通判丁承鈞承辦之工亦於南岸墊路一二尺不等……臣等查墊崖之弊系以挑起之土墊高兩岸，只需挑深一尺，望之已如二尺，希冀於驗收時掩飾朦混，實為河工之大病。該員備膽敢首先巧為嘗試，若不嚴行指參，則辦工人數眾多，難期整飭。"③ 這種嚴肅的態度和精益求精的精神在封建官吏中是非常難得的，也在很大程度上有助於扭轉當時南河官場的不良風氣。

兼護民生。面臨大汛，楊以增往往面臨開堤洩洪和保堤護民的矛盾。愛民一直是楊以增為官的重要原則，他在保護運道的同時，總是盡最大努力兼護民生。他首先保障漕運暢通，同時又盡最大努力減少沿岸居民的損失。特別是在不得已開堤洩洪的時候再三籌畫，絕不輕言啟放。他於咸豐二十九年（1849）九月初八日上《節交霜降河湖各工安瀾摺》云："惟值下河民田將屆秋成，與督臣籌商，得守且守，竭力搶護，逮至立秋以後，壩下早禾可以搶收。其中晚禾多種高處，兼有圩圍

---

① （清）楊以增：《先都御史公奏疏》卷一二，楊紹和編，魯圖藏。

② （清）楊以增：《驗收江揚西堤工程摺》，《先都御史公奏疏》卷一六，楊紹和編，魯圖藏。

③ （清）楊以增：《先都御史公奏疏》卷二二，楊紹和編，魯圖藏。

保衛，不慮壩水下注。"① 又於道光三十年（1850）七月二十四日上《節逾處暑修防平穩摺》云："各壩河減下之水遞達白馬寶高等處，入運下注。揚河、江運二廳長水較驟，所有歸江各橋壩河前已次第啟泄，仍在日漸加長，東堤吃重。時逾處暑，下河早中禾均已收割登場。如再加長，即酌啟高郵車南等壩以資分減。"② 再於咸豐元年（1851）七月二十九日上《節交處暑修防平穩摺》云："高郵南新中軍等壩已逾啟放水志，因壩下農田正當成熟，是以堅守未啟。茲節屆處暑，早中禾業已收穫，壩下受水之地尚不種植晚稻，現已會商飭廳酌啟車南等壩，以資宣洩而保堤工。"③ 由此可見，他不僅從河工方面考慮問題，還設身處地爲沿河百姓籌畫，盡最大可能讓百姓有收，堪稱封建時代的循吏。咸豐五年（1855）六月，黃河決口蘭陽，大水由大清河入海，楊以增的家鄉東昌府所屬陽谷、東阿等皆被水淹，楊以增在署河繁忙之中，"鄉信鴻哀，聞之心惻，購粟千五百石，交官散放，全活尤衆"。④ 雖然身患重病，但仍然記掛家鄉災民，其拳拳之心甚爲感人。

善用幹才。河道治理是一項實踐性、技術性較強的工作，離不開大量實踐經驗，往往需要專業人員的建議和指導。在這一點上，他和此前的河督有很多相同之處。靳輔在治河中得到幕客陳潢的很大幫助，他爲靳輔籌畫了一系列重大工程，靳輔的不少治河思想，比如貫徹潘季馴"堅築堤防""束水攻沙"等理論等，就受到了陳潢的影響。黎世序得到了幕僚鄒汝翼的得力輔佐。鄒汝翼是當時的著名河工，先後給徐端、戴衢亨做過幕僚。他主張"河流世稱濁，治當以清；河工習尚虛，治當以實；河務緩不濟急，治當以預以速"。黎世序"章奏悉出小西（鄒汝翼）"，倚鄒汝翼如左右手，甚至"欲援陳潢故事，薦之於朝"。⑤ 楊以增對當時著名學者包世臣的器重集中體現了這一點。包世臣一生經歷乾嘉道咸四朝，是一位頗負盛名的學者型經世人物。李慈銘云："慎伯於河事畢生盡力，自齊、徐、端以至楊以增，凡爲河帥者，皆諮其方略，

①　（清）楊以增：《先都御史公奏疏》卷九，楊紹和編，魯圖藏。

②　（清）楊以增：《先都御史公奏疏》卷一三，楊紹和編，魯圖藏。

③　（清）楊以增：《先都御史公奏疏》卷一七，楊紹和編，魯圖藏。

④　《崇祀鄉賢錄》，臺灣"國立"故宮博物院藏。

⑤　（清）鄒鳴鶴：《從侄小西家傳》，《續碑傳集》卷三三《河臣附》，臺北文海出版社1973年版。

故通籌利害，熟悉源流，隨地隨時，深權形變，而終守潘季馴之説，以
靳輔、陳潢爲善因，蓋皆目論心稽，不爲高論。"①《中衢一勺》卷七下
載有世臣於咸豐元年閏月初七日《復楊河帥書》，此信長達兩千餘言，
所提建議有十餘條。尤其是楊以增初到任時，對當時情形還不甚瞭解，
立即將其請於門下，他的不少建議都得到了采納。如道光二十九年
（1849）五月，袁浦城中大水淹灌，舟行城中，世臣自下游巡視至浦，
聞六月初一有開壩之説，於是進署問於以增，"至翁言：運河水大，河
員請開壩甚急，道將已定初一日前往。世臣即答以下河去年被水，流亡
初集，現在兩湖、江西、安徽皆被江患，蘇杭尤甚，災象已成。惟下河
七邑收成較早……現今立秋不過二十三日，一路見堤工高水面尚有四五
尺，工俱堅實，必可保至秋後。下河有二收，便足民食，若延至秋後，
可得六分收成，即有餘糧二三千萬石，接濟鄰近災郡，又省七邑災賑費
數十萬，又增新漕十余萬，以助倉儲。世臣來時，途中聞下河民人已吃
挨飯，若月初必放壩，本年流民無處投奔，且慮他變。河員不過以東堤
失事，則下河被害，更烈於放壩；且大小河員例俱攤賠，以爲恫喝。此
時唯有稍發錢糧，飭令貯工，以備搶築子堰，晝夜嚴防，必俟秋後，再
行酌放，是爲至要"。以增"聞言惻然"。經過通盤考慮，決定"遷延
至秋後三日方啓高郵各壩"。結果"下河趕收，竟及七成。北則袁浦，
南則蘇杭，米客紛遝赴下河採買，至今不絕"②。正是因爲他虛心下問，
幕僚才能展其才智，實力佐助，這對於治理河道、辦理工程，都是必不
可少的。

　　嚴管河員。這也是清代選擇河督的一個重要標準。道光十一年
（1831），林則徐擢任河東河道總督，他以缺乏河工經驗請辭："河工事
多猝來，計不旋踵，苟胸無定見，一事被蒙，毫釐之差，即成千里之
謬。"③但道光帝最終堅持任命，一個重要原因就是"當今外任官員，
清慎自矢者固有其人，而官官相護之惡習，牢不可破。比皆系自顧身家
之輩，因循苟且，屍祿保身，甚屬可惡"④。楊以增到任時，江南河道

　　① （清）李慈銘：《安吳四種》題記，《越縵堂讀書記》，上海書店出版社 2000 年版，第
1110 頁。

　　② （清）包世臣：《復陳大司寇書》，《中衢一勺》卷七，《包世臣全集》，第 219–220 頁。

　　③ （清）林則徐：《林則徐集·奏稿》上，中華書局 1965 年版，第 9 頁。

　　④ 同上書，第 11—12 頁。

所轄四道二十四廳中只有徐州、常鎮道屬十廳照舊分駐工次。至淮揚道屬七廳、淮海道屬六廳多聚處清江浦，廳屬幾同虛設，非遇盛漲搶險，皆不到工。楊以增嚴令寄居清江浦的員弁各歸工次，不准在清江逗留，且不得稍有曠離，怠忽職守。同時，他非常重視對屬員的考察，"明察暗訪，每於接見，詢以河湖之關鍵，埽壩之機宜，聆其言論，留心察看"①。他在道光二十九年（1849）八月初一日上《參劾文武汛弁片》中說："臣於查料查工之便，周歷各廳，接見文武汛員，察其才具，訪其官聲，查有海阜廳屬縣丞胡廷垳年逾七十，兩耳重聽，應行休致。銅沛廳屬南岸主簿趙信沚才本平庸，聲名狼藉，應行斥革。候補從九品孫廷標由外工幕友指捐到工，習氣太重，應行斥革。候補從九品謝珩氣質粗浮，不堪造就，應行休致。葦蕩右營南汛千總魏國舒貪鄙謀利，應行斥革。海防營童營汛把總龔成年力就衰，應行休致。除分別諮明吏、兵二部外，臣仍隨時留心察看，斷不敢稍事姑容，致滋貽誤。"道光帝對他的做法非常認可，在朱批中明確指示："所奏甚屬認真，嗣後若能常川如是，方合功令森嚴，盡心職守，朕甚嘉焉。有加無已，一洗舊習，不可忽諸。"②

對於能幹之員，他也大力提拔培養。他對手下幹員查文經另眼相待，加以重用和推薦。他於咸豐三年（1853）正月二十九日上《附陳臬司查文經隨辦大工片》云："甘肅臬司查文經有守有為，任勞任怨，久在聖明洞鑒之中。前歲奏准調辦豐工，熟籌全域，於一切工程料物力杜虛冒浮銷，因桃汛屆期，且遇非常風暴，功敗垂成。上年再荷鴻慈，仍令復堵，尤能自持定見，巨細躬親，往往忘餐廢寢。在該司受恩深重，只知竭力殫心，勉圖報稱。然若非該司之不辭勞瘁，不避嫌怨，錢糧斷不能如是節省。臣等不敢壅於上聞，理合附片陳明。"③對吳棠他也非常重視。馬新貽說："維時現任四川總督吳棠方任清河縣令，該河臣知其力能任事，授以方略，剿除旁近州縣捻匪、洋匪不下十餘起，消患於無形，厥功尤偉。"④可以說，吳棠的仕途成長，也得到了楊以增

---

① （清）楊以增：《甄別廳員並嚴參玩工營弁摺》，《先都御史公奏疏》卷九，楊紹和編，魯圖藏。

② （清）楊以增：《先都御史公奏疏》卷九，楊紹和編，魯圖藏。

③ （清）楊以增：《先都御史公奏疏》卷二三，楊紹和編，魯圖藏。

④ （清）馬新貽：《馬端敏公奏議》卷七，閩浙督署校勘本。

有力的指導和扶持。楊以增對能幹的下屬不僅盡力扶持，同時還親身教誨，這一點當得自林則徐的做法。他以言傳身教和及時推舉，幫助得力屬員儘快擔任更爲重要的職務，對於澄清吏治、辦理公務，發揮了很大的作用，這對於屬員的成長也是非常有利的。

（四）治河反思

楊以增擔任河督八年，在保證運河漕運暢通上付出了巨大努力，其才幹也得到了皇帝的認可，因此雖然一再革職，但又一再留任。一方面，他因地制宜、積極創新。如他爲了疏通河道進行了很多探索。他説：“即如臣……於履任後，亦曾就河上現存各器具並仿製爬沙鐵抓，親往河濱歷加試驗，亦未見有益處，故未敢登諸奏牘。”① 在黃河漫流、運道不暢的情況下，朝中有人建言漕糧改行海運，楊以增也與陸建瀛一起聯名上奏，請行海運，並得到允准，用海船將一百萬石漕糧運送至京，此後漕糧海運漸成主流。另一方面，他又嚴循成規、側重守成。清代治河一直堅持潘季馴“蓄清刷黃”的治河方略。麟慶也説“蓄清刷黃，治河通義”。② 楊以增和他們的觀點可謂一脈相承，他説：“治河無一勞永逸之策，黃河挾沙而行，底淤日積，系屬勢所必然。但能河溜不分，使之一氣歸海，則停淤日少，千百年來舍束水攻沙之外，別無良法。”③ 他不僅在治河理念上尊崇舊法，同時在辦理各項工程中也多遵循舊規。如道光三十年（1850）九月霜降後，爲保障漕船按時回空，他將邳宿運河前啟之七閘越壩、劉老澗滾壩、王家溝柳園頭閘、駱馬湖尾閭五壩等閘壩“查照舊章以次堵辦，俾利運行”④。咸豐元年（1851）正月初四日上《淩汛安瀾摺》云：“邳宿運河承受東省山泉挾沙下注之水，最爲停淤。幸有各壩逼刷，受淤尚輕，毋庸大挑，只需擇要撈浚，

---

① （清）楊以增：《遵查混江龍等法均無成效詳晰覆奏摺》，《先都御史公奏疏》卷一六，楊紹和編，魯圖藏。

② （清）麟庆：《鸿雪因缘图记》第二集下《洪泽归帆》，北京古籍出版社 1984 年版，第 549 页。

③ （清）楊以增：《遵查混江龍等法均無成效詳晰覆奏摺》，楊紹和編《先都御史公奏疏》卷一六，魯圖藏。

④ （清）楊以增：《節交霜降河湖各工安瀾摺》，楊紹和編《先都御史公奏疏》卷九，魯圖藏。

並照舊築壩，以資攻刷。"① 這主要是在當時無法產生比"蓄清刷黃"更好的治理辦法，因此楊以增也只能像他的前任那樣，在遵循成規的基礎上推行了一些改進。楊以增雖然在主觀上做出了巨大努力，但是其治河成效就不免因此大打折扣。從他八年治河經歷來看，楊以增治河雖然得到朝廷的認可，但河工仍出現不少問題，其中有主觀因素，更主要還是客觀原因。

河湖異漲。麟慶治河多年，連獲安瀾。他深知幸連年未遇異漲，實邀神祐。但楊以增顯然沒有這樣好的運氣。僅以他初任河督後的道光二十九年（1849）、三十年（1850）爲例。二十九年（1849）七月十六日楊以增上《重運漕船渡黃完竣摺》稱："今歲自春徂夏，江浙雨多水大，以致江河湖海同時並漲，積久不消，爲歷年所未有。"② 三十年（1850）七月初一日上《伏汛安瀾摺》，上報當年六月份水情："計旬日之間，上游來源共長至三丈八尺，實爲罕有之事，以致江境前漲甫消尺許，復又大長，竟有一晝夜長至四尺餘者。銅沛廳十八里屯滾壩長符定志，既經啟放，而水仍不消。外南順黃壩誌樁積存至四丈五尺，比上年極漲時尚大一寸，浩瀚異常，上自豐蕭，下至安阜，普律出槽漫灘，紛紛報險。"③ 雖然經過努力，道光二十八（1848）、二十九（1849）兩年修防平穩，但河員疲於防守、河工多次報險，亦暴露出道咸時期因河湖淤墊、運道淺澀給河工防務造成的巨大困難。因此，一旦出現咸豐元年這樣的大汛，土質沙松的河南豐工潰決就是不可避免的了。

同僚掣肘。河督、漕督工作關係非常緊密。道光二十九年（1849），因形勢緊迫，楊以增未來得及與漕運總督商議，也未得朝廷明示，即挑開外南七堡大堤洩洪。事後楊以增迅速奏稱此舉實爲於萬分危迫之中爲擇害取輕之計，事出倉猝，不及先期奏明，得到了皇帝的諒解。但此後因泄黃泥沙淤積，運河河道淺澀，漕船行駛遲緩，引起了漕督楊殿邦的不滿。楊殿邦爲此上奏朝廷參革南河總督楊以增，以懲其誤漕之罪。此外，在對於是否開復南河官員上，楊殿邦又與楊以增產生巨大分歧。楊殿邦上奏請將南河署外南同知婁晉嚴加議處，而户部右侍郎福濟、兩江

---

① （清）楊以增：《先都御史公奏疏》卷一五，楊紹和編，魯圖藏。
② （清）楊以增：《先都御史公奏疏》卷九，楊紹和編，魯圖藏。
③ （清）楊以增：《先都御史公奏疏》卷一三，楊紹和編，魯圖藏。

總督陸建瀛和楊以增均奏開復系查照舊章。皇帝在嚴令四人明白回奏後，於道光三十年（1850）四月十八日頒下上諭：“茲據各該員奏齊，詳加披閱，福濟、陸建瀛、楊以增所奏皆同，惟楊殿邦一人拘執，諉爲福濟、陸建瀛於附片專奏拜發後，始另文鈔稿，移知該大臣等。於辦理河漕交涉事件，宜如何和衷商確，詳慎具奏？乃意見不合，致令公事參差，是楊殿邦之拘執自是，以己忘公，不能與福濟、陸建瀛、楊以增和衷共濟，已可概見。不勝漕督之任，即將伊撤任，未爲不可。姑從寬將楊殿邦交部議處，與其自新，以觀後效。至福濟、陸建瀛、楊以增未能與楊殿邦商酌妥協，亦有不合，著一併交部分別議處。”① 道光帝雖然對楊殿邦進行了嚴厲批評，但是對大臣不能和衷共濟亦非常不滿，並對楊以增進行了處罰。皇帝對漕船是否能按期北上及回空非常關注，漕、河大員不和，必然會對楊以增的河務造成不利影響。道光三十年（1850），道光帝專門就漕船遲滯頒下上諭：“本年漕糧爲數本少，若地方河漕各督撫同心籌辦，寔力催儧，何致渡江渡黃遲滯如此？其該省開兑遲誤及淮揚一帶運河淺阻與河水漲發灌放稽延之處，著該管各督撫逐一查明，據實嚴參具奏。”爲此，楊以增專摺上奏稱：“迨渡黃以後，則中河頭壩堵閉未能迅速，黃水倒漾，亦守候數日。業經臣等並漕臣先後將在事文武奏參革職摘頂撤任各在案，委非運河淺阻灌塘耽延，似可仰邀天恩免其再參。惟渡黃例限定於四月初十日，誠以河工緊要，必趕於伏汛之前各省糧船一律渡黃，然後河員得以盡力修防，無須兼顧漕運。乃近來年遲一年，竟致六、七月重船尚未渡竣，一遇盛漲，外則險工林立，搶護不能應時；內則帆檣鱗次，風大轉防意外。且北上既遲，則回空安能求速？在直、東不免迎剝之繁，在清江即有水枯之虞。”② 據此，則皇帝也深知漕臣、河臣不合影響正常漕運，並對他們進行了嚴厲批評。而漕船渡黃遲滯，造成河內漕船櫛比、河外工程林立的局面，直接影響到河工修防，對於重運北上和同年回空均非常不利。

　　經費支絀。南河工費爲清政府巨大的支出負擔，故道光三十年（1850）上諭稱：“南河工用奏准每歲動用以三百萬兩爲率，此外不准

① 《清文宗實錄》卷八，中華書局 2008 年版，第 42441 頁。

② （清）楊以增：《遵旨覆奏摺》，《先都御史公奏疏》卷一四，楊紹和編，魯圖藏。

絲毫濫支，並將用剩銀數報部聲明作何扣抵。"① 在每歲用銀總數上進行嚴格控制。爲此，楊以增竭力撙節，道光二十九年（1849）南河用銀較二十八年（1848）實數少六十四萬兩，較二十七年（1847）實數少一百零六萬兩，節省效果非常明顯。但是節省過度，又會造成當辦之工無法按時辦理，時間一長，必然產生嚴重的河工隱患。此外，即使規定南河歲撥銀數，也往往不能按時發放，南河經費因此大打折扣。楊以增於道光三十年（1850）五月二十日上《瀝陳河庫銀款無可劃撥摺》，指出："各省額解多寡無常，殊難預扣，況解額拖欠，其零星者不計，如兩淮舊欠五十四萬余兩，江藩積欠十余萬兩，截長補短，只可爲俸餉雜支之用，而於辦料辦工緩急難恃。"② 這種情況在咸豐朝更爲明顯，清政府爲了應付龐大軍費，對南河的撥款更少。楊以增咸豐三年（1853）五月十九日上《設法試行銀票片》稱："查每年二月例撥防料銀一百五十萬兩，今先後奉部撥銀七十萬兩，內有准臣由就近藩關通融籌辦解銀三十五萬兩，均紛紛諮回另撥，其部撥之認解者亦因軍餉未能即解，現僅收到山東銀十萬兩，而應發之款日積月累，刻已共有一百九十余萬兩，內以工料爲大宗，其餘則蕩柴、刀本、水腳、工食、修船、建堡等項，而南河二十五營已五月未放兵餉，各廳險工林立。雖前飭各廳自顧考成，多方措辦，乃始猶竭蹶張羅，今再無從措墊。時逾夏至，河淮屢次報長，設遇險工，勢將束手。"③ 沒有充足的經費支持，河工必然日趨弊壞，一旦遭遇大汛，決口潰堤也就不足爲奇了。

戰亂干擾。咸豐三年（1853）正月初二日，太平軍自武昌東征，水師戰船順流東下，陸軍於兩岸屏障水師，長驅直趨南京。先是，太平軍連克武漢三鎮，威脅蘇皖，震撼豫蜀，使清廷大爲驚慌。作爲江南河道總督，楊以增不僅要修防河工，同時還要防賊剿匪，任務更加繁重。這期間，楊以增身兼數職，不僅擔任河督，還曾兼任漕運總督，兼理鹽務，兼任江南北糧臺大臣，並承擔防堵太平軍北竄進入清江等要務。咸豐三年（1853）四月六日，他與四川總督慧成上《統籌全域擇要布置摺》，對徐州、揚州一代布防進行了通盤安排。他還積極佈防清江一帶防務，於咸豐三年

---

① （清）楊以增：《先都御史公奏疏》卷一二，楊紹和編，魯圖藏。
② 同上。
③ （清）楊以增：《先都御史公奏疏》卷二五，楊紹和編，魯圖藏。

(1853) 四月十八日上《清江西路緊要添兵嚴防摺》稱：“臣一面派委千總劉冠文、武舉張萬春等管帶練勇三百名馳赴蔣壩紮營，時赴來安、天長等處分投巡哨，並因一線湖堤袤延百數十里，無險可扼，現於蔣壩迤南築作土堰，以備屯兵守禦，此陸路情形也。又查滁、鳳東北爲臨淮關，再下即淮河口，乃入洪湖要路，查湖內山岡叢錯，湖面周圍四百餘里，一帆可達，是水路較陸路尤爲緊要，隨飭山東後起萊州營參將嵩瑞率領所帶官兵馳赴盱眙上游，擇淮河要隘處所相地紮營，以資堵截，並將已到綏遠官兵及河營新練弁兵分派清口及高堰等處巡防，一面飛劄沿湖州縣將湖船悉數調泊北岸，委員嚴查，以防偷越，此水路情形也。”[1] 作爲河道總督，他在軍興之時竭力籌劃佈置，設立糧臺，安排糧餉，置辦火藥鉛子，調派官兵練勇，還要與太平軍及捻、幅等周旋，這些都導致他不能專心河務，對堵築缺口，催趲漕運，更是無法專心辦理了。

作爲封建時代的難得幹員，他在晚清國力衰退、財政支絀、政府無能、河員腐敗的不利局面下，任職八年，盡心盡力，堅持撙節，盡力支撐，並在初任數年保持了河湖安瀾、漕運暢通的難得局面，堪稱晚清河務的守成之臣。但是因爲河湖連年異漲、河工欠賬太多，加之河湖淤墊，積重難返，終於導致黃河決口，改道北徙，運河淤塞，漕運不通，楊以增也由此經歷了“三起三落”的曲折人生，並最終因病卒於任上。在南河任上，他以其辦事之勤、人品之端、整肅之嚴得到了上自皇帝，下至同僚、屬員乃至軍民的好評，流風餘韻，播在人口，卒獲“端勤”之謚，爲自己封建時代守成廉循的一生畫上了圓滿的句號。

五　獨特品質

楊以增三十六歲考中進士，正式登上政壇，和很多少年登第的同僚相比，年齡並不算小。但是他最終從基層牧令逐步陞職，擔任從一品的江南河道總督，這也和他的獨特品質密不可分。

楊以增性情豪爽，正直坦蕩，篤於“師友氣誼”，爲人處世很得人

---

[1] （清）楊以增：《先都御史公奏疏》卷二五，楊紹和編，魯圖藏。

緣。其摯友陳官俊曾以"公、忠、正、厚"四字概括其品行。楊以增邃
於儒家經典，對漢學、宋學都有深入研究，尤其"服膺北海"，始終堅守
儒家思想品格。他説："是達而爲名臣，窮而爲名儒，其道不同，其應運
而生、秉道而爲後起之儀型，則一也。"① 明確指出不論是爲官还是爲
學，雖然客觀環境不同，但都要爲後人做榜樣，爲國家作貢獻。對於楊
以增的品格，梅曾亮説："夫自守而不能容人，隨人而不能自守者，皆不
足以運世。聖賢者，能運世者也。至堂守身如金城湯池，粟私不可攻。
至與人接物，恢恢乎如河嶽之無涯量。鯨蝦之巨絕，犀象虎豹之珍怪，
無不容納於其間。自縣令至封疆，守正無婟婀，而一無所齷齪，蓋不以
處己者望人之同，故正人與之。即志行殊者，亦信其無私利心，能推利
於人而不害其事也。"② 在他身上，較爲集中地體現了儒家傳統道德和
封建官吏的優秀品質，這也是他得到皇上和同僚認可的重要原因。

　　楊以增自讀書應舉之初，即深受忠君觀念的影響。入仕之後，他逐
步陞遷，尤其對道光帝的知遇之恩始終銘感在心，其忠君思想則逐步增
添了報答君恩的成分。忠君之志與報恩之思相互糅合，形成了盡瘁死節
的忠臣觀念，並貫穿於他的後半生。楊以增在任職貴州之時，被雲貴總
督阮元舉薦爲興義府知府。而按定例，他應當在任職松桃廳三年後，方
可被上司題請量予優敘。之後再滿三年，才准予保題陞銜。而當時楊以
增擔任松桃直隸廳同知僅一年有餘，即被阮元保舉。道光帝認爲楊以增
人才難得，欽定擢任他興義府知府一職，比正常陞遷年限縮短接近五
年。此後，他於道光二十三年（1843）四月初三日被授職兩淮鹽運使，
僅僅過了十四天，又被任命爲甘肅按察使。楊以增在謝恩摺中稱："茲
復迭邀申命，甫選運使，旋畀提刑，循省五中，莫名兢惕。"③ 道光二
十六年（1846）十二月二十三日，他陞任陝西布政使，上奏謝恩稱：
"茲復仰荷温綸，補授今職。感隆施之彌渥，懷報稱之逾難。"④ 報恩之
情可謂溢於言表。更爲難得的是，他剛剛被任命爲陝西布政使，旋於同

---

① （清）楊以增：《重修光嶽樓記》，《退思廬文存》，1920 年楊敬夫刻本。
② （清）梅曾亮：《兵部侍郎江南河道總督楊公家傳》，《柏梘山房文續集》，清同治三年
楊紹穀、楊紹和補刻本。
③ （清）楊以增：《恭謝恩授甘肅按察使謝恩摺》，錄副奏摺。
④ （清）楊以增：《恭謝恩授陝西布政使籲懇陞見摺》，《先都御史公奏疏》卷二，楊紹
和編，魯圖藏。

年十二月初十日暫署陝西巡撫。道光二十七年（1847）二月十五日剛剛交卸撫篆，即於三月十六日正式擢任陝西巡撫，皇帝的青睞有加，由此可見一斑。他向道光帝陳情稱："乃蒙簡畀之優加，遽擢封圻之重任。隆施逾格，非夢想所敢期；異數連膺，倍心驚而滋懼。"① 楊以增對道光帝的重用刻骨銘心，決心不計得失，以報君恩。這在他就任江南河道總督一職上，得到了最爲集中的展現。自清朝中後期起，河務衰敗，積重難返，擔任河督的風險很大。金安清《水窗春囈》云："河工向來比照軍營法，故河督下至河廳得罪，有枷號者，有正法者，而年年安瀾，皆有保舉。……然乾嘉時，人皆以河工爲畏途，蓋賞雖重而罰亦嚴耳。"② 在這種形勢下，河道總督已經從肥缺變爲燙手山芋，河督卒於任上或被貶革流放的不乏其人。清代任期六年以上的河督中，卒於任內的占到百分之三十七。在這種形勢下，"或以河事爲慮，勸引歸。公曰：'吾稔知矣，徒以受皇上特達恩，以縣令超擢至此，欲決去，誠不忍於心。'"③ 可見，楊以增並非不知其中艱難，但是作爲封建官員，他始終念念不忘皇上超擢特達之恩，仍嚴守爲臣之責，不計得失生死以爲之。

　　楊以增仕宦經歷豐富，口碑極佳，是當時公認的幹員，也是道咸時期經世派的代表人物之一。爲學在於致用，重在實踐，其最終目的就是要齊家治國。出仕爲官，就必須始終想着有用於天下后世。因而楊以增又云："通經學古，踐履居先。處而修之於家，則孝弟忠信；出而膺廊廟之選，則必思有濟天下後世。"④ 充分顯示了他崇尚實幹、務求實績的爲政志趣。他的經世才幹，有三個鮮明的特點。

　　其一，重視牧令之任。楊以增自牧令起家，對基層官員有很深的瞭解。他認爲"社稷民人，惟牧令是寄"，作爲最接近百姓的牧令官，治民首先要"親民"，爲官必須保有一顆報效國家的赤子之心。他在《〈牧令書輯要〉叙》中鮮明地指出："誠以牧令乃親民之官，以保赤之心爲心，則一邑治，即推之天下無不治。"⑤ 就是他這種理念的集中體

---

① （清）楊以增：《擢任陝西巡撫恭謝天恩摺》，《先都御史公奏疏》卷三，楊紹和編，魯圖藏。

② （清）金安清：《水窗春囈》，中華書局1984年版，第73－74頁。

③ （清）梅曾亮：《兵部侍郎江南河道總督楊公家傳》，《柏梘山房文續集》，清同治三年楊紹穀、楊紹和補刻本。

④ （清）楊以增：《重修光岳樓記》，《退思廬文存》，1920年楊敬夫刻本。

⑤ （清）楊以增：《〈牧令書輯要〉序》，《牧令書》卷首，道光二十八年楊以增、李煒刻本。

現。爲此，他在陝西、南河爲官期間，對遴選官吏始終非常愼重，多方訪求政聲，並與下屬反復推求，務求得人。在他任職南河期間，清河縣令吳棠善於捕盜治民，辦理團練很有成效，外南廳同知婁晉樸誠穩練，辦事精詳。楊以增均多次上奏保舉，並加以重用。

其二，注重教化爲先。楊以增受儒家經學影響很大，尤其服膺北海，深得儒家治國之道。楊敬夫《退思廬文存》跋云："俾端勤公敷持躬之大節，由經術發爲治術，其有關於國家致治者甚大。"①《崇祀鄉賢錄》亦稱他"以經術飾吏治"。② 楊以增積極將經術發爲治術，他所踐履的治術帶有鮮明的儒教特點，特別是堅持先教化而後刑政，許乃普曾贊其有兩漢循吏風。正因如此，他凡在一地爲官，都要大修文廟、學堂，與士子講學論文，務求以文章教化百姓。在貴州任職期間，苗民雖然號稱難治，但在楊以增的教化之下，無不俯首帖耳，爭相就役，以至於同僚驚以爲神。而他對百姓訴訟之事也從不簡單從事，而是多方譬喻，以道理加以疏導和感化，不少百姓因此感悟拜泣而去。對審理案件，楊以增更是非常謹愼，多次發現案情中的疑點，並昭雪民冤。這種種治績的背後，說到底體現的是他注重教化的循吏觀念。

其三，積累經世才幹。楊以增得以從基層牧令逐步擔當大任，和他出衆的才幹密不可分。道光帝曾稱楊以增"實心實政，足以匡時濟難"③，包世臣云"河帥有心當世之務"④，陳官俊云："吾弟才大心細，凡有可見教之處，兄無不虛心領受，更望早膺節鉞……猶爲國家遏杜邪萌，培養善氣。"⑤ 楊紹和稱其"立身立政，事關修身治人之要，國計民生之重"⑥。可見對楊以增的治國辦事才能，上自皇帝，下至同僚、朋友乃至家人，無不非常認可和推崇。河道總督一職有較強的專業性，對官員能力素質的要求很高。楊以增自道光二十一年（1841）任開歸陳許道時即親臨河堤，風餐露宿，與下屬一起搶堵河南祥符決口，爲他擔任南河總

① （清）楊以增：《退思廬文存》，1920 年楊敬夫刻本。

② 《崇祀鄉賢錄》，臺灣"國立"故宮博物院藏。

③ （清）龍啟瑞：《兵部侍郎都察院右副都御史江南河道總督楊公神道碑》，《經德堂文集》卷四，光緒四年龍繼棟刻本。

④ （清）包世臣：《復陳大司寇書》，《中衢一勺》卷七，《包世臣全集》，黃山書社 1994 年版，第 218 頁。

⑤ （清）陳官俊：《致楊至堂書》，《海源閣珍藏尺牘》，魯圖藏。

⑥ （清）楊紹和：《〈海源閣珍藏尺牘〉序》，魯圖藏。

督積累了寶貴的經驗。楊以增擔任南河總督多年，其治河才幹得到了皇帝的充分認可，咸豐五年（1855）九月初四日，皇帝就蘭陽漫口如何處置頒下上諭："至蘭陽漫口，議者有謂宜因勢利導，使河流徙歸北趨，由大清河入海者。此時命張亮基等查勘，只爲目前緩築之計。若欲從此徙河北流，事關大局，尚需特派大員詳加履勘，非可草率從事。楊以增熟諳河務，於古今治河源流諒能通曉。如有所見，不妨據實敷陳，以備採擇。"① 這是對楊以增治河才幹的充分肯定，也是楊以增任南河總督期間，雖多次遭遇河道決口，但始終未被革職撤任的重要原因。

　　楊以增自入仕以來，始終以清廉爲官自勉，對非分之財，絲毫不取，在官場中以廉潔著稱。河督是清代官場公認的肥缺，爲了避免貪污靡費，皇帝非常注重選擇廉吏擔任總督。從清代歷任河督看，不少河督都非常清廉，如清代首任河督楊方興致仕以後 "長安居第僅蔽風雨，蔬食布衣，四壁蕭然"②。雍正皇帝亦曾感嘆河道總督齊蘇勒和副總河嵇曾筠的生活和辦公條件難堪清苦。而黎世序擔任河督十三年，經手銀兩動輒萬計，但他 "不納苞苴"③，"一清澈骨，無妾媵，無玩好，晚年獨居於外，二子皆布衣蔬食，不知爲公子也"④，而他死後 "家無餘財"，"身後蕭然，尤爲可傷"。⑤ 楊以增的清廉也是有目共睹的。道光帝調整了南河總督、東河總督養廉銀，南河總督養廉銀從每年八千兩提高到一萬二千兩，楊以增爲此於道光二十八年（1848）十二月二十一日上奏稱："南河總督每歲養廉銀八千兩，已屬優厚，現蒙鴻慈逾格，添銀四千兩，敬聆之下，惶悚難名。伏念籌備本款經費有常，況值需用不貲，內外各員尚且捐廉助賑。臣受恩深重，何敢於常廉之外取再加多，請仍照常支領。"對楊以增的要求，道光帝明確批示："所請不准，照所添之數支領。"其堅持增發養廉銀，也是對楊以增廉潔奉公的勉勵。他在日常生活中也非常注重廉潔，在咸豐二年（1852）堵合豐工決口時，"與陸公除夕風雪中暮宿河上，薪炭鹽米，不以費署吏官錢"。馬新貽也說："臣查已故河臣楊以增……洊陞南河，向稱繁富之區，自該河臣

---

① 《清文宗實錄》卷一七六，中華書局 1986 年版，第 45193 頁。
② （清）陸燿：《治河名臣小傳·楊方興傳》，《碑傳集》卷七六，第 390 頁。
③ （清）昭槤：《嘯亭雜錄》，中華書局 1980 年版，第 528 頁。
④ （清）金安清：《水窗春囈》，中華書局 1984 年版，第 64 頁。
⑤ 葛虛存：《清代名人軼事》，書目文獻出版社 1984 年版。

蒞任，力崇節儉，率下以廉，風氣爲之一變。"①

　　楊以增品質優秀，才幹出衆，仕途亨達，官聲頗佳。這既是他主觀努力的結果，同時也離不開多種因素的共同影響。

　　楊以增的家鄉聊城縣地處華北平原，土厚泉深，沃野千里，林茂糧豐，素號富饒。在戰國時期，聊城爲齊國之西鄙，又與燕趙相接，慷慨悲歌的燕趙文化與崇禮尚義的齊魯文化在這裏碰撞融合，形成了聊城樸實豪放的民風。"其人樸願而茂，有秉心塞淵之舊焉。雖循習故事，憚於興改，然無有桀黠漁食、持長吏斷者。租賦不待督輒先期報竣，最稱易治。士多才俊，文風爲諸邑冠，武風亦極一時之盛。"② 明清時期，聊城挾運河之利，繁榮昌盛長達四百餘年，江浙、秦晉、湖廣等地商賈雲集於此，金店、銀號、書坊、筆莊、藥鋪、茶館遍佈城區，廛市煙火相望，不下十萬户。繁榮的經濟促成了聊城文化的興盛。以書院爲例，明清時期，聊城共有東林、光岳、龍灣、陽平、啟文、攝西等六所書院，全部集中在以光岳樓爲中心的古城區內。在濃郁文風的習染之下，聊城士人頗重讀書仕進。清代山東共有六名狀元，聊城即有兩人。其中清代第一位狀元傅以漸官至武英殿大學士兼兵部尚書，學識淵博，著作極豐。傅氏家族自傅以漸起至清末，共有進士六人，舉人十一人，拔貢十一人，國子監生九十一人，秀才一百一十人，官位在正七品以上的就有二十二人，楊以增的摯友傅繩勛即爲傅家之翹楚。楊以增深受聊城民風的習染，他樸誠爲人，敢於任事，鞠躬盡瘁，不愛其軀，頗有燕趙之風；他服膺北海，崇尚禮義，忠心事君，知恩必報，頗有齊魯之氣；他爲人儒雅，結交名士，酷愛藏弄，其書滿家，又頗得益於運河之興盛、文化之繁榮。在他身上，處處可見聊城民風薰染的清晰印記。

　　將學術與經世致用結合起來，自清初黃宗羲、顧炎武等已經開始。論學的目的就是經世，如顧炎武說："君子之爲學也，非利己而已也。有明道淑人之心，有撥亂反正之事，知天下之勢之何以流極而至於此，則思起而有以救之。"③ 又說："君子之爲學，以明道也，以救世也。徒以詩文

---

① （清）馬新貽：《馬端敏公奏議》卷七，閩浙督署校勘本。

② 《續修聊城縣志》卷一《方域志》，宣統刻本。

③ （清）顧炎武：《亭林餘集·與潘次耕劄》，《顧亭林詩文集》，中華書局1983年版，第116頁。

而已，所謂雕蟲篆刻，亦何益哉?"① 但是這一經世致用思想至乾嘉時逐漸被 "乾嘉學派" 的 "純學術" 所取代，從而使學術研究逐漸變成遠離現實、脫離政治的爲考據而考據的學風。清季中衰，學者仁人對其日趨不滿，對經世主張和經世實學則愈加重視。因而，不僅連素負盛名的經學家段玉裁晚年慨嘆自己一生 "喜言訓詁考核"，是 "尋其枝葉，略其根本"，最終落得個 "老大無成，退悔已晚"。② 更是出現了如姚鼐、方東樹等重新宣導宋學的桐城學派。至道咸時期，經世學風終於形成一股氣勢磅礴的時代思潮。在道咸經世派中，既有 "經世濟民" 的龔自珍，"倡經世以謀富強" 的魏源，"有經濟大略" 的包世臣，"以經世自任" 的姚瑩、張穆、張際亮等大批沉困下僚的飽學之士和失意文人，更有 "以濟人利物爲志" 的陶澍，"以經世自勵" 的林則徐、賀長齡、徐繼畬這樣的督撫大員。他們相與應和，互相砥礪，精研河道、漕運、鹽法、錢幣、兵事等實際學問，以匡濟天下爲己任，發議論，辦時務，倡改革，使得經世致用之學在道咸之間風起雲湧，蔚爲大觀。楊以增生當其時，同樣不拘守章句，老死於句讀之間，而是關注經濟學問，以牧民安民、經世致用爲人生志業。因此，楊以增將其所學致用經世，既與其自身所受的教育有關，更與其所處的時代學術和社會環境有非常密切的關係。

楊以增的個人品格和經世思想與家庭的陶冶密不可分。楊以增的遠祖母唐氏守節六十餘年，含辛茹苦，獨立支持，先後撫養楊家兩代人，其志節使人感嘆。其祖父楊如蘭不計個人得失，燒掉將無辜百姓指爲亂民的花名冊，可謂正道直行，捨身取義。其父楊兆煜利達不矯，貧寒无怨，事母至孝，而常有濟世之心。楊家歷代長輩塑造了良好的家風，以身教代言教，對於楊以增品格的形成，起到了潛移默化的巨大作用。在家學方面，楊兆煜擔任即墨教諭時以宋初胡安定的 "蘇湖教法"，分別講授古之經義與今之治事。錢儀吉稱兆煜 "教士用胡安定分舍法，古經今事臚別綜貫，指講上下可拾級至也"③。一生致力於探求治世之道的顏李學派創始人——清初顏元就十分推崇胡瑗的學術思想，指出："惟安定胡

① （清）顧炎武：《亭林文集·與人書二十五》，《顧亭林詩文集》，中華書局 1983 年版，第 41 頁。

② （清）段玉裁：《〈朱子小學恭〉跋》，《經韻樓集》卷八，《叢書集成初編》本。

③ （清）錢儀吉：《贈資政大夫陝西巡撫故山東萊州府即墨縣教諭熙崖楊公墓碑銘》，《衎石齋記事續稿》卷九，咸豐六年錢彝甫刻本。

先生，獨知救弊之道在實學不在空言，其主教太學也，立經義、治事齋，可謂深契孔子之心矣。"① 蘇湖教法在明清之際曾經得到大力提倡，所開設的課程注重實用，這與清初經世致用的實學思想有密切聯繫。兆煜不僅將其運用到學校教育中，還運用於家族教育中，收到了良好的效果。王延慶於《孝直先生傳》中稱，兆煜"教其子以聖賢有用之學。觀以增由州郡洊歷臺司，施措乎於朝野，道不既行矣乎？"楊以增受到的這種家庭薰陶，對於他經世思想的形成，也發揮了很大的作用。

　　楊以增交遊很廣，不少朋友在仕途、治學等方面均頗有成就。他們互相砥礪切磋，對於楊以增的成長發揮了很大的作用。從楊以增一生來看，他進入仕途後受林則徐的影響最深。林則徐在任京官時，謝絕庸俗應酬，"力學而潛修"，"益究心經世學"，"雖居避清秘，於六曹事例因革、用人行政之得失，綜核無遺"。② 在其宦海生涯中，他更是致力於實政，無論是整頓河工、興修水利、救災放賑，還是查禁鴉片、改革財政等，均有不俗政績，即使遠謫邊疆，他亦墾荒開井，傳播先進技術。楊以增自謂"侯官林少穆先生讀書經世，中外蜚聲，欽遲久矣"。③ 擔任湖北道員時，林則徐總制荊湘，此後兩人同又爲官陝西，兩人遂結爲至交。楊以增先後追隨林則徐多年，"自時厥後，搴芟河上，秉鉞隴中，皆與追隨，備蒙陶冶"。④ "先生眄睞日加，誘之至道，循循若此，敢不拜嘉？"⑤ 林則徐出於對楊以增的信任，上摺舉薦自代，稱"該司歷在湖北、河南、甘肅等省辦理諸務，臣見其誠正清勤，明敏諳練，實爲臣所不能及"，⑥ 對楊以增推崇備至，提攜扶助之情可謂殷殷。正是有林則徐這樣的良師益友，楊以增才得以立志高遠，自七品牧令擢陞至從一品河督，每次調任，闔境士民，遮道攀轅走送，至有泣下者；而道光皇帝亦數次召見，並囑其"勉爲好官"，得到了百姓和皇帝的信任與肯定。

　　總體來看，楊以增以藏書家著稱，所創建的海源閣藏書數十萬卷，並以收藏宋元刻本、名家舊抄聞名於世。但就其主要人生軌跡而言，他

---

①　（清）顏元：《存學編》，《習齋四存編》卷一，上海古籍出版社 2000 年版，第 114 頁。

②　（清）李元度：《林文忠公事略》，《國朝先正事略》卷二十五，岳麓書社 1991 年版。

③　（清）楊以增：《〈志學箴〉跋》，《志學箴》，咸豐三年楊以增刻本。

④　同上。

⑤　同上。

⑥　（清）林則徐：《林則徐全集》第四冊《奏摺》，海峽文藝出版社 2002 年版，總第 1782 頁。

同時也是一位深受儒家思想薰染，具有較高個人品質和爲政素養的封建士大夫。楊以增出身於具有一定文化積累的基層官員家庭，自幼受到較爲嚴格的家庭和私塾教育。成年之後，他通過科舉走上仕途，先後爲官數省，沉浮宦海數十年，始終秉持忠君愛民之心，以品端行謹、才幹出衆、任勞任怨著稱，得到上自皇帝、下到同僚的看重和認可，從基層牧令逐步陞任陝西巡撫和江南河道總督，成爲道、咸兩朝經世派官員的代表。他擔任陝西巡撫和江南河道總督前後長達九年（道光二十七年至咸豐五年），先後主持陝西地方政務和江南黃運河道修防，積極應對時艱，爲政頗多創新，取得了較爲突出的成績，對晚清政治也產生了一定的影響。從這個意義上說，對楊以增從政經歷進行較爲細緻的專題研究，不僅可以作爲他藏書研究的必要延伸，更加全面地展現楊以增作爲藏書家和高級官員的人生軌跡，而且對於瞭解清代道咸之際政府運作模式、研究西部地方政務及江南河道治理，也具有較高的價值。

六　關於楊以增奏稿

　　楊以增交遊廣泛，其摯友多爲各級官員和知名文人、學者。他們之間過從甚密，書信往來、唱和之作數量很大。僅就書札而言，楊以增和友人來往書信在咸豐辛酉（1861）捻軍焚掠後，尚存“千餘紙，付之裝池，都爲二十册”，① 但在民國中又先後兩次遭到土匪洗劫，目前存世的僅有十四位友人的三十九通手札。楊以增文集《退思廬文存》僅有一卷，爲其重孫楊敬夫於民國九年（1920）刊刻，共收入楊以增所作序、跋、傳、記等十五篇。相對而言，楊以增自道光十八年（1838）起歷年所上的數百道奏摺，涉及徵繳糧款、人事任免、督河修防、籌措河費及防堵太平軍等諸多領域，內容非常豐富，不僅是研究道咸之際甘肅、陝西等地省務及南河修防的重要文獻，並可據此勾勒楊以增爲官從政的基本脈絡，實爲研究楊以增生平經歷重要的第一手資料。

　　奏摺是官方正式公文，也是重要的原始文獻，在清代檔案中佔據了

---

① （清）楊紹和《〈海源閣珍藏尺牘〉序》，《海源閣珍藏尺牘》卷首，魯圖藏。

非常重要的位置。現存朱批奏摺約有七十二萬三千餘件，另有上百萬件奏摺文書的抄件——録副奏摺。奏摺爲清代中央及地方高級官員直接向皇帝奏報重要公務的重要形式，清代自康熙中期直至清末二百餘年的内政、外交、軍事、文化等一切機密要務，奏摺内都有詳細記載。其内容之豐富、系統和可靠，是其他文獻資料難以相比的。楊以增自道光十三年（1833）陞署貴州興義府知府起，至咸豐五年（1855）十二月病逝於江南河道總督任上止，先後所上奏摺數百件，是道光、咸豐年間重要的基礎檔案，具有很高的文獻價值。經多方搜集，共移録楊以增各類奏摺七百五十一件。總體來看，主要有以下幾個特點。

前少後多，愈晚愈詳。楊以增道光二年（1822）登上仕途，前期主要擔任中下級官員，並無專摺奏事的資格。楊以增現存最早的奏摺爲道光十三年（1833）所上，其歷年奏摺情況如"表二"所示。

表二　　　　　　　　　　楊以增歷年所上奏摺一覽表

年份	數量	占比	年份	數量	占比
道光十三年（1833）	1	0.10%	道光二十八年（1848）	72	9.58%
道光十八年（1838）	1	0.10%	道光二十九年（1849）	81	10.78%
道光二十一年（1841）	1	0.10%	道光三十年（1850）	80	10.65%
道光二十二年（1842）	1	0.10%	咸豐元年（1851）	92	12.25%
道光二十三年（1843）	4	0.53%	咸豐二年（1852）	63	8.39%
道光二十四年（1844）	1	0.10%	咸豐三年（1853）	102	13.45%
道光二十五年（1845）	11	0.15%	咸豐四年（1854）	94	12.38%
道光二十六年（1846）	4	0.53%	咸豐五年（1855）	53	7.06%
道光二十七年（1847）	91	11.98%			

據此可見，自道光十三年（1833）至咸豐五年（1855），先後二十三年中，楊以增平均每年上摺超過三十件。其中道光十四年（1834）至道光十七年（1837）、道光十九年（1839）至二十年（1840）所上奏摺均爲零，前者主要因爲官階較低，後者則由於楊以增父親和繼母先後去世，循例回鄉守制。道光二十六年（1846）之前，楊以增每年上摺

均未超過十一件。自道光二十七年（1847）起，楊以增所上奏摺迅速增加，每年均有數十件乃至百餘件，其中咸豐元年（1851）、三年（1853）、四年（1854）均在九十件以上。咸豐二年（1852）、咸豐五年（1855）較少，也超過五十件。

結合楊以增的仕宦經歷，可以看出，楊以增上摺數量的增加與官職的提陞、管轄範圍的擴大密切相關。如“表三”所示，楊以增擔任貴陽府知府、開歸陳許道員及署理湖北按察使、河南按察使時分別僅上奏摺一件，且均爲任職循例謝恩摺，並未呈報具體事務。他在甘肅按察使任內先後上摺十七件，其中兩件爲任職謝恩摺，一件爲任職三年循例籲懇陛見摺，另有田禾民情片一件，爲他接受甘肅臬篆後，赴京陛見沿途見聞。相對而言，他署理甘肅藩司期間上摺九件，除兩件爲循例謝恩摺外，其餘七件均上奏甘肅政務，其中涉及人事任免、糧價高低、降水多少等內容，由此亦可見藩司職責與臬司相比更爲重要，需要直接請示皇帝的事項更多。楊以增被任命爲陝西布政使後，未及上任，即署理陝西巡撫；在交卸撫篆後，旋即正式就任陝西巡撫，擔任陝西布政使時間很短，因此僅上摺兩件，一爲任職謝恩摺，一爲交卸撫篆摺。楊以增署理陝西巡撫兩月有餘，共上摺十四件，平均每月接近五件。而此前署理甘肅藩司五個月中，先後上摺九件，平均每月不到兩件。僅就數量而言，亦足以看出相對於藩司一職，巡撫的職責更重、政事更繁。經統計，楊以增在陝西巡撫和江南河道總督任上所上奏摺分別達到 140 件和 573 件，分別占奏摺總數的 18.64% 和 76.29%。這既因爲楊以增擔任上述二職時間較長，更因爲他官職陞遷，位高任重，需要上奏和由皇帝定奪的事項激增。從楊以增每月平均上摺數量看，他署理陝西巡撫之前每月上摺均在一件以下，而在擔任陝西巡撫之後，每月上摺平均接近八件，擔任江南河道總督後，每月上摺也平均達到六點五件，楊以增政務的急劇增加由此亦可概見。

數量巨大，涉及面廣。楊以增所上奏摺超過四十萬字，內容非常廣泛。尤其他是擔任陝西巡撫（含署理陝西巡撫）接近兩年，擔任江南河道總督長達八年，所上奏摺共計 713 件，平均每年上摺 70 餘件，數量非常巨大。這些奏摺涉及人事、民事、財政、工程、漕運、軍務等各個方面，內容非常豐富。對於研究清代道光、咸豐兩朝的經濟形勢、河防工程、氣候變遷、官場動態等，都有很高的參考價值。因楊以增擔任南河總督時間較長，他所上奏摺中，以涉及南河修防的奏摺最多，占總量的一半以上。由此可見，作爲江南河道總督，積極辦理修防工程，爲他的核心職責，他對此用力最多，因此上摺數量也最大。此外，亦可看出辦理河防工程，涉及經費籌措、人員協調等較多方面，工作難度很大，許多並非楊以增可以定奪，因此上報請旨的情況也相對集中。除河湖工程辦理之外，他上奏的有關民生的奏折較多，主要爲上奏田禾情形的奏摺，由此亦可看出農業在清代國家經濟中的核心地位。在擔任陝西巡撫期間，楊以增時刻關注農業生產，尤其對田禾長勢、有無災情非常關注，並及時上報皇帝，這也成爲他作爲地方大員的工作主線。

表三　　　　　　　　　　楊以增職務與所上奏摺對照

職　衡	時間起讫	奏摺數量（件）		
		件數	占比	每月平均
貴州興義府知府	道光十三年（1833）八月十六日—十四年（1834）二月	1	0.10%	—
署湖北按察使	道光十八年（1838）閏四月初二日—？	1	0.10%	—
河南開歸陳許道	道光二十一年（1841）九月十二日—？	1	0.10%	—
署河南按察使	道光二十二年（1842）十月初四日—？	1	0.10%	—
甘肅按察使（署甘肅布政使）	道光二十三年（1843）四月初三日—二十六年（1846）十月二十二日	17	2.26%	0.4
陝西布政使（署陝西巡撫）	道光二十六年（1846）十月二十三日—道光二十七年（1847）三月十五日	17	2.26%	3.6
陝西巡撫	道光二十七年（1847）三月十六日—道光二十八年（1848）九月二十五日	140	18.64%	7.7
江南河道總督	道光二十八年（1848）九月初四日—咸豐五年（1855）十二月十八日	573	76.29%	6.5

注：楊以增道光二十八年（1848）九月初四日被授予江南河道總督一職，但正式交卸陝撫篆務則在同年九月二十六日，期間仍上關於陝西事務奏摺七件，因此表三中任職陝西巡撫之讫期與任職江南河道總督始期有重合。

　　翔實可靠，史料性強。如前所述，楊以增相關文獻散佚較爲嚴重，楊以增所上奏摺的重要性也因此更爲凸顯。楊以增人生經歷中陞遷、革職留任、復職等重要時間節點，在奏摺中均有明確體現。楊以增辦理各類事務的背景、方式及成效，在奏摺中也有非常詳細的記載，其中很多資料爲其他文獻不載，或語焉不詳。因此，若對楊以增進行專題研究，就必須充分挖掘他所上奏摺。此外，楊以增所上奏摺史料性較強。他所上的奏摺專門呈報皇帝親自審閱，一語不當，極可能造成嚴重後果。因此，他對每件奏摺均高度重視，對所上報的事項反復核實，再三推求，盡可能做到客觀陳述。同時，因所上奏摺僅報皇帝一人審閱，避免了各種人爲因素的干擾，也使得楊以增可以拋開各種顧慮，據實直陳，其真實性、可信度都很強，是研究清代歷史的重要基礎文獻。此外，楊以增奏摺中還包含了大量的基礎性資料，爲深入進行專題研究提供了便利。如南河水文問題，楊以增在辦理河務過程中，每年都要多次上奏黃河、沁河、洪澤湖等河湖水位、水勢情形。現以咸豐元年（1851）爲例，楊以增於三月二十六日上《桃汛安瀾摺》稱："截至（三月）二十四日止，計桃汛期內以三月初四日爲黃河長水最大之日，外南廳順黃壩誌椿積存三丈七尺四寸。……洪湖水勢近因陰雨較勤，陸續見長九寸，誌椿現存一丈九尺三寸。"① 六月十二日上《籌防伏汛並水勢工程情形摺》稱："萬錦灘於五月初五、初九、二十三等日共長水六尺八寸，江境黃河遂亦遞見加長……外南廳順黃壩誌椿存水三丈八尺四寸……洪澤湖因蓄水濟漕，誌椿積存二丈一尺八寸，五月內消水五寸。"② 六月二十九日上《節交大暑修防平穩摺》稱："黃河於五月二十二日泛漲起，至六月初二日共長水九尺四寸。又據河南陝州馳報，萬錦灘黃河於五月二十三、六月初三、初八、十五六等日陸續共長水一丈六尺八寸，奔流下注，以致江境大河於六月十八、九日長水五六尺，浩瀚已極……至洪澤湖因上游淮源極旺，有長無消，以致高堰誌椿存至二丈三尺四寸，爲從來所未有。"③ 此類翔實準確的水文資料，在楊以增奏摺中還有很多，對從歷史地理角度就江南一帶水文進行專題研究，也有很高的價值。其

---

① （清）楊以增：《先都御史公奏疏》卷十五，楊紹和編，魯圖藏。
② （清）楊以增：《先都御史公奏疏》卷十六，楊紹和編，魯圖藏。
③ 同上。

他如辦理工程丈尺、時限及相關經費使用等方面的情況，在楊以增奏摺中也有非常詳盡的記載，這些奏札也因此成爲研究清代河務工程的重要基礎性資料。

恪守規範，嚴謹優美。清代奏摺制度至道光、咸豐時期，已經完全成熟，形成了一套系統的寫作規範。什麼樣的事項可以上奏，什麼樣的事項不必上奏，什麼樣的事項用摺，什麼樣的事項用片，都有了嚴格的規定。此外，奏摺還有固定的抬頭、頂格、避諱和行文模式，這些都在楊以增奏摺得到充分體現。如楊以增上奏人事任免事項時，就嚴格按照規範，首先陳述該員缺的職責，再介紹擬陞人員的履歷和才幹，最後再籲懇皇帝准許。對於瞭解清代公文寫作規程，也是很好的素材。此外，因奏摺是呈報給皇帝的重要公文，楊以增在行文中字斟句酌，遣詞用字非常嚴謹，往往可以用少僅數百字、多至數千字的篇幅，將紛繁複雜的事實，表述得層次清晰，明白易懂，而且又有很強的説服力。這使得奏摺本身即成爲夾敘夾議、優美流暢、嚴謹扎實的政論文，具有很高的美學價值。如道光三十年（1830）五月二十日，楊以增上《請借撥銀兩以辦要工摺》，對自己的矛盾心理剖析無遺：“臣等忝膺重寄，慎重錢糧，當此經費支絀之時，曷敢輕率奏請？顧庫存不敷銀兩並非臣等任內墊用，且在欽奉諭旨以前；堤工、壩工應歸專案，亦不在尋常例用之中。連年錢糧節節預提給發，現在時交大汛，無項可支，若隱忍不言，致釀巨患，在臣等獲咎不足惜，如國計民生何？”① 此段篇幅不長，但內容非常豐富。楊以增首先説明自己深知朝廷難處，以爭得皇帝的理解；其次又據理説明此款按規定應當撥付，並非自己額外請求；最後再直陳自己從大局出發考慮問題，實在不能計較個人得失。這樣一來，楊以增爲民爲國的心跡便容易被皇帝理解和認可，分寸拿捏得非常到位。再如楊以增咸豐三年（1853）三月初二日上《豐工河庫無款請速發給大汛工需摺》，對户部諮文逐條駁斥。如户部要求將辦理豐工存銀轉撥當年大汛工需，楊以增歷數各工開銷，完全用事實説話，而歸結於“此河庫並無存銀，豐工雖有存料存銀，爲數無多，已歸善後工用之實在情形也”。對户部稱當年工用可省銀一百數十萬兩，他詳細對比數年數據，逐條駁斥户部觀點，並歸結於“此又總計雖有節省，而現在並無存銀之

① （清）楊以增：《先都御史公奏疏》卷十二，楊紹和編，魯圖藏。

實在情形也"。① 層次非常清晰，論據非常扎實，頗有雄辯的力量，顯示出楊以增既嚴格遵循奏摺行文規範，同時又善於變化、靈活運用、曲盡其意的特點。從這個意義上說，楊以增的奏摺既是味道純正的公文，同時也有嚴謹優美的特點，具有一定的文學價值。

周廣騫　丁延峰

2016. 11. 18

---

① （清）楊以增：《豐工河庫無款請速發給大汛工需摺》，録副奏摺。

道光十三年 （1833）

○○一 陞署貴州興義府知府謝恩摺[①]

（道光十三年八月十八日）

陞署貴州興義府知府臣楊以增[②]跪奏，爲恭謝天恩事。

臣因陞署貴州興義府知府，復經巡撫嵩溥保舉，奉硃筆點出，調取引見，於本年八月十六日由吏部併案帶領引見，奉旨：准其陞署貴州興義府知府。欽此。竊臣山左庸愚，毫無知識，由道光二年進士引見，以知縣用，分發貴州，歷署長寨同知、清鎮知縣，四年補授荔波縣知縣。是年經前護貴州巡撫吳榮光遵旨保舉，歷充乙酉、戊子兩科貴州鄉試同考官。八年調補貴筑縣知縣，九年題陞松桃直隸廳同知，大計卓異，十年七月併案赴部引見，蒙恩召對。十二年題陞興義府知府，是年署理思南府知府，兼理石阡府事，經貴州巡撫嵩溥遵旨保舉赴部。涓埃未報，兢惕方深，茲復仰荷溫綸，准其陞署，聞命之下，感悚交縈。伏念興義爲苗疆繁要之區，知府有表率屬員之責。臣自維譾陋，懼弗克勝。惟有籲求恩訓，敬謹遵循，於地方應辦公事不敢稍形懈忽，實力實心，矢勤矢慎，以冀稍酬高厚鴻慈於萬一。

所有微臣感激下忱，謹繕摺叩謝天恩，伏祈皇上聖鑒。謹奏。

道光十三年八月十八日

---

① 據中國第一歷史檔案館藏硃批奏摺。

② "楊以增"左側有硃批"似可"二字。

道光十八年 （1838）

〇〇二　恭報接署臬篆日期並謝恩摺

（道光十八年閏四月初三日）

署湖北按察使、安襄鄖荆道①臣楊以增跪奏，爲恭報微臣接署臬篆日期，叩謝天恩，仰祈聖鑒事。

竊臣接奉湖廣督臣林則徐②行知，以湖北臬司③程銓署理藩司，所有臬司印務奏請委臣署理。等因。遵即由襄陽束裝馳抵省垣。准臬司程銓於閏四月初二日將湖北按察使印信、文案移交前來。臣當即恭設香案，望闕叩拜，祗領任事。

伏念臣山左庸愚，毫無知識。由道光壬午科進士分發貴州，即用知縣，洊陞貴陽府知府。荷淪聖恩，擢授廣西左江道④，調補湖北安襄鄖荆道。履任三載，未報涓埃。茲復署理臬司，刑名總匯，一切案件均關緊要，兢惕尤深。臣惟有矢慎矢勤，於大小庶獄悉心研訊，務得確情，期無枉縱。斷不敢以暫時署篆，稍涉因循，冀仰酬高厚鴻慈於萬一。

所有微臣接署臬篆日期並感悚下忱，理合繕摺具奏，仰祈皇上聖鑒。謹奏。

閏四月初三日

道光十八年五月初四日奉硃批：覽。欽此。

---

① 安襄鄖荆道：康熙九年（1670）設置襄鄖道，駐鄖陽府，領襄陽府、鄖陽府；雍正六年（1728）移駐襄陽府；十三年（1735）兼管安陸府，更名安襄鄖道；乾隆五十六年（1791）增領荆門州，更名爲安襄鄖荆道。

② 林則徐（1785—1850）：福建侯官人，字元撫，又字少穆、石麟，晚號俟村老人、俟村退叟等，清代政治家、思想家，曾任湖廣總督、陝甘總督和雲貴總督。兩次擔任欽差大臣，並曾於湖廣總督任內嚴厲查禁鴉片。他對西方文化、科技和貿易持開放態度，主張學其優而用之，並着力翻譯西方報刊和書籍。道光十四年（1834），楊以增升任安襄鄖荆道，翌年與時任湖廣總督的林則徐初訂交誼，其子紹和拜林則徐爲師。二十六年（1846）十二月，在陝西巡撫任內，因患病舉薦楊以增代理。二十七年（1847）三月，擢任雲貴總督，舉薦楊以增接任陝西巡撫。二人過從甚密，林則徐致楊以增手札今存十七件，原藏楊以增海源閣，今藏魯圖。

③ 臬司：清代省級司法部門按察使司的簡稱，主管一省的刑名、訴訟事務，又稱臬台。

④ 左江道：明代設置，因境內有左江而得名。清代駐南寧府，初轄泗城、南寧、太平、鎮安四府。光緒中，太平府改隸太平思順道，增轄鬱林直隸州和上思、百色二直隸廳。

道光二十一年（1841）

〇〇三　補授河南開歸陳許道謝恩摺[①]

（道光二十一年九月十三日）

新授河南開歸陳許道臣楊以增跪奏，爲恭謝天恩事。

本月十二日內閣奉上諭：河南開歸陳許道員缺著楊以增補授。欽此。竊臣山左下士，知識庸愚。由道光壬午恩科進士，奉旨以知縣即用，籤分貴州，補荔波縣知縣，調貴筑縣知縣，陞松桃廳同知。卓異引見，蒙恩召對，陞署興義府知府，調貴陽府知府，陞廣西左江道，調湖北安襄鄖荆道，署湖北按察使。歷於道光四年、十二年保舉案內赴部引見，十八年丁憂回籍。服闋赴部，涓埃未效，競惕方深。茲復仰荷溫綸，補授今職。伏念開歸當漫口之時，道員有修防之責，如臣檮昧，懼弗克勝。惟有籲求恩訓，敬謹服膺，於一切堵築事宜認真經理，以冀仰酬高厚鴻慈於萬一。

所有微臣感激下忱，謹繕摺叩謝天恩，伏乞皇上聖鑒。謹奏。

道光二十一年九月十三日

---

① 據中國第一歷史檔案館藏硃批奏摺。

道光二十二年 （1842）

○○四　恭報接署臬篆日期摺

（道光二十二年十月初四日）

兼署河南按察使、開歸陳許道①臣楊以增跪奏，爲恭報微臣接署臬篆日期，叩謝天恩，仰祈聖鑒事。

竊臣接奉撫臣鄂順安行知，兼署臬司、糧鹽道況澄現應往兌漕糧，所遺臬司印務委臣兼署。十月初四日准兼署臬司況澄委員將印信文卷賫送前來，臣當即恭設香案，望闕叩頭，祇領任事。

伏念臣由道光二年進士即用知縣，洊陞貴州貴陽府知府、廣西左江道，調湖北安襄鄖荆道，署理按察使。二十一年服滿，補授開歸陳許道。涓埃未報，兢惕滋深，茲復兼權臬篆。查臬司爲刑名總匯，豫省爲南北衝途，戢暴詰奸，稽察驛傳，在在均關緊要。臣惟有矢勤矢慎，隨同撫臣認真經理，斷不敢以暫時署篆，稍涉因循，以期仰答高厚鴻慈於萬一。

所有微臣接署臬篆日期，謹繕摺具奏，恭謝天恩，伏乞皇上聖鑒。謹奏。

十月初四日

道光二十二年十月十五日奉硃批：知道了。欽此。

---

① 開歸陳許道：康熙五年（1666）置開歸道，駐開封府，領開封府、歸德府、河南府。雍正二年（1724）增領陝州、陳州、許州、禹州、鄭州，十三年（1735）河南府、陝州另屬，更名開歸陳許道。光緒三十年（1905）增領鄭州，更名開歸陳許鄭道。

道光二十三年（1843）

○○五　恭謝恩授甘肅按察使並請覲見摺
（道光二十三年五月初四日）

新授甘肅按察使臣楊以增跪奏，爲恭謝天恩，籲請陛見，仰祈聖鑒事。

竊臣於本年四月二十五日，在河南開歸道任接奉署撫臣鄂順安① 行知，准吏部咨開：四月初三日奉上諭：兩淮鹽運使②員缺著楊以增補授。欽此。當即恭設香案，望闕謝恩。越日恭閱邸抄，③ 四月十七日奉上諭：甘肅按察使員缺著楊以增補授。欽此。敬聞之下，感悚尤深。

伏念臣山左庸才，由道光二年進士即用知縣，洊陞貴州貴陽府知府，歷任廣西、湖北、河南道員，涓埃未報。茲復迭邀申命，甫遷運使，旋畀提刑，循省五中，莫名兢惕。查臬司爲刑名總匯，甘肅地處邊疆，責成綦重。以臣愚昧，懼弗能勝任。惟有仰懇聖恩，准臣趨詣闕庭，跪聆訓誨，俾知遵守，勉竭駑駘，庶稍答高厚鴻慈於萬一。

所有微臣感悚下忱，謹繕摺具奏，叩謝天恩。俟交卸道篆後，即束裝北上，迎候批回，伏乞皇上聖鑒訓示。謹奏。

五月初四日

道光二十三年五月十三日奉硃批：著來見。欽此。

---

① 鄂順安：字雲圃，道光十一年（1831）任盛京刑部侍郎，兼署奉天府尹，後調任盛京戶部侍郎。十三年（1833）任刑部左侍郎，三月升湖北巡撫，改調山西巡撫。十五年（1835）緣事降爲盛京禮部侍郎，繼任駐藏幫辦大臣。十八年（1838）遷湖北按察使，次年擢河南布政使。二十一年（1841）授河南巡撫兼署河道總督。二十八年（1848）革職回籍，同年十二月任駐藏幫辦大臣，咸豐元年（1851）因病免職。

② 兩淮鹽運使：全稱都轉鹽運使司鹽運使，簡稱“運司”，兩淮指淮南、淮北。兩淮鹽運使司設在揚州，掌握江南鹽業命脈，向兩淮鹽商徵收鹽稅，下轄淮安分司、泰州分司等。

③ 邸抄：即邸報，是專門用於朝廷傳知朝政文書和政治資訊的文抄。

○○六　沿途經過地方田禾民情片
（道光二十三年八月初三日）

再，臣自京啟程，沿途經過之直隸保定一帶，夏雨調勻，秋禾暢茂，豫省彰、衛、懷、陝州各府州屬雨水較勤，於農田甚有裨益。由潼關入陝，至甘肅蘭州，禾稼漸次登場，秋成豐稔，民氣恬熙，洵足仰慰聖懷。

謹附片具奏。

道光二十三年九月初三①日奉硃批：覽。欽此。

○○七　恭報接受臬篆叩謝天恩摺
（道光二十三年八月初八日）

甘肅按察使楊以增跪奏，爲恭報微臣接印任事日期，叩謝天恩，仰祈聖鑒事。

竊臣欽承恩命，補授甘肅按察使，於本年五月二十九日恭詣闕廷，迭蒙召見五次，仰荷訓誨周詳，無微不至。跪聆之下，欽感難名。陛辭後遵即束裝啟程，因沿途雨水阻滯，於八月初七日行抵甘肅省城。准署按察使嚴良訓②將印信、文卷移交前來。臣當即恭設香案，望闕叩頭，祗領任事。

伏念臬司爲刑名總匯，甘肅乃邊徼要區，察吏安民，在在均關緊要。臣自維檮昧，深懼弗勝，惟有恪遵聖訓，於大小庶獄務得其情。並

---

① 楊紹和抄本有“道光二十三年八月初三日附進”，奉硃批日期則缺“初三”二字。

② 嚴良訓（1789—1852）：字叔彝，號迪甫，又號楚橋，蘇州人。道光十二年（1832）年進士，授翰林院編修，補授江西建昌府知府，十五年（1835）升任甘肅鞏秦階道，兼任鞏昌府知府。二十六年（1846）升任廣東按察使，二十八年（1848）調任陝西按察使。咸豐元年（1851）授三品京堂候補，咸豐二年（1852）病卒於家。

約束回民，整飭驛站，矢勤矢慎，事事實心，以期仰酬高厚鴻慈於萬一。

所有微臣接印任事日期並感激下忱，理合繕摺，叩謝天恩，伏祈皇上聖鑒。謹奏。

八月初八日

道光二十三年九月初三①日奉硃批：勉爲好官。欽此。

○○八　恭報接署藩篆叩謝天恩摺
（道光二十三年十二月二十日）

署甘肅布政使、按察使臣楊以增跪奏，爲恭報微臣接署藩篆日期，叩謝天恩，仰祈聖鑒事。

竊臣於本年②二十日接奉陝甘督臣富呢揚阿③行知，委署甘肅藩司印務。是日據藩司葉名琛④委員將印信、文卷賚送前來。臣當即恭設香案，望闕叩頭，祇領任事。

伏念臣山左庸愚，由道光二年進士即用知縣，洊陞貴州貴陽府知府，歷任廣西、湖北、河南道員，本年四月間授兩淮運司，旋陞甘肅按察使。涓埃未報，兢惕滋深，茲復委權藩臬⑤。查藩司爲錢糧總匯，甘省系緊要邊疆，任重事繁，措施非易。臣惟有實心實力，於理財、用人

---

① “初三”二字，楊紹和抄本缺。

② “年”字誤，當從楊紹和抄本作“月”。

③ 富呢揚阿（？—1845）：滿洲鑲紅旗人。道光九年（1829）任盛京（清留都，今遼寧瀋陽）工部侍郎，兼管順天府尹事。道光十年（1830）調任浙江巡撫，十四年（1834）再授盛京工部侍郎，兼管順天府尹事。十五年（1835）改任盛京刑部侍郎，不久調任科布多參贊大臣，再調烏魯木齊都統。十六年（1836）調任陝西巡撫，二十二年（1842）升任陝甘總督，後因病去職。

④ 葉名琛（1807—1859）：字昆臣，湖北漢陽人。道光十五年（1835）年進士，選庶吉士，授編修。十八年（1848）擔任陝西興安府知府，歷任山西雁平道、江西鹽道、雲南按察使及湖南、甘肅、廣東布政使。二十八年，擢任廣東巡撫。咸豐五年（1855年）陞任兩廣總督，並任協辦大學士、體仁閣大學士。1856年10月，英軍製造“亞羅號事件”，進攻廣州，第二次鴉片戰爭爆發，廣州淪陷後被俘，絕食而死。

⑤ “藩臬”，楊紹和抄本作“藩篆”。

之道日切講求，斷不敢以暫時署理稍涉因循，庶仰答高厚鴻慈於萬一。

所有微臣接署藩篆日期，謹繕摺具①奏，恭謝天恩，伏乞皇上聖鑒。謹奏。

十二月二十日

道光二十四年正月十八②日奉硃批：知道了。欽此。

---

① 録副本缺"具"字，據楊紹和抄本校補。

② "十八"二字，楊紹和抄本缺。

道光二十四年（1844）

○○九 奉旨署理甘肅藩司恭謝天恩摺

（道光二十四年七月初四日）

署甘肅布政使、按察使臣楊以增跪奏，爲恭報微臣接署藩篆日期叩謝天恩，仰祈聖鑒事。

竊臣接奉督臣富呢揚阿行知，准吏部咨開：道光二十四年六月十三日奉上諭：招墾事宜著即責成鄧廷楨①專心妥辦，其藩司篆務著楊以增暫行署理。等因。欽此。七月初四日，據藩司鄧廷楨委員將印信、文卷齎送前來。臣當即恭設香案，望闕叩頭，祇領任事。

伏念臣山左庸愚，由道光二年進士即用知縣，洊陞今職。上年十二月曾署藩司事務，涓埃未報，正切悚惶。茲復載②奉恩綸，命權藩篆。祇承之下，兢惕尤深。查藩司理財用人，在在均關緊要。且甘肅爲西陲重地，一切兵餉諸費鈎稽，臣惟有矢慎矢勤，隨同督臣認真經理，斷不敢以暫時署篆，稍涉因循，庶仰副高厚鴻慈於萬一。

所有微臣接署藩篆日期，謹繕摺具奏，恭謝天恩，伏乞皇上聖鑒。謹奏。

七月初四日

道光二十四年七月二十六日③奉硃批：知道了。欽此。

---

① 鄧廷楨（1776－1846）：字維周，又字嶰筠，晚號妙吉祥室老人、剛木老人，南京人。嘉慶六年（1801）進士，選庶吉士，授編修，屢次分校鄉、會試，歷任浙江寧波，陝西延安、榆林、西安知府及湖北按察使、江西布政使、陝西按察使等職。道光六年（1826）陞任安徽巡撫，十五年（1835）任兩廣總督，協助林則徐查禁鴉片走私，十九年（1839）調任閩浙總督。第一次鴉片戰爭後與林則徐同時革職，充軍伊犁。後起用爲甘肅布政使、陝西巡撫、陝甘總督，二十六年（1846）卒於任。

② “載”，楊紹和抄本作“再”。

③ “七月二十六日”，楊紹和抄本作“八月□日”。

道光二十五年（1845）

○一○　奏報接署藩篆日期摺

（道光二十五年三月十七日）

署甘肅布政使、按察使臣楊以增跪奏，爲恭報微臣接署藩篆日期，叩謝天恩，仰祈聖鑒事。

竊臣接奉督臣行知，以藩司鄧廷楨欽奉諭旨補授陝西巡撫，所有藩司印務委臣署理。等因。旋於三月十七日准陞任藩司鄧廷楨委員賫送印信、文卷前來，當即恭設香案，望闕叩頭，祇領任事。

俯念臣仰蒙恩命，於道光二十三年補授甘肅臬司。到任以來，兩次署理藩司印務，涓埃未報，祇切冰淵。茲回任未及七旬，復委暫權藩篆。現當核辦奏銷并發解新疆兵餉之期，政務殷繁，尤深競惕。臣惟有矢勤矢慎，實力鉤稽，不敢稍涉因循，冀仰報高厚鴻慈於萬一。

所有微臣接署藩篆日期，敬謹繕摺，恭謝天恩，伏祈皇上聖鑒。謹奏。

三月十七日

道光二十五年四月初五日奉硃批：覽。欽此。

○一一　奏報督臣因病出缺請旨簡放摺

（道光二十五年四月初十日）

署甘肅布政使、按察使臣楊以增跪奏，爲督臣富呢揚阿因病出缺，恭摺由驛具奏，請旨迅賜簡放，仰祈聖鑒事。

竊照督臣富呢揚阿年未六旬，平日氣體精神均甚强健，辦理公事不遺餘力。前於三月初間由西路閱竣營伍回省，因途中屢感風寒，失於調治，旋署後即徑赴緊覈辦秋審事件，未暇休息。詎意外感已深，伏邪太重，忽於二月二十六日驟然舉發，寒熱凝結，牽動肝風，痰壅氣滯，精神猝形委頓。當即延醫調治，臣等亦逐日公同往視，連服消痰利氣等劑。無如受病甚篤，時輕時重，反覆靡常。適平慶涇道①魏襄因公來省，該道素嫻醫理，隨令診視。據云脈息沉伏，正氣大虧，勢極危險，藥力已難奏效。督臣自知不起，惟伏枕碰頭，泣稱世受國恩，至優極渥，今猝嬰劇疾，難望生全，圖報無由，不勝愧憾，當具遺摺，交臣代爲呈奏。淚隨聲迸，悲咽難名，旋於四月初九日出缺，臣當將總督關防②並王命旗牌等件即時敬謹封貯。惟總督衙門兼轄兩省，一應題奏咨行事件，在在均關緊要。現在新任藩司寶清尚未到任，臣遵照向案，暫先代爲兼辦，仍用布政使印信，以免稽遲。恭候派員迅速來甘接署，並請將陝甘總督③缺簡員補放，以重疆任。

至督臣富呢揚阿並無子嗣，署中僅祗眷口幼女，情殊凄惻。所有身後事宜，臣與兼署臬司蘭州道④唐樹義⑤督同府縣等妥爲料理，并照例護送回旗外，所有督臣因病出缺緣由，理合循例由驛具奏，并將遺摺一件恭呈御覽，伏乞皇上聖鑒。謹奏。

四月初十日

道光二十五年四月二十二日奉硃批：欽此。

---

① 平慶涇道：康熙十四年（1675）置平慶道，駐平涼府，領平涼府、慶陽府；乾隆十三年（1748）移駐固原州，四十二年（1777）增領涇州，更名平慶涇道。

② 關防：印信的一種，多爲長方形，始於明初，取“關防嚴密”之意。清代職官的方形官印稱“印”，臨時派遣的官員所用長方形官印，稱爲“關防”。

③ 陝甘總督：清代官職，正式官銜爲“總督陝甘等處地方提督軍務、糧餉、管理茶馬兼巡撫事”，其職責爲“掌治軍民，總制文武，察舉官吏，修飭封疆”，爲清朝九位最高級的封疆大臣之一，總管陝西、甘肅兩省軍民政務，正二品銜。

④ 蘭州道：康熙二年（1663）置臨洮道，駐蘭州府，領臨洮府、蘭州府；八年（1669）移駐臨洮府，二十四年（1685）移駐蘭州，乾隆四十四年（1779）更名蘭州道。

⑤ 唐樹義（1793－1855）：字子方，遵義人，嘉慶二十一年（1815）中舉，道光六年（1826）以大挑一等分湖北補知縣用，先後擔任監利、江門等地知縣，後陞任漢陽府同知。十五年（1830）得林則徐等保薦，陞任甘肅鞏昌知府，代理道員，後任蘭州道員、陝西按察使。二十七年（1837）陞調湖北布政使，代理巡撫，後稱病辭官回鄉。咸豐三年（1853）出任湖北按察使，五年（1855）與太平軍作戰失利，投水自殺。

○一二　委護道篆並留陞任道員仍署臬司摺[①]
（道光二十五年四月十九日）

　　奏爲遴員兼護道篆，並請暫留陞任道員仍署臬司事務，恭摺具奏，仰祈聖鑒事。

　　竊臣承准吏部咨：道光二十五年三月二十三日奉上諭：陝西按察使員缺著唐樹義補授。欽此。當即轉行遵照，其所遺蘭州道員缺自應委員接署。查有蘭州府知府許乃安老練精明，辦事結實，堪以就近兼護。至該陞道唐樹義經督臣富呢揚阿奏委兼署甘肅臬司篆務，現蒙簡放陝西臬司，應即另委接署，以便該陞道交代起程。惟督臣富呢揚阿現已因病出缺，新任藩司寶清尚未來甘，省垣重地，一時殊乏大員。應請將該陞道唐樹義留甘肅臬司署任，一俟藩司寶清到甘，遞相接卸後，再行起程北上，以重地方。

　　爲此恭摺具奏，伏乞皇上聖鑒訓示。謹奏。

　　道光二十五年四月十九日拜進

　　五月□日奉硃批：依議。欽此。

○一三　緝獲肆搶番匪提省嚴訓片[②]
（道光二十五年四月十九日）

　　再，前督臣富呢揚阿於正月間前往河州等處巡閱營伍。據派驗軍器、馬匹委員徐采、沈玉田稟報，該員等之馱載行李騾頭，行至循化廳[③]屬盤陀嶺地方，被賊匪搶去一案。當將專汛守備[④]及署循化廳營一

---

①　見楊紹和抄本卷一，魯圖藏。

②　同上。

③　循化廳：乾隆二十七年（1762）以循化城改置，屬蘭州府，道光三年（1823）改屬西寧府。

④　守備：清代正五品武職，主要管理軍隊總務、軍餉、軍糧等務。

併奏參，一面分飭廳營會差兵役，嚴緝正賊、真贓務獲。嗣奉諭旨：將該管守備及循化廳營分別革職，摘去頂戴，勒緝贓賊務獲。等因。

即經前督臣欽遵轉行，並節次嚴催去後，旋據該廳營及青海辦事大臣德興派往協同查辦之司員玉銘稟報：偵得前案正賊系阿布塄寺所屬紮依族番子，隨帶兵丁、通事馳赴該寺，帶同寺僧於三月十三日直抵該族，搜捕贓賊，當獲賊匪三人。內都古傻爾完的加一名，持械拒捕，致傷番僧二人。該賊亦被格受傷，餘賊悉行逃散。原贓全行起獲，隨會同訊。據都古傻爾完的加供稱，伊系阿布塄寺種地屬番，素未爲匪。本年正月二十九日偕現獲伊子塄沁加並加什工，及在逃之本莊番子噶拉隆布等，並塄噶□等莊番子白完只等共十六人，持械徒手不一，出外尋打野牲。傍晚時行至盤陀嶺地方，見有騾子六頭，上馱行李，只隨騾夫二人。伊見人少可欺，臨時起意搶奪。噶拉隆布等允從，隨一齊上前撲搶，騾夫均各逃逸。伊等連夜將贓趕回本莊，查點均系衣物。次日聞知是總督委員行李，後有官兵追緝。衆各畏懼，不敢分贓，又不敢投首，隨各歸本莊，將贓藏於伊家，探聽消息。今被偵知捉拿，伊圖脫身，隨持械拒捕，因被格傷就獲等語。訊諸加什工即馬四，供認系河州回民，因在籍行竊，破案逃赴番地代爲牧牲，旋與都古傻爾完的加相識。是日隨同尋打野牲，旋復聽從搶奪不諱。惟塄沁加年僅十四，訊明是日僅止徒手同行，實未同謀搶奪。該廳營等復帶兵赴塄噶隖等莊捕拿，各犯均已聞風逃竄，現在設法購緝。等情。

前督臣即飭嚴緝逸犯務獲，並提現犯來省審辦。復據報都古傻爾完的加於是月十六日因傷殞命，前督臣未及奏報，旋即因病出缺。臣暫行代辦督署事務，除行提加什工等來省研訊確情，並移行各該文武，會緝逸賊，務期全數弋獲、嚴行究辦外，所有前督臣任內據報緝獲搶奪首從正賊，訊明大概供情並起獲原贓緣由，謹附片先行奏聞，伏乞皇上聖鑒訓示。謹奏。

道光二十五年四月十九日附進

五月□日奉硃批：知道了。欽此。

○一四　官紳捐輸河工經費摺①

（道光二十五年四月十九日）

代辦陝甘總督事務、署甘肅布政使、按察使臣楊以增跪奏，爲甘肅官紳士民三次捐輸河工經費，懇恩分別獎敘以示鼓勵，仰祈聖鑒事。

竊查甘省官紳士民捐輸豫省河工經費，前經初次捐輸銀三萬二千一百五十兩，業經前督臣富呢揚阿奏奉恩旨，分別獎敘。嗣又二次捐輸銀四萬一千一百三十五兩，亦經前督臣富呢揚阿具奏，奉旨：交部議奏。在案。本年三月接准部咨，奉旨：順天府及各直省捐輸均著截至本年三月底停止，以示限制。等因。欽此。當即行司道通飭遵照。旋據藩、臬兩司詳，據蘭州府許乃安將本省及外省官紳士民三次續又捐輸，截至本年三月底停工，共捐銀一萬八千三百三十五兩，均已解交司庫兌收，由司分晰銀數，比照豫工事例及海疆捐輸②成案，酌擬獎敘等次，開摺詳請具奏。經前督富呢揚阿詳加核定，未及具奏，因病出缺。所有總督衙門事務經臣奏明，暫行代辦。茲謹查照節次具奏成案，並覆核各官紳等所捐銀數、應請獎敘等差，開具清單，恭呈御覽。合無仰懇聖恩俯准賞收，予以獎敘，用示鼓勵而昭激勸。至捐輸銀兩，已由司收入捐輸經費款內，聽候户部撥用。

爲此恭摺具奏，伏乞皇上聖鑒訓示。謹奏。

四月十九日

道光二十五年五月初七日奉硃批：該部議奏，單併發。欽此。

---

①　此摺存台灣"國立"故宮博物院。

②　豫工事例、海疆捐輸事例：第一次鴉片戰爭爆發後，清政府除常例捐納之外特開的捐例，其中豫工事例爲道光二十一年（1841）；海疆捐輸議敘事例爲道光二十一年（1841）及二十二年（1842）。

○一五 官紳捐輸河工經費清單

（道光二十五年四月十九日）

謹將甘省並外省紳士及現任候補、候選各官三次續捐經費分別銀數，酌擬獎敘，開具清單，恭呈御覽。計開：

順天宛平縣候選縣丞吳昭第，由監生遵豫工頭卯例報捐縣丞，雙月選用，今捐輸銀四千六百兩，請以知縣歸部不論單雙月選用。

湖北京山縣附監生易崇堦，捐輸銀三千四百兩。該員現在丁憂，請俟服闋後，以布政司庫大使分發甘肅，歸豫工頭卯補用。

湖北京山縣儒童易崇圩，捐輸銀九百六十兩。該員現在丁憂，請俟服闋后，以未入流分發甘肅，歸豫工二卯捐班前先用。

順天大興縣儒童沈錫潤，捐輸銀四百兩，請以未入流不論單雙月歸於豫工二卯選用。

山東海豐縣儒童吳玉成，捐輸銀七百五十兩，請以未入流分發甘肅補用。

正監旗滿洲監生莫爾根布，捐輸銀四百兩，請以筆帖式補用。

安徽桐城縣監生黃自新，捐輸銀一百四十兩，請以從九品雙月選用。

山東候補從九品徐汝瑛，由山東候補從九品告假來甘措資，因捐輸城工，議敘分缺間用。今捐輸銀三百兩，請給予布政司經歷職銜。

甘肅清水縣俊秀張繼炘，捐輸銀三百二十兩，請給予布政司庫大使職銜。

甘肅奇台縣廩生寧文煥，捐輸銀七百五十兩，請以未入流分發陝西補用。

甘肅哈密廳捐職從九品宋殿英，由捐職從九品捐輸銀八百八十兩，請以從九品分發陝西，歸於捐班前先用。

浙江山陰縣議敘八品頂戴徐璋，前於道光二十二年在甘捐修城工，議敘八品頂戴。今捐輸銀一千二百兩，請以布政司照磨分發甘肅補用。

順天大興縣儒童佘士燮，捐輸銀九百兩，請以縣丞雙月選用。

甘肅試用從九品徐紱，前由酌增二卯例報捐從九品，復遵籌備經費例，過班分發甘肅試用。今捐輸銀二百七十兩，請以從九品歸豫工二卯新例補用。

陝西富平縣俊秀陳杞，捐輸銀九十兩，請給予從九品職銜。

陝西三原縣俊秀趙啟緒，捐輸銀九十兩，請給予從九品職銜。

山西榆次縣俊秀趙根威，捐輸銀八十五兩，請給予從九品職銜。

現任甘肅河州知州李慶莼，捐輸銀一千三百兩，請准加二級，給予父母并本身妻室四品封典。

現任甘肅渭源縣知縣李秉宣，捐輸銀五百兩，應請准加二級。

現任甘肅金縣知縣章禮筼，捐輸銀五百兩，應請准加二級。

現任甘肅文縣知縣方奎炯，捐輸銀五百兩，應請准加二級。

硃批：覽。

〇一六　奏報糧價雨水情形摺①
（道光二十五年四月十九日）

奏爲恭報道光二十五年二月分糧價及三月得雨情形，仰祈聖鑒事。

竊查甘肅省本年正月分糧價及二月得沾雨雪緣由，業經前督臣富呢揚阿奏報在案。茲據各屬具報本年二月分糧價及三月得雨分寸、日期，由司查明，詳請具奏前來。查甘肅各屬本年三月內得雨一二三寸不等，正值田禾出土之際，得此膏澤滋培，實屬大有裨益。糧價與上月相同，民情安帖，地方靜謐，堪以仰慰聖懷。

所有查明本年二月分糧價及三月得雨情形，理合繕具清單，恭呈御覽，伏乞皇上聖鑒。謹奏。

道光二十五年四月十九日

五月□日奉硃批：知道了。欽此。

---

① 見楊紹和抄本卷一，魯圖藏。

〇一七　收捐監①生銀數片②
（道光二十五年四月十九日）

　　再，甘肅省捐監銀兩

　　舊管：自嘉慶五年三月初六日開捐起，至道光二十五年二月底止，共收捐監銀七十一萬五千三百六兩，內除歷次奏明動用及遵旨解部，歷任藩司借動未還，撥歸喀什噶爾經費並抵解部庫，及撥歸儲備專款加謹封貯，並撥補甘肅癸卯年及提支二十四年兵餉等項，共銀七十萬五千八百一十二兩零，尚存藩庫銀九千四百九十三兩零。又原報餘平銀二萬二千三百七兩零，隨正解交部庫銀二萬一千六百八十一兩零，尚存藩庫銀六百二十五兩零，前經奏明在案。

　　新收：道光二十五年三月初一日起至月底止，收捐監生三名，共收銀三百二十四兩，餘平銀一十二兩零。

　　開除：無項。

　　實在：道光二十五年三月底，止實存藩庫銀九千八百一十七兩零，餘平銀六百三十八兩零。遵部奏定，俟湊足三萬兩委員解部。至餘平銀兩俟收有成數解部，合併陳明。

　　道光二十五年四月十九日附進

　　五月□日奉硃批：戶部知道。欽此。

---

　　①　捐監：即平民或生員通過出資報捐，取得國子監肄業文憑。捐監雖並非捐納實職，不能直接得官，但因清朝政府規定捐納官職的前提爲具備貢生、監生身份。因此，捐監即成爲富家子弟進入仕途的捷徑。

　　②　見楊紹和抄本卷一，魯圖藏。

○一八　委署道府州縣各缺摺[①]

（道光二十五年五月二十四日）

奏爲遴員護署道府州縣各篆務，恭摺奏聞，仰祈聖鑒事。

竊照安肅道[②]明誼業經奏奉諭旨：准其調補鎮迪道[③]。所有安肅道篆務應即委員接署，以便明誼交卸，出關赴任。查該道駐劄肅州，爲新疆門户，且有鎮屬重兵，彈壓稽查均關緊要，必須老成練達之員方克勝任。臣與署臬司唐樹義查有平涼府知府石景芬，年壯才明，公正率屬，堪以委護。其所遺平涼府知府地處衝途，差繁政劇，亦須妥員署理。查有莊浪茶馬同知[④]林杞材，居心樸實，辦事認真，堪以委署。其所遺莊浪茶馬同知專司茶政，兼理滿餉番銀，事務紛紜。委以初任人員，經理難期裕如。查有成縣知縣陳秉鈞，恛愊無華，辦事勤慎，堪以委署。又肅州直隸州知州梁棲鸞現因患病，苦請回籍調理。除另行恭疏題報外，所有肅州直隸州印務缺居繁要，非精明強幹人員不足以資治理。查有皋蘭縣知縣李淳，才具優長，循聲素著，委令往署，可期無誤。其所遺皋蘭縣知縣爲省會首邑，籌辦庶務，尤在得人。查有高臺縣知縣劉錫禹，年強才裕，辦事勤能，堪以委署。其所遺高臺縣篆務地衝事繁，查有文縣知縣方奎炯，明達安詳，勇於任事，堪以委署。

現據司詳請奏前來，除批飭遵照外，理合恭摺奏聞，伏乞皇上聖鑒。謹奏。

道光二十五年五月二十四日拜進

六月□日奉硃批：知道了。欽此。

---

① 見楊紹和抄本卷一，魯圖藏。

② 安肅道：康熙二年（1663）置甘山道，駐甘州衛，領甘州衛、山丹衛、肅州衛及鎮彝、高臺二所；雍正二年（1724）山丹衛、鎮彝、高臺二所改置，七年（1729）更名甘肅道。

③ 鎮迪道：即分巡鎮迪屯田糧務兵備道，乾隆四十一年（1776）由巴里坤道改置，駐迪化州鞏寧城。

④ 莊浪茶馬同知：明代設立莊浪茶馬司，康熙二年（1663）改爲鞏昌分府監屯同知，雍正三年（1725）改爲莊浪監屯廳，乾隆十八年（1753）改設茶馬廳同知，專管茶馬貿易及藏民賦稅、訴訟事務。

○一九　恭報糧價雨水情形摺^①

（道光二十五年五月二十四日）

奏爲恭報道光二十五年三月分糧價及四月得雨情形，仰祈聖鑒事。

竊查甘肅省本年二月分糧價及三月分得雨緣由，業經奏報在案。茲據各屬具報本年三月分糧價及四月得雨分寸日期，由司查明，詳請具奏前來。查甘肅各屬本年四月內得雨一二三四寸不等，正值田禾長發之際，得此膏澤，實爲有裨。糧價雖較上月稍昂，而民情安帖，地方靜謐，堪以仰慰聖懷。

所有查明本年三月分糧價及四月得雨情形，理合繕具清單，恭呈御覽，伏乞皇上聖鑒。謹奏。

道光二十五年五月二十四日拜進

六月□日奉硃批：知道了。欽此。

○二○　收捐監生銀數片^②

（道光二十五年五月二十四日）

再，甘肅省捐監銀兩

舊管：自嘉慶五年三月初六日收捐起，至道光二十五年三月底止，共收捐監銀七十一萬五千六百三十兩。內除歷次奏明動用及遵旨解部，歷任藩司借動未還，撥歸喀什噶爾^③經費並抵解部庫，及撥歸儲備專款，加謹封貯，並撥補甘肅癸卯年及提支二十四年兵餉等項，共銀七十萬伍千八百一十二兩零，尚存藩庫銀九千八百一十七兩零。又原報餘平

---

① 見楊紹和抄本卷一，魯圖藏。
② 同上。
③ 喀什噶爾：地處喀喇昆侖與塔克拉瑪干大漠之間的綠洲，維吾爾語義爲"玉石集中的地方"。

銀二萬二千三百七兩，隨正解交部庫銀二萬一千六百八十一兩零，尚存藩庫銀六百三十八兩零，前經奏明在案。

新收：道光二十五年四月初一日起至月底止，收捐監生二名，共收銀二百一十六兩，餘平銀八兩零。

開除：無項。

實在：道光二十五年四月底，止實存藩庫銀一萬三十三兩零，餘平銀六百四十六兩零。遵部奏定，俟湊足三萬兩，委員解部。至餘平銀兩俟收有成數解部，合併陳明。

道光二十五年五月二十四日附進

六月□日奉硃批：*户部知道。欽此。*

道光二十六年（1846）

○二一　奏請陛見摺

（道光二十六年閏五月十九日）

甘肅按察使臣楊以增跪奏，爲微臣在任三年，遵例籲懇天恩俯准進京陛見，仰祈聖鑒事。

竊臣山左庸愚，由道光二年進士即用貴州知縣，洊陞貴陽府知府，歷任廣西、湖北、河南等省道員，二十三年四月間蒙恩補授兩淮運司，旋擢甘肅按察使，當即進京謝恩請訓。仰蒙召見五次，訓誨周詳，泥首跪聆，服膺虔懍。旋於六月初三日陛辭赴任，迄今已屆三年。迭經署理藩司，並代辦督署事務。仰賴聖明指示，敬謹遵循，雖倖免夫愆尤，實未酬夫涓滴。每念職司之重，彌殷瞻就之忱。惟有仰懇聖恩，准令照例進京陛見，俾得親承恩諭，庶地方一切公事，有所秉承，而依戀寸衷，亦藉以稍申於萬一。

所有微臣籲懇下忱，理合恭摺具奏，伏祈皇上聖鑒訓示。謹奏。

閏五月十九日

道光二十六年六月十三日奉硃批：下屆再行奏請。欽此。

○二二　恭謝恩授陝西布政使籲懇陛見摺

（道光二十六年十一月十二日）

新授陝西布政使臣楊以增跪奏，爲恭謝天恩，籲懇陛見，仰祈聖鑒事。

竊臣於本年十一月十二日，接奉陝甘督臣布彥太①行知，准吏部咨

---

① 楊紹和抄本作“布彥泰”。布彥泰（1791—1880）：滿洲正黃旗人。由蔭生授藍翎侍衛，襲世職，洊陞二等侍衛。道光九年（1829）授喀什噶爾總兵，病歸。十年（1830）予副都統銜、乾清門行走，充哈密辦事大臣，調西寧辦事大臣。將軍玉麟薦其習邊事，調伊犁參贊大臣，再調塔爾巴哈台參贊大臣。十四年（1834）復以病歸。十八年（1838）署正藍旗漢軍副都統，擢察哈爾都統。二十年（1840）授伊犁將軍，二十三年（1843）充伊犁領隊大臣，二十五年（1845）授陝甘總督，二十九年（1849）因病請罷。咸豐二年（1852）授正白旗漢軍副都統，仍留邊任。四年（1854）回京，命赴王慶坨軍營，以疾未行，請開缺。光緒六年（1880）卒，年九十。

開，十月二十三日奉上諭：陝西布政使著楊以增補授。欽此。臣當即恭設香案，望闕叩頭，恭謝天恩。

伏念臣由道光二年進士即用貴州知縣，洊陞貴陽府知府，歷任廣西、湖北、河南等省道員，二十三年蒙恩補授兩淮鹽運司，旋擢甘肅按察使。抵任以來，三署藩司，並代辦督署事務。涓埃未效，競惕滋深。茲復仰①荷溫綸，補授今職。感隆施之彌渥，懷報稱之逾難。查陝西爲關隴②要區，藩司爲錢糧總匯，理財用人諸政，責重事繁。臣知識庸愚，深懼弗克勝任。惟有仰懇聖恩，俯准臣趨詣闕廷，跪聆訓誨，庶於地方一切公件得所遵循。或可勉竭駑駘，以仰答高厚鴻慈於萬一。

所有微臣感激下忱，謹繕摺具奏，恭謝天恩。俟交卸臬篆後，即束裝北上，迎候批回，伏乞皇上聖鑒。謹奏。

十一月十二日

道光二十六年十二月初一③日奉硃批：已有旨。欽此。

○二三　恭報抵陝接護撫篆叩謝天恩摺

（道光二十六年十二月十三日）

護理陝西巡撫、布政使臣楊以增跪奏，爲恭報微臣抵陝接護撫篆日期，叩謝天恩，仰祈聖鑒事。

竊臣前蒙恩命，補授陝西藩司。當將感激下忱，具摺恭謝天恩，籲懇進京陛見。一面交卸甘肅臬篆，迎摺北上。途次接奉撫臣林則徐行知，因病懇請開缺調治，所有陝西巡撫印務奏明俟臣過陝時，即交護理。等情。及臣行抵西安省城，復准撫臣林則徐知照，欽奉上諭：林則徐著賞假三個月，安心調理，毋庸開缺。陝西巡撫印務著楊以增護理，不必來京請訓。欽此。撫臣林則徐遵於十二月初十日委員賚送

---

① 錄副本缺"仰"字，據楊紹和本校補。

② 關隴：陝西關中和甘肅東部一帶地區，因爲隴山和關中而得名。

③ "初一"二字，楊紹和抄本缺。

巡撫關防、王①命旗牌暨各項書籍、文卷前來。臣即恭設香案，望闕
叩頭，祗領任事。正在繕摺奏報間，適臣前次謝恩摺回，奉硃批：另
有旨。欽此。伏念臣庸才薄殖，仰荷聖主擢任藩司，方冀趨詣闕廷，
跪聆訓誨，庶於事體有所遵循。乃復渥沐溫綸，俾護撫篆，五中競惕，
倍切冰淵。

　　查巡撫政務殷繁，陝西地方遼闊，南北山林深箐密，爲奸宄出没之
區，時須防範。各屬刀匪現經緝獲多名，分別提審。至西、同、鳳、乾
各府州屬被旱歉收，一切彈壓撫綏，尤關緊要。撫臣業將辦理情形詳細
告知。臣惟有遇事稟商撫臣，實力實心，認真經理，斷不敢因暫時護篆
稍涉懈弛，以期仰副高厚鴻慈於萬一。

　　所有微臣接護撫篆日期及感激下忱，理合繕摺具奏，叩謝天恩，伏
乞皇上聖鑒。謹奏。

十二月十三日

道光二十六年十二月二十六日奉硃批：知道了。欽此。

○二四　優沾瑞雪片
（道光二十六年十二月十三日）

　　再，臣經過陝甘地方，入冬雪少，而陝省各屬因秋間被旱，待澤尤
殷。隨查省城先經設壇祈禱，於十二月初五日得雪寸餘。茲又於十二日
辰刻得雪，起疏密相間，至是夜丑刻，除融化外，積地四寸有餘，十三
日猶霏霏未已。伏念祥霙迭沛，尚在立春以前，不但宿麥可以盤根，即
未經播種者亦可於開春後另種雜糧，藉資潤澤。當此同雲廣布，可期一
律均沾。除俟報齊匯入下月具奏外，所有陝省優沾瑞雪緣由，理合附片
奏慰聖厪。謹奏。

　　道光二十六年十二月二十六日奉硃批：稍紓厪念。欽此。

---

① "王"字，楊紹和抄本作"天"，後劃去未補。

道光二十七年（1847）

○二五　揀員請調要缺知縣摺

（道光二十七年正月十七日）

護理陝西巡撫、布政使臣楊以增跪奏，爲揀員請調要缺知縣以重地方，仰祈聖鑒事。

竊照咸陽縣知縣馬曉林告病，業經撫臣林則徐恭疏具題在案。所遺員缺系沖繁難兼三要缺①，例應在外揀員調補。該縣地當孔道，民情獷悍，獄訟繁多，必得精明幹練之員方足以資治理。臣與兼署藩司唐樹義於通省知縣中逐加遴選，非現居要缺，即人地未宜，一時實無合例堪調之員。惟查有安定縣知縣姚國齡，年四十六歲，廣東番禺縣人，由監生捐輸河工經費議敘同知銜。嗣復捐輸礮臺經費議敘知縣，簽掣②陝西安定縣知縣，於道光二十五年三月初二日引見，奉旨：議用。欽此。是年九月初七日到任，現署咸陽縣印務。數月以來，措置裕如，民情愛戴。臣到任未及三月，例不加考。據兼署藩司查明，該員年壯才明，實心任事，任內並無參罰案件，以之調補咸陽縣要缺知縣，洵堪勝任。惟歷俸未滿三年，於例稍有未符。但員缺緊要，人地實在相需，具詳請奏前來。臣復與撫臣林則徐面商，意見相同。合無仰懇皇上天恩，俯念要缺需員，敕部覆核③，准以安定縣知縣姚國齡調補咸陽縣知縣，於衝途要缺實有裨益。如蒙俞允，該員系現任知縣調補知縣，銜缺相當，毋庸送部引見。其所遺安定縣系屬簡缺，陝省現有應補人員，容俟另行揀補，合併陳明。

所有揀員請調要缺知縣緣由，謹會同陝甘督臣布彥泰合詞恭摺具奏，伏乞皇上聖鑒訓示。謹奏。

---

① 衝繁難兼三要缺：清代將衝、繁、疲、難四字考語作爲政區分等的正式依據，交通頻繁曰“衝”，行政業務多曰“繁”，稅糧滯納過多曰“疲”，風俗不純、犯罪事件多曰“難”。四字俱全的縣稱爲“最要”或“要”缺，占其中三字的爲“要”缺，二字的爲“要”缺或“中”缺，一字或無字的縣稱爲“簡”缺。

② 簽掣：明代後期沿襲至清的吏部選授遷除官吏的方法。明代後期，吏部尚書孫丕揚創掣簽法，用竹簽若干預寫所選機關地區及姓名等，放置筒中，當堂隨手掣取，與拈鬮同。

③ “覆核”二字，楊紹和抄本作“核覆”。

正月十七日

道光二十七年正月二十八日奉硃批：欽此。①

○二六　盤查司道庫貯銀錢摺

（道光二十七年正月十七日）

護理陝西巡撫、布政使臣楊以增跪奏，爲盤查司道庫貯銀錢，恭摺奏聞，仰祈聖鑒事。

竊臣奉命護理陝西巡撫，應將司庫及同城道庫存貯銀錢照例盤查。臣於道光二十六年十二月初十日到任，正值署藩司唐樹義接收前藩司裕康交代，並年底盤查，自應併案辦理。隨行據該署藩司唐樹義暨督糧道②張集馨③各將庫貯銀兩錢文分晰造冊，呈送前來。臣隨親詣各庫按款核盤，所有藩庫正雜款項截至道光二十六年十二月十八日止，共實貯銀七十一萬四千三百一十四兩零，錢五萬二千五百三十七串零，道庫共實貯銀一萬二千一百二十三兩零。經臣逐一彈兌銀數，均屬相符，並無虧挪情弊。

除循例於藩司接受交代案內另行出結具題外，理合將盤查司道庫貯銀錢緣由恭摺具奏，伏乞皇上聖鑒。謹奏。

正月十七日

道光二十七年正月二十八日奉硃批：户部知道。欽此。

---

①　此奏摺及以下道光二十七年（1847）正月十七日所進奏摺之奉硃批時間，楊紹和抄本皆作“二月初九日”，不再逐一註明。另“欽此”二字後，楊紹和抄本有：“道光二十七年正月二十八日內閣奉上諭：‘楊以增奏揀員請調要缺知縣一摺，著照所請，陝西咸陽縣知縣員缺准其以姚國齡調補，該部知道。’欽此。”

②　督糧道：專管各省糧務，簡稱糧道。有督運漕糧之責的稱督糧道；與漕運無關，無督運之責的稱糧儲道。

③　張集馨（1800－1878）：字椒人，別號時晴齋主人，江蘇儀徵人。道光十九年（1839）中進士，入翰林院。二十六年（1846）外放山西朔平知府，先後在山西、福建、陝西、四川、甘肅、河南、直隸、江西等省歷任知府、道員、按察使、布政使、署理巡撫等職。同治四年（1865），因防禦太平軍北伐“出兵遷延”，被劾革職，後卒於家。著有《道咸宦海見聞錄》。

○二七　派員采辦白鉛以供鼓鑄摺

（道光二十七年正月十七日）

護理陝西巡撫、布政使臣楊以增跪奏，爲改派委員採辦白鉛以供鼓鑄，恭摺奏聞，仰祈聖鑒事。

竊照陝西省寶陝局①本年應辦第三十六運白鉛三十五萬斤，前經派委華州知州郝昇榮前往湖北辦運，共估鉛價、運腳等項銀一萬八千六百八十五兩零，請在於道光二十六年地丁銀內動支給領，業經撫臣林則徐恭疏題報在案。

茲據署布政使唐樹義會同管理錢局之鹽法道②崇綸③詳稱：前派採買楚鉛郝昇榮正在催令領銀起程間，據同州府稟報，該員現在患病，難以起程。委驗屬實，除俟另詳辦理外，查採辦白鉛攸關鼓鑄，勢難緩待，今郝昇榮既經患病，所有此次第三十六運白鉛自應改派委員前往辦運，俾免遲誤。查有扶風縣知縣洪信堪以改委接辦，所需鉛價、運腳銀兩應請照依原議，動支給發，事竣核實造銷。等情。詳請具奏前來。除批飭速令該員交代清楚，取具領銀起程日期，另行咨部外，所有改派委員前赴楚省辦運白鉛緣由，理合恭摺具奏，伏乞皇上聖鑒。謹奏。

正月十七日

道光二十七年正月二十八日奉硃批：知道了。欽此。

---

① 寶陝局：陝西省鑄錢局，由鹽法道總理，於佐貳官內選委監鑄官一員，看守庫藏官一員，巡查出入官一員，具體負責局務。

② 鹽法道：清代設置，掌督察鹽場生產、估平鹽價、管理水陸挽運事務，或兼任分守分巡道。

③ 崇綸（？—1854）：滿洲正黃旗人，由內閣貼寫中書充軍機章京，洊陞侍讀。出爲陝西鳳邠道，調直隸永定河道，歷任雲南按察使、廣東布政使。咸豐二年（1852），擢任湖北巡撫。四年（1854），總督吳文鎔與太平軍作戰失敗，投水自殺。崇綸在武昌失守前一日出走陝西，後被曾國藩論劾，命逮治，服毒自盡。

○二八 查明各屬錢糧已未完解數目摺

（道光二十七年正月十七日）

護理陝西巡撫、布政使臣楊以增跪奏，爲查明各屬應徵錢糧，截至年底止已未完解數目，循例恭摺奏聞，仰祈聖鑒事。

竊照嘉慶九年六月內准戶部咨令：將已未完解錢糧數目截至年底，於次年開印前報部，一面專摺具奏。等因。歷經遵行在案。

茲據署藩司唐樹義詳稱：道光二十六年額徵、民屯、更起運並糧折等項內，除各屬留支外，實應解司銀一百三十三萬九千五百三十七兩零。截至上年十一月底止，已完銀一百二十五萬一千七百三十九兩零，業經詳明具奏在案。茲自上年十二月起至年底止，續完銀三萬六千七十三兩零，仍未完銀五萬一千五百二十四兩零。內除富平、涇陽二縣因秋禾歉收，將應徵銀一萬九千八百六十六兩零，奏奉上諭緩至道光二十七年麥後起徵，實止未完銀三萬一千六百五十八兩零。統計道光二十六年錢糧已完九分六厘零。等情。具詳請奏前來。臣覆核無異，除將未完銀兩嚴飭督催，趕緊徵解外，所有道光二十六年分額徵正賦錢糧截至年底止已未完解各數目，理合循例恭摺具奏，伏乞皇上聖鑒。謹奏。

正月十七日

道光二十七年正月二十八日奉硃批：戶部知道。欽此。

○二九 恭報雪澤麥苗情形摺

（道光二十七年正月十七日）

護理陝西巡撫、布政使臣楊以增跪奏，爲恭報雪澤麥苗情形仰祈聖鑒事。

竊照陝西省上年十一月分雨雪田禾情形，業經撫臣林則徐具摺奏報。嗣臣於十二月初十日接護巡撫印務，適省城地方於是月十二、三等日得雪四寸有餘，復經臣附片奏慰聖厪，並聲明俟各屬報齊，另行匯奏在案。旋據西安、延安、鳳翔、漢中、榆林、同州、興安、商州、邠州、乾州、鄜州、綏德等十二府州屬陸續稟報，於十二月初七八、十一二三四五六等日各得瑞雪。內鳳翔、扶風、隴州、麟游、汧陽、郿縣、淳化、商州、盩厔、藍田、長安、咸寧、雒南等州縣均在六七八寸，寧陝、岐山兩處竟至盈尺，其餘州縣亦自一二三寸至四五寸不等。臣查此次雪澤合省均霑，南北兩山土脈本極滋潤，而平原久旱之地，獲此祥霙，已種之麥田可冀盤根穩固，其未種者亦可補種雜糧，藉資生計。惟關中土厚，深透爲難，尚需早沛春膏，庶於東作大有裨益。所有無業老幼貧民，隨時率屬妥爲收養，並勸紳商富戶量力捐輸，各保各村，不致失所。

至各屬糧價稍減，[①] 民氣安恬，堪以仰紓宸念。謹將上年十二月分各屬糧價，敬繕清單，恭呈御覽，伏乞皇上聖鑒。謹奏。

正月十七日

道光二十七年正月二十八日奉硃批：知道了。欽此。

○三○　道光二十六年十二月糧價清單
（道光二十七年正月十七日）

謹將陝西省道光二十六年十二月分各屬糧價開具清單恭呈預覽。計開：

西安府屬價貴。大米每倉石價銀自一兩五錢八分至三兩五錢，與上月相同；小米每倉石價銀自一兩五錢八分至三兩七分，與上月相同；小麥每倉石價銀自一兩五錢八分至三兩一錢一分，與上月相同；大麥每倉石價銀自一兩二錢二分至二兩五分，與上月相同；豌豆每倉石價銀自一兩六錢一分至三兩二分，與上月相同。

延安府屬價貴。大米每倉石價銀自一兩六錢七分至四兩三錢三分，與上月相同；小米每倉石價銀自九錢七分至二兩五錢六分，與上月相

同；小麥每倉石價銀自一兩一錢四分至二兩五錢二分，與上月相同；糜米每倉石價銀自一兩六分至二兩五錢一分，與上月相同；豌豆每倉石價銀自八錢至二兩四錢六分，與上月相同。

鳳翔府屬豌豆價中，餘皆價貴。大米每倉石價銀自一兩八錢六分至二兩八錢八分，與上月相同；小米每倉石價銀自一兩六錢至二兩一錢五分，較上月減一錢四分；小麥每倉石價銀自一兩二錢七分至二兩一錢五分，較上月減二錢二分；大麥每倉石價銀自七錢至一兩二錢，較上月減二錢六分；豌豆每倉石價銀自一兩一錢至一兩六錢二分，較上月減二錢二分。

漢中府屬大米、豌豆、黃豆價中，餘皆價貴。大米每倉石價銀自九錢六分至二兩六錢八分，較上月減一錢三分；小米每倉石價銀自八錢七分至二兩五分，與上月相同；小麥每倉石價銀自七錢八分至二兩二錢，與上月相同；大麥每倉石價銀自四錢二分至一兩一錢六分，與上月相同；豌豆每倉石價銀自七錢五分至一兩四錢五分，與上月相同。黃豆每倉石價銀自四錢八分至一兩四錢，較上月減七分。

榆林府屬價貴。大米每倉石價銀自二兩四錢至三兩七錢四分，與上月相同；小米每倉石價銀自二兩一錢九分至二兩六錢二分，較上月減四錢八分；小麥每倉石價銀自二兩五分至二兩四錢二分，較上月減二錢六分；糜米每倉石價銀自二兩七分至二兩六錢二分，較上月減四錢二分；豌豆每倉石價銀自一兩三錢二分至一兩八錢四分，與上月相同。

同州府屬價貴。大米每倉石價銀自二兩九錢二分至三兩八錢二分，較上月貴三分；小米每倉石價銀自二兩四錢至三兩一錢五分，較上月減二錢一分；小麥每倉石價銀自二兩三錢一分至三兩七分，較上月減一錢五分；大麥每倉石價銀自一兩四錢至二兩一錢七分，與上月相同；豌豆每倉石價銀自一兩八錢六分至二兩六錢六分，與上月相同。

興安府屬大米、黃豆價賤，餘俱價中。大米每倉石價銀自一兩三錢一分至一兩八錢三分，較上月減一錢二分；小米每倉石價銀自八錢一分至一兩五錢六分，較上月減九分；小麥每倉石價銀自一兩二分至一兩六錢三分，較上月減一錢五分；大麥每倉石自四錢五分至九錢一分，較上月貴一分；豌豆每倉石價銀自七錢至一兩六錢，與上月相同；黃豆每倉石價銀自七錢六分至九錢二分，與上月相同。

商州屬大米價中，餘俱價貴。大米每倉石價銀自一兩八錢至二兩七

錢一分，與上月相同；小米每倉石價銀自一兩二錢一分至二兩四錢一
分，與上月相同；小麥每倉石價銀自一兩五錢四分至二兩二錢六分，與
上月相同；大麥每倉石價銀自六錢六分至一兩三錢二分，與上月相同；
豌豆每倉石價銀自七錢七分至一兩九錢九分，與上月相同；

邠州屬價貴。大米每倉石價銀自二兩八錢七分至四兩二錢，與上月
相同；小米每倉石價銀自一兩九錢七分至二兩七錢三分，較上月減三錢
五分；小麥每倉石價銀自一兩九錢至二兩七錢一分，較上月減九分；豌
豆每倉石價銀自一兩七錢六分至二兩四錢三分，較上月減三錢。

乾州屬價貴。大米每倉石價銀自二兩二錢二分至三兩一錢四分，與
上月相同；小米每倉石價銀自二兩六分至二兩七錢五分，與上月相同；
小麥每倉石價銀自二兩至二兩七錢五分，與上月相同；大麥每倉石價銀
自一兩三分至一兩七錢五分，與上月相同；豌豆每倉石價銀自一兩七錢
三分之而兩五錢，與上月相同。

鄜州屬價中。小米每倉石價銀自六錢二分至一兩五錢四分，與上月
相同；小麥每倉石價銀自六錢二分至一兩六錢一分，與上月相同；豌豆
每倉石價銀自四錢八分至一兩四錢七分，與上月相同。

綏德州屬價貴。小米每倉石價銀一兩五錢至二兩四錢，與上月相
同；小麥每倉石價銀自一兩三錢九分至二兩四錢一分，與上月相同；豌
豆每倉石價銀自一兩至二兩六分，較上月貴四錢三分。

硃批：覽。

○三一　收捐監生銀數片[①]
（道光二十七年正月十七日）

　　再，查陝西省收捐監生銀兩，截至道光二十六年十一月底止，共存
銀一萬二千一百二十四兩，業經撫臣林則徐附片奏明在案。今十二月分
又報捐監生一十二名，收貯司庫銀一千二百九十六兩，連前共實存銀一
萬三千四百二十兩。

---

① 見楊紹和抄本卷二，魯圖藏。

理合循例附片奏聞。謹奏。

道光二十七年正月十七日附進

奉硃批：户部知道。欽此。

○三二　查明徵收正賦鹽課①錢糧已未完數目摺
（道光二十七年二月初六日）

　　護理陝西巡撫、布政使臣楊以增跪奏，爲查明陝省上年下忙②徵收正賦鹽課錢糧已未完數目，循例具奏，仰祈聖鑒事。

　　竊照各州縣徵解錢糧於嘉慶二十年六月内經户部奏准，令將每年上下忙應徵錢糧除留支外實應解司銀數，分別正課③雜項，依限造册，詳報督撫具奏，並將原册送部。等因。歷經遵行在案。

　　兹據署布政使唐樹義詳稱：查得陝省各屬道光二十六年分，額徵④、民屯、更、起存並糧折銀，除屯丁兑食及存留外，實應解司銀一百三十三萬九千三百三十七兩零。内除上忙已完銀八十九萬四千四十八兩零，未完銀四十四萬伍千二百八十九兩零。今下忙續完銀三十九萬三千七百六十五兩零，仍未完銀五萬一千五百二十四兩零。内除富平、涇陽二縣因道光二十六年秋禾歉收，將應徵銀一萬九千八百六十六兩零，奏奉上諭：緩至本年麥後起徵。止實未完銀三萬一千六百五十八兩零。又原額鹽課銀八千九百八十兩内，除上忙已完銀一千七百二十五兩零，未完銀七千二百五十五兩零。今下忙續完銀三千六百四十四兩零，未完銀三千六百一十一兩零。等情。詳報前來。臣覆核無異，除將未完銀兩嚴飭該管道府州，趕緊督催征解，並將送到册籍另行咨部外，所有道光二十六年分下忙徵收正賦鹽課錢糧已未完數目，理合循例恭摺具奏，伏乞皇上聖鑒。謹奏。

------

　　① 鹽課：即鹽税，爲清政府財政的重要來源。

　　② 下忙：清代徵收田賦分上、下兩期。上期從農曆二月開徵，五月截止，稱爲上忙；下期從八月開徵，十一月截止，稱爲下忙。

　　③ 正課：正式賦税，與“雜課”相對。

　　④ 額徵：指應徵税賦數。

二月初六日

道光二十七年二月十八日奉硃批：户部知道。欽此。①

○三三　委署臬司片
（道光二十七年二月初六日）

再，臣接准部咨，欽奉上諭：湖北布政使著唐樹義補授，所遺陝西按察使著嚴良訓調補。等因。欽此。當即恭錄轉行欽遵在案。臣查臬司正值辦理秋審②之際，該司唐樹義既已陞任，而新補之臬司嚴良訓由粵來陝，尚需時日。自應先行委員接署，俾專責成。臣隨與撫臣林則徐面商，查有督糧道張集馨上年曾署臬篆，熟悉刑名。該道本任現無緊要事件，堪以委令兼署。至唐樹義前經撫臣林則徐奏委兼署藩司，臣護巡撫。查撫臣林則徐病已漸痊，旬日內即可回任。所有藩司印務相應奏明仍令唐樹義暫行署理，一俟撫臣回任，臣即接收藩篆，以免輾轉交代之繁。

除分飭遵照外，理合附片奏聞，伏乞聖鑒。謹奏。

二月初六日

道光二十七年二月十八日奉硃批：知道了。欽此。

○三四　揀員請調要缺知縣摺
（道光二十七年二月初六日）

護理陝西巡撫、布政使臣楊以增跪奏，爲揀員請調要缺知縣，以重

地方，恭摺奏祈聖鑒事。

竊照蒲城縣知縣張肇元告病，開缺調理，業經撫臣林則徐恭疏具題在案。所遺系繁疲難兼三要缺，例應在外揀員調補。該縣漢回雜處，訟獄繁多，俗悍民刁，素爲刀匪淵藪，非精明幹練、有爲有守之員不足以資治理。臣與兼屬藩司、臬司唐樹義於通省知縣內逐加遴選，非現居要缺，即人地未宜，一時實無合例堪調之員。惟查有新補清澗縣知縣沈功枚，年五十一歲，浙江歸安縣監生。由捐納縣丞分發福建，委辦軍需總局文案報銷，始終出力，保奏奉旨：免補本班，以知縣儘先補用。旋補永安縣知縣，調署同安縣知縣。道光十九年，因閩浙督臣鐘祥行寓被竊關防，限滿無獲革職。二十一年，調赴泉州大營糧臺①辦理文案，在閩捐輸經費，奏請開復知縣原官。經部照依海疆議敘，奏奉諭旨：賞給六品頂戴，仍加二級。二十五年，赴部捐復縣丞，並於豫工捐輸，保奏奉旨：著以知縣分發陝西補用。二十六年三月引見，奉旨：著照例發往。復在豫工捐輸，奉上諭：陝西試用知縣沈功枚著遇缺即補。欽此。於是年八月到省，題補清澗縣知縣。臣到任未及三月，例不加考。該縣②現署蒲城縣知縣印務，視事以來，除暴安良，不逞之徒聞風斂戢，民情甚屬愛戴。以之調補該縣，實堪勝任。惟前次請補清澗縣，尚未接奉部文到任，與例稍有未符。但員缺緊要，人地實在相需，例得專摺陳奏。據③兼署藩司具詳前來，臣復與撫臣林則徐面商，意見相同。合無仰懇天恩，俯念蒲城縣員缺緊要，在陝省素號難辦之區。沈功枚雖甫經題補清澗縣，而前在福建曾經調署繁缺，才具實爲出衆，地方甚屬相宜，是以奏請調補。如蒙俞允，該員系知縣調補知縣，銜缺相當，毋庸送部引見。至所遺清澗縣系屬簡缺④，陝省現有應補人員，容另請補。合併陳明。

所有揀調要缺知縣緣由，謹會同陝甘督臣布彥泰合詞恭摺具奏，伏乞皇上聖鑒訓示。謹奏。

二月初六日

道光二十七年二月十八日奉硃批：吏部議奏。欽此。

---

①　糧臺：清代行軍時沿途所設經理軍糧的機構，設總理事一人，下設八所，即文案所、內銀錢所、外銀錢所、軍械所、火器所、偵探所、發審所、採編所等。

②　"縣"字，楊紹和抄本作"員"。

③　"據"字後，楊紹和抄本有"該"字。

④　簡缺：詳見前《盤查司道庫貯銀錢摺》註。

○三五　委署知州片
（道光二十七年二月初六日）

　　再，署商州直隸州事、佛坪廳①同知陳堯書據報因病出缺。除另行恭疏具奏外，所遺原署商州系南山繁疲難要缺，路通荆楚，政務殷繁，應行揀員接署。查有鎮安縣知縣徐昆，久任南山，情形熟悉，堪以委令署理。據兼署藩司具詳前來，除批飭遵照外，所有委署緣由，理合循例附片陳明。謹奏。

　　二月初六日

　　道光二十七年二月十八日奉硃批：覽。欽此。

○三六　修理棧道動用銀數摺
（道光二十七年二月初六日）

　　護理陝西巡撫、布政使臣楊以增跪奏，爲修理棧道動用備貯本款銀數在五百兩以上，循例奏祈聖鑒事。

　　竊照寧羌州、留壩廳先後詳請修理棧道，均經撫臣批司委勘估辦去後。茲據兼署藩司唐樹義詳稱：准署陝安道②程德潤咨，據漢中府知府段大章轉據委員沔縣知縣劉欽弼會同寧羌州知州孫玉麒查，勘得該州棧道自道光二十二年修理後，迄今五載，一切偏橋、欄杆均被山水冲塌，木料朽腐，急需③修理。搏節確估，共需工料銀九百九十四兩零。又准該道咨，據該府詳據委員鳳縣知縣黃本誠會同留

---

　　①　佛坪廳：清道光五年（1825）設，廳城在佛爺坪，故名。巡檢司駐袁家莊，轄區約爲今周至縣老君嶺、四方臺以南地區，佛坪縣地及太白縣東南部。

　　②　陝安道：清代設，治漢中，轄漢中府、興安府（今安康地區）。

　　③　“需”，楊紹和抄本作“須”。

壩廳①同知賀仲瑊查，勘得該廳棧道自道光二十一年修理後，迄今已逾五載，一切偏橋、欄杆、馬牆多被山水冲塌，木料朽腐，亦應趕緊修理。撙節確估，共需工料銀九百九十七兩零。各造具估計册結圖說，由府道加結移司核明，請照例在於府庫存貯備公銀內動支興修。具詳請奏前來。

臣查寧羌州境內棧道自沔縣交界金堆鋪起，至四川廣元縣七盤關止，綿長一百七十五里。留壩廳境內棧道自南星、鳳縣交界起，至武關、褒城縣交界止，綿長一百六十里。均系山路，崎嶇險陡，必須修理平坦，始可以利遄行。現在各工停止，惟棧道爲川陝往來要路，文報差事絡繹不絕，若不急爲修整，必致阻滯，所關非細，非別項工程可比。每遇坍塌，均經奏明動用本款銀兩興修在案。今既勘系必不可緩之工，所估工料銀兩並無浮濫，應如所請，在漢中府庫存貯棧道備公本款銀內動支，飭令趕緊修理，工竣委勘，核實造銷。

除將估計册結圖說送部查核外，理合循例恭摺具奏，伏乞皇上聖鑒。謹奏。

二月初六日

道光二十七年二月十八日奉硃批：工部知道。欽此。

〇三七　籌撥兵糧動支運腳摺

（道光二十七年二月初六日）

護理陝西巡撫、布政使臣楊以增跪奏，爲籌撥兵糧、動支運腳情形，恭摺奏聞，仰祈聖鑒事。

竊照神木、府谷二縣上年秋末被旱歉收，所有應徵下忙銀糧、草束業經撫臣林則徐奏蒙聖恩，緩至道光二十七年秋後起徵在案。

茲據兼署②藩司詳稱：查得神木縣緩徵額供縣倉並高家堡倉草三千

---

① 留壩廳：清乾隆二十九年（1765）設，屬漢中府。乾隆三十年（1766），將鳳縣南星（留鳳關爲界）以南、褒城縣武休關以北劃歸留壩廳管轄。

② "兼署"二字，楊紹和抄本作"署理"。

二百六十五束八斤零，系估供各營馬匹之需。經該管榆林府詳請，照例每草一束，折銀一分，共折銀三十二兩六錢零。由司核與例案相符，在於庫貯兵馬建曠銀內動支，給領買供。惟該縣暨府谷縣緩徵本色兵糧，內神木緩徵縣倉並高家堡倉額供糧共一千三百六十八石一斗零，除該縣支剩糧三斗八升零全數動用，計不敷糧一千三百六十七石七斗零。又府谷緩徵縣倉額供糧一千三百四石四斗零。二共不敷額供倉斗①糧二千六百七十二石二斗零。若盡數全由榆林府廣有倉內撥運，糧石既多，費用愈繁，當此經費有常之際，自需酌量變通，以昭節省。查神木縣常平倉②現貯京斗③穀二千四百一十六石一斗零，折合倉斗八百四十五石六斗零。擬請就近借撥六百六十七石七斗八升零。府谷縣常平倉現貯京斗穀一千五百二十一石八斗零，折合倉斗五百三十二石六斗零，就近借撥四百四石四斗二升零。統俟徵收有項，分別還款。其餘不敷糧一千六百石，再於府倉動撥，運往供支。並稱例支運腳不敷，援照節次籌撥加價成案，先行借支等情前來。

臣查神木、府谷二縣應征兵糧系備供各營兵糈之用，今既因灾緩徵，自應亟為籌撥，以資兵食。統計撥運倉斗糧一千六百石，折合京斗糧二千二百八十五石七斗零。照依陝省運糧腳價定例，每京石山路百里給銀一錢六分，連賃用口袋、繩席等項共需運腳銀一千二百九十六兩。應俟撥運完竣，按照分撥糧數、腳價，造冊送部核銷。惟邊地屢年歉薄，食物較昂，且山路險阻，每驢一頭只能馱糧七斗，日行六七十里不等，兼有回空之費，例價實屬不敷。伏查嘉慶十年、十五六九等年陝省撥運兵糧，節經奏明例價外加給腳價一倍，其加給腳價先在司庫借支，由通省攤捐歸款。嗣道光十九年撥運該縣等兵糧，亦經奏蒙聖恩允准各在案。此次撥運糧石事同一律，應請仿照辦理，先由司庫地丁銀內借支給撥，仍於通省文職各官養廉攤扣歸還，報部撥用，庶軍食無虞缺乏，而州縣亦不致苦累。

所有籌撥④兵糧、動支腳價緣由，理合恭摺具奏，伏乞皇上聖鑒訓示。謹奏。

---

① 倉斗：徵糧專用的斗。清代1倉斗大米約合十六進位市制20.1斤。

② 常平倉：為調節糧價，儲糧備荒，保證官需民食正常供應而設置的糧倉。

③ 京斗：清代戶部頒發，用於糧賦登記的斗。清代1京斗大米約合十六進位市制10.3斤。

④ "籌撥"二字，楊紹和抄本作"撥運"。

二月初六日

道光二十七年二月十八日奉硃批：户部議奏。① 欽此。

○三八　恭報交卸巡撫印務接收藩篆摺
（道光二十七年二月十五日）

陝西布政使臣楊以增跪奏，爲恭報微臣交卸巡撫印務，接收藩篆任事日期，叩謝天恩，仰祈聖鑒事。

竊臣前奉撫臣林則徐行知，欽奉上諭：林則徐著賞假三個月，安心調理，毋庸開缺。陝西巡撫印務著楊以增護理，不必來京請訓。欽此。當將感激下忱及接護撫篆日期恭摺奏報在案。茲撫臣林則徐病痊回任，臣隨將巡撫關防、王命旗牌等項於二月十五日委員呈賚撫臣接收，並於是日准署藩司唐樹義將布政使印信文卷移送前來。臣謹即恭設香案，望闕叩頭謝恩，祗領任事。

查藩司任重事繁，以理財用人爲要。臣知識短淺，深切冰兢，惟有實力實心，隨同撫臣認真整理，矢夙夜無欺之志，懷始終如一之操，以冀仰酬高厚。至西、同、鳳、乾各府州屬上年被旱歉收，麥多未種。十二月內雖曾獲祥霙，稍滋潤澤。臣復率屬設壇步禱，本月初七、八等日，省城及附近一帶據報得雨一二三四五寸不等，又於十三、四日連宵達旦，大沛甘霖，入土深透。而雲陰廣布，當必遝遍均沾，不但二麥滋生，即春苗亦可及時播種矣。其極貧戶口②，臣與署藩司唐樹義飭屬查辦，已據各屬分晰具報，陸續開倉平糶，並有紳商富民③或散糧食，或散銀錢，各保各村，尚可無虞失所。惟青黃不接，爲日正長，體察情形，不能不酌予緩徵，以紓民力。業經選派公正各員分投履勘，除俟覆到再禀商撫臣，悉心籌辦外，所有微臣交卸巡撫印務、接收藩篆任事日期，理合恭摺具奏，伏乞皇上聖鑒訓

---

① “議奏”二字，楊紹和抄本作“知道”。
② 楊紹和抄本作“極貧、次貧戶口”。
③ 楊紹和抄本作“户”。

示。謹奏。

二月十五日

道光二十七年二月二十七日奉硃批：知道了。欽此。①

○三九　擢任陝西巡撫恭謝天恩摺
（道光二十七年四月初二日）

新授陝西巡撫臣楊以增跪奏，爲恭謝天恩，仰祈聖鑒事。

竊臣於本年三月二十八日接撫臣林則徐行知，准吏部咨開：道光二十七年三月十六日欽奉上諭：楊以增著補授陝西巡撫，於明年冬間來京陛見，陝西布政使著恒春補授。等因。欽此。聞命之下，感激悚惶，莫能名狀。當即恭設香案，望闕捫頭，叩謝天恩。

伏念臣一介寒微，至愚極陋，由道光二年進士即用知縣，洊陞甘肅臬司。上年十月，蒙恩補授陝西布政使，並先暫護撫篆。本年二月十五日交卸後，始到藩司本任。受事甫及四旬，辦理尚無寸效。惟恪供於職守，或幸免夫愆尤。乃蒙簡畀之優加，遽擢封圻②之重任。隆施逾格，非夢想所敢期。異數連膺，倍心驚而滋懼。並蒙諭令，於明年冬間來京陛見，五內方殷其翹懸，一時未敢以瀆求。

伏查陝省向稱完善之區，祇因去秋西、同、鳳、乾等屬被旱歉收，民力不無拮据。詳經奏請分別緩徵，並平糶倉糧，已足以資調劑。③近復連得透雨，一律均沾，民情益臻綏定。第於災傷之後，尤當加意拊循，元氣庶幾早復。臣惟有實心實力，矢慎矢勤，察吏正以安民，興利務先除害，凜夙夜毋欺之志，竭始終如一之忱。斷不敢稍涉因循，以冀仰副聖主鴻慈於萬一。

現在陛任撫臣林則徐與臣各將經手事宜趕緊逐件清釐，擬於本月初七日遞相卸接。除臣到任日期，另行恭疏題報外，所有感悚下忱，謹先

① 奉硃批日期，楊紹和抄本作“□月□日”。

② 封圻：指封疆大吏。

③ 録副本“此次”旁有夾批“稍紓廑念”。

恭摺叩謝天恩，伏乞皇上聖鑒。謹奏。

　　四月初二日

　　道光二十七年四月十四日奉硃批：誠實守而勿失，虛浮屏而勿尚。
欽此。①

○四○　收捐監生銀數片②
（道光二十七年四月初二日）

　　再，查陝省收捐監生銀兩，截至道光二十七年二月底止，共存銀一
萬四千七百一十六兩，業經前陞任撫臣林則徐附片奏明在案。今於三月
分又報捐監生十一名，收貯司庫銀一千一百八十八兩，連前共存銀一萬
五千九百四兩，理合循例附片奏聞。謹奏。

　　道光二十七年四月初二日附進

　　二十五日奉硃批：戶部知道。欽此。

○四一　委署藩道印務片
（道光二十七年四月初二日）

　　再，臣接受撫篆後，所有藩司事務應即委員接署，以專責成。查調
任臬司嚴良訓尚未來陝，現系督糧道張集馨兼署。茲臣與陞任撫臣林則
徐詳加遴酌，查有鹽法道崇綸端謹勤明，堪以委署藩篆。所遺鹽法道，
查有候補道③程德潤老成穩練，堪以委署。

　　除分行遵照外，理合附片奏聞，伏乞聖鑒。謹奏。

---

①　奉硃批日期，楊紹和抄本作"二十五日"。
②　見楊紹和抄本，卷三魯圖藏。
③　候補道：清制，已有道員（四品）官銜，等候實缺的稱爲候補道，多通過捐納獲得。

四月初二日①

道光二十七年四月十四日奉硃批：覽。欽此。②

○四二　遴員另調要缺知縣摺③

（道光二十七年四月二十二日）

奏爲遵駁另行選員調補要缺知縣，以重地方，恭摺奏祈聖鑒事。

竊照蒲城縣知縣張肇元告病遺缺，前經臣於護理巡撫任內奏請以清澗縣知縣沈功枚調補。茲准部咨：沈功枚題補清澗縣尚未奉旨，並非現任人員，與請調之例不符，駁令另選合例人員調補。等因。臣遵即督同署藩、臬兩司在於通省簡缺知縣及候補正途人員內復加遴選，人地均不甚相宜，殊無合例堪以調補之員。惟查有西鄉縣知縣許保瑞，年四十九歲，四川監生，遵例報捐布政司經歷④，分發陝西。道光九年正月到省，借補按察司經歷，因拿獲刀匪、賊犯、煙犯出力，奏奉諭旨：賞加知州銜。陞補今職。二十五年七月赴部引見，奉旨：許保瑞准其陞補陝西西鄉縣知縣。欽此。是年十一月到任。二十六年經部議奏，以知縣兼襲伯爵，奉旨：准其以原官兼襲三等伯爵。欽此。查該員年力正強，辦事幹練，以之調補蒲城縣知縣，實堪勝任。惟西鄉、蒲城二縣均系繁疲難兼三要缺，以繁調繁，於例稍有未符。第蒲城地方漢回雜處，素爲刀匪出沒之區，訟獄繁多，民情獷悍，較之西鄉尤爲難治。該員講求捕務，前曾緝辦刀匪，頗爲得力，聽斷亦甚詳明，於蒲城要缺人地實屬相宜。任內亦無違礙處分，所有罰俸銀兩飭令照例完繳。現據署藩、臬兩司會詳請奏前來，合無仰懇聖恩，俯念要缺需員，敕部核覆，准以許保瑞調補蒲城縣知縣，誠於地方有裨。如蒙俞允，所遺西鄉縣知縣員缺陝

---

①　此片具文日期爲"四月初一日"，但前摺及夾片均署爲初二日，且楊紹和抄本亦作四月初二日，故據之校正。

②　奉硃批日期楊紹和抄本作"二十五日"。

③　見楊紹和抄本卷三，魯圖藏。

④　布政司經歷：清代官名。各省布政使司均置經歷司經歷一人，秩正六品，與都事分掌文移及出納事務。下文按察司經歷爲按察使司屬官，性質與此類似。

省現有坐補原缺人員，容臣另行請補。

謹會同陝甘督臣布彥泰合詞恭摺具奏，伏乞皇上聖鑒訓示。謹奏。

道光二十七年四月二十二日拜進

五月十四日奉硃批：另有旨。欽此。①

〇四三　恭報雨水田禾情形摺②

（道光二十七年四月二十二日）

奏爲恭報雨水田禾情形，仰祈聖鑒事：

竊照陝西通省本年三月二十以前雨水情形，業經前陝任撫臣林則徐恭摺具奏在案。茲據延安府屬之定邊、宜川，鳳翔府屬之鳳翔、寶鷄，汉中府属之鳳縣、褒城、略陽，榆林府屬之懷遠、葭州、神木、府谷，同州府屬之朝邑等州縣陸續具報，於三月二十一三、二十九暨四月初四六八等日先後得雨，自一二三四寸至八寸不等，其餘或得微雨不成分寸。大抵南山暘雨尚屬合宜，北山仍形雨少。至平原一帶月來雖未得雨，而前此澍澤頻沾，入土極爲充足。二麥根荄透潤，且當陞漿結實之際，正須天氣晴暄，藉資曝曬，顆粒可期飽綻。其補種雜糧等項亦皆長發青葱。所有乏食貧民糶借兼施，並勸紳富捐濟，均已各安生計，無虞失所。現在大麥將屆刈獲，小麥漸次成熟，糧價較前平減，地方甚爲安恬，堪以仰慰宸念，理合恭摺具奏。並繕三月分糧價清單，敬呈御覽，伏乞皇上聖鑒。謹奏。

道光二十七年四月二十二日拜進

五月十四日奉硃批：知道了。欽此。

---

①　楊紹和抄本"欽此"後有："同日奉道光二十七年五月初三日內閣奉上諭：楊以增奏遴員調補要缺知縣一摺，著照所請，陝西蒲城縣知縣員缺准其以許保瑞調補，該部知道。欽此。"

②　見楊紹和抄本卷三，魯圖藏。

○四四　報銷展限片①
（道光二十七年四月二十二日）

再，陝省地丁兵馬錢糧及課稅等項定限每年四月底奏銷，先由藩司造冊具詳，巡撫依限題報。本年奏銷各冊，臣前在藩司任內覈造尚未齊全，仰承恩命，補授陝西巡撫，旋即交卸，移送署藩司崇綸接辦在案。茲據該署司以四月初九日接印，相距奏銷限期爲日無多，詳請循照舊案展限前來。臣查錢糧奏銷攸關一歲收支，冊籍繁雜，款目轇轕，必須詳細覈對。今署藩司接任已屆例限，若拘泥率轉，難保不無舛錯。除咸寧等十三州縣應徵未緩道倉糧石，經前撫臣奏蒙俞允，展至本年秋季奏銷外，所有地丁等項奏銷，自應查照向辦成案展限一月，俾該署司得以逐冊查覈，用昭慎重。

理合附片奏聞，伏乞聖鑒。謹奏。

道光二十七年四月二十二日附進

五月十四日奉硃批：依議。欽此。

○四五　二麥約收分數摺②
（道光二十七年四月二十二日）

奏爲恭報陝西省西安等九府州屬二麥約收分數，仰祈聖鑒事。

竊照二麥約收分數，例應先期恭摺奏報。查陝省各屬上年秋冬雨雪，惟南山一帶調勻，而平原地方均形稀少。天燥土乾，以致二麥未能播種齊全，較之向年收成差遜。茲據西安、鳳翔、漢中、同州、興安、邠州、乾州、商州、鄜州九府州將所屬二麥約收分數開摺具報，由署藩

---

① 見楊紹和抄本卷三，魯圖藏。
② 同上。

司彙詳請奏前來。臣覆加查覈，除蒲城縣被旱較重，業經前陞任撫臣林則徐奏明，將上忙地丁錢糧全緩，並平糶倉糧，勸諭紳富捐濟。現已飭查收成分數，應俟題報實收案內再爲覈辦外，所有西安等九府州屬七十一廳州縣多寡牽算，二麥約收六分有餘，敬繕清單，恭呈御覽。至延安、榆林、綏德三府州屬節氣較遲，向來均於開報實收分數時一併具報，合併陳明。

理合繕摺具奏，伏乞皇上聖鑒。謹奏。

道光二十七年四月二十二日拜進

五月十四日奉硃批：覽。欽此。

○四六　遵旨虔詣嶽廟恭懸御書匾額摺[①]
（道光二十七年五月二十四日）

奏爲遵旨虔詣嶽廟恭懸御書匾額，祀謝神庥，仰祈聖鑒事。

竊臣接准部咨奉上諭：林則徐奏嶽靈顯應，請頒匾額一摺。陝西省華山嶽靈屢彰顯應，澤被三秦，自宜特頒匾額以答神貺。發去御書匾額一方，交楊以增祗領，敬謹懸掛。並發去大藏香[②]十炷，著該撫祗領，虔詣岳廟祀謝。欽此。欽遵。臣當即將奉到御書匾額敬謹摹鐫，茲已如式製就。臣即於五月二十一日捧齎出省，馳抵華陰縣地方，於二十四日敬詣嶽廟灝靈正殿，恭懸御額，虔爇寶香，祗申祀謝。仰奎文之炳耀，輝映蓮峰。挹瑞靄之氤氳，馨陞玉井。邇日甘霖迭沛，悉荷至誠感格之庥；從茲靈佑彌彰，永昭聖德懷柔之應。群黎瞻仰，懽感同聲。

臣現於拜摺後即日起程回省，沿途雨澤霑足，稼禾青葱，洵堪上紓慈註。爲此恭摺覆奏，伏乞皇上聖鑒。謹奏。

道光二十七年五月二十四日拜進

六月十八日奉硃批：知道了。欽此。

---

① 見楊紹和抄本卷三，魯圖藏。

② 藏香：西藏所產，其形有餅狀、柱狀，色有紫、黃。藏香焚燒時氣味猛烈，煙凌霄漢。藏香中又有黑、白香，白香名吉吉香，黑香名喳叭香。清廷對藏香極爲重視，每當敬祀神靈，尤其是因河工安瀾合龍諸事，爲感謝龍王，往往頒賜大藏香，交該管官焚燒致敬。

○四七 查明錢糧徵收完欠分數摺[①]
（道光二十七年五月二十四日）

奏爲本年錢糧現經徵收完欠分數，循例奏祈聖鑒事：

竊照嘉慶八年五月經戶部奏准，令各省於每年五月，將徵完舊欠及當年新賦錢糧徵完若干專摺奏明，等因。除徵完舊欠錢糧數目臣於本年奏銷時另摺奏明外，茲據署藩司崇綸詳稱：道光二十七年分應徵錢糧額徵民屯更起運存留，共銀一百六十萬九千五百五十二兩零。內除存留銀二十七萬八千一百一十二兩零，實應解起運銀一百三十三萬一千四百三十九兩零。計自二月開徵起至五月止，現已解貯司庫銀二十九萬四千五十四兩零，未完銀一百三萬七千三百八十五兩零。較比向年上忙銀數徵收未能完半之處，係因西安、同州、鳳翔、乾州四府州屬上年雨澤缺乏，秋禾歉收，冬麥又未種齊，並神木、府谷二縣上年秋禾被旱成災，今春民力拮据，難以照常催徵。業經前陞任撫臣林則徐奏奉上諭，分別緩徵在案。統計本年新徵銀兩完納二分二釐有餘。等情。

臣覆核無異，除飭將未完銀兩於秋徵時責令該管道府州督催徵解，依限全完外，所有道光二十七年額徵錢糧已未完數目，理合循例具奏，伏乞皇上聖鑒。謹奏。

道光二十七年五月二十四日

六月十八日奉硃批：戶部知道。欽此。

○四八 恭報雨水禾苗摺[②]
（道光二十七年五月二十四日）

奏爲恭報雨水禾苗情形，仰祈聖鑒事。

---

① 見楊紹和抄本卷三，魯圖藏。
② 同上。

竊照陝省各屬三月下旬暨四月上旬雨澤田禾情形，業經臣恭摺具奏在案。茲據西安、延安、鳳翔、漢中、榆林、同州、興安、商州、邠州、乾州、鄜州、綏德十二府州屬陸續具報，於四月十七日暨二十一二三四並二十八、五月初七八九十等日先後得雨一二三四五六寸至深透不等。臣查陝省平原各屬二麥業經刈獲，收成尚屬中平。其前次補種之雜糧得茲澍澤優沾，長發可期暢茂，未種之地亦可趕種秋禾。現當炎夏之時，土脈易於乾燥。但得此後甘霖頻渥，長養有資，俾以秋獲之豐藉補夏收之嗇，更於歲事有裨。至南山地方尚不缺雨，包穀雜糧一律薈發。北山一帶雖二麥較遲，現亦將次成熟。各屬糧價多有平減之處，地方靜謐，民氣安恬，堪以仰慰宸注。

謹將四月分糧價敬繕清單，恭呈御覽，伏乞皇上聖鑒，謹奏。

道光二十七年五月二十四日

六月十八日奉硃批：知道了。欽此。

○四九　審明逆倫重犯照例辦理摺①
（道光二十七年五月二十四日）

奏爲審明逆倫重犯照例辦理，恭摺奏聞，仰祈聖鑒事。

竊據安康縣知縣陳僅驗報，民人黨思懷因瘋戳傷伊父黨倉並伊妻小黨陳氏各身死一案。當以情罪重大，批飭押解犯證來省。委據西安府知府徐棟督同候補知縣鐘錫瑞及該縣陳僅審明定擬，由署臬司張集馨覆訊解勘前來。

臣親提研鞫，緣黨思懷籍隸安康縣，系已死黨倉之子，娶妻已死小黨陳氏。道光二十六年四月內黨思懷得患瘋疾，神氣昏迷，語言顛倒，經黨倉延醫治痊。以後時發時愈，黨倉因其並不滋事，遂未報官鎖錮，族鄰人等亦即隨同容隱。二十七年三月二十九日傍晚，黨思懷瘋疾復發，手持防夜矛子，至門首跳舞。黨倉暨小黨陳氏知系瘋發，先後趕出，黨倉上前奪矛，被黨思懷用矛戳傷胸膛倒地。小黨陳氏救護，亦被

---

①　見楊紹和抄本卷三，魯圖藏。

戳傷左乳倒地。適鄰人魯代順由地采菜轉回，瞥見聲喊。維時黨思懷之母老党陳氏在廚房造飯，聞聲趨至，從黨思懷身後用兩手將其抱住，令魯代順奪棄矛子，幫同摔倒捆縛。向黨倉等詢悉情由，扶救罔效，移時均因傷殞命。投約報縣，驗訓通詳，解省委審，由司解勘提訊。該犯瘋病已痊，語言清楚，嚴詰委系一時瘋發無知，戳斃父妻，並據犯母、鄰證人等供悉前情不諱，實無裝瘋捏飾情弊，衆供確鑿，案無遁飾。

查律載"子毆父殺者，凌遲處死"。又例載"子毆殺父之案，無論是否因瘋，悉照本律問擬"。又律載"夫毆妻至死者，絞監候①"。又例載"瘋病之人親屬、鄰右人等容隱不報，以致殺人者，照知人謀害他人，不即阻擋首報律，杖一百"各等語。此案黨思懷因瘋病復發，用矛將伊父党倉戳傷身死，並戳斃伊妻小党陳氏，實屬罪大惡極，應按律問擬。党思懷除毆妻至死，罪止絞候，輕罪不議外，合依子毆父殺者凌遲處死。安康縣距省在三百里以外，照例即在省垣正法。臣於審明後，恭請王命，飭委署臬司張集馨、署撫標中軍參將②尹培立，將該犯黨思懷綁赴市曹，凌遲處死，仍傳首犯事地方，懸竿示衆，以昭炯戒。族長党銀、鄰右魯代順、鄉約劉志朋明知黨思懷染患瘋病，均因犯父党倉不願報官鎖錮，輒即隨同容隱，致釀重案，均依"瘋病之人親屬鄰佑人等容隱不報，以致殺人者，照知人謀害他人不即阻當首報律，杖一百"例，各杖一百。時逢熱審③，減責發落。黨銀年逾七十，照律收贖。犯父党倉容隱不報，罪有應得，業已被戳身死，應與救阻不及之犯母老党陳氏均無庸議。

除供招咨部外，所有審辦緣由，理合恭摺具奏，伏乞皇上聖鑒。謹奏。

道光二十七年五月二十四日拜進

六月十八日奉硃批：刑部知道。欽此。

---

① 絞監候：簡稱"絞候"，即判處絞刑後不立即執行，暫時在獄中監禁，待到秋天朝審、秋審時再決定是否處絞。屆時如査爲情實，即執行絞刑。

② 參將：清朝綠營官職名稱，秩正三品，地位次於副將，掌理本營軍務，分省建置，主要任務爲鎮戍地方。

③ 熱審：清代規定每年小滿後十日起，至立秋前一日止（立秋在六月內者以七月一日止）以天氣炎熱，凡流徙、笞杖，例從減等處理，稱爲"熱審"。

○五○　收捐監生銀數片①
（道光二十七年五月二十四日）

再，查陝省收捐監生銀兩，截至道光二十七年三月底止，共存銀一萬五千九百四兩，前經臣附片奏明在案。今於四月分又收捐監生一十四名，共銀一千五百一十二兩，連前司庫共存銀一萬七千四百一十六兩。

理合循例附片奏聞。謹奏。

道光二十七年五月二十四日附進

六月十八日奉硃批：戶部知道。欽此。

○五一　查明上忙徵收錢糧已未完數目摺②
（道光二十七年五月二十四日）

奏爲本年上忙徵收新舊錢糧已未完數目，循例恭摺奏聞，仰祈聖鑒事。

竊照嘉慶二十年六月內經戶部奏准，行令各省於每年上下忙應徵錢糧除留支外實應解司銀數，分別正課、雜項依限詳報督撫，二十日內專摺具奏。等因。茲據署藩司崇綸詳報：道光二十七年分額徵民屯更起存並糧折價，除屯丁兌食外，共銀一百六十萬九千五百五十二兩零，內除存留銀二十七萬八千一百一十二兩零，止該解司銀一百三十三萬一千四百三十九兩零。計自二月開徵起，至上忙截數止，已完解司銀二十九萬四千五十四兩零，未完銀一百三萬七千三百八十五兩零。較比向年已完銀數短少之處，系因西安、同州、鳳翔、乾州四府州屬上年雨澤缺乏，秋禾歉收，冬麥又未種齊，並神木、府谷二縣被旱成災，今春民力拮

---

① 見楊紹和抄本卷三，魯圖藏。
② 同上。

据，難以照常催徵，業經前陞任撫臣林則徐奏奉上諭分別緩徵各在案。又原額鹽課銀八千九百八十兩零，今上忙已完銀一千五百四十三兩零，未完銀七千四百三十七兩零。又道光二十六年原未完地丁起運銀①五萬一千五百二十四兩零，內除神木、府谷二縣因災蠲免銀二百五十六兩零，今道光二十七年上忙續完銀一萬八千七百九十五兩零。又除去神木、府谷、富平、涇陽等縣緩徵銀二萬六百一十三兩零，止未完銀一萬一千八百五十七兩零。又道光二十六年原未完鹽課銀三千六百一十一兩零，今已全數通完。等情。具詳前來。

臣覆核無異，除將未完銀兩，責令該管道府州於下忙秋徵時督催，依限完解外，所有道光二十七年徵收新舊錢糧已未完數目，理合循例恭摺具奏，伏乞皇上聖鑒。謹奏。

道光二十七年五月二十四日附進

六月十八日奉硃批：戶部知道。欽此。

○五二　查明應徵帶徵錢糧已未完數目摺②
（道光二十七年五月二十七日）

奏爲陝西省道光二十六年應徵代徵錢糧已未完數目，循例奏聞事。

竊照向例辦理錢糧奏銷，應將每年完欠數目分晰具奏，歷經遵照在案。茲據署布政使崇綸詳稱：陝西省道光二十六年分額徵地丁起存藥味等項共銀一百六十二萬七千三十五兩零，內除神木、府谷二縣因災蠲免銀六百二十二兩零，實徵銀一百六十二萬六千四百一十三兩零。內已完銀一百五十九萬二千九百六十六兩零，未完銀三萬三千四百四十六兩零，內緩徵銀二萬一千五百八十八兩零，止未完銀一萬一千八百五十七

---

① 地丁起運銀：清代將各地徵收的賦稅劃分爲"起運"與"存留"兩部分，前者爲中央財政所有，後者劃歸地方財政。雍正初年，令各省將丁口賦稅攤入地畝輪納徵解，統謂之"地丁銀"。其繳存中央財政的部分爲地丁起運銀。

② 見楊紹和抄本卷三，魯圖藏。

兩零。又額徵耗羨銀①二十三萬九千八百八十九兩零，內除神木、府谷二縣因災蠲免銀九十三兩零，實徵銀二十三萬九千七百九十六兩零。內已完銀二十三萬四千七百八十四兩零，未完銀五千一十一兩零，內緩徵銀三千二百三十六兩零，止未完銀一千七百七十五兩零。又額徵起存本色糧一十九萬八千四百五十七石零，內除神木、府谷二縣因災蠲免糧三百七十四石零，實徵糧一十九萬八千八十二石零，內已完糧一十三萬四千六百四石零，未完糧六萬三千四百七十八石零。內緩徵糧四萬二千一百三十五石零，展限秋季奏銷糧一萬七千八百八十六石零，止未完糧三千四百五十七石零。又額徵糯米折價銀二千四百三十九兩零，通完。又額徵本色草一萬五千六百三十二束零，內除神木縣因災蠲免草三百二十六束零，實徵草一萬五千三百六束零，內已完草一萬二千三百六十七束零，未完緩徵草二千九百三十八束零。又帶徵道光二十一年未完起運本色糧二十二石零，又帶徵道光二十二年未完緩徵存留正銀五百三十八兩零，耗羨銀八十兩零，全數緩徵。未完糧四百五十四石零，內已完糧一石六斗零，止實未完糧四百五十二石零。又除緩徵糧三百八十六石零，實止未完糧六十六石零。又帶徵道光二十三年未完緩徵存留正銀五百一十七兩零，耗羨銀七十七兩零，本色糧三百七十一石零，全數緩徵。又帶徵道光二十四年未完緩徵存留正銀七十四兩零、耗羨銀一十一兩零、本色糧五十三石零，全數緩徵。又帶徵道光二十五年未完起運本色糧一百二十五石零，全數通完。等情。具詳請奏前來。

　　臣覆核無異，除將未完銀糧草束，責令該管道府州分別依限催徵完解外，理合恭摺具奏，並將已未完數目繕具簡明清單，恭呈御覽，伏乞皇上聖鑒。謹奏。

　　道光二十七年五月二十七日拜進

　　六月十六日奉硃批：戶部知道，單併發。欽此。

---

　　① 耗羨銀：又稱火耗銀，是清代徵收賦稅時抵補實際損耗後的盈餘，歸地方官私徵私用。早期火耗銀爲每兩稅銀加收二、三錢至四、五錢不等。雍正帝改“耗羨”爲正式附加稅。各省統一稅率（10％），同時規定必須把耗羨銀“盡數提交藩庫（省庫）”。

○五三　徵收新賦錢糧數目比較摺[①]

(道光二十七年五月二十七日)

奏爲陝西省道光二十六年分徵收新賦錢糧，截至奏銷以前已未完數目，開列上三年比較清單，恭摺奏祈聖鑒事。

竊照前准戶部咨開：欽奉諭旨：州縣實徵實解銀數各省督撫於奏銷題報外，照例具奏摺內開具清單，明列通省三年比較。等因。欽此。嗣又准部咨：統以年底截數次年二月春撥時開單奏報，即以道光五年春撥爲始遵照辦理。六年正月，復准部咨：通年全額錢糧勢難於春撥時統行確核，行令仍以奏銷截數開單奏報，並於單內將已完銀數下註明，造入春秋撥冊若干，頒發清單式樣，畫一辦理。等因。

茲據署布政使崇綸詳報：陝西省道光二十六年分額徵新賦地丁正項銀一百三十三萬九千三百三十七兩零。內除神木、府谷二縣因災蠲免銀二百五十六兩零，又除各屬緩徵銀二萬六百一十三兩零，截至奏銷止，已完九分九釐一毫，銀一百三十萬六千六百九兩，內造入二十六年秋撥銀九十七萬五百八十一兩零，二十七年春撥銀三十一萬八千五百二十二兩零，實貯庫銀一萬七千五百四兩零，俟二十七年秋撥冊內造報候撥。未完九毫，一萬一千八百五十七兩零，現在催徵。等情。具詳前來。臣逐細覆核無異，並咨明戶部外，所有應徵新賦銀兩已未完緣由，理合恭摺具奏，敬繕比較細數清單，恭呈御覽，伏乞皇上聖鑒。謹奏。

五月二十七日

道光二十七年六月十六日奉硃批：戶部知道，單併發。欽此。

---

① 見楊紹和抄本卷三，魯圖藏。

〇五四 查明司庫實存耗羡銀數摺①

（道光二十七年五月二十七日）

奏爲查明司庫實存耗羡銀數，循例奏聞事。

竊照司庫耗羡收支動存各款，例應於奏銷地丁錢糧時恭摺具奏。茲查陝西省道光二十六年奏銷冊造司庫現存及缺官扣半養廉共銀一十九萬一千六百八十二兩零。除將清冊咨部外，理合循例具奏，並開繕清單，恭呈御覽，伏乞皇上聖鑒。謹奏。

道光二十七年五月二十七日拜進

六月十六日奉硃批：户部知道，單併發。欽此。

〇五五 屬員捐輸獎敘咨②

（道光二十七年六月十三日）

兵部侍郎兼都察院右副督御史、巡撫陝西等處地方贊理軍務兼理糧餉楊，爲據稟轉詳分咨事。

據陝西布政使恒春呈據西安府知府徐棟稟據候補知縣林綬昌稟稱，竊卑職由試用布經歷捐輸河工經費，保奏議敘，以知縣留陝，酌量補用。嗣於上年叁次捐輸蕃務經費案内，蒙邀議敘，以知縣仍留陝西，儘先補用，業已奉准諭旨。惟卑職於肆次捐輸案内續又捐銀貳千壹百兩，請加遇缺即補。茲查豫工貳卯例載候補人員准捐陞銜，按例定雙月銀數報捐。又知縣捐銀壹千肆百肆拾兩，准以同知雙月用。又常例文職柒品捐銀陸百叁拾兩，准加叁級。合無仰懇俯賜轉請分咨軍機、吏部所有卑職續捐銀兩，請於議敘單内將原請遇缺即補之處改加同知陞銜，并加叁

① 見楊紹和抄本卷三，魯圖藏。

② 此件現藏台灣"國立"故宫博物院。本條數字原稿爲大寫。

級，計共應銀二千零柒拾兩。核之所捐銀數，尚屬有盈無絀。如蒙允准，感沐鴻施，實無既極等情。據此，卑府覆查該員於叁次捐輸案內捐請以知縣仍留陝西，儘先補用，業已奉准諭旨，復於肆次捐輸案內續捐銀貳千壹百兩，請加遇缺即補之處，尚未奉到核覆。茲據稟懇前來。核之該員續捐銀數與知縣准捐雙月同知及文職柒品捐加叁級之例銀數有盈無絀，相應稟請轉請分咨軍機、吏部，將該員林綬昌於四次捐輸案內原請遇缺即補之處改加同知陞銜，并加叁級，實爲公便等情到司，據此相應詳情查核分咨等情到本部院，據此相應咨呈。爲此合咨呈軍機大人，謹請查照施行。

須至咨呈者：右咨呈軍機大人。

道光貳拾柒年陸月十三日

○五六　請留陝任道員暫權臬事並委署道缺摺[①]
（道光二十七年六月二十四日）

奏爲請留陝任道員暫署臬司篆務以免輾轉更替，仰祈聖鑒事。

竊臣於本年六月二十一日接准部咨，道光二十七年六月初十日奉上諭：存興著留京以三四品京堂候補，浙江布政使著劉喜海[②]補授，四川按察使著張集馨補授。欽此。等因。行知前來。當經轉行遵照，其所遺督糧道員缺應即委員接署，飭令交卸起程。惟查該陝道張集馨現尚兼署臬司篆務，業經數月，核辦一切案件，俱極周詳妥慎。新任臬司嚴良訓計期不日當可到陝，爲時無幾，似可無庸另行委署，以免旋接旋卸之煩。相應仰懇聖恩，准令該陝道張集馨暫行留陝專署臬司篆務，一俟新任嚴良訓到任，即另交代起身。至督糧道篆務，查有鹽法道崇綸有守有爲，堪以委令接署。其所遺鹽法道篆務，查有候補道程德潤歷練老成，

---

① 見楊紹和抄本卷三，魯圖藏。

② 劉喜海（1793—1853）：字燕庭，一作燕亭。山東諸城人，嘉慶二十一年（1816）舉人，道光十三年（1833）官至福建汀州太守、陝西延榆綏道。道光二十五年（1845）後，歷任四川按察使、浙江布政使，署巡撫職。清代著名藏書家、刻書家、金石學家。

堪以委署。除分檄飭遵外，爲此恭摺具奏。伏乞皇上聖鑒訓示。謹奏。

　　道光二十七年六月二十四日拜進

　　七月十六日奉硃批：依議。欽此。

○五七　委署府縣各缺片①
（道光二十七年六月二十四日）

　　再，榆林府知府徐松因病告請開缺。除照例恭疏具題外，所遺榆林府篆務應先委員前往接署。查有候補知府劉健韶識練才明，堪以委署。又神木同知覺羅貴保現准部咨，簽陞盛京戶部員外郎②，應即交卸給咨。所遺神木同知系旗缺，例應在於旗員內揀員署理。查有高陵縣知縣德亮幹練安詳，堪以委署。所遺高陵縣知縣雖系簡缺，而漢回雜處，訟獄繁多，亦須妥員治理。查有略陽縣知縣蔣召南辦事認真，堪以調署。據藩、臬兩司會詳前來，除批飭遵照外，理合循例附片奏聞，伏乞聖鑒。謹奏。

　　道光二十七年六月二十四日附進

　　七月十六日奉硃批：覽。欽此。

○五八　恭報雨水田禾情形摺③
（道光二十七年六月二十四日）

　　奏爲恭報雨水田禾情形，仰祈聖鑒事。

　　竊照陝省各屬四月下旬暨五月上旬雨水禾苗情形，業經臣恭摺具奏在案。茲據西安、延安、鳳翔、漢中、榆林、同州、興安、商州、邠

---

　　① 見楊紹和抄本卷三，魯圖藏。
　　② 員外郎：清代官職，爲設於正額以外的郎官。
　　③ 見楊紹和抄本卷三，魯圖藏。

州、乾州、鄜州、綏德等府州屬陸續具報，於五月十七八九二十並二十一二暨六月初一二及初四五六等日先後得雨二三四五寸至深透不等。臣查陝省各屬入夏以來，時雨優沾，秋禾已資暢發。今復甘膏迭沛，更覺芃茂青蔥，實於歲收有益。各屬糧價亦多平減之處，地方安謐，民氣恬愉，堪以仰慰宸注。謹將五月分糧價敬繕清單，恭呈御覽，伏乞皇上聖鑒。謹奏。

道光二十七年六月二十四日拜進

七月十六日奉硃批：知道了。欽此。

○五九　收捐監銀數片①
(道光二十七年六月二十四日)

再，查陝省收捐監生銀兩，截至道光二十七年四月底止，共存銀一萬七千四百一十六兩，前經臣附片奏明在案。今於五月分又收捐監生八名，共銀八百六十四兩，連前司庫共存銀一萬八千二百八十兩，理合循例附片奏聞。謹奏。

道光二十七年六月二十四日附進

七月十六日奉硃批：戶部知道。欽此。

○六○　京控案件②並無逾限續交片③
(道光二十七年六月二十四日)

再，前准吏部咨：欽奉上諭：各省京控咨交案件，嗣後著該督撫將逾限未結之案，每屆半年，彙報請旨，交部議處一次，俾承辦

---

① 見楊紹和抄本卷三，魯圖藏。
② 京控案件：官民有冤屈，經地方最高級官署審判仍不能解決時，赴京向都察院及步軍統領衙門控訴的案件。
③ 見楊紹和抄本卷三，魯圖藏。

各員咸知儆畏。等因。欽此。查陝省前准刑部及都察院各衙門咨交一切京控案件，均經督飭承辦各員隨時審結，按限分別核咨。茲自本年正月起至六月止，並無逾限未結暨續准咨交之案件，理合附片奏聞。謹奏。

道光二十七年六月二十四日附進

七月十六日奉硃批：覽。欽此。

○六一　故員虧缺銀兩分成著賠摺[①]
（道光二十七年六月二十四日）

奏爲分成著賠故員虧缺銀糧以符定例，仰祈聖鑒事。

竊查前任郿縣病故知縣陳椿冠因公挪移道光二十三年民屯更折地丁正耗共銀七千五百五兩六分五釐，鹽課銀七百四十三兩九錢一分八釐三毫五絲。又霉爛常平倉京斗麥六千八百石六斗一升七合一勺，按照部價每石銀一兩二錢，合銀八千一百六十兩七錢四分五毫二絲。以上共虧缺銀一萬六千四百九兩七錢二分三釐八毫七絲，業經奏參提省審擬覆奏。查抄任所寓所衣物等項估抵銀一百六十四兩二錢九分，又在該家屬名下追繳銀七十兩四錢一分，又原籍查抄房屋等項估變銀七兩五錢六分四厘外，止實虧短銀一萬六千一百六十七兩四錢五分九釐八毫七絲。在該家屬名下照例勒限追繳。霉爛倉麥，令接任之員詳請動項買補，亦於家屬名下勒賠。統俟各限屆滿，如果無力全完，再行照例分賠。嗣准刑部議奏，奉旨：依議。欽此。當經轉飭，勒限嚴催完報去後。茲據藩司恒春、兼署臬司張集馨轉據西安府查明該故員家屬實系赤貧，無力完繳，詳請照例分賠，具奏前來。臣查道光七年五月內欽奉上諭：各州縣虧空銀米先在家屬名下照例按限催追，如限滿完不足數，查明家產盡絕，實在不能追繳者，即將未完數目著爲十成。無論原案是侵是挪，俱著不行揭報之知府分賠五成，勒限追繳。其餘五成著失察之道員分賠二成，藩司分賠二成，巡撫分賠一成，均照代賠例限按銀數多寡分年完繳。等

因。欽此。欽遵在案。

　　茲前任鄜縣病故知縣陳椿冠所虧倉庫等項銀兩已逾一年之久，屢經在於該家屬名下嚴行催追，實系無力完繳，自應照例在於各上司名下分賠。所有陳椿冠虧挪庫項銀八千二百四十八兩九錢八分三釐三毫五絲，又霉爛常平倉麥例價銀八千一百六十兩七錢四分五毫二絲，共銀一萬六千四百九兩七錢二分三釐八毫七絲。内除查抄任所寓所衣物估抵銀一百六十四兩二錢九分，又在該家屬名下追繳銀七十兩四錢一分。以上二項完繳陝庫，應由陝省造撥。又原籍新城縣查抄該故員房屋等項估抵銀七兩五錢六分四釐，前由江西省原籍就近造撥外，止實虧短銀一萬六千一百六十七兩四錢五分九釐八毫七絲。照例分作十成，以陳椿冠道光二十年六月十三日回任起，至道光二十三年十二月二十五日病故止，按在任期内各上司名下起止月日分賠。計知府分賠五成，銀八千八十三兩七錢三分内，前任鳳翔府知府豫泰應分賠銀六千四百五十二兩四錢三分，又前署鳳翔府知府綏德州知州江士松應分賠銀八百七十九兩三錢二分五釐，又前任鳳翔府知府湯寬應分賠銀七百五十一兩九錢七分五釐。該管鹽法道分賠二成，銀三千二百三十三兩四錢九分二釐内，前任兼護鹽法道西安府知府貴麟應分賠銀八百八十兩五錢三分八釐，又前任鹽法道那丹珠應分賠銀一千四百三十六兩二分九釐，又前任兼護鹽法道西安府知府白維清應分賠銀一百四十五兩五錢四分四釐，又前任兼署鹽法道督糧道方用儀應分賠銀一百五十五兩二錢四分七釐，又現任鹽法道崇綸應分賠銀六百一十六兩一錢三分四釐。藩司分賠二成，銀三千二百三十三兩四錢九分二釐内，前署藩司梁寶常應分賠銀一十二兩一錢二分九釐，又前署藩司李星沅①應分賠銀二百九十五兩九錢三分九釐，又前任藩司陶

　　① 李星沅（1797—1851）：字子湘，號石梧，湖南湘陰縣人。嘉慶二十二年（1817）郡試第一。道光五年（1825）中舉，十二年（1832）中進士。次年授翰林院編修，委四川鄉試正考官。十五年（1835）督廣東學政，十八年（1838）簡授陝西漢中知府，同年升河南糧儲鹽法道，授按察使。二十年（1840）授陝西、四川按察使及江西布政使，次年調江蘇布政使兼理臬篆。二十二年（1842）擢任陝西巡撫，署陝甘總督。二十五年（1845）調任江蘇巡撫，復調雲貴總督，並署雲南巡撫，因功於二十七年（1847）三月調任兩江總督，兼署河道總督，敕封榮禄大夫、太子太保、兵部尚書、都察院右都御使。二十八年（1848）請假探親養病。三十年（1850）太平軍在廣西金田村起義，林則徐督師往剿，卒於赴任途中。清廷復命李星沅馳剿。由於將帥不和，屢戰皆敗，舊疾復發，於翌年病逝於軍中，諡號文恭。

廷傑①應分賠銀二千二百八十二兩六錢七釐，又前署藩司朱士達應分賠銀二百八十三兩八錢一分，又前署藩司傅繩勛②應分賠銀三百五十九兩七釐。巡撫分賠一成，銀一千六百一十六兩七錢四分六釐內，前任巡撫富呢揚阿應分賠銀八百三十六兩八錢七分五釐，又前署巡撫陶廷傑應分賠銀三百二十一兩四錢九釐，又前任巡撫李星沅應分賠銀四百五十八兩四錢六分二釐。

以上各員分賠銀兩應在於各任所及原籍、原旗著追完繳，就近報部撥用，俾免搭解之繁。其前任藩司陶廷傑並署巡撫任內二共應分賠銀二千六百四兩一分六厘，已於道光二十七年六月初一日全數完繳陝西藩庫，又現任鹽法道崇綸並鳳翔府知府白維清，又綏德州知州江士松共應分賠銀一千六百四十一兩三厘，現令趕緊完繳，均飭郿縣領回，將原虧鹽課銀七百四十三兩九錢一分八厘三毫五絲照數徑解山西鹽政，交納歸款。及買補虧空常平倉麥其餘各員名下咨追分賠銀兩，既令就近報撥，所有買補倉麥不敷價銀應請在於陝省司庫地丁銀內作正動支，催令上緊買補，以實倉儲。

除造具分賠銀數清冊咨部，分咨著追完繳外，理合恭摺具奏，伏乞皇上聖鑒。謹奏。

道光二十七年六月二十四日拜進

七月十六日奉硃批：戶部知道。欽此。

〇六二　紳士捐建書院請分別獎敘摺③

（道光二十七年六月二十四日）

奏為紳士捐建書院工竣，懇恩分別獎敘以昭激勸，仰祈聖鑒事。

---

① 陶廷傑（1785—1856）：字子俊、涵之，號蓮生，貴州都勻府人。嘉慶十八年（1813）拔貢，次年中進士，入翰林院，授庶吉士。歷任翰林院編修、山西主考官、廣東學使、湖廣道監察御史、甘肅按察使、陝西布政使、陝西巡撫等職。咸豐六年（1856），起義軍攻破都勻城，死於巷戰。

② 傅繩勛（1793—1865）：字接武，號秋屏，山東東昌府人。嘉慶十八年（1813）甲戌科二甲四十七名進士，入翰林。先後任工部主事、工部郎中、廣東瓊南知府、陝西潼關兵備道、廣東鹽運使。後任陝西按察使、廣東雲南布政使、浙江巡撫，後調任江西。道光二十九年（1849）任江蘇巡撫，因積勞成疾，解任歸里。晚年主持濼源啟文書院，同治四年（1865）病逝於家中。

③ 見楊紹和抄本卷三，魯圖藏。

竊查前據大荔縣知縣熊兆麟稟稱：該縣爲附郡首邑，向未設有書院，殊不足以教育人才。當經倡辦勸捐，旋據候選教諭①李榮春等願捐城内東街祖遺空地一段作爲書院基址。又據議敘縣丞杜志銓同佺俊秀②杜思忠情願獨力創建，並增買地基，先後共捐銀八千五百八十兩，於道光二十六年四月興工，是年十月工竣，建立書院一所，計房七十二間，共用工料銀三千五百兩，尚餘銀五千八十兩發商生息，足備延師修膳、生童膏火及書院一切經費之需等情。隨經行司委員前往查勘屬實，兹據藩司恒春詳請，分別議敘前來。查例載"地方紳衿有因公事捐銀至一二千兩至三四千兩者，題請從優議敘"，又載"董事出力人員未經奉旨從優議敘者，除按其捐數給予議敘外，概給予記録二次"各等語。今大荔縣議敘縣丞杜志銓同佺俊秀杜思忠獨力創建書院，捐銀至八千五百八十兩。内杜志銓捐銀六千兩，杜思忠捐銀二千五百八十兩，不特營造有資，並能籌備經費，洵屬急公好義，慷慨樂輸，殊堪嘉尚。相應請旨敕部從優議敘，以昭激勸。其首先捐地並董事出力之紳士李榮春、張希載、董文煥、杜雲彩、董世勳亦請由部照例議敘，用示獎勵。

至此項工程系該紳士等自行捐修，請免造册報銷。除將造到該紳士等年貌、履歷清册送部外，爲此恭摺具奏，伏乞皇上聖鑒訓示。謹奏。

道光二十七年六月二十四日拜進

七月十六日奉硃批：該部議奏。欽此。

又，請免造册語旁奉硃批：依議。欽此。

○六三　查明被旱各屬應納夏糧懇請緩徵摺③
（道光二十七年六月二十四日）

奏爲查明上年被旱各屬麥收歉薔，本年應納夏糧難以一律徵收，懇恩分別展緩，俾紓民力，仰祈聖鑒事。

---

① 教諭：清代縣學掌管文廟祭祀、教育所屬生員的官員。

② 俊秀：普通百姓援生員之例納粟入國子監，稱爲民生，亦謂之俊秀。

③ 見楊紹和抄本卷三，魯圖藏。

竊照陝省西安、同州、鳳翔、乾州等府州屬本年上忙地丁錢糧前因上年雨雪稀少，二麥播種失時，民情拮据，完納維艱。業經陞任撫臣林則徐奏奉諭旨，分別展緩在案。因查本折銀糧事同一律，本年上忙地丁錢糧既經展緩，所有本年應徵夏糧能否如數依限完納，不致徒事追呼。復經飭屬確查去後，茲據署藩司崇綸、督糧道張集馨會詳，轉據西安等府州所屬逐一勘明，陸續具報。除本年麥收尚裕之各廳州縣毋庸另議外，惟咸寧、長安、咸陽、臨潼、高陵、涇陽、三原、興平、醴泉、渭南、乾州、武功、富平、大荔、蒲城等十五州縣地方去秋雨澤愆期，入冬得雪甚少，二麥未能普種。現在夏收歉薄，民力艱難，請將本年額徵夏糧分別量爲暫緩。當經該司道等覆查確核，系屬實在情形。酌定應緩糧數內，咸寧縣請緩糧二千四百一十一石八斗八升零，長安縣請緩糧四千八百九十九石二斗一升零，咸陽縣請緩糧三千九百九十七石二斗八升零，臨潼縣請緩糧三千九百一十七石八斗一升零，高陵縣請緩糧一千九百三十三石六升零，涇陽縣請緩糧五百一十四石五斗九升零，三原縣請緩糧二千六十二石二斗七升零，興平縣請緩糧三千一百二十七石一斗二升零，醴泉縣請緩糧四千三百六十九石三斗零，渭南縣請緩糧二千六百五十四石五斗九升零，乾州請緩糧三千二百七十五石五斗九升零，武功縣請緩糧五千二百五十九石五斗五升零，富平縣請緩糧五十九石五斗八升零，大荔縣請緩糧八百二十七石九斗六升零，蒲城縣請緩糧一千一百二十一石七斗二升零。均請緩至本年秋後徵收，稍紓民力等情，會詳請奏前來。

臣覆查陝省歲收向以二麥爲重，今各該州縣麥收既屬歉薄，閭閻生計維艱，如將夏糧照常催徵，誠恐力有未逮。現據該司道等確查酌議，自應量請稍緩，藉資調劑。合無仰懇天恩俯准，將咸寧等十五州縣共請緩徵京斗糧四萬四百三十一石五斗零，暫緩至本年秋後再行起徵，俾紓民力。其餘本未被旱各屬應完夏糧以及咸寧等十五州縣緩餘夏糧，仍令照常徵輸，趕緊催納，以供兵糈。如蒙俞允，一俟奉到恩旨，即當謹刊謄黃①，遍行曉諭，俾窮黎渥沐皇仁，感戴倍無既極。

爲此恭摺具奏，伏乞皇上聖鑒訓示。謹奏。

道光二十七六月二十四日拜進

七月十六日奉硃批：另有旨。欽此。

---

① 謄黃：皇帝下的詔書，由禮部用黃紙謄寫，故名。

○六四　恭報雨水田禾情形摺[①]
（道光二十七年七月二十六日）

奏爲恭報雨水田禾情形，仰祈聖鑒事。

竊查陝省各屬五月中旬暨六月初旬雨水田禾情形，業經臣恭摺具奏在案。茲據西安、延安、鳳翔、漢中、榆林、同州、興安、商州、邠州、乾州、鄜州、綏德等府州屬陸續具報，於六月十五六七八九二十並三十暨七月初一初九初十等日先後得雨一二三四五六寸及間有深透不等。臣查陝省南北兩山暘雨尚屬合宜，惟平原西、同、鳳、乾等府州屬自六月十八得雨以後，將及一月再未續獲甘霖，其間雖醴泉等四處於七月初九、初十等日沾有雨澤，而酷暑炎蒸，狂飆時作，地土倍爲乾燥，早秋多已萎折。惟晚秋尚在長發，農田望澤孔殷。臣連次率同司道各官設壇步禱，現於十六日巳刻起至十七日巳刻止，省城得雨四寸有餘，附近各州縣地方具報二三四五寸及深透不等。容俟各屬報齊是否一律均沾，並日內能否續獲甘霖，再當察看秋稼情形，另行隨時具報。糧價多與上月相同，地方民情亦俱靜謐，堪以仰慰宸懷。

謹將六月分糧價敬繕清單恭呈預覽，伏乞皇上聖鑒。謹奏。

道光二十七年七月二十六日拜進

八月二十一日奉硃批：知道了。欽此。

○六五　查明庫款收支情形據實覆奏摺[②]
（道光二十七年七月二十六日）

奏爲查明據實覆奏，仰祈聖鑒事。

————————

① 見楊紹和抄本卷三，魯圖藏。
② 同上。

竊臣承准軍機大臣①字寄：道光二十七年六月二十一日奉上諭：各直省錢糧出入歲有定額，以額相準，定爲請留、留備、留協之分，其贏餘銀兩仍於春、秋二撥案內悉數撥解部庫，以備支用，法至善也。乃近年留協省分屢有咨請改撥之事，部庫待用孔殷，而每次各省改撥之款皆例應解部之銀，非以蠲緩爲辭，即以留支藉口。殊不思水旱偏災，事所難免，各省支款無歲無之，何以從前改撥之案尚少，近則日多一日？前數年軍務、河工需用緊急，不得不權其輕重，量爲改撥。而各該省恃有成案可循，幾至年年瀆請。若不及早示以限制，於京餉大有關係。且恐各該省於應徵、應解之款易起挪移虧空等弊。嗣後著留協省分各督撫於戶部例撥及因案指撥各款，務須激發天良，認真籌辦，不得因向有改撥成案，率行援引瀆請。並著督飭藩司派委妥員照數按期迅速起解。如仍前援案，聲請改撥，查有不實不盡情弊，以及起解遲延，即著戶部據實嚴行參奏，以裕經費而符舊章。將此各諭令知之。欽此。欽遵。當即行司確查去後，茲據藩司恒春查明詳覆前來。

伏查陝省每年額徵地丁錢糧無閏之年共應徵銀一百六十萬九千餘兩，有閏之年共應徵銀一百六十三萬二千餘兩。內除各屬留存支給官役俸工、夫馬工料等項銀兩外，實起運解司銀一百三十三萬餘兩，內應支放滿、漢旗標鎮營官兵俸餉等項歲需銀一百一十五萬餘兩，遇閏一百二十四萬餘兩。此外尚有應支八旗兵丁紅白賞項以及各州縣供支等款，下剩地丁銀兩爲數無多。是以每年春秋二撥案內並無解部之款，亦無額定留協等銀，此每年收支正項銀內向無應行解部之原委也。其餘徵收耗羨暨一切稅課雜項銀兩例不報撥者，均有應支定款。例應報撥者，亦有留備本省之需。惟收捐監餉一項，系收足十萬兩即行奏明解京。嗣經由部奏定章程，收足三萬兩即行解部，續收三萬兩歸補封貯，此項應解銀兩歷俱按數解京，平餘銀兩亦均批解部庫。且捐監正項間有不足三萬兩，經部指撥到日亦均遵照起解。此外尚有各項減平以及裁汰等款，雖銀數多寡不一，亦系按平解部，兌收在案，此又每年所收各項銀內例應解部之款目也。查陝省每年徵收一應銀兩爲數雖多，第地丁正項支撥浩繁，

---

① 軍機大臣：軍機處爲清代輔佐皇帝的最高政務機構。軍機處設軍機大臣，一般三四人至五六人，最多時達六七人，通稱大軍機，職責爲秉承皇帝旨意，辦理軍政事務，實際擔任皇帝侍從秘書工作。軍機大臣由皇帝在滿漢大學士、尚書、侍郎、京堂中選任。其中一人爲首席軍機大臣，或稱“揆席”，每日入值，隨時準備皇帝召見。

向無解部之款，其捐監以及減平等銀應解部者已俱照數解納，尚無稽延。至每年春、秋二撥留備銀兩内，除撥給本省官兵俸餉外，多有奉撥甘省兵餉銀二三十萬兩不等，均經派委妥員照數解往，亦無請於別省改撥之案。

茲蒙訓諭諄諄，臣惟有督飭藩司隨在勾稽，認真核辦。如遇有奉部因案指撥之款，尤當迅速妥籌，依期照解，斷不敢稍涉遲延，以重帑需而裕經費。爲此恭摺覆奏，伏乞皇上聖鑒，謹奏。

道光二十七年七月二十六日拜進

八月二十一日奉硃批：戶部知道。欽此。

○六六　收捐監生銀數片①
（道光二十七年七月二十六日）

再，查陝省收捐監生銀兩，截至道光二十七年五月底止，共存銀一萬八千二百八十兩，前經臣附片奏明在案。今於六月分又收捐監生五名，共銀五百四十兩，連前司庫共存銀一萬八千八百二十兩，理合循例附片奏聞。謹奏。

道光二十七年七月二十六日附進

八月二十一日奉硃批：戶部知道。欽此。

○六七　委署道府各缺摺②
（道光二十七年七月二十六日）

奏爲遴員委署道府各缺，恭摺奏聞仰祈聖鑒事。

竊照陝安道德克精阿出缺緣由，業經臣於七月二十四日恭疏具題，

① 見楊紹和抄本卷三，魯圖藏。
② 同上。

請旨簡放在案。所遺陝安道員缺管轄漢中、興安二府，地處南山，五方雜錯，一切彈壓撫綏，均關緊要，自應先行委員接署。查有漢中府知府段大章才具明練，表率有方，堪以委令就近護理。其所遺漢中府知府篆務亦系巖疆要缺，楚蜀通衢，政務殷繁，必須妥員往署。查有西安府清軍同知①宋恒祥穩實勤明，堪以委署。據藩、臬兩司會詳前來，除分飭遵照，並行司委員接署清軍同知印務外，所有委署道府各缺緣由，理合循例恭摺奏聞。伏乞皇上聖鑒。謹奏。

　　道光二十七年七月二十六日拜進

　　八月二十一日奉硃批：知道了。欽此。

〇六八　揀員陞補要缺同知摺②

（道光二十七年七月二十六日）

　　奏爲揀員陞補要缺同知以重地方，仰祈聖鑒事。

　　竊照漢中府留壩廳同知賀仲瑊出缺緣由，業經臣恭疏題報在案。其所遺員缺系冲繁難邊要缺，例應在外揀員陞調。查該廳地處南山，轄境遼闊，五方雜處，政務殷繁，非精明幹練之員不足以資治理。臣與藩、臬兩司在於通省同知內逐加遴選，非現居要缺，即人地未宜，實無堪調之員。惟查有長安縣知縣張籛，年五十五歲，直隸進士，引見以知縣即用，簽掣陝西，十五年十月到省，題補澄城縣知縣，十八年十月到任。嗣經調補今職，二十三年十二月到任，二十四年大計③卓異，赴部引見，奉旨：准其卓異，加一級註冊，回任候陞。欽此。二十六年正月回任，因澄城縣任內經手地丁錢糧三載全完，准其不論俸滿即陞。又於捐輸藩務經費案內奉旨：賞加同知銜。該員品端才裕，有守有爲，歷任之區，輿情愛戴。且系大計卓異，並不論俸滿即陞之員，以之陞補留壩廳要缺同知，實屬合例，亦堪勝任。所有任內罰俸銀兩飭令完繳銷案。據

---

　　① 西安府清軍同知：西安清軍同知署爲知府衙門所屬軍務輔佐部門，主官爲同知，負責辦理與駐防西安軍隊有關各事務。光緒三十年（1904）裁撤，其職責歸西安府知府。

　　② 見楊紹和抄本卷三，魯圖藏。

　　③ 大計：官吏每三年一次的考績。

藩、臬兩司會詳請奏前來。合無仰懇天恩，俯念員缺緊要，飭部核覆，
准以長安縣知縣張籛陞補留壩廳同知，洵於地方有裨。如蒙俞允，該員
卓異，引見未滿三年，毋庸再行送部引見。至所遺長安縣知縣系衝繁疲
難要缺，容俟部覆至日揀員另請調補，合併陳明。

　　謹會同督臣布彥泰合詞恭摺具奏，伏乞皇上聖鑒訓示。謹奏。

　　道光二十七年七月二十六日拜進

　　八月二十一日奉硃批：另有旨。欽此。同日奉道光二十七年八月初
八日內閣奉上諭：楊以增奏揀員陞補要缺同知一摺，著照所請，陝西留
壩廳同知員缺准其以張籛陞補，該部知道。欽此。

○六九　恭謝奉旨署陝甘總督並辦理糧臺摺①
（道光二十七年八月二十四日）

　　奏爲恭謝天恩仰祈聖鑒事。

　　竊臣昨於八月十五日接准陝甘督臣布彥泰來咨，以喀什噶爾現被安
集延②等賊煽結本地回衆圍困城垣，調派官兵、請撥軍餉等情前來。當
經臣即將所調餉銀五十萬兩飭司刻日如數湊撥，委員分起解甘。將動撥
緣由正在繕摺具奏間，旋於八月二十三日欽奉上諭：陝甘總督著文慶③
署理，即馳驛前往。未到任以前，著楊以增馳驛前往署理。恒春著署理
陝西巡撫，陝西臬司嚴良訓、甘肅鎮迪道明誼著先行馳驛前往辦理糧臺
事務。所有陝西藩、臬兩司著恒春派員署理，鎮迪道印務著楊以增派員
署理。文慶到任後，所有糧臺事務著楊以增督同嚴良訓、明誼辦理。至

_____

　　①　見楊紹和抄本卷三，魯圖藏。

　　②　安集延：清朝屬國，爲古之宛國地，在喀什噶爾西北五百里，西至浩罕三百八十里，
其貢道由回部以達北京。今屬烏茲別克斯坦。

　　③　文慶（？—1856）：字孔修，滿州鑲紅旗人。道光二年（1822）進士，選庶吉士，授
編修。五遷至詹事，歷通政使、左副都御史、內閣學士。十二年（1832）授禮部侍郎，兼副
都統，歷吏部、戶部侍郎。二十八年（1848）授吏部尚書，兼步軍統領、內務府大臣，軍機
大臣。咸豐二年（1852）起授內閣學士，尋擢戶部尚書，復爲內大臣、翰林院掌院學士。五
年（1855）復爲軍機大臣、協辦大學士，加太子太保，拜文淵閣大學士，晉武英殿大學士，
管理戶部，充上書房總師傅。六年（1856）卒，入祀賢良祠，諡文端。

設立糧臺，分別遠近，共有幾處，俾資接遞，著楊以增迅速先行籌畫，無誤轉輸。欽此。同日又奉廷寄①上諭：本日據布彥泰馳奏喀什噶爾被回匪圍城、事甚緊急一摺。已明降諭旨，飭令楊以增暫署督篆，文慶前往接署，將該督授爲定西將軍，奕山②作爲參贊大臣③，頒給關防，帶兵前往剿辦矣。至後路糧臺最關緊要，陝、甘兩省庫貯尚足敷衍。現在派梟司嚴良訓、道員明誼馳往辦理，該將軍等亦當劄諭辦理。各員核實撙節，無得藉端虛糜。至附近各處應有預爲準備者，即著隨時飛咨，有備無患。務使官兵奮勇進剿，俾小丑速就殄滅，毋致滋蔓，是爲至要。將此由六百里諭布彥泰、奕山並楊以增知之。等因。欽此。

　　跪讀之下，感悚交深。當即恭設香案，望闕叩謝天恩。伏念臣才本庸愚，識復短淺，且於軍需事務向未經歷，一切尤屬生疏。茲荷恩綸，飭令赴甘暫署督篆，並於文慶到任後，即督同梟司嚴良訓等辦理後路糧臺事務。顧茲巨任，懼弗能勝，惟有勉竭駑駘，力求妥善，務期轉輸克濟，帑項無糜，庶以仰副委任。

　　至設立糧臺，分別遠近，共有幾處，俾資接遞。查道光六年、十年回疆兩次軍需辦理軍餉等務，均分蘭、肅二局。蘭局則安於省會，肅局則設在肅州。俱系後路總匯，調撥供支，最爲緊要。其餘口外地方如托克遜④等處，從前亦尚有酌量分設之臺。第當視夫調遣官兵之多寡，以及前途軍務之情形計畫，通盤斟酌損益，可省則省，應增則增，總以足敷轉輸、俾資接濟而止。現接布彥泰轉准葉爾羌⑤來咨，內地官兵均已暫停前往。如果伊犁⑥等處撥兵早到，一鼓解圍，則蕆功迅速，不特兵

---

① 廷寄：清代皇帝授命內廷寄發的一種諭旨。皇帝向軍機大臣指示機宜後，軍機大臣承旨撰擬清摺進呈，稱爲"述旨"，經皇帝修改閱定後，再由軍機處密封發出。廷寄諭旨遞到以後，只許受命者本人拆閱，且須嚴格奏明辦理情況。

② 奕山（1790－1878）：字靜軒，滿洲鑲藍旗人，清朝宗室。道光元年（1821）由四品宗室充任三等侍衛，歷任塔爾巴哈台領隊大臣，鑲藍旗漢軍副都統，伊犁參贊大臣，正紅旗護軍統領。道光十八年（1838）授伊犁將軍，二十年（1840）召回北京。二十一年（1841）第一次鴉片戰爭爆發後，與義律簽訂《廣州和約》。二十二年（1842）被圈禁於宗人府，翌年被釋，充任和闐辦事大臣，封鎮國將軍，伊犁將軍。咸豐五年（1855）任黑龍江將軍。光緒四年（1878）卒於北京。

③ 參贊大臣：清代官職，設置於外蒙古烏里雅蘇台、外蒙古科布多、新疆伊犁、新疆塔爾巴哈台、新疆烏什等地，等級略次於將軍，皆由皇帝特旨簡派，掌參贊軍務，綜理政事。

④ 托克遜：地處天山南麓、吐魯番盆地西部。

⑤ 葉爾羌：地處今吐魯番、哈密、塔里木盆地。

⑥ 伊犁：地處天山北部伊犁河谷，爲著名的綠洲城市，清代伊犁將軍治所。

力無需厚集，而經費之所省尤多。第軍事移步換形，要在因時佈置，固未便拘於成格，尤不敢掉以輕心。容臣克日抵甘，相機籌度，共應安設幾處，再當馳奏辦理。除現飭臬司嚴良訓即日馳赴肅州，會同該處道員先行妥商酌辦外，至鎮迪道明誼所遺印務系屬口外要缺，且現亦供應軍需，統容臣到甘接篆後，再遴員往署，庶期得力。臣現在趕緊清釐一應公事，不日將巡撫關防移交恒春接署，臣即遵旨馳驛起程。惟陝省陰雨連綿，晝夜不已，已將匝月，晨下猶未晴霽，各處河水多有漲隔，道路亦沖刷難行。已飭各屬上緊修墊，俾利郵程。沿途能否加站，總當設法馳進，以免稽延。

所有微臣感悚下忱，謹先恭摺叩謝天恩，伏乞皇上聖鑒訓示。謹奏。

道光二十七年八月二十四日拜進

九月十九日奉硃批：九月初五日又有旨諭，遵行可也。欽此。

○七○　籌解甘肅軍餉摺[①]
（道光二十七年八月二十四日）

奏為籌撥解甘軍餉銀款數目，仰祈聖鑒事。

竊照本年八月十五日接准陝甘督臣布彥泰咨開：喀什噶爾卡外安集延布魯特[②]糾約本地回匪，全行變亂，圍困城垣，飛咨挑派精銳官兵，兼程前赴救援。軍餉關要，奏請先在臨近陝西省籌款借撥軍餉銀五十萬兩，山西省籌款借撥軍餉銀五十萬兩，共銀一百萬兩，趕緊撥解來甘，以顧急需。等因。臣當即行司照數籌撥，委員分起解甘，以備應用。

茲據藩司恒春會同臬司嚴良訓詳稱：查陝省每年額徵地丁銀一百六十萬九千餘兩。除各屬存留，支給官役俸工、夫馬工料等項銀兩外，實起運解司銀一百三十三萬餘兩。內應支滿、漢旗標鎮營官兵俸

---

① 見楊紹和抄本卷三，魯圖藏。

② 布魯特：清代對柯爾克孜族的稱謂。

餉等項歲需銀一百一十五萬餘兩，僅餘銀一十八萬餘兩。此內尚有應支八旗兵丁紅白賞項以及各州縣供給等款，報撥之數無多，向無餘存。本年上忙緩徵銀四十四萬四十兩，現在下忙錢糧尚未徵解，支發兵餉等項已須籌墊，是地丁無款可撥。惟查陝、甘二省共收捐輸銀二百一十三萬六千八兩零，內除提還剿辦邊番減平新疆備用等款銀二十六萬六千七百兩，又奏准甘省封貯銀十五萬兩，發商生息銀十二萬兩，尚存捐輸銀一百五十九萬九千三百八兩內，奏准陝省封貯銀十五萬兩，發商生息銀二十八萬兩，又准部撥運天津收買商米銀五十萬兩，尚餘留抵甘餉銀六十六萬九千三百八兩。嗣又准部撥解河南賑恤銀十萬兩，又准部抵撥河南兵餉銀二十萬兩，又准部行令發還山西試用未入流①吳戴揚銀五百五十兩，實存剩銀三十六萬八千七百五十八兩。茲甘省奏撥軍餉銀五十萬兩自應籌款撥解，查陝省發商生息銀尚存司庫，擬請將發商生息銀二十八萬兩，並餘剩留抵明年甘餉銀三十六萬八千七百五十八兩內，共湊撥銀五十萬兩，先行解赴甘省司庫交收，以備應用。此外尚有奉調陝省各營挑備官兵，倘奉調遣，所需軍裝及各屬備供兵差等項仍應需用銀兩，應請一併在於上項餘存銀內動用。等情。詳請具奏前來。

臣覆查無異，除飭司趕緊照數動撥，即日委員分起解甘，勿稍遲延外，所有籌撥解甘軍餉款數目緣由，理合恭摺具奏，伏乞皇上聖鑒。謹奏。

道光二十七年八月二十四日拜進

九月十九日奉硃批：戶部知道。欽此。

○七一　知縣呈請改教摺②
（道光二十七年八月二十四日）

奏爲知縣稟請改教，恭摺奏祈聖鑒事。

---

① 　未入流：清代稱“從九品”之外的官員品級。

② 　見楊紹和抄本卷三，魯圖藏。

　　竊據藩司恒春、臬司嚴良訓會詳，據教職試用知縣李律稟稱，年五十三歲，山西舉人，大挑①教職，道光九年選授臨晉縣教諭。十二年聞訃丁母憂，服滿起復。十六年選授朔州學正②，兩任接算，歷俸六年，保薦請咨赴部。二十二年十一月引見，奉旨：以知縣用。欽此。二十五年十月呈請分發，簽掣陝西，十一月引見，奉旨：著照例發往。欽此。二十六年三月到陝，試用已逾一年，情願仍改教職等情，由司詳請具奏前來。

　　臣查例載“各省候補委用以及大挑一等舉人分發試用人員未經得缺，如有願改教職者，毋庸定以年限”等語。今教職試用知縣李律系舉人出身，由學正俸滿保薦知縣，分發來陝，尚未得補實缺。既據情願改就教職，核與定例相符，相應請旨，將教職試用知縣李律准改教職，由部照例選用。

　　除咨明吏部暨山西撫臣查照外，爲此恭摺具奏，伏乞皇上聖鑒訓示。謹奏。

道光二十七年八月二十四日拜進

　　九月十九日奉硃批：另有旨。欽此。同日奉道光二十七年九月初七日內閣奉上諭：楊以增奏試用知縣呈請仍改教職一摺。前任教職分發陝西試用知縣李律，著准以教職改補，歸部銓選，該部知道。欽此。

○七二　恭報雨水田禾情形摺③
（道光二十七年八月二十四日）

　　奏爲恭報雨水田禾情形，仰祈聖鑒事。

　　竊照陝省各屬六月中、下兩旬暨七月中旬雨水田禾情形業經臣恭摺具奏在案。茲據西安、延安、鳳翔、漢中、榆林、同州、興安、商州、邠州、乾州、鄜州等府州屬陸續具報，於七月十九、二十一二並二十

---

　　① 大挑：清代三科不中的舉人，由吏部擇優挑選，一等以知縣用，二等以教職用。每六年舉行一次，以增加舉人出身士人的入仕機會。

　　② 學正：清代州學所設官職，負責教育所屬生員。

　　③ 見楊紹和抄本卷三，魯圖藏。

五、六、七、八、九暨八月初三、四、五暨初八、九、十、十一二等日，先後得雨一二三四五六寸至深透不等。省城地方則自八月初一日起迭沛甘霖，連宵達旦，現逾兼旬，尚未晴霽，雨勢亦甚寬廣。查各屬農田正值晚秋陞漿吸秄之際，被澤已極透足，必須即日放晴，方可結實黃熟，其留種冬麥之地亦可趕緊翻犁，乘時播種，以免遲待。

　　所有各屬糧價多與上月相同，地方靜謐，民氣安恬，堪以仰慰宸註。謹將七月分各屬糧價敬繕清單，恭呈預覽，伏乞皇上聖鑒。謹奏。

道光二十七年八月二十四日拜進

九月十九日奉硃批：知道了。欽此。

○七三　略陽等屬被水情形片①
（道光二十七年八月二十四日）

　　再，漢中府屬之略陽縣、寧羌州前據先後稟報，於六月初五等日因山水、江水陡發，沖塌民房，淹斃人口，漫淹地畝，並沖塌吳家營校場房間暨陽平關②營校場舊制守備衙署，以及八海河塘房、煙墩③、牌坊、梆樓各等情。臣俱即行司轉飭該管道府，督同印委各員④確切查勘是否不致成災，趕緊妥爲撫恤去後，茲據藩司恒春轉據漢中府知府段大章督同印委各員查明：略陽縣屬之吳家營等處被沖民房共一百六間，淹斃人口一百二十六名，濱河地畝無多，間有損傷禾苗之處，並沖塌校場牆壁房間。其寧羌州屬之陽平關等處被沖民房四十間，並未淹斃人口，水田旱地沖刷不多。其守備衙署內箭道⑤牆垣以及演武廳房間並塘房、煙墩等項俱被沖坍。當經該州縣等各將被水民戶分別捐給口糧，並修理房間、埋葬淹斃人口等費。其漫淹田地、傷損禾苗之處，亦俱捐給秄糧，

---

① 見楊紹和抄本卷三，魯圖藏。
② 陽平關：古稱陽安關，南倚雞公山，北瀕嘉陵江，南可入川，北通略陽，西至隴南，東達漢中，爲交通要道。
③ 煙墩：古時用於點燃煙火傳遞重要消息的高臺，又稱烽燧、烽堠、墩臺。
④ 印委各員：印官和臨時差委的官員。
⑤ 箭道：官府所設練習射箭的場所。

補種晚秋。現在民情均極安堵，委系不致成災，毋庸另行調劑。等情。
由司核明詳覆前來。

臣查略陽縣、寧羌州屬地方被水居民既經該州縣等查明捐資，分別
撫恤，妥爲安輯，不致成災，自可毋庸再行調劑。其冲塌營署校場等
處，除飭各營查勘明確應否估修，另行核辦外，所有該州縣等被水情形
並已查明安撫緣由，理合附片奏聞。謹奏。

道光二十七年八月二十四日附進

九月十九日奉硃批：知道了。欽此。

○七四　收捐監生銀數片[①]
（道光二十七年八月二十四日）

再，查陝省收捐監生銀兩，截至道光二十七年六月底止，共存銀一
萬八千八百二十兩，前經臣附片奏明在案。今於七月分又收捐監生十
名，共銀一千八十兩，連前司庫共存銀一萬九千九百兩，理合循例附片
奏聞。謹奏。

道光二十七年八月二十四日附進

九月十九日奉硃批：戶部知道。欽此。

○七五　揀員調補省會知縣摺[②]
（道光二十七年八月二十四日）

奏爲揀員調補省會要缺知縣，仰祈聖鑒事。

竊照咸寧縣知縣陸銓經陞任撫臣林則徐奏請陞補潼關廳[③]同知，現

---

① 見楊紹和抄本卷三，魯圖藏。

② 同上。

③ 潼關廳：清雍正二年（1724）撤潼關衛，五年（1727）設潼關縣。乾隆十三年
（1748）改設潼關廳，屬陝西潼商道同州府。

接部咨，業經核准。所遺咸寧縣知縣系衝繁疲難兼四要缺，例應在外揀員調補。查該縣爲省會首邑，政務最爲殷繁，必須精明幹練之員方足以資治理。臣與藩、臬兩司在於通省知縣內逐加遴選，查有富平縣知縣李燁，① 年四十一歲，湖北進士，引見奉旨：以知縣即用。欽此。簽掣陝西，二十年十二月到省，題補城固縣知縣，嗣經調補今職，二十六年十一月初三日到任。該員年壯才明，循聲素著，以之調補咸寧縣知縣，實堪勝任。惟富平亦系三字要缺，雖屬以繁調繁，第咸寧縣爲省會首邑，較之富平尤爲繁要，且以兼三要缺調補兼四要缺，例得聲明奏請。現據藩、臬兩司會詳請奏前來，合無仰懇天恩，俯念省會要缺需員，敕部核覆，准以富平縣知縣李燁調補咸寧縣知縣，洵於地方有裨。所有該員任內降罰銀兩業已照例完繳，咨部銷案。如蒙俞允，該員系以知縣調補知縣，衔缺相當，毋庸送部引見。至所遺富平縣知縣系繁疲難三項要缺，容俟部覆至日，揀員另請調補，合併陳明。

所有揀員調補省會要缺知縣緣由，謹會同督臣布彥泰合詞恭摺具奏。伏乞皇上聖鑒訓示。謹奏。

道光二十七年八月二十四日拜進

九月十九日奉硃批：另有旨。欽此。同日奉道光二十七年九月初七日內閣奉上諭：楊以增奏揀員調補省會要缺知縣一摺。著照所請，陝西咸寧縣知縣員缺，准其以李燁調補，該部知道。欽此。

○七六　恭報回陝接受撫篆摺②

（道光二十七年九月二十三日）

奏爲恭報回陝接篆日期，仰祈聖鑒事。

竊臣前蒙恩命，署理陝甘總督，當經恭摺奏謝天恩，於交卸後束

---

① 李燁（1801—1861），興國州人。道光二十年（1840）進士，署陝西同州知府，林則徐稱其爲“關中良吏第一”。著有《牧令書》《保甲書》，楊以增於道光二十八年（1848）爲其出資刊刻並作序。

② 見楊紹和抄本卷四，魯圖藏。據中國第一歷史檔案館藏硃批奏摺，“奏屬”前有“陝西巡撫臣楊以增跪”。

裝起程。九月十一日寅刻途次甘肅隆德縣，接奉上諭：前因回疆不
靖，授布彥泰爲定西將軍。現據吉明①等陸續奏報賊情，關外調集官
兵足資防剿，布彥泰現在帶印駐劄肅州策應。楊以增著毋庸署理陝甘
總督，仍回陝西巡撫本任。等因。欽此。臣遵旨即於是日折回，十八
日行至陝西乾州，准署撫臣藩司恒春、委西安知府徐棟、署中軍參將
尹培立賫送巡撫關防前來。臣遂恭設香案，望闕叩頭，祗領任事，即
於二十日抵省。

伏念臣才庸資淺，渥荷天恩，報稱莫效夫涓埃，兢惕彌深於夙夜。
茲當回任，惟有隨時隨事實力實心，益矢慎勤，仰酬高厚。

再，臣經過陝甘一路，收割未竣。秋雨雖多，尚稱中稔。而種麥之
及時，普遍餘澤滋培，尤肇來年之瑞。民情歡諡，糧價平減，堪以上慰
宸懷。

所有微臣回陝接印任事日期，理合繕摺具奏，伏乞皇上聖鑒。
謹奏。

道光二十七年九月二十三日拜進

十月十三日奉硃批：知道了。

○七七　安康縣被雨情形片

（道光二十七年九月二十三日）

再，據興安府安康縣稟稱：該縣地方於八月初三日陰雨起，至是月
二十五日雨止開霽，淹塌河街商民瓦房七十四間、草房五十二間，人口
貲財均無損傷。業將倒壞房屋散給修費錢文，並查山內所種遲包穀及雜
糧等項間有青空受傷等情，稟經前署撫臣恒春批司，移行道府委勘在
案。臣查該縣所稟情形雖不至於成災，惟南山民食向重包穀雜糧，而包
穀性畏秋雨，今既遭此積霖，間有青空，究竟輕重如何，有無妨礙，必
須查明妥辦。除督飭該縣府等再行確加履勘，如須調劑，即當據實奏請

---

① 吉明（？—1849）：滿洲鑲藍旗人。1845年任葉爾羌幫辦大臣，次年授參贊大臣。道
光二十七年（1847），和卓後裔作亂圍城，堅守三月餘，清軍至後解圍，旋離任。

辦理，合併附片陳明。謹奏。

　　道光二十七九月二十三日附進

　　十月十三日奉硃批：詳加查勘。

〇七八　委署道員各缺片
（道光二十七年九月二十三日）

　　再，鹽法道崇綸前經調署督糧道事，嗣經藩司恒春奉旨署理巡撫，復又奏委崇綸署理藩司印務，所遺糧道員缺委令西安府知府徐棟兼護在案。茲臣與恒春各回本任，查崇綸鹽法道印現有候補道程德潤署理，自應仍令崇綸接署督糧道，毋庸西安府兼護，以專責成。又咸寧縣一缺系省會首邑，前因本任知縣陸銓奉到部咨，准陞潼關同知，當以富平縣知縣李煒奏調。今陸銓因病出缺，應即飭令李煒先行接署咸寧縣事。其所遺富平縣員缺，查有膚施縣知縣陳炳琳堪以委署。據藩、臬兩司會詳前署撫臣恒春移交前來，除檄飭遵照外，理合附片陳明。謹奏。

　　道光二十七年九月二十三日

　　十月十三日奉硃批：知道了。

〇七九　查明被雹州縣懇請緩徵摺[①]
（道光二十七年九月二十三日）

　　奏爲查明北山被雹州縣，懇恩量予緩徵，仰祈聖鑒事。

　　竊照榆林府屬葭州、府谷、神木、懷遠等州縣先後稟報於七月二十三、八月初三等日被雹打傷秋禾，當經批府委勘去後，茲據該府親督印

---

　　①　見楊紹和抄本卷四，魯圖藏。據中國第一歷史檔案館藏硃批奏折，"奏屬"前有"陝西巡撫臣楊以增跪"。

委各員勘得葭州劉家坪①等四十二村莊，所種秋禾半被雹傷，收成僅止五分有餘。又府谷縣被雹之沙渠兒等十六村莊內，止七村莊爲重，其餘尚可望薄收。又神木縣被雹四十八村莊內，李家坪等十八村莊較重。懷遠縣被雹九十六村莊內，朱家溝等三十四村莊較重。俱於勘明之後，經各該縣隨時捐廉安撫，小民皆可無虞失所。其餘被雹稍輕之區，如神木閣家崖窯等三十村莊、懷遠崔君祥等六十二村莊雖未成災，然體察情形，秋收均止五分有餘。且連年積欠，民情未免拮据，請將該州縣等被雹村莊，無分輕重本年應徵新舊錢糧概予展緩。等情。由藩司恒春核明，具詳請奏前來。

臣查該州縣等俱地處北山，土瘠民貧，素鮮蓋藏，每年全賴秋成豐稔以資生計。今猝被雹減收，兼之連年積歉，若將新舊錢糧同時並徵，實恐民力未逮。合無仰懇天恩俯准，將府谷縣被雹之沙渠兒等十六村莊、神木縣被雹之李家坪等四十八村莊應納本年上下忙地丁銀糧、葭州被雹之劉家坪等四十二村莊、懷遠縣被雹之朱家溝等九十六村莊應納本年下忙新賦，並節年民欠銀糧草束一概緩至道光二十八年新秋後起徵，以紓民力之處出自鴻慈。

爲此恭摺具奏，伏乞皇上聖鑒訓示。謹奏。

道光二十七年九月二十三日

十月十三日奉硃批：另有旨。同日奉道光二十七年十月初四日內閣奉上諭：楊以增奏查明被雹州縣懇請緩徵一摺。本年陝西府谷等州縣被雹減收，兼之連年積歉，若將新舊錢糧同時並徵，民力實有未逮。所有府谷縣被雹之沙渠兒等十六村莊、神木縣被雹之李家坪等四十八村莊應納本年上下忙地丁銀糧，葭州被雹之劉家坪等四十二村莊、懷遠縣被雹之朱家溝等九十六村莊應納本年下忙新賦並積年民欠銀價草束，著加恩一概緩至道光二十八年秋後起徵，以紓民力。該撫即刊刻謄黃，遍行曉諭，務令實惠及民，毋任吏胥舞弊，用副朕軫念歉區至意。該部知道。欽此。

---

① 坪：山坡。

○八○　設局收捐片

（道光二十七年九月二十三日）

再，准户部咨抄録片奏内開：此次回疆軍需，所有陝、甘兩省及各處官紳士民如有就近在陝西、甘肅藩庫呈請捐資報效者，擬照海疆軍營捐輸章程①請旨，飭令布彦泰、文慶、楊以增酌核，從優請獎，以示鼓勵。等因。奏奉諭旨：依議。欽此。行知到陝。臣遵即督同兩司出示通行曉諭，嚴禁抑勒需索，並在省城設立公局，擇日開捐。派委妥員，分司其事，不准吏胥經手，以杜侵欺，俾各官民均知，急公慕義，踴躍輸將，以廣登進之路。

除俟捐有成數，隨時匯核，奏懇天恩，從優獎勵外，所有設局勸捐緣由，理合附片陳明，伏乞聖鑒。謹奏。

道光二十七年九月二十三日附進

十月十三日奉硃批：覽。

○八一　恭報秋禾約收分數摺②

（道光二十七年九月二十三日）

奏爲恭報陝省秋禾約收分數，仰祈聖鑒事。

竊照秋禾約收分數，例應先行恭摺奏報。查陝省各屬本年六、七月内，惟南山一帶暘雨合宜，其平原地方先因雨少，天燥土乾。嗣至八月，又復霖雨數旬，以致秋禾未能及時長發，收成差遜。茲據西安、延安、鳳翔、漢中、榆林、同州、興安、商州、邠州、乾州、鄜州、綏德

---

① 海疆軍營捐輸章程：道光二十一年（1841）户、吏兩部奏定《海疆捐輸議叙章程》，開列職銜價格僅爲原有捐輸常例的四成。

② 見楊紹和抄本卷四，魯圖藏。據中國第一歷史檔案館藏硃批奏摺，“奏屬”前有“陝西撫臣楊以增跪”。

十二府州將所屬秋禾約收分數開摺呈報，由司具詳前署撫臣恒春，移交到臣。復加查核，除葭州、懷遠、神木、府谷、安康等州縣秋禾被雹被雨，現已另摺具奏，其收成分數應俟題報實收案內再爲核辦外，所有各屬八十六廳州縣多寡牽算，約計收①六分有餘。

理合繕具清單，恭呈御覽，伏乞皇上聖鑒。謹奏。

道光二十七年九月二十三日拜進

十月十三日奉硃批：覽。

○八二　恭報雨水田禾情形摺②

（道光二十七年九月二十三日）

陝西巡撫臣楊以增跪奏爲恭報雨水田禾情形，仰祈聖鑒事。

竊照陝省各屬七月下旬暨八月中旬雨水田禾情形，業經臣恭摺具奏在案。茲據華州、華陰等州縣具報，於九月十二、三等日得雨一二寸至深透不等，由署撫臣恒春移交前來。臣查陝省各屬前自八月初一、初三起迭沛甘霖，連宵達旦，直至是月二十五、六等日，始行放晴，被澤極爲透足，二麥播種較廣，現在已有發苗出土。其南北山暨平原一帶早晚秋禾亦經次第刈獲，統計約收六分有餘。通省糧價，除漢中、商州兩府州屬報有平減外，餘與上月相同，民情歡悅，四境安恬。

理合恭摺具奏，並將八月分各屬糧價敬繕清單，恭呈御覽，伏乞皇上聖鑒。謹奏。

道光二十七年九月二十三日

十月十三日奉硃批：知道了。

---

① 楊紹和抄本此處有一劃去的“存”字。

② 見楊紹和抄本卷四，魯圖藏。據中國第一歷史檔案館藏硃批奏摺，“奏爲”前有“陝西巡撫臣楊以增跪”。

○八三　收捐監生銀數片^①
（道光二十七年九月二十三日）

　　再，查陝省收捐監生銀兩，截至道光二十七年七月底止，共實存銀一萬九千九百兩，業經臣附片奏明在案。今於八月分又收捐監生十名，共銀一千八十兩，連前司庫共存銀二萬九百八十兩，理合循例附片奏聞。謹奏。

道光二十七九月二十三日

十月十三日奉硃批：户部知道。

○八四　審明夥劫刀匪按律定擬摺^②
（道光二十七年十月二十一日）

　　奏為審明夥劫輪奸、拒傷官兵之刀匪，按例分別定擬，恭摺奏祈聖鑒事。

　　竊照大荔縣刀匪丁雙受等因在甘肅夥劫並輪姦婦女被拿，拒傷官兵，潛逃回籍。當即飭據該縣知縣熊兆麟將丁六八、丁來成、丁五三、丁培娃、丁沙嘎兒、于囊壺及丁雙受、丁萬山一^③共八名俱先後訪獲，具稟前陞任撫臣林則徐。以該匪等事犯甘肅地方，陝省並無案據，飛咨查核，一面繕摺奏明，提省審辦。旋據該縣續獲丁幅兒、馬奴兒二名到案，質明丁萬山僅止帶刀遊蕩，並非甘省行劫夥犯，照例杖責，鎖系巨石。並准陝甘督臣布彦泰咨會案內沙伏子等十八名，業經固原提臣石生玉派令營弁馬述第帶兵擒獲，其伍新苗兒立時殲斃，丁六兒亦被格傷身

---

　　① 見楊紹和抄本卷四，魯圖藏。

　　② 見楊紹和抄本卷四，魯圖藏。據中國第一歷史檔案館藏硃批奏摺，"奏為"前有"陝西巡撫楊以增跪"。

　　③ "一"字，楊紹和抄本作"以"，當誤。

死，等因。飭委審無在陝爲匪不法，惟馬奴兒、丁五三、丁幅兒、丁沙嘎兒、于囊壺、丁來成、丁培娃堅稱甘省官兵追捕時，伊等均各畏懼，分途先逸，不知拒捕情事。是否狡供避就，隨經詳咨。嗣於本年七月初十日接准甘肅移送全案供招到臣，核與犯供相符，發司審擬去後。

茲據委員西安府知府徐棟逐一審明，除丁幅兒即丁浮兒一名已於取供後在監病故外，其餘各犯分別定擬，由司解勘前來，臣親提研鞫。緣丁雙受即丁雙壽兒，丁六八即丁六八兒，馬奴兒，丁五三即丁三兒，丁幅兒即丁浮兒，丁沙嘎兒即丁沙孕兒，于囊壺即俞南虎，丁來成即丁來成兒，丁培娃即丁七兒又名萬八兒，俱系大荔縣回民，先未爲匪。道光二十六年六月十九日，丁雙受與甘省格斃之同縣回民丁六兒即馬棋兒起意赴甘肅寧夏府口外蒙古地方搶劫，糾允現獲之丁六八、馬奴兒、丁五三、丁幅兒、丁沙嘎兒、于囊壺、丁來成、丁培娃並省省拿獲之沙伏子即萬豹子、俞保兒、伍俞成兒、馬元兒、伍莊兒，誘雇之吳穆兒、俞成兒、俞長得、俞漢兒，格殺之伍新苗兒、在途在監病故之丁三成兒、俞倚兒、伍得全、俞八兒即伍八兒、馬牛兒、俞清謀、俞圪塔，在逃之吳惠兒、丁固兒、吳小虎同夥三十人至丁六兒家會齊。丁雙受與丁六兒各備馬匹，駄載刀矛鳥槍器械。吳穆兒、俞成兒、俞長得、俞漢兒始知欲往口外行劫，心懷畏懼，不敢同去。丁雙受等恐伊等走散洩漏，稱欲殺害，吳穆兒等無奈隨行。經由山僻小路，丁雙受等屢次強索不知名姓人家酒食。二十七日行抵固原州三岔河地方，住歇李紅彩店內，食欠飯錢一千文。四更時分，丁雙受等起身欲行，不給李紅彩飯錢，並向撲毆，李紅彩畏懼避匿。丁雙受等即一同起身，行至半里許，見有李玉成住窰一間，並無鄰佑。丁雙受、丁六兒起意行劫，令伍新苗兒點然①火把照亮，丁六兒踢開窰門，與丁雙受、丁六八、馬奴兒、俞八兒六人入室，丁五三等俱在門外把風瞭望。時事主李玉成外出，其妻李氏見而聲喊，丁雙受、丁六兒各用刀嚇禁。伍新苗兒、丁六八、馬奴兒、俞八兒搜得錢二千文、包袱一條、棉襖一件，走出招呼衆人先遁。丁雙受、丁六兒因見李氏少艾，頓萌淫念，遂將李氏強按輪奸而逸，趕及衆人，告知輪奸情由。當日將包袱、棉襖賣給不知姓名人，得錢一千文，同贓錢公用。二十九日行抵固原州毛居井地方，適營弁馬述第奉派帶兵跴緝。丁雙受等聞知，未敢停留，七月初一日至靈州韋州堡，撞遇

---

① "然"，同"燃"。

素識甘省已獲病故之回民馬六五、在逃之馬五斤兒糾添入夥，同行出口。
初四日住宿靈州沙窩邊子地方，夜半馬述第帶兵跟蹤追至，上前喊捕，馬
奴兒、丁五三、丁幅兒、丁沙嘎兒、于囊壼、丁來成、丁培娃、吳會兒、
丁固兒、吳小虎、馬五斤兒、吳穆兒、俞成兒、俞長得、俞漢兒俱各畏
懼，分路逃逸。丁六兒起意拒捕，丁雙受等允從。丁六兒首先點放鳥槍，
丁雙受亦各執持刀矛器械，共上前與官兵格鬥，拒傷官兵五人，官兵開槍
轟擊，將伍新苗兒立時殪斃，並將丁六兒、伍俞成兒格擊受傷，擒獲沙伏
子及吳穆兒等，奪獲器械、火藥、鉛子等物。丁雙受、丁六八、馬奴兒、
丁五三、丁幅兒、丁沙嘎兒、于囊壼、丁來成、丁培娃九名先後逃回原籍
大荔，當飭該縣會營選派兵役，按名陸續訪獲，具稟陞任撫臣林則徐，奏
明提省審辦。

　　因恐犯供狡避，詳咨查覆，委審定擬，由司解勘。經臣親提研鞫，據
供前情不諱，詰止夥劫輪奸拒捕一次，此外再無窩夥竊劫別案，逃後亦
無行兇爲匪及知情容留分贓之人。贓雖未獲，所供行劫月日、贓數及輪
奸情形俱與甘省咨會所獲各犯供詞相同，正盜無疑。查律載："強盜已行
但得財者，不分首從皆斬。"又例載："強盜奸污人妻女，不分曾否得財，
俱照得財律斬。"隨即奏請審決梟示。又"盜劫之案，各督撫嚴行究審，
將法所難宥及情有可原者一一分晰，於疏內聲明，大學士①會同三法司②
詳議，將法所難宥者正法，情有可原者發遣新疆給官兵爲奴"，又"強盜
拒捕、殺傷官兵之案，除同夥傷人之時該犯不在一處者，仍照律擬罪外，
其同在一處，雖非下手之人，既在旁目睹，即系同惡共濟，法所難寬，
即行斬決"各等語。此案丁雙受糾衆行劫，入室搜贓，並與甘省格斃之
丁六兒輪奸事主之妻李氏。迨經官兵追捕，猶敢聽從，拒傷官兵，實屬
不法。丁雙受即丁雙壽兒除糾劫得贓及聽從拒捕罪，止斬決不議外，應
從重依"強盜奸污人妻女、不分曾否得財，審決梟示"例，擬斬立決梟
示。丁六八即丁六八兒、馬奴兒、丁五三即丁三兒、丁沙嘎即丁沙尕兒、
于囊壼即俞南虎、丁來成即丁來成兒、丁培娃即丁七兒又名萬八兒夥同
行劫得財，俱依"強盜已行，但得財者，不分首從皆斬"律，擬斬立決，

---

①　大學士：輔助皇帝的高級秘書官，又稱內閣大學士、殿閣大學士等，品級爲正一品。
②　三法司：清代以刑部、都察院、大理寺爲三法司。遇有重大案件，由三法司會審，稱
三司會審。

照例先行刺字。丁六八、馬奴兒聽從入室搜贓，丁六八復又隨同拒捕，系屬法所難宥。丁五三、丁沙嘎兒、于囊壺、丁來成、丁培娃僅止行劫一次，訊系在外把風瞭望，並未入室。且于丁六兒等拒捕之時先各逃逸，不在一處，均屬情有可原。照例分晰聲明，聽候會議。丁五三、于囊壺據供母老丁單，惟系聽從行劫，情節較重，應不准其查辦。丁雙受有兄丁麥貴，丁六八有父丁保成，馬奴兒有父馬文成，均不能禁約子弟爲盜，飭縣傳案責懲。該犯等在外行劫，原籍牌甲①無從覺察，應免置議，未獲贓物照追給領。丁幅兒即丁浮兒聽糾行劫，罪有應得，業已在監病故，應與訊無淩虐情弊之刑禁人等均無庸議。夥犯沙伏子等已經甘省拿獲審辦，逸犯吳惠兒等飭緝獲日另結。至大荔縣知縣熊兆麟首先拿獲鄰省罪斬梟盜犯一名、斬決盜犯二名、發遣盜犯六名，例應得議敘，隨案陳明，聽部核議。其協獲之武職職名，容俟另行開送。

除供招咨部外，所有審明刀匪在甘夥劫輪奸，拒傷官兵，分別定擬緣由，理合恭摺具奏，伏乞皇上聖鑒，敕部議復施行。謹奏。

道光二十七年十月二十一日拜進

十一月十四日奉硃批：刑部速議具奏。

○八五　查明各屬應徵糧石再懇展緩摺②

（道光二十七年十月二十一日）

奏爲查明各屬應徵去歲秋糧、本年夏糧難以同時並徵，懇恩再予展緩，俾紓民力，仰祈聖鑒事。

竊照陝省西安、同州、乾州等府州屬上年夏秋被旱，收成屢歉，冬來少雪，二麥又未種齊。當經陞任撫臣林則徐將咸寧、長安、咸陽、興平、臨潼、高陵、涇陽、三原、渭南、醴泉、大荔、蒲城、華州、乾州、武功等十五州縣應納上年道倉秋糧並興平縣倉粟米，共京斗五萬五

---

① 牌甲：清代地方基層組織。州縣城鄉十戶立一牌長，十牌立一甲長，十甲立一保長。

② 見楊紹和抄本卷四，魯圖藏。據中國第一歷史檔案館藏硃批奏摺，"奏為"前有"陝西巡撫臣楊以增跪"。

千六百三十七石零，先後奏懇聖恩，准予緩徵。嗣因本年麥收歉薔，民情竭蹙，難以一律徵收。又經臣將該州縣等應納本年夏糧共京斗四萬四百三十一石零，奏請緩至本年秋後起徵，欽奉諭旨允准各在案。

　　茲據藩司恒春、署督糧道崇綸查明各屬所緩上年秋糧，除咸陽、醴泉、高陵、乾州、華州、蒲城六州縣續完糧四百三十一石零，計未完糧五萬五千二百五石零。此外尚有上年緩餘秋糧、尾欠夏糧、本年緩餘夏糧，節經飭催，未能踴躍輸納。察訪情形，委因去秋今夏兩次歉收，本年秋成亦僅中稔①，民間元氣未復，勢難一併徵收，請將前緩各糧再行遞緩等情，會詳請奏前來。

　　臣查該州縣等連年積歉，閭閻已乏蓋藏。今歲秋禾間爲陰雨損傷，又未一律豐稔，生計仍形拮据。如將各項糧石同時並徵，實屬力有未逮，自當量爲調劑。合無仰懇天恩俯准，將前緩本年京斗夏糧四萬四百三十一石零，再行展緩至道光二十八年麥後徵收，未完前緩上年秋糧京斗五萬五千二百石零，遞至二十八年秋後帶徵，俾紓民力。其餘本年額徵秋糧以及上年夏糧、本年夏糧各尾欠仍令照常徵輸，以供兵糈。如蒙俞允，一俟奉到恩旨，謹即刊刻謄黃，遍行曉諭，俾窮黎共沐皇仁，感戴益無既極。

　　所有查明各屬前緩各糧難以併徵，籌議遞緩緣由，理合恭摺具奏，伏乞皇上聖鑒訓示。謹奏。

　　道光二十七年十月二十一日

　　十一月十四日奉硃批：另有旨。同日奉道光二十七年十一月初三日內閣奉上諭：楊以增奏查明各屬應徵去歲秋糧、本年夏糧難以併徵，請再予展緩一摺。陝西西安、同州、乾州等府州屬上年夏秋被旱，收成歉薄，所有咸寧等十五州縣應納上年秋糧並本年夏糧，節經降旨緩徵。茲據奏稱本年秋成僅屬中稔，民間元氣未復，自難同時併徵。加恩著照所請，所有前緩本年京斗夏糧四萬四百三十一石零，著再展緩至道光二十八年麥後徵收。其未完前緩上年秋糧京斗五萬五千二百石零，著遞緩至道光二十八年秋後帶徵，以紓民力。其本年額徵秋糧及上年夏秋、本年夏糧各尾欠，俱著照常徵收。該撫即刊刻謄黃，遍行曉諭，務使實惠均沾，毋令吏胥舞弊，用副朕軫念歉區至意，該部知道。欽此。

━━━━━━━

　　① 中稔：中等年成。

○八六　查明安康縣被雨情形不至成災片

（道光二十七年十月二十一日）

再，興安府屬之安康縣本年秋雨過多，淹塌民房，包穀青空，當經臣以該縣地處南山，民食所關，輕重如何，有無妨礙，必須查明妥辦，恭摺奏報。一面飭查去後，茲據藩司轉據該管興安府督同印委各員查得被淹民房由縣捐給修費，現已修復完竣。並詣四鄉，逐加履勘，所種稻穀及早包穀俱已收割。其晚種包穀、雜糧值此久雨，已經結實漿滿者，雖不免萌芽霉浥，尚屬有收。惟結漿未滿者則已青空，亦經該縣酌給補種之費。自九月以後，天氣晴和，補種豆麥，窮民各有生業，皆可無虞失所。察看收成，實在五分有餘，不致成災，應請毋庸核辦。等情。由司詳覆前來。臣查安康被雨，致將晚種包穀等項青空，既經該府督率確切，查明情形甚輕，且已由縣酌給補種豆麥之費，統計實收尚在五分有餘，無礙民食。現在閭閻均極安堵，自可毋需再行調劑。

所有確查安康被雨並不成災、毋庸撫恤緣由，理合附片奏聞。謹奏。

道光二十七年十月二十一日附進

十一月十四日奉硃批：知道了。

○八七　恭報雨水麥苗情形摺[①]

（道光二十七年十月二十一日）

奏爲恭報雨水麥苗情形，仰祈聖鑒事。

竊照陝省八月內至九月中旬以前雨水田禾情形，業經臣恭摺具奏在案。茲據西安府屬具報，於十月初十、十一等日得雨二寸有餘不等。臣

---

① 見楊紹和鈔本卷四，魯圖藏。據中國第一歷史檔案館藏硃批奏摺，"奏爲"前有"陝西巡撫臣楊以增跪"。

查陝省各屬全以二麥爲重，本年秋雨優沾，播種極廣。正當盤根之際，獲此雨澤滋培，土膏益資長養。田園菜蔬亦皆一律芃茂，其南北兩山雖未據報得雨，而現在場工已畢，並不急於望澤。至通省糧價，延安、漢中、榆林、興安、商州等府州屬互有增減，餘與上月相同，民情歡悦，合境安恬，堪以仰慰宸懷。

謹將九月分各屬糧價敬繕清單，恭呈御覽，伏乞皇上聖鑒。謹奏。

道光二十七年十月二十一日拜進

十一月十四日奉硃批：知道了。

〇八八　收捐監生銀數片^①
（道光二十七年十月二十一日）

再，查陝省收捐監生銀兩，截至道光二十七年八月底止，共實收存銀二萬九百八十兩，業經臣附片奏明在案。今於九月分，又收捐監生十名，共銀一千八十兩，連前四庫共存銀二萬二千六十兩，理合循例附片奏聞。謹奏。

道光二十七年十月二十一日附進

十一月十四日奉硃批：户部知道。

〇八九　特參疏防監犯之典史^②革職提審摺^③
（道光二十七年十月二十一日）

陝西巡撫臣楊以增跪奏爲特參疏防監犯砍斃人命之典史，請旨革職提審，仰祈聖鑒事。

竊照三原縣監犯王振家於本年九月十九日早，因同監犯人馬新春向

---

① 見楊紹和抄本卷四，魯圖藏。

② 典史：清代知縣之下掌管緝捕、監獄的屬官，爲未入流的文職外官。

③ 見楊紹和抄本卷四，魯圖藏。據中國第一歷史檔案館藏硃批奏摺，"奏爲"前有"陝西巡撫臣楊以增跪"。

伊索欠無償，互相爭角，用切菜小刃片刀致傷馬新春咽喉等處。維時該縣知縣周賡盛奉委前赴涇陽縣查驗渠工，途次接據典史稟報，當即馳回查明，飭醫調治罔效，延至二十日，馬新春因傷殞命。現經該管西安府委員驗明屍傷，填格錄供通詳。等情。

臣查王振家係戳傷王連身死，擬絞監候，奉准部覆匯入本年新事秋審之犯，其已死馬新春係故殺妻姚氏，砍落頭顱，擬絞監候，奉准部覆匯入本年新事秋審，現經部改情實之犯。該典史陳繼曾管獄是其專責，乃不督率刑禁人等小心防範，以致該犯刀斃人命，殊屬玩泄。且監獄重地理宜嚴肅，菜刀從何而來？更恐有通同受賄、松放刑具情弊，亟須徹底根究。據藩、臬兩司詳請撤任前來，相應請旨，將三原縣典史陳繼曾革職，以便提同兇犯並刑禁人等，研訊有無賄縱及與囚金刃情事，按律擬辦。至有獄官三原縣知縣周賡盛於王振家在監釀命，是否實係公出，有無規避處分，容俟查確另參。除委員前往接署，摘取該典史鈐記①外，謹會同陝甘督臣布彥泰合詞恭摺具奏，伏乞皇上聖鑒訓示。

至所遺三原縣典史員缺係簡缺，陝省現有應補人員，應俟部覆至日，另行咨補，合併陳明。謹奏。

道光二十七年十月二十一日拜進

十一月十四日奉硃批：另有旨。同日奉道光二十七年十一月初三日內閣奉旨：這所參疏防監犯砍斃人命之陝西三原縣典史陳繼曾，著即革職，交該撫提同兇犯並刑禁人等，嚴訊確情，按律擬辦。該縣知縣周賡盛是否實係公出，著確切查明。如有規避，即行嚴參。該部知道。欽此。

○九○　揀員陞補要缺同知摺②

（道光二十七年十月二十一日）

奏爲揀員陞補要缺同知，以裨地方，仰祈聖鑒事。

---

① 鈐記：官印的一種。清代文職佐雜，如州同、州判、巡檢、典史及不兼管兵馬錢糧的武職官等低級官員，所用的官印稱鈐記，一般由委任者鐫發。

② 見楊紹和抄本卷四，魯圖藏。據中國第一歷史檔案館藏硃批奏摺，"奏爲"前有"陝西巡撫臣楊以增跪"。

竊照准陞潼關廳同知陸銓因病出缺，已經前署撫臣恒春恭疏題報在案。所遺員缺系衝繁難兼三要缺，例應在外揀選陞調。該廳爲入陝門戶，與山西、河南接壤，地居首站，差務殷繁，非精明強幹之員不足以資治理。臣等與藩、臬兩司在於通省同知、通判①、知縣內逐加遴選，非現居要缺，即人地未宜，實無合例堪以陞調之員。惟查有葭州知州凌樹棠、年四十八歲，安徽定遠縣人，由監生捐納太常寺博士②，道光四年選授實缺，俸滿引見，奉旨：記名外用。嗣丁憂起復，經太常寺奏留。十四年應甲午科順天鄉試，中試舉人，補授太常寺博士，簽陞葭州知州。十六年十二月引見，奉旨：陝西葭州知州員缺，著凌樹棠補授。欽此。十七年三月十二日到任，二十四年大計卓異，請咨赴部。二十五年十二月初五日引見，奉旨：凌樹棠准其卓異，加一級註冊，回任候陞。欽此。上年府谷縣秋旱成災，縣令查辦不善，飭委該員接署。一載以來，辦理賑務並地方事件勞怨不辭，均極妥協。該員年強才裕，夙著循聲，在陝多年，熟悉情形。且系卓異應陞之員，以之陞補潼關廳要缺同知，實堪勝任，與例相符。其任內因公處分例免核計，罰俸銀兩亦已完繳。

據署藩、臬兩司會詳，前署撫臣恒春核明移交前來，合無仰懇天恩，俯念員缺緊要，敕部核覆，准以葭州知州凌樹棠陞補潼關廳要缺同知，洵於地方有裨。如蒙俞允，該員卓異引見，未滿三年，毋庸再行送部。至所遺葭州知州員缺系疲難中簡缺，陝省現有應補人員。容俟部覆至日，另行請補，合併陳明。

所有揀員請陞要缺同知緣由，謹會同陝甘督臣布彥泰，合詞恭摺具奏，伏乞皇上聖鑒訓示。謹奏。

道光二十七年十月二十一日

十一月十四日奉硃批：另有旨。同日奉道光二十七年十一月初三日內閣奉上諭：楊以增奏揀員陞補要缺同知一摺，著照所請，陝西潼關廳同知員缺，准其以凌樹棠升補，該部知道。欽此。

---

① 通判：清朝官職，又稱"分府"，轄地爲廳，配置於地方建制的府或州，職責爲輔助知府政務，分掌糧、鹽、捕務等，爲正六品。

② 太常寺博士：清代太常寺屬官之一，額設三人（滿洲、漢軍、漢各一人），秩正七品。

○九一 籌撥甘省軍餉片①

（道光二十七年十月二十一日）

　　再，臣於十月初四日承准軍機大臣字寄：欽奉上諭：據薩迎阿②奏葉爾羌阿克蘇③軍餉不敷，請速飭籌撥一摺。據稱現在大兵齊集，所費不貲，兵多無餉，大爲可慮。請飭陝西省於藩庫內無論正雜何項銀兩趕緊籌撥，迅速解赴阿克蘇，以濟急需。等語。著楊以增即將布彥泰所請籌撥銀兩，迅速委員解往該處糧臺，交明轉運軍營，將此諭令知之。等因。欽此。

　　臣遵查前准陝甘督臣布彥泰咨撥銀兩，當經臣督同兩司查明，陝省正雜等項皆無可撥之款。軍需緊急，未便刻緩，隨在捐輸生息及餘剩留抵甘餉等銀內，共湊銀五十萬兩，分作五起委解，一面恭摺奏聞在案。茲查前項籌撥銀兩已於八月二十七、九及九月初一、二、四等日全數出境，解往甘省司庫交收，轉運備用。理合附片陳明，伏乞聖鑒。謹奏。

　　道光二十七年十月二十一日

　　十一月十四日奉硃批：知道了。欽此。

---

　　① 見楊紹和抄本卷四，魯圖藏。

　　② 薩迎阿（？—1857）：字湘林，滿洲鑲黃旗人。嘉慶十三年（1808）舉人，授兵部筆帖式。擢禮部主事，洊陞郎中。道光三年（1823）出爲湖南永州知府，調長沙，歷山東兗沂曹道、甘肅蘭州道。七年（1827）遷按察使，十年（1830）授盛京工部侍郎，兼管奉天府尹事。十一年（1831）留京署鑲白旗漢軍副都統，充烏什辦事大臣，歷哈密辦事大臣、葉爾羌幫辦大臣，調哈密辦事大臣。十五年（1835）授盛京禮部侍郎，二十年（1840）授禮部侍郎兼鑲紅旗漢軍副都統，調户部，兼管錢法堂。二十三年（1823）擢熱河都統，二十五年（1845）授伊犁將軍。咸豐元年（1851）召授正白旗滿洲都統，二年（1852）解任回京。六年（1856）出署西安將軍。逾歲卒，諡恪僖。

　　③ 阿克蘇：地處塔里木盆地的西北邊緣，天山南麓，原爲西域姑墨國舊地，乾隆二十二年（1757）始定是名。

○九二　恭報雨雪麥苗情形摺①
（道光二十七年十一月二十三日）

奏爲恭報雨雪麥苗情形，仰祈聖鑒事。

竊照陝省十月上旬雨水麥苗情形，業經臣恭摺具奏在案。茲據西安、延安、鳳翔、榆林、同州、商州、乾州、鄜州、綏德等府州屬陸續具報，於十月十九、二十並二十一、二、三、四暨二十六等日或斷續得雨一二三寸，或連次得雪積厚一二三四寸不等。臣查關中各屬全重麥收，本年秋雨應時，平原高阜播種極寬，獲此雨雪滋培，根荄更爲透潤。至通省糧價，興安府屬稍有加增，西安、鳳翔、漢中、榆林、邠州五府州屬較前半減，餘與上月相同。民情歡悅，合境安恬，堪以仰慰宸懷。

謹將十月分各屬糧價敬繕清單，恭呈御覽，伏乞皇上聖鑒。謹奏。

道光二十七年十一月二十三日拜進

十二月二十一奉硃批：知道了。欽此。

○九三　續得瑞雪片②
（道光二十七年十一月二十三日）

再，陝省各屬自十月內得雨雪之後，旋即晴霽，麥田滋潤，長發青葱。茲於十一月十三日同雲密佈，十四日酉刻雪花飄灑，隨落隨消，入夜彌濃。至十五日丑刻止，省城咸寧、長安二縣積地一寸有餘，其附近之臨潼、渭南、藍田、華陰、華州、大荔、潼關一帶亦各優沾。除融化

---

① 見楊紹和抄本卷四，魯圖藏。據中國第一歷史檔案館藏硃批奏摺，"奏爲"前有"陝西巡撫臣楊以增跪"。

② 見楊紹和抄本卷四，魯圖藏。

外，積地二寸有餘，查天氣寒凝，節交冬至。得此祥霙，應候地凍雪培，二麥盤根更可藉資穩固。民情歡忭，瑞兆來牟①。

除俟各屬報齊，歸於下月匯奏外，所有省城附近地方續得瑞雪緣由，合先附片奏聞，恭慰聖懷。謹奏。

道光二十七年十一月二十三日附進

十二月二十一日奉硃批：知道了。欽此。

○九四　收捐監生銀數片②
（道光二十七年十一月二十三日）

再，查陝省收捐監生銀兩，截至道光二十七年九月底止，共實存銀二萬二千六十兩，業經臣附片奏明在案。今於十月分又收捐監生二十名，共銀二千一百六十兩，連前司庫共存銀二萬四千二百二十兩。

理合附片奏聞。謹奏。

道光二十七年十一月二十三日附進

十二月二十一日奉硃批：戶部知道。欽此。

○九五　校閱省標官兵摺③
（道光二十七年十一月二十三日）

奏爲校閱省標官兵情形，恭摺奏聞，仰祈聖鑒事。

竊照陝省地處巖疆，武備最關緊要。臣仰蒙恩命，巡撫陝西。於本年四月抵任之初，查得所轄標下中、左、右三營額設官兵二千二百八十九員名。除歲派西口換防，實在官兵二千九十八員名。即經諄諭該管將領務將

---

① 來牟：大小麥的統稱。

② 見楊紹和抄本卷四，魯圖藏。

③ 據中國第一歷史檔案館藏硃批奏摺，"奏爲"前有"陝西巡撫臣楊以增跪"。

各營兵弁勤加訓練，實力講求，不可聽其偷安，尤不可任其驕縱。並因鳥槍爲軍營利器，擡礮、擡槍①更爲制勝及遠之具。臣於本標考缺放糧，先以火器爲準。其火藥一項陝省向用藥碾，今改曰杵，照依精造之法，盡數舂足，篩珠呈驗，精益求精。現因回疆軍需，籌備三千餘斛存貯。

茲屆冬操，臣隨調集三營官兵於十一月十六、七等日親赴校場，通行校閱，合圍布陣，局勢整齊，聲氣聯絡，藤牌刀矛等項均各矯捷輕靈。特將擡礮、擡槍挑出，通加演試。亦擡放合手，高下咸宜，其中靶者十得七八。又督臣布彥泰令各營演習梅花擡礮，五人輪流擡放，亦漸就嫺熟。其官兵馬步弓箭即在臣署箭道分日閱看。統計馬步守兵七百名內，中三箭以上兵丁四百六十七名。核其成數，計在八分以上。軍裝器械完好，馬匹膘壯足額。當將各兵技藝最優者分別獎賞，記名拔補，生疏者當場責懲，勒限練習。將領備弁騎射亦皆可觀，惟中營候補千總②世襲恩騎尉③韓必适力弱技疏，左營候補守備世襲雲騎尉④楊天佑、右營候補守備世襲雲騎尉黃秀年力俱衰，右營候補守備世襲雲騎尉楊炳人材軟弱，不堪造就，均應斥退，照例另襲。又右營效力武舉馬瑤瑆、劉登榜，中營額外外委⑤張堯澤、左營額外外委張世清均各箭射無準。馬瑤瑆、劉登榜應革退，隨營仍留。武舉張堯澤、張世清應革去額外外委，降爲步糧。以上各弁業經咨部辦理。

臣深懼武備未諳，惟有實力實心，督飭各營將弁倍加訓練，隨時勸懲。擡礮、擡槍尤須按日教演，發無不中，務使習一藝有一藝之功，備一兵得一兵之用。倘有曠操缺額等弊，即行從嚴劾參，斷不敢稍涉姑容，以期仰副聖主設兵衛民、整飭戎行之至意。

所有臣閱看本標官兵情形，理合恭摺具奏，伏乞皇上聖鑒訓示。謹奏。

道光二十七年十一月二十三日拜進

十二月二十一日奉硃批：依議。欽此。

----

① 擡槍：清代重型鳥槍。發射時須兩人操縱，一人在前充當槍架，將槍身架在肩上，另一人瞄準發射。

② 千總：清代正六品武職，爲綠營兵編制中的下級武官。

③ 恩騎尉：清代爵名，正七品，俸禄每年四十五兩。

④ 雲騎尉：清代爵名，正五品，俸禄每年八十五兩。

⑤ 外委：清代額外低級武官，有外委千總、外委把總等，職位與千總、把總相同，但薪俸較低。

○九六　查明北山歉收州縣請緩徵
積欠銀糧摺[①]

（道光二十七年十一月二十三日）

奏爲查明北山歉收州縣，懇恩緩徵積欠銀糧，仰祈聖鑒事。

竊照藩司恒春詳稱：據署榆林府知府劉建韶以所屬榆林、懷遠、葭州、神木、府谷五州縣本年所種秋禾收成僅止五分有餘，均屬歉薄，且葭州、懷遠、神木、府谷又間被雹傷。所有民欠節年因災緩徵地丁正耗銀糧、草束以及出借籽口折色銀兩，並出易穀石，勢難同時並徵。除道光二十年以前民欠奉文查辦豁免，另行造冊詳辦，並葭州、懷遠、神木、府谷四州縣被雹之區應徵本年正賦錢糧，及歷年民欠銀糧草束，業已另案請緩。其未經被雹地方暨榆林縣本年額徵地丁銀糧草束、出易倉穀，神木縣二十六年尾欠出易穀石，均請照常全數徵收外，至榆林縣民欠道光十三並二十二年出易、出借常社倉穀、春借籽種折色銀兩，葭州民欠道光十三十五並本年出易倉穀及出借籽口銀兩，懷遠縣民欠道光十四五六等年出易倉穀，神木縣民欠道光二十六年緩徵民屯地丁正耗銀兩、本色糧草及本年出借籽種折色銀兩，府谷縣民欠道光十三、二十二、二十三、二十四、二十六並本年緩徵地丁銀糧草束、出易倉穀、出借籽種折色銀兩，均懇緩徵，等情。由司核明具詳請奏前來。

臣查該州縣等均處北山，地瘠民貧，素鮮蓋藏，全以秋禾爲重。本年收成未豐，兼之連歲歉收。若將新舊錢糧同時並徵，民力實有未逮。合無仰懇天恩，俯准將榆林縣道光十三、二十二，葭州道光十一、十三、十五、二十七，懷遠縣道光十四、十五、十六，神木縣道光二十六、二十七，府谷縣道光十三、二十二、二十三、二十四、二十六、二十七等年民欠緩徵地丁銀糧草束以及出易出借常社倉穀、出

---

① 見楊紹和抄本卷四，魯圖藏。據中國第一歷史檔案館藏硃批奏摺，"奏爲"前有"陝西巡撫楊以增院"。

借折色籽種口糧銀糧，一概緩至道光二十八年秋後起徵，以紓民艱之處出自鴻慈。

爲此恭摺具奏，伏乞皇上聖鑒訓示。謹奏。

道光二十七年十一月二十三日拜進

十二月二十一日奉硃批：另有旨。欽此。同日奉道光二十七年十二月初八日內閣奉上諭：楊以增奏查明北山歉收州縣，悉請緩徵一摺。陝西榆林等州縣本年秋禾被傷，兼之連歲歉收，若將新舊錢糧同時並徵，民力實有未逮。加恩著照所請，所有榆林縣道光十三、二十二等年，葭州道光十一、十三、十五、二十七等年，懷遠縣道光十四、十五、十六等年，神木縣道光二十六、二十七等年，府谷縣道光十三、二十二、二十三、二十四、二十六、二十七等年民欠緩徵地丁銀糧草束以及出易出借常社倉穀、出借折色籽種口糧銀兩，一概緩至道光二十八年秋後起徵，以紓民力。該撫即刊刻謄黃，遍行曉諭。務令實惠均沾，毋任吏胥舞弊，用副朕軫歉區至意。該部知道。欽此。

〇九七　委署道員片①
（道光二十七年十一月二十三日）

再，據署鹽法道程德潤具稟聞訃丁憂。除另行辦理外，所遺鹽法道印務，本任道員崇綸現署督糧道事，自應仍行另委接署。查有西安府知府徐棟勤慎廉明，堪以就近兼護。

除檄委外，理合附片奏聞，伏乞聖鑒。謹奏。

道光二十七年十一月二十三日附進

十二月二十一日奉硃批：覽。欽此。

---

① 見楊紹和抄本卷四，魯圖藏。

〇九八　陝省各屬查禁私錢摺①
（道光二十七年十一月二十三日）

奏爲陝省各屬查禁私錢，循例奏聞，仰祈聖鑒事。

竊照私鑄小錢行使，定例“責成州縣隨時訪拿究辦，並於歲杪出具境內並無私鑄及行使小錢印結，詳報督撫具奏一次”。歷經遵辦在案。本年陝省各屬迭經督飭嚴禁，據各廳州縣先後禀報，在於境內隨時隨事嚴密稽查，尚無行使小錢以及私鑄之事，並各出具印結，由藩、臬兩司核明會詳，請奏前來。臣覆核無異，除仍責令實力查訪，毋得視爲具文②外，所有二十七年分，各屬查禁私錢緣由，理合循例恭摺具奏，伏乞皇上聖鑒。謹奏。

道光二十七年十一月二十三日

十二月二十一日奉硃批：覽。欽此。

〇九九　各屬拿獲匪徒分別懲辦摺③
（道光二十七年十二月初十日）

奏爲各屬拿獲匪徒，隨時分別懲辦，恭摺奏聞，仰祈聖鑒事。

竊照陝省各屬每有匪類佩執凶刀，三五成群，到處生事。或藉端訛詐，或倚衆欺壓善良，最爲閭閻之害。全在守土之官隨時隨地互相稽察，設法跴拿，庶匪徒無所容身，不致肆行擾累。經臣迭次諄諭各州縣選派幹役，在於城鄉市鎮無分畛域，嚴密堵緝去後，旋

---

① 見楊紹和抄本卷四，魯圖藏。據中國第一歷史檔案館藏硃批奏摺，“奏爲”前有“陝西巡撫臣楊以增跪”。

② 具文：徒具形式而不起實際作用的規章制度。

③ 見楊紹和抄本卷四，魯圖藏。據中國第一歷史檔案館藏硃批奏摺，“奏爲”前有“陝西巡撫臣楊以增跪”。

據富平縣先後稟報獲刀匪胡奇州兒等二十四名，又獲逃凶王林一名。臨潼縣稟獲刀匪安五兒等十六名，內張驢兒、劉沉兒、馮科年兒三名訊系聽糾結夥詿詐、搶奪銀錢、拒傷事主之犯。藍田縣稟獲刀匪王潮武等二名①，涇陽縣稟獲刀匪駱萬興一名，渭南縣稟獲刀匪溫奴思兒一名，蒲城縣稟獲刀匪武長命兒等十三名，大荔縣稟獲刀匪劉福林等七名，商南縣稟獲刀匪張么兒等四名，淳化縣稟獲刀匪趙驢娃等二名。汧陽縣稟獲刀匪馮金貴一名，並起有順刀、尖刀、長柄庫刀、馬耳刀等項二十一把，矛桿三根，虎尾鞭一根。又洵陽縣詳報拏獲逃遣孟繼三一名，訊系前在江蘇蕭縣聽糾行劫，問發新疆爲奴，解至中途脫逃。又略陽縣具稟，協同甘肅徽縣拏獲逃盜羅甲兒一名，當即就近解赴徽縣收審。又甘泉縣稟獲山西翼城縣越獄流犯馬其娃一名，亦已解交原省歸案審訊。此外各廳州縣拏獲逃軍五十八名、逃流二十一名、逃徒五名。以上計獲匪犯統共一百五十九名，其中多系帶刀著名匪棍以及配逃不法軍流②。而臨潼縣所獲之匪犯張驢兒、劉沉兒、馮科年兒及洵陽縣報獲之逃遣孟繼三情罪尤重，亟須究治。且恐另有爲匪別案，均應確切推求，業經隨時批飭審擬辦理。

臣查該州縣等於應拿各犯不敢回護，陸續緝獲多名，似捕務較有起色。現當冬令，宵小更易竊發。正宜趁此一力嚴拏，以絕根株而靖地方。臣惟有督飭各屬，仍行倍加巡防，認真緝捕，不許稍存鬆勁，務使有案必破，有犯即獲，以期仰慰聖主戢暴安良之至意。

所有拏獲匪犯分別懲辦緣由，理合恭摺具奏，伏乞皇上聖鑒。謹奏。

道光二十七年十二月初十日附進

道光二十八年正月初三日奉硃批：知道了。欽此。

---

① 楊紹和抄本作 "三"。
② 軍流：充軍流放之人。

一〇〇　查明京控案件並無逾限片①

（道光二十七年十二月初十日）

再，前准吏部咨：欽奉上諭：各省京控咨交案件，嗣後著各該督撫將逾限未結之案，每屆半年匯奏請旨，交部議處一次，俾承辦各員咸知儆畏。等因。欽此。欽遵在案。查陝省京控各案自本年七月以來有洋縣民羅三富一起，業經提集人證，督飭審擬完結。又鎮安縣民王勝蘭一起，於九月內准步軍統領②咨送到陝，亦已行司飭提人證審辦，核計期限並無遲逾。又軍户③邵士鳳一起，甫於十一月接准都察院④先行知照，其呈詞原告尚未遞解前來。

除督飭承辦各員將現審之案隨時按限審結外，所有查明京控案件並無逾限緣由，理合附片陳明。謹奏。

道光二十七年十二月初十日附進

道光二十八年正月初三日奉硃批：知道了。欽此。

一〇一　遵查歇收各州縣來春應行
接濟據實覆奏摺⑤

（道光二十七年十二月初十日）

奏爲遵旨查明覆奏，仰祈聖鑒事。

---

① 見楊紹和抄本卷四，魯圖藏。據中國第一歷史檔案館藏硃批奏摺，“奏爲”前有“陝西巡撫臣楊以增跪奏”。

② 步軍統領：步軍統領衙門全稱“提督九門步軍巡捕五營統領”，爲京師衛戍部隊。其主官簡稱“步軍統領”或“九門提督”，掌管京城守衛、稽查、門禁、巡夜、禁令、保甲、緝捕及審理案件、監禁人犯等要職。

③ 軍户：世代從軍、充當軍差的人户。

④ 都察院：清代官署名，爲法紀監督機關，既參加秋審與熱審，同時負責監督百官。

⑤ 見楊紹和抄本卷四，魯圖藏。

竊臣接准軍機大臣字寄：道光二十七年十月初三日奉上諭：本年陝西蒲城等二十三州縣二麥被旱，神木、府谷二縣被旱歉收，咸寧等十五州縣夏收歉薄，均已隨時加恩蠲緩。來春如有應行接濟之處，查明於封印①前奏到。等因。欽此。仰見皇上惠愛黎元，有加無已之至意。

伏查本年陝省被旱、被雹各屬，節次蒙恩分別緩徵新舊銀糧及道倉糧石。小民仰沐皇仁，無不各安生業。茲復渥荷聖慈，飭查來春應否接濟。臣與藩司恒春督率詳加確查，除被旱之咸寧、長安、臨潼、渭南、涇陽、三原、醴泉、富平、高陵、咸陽、興平、蒲城、韓城、大荔、朝邑、白水、澄城、華州、華陰、合陽、扶風、乾州、武功，被雹之葭州、懷遠、神木、府谷及被水之寧羌、略陽等州縣俱經隨時緩徵，並各州縣自行捐撫，民力不致拮据，來春出易倉糧，毋庸再行接濟外，惟興安府屬安康縣被水，前經臣據詳奏明委勘，雖不成災，第目下該處糧價稍增，體察情形，明春應於常平倉貯糧內酌量減價出糶，以平市價而裕民食，臣當督率妥爲辦理。

所有查明被旱、被雹各州縣來春毋庸接濟，並酌籌安康縣請糶倉糧緣由，理合恭摺覆奏，伏乞皇上聖鑒。謹奏。

道光二十七年十二月初十日拜進

道光二十八年正月初三日奉硃批：依議。欽此。

一〇二　查明富平等縣歉收懇將
舊欠銀糧展緩摺②
（道光二十七年十二月初十日）

奏爲查明富平、涇陽二縣去歲夏秋被旱，本年收成復歉，民力拮据，請將舊欠地丁銀兩並出易倉糧，懇恩展緩，仰祈聖鑒事。

竊照陝省西安、同州、鳳翔、乾州等府州屬上年夏秋被旱，收成屢

---

① 封印：官吏在農曆春節前將代表權力的印綬封存起來，暫停辦公的儀式。

② 見楊紹和抄本卷四，魯圖藏。據中國第一歷史檔案館藏硃批奏摺，“奏爲”前有“陝西巡撫臣楊以增跪”。

歉，冬來雨雪稀少，二麥又未種齊。當經陞任撫臣林則徐將富平縣未完道光二十六年地丁銀九千餘兩，涇陽縣未完道光二十六年地丁銀一萬五百四兩零、出易常平倉麥四千一百石彙案分別懇緩。奏奉諭旨允准在案。旋因帶徵屆期，屢催未能完納。茲據藩司恒春以該縣等去歲被旱歉收，本年收成仍未豐稔，民間元氣未復，請將前緩上年錢糧再行遲緩等情，具詳請奏前來。

臣查富平、涇陽二縣連年積欠，今歲秋禾間爲陰雨損傷，又未一律豐稔，生計仍形拮据。若將新舊錢糧同時並徵，實屬未能力逮。自應量爲稍緩，藉資調劑。合無仰懇天恩俯准，將前緩涇陽縣未完二十六年地丁銀一萬五百四兩零並民欠出易常平倉麥四千一百石、富平縣二十六年地丁銀除已徵銀一百餘兩外尚未完銀八千九百餘兩，概行展緩至道光二十八年秋後帶徵，俾紓民力。如蒙俞允，一俟奉到恩旨，謹即刊刻謄黃，遍行曉諭，俾窮黎共沐皇仁，感戴益無既極。

爲此恭摺具奏，伏乞皇上聖鑒訓示。謹奏。

道光二十七年十二月初十日拜進

道光二十八年正月初三日奉硃批：另有旨。欽此。同日奉道光二十七年十二月二十一日內閣奉上諭："楊以增奏查明歉收縣屬，請將民欠展緩一摺。陝西涇陽、富平二縣連年積欠，今歲秋禾復爲陰雨損傷，若將新舊錢糧同時並徵，民力恐有未逮。加恩著照所請，所有前緩涇陽縣未完二十六年地丁銀一萬五百四兩零並民欠出易常平倉麥四千一百石、富平縣二十六年地丁銀除已徵銀一百餘兩外尚未完銀八千九百餘兩，著一併展緩至道光二十八年秋後帶徵，以紓民力。該撫即刊刻謄黃，遍行曉諭，務使實惠及民，毋任吏胥舞弊，用副朕軫念歉區至意。該部知道。"欽此。

一○三　查明本年錢糧完解數目摺[①]
（道光二十七年十二月二十四日）

奏爲查明本年錢糧完解數目，恭摺奏祈聖鑒事。

---

① 見楊紹和抄本卷四，魯圖藏。據中國第一歷史檔案館藏硃批奏摺，"奏爲"前有"陝西巡撫臣楊以增跪"。

　　竊照前准部咨，令將新舊錢糧數目於十二月內先行奏明，仍於次年四月內具題。等因。歷經遵辦在案。茲據藩司恒春詳報：道光二十七年分額徵民屯起運並糧折等項除各屬留支外，實應解司銀一百三十三萬一千四百三十九兩零。自本年二月起至五月底止，已完銀二十九萬四千五十四兩零，業經奏報在案。其未完銀一百三萬七千三百八十五兩零，自六月起至十一月底止續完銀七十二萬八千二百六十四兩零，均經解貯司庫，仍未完銀三十萬九千一百二十兩零，統計本年錢糧已完七分六釐有餘。再，道光二十六年地丁前於二十七年五月內具奏，未完並緩徵共銀三萬二千四百七十一兩零。截至十一月底止，續完銀七千三百八十三兩零，又除神木、府谷二縣因秋收歉薄，奏明展緩至二十八年秋後起徵銀七百四十七兩零，止未完銀二萬四千三百四十兩零。等情。具詳請奏前來。

　　臣覆核無異，除將未完銀兩嚴飭督催徵解外，所有道光二十七年分額徵正賦新舊錢糧截至十一月底止已未完數目，理合循例具奏，伏乞皇上聖鑒。謹奏。

　　道光二十七年十二月二十四日拜進

　　道光二十八年正月十八日奉硃批：戶部知道。欽此。

一〇四　請緩徵出易倉糧片[①]
（道光二十七年十二月二十四日）

　　再，蒲城縣二十六年出易倉糧三千九百三十八石七斗，經前陞任撫臣林則徐奏明緩至本年秋後徵還。茲據該縣以連歲歉收，民鮮蓋藏，屢催未能完納，請將前項出易糧三千九百三十八石零，及二十七年出易倉糧四千石，分作二年帶徵等情，由藩司恒春核議具詳前來。臣查該縣本年秋收雖系六分有餘，而連歲積欠，閭閻元氣未復，情形甚屬竭蹶。若將銀糧並徵，民力實有未逮，合無仰懇皇上天恩俯准，將蒲城縣二十

---

　　① 見楊紹和抄本卷四，魯圖藏。

六、七兩年出易倉糧共七千九百三十八石七斗緩至道光二十八、九兩年夏秋帶徵，以紓民力。理合附片奏聞。謹奏。

道光二十七年十二月二十四日附進

道光二十八年正月十八日奉硃批：另有旨。欽此。同日奉道光二十八年正月初七日內閣奉上諭：楊以增奏請緩徵出易倉糧等語。陝西蒲城縣連歲歉收，民鮮蓋藏，若將銀糧並徵，民力恐有未逮。加恩著照所請，所有道光二十六、七兩年出易倉糧七千九百三十八石零，准其緩至道光二十八、九兩年夏秋帶徵，以紓民力。該撫即刊刻謄黃，遍行曉諭，務使實惠及民，毋任吏胥舞弊，用副朕軫念歉區至意，該部知道。欽此。

一〇五　廓爾喀貢使出境片[①]

（道光二十七年十二月二十四日）

再，臣接准四川督臣琦善[②]咨：廓爾喀[③]國王遣使噶箕[④]蘇熱達興奔塔等進獻貢品，於本年十一月十七日自四川成都起程移陝，一體接護。臣當即遴委道府，會同武職各員分段接護該噶箕等，於十一月二十七日由四川廣元縣入陝西寧羌州境，十二月十二日到省。臣照例筵宴該噶箕等，極爲歡忭。經委員於十九日護送至潼關廳出境，沿途行走妥速安靜。

---

① 見楊紹和抄本卷四，魯圖藏。

② 琦善（1786—1854），字靜庵，滿洲正黃旗人。嘉慶十一年（1806）由蔭生授刑部員外郎，後歷任刑部郎中、通政使司副使、河南按察使、江寧、河南布政使。二十四年（1819）升河南巡撫，因督治河工失職革職。道光元年（1821）後先後任山東巡撫、兩江總督兼署漕運總督。七年（1827）因辦理河工不力革職，旋授山東巡撫。九年（1829）陞四川總督，十一年（1831）調直隸總督，十六年（1836）授協辦大學士，十八年（1838）拜文淵閣大學士。二十年（1840）因私簽《穿鼻草約》革職，發往軍台。咸豐二年（1852）任欽差大臣，建立江北大營，對抗太平軍。咸豐四年（1854）病死軍中，贈太子太保、協辦大學士，依總督例賜恤，諡文勤。

③ 廓爾喀：中國西藏南部國家名，大致相當於今尼泊爾，史稱沙阿王朝，又稱廓爾喀王朝，時爲中國附屬國。

④ 噶箕：大臣。

理合附片奏聞。謹奏。

道光二十七年十二月二十四日附進

道光二十八年正月十八日奉硃批：覽。欽此。

一〇六　恭報雪澤麥苗情形摺[①]
（道光二十七年十二月二十四日）

奏爲恭報雪澤麥苗情形，仰祈聖鑒事。

竊照陝省十月下旬雨雪麥苗情形，業經臣恭摺奏報，並將省城暨附近各州縣於十一月十三、四、五等日續得瑞雪緣由，附片陳明在案。嗣據西安、延安、漢中、同州、乾州、鄜州等府州屬陸續稟報，十一月十四、五、六及十二月初六、七並十三等日先後得雪。除融化入土外，積厚一二三寸不等。臣查陝西通省山田較多，即平原種植，地形亦均高燥。本年秋雨透足，二麥播種甚廣，正當盤根之際，獲此祥霙，土膏沾潤，洵屬大有裨益。民情歡悦，合境安恬，堪以仰慰宸懷。

謹將十一月分各屬糧價敬繕清單，恭呈御覽，伏乞皇上聖鑒。謹奏。

道光二十七年十二月二十四日附進

道光二十八年正月十八日奉硃批：知道了。欽此。

一〇七　續得雪澤片[②]
（道光二十七年十二月二十四日）

再，據鳳翔、韓城、郃陽、蒲城、咸寧、長安、咸陽、臨潼、渭南、三原、華州、華陰等州縣具報，於本年十二月十五、六、七等日各

---

① 見楊紹和抄本卷四，魯圖藏。據中國第一歷史檔案館藏硃批奏摺，“奏爲”前有“陝西巡撫臣楊以增跪”。

② 見楊紹和抄本卷四，魯圖藏。

續得雪一二寸。茲西安省城又於十九日辰刻起大雪繽紛，至是日酉刻止，除融化外，積地三寸有餘。連日同雲密佈，雪意甚濃，各屬自必一律普沾。除俟報齊歸於下月彙奏外，查麥根穩固，全賴冬雪滋培。今迭沛祥霙，且在立春以前，尤爲有益。關中以二麥爲重，農民極爲歡悦。

合併附片陳明，恭慰聖懷。謹奏。

道光二十七年十二月二十四日附進

道光二十八年正月十八日奉硃批：欣慰覽之。欽此。

一〇八　收捐監生銀數片①
（道光二十七年十二月二十四日）

再，查陝省收捐監生銀兩，截至道光二十七年十月底止，共實存銀二萬四千二百二十兩，業經臣附片奏明在案。今於十一月分，又收捐監生二十五名，共銀二千七百兩，連前司庫共存銀二萬六千九百二十兩，理合循例附片奏聞。謹奏。

道光二十七年十二月二十四日附進

道光二十八年正月初七日奉硃批：户部知道。欽此。

一〇九　密陳司道知府考語摺②
（道光二十七年十二月二十四日）

奏爲密陳司道知府考語，仰祈聖鑒事。

竊照兩司道府等官例應於年底加具切實考語，開單密奏。臣仰蒙天恩，巡撫陝西，首以察吏爲務，在省司道知府人品才具每逢接見，無不

---

① 見楊紹和鈔本卷四魯圖藏。

② 見楊紹和鈔本卷四，魯圖藏。據中國第一歷史檔案館藏硃批奏摺，"奏爲"前有"陝西巡撫臣楊以增跪"。

留心體察。其在外各道府亦就其平日所辦事件及士民輿論，互相參考，以定其器識操持。查陝省各官除新授督糧道黃德濂、新授榆林府知府何鯤均未來陝外，所有現任藩、臬兩司暨道府等官，謹就臣見聞所及，出具切實考語，敬繕清單，恭呈御覽，伏乞皇上聖鑒。謹奏。

道光二十七年十二月二十四日拜進

道光二十八年正月十八日奉硃批：單留中，另一封並留。欽此。

一一〇　密考清單^①

（道光二十七年十二月二十四日）

謹將陝西省司道知府各員出具切實考語，密繕清單，恭呈御覽。

布政使恆春，年五十六歲，滿洲正白旗文進士。庫款勾稽精細，屬員考察嚴明，有體有用。

按察使顏良訓，年五十六歲，江蘇進士。該司曾任鞏秦階道，臣在甘肅臬司任內知其持躬簡樸，辦事勤明，到陝未久，故大計冊內未經注考。

鹽法道崇綸，年四十三歲，滿洲正白旗生員，現署糧道。年強才裕，有守有為，辦事最為虛心而勤奮，又不遺餘力。在陝五載，歷署藩、臬各篆，均屬裕如，已入本年卓異。

潼商道常績，年三十七歲，滿洲鑲紅旗監生。年壯才明，居心謹慎，署臬司三月，於刑名亦甚講求。

延榆綏道萬保，年五十五歲，內務府滿洲正黃旗人，筆帖式。老成幹練，任怨任勞，因到陝未及三年，是以未入卓異。

陝安道陳晉恩，年五十歲，江西監生。甫經抵陝，察其年富才優，性情爽直，在省受篆，已赴漢中任所矣。

西安府知府徐棟，年五十三歲，直隸進士。該員由工部出任興安、漢中各府，調補西安，年富力強，才猷練達，所屬錢糧詞訟較他府最多，均係年清年款，隨到隨審。現兼護鹽法道，亦能游刃有餘，已入本年卓異。

---

① 據中國第一歷史檔案館藏硃批奏摺。"密考清單"右側有硃批"二十七年楊以增"六字。

延安府知府保岱，年五十五歲，滿洲鑲藍旗生員。安詳妥實，率屬克勤，在各府中歷俸最深，已入本年卓異。

同州府知府李恩繼，年五十七歲，漢軍正白旗進士。居心勤謹，惻惻無華，聲名頗稱公正。

鳳翔府知府白維清，年五十六歲，順天供事。年富才明，辦事勤慎。

漢中府知府段大章，年四十三歲，四川進士，才具明練，表率有方。該員籍隸四川，於漢中為近，情形熟悉，尤與地方相宜。

興安府知府濮城，年六十五歲，浙江附監生，在陝年久，熟悉南山情形，克稱職守。

一一一　訪察陝甘學政考試聲名情形摺①
（道光二十七年十二月二十四日）

陝西巡撫臣楊以增跪奏，為訪察學政考試情形，恭摺奏祈聖鑒事。

竊照學政考試聲名，例應於年底具奏。又本年六月內准吏部咨開，欽奉上諭：各省學政，該省督撫等務宜破除情面，認真訪察。如該學政不公不勤，徇私壞法，以及約束幕友、家丁、胥吏人等不能嚴肅，甚至精神疲敝，不能振作，有玷厥職，著該督撫秉公具奏。倘意存見好，徇隱不舉，別經發覺，惟該督撫是問。等因。欽此。欽遵在案。

查陝甘學政臣王祖培於上年十月到任，其衙署向在三原縣，臣自抵陝以來，接晤一次，年雖甫壯，人甚老成。本年該學政按試西安、延安、漢中、榆林、同州、興安、鄜州、綏德八府州，經臣留心訪察，並於接見該府州縣等，逐一密加詢問，僉稱該學政考試之日，自朝至夕，坐於堂上，刻無餘間，號係親查，卷由親定，場規整肅，去取皆公，並無弊竇。約束幕友、胥吏、家人，亦臻嚴密，輿論均屬翕然。臣仍當隨時認真察覈，斷不敢意存見好，扶同徇隱。

所有現在訪察學政考試聲名情形，理合繕摺具奏，伏乞皇上聖鑒。謹奏。

道光二十七年十二月二十四日

---

①　據中國第一歷史檔案館藏硃批奏摺。

一一二　恭謝恩賞福字摺①
（道光二十七年十二月二十八日）

　　奏爲恭謝天恩，仰祈聖鑒事。

　　竊臣賫摺差弁回陝，捧到恩賞御書福字一方。臣謹即出郊跪迎，至署恭設香案，望闕叩頭祇領。欽惟我皇上釐延戊茂，祜集申藩。闓澤誠和四海，溥時雍之化；韶禧戩穀百里，呈樂育之麻。臣猥以輇庸，渥蒙恩遇，顧涓埃之未效，彌兢惕之滋深。屆茲鳳紀初調，特荷龍光遠賚。奎章星煥，欣邀一字之宸題；寶墨春濃，喜拜九天之寵賜。仰鴻慈之下逮，實靡戴以難名。願與二陝蒸黎，誦箕疇而式欽敷錫；敬率三秦寮采②，瞻羲畫而同祝陞恒。

　　所有微臣感激榮幸下忱，理合繕摺具奏，恭謝天恩，伏乞皇上聖鑒。謹奏。

道光二十七年十二月二十八日拜進

道光二十八年正月二十二日奉硃批：覽。欽此。

一一三　官紳捐輸回疆經費懇請獎敘摺③
（道光二十七年十二月二十八日）

　　奏爲官紳士民捐輸回疆軍需經費，懇恩獎勵，以昭激勸，仰祈聖鑒事。

　　竊照前准戶部咨開：此次回疆軍需較繁，各處官紳士民如有在陝西、甘肅藩庫呈請捐資報效者，擬照海疆軍需章程從優請獎。等因。行

---

　　① 見楊紹和抄本卷四，魯圖藏。
　　② 寮采：亦作"寮案"，指僚屬或同僚。《顏氏家訓·勉學》："孝元初出會稽，精選寮案。"
　　③ 見楊紹和抄本卷四，魯圖藏。據中國第一歷史檔案館藏硃批奏摺，"奏爲"前有"陝西巡撫臣楊以增跪"。

知到陝。臣遵即督同司道出示曉諭，並在省城設立捐局，委員分司其事。經臣附片奏明，於二十七年十月初三日開局收捐，即有官紳士民先後具呈，陸續捐輸。嗣於十一月初七日接准部咨以回疆敉安，奏請停止陝甘捐輸，奉旨：依議。欽此。欽遵飭令停捐各在案。

茲據司道等轉據局員詳稱：自開局起至十一月初七日停止以前，共收捐銀十三萬五千五百十八兩，解貯司庫，由司道核明造册。會詳請奏前來。臣查此次捐輸甫開一月，該官紳等即能抒誠報效，踴躍輸將，好義急公，洵堪嘉尚。臣隨將該司道等册造捐請議敘京官、外官、文職、武職各員，逐加稽核，均與例案相符。第册內應敘捐生年歲、三代及出身履歷並加捐、改捐各班次詳細聲名篇頁繁冗，已將細册咨送軍機處暨吏、兵二部查核。謹分別各項名目，繕具簡明清單，恭呈御覽，合無仰懇天恩俯准，從優獎勵，以示激勸出自聖主鴻慈。

所有陝西省捐輸經費分別請獎緣由，謹會同陝甘督臣布彥泰合詞恭摺具奏，伏乞皇上聖鑒訓示。謹奏。

道光二十七年十二月二十八日拜進

道光二十八年正月二十二日奉硃批：該部議奏，單併發。欽此。

一一四　紳民捐修郡城請分別獎勵摺[①]

（道光二十七年十二月二十八日）

奏爲紳民捐修郡城完竣，懇恩分別獎勵，仰祈聖鑒事。

竊照同州府城垣一座，原系沙土純築，周圍共長一千三百六十八丈，高三丈五尺，底寬二丈，頂厚一丈，磚砌排垛，宇牆城頂並無海墁[②]。自乾隆十八年重修後，迄今八十餘載，久逾固限，一切城身、樓座、門臺等項坍塌過甚，不足以資捍衛。惟值工程停止，未便動項，經前任府縣倡議勸捐，各紳民俱各踴躍樂輸，集有成數，選派紳士董理。

---

① 見楊紹和抄本卷四，魯圖藏。據中國第一歷史檔案館藏硃批奏摺，"奏爲"前有"陝西巡撫臣楊以增跪"。

② 海墁：用同一種材料鋪墁。

於道光二十一年閏三月初十日興工，將城身礮臺加寬培厚。裡外皮刨挖鏟削，幫築灰土，添設海堤，並建樓閣、牆垛及水簸箕、馬道、柵欄、門座。旋因奉文捐輸海疆河工經費，紳民力難並繳，以致各工稽延，未能刻期告藏。茲於二十七年四月二十六日修理完竣，稟經飭委潼商道①親往勘驗，一律如式，工堅料實，並無偷減草率，共用工料銀六萬二千八百一十九兩零。查造捐輸花名履歷清冊，由府申道，加結轉移藩司核議，具詳請奏前來。

臣查同州府地居緊要，城垣保障攸關。今因年久傾頹，該紳民等捐資修復，洵屬有益地方。除捐數較少者由該府州縣自行辦理，並將捐銀二、三、四、五百兩暨給區建坊之紳士咨部照例核辦外，其捐銀三千兩之議敘知府銜蒙省三、一千三百兩之武童②黨景理、一千二百兩之俊秀③李崇正、一千兩之布經歷④郭邦俊、生員⑤王聯治、俊秀李金楹、候選鹽知事⑥李春三、郎中⑦職銜牛體元、光禄寺署正⑧王紱、客民⑨宓齊、九百四十一兩之俊秀劉衍福、八百兩之貢生⑩張錞、生員張傳中、六百五十兩之議敘鹽知事陶天錫、六百兩之監生張榮曾十五名，相應請旨飭部分別議敘，以昭激勸。

至此項工程系由紳民捐辦，並非動用公項錢糧，且未經官吏之手，請免造冊報銷。除各捐戶履歷清冊送部外，所有郡城捐修完竣緣由，理合恭摺具奏，伏乞皇上聖鑒。謹奏。

道光二十七年十二月二十八日拜進

道光二十八年正月二十二日奉硃批：該部議奏。欽此。

又，"請免造冊"句旁奉硃批：依議。欽此。

---

① 潼商道：清康熙時設，治所設潼關，領同州等一府及一直隸州。
② 武童：清代應武科生員考試者。
③ 俊秀：納粟入國子監者，謂之民生，亦謂之俊秀。
④ 布經歷：布政司經歷，職掌出納文書。
⑤ 生員：清代經本省各級考試進入府、州、縣學者，又稱秀才、諸生。
⑥ 鹽知事：即鹽運司知事，爲鹽運司屬官，分轄某一地區鹽場。
⑦ 郎中：清代六部以下設司，各司長官稱爲郎中。
⑧ 光禄署正：即光禄寺署正，爲光禄寺卿下屬從六品官員。
⑨ 客民：外地寄寓的居民。
⑩ 貢生：府、州、縣生員中成績或資格優異者升入京師國子監讀書，稱爲貢生。

一一五 陝省承辦兵差銀兩分年攤補摺①

（道光二十七年十二月二十八日）

奏爲陝省承辦兵差收支銀兩總數，並將不入正銷用項籌議分年攤補，恭摺奏聞，仰祈聖鑒事。

竊照道光二十一年，英夷滋擾海疆，陝西奉調官兵前赴天津防堵，所需俸裝、鹽糧、車馬、銀兩當經前陞任撫臣富呢揚阿咨部，在於司庫存貯道光六年回疆軍需報銷存剩並收回例不入銷攤廉歸款等項，動銀八萬五千七百八十兩零，照依回疆軍需減半借支成案支給。仍照定例，官員迭除二年俸銀，餘作外借，俟凱旋後分年扣還。其沿途州縣應付口糧米石及馬匹料草等項用糧不多，毋庸采買，均照例價折給馬匹，日給乾銀五分。嗣准部咨，核與例案相符，應令一併造冊題銷。等因。在案。

茲據藩司恒春、臬司嚴良訓詳稱：陝省此次支應陝甘各營調往天津、浙江防剿官兵原請動撥銀八萬五千七百八十兩零，連核扣平餘銀二百八十五兩零，又收十年回疆軍需例不入銷攤廉歸捐銀三萬五千一百十三兩零，統共收銀十二萬一千一百七十九兩零，計自第一案起至九案止，共請銷銀八萬三千一百九十一兩零，業經核實勾稽，次第按款造冊具題。又例外支用不入正銷銀三萬一千六百六十兩零，實應存銀六千三百二十七兩零，尚有支發陣亡官兵民勇賞恤歸入後案造報，並將例外支用銀兩議歸通省養廉，分年攤捐還款。等情。會詳請奏前來。

臣查上項不入正銷銀三萬一千六百六十兩零，均系實支實用，並無浮濫。惟因格於成例，未便造銷，自應循照向辦成例，由本省分攤歸補。今請自道光二十八年起，分作四年，每年應攤銀七千九百十五兩零，至道光三十一年底止一律全完，以清款項而免輾轉。

---

① 見楊紹和抄本卷四，魯圖藏。據中國第一歷史檔案館藏硃批奏摺，"奏爲"前有"巡撫臣楊以增跪"。

　　所有陝省供應海疆兵差收支總數，暨籌議攤補例不入銷銀兩緣由，理合恭摺具奏，伏乞皇上聖鑒。謹奏。

　　道光二十七年十二月二十八日拜進

　　道光二十八年正月二十二日奉硃批：戶部議奏。欽此。

道光二十八年（1848）

一一六　審擬越獄人犯並請將疏防
管獄官革職摺①

（道光二十八年正月二十四日）

奏爲絞犯越獄，旋即拿獲，審明按例定擬，並將疏防之吏目請旨革職，恭摺奏祈聖鑒事。

竊照前據邠州直隸州知州王榮稟報，該州於道光二十七年十月初二日奉道委，赴鳳翔府勘驗通渭橋工，初六日折回。初九日永壽縣途次接據吏目②尹紹伊申報，初八日夜有監犯會世太乘間越獄逃脱，該州兼馳趕回勘緝。等情。

臣查監獄重地，理宜嚴密防範，乃該管獄官漫不經心，致有越獄之事，而有獄官王榮果否先期公出，亦須查明。當即批司確核，並飭勘緝，一面將該吏目尹紹伊撤任。正在參辦間，即據王榮具報，吏目帶同兵役及刑禁家屬人等已於十月二十四日在州屬水北溝地方將會世太拿獲，提解至省，檄委西安府知府徐棟提集該犯及刑禁人等審辦去後。茲據訊明擬議，由臬司嚴良訓勘解前來。

臣提犯嚴鞫，緣會世太系邠州回民，先於道光二十七年二月二十二日夜糾夥行竊事主張正盛家糧食。事主起捕，夥賊棄贓逃逸。該犯會世太逃至牆外，被事主雇工追及，用矛戳傷左臉。該犯奪矛回戳，適事主向前捉拿，致傷其左䏶脈。平復，審依"竊盜棄財逃走，被事主追逐拒捕，傷人未死，如刃傷"例，擬絞監候，解勘發回監禁，聽候部覆。十月初八日傍晚，吏目尹紹伊帶同刑書③劉添長進監收封，驗明鐐銬完固，將該犯會世太收入西監木籠，鎖閉柵門。是夜五更，狂風大作，會世太憶及犯案罪重，起意越獄逃跑。乘禁卒楊生玉、更夫張萬成困倦睡熟，即潛起身，將刑具扭斷，扳折籠柱，脱去紅衣褲，撥開柵門水飯洞

---

①　見楊紹和抄本卷五，魯圖藏。據中國第一歷史檔案館藏硃批奏摺，"奏爲"，前有"陝西巡撫臣楊以增跪"。

②　吏目：清代知州屬下佐理刑獄並管理文書的官員，爲從八品、從九品或不入流。

③　刑書：掌管文書的獄吏。

板搭，伸手扭落外面鎖環，開門出院，由西牆凸石接腳爬上厦房，拔去棘牆棗茨，越過牆頭溜下，並取手巾包頭，候至黎明，混出城外。楊生玉醒覺，喊同張萬成查找無蹤。時值該州王榮先期公出，稟經馳回詣勘。會營選派兵役協同吏目，帶領刑禁家屬分投追捕，具稟通報。經臣批飭勒緝，並令將吏目撤任參辦。該犯會世太逃後，用銅錢磨刃，自剃頭髮，日行山僻小路求乞，夜宿古廟空窯。二十四日意欲回家探望，行至州屬水北溝地方，即經該吏目帶同兵役及刑禁家屬將其拿獲，提省委審定擬，由司轉解。臣隨親鞫，據供前情不諱。嚴詰刑禁人等，委系依法看守，並無賄縱事情。該犯逃後，亦無另有爲匪及知情容留之人，矢口不移，案無遁飾。

　　查例載"犯罪囚禁在獄，僅止一人乘間逾牆脫逃，原犯絞後應入緩決者，入於秋審情實"，又"監犯越獄，獄卒果系依法看守，一時疏忽，偶致脫逃，並無賄縱情弊，百日限內能自捕得，准其依律免罪"。又"羈禁罪應絞候重犯越獄脫逃，管獄官四個月限內拿獲，即行革職、免其拿問"各等語。此案會世太原犯糾竊拒捕，刃傷事主，平復擬絞監候。核其情節，拒由負創傷系誤中，尚非護贓護夥，秋審應入緩決。今越獄脫逃，應按例問擬。會世太合依"犯罪囚禁在獄，僅止一人乘間逾牆脫逃，原犯絞候應入緩決者入於秋審情實"辦理。禁卒楊生玉、刑書劉添長訊系依法看守，偶致疏脫，並無賄縱情弊，且於百日限內經該家屬協同吏目將犯捕獲，均應依律免罪。更夫張萬成並不小心巡邏，應照不應重律杖八十，折責三十板，與楊生玉、劉添長俱革役。牆角凸石飭令拆去另修。至管獄官吏目尹紹伊雖於四個月限內獲犯究辦，惟監獄是其專責，不能先事預防，致令脫逃，實屬疏懈，應仍請旨將邠州吏目尹紹伊革職，免其拿問。有獄官邠州直隸州知州王榮奉委公出，確有事由，月日可查，逃犯又於限內拿獲，失防職名例得免議。除供招咨部外，所有拿獲越獄絞犯審擬緣由，理合恭摺具奏，伏乞皇上聖鑒，敕部核覆施行。

　　再，邠州吏目員缺陝省現有應補人員，容俟准到部覆，另行咨補，合併陳明。謹奏。

　　道光二十八年正月二十四日

　　二月二十一日奉硃批：刑部議奏。欽此。

一一七 查明各屬應徵錢糧已未完解數目摺①

（道光二十八年正月二十四日）

奏爲查明各屬應徵錢糧截至年底止已未完解數目，循例恭摺奏聞，仰祈聖鑒事。

竊照嘉慶九年六月内准戶部咨，令將已未完解錢糧數目截至年底，於次年開印前報部，一面專摺具奏。等因。歷經遵行在案。茲據藩司恒春詳稱：道光二十七年分額徵民屯更起運並糧折等項，除各屬留支外，實應解司銀一百三十三萬一千四百三十九兩零。截至上年十一月底止，已完銀一百二萬二千三百一十九兩零，業經詳明具奏在案。茲自上年十二月起至年底止，續完銀七萬六千七百五十四兩零，仍未完銀二十三萬二千三百六十五兩零，統計道光二十七年錢糧已完八分二厘零。再，道光二十六年地丁前於二十七年十二月内具奏，未完並緩徵共銀二萬五千八十七兩零。截至二十七年十二月底止，續完銀九百八十一兩零，仍未完銀二萬四千一百五兩零。内除神木、府谷二縣緩徵銀七百四十七兩零，又富平、涇陽二縣緩徵銀一萬九千四百四十三兩零，均因二十七年秋收復歉，業經兩次奏奉上諭，緩至道光二十八年秋後起徵，實止未完銀三千九百一十四兩零。等情。具詳請奏前來。

臣覆核無異，除將未完銀兩嚴飭督催，趕緊徵解外，所有道光二十七年分額徵正賦錢糧截至年底止已未完解各數目，理合循例恭摺具奏，伏乞皇上聖鑒。謹奏。

道光二十八年正月二十四日拜進

二月二十一日奉硃批：戶部知道。欽此。

---

① 見楊紹和抄本卷五，魯圖藏。據中國第一歷史檔案館藏硃批奏摺，"奏爲"前有"陝西巡撫臣楊以增跪"。

一一八　恭報雪澤麥苗情形摺①

（道光二十八年正月二十四日）

奏爲恭報雪澤麥苗情形，仰祈聖鑒事。

竊照陝省上年十一月中旬暨十二月初旬雪澤麥苗情形，業經臣恭摺奏報，並將西安、同州、鳳翔等府屬附近各州縣於十二月十五、六、七及十九等日續得瑞雪緣由，附片陳明在案。嗣據西安、延安、鳳翔、漢中、榆林、同州、興安、商州、邠州、乾州、鄜州、綏德等府州屬陸續具報於十二月二十一、二暨二十五、六、七並本年正月初八、九、十、十一等日先後得雪，除融化入土外，積厚一二三四五寸不等。臣查陝省各屬冬雪頻沾，土膏含潤。茲當陽和漸轉，地氣上騰，又獲祥霙滋培，高下田原一律普沾，二麥漸次長發，民情均極恬熙，堪以仰慰宸懷。

謹將十二月分各屬糧價敬繕清單，恭呈御覽，伏乞皇上聖鑒。謹奏。

道光二十八年正月二十四日附進

二月二十一日奉硃批：知道了。欽此。

一一九　收捐監生銀數片②

（道光二十八年正月二十四日）

再，查陝省收捐監生銀兩，截至道光二十七年十一月底止，共實存銀二萬六千九百二十兩，業經臣附片奏明在案。於十二月分又收捐監生三十名，共銀三千二百四十兩，連前司庫共存銀三萬一百六十兩，理合

---

①　見楊紹和抄本卷五，魯圖藏。據中國第一歷史檔案館藏硃批奏摺，"奏爲"前有"陝西巡撫臣楊以增跪"。

②　同上。

循例附片奏聞。謹奏。

　　道光二十八年正月二十四日附進

　　二月二十一日奉硃批：户部知道。欽此。

一二〇　查明徵收正賦鹽課錢糧已未完數目摺[①]

（道光二十八年二月二十三日）

　　奏爲查明陝省上年下忙徵收正賦鹽課錢糧已未完數目，循例具奏，仰祈聖鑒事。

　　竊照各州縣徵解錢糧於嘉慶二十年六月内經户部奏准，令將每年上下忙應徵錢糧除留支外，實應解司銀數，分別正課雜項，依限造册詳報督撫具奏，並將原册送部。等因。歷經遵行在案。茲據藩司恒春詳稱：查得陝省各屬道光二十七年分額徵民屯更起存並糧折銀，除屯丁兑食及存留外，實應解司銀一百三十三萬一千四百三十九兩零。内除上忙已完銀二十九萬四千五十四兩零，未完銀一百三萬七千三百八十五兩零，今下忙續完銀八十五千一十九兩零，仍未完銀二十三萬二千三百六十五兩零。内府谷、蒲城二縣因二十六、七兩年秋禾被旱被雹，民情拮据，難以照常催徵，當經詳請奏奉上諭：緩至二十八年春秋帶徵。在案。又原額鹽課銀八千九百八十兩零，内除上忙已完銀一千五百四十三兩零，未完銀七千四百三十七兩零，今下忙續完銀四千九十五兩零，仍未完銀三千三百四十一兩零，又道光二十六年分前二十七年上忙未完並緩徵地丁起運，共銀三萬二千四百七十一兩零。今下忙續完銀八千三百六十五兩零，仍未完銀二萬四千一百五兩零，内除富平、涇陽、神木、府谷四縣因二十七年秋收復欠，兩次詳請奏明，展緩至道光二十八年秋後起徵銀二萬一百九十兩零，實止未完銀三千九百一十四兩零。等情。詳報前來。

　　臣覆核無異，除將未完銀兩嚴飭該管道府州趕緊督催徵解，並將送

────────

① 見楊紹和抄本卷五，魯圖藏。據中國第一歷史檔案館藏硃批奏摺，"奏爲"前有"陝西巡撫臣楊以增跪"。

到册籍另行咨部外，所有道光二十七年分下忙徵收正賦新舊鹽課錢糧已未完數目，理合循例恭摺具奏，伏乞皇上聖鑒。謹奏。

道光二十八年二月二十三日拜進

三月十六日奉硃批：戶部知道。欽此。

一二一　知縣呈請改教摺①

（道光二十八年二月二十三日）

奏爲知縣稟請改教恭摺奏祈聖鑒事。

竊據藩司恒春、臬司嚴良訓會詳：據大挑試用知縣匡朝鳴稟稱：年四十九歲，湖南舉人，道光二十四年甲辰科會試後大挑一等引見，奉旨以知縣用，簽掣陝西。親老告近，改掣江西，在部告假，回籍省親。二十五年丁父憂，二十七年服闋起復，領咨仍赴原掣省分，是年十一月初六日到陝，情願改就教職。等情。具詳請奏前來。

臣查例載“大挑一等舉人分發試用人員未經得缺，如有願改教職者，毋庸定以年限”等語，今大挑試用知縣匡朝鳴甫經到陝，尚未得補實缺，既據情願改教，核與定例相符，相應請旨，將大挑試用知縣匡朝鳴准改教職，由部照例選用。除咨明吏部暨湖南、江西撫臣查照外，謹繕摺具奏，伏乞皇上聖鑒訓示。謹奏。

道光二十八年二月二十三日拜進

三月十六日奉硃批：另有旨。欽此。同日奉道光二十八年三月初五日內閣奉上諭：楊以增奏知縣呈請改就教職一摺。大挑分發陝西試用知縣匡朝鳴著准其以教職改補，歸部照例銓選。該部知道。欽此。

---

① 見楊紹和抄本卷五，魯圖藏。據中國第一歷史檔案館藏硃批奏摺，“奏爲”前有“陝西巡撫臣楊以增跪”。

一二二　恭報雨雪麥苗情形摺[①]
（道光二十八年二月二十三日）

奏爲恭報雨雪麥苗情形，仰祈聖鑒事。

竊照陝西省上年十二月下旬暨本年正月初旬雪澤麥苗情形，業經臣恭摺具奏在案。茲據西安、延安、鳳翔、漢中、榆林、興安、商州、邠州、乾州、鄜州等府州屬陸續具報，於二月初一、二、三、四、五、六暨初九並十一等日先後得雨雪一二三四五寸至深透不等。臣查陝省各屬上年冬雪頻沾，二麥盤根極其深固。茲當芃苗秀發之時，迭獲甘膏，土脈滋潤，可期一律敷榮暢茂。地方靜謐，民氣安恬，堪以仰紓宸註。

謹將正月分各屬糧價敬繕清單，恭呈御覽，伏乞皇上聖鑒。謹奏。

道光二十八年二月二十三日拜進

三月十六日奉硃批：覽。欽此。

一二三　續得雨澤片[②]
（道光二十八年二月二十三日）

再，陝省南北兩山重在秋稼，此時不甚需雨。惟平原之西安、同州、鳳翔、乾州、邠州等府州屬向以麥收爲主，全賴春雨依時，始能長發。且連年積歉，必須二麥豐收，庶幾元氣可復。茲於二月初間得雨後，甫及一旬，省城地方又於十六日得雨，起斷續相間，至十八日止，入土三寸有餘。雖省外各處尚未報到，而察看陰雲廣布，遠近定可均沾。臣查此次雨澤適屆春分節內，正當吃緊之際，在地麥苗藉以滋培，

---

① 見楊紹和抄本卷五，魯圖藏。據中國第一歷史檔案館藏硃批奏摺，"奏爲"前有"陝西巡撫臣楊以增跪"。

② 見楊紹和抄本卷五，魯圖藏。

更覺芃茂青蔥，實於歲收有益。四野黎民，同聲歡慶。

除俟各屬報齊，入於下月匯奏外，合先附片陳明，恭慰聖厪。謹奏。

道光二十八年二月二十三日附進

三月十六日奉硃批：欣慰覽之。欽此。

一二四　收捐監生銀數片[①]
（道光二十八年二月二十三日）

再，查陝省收捐監生銀兩，截至道光二十七年十二月底止，共存銀三萬一百六十兩，業經臣附片奏明在案。今道光二十八年正月分又收捐監生八名，共銀八百六十四兩，連前司庫共存銀三萬一千二十四兩，理合循例附片奏聞。謹奏。

道光二十八年二月二十三日附進

三月十六日奉硃批：戶部知道。欽此。

一二五　年滿筆帖式[②]堪膺地方摺[③]
（道光二十八年三月二十三日）

奏爲年滿筆帖式堪膺地方之選，循例恭摺奏聞，仰祈聖鑒事。

竊查定例“各省督撫衙門筆帖式如有才具優長、堪膺地方之選者，令該督撫出具考語，奏請送部引見，候旨錄用”。等因。茲查陝

---

① 見楊紹和抄本卷五，魯圖藏。

② 筆帖式：清各部院、內行衙署設置的主要掌管翻譯滿漢奏章文書、記錄檔案文書等事宜的文職官員，一般爲七、八、九品。筆帖式升遷較爲容易，被稱爲“八旗出身之路”。

③ 見楊紹和抄本卷五，魯圖藏。據中國第一歷史檔案館藏硃批奏摺，“奏爲”前有“陝西巡撫臣楊以增跪”。

西巡撫衙門筆帖式覺羅穆克登布現年四十七歲，系鑲藍旗滿洲覺羅①
榮勳佐領②下翻譯生員，由太常寺③筆帖式京察一等④，道光二十一年
十二月引見，奉旨：補授陝西巡撫衙門筆帖式。於二十二年四月初七
日到任，連閏扣至二十八年二月初七日，歷俸六年期滿。除員缺咨部
請旨，另行補放外，臣查覺羅穆克登布年力強壯，心地樸誠，歷經委
署西安理事同知，並代理沔陽縣知縣各印務，均能辦理裕如，洵屬勤
奮向上之員，堪膺地方之選。理合據實出具考語，奏請送部引見，恭
候聖主欽定。

　　謹繕摺循例具奏，伏乞皇上聖鑒。謹奏。

　　道光二十八年三月二十三日拜進

　　四月十四日奉硃批：吏部知道。欽此。

一二六　恭報雨水田禾情形摺⑤
（道光二十八年三月二十三日）

　　奏爲恭報雨水田禾情形，仰祈聖鑒事。

　　竊照陝西省二月十一日以前雨雪麥苗情形，及是月十六等日省城一
帶續得雨澤緣由，業經臣分別具奏在案。嗣據西安、延安、漢中、榆
林、同州、商州、鄜州、綏德等府州屬陸續具報，於二月十六、二十八
並三月初二、十二、十三等日先後得雨一二三寸不等。臣查陝省平原向
以麥收爲重，獲此澍雨，二麥、豌豆藉以滋培，可期長發敷榮。其南北
兩山包穀、雜糧亦均可及時播種。地方安謐，民氣恬熙，堪以仰慰
宸註。

---

　　①　覺羅：清室宗族人的稱號。
　　②　佐領：清代八旗組織基本單位“牛錄”的漢譯。初時一佐領統轄三百人，後改定爲二
百人，掌管所屬戶口、田宅、兵籍、訴訟等。
　　③　太常寺：清代掌管禮樂的最高行政機關。
　　④　京察一等：京察爲清代吏部京官考核與選任相結合的人事制度。京察一等是清代中下
級京官考核最優等第，得一等者可依據外放原則優選外放地方道府以下官員。
　　⑤　見楊紹和抄本卷五，魯圖藏。據中國第一歷史檔案館藏硃批奏摺，“奏爲”前有“陝
西巡撫臣楊以增跪”。

謹將二月分各屬糧價敬繕清單，恭呈御覽，伏乞皇上聖鑒。謹奏。

道光二十八年三月二十三日拜進

四月十四日奉硃批：知道了。欽此。

一二七　續得雨澤片[①]

（道光二十八年三月二十三日）

再，陝省各屬本年入春以來，雨水不乏，但每次得雨或彼多而此少，或此有而彼無，尚未能一律充足。茲省城於三月十六日亥時得雨起，斷續相間，至二十日巳刻止，據咸寧、長安二縣先報深透，其附近之西安、同州、鳳翔、乾州、邠州、商州等府州屬陸續具報深透者十之六七，其少者亦得雨三四五寸不等。是此次雨澤極爲普遍優渥。時當穀雨，正值二麥揚花、雜糧播種之際，甘膏迭沛，遠近同沾，實於歲收大有裨益。

除俟合省報齊，入於下月匯奏外，所有西安等處地方普得透雨情形，合先附片陳明，恭慰聖廑。謹奏。

道光二十八年三月二十三日附進

四月十四日奉硃批：欣慰覽之。欽此。

一二八　收捐監生銀數片[②]

（道光二十八年三月二十三日）

再，查陝省收捐監生銀兩，截至道光二十八年正月底止，共存銀三萬一千二十四兩，業經臣附片奏明在案。今道光二十八年二月分，又收捐監生二十二名，共銀二千三百七十六兩，連前司庫共存銀三萬三千四

---

① 見楊紹和抄本卷五，魯圖藏。

② 同上。

百兩，理合循例附片奏聞。謹奏。

道光二十八年三月二十三日附進

四月十四日奉硃批：户部知道。欽此。

一二九　委署道府知縣各缺摺①

（道光二十八年三月二十三日）

奏爲委署道府知縣各缺，恭摺奏祈聖鑒事。

竊照潼商道常績據報丁艱，所遺員缺爲入陝門户，政務殷繁，且所轄同州一帶地方又多刀匪出没，全賴道府督率訪拿，必須實心任事之員始足以資治理。查有延榆綏道②萬保老成明練，有守有爲，堪以調署。所遺延榆綏道印務，查有延安府保岱穩練勤明，堪委護理。兹並據藩、臬兩司會詳，有候補知府王炳勳堪委署理延安府知府印務。其署榆林府知府劉建韶稟請給咨，赴部引見。所遺員缺即委現護延榆綏道之保岱就近兼署。又咸寧縣知縣李煒丁艱，遺缺系省會首邑，時有發審案件。查有榆林縣知縣福淳辦事精詳，堪以委令署理。除分別檄飭遵照外，至潼商道員缺緊要，應請旨簡放，以重職守。

爲此恭摺具奏，伏乞皇上聖鑒。謹奏。

道光二十八年三月二十三日拜進

四月十四日奉硃批：另有旨。"同日奉道光二十八年四月初四日內閣奉上諭：陝西潼商道員缺着朱慶祺補授。欽此。

---

① 見楊紹和抄本卷五，魯圖藏。據中國第一歷史檔案館藏硃批奏摺，"奏爲" 前有 "陝西巡撫臣楊以增跪"。

② 延榆綏道：明設榆林衛，清初沿其舊制，仍分東、中、西三路，康熙元年（1662）將西路併入中路，雍正九年（1731）改中路爲榆葭道，東路爲延綏鄜道，乾隆二十六年（1761）合併爲延榆綏道。治所設在榆林，領二府及一直隸州。

一三〇　揀員請陞要缺同知摺①

（道光二十八年三月二十三日）

奏爲揀員請陞南山要缺同知，以重地方，仰祈聖鑒事。

竊照漢中府定遠廳②同知余炳燾因在順天捐輸經費議敍，奉旨：著以知府，不論雙單月歸捐班前先用。於二十八年二月十一日准到部咨。按照新定章程，應以二月十八日作爲開缺日期，所遺員缺系繁疲難邊要缺，例應在外揀選陞調。陝省現有候補同知毛瀚一名，系本年正月二十六日逾限到省，例不准補。臣查該廳地處南山，界連川省，五方雜處，良莠不齊，一切彈壓扶綏在在關重，非精明強幹之員不足以資治理，隨與藩、臬兩司在於通省同知、通判、州縣內逐加遴選，非現居要缺，即人地未宜。惟查有涇陽縣知縣何炳勳年五十一歲，浙江進士即用知縣，簽掣陝西，題補懷遠縣知縣，道光十八年四月到任，調補今缺，二十四年十一月到任，二十七年大計卓異。該員實心任事，幹練精詳，以之陞補定遠廳要缺同知實屬合例，亦堪勝任，所有任內因公處分例免核計。據藩、臬兩司會詳請奏前來，合無仰懇天恩，俯念員缺緊要，敕部核覆，准以涇陽縣知縣何炳勳陞補定遠廳同知，洵於地方有裨。如蒙俞允，該員十年俸滿，奉部調取引見，尚未請咨。應俟准陞部覆至日，併案給咨，送部引見。所遺涇陽縣知縣員缺系衝繁難要缺，容俟部覆至日，再行揀員請調。合併陳明。

謹會同陝甘督臣布彥泰合詞恭摺具奏。伏乞皇上聖鑒訓示。謹奏。

道光二十八年三月二十三日拜進

四月十四日奉硃批：另有旨。同日奉道光二十八年四月初四日內閣奉上諭：楊以增奏揀員請升南山要缺同知一摺。著照所請，陝西定遠廳同知員缺，准其以何炳勳升補，照例送部引見。該部知道。欽此。

---

①　見楊紹和抄本卷五，魯圖藏。據中國第一歷史檔案館藏硃批奏摺，"奏爲" 前有 "陝西巡撫臣楊以增跪"。

②　定遠廳：嘉慶七年（1802）分西鄉縣南部設立。東漢順帝永建七年（132）班超平定西域有功，封定遠侯於此，故名。設有漁渡壩、簡池壩二巡檢司。

一三一 遵旨查訊革員翻控確情按律定擬摺①

(道光二十八年三月二十三日)

奏爲遵旨查訊，按律定擬，恭摺奏祈聖鑒事。

竊照遞籍②革員吳恒私逃來陝，復訐驛站積弊、各官賄和等情。經臣審無確據，派委司道分查，一面繕摺具奏，欽奉上諭：楊以增奏遞籍革員復來陝省訐告驛站積弊一摺。此案已革典史吳恒前經李星沅審擬妄稟認誣，出具切結，降旨革職，永不敍用。茲復私行逃至山西，翻控前案，意在拖累挾制，著再交楊以增督同臬司嚴良訓，親提人證卷宗，秉公查訊，務得確情，嚴行懲辦，按律定擬具奏。欽此。遵即行司提集人卷審辦去後，適前委查之司道等各將查明驛站情形先後詳稟批飭，歸案匯核。

茲據臬司嚴良訓轉據委員西安府審詳前來，臣隨督同該司親提研訊。緣吳恒籍隸江蘇陽湖縣，寄居順天大興縣，道光八年報捐未入流，分發陝西，咨補鳳縣典史。告病回籍，醫痊坐選原缺。於二十二年四月來陝，具稟驛站情弊，當經前署撫臣陶廷傑查系全虛，奏奉上諭：吳恒著即革職，押令回籍。等因，欽此。嗣欽差福州將軍③璧昌④沿途親驗驛馬無缺，並查明所需敊料草束俱照市價購買，詢之里民，並無勒取濫派之事。第陝省爲四達通衢，差務之繁，甲於他省，額設驛馬不敷支

---

① 見楊紹和抄本卷五，魯圖藏。據中國第一歷史檔案館藏硃批奏摺，"奏爲"前有"陝西巡撫臣楊以增跪"。

② 遞籍：遣送回原籍。

③ 福州將軍：全稱爲鎮守福建福州等處將軍。福州爲清代全國十三個設置將軍一級官員的駐防單位之一，福州將軍爲駐福建八旗駐防兵的最高長官，從一品，康熙二十一年(1682)置，地位高於總督、巡撫。

④ 璧昌(1795-1854)：字東垣，蒙古鑲黃旗人。曾任河南陽武知縣知縣及直隸棗強、大名府知府。道光九年(1829)充任葉爾羌辦事大臣，十一年(1831)陞參贊大臣，全面管理新疆事務。十三年(1833)回京任職，十七年(1837)調任阿克蘇辦事大臣。二十年(1840)以後，先後擔任察哈爾都統、伊犁參贊大臣、山西巡撫、福州將軍、兩江總督。二十七年(1847)留京任內大臣，後再次出任福州將軍，數月後因病回旗休養。咸豐三年(1853)太平天國北伐，進逼京津，璧昌受命任巡防大臣，次年去世，追賜太子太保，諡勤襄。

應，不能不借資民力，是以衝途地方里民向有公局，所支車馬均系里民
自行勻攤，既不經官差派，亦不假手吏胥，官民相安，從無違誤擾累。
若輕議裁減，於通省郵遞大有未便，似可仍循其舊。等因。奏結遵行。
迨後陞任撫臣李星沅又經查明吳恒初意未始非借此大題，妄希挾制圖
帮，後因各驛無弊，恐至奏參革審，遂認冒昧粗率，懇求寬宥，並以訛
詐在人自首免罪，諄飭有驛州縣從實稟出。旋據各州縣稟覆，委系吳恒
自認誣控，並非抑勒賄和，出具切結。奏奉上諭：吳恒業經革職，著永
不敘用，以示懲儆。等因。欽此。欽遵各在案。此吳恒前稟驛站積弊節
次查辦之原委也。

　　詎吳恒於奉旨押令回籍，私逃至陝，復行翻控前案。經臣奏奉諭
旨，再交查訊，遵提人卷，逐一研鞫。如所呈驛站積弊一節，查陝省地
當孔道，額設驛馬三千二百六十八匹，各廳州縣該管驛站一百二十六
處，按道里計遠近分置馬匹，多寡不等。遇有差務紛繁，或支應不敷，
或輪轉不及，借資民力，勢所必然。業經陶廷傑、璧昌、李星沅三次查
明，並無短缺及別項情弊。其設立差局之處相沿已久，系屬因地制宜，
未敢輕議裁減。茲又派委司道分赴四路驛站，嚴密查驗額設馬匹，均有
印烙爲憑，實無虧缺，加以火印，亦無民馬朦混充數。傳點馬夫，抽查
餵養號簿，俱與報銷底冊吻合。摘傳斗行①里民細詢，僉稱：各驛站需
用草料均照市價，並未勒取濫派，所設差局祇支應過往大差出於里民，
循舊津貼，事不經官，無從侵削，官親、幕友、長隨、生意人等亦不能
借用車馬。如有弊端，正應實供，懇求革除，何肯隱諱。等語。提訊吳
恒究系何驛缺馬若干，如何濫派勒折，不能指實。

　　又呈各官賄和一節，除前任西安府貴麟、候補從九品王槐早回旗
籍，前署長安縣陸銓、前任長安縣典史蔡義醇均已病故，惟常瀚、潘政
舉、余炳燾、蔡天錫、付清樾在陝。臣等先後調傳到案，隔別查訊。據
乾州知州常瀚供稱，吳恒所告驛站積弊既指通省，何意賄合出銀僅稱西
安府及咸寧、長安、臨潼、渭南五處。既云五千兩，何以止送三千？況
吳恒見銀未收，即系不肯允息。如何當時緘默不言，轉自認誣，直待數
年之後始行翻控？其五次供詞果系伊等口授，何以迭次所供均經錄出，
獨將此次要供不能記憶？種種支離，無情無理，伊等委無教供抑勒賄和

_____

① 斗行：粮食商行。

情事。據鄜州知州潘正舉供亦相同。據按察司經歷蔡天錫供，吳恒前告驛站積弊，伊任長安典史，並不管驛務，有何干涉而必向其恐嚇？伊實未同王槐等送過銀兩，亦未向其談及硬辦之言。不知吳恒如何翻控，只要指出憑據，願甘坐罪。又據西安府經歷付清樾供，伊先雖奉委會同王槐看管吳恒，旋即出省催徵道倉糧石。定遠廳同知余炳燾供，伊前調渭南縣，到任已在吳恒案結之後。並據僉稱實無勸息行賄等情，檢查檔案均屬相符。質之吳恒，無可置辯，俯首認罪。

臣伏思該革員既執陝省驛站積弊一再訐告，斷非無因，其所呈教供抑勒賄和各情，尤關緊要，自應澈底根究，分別嚴懲，以成信讞，何敢稍涉瞻徇，扶同遷就？當即再三研訊，據吳恒供稱，前次自行認誣，並非教供抑勒，因被參革職，永不敘用，心中希冀開復，是以復控，其實毫無證據。今知各州縣驛馬並無缺額，照例餵養。至賄和之事，系伊已故家人胡陞傳述之語，亦無憑據可指。反復究詰，矢口不移，其爲藉端捏控挾制，似無疑義，應即擬結。查例載"假以建言爲由，挾制官府者，發附近充軍"等語，此案已革典史吳恒前因誣訐陝省驛站積弊革職遞籍，永不敘用，本屬咎所應得，輒敢私逃至陝，懷挾參劾之嫌，復行翻控，拖累多人，實屬逞刁挾制。該員業經革職，應照與民人一體問擬。已革典史吳恒合依"假以建言爲由，挾制官府，發附近充軍"例，發附近充軍，至配折責安置。該革員家屬現在陝省逗遛，應同伊侄抱告佾生吳淦一併押令回籍。常瀚、潘政舉、余炳燾、蔡天錫、付清樾訊無教供抑勒賄和情事，應均免其置議。至前任寶雞縣丞崔鈖具稟之案早經完結，且查與現案無涉，應與回籍之貴麟、崇杞林、王槐俱免提質。再陝省各驛馬匹現雖迭查無虧，所需草料均照市價購買，尚無勒取濫派，仍當隨時督率稽查，毋許滋弊。其衝途所設差局亦只准循照舊章應付要差，不得濫支。倘日久弊生，一經察出，定即嚴究懲辦，以肅郵政。

除供招咨部外，所有督同查訊遞籍革員翻控確情，按律定擬緣由，理合恭摺具奏，伏乞皇上聖鑒訓示。謹奏。

道光二十八年三月二十三日拜進

四月十四日奉硃批：該部議奏。欽此。

附：革員吳恒原呈及鈔附前案稟供並現訊供詞①

謹將革員吳恒原呈及鈔附前案稟供並現訊供詞繕列，恭呈御覽。

計開：

原呈：

具呈人參員吳恒，年四十六歲，順天府大興縣人，寄居省城寶吉巷，抱告胞姪佾生吳淦爲沉冤六載，籲天申雪事。

緣參員於道光二十二年四月二十日請除積弊以裕國帑，具稟西安府轉稟各憲奏辦在案，冤遭串同朦隱，抑勒捏參革職。又二十三年巡撫李捏參形同無賴，永不敘用。喪名敗節，積冤六載，抱病五年，瀝情具呈，懇求代奏，以全國體而成信讞事。

參員自二十二年十月回籍中途患病，回陝醫治。至今年始愈，得跪讀二十二年上諭：本日據陶廷傑奏，坐選鳳縣典史吳恒在西安府具稟驛站積弊，旋又具供認誣。已明降諭旨，將該典史吳恒革職。據奏遴委道府等官逐一查驗，并無短缺，取具冊結等情。以本省道府查辦本省州縣積弊，難保不瞻循情面，扶同朦隱。即該典史具供認誣，亦恐有私和抑勒等弊。事關通省驛站，必須澈底查究，不可以積習相沿，將就了事。璧昌現已簡任巡撫，責無旁貸，且尚未經到任，無所用其迴護。著於差竣赴陝時，沿途留心訪查，務得確情。如有應行參辦之處，必須破除情面，嚴行懲辦，以除積蠹而肅郵政。該原告現已回籍，如有應行質訊情節，即提省訊究。經此次查辦之後，尚有不實不盡，經朕別有訪聞，惟該撫是問。切勿沾染惡習，代人受過，凜之勉之！原摺及吳恒原稟親供俱著抄給閱看。將此諭令知之。欽此。仰見天語煌煌，洞察隱情，無微不燭。參員跪讀之下，感與涕淋，恨不粉骨碎身，而救一省之弊，以報主知，尚敢自愛其身家，而畏巍巍群蔽之奸乎？

---

① 此件現藏台灣"國立"故宮博物院。

　　參員二十二年四月稟西安府後，曾具覆稟一次，親供五次，於是年五月初一日藩司發札西安府，以參員無干建言，應候傳質，無任遠離，發交咸寧典史看管。就管後，即有看管委員傅清樾以具悔意息事相勸，云奉署皋司之諭，參員答以"情殷效忠，今日具悔，不如不稟。且上司何不一秉至公，上與朝廷節帑，下與百姓除害，諄諄以和息了事，是何主意？"回覆。又咸寧縣常翰以寄籍同鄉，假託知交，力爲勸悔，參員拒以"事經稟辦，聽上司主持"之語回覆。至六月初，移管長安縣典史署內，即有長安縣知縣陸銓來認同鄉，亦以息事免奏相勸，參員即如拒咸寧縣常翰之言答之。伊復云："恐上司震怒，足下吃虧。"參員復答以"聖明在上，縱使受抑，何難申雪？"嗣後又勸兩次，參員屢以堅詞拒絕。上司只得先委府廳查辦，繼委各道互查，因循時日，皆密不使參員與聞，希冀州縣設法彌縫。詎知州縣欺公成習，玩視稽查，盡作掩耳盜鈴之事。有借民馬暫時應數者，有以本驛之馬來回應數者，有雇民馬應數者，有借營馬應數者，有硬不足數者，皆明知各道深悉積弊，上下通同，不過掩飾片時，取具冊結，聊以塞責。參員亦暗中使人察探，如此情形有同兒戲，實傷政體。爲鬼爲蜮，何嘗畏國法之昭彰，爲[①]軍民之竊笑。況參員原稟有查辦章程，各憲並不垂問其意，非欲州縣之舞弊而何？至七月初四日，各道俱驗過回省，以情真事實商同辦法。若具冊結，將來查實，恐連累自己；若從實辦理，通省參辦爲難，兩旬不決。參員又堅執初詞，礙難奏辦，即有長安縣典史蔡天錫以利害恐嚇云："若不具悔，上司欲致死滅口，汝豈能防？現在弟署，不肯擔此干係。上司一定如此，弟亦無法。現在李希曾欲硬辦誣稟，且待汝京控再說。"參員思孑然一身，遭眾所忌，雖置死生於度外，而徒死無益，暗存赴京察院控告之心，而身被羈囚，不能脫身，因佯問蔡天錫如何可解。蔡天錫云："上司首府兩首縣久有了事之意，皆因吾兄固執，難下說辭。弟所深悉。并可沾光。"

　　其時參員姑妄聽之，至七月二十日，陸知縣請伊署中吃酒，有伊幕友易芹浦、楊子修同坐，未及說話。席散後，仍回典史署。至二更後，有陸知縣兒女親家蔡義醇並看管委員王槐、蔡天錫同至參員臥榻，云："弟等俱系常公、陸公請來，以吾兄所稟之事關係通省大局，

人誰不知？上司礙難辦理，吾兄明白人，何苦與通省州縣作讎，得罪通省上司？若兩司過堂時，吾兄肯具悔詞，首府貴、咸寧常、長安陸、臨潼潘、渭南余，伊等願公送銀五千兩，并保吾兄功名無礙。”其時參員以事經四月之久，各道查會業已兩旬，尚未出奏，頗生疑懼，恐如蔡天錫恐嚇之詞，權答以具悔。至廿四日晚，蔡義醇、王槐至長安縣典史署，同蔡天錫送來銀三千兩，參員竊思受贓身膺重罪，況情真事實，皇上以後或有見聞，罪無可逭，是以拒而未收，答以銀數未足，俟息事後再收。

廿五日過堂，抑勒具悔，供詞系陸知縣、常知縣口授，又經蔡義醇書條囑改四字，親供：“本年四月二十日，爲請除積弊以裕國帑，具稟前憲，轉稟在案。卑職於二十年告病回籍，嗣後因省親來陝，未經再行確查，詎知二十一年奉上諭整飭郵政，各廳州縣早已恪遵功令，照例餵養足額。卑職一時冒昧稟請奏辦，即奉臬憲委府廳查辦，撫憲猶恐不實不盡，復委各道互查，各廳州縣俱已一律核實，并無缺額，卑職前稟實屬冒昧粗率，咎無可辭，惟求憲臺俯念卑職實屬出於愚忠（囑改‘因公起見’四字，條存參員處），格外寬宥，俯准代爲轉稟，實爲恩便。所具親供是實。”是日又押至西安府，勒具親供一次。陸知縣、常知縣口授謄寫，不復記憶，至如何參辦，全不知悉。

十月初十日，蔡義醇囑參員速報回籍之呈，始知奉旨革職，押令回籍。參員即報起程就道。伊彙送之銀，亦未再送。正欲進京復控，詎意行至中途，驟得中風病癥，回陝醫治，至今年始愈，方知曾放欽差查辦，始覺前之催促起程者，恐到案供出真情，奸私敗露，皆伊等之奸計也。參員今年又經過潼關廳寶雞一帶，訪問各廳州縣於查驗時掩飾片時，自始至終並未改革。事經欽差查辦奏明在案，明目張膽，放心舞弊，不怕告發，更甚於前，有所恃而不恐。是以馬匹任意缺額冒銷，靠有差局支應，不論大小差使以及官親、幕友、長隨、生意人等，俱可借車借馬。各廳州縣濫支濫應，因不費己財，罔惜民命，何曾真爲大差軍需協濟而設？吊查各局歷年支差車馬簿，一驗自明。至折敷草料，亦復如舊。茲值西域軍興，不得不藉民力，又值連年歉收，民病堪虞，若驛馬足額，亦可稍紓民困。參員候補丁憂時，常常借用，可謂身親其弊。又十二三年在臨潼管理帳房二年，有親筆帳簿存於謝長清、謝長年任內，可爲侵吞實據。

據州縣各廳所領夫馬工料銀兩實歸私用，如果陝省郵政已歸核實，國帑已節，民病已甦，夫復何言？乃道光二十四年十二月又有寶雞縣丞崔玢缺額之稟，并未查辦，告病完案。皆由州縣之侵漁已成故套，上司之包蔽牢不可破，朋比爲奸，獨欺皇上一人而已。其弊積重難返，關係多官，然任從欺蔽，國體攸關，伊於胡底？參員一身何系於輕重，而國家隆平之治，被群姦撥弄，爲盛朝之玷，良可歎也！況弊雖多端，查辦亦易。只要持正大臣真心實辦，參員密呈查辦章程，必能水落石出。此案西安府貴麟、咸寧縣知縣常翰、長安縣知縣陸銓、署臨潼縣知縣潘政舉、渭南縣知縣余炳燾等送賄求和，確有證見，拒贓未受，實因畏罪。上下説和，抑勒具悔，此五人實爲本案要犯，參員願與該員等同刑嚴審對質，以成信讞。參員沉冤六載，情實難甘。茲讀上諭，蟻忠倍奮。願以微軀報國，伏祈據呈轉稟請奏，沉冤蒙雪，積弊永除，君民有益，不勝幸甚。

鈔附前案稟供：

謹將參員原稟及二次稟覆暨五次親供一併録呈，恐從前奏案時有刪改情節，用特附録。

道光二十二年四月二十日原稟，爲請除積弊以裕國帑事。

方今海氛未靖，豫工費鉅，正我皇上宵旰憂勤，亦百爾臣工殫心竭慮時也。況國家經費有常，驟增此種種費用，聖慮焦勞，又何如也？是以聖諭煌煌，獎勵捐輸，廣開事例，力圖撙節，皆所以預籌諸費也。乃陝西省有可省之費，因循日久，視爲泛常，任州縣之侵欺，昭昭在人耳目，上病國而下病民。今卑職敢上負天恩，下遺民困，抱疚於心乎？各上司公忠體國，受恩深重，尤當切切於藎懷也。職筮事秦中，十有四年。東至潼關，西至長武，南至漢中，北至榆林，留心細訪，深知其弊。通省有驛站，各廳州縣不下四十餘處，凡於額設馬匹，不過喂養十分之二三，照例支銷，任意虛冒，支差則濫派民間，從中勒掯。南北兩山，馬匹之外又派騾頭，東西兩路，馬匹之外，又派車輛。借端多派，折價歸官，驛中麩草料又取之民間，折扣發價，胥吏又從中染指，民何以堪？又冒領倒馬價，以所喂養之馬，尚不足倒馬之數。種種弊竇，難以枚舉。計一歲之開銷帑項不下二十餘萬兩，歸之實用，不過三四萬兩足矣。流弊約已五六十年，浮冒帑項，何以勝計？各廳州縣既昧其天良，而各上司亦明知而故縱，疊奉上諭，整飭驛站，不啻唇焦舌敝，尚可令州縣之積習如故乎？想各上司斷不以君恩可負、民愚可虐，而各廳州縣之情面難違，而甘爲扶同欺蔽也。職所陳實於國計民生兩有裨益，是以不避嫌怨，獨膺衆怒。祇期於朝廷有益，雖靡頂捐軀，不自計也。伏祈俯察蟻忠，轉稟撫憲，請奏嚴辦。至查辦章程，臨時再呈，務令水落石出，雖州縣之巧於彌縫，亦難遁飾。肅此密稟。

稟後於二十一日西安府傳至署中，面具第一次親供，爲請革流弊以裕國帑請奏在案。職所稟爲國計民生起見，非尋常細事。如上司有心爲國，早已澈底根究，何待職具稟之後，始行查辦。只求轉請撫憲，飛章入奏，不勝感切之至。實系發自愚忠，自已書寫所具親供是實。

廿三日又傳至署中，面具二次親供。職於道光二十年調署襄城縣典史任內，因病稟請開缺調理，是年九月回順天府大興縣，十一月病痊，蒙順天府尹曾驗看，准其起病咨吏部，坐選原缺，查明佐雜人員無庸親身投供候選，於廿一年正月出京回陝省親。嗣因坐選無期，欲謀硯食，稽身在省，因需次多年，深知驛政流弊，當此海疆多事，屢瞻上諭諄切，感發蟻忠。是以具稟案下，仰懇轉稟撫憲，奏請嚴辦在案，庶玩法欺公者咸知悚懼，而於國計民生兩有裨益。蒙詢前在京時何不遞封奏，因其時海氛始熾，竊謂指日即可蕩平，國庫充足，大臣不言，職何敢越分妄言？今奉上諭，准奇才異能之士建策立言，況連年征伐，豫工、河務國用孔多，上廑聖慮。凡有血氣者莫不感發天良，苟有利於國家，豈敢畏難而壅於上聞？又詢如何弊竇，是何州縣。夫一二州縣之弊小，通省之弊大。豈敢以細微之事冒昧徑請奏辦耶？即上司面問時，職亦不敢稟明，先爲州縣地步，設法彌縫，以職報國微忠反膺重罪也。所具親供是實。

廿七日奉西安府傳至署中，示以臬憲批，又具覆稟請轉稟撫憲入奏。職理將大概情形顯而易見者一併稟覆，請奏嚴辦。查驛站自潼關廳至咸陽縣爲最衝，由咸陽至長武爲次衝，由咸陽至寧羌州又次，由涇陽、三原至懷遠又次之。其餘僻衝不過遞文報小差而已。自潼關至長武，至寧羌州，至懷遠等處額領驛費最多，均有成案，所喂養馬匹確如前稟，不過十分之二三，現在何驛不然？南北東西迢遥數千里，今日增一二匹，明日減一二①，豈能懸定其數？原稟不爲不實，此虛冒帑項，顯而易見者也。潼關至長武、至三原、至寶雞等處，在城設立差局，設立局總、局副，支應車馬，按地派民，此困民之顯而易見者也。各廳州縣照例馬派民間，麩草料交驛時收足餵養外，餘額抵價，羨餘入官，官價賤而民價貴，曾多告發，而各憲徇庇不辦，此苛縈百姓之顯而易見者也。南山又借差多派驛頭馬匹，折價歸官之弊均難掩人耳目，由漸而盛，實亦不能考其始於何時也。奉旨查辦時，職再行指摘確實切據，務令水落石出，縱使各廳州縣逞狡獪之技搋，借民馬填號，以及上下站商同滾站以掩飾片時，而終歸無補，豈職請奏查辦之意哉！是以必先於查辦之前，立定章程，以杜影射也。豈泛泛一查，即能核實？況從前之玩法欺公入己，又當如何辦理？夫臬司專政驛傳於職，既稟之後，當思所以補過於將來，乃全無虛心爲國之誠，一味撥弄筆墨駁斥，欲職之緘口不言，其可得乎？況署臬司劉前曾監司西、乾、鄜矣。今又奉命監司潼商，護理臬篆，歷任不爲不久，豈瞆瞆無聞，抑欺君虐民之心固結於中而不可解乎？今批職原稟，鋪敘泛語，其意何居？職之意在忠君報國，所稟切中時弊，何嘗敢泛耶？職於君上之前不敢存一毫諱飾之心，於欺君虐民者之前，不得不存戒心耳。專此覆稟。

遞後經西安府拆閱後，兩日擲還，令改換親供。四月三十日第三次親供，職即將前稟改寫親供。各上司臨時查辦，無益於事，驛站無歲不查，無季不查。委員之查者，州縣視爲調劑之差也。季查者，州縣視爲具文也。如今職具稟而復行嚴查者，欲州縣之早事彌縫也。果能買馬填號，革除差局，不折草料價，恐無一二州縣如此急公也。徒負上憲生全之盛心，終無補於朝廷。何苦以國家有用之錢糧飽州縣之囊橐，以百姓有限之脂膏，供州縣之揮霍乎？所具親供是實。

至七月二十七日，兩司過堂，具第四次供詞，系陸知縣、常知縣口授悔詞，已敘入原呈，是日又押至西安府勒具第五次供詞，陸知縣、常知縣口授謄寫，不復記憶，伏祈全録，一併入奏。

現訊供詞，據吳恒供稱江蘇陽湖縣人，寄居順天大興縣，道光八年報捐未入流，分發陝西，補鳳縣典史。十九年調署褒城縣典史，告病回籍，旋即起病候選。二十二年四月來陝，以州縣驛站馬不足額，民間設

---

① “一二”後，似脫“匹”字。

局供支，稟請革除。前署撫院陶委員查驗，革員於七月具悔奏參革職，十月間回籍，行至衛輝府，因病折回，在咸寧縣南鄉居住。欽差福州將軍壁查辦時，革員因病不知情。二十七年病愈，始知前撫院李覆奏内有行同無賴等語，眼見各處驛站情弊如故，實不甘心，求轉詳奏請欽差查辦。已寄信京城本家探聽陝西具奏若與原稟不符，即將原稟在都察院投遞。前遞悔詞是蔡天錫、蔡義醇、王槐向革員説，首府兩縣並臨潼、渭南等縣許給銀五千兩，後送銀三千兩，革員不敢收受。現在染患傷寒病瘨十有餘日，自行開方服藥，尚未見痊。驛站積弊，府卷内有親筆供詞，今仍照前供，不能自書是實。并據抱告佾生吳淦書寫，供稱胞叔吳恒於十一月二十六日感冒風寒，發熱咳嗽，飲食不進，系胞叔口述藥名，佾生代寫，胞叔所稟之事，佾生實在不知情。胞叔之病服藥未痊，所具親供是實。

　　硃批：覽。

一三二　知縣獲盜照章專奏摺①

（道光二十八年四月二十二日）

　　奏爲知縣拿獲鄰境盜犯，遵照部咨新定章程，專案具奏，仰祈聖鑒事。

　　竊照雒南縣盜犯郭小潰兒糾同行竊，臨時行強，將事主汪洪運按倒，令郭進才幫同捆縛，用棉被蒙住，以致甕悶氣閉身死。同惡相濟，法所難宥，當經分別問擬斬梟。題准部覆，將郭小潰兒、郭進才斬決梟示在案。茲准吏部咨，以首先拿獲之華陰縣知縣孫治核與定例相符，移知遵照新定章程，專案具奏，等因，行司敘詳前來。臣查華陰縣知縣孫治於鄰境罪應斬梟盜犯首先拿獲二名，尚屬緝捕勤能，且任内並無逃盜未獲案件，相應遵照部定章程具奏，可否仰懇天恩俯准，將該員孫治送部引見，以示鼓勵之處出自聖主鴻慈。

―――――――――

　　① 見楊紹和抄本卷五，魯圖藏。據中國第一歷史檔案館藏硃批奏摺，"奏爲"前有"陝西巡撫臣楊以增跪"。

爲此專摺具奏，伏乞皇上聖鑒訓示。謹奏。

道光二十八年四月二十二日拜進

五月二十八日奉硃批：吏部議奏。欽此。

一三三　查明舊欠倉糧請再予遞緩摺①
（道光二十八年四月二十二日）

奏爲查明各屬舊欠道倉夏秋糧石，難以並徵，懇恩再予遞緩一半，俾紓民力，仰祈聖鑒事。

竊照咸寧、長安、咸陽、興平、臨潼、高陵、涇陽、三原、渭南、醴泉、大荔、蒲城、華州、乾州、武功等十五州縣未完道光二十六年道倉京斗秋糧五萬五千二百五石零，又咸寧、長安、咸陽、臨潼、高陵、涇陽、三原、興平、醴泉、渭南、乾州、武功、富平、大荔、蒲城等十五州縣應徵二十七年道倉京斗夏糧四萬四百三十一石零，先後奏奉諭旨：准其展緩至二十八年麥收後分別帶徵。各在案。茲屆麥收，自應依限催徵。惟各屬尚有應完本年額徵夏糧八萬六千七百餘石，轉瞬即屆開徵。據藩司恒春、署督糧道崇綸酌議，將前緩二十六年秋糧並二十七年夏糧先各帶徵一半，其餘一半再請遞緩至二十九年麥秋後分別帶徵等情，會詳請奏前來。

臣查陝省平原州縣本年麥收雖尚中稔，第連歲積歉，閭閻已乏蓋藏，生計維艱。若將前緩夏秋糧石與本年夏糧同時並徵，實屬力有未逮，自當量爲調劑，合無仰祈天恩俯准，將咸寧等十五州縣前緩二十六年秋糧五萬五千二百五石零並二十七年夏糧四萬四百三十一石零先各帶徵一半，其餘一半再行遞緩至二十九年麥後秋後分別帶徵，俾紓民力。其本年夏秋額徵糧石仍令照常徵輸，趕緊催納，以供兵糈。如蒙俞允，一俟奉到恩旨，即當謹刊謄黃，遍行曉諭，俾群黎渥沐皇仁，感戴倍無既極。

---

① 見楊紹和抄本卷五，魯圖藏。據中國第一歷史檔案館藏硃批奏摺，"奏爲"前有"陝西巡撫臣楊以增跪"。

所有查明各屬前緩各糧屆期仍難並徵，籌議再行遞緩緣由，理合恭摺具奏，伏乞皇上聖鑒訓示。謹奏。

道光二十八年四月二十二日拜進

五月二十八日奉硃批：另有旨。欽此。同日奉道光二十八年五月初六日內閣奉上諭：楊以增奏查明陝西各屬舊欠道倉夏秋糧石，懇恩再予遞緩一半一摺。陝西省平原州縣連歲積歉，生計維艱，若將前緩夏秋糧石同時並徵，民力恐有未逮。加恩著照所請，所有咸寧、長安、咸陽、興平、臨潼、高陵、涇陽、三原、渭南、醴泉、大荔、蒲城、華州、乾州、武功等十五州縣未完道光二十六年道倉京斗秋糧五萬五千二百五石零，並咸寧、長安、咸陽、臨潼、高陵、涇陽、三原、興平、醴泉、渭南、乾州、武功、富平、大荔、蒲城等十五州縣應徵二十七年道倉京斗夏糧四萬四百三十一石零，俱著先各帶徵一半，其餘一半准其遞緩至二十九年麥後、秋後分別帶徵，以紓民力。其本年夏秋額徵糧石仍著照常徵輸。該撫即刊刻謄黃，遍行曉諭，務使實惠均沾，毋任吏胥舞弊，用副朕軫念歉區至意。該部知道。欽此。

一三四　恭報雨水田禾情形摺[①]
（道光二十八年四月二十二日）

奏為恭報雨水田禾情形，仰祈聖鑒事。

竊照陝省三月十三以前雨水田禾及十六至二十等日西安等處普得透雨緣由，業經臣分別具奏在案。嗣據合省報齊，得雨情形大略相同。並據西安、延安、同州等府屬陸續具報，復於三月二十二三、四月初二、三暨十三、四等日先後得雨一二三寸至深透不等。臣查陝省平原各屬大麥均經結實，現在將次收穫，小麥亦穎栗紛敷。日來天氣晴明，顆粒更當飽滿。其南北兩山包穀、雜糧一律應時長發，地方安謐，民氣恬熙，堪以仰慰宸懷。

---

①　見楊紹和抄本卷五，魯圖藏。據中國第一歷史檔案館藏硃批奏摺，“奏為”前有“陝西巡撫臣楊以增跪”。

謹將三月分各屬糧價敬繕清單，恭呈御覽，伏乞皇上聖鑒。謹奏。

道光二十八年四月二十二日拜進

五月二十八日奉硃批：知道了。欽此。

一三五　收捐監生銀數片[①]
（道光二十八年四月二十二日）

　　再，查陝西省藩庫收捐監生銀兩截至道光二十八年二月底止，共存銀三萬三千四百兩，業經臣附片奏明在案。今道光二十八年三月分又收捐監生七名，共銀七百五十六兩，連前司庫共存銀三萬四千一百五十六兩，理合循例附片奏聞。謹奏。

道光二十八年四月二十二日附進

五月二十八日奉硃批：戶部知道。欽此。

一三六　查明臺站接遞奏摺遲延時刻摺[②]
（道光二十八年四月二十二日）

　　奏爲查明陝省臺站上年接遞新疆各處奏摺遲延時刻確數，恭摺奏聞，仰祈聖鑒事。

　　竊照前准兵部咨：上年各省臺站接遞葉爾羌等處奏摺屢有遲誤，且傳牌排單破爛不全，多未填註時刻。四次匯奏，奉旨：著直隸、山西、甘肅、陝西各督撫及新疆經過各城大臣查明何處遲誤，指名參奏。等因。欽此。

　　臣遵查陝省接遞新疆各處奏摺向由省北綏延一帶臺站行走，派令把

---

① 見楊紹和抄本卷五，魯圖藏。

② 同上。

總①外委等弁送交山西轉遞，並不經過省城，相距一千餘里。當即移行綏延鎮總兵暨臬司委員確查去後，茲據該司嚴良訓詳稱：准延綏鎮②咨覆，會同延榆綏道督率委員赴各臺站調齊遞送前項奏摺號檔，按其入境出境月日時刻逐加細核。陝省自定邊臺起，至山西年延臺止，計程一千十五里，限行五百里，應行二日二刻十三分；限行六百里，應行一日八時二刻六分。查得接遞署葉爾羌參贊大臣吉明等六百里奏摺一件，定邊臺遲延一刻六分，三十里井、丟哥子井、劉家圿三臺各遲延十二分，響水臺遲延二刻六分，常樂堡、高家臺二臺各遲延二刻三分。又響水臺接遞烏魯木齊都統惟勤③五百里奏摺一件遲延三時，實因黑夜風狂馬驚，滾跌下崖受傷所致。業經該道查明，照例出具印加各結，另行詳咨在案。又接遞喀什噶爾參贊大臣奕山六百里奏摺一件，定邊臺遲延二刻七分，三十里井、響水二臺各遲延二刻九分，丟哥子井、劉家圿二臺各遲延二刻十分，常樂堡、高家臺④二臺各遲延二刻十二分。高家臺先後接遞署葉爾羌參贊大臣吉明、喀什噶爾參贊大臣奕山五百里奏摺二件，各遲延二刻三分以上，遲延五件。其餘奉查二十四件各臺俱無違誤情事，並據委員稟覆相符。至傳牌排單前途送到，俱已破爛不全，以致時刻無從填註，取具首尾兩站接遞送交時刻印文，具詳請奏前來。

臣查該臺站等遞送前項奏摺五件，其違延時刻雖系例得免議，惟文報往來最關緊要，隨將該弁等分別責革記過示懲，並飭嗣後遇有一切公文，務須按限馳遞，倘稍存玩視，定即嚴參，以肅郵政而免稽滯。

除咨兵部外，所有查明陝省北路臺站上年接遞新疆等處奏摺遲延時刻確數，理合繕摺具奏，伏乞皇上聖鑒。謹奏。

道光二十八年四月二十二日拜進

五月二十八日奉硃批：兵部知道。欽此。

---

① 把總：綠營兵低級軍官，秩正七品，級別次於千總。

② 延綏鎮：又稱榆林鎮，總兵府駐榆林城。所轄東起清水營（府谷縣北）黃河岸，經神木、榆林、橫山、靖邊、定邊諸縣，西達花馬池（今寧夏鹽池縣東境）界，長一千二百餘里，其中以東路的神木、孤山、清水諸營堡，中路的榆林、魚河、清平等堡，西路的安邊、定邊等堡最爲重要。

③ 惟勤：字鑒堂，清宗室，鑲藍旗人。嘉慶十四年（1809）進士，道光二十三年（1843）任烏魯木齊都統。

④ "臺"字，楊紹和抄本脱。

一三七 遵查現無積欠應解銀兩暨
收支各項情形摺[①]

（道光二十八年四月二十二日）

奏爲查明陝省並無積欠應解銀兩，暨收支各項情形，據實覆奏，仰祈聖鑒事。

竊臣承准軍機大臣字寄：道光二十八年二月二十三日奉上諭：據戶部奏密陳部庫情形，請飭直省大吏統籌全域以實京餉一摺。部庫每歲例支各款均系京餉要需，萬難缺緩，各省積欠其應解部庫及屬庫應解司庫各款，共銀八百萬兩有奇。前經戶部奏催，立限完報。乃完解銀兩以及報撥各款甚屬寥寥，所有戶部前奏應解部庫及屬庫應解司庫各款銀兩，著各直省督撫等迅速按照戶部前次單開數目，於此次接奉諭旨之日起，限三個月掃數[②]通完，其登記銀兩亦即催令入撥，屆期仍各專摺覆奏，並督飭藩、運各司就所入酌盈劑虛，於支銷各項統計核減。各該督撫等惟當激發天良，視國事如家事，認真籌畫，務令應完解者速即完解，應核刪者立即核刪，庶幾部庫漸充，京餉悉裕，支款不致短絀，而要需無費周章矣。原摺著鈔給閱看，將此諭知各督撫。等因。欽此。

遵即飭司查辦去後，茲據藩司恒春查明詳覆前來。伏查陝省應解部銀兩向有收捐監餉一項，每屆收足三萬兩即先爲解部，續收三萬兩歸補封貯。此項銀兩歷俱按數解京，平餘銀兩亦均批解。近經戶部議定收足三萬兩即行解赴甘省封貯，業已遵照辦理。此外尚有各項減平以及裁汰等款，雖銀數多寡不一，亦系按年解部兌收，現在並無積欠應解部庫及屬庫解司庫銀兩。其收支等項查得陝省每年額徵地丁錢糧無閏之年共應徵銀一百六十萬九千餘兩，有閏之年共應徵銀一百六十

---

① 見楊紹和抄本卷五，魯圖藏。據中國第一歷史檔案館藏硃批奏摺，"奏爲"前有"陝西巡撫臣楊以增跪"。

② 掃數：全部，全數。

三萬二千餘兩，内除各屬存留支給官役、俸工、夫馬、工料各項銀兩外，實起運解司銀一百三十三萬餘兩。内應支放滿漢旗標鎮營官兵俸餉等項歲需銀一百一十五萬餘兩，遇閏一百二十四萬餘兩。又有應支八旗兵丁紅白賞項並各州縣供支等款，下剩地丁銀兩歷系抵撥甘餉。是以每年春秋二撥案内向無解部之款，其餘徵收耗羨暨一切税課雜項銀兩，均有應支定款留備本省之需。臣等悉心酌核，通盤籌畫，所有支銷各款皆系必不可少之項，委屬無可刪減。至前次奉部單開登記銀兩俱已造入季冊，報部撥用在案。此後如續有應撥應解銀兩，臣惟有欽遵訓諭，督飭藩司隨在勾稽，依期照解報撥，斷不敢稍任遲延拖欠，以重要需而裕庫儲。

　　所有查明陝省現無積欠應解銀兩及收支各項實在情形，理合繕摺具奏，伏乞皇上聖鑒。謹奏。

　　道光二十八年四月二十二日拜進

　　五月二十八日奉硃批：户部知道。欽此。

一三八　恭報二麥約收分數摺①
（道光二十八年四月二十二日）

　　奏爲恭報陝西省西安等九府州屬二麥約收分數，仰祈聖鑒事。

　　竊照二麥約收分數例，應先期恭摺奏報。茲據西安、鳳翔、漢中、同州、興安、商州、邠州、乾州、鄜州九府州所屬二麥約收分數開摺具報，由藩司會詳請奏前來。臣覆加查核統計，西安等九府州屬七十二廳州縣多寡牽算，二麥約收七分有餘，敬繕清單恭呈御覽。至延安、榆林、綏德三府州屬節氣較遲，向於開報實收分數時匯同具報，合併陳明。

　　謹繕摺具奏，伏乞皇上聖鑒。謹奏。

　　道光二十八年四月二十二日拜進

　　五月二十八日奉硃批：覽。欽此。

---

　　① 見楊紹和抄本卷五，魯圖藏。據中國第一歷史檔案館藏硃批奏摺，"奏爲"前有"陝西巡撫臣楊以增跪"。

一三九　揀員調補省會知縣摺[①]

(道光二十八年四月二十四日)

奏爲揀員調補省會要缺知縣，仰祈聖鑒事。

竊照咸寧縣知縣李煒丁艱，經臣恭疏題報在案，所遺員缺系衝繁疲難兼四要缺，例應在外揀員調補。查該縣爲省會首邑，政務最爲殷繁，必須精明幹練之員方足以資治理。臣與藩、臬兩司在於通省知縣內逐加遴選，非現居要缺，即人地未宜，一時實無合例堪調之員。惟查有榆林縣知縣福淳，年五十一歲，鑲黃旗滿洲進士即用知縣，簽掣山東，補授安邱縣知縣，調補恩縣知縣。因先在安邱縣失察捕役滋事，部議革職，嗣經捐復知縣，揀選引見，奉旨：福淳著發往陝西，以知縣差遣委用。欽此。二十三年八月到陝，題補榆林縣知縣，二十六年二月到任。該員品端才練，任事實心。現署咸寧縣印務，辦理裕如，以之調補斯缺，實勘勝任。其任內因公處分例免核計。惟歷俸未滿三年，與例稍有未符，但該員前在山東曾調繁要，且人地實在相需，例得專摺陳奏。據藩、臬兩司會詳前來，合無仰懇天恩，俯念省會要缺需員，敕部核覆，准以榆林縣知縣福淳調補咸寧縣知縣，洵於地方有裨。如蒙俞允，該員以知縣調補知縣，銜缺相當，毋庸送部引見。至所遺榆林縣知縣員缺系衝繁中缺，陝省現有應補人員，容俟部覆至日，另行請補，合併陳明。

所有揀員調補省會要缺知縣緣由，謹會同陝甘督臣布彥泰合詞恭摺具奏，伏乞皇上聖鑒訓示。謹奏。

道光二十八年四月二十四日拜進

五月二十八日奉硃批：另有旨。欽此。同日奉道光二十八年五月初六日內閣奉上諭：楊以增奏揀員調補省會要缺知縣一摺。著照所請，陝西咸寧縣知縣員缺准其以福淳調補，該部知道。欽此。

---

① 見楊紹和抄本卷五，魯圖藏。據中國第一歷史檔案館藏硃批奏摺，"奏爲"前有"陝西巡撫臣楊以增跪"。

一四〇　徵收新賦錢糧已未完數目
開單比較摺①

（道光二十八年四月二十八日）

奏爲陝西省道光二十七年分徵收新賦錢糧截至奏銷以前已未完數目，開列上三年比較清單，恭摺奏祈聖鑒事。

竊照前准戶部咨開：欽奉諭旨：州縣實徵實解銀數各省督撫於奏銷題報外照例具奏，摺內開具清單，明列通省三年比較。等因。欽此。嗣又准部咨：統以年底截數，次年二月春撥時開單奏報，即以道光五年春撥爲始遵照辦理。六年正月內復准部咨：通年全額錢糧勢難於春撥時統行確核，行令仍以奏銷截數開單奏報，並於單內將已完銀數下註明，造入春秋撥册若干，頒發清單式樣，畫一辦理。等因。

茲據布政使恒春詳報：道光二十七年分額徵新賦地丁正項銀一百三十三萬一千四百三十九兩零，內除蒲城縣緩徵銀二萬六千八百九十五兩零，截至奏銷止，已完九分八釐七毫，銀一百二十八萬七千七百三十一兩零。內造入二十七年秋撥銀四十四萬五千八百九十三兩零，二十八年春撥銀六十五萬八千八百三十九兩零，實貯庫銀一十八萬二千九百九十八兩零，俟二十八年秋撥册內造報候撥。未完一釐三毫，銀一萬六千八百一十三兩零，現在催徵。等情。具詳前來。

臣逐細覆核無異，並咨明戶部外，所有應徵新賦銀兩已未完緣由，理合恭摺具奏，敬繕比較細數清單恭呈御覽，伏乞皇上聖鑒。謹奏。

道光二十八年四月二十八日拜進

六月十一日奉硃批：戶部知道，單併發。欽此。

---

① 見楊紹和抄本卷五，魯圖藏。據中國第一歷史檔案館藏硃批奏摺，"奏爲"前有"陝西巡撫臣楊以增跪"。

一四一　查明司庫實存耗羨銀數摺[①]

（道光二十八年四月二十八日）

奏爲查明司庫實存耗羨銀數循例奏聞事。

竊照司庫耗羨收支動存各款，例應於奏銷地丁錢糧時恭摺具奏。茲查陝西省道光二十七年奏銷册造司庫現存及缺官扣半養廉共銀二十一萬七千七百一十七兩零。除將清册咨部外，理合循例具奏，並開繕清單，恭呈御覽，伏乞皇上聖鑒。謹奏。

道光二十八年四月二十八日拜進

六月十一日奉硃批：戶部知道，單併發。欽此。

一四二　應徵帶徵錢糧已未完數目摺[②]

（道光二十八年四月二十八日）

奏爲陝西省道光二十七年應徵帶徵錢糧已未完數目，循例奏聞事。

竊照向例辦理錢糧奏銷，應將每年完欠數目分晰具奏，歷經遵照在案。茲據布政使恒春詳稱：陝西省道光二十七年分額徵地方[③]起存藥味等項共銀一百六十一萬一十六兩零，內已完銀一百五十六萬四千四百九十兩零，未完銀四萬五千五百二十六兩零，內緩徵銀二萬八千七百一十三兩零，止未完銀一萬六千八百一十三兩零。又額徵耗羨銀二十三萬七千三百九十八兩零，內已完銀二十三萬五百六十九兩零，未完銀六千八百二十八兩零，內除緩徵銀四千三百六兩零，止未完銀二千五百二十一兩零。又額徵起存本色糧一十九萬八千四百五十七石零，內已完糧一十

---

① 見楊紹和抄本卷五，魯圖藏。據中國第一歷史檔案館藏硃批奏摺，"奏爲"前有"陝西巡撫臣楊以增跪"。

② 同上。

③ "方"字，硃批奏摺作"丁"。

六萬二千九百八十九石零，未完糧三萬五千四百六十七石零，內除緩徵糧二萬八千四百七石零，止未完糧七千六十石零。又額徵糯米折價銀二千四百三十九兩零，通完。又額徵本色草一萬五千六百三十二束零，內已完草一萬五千三十五束零，未完草五百九十七束零。全數緩徵又帶徵道光二十一年未完起運本色糧二十二石零，全數通完。又帶徵道光二十二年未完緩徵存留正銀五百三十八兩零、耗銀八十兩零，起運本色糧四百五十二石零，內已完糧六十六石零，止未完糧三百八十六石零，全數緩徵。又帶徵道光二十三年未完緩徵存留正銀五百一十七兩零，耗銀七十七兩零，本色糧三百七十一石零，全數緩徵。又帶徵道光二十四年未完緩徵存留正銀七十四兩零，耗銀一十一兩零，起運本色糧五十三石零，全數緩徵。又帶徵道光二十六年起運正銀三萬三千四百四十六兩零，內已完銀一萬七百一十五兩零，又除緩徵銀二萬一千一百六十五兩零，止未完銀一千五百六十四兩零。耗銀五千一十一兩零，內已完銀一千六百三兩零，又除緩徵銀三千一百七十三兩零，止未完銀二百三十四兩零。起運本色糧六萬三千四百七十八石零，內已完糧二萬二千六百六十三石零，又除緩徵糧四萬七百八十石零，止未完糧三十三石零。未完本色草二千九百三十八束零，全數緩徵。等情。具詳請奏前來。

臣覆核無異，除將未完銀糧草束責令該管道府州分別依限催徵完解外，理合恭摺具奏，並將已未完數目繕具簡明清單，恭呈御覽，伏乞皇上聖鑒。謹奏。

道光二十八年四月二十八日拜進

六月十一日奉硃批：戶部知道，單併發。欽此。

一四三　委署府縣各缺摺
（道光二十八年五月二十六日）

陝西巡撫臣楊以增跪奏，爲委署府縣印務，循例奏聞，仰祈聖鑒事。

竊照鳳翔府知府白維清經督臣布彥泰奏請與甘肅迴避之慶陽府知府成瑞對調，欽奉諭旨允准。現在成瑞由甘請咨赴部，來陝尚需時日，白維清即已准調。應即委員接署鳳翔府事，以便該員交卸。查有孝義廳同知吳學彬有守有爲，堪以委令署理。又渭南縣知縣王義樟十年俸滿，奉部調取引見，所遺系衝煩難要缺，應行揀員委署。查有襃城縣知縣何玉珍品端才裕，堪以調署。又蒲城縣知縣慕維城告病，遺缺系繁疲難要缺，亦應揀員委署。查有清澗縣知縣沈功枚辦事奮勉，前署斯篆，辦理裕如，堪委接署。據藩、臬兩司先後會詳前來。

除批飭遵照外，所有委署緣由理合循例恭摺具奏，伏乞皇上聖鑒。謹奏。

五月二十六日

道光二十八年六月初八日奉硃批：覽。欽此。

一四四 恭報雨水糧價情形摺
（道光二十八年五月二十六日）

陝西巡撫臣楊以增跪奏，爲恭報雨水田禾情形，仰祈聖鑒事。

竊照陝西省三月下旬及四月初旬雨水情形，業經臣恭摺具奏在案。嗣據西安、延安、鳳翔、漢中、榆林、同州、興安、商州、邠州、乾州、綏德等十二府州屬陸續具報，於四月十五六、十九、二十並二十一二三四五六等日先後得雨一二三四寸至深透不等，餘日晴霽，暄潤相宜。平原一帶二麥均已刈獲登場，收成尚稱中稔。北山氣候較遲，現亦將次成熟。所有通省糧價，延安、鳳翔、漢中、商州、邠州、乾州、綏德七屬俱報平減，餘與上月相同。民情樂業，氣象恬熙，堪以仰慰宸懷。

謹將四月分各屬糧價敬繕清單，恭呈御覽，伏乞皇上聖鑒。謹奏。

五月二十六日

道光二十八年六月初八日奉硃批：知道了。欽此。

一四五　道光二十八年四月分陝西省糧價清單

（道光二十八年五月二十六日）

謹將陝西省道光二十八年十月分各屬糧價開具清單，恭呈御覽。

計開：

西安府屬價貴。大米每倉石價銀自一兩六錢至二兩八錢三分，與上月相同；小米每倉石價銀自一兩四錢至二兩六錢，與上月相同；小麥每倉石價銀自一兩一錢七分至二兩六錢七分，與上月相同；大麥每倉石價銀自九錢五分至一兩五錢九分，與上月相同；豌豆每倉石價銀自一兩四錢二分至二兩六錢二分，與上月相同。

延安府屬價貴。大米每倉石價銀自一兩四錢四分至三兩九錢六分，較上月減六分；小米每倉石價銀自九錢至二兩一錢二分，與上月相同；小麥每倉石價銀自一兩一錢至二兩五錢二分，與上月相同；穈米每倉石價銀自一兩五分至二兩四錢六分，與上月相同；豌豆每倉石價銀自八錢至二兩四錢六分，與上月相同。

鳳翔府屬大米價貴，餘俱價中。大米每倉石價銀自一兩六錢一分至二兩八錢八分，與上月相同；小米每倉石價銀自一兩四錢三分至一兩九錢二分，與上月相同；小麥每倉石價銀自一兩二錢一分至一兩八錢六分，與上月相同；大麥每倉石價銀自六錢六分至一兩，較上月減二分；豌豆每倉石價銀自一兩五分至一兩五錢六分，與上月相同。

漢中府屬大米、小米價貴，餘俱價中。大米每倉石價銀自九錢六分至二兩六錢八分，與上月相同；小米每倉石價銀自九錢七分至一兩八錢八分，較上月減二分；小麥每倉石價銀自七錢六分至二兩二錢，與上月相同；大麥每倉石價銀自三錢八分至一兩一錢六分，與上月相同；豌豆每倉石價銀自七錢六分至一兩三錢五分，與上月相同；黃豆每倉石價銀自六錢至一兩四錢一分，與上月相同。

榆林府屬豌豆價中，餘俱價貴。大米每倉石價銀自二兩二錢三分至三兩四錢七分，與上月相同；小米每倉石價銀自一兩七錢五分至二兩五錢八分，與上月相同；小麥每倉石價銀自一兩九錢五分至二兩二錢二分，與上月相同；糜米每倉石價銀自一兩六錢八分至二兩四錢二分，與上月相同；豌豆每倉石價銀自一兩三分至一兩五錢六分，與上月相同。

同州府屬價貴。大米每倉石價銀自二兩一錢四分至三兩六錢六分，與上月相同；小米每倉石價銀自一兩五錢四分至三兩五分，與上月相同；小麥每倉石價銀自一兩六錢八分至三兩七分，與上月相同；大麥每倉石價銀自九錢八分至二兩一錢七分，與上月相同；豌豆每倉石價銀自一兩二錢六分至二兩五錢六分，與上月相同。

興安府屬大米價賤，餘俱價中。大米每倉石價銀自一兩三錢八分至一兩八錢三分，與上月相同；小米每倉石價銀自八錢五分至一兩四錢三分，與上月相同；小麥每倉石價銀自一兩一錢四分至一兩五錢五分，與上月相同；大麥每倉石價銀自四錢五分至一兩，與上月相同；豌豆每倉石價銀自七錢六分至一兩二錢，與上月相同；黃豆每倉石價銀自七錢四分至一兩三錢，與上月相同。

商州屬大米、大麥價中，餘俱價貴。大米每倉石價銀自一兩九錢六分至二兩六錢三分，與上月相同；小米每倉石價銀自一兩三錢二分至二兩三錢四分，與上月相同；小麥每倉石價銀自一兩五錢九分至二兩一分，與上月相同；大麥每倉石價銀自七錢七分至九錢二分，較上月減三分；豌豆每倉石價銀自六錢至一兩九錢三分；與上月相同。

邠州屬價貴。大米每倉石價銀自二兩八錢七分至三兩九錢，較上月減二分；小米每倉石價銀自一兩七錢九分至二兩五錢九分，與上月相同；小麥每倉石價銀自一兩六錢三分至二兩三錢七分，與上月相同；豌豆每倉石價銀自一兩六錢五分至二兩三錢，與上月相同。

乾州屬價貴。大米每倉石價銀自二兩二錢五分至三兩一錢四分，與上月相同；小米每倉石價銀自二兩一錢至二兩七錢一分，與上月相同；小麥每倉石價銀自二兩一分至二兩六錢一分，與上月相同；大麥每倉石價銀自一兩二分至一兩六錢七分，與上月相同；豌豆每倉石價銀自一兩六錢八分至二兩三錢四分，較上月減一錢。

鄜州屬價中。小米每倉石價銀自六錢二分至一兩五錢四分，與上月相同；下麥每倉石價銀自六錢二分至一兩六錢一分，與上月相同；豌豆每倉石價銀自四錢八分至一兩四錢七分，與上月相同。

綏德州屬小麥價貴，餘俱價中。小米每倉石價銀自一兩四錢四分至二兩四錢，較上月減四分；小麥每倉石價銀自一兩五錢八分至二兩四錢一分，與上月相同；豌豆每倉石價銀自一兩至一兩六錢三分，與上月相同。

硃批：覽。

一四六　額徵錢糧已未完數目摺
（道光二十八年五月二十六日）

陝西巡撫臣楊以增跪奏，爲本年錢糧現已徵收完欠分數，循例奏祈聖鑒事。

竊照嘉慶八年五月經户部奏准，令各省於每年五月將徵完舊欠及當年新賦錢糧徵完若干專摺奏明。等因。除徵完舊欠錢糧數目，臣於本年奏銷時另摺奏明外，茲據藩司恒春詳稱：道光二十八年分應繳錢糧額徵民屯更起運存留共銀一百六十萬九千五百五十二兩零，内除存留銀二十七萬八千一百一十二兩零，實應解起運銀一百三十三萬一千四百三十九兩零。計自二月開徵起至五月止，現已解貯司庫銀五十九萬五千三百七十一兩零，未完銀七十三萬六千六十八兩零，較比向年已完銀數短少之處，因各屬連歲歉收，民間元氣未復，未能照常輸納，統計本年新徵銀兩完納四分四厘有餘。等情。

臣覆核無異，除飭將未完銀兩於秋徵時奏令該管道府州督催徵解，依限全完外，所有道光二十八年額徵錢糧已未完數目，理合循例具奏，伏乞皇上聖鑒。謹奏。

五月二十六日

道光二十八年六月初八日奉硃批：户部知道。欽此。

一四七　上忙徵收新舊錢糧已未完數目摺

（道光二十八年五月二十六日）

　　陝西巡撫臣楊以增跪奏，爲本年上忙徵收新舊錢糧已未完數目，循例恭摺奏聞，仰祈聖鑒事。

　　竊照嘉慶二十年六月內經戶部奏准，行令各省於每年上下忙應徵錢糧除留支外實應解司銀數，分別正課、雜項依限詳報，督撫二十日內專摺具奏。等因。茲據藩司恒春詳報：道光二十八年分額徵民屯更起存並糧折價除屯丁兌食外，共銀一百六十萬九千五百五十二兩零，內除存留銀二十七萬八千一百一十二兩零，止該解司銀一百三十三萬一千四百三十九兩零。計自二月開徵起，至上忙截數止，已完解司銀五十九萬五千三百七十一兩零，未完銀七十三萬六千六百六十八兩零。較比向年已完銀數短少之處，系因各屬連歲歉收，民間元氣未復，未能照常輸納。又原額鹽課銀八千九百八十兩零，今上忙已完銀一千八百九十二兩零，未完銀七千八十七兩零。又道光二十六年原未完地丁起運銀二萬四千一百五兩零，今道光二十八年上忙續完銀二千三百五十兩零，仍未完銀二萬一千七百五十五兩零。內除富平、涇陽、神木、府谷等縣二十七年秋收後經節次奏奉諭旨，展緩至道光二十八年秋後起徵銀二萬一百九十二兩零，止未完銀一千五百六十四兩零。又道光二十七年原未完地丁起運銀二十三萬二千三百六十五兩零，今道光二十八年上忙續完銀一十八萬八千六百五十七兩零，仍未完銀四萬三千七百八兩零。因蒲城二十六年秋禾被旱，冬麥又未種齊，業經奏明，展緩至道光二十八年春秋帶徵。又道光一①十七年原未完鹽課銀三千三百四十一兩零，今已全數通完。等情。具詳前來。

　　臣覆核無異，除將未完銀兩責令該管道府州於下忙秋徵時，督催依限完解外，所有道光二十八年徵收新舊錢糧已未完數目，理合循例恭摺具奏，伏乞皇上聖鑒。謹奏。

---

①　"一"或誤，似當作"二"。

五月二十六日

道光二十八年六月初八日奉硃批：户部知道。欽此。

一四八　收捐監生銀数片
（道光二十八年五月二十六日）

再，查陝西省捐監生銀兩，截至道光二十八年三月底止，共存銀三萬四千一百五十六兩，業經臣附片奏明在案。今於四月分又收捐監生十六名，共銀一錢七百二十八兩，連前司庫共存銀三萬五千八百八十四兩。理合循例附片奏聞。謹奏。

五月二十六日

道光二十八年六月初八日奉硃批：户部知道。欽此。

一四九　雨水情形片
（道光二十八年五月二十六日）

再，陝西通省本年自春及夏雨水均尚調勻。現在平原地方二麥碾收之後，亟需翻犁種秋，全賴甘霖，用資霑潤。即南北兩山包穀雜糧亦藉膏澤滋培，始能長發暢茂。茲於五月初八、九至十六、七、八等日節次得雨，據西安、同州、鳳翔、延安、漢中、榆林、乾州、邠州、鄜州、綏德等府州屬具報，深透者十之六七，其少者亦得雨二三四寸。正黎庶望雲待澤之際，獲此普遍優渥，間於農工稼事大有裨益，合併附片陳明，恭慰聖厘。謹奏。

五月二十六日

道光二十八年六月初八日奉硃批：覽奏欣慰。欽此。

一五〇　官民捐修城垣請分別獎勵摺

（道光二十八年六月二十五日）

　　陝西巡撫臣楊以增跪奏，爲官民捐修城垣各工完竣，懇恩分別獎敘，仰祈聖鑒事。

　　竊照府谷縣城垣一座，建立崇岡，東、西、北三面高三丈，下臨陡壁，南高二丈，逼近黃河。城身外皮石包，內壘碎石，堞垛磚砌。自乾隆五十一年請項修理後，迄今六十餘載，早逾固限，一切月城、圍牆、砲臺、城樓等項歷年久遠，坍塌過甚，若不急爲修理，不足以資防範。又該縣文廟①規模狹隘，門垣棟宇亦多傾圮。經前署縣現任潼關廳同知凌樹棠及委員試用從九品高鈞首先倡捐，勸諭士民，均皆踴躍樂輸，集有成數。隨派公正紳士數人董司其事，宜爲稽查。於道光二十七年四月二十二日興工，至八月二十六日一律修竣，詳經飭委署榆林府知府劉建韶親往勘驗，俱各如式，工堅料實，足資經久，並無偷減草率情弊。共用過工料銀一萬五千二百三十五兩零，內前署知縣凌樹棠捐銀三百六十三兩零，委員試用從九品高鈞捐銀二千二百兩，士民捐銀一萬二千六百七十二兩，據該管府道查明，由藩司核議具詳請奏前來。

　　臣查官民捐輸修城重大事務，例得給予議敘。又道光十八年部議：試用人員從九品捐銀二千兩以上，各就本班到挑時照分缺間用②之例，先用正挑一人，次用捐輸出力一人。等因。今該官民等捐資修復城垣，其工洵屬有益地方。除捐數不及議敘者由臣自行獎勵，並將捐銀二三百兩之士民暨勸捐出力之府谷縣教諭李九標、典史李登瀛、巡檢③黃炳文，稽查彈壓之府谷汛把總楊興旺、董事議敘九品韓景行、歲貢生候選訓導劉作藩、議敘六品軍功蘇菓等咨部照例議敘外，其前署府谷縣知縣

---

　　① 文廟：祭祀孔子的祠廟建築，又稱夫子廟、至聖廟、先師廟、先聖廟、文宣王廟。

　　② 分缺：清代官制，即將某一種員缺分爲若干病缺，以便更好地根據各候選官員個人所長或針對各地各衙門之具體所需，使候選官員的選用比較確當和合理。間用：是指在特殊情況下，不循正常次序，於正常選班之間，增選他人。

　　③ 巡檢：清代官名，凡鎮市、關隘要害處俱設巡檢司巡檢，爲主官正九品，歸縣令管轄。

現任潼關廳同知凌樹棠力籌興辦，倡捐銀三百六十餘兩後，勸諭士民捐輸，數逾巨萬，俾得資集工成，實屬督率有方，盡心公事。試用從九品高鈞以微員捐銀二千二百兩之多，又自備資斧，在工經理，亦屬奮勉急公。可否仰懇天恩，將同知凌樹棠勅部從優議敘，試用從九品高鈞分缺間用，以示激勸之處出自聖主鴻慈。①

至此項工程均由官民捐辦，應請免其造冊報捐。除各捐戶履歷冊結送部外，所有捐修各工完竣緣由，理合恭摺具奏，伏乞皇上聖鑒訓示。謹奏。

六月二十五日

道光二十八年七月初八日奉硃批：該部議奏。欽此。

一五一　恭報雨水糧價情形摺

（道光二十八年六月二十五日）

陝西巡撫臣楊以增跪奏，爲恭報雨水田禾情形仰祈聖鑒事。

竊照陝省四月下旬及五月中旬節次得雨深透情形，業經臣恭摺具奏在案。茲據西安、延安、鳳翔、漢中、榆林、同州、商州、乾州、綏德等府州屬陸續具報，於五月二十五六八九、三十並六月初三、初六暨二十一、二、三、五等日先後得雨二三四寸至深透不等。臣查陝省各屬入夏以來雨澤頻霑，今復獲此甘膏，於禾稼大有裨益。所有通省糧價，西安、延安、漢中、同州、興安、商州六屬俱報平減，餘與上月相同。民情歡悅，四境安恬，堪以仰慰聖懷。

謹將五月分各屬糧價敬繕清單，恭呈御覽，伏乞皇上聖鑒。謹奏。

六月二十五日

道光二十八年七月初八日奉硃批：知道了。欽此。

---

① 此處有夾批：依議。

一五二　道光二十八年五月分陝西省糧價清單

（道光二十八年六月二十五日）

謹將陝西省道光二十八年五月分各屬糧價開具清單，恭呈御覽。

計開：

西安府屬大米價中，餘俱價貴。大米每倉石價銀自一兩六錢至二兩七錢，較上月減一錢三分；小米每倉石價銀自一兩四錢至二兩六錢七分，與上月相同；小麥每倉石價銀自一兩二錢五分至二兩六錢七分，與上月相同；大麥每倉石價銀自六錢九分至一兩五錢九分，與上月相同；豌豆每倉石價銀自一兩一錢一分至二兩六錢二分，與上月相同。

延安府屬價貴。大米每倉石價銀自一兩四錢四分至三兩九錢一分，較上月減五分；小米每倉石價銀自九錢至二兩一錢二分，與上月相同；小麥每倉石價銀自一兩一錢至二兩五錢二分，與上月相同；藦米每倉石價銀自一兩五分至二兩四錢六分，與上月相同；豌豆每倉石價銀自八錢至二兩四錢六分，與上月相同。

鳳翔府屬大米價貴，餘俱價中。大米每倉石價銀自一兩五錢四分至二兩八錢八分，與上月相同；小米每倉石價銀自一兩三錢三分至一兩九錢二分，與上月相同；小麥每倉石價銀自一兩二錢至一兩八錢六分，與上月相同；大麥每倉石價銀自六錢六分至一兩，與上月相同；豌豆每倉石價銀自九錢九分至一兩五錢六分，與上月相同。

漢中府屬大麥、小麥價貴，餘俱價中。大米每倉石價銀自九錢六分至二兩六錢八分，與上月相同；小米每倉石價銀自九錢七分至一兩八錢六分，較上月賤二分；小麥每倉石價銀自七錢三分至二兩二錢，與上月相同；大麥每倉石價銀自三錢六分至一兩一錢六分，與上月相同；豌豆每倉石價銀自七錢三分至一兩三錢五分，與上月相同；黃豆每倉石價銀自六錢至一兩四錢一分，與上月相同。

榆林府屬豌豆價中，餘俱價貴。大米每倉石價銀自二兩二錢三分至三兩四錢七分，與上月相同；小米每倉石價銀自一兩七錢五分至二兩五錢八分，與上月相同；藦米每倉石價銀自一兩六錢八分至二兩四錢二分，與上月相同；豌豆每倉石價銀自一兩三分至一兩五錢六分，與上月相同。

同州府屬價貴。大米每倉石價銀自一兩九錢七分至三兩六錢四分，較上月減二分；小米每倉石價銀自一兩五錢一分至三兩五分，與上月相同；小麥每倉石價銀自一兩五錢二分至三兩七分，與上月相同；大麥每倉石價銀自七錢六分至二兩一錢七分，與上月相同；豌豆每倉石價銀自一兩一錢四分至二兩五錢六分，與上月相同。

興安府屬大米價賤，餘俱價中。大米每倉石價銀自一兩三錢八分至一兩八錢三分，與上月相同；小米每倉石價銀自八錢五分至一兩四錢三分，與上月相同；小麥每倉石價銀自一兩一錢二分至一兩五錢二分，較上月減三分；大麥每倉石價銀自四錢七分至九錢六分，較上月減四分；豌豆每倉石價銀自七錢六分至一兩一錢九分，較上月減一分；黃豆每倉石價銀自七錢九分至一兩三錢，與上月相同。

商州屬大米、大麥價中，餘俱價貴。大米每倉石價銀自二兩九分至二兩六錢三分，與上月相同；小米每倉石價銀自一兩三錢四分至二兩三錢四分，與上月相同；小麥每倉石價銀自一兩五錢至二兩一分，與上月相同；大麥每倉石價銀自七錢八分至九錢一分，較上月減一分；豌豆每倉石價銀自六錢一分至一兩九錢三分，與上月相同。

邠州府屬價貴。大米每倉石價銀自二兩八錢七分至三兩九錢，與上月相同；小米每倉石價銀自一兩七錢九分至二兩五錢九分，與上月相同；小麥每倉石價銀自一兩六錢三分至二兩三錢七分，與上月相同；豌豆每倉石價銀自一兩六錢五分至二兩三錢，與上月相同。

乾州府屬價貴。大米每倉石價銀自二兩一錢至三兩一錢四分，與上月相同；小米每倉石價銀自一兩九錢五分至二兩七錢一分，與上月相同；小麥每倉石價銀自一兩八錢六分至二兩六錢一分，與上月相同；大麥每倉石價銀自八錢七分至一兩六錢七分，與上月相同；豌豆每倉石價銀自一兩五錢三分至二兩三錢四分，與上月相同。

鄜州屬價中。小米每倉石價銀自六錢二分至一兩五錢四分，與上月相同；小麥每倉石價銀自六錢二分至一兩六錢一分，與上月相同；豌豆每倉石價銀自四錢八分至一兩四錢七分，與上月相同。

綏德州屬豌豆價中，餘俱價貴。小米每倉石價銀自一兩四錢四分至二兩四錢，與上月相同；小麥每倉石價銀自一兩五錢八分至二兩四錢一分，與上月相同；豌豆每倉石價銀自一兩至一兩六錢三分，與上月相同。

硃批：覽。

一五三　京控咨交案件查無逾限片

（道光二十八年六月二十五日）

再，前准吏部咨：欽奉上諭：各省京控咨交案件嗣後著各該督撫均將逾限未結之案，每屆半年匯奏請旨，交部議處一次，俾承辦各員咸知儆畏。等因。欽此。欽遵在案。臣查陝省京控咨交案件，自上年十二月奏報之後，有鎮安縣民王勝蘭、大荔縣軍戶邵士鳳二起，均已提集人證，督飭審擬，按報分咨。現在並無逾限未結，亦無續准咨交之案。

理合附片奏聞。謹奏。

六月二十五日

道光二十八年七月初八日奉硃批：知道了。欽此。

一五四　收捐監生銀數片

（道光二十八年六月二十五日）

再，查陝西省收捐監生銀兩，截至道光二十八年四月底止，共實存銀三萬五千八百八十四兩，業經臣附片奏明在案。今於五月分又收捐監生九名，共銀九百七十二兩，連前司庫共存銀三萬六千八百五十六兩，理合循例附片奏聞。謹奏。

六月二十五日

道光二十八年七月初八日奉硃批：户部知道。欽此。

一五五　官紳捐修城垣請分別獎敘摺
（道光二十八年七月二十二日）

陝西巡撫臣楊以增跪奏，爲官紳捐修工程完竣，懇恩分別獎敘，仰祈聖鑒事。

竊照興平縣城垣周圍共長一千六十五丈七尺，高三丈三尺，頂寬一丈八尺，底厚三丈。於乾隆十七年請項修理後，迄今將屆百年，一切城身、城樓、砲臺等項坍塌過甚，亟應全行修葺。又該縣文廟殿宇、文昌廟①、奎星樓②、啓聖宮③均皆黢裂傾圮堪虞。經前任知縣現陞佛坪廳同知李夢愚倡捐銀二百兩，因數不敷，未能蕆事。嗣現任知縣龔衡齡接篆，適值地方歉收，民多乏食，籌議以工代賑，隨與縣丞、典史、教職、外委等官首先倡捐，勸諭紳民踴躍輸將，集有成數，遴派公正紳士經理。於道光二十七年正月二十日興工，招集窮黎，分段修築，於二十八年三月初五日一律修竣。詳經飭委咸陽縣知縣姚國齡勘驗各工，俱皆如式堅實，並無偷減草率情弊。共用過工料銀一萬九千四百四十兩零，內現任知縣龔衡齡捐銀三千一百四十兩零，縣丞楊萬清、典史石奉儀各捐銀三百兩，教諭康淑年捐銀一百八十兩，外委鄧賢富捐銀一百六十兩，其餘均系紳民捐輸。據該管府道查明，由藩司核議具詳請奏前來。

臣查興平縣城垣保障攸關，年久傾頹，並各廟宇均皆坍損過甚。該紳民捐資修復，洵屬有益地方。除捐銀不及議敘者由外辦理，並將捐銀二三百兩之紳民等咨部照例議敘外，所有捐銀二千八百兩之會試中試武舉楊發枝、五百兩之廣東候補知縣車任重、三百兩之就職教諭王綱均經綜理銀錢出入，潔己奉公，監督修築，悉臻妥善，應同捐銀一千二百兩之武生張維清請旨交部從優議敘具奏。現任興平縣知縣龔衡齡首先捐銀

---

①　文昌廟：即文昌帝君廟，又稱梓橦廟，即祭祀梓橦帝君或文昌司祿宏仁帝君之廟。舊時士人祭祀，以求保佑功名。

②　奎星樓：祭祀奎星的祠廟。奎星爲二十八宿之一，是主宰天下文運的吉星。

③　啓聖宮：祠奉孔子以上五世的祠廟。清代加封孔子五世王爵：木金父公爲肇聖王，祈父公爲裕聖王，防叔公爲詒聖王，伯夏公爲昌聖王，叔梁公爲啓聖王。

三千一百四十餘兩零，復又勸捐，得以費集工成，實屬督率有方，盡心民事。前任知縣現任佛坪廳同知李夢愚捐銀二百兩，亦屬奮勉急公。又該縣縣丞楊萬清、典史石奉儀各捐銀三百兩，教諭康淑年捐銀一百八十兩，外委鄧賢富捐銀一百六十兩，並各隨同勸捐督理，始終出力。可否仰懇天恩，勅部分別從優議敘，俾昭激勸出自聖主鴻慈。①

至此項工程官紳捐辦，請免造冊報銷。② 除各捐戶履歷冊結送部外，所有捐修各工完竣緣由，謹會同陝甘督臣布彥泰合詞恭摺具奏，伏乞皇上聖鑒訓示。謹奏。

七月二十二日

道光二十八年八月初三日奉硃批：該部議奏。欽此。

一五六　恭報雨水糧價情形摺
（道光二十八年七月二十二日）

陝西巡撫臣楊以增跪奏，爲恭報雨水田禾情形，仰祈聖鑒事。

竊照陝省五月下旬及六月中旬得雨深透情形，業經臣恭摺具奏在案。嗣據西安、延安、鳳翔、漢中、榆林、同州、興安、商州、邠州、乾州、鄜州、綏德十二府州屬具報，六月下旬二十四五六七八九、七月上旬初一五六八九十、中旬十一二等日，先後得雨自一二三四寸至深透不等，所種一切秋禾雜糧獲此雨澤，可期長發。至通省糧價，西安、延安、漢中、同州、興安、商州六府州屬俱報平減，餘與上月相同。地方安謐，堪以仰慰宸懷。理合恭摺具奏，並繕六月分糧價清單敬呈御覽，伏乞皇上聖鑒。謹奏。

七月二十二日

道光二十八年八月初三日奉硃批：知道了。欽此。

---

① 此處有夾批：依議。
② 硃批本此句旁有硃批："依議。"

一五七　道光二十八年六月分陝西省糧價清單
（道光二十八年七月二十二日）

謹將陝西省道光二十八年六月分各屬糧價開具清單，恭呈御覽。
計開：

西安府屬大米、小麥價中，餘俱價貴。大米每倉石價銀自一兩五錢二分至二兩七錢，與上月相同；小米每倉石價銀自一兩四錢至二兩二錢一分，較上月減四錢六分；小麥每倉石價銀自一兩一分至一兩八錢八分，較上月減七錢九分；大麥每倉石價銀自四錢九分至一兩五分，較上月減五錢四分；豌豆每倉石價銀自九錢四分至一兩七錢一分，較上月減九錢一分。

延安府屬價貴。大米每倉石價銀自一兩四錢四分至三兩八錢六分，較上月減五分；小米每倉石價銀自九錢至二兩一錢二分，與上月相同；小麥每倉石價銀自一兩一錢至二兩五錢二分，與上月相同；藥米每倉石價銀自一兩五分至二兩四錢六分，與上月相同；豌豆每倉石價銀自八錢至二兩四錢六分，與上月相同。

鳳翔府屬價中。大米每倉石價銀自一兩四錢四分至二兩六錢四分，較上月減二錢四分；小米每倉石價銀自一兩一錢六分至一兩七錢四分，較上月減一錢八分；小麥每倉石價銀自九錢八分至一兩六錢七分，較上月減一錢九分；大麥每倉石價銀自五錢八分至八錢四分，較上月減一錢六分；豌豆每倉石價銀自九錢四分至一兩三錢八分，較上月減一錢八分。

漢中府屬大麥、小麥價貴，餘俱價中。大米每倉石價銀自九錢六分至二兩六錢八分，與上月相同；小米每倉石價銀自九錢七分至一兩八錢六分，與上月相同；小麥每倉石價銀自七錢三分至二兩二錢，與上月相同；大麥每倉石價銀自三錢六分至一兩一錢六分，與上月相同；豌豆每倉石價銀自六錢八分至一兩三錢五分，與上月相同；黃豆每倉石價銀自六錢至一兩四錢一分，與上月相同。

榆林府豌豆價中，餘俱價貴。大米每倉石價銀自二兩二錢三分至三兩四錢七分，與上月相同；小米每倉石價銀自一兩七錢五分至二兩五錢八分，與上月相同；小麥每倉石價銀自一兩九錢五分至二兩二錢二分，與上月相同；穬米每倉石價銀自一兩六錢八分至二兩四錢二分，與上月相同；豌豆每倉石價銀自一兩三分至一兩四錢九分，較上月減七分。

同州府屬價貴。大米每倉石價銀自一兩九錢二分至三兩六錢四分，與上月相同；小米每倉石價銀自一兩三錢二分至三兩五分，與上月相同；小麥每倉石價銀自一兩三錢七分至三兩七分，與上月相同；大麥每倉石價銀自七錢六分至二兩一錢七分，與上月相同；豌豆每倉石價銀自一兩二分至二兩五錢六分，與上月相同。

興安府屬大米價賤，餘俱價中。大米每倉石價銀自一兩四錢三分至一兩八錢三分，與上月相同；小米每倉石價銀自八錢五分至一兩四錢三分，與上月相同；小麥每倉石價銀自一兩一錢二分至一兩五錢二分，與上月相同；大麥每倉石價銀自四錢七分至九錢六分，與上月相同；豌豆每倉石價銀自七錢六分至一兩一錢九分，與上月相同；黃豆每倉石價銀自八錢至一兩三錢，與上月相同。

商州屬小米、豌豆價貴，餘俱價中。大米每倉石價銀自二兩一錢四分至二兩六錢三分，與上月相同；小米每倉石價銀自一兩三錢七分至二兩三錢四分，與上月相同；小麥每倉石價銀自一兩四錢至一兩六錢八分，較上月減三錢三分；大麥每倉石價銀自七錢二分至八錢五分，較上月減六分；豌豆每倉石價銀自七錢二分至一兩八錢，較上月減一錢三分。

邠州屬價貴。大米每倉石價銀自二兩八錢七分至三兩五錢六分，較上月減三錢四分；小米每倉石價銀自一兩四錢四分至二兩五錢九分，與上月相同；小麥每倉石價銀自一兩二錢八分至二兩三錢七分，與上月相同；豌豆每倉石價銀自一兩一錢六分至二兩三錢，與上月相同。

乾州屬價貴。大米每倉石價銀自二兩一錢至三兩一錢四分，與上月相同；小米每倉石價銀自一兩九錢五分至二兩七錢一分，與上月相同；小麥每倉石價銀自一兩八錢六分至二兩三錢七分，較上月減二錢四分；大面每倉石價銀自八錢七分至一兩五錢八分，較上月減九分；豌豆每倉石價銀自一兩五錢三分至二兩七分，較上月減二錢七分。

鄜州屬價中。小米每倉石價銀自六錢二分至一兩五錢四分，與上月相同；小麥每倉石價銀自六錢一分至一兩六錢一分，與上月相同；豌豆每倉石價銀自四錢八分至一兩四錢七分，與上月相同。

綏德州屬豌豆價中，餘俱價貴。小米每倉石價銀自一兩四錢四分至二兩四錢，與上月相同；小麥每倉石價銀自一兩五錢至二兩四錢一分，與上月相同；豌豆每倉石價銀自九錢至一兩六錢三分，與上月相同。

硃批：覽。

一五八　动项修理要津堤堰摺

（道光二十八年七月二十二日）

陝西巡撫臣楊以增跪奏，爲修理要津堤堰等工，動用本款生息銀數，恭摺奏聞，仰祈聖鑒事。

竊照西安省會城東滻河①爲豫晉隴蜀驛路要津，上年八月內河水盛漲，冲傷西岸堤堰。當據咸寧縣詳報批司委勘，請動本款生息銀兩興修，又經批飭確估、妥送册結去後。茲據藩司恒春詳稱：准督糧道黃德濂咨據委員西安府知府徐棟督同咸寧縣知縣福淳，前詣勘得滻河西岸上水冲傷護橋堤堰一道，長二十四丈，頂寬一丈八尺至五六尺不等，折寬一丈二尺；底寬二丈一尺至七八尺不等，折寬一丈四尺；頂底均折寬一丈三尺；高八尺至六尺不等，折高七尺。底根原築灰土深三尺，拆起海漫並拆起堤身均長二十四丈，均折寬一丈三尺。新築堤身加高二尺，共高九尺，頂加寬通折一丈四尺五寸，底加寬通折一丈六尺五寸，頂底均折寬一丈五尺五寸。築打地腳長二十四丈，折寬一丈七尺，深三尺，兩邊各錠一丈長柏樁二路。又橋頭路堤下節續冲河道長十七丈九尺，寬七丈六尺，深三尺八寸。橋座下水冲傷堤堰南北長五丈，俱系實在情形。現值夏令，大雨時行，河水不時漲發，必須豫爲購料，趕緊修築，逐款確估，共需工料銀一千六百二十六兩零，造具估計册結，由府道加結移司核明，詳請具奏前來。

臣查前次被冲堤堰等工既經西安府勘明確估無浮，即需工料銀兩應

---

① 滻河：灞河的最大支流，發源於秦嶺北麓的藍田縣西南秦嶺北坡湯峪鄉。

在於橋工生息本款銀內照數動支，飭令及早興修，以護橋座而衛田廬，俟工竣日，核實造銷。除另疏題報並估計册結送部備核外，謹會同陝甘督臣布彥泰合詞恭摺具奏，伏乞皇上聖鑒。謹奏。

七月二十二日

道光二十八年八月初三日奉硃批：工部議奏。欽此。

一五九　續查陝西臺站接遞奏摺遲延時刻摺

（道光二十八年七月二十二日）

陝西巡撫臣楊以增跪奏，爲續查陝省臺站接遞新疆奏摺時刻，恭摺奏聞，仰祈聖鑒事。

竊准兵部咨開：具奏臺站接遞奏摺遲延一摺，奉上諭：前因葉爾羌等交奏摺接遞遲延，屢經降旨飭查。茲據兵部奏，數月以來，惟烏魯木齊等處分別查奏，此外多未奏覆。又自上年十二月二十九日暨本年正月二十四等日接到參贊大臣奕山奏摺三件，均有遲延，並未聲明結報，傳牌排單仍屬破爛各等情，著經過之各該地方督撫迅速查明，據實參奏。等因。欽此。

臣遵查茲奏行。查葉爾羌等處奏摺遞送遲延，業經臣將陝省臺站遲延時刻確數於本年四月內具奏，奉硃批：兵部知道。欽此。欽遵在案。隨將此次續查之件移行延綏鎮道暨臬司查辦去後，茲據司詳准延綏鎮咨覆：會同延榆綏道督率委員赴各臺站調齊號檔，按其入境出境月日時刻逐加細核。陝省自定邊臺起，至山西年延臺止，計程一千十五里，限行五百里，應行二日二刻十二分。查得上年十二月二十四日接遞參贊大臣奕山五百里奏摺一件，行過二日五刻，內響水臺遲延二刻三分，其餘各臺並無遲誤。此外奏摺二件均止行過一日十一時五刻，計算程限，尚快速五刻十二分。至傳牌排單前途送到，俱已破爛不全，以致時刻多無從填註。等情。具詳請奏前來。

臣查前項奏摺三件陝省臺站遞送僅止一件，遲延二刻有零，當將該弁記過嚴懲，並飭嗣後遇有文報，務須按限馳遞，不得稍存玩視，致干嚴譴，以肅郵政而免稽滯。除咨兵部外，所有續行查明陝省北路臺站接遞奏摺時刻緣由，理合繕摺具奏，伏乞皇上聖鑒。謹奏。

七月二十二日

道光二十八年八月初三日奉硃批：兵部知道。欽此。

一六〇　恭報得雨情形片
（道光二十八年七月二十二日）

再，陝省各屬六月下旬以後雖屢報得雨，而彌遠之處無多。在南北兩山地多陰寒，尚可資潤，惟西、同、鳳等府均覺乾燥異常，甚殷望澤。經臣率屬設壇步禱，先委員赴距省城九十里之黑龍潭黃龍潭取水。七月十二日藩司復親往行香，旋於十三日午刻得雨，至十六日止。始雨斷續相間，繼於十五、六兩日連宵達旦，大霈滂沱。隨據咸寧、長安二縣先報深透，其附近之西安、同州、鳳翔、乾州、邠州並漢中等府州屬陸續稟報深透者十六七，少者亦在三四五寸。

臣查此次雨澤最爲普遍優霈，正三伏吃緊之時，不但暢發秋禾，而稻麥亦大有裨益，三農歡慶，遐邇同聲。除俟闔省報齊，入於下月彙奏外，所有西安等處地方普得透雨情形，合先附片陳明，恭慰聖懷。謹奏。

七月二十二日

道光二十八年八月初三日奉硃批：覽奏欣慰。欽此。

一六一　拿獲刑部現審案內人犯片
（道光二十八年七月二十二日）

再，臣於七月十九日接准山西撫臣王兆琛①咨：刑部現審案內訊出

---

① 王兆琛（1786—1852）：原名王兆璽，字西舶，福建福山縣人。嘉慶二十四年（1819）授翰林院編修。後歷任江南道監察御使，江西、安徽、甘肅等按察使、四川布政使等職。道光二十六年（1846）擢陞山西巡撫，二十九年（1849）被革職查辦，咸豐二年（1852）卒於新疆。

應提人犯有前在梁萼涵①署內之簽押家人王晉，查明未在山西省城，傳審其兄王四及妻王陳氏，據供"王晉於本年六月內赴陝西省城四府街尋伊表兄，如找尋不著，擬即赴甘肅投奔舊友"。咨移按照所供查拿務獲，押解來晉，以憑解票歸案質訊。等因。臣與兩司密飭首府縣迅速查拿去後，旋於二十日據西安府徐棟、兩首縣福淳、李文瀚拿獲王晉到案。訊據供稱：年三十九歲，湖南長沙縣人，寄居山西省城，前在梁萼涵署內派管簽押，今甫經抵陝，即行被獲。等語。除派撥員役將王晉解往山西省，轉解赴京，歸案質訊外，所有拏獲緣由，謹會同陝甘督臣布彥泰合詞附片奏聞，並乞聖鑒。謹奏。

七月二十二日

道光二十八年八月初三日奉硃批：刑部知道。欽此。

一六二　收捐監生銀數片
（道光二十八年七月二十二日）

再，查陝西省收捐監生銀兩，截至道光二十八年五月底止，共存銀三萬六千八百五十六兩，業經臣附片奏明在案。今於六月分又收捐監生十一名，共銀一千一百八十八兩，連前司庫共存銀三萬八千四十四兩。

理合循例附片奏聞。謹奏。

七月二十二日

道光二十八年八月初三日奉硃批：戶部知道。欽此。

---

① 梁萼涵（1798—1858）：字心芳，號棣軒，山東榮成人。嘉慶十八年（1813）拔貢，二十三年（1818）中恩科順天舉人。嘉慶二十五年（1820）中進士，先後任翰林院庶吉士、福建道監察御史、京畿道監察御史、戶科給事中、光祿少卿等，後簡放浙江按察使、甘肅布政使、雲南布政使。道光二十一年（1841）陞任山西巡撫，二十五年（1845）因病告歸，咸豐八年（1858）卒。

一六三　揀員陞補要缺同知摺

（道光二十八年八月二十二日）

陝西巡撫臣楊以增跪奏，爲南山要缺同知請旨仍以前奏人員陞補，仰祈聖鑒事。

竊照漢中府定遠廳同知余炳燾因在順天捐輸經費議敘，奉旨：著以知府不論雙單月歸捐班前先用。當經臣續咨該員余炳燾赴部候選，並將定遠廳員缺以涇陽縣知縣何炳勳奏請陞補，欽奉諭旨允准。旋接吏部咨稱：余炳燾系現任人員，並未呈請離任，是定遠廳同知並未出缺，所有何炳勳陞補之處請旨撤回。茲復准到吏部咨開：余炳燾現已呈請離任，查該員任內並無展參①處分，應准其離任。所遺定遠廳同知一缺系在外題補之缺，比照現任捐陞留省人員開缺章程，應以接到此准其離任部文作爲開缺。各等因。

臣隨督同藩、臬兩司詳查。定遠廳系繁疲難邊要缺，地處南山，界連川省，五方雜聚，良莠不齊，一切彈壓撫綏在在關要，非精明強幹、熟習情形之員不足以資治理。在於通省同知、通判、知縣及候補同知內逐加遴選，非現居要缺，即人地未宜。惟涇陽縣知縣何炳勳，年五十一歲，湖北進士即用知縣，簽掣陝西，題補懷遠縣知縣，調補今職，道光二十四年十一月到任，二十七年大計卓異。該員實心任事，幹練精詳。且在陝年久，熟悉南山情形，任內亦無降革留任展參案件，其因公參罰例不核計。以之請陞定遠廳同知，實堪勝任。至該員前此請陞，已蒙允准，嗣部議撤回，系因余炳燾未經呈請離任開缺，並非因該員不符陞補之例，亦與別有違礙例不准陞人員奉駁後不准再請者不同。現據藩、臬兩司會詳呈請具奏前來，合無仰懇天恩，俯念要缺需人，敕部核覆，仍准以涇陽縣知縣何炳勳陞補定遠廳同知，洵於地方有裨。如蒙俞允，該員十年俸滿及卓異奉部調取，尚未請咨，應俟准陞部覆至日併案給咨，送部引見。所遺涇陽縣缺系衝繁難要缺，容俟部覆至日，再揀員請補，

---

① 展參：延展參劾之期限，或謂延期參劾。

合併陳明。

謹會同陝甘督臣布彥泰合詞恭摺具奏，伏乞皇上聖鑒。謹奏。

八月二十二日

道光二十八年九月初六日奉硃批：欽此。

一六四　奏請調補知縣摺

（道光二十八年八月二十二日）

陝西巡撫臣楊以增跪奏，爲請補北山中缺知縣，恭摺奏聞，仰祈聖鑒事。

竊照榆林縣知縣福淳前經臣等奏調咸寧縣知縣，所遺員缺系北山中缺，茲接部咨准其扣留外補，於道光二十八年六月初一日行文，按限減半，作爲六月二十五日開缺，應歸六月分掣籤。六月僅止斯缺，毋庸掣籤，照例請補。

查有調省察看之前任襃城縣知縣侯國璋，年五十歲，直隸進士，選授襃城縣知縣，道光二十二年九月到任。二十六年九月間經前陞任撫臣林則徐以該員於南山驛站孔道辦理未能妥協，人地不宜，維時未見其人，聞其膂力剛強，頗有作用，未便遙予廢棄，奏請開缺調省察看，再行酌辦，欽奉上諭：著即開缺，交該撫詳加察看，再行酌辦。等因。欽此。欽遵在案。嗣該員交卸來省，適林則徐已陞任離陝，臣與藩、臬兩司隨時留心察看。該員侯國璋年富力強，勇於任事，屢經差遣，均無貽誤，並委赴蒲城一帶查拿刀匪，訪獲多名，大爲出力，以之請補榆林縣中缺，實堪勝任。據藩司恒春、臬司嚴良訓會詳請奏前來，合無仰懇天恩敕部核覆，准以侯國璋補授榆林縣知縣，洵足以資治理。如蒙俞允，該員系知縣請補知縣，銜缺相當，毋庸送部引見。

所有請補北山中缺知縣緣由，謹會同陝甘督臣布彥泰合詞恭摺具奏，伏乞皇上聖鑒訓示。謹奏。

八月二十二日

道光二十八年九月初六日奉硃批：欽此。

一六五　恭報雨水田禾糧價情形摺
（道光二十八年八月二十二日）

陝西巡撫臣楊以增跪奏，爲恭報雨水田禾情形，仰祈聖鑒事。

竊照陝省六月下旬及七月上旬得雨深透情形，業經臣恭摺具奏在案。嗣據西安、延安、漢中、榆林、同州、鄜州、綏德等府州屬具報，七月二十、二十一、二①二十三、三十並八月初五日得雨自二三四五寸至深透不等。臣查陝省入秋以來雨澤霑足，南北兩山及平原各邑秋禾漸次結實，其留種冬麥之地，亦可乘時翻犁播種。糧價平減，民情歡悅，堪以仰慰宸懷。

謹將七月分各屬糧價敬繕清單，恭呈御覽，伏乞皇上聖鑒。謹奏。

八月二十二日

道光二十八年九月初六日奉硃批：知道了。欽此。

一六六　委署直隸州知州片
（道光二十八年八月二十二日）

再，商州直隸州知州王履亨因大計卓異奉准部咨調取引見，所遺員缺系南山煩②疲難要缺，應行揀員接署。查有留壩廳同知張篯爲守兼優，堪以委令署理。據藩、臬兩司會詳前來，除批飭遵照外，所有委員③署緣由，理合會同陝甘督臣布彥泰循例附片陳明。謹奏。

八月二十二日

道光二十八年九月初六日奉硃批：覽。欽此。

---

① “二”字，似衍。

② “煩”字，應爲“繁”。

③ “委員”後，似脫“接”字。

一六七　收捐監生銀數片
（道光二十八年八月二十二日）

再，查陝西省收捐監生銀兩，截至道光二十八年六月底止，共存銀三萬八千四十四兩，業經臣附片奏明在案。今於七月分又收捐監生十四名，共銀一千五百一十二兩，連前司庫共存銀三萬九千五百五十六兩，理合循例附片奏聞。謹奏。

八月二十二日

道光二十八年九月初六日奉硃批：戶部知道。欽此。

一六八　委署藩道印務摺
（道光二十八年九月初五日）

陝西巡撫臣楊以增跪奏，爲委署臬司、鹽道各篆，恭摺奏聞，仰祈聖鑒事。

竊臣接准吏部咨開：欽奉上諭：河南布政使著嚴良訓補授。等因。欽此。當即恭錄行知。查嚴良訓既經陞任，所遺陝西按察使員缺自應先行委員接署，以便該陞司交卸起程。查有鹽法道崇綸明慎精詳，前次兼權臬篆，辦理裕如，堪以委署。其所遺鹽法道印務，查有延榆綏道萬保穩練老成，該員甫卸潼商道事，尚未回任，堪以就近接署。除分檄飭遵外，所有委署司道各篆緣由，謹會同陝甘督臣布彥泰合詞恭摺具奏，伏乞皇上聖鑒，謹奏。

九月初五日

道光二十八年九月十八日奉硃批：覽。欽此。

一六九　本年秋禾約收分數摺

（道光二十八年九月初五日）

陝西巡撫臣楊以增跪奏，爲恭報陝省秋禾約收分數，仰祈聖鑒事。

竊照秋禾約收分數例應先行奏報，茲據西安、延安、鳳翔、漢中、榆林、同州、興安、商州、邠州、乾州、鄜州、綏德十二府州將所屬秋禾約收分數開摺呈報，由司具詳前來。臣覆加查核，統計陝西各屬九十一廳州縣多寡牽算，約計收成七分有餘。理合繕具清單，恭呈御覽，伏乞皇上聖鑒，謹奏。

九月初五日

道光二十八年九月十八日奉硃批：覽。欽此。

一七〇　道光二十八年陝西秋禾約收分數清單

（道光二十八年九月初五日）

謹將道光二十八年西安等十二府州屬秋禾約收分數開列清單，恭呈御覽。

計開：

約收九分有餘者：盩厔、鄠縣二縣。

約收八分有餘者：孝義、藍田、咸陽、同官、隴州、南鄭、城固、蒲城、朝邑、華陰、華州、白水、潼關、商州、鎮安、雒南、永壽、武功、中部、扶風等二十廳州縣。

約收八分者：寧陝、耀州、三原、富平、清澗、汧陽、西鄉、定遠等八廳州縣。

約收六分有餘者：咸甯、長安、臨潼、渭南、涇陽、高陵、醴泉、盧施、定邊、延川、保安、甘泉、鳳翔、寶雞、岐山、郿縣、麟遊、褒城、沔縣、洋縣、佛坪、留壩、寧羌、略陽、大荔、韓城、澄城、郃

陽、磚坪、平利、石泉、山陽、商南、邠州、三水、長武、淳化、乾
州、鄜州、洛川、宜君等四十一廳州縣。

約收六分者：興平、安塞、鳳縣、安康、紫陽、洵陽、白河等七縣。

約收五分有餘者：宜川、延長、靖邊、安定、榆林、懷遠、葭州、
神木、府谷、漢陰、綏德、米脂、吳堡等十三廳州縣。

以上西安等十二府州九十一廳州縣多寡牽算，秋禾約收七分有餘。

硃批：知道了。

一七一　恭謝恩授南河總督籲懇陛見摺

（道光二十八年九月十七日）

新授江南河道總督①、陝西巡撫臣楊以增跪奏，爲恭謝天恩仰祈聖
鑒事。

竊照九月十四日臣接吏部咨開：道光二十八年九月初四日奉上諭：
江南河道總督著楊以增補授，未到任以前，著李星沅兼署。等因。欽
此。臣即恭設香案，望闕碰頭，虔謝天恩。

俯念臣一介寒微，仰蒙聖主逾格鴻慈，至陝西巡撫，愧涓埃之未
效，正兢惕之方殷。乃復渥荷恩綸，簡畀江南河道總督，聞命之下，悚
懼交並。查河務修防關係運道民生，最爲重大，必須胸羅全局，熟悉情
形，方能使在工文武各員悉歸調度。如臣檮昧，且從未至江南，深虞弗
克勝任。惟有仰懇聖恩准臣趨詣闕廷，跪聆訓誨，庶修防一切有所遵
循，或可勉竭駑駘，以上酬高厚生成於萬一。

現將經手題咨事件趕緊清厘，巡撫關防循例交藩司恒春接護。臣即
束裝起程北上，除交卸日期另行奏報外，所有微臣感激下忱，謹先繕摺
具奏，恭謝天恩，伏乞皇上聖鑒。謹奏。

九月十七日

道光二十八年九月二十八日奉硃批：著來見。欽此。

---

① 江南河道總督：全稱總督江南河道提督軍務，簡稱南河河道總督、南河總督，是清代
設在清江浦的高級官員，品級爲從一品或正二品，負責江蘇河道的疏浚及堤防。

一七二　遴員請調要缺知縣摺

（道光二十八年九月二十四日）

　　陝西巡撫臣楊以增跪奏，爲揀員調補要缺知縣以重地方，仰祈聖鑒事。

　　竊照蒲城縣知縣慕維城告病，經臣恭疏題報。茲接部咨准其在外調補，於道光二十八年七月二十七日行文，按限減年，扣至八月二十一日爲開缺日期。查蒲城縣系繁疲難兼三要缺，回漢雜處，訟獄繁多，素稱難治。必須精明幹練、有守有爲之員方足以資治理。臣與藩、臬兩司在於通省知縣及候補正途內逐加遴選，非現居要缺，即人地未宜，實無合例堪以調補之員。惟查有延長縣知縣王伯潤，年三十八歲，山東監生，由候補通判捐輸豫工經費保奏，奉旨：以知縣分發陝西，歸捐班前先用。嗣後在豫捐輸河工，並在陝捐輸番務各經費，欽奉上諭：賞加同知銜，以知縣遇缺即補。題補今職，道光二十七年十月到任。該員年壯才明，居心謹厚，任內一切因公處分例不核計，以之調補蒲城縣要缺知縣，洵堪勝任。惟歷俸未滿三年，與例稍有未符。第人地實在相需，例得專摺聲敘陳奏。據藩、臬兩司會詳請奏前來，合無仰懇聖恩，俯念員缺緊要，敕部核覆，准以延長縣知縣王伯潤調補蒲城縣知縣，實於地方有裨。如蒙俞允，該員以知縣調補知縣，銜缺相當，毋庸送部引見。至所遺延長縣系簡缺，容俟准調部覆到日另行請補。

　　再，該員王伯潤系現任山西撫臣王兆琛之子，合併陳明。

　　謹會同督臣布彥泰合詞恭摺具奏，伏乞皇上聖鑒訓示。謹奏。

　　九月二十四日

　　道光二十八年十月初八日奉硃批：欽此。

一七三 修理教場演武廳動用銀數摺

（道光二十八年九月二十四日）

陝西巡撫臣楊以增跪奏，爲修理校場演武廳房間估需動用銀款，循例恭摺奏祈聖鑒事。

竊照寧羌營校場於道光二十三、四兩年節被河水冲刷，地基坍塌，演武廳房間等項先經漢中鎮①咨明前任撫臣飭司委員會勘。旋據議覆，該營被冲校場地畝實因地勢窄小，兵丁操演維艱，若另購地請修，州城附近俱系山坡陡地，並無平坦之區，惟有仍在原處照舊修復。繪具圖説，咨奉工部覆准，飭令照例辦理。

嗣因估需工料銀數未合，復經臣批飭確核去後，茲據藩司恒春詳稱：陝安道陳晉恩移據漢中府知府段大章飭據寧羌州知州孫玉祺，會同署寧羌營②遊擊③劉宗勝查勘得，寧羌營校場一座，西南二面緊靠土河，節次河水陡發，冲刷地基八十餘畝，並冲去馬道、照壁，圍牆坍塌。演武廳房間若不亟爲修葺，以後再遇水發，勢必盡行冲成河灘，爲費更鉅，實系刻不可緩之工。擬在原處揀買民土，內築堤坎，外壘石邊，方足以資護衛而期堅久。所需工料銀兩按照工程做法並物料價值則例，於撙節之中力求撙節，逐一確估，共需工料運腳銀五千七百九十一兩零。造具估計細數清册，營縣印結，由府道覆勘加結移司核明，詳請具奏前來。

臣查校場演武廳爲操練官兵之所，該營地處南山，武備最關緊要，且系屢被雨水冲塌，與房間□朽請修者不同，似未便拘泥停緩。現據道府親履勘明，撙節確估，應請照例辦理，工竣查勘，核實造銷，責令保固。如蒙俞允，臣再將估計册結繕疏具題，送部備核。

是否有當，謹會同陝甘督臣布彥泰合詞恭摺具奏，伏乞皇上聖鑒訓

---

① 漢中鎮：設漢中，爲清代駐防漢中一帶的綠營兵，由總兵官節制。漢中鎮總兵統轄鎮標三營，兼轄寧陝等營。

② 寧羌營：駐寧羌州，有兵四百名，配遊擊、守備、千總、把總各一名。

③ 遊擊：清代綠營兵軍官，秩從三品，職銜次於參將。

示遵行。謹奏。

　　九月二十四日

　　道光二十八年十月初八日奉硃批：工部議奏。欽此。

一七四　恭報雨水糧價情形摺
（道光二十八年九月二十四日）

　　陝西巡撫臣楊以增跪奏，爲恭報雨水田禾情形，仰祈聖鑒事。

　　竊照陝省七月下旬及八月上旬得雨深透情形，業經臣恭摺具奏在案。嗣後西安鳳翔、漢軍①、同州、商州、邠州、乾州、鄜州、綏得②等府州屬具報，八月二十三四五六七八九並九月初一初三四等日得雨一二三四寸至深透不等。臣查陝省地方入秋以來，屢逢甘雨，土膏極爲滋潤，二麥乘時播種，遠近一律均齊。其南北兩山暨平原早晚秋禾亦俱次第收穫，糧價俱報平減。民情歡悅，合境安恬，堪以仰慰宸懷。謹將八月分各屬糧價謹繕清單，恭呈御覽，伏祈皇上聖鑒，謹奏。

　　九月二十四日

　　道光二十八年十月初八日奉硃批：知道了。欽此。

一七五　道光二十八年八月份糧價清單
（道光二十八年九月二十四日）

　　謹將陝西省道光二十八年八月份各屬糧價開具清單，恭呈御覽。

　　計開：

　　西安府屬小米價貴，餘俱價中。大米每倉石價銀自一兩五錢二分至

---

①　“軍”字或誤，似當作“中”。
②　“得”字或誤，似當作“德”。

二兩七錢，與上月相同；小米每倉石價銀自一兩四錢至二兩三錢一分，與上月相同；小麥每倉石價銀自一兩二分至一兩八錢一分，較上月減七分；大麥每倉石價銀自五錢六分至九錢八分，較上月減七分；豌豆每倉石價銀自九錢三分至一兩五錢五分，較上月減一錢二分。

延安府屬價貴。大米每倉石價銀自一兩四錢四分至三兩八錢六分，與上月相同；小米每倉石價銀自九錢至二兩七分，較上月減五分；小麥每倉石價銀自一兩一錢至二兩四錢，較上月減一錢二分；穈米每倉石價銀自一兩六分至二兩三錢四分，較上月減一錢二分；豌豆每倉石價銀自八錢至二兩三錢四分，較上月減一錢二分。

鳳翔府屬價中。大米每倉石價銀自一兩五錢四分至二兩六錢四分，與上月相同；小米每倉石價銀自一兩一錢六分至一兩七錢四分，與上月相同；小麥每倉石價銀自九錢八分至一兩六錢二分，較上月減五分；大麥每倉石價銀自五錢八分至九錢二分，較上月減二分；豌豆每倉石價銀自九錢四分至一兩三錢四分，較上月減四分。

漢中府屬大麥、小麥價貴，餘俱價中。大米每倉石價銀自九錢六分至二兩六錢八分，與上月相同；小米每倉石價銀自九錢二分至一兩八錢六分，與上月相同；小麥每倉石價銀自七錢七分至二兩二錢，與上月相同；大麥每倉石價銀自四錢一分至一兩一錢六分，與上月相同；豌豆每倉石價銀自七錢二分至一兩三錢五分，與上月相同；黃豆每倉石價銀自六錢至一兩四錢一分，與上月相同。

榆林府屬豌豆價中，餘俱價貴。大米每倉石價銀自二兩二錢三分至三兩四錢七分，與上月相同；小米每倉石價銀自一兩七錢五分至二兩五錢八分，與上月相同；小麥每倉石價銀自一兩八錢五分至二兩一錢六分，較上月減六分；穈米每倉石價銀自一兩六錢八分至二兩四錢二分，與上月相同；豌豆每倉石價銀自一兩三分至一兩四錢五分，與上月相同。

同州府屬價貴。大米每倉石價銀自一兩七錢九分至三兩一錢七分，較上月減四錢七分；小麥每倉石價銀自一兩二錢至二兩四錢二分，較上月減六錢三分；大麥每倉石價銀自七錢至一兩六錢一分，較上月減五錢六分；豌豆每倉石價銀自一兩二分至一兩八錢九分，較上月減六錢七分。

興安府屬大米價賤，餘俱價中。大米每倉石價銀自一兩四錢三分至一兩八錢三分，與上月相同；小米每倉石價銀自八錢五分至一兩四錢三分，與上月相同；小麥每倉石價銀自一兩一錢二分至一兩五錢二分，與上月相同；大麥每倉石價銀自四錢七分至九錢六分，與上月相同；豌豆每倉石價銀自七錢六分至一兩二錢，與上月相同；黃豆每倉石價銀自八錢至一兩三錢，與上月相同。

商州屬小米、豌豆價貴，餘俱價中。大米每倉石價銀自二兩九分至二兩六錢三分，與上月相同；小米每倉石價銀自一兩三錢七分至二兩三錢四分，與上月相同；小麥每倉石價銀自一兩三錢至一兩六錢四分，較上月減四分；大麥每倉石價銀自七錢二分至八錢五分，與上月相同；豌豆每倉石價銀自六錢六分至一兩八錢，與上月相同。

邠州屬大米、小米價貴，餘俱價中。大米每倉石價銀自二兩六錢至三兩四錢六分，與上月相同；小米每倉石價銀自一兩三錢五分至二兩七分，與上月相同；小麥每倉石價銀自一兩二錢三分至一兩五錢九分，與上月相同；豌豆每倉石價銀自一兩一錢一分至一兩五錢九分，與上月相同。

乾州屬價貴。大米每倉石價銀自二兩一錢至三兩一錢四分，與上月相同；小米每倉石價銀自一兩九錢二分至二兩七錢一分，與上月相同；小麥每倉石價銀自一兩八錢四分至二兩三錢七分，與上月相同；大麥每倉石價銀自八錢七分至一兩五錢八分，與上月相同；豌豆每倉石價銀自一兩七分至一兩九錢九分，與上月相同。

鄜州屬價中。小米每倉石價銀自六錢二分至一兩五錢四分，與上月相同；小麥每倉石價銀自六錢一分至一兩六錢一分，與上月相同；豌豆每倉石價銀自四錢八分至一兩四錢七分，與上月相同。

綏德州屬豌豆價中，餘俱價貴。小米每倉石價銀自一兩四錢四分至二兩四錢，與上月相同；小麥每倉石價銀自一兩五錢一分至二兩四錢一分，與上月相同；豌豆每倉石價銀自九錢至一兩六錢三分，與上月相同。

硃批：知道了。

一七六 請賜龍神廟封號摺

（道光二十八年九月二十四日）

　　陝西巡撫臣楊以增跪奏，為求雨靈應新建神祠，懇恩賜予封號匾額，以答神庥而順輿情，仰祈聖鑒事。

　　竊照陝省本年入伏以後，雨水較稀，農民望澤。臣率屬設壇步禱，按籍詢求，知省南九十里之柘坡峪舊有龍神祠遺基尚在，左右二潭分列，積水常盈，秀據南山，在唐代已稱勝跡。膏流西土，至聖朝尤著赫聲。去歲求雨之時，曾經西安府知府徐棟迎取靈湫，甘霖立沛。本年七月，藩司恒春親詣行香，隨率雨渥，歡騰遐邇，歲富倉箱。此皆我皇上至德感孚，至誠昭格，是以百靈效順，萬寶告成。乃廟貌久虛，未識憑依之何在？民情共籲，自應俯遂其所求。臣與在省各官公捐廉俸，因山拓地，建宇棲神，現已一律告竣，整齊完固。合無仰懇天恩賜予封號，並請頒發御書匾額，敬謹鉤摹懸掛，以肅觀瞻。從茲暘雨應時，關輔長邀福佑；綏豐載詠，埏垓共慶陞平。茲據士民公呈，由司道會詳請奏前來。臣謹會同陝甘督臣布彥泰合詞恭摺具奏，伏乞皇上聖鑒。謹奏。

　　九月二十四日

　　道光二十八年十月初八日奉硃批：欽此。

一七七 恭報雨水秋禾情形片

（道光二十八年九月二十四日）

　　再，關中各屬向以二麥為重，本年播種之時，適於八月二十六日並九月初一、三、四等日連次得雨，各屬據報深透者十之七八，其餘亦報二三四寸不等。乘此耕犁，業已全行種齊。其在地之遲秋雜糧等項藉資潤澤，顆粒愈加飽綻，現已漸次登場，遐邇歡騰，農民忭慶。

所有得雨種齊二麥及秋禾情形合併附片陳明，恭慰聖廑。謹奏。

九月二十四日

道光二十八年十月初八日奉硃批：欣悅覽之。欽此。

一七八　收捐監生銀數片
（道光二十八年九月二十四日）

再，查陝省收捐監生銀數，截至道光二十八年七月底止，共存銀三萬九千五百五十六兩，業經臣附片奏明在案。今於八月分又收捐監生二十一名，共銀二千二百六十八兩，連前司庫共存銀四萬一千八百二十四兩，理合循例附片奏聞。謹奏。

九月二十四日

道光二十八年十月初八日奉硃批：戶部知道。欽此。

一七九　交卸陝西撫篆起程赴京陛見摺
（道光二十八年九月二十六日）

新授江南河道總督、陝西巡撫臣楊以增跪奏，爲恭報交卸陝西撫篆起程赴京日期，仰祈聖鑒事。

竊臣渥沐鴻慈，補授江南河道總督，當即具摺奏謝天恩，籲懇陛見。茲臣將經手事件逐一按限趕緊清釐，於九月二十六日將陝西巡撫關防循例委員移送藩司恒春接護。臣一面束裝，即於次日起程北上，恭迎前摺批回，展覲天顏，跪聆訓誨。

除另疏題報外，所有交印起程日期，理合繕摺具奏，伏乞皇上聖鑒。謹奏。

九月二十六日

道光二十八年十月初九日奉硃批：知道了。欽此。

一八〇 委署藩道印務片

（道光二十八年九月二十六日）

再，布政使恒春既經護理巡撫，所遺藩司印務應另委員接署。臣隨與恒春商酌，本省道員鹽法道崇綸現署臬司，督糧道黃德濂正值催徵秋糧吃緊之際，均未便檄委。查有署鹽法道延榆綏道萬保安詳穩練，堪就近暫署藩司。其所遺鹽法道，查有西安府知府徐棟有守有爲，堪以兼護。除檄飭遵照外，所有委署緣由，合併附片陳明。謹奏。

九月二十六日

道光二十八年十月初九日奉硃批：覽。欽此。

一八一 奏報接印任事日期摺

（道光二十八年十二月初八日）

江南河道總督臣楊以增跪奏，爲恭報微臣接印日期，繕摺具奏仰祈聖鑒事。

竊臣渥承聖命，擢任江南河道總督，前月抵都，迭蒙召見，於南河修防諸務及近日情形訓諭周詳，無微不至。跪聆之下，欽佩莫名。臣出都後，本月初六日行至清江，據兩江總督兼署河臣李星沅飭委裏河同知曹文昭、河標中軍副將許聯鏢將江南河道總督關防並王命旗牌、書籍文卷賫送前來，當即恭設香案，望闕叩頭，祇領任事。

伏念江湖黃運，首重宣防，道將廳營，悉歸節制。且經費支絀，習素奢靡，尤當設法整頓。惟有恪遵聖諭，勉竭愚忱，以撙節理財，以儉勤率屬。凡一切工作必應籌及通盤，既期鞏固之無虞，又貴錢糧之倍省。遇有要事，與督臣熟商定議，庶幾民皆樂業，歲獲安瀾，以冀稍酬高厚生成於萬一。

除將任事日期恭疏題報外，所有臣感奮下忱，理合繕摺具奏，伏乞皇上聖鑒。謹奏。

十二月初八日

道光二十八年十二月二十一日奉硃批：知道了。欽此。

一八二　沿途經過地方情形片

（道光二十八年十二月初八日）

再，洪澤湖水勢本月初八日誌樁存水一丈，山盱廳①屬義河外越壩②工據報於初二日堵閉合龍，現在加壓重土，澆築裏𨻲③，並一面廂做裏首直壩，以資重障。除俟該管淮揚道④前往驗收，撙節估銷，再行核實具奏。至高堰⑤、山盱兩廳臨湖石工霜降後續有掣卸，亦在估辦，期於春融冰解一體補修。

經過直隸、山東、江蘇地方，農田均屬滋潤，二麥長發青蔥，民情極爲安帖，理合附片陳明，伏乞聖鑒。謹奏。

十二月初八日

道光二十八年十二月二十一日奉硃批：覽。欽此。

---

① 山盱廳：管理山陽、盱眙二縣洪澤湖堤工，北起高良澗禹王廟，南至盱眙縣高崗，計長四十里，堤長七千九百三十八丈。

② 越壩：河工名，在壩外另築一壩，其首尾與原壩相接，使水繞越而過，不致直接冲刷原壩。

③ “𨻲”：或當作“戧”。戧爲加幫的小堤。

④ 淮揚道：康熙九年（1670）置，駐淮安府，領淮安府、揚州府、徐州；十五年（1676），徐州另屬；雍正二年（1724），增領海州、通州、邳州；八年（1730）更名淮揚海道，通州另屬；乾隆五十七年（1792）移駐清河縣；嘉慶七年（1802）淮安府桃原縣、海州來屬；十六年（1811）海州、淮安府安東縣、阜寧縣、桃源縣運河以北另屬，更名淮揚道。

⑤ 高堰：高堰廳管理洪澤湖堤工，北起山陽、清河兩縣界，南至高良澗禹王廟，計長五十里，堤工長九千零九丈，下轄高堰汛和高澗半汛。

一八三　請展限甄別南河文職佐雜人員摺

（道光二十八年十二月二十一日）

江南河道總督臣楊以增跪奏，爲南河文職佐雜人員請展俟來年匯同甄別，恭摺具奏，仰祈聖鑒事。

竊照乾隆六十年准吏部咨：內閣奉上諭：各省甄別教職、佐雜及千把總等定例甄別，不及百之二三者，將該督撫、學政①照例議處。原因教職等官向例定以六年俸滿分別保留勒休，逮下次再行甄別時又有數年之久，其中豈無衰邁龍鍾者？恐該督撫等因循姑息，不行裁汰。是以令於年終彙奏，如不及分數，照例議處。今又思若拘定分數，儻該省實無可劾之員，督撫等因規避處分，將尚堪驅策者率行□劾充數，亦非愛惜人才之道。嗣後教職、佐雜、千把總等官各督撫等於年終匯奏時其甄別及數者，著於摺內聲明。儻實無可劾之員，准其聲明緣由，據實具奏。如此分別辦理，庶微員等不致限於定額遽致廢棄，而衰頹庸劣之人亦不能姑容戀棧，庶於澄敘體恤之道並行不悖。等因。欽此。經吏、兵二部欽遵議奏，嗣後各省年終匯咨報部，開其甄別及數者於咨內聲明，如該省果無衰、庸、戀、缺應行甄別之處，令該督撫等將無可劾參緣由切實聲明具奏。等因。咨行遵照在案。

茲查接管卷內道光二十八年分南河文職佐雜，初次六年俸滿並二次六年俸滿堪以保薦留任，及武職千總六年俸滿甄別留任各員弁，業經前河臣隨時具題，並咨明部科各在案。其補缺內有睢南營千總□林年力就衰，經兼署河臣李星沅奏參勒令休致應入甄別者一員，此外文職佐雜各員並經前河臣②行據各道確查實無可劾之員各等情。亦在案。臣甫經蒞任，於所屬佐雜各員尚未逐一接見，是否年力壯健，有無衰庸戀棧，應行劾參之員，未便率行具奏。合無仰懇聖恩，准將南河本年甄別展候來

---

① 學政：又名提督學政，俗稱學台，受朝廷委派到各省主持院試，並督察各地學官，一般由翰林院或進士出身的官員擔任，正三品。

② 河臣：指河道總督。

年年終彙同辦理，俾考察得歸核實。臣仍當隨時留心詳察，如有辦事貽誤，即年力未衰，亦即咨部斥革，斷不敢因循姑且，致誤公事。

所有南河各職佐雜各員應請展限甄別緣由，謹據實恭摺具奏，伏乞皇上聖鑒。謹奏。

十二月二十一日

道光二十九年正月初三日奉硃批：所奏非是，另有旨。欽此。

一八四　查明南河繳賠銀款摺

（道光二十八年十二月二十一日）

江南河道總督臣楊以增跪奏，爲查明南河清查各員繳款並奉部核減追賠銀兩，截至道光二十八年十一月止，分別在工離工已未完數目，循例恭摺具奏，仰祈聖鑒事。

竊查道光十四年十月工部議奏：各直省一切工程應完、核減、分賠、代賠等項銀兩，請敕下各督撫等，嗣後將每年催交已完未完各數目年終彙奏一次。等因。奉旨：依議。欽此。咨行欽遵辦理。並經前河臣將截至二十七年各員繳款已完、未完各數於上年十二月內恭摺具奏，造冊咨部在案。

茲又屆年終奏報之期，據河庫道①法良②詳稱：南河元年、九年、十八年三次清查案內各員繳款及十五年起續查奉部核減分賠各案，共應繳銀二百四十三萬三千四百七十餘兩。除已奉豁免及報明無力，請於廉俸扣繳並催追已完，共銀一百三十七萬四千五百九十餘兩，實應追繳銀一百零五萬八千八百八十餘兩。今查自二十七年十一月截數後起，至二十八年十一月止，續報各員完繳藩、河等庫共銀五萬八千二百六十餘兩。又奉部覆准廉俸扣繳銀六百七十兩零，計仍有未繳銀九十九萬九千九百四十餘兩。內在工服官應由南河催追銀十二萬四千九

---

① 河庫道：清代江南河道總督屬官，掌河工款項之出納。雍正八年（1730）設，駐清江浦。咸豐三年（1853）裁撤。

② 法良：字可盤，瓜爾佳氏，滿洲正紅旗人，曾任南河河庫道。

百六十餘兩，已經離工應由各旗籍並外省催追銀八十七萬四千九百八十餘兩。至上次詳核奏報道光二十七年十一月止，各員繳款連續奉部減之項，計未完銀一百零五萬一千三百二十餘兩。今查廉俸坐扣款內應別歸追繳銀七千五百五十餘兩，通計二十七年十一月止，實應追繳銀一百零五萬八千八百八十餘兩。再查南河中河廳①屬道光二十六年桃汛北岸史家莊正壩並澆餤工程銀二萬二百十二兩零，已撥中河通判張建勳、中河營守備羅秉志照數分完河庫清款。又道光二十五年堵築盛家河頭缺口工程銀四萬五千一百十四兩零，已據前中河通判黃宗保完繳八成銀三萬六千九十一兩零，尚有該汛員弁未完二成銀九千二十二兩零。復查前二案工程動用銀兩前蒙具題，現均未奉部覆。惟盛家河頭內有該汛員弁等未完二成銀兩，應俟奉到部文再行起扣年限，入冊列追，合併聲明。等情到臣。

　　覆核無異，除飭該道會同管河各道再造細冊，詳送咨部查核，並分別咨行催追外，所有截至道光二十八年十一月止，追繳各款已完、未完數目分別在工、離工各緣由，謹循例恭摺具陳，伏乞皇上聖鑒。謹奏。

二十八年十二月二十一日

道光二十九年正月初三日奉硃批：該部知道。欽此。

一八五　遵籌撙節南河工費並裁撤冗員摺

（道光二十八年十二月二十一日）

　　江南河道總督臣楊以增跪奏，爲籌議撙節南河工費並裁撤冗員各事宜，先行奏明，仰祈聖鑒事。

　　竊臣接准戶部咨：會奏籌備庫款一摺，欽奉諭旨：河工浮冒之習，人所共知。本年已明降諭旨，著戶部存記，除例應發給銀兩外，絲毫不准再撥，自當凜遵。計每年所撥銀兩儻力節浮費，盡數辦公。如果該廳員等於例領正價之外並未絲毫糜帑，三汛之後准該河督優加保舉。嗣後

---

　　① 中河廳：屬淮海道，轄區兼及鹽河、六塘河，駐淮安府，設中河通判一名，守備一名，管理桃源、清河（乾隆二十六年移治清江浦之後）兩縣運河堤防。

河督處分仍照舊例分別漫口罰俸、決口降留辦理，毋庸離任。其失事專
汛廳弁從重治罪，以專責成而杜挾制。並酌添該河督養廉以資辦公，江
南河道總督共發給銀一萬二千兩，河東河道總督①共發給銀一萬兩，優
與正所以杜冒濫。其各廳員冗缺甚多，著兩江總督、山東、河南巡撫會
同該河督等公同議裁撤。等因。欽此。仰見皇上籌維庫款，整飭官方，
跪讀之餘，莫名欽感。

　　竊念南河撥項每歲例請銀二百七十萬兩，若遇水勢異漲，或有專
案工程再於例辦請撥，均蒙聖恩准撥在案。現當經費支絀，上煩宵旰
勤勞。若不力加撙節，何以杜浮冒而充度支？臣惟有於發辦工程務求
核實，相沿浮費竭力剔除。再將每歲所需通盤籌計，量入爲出。總之
可省者則省，不可省者亦斷不致惜費，與督臣會商辦理，期於工堅用
省，漸挽頹風。臣以儉持躬，即以儉率屬。或冀浮靡之習，默化潛
移。至黃運河湖二十三廳，黃河自豫東交界起，下至海口歸墟，汛道
較長，要工林立。運河自東省②交界起，南至鎮江，爲空重運糧船所
經，並須灌塘③濟運，而洪湖、堰盱兩廳石工爲淮揚保障，均屬緊要
之缺。第多設一廳即多一廳之費，量爲裁撤，實節省之一端。容臣周
歷各工，逐加相度，其應如何歸併裁撤之處，再與督臣熟商確核，另
行會奏。

　　所有奉到部咨緣由，理合先行具奏，伏乞皇上聖鑒。謹奏。

　　十二月二十一日

　　道光二十九年正月初三日奉硃批：欽此。

---

　　①　河東河道總督：清代管理山東、河南段黃、運兩河以及附屬河流、湖泊、閘座、泉源
等水利設施的最高行政長官，不僅擔負黃運兩河的防洪、修繕、挑挖等事務，而且負責附近區
域的治安、巡防、催攢漕糧等責任。光緒二十八年（1902）裁撤。

　　②　東省：清代指山東省。

　　③　灌塘：當重運進入塘河後，堵攔清堰，庌清水入塘河，令高於黃河水面，然後開啟臨
黃堰，乘勢將糧船沖出渡黃。回空船進塘後，堵閉臨黃堰，開攔清堰，運船由此進入運河。以
後仍視清黃二水高低，以時啟閉。黃水高於清水，則庌黃水倒灌塘放，通行重運；清水高於黃
水，則放啟臨黃堰，漕船出運渡河。咸豐五年（1855）黃河北徙後，南北漕船從中河穿舊黃河，
由順清河至馬頭鎮會淮入運河，清口、塘河遂淤廢。

一八六　請照常支領廉銀片

（道光二十八年十二月二十一日）

　　再，查南河總督每歲養廉銀八千兩，已屬優厚。現蒙鴻慈逾格添銀四千兩，敬聆之下，惶悚難名。伏念籌備庫款經費有常，況值需用不貲，内外各員尚且捐廉助賑。臣受恩深重，何敢於常廉之外取再加多。請仍照常支領，合併陳明。謹奏。

　　十二月二十一日

　　道光二十九年正月初三日奉硃批：所請不准行，照所添之數支領。欽此。

一八七　輪屆修造撥船①摺

（道光二十八年十二月二十六日）

　　兩江總督臣李星沅、南河總督臣楊以增跪奏，爲輪屆修造撥船估需銀款，循例奏祈聖鑒事。

　　竊查淮關於乾隆五十三年捐造撥船三百隻，交裏河②、外河二廳收管，爲撥運漕糧河工料物之用。歲需大小修及拆造經費在於發交兩淮鹽商生息銀内動用核銷。續經酌定章程，將前項撥船派交裏外河同知各管一百隻，其餘一百隻撥給邳州經管，以備貓兒窩一帶水淺處所撥運漕糧在案。

　　茲據河庫道法良、淮揚道查文經③、徐州道韓椿詳據外河同知、邳

---

　　①　撥船：清代起撥漕糧用船。

　　②　裏河：裏河廳本爲山清河務同知，康熙十三年（1674）後改山清盱眙河務同知，十七年（1678）後改山清裏河同知，乾隆中改裏河同知，汛地北始於清河之運口，南止於寶應之葉雲閘。咸豐十年（1860）撤。

　　③　查文經：字耕六，湖北京山人。道光六年（1826）進士，授户部主事，後任員外郎，歷任江蘇常州知府、江寧知府、徐州道、淮揚道、福建按察使。咸豐二年（1852）調任江蘇按察使，旋署漕運總督，督辦江南糧臺。

州知州會詳稱：經管撥船二百隻內，除歷年風損及毋庸請修船隻外，截至道光二十七年實輪應外河廳、邳州拆造船六十九隻，外河廳大修船一隻，小修船五隻，共計折①造大小修撥船七十五隻。俱系經年在黃、運兩河撥糧運料，擊浪衝風，往來梭駛，船身腐朽罅裂，篷索器具多有損壞，並應分別修造。由該道等飭委府廳逐船查驗，復加親勘無異。所有外河廳邳州拆造撥船六十九隻，每只工料銀一百三十三兩三錢五分四釐三毫。外河廳大修撥船一隻，工料銀三十兩，又小修撥船五隻，每隻工料銀十五兩。通共銀九千三百六兩四錢四分六釐七毫，核與例價相符，應請在於淮商生息本款內動給修造，以濟撥運。開摺請奏前來。

　　臣等伏查前項撥船爲撥運漕糧河工料物之用，歲需修造經費向於生息本款動用報銷。今道光二十七年輪屆修造船隻既經飭委府廳查驗後，由該管各道親詣查勘損壞屬實，應請准其動項修辦，以資撥運。除將送到請摺咨部查照外，謹合詞循例恭摺具奏，伏乞皇上聖鑒。謹奏。

　　二十八年十二月二十六日

　　道光二十九年正月初九日奉硃批：工部議奏。欽此。

---

① “折”字，或應爲“拆”。

道光二十九年 （1849）

一八八　爲恩賞御書福字謝恩摺

（道光二十九年正月十三日）

江南河道總督臣楊以增跪奏，爲恭謝天恩事。

竊臣賫摺差弁回清江浦①，捧到頒賞御書福字一方。臣當即跪迎至署，恭設香案，望闕叩頭祗領。欽惟我皇上履瑞肇慶，敷賜延厚。閶澤鴻施，蕃庶溥時雍之化；韶禧駢集，桐生覘茂豫之麻。臣猥以凡庸，渥蒙知遇，方擁旄於關輔，旋秉節於河防。屆茲已起調元，西豐占稔。奎章星煥，新逢吉曜之臨；宸墨春濃，瑞比榮光之見。仰離文之下逮，實龜戴以難名。從此範衍箕疇，合萬姓而咸歌清宴；象瞻義畫，率百寮而共祝陞恒。所有微臣感激榮幸下忱，理合繕摺具奏，恭謝天恩，伏乞皇上聖鑒。謹奏。

正月十三日

道光二十九年正月二十三日奉硃批：覽。欽此。

一八九　爲兼銜兵部侍郎謝恩摺

（道光二十九年正月十三日）

江南河道總督臣楊以增跪奏，爲恭謝天恩事。

竊臣接准部咨，以臣恭恩補授江南河道總督，應准兼兵部侍郎銜。奏奉諭旨：照例兼銜。欽此。臣當即恭設香案，望闕叩頭謝恩。

俯念臣一介庸愚，仰蒙知遇，由親民而表率，洊晉秩於封圻。顧先西土之撫循，纖埃未效；而膺南河之節鉞，鉅任難勝。甫煥新綸，重申成命，欣龍元之三錫，俾駑列於貳卿，兼總師干，倍深乾惕。臣惟有整

---

① 清江浦：清代屬淮安府山陽縣，爲清代大運河沿線重要的交通樞紐、漕糧儲地和商業城市，江南河道總督駐地。

嚴部曲，釐剔弊端。知寒菱之首重宣防，□源永靖；含寸草之心難報稱，日省彌勤。

所有臣感激榮幸下忱，理合恭摺具奏，叩謝天恩，伏乞皇上聖鑒。謹奏。

正月十三日

道光二十九年正月二十三日奉硃批：知道了。欽此。

一九〇　南河淩汛安瀾河湖各工普律平穩摺
（道光二十九年正月十三日）

江南河道總督臣楊以增跪奏，爲恭報南河淩汛安瀾，河湖各工普律平穩情形，仰祈聖鑒事。

竊臣蒞任南河，已交淩汛，一切籌防事宜經兼署河臣李星沅具奏在案。上冬天氣不甚嚴寒，大河未經凍合，惟淩塊隨流下淌，勢甚銛利，先飭各該廳營於迎溜埽①前密掛擋淩椿把，多備打淩器具，隨時敲打推行，埽壩尚無鑱削。現交春氣融合，淩漸漸化，河流順軌東趨，極爲暢順。外南②順黃壩誌椿③存水三丈三尺一寸，據上下各廳稟報兩岸工程普律平穩。洪澤湖高堰誌椿存水一丈八寸，風掣石工均經查明新舊分別修賠，並將石後浪刷槽土填築堅實，現已趕辦，足資捍衛。上年重運漕船節次灌放，塘河④受淤較厚，飭據淮揚道查文經確切估計，深與旱閘板底相平，以期重運漕船暢行無滯，當飭派員畫段勒限興挑，不任稍有遲誤。邳宿運河爲漕行要道，經東省山泉漲發，挾沙噴注，最易受淤。茲據該廳稟稱，幸有各壩逼刷，受淤尚輕，無庸估挑，祇須擇要撈浚，並做挑束等壩七十二道以資攻刷，當飭徐州道韓椿督率廳營分別相機摶節趕辦，以待新漕。其下游中河廳楊莊頭壩前因空運臨境啟放通漕。嗣於十二月

---

① 埽：清代將秫秸、石塊、樹枝捆紮成圓柱形，用以堵口或護岸的器材。

② 外南：外南廳本爲山清外河同知，康熙十七年（1678）改山清安海河務同知，乾隆十三年（1748）改外南同知。咸豐十年（1860）裁撤。

③ 誌椿：刻上尺度的木椿，用以測量水位高低。

④ 塘河：人工開鑿的河流，主要用以抵禦洪澇災害及潮汐，多見於東部沿海。

下旬清水逼消，與黃水相平，當將頭壩堵閉，跟澆土戧，得資攔禦。

至各廳歲料爲修防根本，並經嚴剋飭催，務令堅實堆垛，依限報驗。已據報前五分數歲料於年前到工，照舊規先派委在工學習之刑部員外郎張道進、工部主事①郭禮圖分經各工查驗。仍飭各廳將後五分數料垛依限堆齊，臣即周歷各工，親往驗收，逐細確查。儻有料垛虛松及挪舊掩新情弊，立即嚴參，斷不敢稍有姑容，以期仰副聖主慎重修防之至意。再，臣順道查驗應修春工，確實勘估。

所有淩汛安瀾緣由，理合恭摺具奏，伏乞皇上聖鑒。謹奏。

正月十三日

道光二十九年正月二十三日奉硃批：知道了。欽此。

一九一　山盱義河直壩上緊澆築片

(道光二十九年正月十三日)

再，山盱義河直壩據該廳營稟報，於上年十二月九日堵閉合龍，加廂通壓，並澆土戧。惟緣水勢過深，澆築不易，現飭上緊限澆，以資後靠，俟工竣後，現先由該道勘驗，臣即親往驗收，再會同撫臣李星沅覆核具奏。

理合附片陳明，伏乞聖鑒。謹奏。

正月十三日

道光二十九年正月二十三日奉硃批：覽。欽此。

一九二　借動減平銀兩請作正開銷摺

(道光二十九年二月初六日)

江南河道總督臣楊以增跪奏，爲上年動借減平銀兩難以本年工需撥

---

① 主事：清代較爲低級的辦事官吏。清代各部院主事爲正六品銜。

補緣由，恭摺具陳，仰祈聖鑒事。

　　竊照河工修防全賴錢糧應手，方資治理。臣到任後，調查節年案撥，知道光二十七年止，河庫有不敷銀八十八萬餘兩，經前河臣潘錫恩①於上年四月瀝陳不敷緣由，奏准撥補銀五十萬兩，並令將未發山海土工十一萬兩即於此內通融辦理。嗣因工用繁多，無可通融，未經發辦，亦經潘錫恩附摺陳明。又上年伏秋洪湖異漲，裏、揚、堰、盱各廳工程增多，黃水旋亦大長，各要堤埽刻不容緩，而河庫二十七年不敷銀內尚未補足，竟致無可支應，是以先後借動河庫減平銀二十三萬兩，得以隨時搶辦。經兼署河臣李星沅具摺縷陳，並聲明能否於歲料銀內節省補還，俟各款解齊，再行確核具奏。並准部咨：此案借動②平銀系何年扣存之款，查明聲覆。等因。李星沅未及查辦，即已卸事，臣逐款查核，通盤籌畫，如果有可挹注，自當力圖補還。

　　惟查歲料銀兩系例撥之項，陸續到齊，僅供冬春間常年工用。現上冬堵閉山盱義河越直兩壩實用銀十八萬七千餘兩，並非常年所有。因經費支絀，未敢請撥。及外南塘河因積淤寬厚，不能不大加挑挖，比往年銀數較多，亦均在歲料銀內通融發辦。是歲款向給歲料等項之外，又加各項用度，已慮支應不敷，而現請大汛工需銀兩亦系向撥之項，爲籌備重運，修辦堤埽，啟閉閘壩並大汛防守之需，加以高堰、山盱、外南、裏揚等廳經上年洪湖漲水趨刷，堤埽磚石等工殘塌甚多。現飭該管道將前往摶節查估，由臣覆勘擇要酌辦。凡此修守所關，勢難短缺，核計上年借動減平銀兩通盤確核，實屬無從撥還。若勉強彌補上年已用之項，耽誤本年修守之工，於河工大局關係綦重。臣甫經到任，無所用其支飾，茲據各道具詳前來，謹據實繕摺具陳，仰祈皇上鑒察，俯將上年借動減平搶工已用銀兩可否准賜飭部作正開銷，免其撥補，俾本年大汛防守有資，感荷鴻慈，曷其有極！

　　至前項減平銀兩據河庫道覆稱，系二十七、八兩年扣存之款，現飭

---

　　① 潘錫恩（1785—1866）：字純夫，又字芸閣，安徽涇縣人。嘉慶十六年（1811）進士，選庶吉士，授編修。大考第一，超擢侍讀。道光四年（1824）復大考一等，擢侍讀學士，後任廣西學政、兵部左侍郎、吏部右侍郎，官至江南河道總督兼漕運總督，二十八年（1848）以病乞歸。咸豐中，命在籍辦理捐輸團練，八年（1858）因被劾勸捐無狀，褫職。同治三年（1864）捐復原銜，五年（1866）加太子少保。尋卒，諡文慎。

　　② “借動”後，似脫“減”字。

造冊詳送，咨部查核。

再，山海等廳未辦後四成土工銀十一萬兩，上年未辦。容臣用①歷查勘是否可緩，或尚有可減之處，再行酌量分別辦理。合併陳明，伏乞皇上聖鑒訓示，謹奏。

二月初六日

道光二十九年二月十八日奉硃批：戶部議奏。欽此。

一九三　循例請撥大汛工需銀兩摺

（道光二十九年二月初六日）

江南河道總督臣楊以增跪奏，爲循例請撥大汛工需銀兩，仰懇聖恩俯准飭撥，以資修防事。

竊查南河工需每歲於年前奏請撥銀一百二十萬兩，並各處按年額解之項除給發官兵俸餉及額支各款外，餘存銀兩爲歲搶修工程之用。其伏秋大汛河溜提移、搶鑲新埽及啟閉壩河、隨時相機挑築等工，向歸另案②報銷，例於春間奏請撥銀一百五十萬兩專備大汛之用，歷年循辦在案。本年歲搶修銀兩於上年請撥，陸續到工後給發各廳趕購正雜料物，動用已無餘存。現在重運北來，所有經由河道閘壩等工應啟應閉，必得隨時相機辦理。轉瞬大汛經臨，河湖修防更關緊要，均須錢糧應手，方可籌備無虞。茲據河庫、徐州、淮揚、淮海、常鎮③各道會詳請撥前來。臣查此項銀兩爲大汛修防所必需，且各省撥款解工動輒數月，黃河汛漲遲早難定，亟應先事預籌，俾免貽誤，謹循例照數奏請。合無仰懇皇上天恩俯念河工緊要，飭下部臣，於就近藩、關各庫撥銀一百五十萬兩，迅速解交河庫。臣仍督飭各道實力稽查，摒節動用，不任稍滋靡費。如有餘存，另行造冊報部。

---

① "用"字或誤，或當作"周"。

② 另案：清代指不在常例的臨時河道修理工程。

③ 常鎮：常鎮道屬江南河道總督，管轄常州、鎮江，道尹衙門設在鎮江，正四品。

所有循例請撥大汛工需緣由，謹會同兩江總督臣李星沅合詞恭摺具
奏，伏乞皇上聖鑒。謹奏。

二月初六日

道光二十九年二月十八日奉硃批：戶部速議具奏。欽此。

一九四　興挑外南塘河以備重運片
（道光二十九年二月初六日）

再，查外南塘河自正月初十日內外分段興挑以來，緣積淤寬厚，雨
水又勤，辦理頗爲費手。幸日來天已放晴，撒手趕挑。據報現已辦有三
四五分工程不等。臣仍督同該管淮揚道查文經並添委候補道周燾、山盱
同知黃欽蕭協辦查催，務令照估挑與草閘底板相平，克日完竣，以備運
行，不任稍有牽延。

洪澤湖水日來陸續加長數寸，高堰廳誌樁現存一丈一尺六寸。刻距
重運灌塘尚有月餘，堪期瀦蓄濟運。

合併附片陳明，伏乞聖鑒。謹奏。

二月初六日

道光二十九年二月十八日奉硃批：知道了。欽此。

一九五　遴員調署河廳要缺摺
（道光二十九年二月二十三日）

江南河道總督臣楊以增跪奏，爲遴員調署河廳要缺，恭摺仰祈聖
鑒事。

竊照宿南通判雷體乾、中河通判張建勳業經參劾勒休，於上年十二
月接准部文按十一月十八日坐日扣算，歸上年十二月分截缺，應即遴員
請補，以益修防。查徐州府宿南河務通判員缺經管黃河南岸堤埽，險工

林立，修守緊要；淮安府①中河通判員缺經管桃源、清河、安東三縣境內運河，並兼管鹽河②及一切修防催償以及閘壩蓄洩各事宜，最爲緊要。以上二缺皆非精明諳練之員難期治理，臣與督臣往返函商，詳加遴選。查有鹽提舉③銜現署海安通判金安清④，年三十四歲，順天監生，祖籍浙江，遵豫工例報捐縣丞，投效東河。道光二十二年奉差來江，值江北防堵，捐資出力，奏請留工差遣，免補本班，以相同歸捐班前先用。二十五年補泰州州同⑤，二十六年調宿州州同，二十七年題陞今職，二十八年五月准署任事，由順天捐輸賞加鹽提舉銜。該員年力正強，修防勤慎，以之調署宿南通判，堪期勝任。又查有高堰通判張用熙，年五十九歲，安徽舉人，大挑知縣分發南河。道光六年到工，借補阜寧縣縣丞，調補山陽縣知縣。二十二年陞揚河通判，二十三年安瀾案內奏奉賞加陞銜，二十四年因高郵汛七棵柳東堤漫缺撤任摘頂，工完奉旨：賞還頂戴，酌量補用。二十六年題補今職，二十八年三月引見實授。該員在工年久，熟悉修防，以之調署中河通判，亦堪勝任。合無仰懇天恩，准以金安清調署宿南通判，張用熙調署中河通判，於要缺修防皆有裨益。如蒙俞允，均照例試署一年，經歷三汛⑥，察看果能勝任，再以保題實授，並將金安清送部引見，恭候欽定。至張用熙系實缺人員，毋庸再行送部。該二員任內並無違礙處分，亦無未完賠項銀兩。

再，臣到任未及三月，例不註考。所有該二員考語系商請督臣酌定，合併聲明。謹會同兩江督臣李星沅恭摺具奏，伏乞皇上聖鑒訓示。謹奏。

二月二十三日

道光二十九年三月初四日奉硃批：吏部議奏。欽此。

---

① 淮安府：清代行政建制，屬江南省，府治山陽縣。下轄六縣（山陽、清河、鹽城、安東、桃源、沭陽），並領二州（海州、邳州）。

② 鹽河：古稱官河，一名漕河，爲淮北鹽南運的重要航道。

③ 鹽提舉：即鹽課提舉司提舉，爲清代鹽課提舉司主官。清代於雲南之石膏、黑鹽、白鹽三井，設鹽課提舉司提舉各一人，秩從五品，直接督察所屬鹽井產銷事務。

④ 金安清（約1817—1880）：字眉生，號儺齋，晚號六幸翁，浙江嘉善人。國子生，由泰州州同擢海安通判，調宿南，歷陞至湖北鹽糧道、鹽運使、按察使。工詩，熟諳古今掌故。

⑤ 州同：清代知州的佐官。直隸州州同相當於同知；散州州同與州判分掌督糧、捕盜、海防、江防、水利諸事，爲從六品官。

⑥ 三汛：指春、夏、秋三季的漲水期。第一汛叫春汛，或名桃汛、桃花汛、桃花水，汛期大概在清明節後二十日。第二汛叫伏汛，汛期在春汛後至立秋前。第三汛叫秋汛，汛期在伏汛後至霜降前。

一九六　京員學習期滿請留工補用摺

（道光二十九年三月十五日）

　　江南河道總督臣楊以增跪奏，爲京員在工學習期滿，出具考語，送部引見，仰祈聖鑒事。

　　竊照道光十二年閏九月二十三日奉上諭：本日據大學士會同軍機大臣議奏京員揀發河工學習章程一摺。河防關係重大，必得通曉熟諳之員方有裨益，著於內閣、翰詹①、六部、都察院各衙門不分滿洲漢人，擇其正途②出身、清慎勤敏者，每衙門保送一員，咨交吏部帶領引見，候旨發往東、南兩河學習。如不得其人，毋庸濫保，並著定爲兩年揀派一次。該員到工後，隨同該河督專心學習估工查料及一切疏浚堵築各事宜，不必承辦要工，亦不准經營錢糧。並著該河督量才差遣，周歷河湖堤堰，查勘情形，俾資歷練。其黽勉勤慎、尚堪造就者，二年差竣，著該河督出具切實考語，送部引見，候旨錄用。此爲慎重河務起見，其不諳河務者准其仍回本任，不准乞恩改補地方。等因。欽此。

　　茲查刑部福建司③員外郎張道進、工部候補主事郭禮圖於二十七年正月保送河工學習，奉上諭：著發往南河差遣委用。欽此。旋據該二員呈報，於是年三月十六、二十八等日到工，經前河臣派往各屬查料勘工，協防大汛。臣履任後，復委查臨歲料，與之談論工務，具見詳明。扣至本年三月，學習二年期滿。

　　臣查該員外郎張道進現年五十三歲，湖北進士，安詳穩練，恂恂無華，擬請留工以知府酌量補用。主事郭禮圖現年三十九歲，福建進士，年壯才明，講求河務，擬請留工以同知酌量補用。除分別給咨赴部帶領

---

　　①　翰詹：清代對翰林和詹事的合稱。

　　②　正途：清代由進士、舉人出身者稱爲科甲。科甲與恩貢、拔貢、副貢、歲貢、優貢生及恩優監生、蔭生出身者皆爲正途。

　　③　刑部福建司：刑部所屬內部機構，職掌審核福建省刑名之事，設郎中滿、漢各一人，員外郎滿、漢各一人，主事滿、漢各一人，經承三人。

引見，恭候欽定外，謹先出具切實考語，繕摺具奏，伏乞皇上聖鑒。
謹奏。

三月十五日

道光二十九年三月二十七日奉硃批：吏部知道。欽此。

一九七　籌備運河工程並河湖水勢情形摺

（道光二十九年三月十五日）

江南河道總督臣楊以增跪奏，爲籌備運河閘壩堤埽等工，以利漕行，並河湖水勢情形，恭摺具陳，仰祈聖鑒事。

竊照江境南北運河上自山東交界起，下至瓜洲①江口止，綿亘六七百里，水勢長落無常，全賴閘壩堤埽節宣鉗束，向於漕船未到之先豫爲修理。本年重運現已次第北來，所有運道工程亟應籌備。而當此經費支絀，尤須力求撙節，期無貽誤。前據該管各道先後具稟前來。查裏河廳運口汛爲洪澤湖水入運門戶，溜勢湍激，頭南壩、外蓋壩、頭二三四壩並上下雁翅、惠濟越閘上下鉗口壩、閘下束水壩、張王廟前托水壩、福興正閘、上下鉗口束水壩、迤下河尾等壩刷蟄卑矮，均應加鑲。外南廳屬河口舊草閘金門由身迎水分水雁翅內外挑束各壩、禦黃二壩、臨清堰北面護埽鉗口壩間有腐朽蟄塌，亦應鑲修。其北岸外北廳浦家莊爲重運進口要道，循舊於東西兩岸鑲做托清蓋黃壩埽，逼溜刷沙。中河廳楊莊頭壩前因船營左營卸空船隻應赴右營裝柴，適清水漸長，乘機啟壩出船入黃後，嗣以清黃相平，仍即堵閉澆餞，以免內漾澄淤，並將二三兩壩照舊接築收束。下游江防廳②五臺山迤下至洋子橋等處舊埽歷經汛漲沖刷塌卸，亟應擇要鑲修。又瓜洲運口東岸縴道並臨江上下各舊工歷被江潮刷塌，應退後接土堤，補鑲防風，以資捍衛而利縴挽。以上皆濟運要工，均飭各該管道廳節慎妥辦，速

---

① 瓜洲：位於京杭大運河與長江交匯處，爲京杭大運河入長江的重要通道之一。

② 江防廳：道光二十九年（1849），改揚州府江防同知爲江運同知，咸豐十年（1860）裁撤。

竣報驗，務期運行順利，仰紓宸廑。

黃河水勢入春以來加長無多，外南順黃壩誌樁現存三丈五尺五寸，洪澤湖近時日長一二寸，高堰誌樁已積存一丈六尺一寸。不獨清運有餘，而核之上兩年山盱啟放壩河時存水尺寸，刻下已大至尺餘至二尺餘不等。現在甫交桃汛①，湖源即如此旺盛，殊爲可慮，亟應速籌減洩。業飭該管道廳現將禮河啟洩，倘仍消不敵長，再將智信兩壩酌量添啟，期免積漲。

臣已先赴河外南、外北、中河及下游山海等廳查驗歲料，勘估春工，仍即日前赴上游徐屬一帶折回，再赴江口，俟周勘完畢，另行具奏。至外南塘河挑工緣陰雨過多，施工信爲費手。日來天甫大晴，得以並力趕挑，以速補遲。現飭淮揚道暨委員等駐工嚴催，勒限灌塘以前一律完報候驗，倘稍延誤，即行參辦。

所有籌備運道工程並河湖水勢情形，理合恭摺具陳，伏乞皇上聖鑒。謹奏。

三月十五日

道光二十九年三月二十七日奉硃批：留心相機妥辦。欽此。

一九八　遵查重運北上各閘多索夫纜錢糧片
（道光二十九年三月十五日）

再，查接管卷內准戶部咨：議覆福建學政彭蘊章②奏裁減漕船帑費一摺。內稱如閘官有浮設官纜、多索夫價者，著查出嚴參等語。奉上諭：漕運、河道總督應嚴禁委員閘官藉端需索及勒不放閘等弊，會議具奏。等因。欽此。又准部咨：議准兩江督臣片奏漕防情形，請各清各

---

① 桃汛：又叫春汛、桃花汛、桃花水，汛期大概在清明節後二十日。

② 彭蘊章（1792—1862）：字詠莪，江蘇長洲人。道光十五年（1830）進士，授工部主事，留值軍機處，累遷郎中、鴻臚卿、順天府丞、通政司副使、宗人府丞、福建學政，遷左副都御史。咸豐元年（1851）命在軍機處行走，四年（1854）調禮部，旋陞工部尚書。五年（1855）任協辦大學士，六年（1856）拜文淵閣大學士，管理工部及戶部三庫事務，充上書房總師傅。十一年（1861）擔任兵部尚書、左都御史。同治元年（1862）因病乞休，未幾卒，諡文敬。

弊，無須聯銜。等因。咨行遵辦前來。

伏查重運北上，經過各閘壩所需關纜人夫經費，向由各糧道解交漕臣，核給總運眼同漕委散放。嗣漕臣周天爵①以委員經理未宜，傳同各夫頭當堂散給，其夫頭由各州縣擇詳充，歷經遵照辦理，業由臣楊殿邦②詳悉覆奏在案。所有河工委員閘官並不經手夫纜錢糧，無從弊混。惟催漕提閘，或有不肖員弁藉端需索及勒不放閘等事，均未可知。③ 臣當督飭各道密加查訪，一經查出，或經幫丁等喊訴得實，定即嚴行實參，以肅漕政。

理合附片陳明，仰祈聖鑒。謹奏。

三月十五日

道光二十九年三月二十七日奉硃批：覽。欽此。

一九九　遵查河庫例撥額收等
銀核無餘剩摺

（道光二十九年三月二十二日）

江南河道總督臣楊以增跪奏，爲查明河庫例撥額收等銀核無餘剩，據實覆陳，仰祈聖鑒事。

---

① 周天爵（1775—1853）：字敬修，山東東阿人。嘉慶十六年（1811）進士，先後任懷遠、濮陽知縣，宿州知州、廬州知府，江西、安徽按察使，陝西布政使、漕運總督、河南巡撫、閩浙總督、湖廣總督等職。道光二十年（1840）冬革職查辦，遣戍伊犁。次年，調至奕山、耆英處聽候差遣。二十二年（1842）免罪，參與抗英軍務，賞二品頂戴，署漕運總督。二十三年（1843）以失察漕書，竊鐫漕督關防，降四級留任，同年因病請辭。道光三十年（1850），太平天國運動爆發後，復任廣西巡撫，會同欽差大臣李星沅鎮壓太平軍。咸豐元年（1851）加總督銜，專辦軍務。次年三月因未能阻止太平軍擴張而被革總督銜；五月因積極鎮壓太平軍而免罪，任兵部侍郎；九月死於軍營，歸葬原籍，追贈尚書銜，諡文忠。

② 楊殿邦（1777—1859）：字翰屏，號疊雲，安徽泗州人，後遷居淮安。嘉慶十九年（1814）進士，選翰林院庶吉士。先後任順天鄉試同考官、河南鄉試正考官、雲南學政、監察御史、太僕寺少卿、詹事府詹事兼順天府尹、山東鄉試正考官、貴州按察史、山西布政使、內閣學士兼禮部侍郎、倉場總督兼戶部侍郎，道光二十四年（1844）任漕運總督。咸豐中，在揚州東北面邵伯鎮一帶阻擊太平軍，兵敗免官，在軍中戴罪辦事。咸豐九年（1859）卒，恤贈太僕寺卿。

③ 此處有夾批：委加明察暗訪，切勿姑容。

　　竊臣接道光二十九年三月初二日准戶部咨：議奏南河大汛工需如數撥給，惟前據李星沅奏每年尋常例用當以三百萬兩爲率，自系體察情形，確有把握。但查南河除例撥二百七十萬兩外，又有各省額解及額收、葦蕩等款銀兩，統計不下三百五六十萬兩，除每年實用三百萬兩之外當有餘剩，應於河項款內扣除，等語。奉上諭：著該河督會同李星沅確核查明，據實具奏。欽此。特行遵照前來。

　　伏查南河例用紛繁，爲數甚巨。督臣李星沅兼署未久，臣甫經到任，雖未能事事周知，而期挽頹風，不能不力加撙節。李星沅前奏擬請每年尋常例用當以三百萬兩爲率，原屬論其常，範圍不過之意。是以上年銷算稽核從嚴，共刪銀四十萬兩零。然實發銀數仍有三百四十六萬四百餘兩，已爲歷年所最少。其海屬土工銀十五萬兩系專款另案，尚不在內。至堵辦山盱義河銀十八萬數千兩，補修堰盱石工，挑挖外南塘河比往年需費較大，亦均在常年額收銀內通融借動，並未另款請發。實計當有不敷，並無餘剩。

　　至戶部奏稱南河每年例撥河款及各款共銀三百五六十萬兩。等因。查款收內尚有平餘一款，因歸入二兩平案內□報部，計每年河庫少收銀十萬兩內外，應行剔除，實祇每年收銀三百四十餘萬兩。又各省額解銀兩率多拖欠，屢經臣咨飭催提，似不能如期解到，而河庫例發公項、廉俸、役食等銀即須在撥款內通融動放。且查二十七年，已經前河臣潘錫恩奏明河庫不敷銀八十八萬餘兩，內除已奉撥補銀五十萬兩，計仍有不敷銀三十八萬餘兩。臣等因戶部籌款維艱，未敢遽請找補，以致河庫挪後掩前，備形支絀。臣等總當隨時隨事核實鉤稽，持之以嚴，約之以漸，固不敢稍踰限制，稍涉虛糜，亦不敢忽視要工，轉滋貽誤。惟望水平工穩，省用得宜，以期上副聖主節帑慎工、諄切告誡之至意。

　　所有河庫例撥額收等銀尚有不敷，並無餘剩緣由，理合遵旨查明，會同兩江總督臣李星沅據實覆奏，伏乞皇上聖鑒。謹奏。

三月二十二日

道光二十九年四月初二日奉硃批：該部知道。欽此。

二〇〇 遵旨覆奏南河節費裁員情形摺

（道光二十九年三月二十二日）

江南河道總督臣楊以增跪奏，爲遵旨力求節省，裁併員缺，恭摺覆奏，仰祈聖鑒事。

竊照道光二十八年十一月十五日奉上諭：河工浮冒之弊，人所共知。本年已明降諭旨，著户部存記，除例應發給銀兩外，絲毫不准再撥，自當凜遵。各廳員冗缺甚多，著會同公議裁撤。等因。欽此。仰見皇上慎工節帑，整飭有方，臣莫名欽感。

伏查南河工程用額向分歲搶修、常年另案、專款另案三項報銷。其歲搶修暨常年另案多在例撥額收銀內支用。其專款另案系屬要工，事非常有，隨時專摺奏撥，請旨遵行，此南河歷來銷算之章程也。茲查近三年歲修搶及常年另案內，二十六年共銀四百二十三萬六千餘兩，二十七年共銀四百零六萬四千餘兩。二十八年經兼署河臣李星沅撥核從嚴，除山海土工銀十五萬兩及山盱堵閉義河銀十八萬數千兩應歸下年專案造銷外，實計二十八年銷銀三百四十六萬餘兩，較之遠近各年實爲用銀最少之數。臣李星沅因部庫籌款維艱，猶不敢以上年用數爲准，復加以尋常例用准銷三百萬兩奏請聖鑒，實冀漸歸節省、範圍不過之意。

臣仰荷恩綸，畀以南河重任，接篆後即諄飭各道本年各廳尋常例用定以三百萬兩爲率，祇准減少，不准加多。每遇估辦各工，由道核減致詳，臣復逐加核減，或查其工尚可緩，即停其估辦，不容稍有虛浮。惟河工平穩靡常，現未屆伏秋大汛，臣甫經到任，又未能熟悉情形，是各支用足敷必俟霜節後方能定數，總期尋常例用歲搶修、常年另案均在例撥二百七十萬兩及額收款內撙節支應，懍遵諭旨，斷不敢絲毫請添。倘偶遇興舉要工，系專款另案，再行仿照舊章隨時回奏，請旨遵行。

至裁撤冗員一節，查江南黃河兩岸堤長一千七百數十里，要工林立；至南北運河共長七百數十里，爲漕艘所經；洪澤湖大堤爲淮揚保障。統計二十三廳，凡修守宣防均關緊要，並無冗濫。惟常鎮道屬揚運廳汛地較短，江防廳工程較簡，擬兩廳並作一廳，改爲江運同知。又丹陽縣丞所管汛内並無工程，靈璧縣主簿、銅山縣呂梁司巡檢皆屬事簡，可以歸併裁撤。其一切歸併裁缺事宜另容飭行司道查詳，咨部辦理。①至裁缺各員應照例留於南河外，按原銜遇缺酌量補用，不積各項人員之缺。

臣謹會同兩江總督臣李星沅合詞恭摺具奏，伏乞皇上聖鑒。謹奏。

三月二十二日

道光二十九年四月初二日奉硃批：覽。欽此。

二〇一　本年重運頭塘漕船度黃北上日期摺

（道光二十九年四月十二日）

漕運總督臣楊殿邦、江南河道總督臣楊以增跪奏，爲重運頭塘漕船渡黃北上，恭摺循例由驛具陳，仰祈聖鑒事。

竊照本年重運軍船催提盤驗情形，經臣楊殿邦具奏在案。臣楊以增督飭該管道廳，將籌備利運各工分投辦竣，查驗如式，催令軍船挽上閘壩，即啟臨清堰，提進塘河排泊，隨將中河雙金閘鉗口壩堵閉，跟築土餞。適值上游因大泛口山泉長發，運中河水勢旋亦加長。察看清高於黃，即將楊莊頭壩啟放，一面飭令運河廳隨時查看水勢情形，酌啟柳園頭閘，導引駱馬湖水入河，源源濟運。臣等於四月初八日會駐河口，督率該管道將廳營等堵閉臨清堰。惟黃水高於塘河水尚無多，恐草閘口難以跌透，當飭趕啟涵洞泄低塘水，仍將涵洞堵閉，立啟臨黃堰，將首進大河前幫起至二進。在前之淮安四幫止共三十四幫，計船九百五十二隻，並貴州委員胡霖澍領運鉛船十二隻，循序放渡，挽入中河，連檣北上。飭令淮海、徐州二道分駐中河、運河稽查催趕，並咨會東河督臣照例鋪水迎流外，臣等仍分派員弁催提在後幫船，飛挽抵壩。俟有成數，即行接放二塘。本年節氣雖遲，斷不准藉詞延緩。

所有重運頭塘漕船渡黃北上日期，謹會同兩江總督臣李星沅，恭摺

---

① 此處有夾批："謀定後應奏，不應咨"。

循例由驛具奏，伏乞皇上聖鑒。謹奏。

四月十二日

道光二十九年四月十九日奉硃批：知道了。欽此。

二〇二　桃汛安瀾並河湖水勢工程平穩情形摺
（道光二十九年四月十二日）

江南河道總督臣楊以增跪奏，爲恭報桃汛安瀾並河湖水勢工程平穩情形，仰祈聖鑒事。

竊照清明後二十日爲桃汛長水之期，本年三月十三日節屆清明，先行通飭道將廳營妥慎籌防。截至四月初三日止，計桃汛期内以三月十五日爲黃河長水最大之日，外南順黃壩誌椿存水三丈六尺七寸。茲桃汛已過，據各廳稟報工程一律平穩。臣前自海口回浦，本擬先赴徐屬，緣重運上行，灌塘不遠，並據淮揚、常鎮二道稟估急辦各要工前來，隨即先赴下游運河逐細履查，並迎催漕船折回清江，又赴堰盱履勘。

伏查上年洪湖異漲，臨湖石工率多平水，僅賴堤頂子堰攔禦，裏、揚等廳承受來源，極形浩瀚。寶應以下湖河通連，在堤高者出水尺許，餘俱平水入水，搶護得安。而外南裏河運口臨湖、臨清堤堰亦多潰塌殘損，處處危險。幸而風雨不多，自啟義河及昭關壩後，上下水勢漸落，得以保守平穩，均經前河臣節次奏報在案。茲臣周歷查看，其水痕高下工程危險情形歷歷可指。雖彼時幸保無事，未可恃以爲常，必得趕爲修整，庶期有備無患。如外南、裏河二廳臨湖堤堰居清淮上流，地高水闊，與堰盱石堤關係並重。上年倉卒搶護，其未辦之處尚多。查各該處從前均有碎石抛護，因年久經風浪撞掣坍卸，深入水底，應將堤身分別填補加幫外，仍用石抛砌，庶資捍衛。揚河①、揚運②二廳兩岸堤工卑薄，殘塌片段太長，若全行辦理，需費過大，經擇要分別加培修補。至

---

① 揚河：揚河廳，淮揚道轄，管理揚州境運河，設通判一員、守備一員，衙署設在高郵。

② 揚運：揚運廳，原爲揚糧廳，設通判一員，駐紮邵伯鎮，道光二十年（1840）改揚糧通判爲揚運通判，專管河務。

西岸臨湖碎石爲偎護堤身最要之工，歷被巨浪掀騰，又經上年漲水，大半掣塌，應擇其損壞最甚者查照舊章，撈選舊石，酌添新石，趕爲補砌完整。又揚運廳境之普賢墩越河縴道攸關運行，亦應幫加。以上各工均難從緩，經該道等核實查驗，臣又再三勘減，約計仍需十數萬金。此非常年工程，例應專案請發。然當此經費艱難，臣亦不敢援案另請，即在常年例撥銀內通融支應，現在次第發辦，勒限大汛前一律完報候驗，不任率延。

洪澤湖水自三月初十日啟放禮河後仍長一寸，旋即報定。仁河由身較高，本未堵閉，亦在過水，兩旬以來並無長落。高堰誌樁現存水一丈六尺，尺寸已不爲小，擬於頭塘軍船放後即將智、信兩壩次第開啟。近時西風間作，堰盱石工續有掣卸，隨時查明新舊，飭令分別修培，並將浪刷石後灰素槽土①補填堅實。查驗義河、越直兩壩均系照估築竣。惟越壩工段太長，且挺入湖心，向不修守，其後身直壩最關緊要。現飭酌拋碎石，以資捍禦。下游歸江各橋壩早經堵閉，河水充足，漕行順利。外南塘河昨於挑竣後，臣督同該管淮揚道查文經驗收如式。茲已放過頭塘，臣即日前赴徐屬各廳查驗歲料，復估春工，一俟查畢，另行具奏。

所有桃汛安瀾河湖水勢工程平穩情形，謹會同兩江總督臣李星沅恭摺附驛具陳，伏乞皇上聖鑒，謹奏。

四月十二日

道光二十九年四月十九日奉硃批：知道了。欽此。

二〇三　查驗歲料完竣並勘辦春修工程摺
（道光二十九年閏四月初三日）

江南河道總督臣楊以增跪奏，爲查驗歲料完竣及勘辦春修工程各緣由，恭摺仰祈聖鑒事。

---

① 灰土、素土：由三份白灰、七份黏土混成的拌合物叫三七灰土。無任何添加物的土叫素土。

　　竊照南河二十三廳，內除高堰、山盱、江防、蕭南四廳遇有工程系隨案估發料物，向不豫購歲料外，其餘黃、運各廳均於上年霜降後經兼署河臣李星沅查照舊章，分別工程平險、需料多寡將本年應購歲料約數發辦。臣到任後，催令依限購運，堅實堆垛。各廳具報前五分數到工，當經派委在工學習之刑部員外郎張道進、工部主事郭禮圖分往查驗。嗣據各廳續報堆齊，復飭各該道確查如式。臣隨先赴下游黃運各廳親履查驗，回至外南，將重運頭塘□□□。四月十七日由北岸赴徐，上至豐北渡黃挨查而下，業經通歷一周。按冊查點歲料，均仍如數辦足，量驗高寬長丈，悉與定式相符。間有年前所堆者歷經雨雪風日，浮面顏色不能一律黃亮。臣恐夾雜弊混，每廳指抽拆視三五垛及十餘垛不等，尚俱一律堅實，其雜料土石等項抽查亦無短缺。各廳春估埽工爲一歲修防根本，經臣履勘覆估，凡原報各段中有情形稍輕者均行剝減，餘俱飭令趕鑲，以備汛漲。沿路察看黃河溜勢，並詢之道廳及年老兵民，僉稱與往年大致相仿，其間有提移坐灣刷灘之處，臣已諄囑該管文武小心防守。

　　近時黃水見長無多，外南順黃壩誌椿現存三丈六尺五寸，海口歸墟之勢極爲暢順，通工一律平穩。淮揚、淮海一帶麥苗秀稔，舉目青蔥，民情悉臻安謐，洵足仰慰聖懷。臣已回至清江，督催二進軍船提上閘壩，一俟集有成數，即行灌放二塘。

　　所有查驗歲料完竣及勘辦春修工程各緣由，理合恭摺具奏，伏乞皇上聖鑒。謹奏。

閏四月初三日

道光二十九年閏四月十三日奉硃批：知道了。欽此。

二〇四　續啟智信兩壩湖水仍長
籌辦大概情形摺

（道光二十九年閏四月初三日）

　　江南河道總督臣楊以增跪奏，爲山盱廳續啟智信兩壩、湖水仍見加長籌辦大概情形，恭摺奏祈聖鑒事。

　　竊查洪澤湖水因本年春雨過多，長發較早，前將啟放山盱禮河並仁河過水情形附摺具陳在案。嗣於四月初十、十三等日察看水勢仍在加長，復將智、信兩壩先後啟放。迭據安徽正陽關①呈報，淮河水勢本年正月起至三月二十三日止共長水七尺二寸，二十四至四月初二日又陸續接長三尺八寸，來源旺盛，以致啟放壩河四處，仍復消不敵長。截至閏四月初二日止，高堰誌樁存一丈七尺二寸，比上年此時計大一尺九寸，比上年盛漲僅小四尺二寸。幸冬春以來，補修石工及填築溝槽均已完工，堪資捍衛。惟時甫小汛，湖水即積存如此之大。往後汛期正遠，風信靡常，設續再見加長，必須添路分減，以免漲□為患。查山盱壩河除已將外南廳義河屬林家四壩兩處皆為分減舊路，但義河屢放屢跌，愈跌愈遠，如再啟放，則越堵工段更長，不獨工程浩大，而越入湖心，壩身吃重，難保無虞。其林家四壩坐當湖之中段，由身較矮，泄水自暢。惟過於難挑，易於沖跌，是以於十九年堵閉之後，未敢再啟。上年湖水極長，不得不冒險啟放，旋因壩下已見衝跌□花，遂即趕為堵閉。是該兩處均未便輕率議啟。而湖堤關係重大，倘再接長不已，舍此兩路，亦復別無宣消保護之策。已飭淮揚道河營參將督同廳營妥為籌議，切實具稟，俟覆到再行酌核具奏。

至寶高下臨湖河，因山盱壩水下注，逐漸加長。歸江各路，因重運軍船尚有未進瓜洲口者一千數百隻，礙難全行啟放。現將瓦窰鋪以上橋壩先行酌啟，軍船由普賢墩越河行走，以避壩門吸溜之險。其瓦窰鋪以下之壁虎灣頭各閘壩河窄溜激，一經啟洩，則軍船提挽維艱。必俟軍船過竣，方能全啟。而江潮現亦較旺，頂托不消，是以邵伯湖②河水勢積存比上年此時大至四五尺，距啟放高郵四壩定誌僅小二尺餘寸。下河上年被災甚重，而本年長水更早，倘再放壩失收，小民其何以堪？惟望天氣晴霽，來源漸弱，下游疏消得及，即可復啟壩座。河工與地方並重，應須兼顧。臣修防籌術，時加焦思，惟有督率屬員相機經理，權其輕重，隨時與督臣籌商妥辦，不敢稍涉孟浪，亦不敢拘執貽誤。

至揚運廳甘泉汛東岸臨湖磚石工，上年大汛歷被風掣塌卸，連海漫腰洞，除新工照例賠修外，實計舊工長二百八十三丈二尺，自一層至十

---

① 正陽關：地處淮河、潁河、淠河三水交匯處，位於淮河南岸，上通沿淮重鎮三河尖，下達淮河第一大港蚌埠。扼守淮、潁、淠三水之咽喉，是淮河中游重要水運樞紐。

② 邵伯湖：又名棠湖，古屬三十六陂，地處今江蘇省揚州江都區邵伯鎮。

四層不等。前據常鎮道造冊請修，經臣覆核發辦，勒限完工，以資保衛。

所有接啟智信壩後湖水仍見加長籌辦大概情形，理合會同兩江督臣陸建瀛恭摺具陳，伏乞皇上聖鑒訓示。謹奏。

閏四月初三日

道光二十九年閏四月十三日奉硃批：知道了。欽此。

二〇五　奏請改撥藩庫銀兩片
（道光二十九年閏四月初三日）

再，部覆南河大汛工需銀內有蘇州地丁銀二十七萬九千兩，據蘇州藩司詳稱，祇能湊解銀十五萬三千五百四十六兩五錢一分九釐，計不敷銀十二萬五千四百五十三兩四錢八分一釐。又奏撥浙江地丁銀十二萬兩，據浙江藩司詳稱，祇堪解銀五萬兩，計不敷銀七萬兩各等情，並據聲請奏咨改撥前來。伏查大汛伊邇，防守吃緊，所有該二省原撥不敷共銀十九萬五千四百五十三兩四錢八分一釐，理合附片陳請，伏乞天恩准賜勒部於就近藩關各庫照數改撥，迅速委解來江，以濟工用。

感荷鴻慈，曷其有極！謹奏。

閏四月初三日

道光二十九年閏四月十三日奉硃批：戶部速議具奏。欽此。

二〇六　通挪支發南河土工銀兩片
（道光二十九年閏四月初三日）

再，查山海等四廳專案土工尚有未辦後四成銀十一萬兩。前經臣附摺陳明，俟周歷查勘是否可緩，或尚有可減之處，再行酌量分別辦理在案。茲臣按照原作冊籍挨段履查應辦之工，惟此案工程原估共銀二十六萬餘兩，本系專款請發，內已蒙准撥前六成銀十五萬兩，將最急之段辦理完竣。前河臣未及驗收，經兼署督臣李星沅奏明俟臣到任赴工查驗。等因。茲臣便道查量，所辦高寬長丈悉與作册相符，尚無偷減草率。而後四成應辦銀十一萬兩，上年經戶部咨令於撥補河庫不敷銀五十萬兩內通融籌辦。嗣經潘錫恩查明前撥銀兩系因河庫不敷，是以奏請撥補，核計尚有不足。加以河湖水大，支用較繁，無可通融，故尚未經發辦奏陳在案。

今臣查看前工既屬應辦，自應照案請撥。惟部庫現在度支維艱，臣未便率爾陳請，而常年例收銀又難動墊如許之多。先與該道廳再三籌酌，擇其萬不可緩者先辦一半，即在常年銀內通挪支發，刻已分派趕築，勒限汛前完工，以資捍衛。除俟來春再行察辦，庶要工不致耽延，而錢糧亦得從容支應。

理合附片陳明，仰祈聖鑒。謹奏。

閏四月初三日

道光二十九年閏四月十三日奉硃批：覽。欽此。

二〇七　重運灌放二塘日期摺

（道光二十九年閏四月十四日）

漕運總督臣楊殿邦、江南河道總督臣楊以增跪奏，爲重運灌放第二塘日期，恭摺馳報，仰祈聖鑒事。

竊照本年重運灌放頭塘後，當將臨黃堰堵閉，一面派員迎提後船並行。臣楊殿邦將二進幫船盤驗過淮日期，並飭催三進船隻加緊挽行各緣由奏報在案。臣楊以增督催挽上各閘壩，即啟臨清堰提進塘河挑泊。臣等於閏四月初七日會駐河口，飭堵臨清堰，啟閉涵洞，泄低塘水。旋啟臨黃堰，將塘內幫船挨次外放，已催出船八百餘隻。因黃水加長裏漾，以致口門外灘受淤，不能放船，當即趕堵臨黃堰，復開涵洞，將塘水泄低，仍堵涵洞，復啟臨黃堰冲跌深透，將塘內幫船全數催出。計自江淮頭幫起，至浙江嘉興白糧①幫止共二十八幫，計船八百九十四隻。並將

---

① 白糧：明清向江南五府徵收的粳、糯，爲專供宮廷和百官的漕糧。

雲南委員馮祖繩、貴州委員桂隆兩起銅鉛船共二十三隻一併放出草閘，
循序渡黃，挽進楊莊壩，連檣北上。仍催提後船，一俟到有成數，即行
放渡。至邳宿運河水勢充盈，所有各閘放船仍照舊章按□啟閉，以免虛
耗。接據徐州道將等稟報，前幫軍船業於四月二十三日挽出江南黃林莊
境，銜尾前進，極爲暢順，足以上攄宸厪。

　　所有重運灌放第二塘日期，理合會同兩江總督臣陸建瀛，循例由驛
恭摺馳報，伏乞皇上聖鑒。謹奏。

　　閏四月十四日

　　道光二十九年閏四月二十一日奉硃批：知道了。欽此。

二○八　揀員委署道篆摺
（道光二十九年閏四月二十四日）

　　兩江總督臣陸建瀛、江南河道總督臣楊以增跪奏，爲委署道員篆
務，恭摺仰祈聖鑒事。

　　竊臣等接准部咨：閏四月初四日內閣奉上諭：顏以燠①著賞給三品
頂戴，署理河東河道總督。等因。欽此。當即移行欽遵。所有淮海道篆
務應即委員署理，以便顏以燠交卸北上。查有奉旨以道員陞署之周燾，
在江年久，熟悉情形，堪以委署。除檄飭遵照外，理合會同署江蘇巡撫
臣程焕采②恭摺具陳，伏乞皇上聖鑒。謹奏。

　　閏四月二十四日

　　道光二十九年五月初七日奉硃批：覽。欽此。

---

　　①　顏以燠（1793—?）：字敍五，廣東連平人。嘉慶二十一年（1816）鄉試中舉人，歷
任愛新覺羅官學教習、內閣中書、文淵閣檢閱、內閣侍讀等職。道光十九年（1849）入直軍
機處，後以京察一等，出任江蘇徐州府知府，護理蘇松兵備道，賞戴花翎，繼任淮徐揚海兵備
道，特授東河總督、兵部侍郎。

　　②　程焕采（1789—1873）：字曉初，江西省新建縣人。嘉慶二十五年（1820）中進士，
授翰林院編修，補湖廣道監察御史。後任湖南衡陽府知府、湖北鹽法道，湖北、湖南按察使。
道光二十八年（1848）任江蘇布政使兼署江蘇巡撫。同治十二年（1873）卒。

二〇九　湖河水勢情形及各工平穩摺

（道光二十九年閏四月二十四日）

　　再，洪澤湖水本年長發較早，節將啟放山盱壩河分減情形奏陳在案。茲查自閏四月初旬至十五日湖水均定，十六日以後至二十三日又陸續見長三寸，高堰誌樁現存一丈七尺五寸。當此山盱已啟兩壩、兩河之後，仍在有長無消，來源實爲旺極。近時西風間颺，水湧浪激，情形頗爲吃重，幸俱爲時不久。堰、盱兩廳石工間被掣塌，隨時核奏發銀補修。林家西及舊義河直壩、仁義河中間攔壩各護埽被浪掣卸，亦俱庀修平穩。下游揚河、揚運等廳境內承受山盱壩河及運口下注之水，亦接續加長。兼之江潮仍旺，不能暢消，重運江廣幫船逆流上行，倍爲費力。漕臣楊殿邦親往督催，臣嚴飭該管道廳將各處縴路關樁隨時修補，務期縴引一律順利。惟是湖水積長不已，上下游堤埽工程在在緊要。春間估辦裏河、外南、揚河、揚運等廳土石等工，頗資捍衛，尚未估各工現值水長之際，風浪汕刷殘缺，亦不能不多備柴料土石，豫爲之防。所幸天氣晴霽，惟望湖水日消，既保工程，更免啟放高郵壩座，則河務地方均可得臻安謐，以期上慰宸厪。

　　至黃河水勢旋長旋消，工程亦俱平穩，理合附片具陳，伏乞聖鑒。謹奏。

　　閏四月二十四日

　　道光二十九年五月初七日奉硃批：妥行辦理。欽此。

二一〇　重運灌放第三塘日期摺

（道光二十九年五月十九日）

　　漕運總督臣楊殿邦、江南河道總督臣楊以增跪奏，爲重運灌放第三塘日期，恭摺仰祈聖鑒事。

竊臣等前將重運灌放第二塘緣由具奏在案。嗣即堵閉臨黃堰，一面催提後船。緣本年運河水大，江潮又復旺盛，以致浙江在後及江廣幫船提挽維艱。經臣楊殿邦親赴下游江口督催，並於途次一面迎提，一面盤驗，即派員押令上行。臣楊以增督飭道廳隨時修補縴路關樁，催令挽上各閘壩，啟除臨清堰，提進塘河，仍堵臨清堰，照章啟閉涵洞。臣等於五月十三日會駐河口，督率道將廳營委員等啟除臨黃堰，催出漕船二百四十餘隻。適值黃水陡落，草閘外口澄淤，漸形淺澀。遂止住後船，乘機趕堵臨黃堰，啟放涵洞，將塘水洩低，仍堵涵洞，接放臨黃堰，將在後漕船悉數放出。計自浙江嘉興衛幫起至江西安福幫止，共十九幫，計七百四十一隻，並雲南委員曹學儉、楊爲翰、吳開陽、管諧鐸、貴州委員姜元渭領運銅鉛船共六十三隻，循序放渡，挽進楊莊壩，連檣北上。途中河因來源稍弱，即經啟放柳園頭閘引水接濟，長河一律深暢。據報閏四月二十二日止，共出江南黃林莊境船九百八十四隻，後船仍跟接前進，行走順利。現查湖南三尾幫將次抵淮，仍命趕爲提上各閘壩，再放一塘，即可竣事。

所有重運灌放第三塘日期，謹會同兩江督臣陸建瀛循例由驛馳奏，伏乞皇上聖鑒。謹奏。

五月十九日

道光二十九年五月二十八日奉硃批：知道了。欽此。

二一一　籌備伏汛防守事宜並河湖水勢情形摺
（道光二十九年五月二十五日）

江南河道總督臣楊以增跪奏，爲節交初伏，籌備防守事宜，並河湖水勢工程情形，恭摺仰祈聖鑒事。

竊照節交初伏爲河工大汛之期，防守最宜周密。迭據河南陝州呈報，萬錦灘①黃河於四月十六、二十三、閏四月初四、初七、二十四

---

① 萬錦灘：位於河南陝州直隸州州城北門外。

及五月初六等日共長水一丈七尺七寸。又據武陟縣呈報，沁河①截至五月初六日止，共長水五尺五寸，匯流下注，以致江境各廳水勢接長二尺餘寸至三尺餘寸，河流迅激。臨黃埽壩幸於春修案內擇要分別鑲做高整，間有未估及續蟄各處亦飭該管廳營隨時撙節鑲修，悉資抵禦。其有溜勢提移塌□道堤之處均飭慎重防守，不准率行動料。惟大汛甫至，必須加意籌備。查各廳春修後所存正雜料物不敷防汛之用，據各道稟請添辦，臣分別減准，飭廳趕購。並酌發銀兩，易錢分貯工廠，以備風雨昏夜，得資應手。遴派新補員弁幫同現任廳汛按廳巡防，又委來工習學之工科給事中路慎莊、內閣中書曹炯分赴各廳協同防守，藉資練習。

茲據徐州道稟：豐北②、蕭南③、銅沛④三廳地接豫東，堤身多系河土，間有卑薄段落，應須擇緊加培，當經減准發辦，現在黃水已消，外南順黃壩誌椿存水三丈六尺六寸，各工一律平穩。惟洪澤湖仍間日加長，高堰誌椿現已積存一丈八尺四寸，所幸西風較少，湖堤防護穩固，而浩瀚之勢已形拍岸盈堤。堰盱爲淮揚保障，以大汛論之，自應添路分泄，但林家西壩底現已損壞，義河又越堵費巨，非至萬不得已，均不敢輕率議啟。現惟督令道將廳營竭力防護，得守且守。至下游揚河、揚運廳境承受山盱前啟智、信、仁、禮各壩河下注之水，雖將歸江各橋壩均已先後全放，奈江潮過大，頂托不消，以致高寶湖河遞長，亦連據報，高郵河水已長至一丈三尺九寸，業逾啟壩定誌。臣因下河上年被災甚重，滿望本年水勢不大，即可毋庸啟壩。或長發稍遲，守至立秋以後再行啟泄，則早中禾稻得以登場。無如來源發之既早，長之又驟，據該管廳營稟報，寶應以下湖河已間段通連東堤，甚形吃重。並據高郵州稟報：該境低窪田畝上年積水本未全消，加之連次驟雨，積水愈深。等情。是下河情形已屬秋收難豐。刻距立秋尚遠，東堤出水無多，設有疏

<hr>

① 沁河：黃河支流，發源於山西省平遙縣黑城村，自北而南，穿太行山，於河南武陟南流入黃河。

② 豐北：豐北廳，轄地上自山東單縣糧河廳馬良交界起，下至銅沛廳大河汛大穀山止，分豐上、豐下兩汛。

③ 蕭南：蕭南廳，原屬徐州河務同知，乾隆二年（1737）增設通判，三年（1738）鑄給豐蕭碭河務通判關防，五十五年（1790）改蕭碭南岸通判，嘉慶五年（1800）改爲蕭碭南岸同知，咸豐十年（1860）裁撤。

④ 銅沛：銅沛廳，原屬徐州河務同知，乾隆二年（1737）設，咸豐十年（1860）裁撤。

虞，所關尤大。臣再四籌維，不得不權衡輕重。現已咨商督臣，飭令道府廳縣查核高郵水勢，如果再長，自仍堅守壩座，倘再接長不已，即酌將車邏一壩先行啟放。其餘仍看水勢消長，相機酌辦，庶循序啟洩，不致猛驟，而東堤亦免著險。臣惟有督率屬員，察看情形，隨時與督臣妥為商辦，以期工固瀾安，上慰宸厪。

所有節交初伏，籌備修守事宜並河湖水勢工程情形，理合會同兩江督臣陸建瀛繕摺具陳，伏乞皇上聖鑒。謹奏。

五月二十五日。

道光二十九年六月初五日奉硃批：隨時妥辦。欽此。

二一二　圍估葦柴數量片
（道光二十九年五月二十五日）

再，查葦蕩左右兩營①道光二十七年青葦長發情形，經前河臣潘錫恩於該年六月內附片奏明在案。嗣於霜降後經該管淮海道親詣蕩地，詳細圍估，計道光二十七年左營估柴二百六十六萬七千六百束，除舊額正餘柴一百五十三萬五千束，計新增餘柴一百十三萬二千六百束，較續增額多柴三十三萬二千六百束。右營估柴二百八十八萬一千六百二十束，除舊額正餘柴一百六十三萬四千八百束，計新增餘柴一百二十四萬六千八百二十束，較續增額多柴四萬六千八百二十束。

理合附片陳明，伏乞聖鑒。謹奏。

五月二十五日

道光二十九年六月初五日奉硃批：工部知道。欽此。

---

① 葦蕩營：綠營營制名，原由江南河道總督統轄，設參將一人（駐清江浦），下有左、右二營，各設守備一人、千總一人、把總二人，共設兵一千三百一十二名，專司防衛海州、阜寧二處葦蕩，采割蘆葦，以供修築堤埽之需。

二一三　湖河水勢積漲修防平穩摺

（道光二十九年六月初八日）

　　江南河道總督臣楊以增跪奏，爲洪澤湖及淮揚運河水勢積漲，修防平穩將籌分減情形，仰祈聖鑒事。

　　竊臣節將洪湖長水啟放山盱壩河緣由奏陳在案。計自閏四月底以來，閱今月餘，淮源既旺，天雨又勤，以致湖水雖有壩河分洩，仍復消不敵長。□□間日加長，近復日長一二寸，高堰誌椿積存至一丈九尺六寸，比上年最漲僅小一尺八寸。湖堤出水無多，汛期正遠，風浪堪虞。照此情形，勢須籌添減路。飭據淮揚道查文經先後稟稱：除已啟壩河四處外，現在祗餘林家西壩及義河兩處。林壩坐當湖腰，屢經啟放，壩底久有損傷。上年啟後未及一月，冲跌更甚。非大加修辦，斷難再啟。其義河洩水最暢而越堵最難，需費甚巨。且後身直壩須培□深補還，尤屬不易。但湖堤關係重大，如再有長無消，勢難株守。計惟仍啟義河，庶資暢洩。等情。臣復加審核，固爲萬不得已之策。然義河越堵，錢糧較大。當此庫款支絀之際，工程經費必應兼顧，仍飭得守且守，非至無可如何，不准啟放。

　　至淮揚運河承受洪湖來源，雖將歸江各橋壩次第全啟，奈江潮亦旺，頂托不消，上下各工日報長水二三。裏河束清壩爲湖水入運門户，歷久未修，刷蟄卑矮，當飭趕緊加廂。又該廳及揚河、揚運二廳兩岸縴堤被溜趨刷之處酌廂護埽防風，並將舊埽朽蟄段落擇要補加，俾資捍衛。其實應上下東岸各閘洞久經一律啟放，而水勢仍擡長不已。高郵河水已積至一丈五尺三寸，久逾啟壩定誌。查山盱各壩口門共寬二百數十丈，全賴歸江、歸海兩路分減。前則江潮過大，不但不能分消，且有倒灌之時。高、甘一帶勢成中溜，計除歸海一路別無他法。臣因江蘇各州縣本年多被水災，渴冀下河得收，可資接濟。是以剗飭廳營得守且守，如能守至秋成以後再行啟洩，則民困可蘇。無如積漲日甚，據各該廳營稟報，寶應以下湖河間段通連，東岸一線單堤，出水無多。埽工則此鑲彼蟄，土堰則潰刷窨潮。分投搶護，而片段太長，應接不暇。每遇風雨，危險萬分，設有疏虞，所關尤大。臣再四籌維，高郵四壩本爲分減漲水而設。現距秋收尚遠，與其徒事拘守，仍於農田無益，不如乘時酌啟，猶可減漲保堤。溯至道光十一年，水勢漲發較早，守壩未啟，以致揚河廳境之馬棚灣十四堡等處堤工漫塌成口，下河受禍更烈。而隨後督辦，所費正夥，可爲炯戒。現已咨商督臣飭令道將府廳等將車邏壩先行啟放，如能見消，仍將中新、南關等壩堅守，否則再行相機酌啟，庶循序下注，不致猛驟，而東堤得免着險。臣惟有督率屬員，竭力防護，隨時與督臣妥爲商辦，不敢拘執延誤，以期工固瀾安，上紓宸廑。

所有洪湖及運河水勢積漲酌籌分減情形，理合會同兩江督臣陸建瀛繕摺具陳，伏乞皇上聖鑒。謹奏。

六月初八日

道光二十九年六月十九日奉硃批：欽此。

二一四　湖河水勢情形片
（道光二十九年六月初八日）

再，湖河水勢照現在有長無消情形，原非啟壩不可，但能早晚江潮稍退，河水稍消，仍當將車邏等壩堅守，以保下河民田。斷不敢輕率從事，惟望天神默佑，晴霽無風，庶堤工農務均得兩全，是所禱切。謹再附陳，伏乞聖鑒。謹奏。

六月初八日

道光二十九年六月十九日奉硃批：天神加佑，如能堅守不啟，是宥朕自幸也。欽此。

二一五　時入中伏河湖水勢加長修防平穩摺
（道光二十九年六月十三日）

江南河道總督臣楊以增跪奏，爲時入中伏河湖水勢加長修防平穩緣由，恭摺仰祈聖鑒事。

　　竊臣前將節交初伏水勢平穩工程情形繕摺具陳在案。續據河南陝州呈報，萬錦灘黃河於五月二十九、六月初二等日共長四尺八寸。又據甘肅寧夏府呈報，五月二十七日長水三尺八寸，匯流下注，以致江境長河數日之間接長四尺餘寸。外南廳順黃壩誌樁積存四丈二尺四寸，比上年長時大至五尺。河流浩瀚，各廳臨黃埽壩紛紛蟄鑲，其溜勢提移之處險工迭生。如宿南廳①蔡家樓汛劉家房、外北廳北岸汛陸家莊、海阜廳②海南汛劉家馬頭迤上均系淤閉舊工，溜到刷出，潰及堤身。又海安廳③海北汛吳家莊工尾以下無工處所，大溜趨注，塌灘潰堤，情形俱屬緊要。幸料物充足應手，隨時趕鑲新埽長四十餘丈至一百十餘丈，克資抵禦。其餘搶廂各新壩，俟各道確查稟到再行核奏。至情形稍輕者仍飭慎重防守，弗任率糜。

　　洪澤湖水口稟又長二寸，誌樁積至一丈九尺七寸，微風鼓蕩，浪即上堤，竭力修防，勢殊岌岌。本擬即啟義河，慮下游揚河、揚運境業已漲滿。若再添此來源，勢必普漫。必先將高郵四壩啟放後消水數尺，騰空河面，方敢義④啟。而高郵四壩關係農田，在小民祇顧一隅，結衆稟報，籲求緩啟，地方官亦不能不爲稟懇。但事有輕重，現在河水仍有長無消，東堤矮者僅出水尺許。雖臨時分投搶辦，或加子堰，或鑲防風。而片段太長，一遇風雨，不堪設想。臣與督臣往返函商，如果江潮稍退，河水不長，又無風雨，仍將各壩暫守。得能守至立秋以後，再行啟放，則河水有處分消，山盱義河可啟，農事亦無大害，則河務地方均保安定，以上攄宸廑。現飭淮揚道查文經、中營副將許聯鑣，並咨請督臣派委妥員前往揚河廳查勘情形，妥爲會酌辦理。

　　所有時入中伏，河湖水勢加長修防平穩緣由，理合會同兩江督臣陸

---

　　①　宿南廳：嘉慶八年（1803）設，下設周家樓、蔡家樓、白洋河三汛，負責黃河修防。咸豐十年（1860）裁撤。

　　②　海阜廳：原屬海防同知，嘉慶十六年（1811）設，有同知一員，守備一員，管理縣境黃河南堤，轄地上至海防廳下河汛界陳家舍，下至大淤尖海口，下設南岸汛、海阜汛，分段管理東西兩段河堤，咸豐十年（1860）裁撤。

　　③　海安廳：設同知一人，守備一人，管理阜寧縣境內雲梯巡檢、十套主簿、海北縣丞三汛，堤長二萬四千四百八十丈，設堡夫一百三十六名，兵三百一十四名。

　　④　“義”字，當爲“議”。

建瀛恭摺具陳，仰祈皇上聖鑒。謹奏。

六月十三日

道光二十九年六月二十七日奉硃批：知道了。欽此。

二一六　葦蕩長勢情形摺

（道光二十九年六月十三日）

再，南河葦蕩左右兩營增采柴束原定章程：每年五月內將青柴長發情形，由該管道員確勘詳請具奏，設有水旱蟲傷隨時聲明。等因。稟准部覆在案。據署淮海道周燾稟稱：本年左營青葦因春寒萌發較遲，幸而雨水調勻，低窪之區產長茂密，高阜地段仍屬稀疏。察看情形，可期足額。右營青葦因上年夏間鹹潮浸泡，北汛離海較遠，所長仍與上年相仿，西南兩汛居於蕩尾，逼近海濱，蘆根浸久，長發茸稀，三汛牽計，恐難敷額。等情。請稟前來。除批飭仍俟霜降後盡數估採，不准藉詞虧額外，理合附片陳明，伏乞聖鑒。謹奏。

六月十三日

道光二十九年六月二十七日奉硃批：覽。欽此。

二一七　奏報漕船全數灌塘並歷次
江淮阻滯情形摺

（道光二十九年六月十六日）

漕運總督臣楊殿邦、江南河道總督臣楊以增跪奏，為江西後十幫、湖南三幫漕船全數灌入塘河，因黃水盛漲未敢急切放渡，並歷次江淮阻滯情形，恭摺奏祈聖鑒事。

本年三塘漕船自浙江嘉興幫起，至江西安福幫止，於五月十五日灌放，經臣等會摺奏報在案。江西後十幫及湖南三幫於五月初九日全數過淮，押令跟接上閘灌塘，業於六月初七日奏報催入攔清堰內。當即堵閉該堰，正擬啟放攔黃堰，而黃水日見長發。截至十五日，黃高清水至八尺八寸，較諸歷屆啟放尾塘水誌，計多三尺餘寸。茲因節候較遲，率爾啟放，不特漕船不能經此急流湍擊，而攔清堰並塘內埽壩亦難資擎托抵禦，諸事更多隱慮，實於漕船河工均有關係，未便稍涉冒昧。

查本年江浙一帶雨多水漲，江湖頂托上擁，三四月間即與去歲盛漲時相仿，頂托清水，汪洋無際，揚州東關一帶縴路漫沒。臣楊殿邦前經奏往南迎提，目擊漕船俱在水中安設關犁，竭力絞挽，一日僅行數里、十數里不等。□邵伯鎮壁虎橋一帶湖河相隔之堤全行淹沒，行走稍失尺寸，即被溜吸入橋壩之下，非集數十船之水手不能拉出歸槽，其險阻更甚於東關。直至六閘以北，始得牽挽稍順，而高郵州之裏頭地方河窄溜急，行走亦極費力。清江閘①爲淮水門户，向來懸溜不過尺許，漕船可銜尾而上。今因淮水盛漲，拍岸盈堤，每日上船之數較往年均不及半。而福興閘②水高四尺四寸，惠濟閘水高四尺八寸，惟通濟閘稍平，亦在二尺八九寸，總較歷屆高至尺餘。每閘大小關至一百數十餘部，人夫至一千五六百人，泝流而上，每日過船不及三四十只。此本年江淮諸水匯漲，漕船節節羈滯之實在情形也。現計塘中漕、銅等船六百餘隻，鱗次櫛比，河窄天燥，火燭之防，晝夜不散。臣等萬分焦灼，然當此洪流激射，萬難啟壩出船。且恐河險逼入塘河，難資抵禦，更屬不堪設想。是以臣等斟酌情形，必俟水落二三尺方可放渡，總不敢因時晚而稍形孟浪，亦不敢因事急而徒涉張惶。惟有日加體察，一俟水勢見消，即當會同相機啟放。臣楊殿邦俟全漕渡黃，即督押尾幫北上，一路嚴行催趲，不任更有稽緩，以致貽誤回空。臣楊以增俟漕船過後，即飭該管道廳加意修築，以備灌放空運。

所有尾塘漕船未能即時放黃緣由，知廑聖懷，謹會同兩江督臣陸建瀛恭摺由驛馳奏。再，黃河水勢現雖大長，而接據各廳稟報，工程悉俱

① 清江閘：又稱清江大閘，地處今淮安，主要用於控制裏運河的流量和調節水位，使漕運船隻順利通過。因其爲漕糧所必經之咽喉要道，故有“南北襟喉”之稱。

② 福興閘：爲清江浦重要水利設施，因淮水自清口進入運河時，淮水位高而運河水位低，落差太大，爲保漕運通暢而建。該閘於乾隆二年（1737）移於清江浦西五里處，與惠濟閘、通濟閘和福興閘，俗名頭、二、三閘。

搶護平穩。合併陳明，伏乞皇上聖鑒。謹奏。

　　六月十六日

　　道光二十九年六月二十三日奉硃批：固宜慎重，亦不可太緩。
欽此。

二一八　黃運水勢盛漲各工修守
平穩伏汛安瀾摺

（道光二十九年六月二十四日）

　　江南河道總督臣楊以增跪奏，爲黃運河水盛漲，時逾立秋，各工修
守平穩，恭報伏汛安瀾，仰祈聖鑒事。

　　竊臣節將初、中伏河湖水勢消長、籌辦工程情形，恭摺奏陳在案。
嗣據河南陝州呈報，萬錦灘黃河於六月初六日至十二日，五次續共長水
二丈一尺五寸。武陟縣呈報，沁河初二至初七日共長九尺七寸。鞏縣①
呈報，洛河五月二十七日長水三尺。計旬餘之間，上游共長水三丈四尺
四寸之多，實爲從來罕有之事。江境地居下游，衆溜匯注，以致接長不
已，外南廳順黃壩誌椿積存至四丈三尺七寸，較上年異漲尚大四寸。臨
黃埽壩紛紛蟄塌，日事鑲修，而河流浩瀚，險工迭生。據該管徐州、淮
揚、淮海各道暨各廳營報險之章紛至沓來。銅沛廳②郭汛石碑地方挑
壩③一道長六十餘丈，築自道光二年，爲郡城保障。迨因對岸蘇家山灘
嘴刷塌，大溜下移，直注該壩，將舊有護埽碎石全行塌卸，測探水深至
三丈餘尺。其下首兵十二堡舊挑壩六道及壩擋亦被汕刷續塌，傷及堤
坡，均系逼近城垣，情形險重。該管道將府廳營縣晝夜駐工，分別用料
用石竭力鑲拋，並酌作碎石圍壩，以資挑護。現在大局將次搶定，民情

---

　　①　鞏縣：位於河南中部黃河南岸，洛河下游，今屬河南鞏義市。

　　②　銅沛廳：南岸郭汛縣丞一員，堤長七千三百零二丈，設堡夫四十六名，兵一百四十八
名。南岸小店汛，主簿一員，堤長一萬零八十六丈。設堡夫四十八名，兵二百五十六名。

　　③　挑壩：河防工程中用以分減水勢的堤壩。

安堵如常。又該廳小店汛小店上壩迤西、桃南廳①煙墩汛鮑字房迤下、桃北廳②黃家嘴汛徐家莊、山安廳③上河汛劉家馬頭、海防廳④童營汛胡家馬頭迤下均系淤閉舊工，溜到刷出，朽底匯⑤盡，並潰及無工處所。又宿北廳⑥古城汛九堡迤下向無埽工，大溜猝注，塌灘潰堤，情形均屬緊要。幸料物應手，分投搶鑲新埽長五十餘丈至一百十餘丈，克資抵禦。上下各廳灘面幾至普律平漫，凡直抵堤根、迎風犯浪之處，均飭擇緊酌鑲防風，以衛堤工。銅沛十八里屯滾壩本爲減漲而設，據該管道府稟報，業於六月十三日啟通過水，上下水勢見消數寸至尺餘，氣勢爲之稍舒。

至邳宿運河自六月初一及初八等日，因上游大雨時行，東省山泉漲發，奔騰下註，共長一丈二尺餘寸，各閘溜如懸瀑，漕船提挽維艱。該廳乃中河廳境，兩岸堤埽處處險要，分投搶護，或鑲舊埽，或做防風，其卑薄滲水之處加堰幫戧。而楊莊壩外黃水正值大長，以致運中河水頂托不消，當將舊河尾啟放，仍屬消不敵長。又將各閘越壩引渠並中河廳境之半路劉滾壩先後啟洩，水始見定。楊莊頭壩外黃水消去數寸，正資分減，乃又復長，仍高於壩內清水一寸，誠恐內漾澄淤，當將頭壩趕爲堵合。仍飛飭該二廳預集料物，一俟漲水消退，即將所啟各處隨時相機收束堵築，以利運行。

重運⑦船截至六月十四日止，已共出江南境二千二百六十五隻，後船仍銜尾前進。外南塘河內所存尾塘船隻一切平靜，日盼黃水消去三尺餘，即可啟堰放渡。現在伏汛已過，秋汛正長，臣惟當督率屬員，鼓勵

---

① 桃南廳，歸淮揚道管轄，設通判一員，守備一員，管理煙墩縣丞、祥符五瑞閘、屬龍窩主簿三汛，堤長一萬六千三百一十五丈，設堡夫九十名，兵三百二十五名。

② 桃北廳，歸淮海道管轄，設同知一員，守備一員，管理崔鎮主簿、黃嘴巡檢二汛，堤長一萬四千八百三十九丈，設堡夫八十二名，兵三百二十名。

③ 山安廳，設同知一員，守備一員，管安東縣丞、上河主簿、下河巡檢三汛，堤長二萬七千丈，設堡夫一百四十八名，兵四百五十名。

④ 海防廳，歸淮海道管轄，設同知一員，守備一員，管理山陽、阜寧二縣境內上河主簿、童營巡檢、下河馬羅巡檢三汛，堤長二萬一千三百八十七丈，設堡夫一百二十二名，兵三百四十三名。

⑤ “匯”字或誤，或當作“潰”。

⑥ 宿北廳，設同知一員，守備一員，管轄阜河劉馬司巡檢、大古城主簿二汛，堤長一萬七千五百五十三丈，設堡夫九十四名，兵三百五十名。

⑦ “重運”後，或脫“軍”字。

兵夫，無分風雨晝夜，梭織防守，務期處處有人，節節有備，共保安恬，上攄宸厪。

除將洪湖及下游運河守護情形另行會奏外，所有黃運水勢盛漲，各工修守平穩，時逾立秋，恭報伏汛安瀾緣由，理合會同兩江督臣陸建瀛繕摺具奏，仰慰皇上聖懷。謹奏。

六月二十四日

道光二十九年七月初六日奉硃批：覽。欽此。

二一九　南河歸併廳缺裁汰汛員摺

（道光二十九年六月二十四日）

兩江總督臣陸建瀛、江南河道總督臣楊以增跪奏，爲會議南河歸併廳缺、裁汰汛員，恭摺具奏，仰祈聖鑒事。

竊臣等前准部咨：恭奉上諭：河工各廳費冗缺甚多，著兩江總督、山東河南巡撫會同該河督等公議裁撤。等因。欽此。當經臣楊以增會同前督臣李星沅奏明，俟司道會議後覆核另陳在案。

茲據江寧布政使①馮德馨、江蘇布政使程煥采、安徽布政使蔣文慶②會同各道先後核議具詳前來。臣等復加察核，查南河徐州、淮揚、淮海、常鎮四道所屬廳缺歷次添設，計共二十三廳。黃河則埽工林立，運河乃漕運攸關，堰、盱二廳分管洪湖石堤，爲淮揚保障，無一不關係緊要。惟常鎮道屬揚州府揚運通判管理甘江一汛運河兩岸工程，計程四十七里零，汛地較短，擬將揚運通判一缺裁撤，歸併揚州府江防廳管理。將江防同知改爲江運同知，換給關防。所有工料錢糧仍歸常鎮道查勘核轉。至營備本係兼管，該二廳工程應仍其舊。又查

① 江寧布政使司：清代江蘇省級行政機構，全稱"江南江淮揚徐海通等處承宣布政使司"，簡稱"江寧藩司"。乾隆二十五年（1760），安徽布政使移駐安慶，新設江寧布政使於江寧，轄江寧、淮安、揚州、徐州、海州、通州等府州。

② 蔣文慶（1793—1853）：字蔚亭，漢軍正白旗人。嘉慶十九年（1814）進士，授吏部主事，遷員外郎。出爲雲南曲靖知府，調雲南府。道光十二年（1832）擢甘肅寧夏道，後遷浙江按察使，護理巡撫，遷安徽布政使。咸豐三年（1853）防守安慶，城破爲太平軍所殺，予騎都尉世職，入祀昭忠祠，謚忠愨。

南河文汛員缺自道光十二年奏裁四缺後，現存七十七缺。內常鎮道屬丹陽縣丞並無地方及修防之責，應歸併橫越閘官管理。徐州道屬靈璧主簿汛地僅二十一里，應歸併淮南縣丞管理。又銅山縣呂梁洪①巡檢工事無多，亦應裁撤，歸併北岸主簿監理。臣等意見相同，相應請旨將以上四缺裁汰，分別歸併管理，庶冗濫胥除而職守益昭。核實所有題補揚運道判朱善張、銅山縣呂梁洪巡檢王毓麟、咨補安徽靈璧主簿黃以桂、丹陽縣縣丞周力城均系裁缺人員，應請照例留於南河，各按原銜，遇缺酌量補用，不積各項人員之缺。其應鑄新印、鐫繳舊印等事，俟奉旨後另容照例辦理。

所有酌裁河缺歸併經理緣由，謹會同江蘇巡撫臣傅繩勳、安徽巡撫臣王植合詞恭摺具奏請旨，伏乞皇上聖鑒。謹奏。

六月二十四日

道光二十九年七月初六日奉硃批：欽此。

二二○　黃水積漲搶辦險工情形摺
（道光二十九年六月二十六日）

江南河道總督臣楊以增跪奏，爲黃水積漲搶辦險工情形，恭摺仰祈聖鑒事。

竊臣前因揚河水勢盛漲，前赴高郵籌啟壩座，適督臣業已臨工查勘東堤出水無多，雖經諸道將督同廳營等竭力搶護，而片段太長，情形險要。當即會商勢非啟壩不可，酌定於立秋後三日先啟車邏壩，餘看水勢，再行接啟。

臣於商定後，因念存塘漕船不能放心，且接上游水報，黃水仍在加長，各廳紛紛報險，而外南廳之吳城七堡所報尤險，當即摺回，前赴該廳。勘得吳城七堡北面臨黃，南面臨湖，一線單堤，素稱吃重。近緣河水盛漲，大溜趨注，以致工段堤身刷塌，並帶塌埽段。當經該廳營趕爲

---

① 呂梁洪：位於徐州城東南呂梁山下。因處在古呂城南，且水中有石樑，故名，爲著名的激流險灘。

鑲辦。無如溜若排山，異常洶湧，埽前刷深至三四丈，舊埽既紛紛蟄塌，而新接之埽亦復旋鑲旋走。該廳存貯之料業已用罄，隨又發銀趕爲購運，並派臨近各廳分投協濟正雜料物，以濟急需。現計該處塌埽潰堤長至三百數十丈，較量河水高湖水八尺餘寸，設有疏虞，則淮郡清江適當衝要，爲患不可勝言。臣現親駐該工，一面嚴催料物，一面督令搶鑲，不容歇手。

現據陝州稟報，萬錦灘黃河續於六月十七日長水三尺。武陟縣呈報，沁河於六月十二日卯時至十三日申時，五次共長水一丈。統計本年上游各處奏報自四月十六日起至六月十七日止，共長水八丈二尺一寸。歷查伏汛以內從無長至如此之大，以致江境積漲不消。現查外南順黃壩誌椿積存至四丈四尺九寸，比上年秋汛極漲時尚大一尺六寸，浩瀚奔騰，灘面普漫。黃河十五廳兩岸工長一千七百數十里，埽工則隨鑲隨漫，堤堰則幫加無已。風雨間作，奇險百端。所幸洪澤湖於二十二日落水一寸，二十五日又落一寸，間有續掣石工及浪刷溝槽，隨時分別修補，並將各工最矮之處子堰外酌鑲防埽，以資捍衛。塘河所存漕船茲又添派臣標中軍副將許聯鑣督同彈壓防守，俱尚安靜。現在各工尚俱搶護平穩，惟接據署淮海道周燾暨海安廳營先後稟稱，下游河道因海潮較旺，頂托不消，比上年極漲時大至二尺餘寸。雲梯汛漫灘，水勢直抵堤根，當經搶加子堰，晝夜防護，乃於二十二日南風大雨，水面攙高二尺許。該汛五套地方竟致平漫過水，仍在趕緊搶辦。等情。臣聞信駭急之至，因現駐外南廳搶辦吳工，其關係緊要百倍於下游，勢難分身前往。業已飛飭該管道廳等設法搶堵，能否不致塌通成事，容俟續稟至日，再行具奏。

所有黃河積漲搶辦險工情形，理合恭摺具陳，伏乞皇上聖鑒。謹奏。

六月二十六日

道光二十九年七月初六日奉硃批：竭力修防，務保安恬，慎之。欽此。

二二一　特參通判片

（道光二十九年六月）

臣陸建瀛、臣楊以增跪奏。

再，高寶一帶各閘壩雖爲宣洩湖河盛漲而設，然連日啟放，則水勢過猛，恐致下河各州縣破圍成災。臣等先後奏明，得守且守，必不得已將各壩循序漸啟，並馳赴工所，會同商酌，原爲河工地方兩有裨益起見。臣陸建瀛到工查看該廳營料土均不完裕，嚴飭多爲添備。而十九、二十、二十一等日偏遇西風大作，存水已一丈五尺八寸，勢難再延。因飭於二十二日先開車邏一壩。此壩口門計寬六十四丈，加以所開各耳閘①口門均各寬一丈有餘，合之不下一百餘丈，並資宣洩。此外中壩、新壩、南關壩飭令察看情形，以次酌辦。臣陸建瀛猶恐該廳營復蹈上年覆轍，連日並啟，致令下河成災。是以移駐相距二十餘里之露筋祠②，以便隨時指飭。乃車邏既啟之後，天晴風和，並未據報危迫情形，該廳營不請臣示，輒於二十三日續將中壩開放，實屬玩視。相應請旨，將署揚河通判河工同知沈文藻、揚河營守備闞興邦先行摘去頂戴，責令妥爲防護，並賠堵中壩。如致延玩，或有疏虞，再行嚴參治罪。至秋汛方長，各壩仍當相機妥辦，不致稍涉大意。

謹合詞附片具奏，伏乞皇上聖鑒。謹奏。

道光二十九年七月初九日奉硃批：欽此。

---

①　耳閘：爲減少開壩泄水的次數，在大壩兩側建閘，水勢較小，能不開壩時，就開閘排水。因其處在大壩兩側，有似耳朵，故名。

②　露筋祠：俗稱仙女廟，故址在今江蘇省高郵縣城南三十里，附近有貞女墓。

二二二　水漲工危急籌減洩以衛
漕運而保清淮摺

（道光二十九年七月初一日）

　　江南河道總督臣楊以增跪奏，爲黃水異漲，吳城險工危急，趕即洩黃減漲以衛漕運而保清淮，恭摺仰祈聖鑒事。

　　竊臣昨將黃水積漲，搶辦險工情形繕摺具陳後，仍駐外南廳吳城七堡，督率道將廳營等催運物料①，鼓勵兵夫，奮力搶辦。無如連日又復長水尺餘，河溜益猛，隨廂隨走，趕用碎石抛壓，亦仍冲失。竭三晝夜之力，黃水日長日高，大堤愈塌愈窄，有僅存頂寬一二尺者，實屬危險異常。查該處切近運口不過五六里，一面臨河，一面逼湖②，設有不虞，勢必冲斷束清壩尾，穿過塘河，直灌運河之頭壩。清江浦、淮安府居民數百萬，俱在下游低窪之地，雖相距三四十里，③ 呼吸之間即付洪濤。兩處倉庫、城池俱關緊要，而且三閘、五壩並下游淮揚運道，大溜所經，必致處處淤塞。既誤回空，又阻明年重運。而河湖連爲一氣，亦仍淤塞堪虞。督臣現駐高郵，不及面商，隨與淮揚道查文經、淮安府知府王夢齡暨在事文武熟籌，惟有在上游設法減漲，分洩黃水入湖，庶可化險爲平，並據清江、淮郡士民紛紛籲請前來。

　　查洩黃減漲，南河搶辦要工，事屬常有，而上游之桃南廳境舊設祥符、五瑞兩閘本系減漲入湖之區。因閘外河身墊高，不能啟放，祇有七堡迤上大王廟旁爲從前湖高於黃之時洩清入黃舊地。茲查該處河面高於湖面七尺餘寸，若於此處啟放，不傷一家一口，暫減黃漲，必可解七堡之危，衆議僉以爲然。臣以湖水加漲，關係匪輕，仍飭得守且守。迨至

---

①　“物料”，楊紹和抄本作“料物”。

②　“逼湖”，楊紹和抄本作“隔湖”，並且下有“而吳城磚工外有水塘，寬止里許”一句。

③　“勢必冲斷束清壩尾，穿過塘河，直灌運河之頭壩。清江浦、淮安府居民數百萬，俱在下游低窪之地，雖相距三四十里”等句，楊紹和抄本作“溜頭爲磚工所遏，勢必穿過束清壩及塘河口門，直灌清口之頭壩、清江浦之版閘。淮城居民數百萬，俱在下游低窪之地，距頭壩三四十里”。

六月二十八日亥刻，溜勢愈形緊急，日前存堤頂一二尺者頃刻塌盡，僅存底坡，瞬將過水。臣悚懼交迫，無可如何，趕將大王廟旁泄清舊址挑通宣放。因高下較大，容易跌透，一夜之間即掣溜二三分，旋即消水四五尺，上下游各廳俱飛報險工平穩，七堡之潰堤工段得以放手搶辦，立刻轉危為安，清江、淮安各處人心俱定，塘河漕船即日可放。惟洪湖亦在盛漲之時，驟然添此來源，恐致漲滿，已先飭下游將高郵之南新兩壩及邵伯以上之昭關壩次第啟放，是否須放義河，隨時相機酌定。所有大王廟旁泄清舊地口門原寬八十丈，現量泄黃處所計寬五十餘丈，趕即督同淮揚道查文經調集官弁兵夫，飛運料物，將洩黃處所用料兜住，不使塌寬。

　　臣因運道、民生均關重大，又念七堡設若失事，將來堵合口門、挑挖運河、修復三閘五壩所費不貲。此處挑通，則系以水抵水，下有石底，跌塘不深，補築之需較之興辦大工不過十分之一。是以於萬分危迫之中，為擇害取輕之計，事出倉促，不及先期奏明。至外南之廳營汛員等，容臣另摺特參。先將保護運道民生、洩黃減漲各緣由，謹繪圖貼說，據實恭摺具陳，伏乞皇上聖鑒訓示。謹奏。

　　七月初一日

　　道光二十九年七月十一日奉硃批：欽此。①

二二三　海安五套堤工過水情形片
（道光二十九年七月初一日）

　　再，臣昨將接據淮海道等稟，海安廳雲梯汛五套堤工因水大兼值風雨，以致平漫過水，仍在趕緊搶辦。等情。當經飭令該道廳等設法搶堵

---

　　①　奉硃批日期，楊紹和抄本作“七月十九日”，后片亦同。並此摺楊紹和抄本“欽此”後有：“同日奉道光二十九年七月十一日内閣奉上諭：‘楊以增搶辦險工泄黃減漲並繪圖呈覽一摺。本年黃水積漲，南河吳城七堡堤段坍塌，危險異常。今該河督將上游大王廟旁泄清舊址挑通宣放，旋即消水四五尺，各工俱報平穩，七堡潰堤搶築亦能得手。事屬危急，自系從權辦理，惟積漲稍退，亟應趕緊堵築，方無流弊。總在該河督會同陸建瀛熟商妥辦，相機而行，以衛民生而護運道。著照所擬辦理。’欽此。”

緣由附陳在案，日來尚未據該道廳等稟覆。臣先已派弁馳往查看，茲已旋來，據稱實系平漫過水，情形尚不難克日搶築完竣等語。除俟該道廳等續稟到日，再行詳細具奏外，合將差查情形謹附陳明，恭慰聖懷。謹奏。

道光二十九年七月十一日奉硃批：覽，欽此。

二二四　泄黃缺口應做各工並溜勢趨向情形摺
（道光二十九年七月初三日）

江南河道總督臣楊以增跪奏，爲泄黃處應做土格護埽均已完工，可期穩固，並溜勢趨向情形，恭摺具陳，仰祈聖鑒事。

竊臣於七月初一日將外南廳吳城七堡洩黃減漲，保護清淮、以全大局各緣由奏陳在案。臣隨即督同淮揚道查文經、河營參將呂邦治相度形勢，勘得湖黃之間有積水一片，臨湖有土堰一道。恐溜勢由土堰灌入太平河，直逼運口，有礙漕運，是以在積水汪內築土格三道，廂埽拋石。又泄水缺口東堤必須廂做護埽三大段，盤頭裹護，以防塌寬。當即趕運料物，齊集兵夫，星夜趕辦。茲據該道將稟稱：土格及護埽均已完工，足資抵禦。至黃水分泄入湖，溜頭直向南趨，距束清壩尚有數十里之遙，不致逼近運口。差人四出於洪湖查勘，並無淹傷人口、飄蕩田廬之事。其清淮以下運河水色微黃，系因湖內洩出渾水，並非黃溜。等語。臣在工親查無異，仍諄飭道將等凡應行續作工程趕緊撙節接辦，並加意防範，務保平穩。

伏念臣受恩深重，具有天良。此次泄黃入湖，實以險工正對清淮，數百萬民命所關危在呼吸。若不趕爲設法，必將全付洪濤，且三閘、五壩必致全行沖失，運道從此淤湮，不可收拾。言念及此，膽裂心驚，是以萬不得已而有此舉。明知黃流入湖不無淤墊，然舍此別無保全之法。臣若徒念身家，恃有近奉恩旨新定總河處分：漫口罰俸，決口降留。即任聽險工沖決，置大局於不問，不獨無顏上對君父，尚得謂之爲有人心者耶？惟事處至艱，兩全無術，下忱悚懼，寤寐難安。幸下游黃水既消，各工俱穩，閭閻胥慶安恬。洪湖日來加長六寸，容隨時察看，督率各廳營分別相機酌辦，另行具奏。

　　所有泄黃處新做土格護埽完工穩固緣由，理合繕摺具奏，仰慰宸厪，伏乞皇上聖鑒。謹奏。

　　七月初三日

　　道光二十九年七月十三日奉硃批：知道了。欽此。①

二二五　重運漕船渡黃完竣摺
（道光二十九年七月十六日）

　　漕運總督楊殿邦、江南河道總督楊以增跪奏，爲重運漕船全數渡黃完竣，恭摺仰祈聖鑒事。

　　竊臣等前將江西後十幫、湖南三幫悉數催進塘河，因黃河盛漲，高於塘河水面太大，不敢急切放渡各緣由具奏。接奉硃批：固宜慎重，亦不可太緩。欽此。查外南順黃壩以下黃水自六月二十九減泄後，現已落低，緣草閘外舊有胡術埽，系接至深水，以利漕行，前被漲水全行刷塌，昨經趕爲補做②，跟築後餞，並於臨河築做攔壩，隨即啟放涵洞，泄低塘水，復堵涵洞。臣等久經駐工督辦，茲於七月十三日啟除臨黃堰，跌刷深通，較量湖水高於黃河水面，並啟臨清堰出水送漕，一面啟拆北面楊莊頭壩，隨將存塘之江西吉安幫起至湖南三尾幫止共十三幫，計船五百八十五隻，並雲南委員余居寬、王觀潮、貴州委員崇璟領運銅鉛船共三十六隻循序放出草閘，渡黃進③中北上。統計本年重運除在黃河以北兌運三幫外，實共渡黃漕船九十四幫、三千一百七十五隻，掃數全完。

　　臣等復查本年船數比上年多三百四十餘隻，今歲自春徂夏，江浙雨多水大，以致江河湖海同時並漲，積久不消，爲歷年所未有。臣楊殿邦前經奏明往南迎提，目擊高寶一帶堤岸俱被淹浸，漕船均在水中安設關

---

①　此摺具文日期，楊紹和抄本作“七月初四日”，奉硃批日期作“七月二十二日”。

②　“補做”二字，楊紹和抄本作“補築”。

③　錄副本無“進”字，據楊紹和抄本校補。

犂，竭力絞挽，一日僅行數里、十數里不等，此江水之異漲也。清江閘
及頭閘、二閘、三閘爲淮水門户，向來懸溜不過尺許，漕船可接尾而
上。今因淮水盛漲，各閘水高二尺八九寸至四尺八九寸不等，高下懸
殊，沂流力挽，是以每日過船之數比往年未能及半，此湖水歸入運河之
異漲也。逮六月初江廣船悉數催入塘河之內，適值黃水漲發經歷一月之
久，迭漲不消，又不敢因節候太遲，率行灌放，此黃河爲海水頂托之異
漲也。是江河湖海同時並漲，人力實在難施，危險多出於意外，遲緩即
在於意中。而百萬廩糈關係甚鉅，臣等深恐因遲緩而致貽誤，爲之寢食
不安，幸托蒼昊垂慈百靈默相，於六月初九日以後將胡衕埽壩閘堰一切
工程趕緊庀辦。時值天氣晴明，並無狂風驟雨，因之工竣放渡，不再稽
延。此皆仰賴我皇上至誠歆格，精一咸孚，得於無可措手中勉力完事，
全漕仍然無誤，實非臣等月餘來意想所及。欣幸之餘，倍深惴栗。

　　至邳宿運河前放之舊河尾及中河所放之半路劉滾壩均已堵合，仍飭
察看水勢，將各閘越壩酌量收束堵築，以利運行。據報截至六月二十二
日止，已出江境船二千六百一十五隻，計三塘船隻業已全數出境，仍飭
該管道將督率印委員弁，將尾塘進中各船認真催儧，以期早達天庚。

　　所有重運渡黃完竣緣由，謹會同兩江督臣陸建瀛恭摺由馹馳報，伏
乞皇上聖鑒。

　　再，臣楊殿邦現即督押尾幫北上，加緊嚴催，以速補遲。合併陳
明，謹奏。

　　七月十六日

　　道光二十九年七月二十三日①奉硃批：知道了。欽此。

二二六　海安五套堤工搶堵掛淤並參疏防各員摺

（道光二十九年七月十六日）

　　江南河道總督臣楊以增跪奏，爲海安廳五套堤工漫水並未摯溜塌

通、業已搶堵掛淤涸露緣由，恭摺仰祈聖鑒事。

竊照前據署淮海道周燾暨海安廳營稟報：下游河道因海潮較旺，頂托不消，比上年極漲時大至二尺餘寸，雲梯汛漫灘，水勢直抵堤根，當經搶加子堰，晝夜防護。於二十二日因南風大雨，水面擡高，該汛五套地方竟至平漫過水，仍在趕緊搶辦。等情。即經飛飭該道廳等設法搶堵，一面附奏在案。茲據該道稟稱：勘得五套尾長堤平漫處祇有溝槽三道，由堤平漫過水，相距河脣二三千丈之遠，是以未經掣溜，正河流行如常。趕將外灘進水溝槽先行搶堵，既已掛淤涸露，幸未塌通成口。仍即督令廳營速將大堤補還，並查漫水係由舊河形達北潮河，歸灌河口入海，附近並無城郭。等情。並據該州縣稟報：堤內居民先已遷移，並未損傷人口。水由潮河入海，被淹村落無多，刻已漸次涸復，並經酌量撫恤，民情安謐。各等情前來。臣復委員查勘，據覆無異。

伏查此次漫水雖因風大水狂，人力難施，而該管廳營汛官究屬防範欠周，未便因搶堵掛淤、未致掣溜成事，稍從寬貸。除飭將堤缺迅速補還，所用錢糧著令廳營全賠、不准開銷外，應請旨將鹽提舉銜現署海安通判准調宿南通判金安清、海安營守備王有、署阜寧縣羊寨司巡檢①候補九品王汝恭、署雲梯汛把總王尚楨、協防王識廣一併摘去頂戴，以示懲儆。俟堤工賠還完固，再行核辦。倘再稍有率延，定即從嚴參處，斷不稍事姑容。所有海安漫水堤工業已搶堵涸露緣由，理合會同兩江督臣陸建瀛恭摺附驛具陳，伏乞皇上聖鑒訓示。謹奏。

七月十六日

道光二十九年七月二十三日奉硃批：欽此。②

---

① 羊寨司巡檢：專管阜寧縣黃河北岸工程，署在城西攔黃壩。

② 此摺及以下奉硃批日期作“七月二十三日”之摺，楊紹和抄本均作“七月二十九日”。另此摺“欽此”後，楊紹和抄本有：“同日奉道光二十九年七月二十三日內閣奉上諭：‘楊以增奏請將海安廳各員弁摘頂賠修一摺。海安廳五套堤工因黃河盛漲、海潮頂托，致由堤平漫過水，尚未掣溜塌通，現已搶堵掛淤。該管廳營汛官究屬防範不力，除飭將堤缺迅速補還、所用錢糧著落廳營全賠不准開銷外，鹽提舉銜現署海安通判准調宿南通判金安清、海安營守備王有、署阜寧縣羊寨司巡檢候補九品王汝恭、署雲梯汛把總王尚楨、協防王識廣均著摘去頂戴，以示懲儆。倘賠修未能完固，稍有草率遲延，即著從嚴參辦。另有片奏蕭銅境內灘水漫過開頂，著督飭該管文武各員趕將順堰搶加斷流，所用料土責令該廳賠還，不准開銷。其吳城泄水處所著該河督趕即籌備料物，調集兵弁，一俟上游黃水暢消，速行堵合，毋任稍有遲誤，餘著照所擬辦理，該部知道。’欽此。”

二二七　河湖水勢工程片

（道光二十九年七月十六日）

　　再，外南吳城七堡迤上洩黃缺口因分溜無多，洪湖長水尚不猛驟，所有山盱義河仍在得守且守，高郵南、新兩壩於七月初二、三日先後啟放，揚河、揚運兩廳已消水二尺許，東堤漸臻穩定。惟黃河來源仍大，迭據上游水報，六月十六、七起至二十五日止，黃、沁、洛河並寧夏共又陸續接長至三丈二尺四寸。江境前漲未消，後水踵至，上下各廳埽壩廂舊補新，兩岸灘面普律全漫，直抵堤根，或加堰幫戧，或酌廂防風，迄無停手。

　　據徐州道韓椿稟報：銅沛廳境十八里屯滾壩天然閘本為減漲而設，並定以誌椿，如長至二丈五尺，即行啟放。前於六月十三日長逾定誌，先將十八里屯啟泄。其天然閘過水較大，關係農田，是以暫守未放。乃七月初一日蕭銅境內陡長水四五尺，該閘臨河西順堰外因灘水湧高，竟至漫頂而過，行入天然閘河，雖屬應放之閘，且系灘水下注，並未出漕，然究系暫守之工，未便任其過水，已督飭該廳營汛將順堰搶加斷流，所用料土責令該廳賠還，不准入銷。等情，當經批飭照辦。又據該道稟報：睢南廳①戴家樓汛兵十三堡舊挑壩檔內護埽、邳北廳②五工頭汛兵一堡工頭迤下均系淤閉舊工，溜到刷塌，並潰及無工處所。趕廂新埽長五十餘丈及七十餘丈。又據署淮海道周燾稟稱：海阜廳仁和汛陳家浦迤上河勢本形坐灣。茲大溜刷灘，近堤趕築土壩三道，用料盤頭，外拋碎石，並於各壩檔內酌量廂拋，悉資抵禦。現俱一律平穩，而吳城洩水處乃一時不得已權宜之計，未可久任分洩。刻已籌備料物，調集弁兵，一俟上游黃水暢消，各工可以放心，即行趕為堵合，不致遲誤。

――――――――――

　　①　睢南廳：設同知一員，守備一員，管理靈璧、睢寧兩縣境內王家堂靈璧主簿、睢寧縣丞二員，分管峰山四閘屬戴家樓主簿一員，並管宿南周家樓汛二汛，堤長二萬零二百九十四丈。設堡夫一百零四名，兵四百四十三名。

　　②　邳北廳：設同知一員，守備一員，管理北岸大壩汛一汛，主簿一員，呂梁司巡檢一員，堤長一萬二百九十一丈。設堡夫五十二名，兵一百七十五名。

理合附片陳明，仰祈聖鑒。謹奏。

道光二十九年七月二十三日奉硃批：另有旨。欽此。

二二八　中河廳修辦各工片
（道光二十九年七月十六日）

再，中河廳清汛雙金閘因年久損壞拆修，將鉗口壩堵閉①，移於下首建設新鉗壩，以通鹽柴運行。嗣該閘於二十八年秋間拆修完竣，經前河臣潘錫恩節次奏明在案。所有舊鉗壩應即修復，以備放閘。前據該管道廳稟報：鉗壩乾擱日久，舊埽皆朽腐，應將正越壩夾檔埽、護埽、邊埽及閘上遙堤②、迎水埽、護埽並閘基上下水護埽分別拆廂補廂。又閘下前築格堤一道，應劃通作爲頭道托壩，盤作柴頭，並廂上下水邊護等埽。其單孔閘下四托壩補廂兩壩頭，並上下水邊護埽。又束水壩補廂正壩邊埽，越河壩加幫襯平。造冊估報前來。查系應辦之工，當經減准發辦，現已一律完竣，足資啟閉。

理合附片陳明，伏乞聖鑒。謹奏。

道光二十九年七月二十三日奉硃批：覽。欽此。

二二九　籌堵泄黃缺口並河湖水勢工程情形摺
（道光二十九年七月二十二日）

江南河道總督臣楊以增跪奏，爲遵旨籌堵外南吳城洩水缺口，並河湖水消工程平穩情形，恭摺仰祈聖鑒事。

竊臣齎摺差弁回浦，欽奉上諭：楊以增奏搶辦險工洩黃減漲一摺。本年黃水積漲，南河吳城七堡堤段坍塌，危險異常。今該河督將上游泄

---

① “閉”，楊紹和抄本作“合”。
② 遙堤：築在縷堤以外，距河岸較遠，用以防範特大洪水的堤。

清舊址挑通宣放，旋即消水四五尺，各工俱報平穩。事屬危急，自系從權辦理。惟積漲稍退，即應趕緊堵築，方無流弊，總在該河督會同陸建瀛熟商妥辦，相機而行，以衛民生而護運道。餘著照所擬辦理。等因。欽此。仰見皇上洞悉機宜，權衡至當。臣跪讀之下，悚感服膺，莫能名狀。

伏查近日黃河來源，祗准東河咨報沁河於七月初二日兩次共長水二尺九寸，餘俱未長。是以江境黃河亦俱長少消多，大溜東趨，歸墟暢順，通工一律平穩。外南吳城地上泄黃處高下不及尺許，兩頭均已裹住，並鑲護埽。本擬即爲堵辦，緣該處內湖外河，二面皆水，須黃水暢消，灘面涸露，方能得土。且本年水大工險，用料較多。所有舊存柴秸均已採買殆盡，刻下新料尚未登場。又所需□麻、蘇纜等項均系遠赴產地購運。雖已委員分投採辦，急切尚難到工。臣與督臣往返函商，督令該管淮揚道查文經詳加籌度，應統俟正雜料集有成數，河灘有土可取，即當興堵，以期一氣呵成。約計總在霜降前動工，[1] 不敢稍任遲延，致茲流弊。

洪澤湖自河水泄入後，旬來長水一尺七寸，高堰誌樁長存二丈一尺，自七月十六以後陸續見消二寸，餘日俱定。是所進黃水並不過大，湖中尚不致多受淤墊。[2] 現查外南草閘內清水仍高於黃，遂暫留減泄，並將向來泄水之順清河亦經啟放，既減湖漲，更刷黃淤。仍隨時察看，如果河水加長，立即堵閉，以免內灌堰盰。兩廳境內臨湖石工間遇風掣，均隨時修補完整，並於平水、入水段落僅賴子堰攔禦處所擇鑲馬鞍埽工，以資捍衛。惟冀湖水從此遞消，則義河即可固守，以節錢糧。揚河、揚運等廳境內自七月初二、三等日添啟南、新兩壩以後，加以江湖落低，河湖已陸續消去三尺餘寸，東堤漸臻穩定，昭關壩亦即毋庸再啟。[3]

至重運軍船業已全數挽進楊莊，連檣北上。中河廳前啟之半路劉滾壩下六塘河南堤泄水處裹頭護埽被溜蟄矮，當經加鑲穩實。昨因漕船將次抵境，趕即堵合。現在長河深通，仍飭運、中二廳察看水勢消長，相

---

① 此處有夾批：愈早方好，不可顧預。

② 此處有夾批：受淤與否，何以測之？空言塞責而已。

③ 此處有夾批：如此尚好。

機蓄泄，務期漕行順利，早日抵通，上攄宸廑。

刻距霜清尚有一月有餘，長水既未全消，來源衰旺難定，仍督飭屬員加意防守，不敢稍任鬆懈，以仰副皇上節次告誡、務保安恬之至意。

所有籌堵外南泄水缺口並河湖水消工程平穩情形，理合會同兩江督臣陸建瀛恭摺具陳，仰祈聖鑒。謹奏。

七月二十二日

道光二十九年八月初三日①奉硃批：悉心籌辦，另有旨。欽此。

二三〇　泄黃缺口責令工員賠修片
（道光二十九年七月二十二日）

再，查泄黃缺口本未奪溜②，因下有石底，亦未跌塘，探量深至一丈五六七尺不等。現飭道將等確加勘估，所需補築之費較之堵閉義河尚可節減。惟該工究因七堡潰堤塌埽所致，不敢動用錢糧，應令外南廳營汛員等全賠，以示懲儆。現已函商督臣，俟會稿寄回，再行繕奏。

謹先附片陳明，伏乞聖鑒。謹奏。

七月二十二日

道光二十九年八月初三日奉硃批：依議妥辦。欽此。③

----

① 奉硃批日期，楊紹和抄本作“八月十三日”，下摺亦同。

② 奪溜：河堤決口後主流改道的現象。

③ “欽此”後，楊紹和抄本有：“同日准軍機大臣字寄：江南河道總督楊：道光二十九年八月初三日奉上諭：‘楊以增奏籌堵外南吳城泄水缺口各情形一摺。南河吳城七堡地方盛漲危險，前經該河督奏請泄黃減漲，本係從權辦理。據稱洪湖所進黃水不大，不致多受淤墊，然寬廣數百里，雖黃流未曾奪溜，而水勢平行，不能暢行，暗中受患，實滋流弊。惟有迅將挑通舊址趕緊堵築，毋令漫刷。至於興工必資挑土，若待河灘涸露，始議興築，必俟霜降節前辦理，亦未免過於拘泥，豈非株守宁誤？昭關壩毋庸再啟，可免下游漫灘浸灌，尚稱妥協。著該河督即督同道將，相機迅速認真經理，毋得為劣員所蒙，是為至要，將此諭令知之。’欽此。遵旨寄信前來。”

二三一　參劾疏防吳城堤工之廳營員弁摺

（道光二十九年八月初一日）

江南河道總督臣楊以增跪奏，爲參賠請旨事。

竊照外南廳吳城七堡因六月中下旬黃水盛漲，大溜臨注，塌埽潰堤，危險已極。該處緊接運口，且清淮數百萬居民全在下游，設有疏虞，所關非細。當經權其輕重，趕將該工迤上之舊洩水處挑通減漲，上下各工得以保護無事，歷經奏明在案。惟查洩黃缺口雖因人力難施、保全大局起見，而外南廳營文武汛官究於所管堤埽搶護未能得力。現與督臣商定，意見相同，應請旨將陞銜淮安府外南廳同知王湘、都司銜外南營守備師長鑣、清河縣馬頭司巡檢繆彬、南岸汛把總陳正平、上汛協防李萬鐘一併摘去頂戴，暫行撤任。所有堵合洩黃缺口之費著令該廳營全賠，以示懲儆。並責成淮揚道督同文武委員等趕緊集料，一俟黃水暢消，即行興堵。仍令該廳營汛在工，妥爲幫同趕辦，俟賠堵完竣，再行分別辦理。

相應會同兩江督臣陸建瀛恭摺具奏，是否有當，伏乞皇上聖鑒訓示。謹奏。

八月初一日

道光二十九年八月初十日奉硃批：另有旨。欽此。①

---

① 此摺及以下奉硃批日期爲“八月初十日”之摺，楊紹和抄本均作“八月十九日”。另，此摺“欽此”後，楊紹和抄本有：“同日奉道光二十九年八月初十日內閣奉上諭：‘楊以增奏參廳營員弁一摺。本年南河外南廳吳城七堡黃水盛漲，塌埽潰堤，當將該工迤上舊泄水處挑通減漲。雖因人力難施，保全大局，而該管廳營員弁究屬搶護未能得力，淮安府外南同知王湘、外南營守備師長鑣、清河縣馬頭司巡檢繆彬、南岸汛把總陳正平、上汛協防李萬鐘著一併摘去頂戴，暫行撤任。所有堵合泄黃缺口之費著照議責令該員弁等全賠，以示懲儆。仍責成淮揚道督同文武委員趕緊集料，一俟黃水暢消，即行興堵，仍令該廳營在工妥幫辦，以重要工。該部知道。’欽此。”

二三二　請借淮關稅銀隨後抵撥摺
（道光二十九年八月初一日）

　　再，本年河湖水大，工用較繁，臣遇發辦工料之時雖斟酌再三，非
緩即減，而親見險危百出，應辦之事不能不隨時批發，以保安恬。現在
河庫存項無幾，仍有應發多款，且距霜節尚一月有餘，不能毫無所備。
臣懍遵諭旨，於例撥之外絲毫不敢添請，茲詢明淮安關庫現有徵存稅銀
十餘萬兩，淮關密邇清江，一有緩急，擬即咨借，以濟要需。其銀請於
隨後例給南河歲料款內抵撥。如此一轉移間，錢糧並不加添，而防守克
有儲備。

　　除咨部外，相應附片陳明，仰祈聖鑒。謹奏。

　　道光二十九年八月初十日奉硃批：該部議奏。欽此。

二三三　甄別廳員並嚴參玩工營弁摺
（道光二十九年八月初一日）

　　江南河道總督臣楊以增跪奏，爲甄別河工廳員，並嚴參玩工守備，
恭摺仰祈聖鑒事。

　　竊照南河廳營文武各官自前督臣李星沅暨前河臣潘錫恩節次參劾
後，多甫經陞補之員。臣履任以來，明察暗訪，每於接見，詢以河湖之
關鍵，埽壩之機宜，聆其言論，留心察看，均尚循分供職。惟查有前署
桃南通判實任揚河通判孫沛在江年久，熟悉工程，而才欠開展，於揚河
廳要缺實屬人地不宜，未便稍爲將就，致滋貽誤。應請旨將揚州府河務
通判孫沛撤回，俟有相當缺出，再行酌量補用。又高堰營守備薛瑤前於
搶辦外南吳城險工之際，經臣劄調來工，幫同鑲埽。乃該備於工程危急
時輒行私回浦寓，實屬玩視要工，不遵功令。若不嚴行參辦，無以儆惕
將來。除枷示工次外，應請旨將高堰河營守備薛瑤即行革職，庶昭炯

戒。臣與督臣往返劃商，意見相同。

理合恭摺具奏，伏乞皇上聖鑒訓示。謹奏。

八月初一日

道光二十九年八月初十日奉硃批：另有旨。欽此。①

二三四　參劾文武汛弁片
（道光二十九年八月初一日）

再，臣於查料查工之便，周歷各廳，接見文武汛員，察其才具，訪其官聲。查有海阜廳屬縣丞胡廷埠年逾七十，兩耳重聽，應行休致。銅沛廳屬南岸主簿趙信泚才本平庸，聲名狼藉，應行斥革。候補從九品孫廷標由外工幕友指捐到工，習氣太重，應行斥革。候補從九品謝珩氣質粗浮，不堪造就，應行休致。葦蕩右營南汛千總魏國舒貪鄙謀利，應行斥革。海防營童營汛把總龔成年力就衰，應行休致。除分別咨明吏、兵二部外，臣仍隨時留心察看，斷不敢稍事姑容，致滋貽誤。

理合附陳，伏乞聖鑒，謹奏。

道光二十九年八月初十日奉硃批：所奏甚屬認真，嗣後若能常川如是，方合功令森嚴，盡心職守，朕甚嘉焉。有加無已，一洗舊習，不可忽諸。欽此。

二三五　查核庫貯工用情形摺
（道光二十九年八月初一日）

江南河道總督臣楊以增跪奏，爲接准部咨，查核庫貯工用情形，據

---

① “欽此”後，楊紹和抄本又有：“同日奉道光二十九年八月初十日內閣奉上諭：‘楊以增甄別廳員並嚴參玩工之守備一摺。揚州府河務通判孫沛才欠開展，於要缺不甚相宜，著撤回，俟有相當缺出，再行酌量補用。高堰營守備薛瑤於幫同搶辦險工時輒自私回清江浦寓，實屬膽大可惡，著即革職，枷示河干，以昭炯戒。該部知道。’欽此。”

實專摺具奏，仰祈聖鑒事。

臣准户部咨，議覆給事中劉良駒①河工裁減銀數應在部撥項下劃扣一摺。行令臣會同兩江督臣陸建瀛查照前署河督李星沅所奏每年總以三百萬兩爲率、並將餘剩銀兩或即於例撥銀兩内劃扣，抑或於外解款内剔除。等因。

臣遵查南②河庫貯每年入款約共銀三百二十餘萬兩，向遇閏月之年或水大工多，輒於例撥之外另請撥銀三四十萬兩，或五六十萬兩不等。上年三月間，河臣潘錫恩因經費不敷，剀飭各道廳每年定以三百萬兩爲率。揚道屬准用一百三十萬兩，徐、海二道屬各准用八十萬兩，常鎮道屬准用十萬兩，不准逾違。及霜節銷算，實共用銀三百八十六萬餘兩。兼署河臣李星沅從嚴刪減銀四十萬兩，其大案土工銀十五萬兩、堵閉義河銀十八萬數千餘兩未入報銷外，仍准銷銀三百四十六萬兩零，比較二十六年少用銀七十七萬餘兩，比較二十七年少用銀六十萬兩，已爲最少之數。准工部咨覆本年南河各工需用銀數較之歷年少至數十萬兩，洵爲撙節。等因。在案。而兼署河臣猶不敢以此數爲准，奏稱：約略計之，每年尋常例用當以三百萬兩爲率。等語。乃省益求省之意。

臣接任後，再三告誡不得逾三百萬兩之數。每估辦各工，得緩且緩。其必不可緩者，由道核減具詳，臣復逐加核減，力杜虛糜。奈本年春夏陰雨過多，河湖並漲。統計黄河來源萬錦灘及沁、洛兩河共報長水四十次，共長十丈有奇，既驟且勤，實歷年所未有。江境地居低下，衆水匯歸，竟有一日長至五尺餘寸者。又因海潮亦旺，頂托不消，外南順黄壩誌椿積存至四丈四尺九寸。上下各廳誌椿相仿，比上年秋汛異漲尚大一尺六寸至二三尺不等。浩瀚奔騰，有高於堤面二尺餘者，僅恃子堰捍禦，堤堰則屢幫屢加，埽工則隨廂隨墊。風雨間作，奇險百端，廂舊補新，料石並進。洪澤湖長水更早，啟放山盱壩河四處，仍復消不敵長，夏至前即已長至一丈七尺八寸。入伏汛後，又陸續長水三尺二寸，高堰誌椿積存二丈一尺，堰盱石工出水無幾，僅賴子堰攔禦，而裏河、

---

①　劉良駒：江西建昌府南豐縣人，道光九年（1829）進士，入翰林院爲庶吉士，散館簽分户部山東司行走。十八年（1838）補陝西司主事。二十年（1840）升福建司員外郎，同年考取御史。二十四年（1844）補户部江南司員外郎，授江南道監察御史。二十七年（1847）補授兵科給事中，二十九年（1849）任禮科掌印給事中，升鴻臚寺少卿，調補兩淮鹽運使。

②　録副本無“南”字，據楊紹和抄本校補。

揚河各廳承受湖源，又因江湖極旺，不能下注，寶應以下湖河通連，祇仗一線東堤爲之捍衛。計黃、運各工竟無一處不險，即無一處不耗費錢糧。均經該管各道臨工督辦，毫無浮冒。並有各廳紳士、商賈因湊辦不及，出貲代爲搶險。其所出銀錢，亦不能不照數歸還。加以春間所辦上年秋冬風掣石工，冲損堤堰縴道，及啟閉閘壩、挑塘濟運等工，亦比往年多費，勢不能因加意撙節，遂置不辦。計算各廳已領、未領之銀斷非三百萬兩所能敷用，此本年水勢工程支發錢糧截至七月中旬之實在情形也。至南河每年兩次例撥及各省額解河庫，扣存蕩柴作價共約銀三百六十餘萬兩。除額支官俸、養廉、公費、部飯、辛工、兵餉、役食以及葦營餉米、刀本、水腳、溝路等項約需銀四十餘萬，每年約存實銀三百二十萬兩。而各省額解緩不濟急，拖欠甚多。今戶部咨稱將餘剩銀兩在部撥額解款內扣除，自應遵照辦理。惟①通盤籌畫，每年尋常例用無論三百萬兩，斷不能敷。即使能敷，而河庫歷年收支不敷款下尚欠三十餘萬兩之多，實無從核有餘剩。

臣受恩深重，具有天良，當此經費支絀之時，何忍不大加節省。第河工險夷靡常，有以省爲省者，亦有以不省爲省者。固不敢隨波逐流，爲人蒙蔽。尤不敢刻舟求劍，貽誤宣防。必俟庫貯少有盈餘，方可有備無患，總期工歸實用，歲報安瀾，庶不負委任成全之至意。

所有接准部咨及庫貯工用實在情形，謹會同兩江督臣陸建瀛，合詞據實恭摺具奏，伏乞皇上聖鑒訓示。謹奏。

八月初一日

道光二十九年八月初十日奉硃批：該部知道。欽此。

二三六　請撥歲料銀兩摺

（道光二十九年八月初六日）

江南河道總督臣楊以增跪奏，爲循例請撥來年歲料銀兩，仰懇天恩俯准撥發，以資購備而預修防事。

---

① 楊紹和抄本此處多一“是”字。

竊照河工料物以柴秸爲大宗，例於秋冬新料登場時，將來年歲搶修埽壩各工應需料數預爲發購，以備春修之用。並經前河臣於道光十一年奏准：嗣後歲料銀兩仍於八月内奏撥，陸續解存河庫。統俟霜後查明各廳用剩之料、應修之埽，按工約估應添料垛若干，核發銀兩。以年底爲初限，次年正月底爲展限，勒令全數到工。如稍遲逾，據實嚴參，倘有虚報全到，查出從重參辦。在案。緣秋收甫畢，採購較易，必須先期籌備，則發辦較早，稽核易周，且免販户囤積居奇，滋生弊竇。所需錢糧向例奏請撥銀一百二十萬兩，歷經遵循辦理。

現在節届秋分，新料登場，蘆柴條亦采刈，所有來年歲料銀兩亟應乘時請撥，於九、十兩月陸續解到，俾得及早發解，從容購貯。兹據河庫、徐州[①]、淮揚、淮海、常鎮各道具詳請奏前來，相應專摺具奏。仰懇皇上天恩俯准，敕部於就近藩關各庫撥銀一百二十萬兩，速解河庫。由臣督率各道查明各廳存料多寡，工程繁簡，酌定應備料數，乘時核發趕購，勒照例限全數到工，再行逐細確查，堅實堆貯，以重帑項而資工用，實於修防有裨。

謹循例會同兩江總督臣陸建瀛恭摺附驛具奏，伏乞皇上聖鑒。謹奏。

八月初六日

道光二十九年八月十三日[②]奉硃批：户部知道，速議具奏，片併發。欽此。

二三七　借動減平銀兩請免扣抵片

（道光二十九年八月初六日）

再，臣前奏上年大汛内前河臣動用減平銀二十三萬兩、難在本年工需銀兩内撥補緣由，接准部覆，議令於請撥歲料款内扣還。等因。

---

① “徐州”，楊紹和抄本放在“淮海”後。

② 此摺及以下同批奏摺奉硃批日期，楊紹和抄本均作“八月十九日”。

臣念當此度支不易之際，如果可以遵行，何敢再事①瀆請？惟查歲款系一歲修防根本，歷經遵循請撥，勢難短少。況本年河湖異漲，險工迭生，又值閏月，汛期較長，工用自多，迥非常年可比。而河庫左支右絀，竭力籌融，幾至無可支應。臣凜遵諭旨，於例撥之外絲毫未敢添請，若再於例撥款內而扣上年所用之銀，則辦料辦工愈形竭蹶，殊於修防有礙。茲據各道具稟前來，臣覆核無異，用特附片陳懇，仰祈聖恩，俯念前項減平銀兩系上年大汛修工已用之款，應入上年開銷，免在現請歲料款內扣抵，庶得修守照常而免貽誤。感荷鴻慈，曷其有極！謹奏。

八月初六日

道光二十九年八月十三日奉硃批：覽。欽此。

二三八　重運漕船全出江境摺

（道光二十九年八月初六日）

漕運總督臣楊殿邦、江南河道總督臣楊以增跪奏，為恭報重運漕船全數催出江境日期，循例由驛具陳，仰祈聖鑒事。

竊照重運漕船全數渡黃日期，前經會奏在案，隨即催進楊莊頭壩。初緣北運河②來源較弱，江廣船身笨重，吃水較重，當將宿汛舊河尾、桃汛半路劉滾壩先為堵合。察看河水仍恐不充，又飭運河廳趕將前啟之各閘越壩一併堵閉，以資擡蓄。乃自七月十八日以前因上游陰雨過多，東省大泛口並江境各支河匯流下注，運、中兩廳各長水三四五尺不等，各閘溜勢高下較大，漕船提挽維艱。且兩岸堤埽亦甚吃重，未便稍有拘延，復將各閘越壩引渠及半路劉滾壩先後啟放，閘溜得以見平，船行順利。漕臣楊殿邦督催前進，不任刻延。茲據徐州道將暨運河廳營等稟報：本年重運軍船九十七幫，共三千一百九十五

---

① "事"，楊紹和抄本作"四"。

② 北運河：我國南北大運河的北段，自北京起，經通州，直至天津入海河處，系利用白河下游河道修浚而成。

隻，於七月二十九日全數挽出江南黃林莊境北上。等情。所有重運幫船全出江境日期，謹會同兩江督臣陸建瀛恭摺循例由驛馳報，伏乞皇上聖鑒。

再，中河雙金閘爲淮北票鹽①並左營蕩柴出運要道，該閘鉗口正越壩及上下埽壩各工久經鑲辦完竣。昨漕船行過該境，即於七月二十七日啟放過水，以濟鹽柴運行。又據運河廳稟，二十八、九日續有長水六尺四寸，極形浩瀚。趕將劉老澗滾壩並駱馬湖尾閭五壩全行啟放，兩岸堤埽均經鑲修平穩。

至本年漕船過境，經臣與督撫諸臣派委道將，督率各府州縣營汛，沿途接替稽查彈壓，水手人等俱屬安靜，合併陳明。謹奏。

八月初六日

道光二十九年八月十三日奉硃批：知道了。欽此。

二三九　節交寒露河湖修防平穩摺

（道光二十九年八月二十二日）

江南河道總督臣楊以增跪奏，爲河湖水勢續有長消，現交寒露修防平穩情形，恭摺具陳，仰祈聖鑒事。

竊臣前將籌辦吳城減黃壩工及水勢工程各緣由具奏在案。續接河南陝州呈報，萬錦灘黃河於七月十八、二十及二十七、八等日四次共長水一丈二尺。又准東河督臣咨，沁河於八月初四日長水一尺三寸，以致江境長河復行漲旺，各廳長水三四五尺不等。幸前漲已消，尚資容納。而秋水迅②利，堤埽各工益宜慎守。接據各道廳稟報，豐北廳豐下汛陳家壩下第五道挑壩裏頭並上下雁翅被溜搜刷，蟄廂不已，趕將各埽外拋填碎石。宿北廳皂河汛李家房、桃北廳崔鎮汛王家民房迤上工頭俱系無工處所，大溜趨註，存灘塌淨，潰及堤身。又宿南廳周家樓汛房家馬路淤閉舊工溜到刷塌，情形均關緊要。當經搶廂新埽長九十餘丈至一百二十

---

① 票鹽：清代商販繳納鹽稅後，憑政府發給的憑證運銷的食鹽。

② “迅”字，楊紹和抄本作“汛”。

餘丈，克資抵禦。其各廳舊埽蟄卸卑矮段落，均飭隨時分別補加穩固，山海四廳後四成先辦一半土工久經報竣，飭道查驗如式。委探長河水勢一律深通，海潮現已消退，歸墟之勢極爲暢順。

洪澤湖水旬餘以來除長消相抵外淨消水二寸，高堰誌樁存二丈零六寸，山盱①義河仍擬堅守不放。仰托皇上福庇，風伯效靈，偶遇金飆，②爲時不久。堰盱石工間有掣卸，擇其層路少者趕爲隨時補修，其深塘大段先爲用料摟護。俟水退再補，庶期核實。裏河運、清兩汛閘壩承受湖源，積漲日久，兩岸堤埽吃重異常。臣督率該道廳等分別拋石加壩搶廂，竭力防護，現俱平穩。

至邳宿運河前此盛漲所啟各閘壩及駱馬湖尾閭五壩，續又添啟王家溝分減，水始見消。其劉老澗滾壩東岸束水堤護埽並中河雙金閘以下鹽河兩岸舊埽朽塌卑矮，均補加高整，運、中兩廳縴堤坐灣犯風之處酌鑲防風，悉資抵衛。往後秋深源弱，空運瞬臨，已飭預備料物，隨時察看，次第堵蓄，以利運行。中河楊莊頭壩因黃水復長，高於清水，誠恐內漲澄淤，業已堵合。

現距霜清尚有半月，河湖水勢均爲大消，臣惟有督率該管文武加意防守，務保安恬，以攄聖廑。所有現交寒露，各工修防平穩情形謹繕摺具陳，伏乞皇上聖鑒。謹奏。

道光二十九年八月二十二日

道光二十九年九月初三日③奉硃批：覽。欽此。

二四〇　洩黃缺口興工進築片

（道光二十九年八月二十三日）

再，臣賚摺差弁回浦，承准軍機大臣字寄：本年八月初三日奉上諭：南河吳城七堡洩黃減漲本系從權辦理，據稱洪湖所進黃水不大，不

---

① "盱"字，楊紹和抄本作"盱"，誤。

② 此處硃筆添一"感"字。

③ 此摺及後片奉硃批日期，楊紹和抄本均作"九月十一日"。

致多受淤墊，然寬廣數百里，雖黃流未曾奪溜，而水勢平衍，不能暢行，實滋流弊，惟有迅將挑通舊址趕緊堵築，毋令漫刷。必俟①霜降節前辦理，亦未免過於拘泥。著即相機迅辦，認真經理，毋得爲劣員所蒙，是爲至要。將此諭令知之。等因。欽此。臣跪讀之下，仰見皇上垂厪要工，詳加指示，服膺感悚②，莫可名言。伏念洩黃減漲，誠如聖諭，本系從權辦理，自應迅爲堵築。臣前因黃水既未大消，該處內湖外河，委難得土，而赴產購貨，轉運需時，是以約計霜降前方能動工③。即一面先行陳奏，不敢稍有隱飾，一面督同淮揚道嚴催料物。現已陸續運工，雖尚未集有成數，然要工未便稍延，茲就已到之料於八月二十日興工進築。仍提催後料，務期源源運到，跟接濟用，以期早日蕆工，斷不因系賠堵工程，遂稍任延玩。

理合附片陳明，伏乞聖鑒。謹奏。

道光二十九年九月初三日奉硃批：覽。欽此。

二四一　節交霜降河湖各工安瀾摺

（道光二十九年九月初八日）

江南河道總督臣楊以增跪奏，爲節交霜降，河湖各工修防平穩，恭報安瀾，循例由四百里具奏，仰祈聖鑒事。

竊照本年自清明節起，至寒露節止，河湖水勢工程情形並檄委來工學習之京員，暨候補文武員弁分赴各廳協同防守，節經臣隨時奏聞在案。綜核黃河來源，除甘肅硤口在萬錦灘之上，所報長水毋庸核算外，實計河南萬錦灘報長二十二次，武陟沁河報長二十四次，鞏縣洛河報長二次，共四十八次，共長水十二丈二尺七寸，比上數年大至六丈餘尺至八丈餘尺不等。當六月二十一至二十五數日之間，前路長水至二丈二尺餘寸之多，實爲從來所未有。以致江境接長不已，上自豐蕭，下至山

---

① “俟”字，楊紹和抄本作“須”。

② “感悚”二字，楊紹和抄本作“應感”，或誤。

③ 此句楊紹和抄本作“是以約計需於霜降前動工”。

海，黃河十五廳灘面全漫，拍岸盈堤，險工百出。臣督飭各道廳於救危拯急之中仍寓撙節錢糧之意，慎擇緊要處所搶新鑲舊，加堰幫戧，先將銅沛廳十八里屯滾壩啟放。無如來源過旺，有長無消，外南廳順黃壩誌樁積存至四丈四尺九寸，其間風雨偶作，危迫情形，所在皆是。而外南吳城七堡坐灣頂溜潰塌尤甚①。該處關係漕運全局，並清淮億萬生靈，不得已乃爲擇害取輕之計，將七堡迤上之洩湖舊地挑通，以泄黃漲，甫得消水數尺，上下各工藉②臻安定。

洪泽湖水本年長發甚早，三四月間即將山盱之仁、禮、智、信等河壩先後啟放。而淮源旺盛，消不敵長，本應籌添分減之路。奈林家西壩坐當湖腰，歷經啟放，壩底已有損傷，其義河易啟難堵，且泄水過暢，彼時值江湖③亦大，誠恐高寶一帶難資容納，是以堅守未放④。高堰誌樁積存二丈一尺三寸，堰、盱兩廳石堤出水無多，微風鼓蕩，浪即過堤，僅賴子堰搪禦。幸將節次掣卸石工及浪刷土槽，均隨時修補完整，並酌做馬鞍埽段，借資捍衛。

至淮揚運河承受湖源，復因江潮抵托，彌形浩瀚，高寶湖河通連，東堤出水無幾，久逾啟壩定誌。惟值下河民田將屆秋成，與督臣籌商，得守且守，竭力搶護，迨至立秋以後，壩下早禾可以搶收。其中晚禾多種高處，兼有圩⑤圍保衛，不慮壩水下註。隨時將各壩次第啟洩，河水甫見消動，東堤克資穩固。

茲節屆霜降，黃河水已暢落，十八里屯滾壩業飭堵辦⑥，外南吳城減黃處所現於東西兩壩趕緊進築，仍嚴催料物，源源濟用，務期克日完竣。海安五套堤工業經補還，並於堤南加築圈堰，以爲重障，均系賠修。洪澤湖旬來陸續消水一尺八寸。至裏河廳爲湖水入運門戶，本年漲水存站過久，各閘壩及兩岸護埽被溜刷蟄，日事鑲修。縴堤卑矮之處平水、入水不一而足，均隨時搶加子堰，拋放碎石，俾資攔禦。竊計本年湖河極漲，黃運工程無處不險，臣巡防目擊之餘，倍深凜懼，

---

① "頂溜尤甚"四字，楊紹和抄本作"頂溜頂溜"，當誤。
② "藉"字，楊紹和抄本作"借"。
③ "湖"字，應從楊紹和抄本作"潮"。
④ "未放"二字，楊紹和抄本作"不放"。
⑤ 圩：中國江淮低窪地區周圍防水的堤。
⑥ "堵辦"二字，楊紹和抄本作"趕堵"。

仰蒙皇上福庇，河伯效靈①，風雨無多，得以竭盡人力，保護平穩。外南順清河前因湖水高於黃水，啟放減洩。茲較量湖河高下無幾，當將該河及草閘臨黃堰分別堵閉，一面查勘太平河及塘河內因重運節次灌放沙墊之處，酌量挑浚深通。至邳宿運河前啟之七閘越壩、劉老澗滾壩、王家溝柳園頭閘、駱馬湖尾閭五壩並中河之半路劉滾壩，刻因水勢日消，回空軍船將次臨境。據該道廳稟報，查照舊章，以次堵閉，俾利運行。其餘應備山盱、揚河兩廳堵壩料物及空運各事宜，俱已分投籌辦，不致貽誤。

　　所有節交霜降各工平穩、恭報安瀾緣由，謹會同兩江督臣陸建瀛，循例由四百里具奏，伏乞皇上聖鑒。

　　再，本年河湖異漲，奇險百端，在事文武員弁奮馳搶辦，頗極艱辛。可否擇其尤爲出力者，酌加獎勵出自天恩，伏乞聖鑒訓示。謹奏。

九月初八日

道光二十九年九月十四日奉硃批：覽奏欽感，另有旨。欽此。②

二四二　請敕加河神封號摺

（道光二十九年九月初八日）

　　江南河道總督臣楊以增跪奏，爲河神顯佑，請賜褒加封號，以崇報祀事。

　　竊照江境外南河口地方建廟祀神，屢著靈應。本年河湖並漲，險要異常，重運軍船提挽倍爲費力。自江廣各幫進塘河後，適黃流異漲，不敢放渡，在塘月餘之久，鱗次櫛比，風火堪虞。臣與漕臣焦急萬分，恭

---

　　①　“效靈”二字，朱筆添改爲“靈佑”。

　　②　此摺及后摺奉硃批日期，楊紹和抄本均作“九月二十日”。另此摺“欽此”後，楊紹和抄本有：“同日奉道光二十九年九月十四日內閣奉上諭：‘楊以增奏霜降安瀾一摺。本年黃河來源甚旺，有長無消，塌埽潰堤，奇險百出。經該河督率文武員弁設法減泄，竭力修防，現在節交霜降，各工一律平穩，此皆仰賴河神靈佑，普慶安瀾，覽奏實深欽感。著發去大藏香十炷，交楊以增虔詣河神廟，代朕敬謹祀謝，用答神庥。楊以增加恩交部議敘，陸建瀛兼管河務，著一併交部議敘。在事文武員弁著該河督等擇其尤爲出力者酌保數員，候朕施恩，毋許冒濫。餘著照所擬辦理。’欽此。”

詣黃大王靈佑觀，中虔誠默禱，敬陳我皇上軫念河漕，籲祈福佑。嗣水勢消退，將存塘軍船悉數放出，安穩渡黃。非初願所敢期，實神祇之默助。查黃大王累荷敕封"靈佑襄濟顯惠昭感大王"，今復靈應丰著，仰懇天恩再賜加封，以昭報祀。

又河口向有九龍將軍廟，道光二十五年奏奉諭旨：春秋致祭。在案。本年外南吳城七堡塌埽潰堤，危在呼吸，忽見將軍化形於激溜之上，眾目同瞻，倏即溜勢稍平，堤不續塌，在壩官民無不羅跪稱異。此皆仰賴聖主至德感孚，得荷河神效順，化險爲夷。臣欽感之餘，益資寅畏。查九龍將軍尚未奉旨封典，茲顯示靈異，實屬捍患禦災。仰祈皇上天恩准予敕賜褒封，俾酬神貺。

理合會同督臣陸建瀛、漕臣楊殿邦恭摺具奏，伏乞聖鑒訓示。謹奏。

道光二十九年九月初八日

道光二十九年九月十四日奉硃批：另有旨。欽此。①

二四三 覆核南河工用情形摺

（道光二十九年九月二十五日）

江南河道總督臣楊以增跪奏，爲覆核南河本年工用情形，據實瀝陳，伏祈聖鑒事。

竊臣接准工部咨：道光二十九年八月二十五日內閣奉上諭：據工部奏查，南河工用銀兩前經署河督李星沅奏明，每年尋常例用當以三百萬兩爲率，楊以增到任後所奏亦同。乃甫經酌定，該河督現奏又謂不敷，殊屬矛盾，恐有受屬員蒙蔽之處。本年五套、吳城、七堡漫口各工均責令該廳員全數賠修，甚覺核實，其餘尋常工用自宜撙節動用，以符成議。嗣後南河於霜降後報銷之時倘有數逾三百萬兩以外，即著概行議駁，並著戶部存記。等因。欽此。咨行到臣。跪誦之下，惶悚難名。伏

---

① "欽此"後，楊紹和抄本有："同日奉道光二十九年九月十四日內閣奉上諭：'楊以增奏河神顯佑請加封號一摺。著禮部議奏。'欽此。旋准部咨：黃大王奉加'贊順'二字封號；九龍將軍奉加'顯應'二字封號。"

念臣渥荷聖恩，畀以南河重任，極思力加節省，仰答生成。凡稍有可緩①之工，無不概行批駁。其必不可緩者，由道核減具詳，臣復遞加折扣，力杜虛糜。今准工部咨稱每歲報銷不准逾三百萬兩，實有勢處萬難，不能不渥陳於君父之前者。

查南河近數十年節省錢糧，自前河臣黎世序始，所有歷年報銷除專款另案外，其歲修並常年另案總在四五百萬兩不等，間有三百數十萬兩者，每在東河失事之年。去歲兼署河臣李星沅奏稱：南河尋常例用，約略計之，當以三百萬兩爲率。又稱：本屆銷算稽核從嚴，共刪銀四十萬兩零，比較上年准銷少銀六十萬兩零。等語。然如是嚴加刪汰，仍銷銀三百四十六萬餘兩，而義河堵費大工土工尚不在內。其三百萬之說不過約略言之、省益求省之意。臣到任後，亦堅持三百萬之數，因未經大汛，不能逆料其不敷，故奏明俟霜降後方能定數。蓋河工用項總以水勢之大小爲衡，本年江河湖海同時並漲，而長發之早、存站之久，順黃壩誌椿至四丈四尺九寸有奇，爲從來所未有，以江省水災之大即可知南河防守之艱。黃運湖河兩岸工程不下三千餘里，無一廳無險工，即無一廳不搶辦，而搶辦必需錢糧。當危急之時，祇求幸而無事，錢糧多寡不暇計及，其勢亦不能計及也。本年徐州道在銅沛、邳北、宿北、睢南，淮海道在山安、海防、海阜、海安，臣與淮揚道在黃運各廳督搶險工。所用錢糧皆臣與各道目睹，一一查核，委無浮冒，均有埽段料石可查。截至七月中旬，約計已發未發之銀已逾三百萬兩之數，是以據實陳明。

茲部臣議奏，倘逾三百萬兩，無論絲毫，概行議駁。在部臣執法從事，自以臣李星沅及臣皆有此奏，必屬可行。但兩次奏陳均系約計之詞，未能拘定。南河工用每遇閏月及水大之年，除例撥外，往往奏請添撥五六十萬兩。上年接奉上諭：除例撥之外，絲毫不准再撥。欽遵在案。本年所用均系例撥額解之項，並未添請，是臣本意原欲以例撥爲准。惟查南河每年兩次奏撥銀二百七十萬兩，及河庫應收雜款除應支外，約計銀五十餘萬兩，共有三百二十餘萬兩。今定以三百萬兩，既不敢照案請添，又於例撥數內轉加刪減，較二十八年少銷銀四十餘萬，較二十六、七兩年少銷銀一百餘萬。從前縱有浮冒，應不致如此

---

① “可緩”二字，楊紹和抄本作“可從緩”。

懸殊。臣受恩深重，具有天良，何忍不諸加厘剔？即如海安廳金安清賠修漫水堤工稟借銀二萬兩，臣面加申飭，當將原稟擲還。外南廳王湘賠築泄黃缺口，恐其偷減，是以先行撤任，令湊交銀兩，委淮揚道督同各廳營趕辦。其餘工作無不核實查勘，減之又減，豈甘爲屬員蒙蔽？奈本年①水勢過大，實非三百萬所能敷用。苟拘率原奏，不以實陳，則本年②發項不敷，必有預借墊辦、挪後掩前之弊。倘明年水勢加長，其害更不可勝言。③ 在微臣罪無可辭，而貽誤全工，則所省小而所失大，其關係國計民生尤非淺鮮。且臣以不敷爲敷，既自蹈欺罔之咎，欲不減則無以符部議，欲減之則無以給工需，輾轉焦思，寢食俱廢。與督臣往返劄商，亦以實用實銷爲是，惟有伏乞聖慈垂念河工用項以水勢之大小爲衡。本年奇險萬分，非如往歲。現值造冊報銷，臣督同各道逐案鉤稽，但可節删，斷不容其弊混。

除將本年實在用數核明開具清單另奏外，謹會同督臣陸建瀛先行瀝陳，伏乞皇上聖鑒，謹奏。

九月二十五日

道光二十九年十月初七日④奉硃批：工部議奏。欽此。

二四四　空運漕船入境日期並河湖工程情形片
（道光二十九年九月二十五日）

再，據徐州道廳稟報，回空運船業於九月十九日行入江南黃林莊境。等情。除批飭催儧外，查比上數年入境日期不相上下。邳宿桃境運河前此啟泄各閘壩水口均已堵合，俟軍船集有成數，再啟楊莊壩放渡灌塘，以免虛耗。

至外南吳城減缺黃口現已堵築過半，計十月初旬總可竣事。塘河內外前此重運墊淤之處先已趕挑，限月內完竣，均於回空不誤。洪湖水勢

---

① “本年”二字，楊紹和抄本作“年來”。

② 錄副本此處無“年”字，據楊紹和抄本校補。

③ 此處有夾批：“靡輒藉此恐嚇，嗣後仍逾三百萬之數而已。”

④ 此摺及後兩片奉硃批日期，楊紹和抄本均作“十月十八日”。

前因消至二丈以內，誠恐多洩不敷濟運，已飭將山盱智壩堵閉。其餘各壩河及揚河四壩仍察看存水，次第辦理，總期堤防、漕運兩有裨益，以紓宸廑。

理合附陳，仰祈聖鑒。謹奏。

道光二十九年十月初七日奉硃批：覽。欽此。

二四五　請開復參員頂戴片
（道光二十九年九月二十五日）

再，前奉上諭：楊以增奏請將海安廳各員弁摘頂賠修一摺。海安廳五套堤工因黃河盛漲、海潮頂托，致由堤平漫過水，尚未掣溜塌通，現已搶堵掛淤。該管廳營汛官究系防範不力，除飭將堤缺迅速補還，所用錢糧著落全賠、不准開銷外，鹽提舉銜現署海安通判准調宿南通判金安清、海安營守備王有、署阜寧縣羊寨司巡檢候補九品王汝恭、署雲梯汛把總王尚楨、協防王識廣均著摘去頂戴，以示懲儆。等因。欽此。當經轉行，一體欽遵在案。

伏查海安五套堤工實緣黃水盛漲，較上年極漲時尚大二尺餘寸。又值潮旺風大，以致平漫過水。當經該廳營汛等趕將外灘溝槽先爲搶堵涸露，並未掣溜塌通。一面補還大堤，截至七月底業已補築完成。並於堤南加築圈堰，以爲重障，均系賠補修築，應免造冊報銷。查該廳營汛雖曾疏防於前，尚知愧奮於後，核與完工開復之例相符。合無仰懇天恩，準將該應營汛等原參所摘頂戴一併賞還之處出自聖主鴻施。

謹會同兩江督臣陸建瀛附片陳懇，仰祈訓示祗遵。謹奏。

九月二十五日

道光二十九年十月初七日奉硃批：另有旨。欽此。①

① "欽此"後，楊紹和抄本有："同日奉道光二十九年十月初七日內閣奉上諭：'楊以增奏請開復廳營員弁頂戴等語。鹽提舉銜現署海安通判准調宿南通判金安清、海安營守備王有、署阜寧縣羊寨司巡檢候補九品王汝恭、署雲梯汛把總王尚楨、協防王識廣前因五套堤工漫缺降旨摘去頂戴，飭令賠修。現在補築完竣，並經加圈堰，作爲重障，尚知愧奮，所有該員弁等原參摘去頂戴著加恩一併給還，此項工程並著免其造冊報銷。該部知道。'欽此。"

二四六　輪修各營柳船摺

（道光二十九年九月二十五日）

　　江南河道總督臣楊以增跪奏，爲南河大柳船隻輪應修造，以資運料，循例開單，恭摺具奏，仰祈聖鑒事。

　　竊照江南葦蕩船務營改造大船二百隻，並各河營額設柳船二十四隻，奉部議准：三年小修，六年大修，十二年成造一次。俟屆成造之年，如尚堪修理者量予修費，以歸核實。等因。飭遵在案。茲據河庫、淮海、徐州三道詳稱：葦蕩船務營運葦大船及各河營柳船常年在於黃、運、鹽河上下往來，裝運柴料。伏秋大汛，冲風破浪；時逢冬令，冰凌擦碰。經歷數年，即致損壞，必須照例隨時修造，以供駕駛。所有道光二十九年分葦蕩船務營輪應大修運葦大船二十八隻，又宿南河營輪應小修柳船一隻，又睢南運河二河營輪應成造柳船二隻，共船三十一隻，查照奉准價值，勘估請辦。並將各該船字號型、上屆成造大小修年分、完竣日期開單呈送請奏前來。臣嚴飭該道等親往驗明，實俱朽壞，查與輪應修造年限相符，計共估需工料銀一千八百二十九兩一錢八分五釐二毫。

　　除飭按船給價購料，查照部定長寬式樣，趕緊修造以資裝運，照例取具实用工料细册，恭疏題報。並送部查核外，謹繕清單，會同兩江總督臣陸建瀛恭摺具奏，伏乞皇上聖鑒敕部核議施行。謹奏。

　　九月二十五日

　　道光二十九年十月初七日奉硃批：工部議奏，單併發。欽此。

二四七　道光二十九年輪應修造大柳船清單

（道光二十九年九月二十五日）

　　謹將道光二十九年葦蕩船務營並各河營輪應修造大柳船三十一隻營分字型大小，及上屆修造完竣日期繕具清單，恭呈御覽。

計開：

船務營大修左字十六號至二十九號、右字二十八號至四十一號運葦大船二十八隻，上屆於道光二十六年正月二十五日小修完竣，至道光二十九年正月內屆應大修。

宿南河營武字二十九號柳船一隻，上屆於道光二十六年九月十八日成造完竣，計至二十九年九月內屆應小修。

睢南河營鄭字二十四號、運河河營鄭字二十三號柳船二隻，上屆於道光二十三年閏七月二十四及八月十二等日大修完竣，計至道光二十九七月及八月內屆應成造。

硃批：覽。

二四八　恭謝天恩交部議敍摺
（道光二十九年十月二十一日）

江南河道總督臣楊以增跪奏，爲恭謝天恩事。

竊臣奏報霜降安瀾一摺，欽奉上諭：楊以增著加恩交部議敍。等因。欽此。當即恭設香案，望闕叩頭謝恩。

俯念防守工程是臣內分①之事，本年清黃並漲，迭出險工，方懼修守多疏，致有設法泄黃之舉。乃仰蒙聖恩，不加譴責，復②邀甄敍，更覺惶悚難安。臣惟有勉竭駑駘，益加勤慎，以期愆尤稍贖，上答鴻慈。

外南吳城汛泄黃缺口業經賠堵完竣，另會同督臣具奏。回空船現入楊莊二十五幫，共計七百八十餘隻，陸續渡黃。集有成數，即行啟壩灌塘。至應備空運蓄挑各事宜，均早爲預備，不致誤延，容隨時奏報。

所有微臣感激③下忱，理合繕摺恭謝天恩，伏乞皇上聖鑒。謹奏。

十月二十一日

道光二十九年十一月初六日④奉硃批：覽。欽此。

---

①　"內分"，楊紹和抄本作"分內"。
②　楊紹和抄本此處多一"渥"字。
③　"感激"，楊紹和抄本作"感悚"。
④　此摺及後二片、二摺奉硃批日期，楊紹和抄本皆作"十一月十四日"。

二四九　賫香報謝河神片

（道光二十九年十月二十一日）

再，臣欽奉上諭：楊以增奏霜降安瀾一摺。此皆仰賴河神靈佑，普慶安瀾，覽奏實深欽感。著發去大藏香十炷，交楊以增虔詣河神廟，代朕敬謹祀謝，用答神庥。欽此。臣謹諏吉恭賫頒到藏香，親詣河湖各神廟，敬謹祭告，默陳聖主報祀之誠，長邀福佑安瀾之慶。

理合附片具奏，伏乞聖鑒。謹奏。

道光二十九年十一月初六日奉硃批：覽。欽此。

二五〇　參劾營弁片

（道光二十九年十月二十一日）

再，河營備弁奔走河干，全賴年富力強①，方於修防有益。茲查蕭南營守備王廷福屢請病假，且年力就衰，難期振作，應請旨勒令休致。又桃北營千總鮑成功染患眼疾，日久未痊，亦應咨部休致，合併陳明。伏乞聖鑒。② 謹奏。

道光二十九年十一月初六日奉硃批：另有旨。欽此。③

---

① “年富力強”四字，楊紹和抄本作“年力強壯”。

② “亦應咨部休致，合併陳明。俯乞聖鑒”，楊紹和抄本作“由該管淮海道揭參前來。除諮部斥休外，合併陳明”。

③ 楊紹和抄本作：“另有旨。欽此。同日奉道光二十九年十一月初六日內閣奉上諭：‘楊以增請將守備休致等語。江南蕭南營守備王廷福年衰多病，難期振作，即勒令休致，餘著照所議辦理，該部知道。’欽此。”

二五一　揀員調署河廳摺

（道光二十九年十月二十一日）

江南河道總督臣楊以增跪奏，爲河廳要缺揀員調署，恭摺仰祈聖鑒事。

竊照淮安府桃源北岸河務同知梁佐中①捐陞道員，接准吏部開缺知照。按行文坐日扣算，歸本年九月分截缺，應即遴員請補。查桃北河務同知一缺經管桃源縣黄河北岸，堤埽工程最關緊要，必得明白河務、辦事穩練之員方克勝任。臣與督臣往返函商，逐加遴選。查有徐州府銅沛同知金安瀾，現年四十八歲，浙江進士，由庶吉士於道光十二年散館改主事，簽分户部雲南司行走，二十一年保送河工學習，奉旨發往南河差遣委用，於閏三月初八日到工，五月補山東司主事。二十三年學習期滿，送部引見，奉旨：著留工以同知補用。閏七月初六日回工，二十六年三月題補今職，二十九年正月題請實授。該員修防熟習，悃愊無華，任内並無違礙處分，亦無賠項未完銀兩。以之調署淮安府桃園北岸河務同知，實堪勝任，與例亦符。合無仰懇天恩，准以金安瀾調署淮安府桃園北岸河務同知，洵於修防有裨。如蒙俞允，俟署事一年期滿，經歷三汛，察看果能勝任，再行保題實授，恭候欽定。

謹會同兩江總督臣陸建瀛恭摺具奏，伏乞皇上聖鑒訓示。謹奏。

十月二十一日

道光二十九年十一月初六日奉硃批：欽此。②

---

① 梁佐中：字寶生，嶺南廣利人。道光八年（1828）舉人，任河南知縣，積功累遷，咸豐八年（1858）任江寧布政使，綜理江蘇民政、財政諸務。

② 楊紹和抄本作："另有旨。欽此。同日奉道光二十九年十一月初六日内閣奉上諭：'楊以增奏陳揀員調署河廳要缺一摺。著照所請，江蘇淮安府桃源北岸河務同知員缺，准其以金安瀾調署，仍俟經歷三汛，再請實授。該部知道。'欽此。"

二五二 揀員調署河廳摺

（道光二十九年十月二十一日）

　　江南河道總督臣楊以增跪奏，爲河廳要缺奉准歸併，遴員調署以重修防，恭摺仰祈聖鑒事

　　竊照裁缺案內揚州府揚運通判一缺，經臣會同兩江督臣等奏准裁撤，歸併揚州府江防同知管理，改爲江運同知，並准吏部覆准在案。查此缺兩廳歸併一廳，有經管堤埽閘壩、修防宣洩各事宜，上自甘泉縣西界，下至瓜洲①江口，催儹空重漕船，並管鎭江、京口水利，事務加繁，在在均關緊要，必得精明幹練之員方克勝任。臣與督臣往返函商，逐加遴選。查有徐州府蕭南同知李萬傑，現年四十四歲，安徽進士，由主事簽分刑部奉天司行走，三年期滿留部。道光二十五年正月保送河工學習，奉旨：發往南河差遣委用。三月十一日到工。二十七年學習期滿，送部引見，奉旨：發往南河，以同知用。四月二十六日回工，二十八年九月題補今職。該員年力富強②，才猷練達，任內並無違礙處分，亦無賠項未完銀兩，以之調署揚州府江運同知，實堪勝任，與例亦符。合無仰懇天恩，准以李萬傑署揚州府江運同知，洵於修防有裨。如蒙俞允，俟署事一年期滿，經歷三汛，察看果能勝任，再行保題實授，恭候欽定。再，現任江防同知鐘承露因病稟請開缺，除另行核題外，合併聲明。

　　謹會同兩江督臣陸建瀛恭摺具奏，伏乞皇上聖鑒訓示。謹奏。

　　十月二十一日

　　道光二十九年十一月初六日奉硃批：另有旨。欽此。③

---

　　① “洲”字，楊紹和抄本作“州”，當誤。

　　② “年力富強”，楊紹和抄本作“年富力強”。

　　③ 楊紹和抄本又有：“同日奉道光二十九年十一月初六日內閣奉上諭：‘楊以增奏遴員調署要缺河廳一摺，著照所請，江蘇揚州府江運司同知員缺准其以李萬傑調署，仍俟經歷三汛，再請實授。該部知道。’欽此。”

二五三　回空漕船灌放頭塘摺
（道光二十九年十月二十八日）

江南河道總督臣楊以增跪奏，爲恭報回空軍船灌放第一塘日期，循例由驛具報，仰祈聖鑒事。

竊查回空軍船行入江境日期前經附奏在案。伏思本年回空較之上屆節候更晚，必得跟蹤趲行，以速補遲。即經嚴飭所屬文武實力催趲，並經督臣陸建瀛、漕臣楊殿邦各委員弁分段嚴催，陸續南下。外南臨黃堰先經堵合，以便塘河施工，業已照估挑成，查驗深通。一面飭堵中河雙金閘鉗口壩，蓄高清水，啟放楊莊頭壩放船渡黃。臣親駐河口，督率照料，茲於十月二十六日啟放臨黃堰，將回空首進大河前幫起至淮安四幫止共三十四幫，計船九百四十六隻，以次提進草閘，立堵臨黃堰，啟放臨清堰，催令飛挽南下。淮揚運河水勢充足，船行順利。

除再催提後船，相機放渡外，所有灌放回空軍船第一塘日期，謹會同兩江總督臣陸建瀛恭摺循例由驛具奏，伏乞皇上聖鑒訓示。謹奏。

十月二十八日

道光二十九年十一月十二日奉硃批：覽。欽此。

二五四　洩黃缺口堵合併籌辦濟運各工片
（道光二十九年十月二十八日）

再，外南吳城洩水壩工自興堵以來，天氣晴明，料物應手，晝夜趲築，業於十月二十日合龍完固，大溜悉歸正河外，南北以下河路深通，歸墟暢順。此案堵工全系該廳營賠，應免造冊報銷。山盱智、信二壩及仁河並高郵南、新、中、車四壩均經先後堵合。至黃河北岸浦家莊東西兩岸托蓋等壩、南岸草閘內外挑束各壩並上下迎水分水雁翅護埽禦黃二壩、臨清堰鉗口壩等工間有朽腐蟄塌，均已分別鑲修完整。

所有吳城堵合日期及辦理濟運各工情形，理合附驛具陳，仰祈聖
鑒。謹奏。

道光二十九年十一月十二日奉硃批：覽。欽此。

二五五　委署中營副將片
（道光二十九年十月二十八日）

再，臣接准兵部咨：道光二十九年十月初七日內閣奉上諭：山東登
州鎮①總兵著許聯鑣補授。等因。欽此。當即移行欽遵在案。所遺中營
副將員缺應即委員接署，以便許聯鑣交卸北上。查河營參將呂邦治樸實
安詳，前曾署過②中營副將，經理裕如，今堪委令兼署。

除檄飭遵照外，理合會同督臣陸建瀛附片陳明。謹奏。

十月二十八日

道光二十九年十一月初六日③奉硃批：覽。欽此。

二五六　回空漕船灌放二塘摺
（道光二十九年十一月十四日）

江南河道總督臣楊以增跪奏，爲回空漕船灌放第二塘日期，循例由
驛具報，仰祈聖鑒事。

竊臣前將空運灌放頭塘日期恭摺奏報在案。嗣即催船出塘，仍將臨清
堰堵閉，一面飭令河漕各員弁將楊莊壩內已到船隻陸續外放，以備二塘灌
渡。臣於初九日督率道將等啟放臨黃堰，將江淮頭幫起至台州前幫止共三

---

① 登州鎮：清代駐防登州一帶的綠營兵機構，主官爲總兵，統轄鎮、標二營，兼轄文登
等七營。

② 楊紹和抄本無“過”字。

③ 奉硃批日期，楊紹和抄本作“十一月十二日”。

十幫，計船九百六十二隻，循序提進草閘。後趕堵①臨黃堰，啟放臨清堰，設法催令②南下，仍即相機接手放渡。臣親駐塘河，嚴飭廳營兵役等晝夜梭巡，以防火燭。並令清河縣會同營汛訪查，不許水手上岸滋事。

所有回空漕船灌放第二塘日期，謹會同兩江督臣陸建瀛，循例由驛恭摺具報，伏乞皇上聖鑒。謹奏。

十一月十四日

道光二十九年十一月二十八日③奉硃批：覽。欽此。

二五七　挑浚運口各工片
（道光二十九年十一月十四日）

再，吳城壩工堵合後，查束清壩外舊存引河中有淤淺之處，是以將上游築起攔堰。三閘上下亦有積淤，因即堵閉惠濟、福興等閘，設法疏挑。下游清河、寶應一帶酌留淺水，接濟民船。現在引河業已陸續報竣，數日內可以放水通漕，不致有誤歸次。查糧艘於十一月初五日全數行入江南境。現已灌放二塘，僅餘船一千一百餘隻，即可陸續灌渡。

理合附片陳明。謹奏。

道光二十九年十一月二十八日奉硃批：覽。欽此。

二五八　覆陳御史馬沅條奏疏泄
各工先行委勘片
（道光二十九年十一月十四日）

再，十月二十八日承准軍機大臣字寄：道光二十九年十月二十一日

---

① “後趕堵”，楊紹和抄本作“堵閉”。
② “催令”，楊紹和抄本作“催償”。
③ 此摺及後二片奉硃批日期，楊紹和抄本皆作“十一月二十一日”。

奉上諭：御史馬沅奏豫籌疏洩安奠河淮一摺。本年南河暫開吳城七堡，得以化險爲平，而黃水挾泥帶沙而下，湖身河道自難免均受淤墊，是洩黃後路誠不能不豫爲籌及。茲據該御史奏稱北岸之東山安廳屬有二塘，一處在王營減壩下游，勢極低窪，地屬荒廢，是可籌爲洩黃入海後路。著陸建瀛、楊以增先行遴委妥員詳加查察，隨後親往相度，悉心籌畫。如果可行，應即豫爲減洩之計，不使貽患將來。著繪圖貼説，據實具奏。原摺著抄給閲看。等因。欽此。

臣跪讀之下，仰見皇上思患預防、詳加訓迪之至意，遵即先委員並飭淮揚、淮海二道暨河營參將等前往詳勘細查[①]。臣俟回空漕船全數渡黃放塘後即親往履勘，並咨會督臣陸建瀛臨工會同勘酌，再行繪圖貼説覆奏外，理合先附陳明，伏乞聖鑒。謹奏。

道光二十九年十一月二十八日奉硃批：覽。欽此。

二五九　揀員陞署河廳摺
（道光二十九年十二月初七日）

兩江總督臣陸建瀛、江南河道總督臣楊以增跪奏，爲遴員陞署河廳要缺恭摺仰祈聖鑒事。

竊照揚州府河務通判孫沛人地不宜，前經臣等奏奉諭旨撤任，接准部咨，按限扣算，應歸本年十月分截缺，應即遴員請補，以益修防。查該廳經管高、寶運河兩岸堤埽、磚石、閘壩工程，蓄洩河湖水勢，催趲空重漕船，事務紛繁，均關緊要，必得明幹之員方資治理。臣等於現任候補通判中逐加遴選，非現居要缺，即人地未宜。惟查有同知銜淮安府清河縣知縣劉於淳，現年三十九歲，江西舉人，大挑知縣分發南河，道光二十四年六月到工。二十六年防汛出力，奏奉諭旨：以沿河知縣補用。二十八年二月奏補清河縣知縣。到任是年，三汛安瀾，保奏奉旨：賞加同知銜。該員才情練達，熟悉修防，以之陞署揚州府河務通判，堪期勝任，惟歷俸未滿三年，與例稍有未符。第人地實在相需，例得專摺

---

① “詳勘細查”四字，楊紹和抄本作“詳細勘查”。

奏請。合無仰祈天恩，准以劉于淳陞署揚州府河務通判，實於要缺修防有裨。如蒙俞允，仍照例試署一年¹，經歷三汛。察看果能勝任，再行保題實授，恭候欽定。至該員並無應賠銀兩，其知縣任內一切因公處分例免核計，罰俸銀兩飭令完繳，咨部核銷。

謹會同江蘇巡撫臣傅繩勳合詞恭摺具奏，伏乞皇上聖鑒。謹奏。

十二月初七日

道光二十九年十二月二十一日①奉御批：另有旨。欽此。②

二六〇　堰盱修補石工片
（道光二十九年十二月初七日）

再，據淮揚道稟稱：自道光二十八年霜降後起，至二十九年六月止，洪澤湖歷次風暴掣卸石工計：高堰廳屬共長三百九十八丈五尺，內除新工著原辦之員賠修外，實計舊工長三百八十一丈。山盱廳屬共長四百八十四丈八尺，內除新工著原辦之員賠修外，實計舊工長四百七十七丈③八尺，並新工下間有掣卸舊石層路，均已隨時修補完整。等情。稟請具奏前來。

理合附片陳明，伏乞聖鑒。謹奏。

道光二十九年十二月二十一日奉御批：覽。欽此。

二六一　凌汛防守平穩片
（道光二十九年十二月初七日）

再，查河工以節交冬至為凌汛之期，防守最宜周密。經臣先期通飭

---

① 此摺及後三片、三摺奉硃批日期，楊紹和抄本皆作“十二月二十九日”。

② 楊紹和抄本“欽此”後有：“同日奉道光二十九年十二月二十一日內閣奉上諭：‘陸建瀛、楊以增奏請遴員升署河務要缺通判一摺。著照所請，揚州府河務通判員缺准其以劉於淳升署，仍照例試署一年，經歷三汛，果能勝任，再請實授。該部知道。’欽此。”

③ “丈”字，楊紹和抄本作“尺”，當誤。

各廳營於黃河迎溜垻前掛用擋凌椿木，並多備打凌器具船隻，以備應用。並飭將兩岸堤根積水疏導歸河，凡灘面串刷漕溝，分別築垻編柳，以資堵截。現查外南廳順黃垻誌椿消存三丈六尺五寸①，臨黃掃垻各工一律平穩。洪澤湖消存誌椿一丈六尺九寸。仰賴皇上福庇，西風較少，石堤鞏固。秋間所掣石工，乘此冬令水小飭令堅實補砌，不任率延。惟山盱廳智垻及仁、禮兩河因上、今兩年湖水過大，啟放日久，掣溜猛驟，異乎尋常，是以垻底皆有冲跌情形。現在各河垻均已堵合穩實，飭令該管道將督率廳營逐加查勘估修，以備來年洩水之用。

所有籌防凌汛水勢工程平穩情形，理合附片具奏。

道光二十九年十二月二十一日奉御批：覽。欽此。

二六二　核明另案各工銀數摺
（道光二十九年十二月初七日）

江南河道總督臣楊以增跪奏，爲核明各廳道光二十九年霜降止辦理另案各工動用銀數，循例匯總，開具清單，恭摺奏祈聖鑒事。

竊照每年伏秋大汛各廳營搶辦另案新工於嘉慶八年准工部咨，令於霜降後核明銀數彙奏一次，以憑考核。又於道光十五年九月內准工部咨：欽奉上諭：嗣後每年匯奏清單，務遵奏定期限，無論奏咨各案匯爲一册。等因。當經前河臣查明，請照東河章程截至霜降之日爲止，將霜後所辦各工歸入次年清單開列，奏奉俞准照辦。各在案。所有道光二十九年霜降止，各廳辦理培築堤垻堰餼、鑲垻拋石、挑河撈淺②、啟閉壩堰、搜護補修磚石等工，均經臣隨時督率各道將廳營，分投辦理穩實，節次奏報抄摺咨部。

茲據徐州、淮揚、淮海、常鎮四道分案造册呈送前來，共七十二案。內估定辦理者工竣後經臣勘驗，其隨時辦理者先由各該道查量具報，復經臣確核，從嚴刪減，不准稍③有浮靡。奈本年水大工險，爲歷

---

① "三丈六尺五寸"，楊紹和抄本作"三尺六尺五寸"，楊紹和抄本當誤。

② 撈淺：撈挖河道淤淺之處，以保證船行暢通。

③ "稍"字，楊紹和抄本作"少"。

年所未有，茲統計各工删定銀數，連上年山盱廳越堵義河用銀十八萬七千四十餘兩在內，共計用銀二百二十一萬五千三百八十九兩零，按冊查核，均與原估及勘減删准冊案相符。除飭另造印冊詳送，次第具題，並送部查核外，謹將各廳道光二十九年霜降止辦理另案各工動用銀數循例匯總，開具清單，恭呈御覽。

　　爲此繕摺具奏，伏乞皇上聖鑒。謹奏。

　　十二月初七日

　　道光二十九年十二月二十一日奉御批：工部知道，單併發。欽此。

二六三　另案工用銀數循例比較摺

（道光二十九年十二月初七日）

　　江南河道總督臣楊以增跪奏，爲查明道光二十九年分各道屬另案工用銀數，循例比較開單，恭摺具奏，仰祈聖鑒事。

　　竊照嘉慶二十一年准工部咨：凡河道另案工程於三汛後將一年統用銀數匯奏一次，並將上三年所用銀數分晰比較，以備查核。又於道光十五年九月准工部咨：欽奉上諭：歲修工程銀有定額，興舉大工，事非常有。均照舊不入比較外，其另案工程嗣後每年匯奏清單遵照奏定限期，無論奏、咨各案，匯爲一冊，其比較上下三年原從清單而出，毋庸分爲兩事，著該督附摺聲明比較，另立一單。等因。欽此。歷經遵辦在案。

　　除將本年霜降止各廳另案工段銀數核明匯總開單，另摺具奏外，統計徐州、淮揚、淮海、常鎮四道屬道光二十九年分另案各工實用銀二百零二萬八千三百四十兩零，連上年山盱越堵義河共用銀二百二十一萬五千三百八十九兩零。比較道光二十八年另案共用銀二百十八萬七千一百二十一兩零，本年計多銀二萬八千二百六十七兩零。比較道光二十七年另案共用銀二百七十八萬五千兩零，本年較少銀五十六萬九千六百一十一兩零。比較道光二十六年另案共用銀二百九十三萬三千五百二十四兩零，本年計少銀七十三萬八千一百三十五兩零。謹遵部定章程，將各道屬用銀數目分晰比較，開具清單，恭呈御覽。

　　爲此繕摺具奏，伏乞皇上聖鑒，敕部查核施行。謹奏。

十二月初七日

道光二十九年十二月二十一日奉御批：工部知道，單併發。欽此。

二六四　道光二十九年另案工用銀比較清單

（道光二十九年十二月初七日）

謹將道光二十九年分徐州、淮揚、淮海、常鎮四道屬另案工用銀數比較上三年分晰，開具清單，恭呈御覽。

計開：

徐州道屬：道光二十九年分另案各工共用銀三十八萬四千二百三十五兩三錢八分。比較道光二十八年另案各工共用銀四十三萬四千二百五十八萬兩三錢八分，計少用銀五萬零二十三兩；比較道光二十七年另案各工共用銀四十八萬六錢四百三十七兩二錢二分八釐，計少用銀十萬零二千二百零一兩八錢四分八釐；比較道光二十六年另案各工共用銀六十四萬五千四百八十五兩八錢四分七釐，計少用銀二十六萬一千二百五十兩零四錢六分七釐。

淮揚道屬：道光二十九年分另案各工連山盱廳二十八年霜降後越堵義河工用銀一百二十八萬四千二百四十兩零八分二釐。比較道光二十八年另案各工共用銀一百十萬零一千九百七十四兩三錢五分七釐八毫，計多用銀十八萬二千二百六十五兩七錢二分四釐二毫；比較道光二十七年另案各工共用銀一百二十萬零九千六百二十四兩一錢八分三釐，計多用銀七萬四千六百一十五兩八錢九分九釐；比較道光二十六年另案各工共用銀一百二十九萬二千五百九十五兩四錢三分六釐，計少用銀八千三百五十五兩三錢五分四釐。

淮海道屬：道光二十九年分另案各工共用銀四十六萬零八百十四兩四錢二分九釐六毫。比較道光二十八年另案各工共用銀五十七萬九千二百七十兩八錢四分二釐八毫，計少用銀十一萬八千四百五十六兩四錢一分三釐二毫；比較道光二十七年另案各工共用銀一百零八百二十八兩七錢八分一釐四毫，計少用銀五十四萬零十四兩三錢五分一釐八毫；比較道光二十六年另案各工共用銀九十二萬九千一百五十六兩七錢七分三釐六毫，計少用銀四十六萬八千三百四十二兩三錢四分四釐。

常鎮道屬：道光二十九年分另案各工共用銀八萬六千零九十九兩一錢四分一釐。比較道光二十八年另案各工共用銀七萬一千六百一十八兩零六分八釐，計多用銀一萬四千四百八十一兩零七分三釐；比較道光二十七年另案各工共用銀八萬八千一百一十兩五錢五分四釐，計少用銀二千零十一兩四錢一分三釐；比較道光二十六年另案各工共用銀八萬六千二百八十六兩一錢二分，計少用銀一百八十六兩九錢七分九釐。

硃批：覽。

二六五　清查各員繳款已未完數目摺
（道光二十九年十二月初七日）

江南河道總督臣楊以增跪奏，爲查明南河清查各員繳款並奉部核減追賠銀兩，截至道光二十九年十一月止，分別在工離工、已完未完數目，循例恭摺具奏，仰祈聖鑒事。

竊查道光十四年十月工部議奏：各直省一切工程應完、核減、分賠、代賠等項銀兩請敕下各督撫等，嗣後將每年催交已完、未完各數目，年終彙奏一次。等因。奉旨：依議。欽此。咨行欽遵辦理，並經前河臣暨臣將截至二十八年各員繳款已完、未完各數，於上年十二月內恭摺具奏，造册咨部在案。

茲又屆年終奏報之期，據河庫道法良詳稱：道光元年、九年、十八年三次清查案內各員繳款及十五年起續查奉部核減分賠各案，共應繳銀二百四十三萬三千四百七十餘兩，內除已據各員完繳並奉豁免及已據報明無力完繳等項，共銀一百四十二萬四千八百五十餘兩，實應追繳銀一百萬八千六百二十餘兩。內自前奉具奏道光二十八年十一月截數後，今截至道光二十九年十一月止，各員完繳藩、河等庫共銀四千一百二十餘兩，實計仍有未完銀一百萬四千五百餘兩，內在工服官應由南河催追銀十二萬一千四百一十餘兩，已經離工應由各旗籍並外省催追銀八十八萬三千八十餘兩，除分案造册，另詳咨部外，相應循例詳請具奏。至上次詳蒙奏報：道光二十八年十一月止，各員繳款連續奉部減之項，共計未完銀九十九萬九千九百四十餘兩。今因九年清查以後陸續查部減等項案內廉俸坐扣未清項下應剔歸追繳銀八千六百八十餘兩，是以通計二十八年十一月止，實應追銀一百萬八千六百二十餘兩。再，查中河廳桃源汛道光二十五年堵築盛家河頭缺口工程分賠案內，該汛員弁應賠二成銀九千二十餘兩，內在工服官應由南河催追銀六千七百六十餘兩，已經離工應由外省催追銀二千二百五十餘兩，合併附請奏報。等情到臣。

覆核無異，除飭該道會同管河各道另造細冊，詳送咨部查核，並分別咨行催追外，所有截至道光二十九年十一月止追繳各款已完未完數目，謹循例恭摺具陳，伏乞皇上聖鑒。謹奏。

十二月初七日

道光二十九年十二月二十一日奉御批：該部知道。欽此。

二六六　比較清單因駐工遲延片

（道光二十九年十二月初七日）

再，上年山盱廳越堵義河用銀十八萬七千四十餘兩，遵照章程不能不統列比較。惟既非常年所有之工，亦非本年所用之項。本年水大工多，除此案外，比上年實少用銀十五萬八千七百餘兩。至此案清單因臣駐於運口，趕辦空運事務，是以奏報稍稽。

合併陳明，伏乞聖鑒。謹奏。

道光二十九年十二月二十一日奉御批：覽。欽此。

二六七　奏報本年回空軍船全行抵境
日期並自請交部議處片

（道光二十九年十二月□日）

再，本年回空軍船截至十一月十五日運行抵境。臣楊以增先放頭、二兩塘，恐未經渡黃各幫凍阻河北，擬將先渡船只屯於太平汪，趕將尾幫趲渡。經欽差侍郎臣福濟到浦會勘，始行定議，於十二月初五日埽①數渡黃，恭摺奏報在案。隨即查照舊章，挷板套塘，陸續放出清江閘一千餘船。節據揚州、鎮江等府報有出江入口數目，現將江廣各幫儘先提放，其浙江尾幫亦即接續趲出，統於年內蕆事。臣陸建瀛派委員弁沿途嚴催歸次，受兌新漕。以歷年各省漕船開行日期計算，尚不致誤。惟回空蕆杪始完，究屬辦理遲延。臣等實難辭咎，相應請旨將臣陸建瀛、臣楊以增交部嚴加議處。

　　謹合詞附片具奏，伏乞皇上聖鑒。謹奏。

　　道光二十九年十二月二十六日奉御批：欽此。

二六八　仰懇節哀摺

（道光二十九年十二月二十六日）

　　江南河道總督臣楊以增跪奏，爲仰懇聖懷節哀事。

　　竊臣於本年十二月二十五日接准禮部咨行，欽奉上諭，驚悉大行皇太后仙馭陟遐。臣跪誦之下，伏地搶呼，莫知所措。欽惟皇上至仁大孝，率土同瞻，當此微音遽渺，慈愛永違，舜慕之誠，迥非尋常所能比擬。惟念聖壽已近古稀，萬幾尤爲至重。伏望聖躬勉節哀思，上安聖母在天之靈，下慰臣民瞻依之望，臣不勝迫切悚惶之至。

　　所有微臣籲禱下忱，謹繕摺瀝陳，伏乞皇上聖鑒。謹奏。

　　道光二十九年十二月二十六日拜進

---

　　① "埽"字或誤，或當作"掃"。

道光三十年（1850）

二六九　仰懇聖懷節哀摺
（道光三十年正月二十九日）

　　江南河道總督臣楊以增跪奏，爲仰慰聖懷節哀事。

　　竊臣於本年正月二十九日接准禮部咨行，驚悉大行皇帝龍御上賓。臣跪誦之下，伏地搶呼，莫知所措。欽維皇上至仁大孝，出於性成，感慟烏能遽已。惟大行皇帝聖祚文武，率土同欽，壽屆古稀，澤周庶類。萬機之重付託聖躬。伏希順變節哀，上安先帝在天之靈，下慰薄海①瞻依之望。臣山東下士，自釋褐洊任封圻，受恩深重，未報涓埃，急思叩謁梓宮，稍伸悲悃。緣奉上諭停止，不敢瀆陳。

　　所有微臣籲禱下情，謹繕摺具奏，伏乞皇上聖鑒。謹奏。

正月二十九日

道光三十年二月初十日奉硃批：知道了。欽此。

二七〇　循例請撥南河大汛工需搶修銀兩摺
（道光三十年正月三十日）

　　江南河道總督臣楊以增跪奏，爲循例請撥大汛工需銀兩，仰懇聖恩俯准飭撥，以資修防事。

　　竊查南河歲搶修工程每歲於年前奏請撥發歲料銀一百二十萬兩，並每年各省例解之項除給發官兵俸餉及額支各款外，餘存銀兩統爲歲搶修額定工程之用。其大汛河溜提移、搶鑲新埽及啟閉閘壩、隨時相機挑築等工，向歸另案辦理，例於春間奏請撥銀一百五十萬兩，以備大汛修防之用，歷經循辦在案。本年歲料銀兩業已動用無存，現值春汛，所有豫備重運經由各河道堤埽閘壩啟閉挑築等工，必當隨時相機辦理，以利運

_____

①　薄海：本指接近海邊，泛指海內廣大地區。

行。轉瞬大汛經臨，搶辦工程尤須錢糧先期解到，以資應用。前據河庫、徐州、淮揚、①海、常鎮各道會詳請撥前來。臣查此項銀兩爲大汛修防所必需，且各省撥款解工動輒數月。黃河汛漲遲早難定，本年節氣較早，尤宜先事預籌，俾免貽誤。謹循例照數奏請，合無仰懇皇上天恩俯念河工緊要，敕下部臣於就近藩、關各庫撥銀一百五十萬兩，迅速解交河庫。臣仍當督同各道實力稽查，撙節動用，不任稍滋靡費。如有餘存，另行造册報部。

所有循例請撥大汛工需緣由，謹會同兩江督臣陸建瀛合詞恭摺具奏，伏乞皇上聖鑒。謹奏。

正月三十日

道光三十年二月初十日奉御批：戶部速議具奏。欽此。

二七一　去冬今春黃河凌汛安瀾情形片

（道光三十年正月□日）

再，臣前將防守凌汛情形附陳在案。查上冬氣候不甚寒冷，大河偶見淌凌，埽前均掛擋凌椿把，冰塊順流東下。自立春以後，氣更融和，據各該道廳禀報工程一律平穩。北岸中河廳楊莊頭壩前於空運軍船渡竣後，因黃水加長，誠恐內灌，當飭該廳堵閉。嗣將雙金閘鉗口壩啟通，提進船營，騰空左運船隻，昨已相機啟放楊莊頭壩出船，前赴右營運柴。隨仍堵閉澆做，以禦黃水內漾。至邳宿運河經東省山泉漲發，挾沙噴註，間有受淤，尚不甚重，毋庸估挑，衹須照近年章程擇要撈浚，並築做束挑壩七十二道，並於河飱閘下築做鉗口壩一道，以資攻刷而備重運。各廳前五分數歲料年前均已到工，先飭該管各道並委來工學習之京員路慎莊、曹炯分往查驗。俟全數到工，臣即親往挨查，並順道勘估春修各工，並預籌防守各要務，均容隨事隨時核實辦理，不敢稍有疏懈。

所有凌汛安瀾各緣由，理合附片陳明，仰祈聖鑒。謹奏。

道光三十年二月初十日奉御批：依議妥辦。欽此。

---

① "淮揚"後，似脫"淮"字。

二七二　請留各員承辦工程片

（道光三十年二月□日）

臣陸建瀛、臣楊以增跪奏。

再，淮揚道查文經奉旨：著照部議革職。等因。欽此。除飭令交卸，另行委員接署外，查該革員查文經尚有賠挑引河工程及經手勘估王營減壩、補築高寶一帶運河西堤各工，均系臣陸建瀛會同戶部侍郎臣福濟勘議奏明後，責成查文經承辦。現在尚未完竣，未便任其以革職交卸，置身事外。臣等仍飭查文經隨同現署淮揚道胡調元妥速趕辦，俟事竣後另行具奏，以杜諉卸。

謹附片陳明，伏乞皇上聖鑒。謹奏。

道光三十年二月二十六日奉御批：知道了。欽此。

二七三　降職留任謝恩摺

（道光三十年二月十七日）

江南河道總督臣楊以增跪奏，爲恭謝天恩事。

竊准督臣咨：正月二十二日內閣奉上諭：上年南河吳城七堡啟閉不能如式，以致河湖受淤，軍船回空遲滯，當將河督楊以增等交部嚴加議處。嗣據該部分別議以降調，仍令福濟等將是否不誤歸次情形詳察覆奏。茲據奏稱，回空軍船現均陸續歸次受兌，比較嘉慶十四、五年，新漕尚可趕辦。並將各河挑挖深通，俾清水易於攻刷。楊以增著仍加恩改爲降四級留任，不准抵銷。等因。欽此。轉咨到臣。

伏念臣上年於吳城七堡啟閉不能如式，以致回空遲滯，仰沐聖恩，僅摘頂戴。臣與督臣自請嚴議，復荷隆施逾格，改爲降留。感激悚惶，莫能言喻。當即恭設香案，望闕叩頭謝恩。查洪澤湖內張福口引河、太平引河甚爲通暢，運河水勢激蕩，日刷日深，現量水深丈餘及六七八尺不等。至前奏明新挑天然引河並歲挑之塘河、太平河均已開工，勒限三月初旬一律全完，於重運漕船斷不致誤。臣惟有督率文武悉心講求，妥爲經理，務期漕運順利，力保安瀾，以上答高厚鴻慈於萬一。

除將應辦各工隨時與督臣會商另奏外，所有感悚下忱，謹繕摺恭謝天恩，伏乞皇上聖鑒。謹奏。

二月十七日

道光三十年二月二十八日奉御批：知道了。欽此。

二七四　籌備重運循案挑築各工及河湖水勢情形摺

（道光三十年二月二十九日）

兩江總督臣陸建瀛、南河總督臣楊以增跪奏，爲籌備重運循案挑築各工及河湖水勢情形，恭摺奏祈聖鑒事。

竊照江境南北運河上自山東交界起，下至瓜州①江口止，綿亘六七百里，水勢長落靡常，全賴閘壩堤埽節宣鉗蓄，疏築並施，庶可運行無滯。本年重運漕船不日次第北來，亟應按照舊章妥爲籌備。查裏河廳屬運口汛爲洪澤湖水入運門户，頭南壩、外蓋壩、頭二三四壩並上下雁翅、惠濟越閘上鉗口壩、閘下束水壩、張王廟前托水壩、福興正閘上下鉗口束水壩、迤下河尾蔣壩均有溜刷蟄矮之處，應即趕緊加廂。外南廳屬塘河及太平河本□歲挑之工，因空運節次灌放，黃水挾沙內匯，受淤較厚，現在督工興挑，克日完竣。又臨清鉗口壩、禦黃二壩、舊草閘內挑壩並該閘金門由身上下迎水分水雁翅及閘外挑束壩、臨黃護埽間有蟄塌腐朽，均應鑲修。其外北廳屬浦家莊爲重運進口要道，循舊於東西兩岸鑲做托清、蓋黃等壩埽，俾資束刷。中河廳屬楊莊二三壩上年大汛折展，亦應照舊接築收束。以上各工均飭各道廳撙節速辦，以濟漕運，不任片刻遲延。

----

① "州"字或誤，似當作"洲"。

入春以來，黃水見長五寸，外南順黃壩誌椿存水三丈七尺，各工平穩。洪澤洪①共長水六寸，誌椿現存水一丈七尺六寸。堰盱二廳石工冬春之交屢遇西風，間有蟄塌段落。已飭隨時查明新舊，分別賠修，發銀補砌，務期一律鞏固。

所有籌備重運循案挑築各工及河湖水勢情形，謹合詞恭摺具奏，伏乞皇上聖鑒。謹奏。

二月二十九日

道光三十年三月十二日奉御批：依議妥辦。欽此。

二七五　請交部查議片
（道光三十年三月□日）

再，臣前奏上年安瀾出力各員內鹽城縣縣丞胡廷瑞誤寫胡承瑞，相應附摺聲明，仰祈皇上勅部更正。臣未能當時確核，致有訛誤，實屬疏忽，應請旨將臣交部查議，伏乞聖鑒。謹奏。

道光三十年三月二十七日奉御批：欽此。

二七六　桃汛安瀾並河湖水勢及各工情形摺
（道光三十年三月□日）

江南河道總督臣楊以增跪奏，爲恭報桃汛安瀾並河湖水勢工程情形，恭摺仰祈聖鑒事。

竊照河工向以清明後二十日爲桃汛長水之期。本年二月二十三日節交清明，經臣先期通飭道將廳營妥慎籌防。截至三月十三日止，計桃汛期內以三月初三日爲黃河水長最大之日，外南廳順黃壩誌椿存水三丈七尺八寸。茲桃汛已過，據各廳稟報工程一律平穩。

---

① “洪”字或誤，似當作“湖”。

洪①湖水勢因天氣亢旱，陸續見消四寸，高堰誌椿現存一丈七尺二寸。各道引河深通，滔滔外注，足資濟運。外南塘河挑工現正將次全竣，其稀淤較甚段落飭令設法趕挑，限日蕆事，不任稍有延誤。淮揚運河日見刷深，至淺處均有七八尺，新漕頭船上進浮送裕如。揚河、江運兩廳境內西堤補加土石工程刻已興工趕辦，經督臣專派徐州府知府李正鼎駐工督催，以免率延。其江運廳之甘泉汛東岸堤工及普賢墩越河等處縴堤經上年大汛漲水汕刷，多有殘塌，亟應幫加。又該境臨運磚石工上年盛漲時風掣塌卸，連海漫腰洞除新工照例賠修外，計應修舊工長三百三十六丈八尺，自一層至十四層不等。據常鎮道分別造冊具稟，核系應加工程，即經批飭趕辦，克日完竣，以利運行而資保衛。至各廳歲料爲一歲修防根本，最關緊要，均已報驗到工，亟應親往挨查。刻距糧船灌塘尚需時日，臣即乘此先赴徐州挨廳查驗，並覆估春工。一俟查畢，另行具奏。

所有桃汛安瀾並河湖水勢工程情形，理合會同兩江總督臣陸建瀛恭摺具奏，伏乞皇上聖鑒。謹奏。

三月□日②

道光三十年三月二十七日奉御批：知道了。欽此。

二七七　增修各工請次第辦理摺
（道光三十年三月二十二日）

兩江總督臣陸建瀛、江南河道總督臣楊以增跪奏，爲通籌河湖大局案內會擬增修各工，酌請次第辦理，恭摺奏祈聖鑒事。

竊臣陸建瀛於上年十二月遵旨會同户部侍郎臣福濟勘議南河大局情形，擬請增修各工皆關緊要，統計所需爲數甚巨，若同時並舉，錢糧斷難湊手。因思挑挖天然引河一條所以暢湖流而濟漕運，尤爲要中之要。當經定議後督飭道廳首先勘估，實需銀十六萬七千九十餘兩，克日興

---

① “洪”字或誤，似當作“河”。

② 此處日期，錄副本原缺。

挑，現已如式完竣。又補築淮揚運河西堤一條，堵禦洪湖減泄之水塘，抵風浪使之循序入江，保固東堤以衛下河民田，亦屬刻不可緩之工。先已估定需銀二十三萬五千六百餘兩，現在接續興辦，勒限四月初旬報竣，均可不致遲誤。惟添塘避閘一條，本爲避險速漕而設，經前漕臣周天爵、程矞采①曾經咨商議辦。又王營減壩一條，則系預籌減泄黄漲，由御史馬沅奏奉御旨飭議，均已估有銀數，而款項無出。前此奏明截提之淮關銀十二萬兩、龍江關②銀四萬五千兩、揚關銀二萬兩，又由臣陸建瀛查明借撥之淮北票鹽局屬各項下銀四萬兩，以之支發天然引河、淮揚西堤兩處工程之用，尚多不敷。現在籌辦捐輸甫經開局，能否踴躍，殊不可知。重運漕船刻將踵至，江湖水勢又漸發生，急切施功，亦多窒礙。勢不能不稍分緩急，俾款項得以陸續措籌辦理，可期核實。所有添塘避閘，應請緩至秋後再行籌辦。其王營減壩據該道廳議請添建滾壩，工費雖尚不多，而續估下游受減之鹽河亘長二百餘里，修補兩岸長堤經費實屬不貲。擬俟重運過竣後，再由臣等會同覆勘，酌量情形，另行奏明辦理。至海口傚築封頭草閘以資攻刷淤河一條，需費無多，已飭隨時酌辦。

　　臣等爲經費一時不能湊手起見，謹將先行擇要興辦緣由恭摺具奏，伏乞皇上聖鑒。謹奏。

三月二十二日

道光三十年四月初四日奉御批：欽此。

---

① 程矞采（1783—1858）：字藹初，號晴峰，江西新建縣人。嘉慶十六年（1811）進士，散館授編修，任禮部儀祭司主事，軍機處行走，陞京畿道、江南道監察御史、户部給事中。道光七年（1827）出任甘肅蘭州道，後任甘肅按察使，調廣東按察使，升廣西布政使，改調浙江布政使。十八年（1838）調江蘇布政使，代理江蘇巡撫。二十一年（1841）代理兩江總督，後任江蘇巡撫，改山東巡撫，調廣東巡撫。二十五年（1845）任漕運總督，代理江蘇巡撫，調任雲南巡撫。二十七年（1847）代理雲貴總督，二十九年（1849）實授雲貴總督，三十年（1850）調任湖廣總督。咸豐元年（1851）因赴湖南防堵太平軍不力，革職留任。咸豐八年（1858）去世。

② 龍江關：明代在南京龍江置的船舶稅徵稅機構，清代沿用，又稱下關。

二七八　查驗歲料及勘辦春修工程摺

（道光三十年四月初八日）

江南河道總督臣楊以增跪奏，爲查驗歲料及勘辦春修工程情形，恭摺具陳，仰祈聖鑒事。

竊照歲料爲河工修防根本，經臣於上年霜降後查照舊章，分別工程平險，約計春修需料多寡，酌定本年應購料數分別發辦，催令各廳依限堅實堆垜，並出示嚴禁各弊，有犯必懲。逮①初限內據報到前五分數貯工，當經劄委在工學習之工科給事中路愼莊、內閣中書曹炯分往查驗。旋據查畢回淮，開具料摺面稟，均尚足數如式。惟運河廳沈樹基所辦前五分數料雖購到，尚未全數成堆，且料質不甚堅實。當將該管廳記過，嚴飭署徐州道張道進督令揀選堅實秸料照數補足。嗣據各廳稟報後五分數料一律堆齊，復飭各該道確查無浮。臣於三月中旬將應備重運挑築各務②料理放心，即由北岸先赴徐州，上自豐北渡黃挨查而下，回至外南。查勘塘河挑工已竣，惟界牆腮土尚未啟盡，當令署淮揚道胡調元專駐催辦。臣復由南岸前赴海口直至工尾渡黃而上，現已旋抵清江。計黃河十五廳，裏河、運河、中河三廳均已周歷，除蕭南廳向不預發歲料外，其餘各廳歲料按冊查點，均系如數堆足。量驗高寬長丈，悉與定式相符，運河廳料堆亦俱照數補齊。臣每至一廳，除點數查量外，均挨工抽拆數垜，尚無虛松夾雜之弊。其雜料土石等項抽查亦符發數，各廳春估埽工經各道造冊請勘，臣逐加覆估，凡情形稍輕者均行剔減，餘俱飭令趕廂，以禦汛水。

黃河溜勢趨向如常，間有提移刷灘之處，均飭小心防守。海口歸墟之勢亦俱暢順。近時黃水消長相乘，外南順黃壩誌樁現存三丈六尺五寸，通工一律平穩。惟上年大汛，黃水積漲日久，普律漫灘，上下各廳無不吃重。而外南北山海以下因添中運河漲水匯注，尤形浩瀚，竟有堤身入水一二尺之處，僅賴子堰攔禦。兩岸埽工紛紛蟄塌，雖隨時搶廂，幸獲

---

① "逮"，楊紹和抄本作"迨"。
② "務"，楊紹和抄本作"工"。

平定，但系擇險搶辦，不能遍及。而灘水歸槽後，水去沙停，堤工愈形卑矮。現俟督臣來浦，會同熟籌，撙節估加，庶資防守。至外南塘河界壩餘土俱已啟盡，臣逐段量驗，與原估尺寸均屬相符。重運軍船首幫現已提上清江閘，仍在提催後船，俟集有成數，即行灌塘放渡。臣擬放過頭塘，再赴揚河、江運兩廳查勘工料，並督催西堤碎石工程，不任稍延。洪澤湖內新挑之天然引河於驗收如式後即經啟放，暢達下注運河，水勢充盈，且因江潮甚小，流行迅速①，更可刷滌河身。淮揚、徐海一帶屢沛甘霖，臣往來工次，竊見二麥青蔥，民情歡忭，洵堪仰慰聖懷。

所有查驗歲料及勘辦春修工程各情形，理合繕摺具奏，伏乞皇上聖鑒。謹奏。

四月初八日

道光三十年四月十八日奉御批：知道了。欽此。

二七九　遵旨回奏摺
（道光三十年四月初八日）

江南河道總督臣楊以增跪奏，為遵旨明白回奏，仰祈聖鑒事。

竊臣自各廳查勘工料旋署，准督臣咨會轉准軍機大臣字寄：奉上諭：南河外南同知婁晉先經楊殿邦奏參該員辦理灌塘事宜甚為草率，奉旨暫行革②職。旋據福濟、陸建瀛會同楊殿邦、楊以增以塘河挑工及灌塘事宜均非婁晉經手，即經加恩開復。嗣又據楊殿邦奏稱：福濟等將婁晉聲請開復，系屬歧誤，請將婁晉嚴加議處。當令福濟據實覆奏，據稱前請開復系查照舊章，會同督臣、漕臣、河臣商辦，未敢歧誤，是以仍准開復。茲有人奏大臣舉劾不應各執意見，朕思該督等同在工次，自必同有見聞，楊殿邦等先嚴參而後請開復，福濟所稱循照舊章，是否確有例案。楊殿邦既已會請開復於前，何又獨請嚴議於後？種種意見紛歧，殊不可解。著陸建瀛、楊殿邦、楊以增按照此事前後情節，即將辦理歧

---

① "速"字，楊紹和抄本作"激"。
② "革"字，楊紹和抄本作"草"，應誤。

異之故據實明白回奏，毋稍回護。欽此。

　　臣跪誦之下，悚惕難名。伏查南河上年六月間黃流異漲，各廳紛紛搶險，而外南之吳城七堡爲尤甚。乃擇兩害從輕之計，七堡以上有①泄清舊壩藉以泄黃，各險工始臻穩固②。因急籌堵築，當即剳調海阜同知婁晉來工守護，俟有新料，再作壩工。維時江廣重運糧船尚停滯塘河之內，仍令外南同知王湘、守備施長鑣一手經理。迨重運全行灌放，臣即會同督臣將王湘、施長鑣奏請撤任，摘去頂戴，留工效力。會委婁晉署理外南同知，調豐北營守備張上署理外南守備。據淮揚道查文經稟委張上佰辦塘河太平堰各工，派令婁晉堵築泄黃缺口並委掌壩。八月二十日興工，十月二十日合龍，接辦善後。十一月初十日漕臣楊殿邦自北旋淮，十四日有漕弁持咨文至臣工寓，知漕臣特參淮揚道查文經、署外南同知婁晉貽誤漕運，會臣後銜，已於十二日由驛具奏。旋奉嚴旨：交戶部右侍郎臣福濟、督臣陸建瀛查辦，並會同漕臣與臣催償回空。本年正月十五日回空掃數渡竣，臣福濟、臣陸建瀛向臣商酌淮揚道查文經應歸另案嚴議，署淮③南同知婁晉應請開復，署淮④南守備張上佰挑太平堰未能合式，復堵太平汪不力，應請革職枷號，參將遊擊附參。其在清江與漕臣如何會議，臣居工次，未得與聞。十八日臣福濟、臣陸建瀛會臣同勘天然引河，告知昨與漕臣會商，悉如前議，摺已拜發，惟擬保催償回空出力各員一節，漕臣不以爲然，是以中止等語。是乃此事之前後情節也。臣不敢欺飾，不敢回護，據實直陳。

　　所有遵旨明白覆奏緣由，伏乞皇上聖鑒訓示。謹奏。

　　道光三十年四月初八日

　　道光三十年四月十八日奉御批：欽此。⑤

---

　　①　“七堡以上有”，楊紹和抄本作“於七堡進上”。

　　②　“穩固”二字，楊紹和抄本作“穩定”。

　　③　“淮”字，楊紹和抄本作“外”當從楊本。

　　④　同上。

　　⑤　楊紹和抄本“欽此”後有：“同日奉道光三十年四月十八日內閣奉上諭：‘前因南河署外南同知婁晉開復處分，楊殿邦又請將該員議處。事涉兩歧，先後飭令福濟、陸建瀛、楊殿邦、楊以增據實明白回奏。茲據各該員奏齊，詳加披閱，福濟、陸建瀛、楊以增所奏皆同，惟楊殿邦一人拘執，諉咎福濟、陸建瀛於附片專奏拜發後，始另文鈔稿，移知該大臣等。於辦理河漕交涉事件宜如何和衷商確，詳慎具奏，乃意見不合，致令公事參差，是楊殿邦之拘執，自是以己忘公。不能與福濟、陸建瀛、楊以增和衷共濟，已可概見。不勝漕督之任，即將伊撤任，未爲不可。姑從寬將楊殿邦交部議處，與其自新，以觀後效。至福濟、陸建瀛、楊以增未能與楊殿邦商酌妥協，亦有不合，著一併交部分別議處。至婁晉處分已據福濟、陸建瀛等奏請開復，應毋庸再議。該部知道。’欽此。”

二八〇 揀員陞署河廳摺①

（道光三十年四月十五日）

奏爲揀員陞署河廳要缺，恭摺仰祈聖鑒事。

竊照徐州府蕭碭南岸河務同知李萬傑前經臣等奏准調補揚州府江運同知，接准部覆應歸本年正月分截缺，應即遴員請補。查蕭南同知一缺上與豫省接壤，爲江南黃河入境之首廳，汛遠堤長，要工林立，非諳練老成之員不足治理。臣等於現任、候補各同知中逐加揀選，非現居要缺，即人地未宜。惟查有揚州府高郵州知州范鳳諧，現年六十七歲，江西舉人，大挑知縣，分發南河。嘉慶二十二年到工，借補海州直隸州州同，歷署清河、宿遷、邳州各州縣，調補山陽縣知縣。丁憂服滿補陽湖縣知縣，調署震澤、南匯、寶山各縣知縣，道光二十四年陞補今職。二十五年防汛出力，保奏奉旨：以河工同知陞用。欽此。該員老成穩練，諳悉修防，久任沿河州縣，於河務情形閱歷最深。以之陞署蕭南同知，實堪勝任，與例亦符。相應恭摺奏請，合無仰懇天恩，准以范鳳諧陞署徐州府蕭碭南岸河務同知，洵於修防有裨。如蒙俞准，俟署事一年期滿，經歷三汛，查看果能勝任，再行保題實授，恭候欽定。至該員並無應賠銀兩，其州縣任內一切因公處分例免核計，罰俸銀兩飭令完繳，咨部核銷，合併陳明。

謹會同江蘇巡撫臣傅繩勳合詞恭摺具奏，伏乞皇上聖鑒訓示。謹奏。

道光三十年四月十五日拜進

五月十二日奉御批：另有旨。欽此。同日奉道光三十年四月二十七日內閣奉上諭：陸建瀛、楊以增奏揀員升署河廳要缺一摺。著照所請，江南徐州府蕭碭南岸河務同知員缺准其以范鳳諧陞署。仍俟經歷三汛，查看果能勝任，再請實授，該部知道。欽此。

---

① 見楊紹和抄本卷十二，魯圖藏，並於標題後注明："會江督陸建瀛前銜"。

二八一 請開復廳弁片[①]
（道光三十年四月十五日）

再，署揚河廳河工同知沈文藻、揚河營守備闞興邦因上年六月二十二日啟放車邏壩之後並未具報工程危迫，輒於二十三日續將中壩開放，經臣等奏奉諭旨，將該廳營摘頂，責令賠堵，並加意防護要工在案。茲查五里中壩久已賠堵如式完竣，防護要工亦無貽誤。可否仰祈皇上天恩，准將沈文藻、闞興邦賞還頂戴之處出自鴻慈。理合附片陳請，伏乞聖鑒訓示。謹奏。

道光三十年四月十五日附進

五月十二日奉到硃批：另有旨。欽此。同日奉道光三十年四月二十七日內閣奉上諭：陸建瀛、楊以增奏請開復廳營官弁等語。署揚河廳河工同知沈文藻、揚河營守備闞興邦賠堵中壩工程如式完竣，並防護要工無誤，所有前參摘去頂戴之處，均著加恩開復，該部知道。欽此。

二八二 重運漕船灌放頭塘摺
（道光三十年四月二十八日）

漕運總督臣楊殿邦、江南河道總督臣楊以增跪奏，為灌放重運第一塘軍船渡黃日期，恭摺循例由驛具報[②]，仰祈聖鑒事。

竊照本年重運軍船催提盤驗情形經臣楊殿邦具奏在案，臣楊以增督飭該管道廳將籌備利運挑築各工分投辦竣，查驗如式，催令軍船挽上各閘壩。先將臨清堰啟放，試進清水，河底一律相平，水勢充足，提船入塘停泊。隨將中河雙金閘鉗口壩堵閉，跟澆土餞。一面咨會東河照例鋪

---

① 見楊紹和抄本卷十二，魯圖藏。此片楊紹和抄本於標題後註明"會兩江總督陸建瀛前銜"。
② "具報"二字，楊紹和抄本作"奏聞"。

水，並飭江境運河廳啟放柳園頭閘等處，導引駱馬湖水入河濟運。中河陸續加長，察看楊莊清高於黃，即將頭壩啟放。臣等於四月二十八日會駐河口①，督率道將廳營等堵閉臨清堰，啟放臨黃堰，將首進淮安二幫起，至常②白糧幫止，連所由洪澤湖引河進束清壩入塘之宿州頭幫船十八隻，共十九幫，計舡三百八十一隻，並雲南委員宋淇、貴州委員陸用康等兩起銅鉛船共二十一隻，循序放渡，挽入中河楊莊頭壩，飭令淮海道桂文耀、署徐州道張道進督催北上。臣等仍分派員弁催提後船，速爲抵壩，以便接灌二塘，不任遲緩。

所有灌放重運第一塘軍船渡黃日期，謹會同兩江總督臣陸建瀛恭摺循例由驛具奏，伏乞皇上聖鑒。謹奏。

四月二十八日

道光三十年五月初八日③奉硃批：知道了。欽此。

二八三　瀝陳河庫銀款無可劃撥摺

（道光三十年五月二十日）

江南河道總督臣楊以增跪奏，爲河庫銀款無可劃扣抵撥，據實瀝陳，恭摺奏祈聖鑒事。

竊照臣接准戶部咨開：議覆鴻臚寺少卿④劉良駒條陳用人理財一摺。道光三十年四月初三日具奏，本日奉上諭：前任鴻臚寺少卿劉良駒條陳南河工用請飭核實辦理一摺，當交該部悉心妥議具奏。茲據戶部、工部奏稱：南河工用奏准每歲動用以三百萬兩爲率，此外不准絲毫濫支，並將用剩銀數報部聲明作何扣抵。該河督自當實力奉行，經久不渝。乃於餘銀抵款一節，輒以河庫應收之款拖欠⑤甚多，動用之外並無餘剩，籠

---

① “河口”二字，楊紹和抄本作“河工”。

② “常”字後，或脱“州”字。

③ 此摺奉硃批日期，楊紹和抄本作“五月十五日”。

④ 鴻臚寺少卿：鴻臚寺之副主官。清代鴻臚寺少卿，滿、漢各一人，秩從五品，主要職責爲輔佐鴻臚寺卿辦理朝會、宴饗等禮儀。

⑤ “欠”字，楊紹和抄本作“久”，或誤。

統奏報，殊與成案不符。著該河督核實報銷，如有餘剩，明晰咨部，聽候撥用。並著該部隨時查核，不得任其支飾牽混。欽此。欽遵。等因。

臣查二十九年給事中劉良駒條議河庫收款約有三百四五十萬兩，今每年既以三百萬兩爲率，其贏餘銀兩可以劃扣抵作撥款，由戶部咨臣查辦。當經臣查明河庫例雖收銀三百四五十萬兩①，而應解之款拖欠甚多，每年動用工程外，尚有應支各項銀兩，即將委無餘剩之處，於二十九年詳細分咨戶、工二部，並於奏報查明河庫例撥、額收等銀，核無餘剩摺內據實奏明。經工部議以嗣後如有餘剩，仍令咨部候撥。在案。臣於核實奏報均未敢含混遲延。今又准部咨查。伏查前兼署河臣李星沅於二十八年報銷案內奏稱：南河二十三廳約略計之，每年尋常例用當以三百萬兩爲率等語，本系約略之詞，故刪汰從嚴，除山海土工十五萬、堵閉義河十八萬七千餘兩皆非尋常例用外，仍准銷銀三百四十六萬兩零，比較二十七年少用銀六十萬兩，比較二十六年少用銀一百十八萬餘兩，已②爲最少之數。據工部咨覆：本年南河各工③需用銀數較之歷年少至數十萬兩，洵爲撙節。

爾時臣甫經到任，不敢謂三百萬必不能敷，奏明俟霜節④時方能定數，意在水平工穩，或可不出三百萬之範圍。如無⑤二十九年河湖並漲，奇險迭生，黃河來源萬錦灘及沁、洛各河共報長水四十次，實爲歷年所未有。湖水誌椿亦積至二丈一尺有奇，黃運各工竟無一處不險，即無一處不多費錢糧。且搶險之工但求苟安，不暇計及省費。統計上年所用較二十八年尚省銀十六萬二千餘兩，然已不能不出三百萬之範圍。旋准工部咨令分⑥籌閑款，暫將不敷銀兩撙節支應，日後分扣⑦還款。是三百萬兩之限已不能拘。若云先扣贏餘，留抵次年正款，而通盤酬算尚不足用，並無贏餘。蓋南河歲撥二百七十萬兩及各省⑧額解並河庫扣存蕩柴作價，除去額支、官俸、養廉、公費、部飯、幸工、

---

① 楊紹和抄本作“四十五萬兩”。

② “已”，楊紹和抄本作“以”。

③ 錄副本無“工”字，據楊紹和抄本校補。

④ “霜節”二字，楊紹和抄本作“霜降”。

⑤ “如無”二字，楊紹和抄本作“無如”，應從楊本。

⑥ 楊紹和抄本無“分”字。

⑦ “扣”字，楊紹和抄本作“別”，或誤。

⑧ “省”字，楊紹和抄本作“項”。

兵餉、役食以及葦營餉米、刀本、水腳、溝路等項，每年扣實銀不過三百二十萬兩內外。而各省額解多寡無常，殊難預扣。況解額拖欠，其零星者不計，如兩淮舊欠五十四萬餘兩，江藩司積欠十餘萬兩，截長補短，祇可爲俸餉雜支之用，而於辦料辦公緩急難恃。至庫款出入，絲毫皆有案據，戶部不難按冊而稽。果有贏餘，亦斷不能支飾。臣惟有諸加整頓，將要工先行修補，庫款依次籌還。來年水勢漸平，工程漸減，三百萬兩之額或可不致逾違。如果積欠有餘，再照部臣前議咨明候撥。

　　所有現在不能劃扣之處，理合會同兩江總①督臣陸建瀛據實直陳，並將嘉慶十六年後最爲節省之前河臣黎世序任內起，至道光二十八年止，逐年工用銀數繕具清單，恭呈御覽。爲此恭摺具奏，伏乞皇上聖鑒訓示。謹奏。

五月二十日

道光三十年六月初一日②奉硃批：該部議奏，單併發。欽此。

二八四　嘉慶十七年至道光二十八年南河工用銀數清單

（道光三十年五月二十日）

　　謹將嘉慶十七年起至道光二十八年止南河工用銀數分年繕具清單，恭呈御覽。

　　嘉慶十七年黎世序任內，用銀一千零四十二萬餘兩（內有李家樓大工三百二十四萬餘兩）。

　　嘉慶十八年黎世序任內，用銀五百七十六萬餘兩。

　　嘉慶十九年黎世序任內，用銀四百三十萬兩零。

　　嘉慶二十年黎世序任內，用銀四百九十四萬餘兩。

　　嘉慶二十一年黎世序任內，用銀五百二十萬兩零。

① 楊紹和抄本無"總"字。

② 此摺及後一片二摺奉硃批日期，楊紹和抄本皆作"六月十二日"。

嘉慶二十二年黎世序任內，用銀三百七十二萬餘兩。

嘉慶二十三年黎世序任內，用銀四百零九萬餘兩。

嘉慶二十四年黎世序任內，用銀四百三十八萬餘兩。

嘉慶二十五年黎世序任內，用銀三百六十二萬餘兩（是年東河馬營壩工）。

道光元年黎世序任內，用銀三百九十四萬餘兩（是年東河儀工）。

道光二年黎世序任內，用銀四百萬兩零。

道光三年黎世序任內，用銀三百八十六萬餘兩。

道光四年張文浩任內，用銀三百五十三萬餘兩。

道光五年嚴烺任內，用銀五百九十六萬餘兩。

道光六年嚴烺、張井①、潘錫恩任內，用銀九百九十一萬餘兩（內有王營減壩大工銀四百四十萬兩零）。

道光七年張井、潘錫恩任內，用銀五百八十萬兩零。

道光八年張井、潘錫恩任內，用銀五百十三萬餘兩。

道光九年張井、潘錫恩任內，用銀三百七十六萬零。

道光十年張井任內，用銀三百八十六萬餘兩。

道光十一年張井任內，用銀四百七十萬兩零（內馬棚灣大工用銀八十四萬餘兩）。

道光十二年張井任內，用銀七百九十八萬餘兩（內有堰盱幫堤於工堵築用銀二百七十七萬餘兩）。

道光十三年張井任內，用銀四百四十萬兩零。

道光十四年麟慶②任內，用銀三百五十七萬餘兩。

---

①　張井（1776—1835）：字儀九，號芥航，陝西郿州人。嘉慶六年（1796）進士，以內閣中書用，改知縣，銓授廣東樂會。後特命改河南正陽，調祥符，遷許州直隸州知州。因襄辦馬營壩大工加知府銜，署汝寧知府。道光四年（1834）擢開歸陳許道，尋以三品頂戴署河東河道總督。五年（1825）實授河東河道總督，六年（1826）調江南河道總督，十五年（1835）卒。

②　麟慶（1791—1846）：字伯余，別字振祥，號見亭，滿洲鑲黃旗人。嘉慶十四年（1809）進士。授內閣中書，遷兵部主事，改中允。道光三年（1823）初為安徽徽州知府。調潁州，擢河南開歸陳許道，歷河南按察使、貴州布政使，護理巡撫。十三年（1833）擢湖北巡撫，尋授江南河道總督，後署兩江總督。二十一年（1841）河決祥符，黃水匯註洪澤湖，南河無事，詔嘉其化險為夷，予議敘。二十二年（1842）命籌淮、揚防務，以保運道。同年秋，河決桃北崔鎮汛，值漕船回空，改由中河灌塘，通行無誤，詔念防務及濟運勞，革職免罪。二十三年（1843）發東河中牟工效力，工竣，以四品京堂候補。尋予二等侍衛，充庫倫辦事大臣，乞病未行。病痊，仍改四品京堂。二十六年（1846）卒。

道光十五年麟慶任内，用銀四百十九萬餘兩。

道光十六年麟慶任内，用銀四百萬兩零。

道光十七年麟慶任内，用銀三百七十六萬餘兩。

道光十八年麟慶任内，用銀三百七十二萬餘兩。

道光十九年麟慶任内，用銀四百零一萬餘兩。

道光二十年麟慶任内，用銀四百零四萬餘兩。

道光二十一年麟慶任内，用銀四百零三萬餘兩（是年東河祥工）。

道光二十二年麟慶任内，用銀五百六十七萬餘兩（内有挑河壩用銀二百三十七萬餘兩）。

道光二十三年潘錫恩任内，用銀五百六十四萬餘兩（是年東河牟工）。

道光二十四年潘錫恩任内，用銀四百零五萬餘兩（是年東河牟工）。

道光二十五年潘錫恩任内，用銀五百六十六萬餘兩（内有培堤堵築盛工建閘拋石共用銀一百十二萬九千餘兩）。

道光二十六年潘錫恩任内，用銀四百六十四萬餘兩。

道光二十七年潘錫恩任内，用銀四百零六萬餘兩道光二十四年潘錫恩任内用銀四百零六萬餘兩（是年東河牟工）。

道光二十八年潘錫恩、李星沅任内，用銀三百四十六萬餘兩（此外尚有剔存山海土工銀十五萬兩，越堵義河銀十八萬七千餘兩）。

二八五　附陳上年報銷數目片

（道光三十年五月二十日）

再，河工省費總以水之大小工之多寡爲衡。上年水大工多，省之又省，已不能不出三百萬之範圍，如東河近日章程比較錢糧最少之年節省二十萬，即與部議相符。臣二十九年報銷之數較二十八年省銀十六萬二千餘兩，較二十七年省銀七十七萬餘兩，較二十六年省銀一百三十五萬餘兩，是比上年三屆已所省良多。然年來衆議沸騰，無非以三百萬之言爲口實。卷查二十八年三月内，前河臣潘錫恩因經費不敷，剗飭各道廳每年定以三百萬兩爲率，淮揚道屬准用一百三十萬兩，徐、海二道屬各准用八十萬兩，常鎮道屬准用十萬兩，皆不准逾違。及霜節報銷，實共用銀三百八十六萬餘兩。經兼署河臣李星沅嚴刪銀四十萬兩，仍准銷銀三百四十六萬餘兩。復以尋常例用當以三百萬爲率附片陳明，本系約略言之，並非確有三百萬之章程可以循照也。

臣由即用知縣，蒙宣宗成皇帝特達之知，洊陞陝西巡撫，擢督南河，具有天良，何忍不力圖節省？然①於向用四百萬內外者驟以三百萬爲限，其勢實有所不能。河工冒銷，其弊在於墊辦。臣上年力②除此弊，於墊辦未准分毫，其准銷者皆由道轉詳，臣復遞加核減，或查其工尚可緩，即停其估辦，不容稍有虛浮。此後殫竭血誠，省益求省，以期工歸實用，歲報安瀾，庶不負皇上厪念河工之至意。

謹附片瀝陳，伏乞聖鑒。謹奏。

五月二十日

道光三十年六月初一日奉硃批：覽。欽此。

二八六　請借撥銀兩以辦要工摺

（道光三十年五月二十日）

兩江總督臣陸建瀛、江南河道總督臣楊以增跪奏，爲河庫舊有不敷，懇恩撥借銀兩以辦要工，仍請分年扣還，恭摺仰祈聖鑒事。

竊照南河庫存截至道光二十七年止，本有不敷銀八十八萬餘兩，二十八年經前河臣潘錫恩奏准先行歸還銀五十萬兩，奉部撥入山海專案土工銀十一萬兩，又堵辦義河十八萬七千餘兩，亦系從五十萬內通融挪用。計臣楊以增是年臘月初八日抵任河庫，仍不敷銀五十餘萬兩。本擬逐加撙節，以後有之餘補前之不足，奈二十九年江河湖海泛漲非常，而黃水之大尤爲歷年所未有。檢查南河成案，每遇水大工多及有閏之年，往往添請銀五六十萬兩不等。是年正值閏月，水大又復異常，臣等因撥款維艱，未敢瀆請，惟河庫不敷之數日積日多。又數年來皆寅食卯糧，

---

① “然”，楊紹和抄本作“惟”。
② “力”，楊紹和抄本作“務”。

爲挪後掩前之計。今通盤核算，存銀甚少，領款甚多，而應辦工程又不能置之不估。上年黃流盛漲，匝月不消，以致兩岸堤工各廳埽段在在皆殘破不堪，廂埽培堤所用已比往年多費。而山盱各河壩及山海四廳堤工修葺尤刻不容緩。緣山盱廳所管之智壩、信壩、仁河、禮河爲分泄湖水之路，久逾保固例限，上年冲跌損壞，堵閉已大費周章，以後更難於啟放。若不趕緊修整，將來無處宣洩，關係匪輕。山海四廳長堤本較上游卑矮，前年專案估銀二十六萬兩，分作兩年帶辦，僅估修十分之五。上年復被冲刷，有水高堤頂一二尺者，急應加高培厚，庶免不虞。茲僅擇要補修，省之又省。以上二項專案，據該道等撙節估需，約銀五十萬兩，並前庫存不敷銀共在百萬兩內外。查前奉諭①旨：除例撥之外，絲毫不准再撥。欽遵在案。又前兼署河臣李星沅奏明，南河二十三廳約略計之，每年尋常例用當以三百萬爲率等語。

　臣等忝膺重寄，慎重錢糧，當此經費支絀之時，曷敢輕率奏請。顧庫存不敷銀兩並非臣等任內墊用，且在欽奉諭旨以前堤工、壩工應歸專案，亦不在尋常例用之中。連年錢糧節節預提給發，現在時交大汛，無項可支，若隱忍不言，致釀巨患，在臣等獲咎不足惜，其如國計民生何？上年奏銷准工部咨令另籌閑款，暫將不敷銀兩撙節支應，日後分扣還款。等因。當飭該司道查明實無閑款可籌。是河庫既舊有不敷，而專案急工又斷不可緩，萬不得已據實瀝陳。惟有仰懇聖恩，俯准除暫用上年減平銀兩外，敕部於就近藩關各庫借撥銀六十萬兩以濟要工。先由捐輸歸款，仍俟減平銀兩扣完後，在於例撥銀兩內酌分八年扣還。如此一轉移間，庶要工不致貽誤，而例額仍不逾違，感荷鴻慈，實無既極。

　謹合詞恭摺具奏，伏乞皇上聖鑒。謹奏。

　五月二十日

　道光三十年六月初一日奉硃批：該部議奏。欽此。

---

①　楊紹和抄本無“諭”字。

二八七　遵旨籌議覆奏摺

（道光三十年五月二十日）

　　兩江總督臣陸建瀛、江南河道總督臣楊以增跪奏，爲遵旨籌議覆奏事。

　　竊臣等接准部咨：本年三月二十八日奉上諭：御史吳若准①條陳河務一摺。著陸建瀛、楊以增體察情形，悉心籌議會奏，摺併發。等因。欽此。抄摺咨行前來。臣等查閱該御史原奏大意，因黃河淤墊日高，擬疏通運口，以復從前七分敵黃、三分入運舊制，並用挑壩、木龍蓄水擡高等語。伏查黃河源遠流長，挾沙下注，自乾隆、嘉慶年間江、豫兩省屢經旁溢，長河節受淤墊，始而清黃互有高下。逮至道光六年以後黃水長②高於清，閱今二十餘年，清黃不能交匯，是以重、空二運糧艘悉用灌塘放渡，安之已久。從前各督河諸臣何嘗不亟圖落低黃水，既使湖水暢出，藉資刷黃，更免高堰吃重，下河受災。一切疏河器具，如鐵篦子、翻泥車，並鎖船逼溜各法無不試行，迄無功效。蓋緣黃河氣勢太盛，其奔騰激蕩之性非人力所能強制也。至挑壩、木龍皆爲護崖之件，不過逼溜開行，免致生險，並非爲落低黃水之用。自嘉慶二十年後因木龍需費較大，一經澄淤，即致廢棄，遂改用碎石或柴土石壩，以護堤身，現在各廳多用此法。臣陸建瀛上年冬間會同戶部侍郎臣福濟履勘山海堤河情形，擬仿成法，於海口築做對壩逼溜，極力攻刷，以期逐漸深通，所費無多，已經臣楊以增節飭隨時酌辦。又該御史所稱，河口借黃灌運，淤淺處所一律挑深等語。查外南塘河系歲挑之工，本年春間大加挑浚，久已完工，洪湖各道引河亦均挑挖深通，重運正在灌塘，暢行無滯，節經奏報在案。現查高堰湖水蓄存一丈七尺五寸，已不爲小，而黃河水面仍高湖面三尺九寸。隨後大汛長水之際，更難望清高於黃。

　　① 吳若准：字子萊，號次平，清道光二十一年（1841）進士，授戶部河南司員外郎，歷任江南道監察御史、禮科給事中、內閣侍讀學士、江西學政、太僕寺卿。
　　② "長"，楊紹和抄本作"常"。

所有該御史奏請試行挑壩、木龍成法逼溜北趨，不難復交匯舊制，系屬懸揣之詞，應毋庸議。臣等惟有督率通工文武慎守堤岸，以防爲治，隨時相機妥辦，務期黃流順軌東趨，湖水節宣有制，俾得工固瀾安，上紓宸廑。謹遵旨籌議會奏，伏乞皇上聖鑒。謹奏。

五月二十日

道光三十年六月初一日①奉硃批：知道了。欽此。

二八八　用項報銷章程片②

（道光三十年五月□日）

再，臣等查南河用項款目繁多，而報銷章程祇分三項。凡各廳舊有之埽段，每年拆舊補新，隨時庵辦，所謂歲修也。其向來無工之處盛漲防險及禦黃、束清、楊莊等壩隨時折展收束，啟閉各閘壩以及運道挑淺，添築柴壩，拋砌磚石，皆爲另案工程，系常年應辦之事，隨時附摺奏明，所謂常年另案也。至若黃運堤岸每隔數年必有專案土工及創建拆修各閘壩、改挑河道、堵閉要工，均非常年所有之事，悉歸專摺奏請辦理，所謂專款另案也。兼署河臣李星沅所奏每年尋常例用當以三百萬爲率，正指歲修並常年另案而言。前經工部議奏，無論專款、常年統歸另案，在部臣自恐河工多立名目，影射報銷，不能不加以防範。惟南河如山盱廳之仁、義、禮、智、信各河壩，中河廳之鹽閘，運河廳之劉老澗一經修建，動輒數萬至數十萬兩，而該廳每年領款不過十餘萬兩，是一專案已占數廳之領款，其歲修常年之費，又從何出耶？因思此等工程並非常有，擬此後南河專案工程如需銀在十萬兩以內者，仍歸常年辦理。其需銀至十萬兩以外者，河臣專摺請旨定奪。其至二十萬兩以外者，欽派大員來工履勘工程之是否應辦，錢糧之是否無浮估，定後再請發銀辦理，歸於年額外報銷，庶工程免致周章，而錢糧益昭慎重。

① 此折奉硃批日期，楊紹和抄本作“六月十二日”。

② 見楊紹和抄本卷十二，魯圖義。題後作“會江督陸建瀛前銜”。

是否有當，伏乞敕部核議施行。謹奏。

道光三十年五月二十二日附進

六月十二日奉硃批：該部議奏。欽此。

二八九　河湖水長勘辦各工平穩片

（道光三十年五月二十二日）

　　再，接據河南陝州呈報，萬錦灘黃河水勢四月十四日長二尺三寸，五月十一日長二尺八寸，並准東河河臣咨報，四月二十五日沁河長水一尺七寸，以致江境先後共長水三尺餘寸。據署徐州道張道進稟報：銅沛廳郭汛北門工上下一帶石岸爲徐城保障，因歷年久遠，底樁朽損，迎溜撞刷，南面堤坡窨潮，關係緊要。應於石岸外拋護碎石，計長一百六十餘丈，並築做石壩三道，以資挑護等情。臣前在徐州時親履查勘，情形屬實。當經核減發辦，勒限完報，克資抵衛。其餘各廳河勢提移之處均飭慎防，不准輕率動料。臣昨赴堰盱履勘湖堤，冬春風掣石工均已補修完竣。入夏以來，間遇風暴續掣段落，亦飭分別新舊，趕爲修賠，並將石後槽土浪刷殘塌各段，分別灰素土填補堅整。山盱仁河信壩石底冲跌趕修①工程，該廳營照估趕辦，計日可竣，其智壩石底亦飭速爲估辦。洪湖水勢連日稍長，由各道引河滔滔外注，極爲暢達。裏河束清壩爲湖水入運門戶，該東西壩歷被溜刷蟄矮，已飭加廂高整。該境兩岸及揚河廳東岸堤工經上年漲水，風浪汕刷，殘塌較甚，刻已擇緊分別幫加，俾資捍禦。江西重運軍船已進瓜口，現在催提，速行挽上各閘壩，以便灌放二塘，容再隨時馳報。

　　所有河湖水長，勘辦各工平穩情形，謹附片具陳，仰祈皇上聖鑒。謹奏。

　　道光三十年六月初六日②奉硃批：知道了。欽此。

---

①　"趕修"，楊紹和抄本作"補修"。

②　此片奉硃批日期，楊紹和抄本作"六月十二日"。

二九〇　伏汛河湖水勢工程平穩摺

（道光三十年六月十五日）

　　江南河道總督臣楊以增跪奏，爲籌防伏汛事宜，並河湖水勢工程平穩情形，恭摺具陳，仰祈聖鑒事。

　　竊照黄河來源交夏以後漸見長發，前經附奏在案。續據河南陝州呈報，萬錦灘黄河於五月十四、二十三等日共長水七尺，甘肅寧夏府呈報五月初九至十二日陸續共長水七尺四寸，以致江境先後長水四五尺。外南順黄壩誌椿積存四丈三尺四寸，比上年此時大至五尺餘寸，流行迅激。幸臨黄埽壩於春修案内擇要廂高，間有未估及續掣段落，均飭撙節加廂。並據該管各道廳禀報，外南廳南岸汛清黄界壩迤上順黄壩埽工尾、外北廳北岸汛仲家莊迆下、山安廳上河汛二塘均系淤閉舊埽，兹因溜復移注，全行刷塌，並潰及無工處所，情形緊要。當經搶廂新埽長七十餘丈至九十餘丈，得資抵禦。此外各廳尚有河勢坐灣、塌灘裡臥之處，均飭得守且守，不准藉糜。豐、蕭、銅、沛等廳地接豫省，土性河①沙松，兩岸堤工向俱歲加酌修，不能普辦。本年仍擇要查估幫加，堪以捍衛。又銅沛廳十八里屯滾壩爲減漲要區，壩下河路間有淤墊，業已擇要挑挖，以備啟放。山、海、安、阜四廳長堤本較上游卑矮，前年專案估報僅修補十分之五。未辦之工上年復被漲水趨刷，高過堤頂一二尺，僅賴子堰攔禦②，實爲險要。據該道廳確切查估加幫，經臣復加核減，未便以籌款維艱稍有稽誤，現已於河庫挪發銀兩，分派趕辦，並委幹員分投查催，勒限完報，不任率延。

　　洪澤湖因近時雨水較勤，日漸加長，高堰誌椿積存二丈零六寸，察看來源正旺，專恃運口一路難期消減。當飭山盱廳營將禮河趕爲啟洩，其仁河、信壩兩處石底亦飛飭速爲修竣，以備相機接啟。林家要③壩及

---

①　楊紹和抄本無"河"字。

②　"禦"字，楊紹和抄本作"築"，楊本應誤。

③　"要"字當誤，應從楊紹和抄本作"西"。

仁義河中間攔堰、新舊義河直壩各護埽節被風浪掣塌之處，隨時廂加穩固。裏、揚、江、運等廳承受湖水暢注，兩岸堤身被溜趨刷之處，酌廂護埽防風，並將舊埽朽蟄段落擇要補加高整。

現在伏汛甫交，黃、運、河、湖處處吃緊，必應加意籌備。各廳歲料自春修並隨時搶辦各工動用後所餘無多，不敷防守。據各道稟請添發，經臣分別減准，發銀趕購，並另換錢文挨堡收存，以備風雨昏夜，設有急需，可期應手。並委在工學習之工科給事中路慎莊、內閣中書曹炯、河工候補道梁佐中、曹文昭暨候補大小員弁分往上下游協同現任文武合力巡守，以資周密。現在黃水已見消動，通工平穩，臣隨時策應督率，節慎經理，俾工固瀾安，上紓宸廑。

所有籌防伏汛事宜並河湖水勢工程平穩情形，謹會同江督臣陸建瀛恭摺具奏，伏乞皇上聖鑒。謹奏。

六月十五日

道光三十年六月十三日①奉硃批：知道了。欽此。

二九一　南北運河情形片
（道光三十年六月十五日）

再，查南運河揚州境內前次②因天氣亢旱，江潮③落低，江運廳三溝閘河水誌樁比上年小至一丈有餘，而江安糧船仍照常行走。臣誠恐水勢再消，江廣重運船身笨重，難免起剝，當飭地方官預備剝船④。嗣河水並未續消，且自五月以後雨水較勤⑤，湖源亦旺，長河加深自六七八九尺至丈餘不等，所有江西、湖南北各幫暢行無阻，過閘進塘，浮送裕如。茲二塘已將灌放，跟手接灌三塘，克期竣事。黃河北岸邳宿運河於六月初八、九間東省大雨頻傾，山泉漲發，一晝夜間宿遷十字河驟長一

---

① 此摺及後片奉硃批日期，楊紹和抄本皆作“七月十三日”。
② “前次”二字，楊紹和抄本作“前此”。
③ “潮”字，楊紹和抄本作“湖”，楊本應誤。
④ 剝船：清代轉運漕糧的船。凡當漕船遇淺受阻時，即以剝船轉運。
⑤ “勤”字，楊紹和抄本作“動”，楊本應誤。

丈零二寸，當經各閘越壩引渠趕爲啟放。而下游中河廳楊莊壩外黃水適亦盛長，以致頂托不消，奔騰浩瀚。該兩廳堤埽險要異常，當飭分投防護，將舊埽分別補加，緶堤被刷之處酌廂防風，並將卑薄滲水之處加堰幫戧。中河南岸堤工因有黃河北堤爲之重障，情形較輕，向來堤身本不高厚。茲大水猝至，兼值風雨，間有窖潮、滲蟄、入水之處情形尤險。幸俱搶加穩固，旋將宿汛舊河尾啟放宣洩，展寬至二十餘丈，水始見定。日來黃水已消一尺餘寸，運中河水得以暢出，遞見消動。一面酌發料物銀兩，飭令運河廳趕緊購運到工，以備水勢大退，隨時相機收束堵築而利運行。現在通工一律平穩，足以仰慰聖懷。

所有南北運河水勢情形，謹附片奏聞，伏乞皇上聖鑒。謹奏。

道光三十年七月十三日奉硃批：知道了。欽此。

二九二　勘明撥船風損循例補造摺

（道光三十年六月十五日）

兩江總督臣陸建瀛、江南河道總督臣楊以增跪奏，爲勘明撥船運料風損，循例動項補造，仰祈聖鑒事。

竊照裏河、外南二廳經管關①撥船各一百隻，在於運、黃兩河常川撥糧運料。遇有風損，向系隨時查明取結，專案咨部，一面發銀補造，工竣造册咨銷。前准部咨：嗣後修造撥船務須比較今年損船最少之處②據實請銷，並飭將近年前後請修只數隨案聲明，以憑稽考。又准部咨：補造風損撥船銀數在五百兩以上者，奏明後再行咨部辦理。各等因。遵照在案。

茲據河庫道法良、署淮揚道胡調元會詳稱：裏河廳船夫樊如林等撥船十二隻、外南廳船夫趙永等撥船十隻實系道光二十七年撥運柴料，先後行至高家馬頭、茅家嘴以上各地方黃河中流遭風損壞，板片柴草漂淌

---

① "關"字，楊紹和抄本作"官"。
② "處"字，楊紹和抄本作"數"，楊本爲確。

無存。照例飭行該管廳縣①汛員勘驗結報，將風損船隻字號、花名開摺送道覆查屬實，並無捏混情事。所有每隻照依原造減准工料銀一百六十一兩九錢六分二釐九毫，以上兩廳共船二十二隻，通共需銀三千五百六十三兩一錢八分三釐八毫，即請發辦歸額應用。開摺具詳，請奏前來。臣等伏查前項風損撥船二十二隻，既據該管廳縣②汛員勘驗結報，並經該道等查無捏混，應請准其照例補造，以濟撥運。所需工料銀兩在於河庫撥船生息本款銀內動給，飭令趕辦完整。

除將送到風損船隻字號、花名清摺聲明、上屆二十六年風損只數隨案咨部，並飭取具勘結分咨外，所有勘明補造船只緣由，謹合詞恭摺具奏，伏乞皇上聖鑒，敕部核覆施行。謹奏。

六月十五日

道光三十年六月二十九日奉硃批：該部議奏。欽此。③

二九三　查明漕運水勢無絀據實覆陳摺
（道光三十年六月二十八日）

兩江總督臣陸建瀛、江南河道總督臣楊以增跪奏，爲現查漕運水勢有益無絀，勿需挑撈糜費，據實覆陳，仰祈聖鑒事。

竊臣等准漕臣楊殿邦咨稱：六月初一日奉上諭：楊殿邦奏准揚運河水淺、籌催漕船情形一摺。據稱本年運口各引河挑浚後，下游河道仍復間段淺澀，各船均須起剝方能北來。著陸建瀛、楊以增嚴飭該管文武員弁迅將淤淺處所認真趕緊挑撈，務須一律深通而利漕行。等因，欽此。

伏查上年六堡減黃，旁溢入運，寶應一帶河道間段被淤。經戶部侍郎臣福濟會同臣陸建瀛周歷河湖，逐段測量，實與道光四、五兩年淤墊情形迥異。因查照道光六年停挑成案，定議疏導洪澤湖引河，以清水攻刷淤沙，奏奉諭旨：准行。在案。本年正、二月間先將張福、太平各引

---

① 楊紹和抄本無“縣”字。
② 同上。
③ 楊紹和抄本無奉硃批日期和內容。

河展挑寬深，又新挑天然引河一道，勢同建瓴①，滔滔下注。從前淤墊處所次第刷深，探量運河水勢均六七尺至一丈餘尺不等。至高郵露筋祠以下本未被淤，水勢亦較上游更深。江安糧道沈兆澐督運江安首進幫舡內安慶各舡笨重等於江廣，吃水約五六尺，行駛三百餘里之運河毫無淺阻。嗣江西各幫行至瓜洲，臣陸建瀛因時日已遲，咨商漕臣提前趕灌二塘，俾早渡黃北上。漕臣未允，是以江西後六幫轉多守候。彼時天久不雨，江水落低，該糧道鄒鳴鶴慮恐淺澀，循例稟請預備剝船，其實並未盡用。漕臣奏報二進幫船過淮摺內聲明“均未起剝，挽行較暢”等語，是其明證。現在運河水誌至淺者八九尺，深者一丈數尺，湖南尾幫亦已駛到清江②，克期放塘。是淮揚運河一律深通，毋庸再議挑撈，徒滋糜費。事關漕運河工，臣等斷不敢固執己見，貽誤大局，致干嚴譴。

所有漕運水勢情形，謹合詞據實覆奏，伏乞皇上聖鑒。謹奏。

六月二十八日

道光三十年七月十三日奉硃批：欽此。③

二九四　遵停南河捐輸摺

（道光三十年六月二十八日）

兩江總督臣陸建瀛、江南河道總督臣楊以增跪奏，爲遵停南河捐輸，恭摺奏明，仰祈聖鑒事。

竊臣等接准戶部咨：南河捐輸應一併停止。其奉旨以前捐輸銀數並

---

① 楊紹和抄本作“翎”，或當作“瓴”。

② “清江”二字，楊紹和抄本作“清河”。

③ 楊紹和抄本有：“另有旨。欽此。同日奉道光三十年七月十三日內閣奉上諭：‘陸建瀛、楊以增奏淮揚運河水勢有盈無絀、毋庸議挑一摺。前因楊殿邦奏該處水淺，漕船均需起剝，特降旨令陸建瀛等飭屬挑撈。茲據該督等查明，現在毫無淺阻，運河一律深通，惟前因江西各幫行抵瓜洲爲日已遲，諮商漕臣提前趕灌二塘北上，楊殿邦未允，以致轉多守候等語。所有現已駛到清江之湖南尾幫，著陸建瀛、楊殿邦、楊以增嚴飭所屬，克期放放，催儹北上，不得推諉遷延，再滋貽誤。該督等皆皇考簡用大臣，河運事宜關係甚重，宜如和衷共濟，悉心籌畫。乃各執己見，動輒齟齬，運弁以河道淤淺爲詞，工員以船身笨重爲說，該督等輕聽偏信，遽以入奏，殊非公忠體國之道。陸建瀛、楊殿邦、楊以增著傳旨嚴行申飭。欽此。’”

應敘官生姓名，仍查照前奉辦理。等因。臣等查南河捐輸系户部侍郎臣福濟會同臣陸建瀛於通籌河湖大局案内奏准户部議覆：此次豫籌墊款，應仍按順天捐輸新定章程辦理。轉行遵照，於本年三月設局收捐在案。茲奉文停止，當經臣等行知局員，即以奉文之日停止收捐。一面查明銀數已未收齊，勒限造具員名清册，遵照前奉部覆，按順天捐輸新定章程核擬應得官職，由臣楊以增就近磨對準確，恭繕清單，另行會奏。

所有停止南河捐輸緣由合先陳明，伏乞皇上聖鑒。謹奏。

六月二十八日

道光三十年七月十三日奉硃批：知道了。欽此。

二九五　伏汛安瀾摺
（道光三十年七月初一日）

江南河道總督臣楊以增跪奏，爲恭報伏汛安瀾暨河湖水勢消長搶辦各工情形，恭摺奏祈聖鑒事。

竊臣前將籌防伏汛各緣由具奏在案，嗣迭據河南陝州馳報，萬錦灘黄河於六月初九至二十一日六次工長水二丈三尺，又據武陟縣馳報，沁河六月初九至十四日兩次共長水四尺五寸，鞏縣報洛河六月十二日長水二尺八寸。並據甘肅寧夏報，硤口於六月初八及十六日兩次共長水七尺七寸。計旬日之間，上游來源共長至三丈八尺，實爲罕有之事，以致江境前水①甫消長②許，復又大長，竟有一晝夜長至四尺餘者。銅沛廳十八里屯滾壩長符定誌，即經啟放，而水仍不消。外南順黄壩誌椿積存至四丈五尺，比上年極漲時尚大一寸，浩瀚異常，上自豐蕭，下至安阜，普律出槽③漫灘，紛紛報險。前發防料已將用罄，當經分飭各道，並參游委員等攜帶銀兩前赴各廳，趕添正雜料石，分投搶護，不遺餘力。

旋據該道廳等禀報，宿南廳周家樓汛董家堂、桃南廳龍窩汛張家

---

① “水”字，楊紹和抄本作“漲”。

② “長”字，楊紹和抄本作“尺”，楊本爲確。

③ 録副本無此“槽”字，據楊紹和抄本校補。

莊、海防廳董營汛唐家堡、海阜廳海南汛八巨港均系淤閉舊工，茲溜到刷出，並潰及無工處所。宿北廳古城汛張家房、桃北廳崔鎮汛兵十八堡以下、海安廳十套汛八套工尾向俱無工，今大溜湧注，潰堤生險，情形均屬緊要。分投搶廂新埽長六十餘丈至一百二十餘丈，克資抵禦。其漫灘直抵堤根，水深犯風之處擇廂護埽防風。山海四廳土工正在興辦之際，值此大水，先行連夜搶高出水，接手照估幫足，深資捍衛。

洪澤湖自啟放山盱禮河後，仍在日長一寸，高堰誌椿積存二丈一尺五寸，已北①上年盛漲大二寸。仁河、信壩兩處石底前於修竣後，委令署淮揚道胡調元驗收如式，已飭次第啟洩。六月二十九夜間陡起西南風暴，至三十日辰刻忽轉西北，巨浪掀騰，潑過堤頂，堰盱②兩廳石工及各壩河護埽全浸於波濤奮擊之中，危險已極。智壩護埽全行刷塌，僅存後餞一二丈。該壩石底因上兩年大水③冲跌成塘，春間查估需項較巨。此系專案工程，無款可動，是以尚未補修。而全湖漲水，比往年少此一壩宣洩，如果來源再長，實有不能容納之勢。湖堤爲淮、揚兩郡保障，所關甚大，倘至萬不得已，亦只好權衡輕重，即將該壩酌啟，現仍得守且守。該二廳石工平水入水段落酌廂馬鞍埽，其掣塌工段層落少者隨時補砌。遇有深塘大段，先爲用料摟護。仰蒙皇上福庇，西風漸息，得以搶護平穩。

邳宿運河來源既望④，又因中河楊莊頭壩外黃水頂托，不獨清水不能外出，且黃水猝長，轉形⑤內灌，當將頭壩暫行堵閉，以免受淤。而運河廳境各水口啟放之後，中河仍不消水，兩岸堤工險要已極，隨將半路劉滾壩拆啟宣洩，水始報銷。南岸桃源汛堤身前此滲蟄，平水入水之處均已搶固，惟顧家窯入水較深，又因內外皆水，無土可取，尚未搶成。好在內塘水面與外首河面相平，內塘上下均有格堤⑥，不礙重運行走。嚴飭該廳營汛趕爲填補，倘有遲誤，即行查參。

日內江廣軍船上行，又慮運河水小，趕將半路劉滾壩及宿汛舊河尾

---

①　"北"字，楊紹和抄本作"比"，楊本爲確。

②　"盱"字，楊紹和抄本亦作"盱"，或均誤，或當作"盰"。

③　"水"字，楊紹和抄本作"雨"。

④　"望"字，楊紹和抄本作"旺"。

⑤　"形"字，楊紹和抄本作"行"。

⑥　格堤：與大堤大體垂直並連接河岸的小型堤壩。用以切斷或削弱該處縱向水流，防止大堤和縷堤背後被冲，並促泥沙落淤。

先後堵閉，以資利濟。茲七月初一日節屆立秋，伏水已消，各工搶辦一律平穩。惟秋汛方長，消長莫定，臣謹當督率文武屬員加意防守，務期悉臻鞏固，以上副聖主永慶平成之至意。

所有伏汛安瀾暨河湖水勢消長搶辦各工情形，理合會同兩江督臣陸建瀛恭摺奏報，伏乞皇上聖鑒。謹奏。

七月初一日

道光三十年七月十五日①奉硃批：覽奏均悉。欽此。

二九六　二塘軍船日內啟堰放渡片
（道光三十年七月初一日）

再，二塘漕船自鳳陽幫起至湖北三幫止陸續提入塘內，六月十九日堵閉臨清堰，本擬即啟臨黃堰放渡。適值黃水大漲，高於塘河水面六七尺，未敢冒險，且北岸楊家莊因黃水內漾，當將頭壩堵閉，免致停淤。現在黃水已消，清高於黃，復將頭壩拆啟，日內跌刷深暢，即啟臨黃堰放船。江西後六幫、湖南三幫已挽過清江閘。臣與漕臣楊殿邦會駐河口，俟放二塘後即接灌三塘，合併附陳，仰祈聖鑒。謹奏。

道光三十年七月十五日奉硃批：知道了。欽此。

二九七　挑辦洪湖引河分別銷賠片
（道光三十年七月初一日）

再，洪澤湖口入運之處舊有引河五道，因從前屢次泄黃，以致天然引河、張家莊引河、裴家場引河淤塞不通，僅存張福口、太平引河兩道，上年吳城六堡泄黃又復淤墊。逮②六堡合龍後，已將張福口挑通，

太平引河亦經挑挖，而稀淤未盡。復將新灘多挑直溝，藉資汕刷。並將兩引河加展寬深，而天然引河正對束清壩，尤得建瓴之勢，亦應估挑，使清水來源暢達。經欽差戶部侍郎臣福濟、兩江總督臣陸建瀛於上年十二月初五日勘籌會奏，並於本年正月十八日具報差竣起程摺內聲明，指飭工員趕緊挑挖，務期一律深通，查照舊①誌新增清冊以及工費，分別開銷罰賠，另由臣核實奏咨，奉旨：照該侍郎所議工費分別開銷罰賠。等因。欽此。各在案。

茲各道引河並挑溝、展寬等工早經照估辦竣，其例應由洪湖入運之宿州頭②二兩幫重運軍船暢行無阻，實已一律深通，所有錢糧自當遵旨分別銷賠。查張福口及太平引河兩處均系上年新淤挑復，舊誌應即全數著賠，按限催繳。其天然引河系久經淤塞，無跡可尋，且舊誌在張福口以東，與各引河共一河頭，尚嫌逼窄。前經欽差指示，於西首遙對束清壩另闢河道，順流挑挖，益資暢達。該河本屬舊淤，現系新創，應請照例開銷。飭據現署淮揚道胡調元查明，稟請具奏前來。臣覆核無異，除飭造具工段、丈尺、銀數清單，另行詳送核奏外，所有挑辦洪湖引河分別銷賠款目，謹會同兩江督臣陸建瀛先行附片具奏，伏乞皇上聖鑒。謹奏。

道光三十年七月十五日奉硃批：該部議奏。欽此。

二九八　灌放第二塘重運軍船渡黃日期摺

（道光三十年七月十二日）

漕運總督臣楊殿邦、江南河道總督臣楊以增跪奏，爲重運灌放第二塘日期，恭摺馳報仰祈聖鑒事。

竊照本年重運頭塘放渡後將臨黃堰堵閉，一面派員催提後船，並經臣楊殿邦將二進幫船盤驗過淮日期，並親赴下游迎提催儹各情形，節次奏報在案。臣楊以增督催挽上各閘壩，當啟臨清堰。自六月初三日至十

---

① “舊”字，楊紹和抄本作“就”，或誤。

② “頭”字，楊紹和抄本作“等”，或誤。

七日，所有鳳陽、宿州幫、江西前七幫、湖北三幫均已先後提進塘河，並將各起銅鉛船隻一併提進，尾①隨排泊，隨堵臨清堰。本擬即啟臨黃堰放船，適值黃水大長，查看水面高於塘河六七尺，未便冒險放渡。且北岸楊莊壩因黃水內漾，趕將頭壩堵閉。又恐來源較弱，將運河之舊河尾一併堵築蓄水。嗣楊莊清水已高於黃，復將頭壩拆啟。臣等於七月初一日會駐河口，因黃水復漲，至七月初六日黃水漸消，乘機趕啟臨黃堰，將塘內幫船挨次外放，已催出船二百八十三隻。因黃水加長，口門外灘受淤，不能放船，當即趕堵臨黃堰，復開涵洞，將塘水泄低。仍堵涵洞，復啟臨黃堰，冲跌深透，將塘內幫船全數催出。計自鳳陽幫起，至湖北幫止，連由湖入塘之宿州二幫共十三幫，計船四百八十三隻。並將雲南委員李峋嶸、毛紀雲、姚光璐、貴州委員陳然青、吳廣生計②五起，共銅鉛船六十二隻，全數放出草閘，循序渡黃，挽進楊莊壩，連檣北上。查江西後六幫、湖南尾幫現已提上各閘壩，挽入太平河內。俟接放一塘，即可事竣，並以上慰聖廑。

所有重運灌放第二塘日期，謹會同兩江督臣陸建瀛，恭摺循例由驛馳報，伏乞皇上聖鑒。謹奏。

道光三十年七月十九日③奉硃批：知道了。欽此。

二九九　重運軍船全數渡黃日期摺
（道光三十年七月二十四日）

漕運總督臣楊殿邦、江南河道總督臣楊以增跪奏，爲重運軍船全數渡黃完竣日期，恭摺循④例由驛馳報，仰祈聖鑒事。

竊臣昨將放渡二塘軍船日期具奏在案。旋將臨黃堰堵閉，啟放臨清堰，將太平河內所存之江西後六幫、湖南三幫並銅鉛等船次第提進塘內。臣等於七月二十一日會駐河口，啟放臨黃堰，將江西永建幫起，至

湖南三尾幫止①共九幫，計船四百一十七隻，並湖北委員曾維楨、雲南委員鄭自耀、椿齡、貴州委員張克綸等銅鉛船四起，共四十八隻挨次陸續放出，渡黃進中北上。統計本年重運除在黃河以北兌運三幫外，實渡黃船四十一幫，計一千二百八十一隻，掃數全完。查本年禦黃壩誌椿六月盛漲至四丈五尺，較之上年尚大一寸。河南萬錦灘具報長水驟而且勤，兼之風信靡常，水渾溜急，以致啟黃灌放輾轉需時。至邳宿運河即渡黃所從入之處，因六月二十九至三十日上游山泉陡發匯注，長水一丈有餘，運河、中河兩廳堤埽異常吃重，加堰幫餞，庙舊補新，情形險要。復將宿汛舊河尾啟放，始得搶護平定。但恐客水易消，不敷浮送，仍飭趕備料物，以便隨時相機堵蓄而利運行。

除分飭沿途員弁催儹照料，速行上進，以期早達天庾外，所有重運軍船全數渡黃完竣日期，理合會同兩江總督臣陸建瀛，恭摺循例由驛馳報，仰祈皇上聖鑒。

再，臣楊殿邦現即督押尾幫北上，合併陳明。謹奏。

七月二十四日

道光三十年八月初三日②奉硃批：知道了。欽此。

三〇〇　節逾處暑修防平穩摺

（道光三十年七月二十四日）

江南河道總督臣楊以增跪奏，爲節逾處暑，湖河水勢消長，修防平穩情形，恭摺仰祈聖鑒事。

竊臣前將伏汛安瀾緣由奏報在案。續據河南陝州馳報，萬錦灘黃河六月二十四日至七月初七日陸續長水六次，共二丈三尺。又據武陟縣報，沁河於六月三十日至七月初六日長水六次，共一丈一尺，匯流下注，以致江境七月初旬又見大長。外南順黃壩誌椿積至四丈五尺，與伏汛盛漲相同，而溜猛水渾，較前更甚。各廳臨黃埽壩前於落水後埽隨水

---

① 録副本無“止”字，據楊紹和抄本校補。

② 此摺及後摺奉硃批日期，楊紹和抄本皆作“八月初十日”。

蟄，今復漲水猝注，一兩日間長至四五尺，平水、入水處處吃重。幸先期添備料物，分飭各道將督率廳營汛委員弁分投擇緊搏節搶廂，並將各廳水勢復行漫灘直抵堤根、寬深犯風之處，擇廂防風埽段。睢南廳王汛兵十七堡大溜擁注，塌灘近堤，情形緊要，趕築土壩十道，盤做柴頭，外拋碎石。邳北廳五工頭汛宋工頭迤下淤閉舊埽溜到刷塌，潰及堤身，趕廂新埽長六十餘丈，克資抵禦。現在前漲已消，通工平穩。

洪澤湖自接啟仁河信壩後甫見消動，而湖波浩淼，拍①岸盈堤。偶遇西風，仍形危險。林、智二壩石底補修費巨，尚未興舉，不能啟放。仁河石底上年冲跌之處本年雖經補修，而未修處所現復衝動冒椿。倘一跌通，即需越堵滋費。昨已趕集料物，派令淮揚道嚴正基前往查勘各工，督令廳營將該河照舊直堵。但湖水又復少此一路分洩，金風司令，在在堪虞。各壩河減下之水遞達白馬、寶高等湖②，入運下注。揚河、江運二廳長水較驟，所有歸江各橋壩河前已次第啟洩，仍在日漸加長，東堤吃重。時逾處暑，下河早中禾③均已收割登場。如再加長，即酌啟高郵車南等壩以資分減。

臣惟當督率屬官，振刷精神，將黃運湖河工程加意防守，竭力保護，務期一律安恬，上紓宸廑。所有節逾處暑，各工修防平穩情形，理合繕摺附驛具奏，伏乞皇上聖鑒。謹奏。

七月二十四日

道光三十年八月初三日奉硃批：知道了，認真妥辦。欽此。

三〇一　請撥來年歲料銀兩摺

（道光三十年八月初六日）

江南河道總督臣楊以增跪奏，爲循例請撥來年歲料銀兩，仰懇聖恩俯准撥發，以資購備而預修防事。

---

① “拍”字，楊紹和抄本作“泊”，或誤。
② “湖”字，楊紹和抄本作“處”。
③ “禾”字，楊紹和抄本原缺，當從錄副本補。

竊照河工料物以柴秸爲大宗，例於秋令新料登場時將來年歲搶修埽壩各工應需料數預爲發購，以備春修之用，並經前河臣於道光十一年奏准：嗣後歲料銀兩仍於八月內奏撥，陸續解存河庫，統俟霜後查明各廳用剩之料、應修之埽，按工約估應添料垛若干，核發銀兩，以年底爲初限，次年正月底爲展限，勒令全數到工，如稍遲逾，據實嚴參。倘有虛報全到，查出從嚴從重參辦。在案。緣秋收甫畢，採購較易，必須先期籌備，則發辦較早，稽核易周，且免販戶囤積居奇，滋生弊竇。所需錢糧向例奏請撥銀一百二十萬兩，歷經遵循辦理。現在節屆白露，新料登場，蘆柴條亦采刈，所有來年歲料銀兩即應乘時請撥，於九、十兩月陸續解到，俾得及早發辦，從容購積。

茲據河庫、淮揚、淮海、徐州、常鎮各道具詳請奏前來，相應專摺具奏，仰懇皇上天恩俯准，敕部於就近藩、關各庫撥銀一百二十萬兩速解河庫。由臣督率各道查明各廳存料多寡、工程繁簡，酌定應備料數，乘時核發趕購，勒照例限全數到工，堅實堆垛，再行逐細查驗，以重帑項而資工用，實於修防有裨。

再，查前河臣潘錫恩任內動用道光二十七、八兩年減平銀二十三萬兩。接准部咨，自上年爲始，於每年歲料①款內分作四次扣還，除上年歲料款內已扣銀五萬兩外，此次應扣銀六萬兩，應請敕部在於現撥歲料內照數扣撥，合併聲明。

謹循例會同兩江總督臣陸建瀛恭摺具奏，伏乞皇上聖鑒。謹奏。

八月初六日

道光三十年八月十七日②奉硃批：戶部速議具奏。欽此。

三〇二　葦營產柴情形片

（道光三十年八月初六日）

再，南河葦蕩左右兩營增采柴束原定章程：每年五月內，將青柴長

---

① 此段中的"歲料"，楊紹和抄本皆作"歲科"，楊本應誤。

② 此摺及後片奉硃批日期，楊紹和抄本皆作"八月二十六日"。

發情形由該管道員確勘詳請具奏。設有水旱蟲傷，隨時聲明。等因。奉部覆准在案。茲據署淮海道桂文耀稟稱：本年左營青葦因冬春雨少，萌發較遲，歷被霜損。入夏雖得微雨，未能透潤，高灘多生蒿草，窪區產長稀細，且間段蟲傷。右營亦因雨澤稀少，萌發較遲，短而且稀，縱能符額，恐柴質難免參差。等情。請奏前來。除批飭仍俟霜降後盡數估採，不准藉詞虧額外，理合附片陳明，伏乞聖鑒。謹奏。

道光三十年八月十七日奉硃批：該部議奏。欽此。

三〇三　遵旨保舉所屬人員摺[①]

（道光三十年八月初六日）

奏爲遵旨保舉所屬人員，出具切實考語，恭繕清單，仰祈聖鑒事。

竊准吏部咨抄：內閣奉上諭：直省司道府廳州縣以及營伍員弁內，各督撫見聞所及，隨時察看，自必知之最悉。如查有才德兼優、誠心任事、確有實據者，著出具切實考語，秉公具摺，酌保數員，候朕簡用。歷任後除公罪不論外，如有作奸犯科，身罹私罪，惟該保之督撫是問。其有貪婪不法、以刻爲明，或年老昏聵、不能辦事者，亦著據實參奏，不准姑容。爾督撫等均受皇考深恩，簡用封疆大吏，宜各矢公忠，爲國爲民，毋稍瞻徇冒濫，用副朕整飭官方至意。欽此。仰見我皇上明目達聰、遴拔賢能之至意。

伏念河工人員自應以諳悉機宜爲尚，而有爲必先有守，尤應以不染習氣、節省錢糧爲當務之急。查南河向設五道二十二廳，現任淮揚道嚴正基、淮海道桂文耀、淮徐道沈濂、常鎮道姚熊飛皆能勤慎修防，剔除弊竇。該道等多由地方陞署，到任未久。裏河廳同知于昌進勇敢勤明，外南廳同知婁晉樸誠穩練，系河工出色之員，緣甫經簡調首廳，工程繁劇，一切資其整頓，可望改觀，均未便遽行保舉。謹查有河庫道法良、知府銜署睢南廳同知曹聯桂、知府銜署海阜廳同知趙作賓、署山安廳同知郭禮圖堪膺保舉。其年力就衰或才具平庸、不堪造就者，容臣隨時甄

---

① 　見楊紹和抄本卷十三，魯圖藏。

別外，所有保舉各員出具切實考語，恭繕清單，伏乞皇上聖鑒訓示。
謹奏。

道光三十年八月初六日拜進

八月十七日奉硃批：知道了，單片留中。欽此。

三〇四　保舉南河所屬文職各員清單[1]

（道光三十年八月初六日）

謹將保舉南河所屬文職各員繕具清單，恭呈御覽：

江南河庫道法良，年五十一歲，正紅旗[2]滿洲人。由户部筆帖式薦
陞户部郎中，發往江西以道員用，補授江西督糧道，出運三次，俱臻妥
速。丁艱服闋，補授河庫道。該員品端才裕，辦事精詳，洵屬有體
有用。

知府銜署睢南同知曹聯桂，年四十七歲，江西人。由一甲二名進士
授職翰林院編修，保送南河學習，以知府留工補用。因署淮安府任內失
察蕭工漫溢，革職留工。嗣審要案、催漕出力，補授今職。道光二十九
年搶辦險工，於安瀾保舉摺內賞加知府銜。該員講求河務，才識通明，
於錢糧亦能節慎。

知府銜署海阜同知趙作賓，年五十五歲，直隸舉人。由大挑知縣分
發東河，洊陞同知，祥符大工合龍後，賞戴藍翎[3]，復於蘭儀同知任內
賞加知府銜。該員熟稔修防，老成幹練，實不可多得之員。

署山安同知郭禮圖，年四十歲，福建進士。由庶吉士散館改工部主
事，保送南河學習，期滿補授今職。該員才具明晰，恂恂無華，不染河
工習氣。

---

① 見楊紹和抄本卷十三，魯圖藏。

② 正紅旗：清代八旗之一，在今内蒙古烏蘭察布市東部。建於明万歷二十九年（1601），
因旗色純紅而得名。正紅旗爲下五旗之首，分爲滿洲、蒙古、汉軍三部分，由諸王、貝勒和貝
子分統。

③ 藍翎：清代禮冠上的飾物，插在冠後，用鶡尾制成，因爲藍色，故名，多用以賞賜官
階低的功臣。

三〇五　附保前淮徐道韓樁片①

（道光三十年八月初六日）

　　再，前淮徐道陞任浙江鹽運使韓樁，年五十三歲，漢軍鑲白旗進士。由庶吉士散館改兵部主事，洊陞吏科掌印給事中，保送南河學習，期滿留工，以道員用。補淮揚道，調淮徐道。該員才猷練達，矢慎矢勤，熟習河工機宜，毫無河工習氣。惟該員已於本年二月赴任浙江，不敢列於正摺之內，合併陳明，伏乞聖鑒。謹奏。

三〇六　節屆白露修防平穩摺

（道光三十年八月初六日）

　　兩江總督臣陸建瀛、江南河道總督臣楊以增跪奏，爲節屆白露，續漲見消，河湖各工修防平穩，現仍加意守護緣由，恭摺具陳仰祈聖鑒事。

　　竊臣陸建瀛前將自省起身②、赴江北防汛閱伍緣由，附片陳奏在案。沿路察看揚州、淮安運河兩岸工程，高郵水勢已長至一丈四尺九寸。照奏定水誌，節後本應啟壩，緣河水並未續長，且洪湖已在堵壩，來源漸少，自應得守且守，俾下河普得豐收。

　　茲於八月初二日行抵清江浦，與臣楊以增會查得，續據河南陝州馳報，萬錦灘黃河於七月初十、十三、十八等日三次共長水一丈五尺三寸，武陟縣呈報初九、十及十四等日共長水四尺九寸，先後匯流下注。幸江境前漲已消，騰開河面，克資容納。惟流勢湍悍異常，兩岸埽工紛紛報蟄，近海之區爲尤甚。專派淮海道桂文耀、淮海遊擊安振

---

① 見楊紹和抄本卷十三，魯圖藏。
② “起身”二字，楊紹和抄本作“起程”。

業攜帶錢糧，分赴山安、海防、海阜等廳督同搶辦。而最險者海阜之劉宋兩工塌埽潰堤，更值大雨連朝，幾至無可措手。經工員等鼓勵兵夫，晝夜竭力廂築。閱今旬餘，始得搶護平穩。其上游之宿北廳皂河汛李家房迤下無工處所大溜趨注，塌灘潰堤。外南廳外河汛高家莊迤下淤閉舊埽被溜刷出，經該管道廳趕廂新埽長八十餘丈至一百餘丈，悉資抵禦。

洪湖水勢近時有消無長，仁河業已堵合，察看淮源不旺，應即籌蓄，以備空運。現在接堵信壩，而禮河石底本已受傷，上年霜降後興堵時，查看石底跌深，不能直堵，系於外首越築土壩，中間進埽，跟澆餃土，計共長二百餘丈。本年仍應越堵，更須外繞加長，估料較多。現亦①嚴飭採購正雜料物，相機接堵，總期蓄水足以濟運，而又不使過多，以固堤防而紓廑注。

現距霜節尚遠，水勢消長靡常，臣等惟有督率文武，振刷精神，加意修守，務保安恬，以上副聖主永慶平成之至意。所有節屆白露，修防平穩，現仍加意守護緣由，理合會摺具奏，伏乞皇上聖鑒。

再，臣陸建瀛於發摺後，即先赴徐州一帶校閱該鎮官兵，並沿途察看工程，合併陳明。謹奏。

八月初六日

道光三十年八月十七日②奉硃批：覽奏均悉，仍當加意防守，毋稍疏懈。欽此。

三〇七　附參守備羅秉志片③

（道光三十年八月初六日）

再，北岸中河頭壩關係漕運機宜，本年六月十五、六日該壩清水本高黃水尺許，忽於十七日黃水陡長，轉高於清。該壩猝不及堵，以致黃

---

① "亦"字，楊紹和抄本作"已"。

② 此摺奉硃批日期，楊紹和抄本作"八月二十六日"。

③ 見楊紹和抄本卷十三，魯圖藏。

水灌入澄淤。查中河通判張用熙先期丁艱，署事之通判王恒正在交代之際，該營中河營守備羅秉志經理堤埽壩務，是其專責。乃該備未能先時籌辦，雖會同該署倅王恒旋即趕堵頭壩，挑刷新淤，漕船並無阻滯，究屬有失機宜。相應附片參奏，請旨將中河營守備羅秉志撤任，以示懲儆，伏乞聖鑒。謹奏。

道光三十年八月初六日附進

二十六日奉硃批：另有旨。欽此。同日奉道光三十年八月十七日內閣奉上諭：陸建瀛、楊以增奏請將守備撤任等語。南河營守備羅秉志經理堤埽壩務，是其專責，本年中河頭壩因黃水陡長，以致灌入澄淤，雖經該弁趕堵頭壩，挑刷新淤，漕船尚無阻滯，惟未能先時籌辦，究屬有失機宜，羅秉志著即撤任，以示懲儆。欽此。

三〇八　重運軍船全數出境摺
（道光三十年八月二十二日）

兩江總督臣陸建瀛、江南河道總督臣楊以增跪奏，爲重運軍船全數催出江境日期，循例由驛馳報，仰祈聖鑒事。

竊照重運軍船全數渡黃後，隨即催進楊莊壩。彼時黃水尚大，中河清水亦隨之蓄高，以敵黃流。而水深溜急，軍船逆挽上行，倍形吃力。臣等嚴飭該管道將催令晝夜前進，漕臣督押尾幫，均不任稍有藉延。嗣黃水漸次落低，又慮運河控消，將前啟之宿汛舊河尾堵閉，其各閘越壩察看仍可緩堵，以平閘溜，船行均極順利。茲據徐州道將暨運河廳營等稟報，本年重運軍船共四十四幫，計一千三百二十八隻，於八月十五日全數挽出江南黃林莊境北上。等情。臣等覆查無異，謹合詞恭摺循例由驛馳奏，伏乞皇上聖鑒。

再，中河雙金閘爲淮北票鹽並左營蕩柴出運要道，業於八月十二日啟放過水，以濟鹽柴運行。並將楊莊頭壩堵合，跟澆後餞，以免黃水內灌。所有該閘鉗口正越壩並上下埽壩各工，均經鑲修完整。至本年軍船經行各境，臣等與撫臣飭委道將，督率該管文武沿途稽查彈壓，水手人等俱屬安靜，合併陳明。謹奏。

八月二十二日

道光三十年八月二十九日①奉硃批：知道了。欽此。

三〇九　節逾秋分修防平穩摺

（道光三十年八月二十四日）

兩江總督臣陸建瀛、江南河道總督臣楊以增跪奏，爲節逾秋分河水暢消，修防平穩，恭摺仰祈聖鑒事。

竊臣等前將節屆白露續漲見消、仍加意防護緣由，於八月初六日具奏後，臣陸建瀛旋即渡黃，由北岸赴徐州閲兵畢，復由南岸折回，沿路察看兩岸堤埽各工。現在黃河水已暢消，一律平穩。每至一工，必詳細履查，視工程之堅實與否，定工員之是否認真，隨時存記，統俟霜降後再行會商核辦。於十九日旋抵清江浦，與臣楊以增相晤，復查淮揚下游運河水勢已消尺餘至二尺餘不等，高郵各壩毋庸啟放，下河普獲豐收，民情極爲歡忭。現距霜降尚有兩旬，仍嚴飭各廳營汛暨委員等率領兵夫，照常駐堤防守，不准以水消工穩，稍存大意。外南塘河經重運歷次灌放，不無澄淤，刻已趕爲挑挖，以備空運②。臣陸建瀛現將河標各營官兵校閲後，即赴淮揚一帶查閲漕標暨狼山鎮各營官兵，順道回省，另容隨時具奏。

所有節逾秋分修防平穩緣由，謹合詞恭摺陳奏，伏乞皇上聖鑒。謹奏。

八月二十四日

道光三十年九月初五日③奉硃批：知道了。欽此。

---

① 此摺奉硃批日期，楊紹和抄本作“九月初九日”。
② “空運”二字，楊紹和抄本作“重運”，楊本應誤。
③ 此摺奉硃批日期，楊紹和抄本作“九月十五日”。

三一〇　湖堤遇風搶辦平穩片①
（道光三十年八月二十四日）

再，洪澤湖水勢自仁河堵後，間日見消寸許，隨即趕堵信壩，業於八月初十日合龍。越堵禮河工段較長，先經趕運料物，一面先築土壩基，調集官兵，專派參將呂邦治駐彼督辦。正擬興工進占，乃於十四日陡起東北風暴，兼之陣雨時傾，次早風轉西北，愈起愈大。接據山盱廳營稟報，烈風暴雨歷兩晝夜之久，全湖巨浪如山，潑過堤頂，致將新堵之信壩掣通六丈餘，智、林兩壩護埽亦俱擊卸，沿堤石工掣塌多段，連節次風暴所塌，約共一千餘丈，槽土堰坡摻刷無存，情形危險已極。風雨過大，官弁兵夫不能立足，現仍竭力搶辦等情。接閱之下，驚駭難名，一面添委幹員，前往幫同搶護，一面親履查勘。幸十六日雨止風收，得以放手搶辦，而埽土石工殘塌情形，見之猶令人心悸。

臣等查此次洪湖風暴非比尋常，實仰賴聖德感孚，湖神默佑，乃能保護得安。當飭趕將信壩星夜賠堵穩固，並將智、林兩壩護埽修補完整。禮河土壩基現已築成，接手進堵，限日合龍，不任刻延。其沿堤所塌石工深塘大段，竟有並成數十丈至百餘丈者，飭令分投用料摟護。並飭該道確量實在所塌各工丈尺，分別查估補修。此等險要工程斷不能置之不辦，而經費支絀，所需不貲。臣等夙夜籌思，寢食俱廢，除俟勘明石工丈尺並溝漕堤堰，另行具奏外，所有洪澤湖猝遭風暴、搶辦各工平穩情形，附片陳明。謹奏。

道光三十年八月二十四日拜進

九月初五日奉硃批：另有旨。欽此。同日奉道光三十年九月初五日內閣奉上諭：陸建瀛、楊以增奏洪澤湖猝遭風暴搶辦各工平穩等語，洪澤湖信壩等處經風雨暴作，掣塌石工多段，現已將信壩賠堵穩固，智、林兩壩護埽亦均修補完整，其沿堤所塌各工著即督飭確實，查勘補修，毋稍疏懈，該部知道。欽此。

---

① 見楊紹和抄本卷十三，魯圖藏。此片楊紹和抄本於標題後註明"會江督陸建瀛前銜"。

三一一　前淮揚道查文經工竣赴部片[①]
（道光三十年八月二十四日）

再，前任淮揚道查文經因上年外南六堡堤工啟閉不能如法，致湖河受淤，軍船回空遲滯，奉旨暫行革職。嗣經戶部右侍郎福濟會同臣陸建瀛奏明六堡業已賠堵合龍，回空軍船歸次無誤，仍請將該員嚴議，並責令賠挑引河。本年正月二十二日奉上諭：查文經著照部議革職。等因。欽此。旋於三月二十二日奉上諭：已革淮揚道查文經著俟各工完竣後，由該督等送部引見。欽此。茲查賠挑之張福口引河、太平引河均已挑浚深通，估勘各工亦已完竣，援照歷辦成案，應遵例奏請開復，惟欽奉諭旨，令臣等送部引見，謹出具切實考語，給咨該員查文經赴部帶領引見，恭候欽定。

理合附片陳明。謹奏。

道光三十年八月二十四日拜進

九月十五日奉硃批：吏部知道。欽此。

三一二　揀員陞署河廳摺
（道光三十年九月初六日）

兩江總督臣陸建瀛、江南河道總督臣楊以增跪奏，爲揀員陞署河廳要缺，恭摺仰祈聖鑒事。

竊照徐州府銅沛河務同知李廣揚於本年六月二十七日因病出缺，業經照例咨由江蘇撫臣題報在案，照章程應歸六月截缺。查該缺經管銅、沛兩縣黃河南北兩岸堤埽，汛地綿長，要工林立，且地當郡城，修防保護最爲吃重，並有啟閉閘壩機宜，必須幹練之員方足以資治理。臣等於

---

① 見楊紹和抄本卷十三，魯圖藏。此片楊紹和抄本於標題後註明“會江督陸建瀛前銜”。

現任候補各同知中逐加遴選，非現居要缺，即人地未宜。惟查有上元縣知縣屠元瑞，年四十七歲，順天舉人，大挑知縣分發南河。道光十七年到工，借補鹽城縣縣丞，仍照原銜陞轉。二十三年代理清河縣知縣，防守大汛尤爲出力，奉旨：賞加陞銜。二十四年審辦海洋盜案尤爲出力，奉旨：以應陞之缺即行陞用。欽此。二十六年題補安東縣知縣，因回避調補阜寧縣知縣。二十八年調補今職。

該員年强才裕，諳練修防，歷任沿河知縣，於河務情形最爲熟悉，以之陞補銅沛河務同知，實堪勝任。且本系應陞人員，與例亦符，相應恭摺奏請①，合無仰懇天恩，准以屠元瑞陞署徐州府銅沛河務同知，洵於修防有裨。如蒙俞准，俟署事一年期滿，經歷三汛，察看果能勝任，再行保題實授，恭候欽定。至該員並無應賠銀兩，其一切因公處分例免核計。罰俸各案業於本年正月二十六日欽奉恩詔案內全行開復，毋庸查造參罰，合併聲明。

謹會同江蘇巡撫臣傅繩勳合詞恭摺具奏，伏乞皇上聖鑒訓示。謹奏。

九月初六日

道光三十年九月十八日奉硃批：欽此。②

三一三　揀員請補河廳摺

（道光三十年九月初六日）

兩江總督臣陸建瀛、江南河道總督臣楊以增跪奏，爲揀員請補河廳要缺，恭摺仰祈聖鑒事。

竊照淮安府中河通判張用熙於本年六月初八日丁母憂，業經題報在案。照章歸於六月截缺，應即遴員請補。查該缺經管桃源、清河、安東

---

① 楊紹和抄本中，“奏請”後多“奏請”二字，疑衍。

② 此片奉硃批日期，楊紹和抄本作“十月初四日”。另奉硃批內容，楊紹和抄本爲：“另有旨。欽此。同日奉道光三十年九月十八日內閣奉上諭：‘陸建瀛、楊以增奏揀員升署河廳要缺一摺，著照所請，江南徐州府銅沛同知員缺准其以屠元瑞陞署，仍俟經歷三汛，察看能否勝任，再行奏請實授，該部知道。’欽此。”

三縣境內運河，並兼管鹽河，凡一切修防、催償以及啟閉閘壩蓄洩各事宜，最爲緊要。臣等於現任候補通判中逐加遴選，查有鹽提舉銜遇缺酌量補用通判王恒，現年四十六歲，順天監生，祖籍浙江，遵豫工例報捐州同，投效東河。道光二十三年改挈南河，二十五年在東河兩次捐輸經費，奉旨：著以通判仍留南河，遇缺即補。二十八年五月引見，回工委署宿南通判，二十九年在順天捐輸，奉旨：賞加鹽提舉銜。二十九年三汛安瀾案內，該員搶辦險工尤爲出力，奏奉諭旨：王恒著不論班次，遇缺酌量補用。欽此。

該員才具穩練，熟悉工程，前於大汛委令接署中河通判，經理裕如。人地相需，例得專摺奏請。且系奉旨不論班次遇缺酌量補用之員，以之請補斯缺，實堪勝任，於例亦符。相應合詞恭摺具奏，伏乞皇上天恩，准以王恒署理淮安府中河通判，洵於要缺有裨。如蒙俞允，俟試署一年，經歷三汛，察看果能勝任，再行保題實授，送部引見，恭候欽定。

再，該員並無參罰處分，亦無應賠銀兩，合併聲明，仰祈聖鑒訓示。謹奏。

九月初六日

道光三十年九月十八日奉硃批：欽此。①

三一四　節交寒露水勢工程情形片②

（道光三十年九月初六日）

再，黃河水勢報定多日，昨又見長數寸，堤埽各工修防平穩。惟秋水迅激，塌灘坐灣仍應嚴防，桃北廳屬黃家嘴汛陳家房迤上無工處所溜勢趨注，存灘塌盡，堤身壁立，情形緊要。趲廂新堤長五十餘丈，得以保護無虞。邳宿運河自重運全出江境後，河湖水勢所存仍大，經該廳營

---

① 此摺奉硃批日期，楊紹和抄本作“十月初四日”。另，楊紹和抄本硃批內容爲：“另有旨。欽此。”其下又有：“同日奉道光三十年九月十八日內閣奉上諭：‘陸建瀛、楊以增奏揀員請補河廳要缺一摺。著照所請，江南淮安府中河通判員缺准其以王恒署理，仍俟經歷三汛，察看能否勝任，再行奏請實授。該部知道。’欽此。”

② 見楊紹和抄本卷十三，魯圖藏。楊紹和抄本此片原於標題後註明“會江督陸建瀛前銜”。

將王家溝並駱馬湖尾閭五壩及劉老澗滾壩照章先後啟洩。該滾壩東岸束水堤護埽先已廂修高整，中河雙金閘以下鹽河兩岸舊埽朽蟄卑矮，亦飭相機修護，均資抵禦。洪湖水勢日來見落數寸，山盱禮河越堵工程已過半，仍嚴飭並力進築，限日合龍，以蓄湖瀦而備運行。

現已節交寒露，轉瞬霜清，安瀾普慶，足以仰紓宸廑。謹附片具陳，伏乞聖鑒。謹奏。

道光三十年九月初六日附進

十月初四日奉硃批：知道了。欽此。

三一五　節交霜降普慶安瀾摺

（道光三十年九月二十日）

兩江總督臣陸建瀛、江南河道總督臣楊以增跪奏，爲節交霜降河湖各工修防平穩，恭報安瀾，循例由四百里具奏，仰祈聖鑒事。

竊照河工自清明節起至霜降日止，爲桃、伏、秋三汛長水之期，防守最關緊要。本年交汛以來至寒露節止河湖水勢、工程情形，並檄委來工學習之京員暨候補文武員弁分赴各廳協力防守各緣由，節經隨時奏聞在案。綜核黃河來源，除甘肅硤石在萬錦灘之上，所報長水毋庸核算外，實計河南萬錦灘報長二十次，沁河報長十七次，鞏縣洛河報長一次，共三十八次，共長水十丈零四尺四寸。當伏秋期內，旬日之間上游來源長水至三丈八尺，以致江境有一晝夜長至四尺餘寸者，趕啟銅①沛廳十八里屯滾壩，水仍不消。外南廳順黃壩誌樁積存至四丈五尺，比上年異漲仍大一寸，實爲從來所未有。秋汛續漲亦復相同，上下各廳普律漫灘，異常浩瀚，且存站日久，溜勢提移，風雨間作，堤埽各工處處險要，而下游山、海等廳因海潮頂托泛漲，情形尤爲危迫。防險料物籌備不爲不寬，無如水大工多，動用已罄。幸先期奏准部議，借動南河上年減平及本年捐輸銀兩接濟工用，將山海、安阜等廳上、前兩年剔緩堤工

---

① “銅”字，楊紹和抄本作“洞”，或誤。

又復①擇緊加幫，幸免平漫。其餘或搶做防風，或築堰幫戧，廂舊補新，得以放手搶辦。臣陸建瀛於秋分前後，在工會同督率該管文武暨防汛委員等竭力保護。茲節交霜降，除消長相抵②外，計漲水已消去四尺餘寸，各工悉保穩定。

洪澤湖爲承受淮水巨浸，藉作濟運糧船之用，存水少則不敷運行，多則湖堤著重，蓄泄操縱最關緊要。本年淮水來源亦旺，於啟放仁、禮二河後，仍消不敵長，高堰誌椿積存二丈一尺五寸，比上年盛漲尚大二寸。復將信壩啟放，始得陸續見消。節次風暴以六月杪及八月十四、五日爲最烈，兼之陣雨時傾，堰、盱兩廳沿湖③石工掣塌多段，槽土堰坡搜刷無存。擇其大段深塘先爲分投摟護平穩，仍飭道廳確查實在所塌各④丈尺，查估補修，並將各壩河石底冲塌之處分別估報，另容覆勘奏辦。仁河信壩前已堵合，禮河越堵工程因陰雨稍有稽滯，現飭並力償築，務期早日合龍。淮揚運河及寶高各湖承受洪澤來源，亦形漲滿，賴本年西堤普律補築，東堤藉有重障。飭令該管廳營加意修守，得將高郵四壩堅守未放，下河普獲豐登，感頌皇仁，歡聲遍野。邳宿運河前啟泄水各閘壩水口已飭趕備料物，隨時察看堵蓄。外南塘河挑工限日竣事，不誤空運。

所有節交霜降各工平穩、普慶安瀾緣由，謹合詞恭摺循例由四百里馳報，仰慰聖懷。

再，本年河湖異漲，險工百出，在事文武員弁奔馳於風雨昏夜之中，竭力搶護，不避艱辛，可否擇其尤爲出力者酌加獎勵出自天恩，伏乞皇上聖鑒訓示。謹奏。

九月二十日

道光三十年九月二十六日奉硃批：欽此。⑤

---

① "復"字，楊紹和抄本作"得"，或誤。

② "抵"字，楊紹和抄本作"底"，或誤。

③ 錄副本缺此"湖"字，據楊紹和抄本校改。

④ 楊紹和抄本缺此"各"字。

⑤ 此摺奉硃批日期，楊紹和抄本作"十月□日"，該本"欽此"後有："同日奉道光三十年九月二十六日內閣奉上諭：'陸建瀛、楊以增奏霜降安瀾一摺。本年黃河來源甚旺，漫灘刷塌，洪澤湖亦盛漲異常。經該督等督率文武員弁設法搶護，現在節交霜降，各工一律平穩。此皆仰賴河神默佑，普慶安瀾，覽奏實深欽感。著發去大藏香十炷，交楊以增虔詣河神廟，代朕敬謹祀謝，用答神庥。楊以增著加恩賞還頂戴，仍交部議敘。陸建瀛兼管河務，著一併交部議敘。在事文武員弁著該督等擇其尤爲出力者酌保數員，候朕施恩，毋許濫冒，餘者照所擬辦理。'欽此。"

三一六　海神廟請頒匾額請加封號片[①]

(道光三十年九月二十日)

　　再，南河清江浦順治十四年建有海神廟，載在祀典。道光二年前河臣黎世[②]序等復於海安廳雲梯關重建廟宇，一併春秋致祭。道光十五年前河臣麟慶等奏奉頒發"保障功巍"四字匾額。本年伏秋大汛，黃水異漲，較之上年誌樁尚大一寸，盈堤拍岸，危險非常，下游山海安阜各廳情形尤重。幸海口歸墟通暢，旋長旋消，俾各工克臻穩定。又查敷佑康澤靈應侯姓耿名裕德，山東東平州人，生於宋大中年間，純樸剛正，出任通判，後隱居高郵，歿而棲神於湖，屢著靈異，里人建祠奉祀。淳熙、寶祐年間，累封康澤靈應侯，明洪武年間請入祀典。我朝嘉慶二十一年，經前河臣黎世序等奏奉敕加"敷佑"封號，道光四年續纂《通禮》告成，匯入祀典，並載春秋致祭禮儀於編。嗣山盱廳境湖堤亦建祠奉祀，有祈必應。本年洪湖水漲，啟放山盱壩河。揚河廳境承受壩水，甚形漲滿，岌岌可虞。臣等虔詣禱求，水即消落，得將高郵四壩堅守不放，下河普律豐收。至山盱仁河壩底冲跌損壞，堵築之時恐湧激塌通，必致湖水泄多，不敷濟運。又八月十四、五日烈風暴雨，巨浪掀騰，埽石塌卸，危在呼吸，均經叩禱默陳聖主廑念河漕至意，旋即風收雨止，化險爲平，仁河壩底亦即不再續塌，遂獲合龍。

　　凡此神應之默佑，悉由聖德之感孚，悚惕之餘，曷勝欣幸。伏乞皇上俯准，頒給海神廟御書匾額，並加賜"康澤侯"封號，以答神庥，益昭虔祀。謹附片具陳，並將匾額尺寸開呈聖鑒訓示。謹奏。

道光三十年九月二十日附進

十月□日奉硃批：另有旨。欽此。同日奉道光三十年九月二十二日內閣奉上諭：陸建瀛、楊以增奏海神顯應，應加封號等語。著禮部議奏。欽此。旋奉頒"朝宗普慶"四字匾額，敷佑之下奉加"廣濟"二字封號。

---

① 見楊紹和抄本卷十三，魯圖藏，題後作"會江督陸建瀛前銜"。
② "時"，當作"世"。

三一七　葦營圍估柴數片①
（道光三十年九月二十日）

再，查葦蕩左右兩營道光二十八年青葦長發情形，經前河臣潘錫恩於該年六月內附片奏明在案，嗣於霜降後經該管淮海道親詣蕩地詳細圍估。計道光二十八年左營估柴二百六十二萬七千一百八十束，除舊額正餘柴一百五十三萬五千束，計新增餘柴一百零九萬二千一百八十束，較續增額多柴二十九萬二千一百八十束。右營估柴二百八十三萬六千九百二十束，除舊額正餘柴一百六十三萬四千八百束，計新增餘柴一百二十萬零二千一百二十束，較續增額多柴二千一百二十束。

理合附片陳明，伏乞聖鑒。謹奏。

道光三十年九月二十日附進

十月□日奉硃批：知道了。欽此。

二一八　奉旨賞還頂戴仍交部議敘恭謝天恩摺
（道光三十年十月二十日）

江南河道總督臣楊以增跪奏，爲恭謝天恩事。

竊臣奏報霜降安瀾一摺，欽奉上諭：楊以增著加恩賞還頂戴，仍交部議敘。等因。欽此。當即恭設香案，望闕叩頭謝恩。

伏念臣自道光二十八年十二月抵任南河，兩年以來均值河湖異漲，幸獲安瀾。方以修守之疏，時懷恐懼，乃荷賞還頂戴，仍交部議敘。聖恩優渥，彌覺惶悚難安。臣惟有勉竭駑駘，矢慎矢勤，以期上答高厚鴻慈於萬一。

所有微臣感激下忱，理合繕摺恭謝天恩，伏乞皇上聖鑒。謹奏。

———————

①　見楊紹和抄本卷十三，魯圖藏。

十月二十日

道光三十年十一月十一日奉硃批：知道了。欽此。

三一九　賞香報謝河神片
（道光三十年十月二十日）

再，臣欽奉上諭：楊以增奏霜降安瀾一摺。此皆仰賴河神默佑，覽奏實深欽感。著發去大藏香十炷，交①楊以增虔詣河神廟，代朕敬謹祀謝，用答神庥。欽此。臣謹諏吉日，恭賷頒到藏香，親詣河湖各神廟敬謹祭告，默陳聖主報祀之誠，長邀福佑安瀾之慶。理合附片具奏。

再，南河海神廟奉頒御書匾額一方，容俟恭制懸掛後，另行奏報。

合併陳明，伏乞聖鑒。謹奏。

道光三十年十一月初一日②奉硃批：知道了。欽此。

三二〇　霜降後水勢工程情形片③
（道光三十年十月二十日）

再，黃河來源於霜降後續據河南武陟縣馳報，沁河於九月初十日巳、午兩時長水四尺四寸，鞏縣報洛河於九月初九日戌時長水三尺許。其來水已於霜前行過江境歸海，是以霜後江境黃水有消無長。銅沛廳大汛所啟之十八里屯滾壩業經飭令堵閉，邳宿運河前啟之七閘越壩、劉老澗滾壩、王家溝柳園頭閘、駱馬湖尾閭五壩前因水勢日消，回空軍船將次臨境，據該道廳稟報，查照舊章，以次堵辦，俾利運行。山旴④廳越堵禮河工程計長三百四十餘丈，業於十月初一日合龍，跟澆土餡，並於後身估築直壩，以

---

① 録副本無此"交"字，據楊紹和抄本校補。
② 此片奉硃批日期，楊紹和抄本作"十一月十一日"。
③ 見楊紹和抄本卷十四，魯圖藏。
④ "旴"字，楊紹和抄本作"旴"，當誤。

資重障，計各壩河均已一律堵竣。惟近時陰雨較多，洪澤湖又陸續見長尺許，現在專由運口束清壩一路分洩，恐消納不及，湖堤著險，必須另添去路，而仁、義、禮三河及智壩各石底均已先後跌損，勢難再啟。現在飭委道將督同廳營查估補築，不獨錢糧較大，無款可籌，且非急切所能竣工。惟信壩石底沖跌稍輕，刻已量加修補。如湖水再有續長，擬即權衡輕重，暫將該壩啟洩，以保湖堤。容相機酌辦，隨時奏聞。

所有霜降後河湖水勢工程各情形，謹附片具陳，伏乞皇上聖鑒。謹奏。

道光三十年十月二十日附進

十一月十一日奉硃批：另有旨。欽此。

三二一　遵保防汛出力人員摺
（道光三十年十月二十日）

兩江總督臣陸建瀛、江南河道總督臣楊以增跪奏，爲遵旨酌保本年大汛搶工尤爲出力人員，繕具清單，恭摺仰祈聖鑒事。

竊臣等恭接上諭：陸建瀛等奏霜降安瀾一摺。本年黃河來源甚旺，漫灘刷埽，洪澤湖亦盛漲異常，經該督等督率文武員弁設法搶護。現在節交霜降，各工一律平穩，著該督等擇其尤爲出力者酌保數員，候朕施恩，毋許冒濫。等因。欽此。伏查本年黃河長水既大且勤，洪澤湖來源亦旺，均比上、前等年漲水尤形浩瀚，裏河爲首當湖源入運之路，更覺吃重。計黃、運各廳工程處處險要，堰盱石堤及各壩河護埽石底迭被風暴刷塌沖跌，屢瀕危迫。兼之大雨時傾，河湖各工同時著重，而揚河西堤本年借款修築，辦理認真，揚河廳防護東堤不遺餘力，高郵四壩得以普獲豐收。臣等往來工次，目睹文武員弁冒雨沖風，不分晝夜，竭力搶辦，備歷艱辛。仰賴皇上至德，感孚河神默佑，得以化險爲平，乃蒙恩諭酌保，仰見聖主策勵群材①，微勞必録，臣等與通工文武同深欽感。

茲將尤爲出力人員逐加詳核，不敢稍涉冒濫，謹繕名單恭呈御覽，

---

① “材”字，楊紹和抄本作“村”，楊本應誤。

伏候①恩施。至在工學習之工科給事中路慎莊、內閣中書曹炯派防大
汛，均能勤慎習練，應俟期滿再行核奏外，查河庫道法良、徐州道沈
濂、淮揚道嚴正基、淮海道桂文耀、常鎮道姚熊飛、前署徐州道候補知
府張道進、前署淮揚道候補道胡調元、徐州府知府李正鼎、淮安府知府
恒廉、前任揚州府知府今調江寧府知府吳襃晉、現任揚州府知府魏亨
達、河營參將呂邦治、淮揚遊擊安振業、淮徐遊擊闞興邦、前署淮徐遊
擊顏兆燕各勤厥職，均請旨交部議敘。其餘出力較次員弁容分別等第，
循例造冊，咨部核辦。

　　臣等謹合詞遵旨恭摺具奏，伏乞皇上聖鑒訓示。謹奏。

十月二十日

道光三十年十一月初一日奉硃批：欽此。②

三二二　遵保防汛出力人員清單
（道光三十年十月二十日）

　　謹將本年防守大汛要工尤爲出力人員繕具清單③，恭呈御覽。

------

　　①　“候”字，楊紹和抄本作“乞”。
　　②　此摺及后一摺一片奉硃批日期，楊紹和抄本皆作“十一月十一日”。另此摺楊紹和抄
本奉硃批爲：“另有旨。欽此。同日奉道光三十年十一月初一日內閣奉上諭：‘陸建瀛、楊以
增奏遵保防汛尤爲出力人員開單呈覽一摺。本年黃、運各廳工多險要，洪澤湖來源亦旺，經文
武員弁等竭力搶辦，各工悉臻平穩，自應量予恩施，以昭激勸。河庫道法良、徐州道沈濂、淮
揚道嚴正基、淮海道桂文耀、常鎮道姚熊飛、前署徐州道候補知府張道進、前署淮揚道候補道
胡調元、徐州府知府李正鼎、淮安府知府恒廉、前任揚州府知府今調江寧府知府吳襃晉、現任
揚州府知府魏亨達、河營參將呂邦治、淮揚遊擊安振業、淮徐遊擊闞興邦、前署淮徐遊擊顏兆
燕均著交部議敘。淮安府運同銜裏河同知于昌進著以沿河知府陞用。淮安府桃北同知安金瀾、
揚州府江運同知李萬傑均著賞加知府銜。同知銜揚河通判劉於淳著賞加運同銜，署淮安府清河
縣知縣于醇儒著賞加同知銜，候補通判張文濤、金業、潘榮淮、吳曰銑、劉虞采、胡志章、熊
存泰、帥惺、陸費琴、候補州同李會文、候補縣丞胡鳴泰、彭以符、候補主簿陳梱、施培基、
萬青選、侯鳳翔、王如春、候補從九品姜湉、馮昌運、李均、帥遠炳均著不論班次遇缺間用。
甘泉縣主簿惲先業著以應陞之缺陞用，候補主簿顧浚著賞加州同銜，遊擊銜山盱營守備蔡天祿
著以遊擊陞用。另片奏霜降後河湖水勢工程情形等語，著該督等督飭道府廳營各員弁加意防
護，隨時相機辦理，不得以安瀾已報稍形疏懈。該部知道，單片併發。’欽此。”
　　③　楊紹和抄本作“謹將防險、搶險出力人員開單”。

淮安府①運同銜調署裏河同知于昌進，請以②沿河知府陞用。

淮安府桃北同知安金瀾、揚州府江運同知李萬傑，均請賞加知府銜。

同知銜揚河通判劉於淳，請賞加運同銜。

署淮安府清河縣知縣于醇儒，請賞加同知銜。

候補通判張文濤、金業、潘榮准、吳曰銑、劉虞采、胡志章、熊存泰、帥惺、陸費琴，均請不論班次，遇缺間用。

候補州同李會文，候補縣丞胡鳴泰、彭以符，候補主簿陳梱、施培基、萬青選，侯鳳翔、王如春，候補從九品姜湅、馮昌運、李均、帥遠炳，均請不論班次遇缺間用。

甘泉縣主簿惲先業，請以應陞之缺陞用，候補主簿顧浚，請賞加州同銜。

遊擊銜山盱河營守備蔡天禄，南河無都司額缺③，請以遊擊陞用。

三二三　遵旨覆奏摺

（道光三十年十月二十日）

兩江總督臣陸建瀛、江南河道總督臣楊以增跪奏，爲遵旨覆奏事。

竊臣等接准部咨欽奉上諭：御史程德麟奏疏泄河流一摺。著楊以增會同陸建瀛妥議具奏，摺併發。欽此。等因。抄行原奏前來。臣等查該御史原奏內稱，竊④謂治河之道貴識河性，尤貴審輕重緩急，推其致患之處，或溯其源而塞之，或疏其流以泄之。南河下游水高上游至數尺，以致上流冲決，宜於河流入海處多加疏浚，以復故道。務飭同心任勞，無分畛域，庶可事半功倍。等語。臣等查南河上流現在並無冲決之處，黃河本由故道行走，並未他移。檢查上下各廳水勢消長尺寸亦不甚懸殊，無下高於上數尺之事。海口現俱通暢，尚無阻遏。至於審其輕重緩

---

① 楊紹和抄本無“淮安府”，後所列各員官職亦均不著其所屬何府。

② “請以”，楊紹和抄本作“擬請旨以”，後皆有“擬”字。

③ 楊紹和抄本無此句。

④ “竊”字，楊紹和抄本作“切”。

急，分別疏築，臣等總當督飭道廳，隨時相機竭力酌辦，務期工固瀾安，上紓宸廑。

理合遵旨覆奏，仰祈皇上聖鑒。謹奏。

十月二十日

道光三十年十一月初一日奉硃批：另有旨。欽此。

三二四　附參守備張如玉片
（道光三十年十月二十日）

再，葦蕩營遠處海隅，兵民雜處，全賴該管備弁公正彈壓，庶得相安。茲據河庫道法良、署淮海道桂文耀等稟稱，本年夏秋間，葦蕩右營地方屢有兵民互控之事，是該管守備張如玉不能約束，已可概見。除將兵民交涉案件飭交淮安府訊結外，相應將葦蕩右營守備張如玉請旨先行撤任，留浦察看，檢弁另補。

理合附片參奏，伏乞聖鑒。謹奏。

十月二十日

道光三十年十一月初一日奉硃批：欽此。①

三二五　奉諭會勘海口先陳大概情形片
（道光三十年十一月初九日）

再，臣承准軍機大臣字寄：道光三十年十月二十六日內閣奉上諭：

---

①　楊紹和抄本"欽此"後有："同日奉道光三十年十一月初一日內閣奉上諭：'楊以增奏參葦蕩右營守備張如玉於該管地方屢有兵民互控之事，不能約束等語。張如玉著先行撤任，交該河督嚴行查辦，毋稍瞻徇。餘著照所擬辦理。該部知道。' 欽此。"

杜受田①奏：接據前任漕運總督周天爵來信內稱，九月間經②河堤，詢知本年黃河入海之處塌陷數百丈，是以盛漲旋落。乘此冬令水小，接其塌陷之所多築草壩③，逼溜攻刷，可期事半功倍。等語。近來黃河形勢日淤日高，每歲增培堤工，河身受病滋深。若如周天爵所稱現在河口塌陷甚寬，乘機築壩，藉以逼溜攻刷，亦系因勢利導之法。惟河流入海之處因何忽有塌陷，必應如何籌辦，方期疏導深通，永除河患。著陸建瀛、楊以增親往查勘情形，悉心妥議，迅速具奏，毋致坐失機會。杜受田原奏及周天爵信稿著抄給閱看。欽此。當即移知督臣會勘。

伏查海口舊有攔門沙④灘，臣於夏間即風聞有刷塌之説。果如所聞，洵爲大好氣象。當即諭飭淮海道桂文耀督同委員會同海安、海阜二廳營前往確勘。旋據稟覆：選帶弁目前往海口之絲網濱一帶，尋得漁人李有貴、陳有禮等，詢以攔門沙刷去情形。據稱黃河尾閭向有攔門沙一道，系由河海水勢上下相激而成，堅硬如石，近來形勢如舊，並無刷塌之事。復又訪問出海貿易之人及附近居民，所言無異。等情。其時海口當盛漲之餘，人不能到，臣亦正防大汛，未能親赴履勘，是以會同督臣於奏請御書匾額摺內已將本年海口歸墟通暢、旋長旋消之處據實聲明。今奉寄諭，俟會勘確實、妥議速奏外，相應附片先陳，伏乞皇上聖鑒。謹奏。

道光三十年十一月十六日⑤奉硃批：認真確勘，不可受屬員朦混。欽此。

---

①　杜受田（1788—1852）：字芝農，山東濱州人，嘉慶十五年（1810）中舉，道光三年（1823）中進士，六年（1826）授編修。八年（1828）充順天鄉試同考官，十一年（1831）充國史館，十二年（1832）充雲南鄉試副考官，二十九年（1849）充上書房總師傅。咸豐元年（1851）充實錄館總裁，兼署吏部尚書，後任刑部尚書、協辦大學士，二年（1852）赴山東、江蘇辦理賑務，同年七月積勞病故，諡文正。

②　楊紹和抄本於此處有一"過"字。

③　草壩：治河工程中以柴草所築之壩。

④　攔門沙：河流來沙不能全部輸送至深海，則在河口地區沉積。其中淤積部位處於河口段與口外濱海段的交接地區，亦即口門附近，稱之爲攔門沙。

⑤　此摺及後二摺奉硃批日期，楊紹和抄本皆作"二十二日"。

三二六　回空首進軍船渡黃日期摺

（道光三十年十一月初九日）

　　江南河道總督臣楊以增跪奏，爲回空首進在前軍船渡黃南下日期並河湖水勢工程情形，恭摺循例由驛馳奏，仰祈聖鑒事。

　　竊照本年回空軍船前於未經入境之先，即經臣派員於上①交界探信迎提，一面將南北運河壩埽分別預備。外北廳屬浦家莊兩岸托蓋等壩、外南廳屬舊草閘內外挑束各壩並上下迎水分水雁翅、護埽、禦黃二壩、臨清堰鉗口壩並後身防埽間有朽腐蟄塌，均已廂修完整，塘河挑工一律竣事，驗收如式。嗣回空頭船於十月十七日行入江南黃林莊境，經臣諄飭文武印委員弁節節嚴催，以期迅速。隨將中河鹽閘鉗口壩堵②閉，蓄高清水，即啟楊莊頭壩，提船渡黃。

　　查洪澤湖自各壩河堵閉後，因九、十月內雨水較勤，陸續長水三尺有餘。又適逢黃水落低，較量湖面高於黃河水面二尺有餘寸。數十年來皆系黃高於清，今既得此清高於黃之機，時不可失。臣駐劄河口，督率該管道將廳營於十一月初四日將臨清堰啟除，放進湖水，鋪滿塘河。旋將舊草閘臨黃堰啟放，滔滔外注。遂提回空首幫淮安二幫起至湖北幫止共二十一幫，計船四百二十五隻，挽進塘河，催出臨清堰，星夜南下。如在後各幫銜尾而來，即全用清水浮送，催到一幫，即放渡一幫，敞口暢行，較之啟閉灌放遲速迥殊。而下游黃河清水匯注，雖不能急切淘深，然得此攻刷之力，亦實於河身大有裨益。惟洪湖誌椿蓄存二丈一尺二寸，風信靡常，堰盱堤工彌形吃重。現擬添啟新草閘順清河分道宣洩。仍將信壩底趕爲填補，倘湖源不旺，入黃各路減洩得及，湖水日清，自毋庸③再議添啟。設竟不能暢消，則湖堤關係甚大。即當權衡輕重，仍將信壩酌啟，以保湖堤。俟湖黃相平後，仍用灌塘之法，庶漕

① “於上”二字，楊紹和抄本作“上游”。
② 錄副本无此“堵”字，据楊紹和抄本校補。
③ 錄副本无此“庸”字，据楊紹和抄本校補。

運、民生兩相兼顧。臣惟有隨時相機辦理，斷不敢積存成見，致滋他虞。

除將隨後渡黃船數情形另容隨時奏聞外，所有回空在前各幫渡黃南下日期並水勢工程情形，理合會同兩江總督臣陸建瀛，恭摺循例由驛馳報，仰慰宸廑，伏乞皇上聖鑒。謹奏。

十一月初九日

道光三十年十一月十六日奉硃批：知道了。欽此。

三二七　小雪後風暴湖堤搶護平穩摺

（道光三十年十一月初九日）

再，洪澤湖八月間猝遭風暴，掣塌石工，曾會同督臣據實奏報。十月十九日節交小雪，陡起西南風暴，二十一日洊轉西北，二十二、三日愈形猛驟。接據山盱廳營稟報：石工多有續塌，槽①土接刷寬深，湖水高於大堤一二三尺不等，長堤子堰竟有塌存寬止二三尺者，危險已極，搶護不遑。等情。臣隨即親往履勘，情形屬實。遂督飭該廳營並文武委員等分別用料用石趕爲搜護，並將子堰趕爲加幫，悉已保守平穩。前此節次所塌石土先已遴派幹員補砌。因湖水甚大，並採辦石料需時，未能克期完畢。今又續塌多丈，除確切勘估外，並責成該工員等常川駐工，遇有風信緊要，隨時幫同本管廳營汛官竭力保護，實已處處有人，節節有備②。並派河營參將、遊擊輪流赴工，督同巡守，務期一律平穩。

所有小雪節後陡遇風暴③，湖堤搶護平穩緣由，理合附片陳奏，仰祈皇上聖鑒。謹奏。

十一月初九日

道光三十年十一月十六日奉硃批：知道了。欽此。

---

① “槽”字，楊紹和抄本作“漕”，當誤。
② 録副本无此“備”字，据楊紹和抄本校補。
③ “風暴”二字，楊紹和抄本作“暴風”。

三二八 回空軍船全數渡黃日期摺

（道光三十年十一月十六日）

漕運總督臣楊殿邦、江南河道總督臣楊以增跪奏，爲回空軍船全數渡黃日期，恭摺馳報，仰祈聖鑒事。

竊回空首進在前各幫渡黃南下日期業經奏報在案。日來洪澤湖水仍高黃河水面二尺餘寸，在後軍船隨到隨渡，江西吉安尾幫於十一月初八日行入江南黃林莊境，臣楊殿邦督押尾幫，率令文武員弁晝夜催儹，不任刻延。茲於十六日全數渡黃，連前次首進船隻共四十一幫，計一千二百零一隻，內宿州兩幫由湖歸次。淮揚運道一律深通，仍會檄沿途印委各員節節嚴催，務期克日出江，飛挽歸次。至全數渡黃日期，除上年回空遲滯未便比較外，比較二十八年十一月十七日全漕渡黃尚早一日，且在冬至之前，斷不致有誤新漕。復查向來灌塘之法，先將軍船①北岸掛黃排泊，其南岸之啓閉攔清、攔黃各壩並各涵洞展轉需時，若分灌三塘，非一月②不能完畢。今自③十一月初五日巳刻至十六日午刻僅十一日，將回空船隻全數渡竣。雖時已隆冬，風雪間作，而天氣晴暖④，無凍阻之虞⑤。況清高於黃多年未見，是皆仰賴皇上至德感孚，神祇默佑。軍民忭舞，萬口歡騰。臣等欣幸之餘，益滋寅畏。現在湖水較大，臣楊以增督率該管道將廳營設法宣洩，臣楊殿邦即日進署，趕辦新漕事宜。

所有回空軍船全數渡黃緣由，謹會同督臣陸建瀛，合詞恭摺循例由驛馳報，仰祈皇上聖鑒。謹奏。

十一月十六日

道光三十年十一月二十三日⑥奉硃批：知道了。欽此。

---

① 楊紹和抄本此處多一"由"字。
② "一月"二字，楊紹和抄本作"月餘"。
③ "自"字，楊紹和抄本作"至"，當誤。
④ "晴暖"二字，楊紹和抄本作"和暖"。
⑤ 楊紹和抄本此句前多一"毫"字。
⑥ 此摺及後一片一摺奉硃批日期，楊紹和抄本皆作"二十九日"。

三二九　洪湖石工修竣片

（道光三十年十一月十六日）

　　再，據淮揚道稟稱：洪澤湖歷次補修風暴掣卸石工，計：高堰廳屬自道光二十九年七月起，至三十年六月止，共長六百六十二①丈三尺，內除新工著原辦之員賠修外，實計舊工長六百四十七丈八尺。山盱廳屬自道光二十九年七月起，至三十年二月止，共修舊工長三百九十二丈四尺，並新工下舊石層路均已隨時補修完整。等情。稟請具奏前來。

　　理合附片陳明，伏乞聖鑒。謹奏。

　　道光三十年十一月二十三日奉硃批：知道了。欽此。

三三〇　運葦大船輪應大修摺

（道光三十年十一月十六日）

　　江南河道總督臣楊以增跪奏，爲南河運葦大船輪應大修以資運料，循例開單恭摺具奏，仰祈聖鑒事。

　　竊照江南葦蕩船務營改造大船二百隻，奉部議准：三年小修，六年大修，十二年成造一次。俟屆成造之年，如尚堪修理者量予修費，以歸核實。等因。飭遵在案。茲據河庫、淮海二道詳稱：葦蕩船務營運葦大船常年在於黃、運、鹽河上下往來，裝運柴料。伏秋大汛，不避波濤，時逢冬令，冰凌擦碰。經歷數年，即致損壞，必須照例隨時修造，以供駕駛。所有道光三十年分葦蕩船務營輪應大修運葦大船二十八隻，照例勘估請辦。並將該船字號、上屆小修完竣日期，開單呈送請奏前來。經臣嚴飭該道等親往驗明，各船實俱朽壞，查與輪修年限相符，計共估需工料銀一千一百九十六兩八錢八分二厘四毫。除飭按船給價，購料趕

---

　　①　“二”字，楊紹和抄本作“六”。

修，以資運料，取具實用工料細册，照例具題送部外，謹繕清單，會同兩江總督臣陸建瀛恭摺附驛具奏，伏乞皇上聖鑒，敕部核議施行。謹奏。

十一月十六日

道光三十年十一月二十三日奉硃批：該部議奏，單併發。欽此。

三三一　道光三十年輪應大修船隻清單
（道光三十年十一月十六日）

謹將道光三十年葦蕩船務營輪應大修船隻字號、上屆小修完竣日期繕具清單，恭呈御覽。

計開：

船務營大修①左字三十號至四十五號、右字四十二號至五十三號運葦大船二十八隻，上屆均於道光二十七年八月二十五日小修完竣，扣至道光三十年八月內輪應大修。

三三二　官紳捐輸河工經費摺
（道光三十年十二月初四日）②

兩江總督臣陸建瀛、江南河道總督臣楊以增跪奏，爲官紳捐輸河工經費，恭摺具陳仰祈聖鑒事。

竊照南河籌辦王營減壩等工，因河庫未能湊墊，經欽差侍郎臣福濟會同臣陸建瀛奏請暫開捐輸，奉户部議覆：准照順天捐輸新定章程辦理。等因。當因河庫、管河各道均有錢糧工程專責，捐輸事繁，難以兼顧。經臣等遴委在工學習之工科給事中路慎莊、內閣中書曹炯、候補同

---

① 楊紹和抄本作“船營務天修”，當誤。

② 此摺具文日期，楊紹和抄本作“十二月初五日”。

知邵勷總司其事，並將設局收捐一切條款咨部核覆。嗣因各項捐輸停止，亦即奏明一律請停，勒限造冊在案。

　　茲據該局將捐生龔普照等呈交捐項銀六十二萬四千三百餘兩，並部監照①費銀五百四十七兩零造具履歷、銀數總冊，呈請奏獎前來。臣等伏查防河本以衛民，每年例撥有款，原無藉於捐項。惟王營減壩等要工皆在歲修例費之外，前因一時庫墊不及，暫議捐輸。出示後各省捐生踊躍輸將，適當伏秋大汛，黃河盛漲、防險搶築之際，並有山海各廳土工。接准部咨，議令借用捐輸銀兩仍於例撥內分作五年扣還，奉旨：依議。欽此。當即欽遵辦理。現在冊造完竣，應即核實請獎，俾慕義急公者皆得以及時自效。合無仰懇皇上逾格恩施，用昭激勸。至捐生應得官職係按順天捐輸新定章程及豫工二卯現行常例條款核擬，均已磨對準確。除將總冊咨送戶部查核外，謹繕簡明清單，恭呈御覽。

　　爲此恭摺具奏，伏乞皇上聖鑒，敕下戶部議覆施行。謹奏。

十二月初四日

道光三十年十二月十六日②奉硃批：戶部議奏，單併發。欽此。

三三三　淩汛各工平穩片
(道光三十年十二月初五日)

　　再，查節交冬至，爲河工淩汛之期，防守亦關緊要。經臣先期通飭各③廳營於黃河埽壩各工掛用擋淩樁木，並多備打淩器具、船隻，以備應用。並飭將兩岸堤根積水疏導歸河④，凡灘面串刷溝槽，分別築壩編柳，以資堵截。現查外南廳順黃壩誌樁消存三丈四尺五寸，各工平穩。察看中河廳楊莊頭壩水勢，清黃高下無幾⑤，前⑥於空運全數渡黃後即⑦

---

① 監照：清朝最高學府國子監頒發的文憑。
② 此摺及後二片二摺奉硃批日期，楊紹和抄本作"二十五日"。
③ 錄副本無此"各"字，據楊紹和抄本校補。
④ "河"字，楊紹和抄本作"江"。
⑤ 此句楊紹和抄本作"清高於黃無幾"。
⑥ "前"字，楊紹和抄本作"即"。
⑦ 楊紹和抄本無此"即"字。

將該壩堵閉，以免黃流內漾澄淤，並將雙金閘鉗口壩啟放，以濟鹽柴運行。至洪澤湖水勢蓄存①較大，現與督臣會商，設法宣消，並將信壩啟放，以保湖堤。仍督率加意②慎防，務期穩定。

所有籌防淩汛各工平穩緣由，理合附片具陳，仰祈聖鑒。謹奏。

道光三十年十二月十六日奉硃批：知道了。欽此。

三三四　核明道光三十年另案各工銀數摺
（道光三十年十二月初三日）

江南河道總督臣楊以增跪奏，爲核明各廳道光三十年霜降止辦理另案各工動用銀數，循例匯總，開具清單，恭摺奏祈聖鑒事。

竊照每年伏秋大汛各廳搶辦另案新工於嘉慶八年准工部咨，令於霜降後核明銀數，彙奏一次，以憑考核。又於道光十五年九月內准工部咨：欽奉上諭：嗣後每年彙奏清單務遵奏定限期，無③論奏咨各案彙爲一冊。等因。當經前河臣查明，請照東河章程截至霜降之日爲止，將霜後所辦各工歸入次年清單開列，奏奉俞准照辦各在案。

所有道光三十年霜降止各廳辦理培築堤壩堰餂、廂埽拋石、挑河撈淺、啟閉壩堰、摟護補砌磚石等工，均經臣隨時督率各道將廳營分投辦理穩實④，節次奏報，鈔摺咨部。茲據該管各道分案造冊呈送前來，共七十二案。內估定辦理者，工竣後經臣勘驗；其隨時辦理者，先由各道查量具報，復經臣確核刪減，不准稍有浮糜。茲統計各工刪定銀數，連上年挑辦洪湖引河，除張福口、太平兩引河用銀三萬一千三百四十九兩零系前任淮揚道查文經賠挑外，實計天然引河用銀十六萬七千零九十一兩零在內，共計用銀二百三十一萬六千八百七十五兩零。按冊查核，均與原估及勘准冊案相符。除飭另造印冊詳送，次第具題並送部查核外，謹將各廳道光三十年霜降止辦理另案各工動用銀數循例彙總，開具清

---

① “存”字，楊紹和抄本作“水”。
② “督率加意”四字，楊紹和抄本作“督道廳加意”。
③ 錄副本此處原衍一“無”字，據楊紹和抄本校改。
④ “穩實”二字，楊紹和抄本作“穩定”。

單，恭呈御覽，仰祈敕部查核施行。

再，動用歲加五寸錢糧增培堤工因非另案工程，向來不列清單。嗣於道光十八年經工部議令：歸入另案清單，一律比較。遇有興辦年分，於彙奏摺內聲敘①。等因。所有本年江運廳辦理前項工程，現已遵照列入清單。合併聲明，伏乞皇上聖鑒。謹奏。

十二月初三日②

道光三十年十二月十六日奉硃批：工部議奏，單併發。欽此。

三三五　道光三十年各廳另案各工用銀清單

（道光三十年十二月初三日）

謹將徐州、淮揚、淮海、常鎮四道屬各廳道光三十年霜降止辦理另案各工做過工段丈尺、動用料土銀數循例匯總開具清單，恭呈御覽。

計開：

徐州道屬

豐北廳

豐上汛自佟家馬路東兵十四堡起至寬堤頭止幫加堤工長九百九十丈，幫加南面頂寬一丈三尺五寸至一丈七尺，底寬一丈五尺五寸至一丈九尺，高一丈至一丈零五寸，與舊堤平。再於新舊頂上加高一尺五寸至二尺，頂寬三丈五尺，底寬四丈二尺五寸至四丈五尺。工估需土方銀五千六百七十二兩零。

豐下汛自夫八堡東起至寬工頭止幫加堤工長一千四百二十五丈，幫加南面頂寬五尺至七尺五寸，底寬五尺至八尺五寸，高九尺五寸至一丈零五寸，與舊堤平。再於新舊頂上加高一尺至一尺五寸，頂寬三丈，底寬三丈五尺至三丈七尺五寸。共估需土方銀三千九百七十六兩零。

以上豐上下二汛幫加堤工通共估需土方銀九千六百四十八兩零。

豐上下、銅三汛鑲做防風長三千一百七十丈，寬三尺至四尺，高三

① "聲敘"二字，楊紹和抄本作"聲明"。

② 此摺具文日期，楊紹和抄本作"初五日"。

尺至五尺。共估需土夫工銀八千八百一兩零。

蕭南廳

碭上汛幫加堤工長六百七十丈，估幫北面頂寬七尺至一丈二尺，底寬九尺五寸至一丈三尺，與舊堤頂平。再於新舊頂上加高二尺，頂寬二丈至二丈五尺，底寬三丈至三丈五尺，共估需土方銀三千零九十三兩零。

碭下汛幫加堤工長三百丈，估幫北面頂寬一丈七尺，底寬一丈八尺，高八尺。再於新舊頂上加高按此，頂寬二丈，底寬三丈五尺。共估需土方銀一千六百六十八兩零。

蕭汛幫加堤工長六百六十丈，估幫北面頂寬八尺至一丈五尺，底寬九尺七寸五分至一丈六尺五寸，高九尺五寸至一丈二尺，與舊堤頂平。再於新舊頂上加高一尺至二尺，頂寬二丈五尺，底寬三丈至三丈五尺。共估需土方銀二千七百三十九兩零。

以上碭上下、蕭三汛幫加堤工通共估需土方銀七千五百零二兩零。

碭上下、蕭三汛鑲做防風長二千三百七十丈，寬四尺至五尺，高深五至六尺，共估需土夫工銀八千九百六十四兩零。

銅沛廳

郭汛自兵十九堡至下交界止幫加堤工長四百九十七丈，幫北面頂底均寬二丈一尺至二丈二尺，高七尺至八尺，與舊堤平。再於新舊頂上加高二尺，頂寬四丈，底寬五丈。共估需土方銀三千一百八十九兩零。

大壩汛自兵十二堡工尾起至兵十七堡迤上止幫加堤工長一千二百八十四丈，幫南面頂底均寬一丈二尺至二丈二尺，高八尺至九尺，與舊堤平。再於新舊頂上加高一尺至二尺，頂寬三丈五尺，底寬四丈至四丈五尺。共估需土方銀六千六百十五兩零。

以上郭、大二汛幫加堤工通共估需土方銀九千八百零五兩零。

郭汛北門工上下一帶石岸外拋護碎石共長一百六十二丈，頂寬二尺，底寬六丈至劉丈四尺，高深二丈九尺至三丈一尺。又於拋護碎石外築做石壩三道，共長二十一丈，頂寬一丈五尺，底寬十四丈三尺至十四丈七尺，高深三丈二尺至三丈三尺。共估需碎石銀二萬四千八百二十兩零。

郭汛十八裏屯壩下挑河自頭閘起至虎山腰迤上止間段挑河長二千三百六十丈，估挑口寬七丈六尺至十丈，底寬六丈，深四尺至一丈，內除舊河形口底牽寬四丈二尺至六丈，牽深二尺至七尺。共估需土方銀一萬一千二百二十八兩零。

郭小大三汛鑲做防風共長二千一百六十丈，寬四尺至六尺，高四尺至五尺。共估需土夫銀九千四百二十七兩零。

睢南廳

王家堂汛兵十七堡築做土壩十道，湊長十四丈，頂寬四丈，底寬七丈五尺，高七尺。又土壩外盤做裹頭工長三十四丈，牽寬一丈五尺，高深三丈五尺。又於裹頭外拋碎石共周長七十丈，頂寬三尺，底寬七丈三尺至八丈三尺，高深三丈五尺至四丈。共估需料土石方銀一萬九千七百九十七兩零。

邳北廳

五工頭汛宋工頭迤下舊工復生趕鑲新埽長六十一丈，兜纜軟鑲，牽寬二丈至二丈二尺，高深二丈四尺至二丈六尺。上又加鑲高三尺至四尺。共估需料土夫工銀九千八百七十五兩零。

宿南廳

周家樓汛董家堂舊工復出搶鑲新埽長一百二十丈，牽寬三丈至四丈五尺，高深二丈八尺至三丈八尺。上又隨蟄加鑲高七尺至八尺。共估需土夫工銀六萬九千九百七十七兩零。

蔡洋二汛鑲做防風長七百八十五丈，寬四尺至五尺，高深四尺至五尺。共估需料土夫工銀四千四百三十三兩零。

宿北廳

皂河汛李家房迤下搶鑲新埽長一百丈零五尺，兜纜軟鑲，牽寬四丈至四丈四尺，高深二丈六尺至三丈六尺。上又加鑲高四尺至五尺。共估需料土夫工銀四萬一千九百六十四兩零。

古城汛張家房搶鑲新埽長一百零三丈，兜纜軟鑲，牽寬四丈八尺至五丈一尺，高深三丈至三丈六尺。上又加鑲高四尺至六尺。共估需料土夫工銀五萬三千一百八十八兩零。

運河廳

邳、運、宿三汛撈淺共長一千四百五十丈，口寬四丈，牽深一尺至一尺五寸，估需土方銀一千六百六十四兩零。又三汛築做束挑壩七十二道，共長一千零二十二丈，寬一丈二尺至一丈五尺，牽高深五尺至七尺，估需料土夫工銀一萬千七百六十七兩零。又河成閘下築做鉗口壩一道，長二十丈，寬三丈，牽高深一丈，估需料土夫工銀一千六百三十八兩零。以上撈淺築壩通共估銀二萬一千零七十兩零。

宿遷中河汛堵閉王家溝壩長十四丈，寬二丈五尺，牽高深一丈二尺，後澆土餂長十四丈，頂寬五尺，底寬三丈二尺五寸，牽高深一丈一尺。又堵閉柳園頭閘壩長十二丈，寬二丈五尺，牽高深一丈一尺，後澆土餂長十二丈，頂寬五尺，底寬三丈，牽高深一丈。共估需料土夫工銀一千八百四十一兩零。

宿遷中河汛初次啟放舊河尾，剷挑口門埽長二十八丈，牽寬二丈五尺，牽高深一丈五尺。又挑除埽後舊土餂長二十八丈，頂寬五尺，底寬五丈，牽高深一丈五尺，系兵夫力作，不計錢糧。堵閉前口門埽長二十八丈，寬二丈五尺，牽高深二丈一尺。上又加鑲高二尺，寬二丈五尺。又埽後復澆築土餂長二十八丈，頂寬五尺，寬六丈八尺，牽高深二丈一尺。共估需料土夫工銀四千八百七十九兩零。

堵閉河清、河定、河成、匯澤、利運、亨濟、溁流七閘越壩共長二百三十五丈，牽寬二丈，牽高深一丈三尺至一丈七尺。上又加鑲高一尺，牽寬二丈。又加鑲亨濟閘兩頭土壩上下護埽各長五十六丈，牽寬一丈五尺，牽高深五尺至八尺。共估需料土夫工銀一萬九千九百零九兩零。

宿遷中河汛復啟舊河尾剷挑口門埽長二十八丈，牽寬二丈五尺，牽高深一丈五尺。又挑除埽後舊土餂長二十八丈，頂寬五尺，底寬五丈，牽高深一丈五尺，系兵夫力作，不計錢糧。堵閉前口門埽長二十八丈牽寬二丈五尺，牽高深二丈二尺。上又加鑲高二尺，寬二丈五尺。又埽後澆築土餂長二十八丈，頂寬五尺，底寬七丈一尺，牽高深二丈二尺。共估需料土夫工銀四千八百五十四兩零。

宿遷中河汛堵閉駱馬湖尾閭五壩工長一百二十一丈，寬二丈至三丈，牽高深一丈至一丈三尺。又澆上餂長一百二十一丈，頂寬一丈，底寬三丈五尺至四丈二尺五寸，牽高深一丈至一丈三尺。又餂外鑲做防風長一百二十一丈，寬一丈，牽高深四尺至七尺。共估需料土夫工銀一萬零三百三十二兩零。

宿遷中河汛啟除劉老澗臨河繂堤口門土堰長三十丈，頂寬五尺，底寬四丈五尺，牽高深一丈，系兵夫力作，不計錢糧。又補鑲加鑲束水堤護埽工長一百三十四丈，寬一丈五尺，牽高深三尺至五尺。又堵閉劉老澗臨河縴堤口門土堰長三十丈，頂寬五尺，底寬四丈五尺，牽高深一丈。共估需料土夫工銀一千八百三十九兩零。

淮揚道屬

桃南廳

龍窩汛張家莊舊工復出搶鑲新埽長八十四丈，兜鑲牽寬二丈七尺至四丈四尺，高深三丈七尺至四丈八尺。上又隨蟄加鑲高七尺至九尺。共估需料土夫工銀五萬零四百七十六兩零。

外南廳

道光二十九年空運前南岸舊草閘以下至臨清堰一帶擇要挑挖塘河長三百五十丈，口寬二十丈零二尺至五十九丈四尺，底寬十七丈至五十五丈，高深八尺至一丈一尺。共估需土方銀四萬二千七百六十一兩零。

道光二十九年空運加鑲草閘外東西束水挑壩共長一百零五丈。內東岸挑水壩長六十丈，高八尺至九尺，寬二丈五尺；西岸束水壩長四十五丈，高八尺至九尺，寬二丈。又鑲修舊草閘上下雁翅迎分水並雁翅下臨黃護埽共長四十九丈，內加鑲上雁翅各斜長五丈，折直長四丈，共長八丈，高八尺，寬三丈；上迎水各斜長二丈五尺，折直長二丈，共四丈，高八尺，上寬四丈五尺，下寬六丈；下分水各斜長二丈五尺，折直長二丈，共長四丈，高七尺，上寬六丈，下寬四丈五尺；下雁翅各斜長五丈，折直長四丈，共長八丈，高七尺，寬三丈；拆鑲東岸接下雁翅臨黃護埽長十五丈，寬三丈，又高深一丈，上又蟄鑲高四尺；西岸接下雁翅臨黃護埽長十丈，寬三丈，高深一丈，上又蟄鑲高五尺。又鑲修舊草閘內挑壩四道，共長七十五丈，內補鑲一道長十九丈，寬二丈五尺，高深二丈七尺，上又蟄鑲高五尺；加鑲三道，共長五十六丈，高七尺至八尺，寬二丈五尺。又鑲修禦黃二壩共長三十八丈五尺，內東壩長十五丈五尺，加鑲高一丈，寬十丈；西壩長二十三丈，內補鑲一段長十五丈，寬十丈，高深二丈七尺，上又蟄鑲高五尺，加鑲一段長八丈，高一丈，寬十丈。又鑲修臨清堰鉗口壩共長一百零二丈，內東岸長四十丈，加鑲高八尺至九尺，寬六丈；西岸長六十二丈，內拆鑲二段共長三十四丈，寬六丈，高深一丈，上又蟄鑲高五尺，加鑲三段共長二十八丈，高八尺至九尺，寬六丈。臨黃堰堵閉三次，各長四丈六尺，頂寬四丈，底寬十三丈五尺至十四丈，高深一丈九尺至二丈。臨清堰堵閉四次，各長四丈，頂寬三丈，底寬十一丈至十二丈五尺，高深一丈六尺至一丈九尺。

共估需料土夫工銀七萬零五百九十八兩零。

　　道光三十年重運前南岸汛臨清堰至舊草閘一帶挑挖塘河長六百八十二丈，口寬十九丈至六十丈零二尺，底寬十五丈至五十五丈，高深九尺至一丈三尺。共估需土方銀七萬一千二百二十兩零。

　　道光三十年重運前南岸汛臨清堰外至風神廟一帶挑挖太平河長六百八十丈，口寬二十二丈二尺至十四丈零四尺，底寬十九丈至三十六丈，高深八尺至一丈一尺。共估需土方銀四萬二千一百二十五兩零。

　　道光三十年重運鑲修臨清堰鉗口壩共長一百零二丈，內東岸長四十丈，加鑲高九尺至一丈，寬六丈；西岸長六十二丈，內補鑲一段長十丈，寬六丈，高深二丈六尺，上又蟄鑲高五尺，加鑲四段共長五十二丈，高八尺至一丈，寬六丈。又鑲修禦黃二壩共長三十八丈，內東壩長十五丈五尺，內補鑲一段長五丈五尺，寬十丈，高深二丈七尺，上又蟄鑲高五尺，加鑲一段長十丈，高一丈，寬十丈；西壩長二十三丈，內補鑲一段長八丈，寬十丈，高深二丈八尺，上又蟄鑲高五尺，加鑲一段長十五丈，高七尺，寬十丈。又涵洞越壩堵閉牽周長十八丈四尺四寸，兜鑲寬二丈，高深一丈七尺，上又蟄鑲高三尺。前工補還裏戧牽周長十四丈九尺四寸，頂底牽寬八尺，高深一丈二尺。又鑲修舊草閘內挑壩四道共長七十五丈，內拆鑲一道長十七丈寬二丈五尺，高深一丈，上又蟄鑲高五尺；加鑲三道共長五十八丈，高七尺至九尺，寬二丈五尺。又加鑲舊草閘上下雁翅迎水分水由身共長三十六丈，內上雁翅各斜長五丈，折直長四丈，共長八丈，高九尺，寬三丈；上迎水各斜長二丈五尺，折直長二丈，共長四丈，高九尺，上寬四丈五尺，下寬六丈；金門、由身各直長六丈，共十二丈，高九尺，寬六丈；下分水各斜長二丈五尺，折直長二丈，共長四丈，高八尺，上寬六丈，下寬四丈五尺；下雁翅各斜長五丈，折直長四丈，共長八丈，高八尺，寬三丈。又加鑲舊草閘外東西束水壩共長一百零五丈，內東岸挑水壩長六十丈，高九尺至一丈，寬二丈五尺，西岸束水壩長四十五丈，高九尺至一丈，寬二丈。又鑲修舊草閘外臨黃堰北面護埽共長七十二丈，內補鑲一段長二十二丈，寬五丈五尺，高深二丈八尺，上又蟄鑲高五尺；加鑲四段共長五十丈，高一丈，寬五丈至無丈五尺。臨清堰堵閉三次，各長四丈，頂寬三丈，底寬十二丈七尺五寸至十三丈二尺五寸，高深一丈九尺五寸至二丈零五寸。臨黃堰堵閉四尺，各長四丈六尺，頂寬四丈，底寬十三丈二尺五寸至十四丈五尺，高深一丈八尺五寸至二丈一尺。共估需料土夫工銀八萬七千九百十兩零。

南岸汛清黃界壩迤上順黃壩埽工尾舊工復生搶鑲新埽長九十五丈，兜鑲牽寬三丈五尺至五丈，高深三丈八尺至四丈七尺，上又蟄鑲高六尺，共估需料土夫工銀八萬一千五百九十四兩零。

外河汛高家莊迤下舊工復生搶鑲新埽長八十五丈，兜鑲牽寬三丈七尺至五丈，高深三丈七尺至四丈四尺，上又蟄鑲高六尺。共估需料土夫工銀六萬九千一百五十一兩零。

外北廳

道光二十九年空運浦家莊東岸鑲修托清壩一道長四十八丈，加鑲寬二丈，高深九尺至一丈，西岸鑲修蓋黃壩一道長五十六丈，加鑲寬三丈，高深八尺至一丈。共估需料土夫工銀八千一百二十六兩零。

道光三十年重運浦家莊東岸鑲做托清壩一道長四十六丈，兜鑲寬二丈，高深一丈二尺至一丈三尺，上又隨蟄跟鑲高五尺後身護埽長十八丈，兜鑲寬二丈，高深一丈三尺。西岸鑲做蓋黃壩一道長五十四丈，兜鑲寬三丈，高深一丈三尺至一丈五尺，上又隨蟄跟鑲高五尺後身護埽長二十丈，兜鑲寬二丈，高深一丈四尺。共估需料土夫工銀一萬七千九百八十一兩零。

北岸汛仲家莊迤下搶鑲新埽長七十八丈五尺，兜鑲寬三丈八尺至四丈八尺，高三丈九尺至四丈八尺，上又隨蟄跟鑲高六尺至七尺。共估需料土敷工銀六萬六千八百六十四兩零。

裏河廳

運口汛道光二十九年冬新挑天然引河一道共長三千一百四十二丈五尺。先挑淤土上口寬十二丈至十四丈五尺，上底寬九丈五尺至十丈七尺五寸，下口寬十二丈五尺至十五丈，下底寬九丈七尺五寸至十一丈，上深五尺至七尺五寸，下深五尺五寸至八尺。再往下挑稀淤，上深七尺至九尺五寸，下深七尺五寸至一丈，上口寬九丈五尺至十丈七尺五寸，底寬六丈，下口寬九丈七尺五寸至十一丈，底寬六丈。又河頭鑲築攔水柴壩一道長三十二丈，兜鑲牽寬二丈，高深一丈五尺。共估需料土夫工銀十六萬七千零九十一兩零。

運口汛道光二十九年冬挑挖張福口引河、太平引河各一道，共長一千九百四十二丈五尺，內張福口引河長八百九十二丈五尺，估挑淤土口寬五丈，底寬二丈六尺八寸至二丈七尺六寸，深五尺六寸至五尺八寸，下再挑稀淤深四尺二寸至四尺四寸，口寬二丈六尺八寸至二丈七尺六寸，底寬一丈。又前引河間段加展工長八百一十七丈七尺，估挑淤土口底牽寬一丈，深五尺六寸至五尺八寸，下再挑稀淤深四尺二寸至四尺四寸，口底牽寬一丈。河頭鑲築攔水柴壩長二十丈，兜鑲寬一丈高深一丈。又太平引河長一千零五十丈，估挑淤土口寬五丈四尺，底寬二丈六尺八寸至二丈七尺六寸，深六尺六寸至六尺八寸，下再挑稀淤深四尺二寸至四尺四寸，口寬二丈六尺八寸至二丈七尺六寸，底寬一丈。又前引河間段加展工長一千零三丈二尺，估挑淤土口底牽寬一丈，深六尺六寸至六尺八寸，下再挑稀淤深四尺二寸至四尺四寸，口底牽寬一丈。又挑直溝五道工長三百零二丈，口底牽寬一丈五尺，稀淤深五尺。河頭鑲築攔水壩長二十丈，兜鑲寬一丈，高深一丈一尺，共估需料土夫工銀三萬一千三百四十九兩零。系前任淮揚道查文經全賠，內除已措交銀七千六百五十九兩未動庫款外，實應繳銀二萬三千六百九十兩零，理合登明。

運口汛加鑲束清壩長九十二丈三尺，寬八丈，高一丈二尺至一丈四尺。共估需料土夫工銀三萬三千一百二十七兩零。

運口汛加鑲頭南壩外蓋壩牽長二十三丈六尺，牽寬五丈八尺，牽高一丈一尺，又加鑲頭二三四壩並上下雁翅共牽長二百一十四丈四尺，牽寬二丈四尺至五丈八尺，牽高九尺五寸至一丈一尺。又加鑲惠濟越閘上鉗口壩一道共牽長十八丈，牽寬三丈四尺至三丈六尺，牽高九尺。又加鑲惠濟越閘下束水壩一道共牽長二十丈一尺，牽寬三丈三尺至三丈四尺，牽高八尺。又加鑲張王廟前托水壩一道，共牽長二十丈，牽寬三丈五尺至三丈六尺，牽高七尺五寸。又加鑲福興正閘上鉗口壩一道，共牽長三十丈六尺，牽寬四丈二尺至四丈三尺，牽高七尺。又加鑲福興正閘下束水壩一道共牽長二十八丈，牽寬三丈五尺至三丈六尺，牽高六尺五寸。又加鑲福興閘迤下河尾蔣壩一道共牽長二十六丈一尺，牽寬四丈七尺至四丈八尺，牽高六尺。共估需料土夫工銀四萬六千四百二十兩零。

運、清、平三汛鑲做護埽共工長一千五百四十七丈，牽寬一丈二尺至一丈五尺，牽高深一丈二尺至一丈五尺。又鑲做防風共工長五百六丈六尺，牽寬六尺至八尺。共估需料土夫工銀十萬零二千三百八十四兩零。

運、清、平三汛補鑲舊護埽共工長六百零三丈六尺，牽寬一丈二尺至一丈五尺，牽高深一丈二尺至一丈四尺。又加鑲舊護埽共工長九百八十三丈二尺，牽寬一丈二尺至一丈五尺，牽高六尺至八尺。共估需料土夫工銀六萬三千九百九十五兩零。

高堰廳

堰、澗二汛道光二十九年六月後起至三十年六月底止，補修歷次風掣石工自堰字第一號起至十九號共工一百四十九段，共長六百六十二丈三尺，內除新工長十四丈五尺著落原辦之員培修不估錢糧外，實計補修舊工長六百四十七丈八尺，自一層至十二層不等。共估需匠土方銀三萬二千五百四十七兩零。

高澗汛風掣舊石工擇要用料摟護共長三十四丈一尺，牽寬二丈八尺至二丈九尺，牽高一丈至一丈三尺。共估需料土銀四千一百十七兩零。

堰、澗二汛填築風浪汕刷石後灰素土溝槽自堰字第八號起至十八號止，除新工著落原辦之員培修不估錢糧外，實計舊工五十四段，共長五百六十九丈八尺，估築灰土前寬三尺，高三尺至六尺四寸，後填槽土寬一丈九尺至三丈，深二尺至六尺四寸。共估需灰素土方銀五千九百九十三兩零。

堰、澗二汛擇鑲馬鞍埽工自堰字底三號起至十八號止共工二十七段，共長一千零十六丈，寬一丈一尺至一丈四尺，牽高四尺至四尺七寸。共估需料土銀二萬零五百十三兩零。

山盱廳

澗、徐二汛內道光二十九年六月後起至三十年二月底止補修歷次風掣石工，自盱字一號起至十三號止共工一百零二段，共舊工長三百九十二丈四尺，自一層至十三層不等。共估需料匠土方銀三萬六千一百八十八兩零。

澗、徐二汛臨湖石工鑲做馬鞍埽工自盱字第一號起至十三號止共十二段，共長九百四十七丈五尺，寬一丈二尺至一丈四尺，高四尺至五尺。共估需料土銀二萬一千六百七十四兩零。

澗、徐二汛填築浪掣舊工石後灰素土溝槽自盱字第一號起至十三號止共工五十五段，共長一千二百四十八丈，前寬三尺，高三尺至五尺，估築灰土後填槽土寬一丈七尺至二丈二尺，深二尺五寸至五尺。共估需灰素土方銀一萬二千五百六十兩零。

道光二十九年霜降後堵閉智字滾壩埽長六十丈，兜鑲寬十丈，高深一丈五尺。澆築土戧長六十丈，頂寬一丈，底寬四丈七尺五寸，高深一丈五尺。共估需料土夫工銀一萬四千八百八十兩零。

道光二十九年堵閉信字滾壩埽長六十丈，兜鑲寬四丈五尺，高深一丈七尺。澆築土戧長六十丈，頂寬一丈，底寬無丈二尺五寸，高深一丈七尺。共估需料土夫工銀一萬八千九百十七兩零。

道光二十九年霜降後堵閉仁字引河埽壩長六十丈，兜鑲寬三丈五尺，高深一丈三尺。澆築土戧長六十丈，頂寬一丈，底寬四丈二尺五寸，高深一丈三尺。共估需料土夫工銀一萬一千三百二十八兩零。

道光二十九年霜降後越堵禮字引河土壩、埽壩共長二百零八丈。內兩頭先築土壩基共長六十一丈，頂寬三丈，底寬八丈，高深一丈；中間接做埽壩越長一百四十七丈，兜鑲寬五丈，高深一丈六尺至二丈一尺，上又隨蟄跟鑲高一尺五寸至二尺五寸；埽後澆築土戧長一百四十七丈，頂寬一丈，底寬五丈至六丈二尺五寸，高一丈六尺至二丈一尺。共估需料土夫工銀六萬六千零九十八兩零。

道光三十年七月堵閉仁字引河埽壩長六十丈，兜鑲寬三丈五尺，高深一丈四尺。澆築土戧長六十丈，頂寬一丈，底寬四丈五尺，高深一丈四尺。共估需料土夫工銀一萬二千二百五十五兩零。

道光三十年八月堵閉信字滾壩埽長六十丈，兜鑲寬四丈五尺，高深一丈七尺四寸，澆築土戧長六十丈，頂寬一丈底寬五丈三尺五寸，高深一丈七尺四寸。共估需料土夫工銀一萬九千三百九十六兩零。

徐壩汛林家西壩護埽掣塌工長二十四丈，兜鑲補鑲寬三丈五尺至四丈五尺，高深一丈二尺至一丈四尺，上又普律加鑲長六十丈，寬五丈，高二尺至三尺。仁義河中間攔堰護埽掣塌工長三十八丈，兜鑲補鑲寬一丈八尺至二丈，高深一丈至一丈二尺。新義河直壩護埽掣塌工長三十三丈，兜鑲補鑲寬三丈至四丈，高深一丈三尺至一丈七尺。舊義河直壩掣塌工長六丈，兜鑲補鑲寬二丈至三丈，高深一丈二尺。上又普律加鑲長六十二丈，寬四丈，高二尺。共估需料土夫工銀二萬零三百六十四兩零。

揚河廳

道光二十九年高郵汛東堤堵閉南關大壩長六十六丈，兜鑲寬一丈六尺，高深七尺五寸，埽後澆築土戧長六十六丈，頂寬一丈，底寬二丈八尺七寸，高深七尺五寸。南關新壩長六十六丈，兜鑲一丈六尺，高深一丈一尺，埽後澆築土戧長六十六丈，頂寬一丈，底寬三丈七尺五寸，高深一丈一尺。五里中壩長五十丈，兜鑲寬一丈六尺，高深一丈二尺，埽後澆築土戧長五十丈，頂寬一丈，底寬四丈，高深一丈二尺。車邏大壩長六十四丈，兜鑲寬一丈六尺，高深七尺，埽後澆築土戧長六十四丈，頂寬一丈，底寬二丈九尺二寸，高深七尺七寸。共估銀一萬三千四百三十二兩零，內除五里中壩著令賠堵銀三千五百三十四兩零不計錢糧外，實估料土夫工銀九千八百九十八兩零。

寶、氾、永、高四汛東堤加幫土工長一千八百零二丈二尺，幫戧頂寬八尺至二丈一尺，底寬二丈二尺至四丈二尺，高八尺五寸至一丈三尺。又於新舊頂上加高一尺至二尺五寸，頂寬二丈二尺至二丈八尺，底寬二丈九尺五寸至三丈八尺五寸。共估需土方銀一萬三千三百兩零。

寶、氾、永、高四汛東西兩岸鑲做護埽長二千二百二十丈五尺，寬一丈至一丈二尺，高一丈至一丈二尺。又鑲做防風長一千六百二十五章，寬八尺至九尺，高八尺至九尺。共估需料土夫工銀十一萬六千二百八十四兩零。

寶、氾、永、高四汛東西兩岸加鑲舊護埽長一千八百九十九丈二尺，高二尺至三尺，寬一丈至一丈二尺。共估需料土夫工銀一萬六千一百二十九兩零。

淮海道屬

桃北廳

崔鎮汛兵十八堡以下搶鑲新埽長六十四丈，兜鑲、軟鑲寬二丈八尺至三丈四尺，高深三丈九尺至四丈五尺，上又加鑲高五尺至八尺。共估需料土夫工銀三萬六千一百七十八兩零。

黃家嘴汛陳家房迤上趕鑲新埽長五十二丈，兜鑲、軟鑲寬二丈九尺至三丈三尺，高深四丈至四丈五尺，上又加鑲高三尺至五尺。共估需料土夫工銀二萬八千九百三十四兩零。

中河廳

清河汛鉗口壩道光二十九年冬堵閉金門長三丈，兜鑲寬五丈，牽高深三丈三尺。又堵閉楊莊頭壩金門長四丈，兜鑲寬五丈，牽高深三丈四尺，跟澆後戧三十五丈，頂寬一丈，底寬十丈零九尺，高深三丈三尺。又接築二三兩壩共工長五十二丈，兜鑲寬三丈至四丈，牽高深三丈至三丈一尺，上又隨墊加鑲高三尺。重運前堵閉鉗口壩金門長三丈，兜鑲寬五丈，牽高深三丈四尺，跟澆土餙長三十六丈，頂寬八尺，底寬十丈零四尺，高深三丈二尺。六月內堵閉楊莊頭壩金門長四丈，兜鑲寬五丈，牽高深三丈七尺。又八月內堵閉楊莊頭壩金門長四丈，兜鑲寬五丈，牽高深三丈五尺。又跟澆後餙長三十八丈，頂寬一丈五尺，底寬十二丈，高深三丈五尺。共估需料土夫工銀四萬五千零六十四兩零。

桃、清二汛兩岸補鑲舊埽工工長四百六十七丈，牽寬一丈五尺至二丈二尺，高深一丈五尺至一丈八尺。加鑲舊埽共工長一百六十二丈，寬一丈八尺至二丈二尺，高四尺五寸至八尺。又酌鑲防風共工長四百零五丈，牽寬六尺至八尺，高深六尺五寸至八尺。又桃源汛南岸搶加子堰工長一千三百六十七丈，高二尺，頂寬四尺，底寬八尺。又幫餙工共長一千八百丈，頂寬一丈二尺五寸至一丈五尺五寸，底寬一尺二寸至三尺七寸，高八尺五寸至一丈零五寸，幫平上又加高二尺至二尺五寸，頂寬一丈，底寬二丈至二丈二尺五寸。共估需料土夫工銀六萬八千五百九十五兩零。

桃源汛堵閉半路劉滾壩金門長二十丈，頂寬一丈六尺，底寬七丈，高一丈零八寸，外鑲護埽長二十丈，寬二丈，高九尺。共估需料土夫工銀一千五百四十三兩零。

清河汛雙金閘鉗口壩加鑲東西正壩各長五丈，寬五丈，高四尺五寸。又加鑲越壩兩壩各長十四丈，寬五丈，高五尺。又正壩兩壩外加鑲夾擋埽各長十丈，寬十丈，高四尺。又加鑲東西兩壩上水邊埽各長十丈，寬四丈，高四尺，下水護埽各長八丈，寬三丈，高四尺。又補鑲清汛遙堤舊埽共工長一百三十二丈五尺，寬一丈八尺至二丈，高深一丈五尺至二丈。又安東汛補鑲舊埽長二百四十四丈，寬一丈五尺至二丈二尺，高深一丈六尺至一丈九尺五寸。又加鑲舊埽長一百六十六丈，寬一丈八尺至二丈二尺，高五尺至八尺五寸。共估需料土夫工銀四萬五千二百二十三兩零。

山安廳

上河汛二塘舊工復生搶鑲新埽工長八十五丈五尺，兜鑲牽寬三丈四尺至四丈，高深三丈九尺至四丈二尺，上又隨蟄加鑲高五尺至六尺。共估需料土夫工銀三萬八千八百十九兩零。

海防廳

童營汛唐家堡舊工復出搶鑲新埽長一百二十四丈，兜鑲、軟鑲牽寬三丈三尺至四丈二尺，高深三丈八尺至四丈六尺，上又隨蟄加鑲高六尺至九尺。共估需料土夫工銀七萬三千二百八十兩零。

海安廳

十套汛八套工尾搶鑲新埽長五十四丈，兜鑲、軟鑲牽寬三丈六尺至三丈八尺，高深四丈一尺至四丈四尺，上又隨蟄加鑲高七尺至九尺。共估需料土夫工銀三萬零一百八十九兩零。

雲梯、十套、海北三汛搶鑲防風長一千四百八十丈，牽寬五尺至六尺，高深五尺至七尺。共估需料土夫工銀九千五百九十三兩零。

海阜廳

海南汛八巨港舊工復出搶鑲新埽長八十六丈三尺，兜鑲寬四丈二尺四丈九尺，高深三丈八尺至四丈六尺，上又跟鑲高六尺。共估需料土夫工銀五萬六千六百七十九兩零。

十巨港搶鑲防風長一千二百十一丈，寬七尺至八尺，高深六尺至七尺五寸。共估需料土夫工銀一萬一千六百五十二兩零。

常鎮道屬

江運廳

甘泉汛補修東岸風掣塌卸磚石工段連海漫腰洞等工，除新工照例賠修外，計應修舊工長三百三十六丈八尺，自一層至十四層不等。又該工填補磚石後尾眉土共長二百五十三丈二尺，寬三尺至一丈，高深五尺五尺一寸至一丈八尺三寸不等，內有掣卸到底工四段共長三十一丈四尺。應築柴土椿笆越壩四道，連越灣共長三十九丈四尺，頂寬一丈五尺，底寬二丈五尺，高深一丈二尺。共估需料匠土方越壩等項銀一萬五千零九十四兩零。

甘泉汛東岸堤工及普賢墩越河等處縴堤幫加土工共長一千四百十八丈五尺，幫戧頂寬一丈四尺至二丈三尺，底寬二丈七尺至四丈一尺，高六尺五寸至一丈五尺。幫平舊堤上又普面加高二尺至四尺，頂寬一丈五尺至二丈，底寬二丈五尺至三丈八尺不等。共估需土方銀一萬六千八百六十四兩零。

甘泉汛東西兩岸鑲做護埽共工長七十九丈一尺，寬一丈，高一丈至一丈三尺。又鑲做防風共工長七十丈，寬八尺至九尺，高九尺至九尺五寸。又補加朽蟄舊埽共工長一百二十五丈，寬一丈，高四尺至一丈。共估需料土銀六千三百三十三兩零。

　　江都、江防二汛加高幫戧堤工長一千一百三十七丈，幫戧頂牽寬一丈三尺至一丈七尺，底牽寬一丈九尺至二丈五尺，牽高五尺至八尺。上又普面加高二尺至二尺五寸，頂牽寬一丈一尺至三丈，底寬二丈至三丈八尺。前工內填補堤面窪塘牽長三丈三尺六寸四分，牽寬一丈，牽深一尺。共估需土方銀四千三百八十兩零。

　　硃批：覽。

三三六　核明另案各工銀數循例比較摺

（道光三十年十二月初五日）

　　江南河道總督臣楊以增跪奏，爲查明道光三十年分各道屬另案工用銀數，循例比較開單，恭摺具奏，仰祈聖鑒事。

　　竊照嘉慶二十一年准工部咨：凡河道另案工程於三汛後將一年統用銀數匯奏一次，並將上三年所用銀數分晰比較，以備查核。又於道光十五年九月准工部咨：欽奉上諭：歲修工程銀有定額，興舉大工，事非常有，均照舊不入比較外。其另案工程嗣後每年匯奏清單，遵照奏定期限，無論奏咨各案，彙爲一冊。其比較上三年原從清單而出，毋庸分爲兩事。著該督附摺聲明比較，另立一單。等因。欽此。又於道光十八年三月准工部咨：議覆題估江防廳道光十六年動用歲加五寸錢糧加培堤工案內，行令嗣後將前項工程歸入另案清單，一律比較。等因。歷經遵辦各在案。

　　除將本年霜降止①各廳另案工段、銀數核明彙總開單，另摺具奏外，統計徐州、淮揚、淮海、常鎮四道屬道光三十年分另案各工實用銀二百十四萬九千七百八十四兩零，連上年挑辦洪湖天然引河則共用銀二百三十一萬六千八百七十五兩零。比較道光二十九年另案共用銀二百二十一萬五千三百八十九兩零，本年計多用銀十萬零一千四百八十六兩零。比較道光二十八年另案共用銀二百十八萬零七千一百二十一兩零，本年計多用銀十二萬九千七百五十四兩零。比較道光二十七年另案共用銀二百

---

　　① "止"字，楊紹和抄本誤作"上"。

七十八萬五千兩零。本年計少用銀四十六萬八千一百二十五兩零。

謹遵部定章程，將各道屬用數分晰比較，開具清單，恭呈御覽。伏乞皇上聖鑒，敕部查核施行。謹奏。

十二月初五日

道光三十年十二月十六日奉硃批：工部議奏，單併發。欽此。

三三七　道光三十年各廳另案工用銀數比較清單

（道光三十年十二月初五日）

謹將道光三十年分，徐州、淮揚、淮海、常鎮四道屬另案工用銀數，比較上三年分晰開具清單，恭呈御覽。

計開：

徐州道屬

道光三十年分另案各工共用銀三十五萬四千一百六十三兩八錢一分。

比較道光二十九年另案各工共用銀三十八萬四千二百三十五兩三錢八分，計少用銀三萬零七十一兩五錢七分。

比較道光二十八年另案各工共用銀四十三萬四千二百五十八兩三錢八分，計少用銀八萬零九十四兩五錢七分。

比較道光二十七年另案各工共用銀四十八萬六千四百三十七兩二錢二分八釐，計少用銀十三萬零二千七百七十三兩四錢一分八釐。

淮揚道屬

道光三十年分另案各工挑辦洪湖引河共用銀一百五十萬零五千六百三十三兩六錢四分七釐八毫，除張福口、太平兩引河用銀三萬一千三百四十九兩六錢八分六釐系前任淮揚道查文經賠挑外，實計用銀一百四十七萬四千二百八十三兩九錢六分一釐八毫。

比較道光二十九年另案各工共用銀一百二十八萬四千二百四十兩零八分二釐，計多用銀十九萬零四十三兩八錢七分九釐八毫。

比較道光二十八年另案各工共用銀一百一十萬零一千九百七十四兩

三錢五分七釐八毫，計多用銀三十七萬二千三百零九兩六錢零四釐。

比較道光二十七年另案各工共用銀一百二十萬零九千六百二十四兩一錢八分三釐，計多用銀二十六萬四千六百五十九兩七錢七分八釐八毫。

淮海道屬

道光三十年分另案各工共用銀四十四萬五千七百五十四兩五錢二分八釐五毫。

比較道光二十九年另案各工共用銀四十六萬零八百十四兩四錢二分九釐六毫，計少用銀一萬五千零五十九兩九錢零一釐一毫。

比較道光二十八年另案各工共用銀五十七萬九千二百七十兩零八錢四分二釐八毫，計少用銀十三萬三千五百十六兩三錢一分四釐三毫。

比較道光二十七年另案各工共用銀一百萬零八百二十八兩七錢八分一釐四毫，計少用銀五十五萬五千零七十四兩二錢五分二釐九毫。

常鎮道屬

道光三十年分另案各工共用銀四萬二千六百七十三兩三錢三分七釐。

比較道光二十九年另案各工共用銀八萬六千零九十九兩一錢四分一釐，計少用銀四萬三千四百二十五兩八錢零四釐。

比較道光二十八年另案各工共用銀七萬一千六百十八兩零六分八釐，計少用銀二萬九千九百四十四兩七錢三分一釐。

比較道光二十七年另案各工共用銀八萬八千一百一十兩五錢五分四釐，計少用銀四萬五千四百三十七兩二錢一分七釐。

三三八　挑辦天然引河非常年所有之工片
（道光三十年十二月初五日）

再，上冬今春挑辦洪湖天然引河工程，經欽差前户部侍郎臣福濟會同督臣陸建瀛勘明奏辦①，計用銀十六萬七千零九十一兩零，系非常年

---

① "奏辦"二字，楊紹和抄本作"奏准"。

所有之工，惟遵照章程，不能不統列比較。本年伏秋汛内河湖迭次異漲，工用實繁，而常年所用①銀數臣再三勘減，除②挑辦引河之外，實計常年另案各工只用銀二百十四萬九千七百餘兩，比道光二十八、九等③年銷算最少之數尚少銀三萬七千三百餘兩及六萬五千六百餘兩。至比較二十七年以前用數則少至六七十萬不等。

理合附片陳明，伏乞聖鑒。謹奏。

道光三十年十二月十六日奉硃批：工部知道。欽此。

三三九　遵旨會勘海口情形摺

（道光三十年十二月十三日）

兩江總督臣陸建瀛、江南河道總督臣楊以增跪奏，爲遵旨會勘海口情形，繪圖貼説恭摺覆奏，仰祈聖鑒事。

竊臣等欽奉上諭：杜受田奏，接據前任漕運總督周天爵來信，内稱：九月間經過河堤，詢知本年黃河入海之處坍陷數百丈。等語。近來黃河日淤日高，每歲增培堤工，河身受病滋深。若如周天爵所稱，現在海口塌陷甚寬，乘機築壩，藉以逼溜攻刷，亦系因勢利導之法。惟河流入海之處因何忽有坍陷？必應如何籌辦，方期疏導深通，永除河患？著陸建瀛、楊以增親往查勘情形，悉心妥議，迅速具奏，毋致坐失機會。杜受田原奏及周天爵信稿均著抄給閲看。欽此。當經臣等先後奏明，親往會勘，並於臣楊以增摺内欽奉硃批：認真確勘，不可受屬員蒙混。欽此。

臣陸建瀛馳抵清江，當於十二月初三日會同臣楊以增前赴海口，勘得河至該處分爲兩股入海。北股俗名北尖，南股俗名南尖。中間即系攔門沙，俗名雞心灘，長約數十里。詢據泛海船户，僉稱：北尖河崖向寬一百餘丈，本年又塌去數十丈，南尖河崖向寬二百餘丈，本年又塌去一

---

① "用"字，楊紹和抄本作"有"。
② 楊紹和抄本此處多一"去"字。
③ "等"字，楊紹和抄本作"兩"。

百餘丈，而時塌時淤，亦無一定。中間雞心灘潮長則隱，潮落則現，並無坍塌情形。因本年海潮平靜，不似往年頂托，而南北兩尖又有塌寬之處，是以河流下注，較前暢順。若果雞心灘塌陷，則黄河可以直出，不致仍分南北兩股。等語。臣等即步至北尖，察看如何塌寬。行不數武，一片沮洳，人馬均難立足。乃乘舟而南①，確見塌寬者系兩岸②河崖，距攔門沙尚遠，該船户所稱黄河仍分南北兩股，未能直出，其言顯而易見，似尚可信。伏思河崖塌寬，海潮平靜，皆一時絶好機會，若多筑對頭草壩，可以逼溜攻刷。臣等正籌疏通，自應趁勢趕辦。惟③該處逼近海口，潮汐終日往來，溜猛沙浮，料土不能生根，且河寬數里，即使勉强爲之，亦難收④逼溜之效，轉恐徒滋糜費。似不若仍照福濟與臣等原議，在於上游土性堅實溜緩水平處所相勢⑤築壩，以資衝激而利攻刷。其河身寬闊地方應無庸築，蓋議必期於可行，而行必期於有益也。

所有臣等遵旨會勘籌辦緣由，謹繪圖貼説，恭摺覆奏，伏乞皇上聖鑒訓示。謹奏。

十二月十三日

道光三十年十二月二十三日⑥奉硃批：另有旨。欽此。

三四〇　會勘各閘情形片
（道光三十年十二月十三日）

再，欽奉上諭：孫瑞珍奏，現接前任漕運總督周天爵來信，內言：清江三閘實系平水，舟可牽挽而過，閘實可廢。孫瑞珍則稱：此項漕費既可節省，即以所省之費爲辦理添塘之用，既非動用正款，又與福濟等前奏相符。各等語，著陸建瀛、楊以增即於查勘海口坍陷之便，確查惠

---

① "南"字，楊紹和抄本作"往"。
② "兩岸"二字，楊紹和抄本作"南岸"。
③ "惟"字，録副本誤作"誰"，據楊紹和抄本校改。
④ "收"字，録副本誤作"受"，據楊紹和抄本校改。
⑤ "相勢"二字，楊紹和抄本作"相機"。
⑥ 此摺奉硃批日期，楊紹和抄本作"咸豐元年正月初一日"。

濟、通濟、福興三閘是否上下水仍前平流，可否節省漕費，爲辦理添塘
之用。其三閘果否可廢，並著詳細履勘，悉心籌議具奏。事關保民利
漕，爲久遠之計，斷不可惑於浮言，稍存畏難苟安之見。諒該督等均能
認真籌辦，以副委任也。原摺均著抄給閱看。欽此。

　　臣等遵即親詣各閘壩，逐段測量水勢。頭壩誌椿存水五丈二尺，束
清壩外洪湖水面高於頭壩八寸，頭壩水面高於二壩一尺五寸，二壩水面
高於三壩八寸，三壩水面高於四壩六寸，四壩水面高於鉗口壩六寸，鉗
口壩水面高於惠濟越閘七寸，惠濟越閘水面高於束水壩三尺五寸，束水
壩水面高於托壩八寸，托壩水面高於通濟正閘五寸，通濟正閘水面高於
福興正閘二尺，福興正閘水面高於束水壩二尺六寸，束水壩水面高於蔣
壩三寸，蔣壩水面高於高阪頭五寸，清江閘上高於閘下水面六寸，統計
洪澤湖水共高清江閘一丈五尺八寸。蓋前人創修閘壩，節節鉗束，於濟
運之中仍寓保民之意。現在高下顯然，並非平水，三閘實不可廢。至各
省閘壩經費例由糧道徵解，總漕衙門支銷。如欲作爲添塘避閘之費，應
籌款墊用，俟糧船徑由新塘行走，無須牽挽，即將此項節省撥解還墊。
刻因無款可籌，是以暫行停緩。目下湖水旺盛，黃水落低，倘此後各省
新漕恪遵欽限，均於五月前早抵清江，或竟可以清水送漕，此又臣等日
夜所祝而未敢豫必者也。

　　所有會勘各閘壩情形，理合繪圖貼説，附片具陳，伏乞皇上聖鑒。
謹奏。

　　道光三十年十二月十三日附進

　　咸豐元年正月初一日日奉硃批：另有旨。欽此。①

---

　　① 楊紹和抄本"欽此"後有："同日准軍機大臣字寄：兩江總督陸、江南河道總督楊：
道光三十年十二月二十三日奉上諭：'前因周天爵有海口坍陷可以乘機築壩攻刷，清江三閘水
系平流，可以廢閘等議。諭令陸建瀛、楊以增查勘情形具奏。茲據勘明海口塌寬系在兩岸河
崖，潮汐往來礙灘，於溜猛沙浮之處強爲偪溜。並據確量各閘壩水勢遞高，節節鉗束，實非平
水，三閘不可議廢。各等語。披覽所呈圖説，形勢顯然，自無庸驟議紛更。其所稱宜於上游土
堅水平處所相機築壩，以資冲刷，著該督等仍照前議妥辦，毋膠成見而失事機。至添塘避閘一
節，是否確切可行，應如何籌畫辦理，亦著詳悉奏聞，勿徒畏難而自畫也。將此諭令知之。'
欽此。遵旨寄信前來。"

三四一　山海四廳培堤工用錢糧摺
（道光三十年十二月十三日）

　　江南河道總督臣楊以增跪奏，爲核明山安、海防、海安、海阜四廳道光二十八、九年增培堤工動用錢糧，循例開單，恭摺奏祈聖鑒事。

　　竊照江境黃河山安、海防、海安、海阜四廳長堤卑薄，道光二十八年春間經前河臣潘錫恩親履查估，必應增培，共需銀二十六萬餘兩，仍酌分先後辦理。於是年正月奏蒙恩准，先撥六成數銀興築，其後四成二十九年奉部行令於撥補不敷銀兩內通融籌辦。經前河臣潘錫恩與臣先後督同該道割段派員，次第興辦完竣。節經附摺奏明，抄摺咨部各在案。茲據淮海道將山安、海防、海安、海阜四廳道光二十八、九年增培堤工丈尺、動用錢糧造册呈送前來。臣按册復加查核，共實用銀二十六萬零一百九十九兩零，與原估銀數相符。除飭另造印册詳送，恭疏具題送部查核外，謹先循例開具清單，恭呈御覽，仰祈敕部查核施行。

　　爲此繕摺具奏，伏乞皇上聖鑒。謹奏。

　　十二月十三日

　　道光三十年十二月二十三日①奉硃批：工部議奏，單併發。欽此。

三四二　山海四廳增培堤工丈尺動用錢糧清單
（道光三十年十二月十三日）

　　謹將山安、海防、海安、海阜四廳道光二十八、九年增培堤工丈尺、動用錢糧數目循例開具清單，恭呈御覽。

　　計開

　　淮海道屬

---

①　此摺奉硃批日期，楊紹和抄本作“咸豐元年正月初一日”。

山安廳

安東汛增培堤工長四千六百七十三丈六尺，頂寬一丈至一丈七尺五寸，底寬一丈至一丈七尺，高八尺至一丈一尺五寸。上又加高二尺至三尺五寸，頂寬二丈至二丈五尺，底寬三丈至三丈七尺五寸。估幫北餿頂寬一丈至一丈五尺，底寬一丈至一丈四尺，高一丈九尺至二丈一尺。又加高二尺至三尺，頂寬二丈五尺至三丈，底寬四丈。又估填堤根殘缺共長二百四十三丈八尺，牽寬一丈，牽深一尺。共估需土方銀二萬六千九百三十三兩零。

上河汛增培堤工長三千七百零三丈，估幫南餿頂寬一丈至一丈七尺五寸，底寬一丈至一丈七尺五寸，高七尺至一丈二尺。上又加高二尺至三尺五寸，頂寬二丈至二丈五尺，底寬三丈至三丈七尺五寸。又估填堤根窪槽殘缺長四百七十二丈二尺，牽寬一丈至一丈五尺，牽深一尺三寸至一尺五寸。共估需土方銀二萬三千零六十二兩零。

下河汛增培堤工長五千八百零八丈，估幫南餿頂寬一丈至二丈零五寸，底寬一丈二丈零五寸，高五尺五寸至八尺。上又加高二尺至三尺五寸，頂寬二丈，底寬三丈至三丈七尺五寸。估幫北餿頂寬一丈至二丈一尺，底寬一丈至二丈一尺，高二丈一尺五寸至二丈三尺。上又加高一尺五寸至二尺，頂寬四丈，底寬四丈七尺五寸至五丈。又估填堤根殘缺長三百七十一丈，牽寬六尺五寸至九尺，牽深一尺。共估需土方銀三萬四千六百九十二兩零。

以上安東、上河、下河三汛增培堤工通共估需土方銀八萬四千六百八十八兩零。

海防廳

童營汛增培堤工長一千零三十二丈，內估幫壩台先填南面水塘，牽寬三丈一尺，牽深二尺五寸至三尺。再幫南餿頂寬二丈七尺五寸，底寬二丈七尺五寸至二丈八尺，高二丈五尺至二丈六尺五寸。上又加高三尺五寸，頂寬五丈，底寬六丈七尺五寸。估幫北餿頂寬一丈五尺至一丈六尺，底寬一丈五尺至一丈五尺五寸，高八尺至八尺五寸。上又加高頂寬三尺，底寬三丈五尺。又填溝槽長三十五丈七尺，牽寬八尺五寸，牽深一尺五寸。共估需土方銀二萬二千五百二十八兩零。

上河汛增培堤工長四千七百八十四丈，估幫壩台先填南面水塘，牽寬二丈，牽深二尺五寸。再幫南餿頂寬一丈九尺至二丈九尺，底寬一丈八尺至三丈，高二丈一尺至二丈四尺。上又加高三尺，頂寬五丈，底寬六丈五尺長堤。估幫南戧頂寬一丈至一丈二尺五寸，底寬一丈至一丈三尺五寸，高七尺至九尺。上又加高二尺至二尺五寸，頂寬二丈五尺，底寬三丈五尺至三丈七尺五寸。估幫北戧頂寬一丈至一丈八尺，底寬一丈零五寸至一丈八尺，高六尺至八尺五寸。上又加高二尺至三尺，頂寬二丈，底寬三丈至三丈五尺，牽寬一丈，牽深一尺五寸至二尺。共估需土方銀三萬六千八百五十六兩零。

以上童營、下河二汛增培堤工通共估需土方銀五萬九錢三百八十四兩零。

海安廳

雲梯汛增培堤工長三千零九十三丈，估幫南戧頂寬一丈五尺至二丈七尺，底寬一丈五尺至二丈二尺，高八尺至一丈。上又加高二尺至四尺，頂寬二丈，底寬三丈至四丈。共估需土方銀二萬零七百十七兩零。

十套汛增培堤工長三千二百九十一丈，先填堤根窪槽長二百四十一丈，牽寬一丈，牽深一尺。估幫南戧頂寬一丈五尺至二丈一尺，底寬八尺至二丈二尺，高九尺至一丈。上又加高二尺至三尺，頂寬二丈，底寬三丈至三丈五尺。共估需土方銀一萬七千五百六十八兩零。

海北汛增培堤工長二千八百零三丈，先填堤根窪槽長五百一十九丈二尺，牽寬六尺一寸至九尺，牽深一尺二寸至二尺。估幫南戧頂寬一丈至二丈七尺，底寬二丈至二丈五尺，高八尺至一丈。上又加高二尺至四尺，頂寬二丈，底寬三丈至四丈。共估需土方銀一萬四千九百五十五兩零。

以上雲梯、十套、海北三汛增培堤工通共估需土方銀五萬三千二百四十一兩零。

海阜廳

仁和汛增培堤工長二千零五十丈，估幫北戧頂寬一丈八尺至二丈四尺，底寬一丈九尺至二丈六尺，高八尺至一丈。上又加高二尺至四尺，頂寬二丈，底寬三丈至四丈。又填補窪槽長一百二十四丈，牽寬一丈八尺，牽深一尺五寸。共估需土方銀一萬六千三百零六兩零。

十巨汛增培堤工長二千五百十五丈，估幫北戧頂寬一丈八尺至二丈五尺，底寬二丈至二丈六尺，高八尺至九尺。上又加高三尺至四尺，頂寬二丈，底寬三丈五尺至四丈。共估需土方銀二萬一千一百零八兩零。

海南汛增培堤工長二千四百十四丈，估幫北戧頂寬一丈八尺至三丈三尺，底寬一丈九尺。上又加高三尺至五尺，頂寬二丈，底寬三丈五尺至四丈五尺。又填補窪槽長三百八十丈，牽寬九尺至一丈八尺，牽深一尺五寸至二尺。共估需土方銀二萬五千四百六十八兩零。

以上仁和、十巨、海南三汛增培堤工通共估需土方銀六萬二千八百八十四兩零。

硃批：覽。

三四三　山海四廳土工驗收完竣片
（道光三十年十二月十三日）

再，山海四廳後四成土工銀十一萬兩上年閏四月奏明先辦一半，其後一半因大汛，察看亦難從緩，即經臣查照前河臣潘錫恩原奏及估定之冊一併發辦完竣，驗收如式，深資捍①禦。

理合附片陳明，仰祈聖鑒。謹奏。

道光三十年十二月二十三日②奉硃批：知道了。欽此。

三四四　遵旨覆奏摺
（道光三十年十二月十三日）

兩江總督臣陸建瀛、江南河道總督臣楊以增跪奏，爲遵旨覆奏，仰祈聖鑒事。

竊臣等欽奉上諭：本年漕糧爲數本少，若地方河、漕各督撫同心籌辦，實力催儹，何致渡江渡黃遲滯如此？其各該省開兌遲誤及淮揚一帶運河淺阻與河水漲發灌放稽延之處，著該管各督撫逐一查明，據實嚴參

---

① “捍”字，楊紹和抄本作“悍”，楊本當誤。

② 此片及後三摺一片奉硃批日期，楊紹和抄本作“咸豐元年正月初一日”。

具奏。等因。欽此。

伏查本年空運遲延，其始由於歸次之較晚，以致開兌稍稽。其繼由於湖北各幫之未來，以致江西停讓。逮渡黃以後，則中河頭壩堵閉未能迅速，黃水倒漾，亦守候數日。業經臣等並漕臣先後將在事文武奏參革職、摘頂撤任各在案。委非運河淺阻，灌塘耽延，似可仰邀天恩，免其再參。惟渡黃例限定於四月初十日，誠以河工緊要，必趕於伏汛之前各省糧船一律渡黃，然後河員得以盡力修防，無須兼顧漕運。乃近來年遲一年，竟致六七月重船尚未渡竣。一遇盛漲，外則險工林立，搶護不能應時；內則帆檣鱗次，風火轉防意外。且北上既遲，則回空安能求速？在直、東不免迎剝之繁，在清江即有水枯之虞。今奉特旨，諄諄訓誡，自應各矢公勤，以開兌無誤責成州縣，以督押遄行責成糧道，以啟放合宜責成河員。倘各幫仍前疲玩，逾限不到，臣等即當會同漕臣一面提催，一面嚴參，以冀仰副聖主整飭漕務之至意。

謹合詞恭摺覆奏，伏乞皇上聖鑒。謹奏。

十二月十三日

道光三十年十二月二十三日奉硃批：知道了。欽此。

三四五　回空軍船渡江日期並水勢平穩片

（道光三十年十二月十三日）

再，回空軍船全數渡黃後，天已深①寒，深虞凍阻，即經嚴飭沿途文武加緊催償。茲據該管廳營等稟報，除在江北歸次外，其餘各船截至十二月初四日掃數②催出瓜洲入江，分投歸次。大江南北於③四、五日普律得雪，民情歡忻。洪澤湖自啟信壩後已消水三寸，可期接續暢消。現在湖堤及黃、運河工一律平穩。

理合附陳，上紓宸廑。謹奏。

---

① “深”字，楊紹和抄本作“甚”。
② “掃數”二字，楊紹和抄本作“全數”。
③ “於”字，楊紹和抄本作“初”。

十二月十三日

道光三十年十二月二十三日奉硃批：知道了。欽此。

三四六　查明各員繳款已未完銀數摺

（道光三十年十二月十三日）

　　江南河道總督臣楊以增跪奏，爲查明南河清查各員繳款並奉部核減追賠銀兩，截至道光三十年十一月止，分別在工、離工已完未完數目，恭摺具奏，仰祈聖鑒事。

　　竊查道光十四年十月工部議奏：各直省一切工程應完、核減、分賠、代賠等項銀兩，請敕下各督撫等，嗣後將每年催交已完、未完各數目年終匯奏一次。等因。奉旨：依議。欽此。咨行欽遵辦理。並經前河臣暨臣將①截至二十九年各員繳款已完、未完各數於上年十二月內恭摺具奏，造册咨部在案。

　　茲②又屆年終奏報之期，據河庫道法良詳稱：道光元年、九年、十八年三次清查案內各員繳款及十五年起續查奉部核減、分賠各案共應繳銀二百四十四萬二千五百餘兩。內除已據各員完繳並豁免及已據報明無力完繳等項共銀一百四十二萬八千七百七十餘兩，實應追繳銀一百零一萬三千七百二十餘兩。自前奉具奏道光二十九年十一月截數後，今截至道光三十年十一月止，各員完繳藩、河等庫共銀五百四十萬餘兩，實計仍有未完銀一百零一萬三千一百八十餘兩。內在工服官員名應繳銀十二萬八千一百一十餘兩，已經離工員名應繳銀八十八萬五千六百餘兩。除分案造册，另詳咨部外，相應循例詳請具奏。至上次詳蒙奏報：道光二十九年十一月止，各員繳款連續奉部減之項，共計未完銀一百萬四千五百餘兩，今因九年清查以後續查部減等項案內廉俸坐扣未清項下，應剔歸追繳銀一百九十四兩零。又中河廳桃源汛道光二十五年堵築盛家河頭缺口工程案內，該汛員弁應賠二成銀九千二十餘兩併入數內，通計二十

---

　　①　“將”字，錄副本無此字，據楊紹和抄本校補。
　　②　“茲”字，楊紹和抄本無此字。

九年十一月止，實應例①追銀一百零一萬三千七百二十餘兩。再，此案各項繳款前奉部咨，恩詔案內行取員名銜冊，甫經開造詳咨，應俟接准部覆奏奉諭免至日，再行分別遵辦，合併附請奏報。等情到臣。覆核無異，除飭該道會同管河各道另造細冊送部備查外，所有截至道光三十年十一月止，②追繳各款已完、未完數目謹循例恭摺具陳，伏乞皇上聖鑒。謹奏。

　　十二月十三日

　　道光三十年十二月二十三日奉硃批：戶部知道。欽此。

三四七　籌辦專案要工摺
（道光三十年十二月十三日）

　　兩江總督臣陸建瀛、江南河道總督臣楊以增跪奏，爲籌辦專案要工以利漕運而衛民生，恭摺具陳，仰祈聖鑒事。

　　竊照南河洪澤湖爲濟運水櫃，蓄泄機宜全在山盱各河壩。水小則堵以收蓄，水大則啟以宣洩，必須壩身、壩底一律堅整，方能操縱由人。查山盱境內有仁河、義河、禮河、智壩、信壩、林家西壩，皆以啟閉爲蓄泄之資，久逾保固例限。雖每歲間有補苴，而沖跌日甚，義河已跌至四五丈之深，每啟放均需越堵，需費太多，而又無處改立壩基，是義河斷不能修復。其餘各河壩飭令道將逐加勘估，復經臣楊以增親履覆勘。除仁河智壩、信壩應行緩修外，所有禮河、林家西壩兩項工程再三減估，實需銀三十餘萬兩，本年六、八、十等③月內風暴異常，掣塌高堰、山盱石工多段，計長二千數百丈，確估修資約需銀二十餘萬兩。又黃河北岸中河廳承受東省蒙、沂山泉及各湖之水，以濟運行。每至伏秋大汛，上游來源陡發，一晝夜竟長至一丈有餘。兩岸縴道紆長，最關濟運。除常年歲修外，每隔數年普律幫培一次。自道光二十六年專辦之

---

① “例”字，楊紹和抄本作“列”。

② 楊紹和抄本此處多“所有”二字。

③ “等”字，楊紹和抄本作“兩”，或誤。

後，將屆五年。今歲伏秋水漲，凡上游分減之路全行啟放，仍拍岸盈堤，勢將漫溢。其時重漕在境，兩岸蟄塌紛紛，危在呼吸。當經督同道將等分投搶護，幸保無虞。現赴兩岸履勘，處處殘缺，應急加高培厚，用固堤防，減之又減，實需銀十九萬數千兩。以上皆萬不能緩之工，且須重運以前趕辦完竣，方免貽誤。

修復河壩之木石等料尤應先期購備，惟共需銀七十餘萬兩，爲數太多，擬將修補堰盱石工銀二十餘萬兩，仍在常年例用內通挪。其修復山盱河壩及幫培中河縷堤共需銀五十餘萬兩，向俱專案奏撥。如歲修之銀果能兼顧，臣等何敢援案陳請？實緣河庫支絀，額款尚多不敷。本年五月間，臣等奏請修復山盱河壩並山海土工，經戶部奏准借用捐輸銀兩，祗將山海土工辦就，而山盱河壩仍未修復。捐輸銀兩本系修王營減壩、揚河西堤之用，現亦無可再借。若因無款而置要工於不辦，貽誤事機，關係尤重。爲此萬不得已，合詞奏懇皇上天恩俯念山盱河壩、中河縷堤系專案要工，准賜敕部於就近藩關各庫撥銀五十萬兩，迅速解赴河庫，俾得及時發辦，勒限完工，以利漕運而衛民生，感荷鴻慈，曷其有極！

理合繕摺具陳，伏乞皇上聖鑒。謹奏。

十二月十三日

道光三十年十二月二十三日奉硃批：欽此。[1]

三四八　附陳河工用項情形片[2]

（道光三十年十二月十三日）

再，臣等受恩深重，具有天良，使庫款稍有通融，何忍援案瀆請？緣河庫支絀，向多不敷。近來寅食卯糧，更難周轉。如本年歲撥銀一百二十萬兩，除扣還前任借用減平銀六萬兩外，實撥銀一百十四萬兩，解到者已支領無存，未解到之四十餘萬兩計尚不敷發辦歲料及籌備重運各

---

① 楊紹和抄本作："另有旨。欽此。同日奉道光三十年十二月二十三日內閣奉上諭：'陸建瀛、楊以增奏籌辦專案要工一摺，著該部速議具奏。'欽此。"

② 見楊紹和抄本卷十四，魯圖藏。

工之用。至修復山盱河壩並中河縴道，實不能於歲撥銀內支應。而又系斷不可緩之工，固出於萬不得已也。且河壩縴道並非常年所有之工，經此次修復，則該二廳例用錢糧即可漸歸節省。今督同各道將每歲錢糧按照各廳工程平險嚴立範圍，徐、海、常三道所屬各廳尚有把握，惟揚道所屬洪湖、運河各廳一切啟閉並灌塘、濟運各事宜均系隨時相機辦理，刻不容緩，費用紛煩，難於預計。惟有逐加確核，不使稍有虛糜，亦不敢稍任貽誤。

　　理合附片陳奏，伏乞皇上聖鑒。謹奏。

　　道光三十年十二月十三日附進

　　咸豐元年正月初一日奉硃批：知道了。欽此。

咸豐元年 （1851）

三四九 淩汛安瀾摺

（咸豐元年正月初四日）

江南河道總督臣楊以增跪奏，爲恭報淩汛安瀾並河湖水勢工程平順情形，仰祈聖鑒事。

竊臣前將籌防淩汛緣由附摺奏報在案。查上冬自交九①以來，雖雨雪間作，而晴霽日多，不甚寒冷。大河偶有淩塊下淌，幸迎溜埽前均先掛擋淩把樁，多備打淩器具，隨時疏打下行，埽壩並無鑽削。茲交立春，氣候融和，淩漸悉化。據道廳稟報工程一律平穩，外南廳順黃壩誌樁現存水三丈四尺五寸。

洪澤湖自啟放信壩後，消水無多。前與督臣陸建瀛親往履勘，察看形勢，必得添啟順清河，庶期宣洩得力，藉以刷滌下游河身。當飭道將廳營等將該河內外灘面量加挑挖，較量湖水高於黃河水面三尺餘寸，即於十二月十八日將該河堤堰劅通，過水甚暢。並將束清西壩量加折展，以資多減。又慮束清壩所出之水切近運口頭壩，恐掣動湖溜，入運太多，運河難以容納。當將頭南壩、外蓋壩廂加高整，挑逼湖溜，使之北趨順清河，庶少一分入運，即多一分刷黃。茲湖水已共消一尺一寸，高堰誌樁仍存水二尺②零六寸，湖堤仍在吃重。幸西風絕少，一律平穩。前此節次風掣石工乘此春融，飭令工員趕爲補砌，並將浪刷溝槽，分別灰素土填補堅整，以資捍衛。

外南塘河上年重運節經灌放，受淤深厚，仍應照章估挑，以備本年運行。所有臨黃、臨清兩堰業已堵閉，庶便施工。邳宿運河承受東省山泉挾沙下註之水，最爲停淤。幸有各壩逼刷，受淤尚輕，毋庸大挑。祇需擇要撈浚，並照舊筑壩，以資攻刷，當飭該道廳遵照趕辦。

各廳歲料前五分數已據陸續報運到工，循照舊規先派在工學習③之

工科給事中路慎莊、內閣中書曹炯分往各工查驗。俟後五分數催齊，臣再周歷逐細覆驗，不任稍有浮飾，並順道查估春修各工。

　　所有淩汛安瀾暨水勢工程平順情形，理合會同兩江督臣陸建瀛恭摺具奏，伏乞皇上聖鑒。謹奏。

　　正月初四日

　　咸豐元年正月十四日①奉硃批：覽奏均悉。欽此。

三五〇　恭懸御書海神廟匾額摺
（咸豐元年正月初四日）

　　兩江總督臣陸建瀛、江南河道總督臣楊以增跪奏，爲欽奉頒發②御書海神廟匾額，敬謹懸掛，仰祈聖鑒事。

　　竊臣等承准軍機處片交道光三十年九月二十六日內閣奉上諭：陸建瀛、楊以增奏請頒發海神廟匾額等語。本年伏秋大汛，河湖水勢均形漲滿，埽石坍卸，勢甚危險，均經該督等恭詣③神廟虔禱，水即消落，化險爲平。皆賴神靈默助，朕心實深感慰。著發去御書匾額一方，交陸建瀛等敬謹懸掛，以酬神貺。欽此。當即恭設香案，跪迎御書“朝宗普慶”四字匾額一道，派員敬謹摹勒。適臣陸建瀛遵旨來工會勘海口之便，謹會同臣楊以增前赴清江及海安廳境雲梯關④處海神廟諏吉懸掛，以昭聖主報祀之誠，長邀福佑安瀾之慶。

　　理合恭摺覆奏，伏乞皇上聖鑒。謹奏。

　　正月初四日

　　咸豐元年正月十四日奉硃批：知道了。欽此。

　　① 此摺及後摺奉硃批日期，楊紹和抄本皆作“二十九日”。
　　② “頒發”二字，楊紹和抄本缺。
　　③ “恭詣”後，楊紹和抄本有“海”字。
　　④ 楊紹和抄本此處多一“兩”字。

三五一 遴員請陞道缺摺①

（咸豐元年正月十三日）

奏爲河工道缺緊要，遴員恭請簡定，以資治理而重修防事。

竊照淮海道桂文耀因患肝氣病症，稟請開缺調理。正在查辦間，道光三十年十二月初四日准廣東巡撫臣葉名琛咨報：該道之父桂士梧於九月二十九日在籍病故，除具題外咨會查照。等因。當經臣楊以增轉飭遵照聞訃丁憂，並先因該道患病，飭委河工試用道梁佐中前往署理在案。查淮海道系管河要缺，所轄黃、運六廳工程，催償空重漕船，啟閉閘壩並管葦蕩船營事務及審轉地方案件，督率緝捕，在在均關緊要，必得曉暢河務、誠實勤幹之員方能勝任。查南河現有捐輸道梁佐中、曹文昭兩員，雖由大挑知縣分發河工，惟捐陞以後試用未久，尚須歷練。江蘇兩藩司所屬各知府中或到任未久，或陞調尚未引見，未便率請陞署。

茲查有江寧府知府吳葆晉操守清廉，辦事勤懇，徐州府知府李正鼎精力強健，熟悉工程。吳葆晉歷俸五年，李正鼎歷俸三年，皆久任沿河要缺，以之陞署淮海道，均堪勝任。謹繕履歷清單，恭呈御覽，仰懇天恩簡定一員，以資治理而重修防。仍照例試署一年，經歷三汛，果能勝任，再行保題實授。再，該員等均無違礙處分，亦無應賠銀兩，其因公罰俸案件已奉恩詔豁免，毋庸查照參罰，合併陳明。

臣等謹合詞恭摺具奏，伏乞皇上聖鑒訓示。謹奏。

咸豐元年正月十三日拜進

□月□日奉硃批：欽此。

---

① 見楊紹和抄本卷十五，魯圖藏。此摺楊紹和抄本原於標題後註明“會江督陸建瀛、蘇撫傅繩勳前銜”。

三五二　擬陞淮海道人員年歲、履歷清單①
（咸豐元年正月十三日）

謹將擬陞補淮海道人員年歲、履歷繕具清單，恭呈御覽，伏乞簡定。

吳葆晉，現年五十七歲，河南進士，補授內閣中書。道光二十年陞侍讀，二十三年京察一等，奉旨：記名，以道府用。二十五年奉旨：補授蘇州府遺缺知府。奏補揚州府知府，十一月到任。二十八年十月兼護常鎮道印務，二十九年七月卸事。三十年二月兼護鹽運使，奏調江寧府知府，六月到任。現因辦賑出力，奉旨賞加道銜。

李正鼎，現年六十七歲，江西監生，捐納縣丞，投效南河，嘉慶七年到工。二十年補阜寧縣丞，道光元年陞清河縣知縣，拿獲大夥私梟②，奉旨：以知州用。四年委署高郵州知州，補邳州知州。十年陞補太倉州知州，十三年委署松江府知府。歷次勘估河道海塘，奉旨：以知府即補。丁憂服滿引見，發往原省以知府即補，歷署常州、蘇州等府知府。二十六年奏補徐州府知府，先行到任，二十七年奉旨准補。二十九年三汛安瀾防工出力，奉旨：賞加道銜。

三五三　委署徐州道篆片③
（咸豐元年正月十三日）

再，徐州道沈濂於保舉案內接准部咨，欽奉諭旨調取引見。即經轉行欽遵去後，茲據請咨赴部，所遺員缺應即委員接署。現距桃汛尚早，

---

① 見楊紹和抄本卷十五，魯圖藏。
② 私梟：舊時指私販食鹽的人。
③ 見楊紹和抄本卷十五，魯圖藏。

查有徐州府知府李正鼎堪以委令就近兼署。除檄飭遵照外，謹合詞附片陳明，伏乞皇上聖鑒。謹奏。

咸豐元年正月十三日附進

三五四　勘明補造船只摺

（咸豐元年正月十三日）

兩江總督臣陸建瀛、江南河道總督臣楊以增跪奏，爲勘明撥船運料風損，循例動項補造，仰祈聖鑒事。

竊照裏河、外南二廳經管撥船各一百隻，在於黃、運兩河常川撥糧運料，遇有風損，向系隨時查明取結，專案咨部，一面發銀補造，工竣造册咨銷。前准部咨：嗣後修造撥船務須比較近年損船最少之數據實請銷，並飭將近年前後請修只數隨案奏明，以憑稽考。又准部咨：補造風損撥船銀數在五百兩以上者奏明後，再行咨部辦理。各等因。遵照在案。茲據河庫道法良、淮揚道嚴正基會詳稱：裏河廳船夫徐有等撥船十二隻、外南廳船夫張元福等撥船十隻實系道光二十八年撥運柴料，先後行至高家碼頭茅家嘴迤上各地方黃河中流遭風損壞，板片柴料漂淌無存。照例飭行該管廳縣汛員勘驗結報，將風損船數、字型大小、花名開報送道覆查屬實，並無捏混情事。所有每隻照依原造減准工料銀一百六十一兩九錢六分二釐九毫。以上兩廳共船二十二隻，通共需銀三千五百六十三兩一錢八分三釐八毫，即請發辦歸額應用。開摺具詳請奏前來。

臣等伏查前項風損撥船二十二隻，既據該管廳縣汛員勘驗結報，並經該道等查無捏混，應請准其照例補造，以濟撥運。所需工料銀兩在於河庫撥船生息本款銀內動給，飭令趕辦完整。除將送到風損船隻字型大小花名清摺聲明、上屆二十七年風損隻數隨案咨部，並飭取具勘結分咨外，所有勘明補造船只緣由，謹合詞恭摺具奏，伏乞皇上聖鑒敕部核覆施行。謹奏。

正月十三日

咸豐元年正月二十五日奉硃批：該部議奏。欽此。

三五五　查報湖租錢文動存數目摺

（咸豐元年正月二十八日）

　　兩江總督臣陸建瀛、江南河道總督臣楊以增跪奏，爲循例查報道光二十八年應徵宿遷縣駱馬湖租錢文動存實數，恭摺奏祈聖鑒事。

　　竊照宿遷縣駱馬湖無糧灘地經前督臣孫玉庭①、河臣黎世序歲委員丈明酌定租息，奏奉諭旨：自道光三年爲始，於麥熟後徵收，撥充淮、徐兩府地方公用，仍將動存實數於年底奏報一次，免其逐案報銷。等因。欽此。所有道光二十七年以前徵收、動用各數前已具奏在案。

　　茲據江藩司楊文定等會詳稱：駱馬湖灘地道光二十八年分應徵地租錢一萬九千零三十一千一百六十五文八毫，內已經徵完錢一萬五千三百十七千五百七十八文，又帶徵舊欠錢二千七百零六千二十文零二毫，並道光二十七年以前存庫錢六萬五千四百八十二千零三十一文二毫，共應存庫錢八萬三千五百零五千六百二十九文四毫，內動支道光二十八年徐屬採買蒙硝，原設添設並該年復設卡房、更棚、水卡、弁兵薪飯、歲修郡城柵欄、府邑書院膏火並解錢包繩運腳、淮屬公用牧馬巡緝等項，共錢一萬二千八百二十八千五百三十九文。尚應存庫錢七萬零六百七十七千九十文四毫外，該年民欠未完錢三千七百十三千五百八十七文八毫，又道光二十七年以前民欠錢八萬一千九百九十八千八百五十七文一毫，共民欠錢八萬五千七百十二千四百四十四文九毫。造冊詳請核奏前來。

　　臣等伏查該湖灘地道光二十八年應徵租息核數相符，其動支各款亦無浮冒。除將各年民欠飭令核明，現奉豁免恩旨分別查辦外，所有徵完

---

　　①　孫玉庭（1753—1834）：字佳樹，號寄圃，濟寧人。乾隆三十九年（1774）舉人。明年成進士，改翰林院庶吉士，後授翰林檢討，歷任山西河東兵備道、廣西鹽法道。嘉慶元年（1796）升廣西按察使，後任湖南、安徽、湖北布政使。七年（1802）擢廣西巡撫，調廣東。十五年（1810）授雲南巡撫，兼署雲貴總督，後調浙江。二十一年（1816）擢湖廣總督，旋調兩江。道光元年（1821）授協辦大學士，仍留總督任。四年（1824）拜體仁閣大學士，後以高家堰決、借黃濟運無效褫職。道光四年（1824）授體仁閣大學士，因辦理漕運有所貽誤，革職家居，二十四年（1834）卒。

動存實數，謹會同江蘇巡撫臣傅繩勳循例恭摺具奏，伏乞皇上聖鑒。謹奏。

正月二十八日

咸豐元年二月十三日奉硃批：該部知道。欽此。

三五六　謝賞宣宗皇帝御制詩文餘集摺

（咸豐元年二月初五日）

江南河道總督臣楊以增跪奏，爲恭謝天恩事。

竊臣摺弁回浦，賫到兵部咨，欽頒宣宗成皇帝《御制詩文餘集》二函，當即恭設香案，叩頭祇領。蒙天章之下賚，仰聖業之常昭。惟一惟精，接心傳於十六字；止仁止孝，垂治統於萬斯年。我皇上衣德紹聞，綏猷建極，際喜起明衣之盛；初葉乾元，興光華糺縵之歌。上賡復旦，洵克承夫堂構，用嘉惠於班聯。臣自顧菲才，渥叨寵賚，窺作聖述明之志，騰金泥玉檢之藏。職守虹堤，亦冀榮光之見；學同蠡測，得邀久照之臨。殫茨岸之勤勞，期獻頌於河清。每宴拜楓宸之懋賞，勉書於口誦心維。

所有微臣悚感榮幸下忱，謹繕折恭謝天恩，伏乞皇上聖鑒、謹奏。

二月初五日

咸豐元年二月十四日奉硃批：知道了。欽此。

三五七　工用銀兩請飭部准銷摺

（咸豐元年二月初五日）

江南河道總督臣楊以增跪奏，爲上年工用銀兩毫無浮濫，據實覆陳，仰懇聖恩俯賜飭部准銷事。

竊臣前准工部咨：匯奏東、南兩河道光三十年分另案工程銀數一摺，奉旨：依議。欽此。並抄奏咨行前來。原奏內南河工用銀兩道光二十九年八月二十五日奉上諭：據工部奏，查南河工用銀兩前經署河督李星沅奏明，每年尋常例用當以三百萬兩爲率，嗣後南河於霜降後報銷之時，倘有數逾三百萬兩以外，無論分毫即著概行議駁，並著户部存説。欽此。欽遵在案。今據江南河道總督楊以增奏南河徐州、淮揚、淮海、常鎮①四道三十年另案各工並上年挑辦洪湖天然引河共用銀二百三十萬六千八百七十五兩零，加以每年歲修一百二十七八萬兩不等，共逾額幾及六十萬兩。雖據該河督奏稱，上冬今春挑辦引河工程經欽差侍郎福濟會同臣陸建瀛勘明，系非常年所有之工，劃去銀十六萬七千九十兩零，仍逾銀四十餘萬兩，應請旨飭令核實刪減，再行專摺具奏，以符定制。等因。

伏查南河工用向無定額，緣河湖消長靡常，工程平險無定，至行漕各處啟閉修補閘壩各工凡②關濟運機宜，尤難預計溯查。從前最爲節慎之前總河黎世序任内工用以嘉慶二十二年爲最少，計用銀三百七十二萬餘兩。嘉慶二十五年黄河無水，尚用銀三百六十二萬餘兩，其餘年分大都四五百萬兩。蓋河工因時制宜，務求費省③得當，祇能減無益之浮糜，不能置要工於弗顧。道光二十八年兼署河臣李星沅有“每年尋常例用約略計之，當以三百萬兩爲率”之奏，而是年報銷經該署河督刪汰從嚴，並剔除山海土工銀十五萬兩、堵閉義河銀十八萬七千餘兩外，仍請銷銀三百四十六萬餘兩。准工部咨覆：是年南河各工銷用銀數較之歷年少至數十萬兩，洵爲撙節。等因。在案。

臣接辦二十九年報銷，較二十八年又省銀十六萬二千餘兩。三十年伏秋大汛，黄水盛漲，比二十九年誌樁尚大一寸，而洪湖來源尤旺，同時著險，分投搶護，應接不遑。倘有一處疏虞，且全域攸關，欲省轉費。臣當上年大汛，因河庫舊有不敷，寅食卯糧，未能填補，奏請借撥銀兩，經户部議借上年減平銀兩。倘有不敷，准將南河捐輸之項通融於例撥内分作五年扣還歸款，等因。奉旨：依議。欽此。是上年工用於例撥例收之外尚又奉准借動各款。其非三百萬兩所能敷用，悉在聖明洞鑒之中。兹准部咨，臣復將上年各工逐細鉤稽，均系實用實銷，無可再

①　“常鎮”二字，楊紹和抄本缺。
②　“凡”字，楊紹和抄本作“幾”，當誤。
③　“費省”二字，楊紹和抄本作“省費”。

減，較二十八年報銷之數有減無添，毫無浮濫。相應縷晰覆奏，仰祈皇上天恩俯准，飭部仍照前奏清單覆准，以便督同各道，分案陸續題報。惟願今歲水平工穩，一切工用年少一年，漸期不出三百萬兩之範圍，庶上慰我皇上慎工節帑之至意。

　　爲此繕摺覆奏，伏乞聖鑒訓示。謹奏。

　　二月初五日

　　咸豐元年二月十四日①奉硃批：工部詳議具奏。欽此。

三五八　會勘寨子民堰並徐屬查料片
（咸豐元年二月初五日）

　　再，臣前奉諭旨，飭赴山東泇河廳②會勘寨子民堰工程。遵於本年正月二十日起身前往，二十六日行抵該境，會晤東河河臣顏以燠，當即督同該道廳逐細履勘③，容另會商督臣、漕臣，查核具奏。臣往來之間，即將徐屬各廳歲料挨處查驗。茲於二月初三日回抵清江，俟往揚、海等屬道周歷勘驗完畢，再行縷晰陳報。中河廳幫培兩岸縷堤工程及外南塘河挑工均已發辦，責成各該道督率照估如④式辦理，勒限完報候驗，不誤重運。洪澤湖水勢已共消二尺餘寸，誌樁現存一丈九尺一寸。上冬所啟外南廳之順清河洩水甚暢，茲湖水高於黃河僅止尺許，誠恐黃水加長內灌。已飭將該河盤頭收束，察看進堵，並將裏河束清西壩前此拆展工段照舊補築。臣惟有督飭隨時相機經理，不任稍有糜誤。

　　所有臣赴東境會勘寨子民埝暨查勘工料情形理合附片具陳，伏乞聖鑒。謹奏。

　　咸豐元年二月十四日⑤奉硃批：知道了。欽此。

---

　　① 此摺奉硃批日期，楊紹和抄本作“二十二日”。

　　② 泇河廳：管理沛、滕、嶧三汛河道，北自魚台縣交界王家水口起，南至江南邳州黃林莊交界止，共二百零八里。

　　③ “履勘”二字，楊紹和抄本作“會勘”。

　　④ “如”字，楊紹和抄本作“各”，當誤。

　　⑤ 此片奉硃批日期，楊紹和抄本作“二十六日”。

三五九　請撥大汛工需銀兩摺

（咸豐元年二月初五日）

　　江南河道總督臣楊以增跪奏，爲循例請撥大汛工需銀兩，仰懇聖恩俯准飭撥，以資修防事。

　　竊查南河歲搶工程每歲於年前奏請發撥歲料銀一百二十萬兩，並每年各省例解之項除給發官兵俸餉及額支各款外，餘存銀兩統爲歲搶修額定工程①之用。其大汛河溜提移、搶廂新埽及啟閉閘壩、隨時相機挑築等工向歸另案辦理，例於春間奏請撥銀一百五十萬兩，以備大汛修防之用，歷經循辦在案。本年歲料銀兩業已動用無存，現值春汛，所有豫備重運經由各河道堤埽閘壩啟放挑築等工，必當隨時相機辦理，以利運行。轉瞬大汛經臨，搶辦工程尤須錢糧先期解到，以資應用。

　　茲據河庫、徐州、淮揚、淮海、常鎮各道會詳請撥前來，臣查此項銀兩爲大汛修防所必需，且各省撥款解工動輒數月。黃水汛漲遲早難定，本年遇閏，汛期方長，尤應先事豫籌，俾免貽誤，謹循例照數奏請。合無仰懇皇上天恩，俯念河工緊要，飭②下部臣於就近藩關各庫撥銀一百五十萬兩，迅速解交河庫。臣仍當督同各道實力稽查，撙節動用，不任稍有糜費。如有餘存，另行造冊報部。

　　所有循例請撥大汛工需緣由，謹會同兩江總督臣陸建瀛合詞恭摺具奏，伏乞皇上聖鑒。謹奏。

　　二月初五日

　　咸豐元年二月十四日③奉硃批：該部議奏。欽此。

---

　　①　楊紹和抄本缺“工程”二字。

　　②　“飭”字，楊紹和抄本作“敕”。

　　③　此摺及後兩片奉硃批日期，楊紹和抄本皆作“二十二日”。

三六〇　委署淮揚道篆片

（咸豐元年二月初五日）

再，淮揚道嚴正基現經撫臣傅繩勳奏署江蘇臬篆，知照到臣。所遺淮揚道缺應①即委員接署，以專責成。查有河工試用道曹文昭諳練工程，堪以委署。除會同督撫臣檄飭遵照外，理合附奏，仰祈聖鑒。謹奏。

咸豐元年二月十四日奉硃批：知道了。欽此。

三六一　減平銀兩分年代還片

（咸豐元年二月初六日）

再，上年大汛搶工動用道光二十九年河庫扣存減平銀十九萬二千兩，上年六月奏奉敕部議准借動，在於例撥款內分作五年扣還。等因。自應遵照。惟查前河臣潘錫恩任內借動二十七、八兩年減平銀二十三萬兩，奉部分作四年於歲料款內分扣。在案。茲若於大汛工需銀內並扣二十九年減平銀兩，則本年額數所短太多。湖河水勢消長無常，實於修防有礙。理合附片陳懇，伏乞皇上天恩俯賜，飭部俟道光二十七、八年減平銀兩扣完後，再接扣二十九年減平銀兩。如此一轉移間，修守既免缺誤，而錢糧亦不致虛懸。

感荷鴻施，曷其有極！謹奏。

咸豐元年二月十四日奉硃批：該部議奏。欽此。

---

① 録副本缺"應"字，據楊紹和抄本校補。

三六二　遵旨會勘寨子民堰摺

（咸豐元年三月初四日）

　　江南河道總督臣楊以增、河東河道總督臣顏以燠跪奏，爲會勘寨子民堰，添建滾壩並囊沙引渠沙壩改建減閘各情形，恭摺覆陳仰祈聖鑒事。

　　竊臣等於上年六七月內先後①接准工部咨，恭奉上諭：工部議覆顏以燠奏寨子民堰添建滾壩並挑挖十字河引渠一摺。此案請建滾水石壩工程自應及時興建，著楊以增、顏以燠親往履勘，會同陸建瀛、楊殿邦秉公商榷，將擬建之滾水石壩究應建於何地，並囊沙引渠應否改爲減閘之處詳核妥議，迅速聯銜具奏。等因。欽此。並抄錄原議，移咨前來。當經臣顏以燠以時值大汛，在豫督飭修防，不克分身前往，臣楊以增亦在督防汛漲，料理灌塘各事，未能前來。請俟霜降安瀾後，訂期往勘緣由附片奏蒙恩准在案。逮②霜降以後，臣楊以增始則籌催回空幫船南下，既而會同臣陸建瀛遵旨馳往海口，詳勘塌灘情形，核議覆奏，以致未能赴東。

　　茲於正月內楊以增、顏以燠彼此知會，訂期同赴迦河廳屬沛汛寨子一帶逐細履勘。查該處民堰建於迦河廳運河灘上，距③十字河三里許，均系沛縣地方。今會勘得該民堰長一千三百餘丈，道光二十九年甫經沛縣修理完整，尋常長水，足資抵禦。如遇異漲之年，則坡水勢旺，雖建滾壩，仍難免於頂托。且民田已在水中，添建恐亦無益，應請從緩辦理。又十字河囊沙引渠沙壩應否改爲減閘一節。查該處山水驟長，下注湧激，向系串運。由囊沙引渠入微山湖爲收水最要之路，水入湖中④沙囊渠內，方爲名實相符。該渠口築有沙壩，以通縴挽。如遇水長，聽其冲塌，則沙壩隨冲隨筑，淤沙隨積隨挑。若將沙壩改爲減閘，竊慮閘門⑤數丈，減漲收水未能暢利。設遇水小年分，微山湖少一直捷進水之

---

① “後”字，楊紹和抄本作“將”，當誤。
② “逮”字，楊紹和抄本作“迨”。
③ “距”字，楊紹和抄本作“詎”，當誤。
④ “中”字，楊紹和抄本作“水”，當誤。
⑤ “閘門”二字，楊紹和抄本作“沙門”，當誤。

路，於瀦蓄濟運轉多窒礙，請毋庸議。臣等復會查東省濟運情形，全以十字河爲關鍵。如果將十字河噴沙認真搶撈，復挑深囊沙引渠，則分洩得力，下遊民堰自可無虞，利漕運而保堤防，莫要於此。應由臣顏以燠責成該道廳按照十字形勢每歲挑挖深通，隨時妥辦，不任延誤。

所有會勘情形，謹會同兩江督臣陸建瀛、漕運督臣楊殿邦合詞恭摺覆陳。是否有當，伏乞皇上聖鑒訓示。再，此摺因往返剳商，是以拜發較遲，合併聲明。謹奏。

三月初四日

咸豐元年三月十五日①奉硃批：知道了。欽此。

三六三　籌備重運並河湖水勢摺
（咸豐元年三月初四日）

江南河道總督臣楊以增跪奏，爲籌備重運辦理堤埽閘壩等工暨河湖水勢情形，恭摺具陳，仰祈聖鑒事。

竊照江境南北運河綿亘六七百里，其間渡江、渡黃閘壩林立，全賴修防扼要，蓄泄得宜，庶期運行無阻。據該管各道廳先後稟報：裏河廳頭二三四壩並上下雁翅、惠濟越閘上鉗口壩、閘下束水壩、張王廟前托水壩、福興正閘上下鉗束各壩、迤下河尾蔣壩均爲湖水入運門户，歷被刷蟄卑矮，亟應一律加廂。外南廳臨清墩北面護埽鉗口壩、禦黃壩、舊草閘內挑壩，並該閘金門由身上下迎水雁翅及閘外挑束壩工間有朽腐蟄塌，亦應廂修。其北岸外北廳浦家莊爲重運進口要道，循舊於東西兩岸廂做托清蓋黃壩埽，逼溜刷沙。中河廳楊莊頭壩前因船營左運卸空船隻應赴右營運柴，即經啟放出船，嗣因黃水加長，仍即堵閉澆餞，以免內漾澄淤，並將二三兩壩照舊接築收束。下游江運廳五臺山迤下至洋子橋等處舊埽歷經汛漲冲刷塌②卸，應即擇要廂修。以上皆濟運要工，均飭令節慎妥辦。至外南塘河挑工及中河兩岸加幫縴堤，經臣督率各道並添

---

① 此摺奉硃批日期，楊紹和抄本作"二十四日"。

② "塌"字，楊紹和抄本缺。

派幹員分投查催，現均一律完竣。

黃河水勢二月以來陸續見長二尺餘寸，較量水面已高於湖。所有前啟之外南順清河業經堵閉，並將堤身補還完固。洪澤湖水報定多日，現復見長二寸，湖誌存水一丈八尺六寸，濟運有餘。

江蘇首進各船已過清江閘四百餘隻，隨時提上各閘壩。一面飭催後船，與漕臣察看會商，早灌頭塘，總期迅速順利，上紓宸厪。

所有籌備重運各工並河湖水勢情形，謹會同兩江總督臣陸建瀛恭摺具奏，伏乞皇上聖鑒。謹奏。

三月初四日

咸豐元年三月十五日①奉硃批：覽奏均悉。欽此。

三六四　王營減壩興工片
（咸豐元年三月初四日）

再，外北廳屬王營減壩前經欽差侍郎福濟會同臣陸建瀛奏請豫爲減洩之路，並②經奏准於南河捐輸項下辦理，作正開銷在案。嗣據淮揚道將稟稱：該壩歷今三十餘年，黃河逐漸淤高，誠恐啟放掣溜過甚，擬於臨黃添建滾水石壩一座，以爲重門，並先築越壩，以便剛堤施工。臣與督臣覆勘，尚屬合宜。於上年發銀委令裏③河同知于昌進、外南同知婁晉、外北通判黃世恩具領，趕購料物，乘時興辦。業於上年十月初二日先築越壩，次第辦理，勒限於大汛前完工。除俟完竣④驗收後，再爲確開所做工程丈尺銀數清單，另行具奏外，理合附陳，伏乞聖鑒。謹奏。

三月初四日

咸豐元年三月十五日奉硃批：知道了。欽此。

---

① 此摺及後二片一摺奉硃批日期，楊紹和抄本皆作“二十三日”。
② “並”字，楊紹和抄本作“當”。
③ “裏”字，楊紹和抄本作“禮”。
④ “完竣”，楊紹和抄本作“工竣”。

三六五　禮河壩底陞高片
(咸豐元年三月初四日)

再，臣前因山盱禮河、林壩兩處石底冲損，亟應修復，估需銀三十餘萬兩。又中河廳兩岸加培縴堤估銀十九萬數千兩，共需銀五十餘萬兩。奏准部議借撥銀三十萬兩，計不敷銀二十餘萬兩。茲查禮河壩底工程，據該道廳稟稱：該河石底舊制以洪湖誌椿存水九尺平。由泄水太猛，易於冲跌，應陞高五尺，改作滾壩，將石牆、石底並碎石坦坡酌量接長，庶節宣有制，堪期經久。當查所估尚屬合宜，即經批准發辦。連中河加培堤工約計奏撥之銀已無餘存，其林家西壩底現既無款可動。且該壩泄水與信壩同一去路，刻下信壩因湖水尚大，未便即堵，壩下一片汪洋。擬俟堵後，林壩石底涸出，再爲確切勘奏。

理合附片陳明，仰祈聖鑒。謹奏。

三月初四日①

咸豐元年三月十五日奉硃批：知道了。欽此。

三六六　京員學習期滿送部引見摺
(咸豐元年三月初四日)

江南河道總督臣楊以增跪奏，爲京員在工學習期滿，出具考語送部引見，仰祈聖鑒事。

竊照道光十二年閏九月二十三日奉上諭：本日據大學士會同軍機大臣議奏《京員揀發河工學習章程》一摺。河防關係重大，必得通曉熟諳之員方有裨益。著於内閣翰詹六部、都察院各衙門不分滿洲、漢人，擇其正途出身、清慎勤敏者，每衙門保送一員，咨交吏部帶領引見，候

---

① 此片具文日期，楊紹和抄本作“三月初六日”。

旨發往東、南兩河學習。如不得其人，毋庸濫保，並著定爲兩年揀派一次。該員到工後隨同該河督專心學習估工查料及一切疏浚堵築各事宜，不必承辦要工，亦不准經營錢糧。並著該河督量材①差遣，週歷河湖堤堰，查勘情形，俾資歷練。其黽勉勤慎、尚堪造就者，二年差竣，著該河督出具切實考語，送部引見，候旨録用。此爲慎重河務起見，其不諳河務者准其仍回本任，不准乞恩改補地方。等因。欽此。

查工科給事中路慎莊、内閣中書曹炯道光二十九年正月保送河工學習，奉上諭：著發往南河差遣委用。欽此。旋據該二員呈報，均於是年三月二十八日到工。兩年以來，經臣派往各屬查料勘工，協防大汛，留心察看，均屬勤慎。兹連閏扣至咸豐元年二月二十八日學習二年期滿，臣復查，給事中路慎莊現年四十五歲，陝西進士，品端才裕，明幹有爲，擬請留工，以道員酌量補用。中書曹炯現年四十歲，甘肅進士，勤儉自持，講求河務，擬請留工，以同知酌量補用。

除分別給咨，赴部帶領引見，恭候欽定外，謹先出具切實考語，繕摺具奏，伏乞皇上聖鑒。謹奏。

三月初四日

咸豐元年三月十五日奉硃批：均著送部引見，欽此。

三六七　桃汛安瀾摺

（咸豐元年三月二十六日）

江南河道總督臣楊以增跪奏，爲恭報桃汛安瀾並河湖水勢工程情形，恭摺附驛具陳，仰祈聖鑒事。

竊照河工向以清明後二十日爲桃汛長水之期。本年三月初四日節交清明，經臣先期通飭道將廳營妥慎籌防。截至二十四日止，計桃汛期内以三月初四日爲黃河長水最大之日，外南廳順黃壩誌椿積存三丈七尺四寸。兹桃汛已過，據各廳稟報工程一律平穩。

洪湖水勢近因陰雨較勤，陸續見長九寸，誌椿現存一丈九尺三寸，

---

① "材"字，楊紹和抄本作"才"。

濟運有餘，而湖堤吃重。山盱信壩仍留分減，偶遇西風，幸俱修防穩固，裏揚一帶運河經此清水暢注，日淘日深，重運軍船行走極爲順利。江運廳甘泉汛東岸堤工及西岸普賢墩越河等處縴堤經上年汛水汕刷，多有殘塌，亟應幫加。又該境臨河磚石工歷被上年汛漲風掣塌卸①，連海漫②腰洞除新工照例著落承辦之員賠修外，計應修舊工長二百十六丈七尺，自一層至十四層不等。據常鎮道造冊具稟，核系應辦工程，即經批飭趕辦，克日完竣，以資保衛而利運行。

至各廳歲料，均經具報全數到工。除上游各廳業經臣前往查驗，現距灌放二塘軍船計期尚需時日，臣擬即前赴江口察勘工料並迎催漕船，令容隨時奏報。

所有桃汛安瀾並河湖水勢工程情形，理合會同江督臣陸建瀛，恭摺附驛具奏，伏乞皇上聖鑒。謹奏。

三月二十六日③

咸豐元年四月初五日④奉硃批：知道了，欽此。

三六八　重運漕船灌放頭塘摺⑤
（咸豐元年三月二十七日）

奏爲重運漕船灌放頭塘渡黃北上，恭摺循例由驛具陳，仰祈聖鑒事。

竊照本年重運軍船催提盤驗情形，經臣楊殿邦具奏在案。臣楊以增督飭該管道廳將籌備利運挑築各工分投辦竣，查驗如式，催令軍船挽上各閘壩，即啟臨清埝試進清水，河底一律相平。隨經提船入塘排泊，一面飭令中河廳將雙金閘鉗口壩堵閉，跟澆土戧，並飭運河廳啟放柳園頭閘等處，導引駱馬湖水入河濟運。中河陸續加長，察看楊莊清高於黃，即將頭壩啟放，並咨會東河照例鋪水。臣於三月二十三日會駐河口，督

---

① "卸"字，楊紹和抄本作"缺"，當誤。

② "漫"字，楊紹和抄本作"運"，當誤。

③ 此摺具文日期，楊紹和抄本作"二十七日"。

④ 此摺奉硃批日期，楊紹和抄本作"十五日"。

⑤ 見楊紹和抄本卷十五，魯圖藏。此摺楊紹和抄本於標題後註明"會漕督楊殿邦前銜"。

令堵閉臨清埝。惟黃河水面高於塘河無多，恐草閘口難以跌透，當飭照章趕啟涵洞，洩低塘水。仍將涵洞堵閉，立啟臨黃埝，將首進大河前幫起至鳳陽、常州幫止，共二十三幫計船七百八十八隻循序放渡，挽入中河，連檣北上。飭令淮海、徐州二道分駐河干，督率催儹。查道光二十九年重運頭塘船隻渡黃系四月初十日，三十年系四月二十八日，本年較早十餘日至二十餘日。所有太倉前等七幫共船一百四十七隻業經臣楊殿邦委員迎提來淮，盤驗挽上清江等閘，俟歸入二塘灌放。

理合將重運灌放頭塘渡黃北上緣由，謹會同兩江督臣陸建瀛，恭摺循例由驛具奏，伏乞皇上聖鑒。謹奏。

咸豐元年三月二十七日拜進

四月十五日奉硃批：知道了。欽此。

三六九　催趲銅船北上片

（咸豐元年五月初三日）

再，臣楊以增節①准戶部咨：奏催各省銅鉛船隻迅速運京，以資鼓鑄。等因。均經轉飭所屬文武遵照在案。茲查各運銅斤，內湖南委員王秀琛一起已於四月十二日催出沛縣，行入東境。江蘇委員王培庚一起業已盤壩渡黃，於四月初二日換船北上。其雲貴銅鉛各船尚無入境信息，臣仍嚴飭所屬迎探，一俟行入江口，即會同地方官上緊催令速行，不任刻延。理合附陳，伏乞聖鑒。謹奏。

五月初三日②

咸豐元年五月十一日③奉硃批：知道了，欽此。

---

① “節”字，楊紹和抄本作“接”。
② 此片具文日期，楊紹和抄本作“五月初四日”。
③ 此片奉硃批日期，楊紹和抄本作“十七日”。

三七〇 重運軍船用清水放渡摺①

（咸豐元年五月初四日）

奏爲重運軍船現用清水放渡緣由，恭摺循例由驛馳報，仰祈聖鑒事。

竊照本年重運灌放頭塘日期，暨臣等親赴下游迎提後船，蘇屬各幫已全部催進瓜口、過淮盤驗各緣由，先後具奏在案。嗣將臨黃埝堵閉，催提後船，陸續挽上各閘壩。截至四月中旬，已抵臨清埝船四百餘隻。適黃水漸消，湖瀦充旺，查清水高於黃河水面二尺上下，臣於四月二十日親駐塘河工次，即乘機飭啟臨清埝進船。一面啟放臨黃埝，清水滔滔外注，各船暢順渡黃，挽入中運河北上。惟清水外出力猛，行至舊草閘束水逼窄之處，溜勢愈形湧激，東岸胡術刷蟄入水。探量水深幾及四丈，誠恐塌及閘身，當飭該廳營趕將舊草閘堵閉，廂修穩固。查該閘之西本有新草閘替河一道，原備輪流啟閉之用。惟該河內外淤灘應加抽挑，並將該閘由身迎分水雁翅加廂高整，閘外添築束壩二道，方能啟用。當經飭令分別挑築，竭數晝夜之力搶辦完竣，即於二十九日啟替河新閘出船。截至五月初三日止，連舊閘前出之船統計，此次清水送漕自太倉前幫起，至興武七幫止，連宿州二幫在內共三十二幫，計船八百四十六隻。在後浙江及江廣幫船現已次第催進瓜口，督臣現駐揚州，派委文武，節節嚴催，可期迅速。此後能全用清水送渡，隨到隨放，自無耽延。但黃河消長靡常，恐其倒灌。現已預備料物，如黃水加長，即將新草閘、臨黃埝速行堵截，仍用灌塘舊法。臣等總當隨時相機妥辦，務於欲速之中力求愼重，以仰副聖主河漕並重之至意。

所有現用清水放渡漕船緣由，理合會同兩江督臣陸建瀛循例由驛馳報，伏乞皇上聖鑒。再，據徐州道將等稟報，本年重運首幫大河前幫船已於四月十一日催出江南黃林莊境，行入東省，後幫跟接前進等情。除批飭加緊催儹外，合併陳明。謹奏。

---

① 見楊紹和抄本卷十六，魯圖藏。並於標題後註明"會漕督楊殿邦前銜"。

咸豐元年五月初四日拜進

十七日奉硃批：所奏各情形知道了。欽此。

三七一　查勘工料並驗收山海中河工程摺

（咸豐元年五月十六日）

江南河道總督臣楊以增跪奏，爲查驗歲料及勘辦春修各工情形，恭摺具陳仰祈聖鑒事。

竊照歲料爲修防根本，臣於上年霜降後按照舊章分別各廳工程平險，約計春修需料多寡酌定堆數發辦，催令堅實堆垜。逮初限內據報前五分數到工，當經劄委各道暨京員等分往查驗。嗣據查畢回浦，開摺面稟，均尚足數如式。嗣據各廳稟報後五分料一律堆齊，復飭各該道確查無誤。臣於正月底先赴徐屬各廳週歷勘驗，嗣回浦將籌備重運各工督辦完竣，放過頭塘漕船，即於三月下旬前赴揚州江口一帶查料催船，先後具奏在案。旋經摺回，督催二進各幫次第提上各閘壩。適清水較高於黃，遂駐壩督率該管文武乘機啟除壩堰，放船渡黃進中北上。臣察看行走順利，諄囑河漕各員弁妥爲照料催儹，臣即乘空前赴山、海、安、阜四廳查驗兩岸工料。統計徐、揚、海、常四道屬黃運各廳業已周勘完畢。

伏念歲料一項爲修防大宗，如料質不能純淨，堆垜稍有虛松，則將來辦工即致不能堅實，所關甚巨。是以臣每至一工，先將堆數點明，再量高寬長丈，尚無短少。惟前五分數所堆料垜閱時稍久，雨淋日曬，浮面料色不無黯淡，誠恐稍有弊混，每工皆抽拆二三垜或四五垜，裏首料色尚俱一律黃亮，稱其觔重，均較額定有盈無絀。雜料、碎石、積土亦俱點驗無浮。

春修應估土埽各工前據各道造冊呈送，經臣覆加確估，分別減准，勒限趕辦完竣，以禦汛水。山海四廳上年續辦加幫堤工久經完報，經臣驗收如式。容核實查開清單，另行具奏。其中河廳本年加培兩岸緍堤亦據報完，昨經便道勘驗，亦俱照估完整。

黃河水勢消長相乘，河溜趨向如常，歸墟暢順。運口清水仍高於黃，三進軍船照前暢渡，仍催後船銜尾前進，以期早日全數渡黃北上，不任刻延。臣往來工次，親見二麥次第登場，民情極爲歡忭，均堪上慰聖懷。

所有查勘歲料及勘辦春修各工情形，理合恭摺具奏，伏乞皇上聖鑒。謹奏。

五月十六日①

咸豐元年五月二十六日②奉硃批：所奏各情形知道了。欽此。

三七二　銅船北上片
（咸豐元年五月十六日）

再，雲南委員吳鴻昌領運己酉年正運四起銅船業已儕進內河，現經漕臣飭令尾隨江西幫船提上各閘壩，渡黃前進。其在後各運銅鉛船隻一經入境，仍即催令插檔北上，不任刻延。

合併陳明，伏乞聖鑒。謹奏。

五月十六日

咸豐元年五月二十六日奉硃批：知道了，欽此。

三七三　重運軍船仍用清水送渡摺③
（咸豐元年五月二十八日）

奏爲重運漕船現仍清水浮送，渡黃暢順情形，恭摺循例由驛馳報，仰祈聖鑒事。

竊臣陸建瀛前將駐劄揚州督飭催儥，並將已未過關幫數附片奏陳在案。一面嚴提浙江在後八幫，一面督押湖南三幫尾船晝夜前進，並勘運河西堤工程。臣楊殿邦駐淮，幫船一到，隨即盤驗催開。臣楊以增往來河口，督率照料各閘壩添足關纜，竭力絞挽，不准稍停。前於三月二十七日

---

① 此摺及後片具文日期，楊紹和抄本作"五月十八日"。

② 此摺及後片奉硃批日期，楊紹和抄本作"六月初六日"。

③ 見楊紹和抄本卷十六，魯圖藏。並於標題後註明"會江督陸建瀛、漕督楊殿邦前銜"。

灌放頭塘，計渡黃二十三幫，出船七百八十八隻。四月二十日清水送漕，至五月十三日止，計渡黃三十二幫，出船八百四十六隻，均經專摺馳報，其後船仍催趲渡。茲臣陸建瀛於二十四日到浦後，復會同前赴外南禦黃壩、塘河、裏河運口一帶週歷查催。截至二十八日江西贛州尾幫止，連前統計渡黃北上者已有七十六幫，共出船二千五百九十一隻，在後祇有湖南三幫、浙江十六幫，共船六百零五隻。其湖南幫業已過淮。浙江幫過淮並過清江閘者八幫，據報提近瓜口河者三幫，其餘五幫仍加派大員，前往嚴催，務令星速全數償挽到壩，乘黃水未長，悉由清水送渡，以期早達天庾，斷不任片刻遲延。臣陸建瀛暫駐清江，督率策應。

除俟即日全漕渡黃完竣另行奏報外，所有現仍清水送漕渡黃暢順緣由，理合先行馳奏，仰懇皇上聖鑒。謹奏。

咸豐元年五月二十八日拜進

六月十三日奉硃批：知道了，欽此。

三七四　揀員請陞河道要缺摺①

（咸豐元年五月二十八日）

奏爲河道要缺需員，循案開單請旨簡定，恭摺具奏，仰祈聖鑒事。

竊准部咨：奉上諭：廣西右江道員缺著嚴正基調補。欽此。坐四月十九日行文，應歸五月分截缺。近年遇有河道缺出，均系開列道府數員請旨簡定，歷經遵辦在案。查淮揚道一缺統轄七廳十二州縣，黃運河湖悉歸管理，居南北衝要之地，有修防濟漕之責。所屬地方刑名案件並由該道審轉，非精明諳練之員不克勝任。江蘇現在地方河工均無合例人員，謹查有候補道路慎莊，陝西進士，由給事中保送河工，期滿引見，奉旨：發往南河，以道員用。欽此。該員學裕才優，工程練習。又蘇州府知府王夢齡，順天監生，由運判呈改知縣，洊陞淮安府知府，調補今職。經前撫臣傅繩勳明保案內併案給咨赴部引見，奉旨：著回任。欽此。該員辦事勤敏，熟

①　見楊紹和編《先都御使公奏疏》，魯圖藏。並於標題後註明"會江督陸建瀛、蘇撫楊文定前銜"。

習情形。以上二員均堪勝淮揚道之任，亦無違礙處分及河工賠項銀兩。惟路慎莊於五月初六日到工，請補五月之缺，於五缺章程未符，而該員奉旨在該道出缺之先，似與別項人員應須比較到工日期者有間。王夢齡歷俸未滿五年，亦與請陞之例未符。但員缺實在緊要，例得聲明專摺奏請。

臣等往返劄商，謹援人地相需之例繕具履歷清單，恭呈御覽。合無仰懇天恩，於該二員中簡定一員，以資治理而重修防。仍照例試署一年，經歷三汛，果能勝任，再行保題實授。謹合詞恭摺具奏，伏乞皇上聖鑒訓示。

再，王夢齡如有罰俸銀兩，飭令即行完繳報部，合併陳明。謹奏。

咸豐元年五月二十八日拜進

六月十五日奉硃批：另有旨，欽此。同日奉咸豐元年六月十五日內閣奉上諭：陸建瀛等奏河道要缺需員，開單請簡一摺。江南淮揚道員缺著以路慎莊試署，俟經歷三汛，另請實授，該部知道。欽此。

三七五　擬補淮揚道人員履歷清單①

（咸豐元年五月二十八日）

謹將擬補淮揚道人員繕具履歷清單，恭呈御覽。

計開

候補道路慎莊，陝西盩厔縣人。

該員現年四十五歲，道光丙申科進士，改庶吉士，散館授職編修。十九年大考二等，二十年充庚子科福建鄉試副考官。二十三年京察一等，記名以道府用；記名御史大考二等，充日講起居注官。二十四年補授福建道監察御史，二十七年巡視中城截取引見，交部記名，以繁缺知府用，補授工科給事中。二十八年保送河工，二十九年赴南河差遣委用。咸豐元年二月學習期滿奏留，給咨赴部，三月二十八日引見，四月初一日召見，奉旨：發往南河，以道員用。欽此。五月初六日到工。

蘇州府知府王夢齡，順天大興縣人。

---

① 見楊紹和抄本卷十六，魯圖藏。

該員現年五十三歲，由監生報捐運判，分發兩淮。試用期滿，呈請改補知縣，補沭陽縣知縣，迭次獲案出力，奉旨：以同知用。補揚州府同知，調署江寧府江防同知。因案降調，送部引見，奉旨：仍以同知用。遵例投效江蘇。委審蕭縣要案出力，奉旨：著俟補缺後，以知府陞用，先換頂戴。補江寧府江防同知，委催六塘河工竣，保奏奉旨：開缺以知府即補。奏補淮安府知府。道光二十八年十二月初二日到任，旋調蘇州府。三十年六月前撫臣傅繩勳明保案內奉旨：調取引見。因辦理災賑出力，奉旨賞加道銜，於咸豐元年正月赴部引見，奉旨：王夢齡准其補授江蘇淮安府，調補蘇州府知府，著回任。欽此。五月十六日回任。

三七六　道員試用期滿留工摺

（咸豐元年五月二十八日）

兩江總督臣陸建瀛、江南河道總督臣楊以增跪奏，爲道員試用一年期滿，察看堪以留工補用，恭摺具陳，仰祈聖鑒事。

竊照定例：捐輸道府分發試用一年期滿後，令該督撫察看才具，分別堪勝繁簡，專摺具奏，照例補用。等語。茲查捐輸道員曹文昭，現年五十六歲，山西舉人，道光六年大挑一等，分發南河，借補興化縣丞，歷署繁①缺州縣河廳，陞揚河通判，調外北通判，陞宿北同知，調裏河同知。道光二十三年防守大汛出力，奏奉賞加知府銜。二十四年防守大汛出力，奏奉諭旨：著以沿河知府酌量陞用。歷護淮揚、淮海道篆。二十九年順天捐輸經費，奉上諭：曹文昭著以道員歸新班，不論雙單月在任候選，先換頂帶②。是年防守大汛尤爲出力，奏奉上諭：著開缺留於南河，以道員試用。欽此。於三十年四月二十日交卸裏河同知印務，到工試用。咸豐元年正月引見，回工，現署淮揚道篆。

又捐輸道員梁佐中，現年四十六歲，廣東舉人，道光十五年大挑

---

① "繁"，楊紹和抄本作 "煩"。
② "帶"，楊紹和抄本作 "戴"。

一等分發南河，歷署邳宿海州州同、州判，二十一年經前督臣伊里布①奏帶浙江軍營差遣出力，奉旨：賞加同知銜。回工。二十二年祥符大工告成，保奏出力，奉旨：免補本班，以同知用。旋補睢南同知。二十五年防汛出力，奉旨：賞加陞銜。調補桃北同知。二十九年在順天捐輸經費，奉旨：著以道員分發南河補用。欽此。於十月初三日交卸桃北同知印務到工，十二月引見，回工。三十年十二月委署淮海道篆。

以上二員自到工後，經臣等委令催漕、協防大汛並委護道篆數月，經理均屬裕如。查河道皆係繁缺，該二員由大挑來工，沭擢河廳要缺多年，捐陞道員，先後奉發南河，茲已試用期滿。臣等勘得曹文昭才具老練，諳悉機宜，梁佐中心地樸實，明白工程，均堪留工，以河道補用。

謹合詞恭摺具奏，伏乞皇上聖鑒訓示。謹奏。

五月二十八日

咸豐元年六月十五日奉硃批：欽此。②

三七七　遵查混江龍③等法均無成效
詳晰覆奏摺

（咸豐元年六月十二日）

兩江總督臣陸建瀛、江南河道總督臣楊以增跪奏，爲遵旨歷查舊

---

① 伊里布（1772—1843）：字莘農，滿洲鑲黃旗人。歷任通判、知府、知州、按察使、布政使及陝西、山東、雲南巡撫。道光十三年（1833）調任雲貴總督、協辦大學士，十九年（1839）調任兩江總督。二十年（1840）第一次鴉片戰爭中任欽差大臣，負責浙江沿海防務，後被劾撤職。二十二年（1842）協助耆英抵抗英軍，並簽署《南京條約》。後任廣州將軍、欽差大臣，在廣州辦理戰後事宜。二十三年（1843）卒，贈太子太保，謚文敏。

② 此摺奉硃批日期，楊紹和抄本作"七月初三日"。另奉硃批內容為："另有旨。欽此。同日奉咸豐元年六月十五日內閣奉上諭：'陸建瀛、楊以增道員試用期滿堪以留工補用一摺。南河試用道員曹文昭、梁佐中俱著准其留於南河，以道員補用，該部知道。'欽此。"

③ 混江龍：刷蕩沙泥的治河工具。木制，徑一尺四寸，長五六尺，四面安鐵葉如捲髮，重凡三四百斤，沉入水底，以刷蕩沙泥。

案，詳細覆奏，仰祈聖鑒事。

竊臣等接准軍機大臣字寄：咸豐元年五月十五日奉上諭：步軍統領衙門奏，民人馬咸齡呈遞奏章，請復康熙年間混江龍、鐵掃刷沙舊法等語。著陸建瀛、楊以增即查明混江龍等法於何年裁撤，從前有人條陳仍復舊制，因何仍不能行？歷查舊案詳細具奏。黃河形勢日淤日高，受病滋深，自宜力籌疏導海口之策。混江龍及石壘等法是否可行，抑另有刷沙利導之策？務須體察情形，悉心籌度，以爲久遠之計。該民人所遞奏章著抄給閱看。等因。遵旨寄信到臣等。欽此。

伏查黃河自發源以至海口奔騰數千里，挾沙而來，迅疾異常，合之則力猛以東趨，沙隨水去；分之則勢弱而流緩，水遏沙留。是以治河諸臣如前明潘季馴①、我朝靳輔②、張鵬翮③、黎世序無不用束水攻沙之策，謹守堤防。至疏導之法，臣等歷考成案，康熙年間靳輔奏設浚船，原亦相助攻沙之意，但並未詳陳實效。乾隆十八年十二月內奉上諭：向來治河有用混江龍之法，臣工中屢有以此爲言，且謂靳輔亦曾用之。朕意前人雖有此法，恐亦紙上空談，未必實能奏效。株守陳編者，或見爲

---

① 潘季馴（1521—1595）：字時良，號印川，湖州府烏程縣人。嘉靖二十九年（1550）進士，初授九江推官，後升御史，巡按廣東。四十四年（1565）由大理寺左少卿進右僉都御史，總理河道。四十五年（1566）以浚留城舊河成功，加右副都御史。隆慶四年（1570）河決邳州、睢寧，再任總河，塞決口。五年（1571）治河工成，尋以船隻漂沒遭劾罷官。萬曆四年（1576）再起官，巡撫江西。五年（1577）任刑部右侍郎，六年（1578）以右都御史兼工部左侍郎總理河漕。八年（1580）加太子太保，進工部尚書，後遷南京兵部尚書。十一年（1583）改刑部尚書，後以上疏稱治張居正獄過嚴被劾撤職。十六年（1588）黃河大患，復官右都御史，總督河道。十九年（1591）加太子太保、工部尚書兼右都御史。二十年（1592）以病辭官，二十三年（1595）卒。

② 靳輔（1633—1692）：字紫垣，遼陽人，漢軍鑲黃旗人。順治六年（1649）出仕爲筆帖式，八年（1651）入翰林院爲編修。十五年（1658）改任內閣中書，不久陞任兵部員外郎。康熙元年（1662）任兵部職方司郎中，七年（1668）晉通政使司右通政，翌年升國史院學士，充《世祖實錄》副總裁官，九年（1670）改任武英殿學士兼禮部侍郎。十年（1671）任安徽巡撫，十六年（1677）擢任河道總督，三十一年（1692）卒，賜祭葬，諡文襄。

③ 張鵬翮（1649—1725）：號寬宇，四川遂寧人。康熙九年（1670）進士及第，歷任禮部郎中、兗州、蘇州知府、江南學政、浙江巡撫、河道總督、兩江總督、刑部尚書、戶部尚書、吏部尚書兼文華殿大學士。三十九年（1700）年任河道總督，主持治理黃河長達十年。四十八年（1709）調戶部，五十一年（1712）調吏部。六十一年（1722）世宗即位，加太子太傅。雍正元年（1723）授武英殿大學士。三年（1725）卒，加少保，諡文端。

新奇可喜耳。尚書蔣溥①又稱民人亦云混江龍②殊不可行。前河臣靳輔疏浚河淤之鐵掃③帚似較便捷，其法每二里半一墩，每墩一船，船尾各系鐵掃帚二，令河兵往來疏刷等語。是二里半之長，以河面兩岸相距之廣，僅船二隻而一月又僅有三日之期，彼弁兵之用力與否尚難期必，豈能望其一律深通？看來亦未必大有裨益。即如今日普福摺內以泰州之鬥龍、王家二港現有淤淺，委員攜帶混江龍前往分投④疏導，漸獲通流。此施之支河小港或易於見功，非所論於挾沙奔注之黃河也。等因。又嘉慶十五年欽奉上諭：江境黃河自河口至雲梯關淤墊處所甚多，近來河底又淤高丈許，豈鐵把拖曳所能一律疏浚？切勿舍本逐末，收效萬一，即恃爲長久之計也。等因。欽此。欽遵各在案。

聖訓煌煌，萬世不易，臣等恭繹之餘，莫名欽服。然此後條陳河工者往往仍以疏導爲言，即歷任河臣初到南河，亦每有所議，慮混江龍之笨重，則改制揚泥車，謚鐵⑤帚之質輕，則改制鐵篦子，窮極心思，力求治理。奈百法試行，均無實⑥效。即如臣楊以增於履任後，亦曾就河上現存各器具並仿製爬沙鐵抓，親往河濱，歷加試驗，亦未見有益處，故未敢登諸奏牘。所有該民人請復混江龍舊法，應毋庸議。

又該民人所云海口石壘旋轉裏沙一節。臣等查河工並無此法，考之成案，亦無載記。而以情理度之，海口歸墟溜激，石壘何能屹立海口？期在寬暢，又何可用石阻遏？所議更不足論。至所稱：黃水潛從堤根透入民田，近堤居民知而不言，但圖興工得財，直以河決爲幸。等語。此等愚民之見，容或不免。然兩岸大堤設立文武官員，帶領兵丁、堡夫終年在工，各有責守，實已星羅棋佈，處處有人。每遇大汛，河水上灘，

---

① 蔣溥（1708—1761）：字質甫，號恒軒，江蘇常熟人。雍正八年（1730）中二甲第一名進士，改庶吉士，入南書房，受封一等輕車都尉。先後任翰林院編修、侍講、左春坊庶子和侍講學士等職。乾隆四年（1739）擔任會試同考官，旋任內閣學士，陞吏部侍郎兼刑部侍郎。七年（1742）擔任經筵講官，不久署理湖南巡撫。九年（1744）入朝爲吏部侍郎，軍機處行走。十三年（1748）充會試總裁，進戶部尚書，加太子少保。十八年（1753）兼署禮部尚書、協辦大學士，掌翰林事。二十四年（1759）陞東閣大學士兼戶部尚書，次年擔任會試總裁。二十六年（1761）病卒，加贈太子太保，謚曰文恪。

② 錄副本此處衍“混江龍”，據楊紹和抄本校刪。

③ “掃”字，楊紹和抄本作“埽”，當誤。本條下同。

④ “投”字，楊紹和抄本作“頭”。

⑤ 楊紹和抄本此處多一“埽”字。

⑥ “實”字，楊紹和抄本作“成”。

一有堤身窨潮形跡，即隨時分別修護，豈容透入民田？即使有之，又豈民人所獨知，而官弁皆不得知之理。伏查東河自嘉慶二十五年儀封工後，至道光二十一年始有祥符大工，南河自道光二十二年桃北蕭工後，閱今九載，歲慶安瀾，而馬咸齡所云此塞彼決，悉由於此，實屬妄言。總之，治河無一勞永逸之策，黃河挾沙而行，抵①淤日積，系屬勢所必然，但能河溜不分，使之一氣歸海，則停淤自②少，千百年來舍束水攻沙之外，別無良法，臣等惟有率屬循照舊章，嚴防堤岸，務期平成永慶，上紓宸厪。

相應遵旨詳細奏覆，仰祈皇上聖鑒。謹奏。

六月十二日

咸豐元年六月二十五日③奉硃批：是。欽此。

三七八　籌防伏汛並水勢工程情形摺

（咸豐元年六月十二日）

兩江總督臣陸建瀛、江南河道總督臣楊以增跪奏，爲籌防伏汛並河湖水勢工程情形，恭摺具陳，仰祈聖鑒事。

竊照黃河來源節據河南陝州馳報，萬錦灘於五月初五、初九、二十三等日共長水六尺八寸，江境黃河遂亦遞見加長，而歸墟勢湧，旋長旋消，積存無幾，足爲海口通暢之徵。現查外南廳順黃壩誌樁存水三丈八尺四寸，各廳春修埽壩均已一律完竣，續有刷蟄段落亦即擇要加廂。徐屬豐、蕭、銅、沛等廳地接東豫，土性沙松，兩岸堤工向俱歲加酌修，今春亦循照擇估幫加，以資捍衛。洪澤湖因蓄水濟漕，誌樁積存二丈一尺八寸，五月內消水五寸。

近日陰雨較多，淮源續漲，湖水仍復長回，且比前存加多，拍岸盈堤，勢甚吃重。堰、盱二廳前此風掣石工均已補砌完竣，續後節次風

---

① “抵”字，楊紹和抄本作“底”。

② “自”字，楊紹和抄本作“日”。

③ 此摺及后摺奉硃批日期，楊紹和抄本皆作“七月初七日”。

暴，掣工無多。乃本月初三日自辰至午陡起西南大風，兼之大雨如注，湖浪掀騰，直過堤頂，石工大半入水，掣塌多段，僅賴子堰攔禦，危險已極。幸未刻以後雨止風平，得以搶護穩定。其實在塌卸長丈若干，已飭該管道並另委妥員前往查驗，容確核另奏。現在水大，石工不能修補，分別用料用石先爲搜護，並於大堤加子堰，其舊堰刷塌者分別補還幫加，暫資搪禦，並將浪刷石後溝槽按照成法用灰素土填築堅實。惟存水過大，風信堪虞，信壩一處宣洩不及，一俟重運全數渡黃後，即酌量添啟壩河分減，以保湖堤。

裏河廳束清壩爲湖水入運門戶，前此西壩拆①展十丈，業經照舊補還，並將該壩後身及東壩舊埽刷蟄工段加廂高整。該廳及揚河、江運二廳承受湖水暢註，兩岸堤身被溜趨刷之處酌鑲②護埽防風，並將舊埽朽蟄段落分別擇要補加。

茲初伏將屆，正黃、運、湖、河修防吃緊之際，必應加意籌備。各廳歲蕩各料自春修以來陸續廂用，所存無幾，不敷防汛之用，據該管各道稟請添辦前來。臣楊以增分別減准，發銀趕購。併發銀易錢，存於緊要各工，以備風雨黑夜，設有急需，堪資應手③。遴派候補文武員弁暨委來工學習之詹事府左贊善④郭沛霖、江西道御史存葆、戶部員外郎顏錫惠分赴各屬，協同廳營縣汛慎重防守，以資周密。臣等督率⑤各道將隨時分投策應，相機節慎經理，務期工固瀾安，上紓宸廑。

所有籌防伏汛並河湖水勢工程情形。謹合詞恭摺具奏，伏乞皇上聖鑒。謹奏。

六月十二日

咸豐元年六月二十五日奉硃批：覽奏均悉。欽此。

---

①　"拆"字，楊紹和抄本作"折"。

②　"鑲"字，楊紹和抄本作"量"，當誤。

③　"應手"二字，楊紹和抄本作"應用"。

④　詹事府左贊善：清代官職名，爲詹事府左春坊屬官，滿、漢各一人，從六品。漢員兼翰林院檢討銜，掌記註、撰文之事。

⑤　"率"字，楊紹和抄本作"飭"。

三七九　運河情形片①
（咸豐元年六月十二日）

　　再，據運河廳稟報：邳宿運河因大雨頻傾，東省山泉漲發，由大泛口、沙家口、伊家河等處匯流下註。六月初三、四日河水陡長，黃林莊共長八尺八寸，河清閘共長九尺三寸，大溜奔騰，異常猛驟，各閘引渠啟放尚不足以資分洩，各越壩漫刷沖塌，兩岸堤埽各工彌形吃重，竭力搶護。而察看來源尚旺，勢難容納，趕將宿汛舊河尾啟放，始稍平定等情。當經批飭徐州道督率該廳營等相機妥慎辦理。

　　刻當重漕在境，不得稍有忽誤，理合附陳，仰祈聖鑒。謹奏。

咸豐元年六月十二日附進

七月初七日奉硃批：知道了。欽此。

三八〇　葦塘新柴不准虧額片②
（咸豐元年六月十二日）

　　再，南河葦塘左右兩營增采柴束原定章程：每年五月內將青柴長發情形由該管道員確勘詳請具奏，設有水旱蟲傷，隨時聲明。等因。奉部覆准在案。茲據署淮海道梁佐中稟稱：兩營青葦春雨應時，並無旱損，低窪之區產長均屬茂旺，高阜處所、蕩邊產長稀疏。此後如雨後調勻，可期敷額。等情。請奏前來。

　　除批飭仍俟霜降後盡數估采，不准藉詞虧額外，理合循例附片陳明，伏乞聖鑒。謹奏。

---

① 見楊紹和抄本卷十六，魯圖藏。
② 同上。

咸豐元年六月十二日附進

七月初七日奉硃批：知道了。欽此。

三八一 銅船隨漕北上片①
（咸豐元年六月十二日）

再，雲南各運銅船內吳鴻昌一起業已償進內河上行，奏報在案。其在後彭克俌一起，現亦催上清江閘，飭令隨漕上進。仍飛飭沿途文武迎提鄭訓奎、趙崑等各運船隻，嚴催星速償行，不准稍任藉延。

合併附陳，伏乞聖鑒。謹奏。

咸豐元年六月十二日附進

七月初七日奉硃批：覽。欽此。

三八二 驗收江揚西堤工程摺
（咸豐元年六月十三日）

兩江總督臣陸建瀛、江南河道總督臣楊以增跪奏，爲驗收江揚兩廳估築西堤工程，恭摺奏祈聖鑒事。

竊照淮揚運河一帶西岸堤工，臣陸建瀛於道光二十九年十二月會同戶部侍郎臣福濟籌辦湖河②大局情形案內奏明擇要補築，所需經費本有歲修之項，其不敷者亦應墊辦，由下河州縣捐攤歸款。欽奉諭旨：責成陸建瀛會同河督隨時督飭，認真妥辦。等因。欽此。並准部議覆准，即經臣等飭據道廳暨總辦委員撙節估計，實需工費銀二十三萬五千餘兩，奏明興辦在案。續據該員等稟，江運廳境之通湖港起至

---

① 見楊紹和抄本卷十六，魯圖藏。
② “湖河”二字，楊紹和抄本作“河湖”。

梁家港止，地段亦居①扼要，議請接築。復經臣等核准一萬二千九百餘兩，飭於通工經費內節發項下支發，毋庸另行籌撥，一面分別勒限趕修完竣。

　　臣陸建瀛上年七月內親詣各工按段驗收。該堤外湖內河，適值洪湖減水下註，堤根存水甚深，兼有因風掣損處所。就此量驗，不足以昭核實。當飭該管淮揚道嚴正基、常鎮道姚熊飛等責令各工員分別賠補完整，開摺稟候②覆驗。本年臣楊以增接據江、揚兩廳稟報，通工一律修補完竣，即日於四月內先往驗勘。臣陸建瀛於五月十八日自揚起程，督催重運，順道查驗土石各工，均與原估丈尺相符，錐試亦屬飽滿，尚無草率偷減。惟江運廳境之第二分承辦工員候補州同龔之格、李廣堯，候補縣丞裘輔、王其瀚，候補州判倪輓，第四③分承辦工員候補通判胡志章、宿遷北岸主簿倪楣、高堰經制效用荀繼順，第五分承辦工員候補知縣胡克文、郭世昌，第六分承辦工員候補縣丞邢寶第、林渭、候補未入流夏渭、俞元相、候補協防萬立鈉等，碎石單薄，土工亦不堅實，與臣楊以增所驗相同。相應請旨將候補州同龔之格等十五員弁一併革職，責令趕緊賠修，工完報請覆驗，再請分別核辦。其借動工費，查照原奏由下河受益各州縣酌量等差分作八年攤徵歸款，即從咸豐元年下忙開徵之日爲始。除歲修經費另行具奏外，所有此項工程雖系借款興築，仍應攤徵歸款，即與民捐民辦無異，應請免其造冊報銷。

　　臣等謹合詞恭摺具奏，伏乞皇上聖鑒。謹奏。

　　六月十三日

　　咸豐元年六月二十七日奉硃批：欽此。④

---

① “居”字，楊紹和抄本作“據”。

② “候”字，楊紹和抄本作“報”。

③ “四”字，楊紹和抄本作“二”，當誤。

④ 此摺奉硃批日期，楊紹和抄本作“七月十六日”。另奉硃批爲：“另有旨。欽此。同日奉咸豐元年六月二十七日內閣奉上諭：‘陸建瀛、楊以增奏驗收西堤工程，請將承修不力之工員革職賠修一摺。江南江、揚兩廳西堤工程，據該督等先後親往量驗，江運廳境各工間有碎石單薄、土工亦不堅實之處，所有承辦各工之候補州同龔之格等著一併革職，責令趕緊賠修，工竣核實驗收。倘再有草率偷減等弊，即著嚴參懲辦。此項工程前經奏明攤徵歸款，著免其造冊報銷。該部知道。’欽此。”

三八三　酌發運河西堤歲修銀兩並工員請獎片[①]
（咸豐元年六月十三日）

再，運河西堤歲修銀兩向無定額，現在通工修浚，而迎風頂浪之處甚多，若不隨時防守補葺，仍恐前工盡棄。臣等擬於每年例費項下提銀一萬兩，以七千兩給揚河，以三千兩給江運，責成兩廳營以時修補。如虛糜領款，致將土石各工殘損不完，即行嚴參勒賠。至此次承辦承催各員分派三百餘里，共一百餘人，內有辦理妥速尤爲出力者，似未便沒其微勞。

臣等酌開清單恭呈御覽，可否量予激勸出自恩施，謹附片陳奏，伏乞皇上聖鑒訓示。謹奏。

咸豐元年六月十三日附進

七月十六日奉硃批：另有旨，欽此。同日奉咸豐元年六月二十七日內閣奉上諭：陸建瀛、楊以增奉（“奉”或誤，或當作“奏”）保辦工出力人員並開單呈覽。江南運河西堤工程該督等已將承修不力各員參革賠修，其辦理妥速之員自應量予鼓勵。江南候補道通判黃承直、帥惺、試用州同曾鶴齡、候補從九品趙德潤均著歸遇缺前先補班內間用，候補州判張立勳著俟補缺，復以沿河知縣陞用，餘著照所擬辦理。該部知道。單併發。欽此。

三八四　重運漕船全數渡黃摺
（咸豐元年六月二十九日）

謹將辦理西堤土石各工尤爲出力各員繕具清單，恭呈御覽。
計開：
候補通判黃程直、帥惺，試用州同曾鶴齡，候補九品趙德潤係主簿，

---

①　見楊紹和抄本卷十六，魯圖藏。

擬請均歸遇缺先補班內間用。

　　候補州判張立勳，擬請俟補缺後以沿河知縣陞用。

　　漕運總督臣楊殿邦、江南河道總督臣楊以增跪奏，爲重運漕船掃①數渡黃完竣，恭摺循例由驛馳報，仰祈聖鑒事。

　　竊臣前將五月二十八日止重運渡黃船數馳奏②後，當即催提後船，本期全數清水送渡，奈江浙在後幫船因丹徒運河岸土坍卸、河道壅塞，經該府縣多次③設法疏通，甫於六月初九日全行渡江，截至六月十五日掃數過淮。惟先於十二日黃水陡長，已形內灌，不能不將新草閘堵閉。計自五月二十九日至六月十二日，續④又清水渡黃船三百五十餘隻。一面飛催在後各幫過閘進塘，並以雲南各銅船鼓鑄攸關，必須隨塘灌放，而頭二三閘水勢懸殊，該運船板薄釘稀，難於逆挽，卸銅過閘，諸多耽延。臣陸建瀛於六月十七日折回揚州，查驗江防各工。臣等於六月二十八日會駐河口，仍用灌塘舊法督堵臨清壩。因塘河內清水較高⑤，恐啟壩不能跌透，隨啟涵洞宣放落低，仍將涵洞堵訖，立啟臨黃壩，將塘內所存之湖南、浙江等幫計船二百四十五隻，並雲南委員吳鴻昌、彭克偁、鄭訓奎、趙崑正運加運各銅船共四起，均挨次陸續放出渡黃，進中北上。統計本年重運除在黃河以北兌運二⑥幫外，實渡黃船三千一百八十九隻，計九十五幫，掃數全完。較比道光二十八年六月初二日重運尾船渡黃，今遲二十六日；比二十九年七月十三日、三十年七月二十一日，今計早十五日至二十三日。

　　惟北運河於六月初三、四日因東省大雨，山泉漲發，河水陡長八九尺，即經運河廳營趕啟各閘引渠，並啟宿汛舊河尾，展寬至四十餘丈，水甫消動。乃旋又加長，來源旺極。趕緊添啟劉老澗滾壩，並啟駱馬湖尾閭各壩暨王家溝以資分減。該境及中河廳兩岸堤埽異常吃重，均飭令分投防護，將舊埽分別補加，堤身被刷之處酌廂防風，務使保守縴堤一律穩固，俾軍船償行無滯。並豫⑦發料物存於舊河尾等處，一俟暢消，

---

① "掃"字，楊紹和抄本作"埽"，當誤。
② "奏"字，楊紹和抄本作"陳"。
③ 楊紹和抄本無"多次"。
④ 楊紹和抄本無"續"字。
⑤ "高"字，楊紹和抄本作"大"。
⑥ "二"字，楊紹和抄本作"三"。
⑦ "豫"字，楊紹和抄本作"預"。

即行察看堵閉，總期濟運固堤，兩顧無誤，上舒宸廑。

除飭徐州、淮海二道督率印委文武嚴行催儧外，所有重運掃數渡黃完竣日期，謹會同兩江總督臣陸建瀛恭摺由驛具奏，伏乞皇上聖鑒。

再，臣楊殿邦即督押尾幫軍船北上，合併陳明。謹奏。

六月二十九日①

咸豐元年七月初十日②奉硃批：知道了。欽此。

三八五　節交大暑修防平穩摺

（咸豐元年六月二十九日）

兩江總督臣陸建瀛、江南河道總督臣楊以增跪奏，爲節交大暑河湖並漲，啟放壩河，修防平穩情形，恭摺附驛具陳，仰祈聖鑒事。

竊臣等前將籌防伏汛各緣由會奏在案。續據甘肅寧夏府馳報，黃河於五月二十二日泛漲起，至六月初二日共長水九尺四寸。又據河南陝州馳報，萬錦灘黃河於五月二十三、六月初三、初八、十五六等日陸續共長水一丈六尺八寸，奔流下注，以致江境大河於六月十八、九日長水五六尺，浩瀚已極，各廳堤埽工程彌形吃重。幸料物應手，隨時廂修，悉資抵禦。接據各該管道稟報，間有對岸生灘河溜提移，如銅沛廳小店汛兵十四堡迤下、宿南廳周家樓汛佟家房、外北廳煙墩工迤下、山安廳下河汛張家莊、海防廳下河汛李家莊均系淤閉舊工，溜到刷出，潰及堤身。外南南岸汛王家房無工處所因大溜圈注，存灘塌盡，刷堤生險。以上情形皆屬緊要，當即趕廂新埽七十餘丈至一百三十餘丈，始克穩定。並據銅沛廳稟報，十八里屯滾壩因河水長逾定誌，業於六月十九日啟放過水，以資減洩而保上下堤工。日來漲水已漸消退，各廳一律平穩。

至洪澤湖因上游淮源極旺，有長無消，以致高堰誌樁存至二丈三尺四寸，爲從來所未有。又值黃水大長，不能匯流入河，僅恃信壩一

---

① 此摺及後摺具文日期，楊紹和抄本作“七月初二日”。

② 此摺及後摺奉硃批日期，楊紹和抄本作“十八日”。

處難資宣洩，而仁、義兩河及林家西壩各石底歷經啟放，冲跌深塘，尚未修復，均難議啟。祇有禮字引河一處亦因跌損於上冬奏准修復，今春發辦。本擬陞高五尺，改作滾壩，慮恐泄水不靈，是以仍照舊制修辦。臣等嚴催承辦之山盱廳營並工償辦，勒限完工，定於六月二十日啟放。茲據稟報業已遵限於二十日將該河外越及裡首直壩一併挖通過水，湖水始克報定。下游江運廳境歸江各橋壩均已次第全啟，以免擁積。而二十三日西北風暴，大雨傾盆，堰盱大堤石工全行入水，湖漲掀騰，萬分危險，僅賴子堰攔禦。當經該廳營搶做①馬鞍埽，並將仁、義、智、林各河壩護埽塌卸卑矮工段分別搶補加廂。幸風勢未久，得以放手搶辦，化險爲平。其蟄卸石工均飭先爲摟護，俟確查實在丈尺，另行奏報。

刻下甫交中伏，汛期正永，臣等督飭道將廳營印委各員振刷精神，梭織防守，務期普律安恬，仰紓②聖廑。所有節交大暑河湖並漲，啟放壩河修防平穩各緣由，謹合詞繕摺附驛具陳，伏乞皇上聖鑒。謹奏。

六月二十九日

咸豐元年七月初十日奉硃批：實力修防，不可徒託空言。查明蟄卸石工③速行具奏，以慰朕懷。卿等果能克勤克敬，則億萬生靈蒙福矣，勉之望之！欽此。

三八六　時屆立秋修防平穩摺

（咸豐元年七月十三日）

兩江總督臣陸建瀛、江南河道總督臣楊以增跪奏，爲時屆立秋，④修防平穩，恭報伏汛安瀾，仰祈聖鑒事。

竊臣等節將交伏水勢工程情形具奏在案。續據河南陝州馳報，萬錦灘黃河於六月二十一至二十九等日三次共長水一丈四尺三寸。又據武陟

---

① “做”字，楊紹和抄本作“傲”，當誤。
② “紓”字，楊紹和抄本作“抒”，當誤。
③ “蟄卸石工”四字，楊紹和抄本作“卸石土工”。
④ “立秋”後，楊紹和抄本有“河湖”二字。

縣呈報沁河自六月十六起至二十一日共長水七尺八寸，匯流下注。以致江境前水甫消，後水踵至，上下各廳復又見長三四尺，臨黃埽壩日事廂修。據各該管道廳稟報，蕭南廳碭下汛張家寨新埽迤上、宿北廳皂河汛張家莊迤上、桃北廳崔鎮汛張家莊、海阜廳海南汛兵八堡均向無埽工。比因大溜趨注，存灘刷盡，潰及堤身。桃南廳龍窩汛魏家房淤閉舊工溜到刷出。情形均屬險要，趕廂新埽長五十餘丈至八十餘丈。又海安廳雲梯汛張家莊灘面本窄，因對岸生灘挑逼，日漸刷塌，勢甚吃緊，趕築土壩七道，一律盤頭外拋碎石，現俱悉資抵禦。

洪澤湖於加啟禮河以來，陸續共消水一尺三寸，誌椿現存二丈二尺一寸，仍屬拍岸盈堤。仰蒙皇上福庇，風雨無多，得以修防平穩。揚河江運等廳承受湖源，日逐加長，高郵河湖已長至一丈三尺以外，幸西堤修整兩岸工程尚不過形著重，所有南關、車邏等壩仍可堅守，俟處暑後再行酌辦，以保下河農田。

至重運尾幫業已悉數挽進楊莊壩，催令星速上行，一俟全出江境，另行馳奏。邳宿運河前次節被漲水猛注，堤工潰刷，平水滲漏之處或廂做防風，或加垱幫餞。自添啟劉老澗滾壩後，水始漸消，克臻穩定。該壩下東束水堤護埽先經廂修堅整，舊河尾刷寬至五十餘丈。現在重漕未完，誠恐宣洩太甚，致礙運行。前已預發料物，飭令徐州道督同該廳隨時察看水勢，相機分別收束堵辦，不任遲延。

茲已時屆立秋，黃運河湖各工一律修守鞏固，堪以仰慰聖懷。惟秋汛正長，來源莫定，臣等督率道將廳營暨印委各員弁等加意慎防，不致稍有鬆懈。

所有伏汛安瀾緣由，謹合詞恭摺具奏，伏乞皇上聖鑒。謹奏。

七月十三日

咸豐元年七月二十五日①奉硃批：覽奏，各情形知道了。實力修防，毋稍疏懈，誠敬事天，篤念愛民，我君臣當共勉之！欽此。

---

① 此摺奉硃批日期，楊紹和抄本作“八月初六日”。

三八七　額解未到借用減平銀兩片[①]

（咸豐元年七月十三日）

再，甫屆立秋，汛期正遠，黃河來源既難預定，洪湖水大，又值金風司令，在在堪虞，修防料物，不能不寬爲儲備。而河庫例收各處額解款項掛欠既多，即本年奉撥大汛工需亦尚有未到者二十餘萬兩，河庫空虛，遇有急需，勢將束手。現惟恃有上年所扣減平銀十三萬八千餘兩通融支應，亦不過擇其至緊至要者酌爲分劑，其餘已准未發之款尚多，核計各省續到解款仍屬不敷。查向來遇閏之年南河於例撥之外均准添請銀四五十萬兩不等，本年系閏八月，秋汛尤長。但現在籌款維艱，臣不敢遽行援案瀆請，惟望從此湖漲日消，黃源不旺，竭力撙節修守，冀報安恬，上紓聖厪。

理合附片具陳。謹奏。

咸豐元年七月十三日附進

八月初六日奉硃批：另有旨。欽此。同日奉咸豐元年七月二十五日內閣奉上諭：陸建瀛、楊以增奏南河工需情形等語。現在甫交秋汛，河湖水勢消長無定，惟當加意防護，不可稍失機宜，至需用款項如果實系緊急，自應預爲籌備。但須力求撙節，不可開浮濫之端。著該督等隨時查看情形，核定奏辦。其所稱向來遇閏之年均准添請銀兩之處，著該部查議具奏。欽此。

三八八　揀員請陞河廳摺

（咸豐元年七月十三日）

兩江總督臣陸建瀛、江南河道總督臣楊以增跪奏，爲河工要缺需員，揀選請補以重修防而資治理，恭摺奏祈聖鑒事。

---

① 見楊紹和抄本卷十七，魯圖藏。

竊照揚州府河務通判劉於淳於本年六月初十日丁母憂，業經臣等題報在案，按截缺章程即以是日開缺。查該廳經管高寶運河堤埽、磚石、閘壩工程，催儹空重漕船，啟閉蓄洩機宜，並管沿湖灘地事務，在在均關緊要，必得熟諳該處機務、誠實勤幹之員方克勝任。臣等於應陞應調人員中逐加遴選，非現居要缺，即人地未宜。所有遇缺班前先用之員亦均於此缺不甚相宜，未便稍爲將就。惟查有捐輸新遇缺通判又經大汛出力保舉不論班次遇缺酌量補用之張嘉琳，現年六十一歲，河南鞏縣貢生，捐納縣丞，投效南河。道光十一年補缺，十六年保薦卓異候陞，十九年陞安東縣知縣，堵築支河，二年無過，加銜一等。二十五年調補山陽縣知縣，經前漕臣李湘棻①、前河臣潘錫恩奏准開缺留於南河，以通判儘先補用。續在順天捐輸，歸於新班遇缺補用。二十九年大汛出力，經臣等奏奉諭旨：張嘉琳著不論班次遇缺酌量補用。欽此。覆查該員老成明幹，熟悉情形，久任沿河縣汛要區，經理裕如。開缺留工後經臣等屢次差委，毫無貽誤。以之署理揚河通判，實堪勝任。雖與例稍有未符，而人地實在相需，例得專摺奏請。合無仰懇天恩，俯念河工要缺需人，准以張嘉琳署理揚州府河務通判，實於修防有裨。如蒙俞允，仍照例試署一年，經歷三汛。果能稱職，再行保題實授。

再，該員並無違礙處分，亦無應賠銀兩。前任因公罰俸案件已奉恩詔豁免，毋庸查造參冊。

謹會同江蘇撫臣楊文定合詞恭摺具奏。是否有當，伏乞皇上聖鑒訓示遵行。謹奏。

七月十三日

咸豐元年七月二十五日奉硃批：欽此。②

---

① "李湘棻"，楊紹和抄本作"李星沅"，當誤。

② 此摺奉硃批日期，楊紹和抄本作"八月初六日"。另奉硃批內容爲："另有旨。欽此。同日奉咸豐元年七月二十五日內閣奉上諭：'陸建瀛、楊以增奏揀員請補河工要缺通判一摺。著照所請，江蘇揚州府河務通判員缺准其以張嘉琳試署，仍俟經歷三汛，再請實授，該部知道。'欽此。"

三八九　節交處暑修防平穩摺

（咸豐元年七月二十九日）

　　兩江總督臣陸建瀛、江南河道總督臣楊以增跪奏，爲節交處暑河湖水勢消長，修防平穩，並堰盱二廳風掣石工長丈，恭摺具陳，仰祈聖鑒事。

　　竊臣等於七月十三日將伏汛安瀾緣由會同具奏在案。茲查立秋以後截至處暑日止，洪澤湖共又陸續消水一尺二寸，誌椿現存二丈零九寸，適前附驛遞節交大暑河湖情形摺批回，令：查明蟄卸石工，速行具奏。等因。欽此。遵查上今兩年節次風掣石工，除上年霜後奏報已辦各段業已完竣不計外，其餘續掣工段均經臣等隨時飭令該管道廳暨專委幹員會同確查。茲催據該廳營稟稱，緣湖水滿槽，且有搜護①料石占礙。須俟水勢大退，方能逐細確量。謹開具本年六月底止所掣長丈約數清摺，由道核稟前來。計高堰廳約共掣工長一千零二十餘丈，山盱廳約共掣工長四千七百五十餘丈。內高堰廳有新工長四十餘丈，山盱廳有新工長五百餘丈，均令原辦之員賠修外，計高堰廳掣塌舊工約長九百八十餘丈，山盱廳約掣塌舊工長四千二百餘丈，並有新工下帶塌舊工，其層路多寡及實在丈尺，俟霜降後再行確切查量，以昭核實。所有深塘大段均先用料用石分別搜護，並將卑矮堤工加筑子堰，或酌廂馬鞍埽工，現在悉堪抵禦，足以仰慰聖懷。

　　山盱信壩禮河泄水尚暢，惟過水猛驟，均虞壩底受傷，擬再消二三尺即察看次第酌堵。而壩水下注，寶、高、邵伯諸湖由各港口流入運河，揚河、江運兩廳長水甚驟，久將歸江各路一律啟放。昨復將上游各閘洞全行啟泄，無如消不敵長，風雨時作，堤埽均甚吃重。高郵南新中車②等壩已逾啟放水誌，因壩下農田正當成熟，是以堅守未啟。茲節屆

---

① 録副本無此“護”字，據楊紹和抄本校補。
② “車”字，楊紹和抄本作“軍”，當誤。

處暑，早中禾業已收穫，壩下受水之地向①不種植晚稻，現已會商飭廳
酌啟車南等壩，以資宣洩而保堤工。

至黃河來源續准東河咨報，武陟沁河六月二十八日起至七月初七日
止，共長水六尺五寸。河南陝州馳報萬錦灘黃河七月十四、十七等日共
長水九尺，以致江境各廳陸續長水五尺餘，外南廳順黃壩誌樁積存四丈
四尺，比伏汛盛漲僅小二寸。上自豐蕭，下至安阜，伏汛間有漫灘之處
尚未消盡，又復長回，串注堤根，殊虞風浪。已擇緊酌廂防風，以資撘
護。其有河流提移、坐灣、塌灘近堤各處，均飭慎重備防，不准輕率動
料。惟邳北廳董家堂汛舊七壩、桃南廳煙墩汛鮑家房均系淤閉舊工，茲
因溜勢趨註存灘，舊埽碎石全行刷塌，潰及堤身，情形險要，當即趕廂
新埽長四十餘丈至五十餘丈。睢南廳王家堂汛夫七堡向無埽工，現因河
溜下移，存灘塌盡，刷及堤坡，趕築土壩十一道，盤做柴頭，外拋碎
石，均已得臻穩定。茲長水漸消，仍督飭河湖廳營，不任稍有疎懈。臣
等惟有恪遵訓誨，持之以敬，行之以勤，思患豫②防，庶仰副皇上慎重
要工之至意。

所有節交處暑河湖水勢消長修防平穩，並堰、盱二廳風掣石工長
丈，謹合詞恭摺具奏，伏乞皇上聖鑒。謹奏。

七月二十九日

咸豐元年八月初十日奉硃批：覽奏，各情形知道了。欽此。③

三九○ 惠濟越閘損壞籌啟正閘片④
（咸豐元年七月二十九日）

再，裏河惠濟閘爲湖水入運門戶，向設正越二閘，遇有損壞應修，
俾可輪流啟用，不誤漕運，歷經循辦在案。查越閘自道光二十七年啟

① “向”字，楊紹和抄本作“尚”，當誤。
② “豫”字，楊紹和抄本作“預”。
③ 此摺奉硃批日期，楊紹和抄本作“八月□日”。另“覽奏，各情形知道了。欽此”。一句，楊紹和抄本缺。
④ 見楊紹和抄本卷十七，魯圖藏。

放，閱今四載餘。近年湖源較大，該閘首當其衝，上下水高下過大，溜如懸瀑，晝夜不息，以致牆石間有脫落膨裂，閘底亦見冒樁。空運瞬臨，殊難放心，應即堵閉，並先籌啟正閘以利運行。據該管道廳稟報：該正閘上下兩岸舊有鉗束壩及裹頭護埽等工年久未修，及堤埝單薄處所必須分別廂，庶資捍衛，造冊請辦前來。

除覆行減估，先於河庫挪銀飭發趕辦，俟完成啟放後，再將越河堵閉，確勘損壞情形另奏外，所有惠濟越閘損壞，應堵籌啟正閘緣由理合附陳，仰祈聖鑒。謹奏。

咸豐元年七月二十九日附進

三九一　請開復前參工員片

（咸豐元年七月□日）

臣陸建瀛、臣楊以增跪奏。①

再，臣等前因驗收淮揚西堤工程有辦理草率之處，當經據實奏參。欽奉上諭：候補州同龔之格、李賡堯、候補縣丞裘輔、王其瀚、候補州判倪輗、第二分承辦工員候補通判胡志章、宿遷北岸主簿倪楣、高堰經制效用荀繼順、候補知縣胡克文、郭世昌、候補縣丞邢寶第、林渭、候補未入流夏渭、俞元相、候補協防萬立鍋著一併革職，責令趕緊賠修，工竣核實驗收。等因。欽此。轉行欽遵在案。

茲查裘輔、倪楣、郭世昌、荀繼順、萬立鍋等均於未奉諭旨之先將承辦各工一律賠修堅固，經臣楊以增驗無草率偷減情弊，尚知愧奮。相應請旨，將候補縣丞借署寶應縣主簿裘輔、宿遷縣北岸主簿倪楣、候補知縣借署海州州同郭世昌、高堰經制效用署高潤北汛外委荀繼順、候補協防已補船務營左下汛協防萬立鍋一體開復原官，免其離任。其候補州同龔之格、候補縣丞王其瀚、邢寶第、林渭、通判胡志章、候補知縣胡克文、候補州判倪輗、候補未入流夏渭、俞元相等亦於奉旨後賠修完竣，並無貽誤。合無仰懇天恩，一併開復，以觀後效。尚有李賡堯業已

――――――――――

① 此片，楊紹和抄本並未註明與陸建瀛聯銜。

不能暢泄，江①運廳尤形壅積。據稟金灣壩②下撐堤③接連民埝，風浪潰
刷，情形險要。已委常鎮道姚熊飛、淮揚遊擊安振業前往督辦，務期一
律搶護平穩。

　　茲白露將屆，相距霜清尚有五旬，臣等仍嚴飭該管文武加意修防，
不准稍有疏懈。理合附片具陳，仰祈聖鑒。謹奏。

　　八月初九日

　　咸豐元年八月十七日奉硃批：督率認真妥辦。欽此。④

三九四　白露後黃水大長豐北
三堡堤工漫水摺

（咸豐元年八月二十七日）

　　南河河道總督臣楊以增跪奏，爲白露後黃水大長、搶辦各工，並臣
由江運前赴豐北查勘各緣由，恭摺由驛具奏，仰祈聖鑒事。

　　竊臣於江運廳工次連接黃河水報，自十三白露日起逐日加長。旋據
河南陝州兩次馳報，萬錦灘八月十四日長水五尺五寸，十六未時又長水
三尺五寸。又據東河黃沁廳呈報，沁河十四卯時長一尺二寸，巳時又長
水一尺二寸各等情，以致江境各廳亦共長五六七尺不等。節據各廳稟
報，此次長水因前水尚未消盡，後水踵臨，奔騰浩瀚，較伏汛爲尤甚。
上下灘面普律漫抵堤根，各廳紛紛報險，均經批飭各道督同廳汛分投竭
力搶護。並據桃北廳稟報：黃家嘴汛兵九堡向無埽工，大溜趨注，存灘
塌盡，潰及堤身，情形險要，趕廂新埽長四十餘丈，始得平定。復飭參
將呂邦治前赴下游山海、安阜等廳督同搶險。

　　臣正在懸系間，接外南廳二十一日午刻報單水消尺餘，方深欣幸。
乃晚水又報消水二尺餘寸，消之太驟，亦有可疑。二十四日又接二十
二、三日水報，共又消四尺餘寸。並接徐州道沈濂、淮徐遊擊闞興邦來

---

① 録副本缺“江”字，據楊紹和抄本校補。
② 録副本缺“壩”字，據楊紹和抄本校補。
③ 撐堤：汛期堤防背水處發生嚴重脱坡時臨時加幫的非連續的堤，主要用以加固堤坡。
④ 楊紹和抄本無奉硃批項。

稟：豐北廳爲黃水入江門户，此番來水過猛，實有容納不及之勢，當經分投搶加子堰。至二十日寅時，風雨交加，陣溜攙擁，高過堤頂，豐下汛兵三堡以上無工處所已在漫水堤下。居民、人夫見此大水，又皆各顧身家，自爲搬移之計，情形十分危險。等語。臣接稟之下，驚駭難名，一面飛飭該道將督率廳營等鼓勵兵夫，竭力搶辦，一面將六閘下堵工事宜責成常鎮道及遊擊安振業督理。臣即於二十四日自江運折回，復於途次先後接該道廳稟報，豐北漫水處所堤身坐蟄，已刷寬四五十丈。該處相距清江六百里，臣心急如焚，二十六日趕到清江，隨即渡黃，星馳北上。並飛飭該道府等將被淹村莊妥爲撫恤，不使一夫失所。容俟到工確勘情形，再爲詳悉繪圖具奏。

伏查嘉慶元年豐北六堡漫水系由豐縣趙莊河、沛縣食城河下注微山湖，水至湖邊已漸澄清，旋啟藺家山壩宣洩湖水，由運達駱①馬等湖入六塘河歸海，並於徐州子房山。② 桃源汛顧家莊等處疏引入黃。而邳宿運河之水仍由中河楊莊壩外出，回空漕船照常行走。茲豐下汛兵三堡與從前漫工相去不遠，臣謹當仿照辦理。如有今昔情形不同，隨時相度，妥籌奏辦，以期無誤回空。

臣已飛咨督臣陸建瀛會商一切，至該管文武各員應得重咎，俟查明據實嚴參外，謹先繕摺由驛馳奏，伏乞皇上聖鑒。謹奏。

八月二十七日

咸豐元年閏八月初四日奉硃批：欽此。③

---

① "駱"字，録副本誤作"落"，據楊紹和抄本校改。

② 子房山：地處江蘇徐州，原名雞鳴山，傳說楚漢相爭中張良曾命士兵在此吹簫散楚兵，遂更名爲子房山。

③ 此摺奉硃批日期，楊紹和抄本作"八月□日"。另奉硃批内容爲："另有旨。欽此。同日奉咸豐元年閏八月初四日内閣奉上諭：'楊以增奏豐北廳屬堤身坐蟄，現在趕辦情形一摺。據稱本年黃河水勢自白露節後逐日加長，八月二十日寅時風雨交作，河水高過堤頂，豐下汛兵三堡迤上無工處所先已漫水，旋致堤身坐蟄刷寬至四五十丈。現經該河督馳抵該處，先飭查明被水村莊，妥爲撫恤，並查照嘉慶元年豐北六堡漫水成案辦理。著陸建瀛、楊以增督廳汛各員，將現在漫口趕緊盤裹，應辦各工迅即興築。儻搶護遲延，致漫口刷寬愈甚，回空漕船或有貽誤，惟該河督等是問。並著查明此次蟄堤是否實系無工處所，毋得藉詞掩飾。其疏防之該管文武各員，著即嚴行參奏。該部知道。'欽此。"

三九五　六閘漫口定限堵築片

（咸豐元年八月二十七日）

　　再，江運廳所管撐堤民堰漫水，臣於八月初七日接據該廳營稟報，當即派委淮揚營遊擊安振業前往，並劄該管常鎮道姚熊飛會同查辦，已於奏報白露節河湖水勢摺內聲明在案。嗣臣於八月十五日親往督辦，並調事簡廳分之守備、千把、兵役先後到工，晝夜趕辦。二十四日臣自工次折回，工程業經過半。諄囑常鎮道姚熊飛督率委員徐州府知府鐘殿選、揚州府知府張庭瑞、遊擊安振業等克期催督，計八月內可以告竣。至事出倉猝，所用銀兩先由河庫墊發，仍由前同知彭以竺及署同知朱忻、守備蔡觀賢分賠歸款後，再行分別核辦。

　　合併陳明。謹奏。

　　八月二十七日

　　咸豐元年閏八月初四日奉硃批：欽此。①

三九六　勘明豐工漫口情形及
宣洩撫恤各事宜摺

（咸豐元年閏八月初七日）

　　江南河道總督臣楊以增跪奏，爲勘明豐北廳漫口情形繪圖貼説及宣洩撫恤各事宜，並參疎防各官，恭摺仰祈聖鑒事。

　　竊臣前在江運工次接據豐北廳漫溢之信，折回清江浦，於八月二十七日具摺馳報後，即連夜起身，由浦至工，計六百餘里。途次迭據道廳

---

　　① 此片奉硃批日期，楊紹和抄本作“八月□日”。另奉硃批內容爲：“另有旨。欽此。同日奉咸豐元年閏八月初四日內閣奉上諭：‘楊以增奏趕辦民墊漫水工程，請飭河員分賠歸款等語。江運廳撐堤民堰經該河督親往督辦，計八月內業已竣工。所用銀兩准其先由河庫墊發，仍著前同知彭以竺及署同知朱忻、署守備蔡觀賢等分賠歸款。該部知道。’欽此。”

續稟：口門大溜全行掣動，迤下正河業已斷流。聞之心膽俱裂。因念漫水以微山湖爲歸宿，而微山湖水據泇河廳稟報：本在積長不消，閘壩皆已啟除，民田廬舍亦多淹沒。此尚系八月二十日豐工未漫以前情形。再加黃水下注，必更四處漲溢。通盤籌畫，自應在江境下游多方宣洩。隨經遴委幹員分投前往，會同該廳營將應疏、應啟之處飛速趕辦。且慮及清水下註猛驟，邳宿運河不能容納，必於縴道有礙，亦即飭該管廳營務將串運之水設法令其多歸駱馬湖，不使全行入運。

目前漫口已成，總以兩省運道本年毋誤回空爲當務之急。凡思慮所及者，皆於途次分別劄飭廳營暨委員勘辦。行抵豐北兵三堡，督率道將廳營，勘得該處土性沙松，緝量口門已塌寬一百八十五丈，水深三四丈不等。東西盤裹壩頭不日完竣，不致續塌。並據道將指稱：白露後河水復漲，較伏秋大汛及上年極漲時尚大二三尺，拍岸盈堤，上下各工同時著險，勢將普漫，當經分投加築子堰，竭力搶護。詎二十日寅時風雨交加，陣溜擡湧，高過堤頂，該處地當兜灣，窩浪尤甚。其時堤下附近居民人夫睹此異漲，情知難以保守，均各自顧身家，不復幫搶。在官兵役於急①風暴雨之中捨命搶護，無如所加之土不敵擁漫之水，兵三堡迤上無工處所遂於辰時漲②漫坐蟄過水，委屬力難施。幸附近居民均已搬移高阜，並未損傷。等語。其漫口以下委員乘舟查探，以沛縣爲頂冲，溜分兩股。一由華山行走，一由戚山行走，自漫口至湖，遠至百餘里及八九十里不等。濁流散漫，漸即澄淤③，由湖溢出者皆系清水。沛縣城內居民早經聞信，搬移附郭之戚山及城上居住，並未傷人。城內水深四五尺不等，倉庫、獄囚皆經沛縣知縣景步逵保護無虞。豐縣城池又在西北，並未被水。其委員未到之處容另確查。先是徐州道府廳員捐銀往沛縣等處多雇小船安撫，臣抵工後，復捐廉接濟應用，務期不致失所。仍飛移江蘇、山東撫臣委勘撫恤。

現據各廳營並委員先後稟稱，銅沛廳之藺家山壩業經啟放，俾由荊山橋河而達邳宿運河。宿遷以上本無堤工，即將運河多餘之水宣入隅頭、駱馬等湖，而入六塘河下注歸海。其運糧正河之水照常流行，亦虞過大。所有舊河尾、劉老澗、駱馬湖尾間各壩先因東省山泉漲注，久經

---

① "急"字，楊紹和抄本作"疾"。
② "漲"字，楊紹和抄本作"湧"。
③ "淤"字，楊紹和抄本作"清"。

啟泄，向年每至秋深源弱，堵蓄濟漕。此時來源既旺，均仍留其分減。凡有關於運行之處均妥爲籌辦，斷不致有誤回空。一面劄飭道將等將漫工應需料物若干，即撙節確估，並查勘口門以下正河受淤淺深，應如何挑浚，星速具禀，以憑酌辦。昨接督臣來函，六閘撑堤工程將次竣事，不日即到工。一切事宜容另詳細會商，奏請聖訓。

此案專管之豐北廳通判王熙善、豐北營守備郝瀛東應請旨即行革職，枷號河干，以示懲警。豐縣主簿鐘乃澄、豐下汛把總李廣愛、協防朱保珍請旨一併革職，均俟工完後照例辦理。兼轄之徐州道沈濂、河營參將呂邦治、淮徐遊擊闞興邦均請旨革職，暫行留任，責令隨辦堵工，不使置身事外。臣渥蒙倚畀，任重全河，乃督率無方，致有豐北漫口之事，悚惶愧懼，無地自容，惟有仰懇皇上將臣交部治罪，以爲貽誤河工者戒。

所有查勘豐北漫口情形繪圖貼説及宣洩撫恤各事宜，並參疎防各官，理合恭摺馳陳，伏乞皇上聖鑒。謹奏。

閏八月初七日

咸豐元年閏八月十一日①奉硃批：即有旨。流離失所，皆朕之德薄所致。爾若不激發天良，何顏對朕？若入奏稍有不實，是增朕之過也。稽首籲天，夫復何言！欽此。

三九七　捐銀撫恤災民並啟放順清河片

（咸豐元年閏八月初七日）

再，被水災民以沛境爲重，救援拯濟刻不容緩。經徐州道府各廳員於一經漫口之際即公捐銀一萬兩，由署知府許楗親率員役，攜帶饃餅、席片、錢文，多備小船，乘往沛縣各處被水村莊散給救護，並購麥四百五十擔，分投散放。臣抵工後，復捐廉銀五千兩接應散放。現據河庫、淮揚、淮海各道並各廳共湊捐銀六千兩先後解工應用，得以源源接濟，不致失所。並據該府禀報，現在該災民等業已陸續分散各集鎮及回歸本莊，約已散去大半，仍飭各該縣確查詳辦。

---

① 此摺奉硃批日期，楊紹和抄本作“十六日”。

再，查外南北以下黃河來源已斷，正可乘此啟放外南之順清河，使洪澤湖水刷滌下游河身。其山盱前啟之信壩禮河應即次第堵閉，俾洪澤湖水專注清口而出，並力刷淤。業已飛飭淮揚道路慎莊督率照辦，合併附片陳明。謹奏。

閏八月初七日

咸豐元年閏八月十一日奉硃批：欽此。①

三九八　請撥歲料銀兩摺

（咸豐元年閏八月初七日）

江南河道總督臣楊以增跪奏，爲循例請撥來年歲料銀兩，仰懇聖恩俯准撥款，以資購備而預修防事。

竊照河工料物以柴秸爲大宗，例於秋令新料登場時，將來年歲搶修埽壩各工應需料數預爲發購，以備春修之用。並經前河臣於道光十一年奏准，嗣後歲料銀兩仍於八月內奏撥，陸續解存河庫，統俟霜後查明各廳用剩之料、應修之埽，按工約估應添料垛若干，核發銀兩，以年底爲

---

① 此片奉硃批日期，楊紹和抄本作“十六日”。另，奉硃批內容爲：“另有旨。欽此。同日奉咸豐元年閏八月十一日內閣奉上諭：‘楊以增奏勘明豐北廳漫口情形並請將疎防各員分別懲處一摺。前因南河豐北廳屬堤身坐蟄，刷成漫口，當降旨飭令該河督迅將漫口趕緊盤裹搶護。茲據楊以增奏，馳抵豐北兵三堡，勘得口門續經塌寬至一百八十五丈，水深三四丈不等，現在大溜全行掣動，迆下正河業已斷流。被淹地方居民罹此凶災，流離失所，朕心實深憫惻。著該督撫等迅速籌款派員，妥爲撫恤，毋令一夫失所。河溜現已分作兩股，所擬啟放各壩並勘估各工均著趕緊籌辦，仍嚴飭道將等將東西盤裹壩頭竭力保護。儻再有疏虞，或致貽誤漕船回空，該河督等自問當得何罪耶？所有專管廳汛疏防失事之豐北廳通判王照善、豐北營守備郝瀛東著卽行革職，枷號河干示衆。豐縣主簿鐘乃澄、豐下汛把總李廣愛、協防朱保珍著一併革職。兼轄之徐州道沈濂、河營參將呂邦治、淮徐遊擊闞興邦均著革職，暫行留任，責令隨同辦公，不使置身事外。楊以增身任河督，未能先事豫防，實難辭咎，著摘去頂戴，與兼管河務之兩江總督陸建瀛交部分別議處。另片奏沛縣被災較重，先行捐廉拯濟，並啟放外南之順清河使湖水刷滌河身等語，均著照所擬，妥速辦理。該部知道。’欽此。並准軍機大臣字寄：兩江總督陸、江南河道總督楊：咸豐元年閏八月十一日奉上諭：‘楊以增奏勘明豐北廳漫口情形一摺，並繪圖貼說呈覽。已明降諭旨，將該管廳弁道將等分別懲辦，該河督摘去頂戴，與陸建瀛一併交部分別議處矣。此次豐北三堡黃流漫溢，口門已塌寬一百八十餘丈，大溜全行掣動，民田廬舍多被淹浸，所謂保障斯民者安在耶？現在辦理堵築需用浩繁，國家經費有常，豈能任貽誤各員殃民糜帑？應如何分別賠卹及設法籌款之處，著該督等迅卽悉心籌畫，妥議具奏。務當激發天良，撙節核計，毋得稍有浮糜，重干咎戾，將此諭令知之。’欽此。遵旨寄信前來。”

初限，次年正月底爲展限，勒令全數到工。如稍遲逾，據實嚴參。倘有虛報全到，查出從重參辦在案。緣秋收甫畢，採購較易，必須先期籌備，則發辦較早，稽核易周，且免販户囤積居奇，滋生弊竇。所需錢糧向例奏請撥銀一百二十萬兩，歷經遵循辦理。

現在節逾秋分，新秸登場，蘆柴倏亦采刈，所有來年歲料銀兩亟應乘時請撥，於九、十兩月陸續解到，俾得及早發辦，從容購儲。兹據河庫、淮揚、淮海、徐州、常鎮各道具詳請奏前來，相應專摺具奏，仰懇皇上天恩俯准敕部於就近藩關各庫撥銀一百二十萬兩，速解河庫，由臣督率各道查明各廳存料多寡、工程煩①簡，酌定應備料數②，俾乘時核發③趕購，勒照例限全數到工，再行逐細確查，堅實堆儲，以重帑項而資工用，實於修防有裨。

再，查前河臣潘錫恩任内奏明動用道光二十七、八兩年減平銀二十三萬兩，奉准部咨分作四次扣還。除二十九、三十兩年已扣銀十一萬兩外，此次應扣銀六萬兩，應請照數扣撥，合併聲明。

謹循例會同兩江總督臣陸建瀛恭摺具奏，伏乞皇上聖鑒。謹奏。

閏八月初七日

咸豐元年閏八月十七日④奉硃批：户部議奏。欽此。

三九九　借撥銀兩請分別緩扣准銷摺

（咸豐元年閏八月初七日）

江南河道總督臣楊以增跪奏，爲庫項支絀，請將上年借撥銀款分別緩扣准銷，恭摺具陳，仰懇聖恩俯准，敕部核議以重修防事。

竊臣前准户部鈔⑤奏行知，飭將前借關稅等銀二十萬五千兩如數歸還，前借道光二十七、八兩年減平未扣兩限銀十二萬兩，按照前限縮

① “煩”字，楊紹和抄本作“繁”。
② “應備料數”四字，楊紹和抄本作“備料數目”。
③ 楊紹和抄本無“核發”二字。
④ 此摺及後摺奉硃批日期，楊紹和抄本作“二十四日”。
⑤ “鈔”字，楊紹和抄本作“抄”。

扣。其借動二十九年減平銀十九萬二千兩及要工借撥銀三十萬兩，統限於本年歲撥內起分五年扣清。再，現報南河捐輸銀六十二萬兩前於要工案內奏准借用，分作五年扣還，今將動用若干即行查報，以便按限分扣。現又接准部咨片奏，請旨飭下將未還關稅銀兩於請撥歲料以前如數還款報部，並查明捐輸銀兩餘剩①若干，迅速報撥。各等因。

當經轉飭河庫道查詳去後，茲據該道法良會同管河各道開摺詳稱：查前借二十七、八年減平未扣兩限銀十二萬兩，業於現請來年歲料內遵照部議聲請縮扣六萬兩在案。其借動二十九年減平銀兩若同時請扣，則庫儲益絀，不敷支應，擬請仍照前奏，俟二十七、八年減平扣清後再行接扣。至前借淮揚等關銀二十二萬五千兩，內還過淮關銀二萬兩，嗣又撥還龍江關銀四萬五千兩，實仍欠淮關銀十萬兩、揚關銀二萬兩、兩淮鹽務銀四萬兩，均系借墊王營減壩暨揚河西堤之用，應由捐輸項下歸款。而捐輸銀兩已爲減壩西堤及山海土工動用無存，應俟各項工程銀數核定後再行分別劃還，各歸各款，不致久懸。又上冬奉准部撥銀三十萬兩，系奏明修復山盱壩河中河縴堤，共實請銀五十萬兩，奉部減准撥銀三十萬兩，令分年扣還。等因。自應遵辦。惟所撥既不敷所用，若再將向准專款發辦之山盱壩河中河縴堤銀兩並作借撥分扣，則每年扣數太多，例用更形缺乏，實與修防有礙。請將此項銀兩仍照舊章作正開銷。各等情。詳請具奏前來。

復查河庫舊有不敷，臣自道光二十八年冬履任以來，遇事講求，力圖節省，本冀水平工少，逐漸補苴。奈連年河湖水漲，逾於往年②。水大則工多，工多則用廣。祗能節可省之浮糜，斷難置要工於不辦。是以臣於萬分支絀之際，當奇險百出之時，竭力屏營，以顧全局，節將辦理情形瀝陳在案。但以有定之錢糧而供非常之工用，掩前挪後，已屬節節艱難。若再於例撥款內同時多扣，則辦公更必掣肘，殊於通工大局關係匪輕。覆核該道等所詳委屬實在情形，惟所欠淮關銀十萬兩及揚關二萬兩、鹽務四萬兩所請全行緩還，未便照准。擬將淮關銀十萬兩仍飭河庫道即日解還。至南河捐輸共收銀六十二萬六千二百餘兩，內揚、江兩廳西堤除以歲修一萬五千兩充抵外，實計用銀二十二萬餘兩，外北王營添建滾水石壩等工約用銀二十餘萬兩，山、海、安、阜土工奉部准借約銀

---

① “餘剩”二字，楊紹和抄本作“銀數”。

② “年”字，楊紹和抄本作“時”。

二十萬兩，計捐輸銀兩除用外，尚屬不敷。今擬先還淮關銀十萬兩，其前借揚關及鹽務共銀六萬兩，俟減壩西堤核定後再行籌還。其餘應照該道等所議分別緩扣准銷，庶免辦公竭蹶。

相應會同督臣陸建瀛恭摺具奏，伏乞皇上天恩鑒察俯准，飭部核議遵行。感荷鴻慈，曷其有極！謹奏。

閏八月初七日

咸豐元年閏八月十七日奉硃批：戶部議奏。欽此。

四〇〇　遵勘豐工漫口工程撙節估計摺
（咸豐元年閏八月二十五日）

兩江總督臣陸建瀛、江南河道總督臣楊以增跪奏，爲遵旨會勘豐北廳兵三堡漫口挑河築壩工程，撙節估計約需銀數，籲懇天恩敕部撥解以資趕辦事。

竊臣楊以增前奏豐工漫口情形於閏八月十六日迭奉諭旨。臣等跪讀之下，悚惶無以自容。臣楊以增職任宣防，責無旁貸，乃不能先事防範，上煩宵旰焦勞。仰荷逾格鴻施，僅予摘頂議處，伏地碰頭，感深以涕。除另行專摺叩謝天恩外，臣陸建瀛當將到工履勘緣由於十八日先行馳奏在案。

伏查向來辦堵漫工，其大壩皆就淺水處圈越。壩身必須寬厚，始足堵截橫流，而尤在引河格外深通，方能力挽回瀾，復歸故道。又從前河工堵築漫口，總系民料民夫，其後酌定給價。復於嘉慶十三年由欽差大臣長麟①、戴衢亨②來工確查時價，將正料、雜料、夫工、土工一概議

---

① 長麟（？—1811）：滿洲正藍旗人，字牧庵，乾隆四十年（1775）進士，授刑部主事，歷任刑部郎中，出任福建興泉永道，陞任江蘇布政使。五十一年（1786）授刑部侍郎，五十二年（1787）授山東巡撫，五十七年（1792）調山西巡撫，六十年（1795）任閩浙總督。嘉慶四年（1799）任雲貴總督，五年（1800）調陝甘總督，八年（1803）任兵部尚書，十年（1805）任翰林院掌院學士，旋升協辦大學士。十三年（1808），與戴衢亨視察南河河工，十五年（1820）致仕，翌年去世。

② 戴衢亨（1755—1811）：字荷之，號蓮士，安徽休寧人。乾隆四十三年（1778）殿試一甲一名狀元，授翰林院修撰，後累主江南、湖南鄉試。嘉慶十年（1805）起，任兵部尚書、協辦大學士、體仁閣大學士兼翰林院掌院學士。嘉慶十六年（1811）卒，贈太子太師，入祀賢良祠，諡文端。

加，定爲河工則例，比乾隆年間加至兩倍、三倍不等。此次漫口飭據該
管道府帶同熟諳備弁勘得，金門現寬一百八十五丈，水深三四丈，勢難
直堵。惟有向南圈越，距正堤四百一十九丈土性稍堅，擬於此建築壩
基。其迤南河流坐灣深水處所作爲引河頭，對直西岸則築挑水壩①。逐
細估計正壩水面寬三百零三丈，兩邊皆有淺灘。擬兩頭酌估土心，外廂
護埽，以資節省。中間正埽、上下邊埽、壩尾護埽並挑水壩一道，寬長
高深牽算，共單長四十萬零六千八百三十八丈，合正料八千一百三十六
垜，連雜料、土方約共需銀二百四十四萬零八百兩。引河頭估長七百八
十八丈，形勢頗順，比較道光二十二年桃北蕭工估挑土方可省一倍。惟
迤下長河挑工較巨，擬即擇要興挑，計長一百八十里，共需銀一百八十
八萬八千兩。又東西越堰壩基上下夾土壩、土心大壩、裏餤等工，及搶
挑引河頭清水塘並下游溝工、溝線等項，約需銀五十七萬兩。三共銀四
百八十九萬八千餘兩，均系比照歷屆成案從省減估，開摺具稟前來。

　　臣等以嘉慶元年豐工六堡僅銷銀二百數十萬兩。此時籌款維艱，更
宜較前節省。駁斥再三，後據稟：嘉慶元年用銀二百數十萬兩，尚在未
議加價之前。此後五十年來，凡東、南兩河大工大率五六七八百萬不
等。東河馬營壩工用至一千二百萬，即近年祥工系欽差大學士王鼎②撙
節核料，亦用至六百數十萬。中牟大工兩次始得合龍，並用至一千萬有
零。此次酌議秸料每垜估銀一百八十兩，雖較豐北歲修例價似覺加多，
但大工料價歷系按時核定，東河例價向僅七十餘兩，而祥、牟等工均定
一百八十兩，良以壩工需料甚多，近地所產斷不敷用，遠在二三百里外
旁搜博采，車載舟運，腳價倍於料價。加以時日迫促，料戶居奇，銀價
又乘間跌落，種種湊泊，不能不多於常時。溯查嘉慶年間南河李家樓漫

---

①　挑水壩：河防工程中用以分水勢的堤壩。
②　王鼎（1768—1842）：字定九，號省厓，陝西蒲城人。嘉慶元年（1796）進士，選庶
吉士，授編修，累遷內閣學士。十九年（1814）授工部侍郎，後調調吏部，兼署戶部、刑部。
二十三年（1818）兼管順天府尹事，二十四年（1819）調刑部，又調戶部。道光二年（1822）
擢左都御史。五年（1825）以一品銜署戶部侍郎，授軍機大臣，六年（1826）授戶部尚書，
八年（1828）加太子太保，繪像紫光閣。十一年（1831）署直隸總督，十二年（1832）管理
刑部事務。十五年（1835）任協辦大學士，仍管刑部，直上書房。十八年（1838）拜東閣大
學士，二十年（1840）加太子太保。二十一年（1841）夏河決祥符，與侍郎慧成往治，尋署
河督。次年（1842）二月，工竣敍功，晉太子太師。同年因反對和議，閉戶自縊，冀以屍諫，
贈太保，諡文恪，祀賢良祠。

口定價二百五十餘兩，現議之數已屬大減。其雜料土方，蕭工案內欽差協辦大學士①敬徵②奏准一百六十萬兩，此次系照一百二十萬兩估計，幾減十分之三。至挑河方價三丈以外，另案急工例估六錢二分五釐，今減爲五錢五分。長河方價三四五錢不等，今一律以三錢牽估，實俱逐層核減，並無浮捏。等語。

　　當此制用孔亟之時，臣等深知經費支絀，何敢稍任浮糜？無如工程緊要，克減太過，將來一簣功虧，更無以仰對君父。且計時已近霜降，距③春令雨水之期不過百餘日，集料雇夫，在在緊迫。臣等輾轉籌思，焦灼萬狀，公同商酌擬減爲四百五十萬兩。萬④不得已據實籲懇天恩俯念關係運道民生，恩准敕部如數撥銀，趕於九月二十日左右到工，以便放手興辦。臣等受恩深重，具有天良，隨時察看，得省且省⑤。如有贏⑥餘，仍報明留備善後，斷不敢以奏准約估在前絲毫浪費，更滋罪戾。

　　所有臣等勘估約需銀數緣由，理合繪圖貼說，先行具摺，由驛馳奏，伏乞皇上聖鑒訓示祗遵。

　　再，長河間段存水，未經全涸，其溝工、溝線寬深丈尺須用水平逐加確較。現在約估土方系就淺深並計牽挑一丈爲率，合併陳明。謹奏。

　　閏八月二十五日

　　咸豐元年九月初二日奉硃批：欽此。⑦

---

　　① 協辦大學士：大學士之副職，從一品，協助大學士辦理內閣事務。乾隆四年（1739）正式設立，十三年（1748）額定爲滿、漢各一員，從六部尚書或總督中選任，可遞陞大學士。

　　② 敬徵（？—1851）：滿洲鑲白旗人，清朝宗室，肅武親王豪格五世孫、肅恭親王永錫第五子。嘉慶十年（1805）授頭等侍衛，兼委散秩大臣、副都統。十九年（1814）授內閣學士，兼鑾儀使。道光初，累遷工部侍郎，授內務府大臣，調戶部。八年（1828）偕尚書王鼎察治長蘆鹽務，十四年（1834）授左都御史，擢兵部尚書。十六年（1836）署戶部侍郎，累遷工部尚書、本旗都統、協辦大學士。咸豐元年（1851）卒，諡文愨。

　　③ “距”字，楊紹和抄本作“詎”，當誤。

　　④ 錄副本無“萬”字，據楊紹和抄本校補。

　　⑤ 錄副本缺“且省”二字，據楊紹和抄本校補。

　　⑥ “贏”字，楊紹和抄本作“贏”，當誤。

　　⑦ 此摺奉硃批日期，楊紹和抄本作“九月初六日”。另奉硃批內容爲：“另有旨。欽此。”

四〇一　請留撥項片①

（咸豐元年閏八月二十五日）

再，河工前借淮關銀十萬兩，現以豐工緊要，又咨借十萬兩，可否即在現請歲料或大工銀內抵撥，恭懇敕部核覆遵行。至淮南已酉網外支項下節省銀三十萬兩，經臣陸建瀛奏明候撥。接准部咨行令解交粵西。目下本省工需緊迫，應否留撥，抑仍委解粵省軍營，臣未敢擅便。謹附片陳明，伏乞皇上聖鑒訓示。謹奏。

咸豐元年閏八月二十五日附進

九月初六日奉硃批：欽此。

四〇二　酌議工需借墊彌補章程摺

（咸豐元年閏八月二十五日）

兩江總督臣陸建瀛、江南河道總督臣楊以增跪奏，爲遵旨籌議工需酌擬借墊彌補章程，恭摺具奏仰祈聖鑒事。

竊豐北漫口節奉寄諭：迅即興築，應如何分別罰賠及設法籌款之處，著該督等悉心籌畫，妥議具奏。等因。欽此。伏念國用浩繁，忽加以河工鉅款，臣等萬分愧恨，即嚴譴不足蔽辜。查黃河情形南北兩岸不同，南岸有民田而無運道，雖有失事，可議緩堵。北岸則切近運河，關係較重。現在疏通下游，水由六塘河歸海，江境緯堤逐漸涸露。東省自濟寧迤下亦屬順流，回空軍船足可無誤。至來年重運渡黃，總在伏汛前後。一遇盛漲，重船逆流而上，勢有不能。且民田久淹，撫恤亦非易事。誠如聖諭，必應迅速興築，以塞來源。而銀錢未②能應手，臣等籌

① 見楊紹和抄本卷十七，魯圖藏。並於標題後註明“會江督陸建瀛前銜”。
② “未”字，楊紹和抄本作“不”。

懇敕部撥解，即蒙俞允。到工總需時日，遲誤堪虞。

　　茲擬借墊兩條：

　　一、江蘇兩藩司、運司，上海、常鎮、江安糧道並兩織造，淮關安徽之廬鳳蕪湖兩關各庫，無論正雜款先行撥用；

　　一、現請來年歲料尚未奉撥，早晚接准部咨，即飛提來工，先盡急需，統俟請撥款到，核明應銷者銷，應還者還。

　　以上兩款約數不過百餘萬，祇可作爲開廠、購料、安夫之用，尤望部撥接應，方能一氣呵成。

　　又擬彌補三條：

　　一、直省官民有年內急工、捐工捐料者，各按報明定價核給議敘，與廣東、廣西、湖南三省捐輸新例人員分班間用，隨時具奏，年外者按收捐日期請敘；

　　一、文武官員有年內急公報效者，准其以尋①常加級捐數給予隨帶加級；

　　一、河工效用協防人等有捐工捐料者，核其銀數，准予儘先拔補。

　　以上三條不能預計多寡，總以收捐若干，即彌補正款若干，統俟事竣核實辦理。

　　其餘除照例分成罰賠外，查明所短之數即在例定河費三百萬兩內酌分年限扣補。在國家急則治標，先爲發帑趕辦，而所用之款仍復滴滴歸源。

　　臣等愚昧之見是否有當，伏乞皇上聖鑒訓示。謹奏。

　　閏八月二十五日

　　咸豐元年九月初二日②奉硃批：欽此。

四〇三　請試行官印錢票片③

（咸豐元年閏八月二十五日）

　　再，災民隨時撫恤，尚屬安靜，將來開工，約需人夫數十萬，並可以

---

①　錄副本缺“尋”字，據楊紹和抄本校補。
②　此摺奉硃批日期，楊紹和抄本作“九月初六日”。
③　見楊紹和抄本卷十七，魯圖藏。並於題後註明“會江督陸建瀛前銜”。

工代賑。此項前已奏明由官捐辦，勿庸請帑。惟向來興舉大工，往往銀價驟落，錢價驟長。徐屬瘠貧之所，錢店資本無多，加以陸運艱難，現錢甚少。目下每銀一兩僅易製錢一千五六百文，往後支料皆需用錢。似此情形，是四百萬兩祇當三百萬之用。更恐市儈居奇，益形詘短，則平錢價尤爲急務。擬先委員分投採買外錢，運存徐州道府各庫。一面設局定價，每銀一兩作錢若干，官出印票，派委妥員管理。十千文以下發給現錢，十千文以上照價合銀給票，或作銀用，或作錢用，俱聽其使。此票准在各省完納錢糧關稅，交易買賣。有來取者，票到如數發銀。工前一月出示曉諭，移行本省上下衙門並咨會安徽、山東、河南一體出示，俾遠近咸知，庶一兩可得一兩之用，不致大詘。工竣撤局，先領一票仍准作銀錢使用。

事屬暫時權宜，是否可准試行，謹附片陳奏，伏乞皇上聖鑒訓示。謹奏。

咸豐元年閏八月二十五日拜進

九月初六日奉硃批：另有旨。欽此。同日奉咸豐元年九月初二日內閣奉上諭：陸建瀛、楊以增奏會勘豐北廳漫口工程估需銀數，并籌議工需酌擬借墊彌補章程各一摺，另片奏以工代賑及請留撥項等語，均著戶部速議具奏，圖併發。欽此。

四〇四　請將失事廳員從重治罪片[①]
（咸豐元年閏八月二十五日）

再，已革廳營。臣等本月十六日奉旨，即將豐北廳河工通判王熙善、豐北河營守備郝瀛東枷示河干，並將已革把總李廣愛等嚴行棍責。惟此次失事雖查明兵三堡迤上實非有工處所，而王熙善既未能先事預防，迨至危迫之時不惟不稟臣等，亦不早稟該管道員。及該道得信，發銀前往，已屬人力難施。似此誤工殃民僅予枷號，不足示懲，相應請旨，將王熙善從重治罪，仍責令完繳應賠工費，以爲後來者戒。

謹附片陳奏，伏乞皇上聖鑒訓示。謹奏。

---

①　見楊紹和抄本卷十七，魯圖藏。

咸豐元年閏八月二十五日附進

九月初二日奉硃批：另有旨，欽此。同日奉咸豐元年九月初二日內閣奉上諭：陸建瀛、楊以增奏請將已革廳員從重治罪等語。已革南河豐北廳通判王熙善於該工漫口不能先事預防，迨危迫之時，又不早稟上司。及該道得信發銀，已屬人力難施。似此誤工殃民，僅予枷示，不足蔽辜。王熙善著即拿問，交該督嚴行審訊，按律定擬具奏。仍責令完繳應賠工費，以示懲警。欽此。

四〇五　工需緊迫請照前奏銀數撥解摺
（咸豐元年九月十四日）

兩江總督臣陸建瀛、江南河道總督臣楊以增跪奏，爲豐北工需緊迫，籲懇天恩敕部查照臣等前奏銀數，再行核明，迅速撥解，俾得趕於冬杪春初合龍，以安民生而重漕運，恭摺奏祈聖鑒事。

竊咸豐元年九月初六日欽奉上諭：陸建瀛、楊以增奏會勘豐北廳漫口工程估需銀數，並籌議工需酌擬借墊彌補章程各一摺，另片奏以工代賑及請留撥項等語。均著戶部速議具奏。等因。欽此。隨於初十日接准部咨，並鈔摺行知到工。臣等公同細閱，如原奏內稱：前撥歲料銀一百二十萬兩，准其於此次工程內全數通融支用等語。自因臣等前有飛提此項、先盡要需之請。惟歲料系常年修守例款，從前黃河上游漫口緩堵之年下游無工，原可節省。此次豐北兵三堡系應於年內趕堵之工，一經合龍，則通工歲修無一可省。且高堰、山盱①、裏河、江運、揚河、中河、運河等廳防湖濟漕均有應給料款。現准來年歲料一百二十萬兩除扣抵外，僅餘銀九十八萬餘兩。如此款先墊大工，仍須撥款劃還，庶不致歲料無項，顧此失彼。又部議：令將應賠四成銀兩繳作工用等語。查向來漫工分賠均系工完後核明正壩實在用銀若干，照例銷六賠四。但工程過迫，此項祇能著追彌補，不能作數應用。即如臣等廉俸最優，已於捐賑案內各捐萬金。再繳賠款，一兩月間實難設辦。其餘道府各員亦俱捐

---

① "盱"字，楊紹和抄本作"旴"，當誤。

廉助賑，事同一體。若責令預行完賠，先濟工用，恐一時措繳不及，轉
滋遲誤。又部議：就近藩關各庫准照臣等原議借撥等語。查前奉部撥歲
料九十八萬九千餘兩，江蘇、安徽各司庫、關庫即有六十餘萬在內，業
已撥無餘剩，再挪亦屬無幾，其擬借淮關之十萬兩已據以無銀可撥咨
覆。至兩淮鹽課，前據運司詳題庚戌綱下半奏銷除動解外存銀十三萬餘
兩候撥在案，是前後指撥四十萬兩有無徵存，應與庚戌綱外支項下准動
三十萬兩飭司查覆，方能核見實數。

伏思此次大工，一、二廳員未嘗不獻緩堵之議，臣等以漫水在豐、
沛等處，民田難任久淹，而且切近運河，萬一明年黃流漲旺，致有淤
塞，將來數百里運道再謀疏浚，更費躊躇。是以議請趕緊興辦，兼籌捐
工捐料以及官出印票各條，原爲權衡有無、免誤要工起見，並非不知籌
款之艱難。今准部咨捐工捐料等事均毋庸議，僅奉撥銀一百四十萬兩，
兩淮庚戌綱外支銀三十萬兩，較之臣等原請四百五十萬兩，所短甚鉅。
而所撥款內是否實存，尚難懸擬。歲料祇可暫爲挪墊，賠項不能猝應急
需，輾轉遲延，竊恐爲時已晚，雖有工費，不能成功，則臣等罪戾滋
甚。合無籲懇天恩俯念漕運民生關係緊要，敕下部臣查照臣等前奏銀
數，將未撥之銀迅籌撥解，俾得應手趕辦合龍，以安民生而重漕運。所
用銀款仍照臣等前議於歲額三百萬兩內分年扣補。

不揣冒昧，謹合詞由驛馳奏，伏乞皇上聖鑒訓示。謹奏。

九月十四日

咸豐元年九月十九日[①]奉到硃批：戶部妥速議奏。欽此。

四○六　各省撥款請免扣減平片[②]

（咸豐元年九月十四日）

再，查戶部奏准各省支發銀兩內有應行扣平之項，均按庫平[③]每兩

---

①　此摺奉硃批日期，楊紹和抄本作"二十三日"。

②　見楊紹和抄本卷十七，魯圖藏。並於標題後註明"會江督陸建瀛前銜"。

③　庫平：清政府收徵租稅、出納銀兩所用的衡量標準，訂立於康熙年間，1庫平兩合
37.301克。

扣平六分解部。此次興築豐工口門與別項工程不同，查河南大工成案俱奏蒙恩准不扣減平，應援照請旨敕下户部，迅速行文各省，所有應行撥解南河堵築豐工漫口銀兩仍照舊章毋庸扣平，以濟工用而節正項。

理合附片具陳。謹奏。

咸豐元年九月十四日附進

二十三日奉硃批：户部知道。欽此。

四〇七　節交霜降湖運各工平穩摺

（咸豐元年九月十四日）

兩江總督臣陸建瀛、江南河道總督臣楊以增跪奏，爲節交霜降黄水已消，湖運各工修防平穩，恭摺循例附驛具報，仰祈聖鑒事。

竊照本年自交汛起至白露①止，水勢、工程情形歷經奏陳在案。兹屆霜清，黄水已消，蕭南廳王平莊誌椿消存一丈三尺一寸。而洪湖水勢本年最大，高堰誌椿積長二丈三尺四寸，比節年異漲尚大一尺五寸，石工及大堤悉行入水，僅賴一二丈寬之子堰攔禦。雖將山盱廳信壩、禮河先後啓放，亦只平定不長。西風偶作，危險萬分。在事官弁兵夫隨時接護，加築埝工，直至交秋後甫見消動，搶護平定。裏河、揚、江等廳承受湖源，盈堤拍岸，亦甚險要，廂埽培堤，迄無虚日。所有歸江、歸海各閘、洞、橋、河及高郵車邏、五里等壩先後啓放，始得日逐見消，克資穩定。嗣洪湖消至一丈九尺以內，又應籌蓄濟運。當飭先堵信壩，業於閏八月十三日合龍。接手堵辦裏河，並將外南廳順清河外灘挑挖寬深，於十一日刷②堤啓放，使清水外注，刷滌下游山海廳境一帶河身，以除積淤而免挑費。塘河挑工業已完竣，邳宿運河上游本無堤工，兩岸灘面雖已平漫，然隨後空運入境，插標記認，備船導引，順流而下，亦不致有所耽延。其下游兩岸縴堤卑矮殘缺之處分别幫戧加埝，搶廂防

---

① 楊紹和抄本此處多一“後”字。

② “刷”字，楊紹和抄本作“刷”。

風，務資抵禦，並將舊河頭馬萬二莊、竹簍壩、駝車頭、駱馬湖尾閭①等處各宣洩去路隨時疏浚深通。中河廳楊莊以上河道及外北廳浦家莊間有淤墊，均經挑深。業將楊莊頭壩啟放，更資刷滌，回空可期無誤，堪以仰紓宸厪。

所有節交霜降，黃水已消，湖運各工修防平穩並籌俻空運緣由，謹合詞恭摺循例附驛具奏，伏乞皇上聖鑒。謹奏。

九月十四日

咸豐元年九月十九日②奉硃批：覽奏均悉，欽此。

四〇八　揀員請補河廳摺

（咸豐元年十月初二日）

兩江總督臣陸建瀛、江南河道總督臣楊以增跪奏，爲河廳要缺遴員請補以重修防，仰祈聖鑒事。

竊照徐州府豐北河務通判王熙善因疏防豐下汛兵三堡漫口，奏奉諭旨：革職枷號審辦在案。當經飭委候補同知張渼前往摘印接署。伏查此缺現當籌堵漫工，地居曠野，凡正料雜料、總局分局、官弁兵丁之樓址均由該廳搭蓋棚廠。至堵築攔黃堰，防護東西裹頭尤關緊要。將來進占疏河，雖分別委員各司其事，而本管廳員實事事與之佐理。且壩工合龍善後工程更爲本廳專責，實非幹練有爲之員不足勝任。臣等於現任候補各員中逐加遴選，非現居要缺，即人地未宜，惟查有候補同知張渼，陝西附貢生捐納同知，道光二十三年十一月引見，奉旨：發往南河試用。欽此。十二月到工，二十七年防汛出力，奉旨：儘先補用。欽此。十月委署揚河通判，二十八年三汛安瀾，保奏尤爲出力，奉旨：張渼著不論班次，遇缺即補。欽此。嗣因代賠伊父張井未完銀兩，部議降五級調用。二十九年經臣陸建瀛委赴江南高淳縣勘辦東壩被掘情形，並捐貲搶

---

① “閭”字，楊紹和抄本作“閘”，當誤。另錄副本於“駱馬湖尾”又衍一“尾”字，據楊紹和抄本校刪。

② 此摺奉硃批日期，楊紹和抄本作“二十三日”。

堵攔壩，督修石壩，依限如式完竣。三十年十二月經臣陸建瀛、傅繩勳保奏，咸豐元年正月十一日奉旨：張渼准其開復同知原官，仍留南河差委。欽此。二月回工。該員曉暢河務，廉幹勤明，現委署理豐北通判印務，於籌堵大工一切事件悉能佈置得宜。以之借補斯缺，實堪勝任。惟通判班中尚有遇缺前先補人員，與借補之例稍有未符。但現當堵辦大工之際，迥非平時他缺可比，若按班請補曲爲遷就，即恐貽誤匪輕。謹援人地實在相需之例專摺聲明奏請，伏乞皇上俯念要缺需人，准以張渼借署豐北通判，俾該員感荷天恩逾格，定必益矢勤慎，倍加出力。臣等藉資指臂之助，實於公事有裨。如蒙俞准，仍照例試署一年期滿，經歷三汛，察其果能勝任，再行送部引見，恭候欽定，不積各項人員之缺。

再，該員代賠伊父未完銀兩業於恩詔案內照例豁免，此外並無賠項，合併聲明。謹奏。

十月初二日

咸豐元年十月初十日奉硃批：欽此。①

四〇九　委署淮海道篆片②
（咸豐元年十月初二日）

再，江蘇淮海道吳葆晉現經奏署臬篆，所遺員缺河務地方均關緊要，查有陞用知府裏河同知于昌進精明幹練，堪以委護。除檄飭遵照外，理合附片陳明，仰祈聖鑒。謹奏。

咸豐元年十月初二日拜進

十七日奉硃批：知道了。欽此。

---

① 此摺奉硃批日期，楊紹和抄本作"十七日"。另奉硃批內容爲："另有旨。欽此。同日奉咸豐元年十月初十日內閣奉上諭：'陸建瀛、楊以增奏遴員請補河廳要缺一摺。南河豐北河務通判員缺著准其以張渼借署，仍照例試署一年期滿，歷經三汛，查看能否勝任，再行送部引見。欽此。旋經吏部奏駁，復奉旨：張渼著仍准其借署徐州府豐北河務通判，所有該督等應得處分著加恩寬免。現當南河堵辦大工，要缺需人，是以准其所請。嗣後不得援以爲例。'欽此。"
② 見楊紹和抄本卷十八，魯圖藏。

四一〇　營缺緊要請仍以前題人員陞補摺

（咸豐元年十月初二日）

　　江南河道總督臣楊以增跪奏，爲營缺緊要，擬懇仍以前題人員陞補以資治理而益工料，恭摺仰祈聖鑒事。

　　竊照南河葦蕩右營守備張如玉撤任遺缺，前以臣標中營千總楊鎮華於道光三十年十一月二十八日恭疏題陞，接到部覆照准。嗣准兵部咨以該守備丁憂，應令退回千總本任。等因。伏查葦右營守備一缺系管蕩地之員，統轄三汛，每歲估采葦柴二百八十餘萬束以充工用。地接海濱，兵民雜處，築堰蓄水，挑溝養葦及一切巡守、採伐、交裝、彈壓各務，在在繁①難，非精明穩練之員斷難勝任，是以選有千總楊鎮華年壯才明，辦事穩練，具題陞補，並先經飭令往署。茲准部文②以該守備丁憂，飭回千總本任。伏查該守備丁憂系在十二月初九日，已在題陞之後。且武職將備丁憂期內例有准陞之案，即如道光十四年張如玉題陞右營守備時，該員尚未服闋，奏准陞補。茲楊鎮華題陞系在丁憂之前，情節更輕。署事以來，閱今一載，經理裕如。臣爲要缺得人起見，相應援案奏請，合無仰懇天恩俯准，仍以楊鎮華陞補葦右營守備，實於蕩務、工料均有裨益。如蒙俞准，再行給咨送部引見，恭候欽定。

　　謹會同兩江督臣陸建瀛恭摺具奏，伏乞皇上聖鑒。謹奏。

　　十月初二日

　　咸豐元年十月初十日奉硃批：欽此。③

---

① “繁”字，楊紹和抄本作“煩”。
② “部文”二字，楊紹和抄本作“吏部”。
③ 此摺及後二摺奉硃批日期，楊紹和抄本皆作“十七日”。另在“欽此”後有：“同日奉咸豐元年十月初十日內閣奉上諭：‘楊以增奏營缺緊要，仍以前題人員陞補一摺。著照所請，南河葦蕩右營守備員缺准其以楊鎮華陞補，照例送部引見。該部知道。’欽此。”

四一一　捐輸花翎人員照議專奏摺

（咸豐元年十月初二日）

　　兩江總督臣陸建瀛、江南河道總督臣楊以增跪奏，爲捐輸原請花翎人員遵照部議專摺具奏，仰祈聖鑒事。

　　竊照鹽運司銜藍翎捐職道王履謙上年捐級請封並請換花翎，經臣等會摺具奏，續奉户部議令補交銀兩專摺具奏，奉旨：依議。欽此。咨行欽遵轉飭去後，兹據原辦捐輸淮揚道路慎莊詳稱：廣東捐職都司藍翎蘇文錦捐錢一萬串，奉旨：賞換花翎。有案。該員捐銀五千二十兩，按時價以銀易錢，較之蘇文錦捐數有盈無絀，其捐封不敷銀九百兩已據補交，連前共捐封銀三千二百八十兩，詳請核奏。等情。臣等復查該員前後捐數較多，可否仰懇天恩，給予王履謙加二級，給其祖父母、父母及本身妻室二品封典，並懇賞換花翎，以昭激勸之處出自鴻慈。

　　謹恭摺具奏，伏乞皇上聖鑒。謹奏。

　　十月初二日

　　咸豐元年十月初十日奉硃批：欽此。①

四一二　捐復人員照議專奏摺

（咸豐元年十月初二日）

　　兩江總督臣陸建瀛、江南河道總督臣楊以增跪奏，爲捐輸案内捐復人員遵照部議專摺具奏，仰祈聖鑒事。

　　竊照南河已革外南營守備師長鑣上年遵例呈請捐復，當經臣等彙摺

---

　　①　楊紹和抄本"欽此"後有："同日奉咸豐元年十月初十日内閣奉上諭：'陸建瀛、楊以增奏捐輸人員遵照部議請獎一摺。鹽運司銜藍翎捐職道王履謙著准其換戴花翎，餘著照所議辦理。該部知道。'欽此。"

具奏，續奉户部議令聲明原案專摺具奏，奉旨：依議。欽此。咨行欽遵轉飭去後，茲據原辦捐輸淮揚道路愼莊詳稱：該守備於道光二十九年因六堡啟閉不能如式奏參革職，系屬公罪，例准捐復。該員自揣年力正強，不甘廢棄，捐銀二千三百四十兩，照尋常捐復銀數已加五成，並已補足指分南河分發銀兩，與例相符，詳請核奏。等情。臣等復查無異。該守備辦事勇往，不辭勞苦，當此大工用人之際，合無仰懇恩施，將南河都司銜藍翎前外南營守備師長鑣，准其捐復原官，仍留南河河營酌量補用，俟補缺後送部引見，俾得及時自效，洵於公事有益。

爲此專摺具奏，伏乞皇上聖鑒勑部議奏施行。謹奏。

十月初二日

咸豐元年十月初十日奉硃批：該部議奏。欽此。

四一三　捐輸部駁人員請改獎片①
（咸豐元年十月初二日）

再，上年捐輸案內户部指駁各員議令另獎，奉旨：依議。欽此。咨行欽遵。飭據原辦捐輸淮揚道路愼莊等分別核議，另請奏獎前來。臣等覆核有按原銀請改者、補交銀兩請改者，均與捐例相符。謹繕清單恭呈御覽，伏乞皇上聖鑒勑部議覆施行。謹奏。

咸豐元年十月初二日拜進

十七日奉硃批：户部核議具奏，單併發。欽此。

四一四　捐輸案內奏駁另獎各員清單②
（咸豐元年十月初二日）

謹將捐輸案內奏駁另獎各員繕具清單恭呈御覽。

---

① 見楊紹和抄本卷十八，魯圖藏。
② 同上。

計陳

吳駿烈，由安徽附貢生捐銀三百三十兩，請以訓導雙月選用。經户部議覆：增附捐教業已停止，行令另獎。等因。飭據補交銀四百二十五兩，核與定例報捐國子監典簿①職銜、銀數相符，擬請給予國子監典簿職銜。

王宗鏊，由安徽潁州府通判捐銀二千兩，請開缺改發南河補用。經户部議覆：現任人員並未捐陞，例不准捐離任，行令另獎。等因。飭據呈覆補交銀一百一十兩，援照江蘇捐輸蔡學海准案，另請獎伊子王長齡等情。查王長齡系南河候補縣丞，今捐銀二千一百一十兩，核與過班加捐遇缺前銀數相符，擬請歸新班遇缺前先補。

王汝衡，由廣西賀縣縣丞捐銀七百二十兩，請開缺改發河南補用。經户部議覆：現任人員並未捐陞，例不准捐離任，行令另獎。等因。飭據呈覆，援照江蘇捐輸蔡學海准案，請另獎伊子王宗浩等情。查王宗浩系浙江俊秀，今捐銀七百二十兩，核與捐監加捐州吏目不論雙單月選用銀數有盈無絀，擬請作爲監生，以州吏目不論雙單月選用。

茅汝敷，由山東附貢生，捐銀三百三十兩，請以訓導雙月選用。經户部議覆：增附捐教業經停止，行令另獎。等因。飭據呈覆，願就布政司經歷職銜，核與定例銀數有盈無絀，擬請給予布政司經歷職銜。

李學鑒，由安徽附生，捐銀四百八十兩，請以訓導雙月選用。經户部議覆：增附捐教業經停止，行令另獎。等因。飭據呈覆，願改捐貢生，就州同職銜，核與定例銀數有盈無絀，擬請作爲貢生，給予州同職銜。

四一五　回空軍船入境渡黃摺
（咸豐元年十月初八日）

兩江總督臣陸建瀛、江南河道總督臣楊以增跪奏，爲回空軍船行入江境、渡黃南下暢順情形，恭摺循例由驛馳報，仰祈聖鑒事。

---

① 典簿：清代國子監官職名，正七品或從七品，主要從事掌奏文書的起稿校訂。

竊照江境籌備運道各緣由節經奏陳在案。查回空首幫軍船大河前幫於九月二十三日行入江南黃林莊境，並據山東催漕員弁呈報後船陸續南下。伏查本年運道，臣等督飭該管文武將下游泄水各路疏浚深通，由六塘河趨入潮河歸海，俱臻暢達。現探山東微山湖及江境河湖均已消水一尺餘寸至二尺餘寸，① 各廳有關濟運閘壩堤埽悉飭妥爲經理。茲首幫大河前幫船隻業於十月初六日催出中運河渡黃，由新草閘而入塘河，循序下放，毫無阻滯，堪以仰慰②宸厪。

臣等仍嚴督印委各員弁催提後船，隨到隨渡，務期全數早日渡黃歸次外，所有回空首幫渡黃南下暢順情形，謹合詞循例由驛馳報，伏乞皇上聖鑒。謹奏。

十月初八日

咸豐元年十月十五日③奉硃批：知道了，欽此。

四一六　委道員催償回空片④
（咸豐元年十月初八日）

再，臣等同駐徐州籌辦豐工漫口，於回空船隻不克親往督催。查回空向系淮揚道、淮海道分南北兩岸催償，今護淮揚道于昌進已調大工，會劄河庫道法良在北岸、淮海道路慎莊在南岸催償回空，以專責成。合併附陳。謹奏。

咸豐元年十月初八日附進

二十日奉硃批：覽。欽此。

---

① 楊紹和抄本此處多一"其"字。

② "慰"字，楊紹和抄本作"懇"，當誤。

③ 此摺奉硃批日期，楊紹和抄本作"二十日"。

④ 見楊紹和抄本卷十八。並於標題後註明"會江督陸建瀛前銜"。

四一七 恭謝恩賞《御門聽政詩刻》摺①
（咸豐元年十月□日）

奏爲恭摺叩謝天恩，仰祈聖鑒事。

竊臣由提塘②接准部文，欽頒《御門聽政述志示在廷諸臣》詩刻。當即恭設香案，望闕叩頭謝恩祇領。惟我皇上德奉三無，化臻九有。保泰持盈之念，時懷於懷來；宵衣旰食之勤，聿徵於歌詠。協和恭讓，堯廷咨咈之心；喜起明良，舜陛賡揚之盛。當御門之鉅典，乃示教於群工。蓋惟述志吟成，秉經制式。慎修思永，載諸咎繇之謨；與治道興，申以阿衡之誥。窒欲先於克己，意絕黨援；坐言在乎行起，澤周氓庶。凡此人臣之正鵠，悉由聖訓之龐鴻。自愧菲愚，幸邀光寵。詔咸詩律，高深而莫罄形容；雲漢天章，藏寫而彌珍什襲。

所有微臣感悚悅服下忱，理合恭摺叩謝天恩，伏乞皇上聖鑒。謹奏。

四一八 請飭催豐工撥款摺
（咸豐元年十月十七日）

兩江總督臣陸建瀛、江南河道總督臣楊以增跪奏，爲豐北工需緊迫，各省撥解之銀請旨飭催，俾得迅速濟用，恭摺奏祈聖鑒事。

竊本年豐北漫口關係運道民生，必須趕辦合龍。臣等約估銀數，如於九月二十左右到工，可以放手興辦，不致遲誤。奏蒙敕下部議，先後奉准銀四百萬兩、內務府銀票五十萬兩。當即先提本省應解之銀陸續購

---

① 見楊紹和抄本卷十八，魯圖藏。

② 提塘：清代官名。各省督、撫選派本省武進士及候補、修選守備等送兵部充補，駐於京城，三年一代，稱提塘官，負責投遞本省與京師各官署往來文書。

料安夫，於十月初十日挑挖引河。一面委員准陞邳州知州左仁、銅沛同知屠元瑞等分投開廠，採辦正雜料物，並馳赴豫、東兩省近河之區設法湊集。惟料價總須現銀，即挑河工段綿長，每日役夫數十萬，亦須計口授食，不能稍有停待。

茲查部撥各款多在山西、山東、陝西、甘肅、江西、安徽、浙江等省。現在僅據山東解到銀四萬餘兩，其餘報解者甚屬寥寥。雖有前准部咨，江蘇兩藩司、運司、兩織造及上海、常鎮、江安各道，安徽之廬鳳、蕪湖兩關各項銀兩俱准先行動用。然約計其數，即使全到，亦僅敷挑挖引河等項之費。萬一銀不湊手，貽誤堪虞。臣等戴罪之人，身命原不足惜，如國事何？惟有籲懇天恩敕行指款各省遵照部撥銀數①，迅速委員提前趕解工次，以濟要需。

臣等無任悚惶急切之至，爲此合詞附驛具奏，伏乞皇上聖鑒訓示。謹奏。

十月十七日

咸豐元年十月二十二日奉硃批：欽此。②

四一九　請截留銀款片③

（咸豐元年十月十七日）

再，豐工需用正雜料物甚夥，本境所產不敷。現已委員馳往豫、東兩省分投采購，由黃河水運赴工。查前准部咨，指撥工需銀兩內有河南秋撥後續徵地丁等銀十二萬兩、陝西秋撥實存地丁等銀十二萬兩；又陝西籌解甘肅軍需餘存銀五十萬兩，內除兩淮請抵三十萬兩，尚應解二十萬兩。擬請將河南之十二萬兩無須解工，即由江南委員屠元瑞等稟請河

① 録副本缺“銀數”二字，據楊紹和抄本校補。

② 此摺奉硃批日期，楊紹和抄本作“二十六日”。且於“欽此”後有：“同日奉咸豐元年十月二十二日內閣奉上諭：‘陸建瀛、楊以增奏請飭催各省撥款一摺。此次南河興辦大工，業經戶部指款在於山東、山西、陝西、甘肅、江西、安徽、浙江等省先後按數撥給。現在挑挖引河、採辦料物需用緊急，除業經解到及奏報啟程並抵撥各款外，著各督撫查照部撥銀數，迅即委員解赴工次，以濟要需，毋得稍有遲延，致滋貽誤。該部知道。’欽此。”

③ 見楊紹和抄本卷十八，魯圖藏。此片楊紹和抄本於標題後註明“會江督陸建瀛前銜”。

南撫臣飭司給領應用。其有不敷，陝西奉撥之銀例須取道河南，應即截留，就近給發委員具領。此外擬由河南先行籌墊，一俟山西解款報到，即行撥還，以期迅速。除分咨外，謹附片具奏，伏乞聖鑒。

又據銅山縣稟，八月二十四日廣東委員候補從九品孟逢盛領解銀三萬二千四百六十二兩六錢一分，搭解扣平銀二萬兩、國子監照費銀二千三百七十三兩零，九月初九日廣東委員候補縣丞吳悌淳解銀八萬六千七百九十四兩二錢一分一釐。均因驛路被淹，未能前進。可否將此二批銀兩准留豐工，即由山西撥解工需款內照數解部抵還之處，臣等未敢擅便，合併陳明。謹奏。

咸豐元年十月十七日附進

二十六日奉硃批：戶部知道，欽此。

四二〇　請留抵撥款片[①]

（咸豐元年十月十七日）

再，臣接准部咨，續撥豐北漫口工程銀兩內有撥甘肅軍需餘存銀五十萬兩。部臣原奏聲明甘肅距江南較遠，請於陝西先行籌解，由甘撥還歸款，原為移遠就近起見，自應遵照辦理。惟兩淮運庫現有應解下半甘餉三十萬兩，委員尚未啟程。擬將此項甘餉就近解交工次，以應急需。即咨明甘省於軍需餘存項下撥收銀三十萬兩，以抵兩淮應解之數，並咨明陝省衹須籌解二十萬兩，湊符原撥。一轉移間，則豐北工程既可克期應用，而甘陝路途遙遠，亦省彼此運費。

據鹽運使劉良駒具詳前來，除咨戶部外，理合附片陳明，伏乞皇上聖鑒訓示。謹奏。

咸豐元年十月十七日附進

二十六日奉硃批：戶部知道。欽此。

---

① 見楊紹和抄本卷十八，魯圖藏。此片標題後註明"會江督陸建瀛前銜"。

四二一　梟司查文經到工片①

（咸豐元年十月十七日）

再，調補江南梟司查文經奉旨馳驛赴徐，隨同臣等督辦豐北漫工，茲已於十月十四日報到。

理合附片陳明，伏乞聖鑒。謹奏。

咸豐元年十月十七日附進

二十六日奉硃批：覽。此。

四二二　遵請撥還歲料銀兩摺②

（咸豐元年十一月初五日）

奏爲遵請撥還歲料銀兩，恭摺具奏，仰祈聖鑒事。

竊前奉部撥來年歲料銀一百二十萬兩，旋准部咨：因豐北漫工需費孔亟，准將歲料銀兩先行墊用，另爲續撥。各等因。臣查歲料例定冬間采運，限於年內堆齊，庶不誤春工之用。現已節交冬至，各省撥解銀兩輾轉需時。豐工克期合龍，河歸故道，倘歲料不能購備，各廳禦水埽段無料可廂，關繫綦重。況洪湖運道各有春修之工，均資料物應用。爲此萬不得已，伏乞天恩飭部迅賜如數撥解，以濟要需，實爲工益。

謹會同兩江督臣陸建瀛恭摺具奏，伏乞皇上聖鑒訓示。謹奏。

咸豐元年十一月初五日拜進

十八日奉硃批：户部速議具奏，欽此。

---

① 見楊紹和抄本卷十八，魯圖藏。此片於標題後註明"會江督陸建瀛前銜"。
② 見楊紹和抄本卷十八，魯圖藏。

四二三　回空軍船次第渡黃摺①

（咸豐元年十一月初五日）

奏爲恭報回空軍船次第渡黃情形，並請將程途最遠之江西、湖廣各幫提前先行，謹由驛馳奏，仰祈聖鑒事。

竊本年回空首幫渡黃及委淮揚道、河庫道分駐南北兩岸催儹，業經臣等會奏在案。茲據報稱：截至十月二十八、二十九等日止，泗州等幫已入江境黃林莊者五百餘隻，已入中河古汛者三百餘隻，已渡黃者一百六十四隻，行走順利，後幫亦銜尾南下。並據委弁探報，軍船全數悉抵濟寧，現過韓莊約八九百隻。

録呈浙江糧道《籌議催儹章程》，尚屬妥協。內有“各幫行走不必按次”一條尤爲中肯。伏查各省漕船江浙最多，而江廣最遠。節逾冬至，水勢漸落，風雪亦恐不時。該兩省之船吃水較深，程途又遠，似應提前先行，俾免擁阻。

所有回空續渡情形並提江西、湖廣各幫越次先行緣由，謹循例由驛馳奏，伏乞皇上聖鑒訓示。

再，漕臣尚在東境，不及會銜，合併陳明。謹奏。

咸豐元年十一月初五日拜進

十八日奉硃批：知道了。欽此。

四二四　請添築二壩等工片②

（咸豐元年十一月初五日）

再，據調辦豐工臬司查文經等稟稱：復勘豐工形勢，該處本系南

① 見楊紹和抄本卷十八，魯圖藏。
② 見楊紹和抄本卷十八，魯圖藏。此片於標題後註明“會江督陸建瀛前銜”。

北大堤，河流由西而東，行至漫口迤上二十餘里，驟然折向北趨，以至北堤著重水勢，到此攛高，致成漫口。如於河流折向處挑挖引河，即在引河下首估築正壩，原屬得勢。然河流折向處南首逼近大堤，引河一放，即恐南堤難守，是以現估正壩在漫口迤上四百餘丈處所。惟河勢已成入袖，僅仗正壩一處堵截難期得力。必須照歷辦大工成案添估二壩，以資擎托而昭慎重。現值度支浩繁之時，戶部籌撥匪易，未便再請二壩工費。因思正壩合龍後，本應補還舊堤善後案內尚須彙案請銀。擬請於漫口處所估築二壩，即以補還舊提之銀提前作爲添築二壩之用，由外設法籌墊，將來即於善後案內請撥還款。如原估正壩進占時河流不至格外刷深，尚可酌減工料，勻作二壩工用。如此一轉移間，既收重門迭戶之益，其補還舊堤一項亦可節省，系屬一舉兩得，所用銀兩工竣核銷。至大溜奔注口門，非挑壩無以逼溜東趨，非引河無以導河歸正。查前估挑水壩尚未能與引河頭針鋒相對，擬再提上一百餘丈，以期吸溜通暢。等語。臣等覆勘無異，擬即照辦，理合附片陳明，伏乞皇上聖鑒。謹奏。

　　咸豐元年十一月初五日附進

　　十八日奉硃批：知道了。務期有禆大工，帑項勿致虛糜。專委查文經妥協辦理，斷不可令不肖工員掣肘。欽此。

四二五　通籌豐工撥款諏吉興工摺
（咸豐元年十一月二十五日）

　　兩江總督臣陸建瀛、江南河道總督臣楊以增跪奏，爲通籌豐工解到撥款分別趕辦暨諏吉興工日期，恭摺奏祈聖鑒事。

　　竊臣等前將覆勘豐工形勢、議添二壩並提上挑水壩緣由具奏。一面咨催各路撥款星速解工應用，並飛咨豫省將截留撥款四十四萬兩發給江南委員，購辦正雜料物，仍就近分投設廠採買，以期無誤工需。惟工次用款以購料、挑河、買錢三者爲要務，必須通盤籌畫，庶不致顧此失彼。查撥款截至十一月二十日止，僅到銀一百三十餘萬兩，正雜料兩項即需銀二百四十四萬餘兩，除截留河南省銀四十四萬兩外，尚須酌發三分數六十萬兩方敷採購。又工次支發兵丁夫役飯食暨跑買柴土等項需錢甚多，現因大工興舉，銀價業已跌落。非先期發銀買錢，必致跌落愈甚。且恐臨時缺乏，計需先易銀四十萬兩以備急需。統計購料、買錢兩項已動用銀一百萬兩，僅餘銀三十萬兩。若將引河同時挑挖，不敷原估銀數十分之二。按土計夫，通工不下六十萬人。按日計食，每日不下數萬餘兩。解員長途跋涉，設遇風雪阻滯，衆口嗷嗷，難以停工待款。擬將長河挑工分作四起辦理，現已開工兩起，仍留兩起，俟銀兩解有成數，再行派挑。至料物亦因撥款解工稍遲，未能克期全到。時已仲冬下旬①，距來年桃汛僅八十餘日，勢難再緩。除查照部咨暫借藩、關各庫銀兩濟用外，謹諏吉於本月二十五日興工分別趕辦，以期仰副聖主厪念要工、奠安黎庶之至意。

為此恭摺循例由驛具陳，伏乞皇上聖鑒。謹奏。

十一月二十五日

咸豐元年十一月三十日②奉硃批：知道了。現已興工，不可遲緩。朕惟有稽首籲天，以救黔黎。欽此。

四二六　籌提存錢片③
（咸豐元年十一月二十五日）

再，原估西正壩暨挑水壩土心趁此天氣晴明集夫趕筑，即就已到之料先行興工，廂做護埽，一面嚴催未到料物源源接濟。其東正壩及續估東西二壩應做土心護埽亦一律開工。惟工次需用現錢不下百數十萬，若僅以銀易換，仍不免於居奇。據工員稟請提用寶蘇局存錢十萬串，又分飭州縣各就本境易錢二三千串，分起解工協濟，一俟撥款解齊，分別歸款。豐、沛等處捐賑已放兩次，民情極為安帖。又引河下挑挖長河計三百餘里，以工代賑，窮黎均不致有失所。

---

① “旬”字，錄副本誤作“汛”，據楊紹和抄本校改。

② 此摺奉硃批日期，楊紹和抄本作“十二月初七日”。

③ 見楊紹和抄本卷十八，魯圖藏。此於標題後註明“會江督陸建瀛前銜”。

謹附片陳明，伏乞聖鑒。謹奏。

咸豐元年十一月二十五日附進

十二月初二日奉硃批：覽奏稍慰。前已屢降嚴旨稽查盜匪，不可始勤終怠。楊霖人亦可靠。欽此。

四二七　遵復周天爵條奏並現辦工賑章程摺
（咸豐元年十一月二十九日）

兩江總督臣陸建瀛、江南河道總督臣楊以增跪奏，爲欽奉寄諭並發下周天爵原奏摺片縷細覆陳，恭摺仰祈聖鑒事。

竊臣等本月二十六日豐北工欽奉上諭：據周天爵奏遵查豐工情形一摺，朕詳加披閱，自系實在情形。此次豐北工程正值國帑支絀之時，撥解銀兩即一時未能到齊，該督等自應酌量緩急，設法通融，不妨權宜辦理。其銀票一節應如何抵用之處，亦可變通籌畫，不必拘執，總期有濟實用，無誤要工。現在購料興築，大局已定，正當乘時趕辦，克期蕆功。若遲至桃汛將臨，則春水方生，更難措手。該督既知引咎自責，即當通籌全局，爲朕分憂。若徒藉口於帑項不齊，以致貽誤，則前愆未贖，後患復滋，誤國殃民，又將誰諉耶？至周天爵所稱撫恤饑民，本日已明降諭旨，該督等務當遵旨妥爲籌畫，無令匪徒溷跡，滋生事端。又據片奏改錢賑爲粥賑，酌截南漕以作賑需，於乾河中挑壩及鏟平土牛各等語，著該督等一併體察情形，妥籌具奏。周天爵摺片三件均著抄給閱看。欽此。

伏查豐北工程，臣等於九月三十日接准部覆，當即一面集料，一面先將各土工分起興辦。迨截至十一月下旬，正雜料物逐漸到廠，諏吉於二十五日開工，並將解款未齊設法通融以及籌辦現錢各事宜附陳在案。大局既定，自當嚴行催督，克期來年二月內合龍，斷不准藉口延誤。恭讀聖諭，以周天爵原摺片發給閱看。臣等不能爲宵旰分憂，而令周天爵引以爲慮，有靦面目，何敢復事瀆陳？第核其原奏，若竟緘默不言，則聖心焦勞，臣等罪戾滋甚。

自來興舉大工，凡在事大小文武、幕友、家丁、書吏、兵役以及附近一二百里之刁生、劣監、商店、莊戶，無不人人垂涎，甚且有京外失職之官、失業之人依草附木，獻策投書。又或詭稱某官族屬，求准認工認料，壟斷取巧，往往以一堆之物售兩堆之錢，以一夫之名攘兩夫之利。稍不如意，謗讟輒生。其勢不至搖動主事之人不止。臣等稔知其奸，先已一概禁絕。當其初估之費，定爲四百五十萬，通工無不譁然，已有惜小費而誤大工之説。迨部議既准，撥解稍稽，則復以防期過延、收料過遲爲言。不知估費不敷，何以辦事？臣等所節省者，浮濫非工需也。至於款雖未到，業已奏明籌墊，一切正雜料物先期採購。近則陸運，遠則水運，河通則水運，河凍則陸運。工前佈置，原爲以速補遲，而且辦工者即估工之人，所以專責成。收料者非辦料之人，所以杜通融。料之斤重，必遵定例，不准以少報多。夫之攬頭，必有保人，不准以虛報實。然後真正辦料辦夫者不慮把持，紛紛麕至。而白手求財之輩乃以克扣爲詞，其黠者又從而又①鼓之，謂經手各員克扣，系爲以公賠公地步。謠諑橫生，直視臣等爲木偶。不思經手之員非即應賠之員，誰肯自犯罪名，代人扣出賠款？且以克扣作賠，何不先爲寬估而願反從節省，定非作繭自縛？況河工銷六賠四，本有一定例案，正壩已完，將可核見用數分別銷賠。茲非以約估定案，亦非以全工核賠也。

今觀周天爵所奏，即此輩播散之謠言。其謂“銀票五十萬，分攤各州縣，准其抵還錢糧”一節，現在並無此議。又謂“黄河由灌河口入海，該處鹽場沖壞”等語，淮北亦無此事。不合龍而患在運道民生，臣等前經具奏。合龍而患在以下十五廳，亦已先事豫籌，統於善後、歲修兩案內辦理，安得謂一經合龍即置下游於不問？臣等先後到工，計已三月有餘，督同鎮道府縣撫輯災黎，搜捕匪類，百姓安堵，人無間言，雖聖主不忘顧畏民嵒，而閭閻咸知沐浴膏澤。臣等固不肯自居容悦，粉飾太平，亦不敢妄□危言，呻吟無病。又周天爵請改錢賑爲粥賑，雖亦古法，但粥之稀稠既難徧查，煮有攙和，轉易滋病。且一舍無虞餘，不如散給錢文，數口之家尚可藉資他用。又請酌截南漕以作賑需，查現捐賑款擬分六次散放，計至明年三月爲止，似可無須截漕。況江蘇四縣截留三十萬，山東六縣自必有多無少。此議一出，竊思奸民倖澤，窒礙甚

---

① “又”字或衍。

多。又請於乾河中作挑壩，查長河本有挑壩，現既斷流，添築無益，且正在疏浚，亦復難以施工。又請鏟平土牛，原備防險之用，如堤身卑矬，亦可鏟土加倍，另行堆築，每年均系如此飭辦。

除將現辦工賑章程另繕清單恭呈御覽，臣等惟當督工作以速合龍，勤扶綏以恤災黎，嚴緝捕以靖匪徒，慎釐剔以杜浮議。不動聲色，弭患無形。

爲此恭摺附驛陳奏，伏乞皇上聖鑒訓示。謹奏。

十一月二十九日

咸豐元年十二月初五日奉硃批：知道了。欽此。

四二八　豐北現辦工賑章程清單

（咸豐元年十一月二十九日）

謹將豐北現辦工賑章程清單撮舉大綱，恭呈御覽。

一、用人。查河上習氣最重，大工尤甚。此次派委總局、分局管理錢糧、文案，文武掌壩管理正壩、二壩、挑水壩工程引河，督催管理引河頭並迤下長河挑工、正雜料廠，管理收發料物。其餘稽查彈壓各員皆揀選勤幹諳練之人，責令臬司查文經隨時查核，分別撤留，重則稟請嚴參。欽奉硃批：專委查文經一人妥協辦理，不可令不肖工員掣肘。欽此。遵即恭錄行知，俾專責成，以免攬擾。

一、籌款。工次銀錢並用，一經開工，即難停手。臣等查照節次部咨轉行本省藩、關各庫，除年內外應支應解各款外，無論正雜，先行動用。一俟撥款到日，盡數解還，不致庫款項懸宕，更不致各州縣藉端虧空。欽奉上諭：酌量緩急，設法通融，不妨權宜辦理。等因，欽此。臣等何勝欽感！

一、放款。查原估工費本從撙節，第將來壩工收窄，水必加深，用料殊難預計，備料不可不寬。加以估添二壩並將挑水壩接長上提，引河頭亦因露灘接長挑工。設遇冰雪，勢須酌增夫價，一切用項均在原估之外。向來河庫支放錢糧每百兩扣平餘銀二兩三錢，自道光二十三年奉扣減平，即奏明停扣平餘，是平餘銀二兩三錢即在扣平六兩之內。此次已奏准免扣減平，留備不敷，自勿庸重扣平餘。至部飯五兩向系扣充公用，如有餘存，即歸另案支銷。此次興舉大工，亦請留作工用，事竣核實報銷。再，搭蓋棚廠、官兵薪飯、兵夫犒賞、燈燭器具等項，凡事所必需、例不准銷之款向系核扣二釐，扣存備用，惟道光十八年以後常年用項奏准扣留三釐。大工事同一律，亦請照常年奏案核扣三釐，以節正項而歸劃一。又河庫發銀每百兩扣存庫平銀十四兩九錢二分三釐八豪①，內應歸公減平銀庫平六兩、部飯市平五兩並三釐銀河平三兩，尚餘庫平銀一兩三錢六分二釐八豪，擬即另款登記，工完核實造報。

一、購料。查大工正雜料物奏價雖有準數，時值斷難一定。前此甫議興工，銀價未跌，近料亦多是以時值稍平。現在近料收完，愈買愈遠，愈遠愈貴。車船既已居奇，銀價亦漸跌落，勢不能不放價收買，以免商販裹足。將來通計前後價值，以前此之有餘補後此之不足。如有贏餘，即飭局報歸工用。儻有不敷，另行設法籌備。

一、收料。查向來大工料垛不過二萬餘斤，弊混實多。此次定爲垛式，以一律丈尺平頂四齊，不准空心虛架，比較例定斤重無慮短缺，雖積年奸犯銜怨不顧也。

一、安夫。查向來大工往往刁生、劣監投充夫頭，既准之後始行雇覓人夫，把持侵扣，無弊不作，以致動輒生事，訟獄繁興。此次承攬之人均飭取具的保，驗明夫數，方准承充。查有扣價等弊一二起，均已從重責革。

一、催工。查向來河員辦理大工總似有一定節候，牢不可破。一加催促，輒作危詞，陷害刁難，無所不有。臣等以拙制巧，逐日駐工監視，毋任草率偷減，並選派親信改裝易服，逐段輪查勤惰，分別賞罰。其豐北迤下十五廳應辦禦水工程亦勒限十二月初十日前一律勘估，委員覆勘趕辦。

一、緝匪。查工次數十萬人，難保無匪徒溷入，別滋事端。臣等督同該總兵楊霖帶兵彈壓，並委文武能事之員輪流梭巡，有犯必懲。徐州

---

① "豪"，或當作"毫"，本摺下同。

風氣強悍，而民情尚知畏法。前此捕獲著名捻匪①數起，立正典刑，稍知斂跡，然未敢因此鬆懈。

一、辦賑。查嘉慶元年豐北災務先放急撫一次，迨後查報災情分數，則遵照定例分別極貧、次貧給賑三月、四月不等。每戶照例大口不過五名、小口不過三名，每口給製錢一百五十二文、一百五十八文不等，小口減半在案。此次款由捐辦，當飭該府縣督同印委各員認真查明戶口，擴充散放，不分極貧、次貧，亦不拘大口不过五名、小口不过三名之制，每戶大小口若干，核實填註，一律給賑。除八九月急撫一次外，統行散放六個月。自本年十月爲始，明年三月爲止，每大口製錢一百五十文，小口減半。雖較嘉慶元年成案每口略減二文、八文，而次數較多，口數較寬，察看情形，不致流離失所。其有衣不蔽體者，該府縣復自行捐給棉衣，豐縣、沛縣、銅山、碭山均照此辦理。邳州由該紳董自捐自放，或製錢，或糧食，各鄉各村因地制宜，民情亦極安帖。此外，工務、賑務零星事宜未便瑣瀆，合併陳明。

硃批：覽。

四二九　豐工做成丈尺並引河挑成分數摺
（咸豐元年十二月初五日）

兩江總督臣陸建瀛、江南河道總督臣楊以增跪奏，爲豐工做成土心占埽丈尺並引河挑成分數，循例由驛馳奏，仰祈聖鑒事。

竊臣等十一月二十五日奏報，興工後即飭臬司查文經督率在工文武並力償辦。先是北風凜冽，長河間段凍阻，開工以後天氣回暖，積凌融化，水誌報長至四尺餘寸，大溜移近東正壩前行走。隨飭將該壩前估土心護埽改進占埽，以資穩固。續定西二壩處亦因溜勢圈注淘刷，先將原做裹頭加廂高鞏，拋石偎護，現亦接手進占。計自興工日起，至本月初

---

① 捻匪：即捻軍，爲太平天國起義時期北方的農民起義軍，因起源於民間秘密組織捻子而得名。咸豐三年（1853），捻子在太平天國影響下發動大規模起義。起義後的"捻"，史學界稱为捻軍。

五日止，東正壩占埽做成二十丈，西正壩土心護埽均做成五十丈。東二壩護埽做成二十丈，土心做成四十丈。引河因撥款未齊，分作四起派挑，前兩起已挑有五分工程。後二起因撥款續又解到四十萬兩，亦已一律派辦，勒限來年正月完工。舊河逼近引河，進占後水勢擡高，即慮溜勢旁趨，灌入新河，現已成攔黃堰①一道，飭再硪築堅實，以資堵截。

正雜料廠分佈數十里，冬令風高物燥，火燭堪虞，諄飭文武員弁晝夜巡防。在工人夫多至數十萬，匪徒不免溷跡，飭令委員會同營縣隨時拿辦，不任稍涉大意。

所有做成土心占埽丈尺並隨時籌辦情形，理合循例由驛按旬馳報，伏乞皇上聖鑒。謹奏。

十二月初五日

咸豐元年十二月十一日②奉硃批：知道了。欽此。

四三〇　料物過關請免徵稅片③
（咸豐元年十二月初五日）

再，大工正雜料物內如竹纜則產自蘇州，灰纜則辦自清江，皆須由船運工。前經臣等給發執照，俾所過淮宿等關得以隨時照驗放行在案。嗣聞有灰纜船隻在宿遷分關稽滯七八日始行驗放，咨據淮關監督覆稱：該關有契、鈔、稅三項錢糧，例載銅鉛物料等項如系號船裝運，僅免契、稅兩項，應納鈔項錢糧。如系民船裝運，僅免稅銀一項，應納契、鈔兩項錢糧。等語。伏查本年豐北漫口，黃河下游斷流。一切糧食豆餅貨船改由口門入運而行，自較常年減色。惟此項灰纜僅止六萬餘條，蘇纜亦止九千餘條，照例完納契鈔，數亦無多。合無籲懇天恩俯念工需緊要，將採辦蘇纜、灰纜民船應納契、鈔錢糧一體邀免，俟工竣仍復照舊徵收，庶可迅速到工，以濟要需。

---

① "堰"字，楊紹和抄本僅有提土旁。
② 此摺奉硃批日期，楊紹和抄本作"十七日"。
③ 見楊紹和抄本卷十八，魯圖藏。此片於標題後註明"會江督陸建瀛前銜"。

理合附片具奏，伏乞皇上聖鑒。謹奏。

咸豐元年十二月初五日附進

十七日奉硃批：依議。欽此。

四三一　豐工續得占埽挑河普律插鍬摺①

（咸豐元年十二月十五日）

奏爲呈報豐工續得占埽，挑河普律插鍬，現在嚴督趕辦情形，恭摺具陳，仰祈聖鑒事。

竊臣等前報興工日期一摺，奉到硃批：現已興工，不可遲緩，朕惟有稽首籲天，以救黔黎。欽此。又附片一件奉到硃批：覽奏稍慰。前已屢降嚴旨，稽查盜匪，不可始勤終怠。楊霖人亦可靠。欽此。仰見我皇上宵旰勤勞，痌瘝在抱。跪誦之下，悚惕難安。

查壩工做成長丈及辦理情形已於初五日續行奏報，拜摺後復諄飭查文經及在事人員督令晝夜趕辦。所幸仰叨福庇，天氣晴和，兵夫踴躍。旬日以來，計東正壩占埽續得十二丈，西正壩土心護埽做成五十丈，復亦續得五丈。查看埽前稀淤較深，因亦改進占埽，現已做成九丈。東二壩護埽續得十二丈，西二壩前因冰淩融化，水誌報消，溜勢甚爲迅疾。若趕進占埽，即恐逼溜東趨，於現辦土心護埽有礙。現仍飭令隨時加壓高鞏，一俟東二壩做至深水，即兩壩一齊捆船，以期應手。又挑水壩基提上一百餘丈，業已硪築堅實。現亦接築土心護埽，以備相機進占引河。長河挑工分派地方河工人員總催、分催先辦兩起，已有七分工程；續派兩起，現亦普律插鍬。惟工次人夫麕集，良莠不齊，經臣等派員彈壓稽查，有犯必懲，使匪徒咸知畏法。徐州鎮楊霖亦督飭兵弁晝夜巡查，可期嚴密。目下天時人事氣象均好，惟有益加慎勉，於迅速之中力求穩實，以期仰副聖主慎工安民之至意。

謹恭摺由驛具奏，伏乞皇上聖鑒。謹奏。

---

① 見楊紹和抄本卷十八，魯圖藏。此片於標題後註明“會江督陸建瀛前銜”。

咸豐元年十二月十五日拜進

二十七日奉硃批：知道了。欽此。

四三二　請撥應補歲料銀兩摺[①]

（咸豐元年十二月十八日）

奏爲應補歲料銀兩仰懇聖恩敕部迅撥，以濟工需事。

竊臣接准戶部咨，議覆：補撥南河歲料銀一百二十萬兩，先撥銀六十萬兩以供支用，其餘銀兩容再籌措，如數撥給。又片奏豐工工需案內曾給南河收捐執照，計銀五十萬兩。如有捐工捐料者，核其銀數，給予執照，准赴部援照新定籌餉事例報捐。是否踴躍，飭令體察情形。若仍可以執照抵給，即會同奏明辦理。各等語。奏准咨行前來。

伏查部發豐工銀照五十萬兩，甫於十二月十一日解到。先已咨行就近各省，並出示曉諭在案。所有委員赴豫採辦正雜料物系奏明截留山陝撥款辦理，現在工次估挑引河，收買料物，亦俱發給現銀，並無捐工捐料之人。仍設法廣爲勸諭，此後能否踴躍，尚難預定。查各廳禦水工程向於合龍之前先請銀數十萬兩不等，當此需費孔多，何敢援案另請？擬即於歲料銀兩通融搏節。且春工埽段又必須趕購料垛，及早廂修，而洪澤湖及運道各工亦難稽緩。若以銀照分給各廳領用，實恐貽誤要工，所關匪細。惟有仰懇皇上天恩俯准，飭部迅將應補南河歲料銀六十萬兩如數撥給，以濟工用，感荷鴻慈，曷其有極！

爲此會同督臣陸建瀛恭摺據實瀝陳，伏乞聖鑒訓示。謹奏。

咸豐元年十二月十八日拜進

咸豐二年正月初五日奉硃批：戶部速議具奏。欽此。

---

① 見楊紹和抄本卷十八，魯圖藏。

四三三　行漕各廳辦理挑築工程片①

（咸豐元年十二月十八日）

再，先後接據各道廳稟報，裏河廳惠濟正閘上下埽壩及加幫堤堰等工均經廂築完成，於九月初六日啟放正閘行漕，堵閉越閘以便估修。外南廳新草閘外灘淤墊挑挖深通，該閘上下迎分水雁翅、由身禦黃二壩、臨清鉗口壩等工間有朽塌，俱已分別廂修。外北廳浦家莊裏首灘遠塘寬，楊莊壩外注之水散漫，難於直達中泓，趕於臨清東西岸築做順水柴壩各一道，以資束刷。並因清水迅利，下游黃河刷滌加深，掣消甚速，誠恐草閘一帶水不能留，殊虞淺澀，當於下游黃河內築做對頭柴土壩，俾期攔蓄。中河廳半路劉滾壩自本年七月啟放，歷經數月，過水湧激，以致壩底冲刷跌塘，業經發料堵辦，以利運行。揚河廳車、中二壩業已堵合，跟澆後餕，該廳及江運廳境兩岸閘洞橋壩亦經次第分別相機堵閉。

所有行漕各廳辦理挑各工情形，理合附片具奏，伏乞聖鑒。謹奏。

咸豐元年十二月十八日附進

咸豐二年正月初五日奉硃批：知道了。欽此。

四三四　堰盱二廳風掣石工丈尺片②

（咸豐元年十二月十八日）

再，據淮揚道稟稱：自道光三十年四月起至十一月止，洪澤湖歷次風暴掣卸石工，計：高堰廳屬共長二百三十四丈六尺，內除新工著原辦之員賠修外，實計舊工長二百二十九丈；山盱廳屬共長二千八百九十六

---

① 見楊紹和抄本卷十八，魯圖藏。

② 同上。

丈七尺，內除新工著原辦之員賠修外，實計舊工長二千五百三十五丈七尺。並新工下間有掣卸舊石層路，均已隨時補修完整。等情。稟請具奏前來。

理合附片陳明，伏乞聖鑒。謹奏。

咸豐元年十二月十八日附進

咸豐二年正月初五日奉硃批：知道了。欽此。

四三五　核明各廳另案銀數摺①
（咸豐元年十二月十八日）

奏爲核明各廳咸豐元年霜降止辦理另案各工動用銀數，循例彙總，開具清單，恭摺奏祈聖鑒事。

竊照每年伏秋大汛各廳搶辦另案新工於嘉慶八年准工部咨，令於霜降後核明銀數，匯奏一次，以憑考核。又於道光十五年九月內准工部咨：奉上諭：嗣後每年匯奏清單務遵奏定限期，無論奏咨各案匯爲一册。等因。當經前河臣查明請照東河章程截至霜降之日爲止，將霜後所辦各工歸入次年清單開列，奏奉俞准照辦。各在案。所有咸豐元年霜降止各廳辦理培築堤壩堰餂、廂埽拋石、挑河撈淺、啟閉壩堰、摟護補修磚石等工，均經臣隨時督率各道將廳營分投辦理，節次奏報，鈔摺咨部。

茲據徐州、淮揚、淮海、常鎮四道分案造册，呈送前來，共六十四案。內估定辦理者工竣後經臣勘驗，其隨時辦理者先由各該道查量具報，復經臣確核，從嚴刪減，不准稍有浮靡。共計用銀二百十三萬四千九百零九兩零。按册查核，均與原估及勘減刪准册案相符。除飭另造印册詳送，次第具題並送部查核外，謹將各該廳咸豐元年霜降止，辦理另案各工動用銀數循例匯總，開具清單，恭呈御覽。

爲此繕摺具奏，伏乞皇上聖鑒。謹奏。

咸豐元年十二月十八日拜進

咸豐二年正月初五日奉硃批：該部知道。欽此。單併發。欽此。

---

① 見楊紹和抄本卷十八，魯圖藏。

四三六　另案工用銀數循例比較摺①

（咸豐元年十二月十八日）

奏爲查明咸豐元年分別各道屬另案工用銀數循例比較，開單恭摺具奏，仰祈聖鑒事。

竊照嘉慶二十一年准工部咨：凡河道另案工程於三汛後將一年統用銀數彙奏一次，並將上三年所用銀數分晰比較，以備查核。又於道光十五年九月准工部咨：欽奉上諭：歲修工程銀有定額，興舉大工事非常有，均照舊不入比較外，其另案工程嗣後每年匯奏清單遵照奏定限期，無論奏咨各案，彙爲一冊，其比較上三年原從清單而出，毋庸分爲兩事。著該督附摺聲明比較，另立一單。等因。欽此。歷經遵照各在案。

除將本年霜降止各廳另案工段銀數核明彙總，開單另摺具奏外，統計徐州、淮揚、淮海、常鎮四道屬咸豐元年分另案各工實用銀二百十三萬四千九百零九兩零。比較道光三十年另案共用銀二百三十一萬六千八百七十五兩零，本年計少用銀十八萬一千九百六十六兩零。比較道光二十九年另案共用銀二百二十一萬五千三百八十九兩零，本年計少用銀八萬零四百七十九兩零。比較道光二十八年另案共用銀二百十八萬七千一百二十一兩零，本年計少用銀五萬二千二百十二兩零。謹遵部定章程，將各道屬用銀數目分晰比較，開具清單，恭呈御覽。

爲此繕摺具奏，伏乞皇上聖鑒，勑部查核施行。謹奏。

咸豐元年十二月十八日拜進

咸豐二年正月初五日奉硃批：該部知道，單併發。欽此。

---

① 見楊紹和抄本卷十八，魯圖藏。

四三七　本年報銷銀數比上三屆有減無加片①

（咸豐元年十二月十八日）

再，南河自嘉慶年間以後每年另案歲搶修約共用銀四百萬兩內外，均有案可稽。道光二十八年兼署河臣李星沅奏准部咨：南河尋常例用當以三百萬兩爲率。是年李星沅從嚴刪汰，實報銷銀三百四十六萬餘兩，而堵閉義河之十八萬餘兩尚不在此額內。本年臣報銷銀三百三十八萬六千餘兩，其中有奉旨修復堰盱石工銀十五萬七千六百三十餘兩，堵閉禮河銀九萬九千六百三十餘兩，均就常年銀數支用，並未專案請領，比較上三屆有減無增。

合併附片陳明。謹奏。

咸豐元年十二月十八日附進

咸豐二年正月初五日奉硃批：覽。欽此。

四三八　另案清單因駐工遲延片②

（咸豐元年十二月十八日）

再，本年另案清單緣臣駐紮豐北，督辦堵工，相距淮、揚、海、常各道廳屬較遠，往返駁查，致有耽延。臣於督工之際趕緊鉤稽核實，嚴加刪減。茲謹匯開清單並比較摺恭呈御覽，惟較往年拜發日期稍遲。

合附陳明，伏乞聖鑒。謹奏。

咸豐元年十二月十八日附進

咸豐二年正月初五日奉硃批：覽。欽此。

---

① 見楊紹和抄本卷十八，魯圖藏。

② 同上。

四三九　葦營圍估柴數片①
（咸豐元年十二月十八日）

　　再，查葦蕩左右兩營道光二十九年青葦長發情形，經臣於該年六月附片奏明在案。嗣於霜降後，經該管淮海道親詣蕩地，詳細圍估，計道光二十九年左營估柴二百六十六萬七千二百束，除舊額正餘柴一百五十三萬五千束，計新增餘柴一百一十三萬二千二百束，較續增額多柴三十三萬二千二百束。右營估柴二百八十六萬二千八百束，除舊額正餘柴一百六十三萬四千八百束，計新增餘柴一百二十二萬八千束，較續增額多柴二萬八千束。

　　理合附片陳明，伏乞聖鑒。謹奏。

　　咸豐元年十二月十八日附進

　　咸豐二年正月初五日奉硃批：知道了。欽此。

四四〇　豐工引河催挑並慎重進占摺②
（咸豐元年十二月二十六日）

　　奏爲引河長河分別催挑，並積淩下注，現在慎重進占情形，恭摺具陳，仰祈聖鑒事。

　　竊臣等於十二月十五日將工次辦理情形奏報後，時與在壩文武悉心籌酌。因念引河與壩工並重，尤在引河通暢，掣溜迅速，壩工始易堵合。且須引河先完，庶可先期試放清水，配平河底，隨即諄飭工員並力償辦。茲查先派兩起引河挑工均有八九分，工程將次告竣。其續派兩起長河亦催令加夫趕挑，務期依限如式辦理，不准遷延草率，以重要工。

----

　　① 見楊紹和抄本卷十八，魯圖藏。
　　② 見楊紹和抄本卷十八，魯圖藏。此摺標題後註明“會江督陸建瀛前銜”。

所幸立春以前氣候雖寒，常得晴霽，各屬普沾雪澤，而近工一帶僅飄微霰。此實仰賴聖主洪福，不致稽延，趨事官民同深感頌。

惟立春後陽回冰泮，上游積淩隨大溜排湧而下，數日未竣，豫省運工料船猝不及防，間被擠碰滲漏。幸各埽豫掛擋淩椿板，並多備器具，隨處推送，得免鐘傷。而東壩捆廂船隻逼近大溜，勢難支撐，然亦未便因此停緩，諄飭文武員弁酌量辦理，俾免疎虞。計東西兩壩埽占並東二壩土心護埽各又續得二十丈。西二壩溜本圈注，加以淩塊時至，不敢遽行出占，致礙東岸土埽。惟挑水壩淺灘較寬，易於工作，因將各壩抽出之兵夫並集一處，星夜趕築。計土心護埽先後共得一百三十丈，刻下漸至深水，早晚堅冰融化，亦即捆船進占，挑溜中行，並收蓋護西壩之益。臣等不時督催稽查，以冀速蕆巨工，仰紓宸廑。

謹恭摺由驛具陳，伏乞皇上聖鑒。謹奏。

咸豐元年十二月二十六日拜進

咸豐二年正月初七日奉硃批：知道了。欽此。

咸豐二年（1852）

四四一　豐工積淩融化催辦占埽挑工摺[①]

（咸豐二年正月初五日）

奏爲積淩融化，催辦占埽挑工，恭摺具奏，伏祈聖鑒事。

竊豐工築壩挑河情形臣等三次奏報後，工次得有瑞雪，越日即晴。復值連日東風，大河雖尚淌淩，而質塊已酥，不復似前鋒利，溜勢亦平順如常。隨飭分投撑擋[②]，料土並進，計旬日以來東正壩續得十五丈，西正壩續得二十丈，西二壩、挑水壩均已進占，各得九丈。東二壩土心做至深水，澆築匪易，計又續得十丈，護埽續得十八丈。各壩邊埽、夾土壩一律跟進，以資穩實。至二壩系奪溜金門，本有跌塘，近復逐漸上跌，勢須向南越做，避難就易。並隨時察看情形，如須改做占埽，亦即捆船進占，以昭慎重。引河前兩起陸續報完，後兩起亦飭依限速竣，仍嚴查貼坡、墊崖等弊，以期核實。此後氣候漸和，則施工較易。水勢漸深，則進埽較難。臣等惟有督率文武，鼓勵兵夫，俾得克日成功，以期早紓宸厪。

所有現在催辦情形，謹循例由驛具陳，伏乞皇上聖鑒。謹奏。

咸豐二年正月初五日拜進

十七日奉硃批：知道了。欽此。

四四二　回空軍船渡黃完竣摺[③]

（咸豐二年正月十二日）

奏爲回空軍船掃數渡黃完竣，恭摺循例由驛具報，仰祈聖鑒事。

竊照回空軍船渡黃南下及分別提催情形，節經馳奏在案。嗣湖南三

---

① 見楊紹和抄本卷十九，魯圖藏。此摺標題後註明"會江督陸建瀛前銜"。

② "擋"字，楊紹和抄本作"檔"，或誤。

③ 見楊紹和抄本卷十九，魯圖藏。此摺標題後註明"會江督陸建瀛前銜"。

幫尾船於十二月十二日提入江南黃林莊境，臣楊殿邦督押前進，臣陸建
瀛、楊以增加派幹員分段催儹。緣臘月中旬以來氣候甚寒，以致運河間
有凍阻。幸早備挺淩船隻、器具，督令地方河工、文武員弁隨時敲擊通
暢，銜尾而進，不任藉延。茲於正月初九日業將湖南三尾幫挽渡黃河，
由新草閘進口入塘南下。連前共九十五幫，計船三千零四十只，內宿州
兩幫由湖歸次，仍會檄印委員弁加緊嚴催，務期克日飛挽，各歸各次。
臣楊殿邦即日進署，趕辦新漕事務。

所有回空軍船掃數渡黃緣由，謹合詞恭摺由驛具報，仰祈皇上聖
鑒。謹奏。

咸豐二年正月十二日拜進

□日奉硃批：知道了。欽此。

四四三　豐工壩已得半嚴催挑工摺[①]

（咸豐二年正月十五日）

奏為壩工現已得半，挑工加緊嚴催，恭摺陳奏，仰祈聖鑒事。

竊豐工辦理情形，臣等四次奏報後，察看壩前形勢，埽占已做入深
水，必須加倍慎重，隨飭在事文武務將現做埽占層土層柴，盤壓高聳，
並將已成各占普律加高，以防蟄動。計旬日以內東正壩續得十八丈，西
正壩續得二十四丈，東二壩土心、護埽各續得十二丈，西二壩挑水壩占
埽各續得十五丈，合計全工現已得半。正雜料物發辦已敷，惟當嚴催趕
運，以濟要需。引河前兩起已完，勒催後兩起依限速竣，一俟試放清水
後，再將涸露處所遴員搶挑，配平河底。臣等並即親詣驗收，以期核
實。辰下積凍盡解，日暖風暄，趁此事機順利，亟宜儹前趕辦，冀於春
水未旺以前合龍，以期仰紓宸廑。

所有加緊催辦情形，謹恭摺循例由驛具奏，伏乞皇上聖鑒。謹奏。

咸豐二年正月十五日拜進

二十六日奉硃批：知道了。欽此。

---

① 見楊紹和抄本卷十九，魯圖藏。此摺標題後註明“會江督陸建瀛前銜”。

四四四　豐北壩工過半挑工將完摺①

（咸豐二年正月二十五日）

奏爲壩工過半，挑工將次全完，現仍加緊儧料，恭摺陳奏，仰祈聖鑒事。

竊豐工辦理情形，臣等五次奏報後，察看埽前水勢漸深，溜亦漸形勁疾，僂計桃汛伊邇，慎重之中尤須儧速。臣等親駐壩次，嚴諭在事文武，鼓勵兵夫，飭將埽占連環遞進，夜以繼日。仍令於柴土鋪勻後，密加纜快（橛），逐占盤壓，以期穩實。計旬日以來，東正壩續得十八丈，西正壩續得二十四丈，西二壩續得十八丈，東二壩土心、護埽續得八丈。惟後埽前溜勢跟進淘刷，難再澆築土心。因即捆船上位，改進占埽，計又做成十二丈。挑水壩占埽亦續得十七丈，壩前漲有灘嘴，接成天然挑壩，逼溜東趨，甚爲得力。引河後兩起挑有七分工程，現催加夫趕竣，由臣等親往驗收，試放清水。查有不如式之處，隨時懲處，勿任貽誤。刻下全工計已六分有餘，惟有慎重趕辦，冀早合龍，上紓聖厪。

所有現辦情形，謹循例由驛恭摺具奏，伏乞皇上聖鑒，謹奏。

咸豐二年正月二十五日拜進

二月初六日奉硃批：知道了。慎重趕辦，斷勿遲延。欽此。

四四五　揀員請陞河廳要缺摺②

（咸豐二年正月二十七日）

奏爲河廳要缺揀員陞署以重修防，恭摺仰祈聖鑒事。

---

① 見楊紹和抄本卷十九，魯国藏。此摺於標題後註明“會江督陸建瀛前銜”。
② 見楊紹和抄本卷十九，魯圖藏。此摺楊於標題後註明“會江督陸建瀛、蘇撫楊文定前銜”。

　　竊照揚州府河務通判劉於淳丁憂遺缺，前以遇缺酌量補用之通判張嘉琳會摺請補。接准部覆：南河遇缺先人員尚未用盡，奏令另揀合例人員請補。等因。咨行前來。伏查斯缺經營高寶運河兩岸堤埽、磚石、閘壩工程，償催空重漕船，啟閉蓄洩機宜，並管沿湖灘地事務，必須熟諳勤幹之員方資治理。前以張嘉琳請補，系爲要缺擇人起見。茲既接准部駁，應即另行揀補。臣等復於現任暨遇缺先通判中逐加遴選，非現居要缺，即人地未宜。惟查清河縣知縣吳棠①現年四十歲，安徽舉人，甲辰大挑簽掣南河，於道光二十四年五月到工，歷署沿河正佐各缺。二十七年安瀾，保奏奉旨：免其借補，以沿河知縣補用。欽此。二十九年奏補桃源縣知縣，九月到任。咸豐元年三月奏准調補清河縣知縣，十一月初一日到任。該員年強才裕，辦事勤能，自到工以來，留心河務。補缺以後，不獨於地方緝匪安良，各務實心治理，而幫同各廳搶險防工，亦俱異常出力。以之陞署揚河通判，洵堪勝任。臣等往返劄商，意見相同。惟該員歷俸未滿三年，與例稍有未符，但人地實在相需，例得專摺奏請。合無仰懇天恩，准以吳棠陞署揚州府河務通判，洵於修防有裨。如蒙俞允，俟試署一年期滿，經歷三汛，察看果能勝任，再行保題實授。

　　再，該員並無經徵錢糧展參之案，亦無應賠銀兩。知縣任內因公處分例免核計，罰俸銀兩飭令完繳，咨部核銷。合併陳明。

　　合詞恭摺具奏，伏乞皇上聖鑒訓示。謹奏。

　　咸豐二年正月二十七日拜進

　　二月十五日奉硃批：吏部議奏。欽此。

---

　　① 吳棠（1813—1876）：字仲宣，號棣華，安徽盱眙人。道光二十九年（1849）以舉人大挑一等授淮安府桃源縣令。咸豐元年（1851）調任淮安府清河縣令，咸豐二年（1852）調署邳州知州，咸豐三年（1853）回任清河縣令。咸豐十年（1860）捻軍李大喜、張宗禹率部攻克清河縣清江浦，河督庚長等逃往淮安府城。吳棠親自在清江浦北圩督戰，終克退捻軍。咸豐十年（1860）補徐海道，咸豐十一年（1861）擢江寧布政使，代理漕運總督。同治二年（1863年）實授漕運總督，三年（1864）署江蘇巡撫，次年署理兩廣總督。同治五年（1866）調任閩浙總督，七年（1867）調任四川總督，十一年（1871）署成都將軍。光緒二年（1876）病逝。

四四六　查覆徐州府等職名片①

（咸豐二年正月二十七日）

再，臣前准吏部咨：奉上諭：御史史策先奏河堤漫口、請將河員處
分查照舊章辦理一摺，著吏部查議具奏。欽此。經吏部議奏請旨飭下南河
河道總督楊以增查取協防之徐州府並應議各職名，查照辦理。等因。臣即
劄致署徐州道王夢齡查取協防之府縣各職名去後，茲據該署道轉據署徐州
府候補知府許梗詳稱：該署府於咸豐元年六月二十四日接署徐州府事，即
據署邳州知州易卓梅稟報，山東嶧縣匪徒結捻竄入該州宿羊山地方，強劫
滋事，拒毙兵丁，經督臣陸建瀛奏明查辦。該署府於七月二十八日親赴各
處查拿，報明公出在案。嗣於八月初六、十九等日在山東嶧②縣地方拿獲
現已正法之饒以勤等六名。二十三日在嶧縣途次，接據已革豐北廳通判王
熙善牒稱，該廳兵三堡於八月二十日寅刻河堤漫口，該署府二十六日始自
嶧縣折回郡城，復報明公旋在案。此因公出境之實在情形也。該署道覆查
無異，並查明豐北廳漫口之處系碭山縣境內。等因。所有本任徐州道沈濂
先已奉旨革職、仍留工效力外，其署徐州府知府系候補知府許梗、碭山縣
知縣丁瑞徵均在工次當差，理合陳明，請旨交部核議。謹奏。

咸豐二年正月二十七日附進

二月十五日奉硃批：吏部議奏。欽此。

四四七　籌辦湖河工料片③

（咸豐二年正月二十七日）

再，山旴廳禮河爲泄湖要區，上年因壩底跌損，估修尚未竣工之

---

① 見楊紹和抄本卷十九，魯圖藏。

② "嶧"字，楊紹和抄本作"驛"，當誤。

③ 見楊紹和抄本卷十九，魯圖藏。

際，值湖水大長，勢將普漫。遂權衡輕重，趕將該河啟通，始得暢減，以保湖堤。惟該壩底愈向上跌，發料越堵，迨至冬月口門收窄，溜勢益形湍悍，刷深至三丈餘尺，捆厢船隻不能上位。據該管道廳稟陳棘手情形，惟有再向外越，就淺處施工，庶易爲力。當即批准勒限趕辦，不日可竣。此項越堵銀兩向應專案奏請，因經費支絀，仍於常年另案內支用。禮河壩底飭令該廳營查照原估補修，以備啟放。中河廳雙金閘鉗口壩前於鹽柴運竣時即經堵閉，以利空運。其楊莊頭壩爲北運河蓄泄關鍵，壩身朽腐，應行拆修。空運已全行渡黃，乘勢展寬，使河水暢達，得資迅速南下。仍飭預備料物，察看水勢，收束趕修，不令有誤重運。

　　至歲料銀兩經部議先盡豐工應用，續撥之款解運需時，是以各廳歲料發辦較遲。現將禦水埽工先行發銀趕辦，以備合龍。俟庫項稍充，即發歲料銀兩購買驗收，不誤春修之用。其餘應備濟運防河各事均飭該管各道廳及早籌辦，不任誤延。

　　所有籌辦湖河工料情形，理合附片陳奏，仰祈聖鑒。謹奏。

咸豐二年正月二十七日附進

二月十五日奉硃批：工部知道。欽此。

四四八　奏報覆訊夾帶私硝案犯情形摺[①]

（咸豐二年正月三十日）

　　江南河道總督臣楊以增、兩江總督臣陸建瀛、江蘇巡撫臣楊文定跪奏，爲覆訊夾帶私硝案犯，請照原擬完結，恭摺覆奏仰祈聖鑒事。

　　竊據揚州營并緝私委員先後拿獲豐縣、蕭縣採辦營硝批差劉同倫、魏興讓等夾帶私硝，又據阜寧縣營拿獲硝犯張燮堂等。前經臣陸建瀛行提來省，飭委江藩司督府審明，解經臣陸建瀛親提研鞫，議擬具奏，欽奉硃批：刑部議奏。欽此。嗣據沛縣續獲張燮堂案內逸犯黃在蘋解省，提同質訊，按例擬單詳咨，先後接准部咨駁飭覆審具奏。等因。飭據江藩司督同首府提齊人證，遵照部駁情節，隔別研訊，各供均與原審相

---

① 此件現藏台灣“國立”故宫博物院。

同，詳請仍照原擬覆奏前來。

臣等覆加查核，此案前任豐縣知縣朱學海奉文採辦江蘇營硝二萬五千六百十八斤。該縣書辦①劉同倫送給門丁張海樓製錢二十串，向朱學海求允派令押解赴省，張海樓又與丁屬劉小齋等收買私硝十四萬二千餘斤，又有周萬里等共販硝二萬餘斤，均託劉同倫夾帶，在蘇、常一帶銷賣，令劉兆泰等同船押運。又蕭縣知縣顧鴻逵派差魏興讓、李文彬、李洪章管解營硝九千五百六十四斤，魏興讓、李文彬各自夾帶私硝四百餘斤，又有王朝彬、潘之等共販硝九萬餘斤，均託魏興讓夾帶，至蘇揚一帶銷賣。劉同倫、魏興讓船經宿遷、淮安、揚州等關，呈驗文批，送給關差官書銀兩自三十兩至五十兩不等，言明帶有餘硝，求免查看。又有黃在蘋糾令張爨堂等並吳顧氏等各自販賣私硝及硫磺自五十餘斤至八千餘斤不等。

先後獲犯，疊次研審，衆供僉同。如奉駁劉同倫等批解營硝，夾帶私硝或至數倍，或至十倍，該縣等顯有縱容，丁胥朋比漁利一節，訊據劉同倫、魏興讓供稱，該犯等押解營硝，夾帶張海樓等私硝至蘇、常等處銷賣，豐縣知縣朱學海、蕭縣知縣顧鴻逵均不知情，如果縱容丁胥朋比漁利，該犯等必定據實供出，圖減自己罪名，斷不肯代爲隱瞞等語。質之劉兆泰、李文彬等，供亦相同，其爲并無知情縱容，朋比漁利，似屬可信。又如奉駁該省拿獲江洋各盜，多有開放槍砲拒捕及起獲火藥等事，難保非此等奸徒與販接濟。該犯等由徐州而至瓜洲，中途所歷州縣甚多，倘沿途偷漏，或合成火藥，賣給鹽梟，或運入僻地，接濟盜匪，皆未可定一節，訊據劉同倫等供稱，官硝船隻自徐到揚，地方文武巡緝甚嚴，如可沿途偷漏，賣與鹽梟盜匪，販硝三人斷不肯多花盤費，遠歷各關，帶至蘇、常、揚州一帶銷賣等語，所供尚屬近情。又如奉駁江蘇爲海疆重地，該犯起意販私，指稱欲到蘇、揚並常州一帶銷賣，更恐有出洋通夷重情一節，訊據劉同倫等供稱，出洋路途甚遠，稽查愈密，又無官硝可以影射，何敢帶此多硝，冒險行走？實因蘇揚、常州均系繁庶之區，花炮店多，用硝甚廣，且有官硝船隻可以夾帶，所以帶往售賣，委無出洋通夷之事等語。

---

　① 書辦：清代府、州、縣署名房書吏的通稱，主要負責掌管文書，核擬稿件，後來成爲掌案書吏的專稱。

該司等再三嚴詰，加以刑嚇，矢口不移。并據黃在蘋等供亦無異，案無遁飾，應即議結。劉同倫、魏興讓應請仍照原擬比照越境與販官司引鹽至三千斤以上例，問發附近充軍。系在官人役，膽大妄爲，均請從重發往新疆，酌發種地當差。黃在蘋販硝八千餘斤，請照原咨比例問擬附近充軍。已革豐縣知縣朱學海失察丁屬，與販私硝至十餘萬斤之多，迨至事發，任聽遠颺，並無一名交案，情同包庇，亦請仍照原擬發往軍臺效力贖罪。其餘王潮彬等犯均照原奏分別擬以軍流徒杖完結，不復贅敘。除備録供招咨部外，謹合詞恭摺具奏，伏乞皇上聖鑒，敕部議覆施行。謹奏。

正月三十日

咸豐二年二月十一日奉硃批：刑部議奏。欽此。

四四九　趕辦豐北壩工並驗收挑工摺[①]

（咸豐二年二月初五日）

奏爲趕辦壩工並驗收挑工情形，恭摺陳奏，仰祈聖鑒事。

竊臣等將豐工辦理情形六次奏報後，察看正壩金門雖已漸收漸窄，賴有二壩擎托，不至淘刷過深，然迎溜處所埽占已不時見蟄。二壩原估時水勢本較正壩深至二丈餘尺，現受正壩逼出之溜奔赴埽前，情形尤爲吃重。諄飭掌壩文武隨蟄跟廂，慎重償辦，務於迅速之中力求穩實。計旬日以來東正壩又得十五丈，西正壩又得十二丈，東二壩又得二十七丈，西二壩又得二十一丈。挑水壩前漲有新灘，已成天然挑壩。原估占埽本擬酌量節省，惟灘面出水無多。西正壩氣候過長，非建築蓋壩難資掩護。因於挑壩前築做柴壩，接入深水，外拋碎石，以收一舉兩得之益。現已做成二十八丈，統計全工已八分有餘，各起挑工均於正月內依限完報。

臣等隨與本月初二日攜帶估册前詣，逐分驗收。計引河長七百八十丈，口寬五十丈零三尺至六十二丈八尺，底寬三十六丈至五十丈，深二

---

①　見楊紹和抄本卷十九，魯圖藏。並於標題後註明"會江督陸建瀛前銜"。

丈五尺六寸至三丈零四寸。長河工接引河尾下至徐州三山頭止，長一萬六千二百五十七丈，口寬十三丈八尺至四十八丈三尺，底寬十丈至三十六丈，深七尺三寸至二丈八尺一寸。迤下溝工、線工長三萬五千六百五十八丈，口寬二丈八尺至十一丈六尺，底寬二丈至八丈，深二尺至九尺。按冊丈量，均與原估相符，尚無貼坡、墊崖情弊，間有不如式處，責令工員賠挑，違者從重查參。一面試放清水，遴委幹員，星夜搶挑水塘並引河頭掣溜工段，一俟全完，即當體察壩工水勢情形，相機啟放引河，再行專摺馳報。現在正壩金門僅餘二十餘丈，計日程土，正十分吃緊之際，臣等惟有督同文武員弁多方策勵，星夜償辦，以冀早慰聖懷。

所有趕辦壩工驗收挑工緣由，謹恭摺循例由驛具奏，伏乞皇上聖鑒。謹奏。

咸豐二年二月初五日拜進

四五〇　啟放引河溜勢暢順摺[①]
（咸豐二年二月十三日）

奏為啟放引河，溜勢十分暢順，恭摺馳報，仰慰聖懷事。

竊臣等六次陳奏大工情形，二月初六日奉硃批：知道了。慎重趕辦，斷毋遲延。欽此。臣等欽遵之下，敬畏交增，諄飭在工文武加慎加速，不敢稍涉懈忽。計自二月初五日七次奏報以來，七日之間東正壩續得六丈，西正壩續得七丈，東、西二壩又各得二十一丈，挑水壩前蓋壩又接長二十八丈，各壩上下水邊埽、夾土壩一律跟進。大溜直注引河頭上唇，復折而南，由正壩埽前奔騰下注。維時金門僅餘八丈，以三百餘丈河身收束於數丈金門之內，溜勢倍常湍激，各壩占埽不時見蟄，情勢過形吃重。臣等時與掌壩文武往來察看，大河水勢已擡高四尺，水面高引河底一丈有餘，亟宜掣溜東注，俾得趕進門占，一氣呵成。其時下游禦水各工先已具報竣事，外南廳屬之順清河新草閘、中河廳屬之楊莊頭壩各水口亦均先期堵閉，謹於十二日辰刻虔祀河神，隨將引河啟放。大

---

① 見楊紹和抄本卷十九，魯圖藏，並於標題後註明"會江督陸建瀛前銜"。

溜建瓴而下，電掣風馳，瞬息之間引河業已鋪滿。次日據銅沛廳稟報：
黃流循徐州北門工東下，次日未時已行一百六十餘里，溜勢甚爲暢達。
現查大溜已掣歸正河四分有餘，正壩誌椿落水一尺，此皆仰賴聖主洪
福，河伯佑靈，順利吉祥爲從來所罕見。臣等現仍督催員弁，鼓勵兵
夫，趕將門占廂做。一俟盤壓堅固，即可相機合龍。

　　除合龍後循例由六百里馳報外，謹將啟放引河暢順緣由，先由四百
里具奏，伏乞皇上聖鑒。謹奏。

　　咸豐二年二月十三日拜進

　　二十二日奉硃批：仰賴天神佑助，益增感畏，欣慰覽焉。欽此。

四五一　請撥大汛工需銀兩摺①

（咸豐二年二月十三日）

　　奏爲循例請撥大汛工需銀兩，仰懇聖恩俯准敕撥以資修防事。

　　竊查南河歲搶修工程每歲於年前奏請撥發歲料銀一百二十萬兩，並
每年各省例解之項除給發官兵俸餉及額支各款外，餘存銀兩統爲歲搶修
額定工程之用。其大汛搶廂新埽及啟閉閘壩、隨時相機挑築等工向歸另
案辦理，例於春間奏請撥銀一百五十萬兩，爲大汛另案各工之用，歷經
循辦在案。茲值春汛，如行漕各河道堤、埽、閘、壩等工亟應於重運未
到之前趕緊修復，以備隨時啟閉而利漕行。豐工指日合龍，黃流歸故，
一切搶辦工程尤須錢糧先期解到，以資應用。茲據河庫、徐州、淮揚、
淮海、常鎮各道會詳請撥前來，臣查此項銀兩爲大汛修防所必需，而本
年挽黃歸正倍應格外加慎。且各省撥款解工動輒數月，黃河汛漲，遲早
難定，亟應先事預籌，俾免貽誤。謹循例照數奏請，合無仰懇皇上天恩
俯念河工緊要，飭下部臣於就近藩、關各庫撥銀一百五十萬兩，迅速解
交河庫。臣仍督飭各道實力稽查，撙節動用，不任稍滋糜費。如有餘
存，另行造冊報部。

　　所有循例請撥大汛工需緣由，謹會同兩江督臣陸建瀛合詞恭摺具

---

　　①　見楊紹和抄本卷十九，魯圖藏。

奏，伏乞皇上聖鑒。謹奏。

咸豐二年二月十三日拜進

二十二日奉硃批：户部速議具奏。欽此。

四五二　豐工猝遇風暴門占蟄動摺[①]
（咸豐二年二月二十四日）

奏爲豐工引河放後猝遇風暴，大壩門占蟄動，現仍竭力趕辦合龍，先行恭摺馳陳，仰祈聖鑒事。

竊臣等前將啟放引河情形具奏後，維時口門收窄，北注之溜勢如懸瀑，湍疾異常，新占不時見蟄，門占撑擋不易。臣等鼓勵兵夫，設法捆船生纜，竭數晝夜之力，將門占盤壓堅鞏，正在掛纜合龍。二十三日陡起東南大風，將奔注引河之溜逼回金門，溜頭擁高丈許，致將門占刷塌。臣等目擊情形，當飭兩壩文武慎守後占，幸皆屹立如故，毫未帶動，於大局並無妨礙，工次料物錢糧亦均充足。臣等現仍策勵在事人員迅將門占慎重補做，以便趕辦合龍，一面委員查探引河水勢，隨時相機辦理。

所有風暴塌埽情形，謹恭摺由四百里具奏，伏乞皇上聖鑒。謹奏。

咸豐二年二月二十四日拜進

三月初五日奉硃批：知道了。卿等竭盡心力，妥慎趕辦。朕惟有虔祈天佑，以待佳音。欽此。

四五三　桃汛正旺豐工埽占復蟄摺
（咸豐二年三月初六日）

兩江總督陸建瀛、江南河道總督楊以增跪奏，爲桃汛正旺，埽占復有蟄塌，慎重進占，恭摺奏祈聖鑒事。

---

① 見楊紹和抄本卷十九，魯圖藏。此摺於標題後註明"會江督陸建瀛前銜"。

　　竊二月二十三日風暴刷塌門占，經臣等奏奉硃批：知道了。卿等竭盡心力，妥速趕辦，朕虔祈天佑，以待佳音。欽此。臣等跪讀之下，感悚交深。伏查豐北接壤豫東，土性沙鬆，與嘉慶元年豐工失事之處相距咫尺，彼時該工埽兜蟄塌四次，遲久始得藏事。臣等引以爲鑒，錢糧諄囑文員節慎支放，以留有餘；工程責成武弁加倍慎重，以防意外。前次門占蟄塌後，金門愈刷愈深，大溜趨注，上水束高下水丈餘，奔騰湍悍，搜刷埽根，兩壩續作之工復又蟄塌十餘丈。維時桃汛正漲，勢難與水爭力，當即趕築攔黃堰，以防引河受淤。一面與在事文武員弁悉心籌議，惟有搶築護埽，多抛碎石，於層層加廂之中寓步步爲營之意。合無仰懇聖恩，俯准寬限兼旬，俾昭慎重，臣等無任感激屏營之至。

　　所有慎重進占緣由，謹恭摺由四百里具陳，伏乞皇上聖鑒。謹奏。

三月初六日

咸豐二年三月十一日奉硃批：欽此。①

四五四　河廳要缺需員懇准陞署摺②

（咸豐二年三月十一日）

　　奏爲河廳要缺需員，仰懇天恩俯准仍以吳棠陞署，以資治理而重修防，恭摺奏祈聖鑒事。

　　竊照江南揚州府河務通判員缺，臣等前以清河縣知縣吳棠奏請陞署，接准部議，以摺內未將勞績應陞人員聲敘系例准聲明之項，遺漏聲敘，按照奏定章程查明具奏請旨。如奉旨加恩准行，將該督等處分寬

---

　　① 此摺奉硃批日期，楊紹和抄本作“十五日”。另於“欽此”後有：“同日准軍機大臣字寄：兩江總督陸、江南河道總督楊：咸豐二年三月十一日奉上諭：‘陸建瀛、楊以增奏埽占復有蟄塌，現在慎重趕辦一摺。據稱目前次門占蟄塌後，金門愈刷愈深，大溜趨註，兩壩續作之工復又蟄塌十餘丈，業已趕築攔黃堰，並搶築護埽，多抛碎石，慎重趕辦。惟現在桃汛方漲，若復遷延旬日，水勢愈大，人力必愈難施。儻有疎失，不特數百萬帑金消歸烏有，其糧船運道、災區撫恤又將如何辦理？該督等自問能當此重咎耶？著陸建瀛、楊以增督率在事文武員弁竭力趕辦，於慎重之中務求妥速之法，是爲至要。懍之！將此由四百里諭令知之。’欽此。遵旨寄信前來。”

　　② 見楊紹和抄本卷十九，魯圖藏，並於標題後註明“會江督陸建瀛、蘇撫楊文定前銜”。

免。如不准行，應照例議處。等因。於咸豐二年二月十七日奉硃批：著不准行，餘依議。欽此。等因。咨行到臣。

伏查揚州府河務通判一缺，有經營高寶運河兩岸堤埽磚石閘壩工程、催償空重漕船、啟閉蓄洩機宜，並管沿湖灘地事務，必須熟諳勤幹之員方資治理，是以前將遇缺酌量補用通判張嘉琳請補。接准部駁，應即另行揀補。臣等復於現任暨遇缺先通判中逐加遴選，非現居要缺，即人地未宜，惟查有清河縣知縣吳棠，現年四十歲，安徽舉人，甲辰大挑籤掣南河，於道光二十四年五月到工，歷署沿河正佐各缺。二十七年安瀾保奏，奉旨：免其借補，以沿河知縣補用。欽此。二十九年奏補桃源縣知縣，九月到任。咸豐元年三月奏准調補清河縣知縣，十一月初一日到任。該員年強才裕，留心河務。自到工以來，不獨於地方巡緝事務認真整飭，即幫同各廳搶險防工，亦俱異常出力。以之陞署揚河通判，洵堪勝任。臣等往返劄商，意見相同，查照人地相需之例專摺奏請。茲奉部議，以「摺內僅聲明該員歷俸未滿三年，並未將勞績應陞人員聲敘」，議駁前來。復查沿河地方並無得有勞績應陞之知縣，即河工佐貳中亦無勞績堪陞此缺之員，是以未及聲敘。臣等再三籌酌，實因人地相需起見，不揣冒昧，合無仰懇天恩俯念員缺緊要，仍准以吳棠陞署揚州府河務通判，洵於修防有裨。如蒙俞允，俟試署一年期滿，經歷三汛，察看果能勝任，再行保題實授。

再，該員並無經徵錢糧展參之案，亦無應賠銀兩，知縣任內因公處分例免核計，罰俸銀兩飭令完繳，咨部核銷，合併陳明。

臣等謹合詞恭摺具奏，伏乞皇上聖鑒訓示。謹奏。

咸豐二年三月十一日拜進

二十九日奉硃批：吏部議奏。欽此。

四五五　核明山海四廳加培堤工錢糧摺[①]
（咸豐二年三月十一日）

奏為核明山安、海防、海安、海阜四廳道光三十年增培堤工動用錢

---

① 見楊紹和抄本卷十九，魯圖藏。

糧，循例開單，恭摺奏祈聖鑒事。

　　竊照江境黃河山安、海防、海安、海阜四廳長堤單薄，道光二十八、九等年加培土工，做過工段丈尺、動用銀數，前經臣開具清單奏報在案。惟查該四廳長堤本較上游卑矮，二十八、九年估辦僅修十分之五，其餘尚緩段落復被漲水趨刷，僅賴子堰攔禦，實形險要，應行接辦，以禦汛漲。經臣於道光三十年奏明，旋經督同該道在於捐輸等款內通融籌辦，劃段派員，次第興築完竣，驗收如式。節經附摺奏報，抄摺咨部。茲據淮海道將道光三十年山安、海防、海安、海阜四廳增培堤工丈尺銀數造冊呈送前來。臣復加查核，計共用銀二十萬①零八百九十五兩零，均與原估丈尺銀數相符。除飭另造印冊，詳送具題並送部查核外，謹先循例開具清單，恭呈御覽，仰祈勅部查核施行。

　　爲此繕摺具奏，伏乞皇上聖鑒。謹奏。

　　咸豐二年三月十一日拜進

　　二十九日奉硃批：工部察核具奏，單併發。欽此。

四五六　山海四廳加培堤工錢糧清單
（咸豐二年三月十一日）

　　謹將山安、海防、海安、海阜四廳道光三十年分增培堤工丈尺動用錢糧數目循例開具清單，恭呈御覽。②

　　計開

　　淮海道屬

　　山安廳

　　安東汛：增培堤工長一千七百十五丈，估幫北戧頂寬一丈一尺至一丈二尺，底寬八尺至一丈四尺，高一丈六尺至二丈二尺，上又加高二尺，頂寬三丈至四丈，底寬四丈至五丈。又估幫南戧頂寬一丈至一丈三

---

① "萬"字后，有"兩"字，當衍。
② 此清單現藏台灣"國立"故宮博物院。

尺五寸，底寬一丈至一丈二尺五寸，高八尺至九尺，上又加高二尺至二尺五寸，頂寬二丈，底寬三至三丈二尺五寸。又估填堤根窪槽殘缺，共長二百三十七丈，牽寬八尺至九尺，牽深一尺至一尺二寸。共估需土方銀一萬四千三百二十八兩零。

上河汛：增培堤工長二千四百八十丈，估幫南戧頂寬一丈至一丈三尺五寸，底寬一丈至一丈三尺五寸，高八尺五寸至一丈零五寸，上又加高二尺，至二尺五寸，頂寬二丈至三丈，底寬三丈至四丈。又估填堤根窪槽殘缺共長三百二十八丈四尺，牽寬七尺至一丈，牽深八寸至一尺三寸。共估需土方銀一萬三千九百三十七兩零。

下河汛：增培堤工長一千六百二十四丈，估幫南戧頂寬一丈三尺五寸至一丈六尺，底寬一丈二尺五寸至一丈六尺，高七尺至八尺，上又加高二尺五寸至三尺，頂寬二丈至三丈，底寬三丈二尺五寸至四丈五尺。又估填殘缺長一百五十四丈五尺，牽寬七尺至一丈，牽深七寸至一尺。共估需土方銀九千六百五十兩零。

以上安、上、下三汛增培堤工通共估需土方銀三萬七千九百十六兩零。

海防廳

上河汛：增培堤工長二千零五十一丈二尺。內估幫壩臺工長三百八十八丈，內填南面水塘長一百八十八丈，牽寬二丈，牽深三尺。又填堤根溝槽長一百八十丈，牽寬一丈五尺，牽深二尺五寸。估幫南戧頂寬一丈，底寬一丈一尺至一丈三尺，高二丈三尺，上又加高二尺，頂寬五丈，底寬六丈。估修堤工長一千六百六十三丈二尺，估幫北戧頂寬一丈，底寬九尺至一丈零五寸，高八尺五寸至九尺，上又加高二尺，頂寬二丈，底寬三丈。又填殘缺長一百二十一丈五尺，牽寬一丈，牽深一尺。共估需土方銀一萬五千三百三十七兩零。

童營汛：增培堤工長二千七百九十七丈。內估幫壩臺工長一百五十九丈，估幫南戧頂底均寬一丈五尺，高二丈八尺，上又加高二尺，頂寬四丈，底寬五丈，估修堤工長二千六百三十八丈。估幫北戧頂寬一丈，底寬一丈至一丈零五寸，高八尺至八尺五寸，上又加高二尺，頂寬二丈，底寬三丈。共估需土方銀一萬七千一百九十三兩零。

下河汛：增培堤工長三千零四丈，估幫北戧頂寬一丈至一丈八尺，底寬一丈至一丈七尺，高六尺至八尺，上又加高二尺至三尺，頂寬二丈，底寬三丈至三丈五尺，又填溝槽長一百八十八丈三尺八寸，牽寬一丈二尺，牽深一尺二寸。共估需土方銀一萬七千八百六十八兩零。

以上上、童、下三汛增培堤工通共估需土方銀五萬零三百九十九兩零。

海安廳

雲梯汛：增培堤工長三千七百三十六丈五尺，估幫南戧頂寬一丈九尺至二丈八尺，底寬七尺至二丈三尺，高八尺至九尺，上又加高三尺至四尺，頂寬二丈，底寬三丈五尺至四丈。共估需土方銀三萬四千一百八十五兩零。

十套汛：增培堤工長一千八百八十九丈，估幫南戧頂寬一丈五尺五寸至二丈四尺五寸，底寬一丈六尺至二丈四尺，高八尺五寸至九尺五寸，上又加高二尺五寸至三尺五寸，頂寬二丈，底寬三丈二尺五寸至三丈七尺五寸。共估需土方銀一萬七千六百六十五兩零。

海北汛：增培堤工長一千五百八十六丈，先填堤根窪槽一百二十一丈二尺，牽寬一丈，牽深一尺，估幫南戧頂寬一丈八尺至二丈二尺，底寬一丈四尺至二丈，高八尺五寸至九尺五寸，上又加高二尺五寸至三尺五寸，頂寬二丈，底寬三丈二尺五寸至三丈七尺五寸，共估需土方銀一萬三千一百五十六兩零。

以上雲、十、海三汛增培堤工通共估需土方銀六萬五千零七兩零。

海阜廳

仁和汛：增培堤工長二千一百四十丈，估幫北戧頂寬一丈六尺至二丈二尺，底寬一丈六尺至二丈四尺，高九尺，上又加高三尺，頂寬二丈，底寬三丈五尺。共估需土方銀一萬八千三百七十一兩零。

十巨汛：增培堤工長一千二百七十丈，估幫北戧頂寬一丈六尺至二丈一尺，底寬一丈七尺至二丈二尺，高九尺，上又加高三尺，頂寬二丈，底寬三丈五尺，又填補堤根窪槽長六十六丈一尺，牽寬一丈，牽深二尺，共估需土方銀一萬二千二百四十九兩零。

海南汛：增培堤工長二千五百九十三丈，估幫北戧頂寬二丈一尺至二丈四尺，底寬二丈三尺至二丈五尺，高五尺至六尺，上又加高三尺至四尺，頂寬一丈五尺至二丈，底寬三丈五尺，共估需土方銀一萬七千九百五十一兩零。

以上仁、十、海三汛增培堤工通共估需土方銀四萬七千五百七十一兩零。

硃批：覽。

四五七　核明中河廳加培堤工錢糧摺[①]
(咸豐二年三月十一日)

奏爲核明中河廳屬加培堤工動用錢糧，循例開單恭摺具奏，仰祈聖鑒事。

竊照中河廳屬桃、清二汛南北兩岸緯堤承受東省蒙沂山泉及各湖之水，以濟運行，歷被漲水趨刷殘塌。道光三十年冬間經臣履勘，急應加高培厚，奏奉恩准撥銀，於咸豐元年春派員勒限趕辦完工，復經臣查驗奏報，抄摺咨部。各在案。茲據淮海道將做過工段丈尺、動用錢糧造冊呈送前來，計中河廳增培堤工共用銀十九萬八千零七兩，臣按冊覆核無浮，除飭造印冊詳送具題，並送部查核外，謹先循例開具清單，恭呈御覽，仰祈勅部查核施行。

爲此繕摺具陳，伏乞皇上聖鑒。謹奏。

咸豐二年三月十一日拜進

二十九日奉硃批：工部察核具奏，單併發。欽此。

四五八　中河廳加培堤工錢糧清單[②]
(咸豐二年三月十一日)

謹將中河廳屬咸豐元年春桃、清二汛南北兩岸增培堤工動用錢糧，

---

① 見楊紹和抄本卷十九，魯圖藏。

② 同上。

循例開具清單，恭呈御覽。①

　　計開：

　　中河廳屬

　　桃源汛：增培堤工內：南岸堤工共長五千五百三十八丈，估幫外戧頂牽寬一丈八尺至二丈八尺，底牽寬二丈七尺七寸至三丈三尺五寸，牽高九尺至一丈一尺，幫與舊堤平，上又加高三尺至五尺，頂寬一丈，底寬二丈五尺至三丈五尺。北岸堤工共長六千六百七十五丈，估幫外戧頂牽寬二丈一尺五寸至三丈二尺，底牽寬二丈六尺七寸至三丈四尺五寸，牽高九尺至一丈零五寸，幫與舊堤平，上又加高三尺五寸至五尺，頂寬一丈五尺，底寬三丈二尺五寸至四丈。估需土方銀十六萬八千二百零四兩零。

　　清河汛：增培堤工內：南岸堤工共長九百四十五丈四尺，估幫外戧頂牽寬一丈六尺五寸至二丈八尺，底牽寬二丈九尺二寸至三丈二尺，牽高九尺至一丈一尺，幫與舊堤平，上又加高三尺至五尺，頂寬一丈，底寬二丈五尺至三丈五尺。北岸堤工共長一千二百三十九丈，估幫外戧頂牽寬二丈四尺至三丈二尺，底牽寬二丈九尺至三丈二尺五寸，牽高九尺至一丈，幫與舊堤平，上又加高四尺至五尺，頂寬一丈五尺，底寬三丈五尺至四丈。估需土方銀二萬九千八百零三兩。

　　以上通共估需土方銀十九萬八千零七兩零。

　　硃批：覽。

四五九　大柳船隻循例輪修摺②
（咸豐二年三月十一日）

　　奏爲南河大柳船隻輪應大小修以資運料，循例開單恭摺具奏，仰祈聖鑒事。

　　竊照江南葦蕩船務營改造大船二百隻並各河營額設柳船二十四隻，

---

　　①　此清單現藏台灣"國立"故宮博物院。

　　②　見楊紹和抄本卷十九，魯圖藏。

奉部議准三年小修，六年大修，十二年成造一次。俟屆成造之年，如
尚堪修理者量予修費，以歸核實。等因。飭遵在案。茲據河庫、淮海、
徐州三道詳稱：葦蕩船務營運葦大船及各河營柳船常年在於黃、運、
鹽河上下往來，裝運柴料。伏秋大汛，冲風破浪，時逢冬令，冰淩擦
碰。經歷數年，即致塡①壞，必須照例隨時修造，以供駕駛。所有咸
豐元年分葦蕩船務營輪應大小修運葦大船七十只，又豐北、銅沛、睢
南、邳北四河營輪應大修柳船四隻、工船七十四隻，查照奉准價值勘
估請辦，並將各該船字號、上屆小修、成造年分、完竣日期開單呈送。
請奏前來。

　　臣嚴飭該道等親往驗明，實俱損壞，查與輪修年限相符，計共估需
工料銀二千六百十六兩二錢七分六釐六毫。除飭按船給價購料，查照部
定長寬式樣趕緊修整以資裝運，照例取具實用工料細册，恭疏具題並送
部查核外，謹繕清單，會同兩江總督臣陸建瀛恭摺具奏，伏乞皇上聖鑒
勅部核議施行。謹奏。

　　咸豐二年三月十一日拜進

　　二十九日奉硃批：工部覆核具奏，單併發。欽此。

四六〇　籌備重運挑築各工摺②
（咸豐二年三月十一日）

　　奏爲籌備重運堵閉挑築各工，恭摺具陳仰祈聖鑒事。

　　竊照江境南北運河由江口上達東省，綿亘六七百里，其間過塘渡
黃，所歷各閘壩全賴因時蓄洩，修守得宜，俾期漕運無滯。節據該管
各道廳先後稟報：運河廳宿汛柳園頭閘、王家溝劉老澗滾壩、舊河尾、
駱馬湖尾閭五壩、七閘越壩均系上年大汛啟放，前以來水日消，均經
次第堵辦。外北廳浦家莊爲重運入口要道，兩岸托蓋壩埽照舊廂修完
整，以資逼刷。外南廳上年空運所啟替河正堤新草閘並臨清土埝業已

----

① “塡”，當作“損”。

② 見楊紹和抄本卷十九，魯圖藏。

分別堵還，察看塘河淤墊之處估挑寬深。至臨清鉗口壩、禦黃二壩、舊草閘內挑壩及該閘金閘由身上下迎分水雁翅並閘外挑壩、臨黃護埽腐朽蟄塌，俱經分別廂修。禮河廳①運口汛爲湖水入運門户，所有頭南壩、外蓋壩、頭二三四壩並上下雁翅、張王廟前托水壩、福興正閘上下鉗束各壩、迤下河尾蔣壩均因清水搜刷卑矮，一律加廂高整，以資捍衛。其餘有關濟運各工均仍督率妥爲籌辦。山盱廳禮河越堵工程業於正月底堵合完竣，現在湖水逐漸加長，重運陸續上行，堪以源源接濟。

所有籌辦重運緣由，理合會同兩江督臣陸建瀛恭摺具奏，仰祈皇上聖鑒。謹奏。

咸豐二年三月十一日拜進

二十九日奉硃批：知道了，欽此。

四六一　修築祥符、五瑞閘片②

（咸豐二年三月十一日）

再，桃南廳祥符、五瑞閘雙孔石閘本爲減黃利運而設，道光二年冬經前河臣黎世序奏准重建後，於道光四年啟放一次，隨後皆未續啟。茲黃流挽正，汛漲大小莫定，亟應早爲籌備。已飭該管道將廳營於該閘外灘抽挑引渠，並察看築埝□堤，培補殘缺，廂築裹頭，嚴飭擇要拋砌碎石，以備減黃利運之用。

理合附片陳明，仰祈聖鑒。謹奏。

咸豐二年三月十一日附進

二十九日奉硃批：知道了。欽此。

---

① “禮河廳”，當作“裹河廳”。
② 見楊紹和抄本卷十九，魯圖藏。

四六二　遵旨趕辦壩工情形摺①

（咸豐二年三月十七日）

奏爲遵旨趕辦壩工情形，恭摺覆奏，仰祈聖鑒事。

竊臣等於三月十五日接准軍機大臣字寄：奉上諭：陸建瀛、楊以增奏埽占復有蟄塌，現在慎重趕辦一摺。據稱自前此門占蟄塌後，金門愈刷愈深，大溜趨注，兩壩續作之工復有蟄塌十餘丈。業已趕築攔黃堰並搶築護埽，多抛碎石，慎重趕辦。惟現在桃汛方漲，若復遷延旬日，水勢愈大，人力必愈難施。儻有疏失，不特數百萬帑金消歸烏有，糧船運道、災區撫恤又將如何辦理？該督等自問能當此重咎耶？著陸建瀛、楊以增督率在事文武員弁竭力趕辦，於慎重之中務求妥速之法，是爲至要。凜之。將此由四百里諭令知之。欽此。臣等督率無方，以致上煩慈系，撫衷循省，愧悚交深。

竊惟春夏水性湍悍，與冬令迥異。誠如聖諭，水勢愈大，人力必愈難施。臣等與臬司查文經並在事文武悉心商籌，設法辦理。現於邊埽上下多抛碎石，壩面層層加壓柴土，俾臻鞏固。其金門下跌塘之處亦以碎石抛填，冀免吸溜。而口門逐漸收窄，上寬十七丈，下寬十二丈，水勢急如懸瀑。惟有鼓勵兵夫趕做埽占，層土層柴，盤壓結實，總於慎重之中力求妥速。所幸水不加長，克期月內相機掛纜合龍，以冀仰副諭戒諄諄之至意。

所有臣等遵旨竭力趕辦緣由，謹繕摺由驛覆奏，伏乞皇上聖鑒。謹奏。

咸豐二年三月十七日拜進

□日奉硃批：知道了。欽此。

---

① 見楊紹和抄本卷十九，魯國藏，並於標題後註明“會江督陸建瀛前銜”。

四六三　遵旨籌辦海運事宜摺①

（咸豐二年五月二十六日）

　　江南河道總督臣楊以增、兩江總督臣陸建瀛、漕運總督臣楊殿邦、江蘇巡撫臣楊文定跪奏，爲遵旨會籌海運事宜，恭摺奏祈聖鑒事。

　　竊臣等接准户部咨稱：據倉場侍郎臣朱嶟奏，豐工緩堵，重運漕船斷難行駛，請將漕米變價解京，每石二兩有奇。行令臣等會同體察情形，如果河道阻隔，糧艘實不能暢行，漕米實不能抵通，即詳籌奏辦。又奉寄諭：御史張祥晉②奏請籌辦滯漕仍由海運，是否尚能趕辦，有無窒礙之處。著陸建瀛、楊文定體察情形，定議具奏。又另奉諭旨：截留江廣漕米六十萬石分撥山東三十萬石、江南三十萬石，以備賑濟。等因。欽此。當經臣陸建瀛以南糧重在先顧京倉，海運亦有窒礙，各省漕船若在立秋以前全數償出山東韓莊閘外，似可不致阻滯，並擬將尚未行入江境之浙江漕米遵旨裁留緣由附片覆奏。并經臣楊殿邦以東省運道與豐北漫口僅隔一湖，其中三灣八閘一帶勢若建瓴，常年重運逆挽，非藉犁纜縴拽，寸步難行。上年運河被淹，幸回空已在冬令水落之時，縴道略露，尚可施犁打橛，然已萬分棘手，歸次較遲。今則水勢日長，縴路一經淹沒，人夫即無從立足，重運到彼，能否暢行無阻，實無把握。即經咨詢東河督臣顏以燠查明情形，咨覆核辦，一面委員馳赴東省查看水勢，并將派員提催江安各幫來淮盤驗緣由，先行恭摺奏聞。旋准東河督臣顏以燠以三灣八閘堤岸缺口已飭補筑搭橋，各省漕船如於伏汛前償抵東境，尚可循岸上挽，即韓莊以上亦能簽椿繫纜，節節償行。倘值大汛盛漲普漫之候，斷難前進，祇可遵照部議籌辦等情，咨覆前來。

　　臣楊殿邦當即嚴催，業經盤驗過淮之首進各幫趕緊上閘渡黃，晝夜償行北上。原冀於汛水未發以前償過濟寧，即可直抵通州，乃現撥委員

─────────

　　①　此摺現藏台灣"國立"故宮博物院。

　　②　張祥晉（1817—1858）：字賓嵋，道光十七年（1837）舉人，以海疆捐輸議敘員外郎，分發工部營繕司行走，選任刑部江蘇司員外郎，轉江南道監察御史，咸豐元年（1851）奏請辦理漕糧海運，累官任廣西左江道。

禀報山東南路運河縴道淹漫，溜勢亦較上年湍激，目擊輕小船只往來已極艱險，重運斷難行走。並據迦河同知吳吉昌秉稱：本月初四等日八閘一帶陡長水四尺餘寸，新渠埽工橋座多被沖漫，現在漫水各處頂托，日見增長，八閘已無岸可循。幫船抵東，深恐徒費周章，於漕運終歸無益，請另行變通籌辦。並據浙江糧道胡元博禀稱：本年春雨稀少，河水日涸，入夏以來雖間得微雨，長水無多，旋即消耗。嘉興各幫雖經兌竣，未能跟接開行。湖州水淺尤甚，測量不及二尺，以致處州後、溫州後等幫至今尚未到次，其已經在次受兌之船，每船裝米二三百石，即行擱淺，必須將所兌米石全數起剝，或可勉強牽挽，然所需剝船甚多，一時未能招集，旗丁亦力有難支等情。

臣等查漕糧爲天庚正供，如果河流順軌，尚可設法勉行，自應竭力催儹北上，以實倉儲。第現尚未交伏汛，東省運道已氾濫瀰漫，實非意料所及。查首進各幫現始陸續上閘渡黃，即使趕緊催儹，約計挽入東境之臺莊已在大汛期內，重載逆挽，既無縴路，萬不能飛渡北上。且臺莊地處偏僻，距通尚有二千餘里，既難就地盤剝寄囤，又難守候水消。當此進退維谷，惟有折回江省，另籌截卸。然時候愈遲，辦理愈形棘手，臣等會同商酌，再四熟籌。現在東省水既驟長，不得不通盤籌畫，查照倉場侍郎臣朱嶟及御史張祥晉各奏，參以部議，分別變價海運，以持有備無患之計。且各省幫船得以就近回空，趕早歸次，來歲新漕即可提前辦理，從此可復冬兌冬開舊例。較之勉強北上，阻滯中途，以致重運回空兩有貽誤，得失判然。

查本年浙江省起運漕米八十一萬餘石，其嘉、湖二府漕船尚未離次，且有未經歸次受兌者。即首進之杭、三等幫，雖經浙江撫臣奏報開行，至今未入江境，竊恐尚在嘉興以南淺阻。現奉欽差大臣查辦山東、江南賑濟，需米甚急，如此遲滯難行，恐亦未能應時接濟。查臣陸建瀛前奏所稱海運亦有窒礙之處，系指旗丁與海船在中途交接而言。會浙江幫船多未離次，似可令該省設法運至上海，俟江南海運船隻返棹時，憑同地方官查照江蘇定章改由海運，則京倉不致缺米，旗丁得免苦累，時日較寬，辦理亦不致掣時。倘因已經受兌開行之船未能一律照辦，或遵部議截漕備賑每石一兩二錢之案，變價易銀解部，以備搭放，相應請旨敕下浙江巡撫自行籌議妥辦。其江安各幫本年起運漕米三十七萬五千三百三十餘石，現已陸續渡黃北上，臣等仍嚴催前進。如東省現長之水日內得能消落，仍可於盛漲以前償過濟寧。倘實萬難行走，即令在於東省入境首站三臺莊一帶啓卸米三萬石，交山東藩司辦理賑務。其餘米七萬石即卸交邳、宿各州縣倉，爲江省淮、徐各屬賑濟之用。不敷米二十二萬餘石，再在江廣各幫分撥運往，以足三十萬石之數。

至江廣各省本年起運漕米共計九十萬八千餘石，除截撥賑濟米二十二萬餘石外，尚存米六十八萬餘石。伏思各省兵餉向系銀米并放，今京都甲米既有搭放折色之議，則外省兵餉銀兩亦可變通給米，應請先就江蘇省有漕州縣各營應發秋、冬二季兵餉銀兩及江蘇、安徽因災緩缺改放折色之行月兵匠等項米石，一併改以截漕抵給，再將餘米勻撥湖南、湖北、江西、安徽四省有漕州縣各營，抵放秋、冬二季兵餉銀兩。其米價以米抵銀者，請照部議每石一兩二錢。因災緩缺改放折色仍給本色者，請照奏明及例定價值數目，由各藩司核明應放各營銀數，扣存司庫，並將折放米數移知糧道，飭各運弁幫丁於各該省沿江沿河州縣常平倉挨次斛交，妥爲存儲，報明藩司，轉飭各州縣領回，按季支放。所需運費歸於今冬辦漕州縣名下捐補。扣抵放兵餉之外，再有多餘計數，亦屬有限，即責成押運廳員幫弁督飭旗丁於漕船所必由之揚州仙女廟及安徽橄陽等處照時價變賣，由押運廳員將價銀徑繳各該省藩庫。惟江省米價現止一兩上下，而各幫漕糧米色本粗，且不一律，若照倉場侍郎臣朱嶟所奏，每石易銀二兩有奇，不敷固鉅，即照部議一兩二錢，亦恐不能如數。請由臣楊殿邦行令各省通漕各幫均勻抽貼補足一兩二錢之數，一併解交藩司，於年內彙齊解部，以供支放。各省漕船即各歸各次，預備新漕。

至蒙恩截留賑濟之漕米六十萬石，臣陸建瀛前有改放折色以資適用之議，今因災緩缺改放折色之行月兵匠等米，既擬仍放本色，則賑濟米石無可通融，祇可亦以本色散放，勿庸再議改折。惟浙江漕船遲由該省水淺，非關人力，不能不由該省自行籌辦矣。此外，如有應行隨時斟酌事宜，容臣等悉心妥籌，另摺具奏。

所有會同籌辦緣由，謹合詞恭摺由驛具奏，伏乞皇上聖鑒訓示。謹奏。

五月二十六日

咸豐二年六月初四日奉硃批：欽此。

四六四　籌辦防湖濟運各工摺[①]

（咸豐二年六月十二日）

革職留任江南河道總督臣楊以增跪奏，爲籌辦防湖濟運各工，恭摺具陳仰祈聖鑒事。

竊臣於道光三十年十二月內會同督臣陸建瀛奏請專案撥銀五十萬兩，修理洪澤湖禮字河林家西壩并中河縴道，准戶部奏准撥銀三十萬兩，擇要修理，本年三月已將加培中河縴堤工段丈尺、共用銀十九萬八千零七兩零，開單奏報在案，尚存未用銀十萬零一千九百餘兩。上年山盱廳營先修禮字河未完，即值異漲，信壩宣放不及，堰盱大堤勢將普漫，關係洪湖大局，遂權衡輕重，趕將該河添啓暢洩，得以保護平穩。所有前發修費工既未完，不准開銷。越堵禮河現已估還直壩，并加後戧。

伏念洪湖關鍵，全賴山盱廳境之仁、義、禮三河，林、智、信三壩。河身壩底一律堅固，方能操縱由人。奈河壩年久失修，歷經啓放，過溜猛激，以致沖跌成塘。義字引河自道光八年越堵後至今未啓，不能修復。今禮字河又甫經堵閉，惟有仁字河及林、智、信三壩尚可補修，而需費不貲，亦難同時興舉。臣督同該道廳等再三籌商，將林壩從緩，先將仁字河并智、信二壩修補完全，以爲宣洩之用。

又裏河惠濟越閘爲糧艘往來要道，前因牆石脫落膨裂，閘底衝損冒椿，即經奏明啓放正閘，將越閘堵閉，以便估修在案。昨據淮揚道勘明應行通體拆修，照例將磚石分別選舊添新，造具估需料匠夫土、越壩束水等項銀兩清冊前來，經臣復加勘減，即飭該廳于昌進照估購料趕辦，以備輪替啓用而利運行。

以上仁字河、智信二壩及惠濟越閘工程共實估三十五萬數千兩零，例應專案請撥。而籌款維艱，臣何敢率行瀆請？查河庫有前撥未用之十萬一千九百餘兩，又扣存上年減平銀十六萬餘兩，其不敷者即在常平年

---

① 此摺現藏台灣"國立"故宮博物院。

例項內通融支用，俾錢糧無須專請，而要工亦不至誤延。現在仁字河購買木石各料，智、信二壩并裹河惠濟越閘六月內外均可告竣，統俟驗收後分案報銷。至堰盱兩廳石工上年二月至八月歷經風暴，掣卸多段。彼時因湖水過大，不能補砌，先將深塘大段分別用料用石隨時掃護，節將情形具奏在案。該工爲淮揚保障，亟應趕緊補修，以資捍禦。現已覈實減估，分派趕辦，并飭將應賠新工督令各員弁同時興築，完報候驗。倘有草率遲延，即行嚴參。

　　所有籌辦防湖濟運各工緣由，理合會同兩江總督臣陸建瀛繕摺具陳，伏乞皇上聖鑒。謹奏。

六月十二日

咸豐二年六月二十二日奉硃批：該部議奏。欽此。

四六五　葦蕩青柴長發情形片[①]

（咸豐二年六月十二日）

　　再，南河葦蕩左右兩營增採柴束原定章程，每年五月內將青柴長發情形由該管道員確勘詳請具奏，設有水旱蟲傷，隨時聲明。等因。稟部覆准在案。茲據陞淮海道梁佐中稟稱：左營地居黃河之北，本年青葦因雨水較大，窪處蘆芽被悶，高阜柴質稍茂；右營地居黃河之南，得雨較遲，低處長發尚旺，高灘所產多形矮茸。如伏秋雨水調勻，不受蟲傷，可期敷額等情，請奏前來。除批飭仍俟霜降後儘數估採，不准藉詞虧額外，理合循例附片陳明，伏乞聖鑒，謹奏。

　　咸豐二年六月二十二日奉硃批：知道了，欽此。

---

① 此片現藏台灣“國立”故宮博物院。

四六六　運葦大船輪應成造摺①

（咸豐二年六月十二日）

革職留任江南河道總督臣楊以增跪奏，爲南河運葦大船輪應成造以資運料，循例開單恭摺具奏，仰祈聖鑒事。

竊照江南葦蕩船務營改造大船二百隻，并各營額設柳船二十四隻，奉部議准：三年小修，六年大修，十二年成造一次。俟屆成造之年，如尚堪修理者量予修費，以歸核實。等因。歷遵在案。茲據河庫、淮海二道稟稱：葦蕩船務營運料，伏秋大汛，冲風破浪，時逢冬令，冰凌擦碰，經歷數年，即致損壞。必須照例隨時修造，以供駕駛。所有咸豐二年分輪應大修運葦大船十六隻，查明奉准價值，稟請乘時發辦，並將各該船隻字號、上屆大修年分、完竣日期開單呈送，請奏前來。臣嚴飭該道等親往驗明，實俱朽壞，查與輪應修造年限相符，共估需工料四千八百二十八兩六錢四分三釐二毫。除飭按船給價購料，查照部定長寬式樣，趕緊成造以資裝運，照例取具實用工料細册，恭疏具題，並送部查覈外，謹繕清單，會同兩江總督臣陸建瀛恭摺具奏，伏乞皇上聖鑒，敕部核議施行。謹奏。

六月十二日

咸豐二年六月二十二日奉硃批：工部議奏，單并發。欽此。

謹將咸豐二年分葦蕩船務營輪應成造運葦大船十六只各字號及上屆大修完竣日期繕具清單，恭呈御覽。

計開：

一、船務營左字九十二號至一百號、右字九十四號至一百號運葦大船十六隻，上屆均於道光二十六年正月二十五日大修完竣，計至咸豐二年正月內屆應成造。

硃批：覽。

---

①　此摺現藏台灣"國立"故宮博物院。

四六七　湖河水勢工程並重運渡黃情形摺①
（咸豐二年七月初二日）

革職留任江南河道總督臣楊以增跪奏，爲宣防湖河水勢工程平穩情形，並重運渡黃出境數目，恭摺具陳仰祈聖鑒事。

竊臣節將南北運河并洪澤湖長水修防各工緣由具奏在案。查洪湖自啓放桃南于家灣外南吳城七堡，并闢展順清河之後，湖水仍每日報長二三寸，誌樁積存二丈三尺二寸，浩瀚已極。堰盱兩廳臨湖石工平水入水，西風偶作，浪若排山，石工間有掣塌，槽土亦被衝刷，山盱各壩河護掃②及攔堰等工潰塌蟄卸，均經分投摟護鑲修。幸風勢爲時皆不甚久，得以搶辦平穩。察看湖心飽滿，來源過旺，金風司令，在在堪虞。必得再添去路，方資暢減。當與該道將廳營等熟商，林家西壩坐當湖心，石底損壞，仁河甫在估修，信壩雖已竣工，灰漿未老。智壩尚未修完，均屬不能啓放。

惟查禮河洩水最靈，又慮越堵費鉅，而此外更無再有分減之處。堰盱大堤爲淮、揚兩郡保障，臣與督臣再四籌酌，權衡輕重，祇得飭將禮河於六月十七日啓通過水，十八、九日仍長三寸，二十日以後甫見消落。現已消去二尺餘寸，而減下之水注入高、寶等湖，由揚河、江運二廳西岸各港口匯入運河，長水亦驟。現將歸江之金灣、東西灣、瓦窑鋪、鳳凰、壁虎等橋壩及入裏各去路次第啓放，俾循序消減，以免漲滿。至北運河因東省山泉漲發，下注江境，河水又見加長，幸前將各處分洩水口加展寬深，騰開河面，尚資容納。然宿遷十字河誌樁已長逾上年盛漲，運、中二廳兩岸彌形喫重，凡舊埽卑矮蟄卸段落分別鑲補，堤工殘缺卑薄之處幫戧加堰，酌鑲防風，運河廳劉老澗東束水堤護埽照舊鑲修，中河廳半路劉滾壩對岸替河業已挑成，委驗如式，即飭啓放。其雙金閘鉗口壩於春間啓拆，放出運葦等船。因彼時水小，復堵濟運，仍

---

① 此摺現藏台灣“國立”故宮博物院。
② “掃”字誤，當作“埽”。

飭令察看酌啓，以濟鹽柴運行。

現在南北運河汛防吃緊，臣惟有督帥該管文武加意防守，務期平穩。重運軍船截至七月初二日止，已渡黃二十二幫，計八百九十隻，約初十以前江西各船即可全數渡黃。截至六月二十六日止，已催出江境黃林莊八幫，計二百七十二隻，已挽入山東韓莊入微山湖者四幫，後船跟接上行，不任停滯。

謹會同兩江督臣陸建瀛恭摺具陳，仰祈皇上聖鑒。謹奏。

七月初二日

咸豐二年七月十三日奉硃批：知道了。欽此。

四六八　欽差大臣杜受田因病出缺情形摺①
（咸豐二年七月十一日）

臣怡良、臣楊以增跪奏，爲欽差大臣杜受田因病出缺，恭摺由驛奏聞事。

竊臣怡良同協辦大學士臣杜受田奉命查辦山東、江南事件，前於濟寧州具奏山東賑務情形後，當即馳抵江南清江浦，復將賑務情形公同商酌，於七月初八日恭摺具奏。其另查事件正在會同查辦間，詎料臣杜受田因一路積受暑濕，觸動舊患肝疾，到清江後雖即延醫調治，病勢未減。臣怡良等屢勸以請假調養，而臣杜受田總以公事爲重，未敢瀆請。延至初九日，陡加委頓，氣促神昏，藥餌俱不能進，惟有輾轉涕零，口稱受恩深重，未報涓埃，雖在九泉，不能瞑目。謹將遺摺一件，交臣代奏，伏枕碰頭，淚竭音咽。臣等目睹情形，同爲落淚，尚勸以安心靜攝，以待轉機。不意延至戌刻，遽爾出缺。臣當即會同江南河督臣楊以增暨隨帶司員等將其身後事宜眼同經理，一切尚屬妥備。仍囑地方官俟其家屬前來扶櫬時，沿途妥爲照料。至另行查辦事件，臣怡良仍率同隨帶司員等悉心查辦，再行具奏。其奏摺、文移等件仍用禮部備帶印文，合併聲明。

_____

① 此摺現藏台灣“國立”故宮博物院。

　　所有欽差大臣、協辦大學士臣杜受田因病出缺緣由，謹會同江南河督臣楊以增，由驛恭摺具奏，伏祈皇上聖鑒。謹奏。

七月十一日

咸豐二年七月十八日奉硃批：覽奏悲痛實深。另有旨。欽此。

四六九　黃河水勢情形片[①]

（咸豐二年七月十一日）

　　再，本年黃河來源自四月二十八日起，至六月二十一日止，除甘肅寧夏在萬錦灘上游毋庸重計外，節據河南陝州武陟縣、鞏縣馳報，萬錦灘並沁河、洛河陸續共長水十八次，統計六丈零九寸。江境蕭南廳王平莊誌椿先後長水二丈二尺九寸，落水一丈六尺五寸，除扣抵外，計存長水六尺四寸。七月初六日誌存一丈六尺四寸，比上年此時小一尺七寸，比上年八月盛漲小九尺六寸。豐工兵三堡口門已展寬至一百丈，內金門中長十五丈，水深十丈餘，兩頭逐漸遞減，至壩頭亦尚水深一二三丈。其寬已與長河相等，而深則倍蓰。較量該處水誌，比上年盛漲小至一丈九尺八寸，實爲去路通暢之證。子房山挑工業已一律完竣，委據徐州道稟報驗收如式，於七月初六日啓堰放水，頗爲暢順。加此一路分洩，則上游黃河自必挈消愈速，斷無壅滯之患。豐蕭二廳地接東豫，土性沙鬆，兩岸長堤向俱歲加幫培。本年據該道估稟，已減准飭辦，克資抵衛。

　　所有豐工口門拆展黃水去路通暢並啓放子房山新河情形，理合會同兩江督臣陸建瀛恭摺附錄陳，伏乞聖鑒。謹奏。

　　咸豐二年七月十九日奉硃批：覽奏俱悉。欽此。

---

① 　此片現藏台灣“國立”故宮博物院。

四七○ 黃河長水修防情形片①

（咸豐二年七月□日）

再，據河南陝州馳報，萬錦灘黃河於七月初九日兩次長水六尺八寸，十五②長三尺五寸。又據鞏縣馳報，洛河於七月十四、五日兩次長水七尺八寸，匯流下注江境，豐蕭兩廳旋長旋消，豐工口門加展之後，去水愈急，是以來源雖旺，并無積存。蕭南廳前於長水之際，碭上下兩汛間有漫灘，直抵堤根之處，擇要搶鑲防風，并將舊埽蟄矮段落隨時鑲修，悉資捍衛。

謹附片陳明，伏乞聖鑒。謹奏。

咸豐二年八月初五日奉硃批：知道了。欽此。

四七一 請撥來年歲料銀兩摺③

（咸豐二年八月初三日）

革職留任江南河道總督臣楊以增跪奏，爲循例請撥來年歲料銀兩，仰懇聖恩俯准撥發，以資購備而豫修防事。

竊照河工料物以柴稭爲大宗，例於秋令新料登場時將來年歲搶修埽壩各工應需料數豫爲發購，以備春修之用。並經前河臣於道光十一年奏准：嗣後歲料銀兩仍於八月內奏撥，陸續解存河庫。統俟霜後查明各廳用剩之料、應修之埽，按工約估應添料垛若干，覈發銀兩。以年底爲初限，次年正月底爲展限，勒令全數到工。如稍遲逾，據實嚴參，倘有虛報全到，查出從重參辦在案。緣秋收甫畢，采購較易，必須先期籌備，

---

① 此片現藏台灣"國立"故宮博物院。
② "十五"後似脫"日"字。
③ 此摺現藏台灣"國立"故宮博物院。

則發辦較早，稽覈易周，且免販户囤積居奇，滋生弊寶。所需錢糧向例奏請撥銀一百二十萬兩，歷經遵循辦理。

現在豐工已委員查估備堵，指日挽黃歸故，所有黃運各工均需估辦春修。查嘉慶二十四、五年及道光二十一、三等年豫省漫口，江南歲料銀兩系照常請撥。茲節近秋分，新稽登場，蘆柴倏亦採刈，所有來年歲料銀兩亟應乘時請撥，於九、十兩月陸續解到，俾得及早發辦，從容購儲。茲據河庫、淮揚、淮海、徐州、常鎮各道具詳請奏前來，相應專摺具奏，仰懇皇上天恩俯准，敕部於就近藩關各庫撥銀一百二十萬兩，速解河庫。由臣督帥各道查明各廳存料多寡，工程繁簡，酌定應備料數，乘時亟發趕購，勒照例限，全數到工，再行逐細確查，堅實堆儲，以重帑項而資工用，實於修防有裨。

再查前河臣潘錫恩任内奏明動用道光二十七、八兩年減平銀二十三萬兩，奉准部咨，分作四次扣還。除二十九、三十兩年並咸豐元年先後三次共已扣銀十七萬兩外，尚有未扣銀六萬兩，專項應請照數扣清。又二十九年減平銀十九萬二千兩，奉准部咨分作五年扣還，於上年照扣初限三萬八千四百兩，其本年應扣二限銀三萬八千四百兩，亦請扣撥，合併聲明。

謹循例會同兩江總督臣陸建瀛恭摺具奏，伏乞皇上聖鑒。謹奏。

八月初三日

咸豐二年八月十三日奉硃批：欽此。

四七二　湖南三幫船隻即日渡黃情形片[①]
（咸豐二年八月初三日）

再，重運軍船及銅鉛船隻渡黃出境日期，均經隨時陳奏在案。茲查湖南三幫船隻業已次第挽上各閘壩，即日渡黃分卸，不誤賑濟之用。截至七月二十四日止，已出江南黃林莊境十六幫，計五百八十九隻，據委員稟報跟接上行，共已過山東韓莊渡湖船十五幫，計五百四十二隻，理

---

① 此片現藏台灣"國立"故宮博物院。

合附片奏慰聖懷。謹奏。

咸豐二年八月十三日奉硃批：知道了。欽此。

四七三 秋分前後河湖水勢工程情形摺①
（咸豐二年八月十七日）

革職留任江南河道總督臣楊以增跪奏，爲秋分前後河湖水勢工程平穩情形，恭摺具陳，仰祈聖鑒事。

竊臣節將水勢工程情形具奏在案，續據河南陝州馳報，萬錦灘黃河於七月二十三、八月初五等日兩次長水七尺八寸，武陟縣馳報沁河七月十四、五兩日共長水七尺，先後匯注江境。豐蕭兩廳承受來源，旋長旋消，并未積存。惟豐工口門洩水迅激，豐工汛外灘歷經漲水串注，漾抵堤根，并豐下汛兵十堡一帶大堤北面溜勢掃刷，潰及堤坡，迎風犯浪，均甚吃緊。經該道廳稟報，擇要酌鑲防風掩護，克資捍衛。洪澤湖水業已暢消，所有山盱聽禮河越堵工程責成淮海道曹文昭駐工，會同署河營參將安振業督率廳營委員等，分投購運正雜料物，勒限到工，一面先築土壩基，以便接手用料，星速進築，俾資潴蓄而利運行。外南廳兵七堡洩水口門已於八月初六日堵合，并即補還大堤，以資靠衛。裹河、揚江等廳漲水已消，高郵汛南關兩壩毋庸添啓，下河中晚禾次第登場，民情歡抃。車、中兩壩已飭備料，察看堵辦，通工一律平穩。外南、北境黃河內楊莊之下仍做上冬辦法，築做攔壩擡蓄，俾現在浙江幫船既資暢達，而隨後回空亦得兼資利濟。臣總當隨事豫爲籌備，不敢稍有疏懈。至豐工堵築事宜，刻已分委幹員先爲購運正雜料物。其一切辦法，容會同督臣陸建瀛覈定，另行具奏。

所有秋分前後河湖水勢工程平穩情形，理合恭摺具陳，仰祈皇上聖鑒。謹奏。

八月十七日

咸豐二年八月二十七日奉硃批：覽奏均悉。欽此。

---

① 此摺現藏台灣“國立”故宮博物院。

四七四　湖北學政杜翰行抵清江扶柩回京片①
（咸豐二年八月十七日）

再，前任湖北學政杜翰②現已到浦。據稱前於七月二十二日聞訃，丁本生父杜受田憂，當即將學政關防移交湖北巡撫署理，旋於二十四日奉到恩旨，令杜翰即由湖北馳赴清江浦，扶柩回京。跪聆之下，伏地碰頭，感痛交深。即於二十五日星奔就道，於八月十五日行抵清江浦料理一切，速即扶柩回京。理合附片奏聞。謹奏。

咸豐二年八月二十七日奉硃批：知道了，欽此。

四七五　節屆霜降河湖水消各工修防平穩摺③
（咸豐二年九月十一日）

革職留任江南河道總督臣楊以增跪奏，爲節屆霜降，河湖水消，各工修防平穩，恭摺循例由驛具報，仰祈聖鑒事。

竊照本年自交汛起，至秋分後止，水勢工程情形歷經具奏在案。茲統計本年黃河來源，河南萬錦灘報長水十一次，武陟沁河報長十七次，鞏縣洛河報長四次，總計陸續共長水九丈五尺，比上年來源僅小三尺餘寸。江境蕭南廳王平莊工水誌旋長旋消，緣豐工口門洩水甚暢，是以上游不致積存喫重。惟洪澤湖承受淮源，長發勤驟，六月中旬長至二丈三尺以外，偶遇西風，堰盱二廳石工即被掣塌。大堤出水

---

① 此片現藏台灣"國立"故宮博物院。

② 杜翰（1806—1866）：字鴻舉，号繼園，山東濱州人。道光二十四年（1844）中進士，授翰林院庶吉士。曾任内閣學士兼禮部侍郎、軍機大臣等職，咸豐十一年（1861）为咸豐帝臨終任命輔佐同治帝的"顧命八大臣"之一。不久慈禧太后發動政變，杜翰被解除職務，發配新疆，雖遇特恩未被流放，但從此閉門不出，同治五年（1866）鬱鬱而終。

③ 此摺現藏台灣"國立"故宮博物院。

無多，僅賴子堰搪禦，各壩河護埽亦多被浪刷蟄，情形危險。一面督飭分別摟護搶鑲，一面先將裏河廳束清西壩拆展三十丈，并將外南廳之順清河酌加闊展，俾湖水洩入外南北、山海等廳，暢流入海，既資減漲，更得刷滌河身。旋又啓放桃南于家灣外南兵七堡，多方分減，滔滔東注外北廳境。加以緊接中河，分注之水尤形湧激，致將北岸汛馬家莊淤閉，舊埽潰塌淨盡，刷及堤身，當經趕廂新埽長一百三十餘丈，克資捍衛。而洪湖仍有長無消，淮源實屬旺甚。遂不得已趕啓山旴禮河，甫得逐漸消落。其減下之水，注入寶、高等湖，遞達揚州運河，亦形浩瀚，由各閘洞橋壩及車邏五里等壩，以次分減，運河堤岸均經修守平穩。

白露以後，淮源漸弱，湖水消之甚速。又慮減洩太枯，有礙運行，旋將桃南于家灣外南兵七堡趕爲堵閉，補還大堤，并將順清河及裏河束清壩照舊進埽收窄，以符原制。山旴廳越堵裏河工程已將壩基築成，催運料物，陸續到工，進占興堵，限築後骹。仍嚴飭該道將廳營等妥速趕辦，勒限完報。并飭揚河、江運二廳將歸江歸海各橋壩次第堵辦，以備糧船回空。中河廳雙金閘鉗口壩業經啓放，以濟鹽柴運行。該閘上下鉗托各壩并遙堤迎護等埽，并安汛監河兩岸舊埽朽塌卑矮之處，均經先後分別鑲修完整。邳宿運河前此盛漲，水高堤頂，經該廳營等隨時搶加子堰，竭力修守，悉保平穩。

茲已節屆霜降。所有河湖水消各工穩固緣由，理合會同兩江總督臣陸建瀛，恭摺循例由驛具陳，仰祈皇上聖鑒。

再，浙江重運糧船十三幫，計四百八十隻，現已全數渡黃，由漕臣督押北上。至豐北堵築事宜，業在分派趕緊集料，務期早日興築，另容會奏，合併奏明。謹奏。

九月十一日

咸豐二年九月十八日奉硃批：知道了。欽此。

四七六　子紹和鄉試中式恭謝天恩摺①

（咸豐二年九月二十三日）

革職留任江南河道總督臣楊以增跪奏，爲恭謝天恩仰祈聖鑒事。

竊臣現接壬子科鄉試題名録②，知臣子附學生二品蔭生紹和③中式第十三名舉人。閱悉之餘，莫名悚惕，當即恭設香案，望闕叩頭謝恩。

欽惟皇上德洽敷文，治資董道。壬林有慶，建猷而廣席蓋圖；子惠無疆，籲俊而速開蒏榜。際棫樸薪樵之盛，大構羣才；標梗楠杞梓之名，不遺小草。臣子年方逾冠，學未通經，泮游先採藻芹，恩蔭得膺章服。觀光東國，咸占利用之賓；受育中河，意入興賢之選。臣惟有勗之勵志，策以讀書，仍事丹鉛，勿忘寒素。鹿鳴肄雅，賦笙簧而早示周行；蟻悃抒忱，傾葵霍而忻俯化宇。

所有微臣感悚榮幸下忱，理合繕摺恭謝天恩，伏乞皇上聖鑒。謹奏。

九月二十三日

咸豐二年十月十一日奉硃批：知道了。欽此。

---

① 此摺現藏台灣“國立”故宮博物院。

② 題名録：科舉時代刻有同榜中式者姓名、年齡、籍貫的名册，有的也在録前載有主考、同考官等的姓名。

③ 楊紹和（1830—1875），字彦合，又字念微，號協卿、筱岩，山東聊城人。楊以增次子，海源閣第二代主人，清代著名藏書家、目録學家。幼時入鄉學讀書，七歲時因善詩賦而深得其父好友林則徐的賞識，收爲弟子。後從包世臣學經學，從梅曾亮學古文。咸豐二年（1852）中舉人，歷官內閣中書、户部候補郎中，以軍功擢候補道，軍機處記名，選任陝西道。同治四年（1865）中進士，授翰林院編修，擢詹事府右春坊、右贊善、右中允、同經局洗馬，又擢任翰林院侍讀，賞三品銜，陞侍講學士，充日講起居注，官文淵閣校理。光緒元年（1875）升通議大夫。

四七七　請展軍政期限摺^①

（咸豐二年十月十三日）

奏爲本年屆應軍政，懇請展限以重考察，仰祈聖鑒事。

竊准兵部咨：本年屆當軍政，行令照例舉行，應於十月內恭疏具題。等因。臣所屬操防河葦各營自應於限內悉心考察，惟現在興堵豐北大工，各營員弁多有調往差遣。臣住工督堵，竊恐工次匆促，查察難周。合無仰懇皇上天恩俯准，展俟大工告竣後再行辦理，俾得詳慎考察，以肅軍政，仰副皇上慎重武備至意。

所有本年軍政懇請展限緣由，理合恭摺具陳，伏乞皇上聖鑒訓示。謹奏。

咸豐二年十月十三日拜進

十一月初二日奉硃批：著照所請，行兵部知道。欽此。

四七八　葦營圍估柴數片^②

（咸豐二年十月十三日）

再，查葦蕩左右兩營道光三十年青葦長發情形，經臣於該年八月內附片奏明在案。嗣於霜降後經該管淮海道親詣蕩地詳細圍估，計道光三十年左營估柴二百六十七萬七千二百束，除舊額正餘柴一百五十三萬五千束，計新增餘柴一百十四萬二千二百束，較續額多柴三十四萬二千二百束。右營估柴二百八十九萬二千八百束，除舊額正餘柴一百六十三萬四千八百束，計新增餘柴一百二十五萬八千束，較續增額多柴五萬八千束。

理合附片陳明，伏乞聖鑒。謹奏。

---

① 見楊紹和抄本卷二二，魯圖藏。

② 同上。

咸豐二年十月十三日附進

十一月初二日奉硃批：知道了。欽此。

四七九　捐助軍餉片①
（咸豐二年十月十三日）

再，廣西軍興數載，現復擾及湖南，雖不難指日蕩平，而善後事宜所需甚巨。凡屬中外大小臣工無不報效情殷，輸將恐後。臣受恩深重，謹捐廉銀庫平一萬兩，解存藩庫，聽候戶部撥用。

臣因軍需緊要，略抒下忱，不敢仰邀議敘，理合附片陳明，伏乞皇上聖鑒。謹奏。

咸豐二年十月十三日附進

十一月初二日奉硃批：另有旨，欽此。同日奉咸豐二年十月二十三日內閣奉上諭：楊以增捐備軍需銀一萬兩，著賞戴花翎。欽此。

四八〇　回空軍船渡黃南下日期摺②
（咸豐二年十月二十二日）

奏爲回空軍船渡黃南下日期恭摺循例由驛馳報，仰懇聖鑒事。

竊照江境籌備運道各緣由節次奏陳在案。查重運自江安大河前幫至江西前幫，先已渡黃北上直達通州。其江西後幫、湖南三幫截留賑米，亦於江南、山東各水次如數交訖。茲於豐北工次據署淮揚道曹文昭稟稱：本年空運漕船首幫系九江前幫，於十月十二日巳時渡黃，由外南廳之順清河、裏河廳之頭二三閘跟蹤南下，暢順無阻。

臣等仍嚴飭印委各員弁催提後船，隨到隨渡，務期全數及早渡黃歸

_____

① 見楊紹和抄本卷二二，魯圖藏。
② 見楊紹和抄本卷二二，魯圖藏，並於標題後註明"會江督陸建瀛前銜"。

次外，所有空運漕船首幫渡黃日期，謹合詞循例由驛馳報，伏乞皇上聖鑒。謹奏。

咸豐二年十月二十二日拜進

十一月初四日奉硃批：知道了。欽此。

四八一　豐工引河挑有分數並正壩諏吉進占摺①

（咸豐二年十月二十五日）

奏爲豐工引河挑有分數並壩上諏吉進占日期恭摺具陳，仰祈聖鑒事。

竊臣等前將復堵豐工佸辦情形具奏後，即起程查看沿途挑工，諄諭挑河各員星速償辦。查自興工以來，雖間遇陰雨，幸即放晴，現已一律挑有三分工程。臣等稔知貼坡、墊崖爲挑河積弊。且長河遠至一百四十餘里，又夏間豫挑子房山迤下河道啟放時，清水挾沙而下，兼之伏令大雨時行，多有冲墊，復飭原辦委員照佸挑足。合之長河工段不下二百六七十里，不肖工員未必不因臣等鞭長莫及，設法偷減。臣陸建瀛因於十月二十二日親自工頭挨次查至工尾，再由工尾挨查而上，一經查有弊端，立即從嚴參辦。至工次正雜料物，刻已陸續運到，謹諏吉於十月二十五日督飭掌壩文武先由西壩進占，妥慎辦理。挑水壩應行接長之處亦即同時興工，俾挑溜得力，西壩亦資蓋護。現值經費支絀之際，辦此鉅工，在野嗷鴻亟思沾溉皇仁，安居復業。如在事之員稍存不肖，不獨有負國恩，抑且必遭神譴。臣等惟有隨時警惕，俾各激發天良，早奏回瀾，以冀仰紓宸厪。

所有引河挑成分數、壩工進占日期，謹循例由驛具陳，伏乞皇上聖鑒。謹奏。

咸豐二年十月二十五日拜進

十一月初六日奉硃批：知道了。欽此。

---

① 見楊紹和抄本卷二二，魯圖藏，並於標題後註明"會江督陸建瀛前銜"。

四八二　附陳核實辦理情形片①

（咸豐二年十月二十五日）

　　再，前此豐工未能合龍，一切白手求財之人咸以爲過於節省所致，雖奉欽派大臣查無其事，而群相煽惑，以冀現在復堵，多請錢糧，任其攜取，以杜口實。此等意見，不獨局外牟利者不知國計維艱，衆口同聲。即身處局中者，亦難免不作是想。是以貿遷商賈與依草附木之輩雲集工次，肩摩踵接，幾將倍於上年。現因臣等與在工司道事事親自檢點，核實辦理，已有廢然而返者。惟其來也必有所攀附，一朝觖望，又將造作浮言，互相搖撼。臣等惟有堅持定見，督飭該司道等身先作則，不避嫌怨，不辭勞瘁，認真妥辦，早蒇厥功，以期仰副皇上奠安斯民之至意。斷不敢瞻前顧後，自外生成，而工次情形亦不敢壅於上聞。

　　謹附片陳明，伏乞聖鑒。謹奏。

　　咸豐二年十月二十五日拜進

　　十一月初六日奉硃批：辦此鉅工，首重核實。朕知卿等斷不爲浮言所惑，益當不避嫌怨，慎重爲之，以蘇民困，以慰朕懷。欽此。

四八三　特參挑河工員摺②

（咸豐二年十月二十六日）

　　奏爲特參挑挖引河希圖墊崖之工員，請旨革職留工，勒限償挑，恭摺奏祈聖鑒事。

　　竊照復堵豐工漫口，全恃下游之引河挑挖深通，掣流歸槽，合龍時方有把握，是以臣等於派委承挑人員時三令五申，嚴行諭飭，必須

---

①　見楊紹和抄本卷二二，魯圖藏。

②　見楊紹和抄本卷二二，魯圖藏，並於標題後註明"會江督陸建瀛前銜"。

親身到工，實力挑辦，不准假手幕友、家丁，取巧矇混。茲據查催引河委員詹事府左贊善郭沛霖、候補道梁佐中等查出第三十三分委員宿南營守備劉元甫經興工，即將車路墊高一二尺。又四十三分委員外北營守備石榮竟將河身墊高二尺餘寸，改從灘上挑挖，以爲墊崖地步。又二十八分委員邳北通判丁承鈞承辦之工亦於南岸墊路一二尺不等，稟請參辦前來。

臣等查墊崖之弊系以挑起之土墊高兩岸，只需挑深一尺，望之已如二尺，希冀於驗收時掩飾矇混，實爲河工之大病。該員備膽敢首先巧爲嘗試，若不嚴行指參，則辦工人數衆多，難期整飭。相應請旨將宿南營守備劉元、外北營守備石榮、邳北通判丁承鈞一併革職，以杜效尤。查該員備等業已請領銀兩，雇夫興工，若再飭令離工，不獨得以置身事外，且將藉口虧欠帑項。應請暫行留工，勒令將墊崖之土盡行收除，按照原估丈尺如式挑挖，依限報竣。如再有草率弊混，即行從重治罪，以昭炯戒。

臣等仍不時親往查勘，儻查有情弊，並不親身赴工及挑挖遲延之員，即行據實嚴參外，謹合詞恭摺具奏，伏乞皇上聖鑒訓示。謹奏。

咸豐二年十月二十六日拜進

十一月十一日奉硃批：另有旨。欽此。同日奉咸豐二年十一月□日內閣奉上諭：陸建瀛、楊以增奏參挑挖引河希圖墊崖之工員一摺。南河委員宿南營守備劉元、外北營守備石榮、邳北道通判丁承鈞於委挑引河工段膽敢將岸路河身一併墊高，並從灘上挑挖，豫爲墊崖地步。似此侵帑舞弊，巧爲嘗試，無怪上年引河不暢，貽誤大工。現當辦工吃緊之時，該員等故智復萌，實屬可惡，僅予革職，不足蔽辜。劉元、石榮、丁承鈞均著革職，枷示河干，並責令將墊高之土盡數起除，按照原估丈尺如式挑挖，依限報竣。儻再草率弊混，即行從重治罪。仍著該督等嚴查此外工段，如有前項情弊，即將該工員嚴參重懲，毋稍瞻徇。欽此。

四八四　豐北做成丈尺並引河挑成分數摺①
（咸豐二年十一月初五日）

　　兩江總督臣陸建瀛、革職留任江南河道總督臣楊以增跪奏，爲豐北壩工做成丈尺並引河挑成分數，恭摺具陳仰祈聖鑒事。

　　竊臣等十月二十五日奏報興工後，諄囑在事各員慎速辦理，不可因興工較早、時日從容稍存鬆懈。旬日以來，西壩埽占已做成九丈，東壩亦即進埽，約束溜勢，俾免偏注。兩壩上下邊埽經伏汛淘刷，墊塌較甚，現仍趕辦加廂，以便隨同正壩一律前進。挑水壩藉資挑溜，而西壩氣候過長，尤資蓋護。該壩壩身業經加廂完整，亦已接做新占六丈，引河頭迤南大河溜勢上堤，生灣東注。僅就南唇展寬，尚恐未能得力，茲於舊引河頭南加挑引河頭一百二十丈，以期順勢。至前此引河工員辦理未能妥速，經臣分別奏參懲處，尚知警畏。臣陸建瀛自子房山河尾挨查回工，查已挑有五分工程，並有五分以上者。節候已近冬至，既恐寒天風雪，有妨工作，亦慮大河淌淩，金門吃重。現幸天氣晴和，施工較易，臣等惟有勒限嚴催，務使挑工先竣，即可專意壩工，早日蕆事，以冀仰副我皇上速工安民之至意。

　　所有壩工做成長丈、引河挑成分數，恭摺由驛具奏，伏乞皇上聖鑒。謹奏。

　　咸豐二年十一月初五日拜進

　　十七日奉硃批：知道了。欽此。

---

　　①　見楊紹和抄本卷二二，魯圖藏，並於標題後註明"會江督陸建瀛前銜"。

四八五　減平等銀請仍扣歸工用片[①]
（咸豐二年十一月初五日）

再，藩關各庫已解到工次銀一百十三萬兩，其餘銀兩亦經飛飭趕解，以期無誤要需。至減平部飯上次奏請留作工用。棚廠、薪飯、犒賞、燈燭、器具等項，上次援案奏懇核扣三厘，餘平一兩三錢六分二釐八毫銀，另款登記，工完核實造報，亦經奏明有案。

此次仍請照辦，以歸劃一。謹附驛陳奏，伏乞皇上聖鑒。謹奏。

咸豐二年十一月初五日拜進

十七日奉硃批：知道了。欽此。

四八六　堵辦壩河瀦蓄利運摺[②]
（咸豐二年十一月初五日）

奏爲堵辦各壩河，瀦蓄湖河水勢並酌廂埽壩以利運行，恭摺附驛具陳，仰祈聖鑒事。

竊照本年洪澤湖來源旺盛，啟放山盱禮河分減，並於消落後預籌堵辦各情形，歷經具奏在案。查禮河越堵工程較長，所需正雜料物甚鉅。臣於七月內即籌款，分委幹員，四路採購，飭令該管淮揚道曹文昭駐工，督同廳營委員等一面催運料物，一面先築土壩基，並打樁捆船，以備進堵。八月底各料集有成數，壩基業經築成，遂即興工。先於北壩進占，越過深水，復於南壩一並進築，跟澆後餞。雖九月間風雨不時，取土做工諸多費手，臣與督臣均嚴飭在事文武，鼓勵兵夫，晝夜搶辦，不准藉詞稽緩。茲據稟報業於十月初七日合龍，仍在加壓重土，並照舊章

① 見楊紹和抄本卷二二，魯圖藏。並於標題後註明"會江督陸建瀛前銜"。
② 見楊紹和編抄本卷二二，魯圖藏。

在於越壩禮河補還直壩，以資修守。

洪湖水誌現存一丈一尺一寸，江廣軍船截留江省，山東賑米已先後起卸。回空自十月十二日陸續渡黃南下，業經由驛具奏，仍飭沿途印委員弁加緊催償。江運廳境歸江各橋壩均已次第堵閉，其揚河廳境車邏壩已堵，五里中壩因連年過水衝擊，本有跌塘，本年泄漲更猛，愈跌愈深。自興堵以來，埽占屢有蟄塌。臣與督臣均嚴飭該廳營設法趕爲搶堵，倘有遲誤，即行嚴參。

至黃河以北運中河，現當冬令，來源漸弱，所有前此啟放各水口應於豐工合龍之前查看堵辦。而中河廳桃源汛半路劉滾壩因石底跌塘，泄水尤大，應即先爲越堵，並於上水築做挑壩，俾河水逼入南岸替河，以分滾壩溜勢，庶易堵合。現飭該道廳趕爲興築，勒限完報，以利運行。外北廳浦家莊承受中河外注之水，兩岸壩埽自重運廂修之後，歷經汛漲搜刷，致多蟄卸。現在水落灘寬，應照上屆成案，在於兩岸廂做順水壩、埽各一道，俾束刷河身，直達中泓，以免淺澀。臣仍諄飭行漕各廳，凡有濟漕事件，總當妥爲預籌，務期運行無滯。

相應會同兩江總督臣陸建瀛恭摺附驛具陳，伏乞皇上聖鑒。謹奏。

咸豐二年十一月初五日拜進

十七日奉硃批：知道了。欽此。

四八七　揀員請補授徐州知府摺①
（咸豐二年十一月初七日）

江南河道總督臣楊以增、兩江總督臣陸建瀛、江蘇巡撫臣楊文定跪奏，爲察看遺缺知府於沿河要缺不甚相宜，另行揀員請補，恭摺奏祈聖鑒事。

竊照蘇州府知府王夢齡陞署徐州道，遺缺欽奉上諭：著該督撫於通省知府內揀員調補，所遺員缺著世焜補授。等因。欽此。當經臣等請以徐州府知府鍾殿選調補，奏明所遺徐州府員缺俟世焜到省，

---

① 此摺現藏台灣“國立”故宮博物院。

察看如果勝任，再行奏明請補。接准吏部議覆，咸豐二年就九月三十日奉硃批：鍾殿選著准其調補，餘依議。欽此。坐十月初五日咨行欽遵前來。

臣等伏查徐州府系題補之缺。該府界連皖豫、山東，爲南北衝途，民情刁悍，詞訟極繁。且時有捻幅匪徒往來出沒，兼轄黃、運兩河。現當堵築合龍，散放賑撫之際，在在均關緊要，非熟悉情形、通曉河務之員難期勝任。世焜現已到省，臣等詳加察看，人頗明白，惟初膺外任，詢以河防緝捕事宜，尚少閱歷，於徐州府一缺，人地不甚相宜。臣等未敢稍事拘泥，相應請旨將世焜留省，另行補用，其徐州府知府員缺謹會同遴選。查有海阜同知趙作賓，年五十七歲，直隸舉人，大挑一等，分發東河，借補安陽縣縣丞，陞曹縣通判。道光二十二年祥工告竣，奉旨：賞帶藍翎。旋陞蘭儀同知。二十五年安瀾保奏，奉旨：著遇有東河知府缺出，即行補用。丁憂起復，二十九年順天捐輸，奉旨：著以同知改發南河，歸新班遇缺前先補，仍遵前旨，以知府用。欽此。三月到工，題署今職。於明保案內，經臣楊以增遵旨保舉，奉硃筆圈出，無庸送部引見，咸豐元年四月二十七日奉文准署任事，題請實授，尚未接准部覆。查該員守優才練，熟諳修防，現署徐州府印務，辦理裕如。以之請補徐州府知府，實堪勝任，與例亦屬相符。合無仰懇天恩，俯念員缺緊要，准以趙作賓補授徐州府知府，實於河工、地方兩有裨益。如蒙俞允，俟部覆至日，照例給咨送部引見，恭候欽定。

再，該員任內并無違礙參罰案件，亦無應賠銀兩。所遺海阜同知系在外揀選之缺，應候奉到部文截缺，另行遴員請補，合併陳明。

謹合詞恭摺具奏，伏乞皇上聖鑒訓示。謹奏。

十一月初七日

咸豐二年十一月十六日奉硃批：吏部議奏。欽此。

四八八　節交冬至趕辦豐工摺①

（咸豐二年十一月十五日）

奏爲節交冬至趕辦壩工、挑工情形，恭摺奏祈聖鑒事。

竊臣等於本月初五日奏報豐工情形後，維時已屆冬至，淩汛伊邇，諄諭在工員弁多備擋淩器具，以資抵禦。旬日以來，仰叨聖主洪福，天色晴霽，督飭掌壩文武鼓勵兵夫，並力進埽。截至十五日止，東壩埽占已做成二十一丈，西壩又得十二丈，上下邊埽、夾土壩一律跟進。挑水壩亦續成十六丈，因至深水，漸出占不易，現在慎重趕辦，不任稍延。長河挑工辦理未能妥速，各員經臣等參奏，奉旨：枷號河干。工員觸目驚心，益加敬畏。現在普律挑有八分工程，間有挑出稀淤瀣沙之段。責令設法趕辦，不准藉口耽延。統俟全完，挨逐驗收。如有草率弊混，再行嚴參。

至工次人夫麕集，良莠不齊，調派標營將弁，帶兵彈壓，遇有積匪工蠹藉端滋事，即當盡法承辦。

所有趕辦壩工、挑工情形，謹恭摺由驛具奏，伏乞皇上聖鑒。謹奏。

咸豐二年十一月十五日拜進

□日奉硃批：知道了。欽此。

四八九　洪澤湖被風暴掣卸石工及估修情形片②

（咸豐二年十一月□日）

再，據淮揚道稟稱，自咸豐元年二月起至八月止，洪澤湖歷次風暴

---

① 見楊紹和抄本卷二二，魯圖藏。幷於標題題後註明“會江督陸建瀛前銜”。
② 此摺現藏台灣“國立”故宮博物院。

掣卸石工，計：高堰廳屬共長八百四十六丈九尺五寸，內除新工著原辦
之員賠修外，實計舊工長八百零八丈四尺五寸；山盱廳屬共長二千八百
五十七丈九尺，內除新工著原辦之員賠修外，實計舊工長一千七百六十
五丈九尺。並新工下間有掣卸舊石層路，均經隨時確估請修，以資捍
衛。稟請具奏前來。

理合附片陳明，伏乞聖鑒。謹奏。

咸豐二年十二月初二日奉硃批：知道了。欽此。

四九〇　豐工慎重進占並嚴催引河摺[①]

（咸豐二年十一月二十五日）

奏爲壩工慎重進占，引河嚴催趕辦，恭摺具奏，仰祈聖鑒事。

竊臣等前將辦理豐工情形二次按旬奏報後，維時西壩埽占甫經做近
深塘，金門漸收漸窄，淘刷堪虞。臣等親督在事文武，鼓勵兵夫，趕將
兩壩埽占連環遞進。仍令層土層柴，逐占盤壓，以期穩實。計旬日以
來，東壩續得十二丈，西壩續得六丈，加以兩壩盤頭，計共做成七十七
丈。挑水壩亦續得四丈，連前共做成二十六丈。緝量金門僅存寬二十七
丈，壩工約計春前當可竣事。惟壩、河相爲表裡，只可河成等壩，斷不
可壩窄等河。臣等嚴飭挑河員弁星夜趕辦，一俟長河告竣，臣楊以增即
馳赴工尾，自下而上逐段驗收，試放清水。如放清後查有水塘高仰處
所，循照舊章，相機搶辦，總期河先壩成，無誤啟放，以冀早日蕆工，
仰紓宸厪。

所有壩工慎重進占，引河嚴催趕辦緣由，謹恭摺由驛馳報，伏乞皇
上聖鑒。謹奏。

咸豐二年十一月二十五日拜進

十二月十三日奉硃批：知道了。妥速辦理，斷不准不肖工員因總督
遠離藉端遲延，以爲冒銷地步。儻有似此者即據實嚴參，朕必從嚴懲
辦，不止枷示河干。將此意可曉諭在工員弁知之。欽此。

---

① 見楊紹和抄本卷二二，魯圖藏。並於標題題後註明"會江督陸建瀛前銜"。

四九一 堰盱石工補修丈尺片①
（咸豐二年十一月二十五日）

再，據淮揚道稟稱：自咸豐元年二月起至八月止，洪澤湖歷次風暴掣卸石工，計：高堰廳屬共長八百四十六丈九尺五寸，內除新工著原辦之員賠修外，實計舊工長八百零八丈四尺五寸；山盱②廳屬共長二千八百五十七丈九尺，內除新工著原辦之員賠修外，實計舊工長一千七百六十五丈九尺。並新工下間有掣卸舊石層路，均經隨時確估請修，以資捍衛。稟請具奏前來。

理合附片陳明，伏乞聖鑒。謹奏。

咸豐二年十一月二十五日附進

十二月十三日奉硃批：知道了。欽此。

四九二 江廣回空軍船全數渡黃日期摺③
（咸豐二年十二月初二日）

奏爲截留江、廣漕米回空軍船全數渡黃日期，謹繕摺奏報，仰祈聖鑒事。

竊江西、湖南各幫截留賑米已於江南、山東各水次如數交訖，其回空船隻自九江前幫起，於十二月十二日巳時渡黃，業經奏明在案。查截留賑米道途遠近不同，交卸遲速亦異。山東至江南境內文武員弁節節分催。截至十一月二十一日止，截留賑米之江西、湖南各幫回空船共五百二十八隻，已全數渡黃。其自通州回空之大河衛前幫軍船即於二十二日

---

① 見楊紹和抄本卷二二，魯圖藏。
② "盱"字，楊紹和抄本作"旴"，當誤。
③ 見楊紹和抄本卷二二，魯圖藏。

渡黃，幸天氣晴和，雖有薄冰，不致凍阻。在後船隻銜尾跟接，斷不令其脫空。清江閘以下運河水勢充盈，堪資浮送。俟豐工合龍後，仍用灌塘舊法，已飭淮揚道責成各廳營將草塘妥爲預備。

臣仍嚴飭文武員弁晝夜梭催，俾通州回空各幫趕緊渡黃歸次受兌外，所有截留賑米之江、廣回空漕船全數渡黃日期，謹會同督臣陸建瀛循例由驛馳報，伏乞皇上聖鑒。謹奏。

咸豐二年十二月初二日拜進

十二月十五日奉硃批：知道了。欽此。

四九三　豐工金門收窄搶辦引河水塘摺[①]
（咸豐二年十二月初五日）

奏爲壩工金門收窄，搶辦引河水塘，恭摺陳奏仰祈聖鑒事。

竊豐工辦理情形三次按旬馳報後，西壩埽占續得五丈，挑水壩續得七丈。東壩回溜搜根淘刷，諄囑辦工員弁星夜廂築堅鞏，相機前進。惟查築壩、挑河雖系相爲表裡，然只可河成等壩，不可壩窄等河。緣金門愈收愈窄，愈窄愈險，既防新占蟄動，搶廂不遑，尤慮金門刷深，合龍不易。

本年挑工九月即已派辦，彼時查文經甫經奉旨幫辦大工，即據稟請截留解工銀兩，就近在清江浦飭發工員領銀雇夫，勒限十一月初十日完工，期限本屬寬裕。臣前因壩工收窄，全河大溜奔注於二十餘丈金門之內，埽占不時蟄矮，難以停壩待河。當即親赴長河，嚴督星夜趕挑，旋據承辦挑工各員先後報竣。臣隨自下而上，逐段驗收丈尺，均多挑足。其有辦理遲延、未能全完之段，勒限另行附參。惟時距立春僅二十二日，再進一兩占，查看風色溜勢，一有可乘之機，即須放河歸正，奏慰聖懷。其放河前搶挑水塘各工，諄飭堵辦引河道員等星夜相機搶辦，毋任再延致誤。

所有壩工金門收窄、搶辦引河水塘緣由，謹會同兩江督臣陸建瀛恭

---

① 見楊紹和抄本卷二二，魯圖藏。

摺由驛具奏，伏乞皇上聖鑒。謹奏。

咸豐二年十二月初五日拜進

□日奉硃批：知道了。欽此。

四九四 附參挑河工員片[①]

（咸豐二年十二月初五日）

再，查引河爲合龍關鍵，必須如期挑就，以待放河。臣於十一月二十七日赴下游驗收引河，自下而上，計共四十七段，逐段逐丈量高下寬深，均屬如式。間有水盆腮土，飭令與各段梗界全行啟除，以便放出清水，搶辦清水塘挑工。惟第三十八段引河系署高堰通判英禄承挑，計工僅有八分，該倅並未在工，夫役亦多半散去。據總催京員江西道御史存葆揭稱：該倅因錢糧不繼，自赴郡城挪借。等語。查該倅應領之銀由總局已經全發，何以通工挑畢，該倅僅有八分工程？設誤放河，所關匪細，殊屬玩視要工。相應請旨將署高堰通判候補通判英禄先行革職，一面委員幫辦，勒限三日內全完，儻届放河之期，稍有貽誤，再行從重嚴參。

理合附陳，伏乞聖鑒。謹奏。

咸豐二年十二月初五日拜進

□日奉硃批：另有旨。欽此。同日奉咸豐二年十二月十一日內閣奉上諭：楊以增奏參玩視要工之廳員等語。南河署高堰通判英禄承挑第三十八段引河，自應如期趕辦。乃通工均已挑畢，而該員僅有八分工程。且當該河督親往驗收時，該員並未在工，夫役亦多散去，實屬瞻玩。著先行革職，仍責令留工，勒限趕辦，儻再玩延，即行嚴參治罪，該部知道。欽此。

---

① 見楊紹和抄本卷二二，魯圖藏。

四九五　遵旨督辦大工並侍郎青麐^①

不日遄臨片^②

（咸豐二年十二月初五日）

再，臣准督臣陸建瀛咨鈔廷寄：十一月十九日奉上諭：陸建瀛現駐豐工，督率彈壓正當吃緊之時。惟安徽、江西俱係該督兼轄省分，儻軍情緊急，必須親往督辦，即著扼要駐劄，以資調度。河工要務楊以增督飭查文經妥速辦理，毋任延誤。欽此。咨行前來。臣惟有與甘肅臬司查文經恪遵聖訓，會商籌辦，竭慮殫心，總期於迅速之中倍昭慎重，庶冀年前竣事，仰慰宸廑。

嗣又准督臣咨：奉上諭：青麐交卸學政，尚未來京。著暫留工次，幫同該督等督率彈壓。欽此。遵查豐北工程緊要，夫役衆多，學臣青麐奉命來工，於一切事宜照料更爲嚴密。聞已行抵清江浦，不日即可遄臨。

理合附片陳明，伏乞聖鑒。謹奏。

咸豐二年十二月初五日拜進

□日奉硃批：知道了。欽此。

四九六　遵旨妥速辦理壩工摺^③

（咸豐二年十二月十五日）

奏爲妥速辦理壩工，恭摺陳奏，仰祈聖鑒事。

---

① 青麐（？—1854）：滿洲正白旗人，字墨卿，道光二十一年（1841）進士，選庶吉士，授編修，遷中允。大考二等，擢侍講，五遷至內閣學士，任江蘇學政。咸豐二年（1852）擢戶部侍郎。學政任滿，命督催豐北塞決工程。三年（1853）回京，復出任湖北學政，調禮部侍郎。四年（1854）授湖北巡撫，同年因武昌失守，棄城而走，被咸豐帝下旨處死。

② 見楊紹和抄本卷二二，魯圖藏。

③ 見楊紹和編抄本卷二二，魯圖藏。並於標題後註明"會戶部右侍郎青麐前銜"。

　　豐工辦理情形四次按旬奏報，恭奉硃批：知道了。妥速辦理，斷不准不肖工員因總督遠離，藉端遲延，以爲冒銷地步，儻有似此者，即據實嚴參，朕必從嚴懲辦，不止枷示河干。將此意可曉諭在工員弁知之。欽此。又准督臣咨會，欽奉上諭：前因江防緊要，迭次降旨令陸建瀛酌度情形，如需親往督辦，即著馳赴上游，扼要調度。現豐工亦在吃緊之際，該督啟程後即責成楊以增督同查文經竭力妥辦，並飭該鎮道等認真彈壓稽查，務須趁此天氣晴和、料物充足之時催令進占，克期合龍。該河督系專管河務，查文經亦兩次派辦河工，責無旁貸，儻再因循誤事，朕惟楊以增、查文經是問。青麐於河工本非所習，因其任滿回京，令在工幫同彈壓，非特派督辦者可比。楊以增等不得藉詞諉卸。青麐亦不可另出己見，祇須按陸建瀛等所定章程迅速催辦，合龍後即行來京可也。將此由六百里諭知陸建瀛、楊以增、青麐，並傳諭查文經知之。欽此。

　　仰見聖慮周詳，誥誡諄切。臣等跪誦之下，欽感莫名。伏查節遇冬至，即交淩汛。前雖朔風時來，嚴寒未篤。初三以後風雪交作，始而淌淩，繼遂凝凍。維時金門收窄僅存二十餘丈，一經大淩湧注，船埽均虞受傷，未敢冒險進占，致有疏失。謹照歷屆大工守凍成案，埽前密掛擋淩椿板，多方衛護。已成埽占督飭盡力盤壓，並於上下水加抛碎石，俾益穩固。一面多備敲淩船隻，相機敲鑿。詎十二、三日辰刻復又同雲密佈，飛霙間灑。臣等正深焦慮，潛心默禱。仰仗皇上洪福，十四日卯刻驟轉東風，冰淩徐泮。一俟積淩淌盡，兩埽各進一占，即可相機放河。

　　此次執事文武多系原堵人員，荷蒙逾格鴻慈，俯准棄瑕委用。各該員救過不遑，何敢因督臣遠離，稍涉鬆懈？茲復將奉到硃批通行曉諭，兩壩文武同深感畏。至於錢糧、料物，查文經稽查嚴密，不避嫌怨。縱有不肖員弁，不敢妄生希冀，亦無所施其伎倆。工次人夫眾多，又值挑河甫竣，恐其麕聚壩頭，乘間滋事。臣等諄飭該管鎮道認真彈壓，隨地巡防，以昭慎密。臣楊以增與查文經責無旁貸，臣青麐遵旨彈壓催辦，惟有同心竭力，慎速蕆事，仰副聖主垂厪要工、早求底定之至意。

　　所有遵旨妥速辦理壩工情形，謹會同兩江總督臣陸建瀛，督同甘肅臬司查文經，恭摺由驛具奏，伏乞皇上聖鑒。謹奏。

咸豐二年十二月十五日拜進

二十五日奉硃批：知道了。欽此。爾等竭力搶辦，倍加慎重。覽奏十四日卯刻驟轉東風，此皆仰賴天神佑助，即日已遣恭親王虔詣圓明園河神廟惠濟祠拈香，以答神麻。欽此。同日准軍機大臣字寄：户部侍郎青、江南河道總督楊：咸豐二年十二月二十一日奉上諭：青麐、楊以增奏辦理壩工一摺。豐工緊要，日盼合龍。自本月初二日奏報進占後，迄今又逾半月。據稱初三以後風雪交作，渦凌凝凍，未能冒險進占。幸驟得东風，俟積凌淌尽，相机进占放河等語。大工垂成，不可不認真趕辦。但人力可施，即須督令進占，未可以天寒藉口，致誤事機。該河督即督同在工各員，趁金門收窄之時迅速設法進占，總期年內及早合龍，以副朕望。楊以增、查文經及在事員弁經朕棄瑕録用，應如何感激思奮，急圖自效？儻再有疏虞，其能當此重罪耶？青麐著仍遵前旨住工督催，毋任延誤。將此由四百里諭知青麐、楊以增並傳諭查文經知之。欽此。遵旨寄信前來。

四九七　豐工雪後河凍請俟冰泮進占摺[①]
（咸豐二年十二月二十五日）

奏爲黃河雪後復凍，請俟天融冰泮，加緊進占，恭摺陳奏，仰祈聖鑒事。

竊臣將豐工守凍情形五次奏報後，十五、六日連得東風，積淩已將消盡。通工文武歡欣踴躍，正在撐檔進埽。詎十六日夜間朔飆怒號，大雪連宵，平地積存一尺有餘，黃河復又凍阻，兩壩往來車輛輾冰直渡，較之初次凝凍倍加堅厚。臣等督飭兩壩員弁，多集兵夫，並力敲鑿，無如旋鑿旋合，人力難施。目睹兵夫手□足瘃情形，憐恤之中彌深焦灼。因念壩工守凍，不免稍遲。而兩次祥霙優渥，麥苗深資培養，來歲春收可期大稔。壤叟衢童咸歌帝德，於農氓甚爲有益。臣等會同體查金門僅存二十餘丈，兩壩各進三兩占，至多旬餘日即可掛纜合龍。工成業届垂

---

① 見楊紹和抄本卷二二，魯圖藏。並於標題後註明"會户部右侍郎青麐前銜"。

成，未敢專事欲速，致有疏虞。惟有督飭文武員弁密排擋淩椿板，慎守已成埽占，務保穩固。節候已屆立春，陽氣漸舒，一俟河冰融泮，即當恪遵聖訓，加緊趕辦，以期一氣呵成，仰紓宸厪。

所有大河復凍、須俟冰泮趕辦埽占緣由，謹會同兩江總督臣陸建瀛，督同甘肅按察使臣查文經，恭摺循例由驛馳奏，伏乞皇上聖鑒。謹奏。

咸豐二年十二月二十五日拜進

咸豐三年正月初四日奉硃批：另有旨。欽此。同日奉咸豐二年十二月三十日內閣奉上諭：青廳、楊以增奏黃河雪後復凍，請俟天融冰泮加緊進占一摺。前據該河督奏稱：十二月十四日卯刻南河工次驟轉東風，冰淩解泮。兩壩各進一兩占，即相機放河。朕心稍慰。茲據奏稱：十六日夜間大雪連宵，黃河復又凍阻，旋鑿旋合，人力難施。擬俟河凍融泮，加緊趕辦。等語。金門現存二十餘丈，進占掛纜最關緊要。即謂大河偶凍，亦應設法辦理，斷無工屆垂成、忽然停待之理。刻下節逾立春，轉瞬桃汛將至。若不加緊辦理，萬一再有疏失，自問當得何罪？青廳本無辦公之責，著即由驛回京，無庸駐工督催。豐工一切事宜係楊以增、查文經專責。著即迅速妥籌，相機克期進占，毋得藉口人力難施，稍有延誤。並著將此旨傳諭在工人員等趕緊遵辦。儻再有貽誤，朕惟有將楊以增、查文經及辦公各員從重治罪，決不寬貸！懍之慎之。欽此。

四九八 核明另案各工銀數摺[①]
（咸豐二年十二月二十七日）

奏爲核明各廳咸豐二年霜降止，辦理另案各工動用銀數，循例彙總，開具清單，恭摺奏祈聖鑒事。

竊照每年伏秋大汛，各廳搶辦另案新工，於嘉慶八年准工部咨：令於霜降後核明銀數，彙奏一次，以憑考核。又於道光十五年九月內准工部咨：欽奉上諭：嗣後每年彙奏清單務遵奏定限期，無論奏咨各案彙爲一冊。等因。當經前河臣查明，請照東河章程截至霜降之日爲止，將霜

---

① 見楊紹和抄本卷二二，魯圖藏。

後所辦各工歸入次年清單開列，奏奉俞准照辦。各在案。

　　所有咸豐二年霜降止各廳辦理培築堤壩堰餞、疏挑運道、啟閉壩河堤工、廂築壩埽、搜護補修磚石等項工程均經臣隨時督率各道將廳營分投辦理，節次奏報，鈔摺咨部。茲據徐州、淮揚、淮海、常鎮各道分案造冊，呈送前來。共四十八案，內估定辦理者工竣後經臣勘驗，其隨時辦理者先由各道查量具報，復經臣確核刪減，不准稍有浮糜。茲統計各工刪定銀數共用銀一百六十一萬六千八百四十六兩零。按冊查核，均與原估及勘准冊案相符。除飭另造印冊詳送，次第具題，並送部查核外，謹將各廳咸豐二年霜降止，辦理另案各工動用銀數，循例彙開清單，恭呈御覽，仰祈勅部查核施行。

　　再，動用歲加五寸錢糧增培堤工因非另案工程，向來不列清單。嗣於道光十八年經工部議，令歸入另案清單，一律比較。遇有興辦年分，於彙奏摺內聲明。等因。所有本年江運廳辦理前項工程現已遵照列入清單，合併聲明，伏乞皇上聖鑒。謹奏。

　　咸豐二年十二月二十七日拜進

　　咸豐三年正月十九日奉硃批：該部知道，單併發。欽此。

四九九　另案工用銀數循例比較摺[①]
（咸豐二年十二月二十七日）

　　奏為查明咸豐二年分各道屬另案工用銀數，循例比較開單，恭摺具奏，仰祈聖鑒事。

　　竊照嘉慶二十一年准工部咨：凡河道另案工程於三汛後將一年統用銀數彙奏一次，並將上三年所用銀數分晰比較，以備查核。又於道光十五年九月准工部咨：欽奉上諭：歲修工程銀有定額，興舉大工，事非常有。均照舊不入比較外，其另案工程嗣後每年彙奏清單，遵照奏定期限，無論奏咨各案彙為一冊，其比較上下三年原從清單而出，毋庸分為兩事。著該督附摺聲明比較，另立一單。等因。欽此。又於道光十八年

────────

①　見楊紹和抄本卷二二，魯圖藏。

三月准工部咨：議覆題估江防廳道光十六年動用歲加五寸錢糧、加培堤工案內，行令嗣後將前項工程歸入另案清單，一律比較。等因。歷經遵辦各在案。

除將本年霜降止各廳另案工段銀數核明彙總，開單另摺具奏外，統計徐州、淮揚、淮海、常鎮四道屬咸豐二年分另案各工實用銀一百六十一萬六千八百四十六兩零。比較咸豐元年另案共用銀二百一十三萬四千九百零九兩零，本年計少用銀五十一萬八千零六十二兩零。比較道光三十年另案共用銀二百三十一萬六千八百七十五兩零，本年計少用銀七十萬零二十九兩零。比較道光二十九年另案共用銀二百二十一萬五千三百八十九兩零，本年計少用銀五十九萬八千五百四十二兩零。謹遵照部定章程，將各道屬用銀數目分晰比較，開具清單，恭呈御覽。

爲此繕摺具奏，伏乞皇上聖鑒，勅部查核施行。謹奏。

咸豐二年十二月二十七日拜進

咸豐三年正月十九日奉硃批：該部知道，單併發。欽此。

五〇〇 因駐工遲奏另案清單片①

（咸豐二年十二月二十七日）

再，本年另案清單緣臣駐紮豐工，堵辦堵築挑各務，相距淮揚海常各屬路遠，往返駁查，是以稍有耽延。茲趕緊鉤稽核實，從嚴刪減。除彙開清單並比較摺分別奏呈御覽外，所有本年清單拜發較遲緣由，理合附片陳明，伏乞聖鑒。謹奏。

咸豐二年十二月二十七日附進

咸豐三年正月十九日奉硃批：覽。欽此。

---

① 見楊紹和抄本卷二二，魯圖藏。

五〇一 籌備挽黃歸正各工片[①]
（咸豐二年十二月二十七日）

再，黃河即歸故道，各廳臨黃埽壩應即分別拆補加廂。已飭發歲料銀兩分投購辦，以資抵禦。外南廳順清河現已堵閉，補還大堤。隨後所到回空軍船仍用灌塘法，所有舊草閘外挑束壩並該閘金門由身上下迎分水雁翅、護埽及閘內挑壩、禦黃二壩、臨清鉗口壩等工間有腐朽蟄塌，業經分別廂修，並將臨黃堰外灘面挑挖寬深，以利運行。中河廳楊莊頭壩亦備料查看酌堵。裏河廳惠濟越閘拆修工程業已完工，飭將應廂各埽壩照舊豫爲估修，以備輪替啟用。揚河廳五里中壩亦經合龍，跟築後戧。上下運道收蓄充盈，均無淺滯。

合將預備挽黃歸正籌辦各工情形附片陳明，伏乞皇上聖鑒。謹奏。

咸豐二年十二月二十七日附進

咸豐三年正月□日奉硃批：知道了。欽此。

五〇二 揀員接署要缺通判摺[②]
（咸豐二年十二月二十七日）

奏爲河廳要缺遴員借署以重修防，仰祈聖鑒事。

竊照江南淮安府外北河務通判黃世恩於咸豐二年八月十八日在任丁憂，另疏題報在案。所有淮安府外北河務通判員缺照例以丁憂本日作爲開缺日期，歸入八月分截缺。因八月以前之通判三缺咨部核示，十一月內准部咨覆，已將三缺分別具題。查外北河務通判一缺經管黃河北岸堤埽工程，並浦家莊一帶往來重空漕船催儹事宜，均關緊要，必得明白河

務、賢能勤幹之員方能勝任。臣等於現任通判中逐加遴選，匪現居要缺，即人地未宜，無員可調。應補籌餉例之分缺先人員尚未到工，例應歸先盡班輪補，而先盡班內實無堪勝此任之員。查例載：河工人員或銜大缺小，或系對品，無論本項是否有人，俱准借補。其各項應借班次先盡人員無論何項到班，悉准酌量借補，不積本班之缺。等語。

查有不論班次、遇缺即補同知沈文藻，現年五十歲，浙江湖州府歸安縣人，由監生遵籌餉例、報捐同知豫工例，分發投效東河，引見奉旨：著照例發往。欽此。道光二十一年十二月到工，二十二年委查南河水勢，捐輸海疆經費。二十三年四月奉旨：著留於南河，以同知不論班次遇缺即補。欽此。二十三年四月到工，二十四年防汛出力，奉旨：賞加陞銜。欽此。二十七年防汛出力，奉旨：著歸遇缺班酌量先行補用。欽此。該員心地樸誠，勇於任事，在江年久，熟悉情形。以之借署外北河務通判，實堪勝任，謹援人地相需之例專摺奏請。且本系先儘班銜大缺小人員，借補有案。合無仰懇皇上天恩俯念要缺需人，准以沈文藻借署外北通判，實於公事有裨。如蒙俞允，仍照例試署一年期滿，經歷三汛，察其果能勝任，再行保題實授，送部引見，恭候欽定，不積各項人員之缺。

再查該員並無應賠未完銀兩，系同知職銜陞轉時仍照原銜陞轉，合併陳明。

臣等謹合詞恭摺具奏，伏乞皇上聖鑒訓示。謹奏。

咸豐二年十二月二十七日拜進

咸豐三年正月十九日奉硃批：吏部議奏。欽此。

五〇三　恭謝恩賞花翎片[①]
（咸豐二年十二月二十七日）

再，臣於工次接准禮部咨：奉上諭：楊以增捐備軍需銀一萬兩，著賞戴花翎。欽此。竊臣自陝西巡撫調任南河，奉職無狀，仰荷恩施稠

---

① 　見楊紹和抄本卷二二，魯圖藏。

叠，逾格優容。茲因粵楚軍需捐廉備餉，復蒙高厚一體給予翎枝。申命自天，悚惶無地。伏願師干統領三路進兵，拉朽摧枯，欃槍净埽①，庶得膚功迅奏，上慰宸厪，不勝虔祝之至。

所有微臣感激下忱，謹附片叩謝天恩，伏乞皇上聖鑒。謹奏。

咸豐二年十二月二十七日附進

咸豐三年正月□日奉硃批：知道了。欽此。

---

① "埽"，當作"掃"。

咸豐三年（1853）

五〇四　河冰徐泮趕辦壩工摺①

（咸豐三年正月初五日）

　　奏爲河冰徐泮趕辦壩工情形，恭摺具陳仰祈聖鑒事。

　　竊臣等前奏辦理壩工情形，欽奉硃批：知道了。爾等竭力搶辦，倍加慎重。覽奏十四日卯刻驟轉東風，此皆仰賴天神佑助，即日已遣恭親王虔詣圓明園河神廟惠濟祠拈香，以答神庥。欽此。並承准軍機大臣字寄：咸豐二年十二月二十一日奉上諭：青麐、楊以增奏辦理壩工一摺。豐工緊要，日盼合龍，自本月初二日奏報進占後，迄今又逾半月。據稱初三以後風雪交作，淌淩凝凍，未能冒險進占。幸驟得東風，俟積淩淌盡，相機進占放河。等語。大工垂成，不可不認真趕辦。但人力可施，即需督令進占，未可以天寒借口，致誤事機。該河督即督同在工各員趁金門收窄之時，迅速設法進占，總期年內及早合龍，以副朕望。楊以增、查文經及在事員弁經朕棄瑕錄用，應如何感激思奮，急圖自效？儻再疏失，其能當此重罪耶？青麐著仍遵前旨住工督催，毋任延誤。將此由四百里諭知青麐、楊以增，並傳諭查文經知之。欽此。又於咸豐三年正月初四日奉上諭：青麐、楊以增奏黃河雪後復凍，請俟天融冰泮加緊進占一摺。前該河督奏稱十二月十四日卯刻南河工次驟轉東風，冰淩解泮，兩壩各進一兩占，即相機放河，朕心稍慰。茲據奏稱十六日夜間大雪連宵，黃河復又凍阻，旋鑿旋合，人力難施，擬俟河凍解泮，加緊趕辦等語。金門現存二十餘丈，進占掛纜最關緊要，即謂大河偶凍，亦應設法辦理，斷無工屆垂成忽然停待之理。刻下節逾立春，轉瞬桃汛將至，若不加緊辦理，萬一再有疏失，自問當得何罪？青麐本無辦工之責，著即由驛回京，無庸駐工督催。豐工一切事宜系楊以增、查文經專責，著即迅速妥籌，相機克期進占，毋得藉口人力難施，稍有延誤，並著將此旨傳諭在工人員等趕緊遵辦。儻再有貽誤，朕惟有將楊以增、查文經及辦工各員從重

---

① 　見楊紹和抄本卷二三，魯圖藏。並於標題題後註明"會户部右侍郎臣青麐前銜"。

治罪，決不寬貸，懍之慎之！欽此。

　　仰見皇上垂厪要工，訓誡諄切，在工文武無不震悚。伏查年前黃河復凍，實緣大雪朔風連朝不息，以致甫泮之冰復又凍合。雖循案備有搖淩船隻，集夫敲鑿，無如旋鑿旋合，刻難見效，臣等實深焦灼。維時金門雖緩進占，而上下水邁埽圓壩並加壓後臺、澆築小戧等工，皆系後此應辦之工。趁此提前趕辦，以便將來冰泮時並力專做占埽，一氣呵成。復仰體聖主軫念災黎、拯溺迫切之忱，臣等敬詣河神廟虔心默禱。幸立春後東風入律，淩質漸酥。正月初三以後迎溜處所時有淩塊淌下，厚四五尺至丈餘、寬數丈至二十餘丈不等，其緩溜背陰之處至初五日亦漸就酥融。一俟積淩淌盡，即可星夜進占，克期蕆事，以冀仰紓宸厪。至工次人夫眾多，臣青麐督同鎮道暨調工文武員弁認真彈壓，有犯必懲，現尚一律安靜。

　　所有河冰徐泮趕辦壩工緣由，謹會同兩江總督臣陸建瀛，督同甘肅臬司臣查文經，恭摺循例由驛馳奏。

　　再，臣青麐拜摺後即行回京，啟程日期容另恭摺具報，伏乞皇上聖鑒。謹奏。

　　咸豐三年正月初五日拜進

　　□日奉硃批：知道了，欽此。同日准軍機大臣字寄：上諭：青麐、楊以增奏請俟積淩淌盡趕辦進占一摺。據稱立春後淩質漸酥，迎溜處所時有淩塊淌下，一俟積淩淌盡克期蕆事等語。豐工緊要，日盼合龍，迭經降旨嚴催，該河督宜如何督同查文經認真趕辦？現在淩塊已酥，正當多備船隻，集夫打淩，即日進占。若俟積淩淌盡，桃汛已臨，必致貽誤，楊以增與查文經等其能當此重咎耶？著再將此旨傳諭在工人員，迅速相機進占，及早堵合，以慰朕盼，毋稍玩延，自干重罪。將此由四百里諭知楊以增，並傳諭查文經知之。欽此。遵旨寄信前來。

五〇五　遵旨嚴緝偽造執照人犯摺①

（咸豐三年正月□日）

再，臣接准刑部咨准都察院咨送王汝霖呈報車印川代捐翰林院待詔，執照篆文不符一案，究出偽造假照之候選未入流車紹文起意描摹印信，誆騙銀兩，車紹文現往南河工次攬辦稭料，在西壩黃家廟黃昌泰家居住等語，請旨飭下屬查拿解部訊辦。等因。奉硃批：著楊以增派員嚴拿，務獲解部審辦。欽此。咨行欽遵前來。

臣隨即密飭徐州道王夢齡將候選未入流車紹文嚴拿務獲去後，今據該道稟稱，遵即委員會同前往西壩地方，不動聲色，嚴密查拿。旋據查傳黃昌泰到案，訊據訊稱並未開設客店。上年冬月間，記不清日期，曾有車姓説是四川人借住一宿，後再未見。今年委無車紹文在伊家居住。如日後查有容留情事，情願甘罪。職道親提研訊，堅供如前，似無遁飾。除飭縣嚴緝車紹文，務獲究報外，理合稟覆等情到臣。據此臣伏查本年購辦正雜料均由各廳營承辦，並未收買民料。訊據黃昌泰供，並無車紹文住伊家辦料之事，似屬可信。

除嚴飭該道上緊密速緝拿車紹文，務獲究報外，所有查無車紹文在黃昌泰家居住，現仍嚴拿車紹文解部審辦緣由，合先附片陳明。謹奏。

咸豐三年正月十一日奉硃批：知道了。欽此。

五〇六　常年歲防銀通融支用片②

（咸豐三年正月□日）

再，查嘉慶十八年東河睢工漫口，因豫東□匪滋事，緩堵一年。十

---

① 此摺現藏台灣"國立"故宮博物院。

② 此片現藏台灣"國立"故宮博物院。

九年江南黃河無工，□□銷銀四百萬兩有奇。道光二十三年東河中牟工未能堵合，二十四年南河仍報銷銀四百零五萬餘兩。今豐工未堵，而豐北、蕭南黃河照常修防，各運河之重運、回空船隻費用亦較常年爲多。本年黃、運各工共銷銀二百二十萬三千餘兩，實屬設法節省，無可再減。內有洪澤湖山盱廳堵閉禮河直越二壩，并土戧等工銀二十三萬兩零，不敢循例專案奏請，系於常年歲防料銀通融支用。合併附片陳明，伏乞皇上聖鑒。謹奏。

咸豐三年正月十一日奉硃批：知道了。欽此。

五〇七　豐工冰泮進占相機放河摺
（咸豐三年正月十五日）

革職留任江南河道總督臣楊以增跪奏，爲冰淩一律融泮，星速進占，豫備相機放河情形①，恭摺具陳，仰祈聖鑒事。

臣前將河冰徐泮、趕辦壩工情形，於初五日會摺具奏後，初六、七等日連得東風，大河迎溜處所積淩盡解，隨即督飭掌壩文武鼓勵兵夫，星夜進占。茲截至十五日止，兩壩占埽共又做成十一丈，上下邊埽、夾土壩一律跟進，挑水壩亦續成八丈。惟時積雪盡融，水勢驟長，頗有奔騰澎湃之勢。幸系積淩客水，旋長可冀旋消。且前此守凍時，上下水多做石壩邁埽，足資倚護。現在金門收窄，僅存十餘丈。兩壩再進一占，察看風色溜勢，一有可乘之機，即當放河歸正，另行馳報，仰紓聖懷。

至銅沛廳子房山剔啟堤工已先補遺，其下游桃南廳于工、外南廳順清②河亦均分別築堵，並飭各廳將臨黃埽壩擇要鑲修，俾放河時黃流下註，得資抵禦。

所有星速進占、豫備放河緣由，謹會同兩江總督臣陸建瀛，督同甘肅臬司臣查文經，恭摺循例由驛具奏，伏乞皇上聖鑒。謹奏。

---

① “形”字，楊紹和抄本作“情”，當誤。
② 錄副本無“清”字，據楊紹和抄本校補。

正月十五日

咸豐三年正月二十日奉硃批：欽此。①

五〇八　拿獲結捻各犯審明定擬摺②

（咸豐三年正月十五日）

奏爲拿獲結捻強刦拒捕搜贓首夥各犯審明定擬，將情重各犯恭請王命先行正法，仰祈聖鑒事。

竊照徐州界連東、豫二省，時有捻匪出沒刦掠。臣等節飭該管鎮道派委員弁會同各縣營分投跴緝，先後獲犯多名，盡法懲辦，隨時會奏在案。旋據獲犯謝二等二十五名，批飭解赴豐北工次，飭委徐州道王夢齡督府審辦。嗣臣陸建瀛遵旨赴九江一帶籌辦防剿事宜，咨交臣楊以增勘辦。

茲據該道府等審擬詳解前來，臣楊以增親提研鞫，緣謝二即謝鞍、謝五即謝淘氣、李玉、謝羊、王挪、李保、皇甫寅、呂沅慶、謝良、宋二、關禿子、馬第二、王馬、夏貞、邵友即張□、余有即王有、胡居即胡舉、王四、孫八、胡雪、李成、張青揚、梁分、王虎、梁密均籍隸豐、沛、銅、蕭等縣，平素遊蕩，不務正業。咸豐二年四月，謝二、謝羊、王挪、李保與續被殺斃之齊雙會遇。齊雙起意結捻，謝二等允從，齊雙又糾約在逃之王三沅、滿周、劉二、劉三、周麻孜、周大麻孜、周三麻孜、鞠憨、閭藏、李租、胡百科並不識姓名一人入夥，一共十七八人。謝五、李五亦於二年六月間同在逃之劉代平、王向、齊二坡、張臭、吳分、蕭迷、張德、馬魁、李珠、李臧、孫豬、李文、鄭四、楊振江、李福先後投入逆犯袁驢捻內，一共十八人，或訛索過客行囊，或強

① 此摺奉硃批日期，楊紹和抄本作"二十五日"。另於"欽此"後有："同日奉咸豐三年正月二十日內閣奉上諭：'楊以增奏豐工冰泮進占情形一摺。據稱本月初六、七等日連得東風，大河迎溜、背溜處所積淩盡解，隨即督飭在工人員星夜進占。現在金門收窄，僅存十餘丈。兩壩再進一占，查看風色溜勢，即當開放引河等語。前經迭次諭令該河督等趕緊籌辦，茲屆大工垂成，必須於桃汛未至之前克期藏事，著楊以增督同查文經嚴飭在工各員等認真趕辦，及早合龍，毋稍延緩。'欽此。"

② 見楊紹和抄本卷二三，魯圖藏，並於標題後註明"會江督陸建瀛、蘇撫楊文定前銜"。

借鄉村鋪户，得錢分用。

　　十月十七日，齊雙、袁驢各帶捻夥與在逃之另股捻首皇甫吉會遇。齊雙述及銅山縣鄭家集孫元禮典鋪殷實，皇甫吉起意，糾約強刦，齊雙等允從。即於十八日皇甫吉帶領在逃之捻夥劉大麻孜、劉二麻孜、閆長、閆虎、尹士禮、王瘸子、劉小二、王三、徐麻孜、范向、范丢、吳二、張二、張順、路安、王六、王金聲、楊大匹、李化軒、孫更、鞠收一共二十二人，與齊雙、袁驢兩捻合二爲一，共計五十七人，各執火槍、刀械，分坐船隻，偕底①孫元禮典鋪北首上岸。皇甫吉留王瘸子、劉小二、王三、徐麻孜、劉三、周麻孜、胡百科、鄭四、尹士禮、李伏十人看船，同齊雙、袁驢、謝二、謝五、李玉、李保、閆虎、劉大麻孜、劉二麻孜、齊三坡、張臭、閆長、鞠憨、楊振江十五人進內，謝羊、王挪等俱在外瞭望接贓。皇甫吉等各執槍械，擁進店內，典夥孫玉珍、王億良瞥見喊捕，被皇甫吉即喝令齊雙、袁驢、劉大麻孜、劉二麻孜等各將典夥王億良、工人王禮拒傷，並將孫玉珍用火燎傷，逼問財物，隨分進各屋搜掠衣服、首飾、銀錢，遞交謝羊等接收上船，撐至湖內僻處，齊雙藏匿銀兩，經皇甫吉查出不依，用刀砍傷身死，棄屍湖內。計點贓物，按股俵分各散。皇甫吉路過豐縣楊五樓地方，因伊父皇甫寅在該處孫秀廷空屋借住，留給贓衣二件，錢五千文，並存槍械。又給孫秀廷工人呂沅慶贓衣一件，旋即逃散。

　　謝良、宋二、關禿子、馬第二、王馬、夏貞先於咸豐二年四月聽從皇甫吉糾約入夥，是月二十五日皇甫吉起意行劫，謝良等允從。皇甫吉又邀允在逃之齊雙、劉狗、袁驢、劉年、毛二、趙三砍、趙三毛並不識姓名一人，共夥十五人。是夜更餘時分，各執器械，乘船偕抵豐縣事主李廣照家。皇甫吉、齊雙、宋二、謝良、關禿子、馬第二、王馬、袁驢、毛二、趙三砍十人進內，餘俱在外接贓。事主李廣照喊救，被宋二用刀背毆傷，又被皇甫吉用火燎傷，搜取衣物錢文，運回俵分各散。此謝二、謝良等各自聽從結捻、強刦拒傷事主之情形也。

　　又咸豐二年十月，邵友起意糾允余有、李成、梁分、張青揚、胡

---

①　“底”，當作“抵”。

居、胡雪並在逃之張青連、程瑣、于二、陳棟、梁第二、李登雲、韓大明一共十四人結爲一捻。王四、孫八聽從在逃之黃魁糾約，與逸犯陳二憨仔、王桃、李二、張夢珠、王義、黃白、包二、花先、馬群並不記姓名四人，一共十六人結爲一捻。十月二十六日黃魁與邵友各帶捻夥，行至銅山縣小常莊迤北遇道貧難。黃魁起意行劫，糾允邵友、余有、王四、孫八、程瑣、胡居、于二、韓大明、陳二憨仔、王義、黃白、包二、花先、馬群、李登雲、王桃並不記姓名私人是夜定更後一共二十一人分攜刀械，經過江防營挑河夫頭王明寓前。黃魁見門尚未閉，即同邵友、余有、王四、孫八、程瑣、于二、陳二憨仔、王義、黃白、馬群、李登雲、王桃並不知姓名二人一起擁進，又留胡居等在門外接贓。散夫王朝儀等出捕，黃魁、孫八各用刀背嚇拒，並未成傷。各犯進屋用刀劈開錢櫃，刮得現錢、錢票、衣物，遞交胡居等分攜，逃至辟地俵分各散。

十一月初一日余有起意行劫，糾允邵友、孫八、王四、李成、梁分、張青揚、陳二憨仔、馬群、黃魁、程瑣、胡居、胡雪、于二、陳棟、梁第二、李登雲、韓大明、王桃、李二、張青連、張夢珠、王義、黃白並不記姓名二人，是夜三更在蕭縣單家莊空地會齊，一共二十六人，分攜槍械偕抵蕭南通判金安清挑河公寓門首。余有用石撞開大門，同黃魁、邵友、孫八、王四、胡居、陳二憨仔、馬群、于二、王桃、黃白並不記姓名二人進內，餘俱在外接贓，幕友陳姓起捕，余有用刀背嚇歐，並未成傷。各犯用刀劈開各屋門，入室刮得現錢、銀票、衣物遞交梁分等，分攜逃至辟地俵分各散。邵友、余有聞拿，逃至王處家，分給票錢二千，程瑣逃至梁密家，分給馬褂一件，央允藏匿。此邵友、余有等結捻迭刮拒捕搜贓之情形也。

旋經各縣營會同各委員獲犯通稟批飭審解，臣楊以增親提，逐加究詰，供悉前情，案無遁飾。查例載：山東省匪犯持械結捻強刮得贓者，仍照強盜本律問擬，將法無可貸、罪應斬決之首從各犯加擬梟示。又律載：強盜得財者不分首從皆斬。又例載：盜劫之案將法所難宥、情有可原者於疏內聲明。又窩留積匪之家，未經造意，又不同行，但經窩留分得些微財物，減本犯一等治罪。又強盜父兄知情分贓，如強盜擬斬，減一等杖一百，流三千里。各等語。此案謝二、李保、謝五、李玉先投入齊雙、袁驢捻內，聽從訛索強借①，旋與另股捻首皇甫吉合夥，謝良、宋二、關禿子、馬第二、王馬聽從皇甫吉結捻，均隨同強刲搜贓。邵友聚衆結捻夥刲二次，余有、胡居聽從邵友結捻，余有起意糾刲一次，隨同夥刲一次。胡居聽糾夥刲二次。王四、孫八投入黃魁捻內夥刲二次，均屬潟不畏法。以上十四犯均請比照"山東省匪犯持械結捻強刲得贓，仍照強盜本律問擬，將法無可貸、罪應斬決之首從各犯加擬梟示"例，均擬斬立決梟示。現當嚴懲捻匪之際，未便稍稽顯戮。除關禿子、馬第二、王馬、余有、王四、孫八六犯均已在監病故，飭令照例戮屍梟示外，謝二、李保、謝五、李玉、謝良、宋二、邵友、胡居八犯，臣楊以增於審明後即恭請王命，飭委徐州道王夢齡、陞署河標右營遊擊馮景尼將該犯等綁赴市曹，即行正法，傳首犯事地方，懸桿示衆，以昭炯戒。關禿子、馬第二、王馬尚有夥刲河南虞城縣事主張永祥家一案，罪應擬斬，應歸此案議結。謝羊、王挪、夏貞、胡雪、梁分、李成、張青揚各自聽從入捻行結②，均應照強盜得財律擬斬立決。該犯等訊止在外接贓一次，系屬情有可原，夏貞、張青揚業已監斃，應毋庸議。餘俱聽候部議，照例刺字。王虎窩留邵友、余有等，梁密窩留程璅，俱系罪應斬決之犯，王虎、梁合③均合依"窩留積匪之家未經造意同行，但經窩留分財，減本犯一等治罪"例，與邵友等斬罪上減一等，各擬杖一百、流三千里，照例刺字定地發配，折責安置。皇甫寅不能禁約其子皇甫吉爲盜，事後知情分贓。查皇甫吉系屬盜首，將來獲案，罪應斬梟。皇甫寅合依"強盜父兄知情分贓，減本犯一等"例，於皇甫吉斬罪上減一等，杖一百流三千里。呂沅擅將伊主人孫秀廷空屋借給盜犯皇甫吉之父皇甫寅居住，分受贓物，與窩留盜犯究屬有間，應照"窩留積匪之家未經造意同行但經分財，減本犯一等治罪"例上再減一等，於皇甫吉斬罪上減二等，擬杖一百，徒三年以上。二犯均已病故，應毋庸議。各犯監故刑禁人等已由各該縣訊無凌虐情弊，亦毋應議。捻首齊雙是否已被皇甫吉殺死，棄屍湖內，應飭該縣查明詳報。各犯父兄不能禁約子弟爲匪，及失察之牌保，分別飭提責懲。各事主傷均平復，起贓給主，未起追賠。

---

① "借"，當作"刲"。
② "結"當作"刲"。
③ "合"當作"密"。

未獲各逸犯嚴飭緝獲日另結。

　　所有首協獲應敘及承緝應參各職名，分飭開報另咨。除分案豫備供録供招，咨部查核外，合詞恭摺附驛具奏，伏乞皇上聖鑒，敕部核覆施行。謹奏。

　　咸豐三年正月十五日拜進

　　□日奉硃批：刑部速議具奏。欽此。

五〇九　回空漕船渡黃南下摺

（咸豐三年正月十七日）

　　漕運總督臣楊殿邦、革職留任江南河道總督臣楊以增跪奏，爲回空漕船渡黃南下日期恭摺循例由驛馳報，仰祈聖鑒事。

　　竊照回空軍船首幫渡黃日期及江南、山東截卸賑米回空各幫全數渡黃緣由，前經具奏在案。查自通州回空之大河前幫運①船已於十一月二十二日渡黃，臣等隨即分派委員沿途上下提催，隨到隨渡。並以天寒地凍，分飭沿河地方文武員弁多備船隻器具，認真敲擊冰淩，不使凍阻。因十二月內雪深三尺，冰厚而堅，經臣楊殿邦在後督催，不遺餘力。茲據署淮揚道曹文昭、淮海道吳葆晉等稟稱：查量塘河水勢高於太平河，三閘一帶仍用灌塘放渡，以期妥速。又臨清堰水勢高下懸殊，一經啟放，恐陡泄塘河之水，築做束水柴壩一道，以資收蓄。截至正月初十日止，共入塘河船六百三十只。隨即堵閉臨黃堰，一面趕將三閘堵閉，頂托水勢，一面趕啟臨清堰，催船出塘。連前頭進及截米各船隻，共渡黃船一千三百三十只，計三十三幫。仍嚴飭印委員弁加緊催趲，克日飛挽過閘，迅速歸次，受兌新漕。查淮揚運河水勢充盈，足資浮送。

　　除浙江杭、嘉十三幫准山東河臣咨會：因值東省煞壩挑河，於臨清閘外守凍，俟春杪啟壩後再行南下。業經奏明外，所有回空漕船全數渡黃南下平穩緣由，謹會同兩江總督臣陸建瀛，合詞恭摺由驛具陳，伏乞

---

　　①　“運”字，楊紹和抄本作“軍”。

皇上聖鑒。謹奏。

正月十七日①

咸豐三年正月二十四日②奉硃批：知道了。欽此。

五一〇　豐工鑿冰進占並啟放引河摺

（咸豐三年正月二十二日）

革職留任江南河道總督臣楊以增跪奏，爲黃河復凍設法鑿冰進占放河，恭摺馳奏仰慰聖鑒事。

竊臣於十五日具奏星速進占情形後，是日戌刻承准軍機大臣字寄：咸豐三年正月十一日奉上諭：青廮、楊以增奏請俟積淩淌盡趕辦進占一摺。等因。③欽此。當即宣示通工，一體欽遵。正在嚴催趕辦間，詎又連值風雪，黃河復凍，冰塊厚至四五六寸及尺餘不等。維時西壩已成，埽占正在加鑲，多掛擋淩椿板柳把，足資蓋護。而東壩門占甫經撐足，深慮上游冰塊隨溜淌下，繩纜船隻致被鏟折。當與在壩文武悉心商酌，趕將近埽冰淩，集夫敲鑿，一面將東壩捆鑲船加系繩索，分爲裏外把，外把生於西上邊埽拐角後，裏把生於東上邊埽拐角後，鼓勵兵夫，履險進占。至十七日上游水勢驟長，瞬將兩岸冰淩捧高，淩塊隨溜旋激，致將摘腦繩纜一千數百條登時鏟斷。幸加繫兩邊埽拐角以後之纜高於水面數丈，穩繫不動。臣等復又親督兵夫奮力趕辦，放價跑④買料土，趕將東壩門占四丈於十九日追壓到底。現仍層土層柴，加築高鞏，務保無虞。惟金門僅存七丈，上游淌下淩塊擁緊口門，以上挑水壩、引河頭一帶積厚至八九

---

①　此摺具文日期，楊紹和抄本作"正月十八日"。

②　此摺奉硃批日期，楊紹和抄本作"二十□日"。

③　"等因"二字，楊紹和抄本作："據稱立春後淩質漸酥，迎溜處所時有淩塊淌下，一俟積淩淌盡，克期蕆事等語。豐工緊要，日盼合龍，迭經降旨嚴催。該河督宜如何督同查文經認真趕辦？現在淩塊已酥，正當多備船隻，集夫打淩，即日進占。若俟積淩淌盡，桃汛已臨，必致貽誤。楊以增與查文經等其能當此重咎耶？著再將此旨傳諭在工人員，迅速相機進占，及早堵合，以慰朕盼，毋稍玩延，自干罪譴。將此由四百里諭知楊以增，並傳諭查文經知之。"

④　"跑"字，楊紹和抄本作"跪"，當誤。

尺丈餘，愈積愈多。因念春後之冰究與冬令迥異，一遇東風，即恐排山倒海而來，兩壩吃重，必須相機妥辦，寓變通於慎重之中，庶免臨時束手。當調撥挓淩船隻先將引河頭一帶冰塊鑿開。察看水勢趨向，竊喜河面雖凍，冰下大溜臥注引河頭①，折至東壩上邊埽，②從積淩下斜注口門，形勢極順。臣等悉心籌議，三百餘丈河流收束於七丈口門之內，若待天融冰泮，既稽時日，更恐上游大塊冰淩同時下注，致有疏虞。維時挑水壩甫又做成埽占五丈，逼溜甚資得力。且又適值西風大作，正可吹送溜勢，暢達東趨。揆度③形勢④，實有可乘之機⑤，遂於二十日巳刻啟放引河。大溜挾淩奔注，傾⑥刻間已將引河頭五段鋪滿，建瓴直下。次日即據銅沛聽稟報：黃流於二十一日子時循徐州北門工東注。計歷六時已行一百六十餘里，大溜掣歸正河六分有餘，正壩誌樁落水二尺，四野窮黎目睹田廬即復，無不感頌皇仁，歡聲載道。現仍督催員弁兵夫接手趕做西壩門占，一俟盤壓堅固，即可相機合龍。

　　除合龍後循例由六百里馳報外，合將設法鑿冰進占放河緣由，會同兩江總督臣陸建瀛，督同甘肅按察使臣查文經，由四百里具奏，伏乞皇上聖鑒。謹奏。

　　正月二十二日

　　咸豐三年正月二十七日⑦奉硃批：欽此。

五一一　請將前參挑河各員疏枷片

（咸豐三年正月二十二日）

　　再，前據總理引河委員稟揭：署守備劉元、石榮，署通判丁承鈞承

---

① 楊紹和抄本無“頭”字。
② 楊紹和抄本此處多一“又”字。
③ “度”字，楊紹和抄本缺。
④ “形勢”而字，楊紹和抄本作“勢形”。
⑤ 楊紹和抄本此處多一“會”字。
⑥ “傾”字，楊紹和抄本作“頃”。
⑦ 此摺奉硃批日期，楊紹和抄本作“二月初□日”。

辦引河，希圖塾崖。當即奏奉諭旨：革職，枷號河干。嗣後查明實系塾路，並非塾崖。該員等被參後各將承辦引河工段挑挖深通，先期完竣，尚知愧奮。現值引河啟放一律深通，不日合龍。合無仰懇天恩俯准，將已革署守備劉元、石榮，署通判丁承鈞先行疏枷之處出自鴻慈。爲此附片陳明，伏乞聖鑒。謹奏。

正月二十二日

咸豐三年正月二十七日奉硃批：欽此。①

五一二　豐北大工合龍穩固全黃歸正摺

（咸豐三年正月二十九日）

革職留任江南河道總督臣楊以增跪奏，爲豐北大工合龍穩固，全黃歸正，恭摺馳奏，仰慰聖懷事。

竊臣前將冰泮進占並鑿冰放河㟁溜通暢情形先後具奏，二十五日恭奉上諭：楊以增奏豐工冰泮進占情形一摺。據稱本月初六、七等日連得東風，大河迎溜、背溜處所積凌盡解，隨即督飭在工人員星夜進占。現在金門收窄，僅存十餘丈。兩壩再進一占，查看風色溜勢，即當開放引河。等語。前經叠次諭令該河督等趕緊籌辦，茲屆大工垂成，必須於桃汛未至之先克期蕆事。著楊以增督同查文經嚴飭在工各員等認真趕辦，及早合龍，毋稍延緩。欽此。遵即督同在工各員認真趕辦，旋據下游各廳稟報黃流入境、出境日時，計四晝夜已行七百餘里，由海防等廳暢流入海。彼時西壩門占三丈業已撐足，金門僅存四丈，愈收愈窄。北注之溜勢如懸瀑，湍疾異常。當飭在壩文武趕將挑水壩星夜接進埽占四丈，以資蓋護，並將兩壩門占盤壓堅鞏，即於二十六日

① 此片奉硃批日期，楊紹和抄本作"二月初□日"。另於"欽此"後有："同日奉咸豐三年正月二十七日內閣奉上諭：'楊以增設法鑿冰進占並啟放引河一摺。據稱連日風雪，黃河復凍，東西兩壩屢出險工，經該河督等親督兵夫鑿冰進占，現在金門僅存七丈，大溜從積凌下斜註口門，形勢尚順。隨於二十日啟放引河，大溜挾凌下註，㟁歸正河六分有餘。一俟西壩門占盤壓堅固，即可相機合龍等語。現在節逾驚蟄，鑿冰進占，人力易施，著即督同查文經嚴飭在工各員認真催辦，刻期合龍，循例馳奏，毋得稍有耽延。另片奏請將前參承辦引河希圖塾崖之署守備劉元等先行疏枷之處，著俟大工合龍後，再行奏明請旨。'欽此。"

午刻敬祀河神，掛纜合龍。臣等親捧秫秸下兜，員弁兵夫踴躍爭先，料土並進，一晝夜之力追壓到底，壩前業已斷流，大溜悉歸故道。現即趕做關門大埽以爲外捍，一面將上年大汛拆展二壩跟手接築堵合，俾①重門保障。

伏念豐北漫工關係民生運道，上年籌堵未善，負疚滋深，夙夜籌思，惟有節餉速工，尚可稍紓宵旰。祇以北岸大工向稱難辦，豐北地接東豫，土性純沙，尤爲費手。因而衆口沸騰，僉謂前工既阨於垂成，續堵比增於原撥，秋間復估竟至六百餘萬之多。臣等深知國家經費有常，且當軍興用繁之際，曷忍糜鉅款以供中飽？當經奏請借撥藩關各庫銀兩，並提備常年工需，以一百八十萬兩爲率。隨又奏調查文經來工襄辦，摒除群議，力持定見。幸在事文武救過圖功，異常奮勉。本可年內合龍，因值兩②次凍阻，稍稽時日。幸賴皇上至誠感格，昊貺丕昭，春融以後，氣候舒和。並蒙聖訓時頒，提撕敬覺，共竭駑駘，遵旨趕辦，得於正月內合龍，俾河水朝宗，災區涸復。農民扶老攜幼，相率歸耕，欣幸之餘，倍深凜感。現在綜計用款共支庫平銀一百五十餘萬，比原擬一百八十萬之數仍有節省，較牟工復堵用銀四百九十八萬餘兩不及三分之一，實非臣等初念所及。飭局連原堵工需詳審勾稽，另行彙報。

至東省運河逼近微山湖，咸謂黃流串注③，不免受淤④。上年六月督臣出境催漕，親至臺莊一帶，勘明水色澄清，奏報有案。臣於伏秋汛後復委員前赴韓莊上下游查勘，運河並無淤墊，均堪仰慰宸廑。至黃河兩岸工程先已通飭慎防，時距桃汛不遠，春水將生，惟有督飭所屬，加慎籌防，以期修守認真，安瀾順軌，仰副我皇上重工安民、永慶平成之至意。

除善後要工另容核實勘奏外，所有大工合龍、全黃歸正緣由，謹會同兩江督臣陸建瀛，督⑤同甘肅按察使臣查文經，恭摺循例由六百里馳奏，仰慰聖懷。並繪圖貼說，敬呈御覽，伏乞皇上聖鑒。謹奏。

---

① 楊紹和抄本此處多一"作"字。

② 錄副本無"兩"字，據楊紹和抄本校補。

③ "注"字，楊紹和抄本作"入"。

④ "不免受淤"，楊紹和抄本作"受淤難免"。

⑤ 錄副本缺"督"字，據楊紹和抄本校補。

正月二十九日

咸豐三年二月初二日奉硃批：覽奏。大工合龍，朕欣幸之餘，倍感天恩深厚。即有旨。欽此。①

五一三　附陳臬司查文經隨辦大工片

（咸豐三年正月二十九日）

再，甘肅臬司查文經有守有爲，任勞任怨，久在聖明洞鑒之中。前歲奏准調辦豐工，熟籌全局，於一切工程、料物力杜虛冒浮銷。因桃汛屆期，且遇非常風暴，功敗垂成。上年再荷鴻慈，仍令復堵，尤能自持定見，鉅細躬親，往往忘餐廢寢。在該司受恩深重，祇知竭慮殫心，勉圖報稱。然若非該司之不辭勞瘁，不避怨嫌，錢糧斷不能如是節省。

臣等不敢壅於上聞，理合附片陳明，伏乞皇上聖鑒。謹奏。

正月二十九日

咸豐三年二月初二日②奉硃批：覽。欽此。

---

① 此摺奉硃批日期，楊紹和抄本作“二月初五日”。另奉硃批内容，在“欽此”後，楊紹和抄本有：“同日奉咸豐三年二月初二日内閣奉上諭：‘本日據楊以增馳奏豐北大工合龍穩固全黄歸正一摺。此次興舉大工，專責成楊以增、查文經專心督辦。節據該河督將辦理情形隨時奏報，本年正月二十日啟放引河，大溜挾淩下注，甚爲暢順。茲據奏稱於二十六日掛纜合龍，竭一晝夜之力追壓到底，正溜悉歸故道，順軌東趨，查勘運河並無淤墊。此皆仰邀天恩神佑，俾於初春一律藏（或誤，似當作“蔵”）工，朕欣幸之餘，倍切寅感。即日派恭親王奕訢敬詣圓明園惠濟祠河神廟，代朕拈香叩謝。著發去大藏香十炷，交楊以增祇領，虔赴工次各處河神廟，代朕敬謹祀謝，以答神庥。楊以增經理得宜，不負委任，著加恩開復革職留任處分，給還頂戴，賞加三級，其前次捐輸河工經費並著交部從優議敘。查文經襄辦大工，始終奮勉，更能認真稽查，節省錢糧。著加恩開復處分，並賞戴花翎。其餘在工出力人弁著該河督核實保奏，候朕施恩，毋許冒濫。現在大工甫經告成，善後各工俱關緊要。仍著楊以增督飭各員弁妥協辦理，務須慎益加慎，以期全工穩固，永慶安瀾，該部知道。’欽此。”

② 此片奉硃批日期，楊紹和抄本作“二月初五日”。

五一四　請將前參各員開復處分片

（咸豐三年正月二十九日）

再，上年八月恭奉上諭：現在辦公即盡用原派人員，但期善補過，以曠前愆，亦不難仍邀恩獎。等因。仰荷骿幪高厚，予以自新宣示之餘，同深感奮。查前歲豐工漫溢，奉旨：將徐州道沈濂、署徐州府知府許楗革職留工效力，河營參將呂邦治、淮徐遊擊闞興邦革職留任，隨堵壩工碭山縣知縣丁瑞徵革職。上年壩工展緩，復奉旨：將呂邦治、闞興邦革任，留工效力，掌壩官裏河同知于昌進、外南同知婁晉①革職留任。茲壩工業已合龍，較之中牟二次復堵節省過半，實由該員等潔己奉公，力圖補過，因得成功易而省費多。合無仰懇天恩俯准，將前徐州道沈濂、署徐州府知府許楗、河營參將呂邦治、淮徐遊擊闞興邦、碭山縣知縣丁瑞徵開復原官之處出自隆施。

至掌壩官于昌進、婁晉兩員本非漫工案內失事人員，因上次調派掌壩未能堵合，經臣等奏參，奉旨：革職留任。竊惟南河安瀾日久，熟悉工程文②員不可多得，仰蒙皇上洞鑒准用原堵人員，是以仍派該二員掌壩。該員等到壩以來，任勞任怨，不避嫌疑，昕夕趨工，衣不解帶者三月，實屬有勞可錄，可否仰祈恩施，准將于昌進、婁晉開復革職留任處分，仍由臣等匯同在工出力各員弁酌給獎勵之處出自逾格鴻慈。

爲此附片具陳，伏乞聖鑒。謹奏。

正月二十九日

咸豐三年二月初二日奉硃批：欽此。③

---

① "晉"字，楊紹和抄本作"進"，當誤。

② "文"字，楊紹和抄本作"人"。

③ 此摺奉硃批日期，楊紹和抄本作"二月初五日"。另於"欽此"後有："同日奉咸豐三年二月初二日內閣奉上諭：'前因豐工漫溢，未能及時堵合，先後降旨將徐州道沈濂、署徐州府許楗、河營參將呂邦治、遊擊闞興邦、碭山縣知縣丁瑞徵革職留工效力，裏河同知于昌進、外南同知婁晉革職留工。茲據楊以增奏大工現已合龍，該員等昕夕趨工，尚知愧奮，沈濂、許楗、呂邦治、闞興邦、丁瑞徵均著開復原官，于昌進、婁晉著開復革職留工處分，仍著該河督匯同出力各員弁酌量獎勵。其前請疎枷之已革署守備劉元、石榮、通判丁承鈞，均著照所請行，該部知道。'欽此。"

五一五　恭謝恩賞福字摺

（咸豐三年正月二十九日）

革職留任江南河道總督臣楊以增跪奏，爲恭謝天恩事。

竊臣由在京提塘賚到頒賞御書"福"字一方，當即恭設香案，望闕叩頭祇領。欽惟皇上乾元迪吉，復旦臻祥。奉三無私時，肇造我區夏；建五皇極用，敷錫厥庶民。旰食宵衣，功盼奏膚之捷；臨雍講學，頌陳獻馘之篇。欲登蒼赤於綏豐，先俾封疆於戢穀。臣關中秉節，曾拜天章；河上承恩，敢申華祝。所願賡歌《瓠子》，宣防而萬福來同；烽熄楚氛，清晏而四方即敘。

所有微臣感激榮幸下忱，理合繕摺恭謝天恩，伏乞皇上聖鑒。謹奏。

正月二十九日

咸豐三年二月十二日①奉硃批：知道了。欽此。

五一六　核明禦水埽工動用錢糧數目摺

（咸豐三年正月二十九日）

革職留任江南河道總督臣楊以增跪奏，爲核明咸豐二年春黃河各廳鑲做禦水埽工動用錢糧，循例開單恭摺具奏，仰祈聖鑒事。

竊照黃河上自銅沛，下至桃源，計程五百餘里，兩岸埽壩櫛比。咸豐元年八月，因豐北兵三堡失事，下游漲水陡落，遂飭概行停修，朽蟄之段甚多。當於是年冬查明必須鑲修，以備黃流下注，俾資抵禦。飭據各道勘估造冊稟送，經臣覆核減准，在於歲料款內通融發銀，飭令各廳購辦料物，趕鑲完竣，節經奏報鈔摺咨部。各在案。茲據徐州、淮揚、

---

① 此摺與後一摺奉硃批日期，楊紹和抄本皆作"二月□日"。

淮海三道將各廳咸豐二年春鑲做禦水埽工丈尺、估需料物錢糧造冊呈送前來，計共用銀二十二萬三千三百十兩零，覆核無浮。除飭令各該道另造清冊，詳造繕疏具題並送部查核外，謹先循例開具清單，恭呈御覽，仰祈敕部查核施行。

爲此繕摺具奏，伏乞皇上聖鑒。謹奏。

正月二十九日

咸豐三年二月十二日奉硃批：該部知道。單併發。欽此。

五一七　咸豐二年春各廳埽工動用錢糧清單
（咸豐三年正月二十九日）

謹將咸豐二年春黃河各廳鑲做禦水埽工動用錢糧循例開具清單，恭呈御覽。

徐州道屬

銅沛廳　大小二汛兵十四堡等工鑲做禦水埽工共工長一百五十一丈四尺，內拆鑲工長九十六丈四尺，牽寬二丈至五丈六尺，高深二丈至三丈三尺；加鑲工長五十五丈，牽寬二丈五尺至五丈七尺，高五尺至六尺。共估需料土、夫工銀二萬零三百零一兩零。

睢南廳　王戴二汛夫十七堡等工鑲做禦水埽工共工長五百九十九丈四尺，內拆鑲工長四十六丈五尺，寬二丈至六丈，高深一丈一尺至一丈二尺；加鑲工長五百五十二丈九尺，寬一丈五尺至五丈八尺，高四尺至六尺。共估需料土、夫工銀二萬三千零九十五兩零。

邳北廳　董五二汛夫七堡迤下各壩中間空檔等工、鑲做禦水埽工共工長四十七丈，牽寬二丈至三丈，高深二丈四尺至二丈八尺；拆鑲工長六十八丈，牽寬二丈至三丈九尺，高深一丈四尺至一丈七尺；加鑲工長二百二十四丈九尺，牽寬一丈五尺至四丈五尺，高三尺至七尺。共估需料土、夫工銀二萬二千三百十四兩零。

宿南廳　周蔡洋三汛鑲做禦水埽工共工長四百三十七丈四尺，內拆鑲工長二百九十八丈三尺，牽寬二丈二尺至五丈，高深九尺至一丈二尺；加鑲工長一百三十九丈一尺，牽寬二丈四尺至四丈六尺，高五尺至七尺。共估需料土、夫工銀四萬二千五百九十六兩零。

宿北廳 皂古二汛鑲做禦水埽工共工長四百丈，內拆鑲工長一百丈，牽寬二丈至五丈三尺，高深一丈至一丈四尺；加鑲工長三百丈，牽寬三丈至無五丈三尺，高六尺至八尺。共估需料土、夫工銀四萬二千五百十兩零。

淮揚道屬

桃南廳 煙龍二汛鮑家房迤下等工鑲做禦水埽工共工長二百五十八丈，內兜纜、拆鑲工長三十五丈八尺，寬二丈八尺至四丈四尺，高八尺至一丈；加鑲工長二百二十二丈二尺，寬二丈五尺至五丈四尺，高五尺至七尺。工估需料土、夫工銀二萬一千四百九十四兩零。

淮海道屬

桃北廳 崔黃二汛蕭家莊工尾等工鑲做禦水埽工共工長二百九十二丈，內兜纜、拆鑲工長一百十七丈，寬三丈八尺至四丈五尺，高深一丈五尺至一丈八尺；補鑲工長四十丈，寬三丈六尺至四丈一尺，高深一丈五尺至一丈九尺；加鑲工長一百三十五丈，寬三丈四尺至四丈五尺，高七尺至九尺。共估需料土、夫工銀五萬零九百九十六兩零。

硃批：覽。

五一八 請建河神廟宇摺

（咸豐三年二月初八日）

江南河道總督臣楊以增跪奏，爲請建河神廟宇敬答靈貺，恭摺具陳，仰祈聖鑒事。

竊向來大工告竣，均奉①敕建河神廟宇，奠定黃流。此次復堵豐工，當兩次凍阻之時，正值金門收窄，溜急水深，兩壩已成新占不時報蟄。臣與户部侍郎青鏖並司道等敬祀河神，齋心虔禱，幸均化險爲平。逮②

---

① 楊紹和抄本無“均奉”二字。
② 録副本無“逮”字，據楊紹和抄本校補。

正月十五日以後三次凝凍，引河頭積冰數尺至丈餘不等，放河則恐淩塊堵塞，東注不暢。守待則慮桃汛伊邇，春水發生。幸賴神力佑助，西風大作，因得冒險鑿冰，乘機放河。始則水借風勢，繼且冰助水力，排山倒海，雷擊星馳，誌樁連報落水，壩工得以穩合。應即建修廟宇，仰酬靈貺。

臣謹與道廳等捐廉公建，除俟落成請頒御書匾額外，先行恭摺陳請，伏乞皇上聖鑒。謹奏。

二月初八日

咸豐三年二月二十二日①奉硃批：欽此②。

五一九　恭謝天恩摺

（咸豐三年二月初八日）

江南河道總督臣楊以增跪奏，爲恭謝天恩仰祈聖鑒事。

竊臣接奉六百里合龍摺批回內欽奉上諭：楊以增經理得宜，不負委任，著加恩開復革職留任處分，給還頂戴，賞加三級，其前次捐輸河工經費並著交部從優議敘。欽此。當即恭設香案，望闕叩頭謝恩。俯念臣職領南河，責無旁貸，前歲失察豐北廳漫口，負咎滋深。及撥款鳩工，又未能如期堵合。蒙皇上不加嚴譴，初僅摘頂，繼仍革留。幸賴聖訓頻頒，諄諄指示，乃能合龍穩固，順軌東趨。茲復逾格恩施，有加無已，撫躬循省，感激淚零。臣惟有殫竭駑駘，矢勤矢慎，庶幾錢糧節省，工固瀾安，冀上副皇上永奠民生之至意。

所有微臣感悚下忱，理合恭摺叩謝天恩，伏乞皇上聖鑒。謹奏。

二月初八日

咸豐三年二月二十二日奉硃批：知道了。欽此。

---

① 此摺及後一摺奉硃批日期，楊紹和抄本作“三月初三日”。
② 楊紹和抄本作“禮部議奏。欽此”。

五二〇　豐工合龍穩固摺

（咸豐三年二月十二日）

江南河道總督臣楊以增跪奏，爲豐工合龍後十分穩固，恭摺具陳仰祈聖鑒事。

竊臣馳奏壩工合龍一摺，欽奉硃批：覽奏。大工合龍，朕欣幸之餘，倍感天恩深厚。即有旨。欽此。同日奉上諭：本日據楊以增馳奏豐北大工合龍穩固全黃歸正一摺。此次興辦①大工，②責成楊以增、查文經專心督辦。節據該河督將辦理情形隨時奏報，至本年正月二十日啟放引河，大溜挾凌下注，甚爲暢順。茲據奏稱於二十六日掛纜合龍，竭一晝夜之力追壓到底，正溜悉歸故道，順軌東趨，查勘運河並無淤墊。此皆仰邀天恩神佑，俾於初春一律蕆工。朕欣幸之餘，倍切寅感。即日派恭親王奕訢敬詣圓明園惠濟祠河神廟，代朕拈香叩謝。著發去大藏香十炷，交楊以增祗領，虔赴工次各處河神廟，代朕敬謹祀謝，以答神庥。楊以增經理得宜，不負委任，著加恩開復革職留任處分，給還頂戴，賞加三級，其前次捐輸河工經費並著交部從優議敘。查文經襄辦大工，始終奮勉，更能認真稽查，節省錢糧，著加恩開復③處分，並賞戴花翎。其餘在工出力員弁著該河督核實保奏，候朕施恩，毋許冒濫。現在大工甫經告成，善後各工俱關緊要，仍著楊以增督飭各員弁妥協辦理，務須慎益加慎，以期全工穩固，永慶安瀾。該部知道。欽此。

仰見天眷有德，百靈效順，兩岸軍民同深饗鼓。當即恭捧御香，虔詣工次河神廟敬謹叩謝，以答神庥而祈民福。黃河兩岸工程嚴囑該管道將廳營小心防守，以期全工穩固，永慶安瀾④。合龍壩工臣仍督同臬司查文經諄囑在事文武鼓勵兵夫，層土層柴，認真盤壓。統計新埽入水不

---

① "辦"字，楊紹和抄本作"舉"。
② 楊紹和抄本此處多一"專"字。
③ 録副本無"復"字，據楊紹和抄本校補。
④ "安瀾"二字，楊紹和抄本作"瀾安"。

下十餘丈，正壩上下邊埽一律高聳，壩前業已停淤，水色澄清，壩下深塘悉成止水，實已十分穩固。日來正河溜勢滔滔東注，益見朝宗順軌，洵堪仰慰聖懷。惟壩工壁立，後系深塘，應照章程趕澆土戧，俾資倚靠。現在遴派妥員趕辦，會同善後各要工另摺陳奏。

又，壩工深水築做，未經大汛，防守倍關緊要。且工次地接東豫，防範宜嚴，遠來人夫雖已散歸田里，而現辦善後工程仍須彈壓。茲酌留文武員弁常川駐守，並留營兵三百名借資巡緝。此外調工河員、綠營兵弁分別撤回，以資修守而重地方。

除臣渥荷隆恩，另摺陳謝，專差賫奏外，所有壩工十分穩固緣由，謹督同甘肅按察使臣查文經恭摺循例由驛具奏，伏乞皇上聖鑒。謹奏。

二月十二日

咸豐三年二月十八日[1]奉硃批：知道了。欽此。

五二一　請撥大汛工需銀兩摺
（咸豐三年二月十二日）

江南河道總督臣楊以增跪奏，爲循例請撥大汛工需銀兩，仰懇聖恩俯准飭撥，以資修防事。

竊查南河歲搶工程每歲於年前奏請撥發歲料銀一百二十萬兩，並每年各省例解之項除給發官兵俸餉及額支各款外，餘存銀兩統爲歲搶修額定工程之用。其大汛河溜提移、搶廂新埽及啟閉閘壩、隨時相機挑築等工向歸另案辦理，例於二月初間奏請撥銀一百五十萬兩，以備大汛修防之用，歷經循辦在案。本年歲料銀兩未解到者尚有三十餘萬，而各廳應領未發之款不下百數十萬有奇。查豐工現已合龍，黃流復歸故道。時當春汛，所有豫備重運經由各河道堤埽閘壩[2]啟閉挑築等工，必當隨時相機辦理，以利運行。轉瞬大汛經臨，搶辦工程必須錢糧先期解到，以資應用。茲據河庫、

---

[1]　此摺及後一摺奉硃批日期，楊紹和抄本皆作“二十三日”。

[2]　“壩”字，楊紹和抄本作“埽”，當誤。

徐州、淮海、淮揚、常鎮各道會詳請撥前來，臣查此項銀兩爲大汛修防所必需，且各省撥款解工動輒數月，黃河汛漲遲速難定，尤應先事豫籌，俾免貽誤。謹循例照數奏請，合無仰懇皇上天恩俯念河工緊要，敕部於就近藩、關各庫撥銀一百五十萬兩迅速解交河庫。臣仍當督同各道實力稽查，搏節動用，不任稍有糜費。如有餘存，另行造册報部。

所有循例請撥大汛工需緣由，謹附驛恭摺具奏，伏乞皇上聖鑒。謹奏。

二月十二日

咸豐三年二月十八日奉硃批：戸部議奏。欽此。

五二二　河庫支絀情形片
（咸豐三年二月十二日）

再，各廳應領未發銀兩至一百數十萬之多，而河營兵餉、葦蕩刀本、堡夫工食、各官養廉尚不在此數內。各廳債如山積，賒欠無門，捐局所收之銀本屬無幾，亦盡爲豐工河庫借用。兩淮浙江滸墅關①、蕪湖關②共欠解歲料銀三十餘萬，屢催罔應。當甫值合龍之後，桃汛將臨，若不急事興修，大汛更不堪設想。其中河之滾壩、雙金閘俱有損壞，關係運柴運鹽。洪澤湖之石工、仁字河林家西壩經欽差福州將軍怡良③遵旨查明應辦，奏交臣等覆查，前已勘明除歸入常年通融辦理外，約需請撥銀四五十萬兩。因豐工未堵，雖系不可從緩之工，至今未敢具奏。

明知軍需旁午，支絀異常，何忍嘵嘵瀆請？而事關全局，不敢不據

---

① 滸墅關：位於蘇州城西北、南陽山東北麓，踞京杭大運河兩岸。明正德時在此設關徵稅，清代沿用，爲著名鈔關之一。

② 蕪湖關：清代戸部稅關之一。康熙五年（1666），由池太廣道管理，康熙八年（1669）差部員爲監督，在本關及金柱、清弋、新莊、裕溪、泥汊等處徵稅，並於東河兼收零稅。

③ 怡良（1791—1867）：滿洲正紅旗人，字悅亭。道光八年（1828）外放，歷任廣東高州、廣西南寧知府，雲南鹽法道，山東鹽運使，安徽、江蘇按察使，江西、江蘇布政使。十八年（1838）出任廣東巡撫。二十一年（1841）上疏揭發琦善對英妥協，後兼署兩廣總督。二十二年（1842）實授閩浙總督，不久去職。咸豐二年（1852）起復，任福州將軍。次年轉任兩江總督，七年（1857）因病解職。同治六年（1867）病逝。

實直陳，伏乞聖鑒。謹奏。

二月十二日

咸豐三年二月十八日①奉硃批：户部議奏。欽此。

五二三 嚴查黄河渡口並籌防江北摺

（咸豐三年二月十二日）

江南河道總督臣楊以增跪奏，爲遵旨嚴查渡口以防奸匪、防堵江北以固藩籬，恭摺覆奏仰祈聖鑒事。

竊黄河渡口船隻屢奉諭旨：飭令編號歸併，遇有緊急，收至北岸。遵即密飭嚴查，並行沿河文武實力奉行。茲復承准軍機大臣字寄：二月初三日奉上諭：有人奏保守淮揚，宜扼守三汊河，並募糧船水手、勸富民捐輸等情。云云。等因。②欽此。伏查三汊河系由瓜洲、儀徵兩口赴揚州總口，現已③咨商漕臣妥爲佈置。豐工未盡事宜該管道將廳營例有修守之責，茲復遵旨行令查文經留工，督同留壩文武妥慎辦理。並令該司親查渡口，上自東豫交界，下至海口，逐處稽查，毋令陽奉陰違，致有偷渡。至富民捐輸易啟劣員需索之漸，臣惟有會同漕臣推誠布公，曉以大義④，俾樂輸出於本心，富民不致畏徙，以仰副皇上以民衛民之至意。

除糧船水手一節咨商漕臣令致⑤酌辦外，爲此專摺覆陳，伏乞皇上聖鑒。謹奏。

二月十二日

咸豐三年二月十八日⑥奉硃批：知道了。欽此。

---

① 此片奉硃批日期，楊紹和抄本僅作“□日”。

② “云云。等因”，楊紹和抄本作：“現在賊勢東下，江北防堵最關緊要。著楊殿邦、楊以增查照摺內條款，體察現在情形，酌量妥速辦理，務期安定人心，以固藩籬。甘肅按察使查文經尚有豐工未盡事宜，應行留辦，未能即赴新任，著即隨同楊以增查稽查黄河渡口，毋令奸匪溷跡。原摺著抄給閲看，將此由六百裏諭令知之。”

③ “已”字，楊紹和抄本作“在”。

④ “義”字，録副本作“意”，據楊紹和抄本校改。

⑤ “令致”二字，楊紹和抄本作“主政”，當誤。

⑥ 此摺奉硃批日期，楊紹和抄本僅作“□日”。

五二四　堵壩挑河丈尺片

（咸豐三年二月十二日）

再，豐北兵三堡漫缺後，趕將東西兩岸盤做裹頭，以免塌寬，嗣即勘定壩基，並添估二壩，分投堵築。上年緩堵後相機拆展，茲已補築蕆工。臣逐加確量大壩長三百零三丈，壩面寬二十四丈至三十丈，東西兩壩基各長寬三十丈，東壩尾長三百五十八丈，西壩尾長五百二十二丈，各寬三丈。二壩長二百五十八丈，壩面寬十丈至十三丈。挑水壩長二百八十五丈，壩面寬六丈至八丈，壩基長二十丈，寬十丈，壩尾長五百零七丈，寬七丈。攔黃堰長二百四十三丈，寬三丈，引河長一萬九千二百七十丈，口寬九丈六尺至三十三丈，底寬六丈至三十丈，深九尺至一丈九尺。緩堵後分泄漫水，估挑子房山河長一萬七千四百五十四丈，口寬五丈四尺至二十三丈五尺，底寬三丈至十丈，深六尺至二丈七尺。所有動用料土銀兩細數現飭彙造確冊，由臣會核奏送清單。

合併附片陳明，伏乞聖鑒。謹奏。

二月十二日

咸豐三年二月十八日①奉硃批：覽。欽此。

五二五　江北防堵緊要請撥兵撥餉摺②

（咸豐三年二月十七日）

奏爲江北防堵緊要，懇請撥兵撥餉恭摺陳奏，仰祈聖鑒事。

竊臣奉諭旨：歸併黃河渡口，安插難民。均即欽遵辦理。又黃河南北兩岸奉旨：各將地方情形嚴密籌防。等因。欽此。正在籌辦間，准漕

---

① 此片奉硃批日期，楊紹和抄本作“二十三日”。
② 見楊紹和編《先都御使公奏疏》，魯圖藏。

臣咨行撫臣鈔片內稱：江寧省城已於十一日失守。等語。查揚州爲江寧下游，清江距揚州四百餘里，爲由南至北水陸通衢，無城郭可守，無險隘可恃，向以揚州爲第一重門户，淮安府爲第二重門户。揚州有警，則淮安可危，過淮安則渡黄而北，直窺東豫。誠如聖諭，必須嚴密防守。惟河庫空虛，兵餉、火藥、器械、官弁兵丁薪水無可支應，懇請皇上天恩敕部酌撥銀數十萬兩，星速解浦備支。

至黄河地面山東境內不過二百里，渡口不過數處，且系一岸，防守較易。江南黄河上自山東、河南交界，下至海口兩岸，計長二千餘里，大小渡口不下百數十處。船隻尚可收至北岸，歸併編號，樹木則遍地皆有，紮筏即可偷渡，防守之難十倍於山東。且以二千餘里之黄河每里派兵十餘名，即需二萬餘兵，亦屬無從調撥。臣竊以爲防守黄河必須扼守渡河來路，如揚州爲清江浦渡河必由之路，安徽宿州、亳州等處爲徐州府渡河必由之路。扼其來路，則地少而兵力易集，遍防黄河則兵多而稽查難周。且南岸奸匪防其偷渡，北岸如山東曹單、江南邳宿等州縣，捻幅各匪尤恐其勾通逆賊，將收至北岸船隻偷放予賊。必須南北兼防，毋分畛域，方足以杜賊蹤。

查江南兵丁雖有三萬數千，大江以南督撫提鎮各營應留爲救援江寧、蘇州，防守鎮江東壩及沿江礮臺之用，漕標淮安各營除調撥外，餘應留爲淮安府城及各汛地防守之用，不能調撥。臣標五營兵丁除撥江西、江寧防堵及豐工善後工程彈壓外，存營不過一千七百餘名，而右營邳宿一帶捻匪不時竊發，洪湖爲私梟出沒之區，巡防尤關緊要。是臣標存營兵丁以之防守五營汛地已屬不敷，更無餘兵防守黄河清江，遏賊北竄之路。臣通權籌辦，先行措資招募確有根底來歷之精壯民勇數百名以壯聲勢而資彈壓，一面廣懸賞格，勸諭團練①，俾土匪不致竊發，民心藉以安定。仍懇皇上飭令琦善、陳金綬②各統大兵十分之七收復江寧，防堵鎮江、蘇州，撥十分之三星夜馳赴清江浦，防賊北竄，並撥江南狼

---

① 團練：清代因八旗、綠營嚴重腐化，擾民有餘，不足以禦敵，由地方紳士訓練鄉勇，清查保甲，堅壁清野，地方自保，辦團經費均來自民間。

② 陳金綬（？—1856）：四川岳池人。從剿教匪，授把總，積功至都司。道光初，從征回疆，破賊於佳噶賴，賜號逸勇巴圖魯，擢碾壩營遊擊。十三年（1833）累擢督標中軍副將，後擢天津鎮，二十二年（1842）擢直隸提督。咸豐三年（1853）赴援江寧，借勝保克復浦口。揚州失守後，由六合、儀徵趨援，因防堵太平軍不利，褫職留軍。四年（1854），琦善卒於軍，金綬暫署關防。六年（1856）殁於軍。

山鎮標兵一千名，掘港、靖江、鹽城三營兵各一百名以備會同堵截。所需火藥、鉛彈容臣行令附近各標營星夜造辦接濟。洪湖南岸臨近盱眙、天長，船隻收至清江束清堰、高堰一帶，以免偷渡，並遴委能事文武前往募勇巡防，以期慎密。豐工人夫有業者均已歸農，無業者捐資遣散，不至聚集滋事。南來難民已飭地方官分別撫恤資遣，查有奸匪溷跡，嚴行懲辦，不敢稍涉大意。

　　所有臣籌辦防堵各緣由，謹繕摺由驛具奏，伏乞皇上聖鑒訓示、謹奏。

　　咸豐三年二月十七日拜進

　　□日奉硃批：另有旨。欽此。同日准軍機大臣字寄：漕運總督楊、江南河道總督楊：咸豐三年二月二十一日奉上諭：楊以增奏江北防堵緊要請撥兵撥餉一摺。江寧失守，淮揚為江北門戶，河北直達東豫，迭經降旨，令該督等嚴密防守，並諭令琦善、陳金綬等一體督兵嚴防。茲據奏稱，江南黃河渡口不下百數十處，必須扼守來路。揚州為清江浦渡河必由之路，安徽宿州、亳州等處為徐州府渡河必由之路。扼其來路，兵力易集。其收至北岸船隻尤恐捻幅各匪勾通逆賊偷放，必南北兼防，方足以杜賊蹤等語，所奏頗為明晰。河標存營兵丁不敷調遣，漕標兵丁亦屬單弱，惟琦善等所帶官兵可以就近接應，著即遵旨飛催，酌撥協濟。本日已有旨，令慧成帶陝西官兵數千名馳赴淮揚一帶會同防剿，復諭令琦善、陳金綬等酌撥兵數千名，馳赴淮揚一帶阨要堵截矣。所請江南狼山鎮標兵一千名，掘港、靖江、鹽城三營兵各一百名，並著飛咨調撥，以資防守。至招募壯勇，勸諭團練，收集洪湖南岸船隻，資遣難民，均著照所議辦理。該督等務宜督飭文武員弁晝夜巡防，尤宜彈壓土匪，查拿奸細。一有奸匪蹤跡，或土匪勾結，即嚴拿究辦，斷不可稍涉大意。所需餉銀數十萬兩前因楊殿邦請餉，已由戶部議准撥給山東藩運兩庫及長蘆解部各款銀三十萬兩，自可通融動用。河庫無論何款，亦須先其所急，極力籌畫。近日籌餉之艱，諒所深悉，務須加意樽（當作'撙'）節，勿稍浮冒。另片奏請飭查文經辦理江北防堵等語，前有旨令該員留辦豐工未盡事宜，並巡查黃河渡口。著楊以增即飭該員幫辦防堵。至周天爵前奏令該員管理糧臺事務，是否尚能兼顧，著該督等酌量咨商辦理，將此由六百里各諭令知之。欽此。遵旨寄信前來。

五二六　請留臬司查文經襄辦防堵片

（咸豐三年二月十七日）

再，甘肅按察司查文經歷任江蘇府道，久署藩司，於通省情形最爲熟悉，且於英夷案内先辦防堵，復辦報銷，節省錢糧，諸臻妥善。今奉旨留辦豐工未盡並黃河渡口事宜，所有江北籌防尤關緊要，合無仰懇天恩一併交該司會辦，實於公事有裨。

理合附片陳明，伏乞聖鑒。謹奏。

咸豐三年二月二十一日奉硃批：欽此。①

五二七　遵旨籌辦各事宜摺②

（咸豐三年二月十九日）

奏爲遵旨籌辦各事宜，恭摺匯奏仰祈聖鑒事。

竊臣自豐工回浦，途次接奉廷寄，敬謹録行。查黃河歸併渡口，合力嚴防，並扼守三汊河，招募水手，勸導富民，先已陳奏在案，奉旨：飭調徐州鎮標得力兵五百名。當即照會署徐州鎮聶金鏞③去後。據該鎮覆稱：徐州鎮管轄四營，地方遼闊，爲捻匪出沒之區，除已調放外，僅可再挑得力兵三百名赴瓜洲口聽候撥用。臣覆查無異，又奉旨：大江以北及黃河南北兩岸亦應豫爲籌防，著楊殿邦、楊文定、文藝、楊以增各就地方情形仍遵前旨，嚴密籌防。欽此。

先是臣在豐北督工，聞賊氛漸近，清江無城可守，四通八達，時以

---

① 此片奉硃批日期，楊紹和抄本作“□日”。另奉硃批内容爲：“另有旨。欽此。”

② 見楊紹和抄本卷二三，魯圖藏。

③ 聶金鏞（？—1861）：字序東，號璞庵，武生，道光壬午科舉人，由江南提塘升任徐州鎮總兵。咸豐三年（1853）剿辦碭山捻股，四年（1854）平海州幅匪，六年（1856）扼守清江山陽運河口岸。八年（1858）以病乞假，十一年（1861）卒，照軍營病故例賜恤。

爲憂。河庫道法良設法籌防，會同淮海道吳葆晉先各捐製錢三千串，二十三廳共捐銀一萬兩。因鄉勇易聚難散，糧船水手尤屬駕馭維艱，議將河廳二十二營除高寶、江運二營逼近揚州不行劄調，其餘二十營並葦蕩左右船務三營每營各調壯健兵五十名，共一千一百五十名，置備衣帽軍器，派員團練。漸覺步伐可觀，較之招募烏合之人實爲可靠。臣與甘肅臬司查文經先後回浦，同河庫道法良、淮揚道曹文昭、署淮海道梁佐中等諄切講求請兵請餉，擇紳士之公正者勸捐團練，廣爲招徠，斷不假手吏胥，致滋流弊。其嚴查黃河渡口尤爲緊要，容隨時具奏，仰慰聖厪。至府丞張錫庚奏請明懸賞格，禮部主事尹耕雲急籌火攻，均應分別照辦。

又奉旨：飭拿豐縣捻匪皇甫堂務獲。臣在豐工時，據豐縣招解捻匪各案內，其捻首有三，一袁驢，臣審明恭請王命正法；一齊雙，因分贓不均，被皇甫吉殺斃；一皇甫吉，在逃未獲。據夥犯供稱，皇甫吉又名二旋風，年二十一歲，糾結四五十人在各處搶刦，似摺內指稱之皇甫堂、皇甫金即皇甫吉無疑，前已飭令道府縣嚴拿務獲。現據徐州道王夢齡稟稱雇覓眼線，懸立重賞，於三省交界地方訪緝，不致任其遠揚。

所有臣途次先後接奉廷寄，理合恭摺逐一覆陳，伏乞皇上聖鑒訓示。謹奏。

咸豐三年二月十九日拜進

□日奉硃批：知道了。所練兵一千餘名能否得力，著隨時具奏。欽此。

五二八　核明王營減壩動用銀數摺
（咸豐三年二月二十四日）

江南河道總督臣楊以增跪奏，爲核明外北廳屬道光三十年王營舊減壩迤南臨黃正堤添建滾水石壩動用錢糧，循例開單恭摺具奏，仰祈聖鑒事。

竊照外北廳屬黃河北岸王家營舊有減水石壩二座，系籌備減黃，由鹽河下達武障河，入北潮河入海要路。道光二十九年冬經欽差戶部侍郎

臣福濟會同前督臣陸建瀛勘明奏辦。嗣經查得該壩歷今三十餘年，黃河
逐漸淤高，誠恐啟放掣溜過甚應，於該壩迤南臨黃正堤處所添建滾水石
壩一座，以爲重門，俾分減盛漲，循序下注，以昭愼重。即經奏准於南
河捐輸項下辦理，作正開銷。飭據道將核實估計，臣與前督臣復加節
減，於三十年發銀派委裏河同知于昌進、外南同知婁晉、外北通判黃世
恩具領趕辦。並先築越壩，次第辦理，勒限完工。節經附摺奏明鈔摺咨
部。各在案。嗣據該委員等呈報完工，當委淮揚道前往，逐細驗收如
式，臣與前督臣復勘無異。茲據淮揚道造冊呈送前來，計用捐輸項下銀
二十三萬八千七百二十五兩零，按冊查核，均屬相符。除飭另造印冊詳
送具題並送部查核外，謹循例開具清單，恭呈御覽，仰祈敕部查核施
行。爲此繕摺具奏，伏乞皇上聖鑒。

　　再，此案添建壩工，估用錢糧，因力求撙節。查裏河廳屬惠濟祠前
舊有遠年石工，該處河道久經遷改，石工坍卸，廢棄無用，飭廳起拆工
長九十四丈，選用面裏舊石、河磚，並將選剩廢石抵作碎石，運赴減壩
工次配用，扣除新料銀兩，以資節省。合併陳明。謹奏。

　　二月二十四日

　　咸豐三年三月初五日①奉硃批：工部知道，單併發。欽此。

五二九　王營減壩動用銀數清單

（咸豐三年二月二十四日）

　　謹將外北廳屬道光三十年王營減壩迤南臨黃正堤添建滾水石壩動用
銀數循例開具清單，恭呈御覽。

　　計開

　　外北廳屬　道光三十年王家營舊減壩二座，迤南臨黃正堤添設滾水石
壩一座。金門口寬二十丈，兩金剛牆各長三十一丈，砌石一層至十七層不
等；大石底共直長三十二丈，上迎水口寬二十六丈，石籤箕寬三十八丈；
上迎水外築三合土舌，直長十丈，寬三十二丈，厚三尺；大石籤箕下築三

---

① 此摺奉硃批日期，楊紹和抄本作“三月十五日”。

合土舌，直長二十丈，寬三十八丈，深六尺，內下深三尺，估砌碎石，上厚三尺，估築三合土；又接下至舊壩三合土舌，止直長三十五丈，滿築三合土底，均寬三十八丈，上長五丈，厚五尺，下長三十丈，厚三尺；又上口三合土舌並兩牆下裹頭兩邊分別估用碎石、三合土，偎護關椿，以資堅穩。其關石、馬牙、關土、梅花等椿照例估釘，並□堤、挑槽、幫戧、開槽、還槽土，並臨河先築柴土越壩一道等工，處拆選裏河廳屬舊廢石工、磚石抵用外，共估需料匠土方銀二十三萬八千七百二十五兩零。

硃批：覽。

五三〇　核明山盱專案工程銀數摺

（咸豐三年二月二十四日）

江南河道總督臣楊以增跪奏，爲核明裏河、山盱二廳屬咸豐二年拆修閘座、補修壩底等工動用錢糧，循例開單，恭摺奏祈聖鑒事。

竊照裏河廳屬運口汛拆修惠濟越閘、山盱廳屬修補智、信二壩石底等工，臣於咸豐二年夏間匯案奏蒙恩准辦理。並動用河庫前撥未用及扣存上年減平銀兩，飭令淮揚道勘估，派員分投趕辦，次第完竣。茲據該管淮揚道分案造册，呈送前來。臣復加查核，計共用銀二十二萬九千七百二十二兩零，均與原估相符。除飭另造印册詳送具題並送部查核外，謹先循例開具清單，恭呈御覽，仰祈敕部核查施行。

爲此繕摺具奏，伏乞皇上聖鑒。謹奏。

二月二十四日

咸豐三年三月初五日①奉硃批：工部知道。單併發。欽此。

---

① 此摺奉硃批日期，楊紹和抄本作“三月十五日”。

五三一　咸豐二年裏河、山盱專案
工程動用銀數清單

（咸豐三年二月二十四日）

謹將裏河、山盱二廳屬咸豐二年運口汛標拆修惠濟越閘、補修智信二壩石底等工動用錢糧，循例匯總開具清單，恭呈御覽。

計開

淮揚道屬

裏河廳

運口汛拆修惠濟越閘一座。兩牆共長四十八丈八尺，內上迎水連裏頭各橫長三丈，上雁翅各斜長五丈，金門口寬二丈二尺，由身各直長二丈九尺；下分水各斜長九丈，下雁翅各斜長三丈一尺，下燕尾連裏頭各橫長一丈四尺；高三丈三尺。計砌一尺二寸寬厚雙料牆面石二十八層，內貼底十層，每層襯砌裏石七路、河磚四路，中九層每層襯砌裏石五路、河磚三路，上八層每層襯砌裏石三路、河磚二路。又蓋面石一層後，襯砌海漫石二路。又鋪砌閘底上迎水直長四丈，上口寬九丈四尺，下口寬二丈二尺，金門由身直長二丈九尺，口寬二丈二尺；下分水直長七丈二尺，上口寬二丈二尺，下口寬十一丈七尺；下雁翅直長二丈一尺，上口寬十一丈七尺，下口寬十五丈七尺。接下關石樁外，工員捐辦石舌直長三丈，上下均寬十五丈七尺。又閘底上下築三合土舌二道，內上土舌直長三丈，上口寬十四丈四尺五寸，下口寬九丈四尺，厚三尺；下土舌直長五丈，上口寬十五丈七尺，下口寬二十三丈二尺，厚三尺。又接下工員捐辦土舌直長三丈，上下均寬二十三丈，厚三尺。又拆修該閘先於上下築做攔河柴土壩二道，內閘上築做攔河柴壩一道，長三十九丈。兜鑲寬二丈，牽高深二丈六尺五寸。後澆土餦長三十九丈，頂寬一丈五尺，底寬九丈四尺五寸，牽高深二丈六尺五寸。閘下築做攔河土壩一道，長五十二丈，頂寬二丈，底寬九丈五尺，牽高深二丈五尺。外鑲護埽長五十二丈，兜鑲寬一丈五尺，牽高深二丈五尺。連開槽、還槽、車水、釘樁，共估需料匠土方銀八萬三千五百六十二兩零。

山盱廳

智壩補修石底跌塘內束水石底沖損一處。計石十八路，先估素土填塘，補釘梅花關石等，樁上築三合土，再上鋪砌石底。接下接寬石底三處，內一處計石七十五路，二處計石五十二路，三處計石八十八路。舊制坡勢情形本低矮束水石底三尺，過水湧猛，易致沖跌。今估攅高三尺，與束水石底相平，先估素土填塘，簽釘梅花關石等樁，上築三合土，再上補砌石底。接下原鋪碎石底沖損補還碎石，並普面加高三尺，簽釘關石樁。迤下碎石坦坡沖損長五十五丈，補還碎石，上又普面加高三尺。壩下估築攔水土堰，連車水、填塘，共估需料匠土方銀七萬八千九百六十六兩零。

信壩補修石底大石簸箕計沖損二處。內一處計石二百七十七路，二處計石一百七十五路。先估素土填塘，補釘梅花關石等樁，上築三合土，再上鋪砌石底。接下原鋪碎石底全行沖損跌塘，今估鋪砌碎石底直長二丈五尺。先估素土填塘，上築三合土，再上鋪砌碎石厚五尺，簽釘關石樁。迤下沖塘估築坦坡，下填素土，上砌碎石。壩下估築攔水土堰。連車水、填塘，共估需料匠土方銀六萬七千一百九十四兩零。

硃批：覽。

五三二　審明逞凶拒捕各犯從重定擬摺
（咸豐三年二月二十四日）

江南河道總督臣楊以增跪奏，爲審明糾衆鬥毆逞兇拒捕各犯從重定擬，將首犯恭請王命先行正法，仰祈聖鑒事。

竊照碭山縣稟：土夫王潋如因向佟信索欠爭吵，糾衆鬥毆，經該縣及彈壓委員帶領兵役巡至，上前捕拿，該犯等放槍拒捕，將兵丁李發元轟傷身死，並帶傷兵丁張明漢、趙萬全、翟文炳、王啟福等。該縣等即時督兵上前，將首從各犯王潋如等拿獲。等情。當經臣等批飭徐州道王夢齡督同徐州府知府趙作賓訊辦。

茲據該道府審擬詳解前來，臣楊以增現駐豐北工次，就近親提研鞫。緣王澱如、呂沅本、呂道義、呂應芳、呂宗太、王得、王德華、戴如平均籍隸銅、睢、邳州及安徽宿州等州縣，俱未爲匪犯。案咸豐二年十一月王殿①如與現獲之呂沅本、呂道義、呂應芳、呂宗太、王得、王德華，監斃之戴如平，在逃之孫德、孫書付偕至豐工推土營生，在空地搭棚居住。在逃之佟信曾向王澱如借用大錢一千，屢索未償。三年正月初一日，王澱如至王大福茶鋪飲茶，與佟信會遇，向索前欠。佟信斥其不應新年要債，王澱如分辯，佟信混罵，互相爭吵，經王大福勸散。王澱如被罵不甘，回向呂沅本等告知，邀允幫毆泄忿。王澱如帶火鎗，呂沅本、呂道義、王得、呂宗太、呂應芳、戴如平、王德華、孫德、孫書付各執器械，一共十人，往尋佟信毆打。適署碭山縣知縣賴以平及彈壓委員帶同兵役巡至，遇見王澱如聚衆滋事，上前捕拿，王澱②如等逃回棚內躲避。兵丁李發元等追至，堵門圍捕。王澱如情急，喝令呂沅本、呂道義、王得、呂宗太、呂應芳、戴如平、王德華、孫德、孫書付各持器械助勢，自在門內點放火槍，希冀嚇退官兵。不期轟傷兵丁李發元，立即倒地殞命，並帶傷兵丁張明漢等，即經該縣等督率兵役上前將王澱如、呂沅本、呂道義、呂應芳、呂宗太、王德華、王得、戴如平立時拿獲，並奪獲凶械，具稟批飭審解。

臣楊以增親提，逐加究詰，供悉前情，案無遁飾。查例載：犯罪事發，官司差拘，如有逞兇拒捕、殺死差役者，爲首擬斬立決，爲從在場助勢未經幫毆成傷者改發極邊足四千里充軍。等語。此案王澱如因向佟信索欠爭吵，糾衆持械尋毆，經巡查官兵捕拿，輒敢逞兇施放火鎗，拒殺兵丁一名，轟傷四人，實屬潑不畏法。王澱如應比照"犯罪事發、官司差拘、逞兇拒捕殺死差役者爲首擬斬立決"例擬斬立決。該犯放槍拒殺兵丁，形同化外，應加擬梟示。臣楊以增於審明後恭請王命，飭委徐州道王夢齡、署宿州營遊擊李成虎將該犯王澱如綁縛市曹，即行正法，傳首犯事地方，懸桿示衆，以昭炯戒。呂沅本、呂道義、呂應芳、呂宗太、王得、王德華、戴如平七犯訊止持械在旁助勢，未經幫毆成傷，均合依"爲從在場助勢未經幫毆者，改發極邊足四千里充軍"例，均改發極邊足四千里充軍。戴如平業已監斃，應毋應議。呂沅本、呂道義、

---

① "殿"字誤，據上下文當作"澱"。楊紹和抄本亦誤作"殿"。
② "澱"字，楊紹和抄本作"殿"，當誤。

呂應芳、呂宗太、王得、王德華均定地發配，折責安置。戴如平監故，刑禁人等已由縣訊無凌虐情弊，應毋庸議。兵丁李發元被拒身死，照例賞給銀兩，以示優恤。兵丁張明漢等傷已平復，起獲槍械發營配用，失察火槍職名飭查另咨。逆犯孫德等飭緝獲日另結。

　　除備供招咨部查核外，謹合詞恭摺具奏，伏乞皇上聖鑒，敕部核覆施行。謹奏。

　　二月二十四日

　　咸豐三年三月初五日①奉硃批：刑部議奏。欽此。

五三三　審明結捻拒捕各犯分別定擬摺②
（咸豐三年二月二十四日）

　　奏爲拿獲積年結捻迭刼拒捕放火殺人首要各犯，審明定擬，將情重各犯恭請王命先行正法，仰祈聖鑒事。

　　竊照徐州界東、豫二省，時有捻幅匪徒等出沒刼掠。臣等迭飭該管鎮道遴派文武員弁拿獲多名，均經盡法懲辦，隨即會奏在案。嗣又據續獲首要捻匪袁驢等二十名，即經批飭徐州道王夢齡督同徐州府知府趙作賓訊解，臣陸建瀛現在辦理防勦事宜，咨會臣楊以增就近勘辦。茲據該道府等審擬詳解前來，臣楊以增隨親提研鞫。緣袁驢即袁宗孝、劉狗、王宗岳即王瘸仔、王雪即王三、李憨即李化軒、王傳即王六、胡百科即胡繼魁、李珠即李燦光、謝繼祥、薄位蘭、袁杏、曹心川、張信沅、于金合、梁寅、張玉才即張尚、劉安太、李德平、王大申、耿效張均籍隸銅山等州縣，平素遊蕩，不務正業。

　　道光三十年六月初六日，袁驢聽從已結之李保，夥同徐毛喜等一共四人借搜查煙土爲由，在銅山縣張家樓截搶事主秦和周布線，變賣分用。二十七日，袁驢於已獲擬結之孔沅結捻，夥同王曰等一共十四人，行竊沛縣事主孔昭強家牛只衣錢分用。次日復在龍崗寺廟商議行

---

①　此摺奉硃批日期，楊紹和抄本作“三月十五日”。
②　見楊紹和抄本卷二三，魯圖藏。

刴，即經沛縣訪聞，帶領兵役前來，拿獲孔沅等五名，袁驢等逃逸。二十五日袁驢與姬安、李重等一共六人在豐縣聶家窪地方撞遇豐縣捕役張得走至。姬安挾張得先曾查拿之嫌，糾允袁驢等致死泄忿，袁驢用刀砍傷張得肩甲，姬安、李重各用刀砍傷張得右腿、脊背，立時殞命。袁驢幫同將屍身擡棄黃河，各散。是年八月，袁驢與劉狗投入已獲正法之李午捻內。咸豐元年二月十一日，已獲擬結之戴雙糾邀袁驢夥同李午等一共九人，在豐縣許家寺廟西首搶得事主朱敬鏨行車衣包銀兩。三月二十九日，李午糾同袁驢、劉狗夥同齊雙等一共十一人，在豐縣張家集持械搶奪事主呂四等拖運布物，經該處汛兵邀同王家莊人王清元等追捕，李午等將布捆撩棄。四月初四日，李牛會遇袁驢、劉狗等原夥，道及前搶呂四布疋與王家莊人王清元等無涉，不應幫捕，將布截回，糾約前往放火毆打泄忿。李牛又邀同姚李池等一共二十四人各持刀械，偕至王家莊喊罵，王清元等持械趕出，被姚李池等戳傷，袁驢與李牛等即將帶去火煤撩在王清元等草屋內，登時火起延燒。王克禮出罵，被李牛用鎗戳傷，倒地殞命，袁驢先自逃回。是年七月，袁驢又投入已獲正法之夏三捻內。八月二十五日，夏三帶領袁驢夥同王小二等一共三十餘人各持刀械，行抵蕭縣杜家集，路經陳世忠客店門首，與袁驢等十人進內刴得夏邑縣客民查洹車上衣物。二十六日，夏三仍帶原夥各持器械，至蕭縣永豐集，從①池鵠雜貨鋪門前，與袁驢等十八人進內，夏三劈開櫃檯②，與各犯搜刴銀錢衣物。店夥李永慶出阻，被夏三用刀拒傷，一同攜賊贓逃逸。閏八月初一日，袁驢起意搶奪，糾同劉狗及唐兆林等一共十九人，各持刀械，駕船駛至豐縣事主劉純璧門首。袁驢等進內搶出衣飾錢物運回分用。二十九日袁驢又聽從夏三，領帶王小二等三十餘人，並添糾已獲正法牟小亦入夥，各持刀械，駕船駛至銅山縣事主王述祖門首。夏三先放鎗嚇唬，與袁驢等二十二人進內，馮大青用鐵鞭拒傷事主王賢祖，夏三踢傷事主王塗氏，搜刴錢物運回俵分。九月初二日又各帶鎗械，駕船駛至沛縣事主劉文運門首，夏三砸門進內，放鎗轟傷事主劉文運、劉慕榮，與袁驢等二十餘人上樓刴得銀錢衣物運回俵分。咸豐二年二月，袁

① "從"字，楊紹和抄本作"縱"，當誤。

② "檯"字，楊紹和抄本作"撻"，當誤。

驢、劉狗又投入在逃之皇甫吉捻內。是月初二日，皇甫吉糾同袁驢、劉狗及關虎等一共九人，持械在豐縣王家莊搶得事主賀智方等行車衣物。劉狗將事主杜學閔推跌，攜贓逃回俵分。四月二十五日夜，皇甫吉糾同袁驢、劉狗及宋二等一共十五人各持刀械，抵豐縣事主李廣照家。皇甫吉與袁驢等十人進內，事主李廣照喊救，被宋二用刀背拒傷，又被皇甫吉用火燎傷，搜取錢物，遞交劉狗等分攜運回俵分。五月十七日夜，袁驢聽從豫省已獲擬辦之李小二，糾同關禿子等各持刀械偕抵虞城縣事主張永祥家，進內刮得銀錢衣物運回俵分。是年六月，袁驢起意，自行結捻，邀允已獲正法之謝五、李玉，現獲之李珠，在逃之劉代平、王向、齊二坡、張臭、吳分、蕭迷、張德、馬魁、李藏、孫豬、李文、鄭四、楊振江、李伏一共十八人，七八月間向鄉村鋪戶強借錢文三次，俵分花用。十月十七日袁驢與皇甫吉、齊雙會遇，述及銅山縣孫元禮典鋪殷實，皇甫吉糾允合夥行刮。十八日袁驢帶領捻夥李珠等十八人，齊雙帶領已獲之胡百科，在逃之王三沅、滿周、劉二、劉三、周麻孜、周大麻孜、周三麻孜、鞠憨、閆藏、李租，並不識姓名一人一共十七人，皇甫吉帶領現獲之捻夥王宗岳即王瘸仔、李憨即李化軒、王雪即王三、王傳即王六，在逃之劉大麻孜、劉二麻孜、閆長、閆虎、尹士禮、劉小二、徐麻孜、范向、范丟、吳二、張二、張順、路安、王金聲、楊大匹、孫更、鞠收一共二十二人，總共五十七人，各執火鎗刀械，駕船偕抵孫元禮典鋪北首上岸。皇甫吉與袁驢、齊雙、謝二、謝五、李玉、李保、閆虎、劉大麻孜、劉二麻孜、齊二坡、張臭、閆長、鞠憨、楊振江十五人進內，餘俱在外看船接贓。典夥孫玉珍等喊捕，袁驢用刀背拒傷工人王禮。齊雙等將孫玉珍用火燎傷，逼問銀錢，入室搜刮財物，分攜回船。駛至湖內僻處，齊雙藏匿銀兩，被皇甫吉查出不依，用刀砍斃，棄屍湖中，將贓物俵分各散。

　　咸豐二年十月初七日，現獲之謝繼祥起意，搶奪邀允現獲之王宗岳、李憨、王雪、王傳、薄位蘭、李珠、袁杏、胡百科，監斃之曹心川，是夜一共十人，持械偕抵碭山縣事主陳倫三家門首，推門進內，搶得衣物俵分花用。十一月初三日，王宗岳起意，自行結捻，刮掠邀允謝繼祥、薄位蘭、袁杏、曹心川、王雪、王傳、李憨、李珠、胡百科，在逃之劉振邦、李從亮、周二、范東科、朱小二、朱小五、范□入夥，是夜三更時分，一共十七人分帶刀械，偕抵豐縣事主劉盛久家門首，王宗岳用石撞開大門，留曹心川、劉振邦、李從亮、週二、范東科、朱小二、朱小五、范□在外接贓，餘俱進內。事主劉盛久等起捕，被王宗嶽等用刀拒傷，刮得錢文衣物攜回俵分。二十一日夜，薄位蘭起意行刮，糾同謝繼祥、袁杏、曹心川、王宗岳、王雪、王傳、李憨、李珠、胡百科、劉振邦、李從亮一共十二人分帶刀械，偕抵碭山縣事主魏鳳舞家門首。薄位蘭、王雪用石撞開大門，同王宗岳、王傳、李從亮、曹心川、李珠、袁杏進內，餘俱在外接贓。事主之父魏汝廷起捕，被薄位蘭用刀背拒傷，刮得錢物攜回俵分。十二月初二日夜，李珠起意行刮，糾同原夥十二人分帶刀械，偕抵碭山縣事主楊太運家門首，留薄位蘭、謝繼祥、袁杏、胡百科在外接贓，李珠等進內，刮得銀錢衣物攜回俵分。初六日，謝繼祥起意行刮，糾同原夥十二人，是夜三更時分各執器械，偕抵碭山縣事主王居正門首，留劉振邦、李從亮在外接贓，謝繼祥等撞門進內，事主王廷聘等起捕，被謝繼祥、王宗岳、王雪拒傷，刮得錢文衣物攜回俵分。初七日夜，王宗岳起意行刮，糾同謝繼祥、薄位蘭、袁杏、曹心川、王雪、王傳、李憨、李珠、胡百科、范□、朱小二、朱小五、周二一共十四人，分帶刀械，偕抵碭山縣事主周傳渭家門首。王宗岳用石撞開大門，同王雪、李憨、王傳、胡百科、謝繼祥、薄位蘭、李珠、袁杏、曹心川進內，餘俱在外接贓，工人吳效先起捕，王宗嶽嚇拒，未經成殤，刮得錢文衣物攜回俵分。初九日夜，王雪廷起意行刮，糾同原夥十四人，並添邀劉振邦、李從亮、范東科①十七人，各帶刀械，抵豐縣事主高步衢家門首。袁杏、薄位蘭用石撞開大門，留周②二、朱小二、朱小五、劉振邦、李從亮在外接贓，餘俱進內，事主之伯高慎德及工人秦朝鳳起捕，被王雪、王宗岳拒傷，刮得銀錢衣物攜回俵分。二十一日王傳起意搶奪，糾允謝繼祥、薄位蘭、袁杏、王宗岳、王雪、李憨、李珠、胡百科，是夜起更時分一共九人，分攜刀械火煤，偕抵碭山縣事主戰東海家車屋門外，推門進內，搶得衣物逃出，事主工人李雲彩、武紡追捕，被王雪李憨用火煤燒傷，攜贓逃回俵分各散。此匪犯袁驢等積年結捻滋事之情形也。

---

① "范東科"後，楊紹和抄本有"李從亮"三字，與前文重複，當衍。
② "周"字，楊紹和抄本作"用"，當誤。

又咸豐二年十一月，張信沅與于金合、張玉才、劉安太、李得平、耿效張、梁寅、王大申並在逃之許三、馬二奮仔、張四、張彥風、王老即王小、李亮、丁□、林遇、道貧難，張信沅起意結捻，大家允從，一共十五人，十月不記日期，張信沅帶同于金合等偕至碭山縣楊莊地方，訛索過路客車三次，得錢四五千不等分用。二十六日，張信沅起意搶奪，糾允于金合、王大申、李得平、劉安太、耿效張、馬二奮仔、許三、張玉才一共九人分攜刀械，是夜更餘時分偕抵事主姬怡軒等借宿更棚門首，見門尚虛掩，張信沅、于金合與馬二奮仔、許三推門進內，搶取錢票衣物，逃回俵分各散。二十九日，張信沅探知邵大元錢鋪殷實，起意行刦，糾允于金合、梁寅、馬二奮仔、張彥風、許三、張四、馬玉才、王老、李亮、丁鳳林是夜一共十一人，分攜火煤刀棍，偕抵事主邵大元錢鋪門首，張信沅、梁寅撞開大門，同于金合、馬二奮仔、張二風、許三、張四進內，餘俱在外接贓。鋪夥侯印陞起捕，被張信沅用棍拒傷。各犯入室，刦得銀兩錢票衣物，逃回俵分各散。此匪犯張信沅等結捻滋事之情形也。

旋經委員會同各縣營獲犯具稟並聲明劉犯於被獲時畏罪，用刀自戕身死，委員驗明通報，批飭審解。臣楊以增親提，逐加研究，供悉前情，案無遁飾。查例載：“山東省匪犯持械結捻強刦得贓者，仍照強盜本律問擬，將案內法無可貸、罪應斬決之首從各犯加擬梟示。若持械聚衆搶奪得贓，不論贓數多寡，數至十人以上，爲徒發新疆給官兵爲奴。”又律例“強盜得財者不分首從皆斬”。又律載：“盜刦之案將法所難宥、情有可原者於疏內聲明。”各等語。此案袁驢、劉狗等積年結捻，搶刦拒捕，放火殺人。王宗岳、王癟子、王雪即王三、李憨即李化軒、王傳即王六、胡百科即胡繼魁、李珠即李燦光、謝繼祥、薄位蘭、袁杏、曹心川、張信沅、于金合、梁寅或自行結捻，或聽糾結捻，訛索搶刦，拒捕搜贓，均屬潑不畏法。以上十五犯均請照“山東省匪犯持械結捻搶刦得贓，將案內法無可貸罪應斬決之首從各犯加擬梟示”例，均擬斬立決梟示。現當嚴懲捻匪之際，未便稍稽顯戮。除劉狗業已自戕身死，曹心川、梁寅在監病故，飭令照例戮屍梟示外，袁驢、王宗岳、王雪、李憨、王傳、胡百科、李珠、謝繼祥、薄位蘭、袁杏、張信沅、于金合十二犯，臣楊以增於審明後，恭請王命，飭委徐州道王夢齡、署宿州營遊擊李成虎將該犯等綁赴市曹，即行正法，傳首犯事地方，懸桿示衆，以昭炯戒。張玉才即張尚聽糾結捻行刲，合依“強盜得財律”擬斬立決，惟訊止在外接贓一次，系屬情有可原，應聽候部議，照例刺字。劉安太、李得平、王大申、耿效張聽從張信沅糾夥，十五人結捻訛索搶奪，雖搶奪時僅止九人，而結捻已在十人以上，未便輕縱。劉安太、李得平、王大申、耿效張四犯均合依“山東省捻匪持械聚衆搶奪得贓，數至十人以上爲徒，發新疆給官兵爲奴”例，俱發新疆給官兵爲奴。王大申、耿效張業已病故，應毋庸議。劉安太、李得平定地發配，折責安置，照例刺字。各犯監故刑禁人等已由各該縣訊無淩虐情弊，亦無容議失察。各犯爲匪之犯父、牌保分飭查提責懲。餘訊無另犯窩夥竊刲別案，及同居親屬知情分贓、牌保得規包庇情事。各事主傷均平復，起贓給主，未起追賠。未獲各逸犯飭緝獲日另結。

除分案備録供招，並將首協獲犯應敘職名分別咨部核辦外，謹合詞恭摺具奏，伏乞皇上聖鑒敕部核覆施行。謹奏。

二月二十四日

咸豐三年三月十五日[①]奉硃批：刑部議奏。欽此。

五三四　籌議稽查黃河渡口摺

（咸豐三年二月二十六日）

江南河道總督臣楊以增跪奏，爲籌議稽查黃河渡口章程，恭摺陳奏，仰祈聖鑒事。

竊臣節奉諭旨：敕將黃河船隻歸併編號，遇有緊急收至北岸。即經飭令該管文武欽遵辦理。茲據淮揚、淮海、徐州三道各查明境內應裁、應併渡口，開具清册，會議章程具稟。臣與該道等往復辦論，務期實見執行，不准虛應故事。並與臬司查文經悉心酌核，仍隨時密飭委員前往抽查，毋許陽奉陰違，致匪徒勾結偷渡，以肅渡口而固藩籬。

所有籌議稽查渡口章程，謹繕摺具奏，伏乞皇上聖鑒。謹奏。

---

① 此摺奉硃批日期，楊紹和抄本作“三月十五日”。

二月二十六日

咸豐三年三月初三日奉硃批：欽此。①

五三五　稽查黃河渡口章程清單

（咸豐三年二月二十六日）

謹將稽查渡口章程繕摺恭呈御覽：

一、擇要設立官渡也。江南黃河南北兩岸長二千餘里，官民渡口不下百數十處，必須擇要歸併，庶稽查易於爲力。今將徐州府屬碭山縣境內渡口歸併朱家渡，銅山縣境內渡口歸併徐州府北門工，睢寧縣境內渡口歸併戴家樓，宿遷縣境內渡口歸併小古城，淮安府屬桃源縣境內渡口歸併徐陞壩，清河縣境內渡口歸併王家營、楊家莊兩處，安東縣境內渡口歸併安東東門工，計共設官渡八處。責成該管知縣編號，給與印票，並於船之兩旁用灰粉大書某州縣某渡口第幾號、船戶某人字樣，以便稽查，其餘官民各渡口概行禁止。

一、私渡仍須嚴查也。黃河兩岸道里延長，雖經擇要設立官渡，仍恐刁民漁利，於曠僻之處私自渡載。查長堤堡房爲兵夫棲止巡防之所，每堡僅隔里許，聲勢最爲聯絡。應責成河工文武汛員督率本汛兵夫，各按各堡認真稽查。如有私渡，即時嚴拿解究，倘有得規包庇情弊，一經查出，分別嚴參治罪。

一、盤結應派專員也。稽查奸匪爲現今第一要務，但廳營州縣各有職守，必須委員會查，以期周密。今議每官渡一處派委文武官二員，酌帶兵役駐劄南岸，實力盤查，如有奸宄混跡北渡，即嚴拿懲辦。委員稽查不力，隨時撤回參處。

一、夜間宜禁渡也。濱河州縣各設官渡一處，渡口自必擁擠。若昏

---

① 此摺奉硃批日期，楊紹和抄本作"三月初七日"。另於"欽此"後有："同日准軍機大臣字寄：江南河道總督楊：咸豐三年三月初三日奉上諭：'楊以增奏籌議稽查河工章程，開單呈覽所議各條尚屬周妥。著該河督即會商雷以諴、晉康並督同臬司查文經嚴飭在防文武員弁無分晝夜，實力盤查，並隨時密飭委員前往抽查，毋任匪徒勾結偷渡，致有疏虞，是爲至要。將此由四百里諭令知之。'欽此。"

暮仍准渡河，恐查察或有未周。今議各處官渡凡遇夜間，除緊要文報往來止准專渡馬夫外，其餘不論軍民人等概不准攬載過河，違者將船戶從重治罪。

一、嚴禁需索也。此次專設官渡並委員巡察，系爲杜絕奸匪起見。如船戶兵役人等藉端需索，許商民就近告官，從嚴究辦。委員失察徇縱，分別參處。

一、船隻給票照驗也。渡船既經編號，稽查其一切運料、運貨及襄載客商船只未便漫無稽考。今議照沿海商漁船只出口之例，凡運料船由本廳給與印照，其商民各船由本籍州縣給與印照，均註明在船人口姓名，以便沿途查驗。其先已出境未經領票之船赴所在地方官呈請驗明給票，違者懲治。

硃批：覽。

五三六　臬司查文經堪以兼顧糧臺片
（咸豐三年二月二十六日）

再，臣奏留臬司查文經辦理江北防堵，欽奉上諭：前有旨，令該員留辦豐工未盡事宜，並巡查黃河渡口。著楊以增即飭該員幫辦防堵。至周天爵前奏令該員管理糧臺事務，是否尚能兼顧，著該督等酌量咨商辦理。欽此。臣伏念徐州辦理糧臺尚有徐州道王夢齡，足資倚任。且徐州距清江不遠，倘有要務，仍可往返咨商，可期兼顧。謹遵旨留該司幫辦防堵，一面咨明周天爵。

理合夾片附陳，伏乞聖鑒。謹奏。

二月二十六日

咸豐三年三月初三日①奉硃批：知道了，欽此。

―――――――――

① 此片奉硃批日期，楊紹和抄本作"三月初七日"。

五三七　豐工河庫無款請速發給大汛工需摺

（咸豐三年三月初二日）

　　江南河道總督臣楊以增跪奏，爲豐工河庫均無存銀，現在工程緊要，仰懇聖恩速飭發給大汛工需，以資修守事。

　　竊准户部咨，以南河動用錢糧共計一千一百數十萬，兩次奏明均有節省，議將本年大汛工需即在豐工餘存銀内支用，不得另行請撥。等因。具奏奉旨：依議。欽此。咨行到臣。行據總局徐州道王夢齡等暨河庫、管河各道查覆前來，臣復加詳核，户部所稱一千一百數十萬，系連在外准捐之九十萬及部票五十萬一併綜計，復將先行籌借、再行辦捐歸款之一百四十萬重算一次，故有一千一百數十萬之多。若剔除重算一百四十萬，又二三年歲料扣抵未到銀八十六萬餘兩，又未收捐款一百三十萬兩，實祇收銀八百餘萬兩。即加以豐工原堵借撥藩關各庫未歸銀三十萬兩，亦祇八百三十餘萬兩，内豐工收銀六百五十二萬餘兩。查大工用款繁雜，向於工竣設局查辦歸款，一二年後方有清單。茲約略核計，原堵及展緩後拆壩築堰並子房山□堤挑河約用銀四百六十二萬餘兩，復堵約用銀五十九萬餘兩，統計原復堵約用銀六百二十餘萬兩，計僅存三十萬兩，内存銀十餘萬兩，存料約值銀十餘萬兩，均歸善後工用，尚有不敷，仍須另請。又河庫收銀一百八十餘萬兩，上年歲搶修另案共用銀二百二十萬餘兩，比較收支尚多不敷。此河庫查無存銀，豐工雖有存料存銀，爲數無多，已歸善後工用之實在情形也。

　　至户部原奏内稱上年展緩摺内奏明當年工用約可節省銀一百數十萬兩，似謂所省系屬現銀。查南河工用向需四五百萬不等，近年力求撙節，祇用三百數十萬，上年僅用二百二十萬餘兩，實系節省一百數十萬兩。而所省銀兩即系未解撥款、未收捐款，非有現銀存工存庫也，是以上年復堵時奏請借撥應用。若豐工河庫均有存銀，彼時借撥部臣亦必不准。又上年用存銀料已於緩堵案内抵用，本年用存銀料已歸善後案内動用，此又總計雖有節省，而現在並無存銀之實在情形也。

　　再查河庫寅食卯糧，久已異常支絀。現復兩次撥歸豐工百餘萬，以致黃、運各廳應發之款批庫未發者愈積愈多，截至現在止不下一百六十餘萬兩。運河各廳空船鱗集，黃河各廳甫經受水，溜勢提移未定，埽壩在在吃重。庫無存銀，工無存料，各廳無款接濟，均已墊無可墊，借無可借。此時桃汛已臨，設遇來源旺發，憑何修守？且軍務與河工相爲表裏。現在逆氛逼近，尤須慎防，若河工稍有疏虞，則運道民生隱憂尤切。惟有仰懇天恩，俯念工程緊要，庫無存銀，敕部將臣前請例撥大汛工需銀一百五十萬兩如數撥給。現在待用孔殷，並請於北省實徵項下指撥，迅速解工，俾濟要需。

爲此縷晰繕摺，附驛具陳，伏乞皇上聖鑒，敕部速議施行，臣不勝急切待命之至。謹奏。

三月初二日

咸豐三年三月初八日奉硃批：户部速議具奏。欽此。

五三八　保舉豐工出力各員摺

（咸豐三年三月初二日）

江南河道總督臣楊以增跪奏，爲遵旨保舉豐工出力員弁，開列清單恭摺具奏，仰祈聖鑒事。

竊豐工合龍摺回，欽奉上諭：在工出力員弁著該河督核實保舉，候朕施恩，毋許冒濫。欽此。仰見皇上微勞必録、鼓勵人才之至意。遵查歷舉大工，皆藉資群策群力，需用員弁不下四五百人。而豐工初未合龍，嗣經復堵，前後彙計人數尤多。先由臬司分別具詳，臣復加酌核，不敢稍涉冒濫。當此需才孔亟，渥荷恩施，凡在庶官莫不奮興觀感。爲此開列清單，恭呈御覽。

所有遵旨保舉豐工員弁緣由，理合繕摺附驛具陳，伏乞皇上聖鑒。謹奏。

三月初二日

咸豐三年三月初八日奉硃批：欽此。

五三九　豐工出力文武官員清單

（咸豐三年三月初二日）

謹將豐工出力文武官員繕具清單，恭呈御覽：

委管豐工總局淮徐道王夢齡、委管豐工分局淮揚道曹文昭均請賞戴花翎。

候補道梁佐中請儘先補用。

委掌東壩藍翎候陞知府裏河同知于昌進請以沿河知府用，賞換花翎。

委掌西壩藍翎陞銜外南同知婁晉請開缺以沿河知府用，賞換花翎。

知府銜海防同知李萬傑、陞銜宿北同知曹聯桂、陞銜桃北同知金安瀾、山安同知郭禮圖、山盱同知黃欽鼐、陞銜同知借補外北通判沈文藻、同知借補豐北通判張渼、知府銜候補同知邵勳均請以知府用。

藍翎徐州府知府趙作賓、藍翎候補同知劉咸均請賞換花翎。

江甯船政同知陳在文、海州知州毓彬請開缺以知府補用。

蕭南同知劉東銖、候補同知李承清均請賞加陞銜。

松江管糧通判張汝翰請開缺以同知直隸州補用。

宿南通判金安清請加運同銜。

題陞楊河通判鐘照請實授後以同知直隸州陞用。

候補知縣王如林、黃芳、姚文請不論繁簡遇缺即補。

候補同知綬麟，候補通判劉虞采、章儀林、黃程直、胡志章、熊存泰、陸費琴，候補知縣張鵬展，候補縣丞王長齡，候補主簿金履泰、許大綬，候補從九品王厚莊、吳晉、帥遠炳、沈鈞、雷澤候補同知何紹祺、奎印、琪桂，候補通判王堯長，候補州同丁毓藻、沈岱，候補州判張立勳，候補縣丞朱沄、孫世熙、熊寶、金兆鵬、張近仁、于葆泰、黃平格，候補主簿時煥、王如璨、江鴻、胡克昌，候補從九品錢青、趙吉雲、師長樂、林椿、徐志涵、姚敬起、羅德慶、周彝、葛景賢、孫載、曾紹傳，候補未入流屠榕、姚丙吉、婁沄、沈清槐、黃師傑，均請遇缺先補。

陞銜候補同知晁敘齡，候補同知王漳，候補通判劉保鈅，候補縣丞余景亮，均請歸於先盡班內先用。

候補通判張學韶、溧陽縣知縣焦肇瀛，陞銜銅山縣知縣周璞，陞銜清河縣知縣吳棠，同知銜江浦縣知縣于醇儒，江都縣知縣許道身，知縣借補通州州判張志周，知縣借補海州州同郭世昌，知縣借補泰州州同胡海平，知縣借署寶應縣主簿李克昌，坐補鎮洋縣鄭揚旌，均請以直隸州同知陞用。

候補通判鄭居仁、馬壽齡、斌實，候補知縣勵綱，均請加同知銜。

試用知縣陳慶長，主簿李世煦，均請歸候補班補用。

署豐縣知縣王檢心，候補知縣朱維屏、許炳章，請俟補缺後以直隸州同知陞用。

大挑知縣賴以平請免其借補，以沿河知縣即行補用。

州同候補碭山縣丞馬浚請開缺以通判陞用。

候補州同吳世熊請俟補缺後以知州陞用。

邠州州同楊廷棻，睢甯縣丞惲保，上海縣主簿王承綸、天妃閘閘官周壬林，均請以應陞之缺陞用。

候補州同李會文請俟補缺後以知州陞用，先換頂戴。

候補州判郝植松請免補本班，以沿河知縣用。

山陽縣丞周力城，宿遷縣丞范炳中，阜甯縣丞朱守讓，安東縣丞楊蘊緒，海州州判包家丞，徐州府經歷陳鵬，縣丞借補寶應縣主簿裘輔，均請以知縣補用。

候補縣丞舒文斌、黃文涵請免補本班，以知縣補用。

題陞東台縣丞惲光業，寶應縣丞朱澧請實授後以知縣陞用。

候補州同許美身，候補縣丞譚樹本，候補縣丞金鴻保，候補縣丞賀澧、李均、王其翰、蕭功炎、黃士淦，請俟補缺後以知縣用。

候補州同許惠身、曾鶴齡，候補主簿陳栯，候補從九品靳鎔、馮昌運、宋玉璠、張建堂、張采，均俟補缺後以應陞之缺陞用。

崑山縣丞全元鈞，武進縣丞李榮，均請賞戴花翎。

候補縣丞邢實第輕易主簿借補。

候補州判丁炅請以主簿、縣丞酌量借補。

候補主簿張壽仁，候補從九品蔡鴻恩，均請免補本班，以縣丞補用。

候補主簿孫椿、李廷澍請以從九品借補。

候補從九品李世康請以河庫大使、閘官借補。

候補從九品高紹金、馬炳麟請以未入流借補。

候補從九品王慶恩、徐錫疇均請歸次盡本班先補。

候補府經歷陳炥，候補直隸州州判金奎光，候補縣丞王潤，桃南主簿姚德彰，高堰主簿孫貽斌，桃北主簿沈繡泰，運河主簿吳而鎮，金壇縣主簿陳旭芬，高澗主簿李樹護，候補主簿張方水、葉瑯、蕭喜孫、王如春、孫啟變、聞廷棟、嚴邈，候補從九品姜洮、黃春麟、王燦、張榮光、龔元鉞、朱禄生、吳作霖、孫世棠、孫世淮、李廷遇、張鐘元、孫謙、錢坊，三義司巡檢孫駿，五港司巡檢童洮，劉馬司巡檢黎廷桂，羊寨司巡檢朱懋績、馬邏司巡檢吳懷祖，童營司巡檢吳士榮，白駒閘閘官沈錡，候補未入流張學醇、倪晉、王以誠、鄞兆文、李得春，均請賞給六品頂戴。

都司銜邳北營守備徐成宗請開缺以遊擊陞用，南河無都司額缺。

徐州鎮標蕭營都司李恒清請以遊擊陞用。

候補都司李成虎，題補河標營右營守備沙振青，山安營守備葉如蒼，海防營守備楊廷棟，宿北營守備莊容淮，署豐北營守備賀正捷，河營候補守備黃鳳銜，均請賞戴藍翎。

南河總督衙門書吏王以廉，淮揚道衙門書吏李堯章，淮徐道衙門書吏朱增祥，請以從九品歸分缺先班選用。

南河總督衙門書吏唐維森，淮徐道衙門書吏許萬年，請以未入流歸分缺先班選用。

硃批：另有旨。

五四〇　京員學習期滿請留工補用摺

（咸豐三年三月初二日）

江南河道總督臣楊以增跪奏，爲京員學習期滿，循例以道府留工補用，因豐工出力請先加陞銜，暫緩引見，恭摺具奏仰祈聖鑒事。

竊河工學習人員例應於二年期滿後分別留工補用。茲查詹事府左贊善郭沛霖、掌江西道監察御史存葆、户部河南司員外郎顏錫惠於咸豐元年奉旨：發往南河差遣委用。是年三月二十七、四月初八、十七等日先後到工。兩年以來，經臣派往各屬查料勘工，協防大汛，催償漕船。留心察看，均屬才堪造就。連閏扣至本年二月二十七至三月初八、十七等日學習二年期滿。郭沛霖應遵例請留南河以道員用，存葆、顏錫惠應遵例請留南河以知府用。復查郭沛霖上年派管豐工總局，此次督挑引河，存葆兩次總催引河，顏錫惠上年派管豐工分局，此次委催各處錢糧，均能辦理認真，不避嫌怨，洵稱有爲有守之員。合無仰懇皇上天恩，准於該員等應補之缺先加陞衔，俟補缺時再行送部引見，以示鼓勵之處出自鴻慈。

所有京員學習期滿，照例留補並懇鼓勵各緣由，理合恭摺具陳，伏乞皇上聖鑒。謹奏。

三月初二日

咸豐三年三月初八日奉硃批：欽此。

五四一　革員挑浚尚無遺誤請開復原官片
（咸豐三年三月初二日）

再，候補通判英禄因承挑引河遲延，奏奉上諭：先行革職，仍責令留工，勒限趕辦。欽此。嗣於限內如式挑浚，尚無遺誤。可否仰懇天恩，準將候補通判英禄開復原官之處出自鴻慈。

附片陳明，伏乞聖鑒。謹奏。

三月初二日

咸豐三年三月初八日奉硃批：欽此。

五四二　守備効力奮勉請以千總降補片
（咸豐三年三月初二日）

再，藍翎前外南守備師長鑣六堡減黃案內經部臣奏奉諭旨：不准捐復原官。查六堡減黃入湖系屬變通辦理之法，與豐工漫溢情節不同。外南廳同知王湘同案革職，嗣於廢員單內蒙硃批圈出引見，以知縣用，選授甘肅會寧縣知縣。該革弁師長鑣歷辦要工，勇敢有爲，不染河工習氣，前後兩次堵築豐工，自備資斧，來工效力。遇有險難工程，奮不顧身，實屬有勞可錄。惟究系被議人員，未便令捐復守備原官，可否准以千總降補之處出自逾格恩施。

爲此附片具奏，伏乞聖鑒。謹奏。

三月初二日

咸豐三年三月初八日奉硃批：欽此。

五四三　請開復革員原官片
（咸豐三年三月初二日）

再，外北千總陞署守備石榮、宿北千總陞署宿南守備劉元、候補通判署邳北通判丁承鈞因總理引河委員稟揭該員弁等塾崖斃①混，奏奉諭旨：革職枷號河干。嗣以挑挖引河如期通暢，並查明系塾路，並非塾崖，奏准將該員弁等疏枷。在案。伏查塾路爲易於推車出土，與塾崖之弊混不同。且丁承鈞遠在子房山挑土，並未在引河工次，合無仰懇皇上天恩准將陞署守備石榮、劉元開復千總、署邳北通判丁承鈞開復原官之處出自逾格鴻慈。

理合附片陳明，伏乞聖鑒。謹奏。

---

① "斃"字誤，當作"弊"。

三月初二日

咸豐三年三月初八日奉硃批：欽此。

五四四　總兵始終奮勉請議敘片
（咸豐三年三月初二日）

再，署徐州鎮總兵江寧城守協副將聶金鏞委派豐工彈壓，自備資斧，晝夜勤劬。其在壩拿獲捻匪多名，實屬始終奮勉。

因系武職大員，不敢代求議敘，理合附片陳明，伏乞聖鑒。謹奏。

三月初二日

咸豐三年三月初八日奉硃批：欽此。

五四五　奏請如數撥給本年防料銀兩片
（咸豐三年三月□日）

再，河庫現無存款，各廳之應領未發者共有一百六十餘萬兩之多。臣自豐工回浦，將萬分緊要之工設法通挪，略爲安置。及揚州失守後，在外借貸無門，桃汛已近，黃水日長，報險者紛紛，無銀付給。每一念及，寢饋難安。豐工甫得合龍，何堪再有意外之事。惟有仰懇天恩，敕部將本年防料銀兩如數撥給，以濟要需。明知籌撥維艱，而大局攸關，不敢不據實陳奏。至銀票之五十萬兩並未動用，攤捐之九十萬兩，金陵、蘇州、清江三處設局共捐銀十一萬兩有奇，大半系各廳應領庫款，填具銀領上兌，而實收銀兩已用訖無存。

理合夾片陳明，伏乞聖鑒。謹奏。

咸豐三年三月十五日奉硃批：戶部知道。欽此。

五四六　奏爲所舉劉玉紀等人
應移行原籍確查片
（咸豐三年三月□日）

再，御史陳慶鏞摺內所稱鹽知事張翊國，系帶鄉勇，在揚州城內防堵，於二十三日出城，尾隨楊殿邦至浦。所舉劉玉紀各人，臣等素不熟悉，應移行各該原籍地方臣確切訪查，是否勘收爲用，再行酌調，以切核實。

合併附陳，俯乞聖鑒。謹奏。

咸豐三年三月十五日奉硃批：知道了。欽此。

五四七　桃汛安瀾並河湖水勢工程情形摺
（咸豐三年三月十六日）

江南河道總督臣楊以增跪奏，爲桃汛安瀾並河湖水勢工程情形，恭摺具報仰祈聖鑒事。

竊照江境黃河自豐工放河合龍後全黃挽正，奔騰注海，極爲暢順。截至清明前一日止，外南廳順黃壩誌樁計共長水九尺。清明節後二十日爲河工桃汛之期，兩旬之間水長加勤，共長四尺一寸。除以落水扣抵外，順黃壩誌樁現存水三丈五尺三寸。各廳臨黃埽壩雖經酌發歲料，擇其至緊至要者先爲鑲修，而未修工段甚多。經此大溜趨刷，蟄塌紛紛。均分飭該管道將前往督率搶護，務期化險爲平。惟河庫空虛，專望大汛工需恩准撥發，庶得撒手購料，修守有資。至邳宿運河柳園頭閘、王家溝劉老澗舊河尾及駱馬湖尾閭五壩於上年汛前先後啟放，並咸豐元年所啟之七閘越壩分泄漲水均爲得力。茲因源弱水消，已飭該廳分投堵閉收蓄，其中河廳清汛雙金閘鉗口壩於上冬鹽柴運竣後即經堵閉蓄水，以濟空運。時因鹽河內卸空營船須赴葦右營運柴，當經該壩啟拆，提出船隻。仍即飭令察看趕堵，跟澆後餽。其楊莊頭壩先因外南堵辦順清河，埽占著重，暫將該壩堵閉，以節來源。嗣空運南下，復經啟放通漕。現仍飭令隨時察看，如黃水內漾，即日趕堵，以免壩內受淤。洪澤湖水現已長存一丈四尺二寸，堪備濟運之用。凡閘壩蓄泄機宜臣總當隨時斟酌，妥爲辦理，不敢稍有孟浪。

所有桃汛安瀾各緣由，理合繕摺具報，伏乞皇上聖鑒。謹奏。

三月十六日

咸豐三年三月二十五日奉硃批：知道了。欽此。

五四八　臬司難以兼顧漕營軍務片

（咸豐三年三月二十三日）

再，臬司查文經稟稱：前奉特旨留辦豐工未盡事宜，隨同稽查黃河渡口。自以特旨爲重，隨時親詣勘查。嗣又蒙奏明會辦防堵局務，已覺竭蹶時形。茲復奉漕督劄委參議軍務，勢必兼顧不及，轉致兩誤。查淮揚道曹文昭現在漕督行營，請就近委辦。等情。臣查該司所稟難以兼顧之處系屬實情，業經據稟移咨漕臣改委。

爲此附片陳明，伏乞聖鑒。謹奏。

三月二十三日

咸豐三年三月二十八日奉硃批：知道了。欽此。

五四九　奏請速撥工需銀兩摺

（咸豐三年三月二十五日）

江南河道總督臣楊以增跪奏，爲額借①收捐未能應手，籲懇天恩敕部速撥工需以資修守而維大局事。

---

① "借"字誤，當作"解"。本摺下同。

竊臣覆奏豐工河庫均無存銀，請將大汛工需如數撥給一摺。現准部咨：議撥銀二十萬兩，餘令催提額解，設法收捐，通融動用。等因。在部臣總司出納，當此軍餉難籌之際，撥給南河銀二十萬兩自已斟酌至再。但額解收捐未能應用，工次竭蹶情形敢為我皇上詳陳之。

南河額借以兩淮及江藩庫為大宗。此時逆氛未靖，無從議及。其廣東、福建暨浙江、江蘇應解之款，亦因江路梗塞未能催提。又葦營蕩柴作價二十餘萬兩，原系例收之款，惟蕩柴刀本運腳、挑渠、修垛歲需現銀十餘萬方能收柴運出，發廳作價，除抵用外，所剩無幾。現因無款可給，上年產柴亦尚存營未運，此額解及柴價之未能應用也。

至捐款如果踴躍，亦可廣為招徠。無如大捐捐輸陳陳相因，近地紳士本已屢次輸將，遠方捐生各就本地交納，未能薈萃一處，是以前發銀票五十萬兩迄未行用，即上年所收捐項亦僅十餘萬兩，且有各廳印領在內。現在捐例雖又推廣，而沿江各邑播遷失所，稍遠地方亦風鶴驚傳。縱有急公之人竭力呈捐，一時斷難積有成數，此捐款之未能應用也。

查各廳工程以春修為根本，前因本年歲料撥款未齊，河庫無款墊發，春修垛工未能做足。茲據該管道廳紛紛具稟，僉稱要工林立，垛段朽塌，桃汛水未大長，業已岌岌可危。往後來源日旺，溜力日勁，庫無存銀，工無存料，即使奉撥銀二十萬兩克日解到，尚不及例撥十分之二。黃河兩岸二千餘里，一經水長，漫灘處處可慮；南北運河及堰、盱各廳居揚州上游，宣防尤關緊要。設遇險工，勢將束手，請速籌撥。等語。臣查該道廳所稟固屬實情，然猶是在工言工。河工關係運道民生，一有疏失，上煩宵旰，下累蒼黎，且非千萬帑金，經年累月不克圖工。況江寧、揚州現為賊踞，河北捻幅各匪未盡斂跡。若待款停工，即虞近工居民趁食乏路。設使少有疏虞，則被水災民勢將勾結為患。臣自維才力遠遜前人，危險屢經，益覺毫無把握。苟依違緘默，臨事周章，是臣坐誤貽患，重負生成，將何以仰對君父？後於河庫、管河各道通盤籌計，大汛工需能否節省，總視水勢大小，工程平險，目前實不敢豫定。然籌備斷難稽緩，第部庫既在為難，又何敢堅持舊章，曉曉屢瀆？約計目前急款，春季兵餉、堡夫工食、葦蕩營刀本、船務營運腳、大汛以前各廳應備正雜防料、兩岸應修堤工已共需銀七八十萬兩方能敷衍，其伏秋汛內防險及相機搶辦啟閉各務尚不在內。惟有分次請撥，庶時日較寬，度支稍易。仰懇天恩俯念工關緊要，敕部於北省先再撥銀五十萬兩迅速解工，以濟要需。其餘銀八十萬兩酌分五月、七月兩次撥解到工，則籌款可以從容，而修防得免掣肘。感禾①鴻慈，洵無既極！臣爲工需緊要，謹繕摺瀝陳，伏乞皇上聖鑒，不勝急切待命之至。

再，查從前睢工、牟工緩堵年分南河皆用銀四百餘萬兩，上年用銀二百餘萬，實已省而又省，自邀洞鑒。即此次請撥之款到工後，臣仍體察情形，撙節核發，如有不肖工員狃於積習，藉詞開銷，即當隨時核參，以昭炯戒，合併陳明。謹奏。

三月二十五日

咸豐三年四月初四日奉硃批：覽奏。各情形固無虛揑，然大吏所司者何事？雖不必爲朕分憂，顧不能爲部臣分憂耶？目下籌款艱難，汝斷不能不知。動請部撥，亦何若是之厚顏耶？第此時情形萬分緊要，著戶部再行妥速議奏。欽此。

五五〇 統籌全域擇要佈置摺②

（咸豐三年四月初六日）

奏爲統籌全域擇要佈置，恭摺會陳仰祈聖鑒事。

竊臣慧成馳抵清江後，查訪賊營形勢，參看地圖志乘，日與臣楊以增等暨地方文武悉心講究。陸路以徐州爲東路門户，而徐州北枕韓莊，南接宿州。韓莊有山東防兵扼守，宿州現有周天爵等控制廬、鳳、潁、亳。臣慧成復留兵五百名在徐協同防守，並諭諭徐州鎮道飛飭廬、鳳一帶道府留心探查。如賊匪窺伺陸路，即飛禀由臣等咨商山東撫臣，分撥現擬駐紮宿遷等處之兵及山東防兵，前往策應。水陸③以清江爲山東門户，而揚州又爲清淮門户。揚州東南要津，四通八達，賊匪受創，勢必

---

① "禾"，當作"荷"。

② 見楊紹和抄本卷二五，魯圖藏。並於標題後註明"會署四川總督臣慧成、護漕運總督臣查文經前銜"。

③ "陸"，當誤，應作"路"。

乘虛分竄。查欽差大臣琦善等統領大兵近①逼西路，船艇嚴堵南路，河營遊擊馮景尼、河標副將李輝連、前淮安府福懋、陝西管帶潼關防兵之參將松林等帶領兵勇扼守北路，逆匪均難偷竄。惟東路泰州、通州一帶港汊紛歧，可通蘇、常等府，亦應分兵堵禦。擬商令奕經②督帶精兵二千名，移駐揚州東路霍家橋、仙女廟一帶，相機防剿，俾免勾結蔓延。至揚州赴清江計有三路可通，經臣楊以增等分派練勇③扼要防守，奏明有案。惟練勇尚多，不逞之徒繩以紀律，則易致跋扈；啗以重利，則恐爲賊用。現查中路馮景尼等練勇多至六千餘名，官兵不及十分之二，深恐難資約束。臣等擬俟西路兵到，分爲兵七勇三，以資牽制而防勾結。至清江先後募勇，甫經訓練，多不適用，指日大兵雲集，即應分別裁汰，以節錢糧。其西路蔣壩、洪湖一帶，東路下河湖蕩、淮安東門一帶兵勇過少。俟大兵到時，再行酌量添撥。臣查文經即赴邵伯一帶督兵進剿，臣慧成俟奉調之兵到來，亦即隨後馳往，相機防剿，以期迅掃妖氛，仰副皇上眷懷南服、軫念瘡痍之至意。

所有臣等統籌全局、擇要佈置情形，謹合詞由驛具奏，伏乞皇上聖鑒。謹奏。

咸豐三年四月初六日拜進

□日奉硃批：知道了，兵多尚可壯聲勢，勇多徒致滋擾，難濟急用。汝等可挑有用之兵使之剿賊，汰不馴之勇以節虛費，然已裁之勇猶可爲害，慎之。欽此。

---

①　“近”，當誤，應作“進”。

②　奕經（1791—1853）：滿洲鑲紅旗人，字潤峰，成恭親王永瑆之孫、貝勒綿懿之子。曾任京師乾清門侍衛，道光五年（1825）任兵部侍郎，十年（1830）後歷任吏部侍郎、戶部侍郎。十四年（1834）任黑龍江將軍，十六年（1836）任吏部尚書，兼步軍統領。二十一年（1841）入閣爲協辦大學士，署理藩院尚書。二十一年（1841）任揚威將軍，到杭州督管抗擊英國入侵，多次大敗，二十二年（1842）被革職。二十三年（1843）復出，先後任葉爾羌參贊大臣、伊犁領隊大臣、伊犁、英吉沙爾領隊大臣。咸豐三年（1853）奉旨到山東防禦太平軍，在徐州病死。

③　練勇：清代地方武裝團練招募、訓練的鄉勇等的統稱。

五五一　請改設糧臺片①

（咸豐三年四月初六日）

再，接准户部咨，臣等糧臺設立徐州，交陳啟邁②總辦。等因。查徐州倚河爲城，城堞矮於大堤，俯視官署，民廛如在釜底，似難恃以爲固。查琦善、周天爵等糧臺均在徐州，款項過多。彙聚不如分儲。且臣等兵營分紮揚州、清淮一帶，兵餉經户部奏明，江海關續徵盡解，由關取道臣等兵營北解至徐州，再由徐轉解回營，往返二千餘里，既恐接濟不及。查徐州府屬宿遷縣距營較近，且有重兵駐守，若將臣等糧臺改設宿遷縣，較爲穩便。如值軍務吃緊，江海關解項經過臣等營盤，亦即隨時截留，知照糧臺以免往返。

爲此附片陳明，伏乞聖鑒。謹奏。

咸豐三年四月初六日附進

□日奉硃批：依議。該部知道。欽此。

五五二　清江西路緊要添兵嚴防摺③

（咸豐三年四月初六日）

奏爲江西路緊要，添兵嚴防遏賊分竄情形，恭摺具陳，仰祈聖鑒事。

---

① 見楊紹和抄本卷二五，魯圖藏。

② 陳啟邁（1796—1862）：湖南武陵人，字子皋，號竹伯。道光十八年（1838）進士。二十九年（1849）由江西左江道升按察使，擢直隸布政使。咸豐三年（1853）調任江寧布政使。太平軍攻佔南京後，奉命赴徐州辦理糧台事宜，次年陞任江西巡撫。六年（1856）擅自調動湘軍入鄂鎮壓石達開部，敗績。曾國藩上書參其六大罪狀，革職。

③ 見楊紹和抄本卷二五，魯圖藏。

竊臣於四月十七日接准欽差大臣向榮①飛咨，以賊由江浦越竄滁州，咨會堵截。等因。查滁州北距徐州六百餘里，系屬驛路。東北距清江浦三百餘里，系屬間道，即前奏由蔣壩可通清江之西路。該處近接山旰高堰湖堤，現值湖水見長，關係尤重。前飭淮揚遊擊蔡天祿等就地募勇，並派洪湖河右營兵前往設防，尚嫌力單。署四川督臣慧成先於十六日輕舟馳往揚州，瀕行時已風聞逆匪竄擾江浦、六合之信，當會咨山東撫臣李僡②撥兵在交界嚴防，並會飭自揚州折回山東壽張營遊擊馮化清帶兵速赴徐州，聽候調遣。臣一面派委千總劉冠文、武舉張萬春等管帶練勇三百名，馳赴蔣壩紮營，時赴來安、天長等處分投巡哨。並因一線湖堤袤延百數十里，無險可扼，現於蔣壩迆南築做土壩，以備屯兵守禦，此陸路情形也。

又查滁、鳳東北為臨淮關，再下即淮河口，乃入洪湖要路。查湖內山岡叢錯，湖面周圍四百餘里，一帆可達，是水路較陸路尤為緊要。隨飭山東後起萊州營參將嵩瑞率領所帶官兵馳赴旰眙上游，擇淮河要隘處所相地紮營，以資堵截。並將已到綏遠官兵及河營新練弁兵分派清口及高堰等處巡防。一面飛劄沿湖州縣將湖船悉數調泊北岸，委員嚴查，以防偷越，此水路情形也。

惟賊竄滁、鳳一帶，現經欽差大臣琦善派兵追剿，並有侍郎臣周天爵等遏其前路，難免豕突狼奔。所有旰眙水陸兩路俟續有兵到，尚需添撥，方昭慎重。此時錢糧軍火均在清江，幸欽差侍郎臣奕經往來黃河南北兩岸，扼要巡防，並分密雲兵五百名紮營束清壩，臣借可隨時商榷，以防後路。

所有添兵嚴防清江西路遏賊分竄各緣由，臣謹會同署四川總督臣慧成、護理漕運總督臣查文經恭摺由驛馳奏，伏乞皇上聖鑒。謹奏。

---

① 向榮（1792—1856）：字欣然，四川大寧人。出身行伍，曾隨陝甘總督楊遇春鎮壓河南滑縣天理教李文成起義和新疆張格爾起事，由外委累陞至遊擊。道光十三年（1833）調直隸，官至總兵。二十七年（1847）擢四川提督。三十年（1850）調任湖南提督，同年秋調任廣西提督，參與鎮壓天地會等起義。咸豐元年（1851）率部鎮壓太平軍起義，三年（1853）任欽差大臣，專辦軍務，建立江南大營以圍困天京。六年（1856），在太平軍進攻下放棄江南大營，退守丹陽，被革去湖北提督職，留任欽差大臣，繼續督辦軍務。旋以年老多病，又遭此慘敗，憂忿而死。

② 李僡：字惠人，陝西華陰人。道光二年（1822）進士，即用知縣，歷任滄州、深州，擢大名府知；調保定，擢大順廣道，遷按察使，二十一年（1841）擢順天府尹。二十三年（1843）南河決，偕侍郎臣成剛馳往督工。二十六年（1846）出為江蘇布政使，三十年（1850）授甘肅布政使。咸豐元年（1851）擢河南巡撫，二年（1852）調山東巡撫。三年（1853）江寧陷，徐州捻、梟諸匪蜂起，赴兗、沂、曹諸府督防，尋卒於官，贈總督、太子少保，謚恭毅。

咸豐三年四月十八日拜進

□日奉硃批：另有旨。欽此。同日准軍機大臣字寄：欽差兵部侍郎
銜周、工部侍郎呂、江南河道總督楊、安徽巡撫李：咸豐三年四月二十
二日奉上諭：楊以增奏請清江西路添兵嚴防、李嘉端奏赴援日期各一
摺。前因滁州失守，賊匪竄擾滁鳳一帶，迭經降旨諭令琦善迅派精兵，
直搗滁州，斷賊來路。又諭托明阿將北路現到之兵統帶前進，何處賊情
緊急，即馳往該處迎截。又諭陸應穀將永城駐守之兵交善祿帶往皖省協
剿。現在逆匪盤踞臨淮、鳳陽，勢甚危急，亟宜四面兜剿，過其北竄。
李嘉端於十八日帶兵赴援，自系刻不容緩。惟所帶兵勇僅數百名，實屬
單薄，即號召練勇，勸借軍餉，亦屬緩不濟急。該撫既冒險前進，倘各
路竟無接應，致令賊勢益張，所關匪細。朕數日以來聞賊由陸路北竄，
倍深焦急，著周天爵、呂賢基迅即帶領兵勇，星速赴援。前准截留之陝
甘兵現在抵皖，已有若干名。周天爵即一併統帶，與托明阿、善祿及李
嘉端或合兵進攻，或分路兜截。當此防剿吃緊之時，赴援應機，兵貴神
速，萬不可稍涉拘執，致有延誤。至清江西路亦宜嚴防，楊以增所奏水
陸防堵情形自爲過賊分竄起見，惟退守不如進攻。楊以增仍當偵探賊
情，隨時相機進剿，以爲我軍後路聲援。若但知株守一隅，恐藩籬亦難
自固。聞李僡現已帶兵前抵宿遷，正可與楊以增聲勢聯絡，互相策應。
該侍郎等總以權衡緩急，先幾應變，力堵賊匪北竄勾結，是爲至要。將
此由六百里加緊各諭令知之。欽此。遵旨寄信前來。

五五三　請酌量添設南河渡口摺①

（咸豐三年四月十二日）

翰林院侍講學士臣晉康、都察院左副都御使臣雷以諴②、江南河道

---

① 此摺現藏台灣"國立"故宮博物院。

② 雷以諴（1795—1884）：字鶴皋，湖北咸寧人。道光進士，咸豐三年（1853）由左副
都御史陞刑部侍郎，隨江北大營欽差大臣琦善幫辦軍務。爲籌措江北大營軍餉，創辦釐金，後
推行各省，成爲清政府軍費開支的主要來源。六年（1856）太平軍再次攻克揚州時因戰敗被
革職，充軍新疆。後赦歸，授陝西按察使，調布政使，旋任光禄寺卿。

總督臣楊以增跪奏，爲巡查南河渡口中有不便居民者，應請酌量添設以示體恤而彌姦匪，恭摺會奏仰祈聖鑒事。

　　竊臣雷以諴、臣晉康奉命會同巡查南河口岸，所有歸併渡口八處，並酌定章程，先經臣楊以增奏明在案。臣雷以諴、臣晉康到浦後，復札飭各廳州縣將向來舊有官民各渡口及現在歸併處所分別逐段繪圖貼説，並詳開船隻數目、夫役姓名暨委查文武員弁，以便按段巡查。臣楊以增奉旨會辦防勦事宜，未能兼顧。臣雷以諴、臣晉康即帶同委員署蕭南同知陞用通判馬濬於三月十五日啓行，先從河北下游安東縣起，至上游蕭縣止，復從南岸順流而下，逐處稽查，覈與原定章程均相符合。惟途次連接銅山、碭山等縣並雙溝、洋河各鎮生監居民唐紹孟、朱綺堂、沈錫齡、王芝齡等具呈，或稱歸併渡口太遠，居民覓食維艱，或稱雜糧商船民食倚賴，勢難夜間急靠北岸，懇求添設渡口，變通辦理，以救民命各等情。當經先後批飭徐州道王夢齡體察情形，妥擬詳辦，并確查別處如再有似此者，一併酌定，仍一面稟明臣楊以增，以便會同奏辦去後。茲據該道詳稱，查徐州府城東門外雞嘴壩地方向爲糧食馬頭，往來貨船每多聚泊。現因稽查嚴密，商船稀少，糧價騰昂，於民食殊多窒礙。詳加查察，該船戶均有資本，且在本籍，開行時已由地方官給票兌驗，迨行抵卸載之處，又有牙行承保，似應准其照常停泊。遵照前定章程，遇有緊急，再行收集北岸，仍責成渡口委員隨時稽查，以昭慎密。至碭山縣所屬之清華觀地方，對岸即系豐工，現在辦理善後工程，夫役衆多，貿易輳集，該處民夫須赴上游五十里之徐家渡口買食，往返不止百餘里，於居民大有不便。又徐城北門工以下九十里戴家樓以上六十里之雙溝地方，系銅山縣管轄，又戴家樓以下五十里之峯山地方，對岸爲皂河鎮，又小古城以下五十里桃源縣以上六十里之洋河鎮，均系宿遷縣管轄。該三處均爲著名鎮市、商賈蟻集之區，刻下渡口裁撤，必須繞至百餘里或數十里不等，始能渡河，附近居民固未便宜，即原來客販亦未免觀望不前，與碭山縣之清華觀地方情形相同。以上四處似應設立官渡，每處以渡船五隻爲額，仍照原奏章程由官編號給票，派撥弁兵，專駐盤查各等因。

　　臣等查南河境內計一千數百餘里，向來官民渡口約共一百數十處，前議僅歸併八處，雖系爲盤查奸細起見，然居民經連歲災荒之後，瑣尾流離，大半多用器具木料等件赴城鎮市集換錢買食。茲因渡口歸併太少，或往返百餘里至二百里不等，非特不敷盤費，即使購得食物，而人已餓弊。

彼偷渡則違法，循法則無以爲生。饑驅之餘，爲匪較易，轉非禦暴安民之道。臣等公同酌議，自當俯順輿情，應如該道所擬，於清華觀及雙溝、洋河、皂河等鎮酌添渡口四處，每處以渡船五隻爲額。其河南雜糧商船向來靠徐城南岸起卸，若遽令夜泊北岸，河面既寬，儻遇風暴溜急，斷難即時挽渡，若不變通辦理，商販漸少，即民食愈艱，實屬窒礙難行。亦應如該道所擬，准其於商船到時驗明官票，趕緊起卸，即行挽回北岸，并責成牙行出具保結，除嚴飭該道率屬實力盤查，毋得稍涉疏懈外，臣等仍不時另派文武幹員明察暗訪。如敢視爲具文，致有私渡及姦匪偷渡等情，立即嚴參懲辦。再據各屬面稟，此次巡查口岸不惟奸細有所嚴憚，并於剿辦土匪極爲得力，以渡口歸併，不能此拿彼竄也，合併聲明。

臣等爲禁暴恤民起見，所有酌添渡口緣由，謹合詞恭摺由驛四百里具奏，伏乞皇上聖鑒。謹奏。

咸豐三年四月十二日

硃批：另有旨。

五五四　委署總兵印務摺[①]

（咸豐三年四月十八日）

奏爲委署總兵印務，恭摺具陳仰祈聖鑒事。

竊奉上諭：慧成奏總兵玩視軍務一摺。江南徐州鎮總兵聶金鏞據該督詢以軍務機宜，遲鈍模棱，難期勝任，且查所屬官兵率多軟弱頹廢。聶金鏞著即開缺，交部嚴加議處，所有該總兵員缺著慧成、楊以增派員署理。欽此。遵查徐州地方爲南北水陸之衝途，控制數省，本系江北重鎮，現在潁、亳一帶土匪未淨，又風聞賊氛竄擾滁、鳳，逼近徐州，堵禦巡防尤關緊要，一時無員可委。適有揚州參將玉德卸署安徽壽春鎮，過浦來見。詢以營務，尚爲明白。應請暫行署理，以專責成，並會商欽差侍郎奕經，將所帶山西兵五百名交該署鎮玉德帶往徐州，借資防堵。

除會檄遵照並令迅速赴任外，所有委署總兵印務並帶兵緣由，謹恭

---

① 見楊紹和抄本卷二五，魯圖藏。此摺楊紹和抄本於標題後註明“會署四川總督慧成前銜”。

摺附驛會奏，伏乞皇上聖鑒。謹奏。

咸豐三年四月十八日拜進

□日奉硃批：知道了。欽此。

五五五　請調員差委片①
（咸豐三年四月十八日）

再，軍需旁午，差事紛繁，必須精明強幹之員方期得力，江蘇道府州縣內委用乏人，查有曾任道府之步際桐，直隸棗強人，由編修、御史歷任道府，在署甘肅蘭州府任內審辦番案革職，發往軍臺效力贖罪，蒙恩釋回。該員辦事認真，任勞任怨。臣等前往河南祥符工次，稔其勤能。合無仰懇皇上天恩，俯准臣等劄調該員隨營聽候差委出自鴻慈。

臣等爲軍務需人起見，不揣冒昧，謹合詞夾片附陳。謹奏。

咸豐三年四月十八日附進

□日奉硃批：另有旨，欽此。同日奉咸豐三年四月二十二日內閣奉上諭：慧成、楊以增奏請將廢員隨營差委等語。已革知府步際桐著准其調赴軍營，交慧成等差遣委用。欽此。

五五六　伏汛將臨籌防各工摺
（咸豐三年四月二十日）

江南河道總督臣楊以增跪奏，爲伏汛將臨籌防各工情形恭摺具陳，仰祈聖鑒事。

竊臣前將桃汛安瀾緣由繕摺具奏在案。月餘以來，黃河水勢消長相乘，臨黃埽壩因大河甫經歸正，朽塌卑矮應鑲段落甚多，而限於錢糧，不能普辦。前經酌發歲料，據報陸續到工。臣在清淮防堵，未克

---

① 見楊紹和抄本卷二五，魯圖藏。此摺楊紹和抄本於標題後註明"會署四川總督慧成前銜"。

周歷查勘。嚴飭該管各道隨時點驗，即督率各廳擇緊鑲修，一俟撥款到來，再行添發正雜料石，以資防備。洪澤湖水間日見長一寸，高堰誌椿已積存一丈五尺五寸。山盱廳智壩補修石底業於三月望間完竣，惟臨湖石工上、前兩年風掣塌卸段落雖經估准，因豐工合龍之前，河庫應收各款銀兩多解工次應用，是以至今尚未發辦。現俟大汛工需解來，方能酌量發銀償築。而湖誌已長逾往年啟壩尺寸，現飭該道籌議酌啟，以保湖堤。裏河廳運口汛爲湖水入運門户，所有頭南壩、外蓋壩、頭二三四壩並上下雁翅、張王廟前托水壩、福興正閘上鉗口壩、閘下束水壩、迤下河尾蔣壩因清水搜刷卑矮，均經加鑲高整。茲伏汛將臨，河湖各工處處緊要，而當此錢糧極絀之時，又值軍務未平之際，臣惟有於萬難措手之中殫竭血誠，督率在事文武振刷精神，盡心經理，不敢稍有疎懈。

所有伏汛將臨籌防各工情形謹恭摺具奏，仰祈皇上聖鑒。謹奏。

四月二十日

咸豐三年五月初七日奉硃批：知道了。欽此。

五五七　嚴防洪湖要隘摺[①]
（咸豐三年四月二十九日）

奏爲遵旨嚴防要隘情形恭摺具陳，仰祈聖鑒事。

竊照防守清江情形臣於二十六日匯奏在案，旋准軍機大臣字寄：本月二十二日奉上諭：清江西路亦宜嚴防，楊以增所奏水陸防堵情形自爲遏賊分竄起見，惟退守不如進攻，仍當偵探賊情，隨時相機進剿，以爲我軍後路聲援。等因。欽此。正在覆奏間，又於二十八日接准軍機大臣字寄：二十四日奉上諭：賊情詭詐，變幻非常，聲東擊西是其慣技。設大兵多趨徐郡，而該逆又窺伺清江，亦不可不豫爲計及。楊以增駐紮該處，務須隨時偵探，刻刻嚴防，毋稍大意，是爲至要。等因。欽此。仰見聖謨廣遠，指示幾先，曷勝欽服。

---

① 見楊紹和抄本卷二五，魯圖藏。

伏查清江背河倚湖，既爲水陸衝要，又爲南北咽喉，且現爲錢糧軍火萃集之區。我之所重，即賊之所覦。臣自聞賊竄滁、鳳，分別佈置後，時與欽差侍郎臣奕經、綏遠城將軍①臣托明阿②密商熟計。遏賊分竄必須水陸兼防，惟洪湖周圍數百里，水面則波濤浩淼，陸路則灘岸回環。現在兵力較單，且無戰艦，若俟其入湖而後議剿，制勝綦難。查盱眙縣之浮山與對岸泗州之潼河相距僅二里許，水面較窄，當派山東萊州營參將嵩瑞督帶官兵五百名、募勇三百名，在該處南岸安礮扼守。托明阿已於二十七日帶兵前往由泗州迎擊，可至該處北岸。但能嚴守，匪船自不能飛越。然清江在洪湖下游，濱湖各處不能不嚴益加嚴。除查明要隘，分設兵勇外，現經清河縣知縣吳棠雇募湖船水勇排泊湖內，與洪湖營兵互爲聲援，市闌湊集處所民自團練，聲勢頗壯。並委文武員弁晝夜巡查，以防奸細。臣原擬日內與奕經輪流前往盱眙浮山口駐防，茲再三籌度，誠如聖諭：聲東擊西是賊慣技，不可不豫爲計及。現在各處精兵均趨西路，則清江尤爲緊要。自當遵旨偵探賊情，與奕經隨時相機防剿。五品銜前漕臣李湘棻③熟稔情形，今往來黃河兩岸，隨地巡查，洵爲得力。

所有嚴防洪湖要隘緣由，謹恭摺馳奏，並繪圖貼説敬呈御覽，伏乞皇上聖鑒。謹奏。

咸豐三年四月二十九日拜進

---

① 綏遠城將軍：清代駐防將軍之一，掌駐防旗營及土默特蒙古事務，爲綏遠城地區最高軍政長官。乾隆二年（1737）設建威將軍一人，駐山西綏遠城，二十六年（1761）更名爲綏遠城將軍。二十八年（1763）管轄土默特蒙古事務，三十一年（1766）兼管右衛事務。

② 托明阿（？—1865）：滿洲正紅旗人。由侍衛升副護軍參領，後任遊擊、參將、副將、總兵等職。道光二十四年（1844）擢四川提督，二十七年（1847）授新疆烏魯林齊提督，後調陝西，任綏遠城將軍。咸豐三年（1853），率兵援安徽滁州，堵截太平軍北伐，次年爲欽差大臣，至江蘇揚州督辦江北大營軍務，繼授江甯將軍，咸豐六年（1856）因揚州爲太平軍攻克被革職。八年（1858），爲頭等侍衛，率部駐順天府，防英法聯軍進犯，授直隸提督，遷西安將軍。十年（1860），隨勝保在直隸通州八里橋抵抗英法聯軍進攻。同治元年（1862）退職，四年（1865）病死。

③ 李湘棻（1798—1866）：字雲舫，山東安丘人。道光十二年（1832）進士，任翰林院庶吉士，後授戶部主事，陞員外郎。二十三年（1843）實授寧國府知府，後擢任太常寺少卿。翌年署理漕運總督，後實授漕運總督，兼任兵部侍郎、督察院右副都御史。二十五年（1845）因請假回鄉料理母喪，被袁甲三參奏罷職。咸豐三年（1853）幫辦團練，賞還漕運總督銜。四年（1854），因防禦太平軍不力，又因奏事不合章程再被罷職。八年（1858）調赴天津增修礮臺，加強海防。同治四年（1866）奉命回籍督辦團練，防禦捻軍，不久病卒，恩賞二品封典，誥授資政大夫。

五月□日奉硃批：知道了，圖留覽。欽此。

五五八　保舉豐工出力委員並原單遺漏自請議處片①

（咸豐三年四月□日）

再，豐工保舉案內江蘇候補縣丞舒文彬勾稽勤慎，實能節省錢糧。候補縣丞黃文涵承審一切案件，妥速精詳，前後招解捻匪數十名，已於工次分別正法。該二員均由臬司查文經詳請免補本班，以知縣即用。欽奉恩旨無該二員之名，自是臣清單內遺漏。爲此據實檢舉，仍懇逾格天恩，准將二員免補本班，以知縣即用，並請旨將臣交部照例議處。

理合附片陳明，伏希聖鑒。謹奏。

咸豐三年四月□日附進

五月□日奉硃批：另有旨。欽此。同日奉軍機大臣知照：軍機大臣祁寯藻等奏：本日據楊以增奏豐工保舉案內候補縣丞舒文彬、黃文涵二員均請免補本班，以知縣即用，原奉諭旨無該二員之名。等因。臣等查三月初八日該河督開列清單內，實有該二員之名。臣等繕寫諭旨，未經敘入，實屬遺漏。所有承辦章京應由臣等查取職名，咨部照例議處。臣等未能看出，亦屬疎忽。除臣邵燦入闈外，應將臣祁寯藻、臣麟魁、臣彭蘊章、臣穆陰一併交部議處。該河督自請議處，應毋庸議。臣等謹將查明遺漏緣由奏聞，俟奉旨後，再將舒文彬、黃文涵原請獎勵之處擬寫諭旨進呈謹奏。

五月初七日奉硃批：祁寯藻②等均著交部議處，餘依議。欽此。又內閣奉上諭：楊以增奏保舉豐工出力人員等語，江蘇候補縣丞舒文彬、黃文涵均著免補本班，以知縣補用。該部知道。

---

①　見楊紹和抄本卷二五，魯圖藏。

②　祁寯藻（1793—1866）：字穎叔、淳浦，號春圃、觀齋、息翁，山西壽陽縣人。嘉慶進士，歷官至軍機大臣，左都御史，兵、戶、工、禮諸部尚書，體仁閣大學士、太子太保。道光十九年（1839）赴福建籌辦海防，查禁鴉片。咸豐帝即位后更得重用，後自請辭官。同治元年（1862）供職弘德殿，教同治帝讀書。五年（1866）卒，諡文端。

五五九　請留兵防守摺①

（咸豐三年五月初四日）

奏爲清江地方緊要，請將密雲存兵留浦以資防守，恭摺馳奏，仰祈聖鑒事。

竊臣前因賊竄臨淮，將籌防要隘各情形恭摺馳奏。伏查清江浦水陸衝途，爲南北第一緊要關鍵。自二月下旬揚州失守，居民紛紛遷徙，經臣督率司道府廳縣設法曉諭，並勸捐團練，人心稍定。嗣奉欽派署四川總督慧成帶兵到浦後，經慧成奏明清江爲揚州後路，必須有重臣駐紮，方敢前進。旋於四月望間刑部侍郎奕經帶密雲兵一千名分駐黃河南北兩岸，慧成始放心南下。四月初旬賊復竄擾江北，滁州失陷，直趨臨淮。該處據洪湖上游水路，一帆可達，清江陸路則泗州、五河、盱眙等處路路可通，其險要情形較之滁、鳳倍甚。兼以徐州緊要，奉旨命將軍托明阿帶兵迎擊。因該將軍管帶之兵僅到綏遠城兵五百名，遂將奕經所帶密雲兵分撥五百名隨往，是存兵已極單弱。臣與奕經悉心籌畫，將通湖各隘口並陸路扼要之區分設兵勇，嚴密防守，奏明浮山口形勢最要，臣與奕經輪流前往防剿。旋奉上諭：賊情詭詐，變幻無常，聲東擊西是其慣技。設大兵多趨徐郡，而該逆又窺伺清江，亦不可不預爲計及。等因。仰見聖慮周詳，無微不至，無任欽佩。

查前奉准調安徽留防山東兵二千名，僅陸續到浦七百餘名，經臣派往浮山口防守。其餘各路官兵均爲徐州、安徽截留，統計王營、清江止有密雲兵五百名，若再調出，民心必先驚動，關係匪輕。茲接欽差侍郎臣奕經咨會，轉准欽差大臣琦善咨照，迅速帶兵馳往鳳陽援剿。在奕經既奉調派，不敢不拔營前往，惟清江最要之地，軍火糧餉均儲於此，且平日商賈輻湊，久爲賊所覬覦，豈可不留一兵？現據道府廳縣會稟，以清江吃緊，請留兵保衛大局。等情。臣維賊之慣技在避實就虛，我之大兵患在顧彼失此。以清江如此重地，當萬分吃緊之時，不容稍有破綻。

---

① 見楊紹和抄本卷二五，魯圖藏。

必待賊至而始爲之防，則已措手不及。是清江之兵應添而不應減，奕經
之在清江當留而不當去。惟有仰懇皇上天恩准留奕經駐紮清江，民心借
資鎮定。現據沿途州縣禀報：綏遠後起官兵已由半途截回，隨托明阿前
往。土默特兵亦漸次可到。擬請敕下該將軍，俟所帶兵丁到齊後，仍將
密雲兵撥回清江紮營，始臻嚴密。

臣爲地方實在緊要起見，謹恭摺由六百里馳奏，伏乞皇上聖鑒訓
示。謹奏。

咸豐三年五月初四日拜進

□日奉硃批：另有旨。欽此。

五六〇　請留前任漕督李湘棻會防片[①]

（咸豐三年五月初四日）

再，臣奕經與臣輪流赴洪澤湖內浮山口防堵，距清江三百餘里，當
此吃緊之際，清江未便乏員會防。查有山東調到五品銜前漕運總督李湘
棻，臣等與之籌商防禦事件，頗中機宜，可否留於清江會防之處請旨
飭遵。

謹附片具陳，伏乞聖鑒。謹奏。

咸豐三年五月初四日附進

十□日奉硃批：另有旨。欽此。同日准軍機大臣字寄：欽差刑部侍
郎奕、江南河道總督楊：咸豐三年五月初八日奉上諭：奕經奏拔營赴
援，楊以增奏請留兵清江浦，並留前任漕臣會防各摺片均已覽悉。賊匪
竄擾懷遠、蒙城，該處東西兩路與宿、亳接壤，昨降諭旨令托明阿、奕
經確探何路緊急，即由何路督兵進剿。茲據奕經奏已帶密雲兵四百餘名
趕緊拔營，前赴援剿，著即迅速兼程前進，與托明阿所帶各兵會合，兵
力自不致單弱。並與周天爵等協力夾擊，不必再折回清江，徒多往返。
至清江浦地方爲淮揚後路，水陸衝途，自宜扼要嚴防。著楊以增將現有
之山東官兵及本境防兵與所募練勇酌量分撥，妥爲防守。本日已諭令琦

---

① 見楊紹和抄本卷二五，魯圖藏。

善察度情形，兼顧清淮，或應分兵協防，即令迅籌辦理。琦善總統北路
諸軍，慧成、恩華所帶之兵均歸調遣。該河督即咨商該大臣就近於續到
之兵酌撥調度，或一面與李僡熟籌，彼此互爲聲援呼應，可期得力。至
奕經已帶赴皖之兵，自應先其所急，毋庸再行撥回。五品銜前任漕運總
督李湘棻著即留於清江，與該河督籌商防禦事件。署邳州吳棠練勇捕賊
如有成效，即飭令該員認真督率辦理，毋稍鬆懈。將此由六百里各諭令
知之。欽此。遵旨寄信前來。

五六一　請飭催趕解軍餉以濟要需摺[①]

（咸豐三年五月十一日）

臣慧成、臣楊以增、臣查文經跪奏，爲江北軍營待餉孔亟，仰懇聖
恩飭催趕解以濟要需，恭摺具奏仰祈聖鑒事。

竊江北軍餉奉部准撥長蘆、山東銀三十萬兩，行令通融動用，嗣戶
部奏明，將臣等三處軍餉歸併一處糧臺支給，復又撥給臣等內帑三十萬
兩，前後計奉撥銀六十萬兩。截至現在止，僅收銀三十一萬兩，其餘二
十九萬兩是否悉系內帑，抑又改撥何省，未准咨會，亦未報起解。查臣
等三路兵勇現已陸續增添，又有歸化、綏遠、密雲等處官兵，原議歸山
東糧臺支應者，嗣因改調，均歸清江防局支應。又吉林等處官兵原未議
定何處支應，茲既到江北，軍情緊要，亦不得不即爲支應，而綜計官兵
鹽糧馬乾日需銀六七千兩，計口授食，刻不可少，製備軍火器械，亦刻
不容緩。據管理局務河庫道法良等稟稱，現僅存銀數萬兩，不足二十日
之用，設有缺誤，所關匪細，稟請奏催前來。惟有仰懇天恩，俯念軍需
緊要，敕部查催趕解清江防局，以免缺誤。感戴鴻慈，淪無既極！

爲此恭摺由驛具奏，伏乞皇上聖鑒訓示。謹奏。

咸豐三年五月十一日

硃批：戶部迅速查明具奏。

---

① 此摺現藏台灣"國立"故宮博物院。

五六二 嚴查黃河渡口並遏賊北竄摺①

(咸豐三年五月十八日)

江南河道總督臣楊以增跪奏，爲嚴查黃河渡口並籌遏賊北竄情形，恭摺馳陳，仰祈聖鑒事。

竊本月十二日承准軍機大臣字寄，以臣前奏清江地要兵單，奉諭飭臣將東境防兵酌商分撥，妥爲防守，咨商琦善就近於續到官兵酌撥調度，或一面與李傳熟籌，彼此互爲聲援。等因。欽此。正在覆奏間，接准署河東河臣長臻②飛咨，内稱：河南歸德府城於五月初七日失守，照飭各鎮道馳往防堵，將各口渡船收聚北岸，咨會一體嚴防。等因。臣接閱之下，爲之切齒。查歸德濱河不遠，順流而下，距江境僅一百餘里，若偷渡黃河，則曹、兗可慮。先因賊到亳州，已飭令徐州鎮道督兵堵禦，各屬收船禁渡，絶其北竄，兼防東下。現准東河來咨，復飛申告誡。

查侍郎臣周天爵、呂賢基③及將軍臣托明阿均到徐州上游，自已經相機追剿。東撫臣李傳、侍郎臣奕經亦必分路進兵。惟時交夏至，正黃河長水之時，兩岸堤工在在可慮，清江無城無郭，且爲揚州之後路，深恐逆匪由此徑撲大營，極關緊要。臨淮一帶雖已肅清，特恐續有竄至洪湖，亦不容撤防。奉諭：令琦善兼顧清江。臣亦遵旨咨請速籌東境防兵，聞亦赴援皖豫。臣與前漕臣李湘棻悉心商酌，揚州之兵既不能分，北路之兵又經改調，急切難望添兵，祇可就現存兵勇設法籌防。擬將派

---

① 見楊紹和抄本卷二五，魯圖藏。

② 長臻：嘉慶二十三年（1818）舉人。道光六年（1826）翻譯科進士，九年（1829）補工部主事，十九年（1839）升任員外郎，二十一年（1841）任河南汝寧府知府，二十三年（1843）調署開封府知府，二十六年（1846）補授河南漳衛懷道。咸豐元年（1851）署理河南按察使，二年（1852）補授陝西按察使，后署理河東河道總督。

③ 呂賢基（1803—1853）：字鶴田，安徽旌德人。道光十五年（1835）進士，選庶吉士，授編修。後遷御史、給事中，持正敢言，數論時政得失，多所採用。咸豐元年（1851）授工部左侍郎，次年兼署刑部左侍郎。三年（1853）赴安徽督辦團練，以抗拒太平軍，後因太平軍攻克舒城，投水而死。

防浮山口之山東登州兵五百名，又練勇三百名，飭令參將嵩瑞等管帶回浦，分駐黃河南北兩岸，上下巡哨。其山東青州壽樂營兵二百餘名，仍留浮山口，以備不虞。並勘得外南北兩廳境內黃河坐灣處形同鎖鑰，又吳城七堡臨湖處背河面湖，形勢扼要，均可築臺安礮以備堵禦。業飭分投趕辦新制，舊存銅鐵礮亦尚敷用。此外多設疑兵以壯聲勢，嚴拿土匪以杜勾結。惟有與道將廳營及兵勇同心協力，衆志成城，斷不敢以兵勇無多，稍涉鬆懈，有負皇上厪念清江之至意。

所有嚴防黃河渡口並遏賊北竄各緣由，恭摺由驛馳奏，伏乞皇上聖鑒。謹奏。

咸豐三年五月十八日

二十六日奉硃批：知道了。欽此。

五六三　嚴緝奸細片[①]
（咸豐三年五月十八日）

再，臣承准軍機大臣字寄，以雷以諴奏獲奸細，據供在清江浦潛匿八日，並供連日出城奸細百餘名，潛赴黃河北岸，奉諭飭臣嚴飭各員弁實力查緝各處渡口，以杜奸細偷越。等因。欽此。仰蒙指示周詳，莫名感悚。伏查清江爲南北衝途，五方雜處，並無城郭，易於藏奸。臣於設防之始，即分派員弁按段巡查不怠，並於廟宇旅店設簿登記往來之人，專員稽查。前據各委員盤獲形跡可疑人犯，除有揚州糧臺印信護牌之九名行文關查無異、保釋遞籍外，內有南羅山縣唐姓二人臂有烙印，據供曾在大營服役，行查未復，尚在管押。續獲海州人何招琴、河南永城人黃玉山二名，據供：在揚州貿易，被賊擄至金陵。此次賊船千餘號駛往上游，湖廣人最多，江西次之。聞各匪原來時粵匪許以官職財物，並許室家團聚。茲粵匪居功專利，仍不准他人親戚相見，是以湖廣、江西各匪咸思解散，該二人乘間逃生。等語。與向榮所奏大略相同。惟逆賊詭計多端，其所供潛赴何處，固不足憑，所供之背賊逃生，亦難盡信。仍

---

① 見楊紹和抄本卷二五，魯圖藏。

禁押行查，據實核辦。臣惟有嚴飭派出各員，實力巡緝，並遵旨於要隘渡口密爲防範。如獲真正奸細，即當立時正法，以絕窺伺而免疎虞。

理合附片陳明，伏乞聖鑒。謹奏。

咸豐三年五月十八日附進

二十六日奉硃批：知道了。欽此。

五六四　揚州失守各員解到即訊片[①]
（咸豐三年五月十八日）

再，揚州失守文武員弁運司劉良駒、參將文玉等奉旨交臣嚴審，照例定擬具奏。欽此。當即遵提該文武員弁去後，現據欽差大臣琦善咨稱，該文武員弁等缺尚未盡行委署，一俟該員弁等交卸，即行解至清江歸案審訊。等因。

理合附片陳明。謹奏。

咸豐三年五月十八日附進

二十六日奉硃批：知道了。欽此。

五六五　糧臺委員繳清挪款請寬免處分片[②]
（咸豐三年五月十八日）

再，管揚州糧臺北監掣同知李安中因揚州戒嚴時咨交署江運廳同知朱炘糧餉銀四萬兩，解至清江，朱炘僅交清河縣銀三萬四千兩，餘四千兩朱炘自行動用。經臣據實參奏，請將朱炘暫行革職，限十日內繳還歸款，奉旨：依議。欽遵在案。俟據清河縣稟稱，朱炘應繳銀兩已於限內如數繳還，是該員尚知愧懼。合無仰懇皇上天恩，准將暫行革職之署江

---

① 見楊紹和抄本卷二五，魯圖藏。
② 同上。

運廳同知睢南同知朱炘開復原官，並免其開缺之處出自鴻慈，爲此附片陳明，伏乞聖鑒。謹奏。

　　咸豐三年五月十八日附進

　　二十六日奉硃批：依議，該部知道。欽此。

五六六　失城參將受傷自首摺①
（咸豐三年五月十八日）

　　奏爲失城參將受傷自首，恭摺具奏請旨事。

　　竊五月初九日據海州直隸州知州毓彬稟稱：前署湖南岳州城守營參將阿克東阿呈稱，岳州額兵除調防外，存兵八十餘名。上年十一月初三日，賊匪由南而至，該參將趕至南城守護。賊由東門而入，巷戰多時，身受重傷，被兵丁拖出西門，用小船載至武昌。因傷口迸裂，不能行動。繼值道路梗阻，泛海飄②至海州。恐誤報陣亡，獲罪更重，故就近自首。等情。並由該州委員將阿克東阿解送到浦。臣查閱邸抄，湖廣督臣張亮基③片奏內稱：署岳州參將阿克東阿陣亡，僅由兵丁李廷徵稟經副將榮春之子景福事後一結，殊難憑信。等語。是張亮基於阿克東阿之陣亡本未深信，現在楚省已否得有確情，此間無從得悉。今據阿克東阿所供各情如果屬實，較之聞風即逃、輾轉避匿者似尚有間。飭據清河縣驗報頸項金刃傷痕二處，臁䏶金刃傷痕一處。惟臨時之轉戰力盡、事後之傷口迸裂，有無虛實，難憑一面之詞遽行定斷。

---

　　① 見楊紹和抄本卷二五，魯圖藏。

　　② “飄”字，應作“漂”。

　　③ 張亮基（1807－1871）：字采臣，號石卿，江蘇銅山人。道光舉人，曾任內閣中書、侍讀。道光二十六年（1846）任雲南臨安知府，調署永昌，後升任雲南按察使。三十年（1850）遷布政使，擢雲南巡撫，次年兼署雲貴總督。咸豐二年（1852）調湖南巡撫，赴長沙對抗太平軍。次年署湖廣總督，調山東巡撫。四年（1854）春，因欽差大臣勝保劾其取巧冒功，被革職，遣戍軍台，次年獲釋。六年（1856）赴安徽隨辦軍務，八年（1858）授雲南巡撫，升雲貴總督。同治二年（1863）以總督銜署貴州巡撫兼署提督，四年（1865）被劾革職。十年（1871）卒。光緒三十四年（1908）追諡惠肅。

應否委解楚省確訊，抑解送刑部辦理之處，臣未敢擅便，除飭縣看管，並將阿克東阿親供咨送軍機處備查外，爲此恭摺具奏請旨，伏乞皇上聖鑒訓示。謹奏。

咸豐三年五月十八日拜進

二十六日奉硃批：另有旨。欽此。同日奉咸豐三年五月二十二日內閣奉上諭：楊以增奏已革署湖南嶽州參將阿克東阿並未陣亡，現在海州呈遞親供自首等語。著楊以增即將該革員阿克東阿派員解交刑部訊明辦理。欽此。

五六七　道員循例回避摺

（咸豐三年五月十九日）

兩江總督臣怡良、江南河道總督臣楊以增跪奏，爲道員循例回避，請旨簡放以重職守事。

竊據河庫道法良稟稱：法良系正紅旗滿洲毓聯佐領下人，由户部郎中京察一等，記名以道府用。道光二十一年揀發江西以道員用，署理江西鹽法道，並代辦臬司事。二十二年補授江西督糧道，二十五年丁生母憂回旗。二十八年服闋，奉旨補授今職。茲因同祖兄怡良新授兩江總督，應照例回避，稟請核辦。等因。前京察例載：外官督撫有本族之人，俱令官小者回避另補，均令該督撫委員接署，令其離任。又如無總督兼轄省份，即以連界省份改擊，毋庸赴部。各等語。

查河庫道法良系臣怡良同祖弟兄，自應照例回避。員缺緊要，相應請旨簡放，以重職守。至該員回避之處，應咨吏部照例辦理。再該員既經回避離任，河庫爲收支錢糧總匯，自應遴員接署，以專責成。查南河候補道郭沛霖一員，現在署理兩淮運司，此外並無應委之員。惟查有陞用道外南同知婁晉居心醇謹，辦事精詳，堪以委令護理。

除檄飭遵照外，謹合詞恭摺具奏，伏乞皇上聖鑒。謹奏。

五月十九日

咸豐三年六月初三日①奉硃批：另有旨。欽此。

五六八　節交夏至河湖修守平穩摺
（咸豐三年五月十九日）

江南河道總督臣楊以增跪奏，爲節交夏至河湖水勢加長，各廳工程修防平穩，恭摺具陳仰祈聖鑒事。

竊臣前將籌防大汛情形繕摺具奏在案。嗣准東河咨報，陝州萬錦灘黄河於五月初五日長水三尺五寸。等因。當經②飛飭江境各廳小心防護③。據報初十内外各工先後長水尺餘至二尺餘寸不等，幸臨黄埽壩先經擇緊鑲修，均資抵禦。前水旋見消退，十五日節交夏至，已入伏汛。十七日復見長水二尺，外南順黄壩誌椿現存三丈六尺五寸，臣分飭該管道將廳營暨沿河府縣文武汛員弁督率兵夫，加意防護，並照章添委候補人員分赴各屬會同協守，以資周密。大汛工需解到無多，察看各廳工程多寡，分別酌給接濟，添購料物，趲運蕩柴，摶節修守。當此錢糧極絀之際，務期竭盡人力，共保安恬。

洪澤湖水仍在日逐加長，高堰誌椿積存一丈六尺九寸，比往年啟壩時已大一二尺，湖堤吃重，未敢拘泥，已飭據山盱廳營稟報，先將信字壩於十五日啟通分減。如仍續長，再將智壩接啟。所有下游歸江各橋壩久經啟放騰空，河面信壩下註之水循序遞消，不虞積漲。現在湖岸既需防水，尤應防賊，盤查守護較往年倍加④緊要。除分派操河各營弁兵節節防守之外，並密派幹員往來稽查，不任稍有鬆懈。

所有節交夏至修防平穩各緣由，理合會同兩江總督臣怡良恭摺具奏，伏乞皇上聖鑒。謹奏。

五月十九日

咸豐三年六月初三日奉硃批：所奏俱悉。欽此。

---

① 此摺及後一摺一片奉硃批日期，楊紹和抄本皆作“六月十五日”。
② “經”字，楊紹和抄本作“即”。
③ “護”字，楊紹和抄本作“守”。
④ “加”字，楊紹和抄本作“爲”。

五六九 設法試行銀票片

（咸豐三年五月十九日）

再，南河庫款應發未發前已積至一百六十餘萬兩，奏蒙聖鑒。查每年二月例撥防料銀一百五十萬兩，今先後奉部撥銀七十萬兩，內有准臣由就近藩、關通融籌辦解銀三十五萬兩，均紛紛咨回另撥。其部撥之認解者亦因軍餉未能即解，現僅收到山東銀十萬兩，而應發之款日積月累，刻已共有一百九十餘萬兩。內以工料爲大宗，其餘則蕩柴、刀本、水脚、工食、修船、建堡等項。而南河二十五營已五個月未放兵餉，各廳險工林立，雖前飭各廳自顧考成，多方措辦，乃始猶竭蹶張羅，今再無從措墊。時逾夏至，河淮屢次報長，設遇險工，勢將束手。因思豐工案內經戶部頒給銀票五十萬兩，嗣經奏明歸于南河捐局收捐。緣捐生未諳部票章程，致多觀望。現據各廳稟稱：各省捐生不乏急公之人，衹以道路修阻，挾資不便。如蒙發給銀票，由廳員各處招徠，准令不拘何省上兌，可冀補苴。等語。臣復加查核，尚系以公完公，倘有弊端，有承領之員可問，不致無著。如果流通，則於工款兩有裨益。

除酌發試行，俟積有成數，再將截角咨繳。如不能通行，或用有餘剩，仍將原票咨部繳銷外，臣爲急籌工費起見，合先附片陳明，伏乞聖鑒。謹奏。

五月十九日

咸豐三年六月初三日奉硃批：戶部知道。欽此。

五七〇 黃水陡漲豐工壩尾浸塌摺

（咸豐三年六月初六日）

江南河道總督臣楊以增跪奏，爲黃水陡漲，接據道廳稟報豐工西壩尾土基漫塌，現委參將前往勘查搶辦情形，恭摺具奏，仰祈聖鑒事。

竊臣前將節交夏至修防平穩緣由具奏在案。旋據東河咨報，河南陝州萬錦灘黃河於五月十五日未時長水三尺五寸，武陟沁河於十三日卯時至戌時共長水八尺六寸。統計兩處來源兩日之間共長一丈二尺一寸，實爲非常異漲。江境地居下游，且河道較豫省爲窄，來源過旺，悚懼萬分。接據各廳稟報，於五月二十七、八、九等日先後驟長七八尺，激猛異常，紛紛報險。各埽壩刷蟄卑矮段落分投跟加，其漫灘串注堤根之處擇要搶鑲防風，經臣嚴飭通工文武加意防守。旋據豐北廳營稟稱：豐工於五月二十八日卯刻水長三尺四寸，辰刻又接長九尺五寸。午刻陡起西南風暴，大雨傾盆，水勢復擡高數尺，致將大壩西首土基平漫，立形坐蟄，水注內塘，間段漫過二壩。會同奉留守壩委員多集人夫，分投搶辦。是晚水見消退，風雨亦止。雖外灘串溝既大且多，現在乘此水消，撤①手辦理。等情。

臣接閱之餘，心膽俱裂，當經批飭趕爲搶護，務保無虞。清江距豐北六百餘里，不及親往。旋據徐州道王夢齡稟稱：該廳營稟稱，先將外灘溝槽堵截，一面搶加二壩。無如該處並無埽工，灘面寬廣，串溝不下數十道，深淺不一，雖經料土並進，竭一晝夜之力，而深者甫堵，淺者復串，甚至旋堵旋串，實屬措手不及，遂至坐蟄②處刷寬三十餘丈，並將二壩迤西堤身漫塌二十餘丈，溜向北趨，人力難施。等情。

臣驚駭悚惶，莫能名狀，本應即行親往查勘，督率搶辦，惟此時楊城③賊匪業已窮蹙，一經痛剿，難免不豕突北竄，清淮防禦正在萬分吃緊，臣奉命駐浦督防，未敢擅離。一面飛飭該道設法補救，一面專委署河營參將呂邦治星夜前往勘查究竟，過水之處是否實系壩尾土基，抑在正壩之上，現在能否設法趕爲搶堵，速即確切繪圖稟覆，以憑酌辦。

除俟覆到另奏外，謹先由四百里恭摺馳奏，仰祈皇上聖鑒。謹奏。

六月初六日

咸豐三年六月十一日④奉硃批：欽此。

---

①　“撤”字，楊紹和抄本作“撇”，當誤。
②　“蟄”字，楊紹和抄本作“墊”，當誤。
③　“楊城”，應作“揚城”，楊紹和抄本無此二字。
④　此摺及後一片奉硃批日期，楊紹和抄本皆作“十六日”。

五七一　洪湖水長添啟壩座片

（咸豐三年六月初六日）

再，洪澤湖水因近時雨多，長發較勤，自五月十五日啟放山盱廳信壩後，仍復有長無消，後於二十三日將智壩添啟，報定數日仍又見長，高堰誌椿已積存一丈七尺八寸。比來西風時作，浪潑上堤，情形已屬吃重。前此節次風掣石工，因無銀尚未補砌，現惟擇要先爲用料摟護，暫資搪禦。惟汛期正長，山盱洩水壩河六處除智、信二壩已放外，其餘仁河、林壩均因壩底冲跌，尚未修復。義河系久閉之工，皆屬不能議啟。惟有禮字一河，今年湖水盛漲時不得已添啟減泄。而該河亦系無底之工，是以每次均系越堵，愈越愈遠。錢糧既巨，辦理又甚費手。然湖堤爲淮、揚兩郡保障，倘至萬不得已，亦只好添啟該河，以資暢減。臣總當隨時權衡輕重，督率辦理，不致稍有偏誤。

謹附片陳明，伏乞聖鑒。謹奏。

六月初六日

咸豐三年六月十一日奉硃批：欽此。①

---

① 楊紹和抄本奉硃批內容爲："另有旨。欽此。同日奉咸豐三年六月十一日內閣奉上諭：'楊以增奏黃水陡漲，豐工西壩漫塌現在搶辦情形一摺。據稱五月二十八日風雨大作，水勢擡高，致將豐工大壩西首土基平漫，立形坐墊，二壩亦有漫塌處所。該督身任河防，未能先事綢繆，以致新築壩工遽行漫墊，咎實難辭。楊以增著即革職，仍留本任，責令督飭道將等迅即盤築裏頭，毋令續有坍塌。並將如何堵禦搶及撫恤災民、彈壓土匪等事，妥籌辦理。所有失事之該管文武各官，著查明嚴行參奏。'欽此。同日又准軍機大臣字寄：江南河道總督楊：咸豐三年六月十一日奉上諭：'前據周天爵奏豐工決口，當有旨。著該督查明系何工段，據實具奏。茲據該督奏稱，豐工於五月二十八日陡遇風雨，水勢擡高，致大壩西首土基立行坐墊，雖經堵搶，已刷寬至三十餘丈，並三壩迤西堤身漫塌二十餘丈等語。已明降諭旨，將該督革職，仍留任督辦矣。豐工既經決口，自應趕辦裏頭，以免愈刷愈寬，堵築益形費事。著該督即飭在事道將等迅速妥辦，毋許延誤。所稱汛期正長，萬不得已，或須添啟禮字河以資減泄之處，著斟酌情形，妥爲辦理。至被難災民急應撫恤，免被賊匪煽誘。及招集丁壯作爲練勇，毋令溜而爲匪之處，該督仍遵前旨，妥速籌辦。將此由五百里諭令知之。'欽此。遵旨寄信前來。"

五七二　請催撥款摺[①]

（咸豐三年六月初七日）

　　二品頂戴署理四川總督臣慧成、漕運總督臣福濟、江南河道總督臣楊以增跪奏，爲具稟請催撥款以濟軍需，恭摺具陳，仰祈聖鑒事：

　　竊據總辦徐州糧臺江寧藩司陳啟邁稟稱：宿遷糧臺總局及清江、徐州各分局現共存銀數萬兩，核計各路官兵應需鹽糧馬乾[②]等項不敷一月支放，急待餉銀接濟。查山東原撥銀二十六萬兩，內計未解到銀九萬兩。又續奉部指撥山東省毋庸歸款銀二十萬兩、藩庫銀十萬兩。計山東省先後應解銀三十九萬兩，均未解到。當此代用萬分緊急之時，勢難再任稍遲，致有貽誤，稟查聯銜奏催。等情。臣等復查行軍以備餉爲先務，該藩司所管各處總局、分局糧臺現存銀款既不敷一月之用，所有山東省已撥未解銀三十九萬兩，惟有仰懇天恩敕催山東撫臣行司速解，以濟要需而免貽誤。

　　臣等爲軍需緊要起見，謹合詞由驛具陳，伏乞皇上聖鑒訓示。謹奏。

咸豐三年六月初七日拜進

□日奉硃批：户部速議具奏。欽此。

五七三　請留道員片[③]

（咸豐三年六月初七日）

　　再，本年正月逆氛沿江而下，臣以增與道廳遠在豐工，經河庫道法良團練倡捐，民心賴以安定。嗣揚州失守，經臣等委令辦理籌防局務數

---

①　見楊紹和抄本卷二五，魯圖藏。並於標題後註明"會署四川總督慧成、漕督福濟前銜"。

②　馬乾：飼馬的乾飼料。

③　見楊紹和抄本卷二五，魯圖藏。並於標題後註明"會署四川總督慧成、漕督福濟前銜"。

月以來，不辭勞瘁。茲該道回避督臣怡良，並因防局亦有錢糧考覈一併交卸。惟查清江爲揚州後路，兼須嚴防。黃河要隘，在在需人。該道才明識裕，勇敢有爲，合無仰懇恩准留於清江差遣，俾臣等得收指臂之助。

理合附片陳請，伏乞聖鑒訓示。謹奏。

咸豐三年六月初七日附進

□日奉硃批：另有旨。欽此。同日奉咸豐三年六月十二日內閣奉上諭：慧成等奏請留回避道員等語，例應回避之江南河庫道法良，著准其留於清江浦，交楊以增差遣委用。欽此。

五七四　查明豐工漫溢情形並參疎防各員摺
（咸豐三年六月十八日）

革職留任江南河道總督臣楊以增跪奏，爲遵旨查明豐工西壩尾土基無埽處所漫溢情形，繪圖貼說，及宣洩撫恤各事宜，並參疏防各官，恭摺馳奏仰祈聖鑒事。

竊臣前將黃水陡漲、據報豐工西壩尾工[①]土基漫塌，當經飛飭徐州道設法補救，並委參將前往勘查搶辦緣由具奏在案。旋於六月十三日准軍機大臣字寄：初九日恭奉上諭：周天爵、奕經奏豐北大壩因水長溜急，五月二十八、九兩日雷雨大作，黃水湧溢過堤，刷開口門二三十餘丈，大溜北趨等語。云云。等因。[②] 欽此。又於十六日恭奉批摺：另有旨。同日奉上諭：楊以增奏黃水陡漲，豐工西壩漫塌，現在搶辦情形一

---

① 楊紹和抄本無“工”字。

② “云云。等因”：楊紹和抄本作：“豐北大工今春甫經合龍，現復漫決，該汛文武所司何事？其決口處所系何工段？河流從何處入海，著楊以增確切查明，繪圖貼說具奏，並將失事員弁嚴參。軍務未竣，又遭河患，皆朕不能誠格上天，朕罪復加，吾民何辜？汝亦諒吾衷也。至被災難民蕩析離居，深堪憫惻。著即設法妥速撫恤，勿致被賊及土匪等暗相煽誘。其丁壯酌量招充練勇，毋令流而爲匪。”

摺。云云。等因。① 欽此。並准軍機大臣字寄：十一日奉上諭：著該河督仍遵前旨，妥速籌辦。各等因。承准此跪讀之下，伏念臣職司全河，乃豐工堵合未久，值此軍務吃緊之際，該壩尾土基又復漫塌奪溜，此皆臣督率無方，未能先事豫防所致，厥咎甚巨。仰蒙天恩高厚，不加嚴譴，僅予革職留任。臣望闕碰頭，感激涕零，悚惶無地。

現據徐州道王夢齡、河營參將呂邦治會稟：勘得漫溢處所系因五月二十八日河水驟漲，數時之間，長至一丈二尺餘寸，爲從來未有之事。該處灘面普漫行溜，加以風狂雨大，水益擡高，搶辦不及。以致豐工迤西土基無埽處所漫塌坐蟄，水注內塘，漫過二壩，西首堤身立時跌刷奪溜，委署人力難施。現探量臨河口門塌寬六十一丈，裏首口門寬八十七丈，仍在續塌。現查大溜由挑水壩前直射正壩西首，循埽擁入口門，其正壩埽占毫未損動。此時口門刷塌寬深，正當大汛，無法搶堵，惟有先盤築裏頭，不任塌寬。一面辟展去路，並於正河築做攔壩，以免多受淤蟄。至漫工附近居民因見長水猛驟，均已遷避高卓，並未損傷人口。惟猝遭水患，流離失業。當經在事文武各官捐資購買席片饃餅，雇備船隻，委令妥員分投前往，遍加散放，不致失所。各等情前來。

臣覆查該漫口既已成事，自難即時搶堵，現已分委幹員前往趕緊購料，盤做裏頭並攔河土壩，庶免續漲分溜，又生他險，且致淤河。惟本年錢糧奉撥極少，而到者更屬寥寥。前當大水搶險，隨到隨用，皆系擇緊酌發，尚多不敷，即咸豐二年河庫扣存減平銀八萬八千餘兩，並已動用無存。此時猝出要工，一無措項，臣焦急萬分，仍在設法挪濟，不任延誤。漫水經由去路仍與前次兵三堡情形相同，以微山湖爲歸宿。該湖距漫口八九十里，濁流至彼，漸即澄清，由湖溢出者，皆系清水，應將銅沛廳向泄湖水之藺家山壩啟放，俾由荆山橋河而達邳宿運河。宿遷以上本無堤工，即宣入隅頭、駱馬等湖而入六塘河下註歸海。所有運河廳境之舊河尾、駱馬湖尾閭五壩前雖擬堵，嗣以本年並無重運，毋須蓄水，遂即敞放。此時正可辟展暢洩，並飭將邳宿北岸之竹篾壩、駝車頭王柳二閘②、劉老澗通湖各水口一律啟放，以保宿遷以下運河堤工。

---

① "云云。等因"：楊紹和抄本作："據稱五月二十八日風雨大作，水勢擡高，致將豐工大壩西首土基平漫，立形坐蟄，二壩亦有漫塌處所。該督身任河防，未能先事綢繆，咎實難辭。楊以增著即革職，仍留本任，迅即盤築裏頭，並將撫恤災民、彈壓土匪等事妥籌辦理。"

② "閘"，楊紹和抄本作"壩"。

所有被水災民當由該地方文武捐資先爲撫恤①。現經②臣一面會商督臣怡良、署撫臣許乃釗③設法籌辦，並咨山東巡撫飭屬一體安撫，務期災黎口食有資，其丁壯即選充練勇，俾不致流而爲匪。查口門以下黃流雖斷，而外南北境有洪湖，水勢可以外放，由山海等廳入海，既洩湖漲，又刷下游黃河。則王家營等處渡口大河之限依然猶在。現飭外南廳速將向來泄湖之吳城七堡及順清河外灘星夜抽挑，即日啟放，務期暢出，俾湖漲由此分減入海，較之全由山盱各壩宣入淮揚下河致礙民田者，損益判然。所有下游各渡口臣督率印委員弁等加慎嚴防，以杜賊匪奸細偷渡勾結，並嚴拿土匪，隨時從重懲辦，不任稍有疎懈。

至此案疎防專管官之同知借署豐北廳通判張漢、署豐北營守備賀正捷，應請旨交部嚴加議處。其兼轄之徐州道王夢齡、河營參將呂邦治、淮揚遊擊王基棠、徐州府知府趙作賓、碭山縣知縣賴以平，均請旨交部照例分別議處。

爲此恭摺馳奏，並繪圖貼說，敬呈御覽，伏乞皇上聖鑒訓示。

再，兩江總督臣怡良到任未久，均在江南防堵，並未臨勘河務，是以未及會銜，合併陳明。謹奏。

六月十八日

咸豐三年六二十三日奉硃批：欽此。④

五七五　徐州道府因軍務未能赴工防汛片

（咸豐三年六月十八日）

再，徐州道王夢齡、徐州府知府趙作賓系奏派幫辦徐州糧臺之員，事隸三省，兼剿土匪，諸務紛繁，署參將呂邦治在清江督帶河營弁兵團練操防，均未克赴豐工防汛。並據該道府等稟稱：同知借署豐北通判張

---

① "撫恤"，楊紹和抄本作"恤濟"。

② "經"，楊紹和抄本作"由"。

③ 許乃釗（1799—1878）：字信臣，號貞恒，又號訊岑、訊臣，晚號邃翁，浙江錢塘人。道光十五年（1835）進士，授編修，歷任河南、廣東學政。咸豐三年（1853）任江蘇巡撫，兼江南大營幫辦。

④ 此摺及后片奉硃批日期，楊紹和抄本作"二十八日"。

渼因五月初七日歸德失守，與豐北地界毗連。該丞會同署碭山縣知縣賴以平在交界防堵，並稽查黃河渡口。其工次有專委守壩候補通判章儀林在工照料，及至二十八日驟聞黃河長水，該廳縣當即馳回，業已搶護不及。各等情。臣覆查無異，謹附片陳明，統祈聖鑒。謹奏。

六月十八日

咸豐三年六二十三日奉硃批：欽此。①

五七六　察看兵丁苦累情形懇請循案變通辦理摺②

（咸豐三年六月二十二日）

臣福濟、臣楊以增跪奏，爲察看兵丁苦累情形，懇請循案變通辦理以重帑項而示體恤，恭摺馳奏仰祈聖鑒事。

竊查歷辦軍需，均系援照軍需則例、戶兵工等部則例、中樞政考等書，參以地方情形，因時制宜，有例少用多者，亦有例多用少者，均准帶兵大臣隨時通融辦理，事後歸於行軍省分分別正銷、副銷，攤補還款，歷經奏明有案。即如出征兵丁，例准日支鹽菜米折銀不過數分，荷蒙天恩允准援案折給銀一錢五分，較定例加至數倍，誠以定例之初比之今日，情形不同，已蒙皇上洞鑒。恩施格外，士卒聞之，無不鼓舞歡欣，情殷敵愾。惟軍營米糧草荳、軍火器械率皆例價少而時價多，概照時價增加既於經費有礙，而當同仇效命之時，若令兵勇觖望，亦非鼓勵士卒之道。臣等竊查賊匪佔據江寧、揚州等城，始猶暗以重利啗我兵

① 楊紹和抄本"欽此"後有："同日奉咸豐三年六月二十三日內閣奉上諭：'楊以增奏查豐工漫口情形並參奏疎防文武員弁各等語。豐工西壩尾土基漫塌口門至八十七丈之多，該員弁等堵築草率，臨時又搶堵不力，均屬咎無可辭。所有疎防之專管官同知借署豐北廳通判張渼、署豐北營守備賀正捷均著交部嚴加議處，兼轄之徐州道王夢齡、河營參將呂邦治、淮徐遊擊王基棠、徐州府知府趙作賓、署碭山縣知縣賴以平均著交部照例分別議處。其工次專委守壩之候補通判章儀林著一併交部照例議處。仍責令該員弁趕緊設法裹築盤頭，並遵照前旨於例賠之外加倍罰賠，以警玩泄，不得以現辦糧臺防堵等事曲爲開脱。其宣洩漫水由六塘河下註歸海以保運河堤工之處，均著照所議辦理。'欽此。"

② 此摺現藏台灣"國立"故宮博物院。

勇，近則明目張膽。在城頭招呼兵勇爲弟兄，并云爾等日領錢咶百，身居帳房沮洳潮熱之地，受此千辛萬苦，曷不同進城來，日領千錢，並有高樓大廈可居云云，煽惑衆心。在我朝深仁厚澤二百餘年，兵丁具有天良，斷不爲其所惑，惟是轉戰已久，兵老不無歸心，勇多每有驕志。若食息喂養，使之不贍，恐即有不堪設想之處。此情惟親歷戎行者知之，非敢藉危辭以爲靡費地步。而衆心向背所關，則尤不忍博撙節之名，壅於上聞也。惟皇仁自當推廣，而經費亦宜節省，謹查照歷辦成案，酌擬核實辦法，伏乞皇上訓示遵行。

一、馬乾請日給銀一錢也。查海疆防夷及江蘇滑縣成案，每馬一匹均日給銀一錢。本年河南奏請援案折給，奉部議准五分，自系查照定例辦理。惟賊匪蹂躪數省，商販逃散，草料一應昂貴，擬請每匹仍給銀一錢，以資喂養。惟經費有常，請以定例五分作正開銷，其五分俟事竣後循案歸於行兵省分攤補。

一、進剿兵丁口糧請自進剿日起一律照一錢五分支給也。查江蘇海疆防夷成案暨豫省奏定新章，無論滿漢各路外調本省，凡進剿官兵均日給銀一錢五分，不另支鹽菜，仰荷恩施，允准照發。現在賊匪四擾，官兵所到，情形相同。擬請一律照豫省新章，無論滿漢，各路外調本省，凡進剿官兵均請自進剿之日起，一概給銀一錢五分，毋庸各省隨時具陳，以歸劃一而省簡牘。

一、津貼官弁薪水也。查食物昂貴，官弁鹽糧不敷與兵丁無異。且賊氛遍擾，行兵省分率皆凋敝不堪，窮員典質借貸，亦難爲常，擬於鹽糧外酌給津貼，以示優恤，例定數目作正開銷，津貼俟事竣後循案歸於行兵省分攤補。

一、採辦請照民價也。軍營需用物件，率皆例價少而時價多，委員無力賠墊，非因此勒派民間，即藉口苛累行户。至有官勇經過地方行店關閉，甚至日用食物無處購買，累官累兵，因而累民，殊非核實辦公之道。擬請軍營需用一切，概照民價購買，其有時價較省於例價者，即以此之有餘補彼之不足。事竣通盤核算，如有不敷，歸於行兵省分攤補。

以上各條辦理概從核實經費，不至加耗，士飽馬騰，庶可速掃妖氛，收衆志成城之效。臣等往返札商，意見相同，爲此合詞恭摺馳奏，伏乞皇上聖鑒訓示。謹奏。

咸豐三年六月二十二日

硃批：該部速議具奏。

附：再，軍營辦理一切文案需員，前東河委用吏部主事胡連耀端謹精明，前山東滋陽縣知縣繡綸樸誠練達，現已調到揚州大營。派胡連耀幫辦淮北鹽務，伊籍隸如皋，地方情形熟悉；派繡綸糧臺總局審案，每逢出隊，令爲前驅，均可收指臂之效。謹附片奏聞。

硃批：知道了。

五七七　清江防守無兵懇敕調撥以資堵禦摺①
（咸豐三年六月二十六日）

奏爲揚州圍攻日久，情形緊要，清江防守無兵，恭摺仰懇聖恩調撥以資堵禦事。

竊清江地當孔道，一爲揚州之後路，一爲山東之門戶，實系南北咽喉，是以山東撫臣李德議定清江、王家營、衆興、宿遷二百里間設兵一萬二千，以壯聲威而資控禦。嗣因皖、豫告警，各路精兵紛紛改調。續經琦善以清江緊要，咨調瑞昌所帶盛京兵二千名，又爲前路截留，迄未到浦。清江既爲南北咽喉，樹聲援則揚州之接應有資，鍵門戶則山東之堂奧自固，是防守不容疏懈。現除山東兵共七百五十名，修防河營雇募練勇並無曾經打仗之兵。設逆匪竄出北來，不堪設想。查揚州攻圍日久，仍在相持，且聞瓜洲一帶地方深夜賊至，兵勇未能取勝，多有傷亡，因而高寶清淮不無震恐。臣現經咨請欽差大臣琦善酌撥官兵來浦。揚州自勝保②、慧成離營後兵力已單，未便再行抽調。臣與李湘棻再四

---

① 見楊紹和抄本卷二五，魯圖藏。

② 勝保（？—1863）：滿洲鑲白旗人，字克齋，道光二十年（1840）舉人，授順天府教授，遷贊善，以乙榜任國子監祭酒，轉翰林。咸豐三年（1853年）任江北大營幫辦軍務大臣。同年授欽差大臣，因攻高唐不下，遭革職，遣戍新疆。六年（1856）復授副都統銜，幫辦河南軍務，赴淮北鎮壓捻軍。八年（1858）招降李昭壽、苗沛霖。十年（1860）抗英法聯軍於河北通州八里橋，戰敗受傷，翌年陞兵部侍郎。同年支持慈禧、恭親王發動辛酉政變立功，不久赴山東收編宋景詩黑旗軍。同治二年（1863）授欽差大臣，督辦陝西軍務，鎮壓回民，作戰不力，接連戰敗。同年十二月被逮，翌年自盡。

籌商，實深焦灼，惟有仰懇天恩俯念清江地方緊要，敕撥勁兵二千名迅速來浦，臣等再招募礮勇三四百名，以安人心而防寇警。

謹會同五品銜前漕運總督臣李湘棻恭摺由驛馳奏，伏乞皇上聖鑒訓示。謹奏。

咸豐三年六月二十六日拜進

七月□日奉硃批：揚州後路太覺單弱，已有旨令慧成折回矣。欽此。

五七八　緝拿土匪及招募勇丁片①
（咸豐三年六月二十六日）

再，清江設防之始，各屬土匪竊發。經臣劄飭該管道府督同各州縣實力緝拿，三四月間拿獲著名幅首及格殺轟斃者不計其數，均報明在案。惟海州、沭陽並毗連清河、安東等處，前值瓜、揚失守，匪徒乘機聚衆數千人各分各幅，攜帶擡鎗、火礮到處搶刧，且有欲勾結逆匪之謀。臣飭委署淮海道梁佐中督同中河通判朱善張、江浦縣于醇儒及地方文武紳董役勇於四月初在海州及沭陽縣謝家口、高塘溝、周家集、隴西集、東流、桑墟各地方生擒格殺幅匪五百十餘名，又於清河安東地方拿獲幅首張九高等，解經臣勘審明確，隨即恭請王命正法，閭閻得以稍安。因各案供招未齊，俟揚州收復後分別具奏，現仍嚴飭印委各官認真查拿，勿任松懈。

至清江防兵甚少，自二月募勇團練，內清河縣知縣吳棠所練之勇尤爲得力。第清江逼近賊氛，非優給飯食難資養贍，前經司道查案議稟，仍飭局員認真考驗，照例給資，毋許冒濫，事竣核實請銷。現奉諭旨：豐北一帶被災難民設法撫恤，其丁壯酌量招充練勇，毋令流而爲匪。等因。仰見垂厪東南，時勞宵旰。遵飭所屬廳縣妥爲招募，以代撫恤而弭隱患。

合併附片陳明，伏乞聖鑒。謹奏。

---

① 見楊紹和抄本卷二五，魯圖藏。

咸豐三年六月二十六日附進

七月□日奉硃批：知道了。欽此。

五七九　立秋河湖水勢工程情形摺

（咸豐三年七月初五日）

　　革職留任江南河道總督臣楊以增跪奏，爲節逾立秋湖河水勢工程情形，並下河早稻業已刈獲，民情歡忭各緣由，恭摺具陳，仰祈聖鑒事。

　　竊照洪澤湖水自入夏以後長發較驟，堰盱大堤爲淮揚兩郡保障，最關緊要，必須豫籌減洩。經臣督率該道廳等先將信壩啟放，仍復有長無消。旋又接啟智壩，俾得循序分減。又慮下游水漲，有礙秋禾，先將歸江各去路次第啟洩，俾寶高湖河預爲騰空。是以智信二壩減下之水克資容納，高郵四壩得以堅守未啟。查壩下民田向種旱禾，夏末即已成熟。茲節逾立秋，均得刈獲登場，民情極爲歡忭。

　　現在湖水雖見消動，但秋汛綿長，金風可慮。仍飭外南廳將順清河即行酌放，以防復漲，兼刷黃河底淤。裏河廳束清壩爲湖水入運門户，歷被溜勢搜刷蟄矮，業經加鑲高整。該廳暨揚河、江運等廳舊護埽卑矮蟄卸者隨時鑲修，並將堤坡被刷段落擇要鑲做防風，以資捍衛。黃河來源甚旺，江境節次加長，豐、蕭、銅、沛等廳地接東豫，土性沙松，前已查照向章，擇其卑薄最甚工段量爲加培。睢南廳王家堂汛兵八堡地方向無埽工，前於五月盛漲時塌灘潰堤，當築土壩數道，盤頭抛石，克資抵禦。豐工大壩並無損動，其迤西口門應築裹頭並攔河壩工均派幹員，分投購料趕辦，不任遲延。邳宿運河因分減路多，水長尚不過驟。中河廳雙閘鉗壩前經堵閉蓄濟空漕，並將楊莊二、三壩鑲修收束。其頭壩於空漕完後因黃水加長，誠恐內漾，即經堵合。茲運河來源漸旺，現將各該壩分別啟放拆展，以資暢洩。該二廳兩岸舊埽間有蟄塌卑矮段落分別補加，其卑薄堤身迎溜潰坡之處隨時酌量或鑲做防風，或加堰幫饊，務期無誤無糜。臣仍督率各道將廳營等加意慎防，不任稍有鬆懈。

　　所有節逾立秋河湖水勢工程情形，並下河早稻業已刈獲，民情歡忭緣由，謹繕摺具奏，伏乞皇上聖鑒。謹奏。

七月初五日

咸豐三年七月十九日奉硃批：知道了。欽此。

五八〇　南河應修大柳船隻摺

（咸豐三年七月初五日）

革職留任江南河道總督臣楊以增跪奏，爲南河大柳船隻輪應大小修以資運料，循例開單恭摺具奏，仰祈聖鑒事。

竊照江南葦蕩船務營改造大船二百隻並各河營額設柳船二十四隻，奉部議准：三年小修，六年大修，十二年成造一次。俟屆成造之年，如尚堪修理者量予修費，以歸核實。等因。飭遵在案。茲據河庫、淮海、徐州三道詳：葦蕩船務營運葦大船及各河營柳船常年在於黃、運、鹽河上下往來，裝運柴料。伏秋大汛，冲風破浪；時逢冬令，冰淩擦碰。經歷數年，即致損壞，必須照例隨時修造，以供駕駛。所有咸豐二年分葦蕩船務營輪應大修運葦大船十六隻，又宿北河營輪應小修柳船一隻，共船十七隻，查照奉准價值勘估請辦。並將各該船字號、上屆小修成造年分、完竣日期開單呈送請奏前來。臣嚴飭該道等親往驗明，實俱朽壞。查與輪應修造年限相符，計共估需工料銀七百十二兩六錢五分五釐二毫。

除飭按船給價購料，查照部定長寬式樣趕緊修造以資裝運，照例取具實用工料細冊，恭疏具題並送部查核外，謹繕清單，會同兩江總督臣怡良恭摺具奏，伏乞皇上聖鑒勅部核議施行。謹奏。

七月初五日

咸豐三年七月十九日奉硃批：工部議奏，單併發。欽此。

五八一　咸豐二年南河輪應大小修船隻清單
（咸豐三年七月初五日）

謹將咸豐二年葦蕩船務營並宿北河營輪應大小修大柳船十七隻營分、字型大小及上屆修造完竣日期繕具清單，恭呈御覽。

計開

一　船務營大修左字六十九號、七十號、右字六十二號至七十五號運葦大船十六隻。上屆於道光二十九年二月十六日小修完竣，計至咸豐二年十二月內屆應大修。

一　宿北河營河字三十號柳船一隻。上屆於道光二十九年二月二十九日成造完竣，計至咸豐二年二月內屆應小修。

奉硃批：覽。

五八二　奏報本年產柴情形片
（咸豐三年七月初五日）

再，南河葦蕩左右兩營增采柴束原定章程：每年將青柴長發情形由該管道員確勘，詳請具奏。設有水旱蟲傷，隨時聲明。等因。歷經循照在案。茲據署淮海道梁佐中稟報：本年兩營新葦因春雨調勻，長發尚茂。惟左營低窪之區蘆根間有拊損，右營高阜旱灘產長稀茸，此後如無旱潦蟲傷，可期足額。除俟霜降後僅蕩搜采，據實估報外，所有咸豐三年產柴情形稟請附奏前來。臣核查無異，相應附片陳明，俯乞聖鑒，謹奏。

咸豐三年七月十九日奉硃批：知道了。欽此。

五八三　洪澤湖水長啟放修守片

（咸豐三年七月二十三日）

　　再，洪澤湖水立秋前後已見消動，乃自七月初六日又復見長每日一二寸不等。外南廳吳城七堡、臨清河兩處內外灘面業已挑浚，隨於初九、十三等日先後啟放，二十日水始報定，二十一仍長一寸，湖誌積存一丈九尺五寸，來源旺極。所有高堰、山盱兩廳上前兩年風掣石工歷被風浪撞刷，槽土潰塌，直抵堰根。幸先為籌發料石，堆積土方，得以隨時分別搶撈鑲護。其林壩、仁河並新舊義河直壩以及仁義河中攔堰各護埽掣塌段落亦俱補加高整，悉資抵禦。下河早稻久經收穫，現在中禾並亦登場，民情極為安豫。

　　除仍督率各廳加意修守外，理合附陳，伏乞聖鑒。謹奏。

七月二十三日

咸豐三年七月二十九日奉硃批：知道了。欽此。

五八四　請留革員暫署知州摺

（咸豐三年八月初八日）

　　二品頂戴署理四川總督臣慧成、革職留任江南河道總督臣楊以增跪奏，為遵旨察看已革縣令，恭摺據實具陳，仰祈聖鑒事。

　　竊臣慧成奏參署邳州知州焦肇瀛遲誤兵差，奉旨：即行革職。在案。嗣兵部侍郎銜周天爵保舉查拿捻匪案內，奉上諭：署邳州知州溧陽縣知縣焦肇瀛素得民心，督拿捻匪一百二十餘名，因辦理兵差貽誤，經慧成奏參革職，未能列入條奏。焦肇瀛著交楊以增差遣委用，並著周天爵、楊以增會同察看，如果該革員才具可用，即隨時酌量保奏，候朕施恩。等因。欽此。

　　臣等跪誦之餘，同深悅服。適臣慧成自山東來浦，與臣楊以增面言前過邳州，焦肇瀛出署查拿捻匪，遲誤兵差。因軍行貴速，若不懲創，難免效尤，是以核實參奏。此次復過邳州，訪聞該革員官聲頗好，臣等復加商酌，辦公貽誤未便姑容，而緝匪認真尚勘造就。當此用人之際，既有一端可取，自宜舍短取長。且邳州缺苦事煩，向多捻匪，現因黃流灌入，淹及田廬，撫恤災民尤關緊要。

該革員素得民心，合無仰懇天恩，准將署邳州知州溧陽縣知縣焦肇瀛革職免其開缺，仍暫署邳州事務。臣等隨時察看，如果始終奮勉，再當奏請恩施。倘保奏之後，稍涉懈弛，亦即據實劾參，不敢回護遷就，以期仰副聖主甄□吏治、鼓舞人才之至意。

所有察看革員緣由，謹會同兵部侍郎銜周天爵恭摺具奏，伏乞皇上聖鑒訓示。謹奏。

八月初八日

咸豐三年八月十五日奉硃批：欽此。

五八五　洪澤湖積漲啟壩保護平穩摺
（咸豐三年八月初八日）

革職留任江南河道總督臣楊以增跪奏，爲洪湖積漲，風雨交加，堤工險要，趕緊添啟壩河，得以保護平穩，恭摺奏祈聖鑒事。

竊照堰盱大堤爲淮揚兩郡保障。本年淮源節次長發，匯注洪澤湖，經臣飭將山盱廳智、信兩壩次第啟放，仍屬有長無消。復將外南廳吳城七堡、順清河先後啟泄，歷經奏聞在案。計有四處分減，乃湖水仍日長一二寸，來源實屬旺盛。堰盱誌樁積存至二丈以外，拍岸盈堤，浩瀚已極。沿湖石工上、前兩年風掣段落因錢糧短絀，迄未發辦，近時屢被風暴，復有續塌及接掣下層工段，均用料石擇緊搜護。其堰身潰刷殘塌卑矮處即分投幫加，並酌鑲護埽，藉資搪禦。

詎七月二十四日驟雨狂風，連宵達旦。始而風色尚系東南，漸而轉至西北，全湖巨浪湧若排山，不獨浪潑堤頂，直將普律平漫，岌岌之勢，危在呼吸。查山盱壩河各處除智、信兩壩已啟外，義河久經廢閉，林壩、仁河跌損未修，是以近年盛漲時均添啟禮河，始行暢減。惟該河必須越堵，連年冲跌加深，逾越愈遠，錢糧較大，堵辦不易。然當此萬分危險之際，設大堤一有疏虞，則淮揚兩郡悉付淪胥，所關甚巨。臣權衡輕重，不敢拘泥延誤，當飭將該河越壩於二十五日拆啟宣洩，以保大局。一面飛飭下游揚河、江運等廳先將各閘洞暨歸江各路一律啟放。現據該廳營等稟報，下游承受壩水，加長亦驟，二十七日高郵誌樁長至一丈三尺七寸，已逾啟壩定誌。堤埽各工經此漲水湧注，風浪時作，潰刷殘塌，吃重異常。且湖河通連之處一線東堤，城鎮櫛比，尤形險要。該廳營等分投輪護，鑲舊補新，加堰幫餂，應接不暇。臣查高郵所設泄水四壩新定章程：節交處暑，即應全啟。茲已時屆白露，下河秋收全畢，當飭將車邏壩先爲啟放。如仍長而不消，再爲接啟南關等壩，俾得循序宣洩，以保東堤。日來洪湖業已消動，各工搶護稍定。惟汛期方長，金風司令，臣仍督飭該管文武加意慎防，不任稍有鬆懈。

所有洪湖積漲，添啟壩河保護平穩緣由，理合繕摺附驛具奏，伏乞皇上聖鑒。謹奏。

八月初八日

咸豐三年八月十五日奉硃批：覽奏俱悉。欽此。

五八六　運河漲發啟壩修防平穩摺

（咸豐三年八月初八日）

再，邳宿運河因上游山泉漲發，加以雨水較勤，前後啟各水口宣洩不及，運中兩廳自宿汛以至楊莊一百數十里河水滿槽，兩岸堤埽甚形險要。當飭運河廳趕將劉老澗滾壩添啟宣洩，其壩下束水堤護埽先經擇要廂修，並將中河廳桃汛北岸之王家莊堤工剐放，其水亦統歸六塘河遞達下註，俾多得一處水口，即正河多得一處減漲之力。現在堤埽各工均經搶護平穩，楊莊壩展寬之後，河水滔滔外注，匯合南岸吳城七堡、順清河泄出湖水並流入海，暢滌黃河底淤，外南北以下各廳堤埽亦俱修防穩固。

謹附片陳明，仰祈聖鑒。謹奏。

八月初八日

咸豐三年八月十五日奉硃批：知道了。欽此。

五八七　特參失事守備請交部嚴議摺

（咸豐三年八月初八日）

　　革職留任江南河道總督臣楊以增跪奏，爲遵旨查明參奏事。

　　竊本年七月初十日准兵部火票①遞到，欽奉上諭：御史方俊奏請將河工各員議敘撤銷等語。此次豐工漫口業經將楊以增革職，留辦河工，將督辦之查文經拔去花翎，降五級留任，搶堵不力之同知張溁等交部嚴加議處，並著各該員加倍罰賠，以示懲儆。所有前此合龍時專辦豐工西壩尾工程之員著楊以增查明，據實參奏。等因。欽此。欽遵。行據該管徐州道王夢齡稟稱：委員攜册往查，據稟西壩土基長三十丈，壩尾長五百二十二丈，原塌處長三十餘丈，在邳北守備徐成宗承辦第七分長五十五丈段內。該工系咸豐元年九月十五興工，十月初十日完竣，報明有案。等情。當查工段丈尺固屬可驗，究竟原塌情形憑何爲據？批飭覆查去後，茲據稟覆：該工漫溢後溜向東趨，是以兩壩續塌無多。徐成宗承辦之工除塌尚存十一丈，其原塌三十餘丈實系該守備段內。明察暗訪，確鑿可據。稟覆前來。

　　臣查該工系元年九月由廳領銀轉給各委員承辦，於十月初十日完竣，尚在壩工未經興堵以前。本年合龍後，據請加高培厚。因錢糧支絀，興辦少遲。詎伏汛未交，五月下旬黃水即猝長一丈餘尺，風雨交作，驟然平漫，固屬人力難施，但原辦之員咎有應得。謹遵旨查明，據實奏參，請將邳北營守備徐成宗交部嚴加議處，以貽儆戒。

　　爲此恭摺具奏，伏乞皇上聖鑒訓示。謹奏。

　　八月初八日

　　咸豐三年八月十五日奉硃批：欽此。

---

①　火票：清代遞送緊急公文的憑證。因其急速如火，故名。

五八八　奏委署揚州府事片

（咸豐三年八月初八日）

再，揚州府知府張廷瑞因揚城失守，欽奉諭旨革職，交臣審訊定擬，所有揚州府知府印務當即委員往兼。臣與督臣往返劄商，查有候補知府存葆，精明穩練，堪以署理。除檄飭遵照外，謹會同兩江督臣怡良、署江蘇巡撫臣許乃釗附片陳明，俯乞聖鑒。謹奏。

咸豐三年八月十五日奉硃批：知道了。欽此。

五八九　大挑知縣借補縣丞呈請改教摺

（咸豐三年八月二十一日）

革職留任江南河道總督臣楊以增跪奏，爲大挑知縣呈請改教，恭摺奏祈聖鑒事。

竊據大挑知縣借補徐州府銅山縣縣丞陳保元稟稱：職於道光十五年挑發南河，十八年借補斯缺，屢奉檄委，代理州縣印務，並無貽誤。惟是現年六十五歲，自揣精力稍遜於前，奔走修防及地方民社，均恐不能勝任，情願循例改歸教職候選。等情。據此查例載：舉人出身到任後，自揣才難勝任，呈請改就教職者，毋庸定以年限。察其任內並無貽誤規避情事，而學問年力尚堪訓課者，准其奏請改教，歸於雙單月即用。等因。陳保元，河南舉人，己未大挑一等，籤發南河，道光十五年借補銅山縣管河縣丞。臣往來工次，察看該員所管工程汛務尚無貽誤。茲據稟明精力稍遜於前，自揣於民社修防，均恐不能勝任，情願該教。等語。

臣復查該員文理尚優，並無規避情事，與呈請改教之例相符。理合會同兩江督臣怡良、江蘇撫臣許乃釗恭摺具奏，伏乞皇上聖鑒敕部核覆施行。謹奏。

八月二十一日

咸豐三年九月初六日奉硃批：吏部議奏。欽此。

五九〇　奏請豐北漫口從緩議堵摺

（咸豐三年八月二十一日）

　　革職留任江南河道總督臣楊以增跪奏，爲軍務未竣，豐北漫口應行從緩議堵以昭慎重，恭摺奏祈聖鑒事。

　　竊照豐工西壩土尾漫缺工程，按照向禀自應趕爲集料，以備霜後興堵，並一面估挑長河，次第佈置。惟需帑較巨，既非急切所能籌辦。況現在南北軍務悉未平定，各處土匪亦多竊發。大工興舉，動役數十萬人夫，烏合湊集，莫辨良奸。設使賊匪溷跡其中，料物則慮其焚毀，錢糧更啟其覬覦。猝滋事端，噬臍何及？伏查嘉慶十八年豫省睢工因滑縣賊匪未平，奏奉上諭停緩有案。茲豐工事同一轍，只有暫行緩堵，一俟賊匪剿盡，再行勘籌估辦。據該道將援案請奏前來，臣與督撫臣往返函商，意見相同。臣獲咎已深，當此時事維艱，不敢不慎之又慎。

　　相應援案會同兩江總督臣怡良據實陳奏，伏乞皇上聖鑒訓示遵行。

　　至漫口兩頭業經盤築完成，並於後身酌鑲護埽，間拋碎石。黃河來源節次加長，奔騰下注，均經修守穩固，合併陳明。謹奏。

八月二十一日

咸豐三年九月初六日奉硃批：欽此。

五九一　請撥來年歲料銀兩摺

（咸豐三年八月二十一日）

　　革職留任江南河道總督臣楊以增跪奏，爲循例請撥來年歲料銀兩，仰懇聖恩俯准撥發以資修守事。

　　竊照南河修守向於八月內奏請撥銀一百二十萬兩，歷經遵循辦理，即上游豫省及江南漫口年分亦均照數准撥在案。誠以黃河漫口，洪湖、運河在在均關緊要。雖力加節省，無如河庫異常支絀，以致緊要工程及官兵俸餉批准行庫，無銀可發者積至二百餘萬之多。刻下黃河雖少七廳工程，而其餘十五廳皆仍照常修守。本年洪湖及南北運河水勢皆大，險工叠出，搶辦之費已屬不貲，所啟各壩河轉瞬又應興堵。且山盱、裹河越堵所費不下二十萬，仍須於後身補還直壩，亦約銀十萬內外。上年越堵之後，因無銀未經補還，而隨時加鑲越壩，工堵段較長，用料亦多，且難放心，本年應照章補築。其堰盱二廳臨湖石工歷被風暴掣塌，兩年未修，其勢萬難再緩，又約需二十餘萬兩。連堵閉外南吳、順二工所啟水口，並揚河高郵各壩等工統共約需銀六七十萬兩。加以各廳應辦歲料並官兵俸餉、運腳皆爲年內所必需。而各處應解、額解銀兩節次催提，迄無回應。至葦營蕩柴系官采官用，不過較之購買民料計有節省，而其實無節省之銀在庫，更不能指以抵用。南河捐局所收亦甚寥寥，即有現銀，亦全付糧臺支用，不能接濟河工。

臣責任全河，斷難置要工於不辦。而時艱項絀，焦急徒深。我皇上宵旰憂勤，部臣度支不易。臣具有天良，如果河工用項稍可在外設法，何忍拘執舊章，率爾請撥？惟河庫既無存款，應發之餉、應辦之工又勢不容緩。據各道縷晰會詳前來。臣覆查屬實，故不得以瀝情具奏，伏乞天恩俯准，敕部於就近藩關各庫撥給約徵銀一百二十萬兩，迅解河庫，並將應行帶扣之各年減平銀兩暫行免扣，俾得分別擇緊購料辦工，通融支應。感荷鴻慈，曷其有極！

爲此繕摺具奏，仰祈皇上聖鑒訓示。謹奏。

八月二十一日

咸豐三年九月初六日奉硃批：戶部議奏。欽此。

五九二　河湖水清工程平穩片

（咸豐三年八月二十一日）

再，洪澤湖自添啟山盱禮字引河後，兼旬以來已消水六尺餘寸，下游揚河廳境前於啟放車邏壩後，七月二十九日仍長水六寸。接啟南關新壩，八月初一日仍見長水，自系前啟之壩尚未暢達之故。自應暫守未放之壩，以免下河驟漲。乃據該廳等稟報：復將南關大壩、五里中壩於初一日一併啟放。等情。查放壩章程，向俱察看水勢，挨次酌啟。上前兩年水勢大小與本年相等，衹啟兩壩已資減洩。茲該廳不按舊章，率將四壩全啟，且於一日之中連放兩壩，雖下河久已收穫，而辦理實屬錯謬。況中壩跌塘已深，誠恐再放即與①兩牆並石底有礙。經臣專發料銀，諄飭該廳堅守，乃並不遵照辦理，未便稍有姑容。當已飭令該署廳李慶安速將中壩即日賠堵，以示薄懲。倘稍遷延，以致兩牆及石底沖塌，再行嚴參著賠。現在裏河運口以下直至江口均已遞消，土埽工程擇緊幫加，鑲修平穩，外南廳順清河吳城七堡暨北岸中河所出之水匯流注海，溜勢湍激。海阜廳仁和汛陳家浦石壩迤下存灘潰塌殆盡，足爲清水滌淤之徵。當經趕築柴土石壩三道，並於壩擋拋石，俾資挑禦。

　　所有河湖水消、工程平穩暨清水滌淤各緣由，理合附片陳明，伏乞聖鑒。謹奏。

八月二十一日

咸豐三年九月初六日奉硃批：知道了。欽此。

五九三　河工開局報捐籌餉片
（咸豐三年九月初五日）

　　再，上年豐工奏發銀票五十萬兩，防料案內戶部咨令照籌餉例由南河設局捐銀九十萬兩。自上年四月設局起截至年終，捐數寥寥，連各廳報印領銀數彙同咨部，並於請飭摺內據實聲明在案。本年經戶部奏准：籌餉及常例銀數酌減十分之二，無論銀兩、錢文、米石均准赴糧臺交納。又經欽差刑部侍郎雷以誠議以錢一千六百文作銀一兩。河工捐局乃系實銀上兌，不折不扣，是以本年開局後並無一人報捐。其河工應發之銀已至二百餘萬，因念各廳領款日積日多，若准各廳以印領報捐，酌請議敘，是捐局多收一款，河庫即少發一款，與呈捐工料相符，亦與實收

────────────

① “與”字，或當作“於”。

捐項無異，實屬不得以救急之方。現據各廳及其戚族以銀領先行倡捐，亦僅得二十萬，已於捐冊內聲明。且此項抵兌上捐系爲清厘河庫起見，不准折減，所具印領皆已做要工應領之款，一切遠年墊辦及可以緩領之款不准報捐。至用銀錢上兌者仍歸糧臺收用，以昭區別而示限制。

理合附片陳明，伏乞聖鑒。謹奏。

九月初五日

咸豐三年九月十一日奉硃批：戶部知道。欽此。

五九四　奏請河漕各員免賠上年漕運打冰經費摺

（咸豐三年九月初九日）

革職留任江南河道總督臣楊以增跪奏，爲上年浙船過境無滯，請免賠打冰經費，恭摺具陳仰祈聖鑒事。

竊准直隸督臣訥爾經額①咨會上年剝運②南糧打冰經費，奏請歸於河漕各員分成賠補。等因。當經轉行各道遵照。茲據詳覆前來，臣復加查核，上年江境運河水勢充盈，足資浮送，外南廳河口地方系清水濟運，各省軍船隨到隨渡，並無稽滯，即幫次最後之江、廣各船亦均回空南來，並未沿途打凍。其浙江湖州等幫因本省運道淺阻，至七月間尚未出離水次，歷經漕臣、浙撫臣具奏咨明有案。是以浙江杭嚴三首幫於八月十七日始行抵壩渡黃，海寧廳尾幫於九月十一日始抵壩渡黃。蓋緣離

---

① 訥爾經額（1784—1857）：滿洲正白旗人，字近堂。嘉慶八年（1803）翻譯進士，授妃園寢禮部主事，調工部，洊陞郎中。道光元年（1821）出任山東兗沂曹道，遷湖南按察使。三年（1823）署山東按察使，尋實授，後遷布政使。六年（1826）擢漕運總督，九年（1829）調山東巡撫，十二年（1832）擢湖廣總督。十七年（1837）京察考績，詔斥訥爾經額玩泄無能，降湖南巡撫，後褫職，予三等侍衛，充駐藏辦事大臣。逾年晉頭等侍衛，調西寧辦事大臣。二十年（1840）擢熱河都統，俄授陝甘總督，旋署直隸總督，尋實授。二十一年（1841）移駐天津籌防，加太子太保。咸豐二年（1852）以直隸總督協辦大學士，尋拜大學士，仍留總督任，因被太平軍擊敗褫職，留於直隸隨同辦理軍務。後下獄，論斬監候，遇赦出獄，遣戍軍台。逾年釋回，予六品頂戴，命守慕陵，尋以四五品京堂候補。七年（1857）卒。

② 剝運：以剝船轉運。

次過遲，因而渡黃較晚。冬至後行抵直隸天津一帶，風雪大作，遂致凍阻。如果浙船早離水次，依限渡黃，則冬至前後早已回空南下，何致有在直隸打冰之事？查道光三十年江西幫船在通州凍阻，經漕臣咨部：軍船挽入東境以後行走並無稽延，所有打冰車價等項東省請免議攤。覆准在案。所有上年浙船行入江境亦無稽延，前項打冰經費現雖未奉核准，應請敕下戶部，俟直省聲覆到部時，查明浙省各幫開行遲滯緣由，准將直隸境內打冰經費免令江省河員分賠，以昭公允。

爲此恭摺附驛具奏，伏乞皇上聖鑒。謹奏。

九月初九日

咸豐三年九月十四日奉硃批：戶部議奏。欽此。

五九五　請迅催各省撥款以贍兵糈摺

（咸豐三年九月初十日）

漕運總督臣福濟、閩浙總督臣慧成、南河總督臣楊以增跪奏，爲請敕部迅催各省撥款以贍兵糈仰祈聖鑒事。

竊揚州軍餉僅敷半月支放，奉部指撥山東銀十二萬兩、浙江應解天津道海稅銀一萬兩、應解倉場輕賫銀八千八百兩、臨清關約徵稅銀一萬一千九百二十四兩、四川糶變穀價銀七萬兩、山西銀五萬兩，均未據報起程。查山西銀兩系奉部續撥之款，四川程途過遠，均恐難期迅速。軍營待餉甚殷，仰懇皇上敕部迅催山東、浙江、臨清關趕將指撥各款限九月二十日前解銀濟用，一面咨催四川、山西星飛馳解，并咨經過省分遇有餉鞘到境，無分雨夜，星速護送前進，以濟要需。

爲此由六百里馳奏，伏乞皇上聖鑒。謹奏。

咸豐三年九月初十日

硃批：戶部速議具奏。

五九六　遵旨查明覆奏摺

（咸豐三年九月二十三日）

革職留任江南河道總督臣楊以增跪奏，爲遵旨查明覆奏事。

竊臣承准軍機大臣字寄：咸豐三年八月初一日奉上諭：前據楊以增奏參豐工漫口疏防文武員弁，當經降旨將兼轄之徐州道王夢齡、工次專委守壩之候補通判章儀林均交部分別議覆。等因。欽此。當飭徐州道王夢齡明白稟覆，並調取總局冊案核辦。茲據該道稟覆前來，臣復加確核，所稱半日間長水一丈餘尺，加以狂風驟雨，處處平漫，委員接管時尚有銀錢料物，雖無虛飾，總屬疏防。至該工西壩尾土基漫缺處所系豐北廳領銀，轉給邳北營守備徐承宗承辦。因徐承宗現已病故，恐有假借，復飭現署豐北廳黃海安繪圖比對無異。

至復堵豐工上年借撥銀一百八十萬兩內，兩淮有未解銀七萬餘兩，彼時恐不敷用，當將本年歲料銀提借十六萬兩赴工接濟，迨合龍時總局冊報存銀十九萬餘兩。查有上年十二月內徐州道稟准撥發各廳禦水埽工銀五萬餘兩，又督臣陸建瀛在工飭募、現由參將馮景尼管帶在揚攻剿之勇借用安家等銀約三萬兩，並借給豐、碭等縣辦理兵差及大工奏明一切經費例外支銷等項，尚非擅動。惟有借給銅沛同知沈文藻銀一千五百兩、宿南通判金安清銀三千五百兩雖系因公，且已歸款，實屬不知緩急，相應請旨將前任徐州道王夢齡交部議處。又遊擊闞興邦續派守壩，該道初稟未經請奏，亦屬遺漏，應請將候補遊擊闞興邦一併交部議處。此系實在情形，臣斷不敢稍存回護。

所有查明彙奏緣由謹恭摺覆陳，伏乞皇上聖鑒。謹奏。

九月二十三日

咸豐三年十月初一日奉硃批：王夢齡、闞興邦均著交部分別議處。欽此。

五九七　特參解餉委員摺①

（咸豐三年十月初一日）

臣慧成、臣福濟、臣楊以增跪奏，爲解餉委員畏難取巧中途稟請截留，合詞恭摺特參，由驛具陳仰祈聖鑒事。

竊照宿遷糧臺軍餉匱乏，前經臣等請旨飭部嚴催趕緊撥解在案。詎有陝西省委員候補未入流黃傳騌管解宿遷糧臺銀三千兩、徐州糧臺銀四萬九千兩，共軍餉五萬二千兩，行抵豫省，因聞東路有匪徒滋事，即藉口道路不通，不克前進等情，在祥符縣具稟懇恩截留。伏查軍中要需迫不及待，即使沿途不靖，亦當與地方官熟商，多派兵役，繞路護解，方爲正辦。乃該委員率以風聞道阻爲詞，稟請截留，冀免押解，實屬畏難取巧。此等退縮游滑之輩，若稍事姑容，恐嗣後解餉之員相率效尤，貽誤軍情，所關匪淺。臣等往返函商，意見相同，相應請旨，將候補未入流黃傳騌即行革職，飭令回籍，不准別省留營效力。前項銀兩，仍令河南省另委妥員迅速解徐、宿，以免糾纏而杜效尤。

是否有當，恭摺由驛四百里具陳，伏乞皇上訓示施行。謹奏。

咸豐三年十月初一日

硃批：黃傳騌著革職，不准別省擅留差委。該部知道。

五九八　霜降河湖工程平穩並籌堵
各壩河情形摺

（咸豐三年十月二十一日）

革職留任江南河道總督臣楊以增跪奏，爲節逾霜降河湖水消，工程平穩，籌堵各壩河情形，恭摺具陳，仰祈聖鑒事。

---

① 此摺現藏台灣"國立"故宮博物院。

　　竊臣節將伏秋汛內水勢工程歷次奏報在案。查洪澤湖水現已暢消，高堰誌椿消存一丈以內，裏、揚、江、運等廳亦遞見消落。所有山旴前啟各壩河內智、信二壩已發料堵辦，惟禮字引河壩底久已跌塘，節次啟放，愈跌愈深，越堵愈遠，築辦匪易，須費益多。而河庫既屬空虛，勸捐亦無響應。臣現飭該廳營等先爲設法集料，以收得尺得寸之益。部撥歲料銀兩一有到來，再行察核興堵，撒手辦理，另容隨時具奏。其揚河各壩現亦飭令次第堵辦，下河晚稻久已登場，不獨民情歡忭，實於軍糈大有神益。節逾霜降，黃河水落歸槽，豐北正、二兩壩裏頭久經築成，經前迭次長水，正壩並無損動，其上下邊埽均經隨時鑲壓平穩。北運河來源日弱，運中二廳堤埽工程及雙金閘下之鹽河堤埽前此漲水趨刷墊卸各工，悉已擇緊廂修穩固，淮北票鹽並左營蕩柴船隻俱在裝運上行，清淮一帶安堵如常，均堪上慰聖厪。

　　所有節逾霜降河湖水消，工程平穩，籌堵各壩河情形，謹會同兩江總督臣怡良恭摺由驛具奏，伏乞皇上聖鑒。謹奏。

　　十月二十一日

　　咸豐三年十月二十九日奉硃批：知道了。欽此。

五九九　緩堵豐北漫口請賑撫被水災黎等片

（咸豐三年十月二十一日）

　　再，豐北漫口現經奏准緩堵，所有被水災黎亟宜賑撫以廣皇仁。經臣會同督臣劄飭徐州道逐一查勘去後，嗣據徐州道王夢齡稟稱，此次漫水由舊槽下注，各屬被淹情形與元、二兩年相似。內宿遷縣成災較輕，由該縣勸捐籌辦，其豐、沛、銅、碭、邳五屬擬仿照元年成案辦理錢賑，至少以四個月爲度，約需銀十餘萬兩。並據該道親詣各該州縣確勘被水各區成災分數，會同前署江藩司麟桂通詳請辦。臣查小民罹此水患，自必待賑情殷，惟現當國用浩繁，江蘇各州縣被兵被水，應徵錢糧催科不易，存典本息又大半供糧臺急用，籌款甚難。且查賑、放賑稍不經意，即實惠難於徧及。在聖主志切痌瘝，原不靳此經費，而庫藏支絀，尤宜格外認真。

　　所有徐州府屬成災各處是否給與賑米或錢米並放，抑即捐辦錢賑以歸簡易而期核實，除咨商督撫臣酌定會奏外，謹先附片陳明，伏乞聖鑒。謹奏。

　　十月二十一日

　　咸豐三年十月二十九日奉硃批：戶部知道。欽此。

六〇〇　奏請飭撥河工歲料銀兩摺
（咸豐三年十月二十八日）

　　革職留任江南河道總督臣楊以增跪奏，爲南河要工勢不能緩，仰懇聖恩飭撥歲料銀兩以資趕辦事。

　　竊臣前請來年歲料銀兩一摺，欽奉上諭：楊以增奏請撥歲料銀一百二十萬兩，已交戶部議奏。惟部庫支絀異常，各路軍餉尚有應接不暇之勢，斷難如數撥給。現在豐工上游漫口，下游工程自必稀少，該河督必當撙節核計，不可任聽屬員仍前浮濫。並著剴切曉諭所屬，無論河工地方人員，有能捐資購料或分段承認歲料工程者，即行開單奏請恩施，庶幾於萬難措置之中力求補苴之術。或於官紳商民中凱①切勸捐，集資濟急。或酌量情形，可以行用官銀鈔票，較爲便捷。並著該河督斟酌妥速籌辦，毋誤要工。欽此。當即轉行欽遵。迄今兩月尚無呈捐之人。查南河二十二廳豐北漫口後，惟銅、沛、睢、宿南北、桃南北七廳無水停工，其餘十五廳均須照常修守，而目前應辦要工如山盱之越堵禮河、堰盱之補砌石工、裏河之籌備堵閘啟閘、揚河江運之堵閉歸江歸海各閘壩、運河中河之堵閉收束各水口、外南北之應築攔河壩皆刻不容緩。轉瞬冬九，籌防凌汛，其各廳歲料亦應酌發趕辦，庶可無誤春修。查河庫久已空虛，一切應發之項因撥款未到，愈積愈多。以上各要工實屬無銀可發，各廳積累已深，更難墊此鉅款。

　　臣與各廳反復籌思，當此軍需緊迫，自比河工爲更緊要。然各該工爲河湖蓄洩機宜，禮河不堵，則湖水洩盡，淮北票鹽即不能運皖。北運

----

　　① “凱”字或當作“剴”。

河水口不堵，則雙金閘無水註入鹽河，則鹽船不能到壩，蕩柴亦無可出運。且關係軍報往來及軍襄①經行要道，均屬勢難從緩。茲據各道詳請奏催前來，惟有仰懇天恩勅部速將歲料銀兩議撥。如籌款不易，即請先行撥發數十萬，其餘不敷之數仿照給賑案內湊發官票②，俾得設法行用，趕辦要工而免貽誤。感戴鴻慈，泐無既極！

所有催請來年歲料銀兩緣由，謹恭摺附驛具陳，伏乞皇上聖鑒。謹奏。

十月二十八日

咸豐三年十一月初三日奉硃批：户部速議具奏。欽此。

六〇一　核定高堰等廳石工發銀補修片
（咸豐三年十月二十八日）

再，據淮揚道稟稱：自咸豐二年五月起至三年七月止，洪澤湖歷次風暴掣卸石工，計：高堰廳屬共長七百六十二丈七尺五寸，內除新工著原辦之員賠修外，實計舊工長六百六十九丈二尺五寸。山盱廳屬共長一千三百二十丈零八尺，內除新工著原辦之員賠修外，實計舊工長七百二十四丈八尺，並間有掣塌下石層路，均經飭令查估。等情。稟請具奏前來。

除俟確估到日，河庫有項即行核定發銀補修外，理合附片陳明，伏乞聖鑒。謹奏。

十月二十八日

咸豐三年十一月初三日奉硃批：知道了。欽此。

---

① "襄"，或當爲"餉"。

② 官票：清末咸豐年間發行的一種紙幣名稱。其票面印有"户部官票"四字，以銀兩爲單位，分一兩、三兩、五兩、十兩和五十兩等五種，又稱銀票或銀鈔。官票由户部設立官票所核對處經理收放。

六〇二　軍務河工待餉孔亟請通行官票以濟要需摺

（咸豐三年十一月十九日）

革職留任江南河道總督臣楊以增跪奏，爲軍務河工待餉孔亟，請通行官票以濟要需，恭摺具陳仰祈聖鑒事。

竊照戶部具奏推行官票一摺，欽奉硃批：依議。速行通飭各省將軍督撫等不可存畏難之心。朕已洞燭其微，久久行之，利國利民於無窮盡也。欽此。查原奏議發各省官票諒已領發，近又發給豐工賑濟官票十萬兩，南河歲料官票十萬兩，自不難於通行。

然銀錢之所以通行者，爲上下流通也。今改而用票，亦必上以是徵收，下以是交納。今日之票，明日即可得銀，此省之票，彼省亦可支銀，方能上下流通。臣因南河奉發官票，自應實力試行。連日與所屬文武悉心商確，並採訪輿論，僉謂部文內有“得銀票者不准支銀”及“不准以銀票搭解部庫”兩語，難免觀望遲疑。查各省銀號匯兌銀兩盈千累萬，僅一紙爲憑者，信也。外省錢鋪資本數萬，而出票十餘萬者，通也。今用票先示人以疑，誠恐行而多滯。現在軍務、河工引領待餉，有不可終日之勢。撥款既未能速到，惟有通行官票可濟目前之急。擬請商民得官票者無論何省，隨地隨時均准支銀，其藩關、運庫收官票者無論正雜款項，均准搭解部庫，使天下曉然於官票與銀錢並重，羣相寶貴，然後可以通行。或謂准支現銀恐無以准解部庫，無裨度支，不知戶部歲入有常，現撥官票有限，即全行抵解，不及十分之一。既通行之後，商賈便於懋遷，殷富易於儲蓄，得票者方深藏之不暇，何肯支銀？既不支銀，外省解票亦必無多，是准其流通，然後可以行用，將見夫下以票爲重，以票爲便，迨其後祇知有票，不知有銀錢。而戶部之票取之不盡，用之不竭，誠如聖諭：久久行之，利國利民於無窮盡也。蓋通行則必有是效也。惟事關全域，臣愚昧之見是否有當，應請敕下原議各大臣迅速議覆，俾得通行。再鼓鑄大錢一節可佐銀錢之不足，現即查照部議，設法收銅，開爐試鑄，另行陳奏。

臣爲通行官票起見，謹恭摺由驛具奏，伏乞皇上聖鑒訓示。謹奏。

十一月十九日

咸豐三年十一月二十五日奉硃批：欽此。

六〇三　揀員陞補河工廳缺摺

（咸豐三年十二月初十日）

革職留任江南河道總督臣楊以增跪奏，爲河工廳缺緊要，揀員陞補以重修防，恭摺具陳仰祈聖鑒事。

竊於本年十一月十九日接准山東巡撫咨稱，據沂水縣詳報，南河徐州府蕭南同知劉炳鈺之父枚庭於九月初七日在籍病故，咨報到臣。除飭該員遵照丁憂具報，另行核辦外，所有蕭南同知一缺應照部定章程以十一月九日准咨之日開缺。查該廳管理徐州府蕭碭南岸黃河堤埽工程，地接豫省，土性沙松，爲南河首境要缺，必須擇幹練之員方克勝任。臣逐加揀選，查有江浦縣知縣于醇儒，山東進士，奉旨以知縣即用，籤掣江西，親老告近，改掣江蘇。道光二十五年到省，二十六年丁父憂，二十八年服滿，因母老仍赴江蘇候補。二十九年充江南鄉試同考官，歷署桃源、清河沿河要缺知縣。三十年防汛出力安瀾，保奏奉旨：賞加同知銜。咸豐元年補江浦縣知縣。二年調赴豐工當差出力，奏奉諭旨：以直隸州同知陞用。欽此。該員年壯才明，性情儉樸，歷署沿河知縣，熟悉修防。以之陞補徐州府蕭南河務同知，堪期勝任。

謹會同兩江總督臣怡良合詞恭摺奏請，如蒙俞允，仍照例試署一年，經歷三汛，察其果能勝任，再行保題實授，恭候欽定。再，該員並無違礙處分，因公案件例免核計，罰俸銀兩查明飭繳，所遺之缺另行遴員請補，合併聲明。謹奏。

十二月初十日

咸豐三年十二月二十三日奉硃批：禮部議奏。欽此。

六〇四　計典①屆期請展限辦理片

（咸豐三年十二月初十日）

　　再，本年屆逢計典，自當照例查辦。惟現值軍書旁午，差委紛煩，礙難依限辦理。請俟軍務完竣再行詳加考核，造冊題咨，據各道詳請展限前來。臣覆查無異，仍當督令各道隨時查看，如有貪惰不能之員，立即甄別參辦，不敢稍有狥縱。

　　所有計典展限緣由謹附片陳明，伏乞聖鑒。謹奏。

　　十二月初十日

　　咸豐三年十二月二十三日奉硃批：吏部知道。欽此。

六〇五　奏請豁免右營漂沒存蕩柴數片

（咸豐三年十二月初十日）

　　再，據河庫、淮海二道會稟稱：葦蕩右營咸豐元、二兩年共圍佔柴五百七十九萬零一百束，因元年豐北旁溢未能起運。直至三年二月黃流歸故，廳營船隻始得赴蕩。乃運收過半，五月內豐工西壩尾漫塌後又復停運。本年六七月中旬，疊次風暴潮湧入蕩，七月二十五日午時更颶風大作，浪若排山，蕩內平地水深數尺，舟覆樹折，人畜多傷，實從來所罕有。以致存蕩之柴悉被漂淌，直至戌時風勢稍息。經該管營汛督率兵丁分投撈獲外，實計漂沒元年柴三十萬四千四百束，二年柴五十八萬零八百束。查嘉慶十七年原定葦務章程：遇有異漲、風潮，查照成案奏請豁免。等因。此次漂倘②柴束委員確查，實系非常風暴、海潮過大，人力難施所致，循例稟請奏豁前來。臣核實無

---

①　計典：指古代对官吏考績的大計之典，三年舉行一次。

②　"倘"字誤，應爲"淌"。

異，與請豁之例相符。

理合附陳，仰祈聖鑒，謹奏。

十二月初十日

咸豐三年十二月二十三日奉硃批：戶部查議具奏。欽此。

咸豐四年 （1854）

六〇六　工需短絀請換發官票摺

（咸豐四年正月初七日）

革職留任江南河道總督臣楊以增跪奏，爲工需短絀額解柴價均難濟用，懇恩換發官票以應要需，恭摺仰祈聖鑒事。

竊臣請發本年歲料銀兩，奉部覆稱：南河歲料一百二十萬兩，原備二十二廳修守之用。茲豐北漫後，七廳無工，其有工之十五廳，估工自必減少，約計可省一半，先後准給官票二十五萬兩，並令將各省例解及葦蕩柴束變價等項銀九十餘萬兩趕緊催提，以濟要需。又豐工案內用存部頒收捐執照四十萬兩，亦令通融籌辦。等因。伏念軍務河工連年多事，臣受恩愼重，具有天良，如稍可敷衍，何敢於宵旰憂勤之際復以工需短絀上瀆宸聰？惟實在情形亦不敢不爲君父陳之。

查南河二十二廳現當豐工緩堵，除銅沛等七廳無工外，其有工之十五廳內，外南北、山、海、安、阜黃河六廳承受洪湖及北運河減洩之水，其匯注歸墟之勢不減於黃流，即不能不照常修守。其邳宿桃清之北運河及裏揚江運之南運河綿長七百數十里，兩岸埽段閘壩鱗次櫛比，又高堰山盱防湖之石工、洩水之壩座修守啟閉均與黃河無涉，更屬一無可省。溯查從前南河每年用項多至八九百萬及五六百萬，近二十年來減至四百萬。臣到任復凜遵聖訓，力求撙節，減至三百三四十萬，實屬省而又省。今即按十五廳約計縮除，亦須二百數十萬方敷修守。此外兵餉、夫食、蕩柴、刀本、水腳、內外衙門飯食、辛工等項約須銀三十餘萬兩，更屬不能停支。上年歲料、防料兩次撥款均未到齊，額解僅到兩淮癸丑下半鹽課銀十五萬兩，又奏准以印領抵捐約計五十餘萬兩，核對放款，僅止及半，以致應發之款愈積愈多。如現在亟應堵閉收束之高郵四壩、山盱禮河、中運河水口閘壩又堰盱兩廳三年來風掣必應補砌之石工，皆以無款不能興辦，尤關緊要。一切支絀情形，自邀洞鑒。

本年水勢大小固難預知，修守情形自與上年相仿。今部臣於官票二十五萬兩之外復議及額解柴價九十餘萬兩、收捐執照四十萬兩，實已籌畫無遺。如能全數作收，原可暫濟眉急。無如額解之款以兩淮及江藩庫爲大宗。現在賊氛未靖，鹽務地方縱有徵收，亦必先盡軍餉，未能挹注河工。其他省額解或因道遠，或因無款，徒事催提，均難濟用。蕩柴到工原可抵發現銀，惟刀本、水腳等項先須實銀十餘萬方能運柴出蕩，否則漂淌霉朽，仍歸烏有，是額解柴價有款而無著。目前要工萬分掣肘，臣深知國用浩繁，何敢添請現銀，致煩籌撥？因思部頒執照四十萬，專待收捐，急切未能濟用。且現在官票通行，外間以前項執照名目既異、行用又殊，皆遲疑而不敢領。惟有仰懇天恩敕部換給官票，俾得趕辦要工而免貽誤。臣仍督飭各道認真稽查，如有浮冒，指名嚴參，以期仰副皇上慎工節帑之至意。

除委弁領齎執照赴部請換外，所有工需短絀實在情形，謹恭摺具奏，伏乞皇上聖鑒。謹奏。

正月初七日

咸豐四年正月二十四日①奉硃批：戶部速議具奏。欽此。

六○七　請部頒執照與官票一律通行片
（咸豐四年正月初七日）

再，部頒收捐執照僅能抵捐，非請換官票不能通行。惟換發票張既須添註冊檔，又須製造工本，輾轉需時，不若將此項執照與官票一律行使，則尤爲簡便。如荷恩准，即懇敕部通行知照，並照諭令委弁解回，由臣加蓋關防，撙節支放。

是否有當，謹附片陳請，伏乞聖鑒。謹奏。

正月初七日

咸豐四年正月二十四日奉硃批：著一併速議。欽此。

---

① 此摺與後片奉硃批日期，楊紹和抄本作“□日”。

六〇八　節屆立春工程平穩摺

（咸豐四年正月初八日）

　　革職留任江南河道總督臣楊以增跪奏，爲節屆立春各廳工程平穩並酌發歲料以資修守情形，恭摺具陳，仰祈聖鑒事。

　　竊照河工向以冬至起至立春止爲淩汛之期，防守亦關緊要。先經臣通飭各道將廳營小心防護，旋據陸續稟報：上年十二月初旬起至本年正月初四日止，淮、揚、徐、海一帶先後得有瑞雪，積厚尺許至三尺不等，普律優沾，民情歡忭。豐蕭境內黃流間遇冰淩，均隨時疏導下行。豐北壩門密掛擋淩椿木，裹頭護埽等工悉無鑱削之虞。南北運河亦未凍結，各工一律平穩。至歲料爲修防根本，除黃河無水七廳外，其餘黃運各廳應發歲料值此庫項極艱之際，臣督令各道再三節減，即於奉發官票內分給各廳領辦。雖初行官票之際，料戶未免遲疑，臣遵奉諭旨，除頒發謄黃宣示外，又復諄切曉諭，務使一律通行，歸於實用，不任稍有藉口。茲已時屆立春，凡有堤埽閘壩工程總當節慎經理，以期毋誤毋糜，上紓聖廑。

　　理合繕摺具陳，伏乞皇上聖鑒。謹奏。

　　正月初八日

　　咸豐四年正月二十一日①奉硃批：知道了。欽此。

六〇九　遵查河灘荒地飭令隨宜種植片

（咸豐四年正月初八日）

　　再，臣承准軍機大臣字寄：咸豐三年十二月十四日奉上諭：韓椿奏請河灘荒地栽種雜糧柴秸等語。② 等因。欽此。寄信前來。臣伏查黃河

---

　　① 此摺及後片奉硃批日期，楊紹和抄本作"二月初十日"。

　　② 楊紹和抄本此處另有"果如該臬司所奏，不特於兵夫生計大有裨益，即將來興辦大工，料價亦可節省，著楊以增酌量情形妥籌辦理"等語。

兩岸灘面沿堤十五丈以內本系官地，向給河兵堡夫承領種植秫秸，添補歲修工程之用。此外皆爲民田，任其種植，並無曠土。兹豐工以下至外南北以上數百里雖已斷流，而河形仍有存水，下系嫩淤，堪施耕作者甚少。臣前與韓椿面商，即已飭令徐州道暨前河營參將呂邦治往勘，督令兵夫凡官灘及河形內有可栽種之地，務當乘此春耕之際，隨其所宜分別種植，不任地土曠廢，俾利兵夫而平料價。

理合附片奏覆，伏乞聖鑒。謹奏。

正月初八日

咸豐四年正月二十一日奉硃批：知道了。欽此。

六一〇　廬郡失陷防淮重於防河現飭實行團練並撥兵赴皖摺[1]

（咸豐四年正月十五日）

奏爲廬郡失陷，防淮重於防河，謹將竭力籌辦情形恭摺馳陳，仰祈聖鑒事。

竊准軍機大臣字寄：咸豐三年十二月二十四日奉上諭：本日據舒興阿[2]奏逆匪攻陷廬州，江忠源[3]殉難，已有旨令和春[4]督兵迅速進剿矣。逆匪竄踞廬州，勢益鴟張，深恐其乘機北竄，前經叠次諭令楊以增等嚴

---

① 見楊紹和抄本卷二九，魯圖藏。

② 舒興阿（？—1858）：滿洲正藍旗人。道光十二年（1832）進士。二十二年（1842）擢內閣學士，兼禮部侍郎及鑲黃旗蒙古副都統，旋授盛京兵部侍郎。翌年管理宗室覺羅官學事務，二十四年（1844）授總管內務府大臣。歷充伊犁參贊大臣、署伊犁將軍、和闐辦事大臣、阿克蘇辦事大臣。咸豐元年（1851）授户部左侍郎，在軍機大臣上行走，旋任陝甘總督。二年（1852）奉旨籌辦甘肅省保甲章程，倡捐軍餉，在山西、河南等處鎮壓太平天國起義軍。

③ 江忠源（1812—1854）：字岷樵，湖南新寧人。中舉後興辦團練，後陞任浙江秀水縣知縣。太平天國起義後，組建楚勇，到廣西參戰，並在蓑衣渡之戰中擊斃馮雲山。此後轉戰湖南、湖北、江西，累升安徽巡撫。咸豐三年（1853）赴援廬州，陷入太平軍包圍。同年十二月，廬州城破，江忠源投水自殺，追贈總督，謚忠烈。

④ 和春（？—1860）：滿洲正黃旗人，字雨亭。歷任前鋒、整儀尉、參將、副將等職。咸豐二年（1852）救援桂林，加提督銜，後因岳州被太平軍攻佔，遭革職。三年（1853）隨向榮參與攻打天京，授江南提督。八年（1858）重建江南大營，授江寧將軍。九年（1859）起節制江北軍務。十年（1860），江南大營被太平軍擊潰，逃至滸墅關自殺。

防河岸，諒已遵照辦理。此時情形更爲吃緊，尤當嚴密防範，勿稍大意，其應如何擇要駐兵堵剿之處，著楊以增、長臻、張亮基、英桂①迅籌妥辦，總期聲勢聯絡，彼此應援，不可稍分畛域。儻任聽逆匪偷渡北竄，朕惟該督撫等是問。本日據福濟奏，張鼎元前在安徽防堵，熟悉情形。著楊以增迅飭該員帶山東兵二百餘名，配齊軍裝器械，馳赴廬、鳳一帶聽候福濟調遣，原片著抄給閱看。將此由六百里加緊諭令知之。欽此。

伏查揚州賊竄以後，清淮情形似輕。但賊匪尚踞瓜洲，添築土城，其心仍屬叵測。且金陵、鎮江一帆可達，賊性詭譎，而行蹤飄忽，難保大股不去而復來。是逆氛一日不淨，清淮一帶一日不能撤防。今廬郡失陷，逆勢鴟張，血氣之倫，無不切齒。查廬州驛路直達徐州，僅七百餘里。現在豐北以下黃河斷流，間有積水，亦俱冰凍，行旅車馬處處可以往來。若沿岸設防，非數十萬重兵不敷分佈。不獨無此辦法，抑且無此經費。現惟嚴飭印委員弁擇要慎防，冀免偷越。惟長堤千餘里，豈能節節有人？臣每一念及，實深惴慄。查黃河以南有淮河東西橫亘，亦屬天險。現在賊踞廬州，距淮不遠，一面分咨各路帶兵大員扼守淮南，並責成淮南北各州縣實力團練，以助兵力之不足。否則賊逼長淮，溯流而下，徑達洪湖，較之由陸路北趨徐州，其勢更易，是洪湖水路隘口尤關緊要。上年所派參將蔡天祿與在籍候補知府蔡觀龍及該管廳縣均極出力，蔡觀龍將守塢之船團練水勇二千餘人，前此李湘棻往彼巡閱，鎗礮技藝均屬可觀，洵足以壯聲威。惟春融冰泮，各該船須赴上游貿易，現飭設法獎勸，俾得久留。至福濟赴援皖省，臣於未奉諭旨之前，先即將山東官兵四百餘名撥歸統帶，並撥給清河縣練勇三百名隨往攻剿。茲又將蔣壩駐紮守備張鼎元所帶兵丁籌給口糧，飭令星馳前往福濟行營，聽候調遣。惟官兵拔營後蔣壩不免空虛，現雖兵單餉絀，臣惟有竭盡心力，另籌派撥，以愼堵禦而資鎮定。

────────────

① 英桂（1821—1879）：滿洲正藍旗人，字香巖。道光元年（1821）舉人，以中書充軍機章京，晉侍讀，授山東青州知府，遷登萊青道。擢山西按察使，調山東署布政使。咸豐三年（1853）擢河南巡撫，遷山西巡撫。同治七年（1868）署閩浙總督，後召爲内大臣。十一年（1872）授兵部尚書，兼總管内務府大臣。後調吏部，兼步軍統領。光緒元年（1875）任協辦大學士，三年（1877）授體仁閣大學士。四年（1878）以病乞休。五年（1879）卒，贈太子太保，謚文勤。

所有現在籌辦情形，謹恭摺由驛具奏，伏乞皇上聖鑒。謹奏。

咸豐四年正月十五日拜進

二十六日奉硃批：知道了。欽此。

六一一　提解洋銅鑄錢片

（咸豐四年正月十五日）

再，臣前以大錢可佐銀錢之不足，當即委員設局開爐試鑄，附摺陳明在案。嗣准署撫臣許乃釗咨令於清江設立分局，並給徐州所存洋銅五萬觔，以資鼓鑄。因前項銅觔先經慧成提至揚州鑄碗，茲大碗停鑄，而清淮購銅不易。經臣委弁領解到浦，發交錢局，委員趕緊督匠製造，以資利用。

理合附片陳明，伏乞聖鑒。謹奏。

正月十五日

咸豐四年正月二十一日①奉硃批：知道了。欽此。

六一二　糧臺捐局續收錢文摺②

（咸豐四年正月十五日）

奏爲糧臺捐局續收錢文，繕單恭懇恩施，仰祈聖鑒事。

竊前准戶部咨：糧臺收捐照籌餉及常例銀數酌減十分之二，以抵其運解之費。嗣又奏請以錢一千六百文作銀一兩，欽奉硃批：所籌俱妥。現辦捐輸，著隨時奏請，即可降旨施恩，以期踴躍。該部知道。欽此。當將先捐各員三次奏蒙恩准。茲據捐局委員詳報，續有急公報效者，自應隨時請獎，以廣招徠。理合繕呈清單，伏候恩施，俾知觀感。

---

① 此片奉硃批日期，楊紹和抄本作"二十六日"。

② 見楊紹和抄本卷二九，魯圖藏。

爲此恭摺具奏，伏乞皇上聖鑒。謹奏。

咸豐四年正月十五日拜進

二十六日奉硃批：戶部速議具奏，單併發。欽此。

六一三　剿辦滋事潰勇獲勝摺[①]

（咸豐四年正月十六日）

奏爲剿辦潰勇大夥已散，恭摺具奏，仰祈聖鑒事。

竊臣前奉諭旨：隨時拿辦土匪。等因。欽遵飭屬查拿並遴派勇幹員弁四路巡緝，勸諭鄉民，實力團練在案。嗣聞揚營勇目有李三閙者，馮景尼待之極優，乃狼子野心，當圍攻吃緊之時首先潰散，率勇千餘人沿途刮掠，逃至靈、泗交界之高家集樹旗築壘，意圖不軌。當經密飭各路文武迅速兜拿。總辦糧臺廣東高廉道法良得信最早，一面派兵，一面約會徐州鎮百勝、徐州道王夢齡會同派兵往剿。茲據先後稟報：該匪在高家集逐日演戲，誘人住看，即逼勒入夥，聚至四五千人，又密遺[②]夥黨，購辦火藥，打造軍器，遠近居民甚爲惶惑。經徐州鎮道函商，袁甲三[③]派臧紆青[④]帶勇五百名，復經法良派委留防宿遷之署山西大同參將群壽帶兵四百名，百勝又親帶標兵五百名並山東舉人李延忠帶勇四百名，山西大同參將高培帶兵五百名，分投馳往。上年十二月二十九日，臧紆青帶勇先至大李集紮住。正月初一日夜間，該匪率衆三千餘人突撲大李集，幸法良派去群壽及睢寧縣知縣高丙謀帶領委員、兵勇趕到，在集設伏，乘勢冲出，該匪即開

---

①　見楊紹和抄本卷二九，魯圖藏。

②　“遺”，或當作“遣”。

③　袁甲三（1806—1863）：字午橋，河南項城人。道光十五年（1835）進士，先後擔任禮部主事、軍機章京、郎中、御史、給事中。三十年（1850）陞任江南道監察御史、掌兵科給事印。咸豐四年（1854）赴安徽剿辦捻軍有功，擢都察院左都御史。六年（1856）受命協助河南巡撫英桂剿辦河南捻軍。九年（1859）擔任漕運總督，十年（1860）進軍鳳陽，屢戰屢捷。同治二年（1863）病故，諡端敏。

④　臧紆青（1796—1854）：字牧庵，江蘇宿遷人。宣宗道光間舉人，鴉片戰爭爆發後，曾辦理團練萬人，以備禦敵。道光二十一年（1841）入揚威將軍奕經幕，赴浙江襄辦軍務。太平天國起義後，曾組織團練參與鎮壓太平軍，陞任通判。咸豐四年（1854）率部配合湘軍圍攻桐城，爲太平軍所殺。

鎗抵拒。臧紆青、群壽、高丙謀及地方文武分督兵勇，奮力轟擊，殺賊二百數十名，獲大紅旗兩面，三四百觔礟十餘尊，擡鎗三十餘桿。該匪遂四散逃竄，我兵分路追趕，又殺賊二百餘名，奪獲鎗礟器械六百餘件，馬七匹，牛車二輛，火藥鉛丸二千餘觔，擋牌十四架。現存餘匪不足千人，四奔潰散。百勝到後，又燒其戲臺巢穴。各等情。

查此次李三鬧滋事，幸得信較早，派出文武俱各奮力，得以痛加剿殺，可免燎原。惟李三鬧是否轟斃，抑尚在逃，除飭懸賞購線，搜捕餘孽，不准一名漏網，以絕逆萌而靖地方外，合先由驛恭摺陳明，伏乞皇上聖鑒。謹奏。

咸豐四年正月十六日拜進

二十八日奉硃批：另有旨。欽此。同日奉咸豐四年正月二十二日內閣奉上諭：楊以增、袁甲三奏剿辦潰勇獲勝各一摺。揚州勇目李興青即李三鬧潰逃後至原籍泗州，盤踞高家集，樹旗築壘，聚衆搶掠，經楊以增密飭各路文武兜拿，廣東高廉道法良、徐州鎮總兵百勝派兵往剿，袁甲三派同知銜臧紆青帶勇五百名知會，徐州道王夢齡派睢寧縣知縣高丙謀並駐紮宿遷之山西都司署參將群壽等督帶兵勇，分路進剿。臧紆青駐紮李家集，該匪率衆突撲，群壽、高丙謀帶領兵勇乘勢冲出，該匪開鎗抵拒，臧紆青等分督兵勇，奮力轟擊，先後斃賊五百余名，餘匪潰散。李三鬧在揚州投充鄉勇，輒敢於潰逃後糾衆滋事，實屬罪大惡極，現經楊以增、袁甲三派撥兵勇會同剿辦，業將該匪大股殲斃殆盡，惟首匪李三鬧尚未弋獲。著楊以增、袁甲三仍督飭文武員弁迅速掩捕，毋令漏網，鄉民練勇有能將首犯購線擒獻者，著即據實保奏。所有此次出力員弁兵勇並著楊以增、袁甲三查明奏請獎勵，無稍冒濫。欽此。

六一四 特參職官藉公索詐請革職訊辦摺

（咸豐四年正月十六日）

革職留任江南河道總督臣楊以增跪奏，爲特參職官藉公索詐，請旨即行革職嚴訊以儆官邪，仰祈聖鑒事。

竊據臬司查文經稟稱：據甘泉縣捐職州同臧仁壽呈控南河候補州同

張恩培藉稱奉派團練，向伊需索洋銀，並盤獲鄉勇劉愷等疑系奸細，派伊出解費不允，將劉愷捆送當鋪內，希圖嚇詐。伊將鄉勇送營，張恩培復以藏匿奸細爲詞，向伊恐嚇，並稱有欽差雷以諴、委員佐領富森奉委往提劉愷等，向伊鋪友恐嚇索詐。等情。該司摘傳人證，逐一查訊。張恩培向臧仁壽索洋銀十四元，並向監生陸登山、陸德山需索製錢三十六千文屬實。又同局副貢生①張喬森捏造假賬，將需索錢文作爲團練公費，亦已查實，稟請奏參。並准欽差雷以諴咨請核辦，聲明營中並無富森其人各等情。到臣。

伏查現當團練吃緊之時，似此藉端索詐，必至鄉民畏縮。相應請旨，將南河候補直隸州州同張恩培、佐領富森一併革職，張喬森革去副貢生，交臬司查文經研訊確情，按律定擬，以儆官邪而重團練。至佐領富森究在何營，容查提質訊。

爲此恭摺附驛具奏，伏乞皇上聖鑒訓示。謹奏。

正月十六日

咸豐四年正月二十二日奉硃批：欽此。②

六一五　籌辦徐州賑務摺

（咸豐四年正月二十四日）

革職留任江南河道總督臣楊以增跪奏，爲籌款辦理徐州賑務大概情形，恭摺仰祈聖鑒事。

竊查徐州府屬被水災民亟應賑濟，前飭司、道籌辦，旋據署江藩司麟桂、暫署徐州道王夢齡會詳稱：豐、沛、邳、銅、碭五州縣坐落災區，各戶擬仿元年成案給賑三個月，所需經費該藩司於江北各州縣應徵錢糧並漕

---

① 副貢生：鄉試中副榜錄取的考生進入國子監，稱副貢生。

② 此摺奉硃批日期，楊紹和抄本作"二十八日"。另於"欽此"後有："同日奉咸豐四年正月二十二日內閣奉上諭：'楊以增奏參職官藉公索詐請旨革訊一摺。南河候補同張恩培藉派團練索詐銀錢，並有佐領富森冒充委員，副貢生張喬森捏造假賬，種種擾害，業經前任江蘇臬司查文經稟稱查訊屬實。現當團練吃緊之時，似此藉端滋擾，於地方大有關係，張恩培、富森均著革職，張喬森著革去副貢生，即交楊以增提齊該革員等研訊確情，按律定擬具奏，該部知道。'欽此。"

米變價及存典本息各項籌撥解徐，業於上冬由該道督府委員分赴災區，稽查戶口，核實散放。其宿遷以下各州縣被淹尚輕，飭令勸捐，酌辦撫恤，不得任其流離。又據該司道另詳：賑需即已籌有款項，所有奉發賑濟官票十萬兩俟勸諭商民承領，辦有成數，隨時稟商撥用。各等情。

除咨督撫臣照例會奏外，合先由驛具陳，上紓宸廑，伏乞皇上聖鑒。謹奏。

正月二十四日

咸豐四年二月初二日①奉硃批：知道了。欽此。

六一六　兼署漕運總督恭謝天恩摺

（咸豐四年正月二十四日）

革職留任江南河道總督臣楊以增跪奏，爲恭謝天恩事。

竊臣接准吏部咨：咸豐三年十二月二十七日奉上諭：邵燦未到任以前，漕運總督著楊以增兼署。欽此。欽遵。當即恭設香案，望闕叩頭。伏查河湖工程半爲漕運而設，河漕事本相因，惟現在軍務未竣，江廣漕糧未能兌運，江浙已徵漕米商辦海運未識如何定議。臣受恩慎重，苟能盡一分心力，於國事有一分裨益，斷不敢以暫時兼攝稍有因循。

除俟前漕臣福濟委員賫送關防到浦，即當任事，另行恭疏題報，並咨商各省督撫臣將應辦事宜竭力籌酌，隨時具奏外，理合繕摺附驛，叩謝天恩，伏乞皇上聖鑒訓示。謹奏。

正月二十四日

咸豐四年二月初二日奉硃批：知道了。欽此。

---

① 此摺及後摺奉硃批日期，楊紹和抄本作“二月初八日”。

六一七　請留丁憂人員差委片①

（咸豐四年正月二十四日）

再，據駐劄宿遷之總辦河南糧臺四川川北道②楊能格③詳稱：糧臺文員不敷辦事，查有南河丁憂通判斌實人尚勤慎，請就近飭赴宿遷糧臺，並請具奏前來。查候補通判斌實正在請咨回旗，今糧臺差委需人，合無仰懇恩准，將斌實留於河南糧臺，俾資差遣。

理合附片陳請，伏乞聖鑒訓示。謹奏。

咸豐四年正月二十四日附進

二月初八日奉硃批：依議。欽此。

六一八　裁併糧臺以節經費摺④

（咸豐四年正月二十七日）

奏爲裁併糧臺以節經費，恭摺具陳，仰祈聖鑒事。

竊照上年清江設防之始，系倡捐辦理，嗣征兵到營，即奉戶部議設糧臺，陸續撥餉支應。所有揚州大營需用軍火、帳篷、器械及來往官兵鹽糧、馬乾由浦局製造支應，其留防清江外調官兵以及河兵雇勇所需口糧亦在浦局支領。計自設局以來，已將一載。茲據總辦糧臺廣東高廉道法良稟以該道糧臺承辦慧成、福濟及臣三處徵防官弁兵勇鹽糧、馬乾等項每月需餉十萬餘兩。現在福濟帶兵赴皖，慧成營內兵勇俱無，清、徐、宿三處每月需餉三萬餘兩，擬歸併清江，以節糜費。該道奉旨統帶

---

① 見楊紹和抄本卷二九，魯圖藏。

② 川北道：明代設立，乾隆十八年（1753）定制爲川北分巡兵備道，轄保甯、順慶、潼川等二十五州縣。

③ 楊能格：字簡侯，號季良，漢軍正紅旗人，道光十六年（1836）年進士，官至江寧布政使。

④ 見楊紹和抄本卷二九，魯圖藏。

山西兵八百五十名，擬交接辦河南糧臺文煜①管帶，所調河兵五百名擬裁撤歸營，稟請具奏前來。臣查多一處糧臺即多一處經費，該道所議系爲節費起見，且慧成行營糧臺已據奏明歸併清江，相應請旨將宿遷糧臺亦即歸併清江。所有原歸宿遷糧臺支應之官弁、兵勇、鹽糧、馬乾等項，均由清江局內給發，以歸簡易。現在奉部飭取用項款目，飭俟單式發到，迅速查明請奏，不許稽延。

再，查清江籌防局原派法良管理，嗣該道交卸，續派署河庫道婁晉接管。現在河庫查辦裁缺，婁晉本任事務較繁，查法良鉤稽精當，擬懇聖恩，仍留清江管理籌防局，將一切用款認真裁汰，以節經費。如荷允行，宿遷防兵請交文煜管帶，續調河兵應即裁撤。其清江留防之山西兵三百餘名、掘港營兵五十名並河兵募勇仍歸浦局支應。

所有裁併糧臺緣由是否有當，謹恭摺由驛具奏，伏乞皇上聖鑒訓示。謹奏。

咸豐四年正月二十七日拜進

二月初十日奉硃批：另有旨。欽此。同日奉咸豐四年二月初五日內閣奉上諭：楊以增奏請裁併糧臺以節經費一摺。前因福濟帶兵赴皖，慧成所帶之兵疊經裁撥，當諭令琦善將法良所管糧臺統歸文煜經理。茲據楊以增奏請將宿遷糧臺裁撤，歸併清江等語。著即遵照前旨，核實辦理。至清江籌防局仍著暫留法良經管，飭令將一切用款認真裁汰，毋許冒濫。餘著照所議辦理。欽此。

_____

① 文煜（？—1884）：滿洲正藍旗人，字星巖。由官學生授太常寺庫使，累遷刑部郎中。出爲直隸霸昌道、四川按察使。咸豐三年（1853）遷江寧布政使，從琦善江北大營。七年（1857）調江蘇布政使，治江南大營糧台。十一年（1861）署直隸總督，尋實授。同治元年（1862）坐山東降賊張錫珠等擾畿南督剿不力褫職，戍軍台。二年（1863）授鑲黃旗蒙古副都統，三年（1864）赴甘肅慶陽督辦糧台。七年（1868）授正藍旗漢軍都統，尋出爲福州將軍。十年（1871）兼署閩浙總督，光緒三年（1877）授內大臣、鑲白旗漢軍都統、左都御史，擢刑部尚書。七年（1881）任協辦大學士。九年（1883）充總管內務府大臣。十年（1884）拜武英殿大學士，以病乞罷。尋卒，贈太子少保，謚文達。

六一九　團練民勇勸捐米石摺[①]

（咸豐四年正月二十八日）

奏爲團練民勇，勸捐米石，以聯聲勢而濟軍儲，恭摺奏祈聖鑒事。

竊自廬郡失陷後，防淮重於防河，所有南通、天長、六合之蔣壩尤爲要隘。曾囑前漕臣李湘棻前往巡閱，查得守塢之船團練水勇二千餘人，各鄉團練民勇二萬餘人，當飭印委各員督率防兵募勇與民勇互相聯絡，以壯聲威。蔣壩之南有禮河減水壩，本應籌堵以節湖瀦。惟該壩水深溜激，間隔南北，可爲天險。其下游高郵各壩即日堵竣，民田即可播種。往後洪湖水長由禮河循序而下，早辟歸江各路，俾其暢洩，不令有礙民田。先是調任漕臣福濟因高寶一帶兵力不足，函商李湘棻勸練民勇，有事爲兵，無事歸農，庶幾節口糧而可經久。當委前任淮安府知府福棌、淮安衛守備陳迪怡分頭勸諭。茲福濟奉命赴皖剿辦，臣囑李湘棻親赴下游查驗。自淮關至邵伯止二百六十餘里，中共團一萬三千餘户，出丁二萬餘人。沿河村莊星羅棋佈，俱極整齊，器械精利，旗幟鮮明。李湘棻宣佈皇仁，勉以大義，處處歡聲雷動，同仇之意見諸顔色。爲之示以約束，教以號令，無事則晝夜守望，有警則鳴鑼爲號。長堤一線，兩面伏擊，可使制梃以撻么麽，此沿河團練民勇之情形也。

再查糧臺撥款解到寥寥，清江兵勇有乏食之虞。李湘棻同爲焦灼，當囑其順道體查，設法勸捐。旋據函稱：查看民勇，就勢勸諭，知下河各邑上年秋收頗稔。莫若以米代錢，散放兵勇口糧，其勢尚順。詢之紳耆，僉以爲可。當此錢糧支絀之際，亦各願竭力輸將。遂即出示按照糧臺新例，仍以錢一千六百文作銀一兩，確查時值，收兌米石，以期踴躍。並委廣東候補道黃錫慶、前淮安府知府福棌在寶應、高郵七邑適中之地分設二局，聽民就近上兌，以示招徠。統俟捐有成數，再行彙奏請獎。

所有團練民勇勸捐米石緣由，謹會同前漕臣李湘棻恭摺由驛具奏，

___

① 見楊紹和抄本卷二九，魯圖藏。

伏乞皇上聖鑒訓示。謹奏。

　　咸豐四年正月二十八日拜進

　　□日奉硃批：覽奏均悉。各處團練原爲守禦本處，若必使有一團即籌一團之費，是虛糜帑項，擲之無用之地。此等團練斷不可預籌經費，如有捐輸較多者，奏明破格請獎，將捐項竟解琦善大營。欽此。

六二〇　請留丁憂知縣暫行署缺片
（咸豐四年正月二十八日）

　　再，上年春間揚州失守後，清淮震動，經臣飭調清河縣知縣吳棠回任。該員懲暴安民，練勇禦寇，事事實心，不辭勞瘁。茲據報丁母①憂，例應交卸。旋據合邑紳耆呈請留任前來。臣查吳棠之有益清淮，久在聖明洞鑒之中。惟該員甫遭母②喪，臣仰體皇上孝治天下之心，未便遽奪其情，亦不敢違例具奏。然賊氛不遠，防兵無多，該員所練募勇及各鄉民勇必須鈐制得宜。一時接手，殊難其選。除委海防同知李萬傑代理外，擬懇聖恩准令該員交卸治喪，俟百日後仍以該員署理清河縣事。俟軍務完竣，再令回籍守制，以符定例。

　　臣爲地方緊要起見，謹附片陳請，伏乞聖鑒訓示。謹奏。

　　正月二十八日

　　咸豐四年二月初五日奉硃批：知道了。欽此。③

_____

　　①　"母"字，楊紹和抄本作"父"。

　　②　同上。

　　③　此片奉硃批日期，楊紹和抄本作"二月初十日"。另於"欽此"後有："同日奉咸豐四年二月初五日內閣奉上諭：'楊以增奏請留丁憂知縣暫行署缺等語。據稱清河縣知縣吳棠懲暴安良，團練壯勇，實心任事，茲丁父憂，例應回籍守制。惟現值防堵緊要之時，該員所練募勇及各鄉民勇均資鈐制，自未便遽易生手。吳棠著開缺治喪，於百日後仍著署理清河縣事，一俟軍務告竣，即飭令回籍守制，以符定例。該部知道。'欽此。"

六二一　賞賜御書福字謝恩摺

（咸豐四年二月初二日）

革職留任江南河道總督兼署漕運總督臣楊以增跪奏，爲恭謝天恩事。

竊由在京提塘賫到御賞"福"字一方。臣跪迎至署，望闕叩頭祇領。欽惟皇上中和肇甲，宵旰維寅，每對越於神明，思乂安夫黎庶。豐年秋熟，方占禾穎之祥；大雪尺盈，又卜麥岐之秀。地無垠而廣被，億萬蒙庥；疆有指以欽承，九重錫福。臣河工負乘，時切求兢；淮浦籌防，日虞寇至。茲荷春祺，普介墨寶。同頌忻感之餘，彌滋愧悚。特見光騰日月，兵氣銷而寰海永清；德衍訓行，皇極建而彝倫攸敘。

所有微臣榮幸感激下忱，理合繕摺恭謝天恩，伏乞皇上聖鑒。謹奏。

咸豐四年二月初二日

咸豐四年二月二十三日奉硃批：知道了。欽此。

六二二　賊匪竄逼徐州亟籌防剿摺[①]

（咸豐四年二月十七日）

奏爲逆匪擾陷蒙城永城，偪近徐州，意圖北竄，亟籌防剿情形，恭摺馳陳仰祈聖鑒事。

竊照江省水路衝途，東路以清江爲要，西路以徐州爲要。皖省賊勢蔓延，臣時慮其乘機北竄，疊經照飭徐州鎮道於交界處所不分畛域，嚴密巡防。茲據該鎮道會稟，逆匪自六安州一帶竄出二萬餘人，由正陽關攻陷潁上縣。二月初三日竄至蒙城，八日即陷豫省之永城。該二縣距江

---

① 見楊紹和抄本卷二九，魯圖藏。

省碭山縣僅六七十里，道路紛歧，防之不勝其防。且徐州兵勇無多，不敷調遣。當飭署蕭縣知縣楊蘊緒、蕭營都司李恒清帶領兵勇三百五十名，並在籍庶吉士段廣瀛等選帶民勇一千餘人，馳赴永城之瓦子口防禦。又派山西陽和城都司崇順帶大同兵二百名，會同碭山縣知縣調集守城兵勇，加意防範。該鎮道挑選兵丁一千五百名，進駐北辰，以扼蕭、碭至徐總路。惟郡城空虛，勢須兼顧。適有紳士等挑選壯丁三千名來郡捍衛，藉壯聲威。又飭山東舉人李延忠添募練勇五百名，並劄調河兵分派防禦，所需口糧分別支給。又據另稟，該匪由間道於十二日未刻竄至蕭縣黃家口地方，先有土匪爲之倡導，焚掠裹挾，聲言直驅徐州。又據蕭縣知縣楊蘊緒拿獲長髮賊九名，訊供欲往北路救援賊約二萬人，馬千餘匹，大礮二十餘尊各等情。

　　臣接閱之下，憤懣難名。查徐州兵勇不足二千人，現在該鎮百勝、該道王夢齡雖經調募河兵練勇，並招致民勇數千。但訓練未久，究不足恃。徐州爲江南重鎮，且自古用兵必爭之地。該匪既圖北竄，接應河間，則豐工以下黃河斷流，無險可扼，恐以全力趨赴，所關匪細。現在面商前漕臣李湘棻，酌帶礮勇三百名，並留防清江之山西大同兵三百名、狼山兵五十名、因差來浦之壽春兵一百名，又駐紮宿遷之山西大同兵五百名，共一千二百五十名，配齊軍火，兼程前往。臣因海沭一帶土匪陳玉彪等出沒無常，現令淮海道梁佐中帶勇往拿。清江四通八達，客兵既無可添調，惟有督飭漕河兩標副將將存營弁兵認真操練。至河兵募勇僅二千餘名，亦飭管帶員弁，擇要設防。洪澤湖禮字河亦暫行緩堵，以資守禦而紓厪懷。

　　所有逆匪偪近徐州，亟籌防剿緣由，謹繕摺由六百里馳奏，伏乞皇上聖鑒。謹奏。

　　咸豐四年二月十七日拜進

　　□日奉硃批：欽此。

六二三　恭報兼署漕督日期摺

（咸豐四年二月十七日）

革職留任江南河道總督楊以增跪奏，爲恭報微臣兼署漕督日期，恭摺具陳仰祈聖鑒事。

竊臣前奉恩命：邵燦未到任以前，漕運總督著楊以增兼署。欽此。當即繕摺，叩謝天恩。茲准調任漕臣福濟將漕運總督關防一顆並王命旗牌、文卷等件，委員賫送到浦。臣即於本月十四日恭設香案，望闕叩頭，接印視事。伏查本年江廣等省漕米大半就地折收，並無起運軍船。現惟咨催浙江、江蘇各撫臣將議商海運漕糧飭屬趕緊裝運。一俟劉河挑竣，即行齊集沙船①，兌米放洋，以期早達天庚。

所有微臣兼署漕督日期，謹繕摺附驛具陳，伏乞皇上聖鑒。謹奏。

二月十七日

咸豐四年二月二十三日②奉硃批：知道了。欽此。

六二四　賊匪由徐州北竄亟籌會剿摺③

（咸豐四年二月二十日）

奏爲逆匪竄逼，徐州萬分危急，現籌竭力堵禦情形，恭摺馳陳，仰祈聖鑒事。

竊臣昨將逆氛偪近徐州，意圖北竄情形繕摺飭奏後，本日又據徐州鎮道馳稟：賊自皖省北竄，先有土匪爲之前導。二月十二日賊至蕭縣黃家口焚掠，被官兵民勇擊散。次日突有大股逆匪踵至，約三四萬人，見

---

① 沙船：中國古代近海運輸的一種海船，因其適於在水淺多沙灘的航道中航行，故名。

② 此摺奉硃批日期，楊紹和抄本作"□日"。

③ 見楊紹和抄本卷二九，魯圖藏。

豐工以下黃河乾涸，即屯踞各邨莊，意圖分道直撲徐城。該鎮道因徐州城垣卑於大堤，且北岸系通京驛道，現赴上游南北兩岸紮營扼堵，俟給事中袁甲三所派兵勇及挑選民勇到齊，即相機進剿。至豐工口門上下游黃河船隻久經撤盡，該逆無舟可覓。惟口門以下水勢散漫，誠恐該逆擇水淺處或搭浮橋，或紮木筏，偷渡竄擾該處河北，逼近東省，請飛咨防堵。等情。查避實襲虛、聲東擊西是逆匪慣技。該逆踞永城後，據探分股西去，今忽北竄，是明知徐州兵單，乘間窺伺。現在屯住豐工上下，聲言直撲徐州，又難保不於口門以下斷流之處潛圖北竄。逆焰鴟張，實堪髮指。清江距徐州至蕭碭地方五百餘里，且署淮海道兼署運司郭沛霖現駐泰州，署淮海道梁佐中因海沭土匪帶兵往剿，兼之廬州一水可達洪湖。現在清淮人心已覺驚慌，臣若遠離，恐生肘腋之患。而徐州萬分緊急，又不敢顧此失彼，現囑前漕臣李湘棻統帶兵勇先往宿遷保護糧臺，相機前進。惟豐工以下水已斷流，處處可渡北岸，即東省地方必須自北截剿，方能得手。

　　除飛飭駐紮山東界內之山東臬司厲恩官①帶兵會剿，並飛咨山東撫臣發兵迎頭截擊外，為此繕摺由六百里馳奏，伏乞皇上聖鑒訓示。謹奏。

咸豐四年二月二十日拜進

六二五　糧臺捐局續收錢文摺②
（咸豐四年二月二十日）

　　奏為糧臺捐局續收錢文，繕單恭懇恩施仰祈聖鑒事。

　　竊前准戶部咨：糧臺收捐照籌餉及常例銀數酌減十分之二，以抵其運解之費。嗣又奏請以錢一千六百文作銀一兩，欽奉硃批：所籌俱妥。現辦捐輸，著隨時奏請，即可降旨施恩以期踴躍。該部知道。欽此。當將先捐各員歷次奏蒙恩准。茲據捐局委員詳報，陸續有急公報效者，自

---

①　厲恩官，道光二十年（1840）進士，曾任兗沂道道員，福建學政等。

②　見楊紹和抄本卷二九，魯圖藏。

應隨時請獎，以廣招徠。理合繕呈清單，伏候恩施，俾知觀感。

爲此恭摺附驛具奏，伏乞皇上聖鑒。謹奏。

咸豐四年二月二十日拜進

三月□日奉硃批：戶部速議具奏，單併發。欽此。

六二六　咸豐三年各屬另案各工動用銀數摺

（咸豐四年二月二十三日）

革職留任江南河道總督兼署漕運總督臣楊以增跪奏，爲核明各廳咸豐三年霜降止辦理另案各工動用銀數，循例匯開清單，恭摺奏祈聖鑒事。

竊照每年伏秋大汛各廳搶辦另案新工於嘉慶八年准工部咨：令於霜降後核明銀數，匯奏一次，以憑考核。又於道光十五年九月內准工部咨：欽奉上諭：嗣後每年匯奏清單務遵奏定限期，無論奏咨各案匯爲一冊。等因。當經前河臣查明請照東河章程截至霜降之日爲止，將霜後所辦各工歸入次年清單開列，奏奉俞准照辦。各在案。所有道光三十年霜降止各廳培築堤壩堰餞、鑲做禦水壩工暨護埽防風、啟閉壩堰開河、挑灘拋石、鑲補埽壩、搜護風掣石工等項工程均經臣隨時督率各道將廳營分投辦理，節次奏報，鈔摺咨部。茲據徐州、淮揚、淮海、常鎮四道分案造冊，呈送前來，共六十三案。內估定辦理者，工竣後經臣勘驗。其隨時辦理者，先由各該道查量具報，復經臣確核，從嚴刪減，不准稍有浮廉。茲統計各工共用銀一百一十六萬三千六百八十四兩零。按冊查核，均於原估及勘准刪定冊案相符。除飭另造印冊詳送，次第具題，並送部查核外，謹將各廳咸豐三年霜降止，辦理另案各工動用銀數循例匯開清單，恭呈御覽，仰祈敕部查核施行。

爲此繕摺具奏，伏乞皇上聖鑒。謹奏。

二月二十三日

咸豐四年三月十七日奉硃批：該部察核具奏，單併發。欽此。

六二七　咸豐三年分各道屬另案
工用銀數比較摺

（咸豐四年二月二十三日）

　　革職留任江南河道總督兼署漕運總督臣楊以增跪奏，爲查明咸豐三年分各道屬另案工用銀數，循例比較開單，恭摺具奏仰祈聖鑒事。

　　竊照嘉慶二十一年准工部咨：凡河道另案工程於三汛後將一年統用銀數彙奏一次，並將上三年所用銀數分晰比較，以備查核。又於道光十五年九月准工部咨：欽奉上諭：歲修工程銀有定額，興舉大工，事非常有。均照舊不入比較外，其另案工程嗣後每年彙奏清單，遵照奏定期限，無論奏咨各案彙爲一冊。其比較上三年原從清單而出，毋庸分爲兩事，著該督附摺聲明比較，另立一單。等因。欽此。歷經遵辦各在案。除將咸豐三年霜降止各廳另案工段銀數核明彙總開單，另摺具奏外，統計徐州、淮揚、淮海、常鎮四道屬咸豐三年分另案各工實用銀一百一十六萬三千六百八十四兩零。比較咸豐二年另案共用銀一百六十一萬六千八百四十六兩零，今三年計少用銀四十五萬三千一百六十二兩零。比較咸豐元年另案共用銀二百一十三萬四千九百零九兩零，今三年計少用銀九十七萬一千二百二十五兩零。比較道光三十年另案共用銀二百三十一萬六千八百七十五兩零，今咸豐二[①]年計少用銀一百一十五萬三千一百九十一兩零。謹遵部定章程，將各道屬用銀數目分晰比較，開具清單，恭呈御覽。

　　爲此繕摺具奏，伏乞皇上聖鑒，敕部查核施行。謹奏。

　　二月二十三日

　　咸豐四年三月十七日奉御批：該部知道，單併發。欽此。

---

① "二"字，應作"三"。

六二八　咸豐三年另案工用銀數比較清單

（咸豐四年二月二十三日）

謹將咸豐三年徐州、淮揚、淮海、常鎮四道屬另案工用銀數比較上三年，分晰開具清單，恭呈禦覽。

計開：

徐州道屬　咸豐三年分另案各工共用銀二十萬零七千三百八十六兩一錢四分五釐。比較咸豐二年另案各工共用銀十八萬四千零七十二兩五錢六分二釐，計多用銀二萬三千三百一十三兩五錢八分三釐；比較咸豐元年另案各工共用銀三十六萬四千六百七十三兩五錢四分二釐，計少用銀十五萬七千二百八十七兩三錢九分七釐；比較道光三十年另案各工共用銀三十萬四千一百六十三兩八錢一分，計少用銀十四萬六千七百七十七兩六錢六分五釐。

淮揚道屬　咸豐三年分另案各工共用銀七十五萬六千五百六十七兩七錢一分四釐。比較咸豐二年另案各工共用銀一百二十萬零九千八百四十四兩六錢三分零五毫，計少用銀四十五萬三千二百七十六兩九錢一分六釐五毫；比較咸豐元年另案各工共用銀一百二十九萬八千九百零一兩五錢五分六釐九毫，計少用銀五十四萬二千三百三十三兩八錢四分二釐九毫；比較道光三十年另案各工共用銀一百四十七萬四千二百八十三兩九錢六分一釐八毫，計少用銀七十一萬七千七百一十六兩二錢四分七釐八毫。

淮海道屬　咸豐三年分另案各工共用銀十四萬七千一百五十八兩三錢三分九釐。比較咸豐二年另案各工共用銀十八萬三千八百二十六兩三錢九分五釐，計少用銀三萬六錢六百六十八兩零五分六釐；比較咸豐元年另案各工共用銀四十二萬五千五百八十一兩八錢一分八釐五毫，計少用銀二十七萬八千四百二十三兩四錢七分九釐五毫；比較道光三十年另案各工共用銀四十四萬五千七百五十四兩五錢二分八釐五毫，計少用銀二十九萬八千五百九十六兩一錢八分九釐五毫。

常鎮道屬　咸豐三年分另案各工共用銀五萬二千五百七十二兩。比較咸豐二年另案各工共用銀三萬九千一百零二兩七錢六分八釐，計多用銀一萬三千四百六十九兩二錢三分二釐；比較咸豐元年另案各工共用銀四萬五千七百五十二兩二錢八分二釐，計多用銀六千八百一十九兩七錢一分八釐；比較道光三十年另案各工共用銀四萬二千六百七十三兩三錢三分七釐，計多用銀九千八百九十八兩六錢六分三釐。

　　硃批：覽。

六二九　咸豐三年另案清單拜發較遲片
（咸豐四年二月二十三日）

　　再，咸豐三年另案清單緣值軍務緊要，常鎮道遠在大江以南，徐州道辦理糧臺，淮揚、淮海二道亦有防堵事務，臣督率籌防策應，均未能照常查辦，以致稍有耽延。茲催據各道先後造送前來，趕緊鉤稽核實刪減，除彙開清單並比較摺分別恭呈御覽外，所有咸豐三年清單拜發較遲緣由，理合附片陳明，伏乞聖鑒。謹奏。

　　咸豐四年二月二十三日拜進

　　三月十七日奉硃批：覽。欽此。

六三〇　賊匪由徐州北竄亟籌會剿摺[①]
（咸豐四年二月二十五日）

　　奏為逆匪擾逼徐州襲虛分竄，亟應厚集兵力會籌堵剿情形，恭摺馳奏仰祈聖鑒事。

　　竊照逆匪擾逼徐州、急籌剿辦情形，臣於本月十七、二十等日兩次馳奏後，商催前漕臣李湘棻統帶兵勇星夜馳往宿遷，相機前進。惟駐紮宿遷之山西大同營兵五百名原為保護糧臺而設，先因保徐即所以護臺，

---

　　① 見楊紹和抄本卷二九，魯圖藏。

是以奏調。繼因海沭一帶土匪正在剿捕，恐由東路擾及宿境。據糧臺道員法良、楊能格會稟，護臺之兵未便遠離，臣已囑李湘棻到宿體查，以免顧彼失此，一面飛飭徐州鎮道就所有兵勇先行進剿。茲於二十五日接據該鎮道稟稱：盤獲奸細，據供賊匪竟有直撲徐城、由荆山橋北竄之意，而黃家口背面業經該匪築垣挑濠。上游一帶聲息隔絕，遂由舊河兩岸分路進剿。途次復據確探，逆匪由黃家口擾至黃河，覓船不得，將附近村莊房產拆毀，運至包家樓平水處所紮筏偷渡。等情。

臣接閱之下，憤恨填膺。查徐州地方與東、豫接壤，關係至爲緊要，迭奉諭飭嚴防，經臣轉飭該鎮道督率文武加意堵禦，不啻三令五申。此次竄擾徐境，臣密派幹弁偵探，並自蕭碭來者均稱多系土匪，祇以人數巨萬。徐州兵勇過單，衆寡不敵。且甫經號召之民勇祇能守衛，未足折衝。是以漫口之下雖無船隻，該逆有紮筏偷渡者坉住單縣地方，有仍回永城來路者，紛紛分竄，此系實在情形也。現在既有分竄，無論逆匪、土匪，恐與北路之賊連而爲一，則剿辦愈難。應請敕下山東、河南撫臣各於交界處所帶兵會剿，使該匪腹背受敵，庶免蔓延。至該鎮道雖應保守郡城，力難兼顧，然究未能杜賊竄渡，實屬咎無可辭。除鎮道自請嚴議外，其該管文武員弁應逐一查明，先行革職。臣統禦無方，請旨交部一併嚴加議處。

所有逆匪襲虛分竄亟籌會剿緣由，謹繕摺由六百里加急馳奏，伏乞皇上聖鑒訓示。謹奏。

咸豐四年二月二十五日拜進

三月□日奉硃批：覽奏已悉。欽此。

六三一　防守蔣壩並清江安堵情形片[①]

（咸豐四年二月二十五日）

再，廬州失守後，逆匪復攻陷六安、潁上、蒙城等處。叠據洪湖防堵文武稟稱：山盱蔣壩與臨淮一水可通，日來無數賊船在臨淮一帶游

---

① 見楊紹和抄本卷二九，魯圖藏。

奕，稟請酌添兵勇。等因。臣查蔣壩船勇系運鹽之船，鎗礮最爲得力，禮字河暫行緩堵，可爲天塹，水路斷可無虞。陸路有雇募之練勇、各村團練之鄉勇不下二萬餘人，又分設礮臺，派洪湖營兵丁駐防，亦足資堵禦。至清江浦兵勇無多，復經前漕臣李湘棻帶往徐州會剿，逾形單薄，人心未免驚惶。臣集合各街市民勇，日加訓練，告以揚州收復，逆賊遠揚，蔣壩設防緊嚴，徐州相隔遙遠，盡可放心，並諭知各鄉村安堵如常。

理合附片陳明，伏乞聖鑒。謹奏。

咸豐四年二月二十五日拜進

三月□日奉硃批：知道了。欽此。

六三二　派兵剿辦海沭等屬捻幅各匪擒獲首從要犯摺①

（咸豐四年二月二十九日）

奏爲剿辦海沭一帶捻幅匪徒，邊境肅清，恭摺具陳仰祈聖鑒事。

竊照捻匪劉雪得在宿遷交界之堰頭鎮帶同逃勇，約會海州幅匪陳玉標、朱二虎、喬瀛來、方二等各帶匪徒起意滋事。經宿遷縣知縣許炳章帶兵追擊，該匪等竄入沭陽、海州一帶，沿途搶掠。署海州營參將游桂林帶領兵勇巡至贛榆縣粲莊湖②地方，與匪相遇，不能身先士卒，致兵勇各有死傷，並被賊匪搶去火槍、銅礮軍械等件，地方甚爲警戒。聞信即飭委前任海州候補知府毓彬督同千把總張丙照、張萬春帶領兵勇五百名，由沭陽前往追捕，一面飭令淮海道梁佐中督同中河通判朱善張、候補通判沈政新等帶領兵勇八百名由鹽河前往兜拿。

茲據稟稱：途次聞該匪欲由粲莊湖竄入山東，當即移行山東府縣營汛帶兵會剿。旋據探報，該匪於二月十八日又由莒州竄回贛榆縣黑林地方，沿途裹脅有二千餘人、馬三四百匹，勢甚猖獗，且有直撲縣城之

---

① 見楊紹和抄本卷二九，魯圖藏。

② 粲莊湖，今名青莊湖。

信。該道梁佐中督同印委員弁激勵兵勇，於城外馬廠地方紮營佈陣，以壯聲威。該匪忽分股竄擾城頭、歡墩埠各村堡，當派通判朱善張帶勇由駝溝直趨城頭，又飭候補知府毓彬帶勇由大沙河繞赴歡墩埠，知會山東州縣暨各營兵勇四面夾攻。二十一日齊至歡墩埠，並力合圍。該匪膽敢開礮抗拒，我兵勇奮力直前，亦開放連環鎗礮，轟斃賊匪數百人，馬數十匹，生擒幅匪六十餘人，奪回銅礮等件。賊匪見勢難支，各鳥獸散。兵勇乘勢追殺，各匪自相踐踏及落河死者不計其數。當將生擒匪犯發交贛榆縣嚴訊懲治，內騎馬幅首朱二虎、喬漚來、方二等審明後就地正法，以快人心。餘匪逃至夾穀山內，亦爲我兵擊散。等情。

除批飭派員帶勇入山捕獲並懸賞嚴拿，以期盡絕根株外，所有剿辦海沭一帶捻幅匪徒緣由，謹會同兩江督臣怡良恭摺由驛馳奏，伏乞皇上聖鑒。

再署海州營參將游桂林難勝海疆參將之任，應即撤任，先委代理，咨會督臣委員接署，合併陳明。謹奏。

咸豐四年二月二十九日拜進

三月□日奉硃批：覽奏均悉。欽此。

六三三 賊匪北竄派兵繞道截擊片①
（咸豐四年二月二十九日）

再，逆匪竄逼徐郡，臣商令李湘棻統帶兵勇馳往宿遷，保護糧臺，相機進剿。然清江浦距豐、碭上游七百餘里，得信前往，已屬鞭長莫及，即使趕到，亦成尾追之勢。據徐州道府稟報豐縣失守，賊已竄入東境。臣接閱之下，憤恨實深。且思山東撫臣遠在直隸境內，東省西界並無大員扼守，設該匪竟與北路之賊連絡，則剿辦更難爲力。臣先已飛函知會李湘棻即由宿遷一帶帶領兵勇馳往濟寧，繞道抄出賊前，迎頭截擊，以遏北竄而免蔓延。

謹附片陳明，伏乞聖鑒。謹奏。

———————

① 見楊紹和抄本卷二九，魯圖藏。

咸豐四年二月二十九日拜進

三月□日奉硃批：知道了。欽此。

六三四　籌解軍營餉需片①

（咸豐四年二月二十九日）

再，臣承准軍機大臣字寄：欽奉上諭：以琦善大營缺餉已久，敕令臣將淮揚、淮海、淮徐三屬錢糧漕米並兩淮鹽課就近督催，隨時運解琦善軍營，俾可源源接濟。等因。欽此。除分飭揚、徐、海三屬查明已徵錢糧、已折漕米，並飭運司查明已徵鹽課，迅速解赴琦善大營接濟兵餉，其未徵錢、漕、鹽課嚴飭設法籌辦，源源起運。如敢玩誤，分別奏參外，合先附片附陳，伏乞聖鑒。謹奏。

咸豐四年二月二十九日附進

三月□日奉硃批：知道了。非尋常照例飭催者可比，著加緊嚴催，以期軍營早得接濟。欽此。

六三五　擒獲滋事潰勇首犯片②

（咸豐四年二月二十九日）

再，臣前奉上諭：楊以增、袁甲三奏剿辦潰勇獲勝一摺。李三鬧在揚州投充鄉勇，輒敢於潰逃後糾眾滋事，實屬罪大惡極，現經楊以增、袁甲三派撥兵勇，會同剿辦，業將該匪大股殲斃殆盡，惟匪首李三鬧尚未弋獲。著楊以增、袁甲三仍督飭文武員弁迅速掩捕，毋令漏網。等因。欽此。當即恭錄諭旨，咨會袁甲三一體欽遵。查前此會剿潰勇，惟

---

① 見楊紹和抄本卷二九，魯圖藏。
② 同上。

同知銜臧紓青、睢寧縣知縣高丙謀、山西大同營署參將群壽最爲出力。臣劄飭高丙謀設法掩捕，俟據續獲夥匪湯鳳等數十名，就地正法。茲據睢寧知縣高丙謀馳稟選捕購線，分路訪緝。偵知該匪李三鬧潛匿陳家宅地方，當即會營並委員等酌帶兵勇星夜馳往，出其不意，將首匪李三鬧及其頭目孫蘭枝等登時拿獲，帶縣收禁，稟報前來。除飭就近解赴徐州，由徐州道王夢齡審明，盡法懲辦外，所有拿獲潰勇首匪緣由，謹附片陳明，伏乞聖鑒。謹奏。

咸豐四年二月二十九日附進

三月□日奉硃批：知道了。欽此。

六三六　桃汛水勢工程平穩並緩堵禮壩摺

（咸豐四年三月二十五日）

革職留任江南河道總督楊以增跪奏，爲桃汛水勢工程平穩並相機緩堵禮河壩工情形，恭摺具奏仰祈聖鑒事。

竊照清明節後二十日爲河工桃汛之期，防守緊要。黃河水勢入春以來，豐蕭二廳境內除消長相抵外，計存長水一尺餘寸，豐工裏頭並未蟄動，仍酌發料石，嚴飭慎重修守。邳宿以下運河各水口正資減泄，毋庸議堵。洪澤湖水本年淨長五寸，誌存八尺五寸，其山盱廳裏河壩底久經跌損，近年均系越堵，連補還直壩非三十餘萬金不可。現既無此鉅款，且本年南漕不由內河上引，無須蓄水濟運，遂與道將再三熟商湖水不蓄，則壩河常川下達入口，有來有去，淮揚運河不致漲滿，即可堅守高郵四壩以保下河。若往年不得已而蓄水濟運，及至漕竣後湖漲已甚，亟圖保護湖堤，猛然啟壩，全湖之水驟註於高寶。湖河歸江之路宣洩不及，勢不能不啟歸海之車南等壩以保東堤，是禮河之堵與不堵，利害判然。況可藉此河爲扼賊由蔣壩北竄之險，節經臣於籌防軍務摺內奏明，各蒙宸鑒。至淮北票鹽現在盤壩入湖，所費無幾，商販相安，亦復無須潴蓄。

茲據淮揚道兼署兩淮運事郭沛霖、河營參將蔡天祿、遊擊張太會詳前來。臣查所詳緩堵情節均系因時制宜，應即照議辦理。惟每年一啟一堵之壩今忽議緩，淮揚官吏士庶轉慮下河被淹，蓋不稔川壅而潰之義。已飭該司道愷切曉諭，俾息浮言，並飭將歸江各河壩預爲啟放，以資暢泄。所有高郵各壩業於正、二月内一律堵竣，農民耕作如常。黃運各廳堤埽工程均飭各道擇緊撙節估修。前發歲料銀兩均系官票，因初行之際，料户疑慮，不免遲緩。經臣督率勸諭，已陸續到工，不誤春修之用。現在桃汛雖過，轉瞬大汛經臨，臣惟有率屬加意防範，不敢稍有疎懈。

爲此會同兩江督臣怡良恭摺具奏，伏乞皇上聖鑒。謹奏。

三月二十五日

咸豐四年四月十三日奉硃批：知道了。欽此。

六三七　勘辦河灘荒地情形片
（咸豐四年三月二十五日）

再，前奉上諭：韓椿奏請將河灘荒地栽種雜糧秸柴等語，著酌量情形，妥籌辦理。等因。欽此。遵將勘辦情形附片覆陳在案。兹據徐州道及前河營參將呂邦治稟覆：黃河兩岸灘面官民地畝本俱種植，並無曠土。其河身數百里除水塘並數淤新沙難以施犁外，會飭各廳營督令兵夫將河形内乾地察看情形，隨宜播種。等情。現即批令認真經理，容秋後確查輸公，冀平料價。

又查洪澤湖東北隅束清壩一帶前河臣靳輔挑有五道引河，其餘灘地官民互種，如臣標中營養馬灘及清河縣學義田均錯雜其中。嗣因清水旺盛，滔滔外注將該灘地刷滌無存。迨後東河南岸屢次漫口，灌注洪湖，逐漸停淤，兼以南河道光十二年於工漫口，二十九年洩黃入湖，切近湖濱，淤灘益廣。近來清河士民遂有持舊契呈請領種者，並有棍徒朦官私種者。臣以該灘先經淪沒，此時復淤崖略，雖是兩界址已内，若准領種，必起爭端。除委員丈量，遴選河營兵丁耕種，一律輸公，稍裨經費，並飭縣查拿私種棍徒懲辦外，合併附片陳奏，伏乞聖鑒。謹奏。

三月二十五日

咸豐四年四月十三日奉硃批：知道了。欽此。

六三八　道員舊疾復發請開缺調理摺

（咸豐四年四月初八日）

革職留任江南河道總督臣楊以增跪奏，爲交卸糧臺道員舊疾復發懇恩開缺回旗調理，恭摺仰祈聖鑒事。

竊前據廣東高廉道法良稟稱交卸糧臺，應即遵旨赴浦管理籌防局，因受風寒請假調養。續據該道稟服藥未痊，復引舊疾。緣前在江西糧道任內督運三載，感受寒熱，致成肝脾兩傷之症。今在糧臺半載，經費支絀，籌畫艱難，心氣大虧，以致引起舊疾。現在頭暈目眩，精神恍惚，不能先事，非靜養數月，難望速痊。並據聲稱上年回避離任，即奉恩旨補授廣東高廉道，旋奉旨接辦徐州糧臺。今又奉旨管理籌防局，正擬勉竭駑駘，力圖報稱。無如風疾纏綿，亟需調養。軍需要務若以病軀從事，貽誤匪輕，稟請具奏開缺、回旗調理等情。臣以該道管理河庫，鈎稽精細，是以奏留籌防局辦事。今既患病，自難強責趨公，並照例飭委不同城鄉之暫署徐州道王夢齡查驗屬實。合無仰懇天恩，准將該員開缺，回旗調理，所遺廣東高廉道員缺並請簡放，以重職守。

爲此恭摺附驛具陳，伏乞皇上聖鑒。謹奏。

四月初八日

咸豐四年四月十三日奉硃批：法良著開缺回旗調理。該部知道。欽此。

六三九　查明軍營回旗閒散人員情形摺

（咸豐四年四月初八日）

革職留任江南河道總督臣楊以增跪奏，爲查明軍營回旗閒散人等，恭摺覆陳仰祈聖鑒事。

竊臣轉准兵部咨：咸豐三年十二月二十五日內閣奉上諭：毓書奏審

明跟隨出征官兵之閒散人等由軍營回旗，請飭查辦各摺片，並開單呈覽
所有由揚州軍營回旗之閒散春瑞等二十一名、由徐州軍營回旗之閒散佛
青阿等五十九名，是否由該管佐領給假回旗，抑系私自逃回？著揚州、
徐州統帶此項官兵大臣查明具奏。單二件併發。欽此。除揚州回旗之閒
散由統兵官查明奏覆外，所有徐州回旗之閒散，臣欽遵轉飭確查去後，
茲據管帶熱河官兵協領桂成呈稱：上年徐郡瘧疾盛行，本營官兵丁役不
服水土，因而傳染者十之六七，有一帳之內全數患病，兵役竟不能相顧
買薪汲水炊爨之人。是以閒散佛青阿等五十九名懇以月支鹽糧暫雇民夫
代役，乞假回旗調理，就便往取棉衣，並非私自逃回，該閒散等在營亦
無爲匪不法情事。等情。並據暫署徐州道王夢齡查覆無異。

　　理合恭摺覆奏，伏乞皇上聖鑒施行。謹奏。

　　四月初八日

　　咸豐四年四月十三日奉硃批：兵部速行查辦。欽此。

六四〇　代呈前漕運總督李湘棻謝恩摺
（咸豐四年四月初八日）

　　再，三品頂戴前漕運總督李湘棻有謝恩摺一件，咨臣於奏事之便代
爲呈遞，理合陳明。謹奏。

　　四月初八日

　　咸豐四年四月十三日奉硃批：前因冒昧具摺，當降旨降爲三品頂
戴。今又具摺奏謝，亦屬非是，著傳旨申飭之。覽及該員奏摺前載硃
批，有朕謂其遇賊接仗大獲全勝，方准伊專摺具奏。今並未見賊，猶以
大員自居。且銜名寫出降爲三品頂戴，明系負氣狂妄。李湘棻著革去頂
戴，仍責令剿賊。該部知道。欽此。

六四一　籌修揚屬運河堤工情形摺

（咸豐四年四月十四日）

　　革職留任江南河道總督臣楊以增跪奏，爲籌備揚屬運河堤工，保守下河民田，暨各廳修守情形，恭摺具奏仰祈聖鑒事。

　　竊臣前將桃汛平穩並擬緩堵山盱禮河各緣由具奏在案。查禮河既議緩堵，則下游去路必須通暢，庶湖水下注，循序歸江，寶、高、甘泉一帶湖河方免漲滿多患。飭據該管廳營稟報，業將歸江各河壩及人字河等處先後全行啟泄，克資暢減。惟揚河、江運二廳兩岸堤工經上年洪湖漲水，由山盱各壩河宣注，存站日久，叠經風浪冲刷殘塌，西堤多已平漫。湖河通連，全恃東岸一線單堤爲下河之保障。彼時分投搶險，一面酌啟高郵壩座，幸保安恬。本年水勢大小莫必，亟應早爲籌備，擬將東堤擇緊勘估，分別幫加。西堤殘塌之處甚多，若同日興辦，實屬無此鉅款。惟馬棚灣系屬名險要工，不可從緩，應即補築堅整，並酌包碎石，以禦風浪，而爲東堤之重障。高堰、山盱二廳上前兩年風掣石工因無銀款，未得隨時修補。茲洪湖存水極小，已飭乘此補砌，以備汛漲。徐州道屬之運河廳承受東省蒙、沂山泉諸來源，每遇大雨時行，泉源漲發，全賴分泄以保堤工。其泄水最要之潘家河、三岔河、馬□二莊竹簍壩、駝車頭王柳二閘及舊河尾並駱馬湖尾閭五壩各去路，經上年山水挾沙噴注，多有淤墊淺窄，應即擇要展挑寬深，以資通暢。其宿遷汛劉老澗滾壩因上年大汛啟放，漲溜湧激，致損石底，逐漸跌通。若再任其過水，即恐石底跌盡，帶動兩牆，轉致費手。並查舊壩基處亦復冲跌深塘，不能直堵。應自上轉東角起稍向外越築，先築土壩基長二十五丈，外鑲護埽，再用料堵長二十六丈。據該道分別估稟前來，均經臣減准飭辦。至各廳春修應築埽工已飭該管道驗明歲料，督飭堅實鑲做，仍俟工完由臣親往量驗，不任浮混。

　　所有籌備揚屬運河堤工，保守下河民田暨各廳修守情形，理合恭摺具奏，伏乞皇上聖鑒。謹奏。

四月十四日

咸豐四年四月二十九日奉硃批：覽奏各情均悉。欽此。

六四二　奏報辦理鹽務日期並淮北
鹽務大概情形片

（咸豐四年四月十四日）

　　再，臣於四月初八日接准戶部咨開，以淮北鹽務一切就近督運事宜皖撫鞭長莫及，奏奉批旨，飭令臣會同福濟辦理。等因。欽遵咨會前來。伏查淮北票鹽自上年五月粵匪北竄過皖，土盜從而繼之。半載之中，道梗匪充，商販裹足。本年春間賊來往正陽關兩次焚掠，該處湖販聚集，與淮南、漢口相同。被擾之餘，商民星散。現經撫臣福濟、給事中臣袁甲三遵旨遴委文武員弁肅清河道，必銷路能於疏通，斯大局方有銀錢。臣於鹽務素未經歷，惟當籌餉孔殷，接見署運司郭沛霖、海州運判許惇詩，時時詢及。知王營西壩存積未售之鹽共有數十萬包，其在場未運者尚不在內，票商多方跌價，售者甚稀。上年癸丑綱應徵四十六萬引鹽課，除皖餉撥運外，其販課正雜錢糧雖已完足，尚代納淮南絲引十數萬餘兩，迄未全完。現須間辦甲寅新綱，商本無貲辦理，極爲棘手。臣受恩深重，目視時艱餉絀，惟有殫竭血誠，督同署運司郭沛霖因時制宜，妥籌良策，隨時函商兩江督臣怡良、安徽撫臣福濟設法辦理，以期仰副聖主委任之至意。

　　所有接准部咨會辦鹽務日期，及現在北鹽大略情形，相應附片具陳。謹奏。

四月十四日

咸豐四年四月二十九日奉硃批：亟應講求整頓，若先有一難字在胸，斯無起色之日矣。欽此。

六四三 奏請酌撥大汛工需銀兩摺

(咸豐四年五月十二日)

革職留任江南河道總督臣楊以增跪奏，爲緊要工程勢難停緩，懇恩酌撥大汛工需接濟趕辦，恭摺仰祈聖鑒事。

竊照南河工程除豐工以下七廳無水外，其餘十五廳均須照常修守。而河營兵餉、堡夫工食、葦蕩之刀本、船務之運腳皆在所必需，即照部議因有各省額解減半核計，亦須一百五六十萬方敷支放。連年積欠已多，而本年歲料僅奉發官票二十五萬兩。加以換發之票四十萬兩，亦僅六十五萬兩。二月內請撥大汛工需之款因軍務方殷，經費支絀，臣未敢循例請撥，仰瀆宸聰。但山盱禮河未堵，洪湖之水匯注高寶湖，以運河一線堰工攔禦數百里有源之水。東堤爲下河七州縣保障，城郭、田廬、數百萬生靈所關甚巨。且該州縣產米最多，爲江北□獲根本，此高寶運河東堤土埽各工必不容緩也。又邳宿運河堤工平時抵禦清水，已形單薄，現因黃河從微山湖串入運河，匯流下注，溜形湍悍。該堤若不能支，下游海、沭各州縣均有淪胥之患，此北運河土埽各工必不容緩也。又洪澤湖石工頻年風掣積長數千丈，皆以無款緩辦。本年漲水較小，清槽補砌可以期久。若再任其接掣，則子堰土堤斷難捍禦。查堰盱石工爲淮揚保障，設有疏虞，何堪設想？此補砌石工必不容緩也。此外要工尚多，未敢枚舉。查奏發官票六十五萬兩，僅及歲料之半，若遵部議，應請大汛工需七八十萬。臣仰體聖主宵旰憂勤，部臣籌撥不易。時屆夏至，轉眴伏秋大汛經臨，若再緘默不言，致緊要各工均不能辦，臣罪滋深。不得已據實直陳河務，仰懇皇上俯念工關至要，於減半中再行酌減，恩准勅部撥給大汛工需銀票四十萬兩，由臣督率道廳，設法籌辦。

再，查奉發官票按照新例必須一半現銀方能撥放。今有票無銀，工員領票，只能押購料石。其買土雇夫向用現銀，斷不能以官票散放。臣與各道悉心籌計，五成現銀固不易得，至少亦須一二成現銀方能敷衍。然部撥既不易籌，惟有貸借額解。而各省額解久因道阻不來，本省以兩淮及江藩庫爲大宗。淮南收銀無多，全充欽差大臣琦善軍餉。淮北新綱未開，江北上忙及漕米新折價銀兩，臣遵旨委員分催，亦盡徵盡解琦善軍營，未便分撥。惟就近淮安關亦日少有徵收，本欠河庫額解銀五萬三千餘兩，經前監督福瑞奏明飭行緩解在案。茲值萬分爲難之際，擬就該關陸續通挪，以銀四萬兩爲度，斷不敢逾欠解之數。庶幾搭配銀票暫挡急需，不致貽誤。

臣爲要工難緩，如非配用現銀不能辦理，未敢拘泥致誤。除咨該關監督籌解外，所有懇請酌撥大汛工需緣由，謹會同兩江總督臣怡良恭摺具奏，伏乞皇上聖鑒訓示。謹奏。

五月十二日

咸豐四年六月初一日奉硃批：欽此。

六四四　率屬捐輸軍餉摺
（咸豐四年五月二十一日）

革職留任江南河道總督臣楊以增跪奏，爲率屬捐輸軍餉，稍竭微忱，恭摺仰祈聖鑒事。

竊臣前奉欽命，總理巡防事宜奉命大將軍和碩①惠親王並王大臣會劄議令：京外大小文武各官無論已捐、未捐，均一體量力捐輸，具呈交納，由該管上司彙交。如有銀數較多者，仍隨時奏請從優獎勵。務即倡率所屬，盡力捐輸，以濟軍餉。等因。當經轉行遵照在案。伏念軍興以來，無一路不仰望王師，即無一事不上煩聖慮。征兵調餉，日仄不遑。當此逆氛未靖，籌款維艱，薄海人民輸將恐後，況大小臣工同仇志切，莫不願深敵愾，各效涓埃。茲乃復倡捐銀二千兩，並據道將廳營各自捐輸，共成銀一萬兩，當即發交江寧藩庫暫行收存，是否聽候撥用，抑委員解交部庫，復候訓示遵行。

所有率屬捐輸軍餉緣由，謹恭摺具陳，並繕清單，敬呈禦覽，伏乞皇上聖鑒。

再，此項捐輸爲數無多，不敢仰邀恩敘，合併陳明。謹奏。

————————

① 和碩：滿語音譯，意爲方、隅，常用於修飾清朝爵位，如和碩親王、和碩公主等。

五月二十一日

咸豐四年五月二十五日奉硃批：欽此。

六四五　南河捐輸軍餉文武銜名、銀數清單
（咸豐四年五月二十一日）

謹將南河捐輸軍餉文武銜名銀數繕具清單，恭呈御覽。

計開：

革職留任江南河道總督楊以增捐銀二千兩

署淮揚道郭霈霖捐銀一千兩

已革暫留徐州道王夢齡捐銀一千兩

候陞道裏河同知于昌進捐銀五百兩

陞用道外南同知婁晉捐銀五百兩

署外南同知揚河通判鐘照捐銀二百兩

補用知府山安同知郭禮圖捐銀二百兩

補用知府海安同知李萬傑捐銀二百兩

山盱同知曹炯捐銀四百兩

署桃北同知劉咸捐銀二百兩

海阜同知陳榮捐銀二百兩

署宿北同知黃海安捐銀二百兩

署銅沛同知張用熙捐銀一百兩

署睢南同知晁敍齡捐銀一百兩

署江運同知朱忻捐銀二百兩

署揚河通判李慶安捐銀四百兩

中河通判朱善張捐銀二百兩

宿南通判金安清捐銀二百兩

外北通判邢廷昭捐銀一百兩

桃南通判唐鄂捐銀一百兩

署高堰通判鄭居仁捐銀一百兩

海安通判張學韶捐銀一百兩

豐北通判馬濬捐銀二百兩

運河通判帥惺捐銀二百兩

署河營參將蔡天禄捐銀二百兩

署揚河營遊擊張泰捐銀一變數

署淮徐河營遊擊顏兆燕捐銀一百兩

硃批：覽。

六四六　查明即領抵捐與現銀無異摺

（咸豐四年五月二十一日）

革職留任江南河道總督臣楊以增跪奏，爲南河印領抵消與現銀無異，據實覆陳仰祈聖鑒事。

竊准戶部咨：議覆安徽巡撫福濟查奏南河並無墊辦名目一摺。以捐工者必須工段做成，捐料者必須料物到工。今以歲修印領，招捐難期核實。且南河防堵捐輸非止辦公，兼以輸餉，嗣後不得以印領招捐，已捐各員勒徵現銀。等因。具奏奉旨：依議。欽此。咨行到臣。

伏查咸豐三年南河大汛工需少撥銀九十萬兩，奉部行令設局收捐。因南河收捐除按例十成，不折不扣，其捐衔請知等項並照常例議加三成，是以截至是年年底，捐數寥寥。迨上年春間賊氛逼近，各路糧臺收捐均減二成，嗣又奏准以錢一千六百文合銀一兩，凡有捐者均赴糧臺上兌。而南河不折不扣並加三成之捐遂致無人過問。臣以軍興多用，當年例撥尚難如數，何敢以奏行收捐之款復請籌撥？但河庫欠發各款愈積愈多，各工員均已墊無可墊，借無可借，而各處緊要工程層見叠出，勢不容緩，不得已令各廳員竭力設法趕辦要工，即以所准工料印領赴局上兌，既可騰挪錢料，辦理工程。且思核准各工，俟軍務完竣總須找發。若此時捐局多收一款，即他日河庫少發一款。雖系不得已救急之方，實亦清釐庫款之策，況與捐工捐料之旨相符，亦與實收現銀無異。曾經屢次陳奏，欽奉硃批：戶部知道。欽此。欽遵在案。

茲准戶部咨議令繳銀，臣復加查核，南河捐局所收印領均系做成工段、到工物料各爲印領，實即現銀。況工員於無可如何之時設法辦工，因領銀無期，准令報效。若責令繳銀，不獨各捐陞即已出資辦工，斷無餘力重繳捐項，於軍務毫無裨益。更恐聞風畏懼，往後一籌莫展，於河務亦大有關係。且南河防堵捐輸均收現錢，隨時給發兵勇口糧，與工料印領無涉。若工料印領不准抵捐，則部准收捐之九十萬無從勸辦。勢須仍請現銀，重煩部臣籌畫，臣又何敢出此？惟有據實陳明，仰懇聖慈俯念已捐印領皆系實工實料刪剩准銷之款，且經安徽巡撫福濟逐一提驗，並無墊辦冒銷情弊，於糧臺捐局亦兩不相妨，恩准勅部覆議免再徵銀。感戴鴻施，洵無既極！至蕩柴、水脚等項六千餘兩並非急款，應遵部議速徵現銀。

再，南河此後有遵旨捐工捐料者，應由該管各道驗明工料，稟由臣酌核修辦，不得仍循印領名目，致啟人敝而滋物議。所有查明印領抵捐與現銀無異緣由，謹據實覆奏，伏乞皇上聖鑒。謹奏。

五月二十一日

咸豐四年五月二十五日奉硃批：戶部速議具奏。欽此。

六四七　遵旨裁汰河庫道及庫大使並設局清查摺

（咸豐四年六月十一日）

兩江總督臣怡良、革職留任江南河道總督臣楊以增跪奏，爲遵旨裁汰河庫道暨道庫大使①員缺並設局清查以便劃清界限，分歸各道管理，恭摺奏祈聖鑒事。

竊惟禮部咨開：咸豐三年十一月十二日和碩惠親王等會同吏部議覆戶部左侍郎王□□奏請裁汰河漕冗缺摺內奏稱，南河河庫道專管收放錢糧，各屬支領報銷仍由各該管道核轉，應如該侍郎所請即行裁汰，其所管收放錢糧即歸淮揚、淮海、淮徐各該管道分管，以歸畫一。等因。一摺。奉旨：依議。欽此。查河庫道所屬尚有庫大使一缺，應一併裁撤。所有裁缺各事宜俟命下之日由臣部行文各部，並知照該督等分別題咨，照例辦理。等因。

_____

① 道庫大使：清代官名，從九品，掌庫藏事宜。

咸豐三年十一月十八日奉旨：知道了。欽此。欽遵。行文知照前來。

　　臣等伏查南河河庫道員缺系雍正八年所設，閱今一百二十餘年，較比東河各道庫情形迥異。蓋東河工用既比南河爲少，而錢糧系於豫、東兩省藩庫就近支撥，盡收盡放，年清年款。南河則工緊用巨，江蘇兩藩庫相隔大江，距工較遠，歲撥無多，全恃部撥、他省及各處額解並生息等銀湊集□用。其解工之項長短不奇①，遲速難定，此款不到，即在他款借動。加以欠解欠發、應徵應扣、搭後牽前，雖各有文册可憑，無從弊混，而帳目聚雜，款項紛紜。在統歸一庫時截長補短，脈絡分明，猶可按款而稽，隨時釐剔。今一但剖分數庫，勢非設局清查，不能條分縷析。溯自道光十六年清查河庫後，迄今十餘載。前於元年曾准工部咨令清查，嗣因豐工及軍務展緩未辦。而案款繁多，一經清查，非年餘不克竣事，而奉旨裁汰之缺未便久延。茲飭現署河庫道婁晉將咸豐三年年底應行咨部各册趕爲辦齊詳送後，即遵旨將河庫道及庫大使關防再行呈繳咨銷，一面委員設局清查並釐定各道分管事宜。其犖務報銷即歸淮海道一處經理，至礙難分管之公項款內額支並官兵俸餉、武職養廉、兵夫恤賞、堡夫工食等款即歸總河衙門匯總辦理。凡吏、書、人等文案卷宗分別歸併各處，俾案無遺失，事有責成，飭據該署道婁晉具詳前來。

　　臣等覆核無異，除遴委幹練人員經理清查局務，並飭婁晉會同管河各道將歸併分管各事宜妥議造册，詳由臣等覆核分別題咨外，所有遵旨裁汰河庫道暨治庫大使員缺，並設局清查以便劃清界限，分歸各道管理緣由，謹合詞附驛具奏，伏乞皇上聖鑒訓示。謹奏。

　　六月十一日

　　咸豐四年六月十七日奉硃批：知道了。欽此。

六四八　設局印製官銀散票以利推行片
（咸豐四年六月十一日）

　　再，查戶部頒行官票每銀百兩內五十兩者一張，十兩者四張，五

---

　　①　"奇"字，當作"齊"。

兩、三兩者各一張，一兩者二張，原系仿照現銀大小錠式整散兼行，實與現銀無異。又奉部咨：各省藩、關、鹽庫應行解京銀兩搭用官票有一成至五成，悉聽搭銀，其不及一成者不准率收。並議令此省之票准行彼省，又定有吏胥刁難，勸捐全索實銀者罪，各官員縱容失察者處分。立法已極詳明，人人應知寶貴。乃迄今尚未暢行者，推原其故，民間所使現銀整者少而散者多，其整者又可錘剪傾鎔，視其使用之所宜，聽其重輕之自便，與部頒之票整數九成、散數一成大相懸殊。且民人完納地丁錢糧，商賈呈交關稅、鹽課以及市肆交易，推而至於軍需應用，亦均系整數少而散數多。經細加體察，果能分制散票，似即可以暢行。惟現在整票較多，若再咨部更換，往返需時，且費票局工本。自應在外變通，乃可因勢利導。因查閩浙總督①臣王懿德②奏請開設永豐官局製造官銀錢票，提發正雜款項，業蒙允准。今清江亦經遵照部定章程，設立中和官局，委員經理，試行大錢，擬即令該局製造一兩至五兩官銀票五種，其式即照部票精選紙張，邊用龍紋，並由江寧藩司蓋用印信，以昭慎重。凡軍民商賈有以十兩、五十兩二項部票赴該局更換散票者如數換給，以便行用。仍照部定章程准其搭交本省地丁、關稅、鹽課及一切交官等項。惟外制之票只准行之本省，不得通行他省，其搭解部庫及協撥他省款項並赴他省行使者，仍換用部頒官票，以符原案而示區別。

　　臣爲推行官票起見，是否有當，謹附片陳請，伏乞聖鑒訓示。謹奏。

　　咸豐四年六月十七日奉硃批：所擬是。應隨時變通，著戶部知道。欽此。

---

　　① 閩浙總督：正式官銜爲總督福建、浙江二處地方提督軍務、糧餉、管理河道兼巡撫事，是清朝九位最高級的封疆大臣之一，總管福建、浙江的軍民政務。

　　② 王懿德（？—1861）：字紹甫，河南祥符人。道光三年（1823）進士，授禮部主事，再遷郎中。出爲湖北襄陽知府，擢山東兗沂曹濟道。歷山東鹽運使、浙江按察使。三十年（1850）擢陝西布政使。咸豐元年（1851）擢福建巡撫。四年（1854）實授閩浙總督。五年（1855）因病請改京職，不許。十年（1860）以病乞罷，十一年（1861）卒，諡靖毅。

六四九　河湖水長修防平穩情形摺

（咸豐四年七月初二日）

革職留任江南河道總督臣楊以增跪奏，爲夏至以後河湖水勢加長，修防平穩情形，恭摺具陳，仰祈聖鑒事。

竊照河工以節交夏至爲伏汛長水之期，防守備①宜加慎。節據河南陝州武陟縣馳報，黃、沁兩河陸續共長水二丈六尺餘寸，以致江境黃河豐、蕭二廳亦先後報長，幸去路通暢，旋長旋消，豐工裹頭及舊大壩護埽歷被大溜趨刷，間有見蟄，均隨時鑲加穩固。該兩廳地接東豫，土性沙松，兩岸堤工雖經歲加酌修，因於錢糧未能普律辦理，本年仍擇要酌估加培，以資抵禦。北運河因東省山泉漲發，匯流下注，節經加長，賴各水口減洩極暢，尚資容納，兩岸堤埽均經修防平穩。洪澤湖等五月以來陸續長水二尺餘寸，高堰誌樁現存水一丈一尺四寸。本年山盱裏河啟放，循序減洩，堰盱大堤克免積漲生險。下游揚河、江運廳境承受來源，逐漸加長，幸歸江各沙壩先後全啟，騰出河面，是以長水亦不猛驟，現比上年盛漲尚小三尺餘寸。所有該二廳東岸堤工爲下河保障，前將著名最險之馬棚灣等處先爲築辦。其餘堤岸經上年漲水刷塌殘缺卑窄段落，隨亦擇緊分別幫加，並將兩岸舊護埽擇要搏節鑲修，務資捍衛。其高郵四壩專派員弁駐守，協同廳營加意防護。該管淮揚道郭沛霖兼署運司篆務，移駐泰州，籌辦南鹽，其地正與揚河工程相近。該道董率修防，實心實力，總期無誤。近時雨暘時□，下河稻田長發茂旺，指顧秋收，豐穰可必，民情極爲安謐。

所有河湖水長修防平穩情形，理合繕摺附驛具陳，伏乞皇上聖鑒。謹奏。

七月初二日

咸豐四年七月初九日奉硃批：知道了。欽此。

---

① “備”字，當爲“倍”。

六五〇 遵鑄各項大錢現已行用摺

（咸豐四年七月初二日）

革職留任江南河道總督臣楊以增跪奏，爲遵鑄各項大錢現已行用，恭摺奏祈聖鑒事。

竊臣前准户部來咨：奉旨令各省鼓鑄當千以下各大錢，以資利用。當即欽遵。在清江浦選擇公所，設立寶蘇分局委員辦理，並經奏明提取洋銅五萬斤備用在案。惟河南設爐軍属創始。現值軍需吃緊，所有籌款購銅等項頗形支絀。又因清江匠人較少，於鑄法亦不甚諳練。復募浙江匠人五十名來浦設立爐座，始得按照部定章程啟爐試鑄。計自本年二月二十六日起，現已趕成六卯，共成當十、當五十、當百等大錢共計抵制錢貳萬餘串。分成搭放兵餉，市肆暢行，莫不歡忭寶貴，群頌我皇上阜財解愠之麻。至當千、當五百大錢甫經奉制，式樣尚未鑄出。又新奉部咨，令各省一體仿鑄鐵鉛等錢。臣現與住局員等方籌商試辦，再當隨時奏報。

除將樣錢六枚咨送軍機處備進，並咨明户部外，所有臣遵鑄大錢現已行用緣由，理合恭摺由驛具奏，伏乞皇上聖鑒訓示。謹奏。

七月初二日

咸豐四年七月初九日奉硃批：户部知道。欽此。

六五一 新鑄錢文不敷並添爐鼓鑄片

（咸豐四年七月初二日）

再，河標五營兵餉每年約共銀四五萬兩，各河營兵、船務葦蕩各營兵餉每年約共銀十七八萬兩。今以新鑄之錢搭放銀票，可相輔而行。查清江現祇一爐，每卯所出大錢僅抵制錢二三千串，於銀票之外分成搭放，仍属不敷。臣惟有竭力經營，俟籌措稍充，即可添爐鼓鑄，以期裕如。

合再附片陳明，伏乞聖鑒。謹奏。

咸豐四年七月初九日奉硃批：知道了。欽此。

六五二　新鑄大錢請暫免照新章一體改減片
（咸豐四年七月初二日）

再，臣初次奉到部咨，當即啟爐鼓鑄。所有大錢分兩俱照初定章程遵辦，是以已經發行之錢與新奉部咨將大錢分量以次遞減者不同，自應遵改，以昭畫一。惟臣體察清江現在情形，大錢甫得暢行，若驟加改易，分兩懸殊，式樣不一，已成者既須傾化費工，發用者未便收回另鑄。泯之蚩蚩，稍滋□議，實與大局有關。臣再四思維，已飭將當十大錢照爲酌減，其當百、當五十者折當既多，未便驟改。臣恭閱邸抄，閩浙總督王懿德具奏，亦以大錢行用已久，未便議改，業奉俞允准行。清江事同一例，可否仰祈皇上格外恩施，俾暫免照新章一體改減之處，謹附片請旨遵行。謹奏。

咸豐四年七月初九日奉硃批：著照所請。欽此。

六五三　確勘葦蕩產柴情形片
（咸豐四年七月初二日）

再，南河葦蕩左、右兩營增采柴束原定章程：每年將青柴長發情形由該管道員確勘詳請具奏，設有水旱蟲傷，隨時奏明。等因。歷經循照在案。茲據署淮海道梁佐中稟稱：本年左營青葦因春雨愆期，受旱生蟲，稀密不一，右營青葦低窪之區已歉於上年，而高阜之處更遜於往年。如此後雨水調勻，漸次長發茂旺，方期足額。除俟霜降後，據實盡數估報外，所有咸豐四年產柴情形，稟請附奏前來。

臣覆查無異，相應附片陳明，伏乞聖鑒。謹奏。

七月初二日

咸豐四年七月初九日奉硃批：知道了。欽此。

六五四　武職捐陞千總請免驗看片

（咸豐四年七月初二日）

　　再，逆跡現尚稽誅，各路防剿均關緊要。當此籌餉維艱，全資勸捐湊用，欲其聞風踴躍，總當推廣變通。查部議事例及各項章程已極周備，臣復於現行條例細加講求，酌訪輿論，尚有應行推廣者。如現任候補、候選為官加捐陞銜，文職已有專條，而武職尚無准捐陞銜之例，未免尚隔，擬請武職一體准其報捐陞銜。又如文職首領佐雜等官，安徽、山東等省已定有捐免驗看章程，尚未議及武職。擬請報捐武職之千總、把總亦一體准其捐免驗看。至文進士、舉人報捐職銜者，例准扣算原資銀數，而武進士、舉人捐銜尚無扣算原資銀數明文，擬請仿照一律酌定。現當軍務用人之際，如量為推廣，俾武職之急公報效者得與文職同邀獎敘，庶足以昭激勸而廣招徠。合無仰懇聖恩，飭部核議，將武職捐加陞銜千總、把總捐免驗看，並武進士、舉人扣算原資各銀數分別酌定通行遵辦。臣為勸捐籌餉起見，於參酌定例之中寓鼓舞輿情之意。

　　是否有當，謹附片陳請，伏乞聖鑒訓示。謹奏。

　　七月初二日

　　咸豐四年七月初九日奉硃批：該部速議具奏。欽此。

六五五　伏汛各工平穩摺

（咸豐四年七月二十八日）

　　革職留任江南河道總督臣楊以增跪奏，為伏汛河湖水長，籌辦各工平穩，現在時逾立秋，下河早稻業已刈獲，恭摺具陳仰慰宸懷事。

　　竊臣前將夏至後水勢工程情形奏報在案，嗣據東河先後馳報，六月十九至三十日旬日之間，沁、黃兩河共長水四丈有奇，奔騰下注，以致江境豐、蕭兩廳各長水一丈二三尺。伏查豐工兩壩尾口門去路不為不暢，而宣消仍難迅速。江境堤工既屬著重，而豫東長河千里，更虞節節上壅，所關甚巨。昨據該廳營稟請：酌將口門東岸之土埽量加折展等情。尚合機宜。已批飭該道廳營妥為辦理，以暢河流。其豐蕭境內黃水漫抵堤根，風浪汕刷及口門以下大堤北面漫坡之處，均擇要酌鑲防風，以資搪禦。

邳宿運河因時雨頻仍，山泉漲發，加以微湖下注之水同時匯達，途中二廳長水亦湧，兩岸舊埽刷蟄卑矮段落分別鑲加，其長堤被溜刷坡之處或鑲做防風，或幫戧加堰。其宿北廳皂、古二汛大堤後身北鄰運河，漾抵堤根，潰坡處所亦即酌鑲防風，均資捍衛。中河楊莊頭二三壩春間照舊收束，俾水勢多注鹽河，以利鹽柴運行。昨因水大，仍復酌量折展，以資減洩。並將外南順清河進占收束，使楊莊所出之水全注黃河，不任內灌，藉以刷滌下游河身。

至洪澤湖七月以來加長五寸，誌椿現存一丈一尺九寸。西風間作，林壩仁河並新舊義河直壩及攔堰各護埽歷被浪掣，間段殘塌，均經補加高整。裏河廳運口汛為湖水入運門户，閘壩層叠，攸關緊要。所有頭南壩、外蓋壩、頭二三四壩並上下雁翅、惠濟正閘上下鉗束壩、張王廟前托水壩、福興正閘上下鉗束壩、迤下河尾蔣壩因清水日見搜刷，俱形蟄矮，隨時加鑲高整。該境及揚河、江運等廳兩岸舊埽見蟄卑矮，擇要鑲修。其迎溜埽灣潰及堤坡之處酌鑲護埽防風，悉資抵衛。

本年山盱禮字河壩既因越堵錢糧過大，且可留此天險以為遏賊由蔣家壩北竄之路，是以奏明緩堵。而又深虞下游揚江一帶工程吃重，叠經臣督率該管道廳等預將歸江各路一律啟洩，騰開河湖水面，一面詳籌修守之法。復因錢糧短絀，且官票尚未暢行，購料辦工倍形棘手，即經諄飭各州縣勸諭下河紳富典商或捐或借，俾得幫濟工需，並許以安瀾之後查明優獎。該州縣暨紳商等亦深明大義，捐資出力，共保堤防。刻已時逾立秋，各工平穩，下河早稻業在登場。一過處暑，中禾亦可收穫。淮揚士庶歡忭異常，足以上慰宸廑。

所有伏汛河湖水長，籌辦各工平穩，現在時逾立秋，下河早稻業已刈獲緣由，理合會同兩江總督臣怡良恭摺附驛具報，伏乞皇上聖鑒。謹奏。

七月二十八日

咸豐四年閏七月初四日奉硃批：覽奏俱悉。欽此。

六五六　咨催淮關監督照數解送工需銀兩片

（咸豐四年七月二十八日）

再，臣前奏請發大汛工需一摺，欽奉上諭：著戶部發給銀票四十萬兩，即日解往應用，並准於淮關原欠河庫額解銀內動撥四萬兩，以資搭放。欽此。當即移知淮關監督遵照。查額解河工銀數因兩淮鹽鈔及漕船欠稅迭次咨催，迄未解到，業經該監督奏請緩解在案。惟現當大汛，正修防萬分吃緊之時，該監督已於現徵稅銀內先墊解一萬兩到工，現仍咨催遵照奉准四萬之數，即於現徵稅銀內陸續全解，俾要工得此些須搭放，庶免貽誤。

咸豐四年閏七月初四日奉硃批：知道了。欽此。

六五七　遵旨飭知已革漕督迅將
提用銀兩如數交齊摺

（咸豐四年閏七月初九日）

革職留任江南河道總督臣楊以增跪奏，為遵旨飭知已革漕臣迅速交銀，恭摺具奏仰祈聖鑒事。

竊准戶部五百里咨開：議覆兩江總督管理江淮鹽政怡良奏上年收支淮北鹽課數目一摺。欽奉硃批：依議行。楊殿邦雖辦過防堵，亦何致提用十二萬餘兩之多？明系任意冒銷，著飭令如數賠足。該革員現已發遣新疆，若能迅速交齊，著該部奏明請旨。欽此。咨行轉飭欽遵閱看，迅將提用銀兩如數交齊。等因。伏查已革漕臣楊殿邦上年先奉諭旨：會同署四川督臣慧成辦理防剿。續奉諭旨：革任留於清江。隨同臣辦理防堵。嗣經漕臣福濟奏奉上諭：已革漕運總督楊殿邦著留於福濟軍營差委。欽此。迨福濟奉命赴皖，旋調安徽巡撫，該革員楊殿邦亦於本年解礮赴皖。近聞楊殿邦在鳳、泗一帶勸捐。

除抄録原奏恭録硃批，發交該革員欽遵閲看，迅將提用銀兩如數交齊，以憑覆奏外，所有遵旨飭知緣由，謹恭摺由驛附奏，伏乞皇上聖鑒。謹奏。

閏七月初九日

咸豐四年閏七月十五日奉硃批：知道了。欽此。

六五八　節逾秋分河湖各工修防平穩摺

（咸豐四年八月初十日）

革職留任江南河道總督臣楊以增跪奏，爲節逾秋分河湖各工修防平穩情形，恭摺具陳，仰祈聖鑒事。

竊臣節將河湖水勢消長、修守各工穩固緣由陳奏在案。查黃河水勢，續據河南馳報，七月十二日至閏七月十九日萬錦灘五次共長水二丈一尺，沁河兩次長水四尺八寸，匯流下注。豐、蕭境內先後每次長水二三尺至四尺餘寸不等，幸去路道暢，旋長旋消。豐北廳上汛兵四堡一帶順堤河形停水本屬寬深，加之長水串注，風浪撞刷，致將堤身汕塌。經該道廳勘明緊要，搶築土壩七道，藉資抵禦。

邳宿運河因秋雨頻仍，上游山泉漲發，長水亦旺，兩岸堤埽甚形吃重。經該廳營汛等設法分投竭力搶護，悉保無虞。中河廳雙金閘鉗壩及以下束托各壩爲出運鹽柴要工，歷經漲水趨刷，間有蟄矮塌卸，及鹽河兩岸堤埽刷塌段落，均飭擇緊摶節廂修。桃北廳崔黃二汛大堤後身向有積水深塘，因中河半路劉滾壩南面替河分流下注，致將該二汛堤北爪潰刷，隨經酌鑲護埽防風，以資捍衛。外南北、山海各廳承受中運河漲水下注，藉可刷滌河身。現值秋潮之期，風雨不時，各工舊埽閲時未修，難免朽蟄，均飭分運蕩柴儲防，擇其實在緊要量爲廂加。

洪澤湖水勢已消尺許，惟金飆司令，風浪時作，大堤石工未補段落誠恐愈見搜掣，致礙堤身，擇緊酌量摟護。裹河束清壩爲湖水入運門戶，兩壩頭歷被溜勢趨刷蟄矮，均經加廂高整。揚河、江運廳境河湖水勢亦均各消尺餘，工程一律平穩。現在時逾秋分，照此情形，高郵四壩俱已無須啟放，下河各州縣不獨秋收豐稔，且得種植春麥，爲多年未有之事。感頌皇仁，歡聲遍野。

現距霜降尚有兩旬餘，臣仍督飭該管文武加意巡防，不任稍有疎懈。所有節逾秋分修防平穩情形，理合繕摺附馹具奏，伏乞皇上聖鑒。謹奏。

八月初十日

咸豐四年八月十八日奉硃批：覽奏，各情俱悉。欽此。

六五九　添鑄大錢並飭令縣營實力辦理片
（咸豐四年八月□日）

再，推行官票爲目前第一要務。前次會議各省更用並設局售票，甫經奏准：遠省尚未周知，求其裕國便民可收速效者，惟有鼓鑄大錢。清江前設寶蘇分局，開爐鑄錢，專供兵勇口糧之用。現據局員議稟於淮安、清江分爐添鑄，專行官票。因銅本無出，議令官商酌交製錢官需以爲銅本，俟鑄成後按號按數付給大錢，所得餘利及收回官票盡數歸公。如能源源鼓鑄，則官票有本，自爲暢行無滯。並據聲稱：旬日之間已收銅本二萬餘串，官民相信，可冀通行。旋據徐州道王夢齡稟請仿辦，臣以疊奉諭旨，飭令設法添爐，會商漕臣，亦以爲然，當均批准遴員監鑄。惟近地素不產銅，現在收買廢銅，愈收愈貴。必須廣籌采運，方資接濟。且愚民貪利忘身，大錢利厚，易啟私鑄及銷輕改重之弊。現飭縣營實力嚴拿，按例承辦。儻敢因循玩縱，一經委員訪獲，定將地方文武嚴參。若局員辦不如式，或營私舞弊，亦即指參，以重錢法而儆效尤。

理合附片陳明，伏乞聖鑒。謹奏。

咸豐四年八月二十四日奉硃批：知道了。欽此。

六六〇　請暫留丁憂河員片

（咸豐四年八月□日）

　　再，江蘇候補直隸州知州海安通判張學韶派管籌防局銀錢帳目，署宿北同知候補通判賈海安派管中和局官錢店，署高堰通判候補通判鄭居仁派管籌防局分爐鑄錢，據報先後丁憂，例應回籍。惟該三員人俱勤慎可靠，經手錢糧事件，一時難得其人。又候補通判曹象曾上年在伊故父前淮揚道曹文昭營內經管兵勇鹽糧，一切款目當須核對查視。當籌辦軍務，丁憂人員例准奏留，擬請旨將張學韶、黃海安、鄭居仁、曹象曾暫留清江，俟百日後照舊當差，統俟軍務告竣再令回籍終制。

　　理合附片陳請，伏乞聖鑒。謹奏。

　　咸豐四年八月二十四日奉硃批：著照所奏，吏部知道。欽此。

六六一　請撥來年歲料銀兩摺

（咸豐四年八月二十二日）

　　革職留任江南河道總督臣楊以增跪奏，爲請撥來年歲料銀兩以資修守，恭摺仰祈聖鑒事。

　　竊照河工修守以柴秸爲大宗，向於八月奏撥銀一百二十萬兩預辦歲料，即上游漫口年分亦均照數准撥在案。誠以歲料爲一歲修防根本，必須早爲籌備。現在豐工未堵，黃河雖少七廳，而其餘十五廳皆照常修守。本年奉發歲防爲數恐少，且均系官票，尚未流通。各省額解銀兩又復一無解到，南河捐局所收銀錢無多，支放兵勇餉糧尚屬不足，亦未能兼顧河工，以致大汛搶辦工程倍形棘手。經臣嚴飭各廳隨時設法挪措應急，不准藉詞諉誤。該工員等自顧考成，亦均竭力辦理，得以保護平穩。

　　現在轉已秋深，新料將次登場，既應早爲購儲。而本年大汛挪借各項及所賒料價均須如數拂拭，俾隨後遇有急需，方可呼應靈便。茲據各道循例會詳請撥前來，伏查現在賊氛未靖，籌餉孔殷，臣具有天良，如果稍可在外設法辦理，何忍拘執成例，上瀆聖聰？實緣河防與軍務並重，修守之需爲數甚巨，而湖河要工二千有餘里，祇能節其可緩，不能耽置不辦。臣與各道再三講求，不敢緘默致誤。茲擬照往年撥數節去四十萬兩，請撥八十萬兩，庶得擇緊撙節經理，務使一料一工悉得實用，不任絲毫糜費。相應瀝情據實奏請，伏乞皇上天恩俯念河工緊要，准賜如數發給，以實修守。

再，查官票章程出納均以五成爲率，現在東河系發官票五成，現銀二成，製錢三成。所有南河現請歲料八十萬兩並求勅部發給官票內酌發現銀俾資搭用。感荷鴻慈，曷其有極！

爲此繕摺□陳，仰祈皇上聖鑒訓示。謹奏。

八月二十二日

咸豐四年九月初四日奉硃批：戶部速議具奏。欽此。

六六二　奏報欠解工需銀數並扣存銀兩隨時湊支片

（咸豐四年八月二十二日）

再，咸豐三年歲料實奉部撥銀八十八萬餘兩，又該年大汛工需部撥三十五萬兩，二共銀一百二十餘萬兩，本不及往年之半，仍僅續解到八十餘萬，計欠解銀三十餘萬兩。而各省額解南河銀款截至上年冬間積欠至二百數十萬之多，節經咨催，均以賊氛未靖，道路梗阻，或留抵軍需，或無銀可撥。加以淮鹽滯銷，關稅短絀，以致積欠愈夥，河工修守情形彌形掣肘。

所有咸豐三年河庫扣存減平銀八萬四千九百餘兩均隨時湊支工用，理合附片陳明，伏乞皇上聖鑒。謹奏。

八月二十二日

咸豐四年九月初四日奉硃批：戶部知道。欽此。

六六三　節逾霜降湖河工程平穩摺

（咸豐四年九月初三日）

革職留任江南河道總督臣楊以增跪奏，爲節逾霜降河湖水消，工程一律平穩，恭報安瀾仰祈聖鑒事。

竊照本年黃運河湖水勢消長、各工修守情形節經具摺陳奏在案。伏查黃河來源大汛期內節據豫省馳報，黃、沁兩河先後長水三十五次，共十丈八尺四寸，陸續注達江境，勢甚浩瀚。豐、蕭二廳屢經盛漲，情形吃重。幸先將兩岸堤工擇緊加培，並隨時相機築壩鑲埽，續將豐工口門酌加折展，俾漲水暢泄。消長相乘，江境既保無虞，豫東境內亦免壅積之患。

邳宿桃清運中河承受東省蒙沂各水，夏秋大雨時行，山泉漲發，加以微山等湖漲水同時下注，兩岸堤埽平水、入水，異常險要。經該道督率廳營縣汛等分投搶護，料土並進，鑲築兼施，悉資捍禦。楊莊廳出運河之水下注黃河，由外南北、山海等廳減洩入海，藉資淘刷底淤，其兩岸舊埽蟄段落飭運蕩柴，擇緊酌鑲穩固。

洪澤湖爲淮水匯注巨浸，堰、盱二廳大堤石工長一萬八千餘丈，屹爲淮揚保障，關係最巨。往年因蓄水濟運，未便早爲啟壩，每至盛漲，拍岸盈堤，一遇風浪，危險已極。經臣督同該管道將廳營悉心講求，本年南漕不由內河上行，無須儲蓄，遂定計將山盱禮字河不復堵閉，既省堵費三十餘萬金，而湖瀦常川宣注，不致積漲生險。惟下游揚河、江運等廳湖河不無吃重，旋將歸江各去路預爲次第全啟，並將兩岸堤埽各工擇緊加意鑲築。並於水長工忙、錢糧不繼之際，經淮揚道郭沛霖督率各州縣勸借，紳富商民衆力佽助，幫同河工文武竭力修守。仰賴皇上福庇，河神默佑，一律保護平穩，高郵四壩得以堅守未啟，下河各州縣普獲豐收，更將徧行種麥，不特糧價平減，戶有蓋藏，且就近軍營兵食亦得藉以爲恃。凡在軍民無不仰頌聖恩，歡騰遐邇。

茲霜清逾，河湖水消，理合會同兩江總督臣怡良恭摺附驛馳奏，伏乞皇上聖鑒。謹奏。

九月初三日

咸豐四年九月初九日奉硃批：知道了。欽此。

六六四　請飭兵丁鹽糧一律搭放有本官票摺

（咸豐四年九月初三日）

革職留任江南河道總督臣楊以增、兩江總督臣怡良、漕運總督臣邵燦、江蘇巡撫臣吉爾杭阿跪奏，爲官局銀票籌有票本，請飭糧臺一體收放以期周轉，恭摺仰祈聖鑒事。

竊准戶部咨：以欽差大臣琦善咨：兵丁鹽糧皆系逐日零星給發，未便核計搭成，至購買物料及官員應領之項，現遵部議按成搭放。無如軍營以兵丁鹽糧爲大宗，其餘可以搭放之處爲數無多，且兩淮鹽課暨附近關稅錢漕等款准□大臣提用，原以補軍餉之不足。若紛紛搭交官票，有名無實，萬一兵丁潰散，咎將誰歸？咨部核覆，查系實在情形，應仍准該大臣酌核軍營所用之款，酌提現銀以補軍用，等因。咨行遵照前來。

伏查兵丁鹽糧計口撥食，必須逐日零星給發，若以無本之票搭解大營，散給兵丁，各兵無處所□，勢必藉端滋事，是以欽差大臣琦善有毋庸搭放官票之請，而部臣亦即議准也。現在臣等與督臣、撫臣會議推行官票一摺已奉戶部議准，奉旨允行。凡搭解軍營之票均已籌有票本，提□官局。無論兵民有以官局售去之票，赴局取錢者隨到隨放，與現銀、現錢無異。本月初間欽差大臣托明阿赴營時，臣等面告一切，已知有本之票營中可用，議明照章搭解。所有此次部咨系在會議推行官票之先，應請諭飭專管糧臺大員查照新章，將兵丁鹽糧等項一律搭放有本官票，以歸畫一而冀流通。

除推行官票章程現飭藩司督同局員妥議另奏外，所有糧臺議用官票緣由，謹先會同合詞恭摺由驛具奏，伏乞皇上聖鑒訓示。謹奏。

九月初三日

咸豐四年九月初九日奉硃批：著照所奏行，並著戶部推廣變通，速議具奏。欽此。

六六五　河湖安瀾保薦出力人員片

（咸豐四年九月初三日）

再，河工事繁任重，向來防守大汛出力人員每於安瀾後核實保薦，即遇河工失事之年，其修防無誤各廳仍許擇優請獎。南河自咸豐元年豐工失事，上煩宵旰焦勞，臣負疚滋深。雖所屬有工之文武節慎修防，認真出力者迄今三載，不敢遽乞恩施。然南河黃運河湖二十二廳，除銅沛以下七廳因豐工漫口無水外，其餘均照常修守，而豐、蕭兩廳逼近口門，掣溜迅屬；運、中兩廳黃流串注，奇險叠生，迥非尋常水勢可比。至堰、盱、裏、揚等廳專防淮水，更須格外小心。本年黃河來源勤激，較上年情形尤重。淮水匯注洪澤湖，因山盱禮河跌塘，堵則經費不貲，兼恐漲滿復塌；不堵則湖水建瓴而下，高、寶一線東堤難資抵禦，下河七邑有淪胥及溺之虞。時淮揚紳民謂禮河宜堵者異口同聲，臣力排衆議，堅持不堵，一面督飭堰盱廳營慎守越壩，毋許塌寬；一面飛飭江運廳速啟歸江各路，不任存積。幸賴聖主洪福，湖水隨長隨消，得以相機修守高郵四壩，遂可不啟，計各廳省銀十萬兩。且下河田畝普獲豐收，並已徧行種麥，尤爲從來所未有。是以各該境雖距賊氛不遠，而大有既占，民心極定，歡欣鼓舞，無不歌誦皇仁。所有在事文武或昕宵籌策，或風雨奔馳，實屬著有微勞。可否擇其尤爲出力並實心節省者核實保奏數員，以示激勸之處出自逾格鴻慈。

謹附片陳明，伏乞聖鑒訓示。謹奏。

九月初三日

咸豐四年九月初九日奉硃批：現在決口尚未堵築，斷難准汝保奏河員。且各廳節省錢糧分所當爲，豈能許其優獎，沽譽見好？可惡已極！且明言失事之年，尚准擇尤請獎，修防無誤，各廳更屬膽大！著該部查明有無成案，嚴參具奏。欽此。

六六六　率屬捐輸從優議敘謝恩摺

（咸豐四年九月十三日）

革職留任江南河道總督臣楊以增跪奏，爲恭謝天恩事。

竊於咸豐四年五月二十五日內閣奉上諭：楊以增奏率屬捐餉開單呈覽一摺。革職留任江南河道總督楊以增著交部從優議敘。欽此。茲准部咨：准隨帶加四級，行知到臣。臣伏念粵匪滋事蔓延數省，薄海臣民，同仇志切，昨以奉命大將軍惠親王通行助餉，臣捐銀二千兩，方媿涓埃之無裨，乃蒙甄敘之有加。感荷鴻慈，益彌□□。現在瓜鎮未復，清淮未能撤防。所有兵勇口糧及一切籌防之需，臣仍督飭局員設法籌捐，隨時接濟。惟盼欃槍迅掃，袵席咸登，庶幾仰副聖主宵旰憂勤之至意。

所有奴才申謝下忱，謹恭摺附驛具奏，伏乞皇上聖鑒。謹奏。

九月十三日

咸豐四年九月二十日奉硃批：知道了。欽此。

六六七　訪有洋匪蹤跡趕籌會剿摺

（咸豐四年九月十三日）

漕運總督臣邵燦、革職留任江南河道總督臣楊以增跪奏，爲洋匪肆擾，訪有蹤跡，趕籌會剿情形，恭摺馳陳仰祈聖鑒事。

竊照黃河海口南北洋面分隸漕河兩標管轄。從前雲梯關外即系海口，嗣後逐漸停淤，關外河沙積至三百餘里。海口愈遠，洸①灘愈多，間生簾葦，餘皆不毛。漁户樵夫零星散處，其中本易藏奸。自上年賊氛不靖，標兵徵調一空，臣楊以增迭飭嚴防，遇有土匪，隨時拿辦。臣邵燦本年到任後，即將闒茸多病之遊擊徐朝棟奏參撤任，冀振委靡而重海

---

① “洸”字，或應爲“曠”。

防。乃近聞海外洋盜乘船結夥，隨潮出沒，勾結濱海土匪肆行搶掠。迭據商販呈報貨物被搶，事主被傷，並有無首及殘塊屍身數十具共漂至海岸，其兇惡情形，殊堪髮指。飭據委員密稟：訪有洋匪五股，每股數百人，其頭目有王大老虎、陳二將軍等名目，乘船數十隻，時在洋面刦掠。近又於海灘人跡罕到之地築壘挖濠，藏有槍礮器械。其人則有閩廣口音。等情。

臣等密計熟籌，黃河海口與上海洋面遙遙相望，轉瞬籌辦海運，難保無匪船窺伺，且兩岸洸①灘數百里，等與沙漠，其長葦之地蘆根盤結，土性沮洳，設經土匪占擾，則洋面接應，飄忽無常，沿海紛擾，突擊莫制。若與內地匪徒勾結，彌恐滋蔓難圖。必須趕籌剿洗，庶免燎原。而水師營務廢弛，非有幹員鉗制，難期得力。當查有候選道中河通判朱善張屢拿土匪，謀勇兼全。又葦蕩左營守備楊鎮華勇敢有爲。臣等面授機宜，令其帶勇馳往，一面密飭漕河水陸各營並印委員弁揀選兵勇星羅棋佈，相機兜拿。

除俟剿辦淨盡，另行具奏外，所有密訪洋匪蹤跡，趕籌會剿緣由，謹恭摺由驛會奏，伏乞皇上聖鑒。謹奏。

九月十三日

咸豐四年九月二十日奉硃批：欽此。

六六八　淮安關監督認捐庫平銀兩接濟工需片

（咸豐四年九月十三日）

再，各關監督短收盈餘銀兩，向有認修工程奉旨寬免之例。淮安關監督毓泰前在蘇州織造任內短收滸墅關盈餘銀十萬二千七百四十一兩零，上年認修京都護城河工程，欽奉硃批：免六萬兩。欽遵在案。下餘銀四萬二千餘兩，該監督日夜焦思，亟籌措繳。現知南河有捐工捐料之例，目擊河湖緊要，工程無款發辦，情願認捐庫平銀二千兩，接濟工需，咨請代奏前來。

---

① "洸"字，應爲"曠"。

臣查南河工程雖無監督認捐之案，但內外各工事同一律。該監督情
殷報效，實屬急公，可否仰懇天恩賞收，並再邀恩寬免毓泰未繳盈餘銀
若干兩之處出自鴻慈。

謹附片陳請，伏乞聖鑒訓示。謹奏。

咸豐四年九月二十日奉硃批：該衙門查明參奏。欽此。

六六九　籌防捐局續收銀錢並勸捐米稻摺①

（咸豐四年十月初五日）

奏爲籌防捐局續收銀錢數目繕單恭懇恩獎，並請迅發執照，仰祈聖
鑒事。

竊上年准户部咨：糧臺收捐照籌餉及常例銀數酌減十分之二以抵運
解之所費。嗣因清江團練礮勇，經臣奏請以錢一千六百文作銀一兩，欽
奉硃批：所籌俱妥。現辦捐輸，著隨時奏請，即可降旨施恩，以期踴
躍。該部知道。欽此。當即在浦設局勸捐，發給兵勇口糧，已將先捐各
員九次奏獎，均蒙恩准在案。茲據捐局委員等詳報，續有急公報效者，
自應隨時請獎。理合繕呈清單，伏候恩施，俾知觀感。並造具履歷清
册，咨部查核。內有已奉預發空白職銜監生各照者，遵即隨時填給，均
於咨部册內註明，其報捐實在官職等項，凡册內未註給照者，應請由部
迅即頒發，以昭激勸。再查歷次捐輸執照均已陸續頒到，臣轉給承領。
惟有上年九月間初次捐輸案內官生查焕羣、雷鳳翥等執照及歷次武職各
執照迄未奉到，並請由部查明頒發，以便給領。

再，本年下河各州縣普獲豐收，願捐米稻者自不乏人。前經臣遴委
幹員會同地方官妥爲勸捐，所有米稻價值檢查成案，參以時勢，酌中定
擬，應照道光二十七年江蘇捐米章程，每石庫平銀三兩，內運腳一兩，
米價二兩。此次捐米請即仿照每石定價二兩，稻價減半，每石作銀一
兩，均連運腳在內，業經出示曉諭。現在捐稻者尚覺踴躍，一俟集有成
數，即當彙奏請獎。凡有報捐貢監以及各項職銜，已奉頒有空白執照，

---

① 見楊紹和抄本卷三三，魯圖藏。

亦即隨時填發。惟前頒之照尚不敷用，仍應續請。仰懇勅部續頒監照及從九品職銜執照各二百張、貢照一百張，與上次續請各項職銜、封典執照一併迅賜頒發，以廣招徠，合併陳明。

爲此恭摺由驛具奏，伏乞皇上聖鑒。謹奏。

咸豐四年十月初五日拜進

□日奉硃批：戶部核議具奏，單併發。欽此。

六七〇　剿辦洋匪股首就擒仍搜捕餘孽摺
（咸豐四年十月初五日）

革職留任江南河道總督臣楊以增跪奏，爲剿辦洋匪，股首就擒，現仍設法搜捕情形，恭摺具奏仰祈聖鑒事。

竊臣會奏籌剿洋匪一摺，九月二十五日承准軍機大臣字寄：咸豐四年九月二十日奉上諭：邵燦、楊以增奏洋匪肆擾，趕籌會剿一摺。據稱黃河海口有洋盜勾結濱海土匪肆行搶掠，經委員訪有洋匪五股，每股數百人，其頭目有王大老虎、陳二將軍等名目，時在洋面刦掠。又於海灘築壘挖濠，藏有槍礮器械等語。黃河海口與上海洋面相距匪遙，現在滬城尚未克復，設此股匪徒乘間潛煽，沿海一帶地方更難安謐。且轉瞬辦理海運，若海淤沙地被匪徒占踞，更恐有意外之虞。現經邵燦等派委中河通判朱善張、葦蕩左營守備楊鎮華帶勇馳往該處，會同漕河水陸各營相機兜拿。惟兵力甚單，搜捕恐難得力，著怡良、吉爾杭阿即飭狼山鎮總兵泊承陞督帶水師會同剿辦，務將首犯王大老虎等按名弋獲，以清海道。等因。欽此。

伏查洋匪肆擾，臣與漕臣遴派委員會同水陸各營分投進剿。拜摺後復據委員密稟王大老虎、陳二將軍之外，尚有股首王小老虎、金四將軍、王永、王三砍、李廣實、蕭大六子、孟自善等，每股人數多寡不等，均以王大老虎爲總頭目，連日在於海灘試演槍礮，豫備與官兵對敵。臣復添派淮安府知府恒廉、署外南同知鐘照選帶兵勇，先後馳往接應。幸蒙皇上垂念兵力尚單，諭飭狼山鎮臣統領水師前來會剿辦理，自易得手，當即恭錄飛行欽遵就道。

茲據淮安府知府恒廉等會稟，稱馳抵黃河海口，九月二十一日探得大小匪船停泊內港，搬載貨物器械①，似聞官兵將到，欲駛外海，當即知會廟灣、鹽城、東海各營水師嚴堵海口。二十二日賊船乘潮駛出，水師兵船槍礮齊施，擊沉匪船八隻，賊匪除轟斃落水外生擒周正長等三名，奪獲大賊船二隻，大礮三尊，銅礮一尊，鳥槍刀矛多件，客貨油簍一百五十個。維時有洋面匪艇前來接應，當經師船開礮擊沉匪艇數隻，餘艇向東南外洋駛去，此水師剿賊情形也。其陸路海灘賊巢二處，一在二汦以北洋潮地方，一在六汦以下本港，當即知會各處員弁兵勇丁役先搗二汦巢穴。該處蘆葦叢雜，四面皆水，該匪盤踞高灘，築臺安礮，據險而守。我兵勇開礮攻擊，乘勢由泥淖中搶上礮臺，擊斃匪徒七十餘名，生擒陳大金等十八名，奪獲大礮三尊，器械多件，小船四隻，油簍一百十一個，餘匪竄入蘆葦。當將匪巢燒毀，即於是夜下至六汦。該處近海，港道紛歧，賊巢北踞本港，開礮抗拒，我兵勇施放銅礮，賊匪紛紛落水。官兵搶入賊巢，生擒股首金四將軍即金巧等三名。各勇由東西兩面搶進，奮勇殺賊，奪獲大船二隻，小船四隻，大礮一尊，擡礮三桿，火藥二簍，槍子二包，油簍一百零四個。是日各股總首王大老虎即王起高從北岸逸至南岸，文武員弁躧蹤而至，復經南岸官兵民勇攔截，登時拿獲，此海灘連搗賊巢情形也。二十四日探得股首二代王孟自善率領數十人潛伏葫蘆尖民灘，當即諭會紳士王裕如等帶領民練於二十五日黎明將該灘四面縱火，煙焰蔽天。該匪膽敢開槍，打傷民勇數十人，冒火冲出。經紳士王裕如等生擒股首孟自善等四名，其餘匪徒全行燒斃，此圍燒葦灘情形也。又股首李廣實綽號托塔天王赴海州哨探，經鹽知事楊鐘琛購線，隨同署海州知州于醇儒捕獲。又股首王永綽號代王，赴阜寧縣哨探，經遊擊劉錫溫、知縣白聯元緝獲。又股首王三砍在七巨港旁地方嘯聚，經兵勇掩捕，並在該犯巢內搜出王永書信三紙，有“豫備對敵，好成大事”等語，稟報前來。

臣查黃河海口與上海相距匪遙，轉瞬辦理海運。誠如聖諭，若海淤沙地被匪徒占踞，更恐有意外之虞。現在匪徒九股報獲股首金四將軍、王永、王三砍、李廣實、孟自善五名，連各股首匪王大老虎一名批飭小心解浦，由臣親提研訊，盡法懲治。且海灘巢穴已毀，渠魁已獲，其餘

---

① 録副本無“械”字，據楊紹和抄本校補。

有名頭目嚴飭恒廉等督率兵勇，設法搜捕，不難按名弋獲，盡絕根株。至洋面匪艇業已擊沉多只，亦不致再事勾結。惟餘艇向東南外洋駛去，計距狼山洋面不遠，應由該鎮就近出洋追剿，以免顧此失彼。除照飭遵照並飛檄漕河各水師會剿，以清海道外，所有捕獲洋匪股首並現在辦理情形，謹會同漕運總督臣邵燦恭摺由驛具奏，伏乞皇上聖鑒。謹奏。

十月初五日

咸豐四年十月十一日①奉硃批：覽奏均悉。欽此。

六七一　遭風難夷循例咨解禮部摺②

（咸豐四年十月初五日）

奏爲朝鮮國夷人在洋遭風飄至江北海岸得生，循案咨解禮部投收辦理，恭摺仰祈聖鑒事。

竊據署東台縣知縣陳恭溥詳稱：咸豐四年八月初九日拼茶場地方見有男丁四人、婦女兩口，衣服與內地不同，言語不通。由該場大使護送到縣，當即逐加詢問。內有一人能寫，給與紙筆，書稱：一名崔命禄，年二十歲；一名崔成五，年二十五歲；一名朴桂花，年二十二歲；一名禹而還，年二十一歲。婦女兩口，系崔命禄同胞所生，均系朝鮮國京起小青島人。本年七月二十五日，吾等本有七人，乘船前往白翎島割稻。次日猝遭大風，船隻擊壞，淹斃一人，吾等漂到這里灘上得生。等詞。查看該夷等止有隨身衣服，餘無別物，隨經飭查該夷等登岸處所船隻已被海潮打散，板片無存。該難夷均因受驚患病，當覓清淨庵宇送往暫住，延醫調治，捐給藥食、棉衣，妥爲撫恤。茲已痊癒，自應照例護送蘇垣核辦。惟現在瓜鎮未靖，礙難前進，仿照道光二十年阜寧縣解送朝鮮難夷之案護送清江，聽後核辦。等情。並據清河縣知縣吳棠詳報：由山陽縣轉護到該難夷崔命禄等男女六名口來浦，詳請訊解前來。隨即督同淮海道梁佐中、淮安府知府恒廉提訊，均與東臺縣所詳無異，委系遭

---

① 此摺奉硃批日期，楊紹和抄本作“十六日”。

② 見楊紹和抄本卷三三，魯圖藏。

風難夷，並無他故。

伏查道光二十年英夷在洋滋事時，阜寧縣有朝鮮國難夷系送至清江，由前河臣麟慶奏奉諭旨：著該河督即派妥員解送禮部訊辦。等因。當經欽遵委解在案。茲瓜鎮正在水陸剿賊之際，與道光二十年情形相仿，自未便冒險解蘇。而該難夷思鄉情切，往後天氣漸寒，亦未可久羈。於此臣不敢拘泥，致乖柔遠之義。現經臣捐給銀兩並給皮衣，以示體恤。

除遴委河標右營宿汛把總徐政芳將該難夷六名口妥爲解送禮部，聽後訊辦，一面移咨直隸、山東等省飭知沿途地方官逐站支應，接護前進外，所有循案解送難夷赴部緣由，謹繕摺附驛具奏，伏乞皇上聖鑒。謹奏。

咸豐四年十月初五日拜進

十六日奉硃批：禮部知道。欽此。

六七二　續獲洋匪股首餘黨肅清摺
（咸豐四年十月十六日）

革職留任江南河道總督臣楊以增跪奏，爲續獲洋匪股首並搜捕餘黨一律肅清情形，恭摺具陳仰祈聖鑒事。

竊剿辦洋匪股首就擒緣由，臣於初五日馳奏在案。臣以此次洋匪股數不少，餘黨必多，飛檄淮安府知府恒廉等於濱海一帶逐處搜捕，並因該府及委員等先後所帶河勇、廣勇、清河縣勇、籌防局勇、淮安練勇、葦蕩左右二營兵丁一千數百名連廟灣佃湖營兵均須計口授食，設法籌措錢糧，源源接濟。又豫備賞需，俾兵勇益加踴躍。茲據恒廉等會稟稱：此次港內存船均爲我兵獲住，擊散之匪勢不能由水路潛逃。是陸路搜拿爲刻不可緩之舉。遂會督營、縣各帶兵勇，分佈西南兩面，扼要堵截，一面選派熟識路徑之人爲先導，該府及在事員弁督率兵勇分隊裹糧而進，向東北葦蕩深處追剿。又恐該匪等困獸反噬，令我兵勇步步爲營。自九月二十七至十月初四日止，竭七晝夜之力，直至海濱，窮搜力索。凡遇賊巢，各兵勇奮勉爭先，一可當十。除格殺落水不計外，又生擒數十餘名，內有股首陳二將軍即陳學恒，又小霸王蕭大六子，並其軍師王昌九三名，膂力過人，格鬥時兵勇受傷不少。隨將賊巢全行燒毀，所獲槍礮按數點解回營。並據犯供，股首王小老虎被礮轟斃，此外餘黨搜捕殆盡，脅從之人均分別訊明，量予保釋。先是九月二十一日水師轟沉匪艇後，深恐餘艇復來接應，商派候選①同知潘榮淮、候補知州李會文募帶水勇密赴通洋之射湖口會水師營巡哨。二十四日瞥見匪船游奕，當令罩網船乘潮外出，相距五六里。該匪船即接連開礮，遂經文武員弁指揮兵勇由上游駛進，並招令網船載礮抄出匪前，兩面夾攻，槍礮齊發，擊沉匪船二隻。尚餘一隻，一面拒捕，一面轉舵駛向外洋。我船乘勝揚帆疾追，該匪船在巨浪中亦被兵勇用大礮擊沉，淹斃屍身三十餘具。沿海居民目睹情形，同聲稱快。等情。

臣查此次洋匪本訪有五股，系王大老虎、陳二將軍、王小老虎、王三砍、李廣實等五名。其另股匪首又有王永、孟自善、金巧、蕭大六子四名。除王小老虎轟斃外，所有股首悉已就擒。現批飭小心解浦，由臣親提勘訊。並令搜捕餘黨，一律肅清，勸辦團練，以固藩籬。所有外洋接應匪艇亦於射湖口轟沉，可免再事勾結，洵堪仰紓聖厪。至狼山鎮臣泊承陞現在上海大營中，圍攻吃緊，臣已照會無須前來，以免往返。

所有續獲洋匪，海口肅清緣由，謹會同漕運總督臣邵燦恭摺由驛具奏，伏乞皇上聖鑒。謹奏。

十月十六日

咸豐四年十月二十一日奉硃批：覽奏。繳擒淨盡各情知道了，仍另有旨。欽此。②

---

① 錄副本無"候選"二字，據楊紹和抄本校補。

② 此摺奉硃批日期，楊紹和抄本作"二十□日"。另"欽此"後，楊紹和抄本有："同日奉咸豐四年十月二十一日內閣奉上諭：'楊以增續獲洋匪剿捕淨盡一摺。黃河海口前有洋匪勾結濱海土匪肆行搶掠，經楊以增等委派員弁剿捕，業將洋匪股首擒拿懲辦。茲據奏稱，該匪股數甚多，九月二十七等日經淮安府知府恒廉等督率兵勇分隊進剿，直至海濱搜索賊巢，格殺無數，並生擒匪徒數十名，內有股首陳學恒等三名，隨將賊巢全行燒毀，又轟斃股首王小老虎一名。此外，另股匪首王永等四名悉數就擒，餘黨均已剿捕淨盡。其外洋接應匪艇亦經候選同知潘榮淮等募帶水勇赴射湖口夾攻擊沉匪舡三隻，淹斃匪徒甚眾，現在濱海股匪一律肅清，剿辦尚爲迅速。所有在事文武各員弁著楊以增擇其尤爲出力者核實酌保數員，候朕施恩，毋許冒濫。'欽此。"

六七三　遵旨飭拿巨匪悉數就擒摺[①]

（咸豐四年十月二十五日）

奏爲奉旨飭拿巨匪悉數就擒盡法懲治，地方安謐情形，恭摺具陳仰祈聖鑒事。

竊照本年閏七月二十一日承准軍機大臣字寄：欽奉上諭：河北銅山、豐、沛間有新起土匪張彥、李大選、杜四等聚衆千餘，在水路擄掠爲患，飭令嚴密查拿，毋任一名漏網。等因。當經臣查明捻匪張彥等於本年七月間赴山東嶧縣界內滋擾，旋又駕船五十餘隻突至銅山縣之青山泉地方肆行焚掠。經徐州道王夢齡於未奉諭旨之先，飭派文武兜捕，轟斃多名，生擒六十餘名，曾將大股擊散緣由，奉硃批：究屬餘孽未清，仍應按名弋獲。欽此。欽遵飭拿。並又揀派通判于贊、徐敦治、候補縣丞陳迪恂、把總周長政隨同督臣遴派之候補知府毓彬馳往會拿，務期弋獲。

旋據署徐州鎮興慶、徐州道王夢齡會稟，督率各員弁先將張彥之母張趙氏、妻張王氏獲案，並將張彥等素昔窩藏出沒之板橋小塔山匪巢全行焚毀。該道王夢齡探知張彥、杜四、李大選遁入邳州蘭山一帶，恐其遠揚，當將兵勇佯爲撤退，在於附近要地埋伏，並密飭各州縣嚴加堵緝。九月初九日，張彥聞知兵勇折回，復與李大選、杜四糾聚二百餘人乘坐大小船二十餘隻，突至耿家灣地方，揚言搬取家口，再與官兵拚戰。維時委員毓彬等與地方文武練總帶領兵勇伏於柳八集等處，當即會同兜剿。該匪等開放鎗礮，我兵各用擋牌遮護，同時齊進，擊沉匪船十餘隻，匪衆紛紛落水，死者約一百餘名，生擒黃廷芳等二十五名。據供杜五在沉船內淹斃，張彥等駛船亂竄，各員弁分投跟追。十二日，張彥逸至睢寧縣鮑家樓改裝登岸，經知縣高丙謀率同練勇、團練圍捕，張彥用刀自戕，即被擒獲。十三日，練總鹿肇侯等在朱李湖地方復獲杜四，又據在籍團練之候補直隸州知州張夢麟會同署邳州知州焦肇瀛訪知李大選在銅邳交界之蘆叢中潛匿，搜

---

① 見楊紹和抄本卷三三，魯圖藏。

至宗家廟地方，李大選帛水逃走，焦肇瀛督勇將該犯劄①傷，隨即擒獲，押解到徐。訊據張彥供稱：先在山東、江南一帶結捻強刦，本年七月糾合多人共爲一捻，駕船五十餘隻，到處刦掠，擄架婦女，殺斃人命，又將事主侯廷棟支解，並屢次拒敵官兵，戕害差役兵勇等情。不諱。惟該犯自戕傷重，恐其幸逃顯戮，經該鎮道將該犯張彥凌遲處死，餘匪審實，就地正法，稟報前來。一面將罪大惡極之杜四、李大選委員押解到浦，經臣提覆訊，據供結捻搶掠、抗拒官兵各重情，與張彥大略相同，當即恭請王命，飭委淮海道梁佐中、中軍副將恩需將杜四、李大選梆②赴市曹，分別凌遲斬決，以昭炯戒。觀者如堵，莫不稱快。

伏查徐、邳與山東接壤，且值防堵吃緊之時，該區匪徒張彥等嘯聚爲害，已恐蔓延，若與逆匪勾結，所關尤巨。仰賴聖主鴻福，先期擊散大股。嗣於奉旨後添委幹員，隨同鎮道督率員弁兵勇，得將匪首悉數弋獲，稂莠既芟，藩籬易固，地方安謐，行旅歡欣，洵堪仰紓宸廑。至此次在事文武及團練紳士奔馳水陸，五月於茲，不避危險，實屬著有微勞，可否擇其尤爲出力者量予鼓勵之處出自逾格慈施。

所有巨匪就擒、地方安謐緣由，謹會同兩江總督臣怡良、江蘇巡撫臣吉爾杭阿恭摺由驛具奏，伏乞皇上聖鑒訓示。謹奏。

咸豐四年十月二十五日拜進

十一月初六日奉硃批：另有旨。欽此。同日奉咸豐四年十一月初一日內閣奉上諭：楊以增奏遵旨飭拿巨匪悉數就擒一摺。江南銅山、豐、沛地方有土匪張彥等聚衆擄掠，先經徐州道王夢齡派員兜捕，擒獲多名。楊以增復派通判于贊等隨同怡良原派之候補知府毓彬會拿，已將張彥、杜四等先後於耿家灣、鮑家樓等處擒獲，並擊沉匪船多隻。又經在籍團練之候補直隸州知州張夢麟、署邳州知州焦肇瀛在銅、沛交界地方搜獲逆首李大選。均即正法。該匪等結捻搶刦，實屬罪大惡極，現經該地方文武紳團水陸兜拿，悉數弋獲，均屬著有微勞。所有出力各員著准其擇尤保奏，毋許冒濫。欽此。

---

① "劄"字，當作"扎"。
② "梆"字，當作"綁"。

六七四　拿獲積年捻首正法片^①

（咸豐四年十月二十五日）

　　再，查徐州所屬之蕭縣與皖豫接壤，時有匪徒闌入滋擾。上年春間有永城捻匪宋萬、周大幅各聚眾千餘人往來刼掠，居民大受其害。經徐州道王夢齡、前任徐州鎮聶金鏞派員帶兵往拿，殲斃匪犯百餘名，生擒首犯周大幅，審明正法。宋萬逃往永、亳一帶，不敢復入徐境。本年二月逆匪由六安北犯，宋萬又乘亂率黨數千人頭紮紅巾，在永城陳家集等處焚刼，經該鎮道奏明堵緝，並與辦理團練之編修段廣瀛密商捕拿。九月十五日偵知宋萬同腹党四百餘人在永宿交界之鐵佛寺盤踞，段廣瀛即約會蕭縣知縣楊韞等帶領兵勇出其不意，馳抵該處，四面兜圍。宋萬聞信，率黨死拒，各兵勇奮力上前，砍殺匪犯數十名，並將宋萬格傷墜馬，立時擒獲，餘匪全行潰散。當將宋萬解徐，由徐州道稟報前來。

　　查宋萬系積年著名巨匪，夥黨有數千之衆，縱橫三省交界之間，屢次殺傷官兵，其兇惡與張彥等，其擾害比張彥尤久。其情同叛逆，罪不容誅，經臣飭提到浦訓明，恭請王命正法梟首示衆，以昭炯戒。又據探稟，河南虞城縣地方有永、亳捻匪千百成群，肆行焚掠，居者、行者悉有戒心。該處切近江境，現飭徐州鎮道確探嚴防，勿任竄入。

　　合併附片陳明，伏乞聖鑒。謹奏。

　　咸豐四年十月二十五日附進

　　十一月初六日奉硃批：知道了。欽此。

---

① 見楊紹和抄本卷三三，魯圖藏。

六七五　審明海洋股匪分別懲辦摺

（咸豐四年十一月初七日）

革職留任江南河道總督臣楊以增跪奏，爲審明海洋股匪分別懲辦恭摺奏聞，仰祈聖鑒事。

竊照黃河海口前有洋盜勾結濱海土匪肆行搶掠，並於海灘築壘挖濠，意圖抗拒。經漕臣邵燦與臣訪有蹤跡，先後遴委淮安府知府恒廉等選帶兵勇，馳往兜拿。該匪大小船隻搬載貨物，欲駛外海，而二浤、六浤、葫蘆尖盤踞之匪膽敢開槍拒捕，殺傷兵勇。當經恒廉等知會水陸各營分投剿辦，除格殺、燒斃、落水匪徒不計外，生擒股①首王大老虎即王起高等五十餘名，起獲贓油三百六十五簍，大小銅鐵礮十三尊，鳥槍、刀矛一百二十餘件，奪獲大小船十二隻，並將匪巢燒毀，餘黨搜捕淨盡，外洋接應匪艇亦一律擊沉。曾將先後剿辦情形疊次奏蒙聖鑒，一面飭提已獲各要犯到浦，劄委淮海道梁佐中督同印委各員悉心研審，並以王永給王三砍信令其"豫備槍礮，與官兵對敵，好成大事"一節爲最要關鍵，密飭追究根由，期無枉縱。

茲據淮海道梁佐中督同淮安府知府恒廉等審解前來，臣親提覆訊，據王大老虎即王起高及各股首等僉供自立綽號，分股出洋，勾結匪艇往來行刦，並於海灘築壘挖濠，希圖抗拒。迨兵勇圍拿，情急開槍各重情不諱。詰詢王永、王三砍有無狂悖書信，亦俯首無辭。查此案股匪與洋盜勾結搶掠，已屬凶頑。迨聞官兵往拿，輒敢豫備對敵，心懷叵測。繼復負隅抵拒，殺傷兵勇，尤屬情同叛逆，罪不容誅。除受傷較重之劉士恒等六犯先已就地正法，又擄脅各犯訊明保釋外，當即恭請王命，飭委淮海道梁佐中、署中軍副將恩需將罪大惡極之股首王大老虎即王起高、陳二將軍即陳學恒、王永、王三砍四犯淩遲處死。又股首孟自善、金巧、蕭大六子三犯，又兇惡最著之王起雲等六犯一律處斬，仍傳首犯事地方，懸桿示衆，以彰國法而快人心。此外被脅服役尚非甘心怙惡者分

---

① "股"字，楊紹和抄本作"投"，當誤。

別遣徒，另行辦理。並嚴飭縣營實力緝捕，如有餘孽，或土匪潛發，隨時掩捕，俾絕根株。

所有審明股匪分別懲辦緣由，謹恭摺具陳，伏乞皇上聖鑒。謹奏。

十一月初七日

咸豐四年十一月十四日①奉硃批：知道了。欽此。

六七六　查明剿辦洋匪出力人員遵旨保奏摺

（咸豐四年十一月初七日）

革職留任江南河道總督臣楊以增跪奏，爲查明剿辦海洋股匪尤爲出力人員，遵旨核實保奏，仰祈聖鑒事。

竊照咸豐四年十月二十一日內閣奉上諭：楊以增奏續獲洋匪剿捕淨盡一摺。黃河海口前有洋匪勾②結濱海土匪肆行搶掠，經楊以增等委派員弁剿捕，業將洋匪股首擒拿懲辦。茲據奏稱，該匪股數甚多，經淮安府知府恒廉等督率兵勇剿捕淨盡，其外洋接應匪艇亦經夾攻擊沉。現在濱海股匪一律肅清，剿辦尚爲迅速。所有在事文武各員弁著楊以增擇其尤爲出力者核實酌保數員，候朕施恩，毋許冒濫。欽此。仰見我皇上慎重海疆、微勞必錄。宣示之餘，同身感戴。

伏查此次洋盜與濱海股匪勾結肆擾，先經漕臣邵燦與臣熟商，黃河海口與上海洋面相距匪遙，滬城尚未克復，設此股匪徒乘間潛煽，沿海地方更難安謐。且轉瞬辦理海運，若海淤沙地被匪徒占踞，更恐有意外之虞。當即遴派候選道中河通判朱善張、華蕩左營守備楊鎮華選帶兵勇先往查看。復恐兵力尚單，又派淮安府知府恒廉、署外南同知鐘照、候選同知潘榮淮等添調兵勇，馳往接應。該匪股數既多，水陸分踞，意在牽制官兵，狡焉思逞。幸蒙特派狼山鎮臣前來會剿，聲威遙壯，小丑膽寒。恒廉與在事文武密計熟籌，出奇設伏，仰賴聖主鴻福，水陸接仗均獲全勝，渠魁授首，餘黨殲除，海隅蒼生同聲歡頌。茲奉諭旨：飭保出

---

① 此摺及後一摺奉硃批日期，楊紹和抄本皆作"二十日"。

② "勾"字，楊紹和抄本作"句"，當誤。

力人員。復念該員弁等奉委從公，原屬分所應盡。惟海灘荒野之區，人跡罕到，港汊紛歧，蘆葦接天，沮洳滿地。各股匪盤踞其中，伺隙開礮，我兵勇裹糧深入，既慮迷途，又虞中伏。各員弁爭先帶隊，且出洋擊匪，不避風濤，得於五旬之內將股首悉數弋獲，餘黨搜捕淨盡。濱海肅清，賈舶往來如故。誠如恩諭：剿辦尚爲迅速。第此次印委員弁及水陸各營人數較多，臣秉公確核水師各營將、備、千、把功過尚足相抵，懇恩免其查參。惟降調千總李崇連既已失察於前，現復縱勇滋擾，應即咨部斥革示懲。除出力稍次者存記候獎外，謹擇其尤爲出力者繕具清單，仰懇鴻慈獎勵。

所有遵保剿匪出力人員緣由，謹會同兩江總督臣怡良、漕運總督臣邵燦、江蘇巡撫臣吉爾杭阿合詞恭摺具奏，伏乞皇上聖鑒訓示。謹奏。

十一月初七日

咸豐四年十一月十四日奉硃批：欽此。①

---

①　楊紹和抄本“欽此”後有：“同日奉咸豐四年十一月十四日內閣奉上諭：‘楊以增奏遵保剿辦洋匪出力人員開單呈覽一摺。南河候選道中河通判朱善張著交部從優議敘。陞用同知直隸州知州揚河通判鐘照著開缺以同知即陞，並賞戴花翎。候選同知潘榮准著仍留南河，俟補缺後以知府用。候補知州李會文著遇缺儘先補用，均著賞戴藍翎。候補通判陸費棽著俟補缺後以同知用，先換頂戴。陞用同知直隸州知州江浦縣知縣于醇儒、陞銜阜寧縣知縣白聯元均著賞加運同銜。陞用同知直隸州知州借補海州同郭世昌、同知銜署鹽城縣知縣勵綱均著俟補缺後以同知直隸州知州即補。大挑知縣黃壽豹著免其試用借補，以沿河知縣酌量補用，並賞加陞銜。大挑知縣王崧齡著免其試用借補，以沿河知縣補用。縣丞師炳、許銘恩、俞字馨均著以沿河知縣補用。候補縣丞楊鐸著歸分缺先班，俟補缺後以知縣用。候補縣丞王慶元著俟補缺後以知縣用。州同朱善寶著賞加知州銜。候補鹽知事楊鐘琛著免補本班，仍留兩淮以鹽大使即補。縣丞翟敦甫、唐渝、主簿董保成、巡檢李應麟均著賞給六品頂戴。主簿馮昌運、巡檢周壬林、署巡檢靳鎔均著賞加州同銜。閘官秦守中著以應升之缺升用。守備楊鎮華著換花翎，以河營應升之缺升用，先換頂戴。署都司特克什赫、守備周立成、千總陳勳、把總李振凱均著賞加陞銜。守備劉毅廷、千總臧義田、周長泰、把總高志忠、外委孫繩武均著賞戴藍翎。把總沈祥城、外委劉佐廷均著賞給六品頂戴。通判金慶瀾著留於南河歸分缺先補用。縱九品王應傑、王榮階、俊秀王裕如、徐香山均著賞給六品職銜。其失察之水師各營將備、千總、把總功過尚足相抵，均著免其查參。降調千總李崇連既經失察於前，又復縱勇滋擾，著即革職，以示懲儆。餘著照所請辦理，該部知道，單併發。’欽此。”

六七七　剿辦洋匪尤爲出力各員清單

（咸豐四年十一月初七日）

謹將剿辦海洋股匪尤爲出力人員繕具清單，恭呈禦覽。

淮安府知府恒廉設防以來堵禦得力，此次督剿海匪搜獲無遺，審訊又極精祥，擬請賞加道銜，遇有沿河道員缺出即請補用。

候選道中河通判朱善張屢著戰功，甫於海州剿匪案内賞換花翎，今擬請旨交部從優議敘。

陞用同知直隸州署外南同知知州揚河通判鐘照委辦籌防，不辭勞瘁，此次設謀決策布置有方，擬請缺以同知即陞，並懇恩賞戴花翎。

候選同知潘榮淮、候補知州李會文冒險出洋，擊沉匪艇。潘榮淮擬請仍留南河，俟補缺後以知府用。李會文著遇缺儘先補用。均懇恩賞戴藍翎。

署海安通判候補通判陸費棻督兵搜捕，擬請補缺後以同知用，先換頂戴。

陞用同知直隸州署海州直隸州江浦縣知縣于醇儒、陞銜阜寧縣知縣白聯元隨同剿匪，兼獲股首。查于醇儒已據藩臬詳陞高郵州知州，白聯元詳陞泰州知州。該二員均請賞加運同銜。

陞用同知直隸州知州借補海州州同郭世昌研審股匪，晝夜辛勤，同知銜署鹽城縣知縣勵絧於射湖口會剿出力。均擬請補缺後以同知直隸州知州即補。

署安東縣大挑知縣黃壽豹撥勇助剿，購線獲匪，請免其試用借補，以沿河知縣酌量補用，並賞加陞銜。

大挑知縣王崧齡承審洋匪出力，擬請免其試用借補，以沿河知縣補用。

阜寧縣縣丞師炳隨同剿匪、轉餉勤勞，縣丞借補山陽縣主簿許銘恩、裏河縣丞俞字馨教練兵勇，臨敵有功，均請以沿河知縣補用。

江蘇候補縣丞楊鐸經管兵勇口糧，絲毫不苟，擬請歸分缺先班，俟補缺後以知縣用。

候補縣丞王慶元隨征出力，擬請補缺後以知縣用。

候選州同朱善寶出隊受傷，擬請著賞加知州銜。

候補鹽知事楊鐘琛擒獲股首，擬請免補本班，仍留兩淮以鹽大使即補。

咨陞睢寧縣縣丞翟敦甫、候補縣丞唐瀹、候補主簿董保成、八灘司巡檢李應麟隨營差遣，不避艱危，均請賞給六品頂戴。

候補主簿馮昌運、三義司巡檢周壬林、咨署巡檢靳鎔隨同出洋征繳，均請賞加州同銜。

清江閘閘官秦守中管帶練勇，奮勉爭先，擬請以應陞之缺陞用。

藍翎葦蕩左營守備楊鎮華有勇有謀，出奇制勝，擬請著換花翎，以河營應陞之缺陞用，先換頂戴。

署佃湖營都司特克什赫、守備周立成、候補千總陳勳、把總李振凱進蕩搜捕，身先士卒，均擬請賞加陞銜。

帶勇揚河守備劉毅廷團練勤能，佃湖千總臧義田、葦蕩千總周長泰、咨陞把總高志忠、外委孫繩武隨同設伏，獲擒股首，均擬請賞戴藍翎。

河營候補把總沈祥城、外委劉佐廷勇敢直前，均請賞給六品頂戴。

東河候補通判金慶瀾曾任兩淮鹽場，於洋面情形最爲熟悉，因南河回避指捐東河，今隨同出征，不辭勞瘁，現以南河無可回避，擬請留於南河，歸分缺先補用。

阜寧縣士民縱九品王應傑、王榮階、俊秀王裕如、徐香山捐毀柴灘，誘擒匪首，深明大義，實屬可嘉，均請賞給六品職銜。

硃批：覽。

六七八　請將管理局務之道員鼓勵片
（咸豐四年十一月初七日）

再，上年江北設防，先經前河庫道法良議立安鎮局，雇勇團練。嗣揚州失守，清淮震動，經臣征兵籌餉，竭力設防，改爲籌防局，一切章程由前梟司查文經及法良督同裏河同知于昌進等隨時規劃。嗣派署河庫道婁晉接管局務，凡擇要設備及支應各路大營兵糈軍火，毫無貽誤。本年裁撤糧臺以後，經費不繼，倍費持籌。此次剿辦海洋股匪兵勇衆多，深慮乏食，當經婁晉、于昌進等設法勸捐，源源接濟，並與恒廉等密計熟商，得以立時撲滅，不致蔓延，洵屬實心任事、不可多得之員。除局內文武員弁統俟撤防時彙核請獎外，合無仰懇聖恩俯准，將議敘候陞道現署河庫道外南同知婁晉、候陞道裏河同知于昌進均開缺以道員留於南河，酌量補用，俾臣得收指臂之助，實於公事有益。

理合附片陳請，伏乞聖鑒訓示。謹奏。

十一月初七日

咸豐四年十一月十四日奉硃批：欽此。①

六七九　遵查弭盜安民之知縣懇請鼓勵片

（咸豐四年十一月初七日）

再，清河縣知縣吳棠於上年清淮震動時練勇禦寇，懲暴安良，民心賴以維繫，所關於大局者甚鉅。是以本年春間該員報丁母憂，經臣奏留署任，以重地方。此次剿辦海匪，該員所練之勇頗爲出力。查上年欽奉上諭：太常寺少卿②王茂蔭③奏酌保人材開列呈覽，據稱江蘇署邳州吳棠補盜認真，士民稱頌等語。著楊以增就近查看，該員如果弭盜安民，著有成效，即著據實保奏。欽此。欽遵。迄今時閱年餘，該員始終不懈，擬懇恩准將陞用同知直隸州署清河縣知縣吳棠俟服闋後免補知縣，

---

①　此片奉硃批日期，楊紹和抄本作"二十日"。另於"欽此"後有："同日奉咸豐四年十一月十四日內閣奉上諭：'楊以增奏請鼓勵候陞道員等語。南河候陞道外南同知婁晉、候陞道裏河同知于昌進於剿辦海洋股匪設法勸捐，接濟兵餉，得以立時撲滅，自應量予鼓勵。婁晉、于昌進均著開缺以道員留於南河酌量補用。該部知道。'欽此。"

②　太常寺少卿：太常寺副長官，主要負責宗廟祭祀等事務。

③　王茂蔭（1798—1865）：安徽徽州府歙縣人。道光十二年（1832）壬辰科進士，歷任監察御史、户部右侍郎兼管錢法堂事務及兵、吏、工部侍郎等職。咸豐元年（1851）上《條議鈔法摺》，提出發行可兑現銀鈔，以解決財政危機，被議駁。咸豐四年（1853）任户部右侍郎兼管錢法堂事務，上摺反對鑄當百、當五百、當千大錢，次年又針對發行不兑現紙幣提出兑現主張，遭到申飭，調離户部，任兵部右侍郎。同治四年（1865）病卒。

以同知直隸州即補，並懇恩賞戴花翎，以昭激勸。

又吳棠帶勇之羊寨①司巡檢朱懋績、從九品吳炳輝、吳炳耀勤於訓練，所向無前。朱懋績請以縣丞用，吳炳輝請留於南河補用，吳炳耀請留於江蘇補用，理合附片陳請聖鑒訓示。謹奏。

十一月初七日

咸豐四年十一月十四日奉硃批：欽此。②

六八〇　設局鑄錢出力人員懇請獎勵摺

（咸豐四年十一月十五日）

革職留任江南河道總督臣楊以增跪奏，爲設局鼓鑄辦有成效，遵保出力人員，籲懇天恩獎勵，恭摺仰祈聖鑒事。

竊清江浦籌防局並河標營、修防營、船務營三營兵餉需費孔多，諸形支絀。本年接准戶部來咨：奉旨通飭各省鼓鑄大錢，以利民用而濟時艱。經臣設立寶蘇分局，遴派委員按照部定章程辦理，奏奉硃批：戶部知道。欽此。在案。當試辦之初，籌款購銅諸凡竭蹶，本地工匠又不諳練。且事屬創始，深恐未能得法，於蘇州、山東分投採買銅鉛，陸續購運。並從浙江雇募匠人開爐鎔鑄，考較講求，力爭如式。是以凡有鑄出各項大錢，悉能質地堅凝，分兩劃一，輪孔整齊，磨礱光潔。分成搭放兵勇口糧，散與市肆使用，無不歡欣寶貴。自二月起截至十月底止，計鑄出大錢合製錢已逾十萬餘串，周轉流通，毫無阻塞，兵勇口糧得資接濟。此皆仰賴皇上指示規模，得以奉行有效。恭閱邸抄，戶部議請開爐鼓鑄案內欽奉上諭：如有廉能官吏認真辦有成效，准該上司據實保奏。欽此，欽遵。

---

① “寨”字，楊紹和抄本作“塞”，當誤。

② 此片奉硃批日期，楊紹和抄本作“二十日”。另於“欽此”後有：“同日奉咸豐四年十一月十四日內閣奉上諭：‘楊以增奏遵查練勇有效之署知縣請旨鼓勵等語。南河陞用直隸州知州署清河縣知縣吳棠練勇補盜，始終不懈，自應量加獎勵。吳棠著俟服闋後免補知縣，以同知直隸州知州即補，並賞戴花翎。其隨同帶勇之羊寨司巡檢朱懋績著以縣丞用，從九品吳炳輝著留於南河補用，吳炳耀著留於江蘇補用，以示鼓勵。該部知道。欽此。”

伏念清江浦設局鼓鑄十閲月來，法屬初行，經理不易，所委各員或監鑄收支，廉能杜弊；或購銅募匠，跋涉道途。俱能晝夜辛勤，不辭勞瘁。今已鑄成數逾十萬，接濟軍需，著有成效，實屬認真出力。臣不敢沒其微勞，合將在事各員中擇其尤爲出力者遵旨酌保，繕具清單，恭呈御覽，仰懇皇上恩施獎勵，以昭激勸出自鴻慈。

理合恭摺由驛具奏，伏乞皇上聖鑒訓示。謹奏。

十一月十五日

咸豐四年十一月二十三日奉硃批：欽此。①

六八一　寶蘇分局尤爲出力人員清單
（咸豐四年十一月十五日）

謹將寶蘇分局尤爲出力各員繕具清單，恭呈御覽。

捐陞道山安同知郭禮圖擬請以道員儘先選用。

知府用前山盱同知黄欽鼐擬請俟服闋後免補同知，以知府留於江蘇補用。

候補通判許大猷擬請俟補缺後以同知用，先換頂戴。

候補通判黄程直、候補知縣周力城均擬請賞加陞銜。

候補縣丞余元愷擬請免補縣丞，以知縣留於江蘇補用。

橫越閘官姜泩請以應陞之缺陞用。

候補從九品李世康請俟補缺後以應陞之缺陞用。

候補從九品朱禄生、林翰年均請歸分缺前先補用。

硃批：覽。

---

① 此摺奉硃批日期，楊紹和抄本作“二十九日”。另“欽此”後有：“同日奉咸豐四年十一月二十三日內閣奉上諭：‘楊以增奏請獎鑄錢出力各員開單呈覽一摺。南河需餉浩繁，經該河督設立寶蘇分局，飭屬試鑄各項大錢周轉流通，得以接濟軍餉。該員等或監鑄收支，或購銅募匠，均屬著有微勞，自應量予獎勵。南河捐陞道山安同知郭禮圖著以道員儘先選用。知府用前山盱同知黄欽鼐著俟服闋後免補同知，以知府留於江蘇補用。候補通判許大猷著俟補缺後以同知用，先換頂戴。候補通判黄程直、候補知縣周力城均著賞加陞銜。候補縣丞餘元愷著免補縣丞，以知縣留於江蘇補用。閘官姜泩著以應陞之缺陞用。候補從九品李世康著俟補缺後以應陞之缺陞用，候補從九品朱禄生、林翰年均著歸分缺前先補用。該部知道，單併發。欽此。”

六八二　官紳捐助軍餉懇請獎勵摺[①]

（咸豐四年十一月十五日）

奏爲山陽官紳勸助軍餉，繕單恭懇恩施並請迅頒執照，仰乞聖鑒事。

竊自上年逆匪竄擾江境以來，金陵、鎮、揚相繼失守，各路進剿，需餉甚急。清淮逼近賊氛，防堵緊要，亦籌款維艱。節經臣剳飭各屬並遴委妥員會同勸捐，分解各營以資接濟。且因各路行營較遠，督臣、撫臣俱在江南，分案請獎，將恐混淆。飭俟捐有成數，就近彙詳，由臣會同漕臣奏請獎勵，以期核實。茲據山陽縣知縣王慶瑞等詳稱：協同委員設局勸捐，截至本年閏七月止，共收捐項足製錢四萬八千二百六十千文，開送履歷，先行請獎，俾未繳各戶感而興起。等因。到臣。當即飭交捐局委員遵照部定章程，按籌餉事例及常例銀數酌減十分之二，以錢一千六百文作銀一兩，逐名查核，均屬有盈無絀。自應先行請獎，以廣招徠。除造具履歷清册咨部備核外，理合繕呈清單，伏候恩獎，並請敕部迅即頒發執照，俾昭激勸。

再，此項捐款已分解欽差大臣琦善、托明阿、前刑部侍郎雷以諴等軍營一萬三千串、上海行營四千串、淮安清江防堵局共一萬七千串，其餘錢文暫令存儲，以備不時之需，合併陳明。

謹會同漕運[②]總督臣邵燦合詞附驛具奏，伏乞皇上聖鑒。謹奏。

咸豐四年十一月十五日拜進

二十九日奉硃批：戶部核議具奏，單併發。欽此。

---

① 見楊紹和抄本卷三三，魯圖藏。
② “運”字，楊紹和抄本作“同”，當誤。

六八三 請將勸捐各員鼓勵片

（咸豐四年十一月十五日）

再，查上年揚州失守後，淮安爲最要門户。該府恒廉督同印委各員分防團練，辦理山陽縣防堵，土匪聞而解散，逆匪不敢窺視①，所關於大局者甚重。所需經費先後勸捐錢六萬七千餘串。嗣因揚州、上海各營需餉孔殷，該員等又遵飭勸捐錢四萬八千餘串，統計一歲一邑之內捐錢十二萬串，固由士民好義，亦賴委員宣佈皇仁，勸諭得法。查在事各員除淮安府知府恒廉系方面大員，且甫於剿匪案內遵旨請獎，不敢再邀議敘外，所有前署山陽縣知縣楊承忠、擬請俟補缺後以直隸州知州陞用，陞衛現任山陽縣知縣王慶琛請俟俸滿後以直隸州知州陞用，委員東河同知衛候補通判王松齡請歸分缺先補用，江都縣丞惲光業請開缺以知縣補用，候補縣丞唐瀚請俟補缺後以知縣用。以上五員最爲出力，伏祈恩准，俾昭激勸。至出力稍次各員，由臣等存記另獎。

理合附片陳請，伏乞聖鑒。謹奏。

十一月十五日

咸豐四年十一月二十三日奉硃批：另有旨。欽此。②

---

① "不敢窺視"四字，楊紹和抄本作"聞而卻退"。

② 此片奉硃批日期，楊紹和抄本作"二十五日"。另奉硃批爲："另有旨。欽此。同日奉咸豐四年十一月二十三日內閣奉上諭：'楊以增奏請獎勵勸捐各員等語。上年江南淮安地方分防團練竭力防堵，先後勸捐以充經費，所有出力各員自應量予獎勵。前署山陽縣知縣楊承忠著俟補缺後以直隸州知州陞用。山陽縣知縣王慶瑞著俟俸滿後以直隸州知州陞用。候補通判王松齡著歸分缺先補用。江都縣縣丞惲光業著開缺以知縣補用。候補縣丞唐瀚著俟補缺後以知縣用。餘著照所議辦理。該部知道。'欽此。"

六八四　籌防捐局續收銀錢摺[①]

（咸豐四年十一月二十五日）

　　奏爲籌防捐局續收銀錢數目繕單恭懇恩獎，並請迅發執照，仰祈聖鑒事。
　　竊上年准戶部咨：糧臺收捐照籌餉及常例銀數酌減十分之二，以抵其運解之費。嗣因清江團練礮勇，經臣奏請以錢一千六百文作銀一兩，欽奉硃批：所籌俱妥。現辦捐輸，著隨時奏請，即可降旨施恩，以期踴躍。該部知道。欽此。當即在浦設局勸捐，發給兵勇口糧。已將先捐各員十次奏獎，均蒙恩准在案。茲據捐局委員等詳報續有急公報效者，自應隨時請獎，理合繕呈清單，伏候恩施，俾知觀感。並造具履歷清册，咨部查核。內有已奉頒發空白職銜及監生各照者，遵即隨時填給，均於咨部册內註明。其報捐實在官職等項，凡册內未註給照者應請由部迅即頒發，以昭激勸。惟前頒各照尚不敷用，仍應續請，仰懇勅部續頒封典執照五十張，與上兩次續請各項執照一併迅賜封發，以廣招徠。
　　再，前准部咨捐收米稻，經臣委員赴下河一帶勸捐，尚屬踴躍。惟清江所收捐項已遵部定章程搭收官票大錢，而下河一帶尚未行用。現飭捐稻委員一律兼收，以期流通，合併陳明。
　　爲此恭摺由驛具奏，伏乞皇上聖鑒。謹奏。
　　咸豐四年十一月二十五日拜進
　　十二月十一日奉硃批：戶部速議具奏，單併發。欽此。

六八五　請將丁憂通判留任片

（咸豐四年十一月二十五日）

　　再，據已革徐州道王夢齡禀稱：豐北通判馬濬於上年九月到任，防

---

①　見楊紹和抄本卷三三，魯圖藏。

守大壩，盤護裹頭以及稽查黃河渡口不辭勞瘁，嗣又委辦緝匪團練，一切認真，實爲不可多得之員。現丁母憂，例應即行交卸。惟守護壩工關係已重，而慎防渡口，不任南北匪徒偷渡尤爲緊要。若遽易生手，斷難得力。擬請奏留。等情。臣查豐北一缺現因河勢變遷，南北匪徒時思竄渡，迥與平時不同。該道所禀系爲因地擇人起見，合無仰懇聖恩，准令該通判馬浚治喪百日後，仍行署理豐北廳缺，俟河務、軍務完竣，再令回籍守制。

臣爲防河關係緊要，謹附片陳請，伏乞聖鑒訓示。謹奏。

十一月二十五日

咸豐四年十二月初四日①奉硃批：著照所奏。欽此。

六八六　清查河庫錢糧劃分管理摺

（咸豐四年十一月二十五日）

奏爲設局清查河庫錢糧，以便劃分管理，恭摺具陳仰祈聖鑒事。

竊臣等前將遵旨裁汰河庫道暨道庫大使員缺，並擬設局清查以便劃清界限，分歸各河道管理，暨飭署河庫道婁晉將咸豐三年底止應行咨部各冊趕爲辦齊詳送後，即將關防呈繳咨銷各緣由，奏奉硃批：知道了。欽此。當經轉行欽遵去後，茲據該署道婁晉會同徐州、淮揚、淮海等道詳稱：奉經遵將咸豐三年年底應行咨部各冊次第造齊詳送核咨外，惟查河庫爲通工錢糧總匯，閱年既久，案款尤繁。今一旦剖爲數庫，勢非設局清查，不能劃清界限，即難分歸管理。第清查非一二年不克竣事，而奉旨裁汰之缺又無久懸之理。今會同籌議，查各省額解撥解向皆撥解總河衙門劄發，河庫收兑。隨後改歸各道庫，亦應解至總河衙門②聽候分成，照例酌派。而自上年以來，既無額解，其部撥歲防料價又系官票，每次數十萬兩，一經分派，不敷輪轉。況河庫向有欠發正雜各項銀一百餘萬兩，已屬前後牽搭。加以豐工用項尚未厘定，若不逐款劃清，實屬

① 此片奉硃批日期，楊紹和抄本作"十二月十一日"。

② 楊紹和抄本无"衙門"二字。

無從措手。應請一面設局清查，一面呈繳關防，將河庫出納錢糧帳目先就近歸總河衙門綜司其事。除工程料物等款俟奉批准後飭由各管道收放，其葦船三營事宜向由河庫道會核者，應歸總河衙門督同淮海道辦①理。至河工錢糧並專案之武職養廉、兵夫恤賞、堡夫工食及公項額支、官兵俸餉、葦柴報銷等②事，悉歸總河衙門匯辦。凡吏書文案均仍暫循其舊，俾通工收支冊檔無虞散失。其餘未盡事宜應俟清查辦竣通盤籌計，再行詳辦。所有會議先行歸併事宜，並行設局派員清查以便交卸庫篆緣由，詳請示遵。各等情。

　　據此覆查該道等所詳，庫帳紛繁，必須設局清查，方能劃清界限，先將不能分管各務統歸總河衙門匯辦。經臣等往返劀商，查系實在情形，應照所議辦理。查署河庫道婁晉老成諳練，應飭於交篆後即派令該道總理清查局務，並酌派通曉庫帳承倅佐雜數員，調集書吏冊案，隨同查辦。限一年內自道光十六年清查後起至現在止，一切收支逐款釐清，分別存欠，造具細冊，詳送核辦，俟辦畢後再行歸併。各道事宜會同造冊，詳便題咨，以免糾纏而昭核實。

　　除河庫道關防及庫大使鈐記飭令克日呈繳鐫銷咨部外，所有設局清查河庫錢糧以便劃分管理緣由，謹會同江蘇巡撫臣吉爾杭阿合詞恭摺具奏，伏乞皇上聖鑒訓示。謹奏。

　　十一月二十五日③

　　咸豐四年十二月初十日④奉硃批：知道了，該部知道。欽此。

六八七　歲料銀兩改解軍營請另行籌撥摺
（咸豐四年十一月二十五日）

　　革職留任江南河道總督臣楊以增跪奏，爲歲料項下奉撥淮北課銀遵照部議該解廬州軍營，所有歲料銀兩應請敕部另行籌撥以濟工需事。

---

① “辦”字，楊紹和抄本作“管”。
② “等”字，楊紹和抄本作“管”。
③ 此摺及後一摺具文日期，楊紹和抄本作“十一月二十八日”。
④ 此摺及後一摺奉硃批日期，楊紹和抄本作“十二月二十日”。

　　竊照南河應備來年歲料銀兩前經臣酌核，從省奏請照往年撥數節去四十萬兩，止請撥銀八十萬兩，並請撥給官票酌搭現銀。接准部議：先發官票抵銀四十萬兩，撥提淮北課銀十餘萬兩，飭令於葦蕩柴束變價銀兩內催提應用，並令廣為勸捐，以資接濟。等因。茲又接准部咨：以廬州軍營待餉孔殷，豐工未堵，權其緩急，應將前撥歲料內之鹽課銀十餘萬兩改解廬營，奏奉諭旨：依議。欽此。咨行前來。現已欽遵辦理。

　　惟查南河豐工雖未堵合，而現在無水者僅止七廳，其餘十五廳黃、運、湖、河各工均系照常修守，並未停緩。臣所請歲料較往年少至四十萬兩，職此之故。至葦營蕩柴本系官地之物，每年各工收用後僅止作價造銷，並非實銀解庫。況採辦蕩柴之刀本、溝渠、車路、運腳、薪飯等項所用甚夥，轉需於河庫所收歲防料等項內通融支應。此皆部臣所深悉，並經臣於春間縷晰奏蒙聖鑒在案。是柴價既不能抵作現銀，而鹽課又改歸皖餉，僅有官票四十萬兩，毫無現銀搭配，滯礙難行。至捐輸現仍四處分勸，隨時支放防堵兵勇口糧等事尚多不足。歲料為修防根本，且河葦二十餘營兵餉亦無不仰給於此。臣夙夜思維，萬分焦急，明知部庫籌款維艱，而河務關係重大，不敢不據實奏陳，伏乞皇上天恩俯准，飭部於就近省分撥解現銀十餘萬兩並添發官票銀二十萬兩，俾得酌量辦理，修守有資，感荷鴻慈，曷其有極！

　　為此恭摺具奏，仰祈皇上聖鑒訓示。謹奏。

　　十一月二十五日

　　咸豐四年十二月初十日奉硃批：戶部速議具奏。欽此。

六八八　妥議章程推行官票摺[①]

（咸豐四年十二月初七日）

　　奏為設法推行官票，妥議章程，恭摺具奏，仰祈聖鑒事。

---

　　① 見楊紹和抄本卷三三，魯圖藏。並於標題後註明"會江督怡良、漕督邵燦、蘇撫吉爾杭阿前銜"。

　　竊臣等會奏擬設官局疏通鈔法一摺。經戶部議准，均應如所請辦理，並以行鈔一端有治人而無治法，該督等奏請派員設局，發票收錢，票之通塞重輕在此一舉。議令合力講求，迅將一切條款詳細報部立案。等因。具奏奉旨：依議。欽此。咨行欽遵。當於清淮適中之板閘地方設立官局，遴委淮安府知府恒廉等選派紳董謝祖馨、田徵、宣廷鏡等體察試行。並經臣邵燦奏奉上諭：著署江寧布政司何俊督辦。等因。又經會飭，將一切章程細爲酌定。

　　茲據該署藩司何俊詳稱：推行官票，必須有放有收，方可周轉無滯。江北官票百萬，有放無收，致形擁塞，若不急求疏通，必致鈔法不行。疏通之法惟在徵收，衙門按成搭收，但官民領得鈔票，無從支取現錢，疑懼推阻，勢所必然。今議淮城設局，鼓鑄大錢，並將官票售於商民納交賦稅，收回票本，抵作官票易錢之用。軍營開放現銀，兵丁支領，無非兌換錢文，購買食物。官票既可換錢，則與現銀無異，自可一律收放。軍營一通則四路皆通，官票可期暢行，於鈔法大有裨益。現在商民已在官局購買官票，納交關稅，由淮關搭解江北糧臺。糧臺將官票在邵伯官局提取錢文，搭放兵餉，並無窒礙，行之已有成效。江南北徵收衙門自可一律辦理，無所用其疑忌。所有議定推行章程，詳請會奏前來。

　　臣等伏查當此制用孔亟之時，仰體宵旰憂勤，除推行官票之外別無良策，部定章程本已周備。現議設局售票，求通於塞，化無爲有，在事各員實亦竭盡心力，但能行之以漸，持之以恆，自無不通之理。若官吏奉行不力，商民藉端阻撓，逞一己之私，不顧大局，臣等惟有據實嚴參，請旨懲辦，以儆效尤而固票法。

　　謹將該督藩司何俊詳議章程十條另繕清單恭呈御覽，敬請敕部覆核，立案通行遵辦。爲此合詞由驛具奏，伏乞皇上聖鑒。謹奏。

咸豐四年十二月初七日拜進

二十二日奉硃批：戶部妥議具奏，單併發。欽此。

六八九　遵保剿捕捻匪出力各員摺[①]

（咸豐四年十二月十五日）

奏爲遵旨確查捕拿巨匪出力文武紳董，核實奏保，仰祈聖鑒事。

竊咸豐四年十一月初一日內閣奉上諭：楊以增奏遵旨飭拿巨匪，悉數就擒一摺。江南銅山豐沛地方有土匪張彥等聚衆擄掠，先經徐州道王夢齡派員兜捕，擒獲多名。楊以增復派通判于贊等隨同怡良原派之候補知府毓彬會拿，已將張彥、杜四等先後於耿家灣、鮑家樓等處擒獲，並擊沉匪船多隻。又經在籍團練之候補直隸州知州張夢麟、署邳州知州焦肇瀛在銅沛交界地方搜獲逆首李大選，均即正法。該匪等結捻搶刼，實屬罪大惡極，現經該地方文武紳團水陸兜拿，悉數弋獲，均屬著有微勞。所有出力各員著准其擇優保奏，毋許冒濫。欽此。

伏查張彥等於徐、邳地方結捻搶刼，行旅居民悉受其害。各委員奉飭往拿，會同地方文武於炎天烈日之中、水陸交錯之地帶領兵勇，或伏或顯，自夏徂秋，歷時五月之久。四路兜拿，深入匪巢，不避危險，得將捻首巨匪悉數弋獲，尚均著有微勞。茲蒙恩諭，准飭查保奏，行據徐州道王夢齡開摺具稟前來。臣等往返劑商，臨敵勇往、奮不顧身之員固當從優請獎，而人數衆多，亦不敢概行列保。除出力稍次者分別存記，並由臣等酌獎外，謹遵旨擇其尤爲出力之文武紳董繕具銜名清單，恭懇恩施，以昭激勸。

所有遵保拿獲巨匪出力人員，謹會同江蘇巡撫吉爾杭阿合詞恭摺由驛具奏，伏乞皇上聖鑒訓示。謹奏。

咸豐四年十二月十五日拜進

三十日日奉硃批：另有旨。欽此。

---

① 見楊紹和抄本卷三三，魯圖藏，並於標題後註明"會江督怡良前銜"。

六九〇　徐州鎮道各員會剿捻匪片①
（咸豐四年十二月十五日）

　　再，署徐州鎮總兵鎮江營參將興慶、革職暫留本任徐州道王夢齡、徐州府知府趙作賓先於夏秋間聞捻匪張彥等聚衆擄掠，即督同文武員弁及紳士兵勇四出兜拿，嗣奉諭旨飭令會剿務獲。該鎮道府同臣等派委員弁將首從要犯悉行就擒，並無一名漏網。至江南、河南交界地方有著名捻首宋萬聚衆數千，較張彥尤爲兇橫，亦經該鎮道府會督文武全數掃除，並獲捻首宋萬，交界之處一律肅清，實屬異常奮勉。查興慶現署總兵，系武職大員，不敢保列單內，可否賞加副將銜之處聽候恩施。徐州道王夢齡、徐州府趙作賓均因豐工復溢，革任暫留，此次督率兵勇籌措經費，備極艱難，先由臣等存記，再觀後效。

　　理合附片陳明，伏乞聖鑒。謹奏。

　　咸豐四年十二月十五日附進

　　三十日奉硃批：另有旨。欽此。同日奉咸豐四年十二月二十三日內閣奉上諭：怡良、楊以增奏遵查捕拿巨匪出力各員懇恩獎勵，開單呈覽一摺。江南銅山縣等處前有土匪張彥等聚衆擄掠，經該地方文武紳董悉數拿獲，均屬著有微勞，自應量予恩施，以昭激勸。所有在事出力之道銜候補知府毓彬著賞戴花翎，雙月候選。通判于贊著留於南河以通判歸分缺班間補，並賞加同知銜。選補河南懷慶府通判徐敦治著賞加同知銜。候補同知直隸州睢寧縣知縣高丙謀、候升同知直隸州署銅山縣知縣王檢心、署邳州知州溧陽縣知縣焦肇瀛均著以同知直隸州遇缺即補。知州銜署宿遷縣事坐補阜寧縣知縣顧思堯著俟補原缺後，以直隸州用。署桃源縣知縣王獻琛著免其試用借補，以沿河知縣補用。署河標遊擊常海、選補山東莘縣知縣胡鳴泰、河標把總周長政、銅山縣主簿沈僑、銅山縣州同職銜吳相武、徐州衛千總劉鉞輝均著賞戴藍翎。徐州鎮標守備馬裕椿著賞加都司銜，先換頂戴。候補縣丞陳迪恂著免補本班，以沿河

---

　　① 見楊紹和抄本卷三三，魯圖藏。並標題後註明"會江督怡良前銜"。

知縣分缺先用。署邳州舊城司巡檢候補主簿潘有恭著以從九品借補。睢寧縣貢生鮑其祥、文生李錦峰、邳州文生曹林芳、銅山縣從九品職銜孟毓光、宿遷縣監生臧崇道均著賞給六品頂戴，候補主簿吳特元著歸分缺先班內補用。另片奏署總兵興慶等會剿此股土匪，復拿獲著名捻首宋萬等語。署徐州鎮總兵鎮江營參將興慶著賞加副將銜，已革暫留徐州道王夢齡、徐州府知府趙作賓均著該督等存記，以觀後效。該部知道，單併發。欽此。

六九一　請將剿辦捻匪出力各員獎勵片[①]
（咸豐四年十二月十五日）

　　再，本年二月逆匪由六安北犯，時有捻匪宋萬乘亂率黨數千人，頭紮紅巾，在永城陳家集等處焚刦，經徐州鎮、道奏明堵緝。九月間宋萬同腹黨四百餘人盤踞永、宿交界之鐵佛寺，經辦理團練之段廣瀛及蕭縣知縣楊韞緒等帶領兵勇將宋萬擒獲，解至清江。臣以宋萬系積年著名巨匪，夥黨有數千之眾，縱橫三省之間，屢次殺傷官兵，其兇惡與張彥相等，其擾害視張彥尤久。訊明正法，附片奏蒙聖鑒。

　　所有在事員弁設伏購線、身親鋒鏑，洵屬急公。仰體聖主微勞必錄之意，自應一體請獎，庶昭激勸。謹另繕清單，附片陳請，伏乞聖鑒訓示。謹奏。

　　咸豐四年十二月十五日附進

　　三十日奉硃批：另有旨。欽此。同日奉咸豐四年十二月二十三日內閣奉上諭：怡良、楊以增奏請將剿辦捻匪出力之文武員弁紳士獎勵等語。開單呈覽，本年二月間，有捻匪宋萬率黨在永城一帶焚刦，九月間復盤踞永宿交界地方，經辦理團練之段廣瀛等帶領兵勇剿捕，將巨匪宋萬擒獲，所有在事員弁紳士自應量予恩施，以昭激勸。蕭縣在籍翰林院編修段廣瀛、銅山縣在籍候補直隸州知州張夢麟均著交部從優議敘，鹽提舉銜豐北通判馬浚著俟服闋後以同知用。推升福建邵武

---

① 見楊紹和抄本卷三三，魯圖藏，並於標題後註明"會江督怡良前銜"。

營參將瑚松額、徐州鎮標蕭縣都司李恒清均著賞換花翎。署山西大同營參將左營遊擊高培著開復革職處分。丁憂知縣楊韞緒著俟服闋後以知縣補用。即選知縣李延忠著不論單月儘先選用，並賞加同知銜。仍在營候選蕭縣典史何三賜著以應升之缺陞用。銅山縣文生鹿肇候、韓振溥均著以訓導，不論雙單月即選。監生張達、六品職銜張愛基、俊生佟永標、俊秀張淳均著以從九品不論雙單月即選。蕭縣軍功頂戴王振隆、孫文鼎、邳州軍功頂戴曹長貴均著賞加六品頂戴。該部知道，單併發。欽此。

六九二　請將偵探出力委員獎勵片①

（咸豐四年十二月十五日）

再，上年五月間逆匪自皖竄豫，擾及直隸地方。經臣楊以增派委候補通判張文濤在東河蘭陽渡口偵探，候補州同王廷煒在東河柳陽渡口偵探，候補通判金葉在河南許州、信陽州一帶偵探，候補知縣李均在山東直隸交界偵探。該員等隨時稟報，自備資斧，已閱一年有奇。可否均歸各本班分缺先用，以昭激勸之處出自恩施。

理合附片陳明。謹奏。

咸豐四年十二月十五日附進

三十日奉硃批：均著照所請行。欽此。

六九三　革員孝滿回營片②

（咸豐四年十二月十五日）

再，已革江蘇臬司查文經前在揚州軍營聞訃，稟請前欽差大臣

---

① 見楊紹和抄本卷三三，魯圖藏。並於標題後註明“會江督怡良前銜”。
② 見楊紹和抄本卷三三，魯圖藏。

琦善批准回籍，未及陳奏。經臣以該革司系奉旨留營效力之員，且有經手報銷事件，奏蒙恩准：穿孝百日後，再赴原營效力。茲該革司穿孝期滿，已於本月初六日到局接辦報銷事務，仍遵原奉諭旨，赴營效力。

爲此附奏，伏乞聖鑒。謹奏。

咸豐四年十二月十五日附進

三十日奉硃批：覽。欽此。

六九四　籌防捐局續收銀錢並三次請頒之執照懇飭迅速對發摺①

（咸豐四年十二月十八日）

奏爲籌防捐局續收銀錢數目，繕單恭懇恩獎，並請迅發執照，仰祈聖鑒事。

竊上年准户部咨：糧臺收捐照籌餉及常例銀數酌減十分之二，以抵其運解之費。嗣因清江團練碾勇經臣奏請以錢一千六百文作銀一兩，欽奉硃批：所籌俱妥。現辦捐輸，著隨時奏請，即可降旨施恩，以期踴躍，該部知道。欽此。當即在浦設局勸捐，發給官兵口糧。已將先捐各員十一次奏獎，均蒙恩准在案。茲據捐局委員等詳報續有急公報效者，自應隨時請獎，理合繕呈清單，伏候恩施，俾知觀感。並造具履歷清册，咨部查核。內有已奉頒發空白職銜監生各照者，遵即隨時填給，均於咨部册內註明。其報捐實在官職等項，凡册內未註給照者，應請由部迅即頒發，以昭激勸。至前頒各照歷經填給，並飭委員帶赴下河各州縣捐收米稻，兼收官票大錢，隨捐隨給，所存無幾。曾經三次奏請頒發，仰懇敕部照前請數目迅即封發，以廣招徠，合併陳明。

爲此恭摺由驛具奏，伏乞皇上聖鑒。謹奏。

咸豐四年十二月十八日拜進

咸豐五年正月□日奉硃批：户部速議具奏，單併發。欽此。

_____

① 見楊紹和抄本卷三三，魯圖藏。

六九五　防守淩汛平穩並蕭南王
平莊要工籌備情形摺

（咸豐四年十二月十九日）

　　革職留任江南河道總督臣楊以增跪奏，爲防守淩汛水勢工程平穩，並蕭南王平莊河勢南趨籌備情形，恭摺具陳，仰祈聖鑒事。

　　竊照河工以冬至節起至立春止爲淩汛之期，防守亦關緊要。本年冬九以來①雨雪間作，天氣沍寒，黃運湖河冰淩擁注。經臣先期分飭該管道將督率廳營員弁等，帶領兵夫隨時疏打，小心守護，豐工口門內外埽壩密掛擋淩椿木，以免鏟削之虞。茲時逾立春，氣候日和，淩澌漸泮，各工防守一律平穩。

　　蕭南廳碭上汛王平莊淤閉舊工灘面本寬，本年秋汛河勢漸向南趨，灘唇陸續刷塌。迨霜降水落歸槽，對岸嫩灘愈挺，日形挑逼，以致南岸淤灘潰塌日甚。現量灘面至窄處僅存一百十一餘丈。轉瞬桃汛經臨，水力日勁，誠恐塌近堤根，即致搶辦費手。據徐州道將稟請：先築土壩十二道，並酌購料石儲防。等情。尚屬合宜。惟查王平莊工本在外灘民堰之上，向系河庫發銀，官爲修守，工完後核實報銷，將庫墊銀兩由江寧藩司在於徐屬各州縣境內分別按年攤徵，解還河庫歸款各在案。

　　今②該處籌備土料碎石，自應循照辦理，但全用官票勢實難行，除於前此奏撥淮關徵存項下抵發額解銀內，酌解徐州道摒節籌辦外，並令該道等示諭該處紳農富户量力捐助秸料，許以按值給獎。當此庫項支絀之時，得能多收一分捐料，即可少墊一分料價。臣總當督率該道廳妥爲經理，期無糜誤。至各廳應備歲料現已減定數目，飭令預爲訂購。一俟部撥銀票解到，即撒手趕運儲工，以備春修之用。

　　江北徐、淮、揚、海一帶均已先後得雪數寸至尺餘不等，麥苗滋潤，民氣籹安，堪以上紓宸廑。

---

　　①　錄副本缺“來”字，據楊紹和抄本校補。
　　②　“今”字，楊紹和抄本作“茲”。

爲此繕摺具奏，伏乞皇上聖鑒。謹奏。

十二月十九日

咸豐五年正月初六日①奉硃批：知道了。欽此。

六九六　查明另案工用銀數循例比較摺
（咸豐四年十二月十九日）

奏爲查明咸豐四年分各道屬另案工用銀數，循例比較，開單恭摺具奏，仰祈聖鑒事。

竊照嘉慶二十一年准工部咨：凡河道另案工程於三汛後將一年統用銀數匯奏一次，並將上三年統用銀數分晰比較，以備查核。又於道光十五②年九月准工部咨：欽奉上諭：歲修工程銀有定額，興舉大工，事非常有，均照舊不入比較外，其另案工程嗣後每年彙奏清單遵照奏定期限，無論奏咨各案彙爲一册。其比較上下三年原從清單而出，毋庸分爲兩事。著該督附摺聲明比較，另立一單。等因。欽此。歷經遵辦在案。

除將咸豐四年霜降止各廳另案工段、銀數核明彙總開單，另摺具奏外，統計徐州、淮揚、淮海、常鎮四道屬咸豐四年分另案各工，除揚河廳五里中壩所用錢糧奏明著令該廳賠堵外，實計用銀六十六萬七千六百九十一兩零。比較咸豐三年另案共用銀一百一十六萬三千六百八十四兩零，今四年計少用銀四十九萬五千九百九十三兩零。比較咸豐二年另案共用銀一百六十一萬六千八百四十六兩，今四年計少用銀九十四萬九千一百五十五兩零。比較咸豐元年另案共用銀二百十三萬四千九百零九兩零，今四年計少用銀一百四十六萬七千二百十八兩零。謹遵照部定章程，將各道屬用銀數目分晰比較，開具清單，恭呈御覽。

爲此繕摺具奏，伏乞皇上聖鑒，敕部查核施行。謹奏。

---

① 此摺及後一摺奉硃批日期，楊紹和抄本皆作"十八日"。

② "五"字，楊紹和抄本作"九"，當誤。

十二月十九日①

咸豐五年正月初六日奉硃批：該部知道，單併發。欽此。

六九七　咸豐四年另案工用銀數
比較清單

（咸豐四年十二月十九日）

　　謹將咸豐四年徐州、淮揚、淮海、常鎮四道屬另案工用銀數比較上三年分晰開具清單，恭呈御覽。

　　計開：

　　徐州道屬　咸豐四年分另案各工共用銀十四萬三千一百六十二兩零八分二釐二毫，比較咸豐三年另案各工共用銀二十萬七千三百八十六兩一錢四分五釐，計少用銀六萬四千二百二十四兩零六分二釐八毫；比較咸豐二年另案各工共用銀十八萬四千零七十二兩五錢六分二釐，計少用銀四萬零九百一十兩四錢七分九釐八毫；比較咸豐元年另案各工共用銀三十六萬四千六百七十三兩五錢四分二釐，計少用銀二十二萬一千五百十一兩四錢五分九釐八毫。

　　淮揚道屬　咸豐四年分另案各工共用銀二十四萬八千零六十八兩八錢一分五釐，比較咸豐三年另案各工共用銀七十五萬六千五百六十七兩七錢一分四釐，計少用銀五十萬零八千四百九十八兩八錢九分九釐；比較咸豐二年另案各工共用銀一百二十萬零九千八百四十四兩六錢三分零五毫，計少用銀九十六萬一千七百七十五兩八錢一分五釐五毫；比較咸豐元年另案各工共用銀一百二十九萬八千九百零一兩五錢五分六釐九毫，計少用銀一百零五萬零八百三十二兩七錢四分一釐九毫。

　　淮海道屬　咸豐四年分另案各工共用銀二十六萬二千五百八十一兩六錢七分五釐，比較咸豐三年另案各工共用銀十四萬七千一百五十八兩三錢三分九釐，計多用銀十一萬五千四百二十三兩三錢三分六釐；比較

咸豐二年另案各工共用銀十八萬三千八百二十六兩三錢九分五釐，計多用銀七萬八千七百五十五兩二錢八分；比較咸豐元年另案各工共用銀四十二萬五千五百八十一兩八錢□分八釐五毫，計少用銀十六萬二千兩零一錢四分三釐五毫。

常鎮道屬　咸豐四年分另案各工共用銀一萬三千八百七十八兩六錢零九釐，比較咸豐三年另案各工共用銀五萬二千五百七十二兩，計少用銀三萬八千六百九十三兩三錢九分一釐；比較咸豐二年另案各工共用銀二萬九千一百零二兩七錢六分八釐，計少用銀二萬五千二百二十四兩一錢五分九釐；比較咸豐元年另案各工共用銀四萬五千七百五十二兩二錢八分二釐，計少用銀三萬一千八百七十三兩六錢七分。

硃批：覽。

六九八　核明各廳另案工用銀數摺

（咸豐四年十二月十九日）

革職留任江南河道總督臣楊以增跪奏，爲核明各廳咸豐四年霜降止辦理另案各工動用銀數，循例匯開清單，恭摺奏祈聖鑒事。

竊照每年伏秋大汛各廳搶辦另案新工，於嘉慶八年准工部咨，令於霜降後核明銀數，彙奏一次，以憑考核。又於道光十五年九月內准工部咨：欽奉上諭：嗣後每年彙奏清單務遵奏定限期，無論奏咨各案彙爲一冊。等因。當經前河臣查明請照東河章程，截至霜降之日爲止，將霜後所辦各工歸入次年清單開列，奏奉俞准照辦。各在案。

所有咸豐四年霜降止，各廳辦理培築堤壩堰餂、鑲做護埽防風、疏挑水渠、堵束壩河、搜護風掣石工等項工程，均經臣隨時督率各道將廳營分投辦理，節次奏報鈔摺咨部。茲據徐州、淮揚、淮海、常鎮四道分案造冊呈送前來，共二十七案。內估定辦理者，工竣後經臣勘驗。其隨時辦理者先由各道查量具報，復經臣確核刪減，不准稍有浮糜。茲統計各工刪定銀數共用銀六十六萬七千六百九十六兩零，按冊查核，均與原估及勘准冊案相符。除飭另造印冊詳送，次第具題並送部查核外，謹將各廳咸豐四年霜降止辦理另案各工動用銀數，循例彙開清單恭呈御覽，仰祈勅部查核施行。

爲此繕摺具奏，伏乞皇上聖鑒。謹奏。

十二月十九日①

咸豐五年正月初六日②奉硃批：該部知道。單併發。欽此。

六九九　籌濟淮河鹽船擬勸捐堵壩摺
（咸豐四年十二月二十四日）

欽差大臣江寧將軍③西林巴圖魯④臣托明阿、革職留任江南河道總督臣楊以增跪奏，爲淮河水淺，鹽船不能行走，擬委員勸捐堵壩，以節正項而裕兵餉，恭摺陳奏，仰祈聖鑒事。

竊照揚州大營兵多餉絀，當此攻剿吃緊之時，必須廣籌接濟，方期士飽馬騰，克敵制勝。因查就近催提，以淮北鹽課爲大宗。惟入秋後雨雪稀少，以致淮源淺涸，鹽船不能行走，兵餉無出，非蓄高洪澤湖水頂托淮流，難期濟運裕餉。查山盱禮字河越壩原議緩堵，嗣恐誤運，經臣楊以增酌籌現銀接濟，已堵三百餘丈，尚有一百十餘丈未堵。量水較深，亟應趕緊堵合。委員查估，需銀甚巨，河庫無現款可籌。

臣等往返剳商，革職留營臬司查文經曾任淮揚道，熟悉情形，商民信服。海州運判杜文瀾人亦廉明。若責令該臬⑤司查文經督同杜文瀾勸捐堵築，可節正項而資利濟，於鹽務、兵餉兩有裨益。

此項工程緊急，除檄飭遵照並先在鹽款項下借撥銀兩，購辦料物，俟捐有成數提還歸款外，爲此合詞恭摺由驛具奏，伏乞皇上聖

---

① 此摺具文日期，楊紹和抄本作“二十五日”。

② 此摺奉硃批日期，楊紹和抄本作“十八日”。

③ 江寧將軍：全稱鎮守江寧等處地方將軍，爲清代統領江南駐防八旗軍兵的最高統帥。

④ 巴圖魯：滿語 baturu 的音譯，意爲“英雄”“勇士”，爲滿洲傳統封號之一，後來成爲清朝賞賜有戰功之人的封號。

⑤ “臬”字，楊紹和抄本作“革”。

鑒。謹奏。

　　十二月二十四日

　　咸豐五年正月初二日奉硃批：欽此。①

---

　　①　"欽此"後，楊紹和抄本有："同日奉咸豐五年正月初二日內閣奉上諭：'托明阿、楊以增奏籌濟淮河鹽船擬勸捐堵壩一摺。現在淮河水淺，鹽船行走維艱，必須蓄高洪澤湖水頂托淮河，方能濟運。業經楊以增籌款堵築山盱禮字河越壩三百余丈，尚有一百餘丈未曾堵合。准其先行借撥鹽款項下銀兩趕緊購料辦理，並飭已革臬司查文經督同海州運判杜文瀾勸諭捐輸，俟有成數提還歸款，該部知道。'欽此。"

咸豐五年 （1855）

七〇〇　奏爲謝賞福字事

（咸豐五年正月十九日）

革職留任江南河道總督臣楊以增跪奏，爲恭謝天恩事。

竊臣摺弁京旋賚奉御賞"福"字一方①浦，臣即跪迎至署，恭設香案，望闕叩頭謝恩。伏惟皇上乾元萃集，復旦祥臻。乙夜觀書，安切宵衣之惕；卯耕播穀，先求民食之依。當萬寶之告成，宮功執而農桑成稔；收四方之底定，兵氣銷而②日月光昭。斂時瑞敷錫之原，逮其有極；介景溥維祺之化，及爾無垠。與□皆春，如天之福。臣職斯下土，賜自上方，洽履成之更新，彌捧恩而知重。所願歌賡瓠子，宣房徵瑞應之來，□補儀庚，寰宇獻綏豐之頌。

所有微臣感激下忱，理合繕摺恭謝天恩，伏乞聖鑒。謹奏。

正月十九日

咸豐五年正月二十四日奉硃批：知道了。欽此。

七〇一　訪獲另股洋匪情形摺

（咸豐五年正月十九日）

革職留任江南河道總督臣楊以增跪奏，爲訪有另股洋匪，容飭查拿以除隱患，恭摺具陳，仰祈聖鑒事。

竊照上年九月間，臣與漕臣訪得阜寧縣黃河海口有洋匪王大老虎等盤踞搶掠，當經委員捕獲懲辦，並飭沿海各州、縣、營、汛隨地隨時搜拿餘匪，奏明在案。迨十二月內復訪得黃河海口迤北五百餘里漕標廳轄之海州境內埒子口地方，有另股洋匪出沒無常，在海州及山東洋面聚眾

---

① 此處或脫"來"字。

② 此處衍一"而"字。

肆擾。正擬查拿間，旋據事主呈報貨舡被刼，並據署海州知州于醇儒密稟訪有蹤跡。

因念該處海灘遼闊，港汊紛歧，一涉張黃，即慮匪等聞風出海，跟緝綦難。當與漕臣往返劄商，即密委駐劄板浦之海州運判杜文瀾，帶同鹽大使楊忠琛、常濂蕭、鳳縣知事張億、巡檢陳鑒等，率領練勇與地方文武設法掩捕。又恐匪徒四竄，兵力較單，不敷堵截，復遴委候補知府金安瀾、中河通判朱善張酌帶兵勇，自浦星夜馳往接應。一面劄飭葦左營守備楊鎮華、葦右營守備鄭永林選帶能事武弁，雇募民練，就近會拿。

茲據委員金安瀾等稟報，馳抵海州垺子口。時值隆冬，海汊凍結，匪徒吳學禮等盤踞其中，必須四面兜拿，方免竄逸。遂將海州、東海、葦蕩各營官兵及練勇、民勇星羅棋佈，屯紮周遭。各文武員弁探明路經，鼓勵兵勇，分路撲進匪巢。該匪等開槍抗拒，兵勇奮力上前，除格殺不計外，登時捕獲匪首吳學禮等五名，奪獲擡鎗九桿、火槍二桿、九節礮三門、子母砲一門、火藥砂子二百餘觔，又起獲豆油、豆餅、紙捆數百件。當將匪巢燒毀，並於海灘搜獲餘匪邢有見等三十餘名，一併押解前來。伏查海濱荒遠，本易藏奸，若稍涉因循，俟賊鴟張，再行剿辦，必至燎原難撲，爲害不可勝言。今於萌發之始悉數就擒，洵足以靖海洋而除隱患。

除委淮海道梁佐中、候補道路慎莊將現獲各犯督飭嚴訊，再由臣親提覆勘會奏外，所有訪獲另股洋匪緣由，謹先會同兩江總督臣怡良、漕運總督臣邵燦恭摺由驛馳奏，伏乞皇上聖鑒。謹奏。

正月十九日

咸豐五年正月二十四日奉硃批：知道了。欽此。

七〇二　以商民官票納本添鑄以濟兵餉片

（咸豐五年正月二十四日）

再，江北籌防因撥款不繼，設局開爐鼓鑄大錢，以資挹注。復因銅本難籌，議收商民半錢半票分爐添鑄，除按數發還外，積有餘剩，亦可提作籌防兵勇口糧。惟臣標操防、修防及葦蕩、船務各營官兵月餉因河庫、藩庫錢糧支絀，欠發過多，兵**衆**萬餘難免枵腹從公，情殊可憫。現由臣設法籌本添爐鑄錢，並准商民以零星官票掛號納本，俾小票既可流通。而藉資民力，接濟兵餉，實屬官民兩便。至有利即須防弊，派委清河縣知縣吳棠稽查彈壓。設有弊端，臣當隨時糾參，以重鼓鑄。

理合附片陳明，伏乞聖鑒。謹奏。

正月十九日

咸豐五年正月二十四日奉硃批：知道了。欽此。

七〇三　遴員請陞河廳要缺摺

（咸豐五年三月初四日）

革職留任江南河道總督臣楊以增跪奏，爲河廳要缺遴員請陞，恭摺仰懇聖恩俯准，以重修防事。

竊照候陞道淮安府裏河同知于昌進於剿辦海洋股匪案內奏奉諭旨：著開缺以道員留於南河酌量補用。欽此。經吏部知照前來，應歸上年十二月截缺。查裏河同知一缺爲洪湖入運門户，閘壩層迭，經管山清運河兩岸，堤埽綿長，修防啓閉，兼有催儧之責，均關緊要。且系通工首廳，時有委令查勘會辦事件，必得熟悉情形、辦事結實之員方資治理。經臣與督臣往返劄商，在於現任候補、應陞人員內逐加遴選，查有候選道淮安府中河通判朱善張，現年四十六歲，浙江附生，在籍捐輸軍需河工經費，道光二十五年三月奉旨：著以通判分發南河，歸捐班前先用。二十六年因承辦善後工竣，十二月奉上諭：著俟補缺後以南河同知陞用，先換頂戴。欽此。二十八年正月領咨赴部引見，五月到工。二十九年補桃南通判，咸豐元年調補中河通判，因催儧出力，奉上諭：著賞加知府銜。咸豐三年六月捐陞道員，在任候選。四年五月查明江北各屬剿辦捻匪出力案內奉旨：賞戴藍翎。四年八月遵查清淮團練剿匪出力案內奉旨：賞換花翎。十一月遵保剿辦洋匪案內奉旨：交部從優議敘。欽此。現供今職。

該員居心醇正，辦事安詳，於河工錢糧向知節省，本系奉旨陞用之員，並無違礙處分，亦無未完賠項銀兩。以之陞署裏河同知，實堪勝任。合無仰懇皇上天恩，准以朱善張陞署裏河同知，實於要缺有裨，如蒙俞允，臣仍隨時察看，俟試署一年期滿，經歷三汛，果能勝任，再行保題實授，恭候欽定。

謹會同兩江總督臣怡良繕摺具奏，伏乞皇上聖鑒訓示。謹奏。

三月初四日

咸豐五年三月十九日奉硃批：吏部議奏。欽此。

七〇四　京員學習期滿請留南河補用摺
（咸豐五年三月初四日）

革職留任江南河道總督臣楊以增跪奏，爲京員學習期滿，遵例切實出考，保留南河補用，候補缺時再行送部引見，恭摺奏祈聖鑒事。

竊照河工學習人員例於兩年期滿後分別保留補用，茲查禮部員外郎赫特赫訥於咸豐三年奉旨發來南河學習差遣，是年五月十五日到工。兩年以來派往各廳查料勘工，協防大汛，留心習練，辦事認真。茲屆期滿，照例以知府留江補用。惟查該員到工時正值粵匪竄入江境，金陵、鎮、揚相繼失守，清淮逼近賊氛，經臣設局籌防，派令該員會同各道籌餉練勇，並委在寶蘇分局督鑄大錢暨辦理捐輸事務，實能任勞任怨，備著率勤。可否仰懇天恩，准將赫特赫訥留於南河，以道員酌量補用，俟補缺時再行送部引見之處出自逾格鴻慈。

爲此繕摺具奏，伏乞皇上聖鑒訓示。

再，此屆奉旨發來南河京員中尚有禮部郎中陰昌運，四年二月到工，於十二月二十三日因病身故，經臣另疏具題。又翰林院編修史淳前經在部請假，回廣東原籍省親。嗣因患病，由籍咨部，俟將來病痊仍赴河工學習，經吏部議准，知照在案，合併陳明。謹奏。

三月初四日。

咸豐五年三月十九日奉硃批：吏部議奏。欽此。

七〇五 桃汛河湖工程平穩摺

（咸豐五年三月十九日）

革職留任江南河道總督楊以增跪奏，爲桃汛期內水勢見長、工程平穩各緣由，恭摺具陳仰祈聖鑒事。

竊照河工以清明節後二十日爲桃汛之期，防堵吃緊。茲查豐、蕭兩廳境內黃河水勢，正月以來至清明前已共長水三尺餘寸，自二月十九日節交清明後續又長水二尺餘，豐工裏頭、護埽等工間有見蟄，均經隨時鑲加穩實。蕭南王平莊塌灘處所又見塌數丈，前估土壩業經築成，防石已購運儲工，勸捐民料現據稟報已及二百堆。飭令按例堆收，以資防備。各廳歲料業據報驗到工，當飭該管道並委在工學習之禮部員外郎赫特赫訥前往查驗，不准短少弊混。其應辦春修土埽各工經各道勘減估報，復經臣確核刪准，批令認真鑲築，完報候驗。邳宿運河水勢未見加長，各宣洩去路遇有淤墊淺窄之處，均飭隨時挑撈通暢。洪澤湖自山盱裏河堵後漸次卡水，並經前江蘇臬司查文經勘明高堰十四堡起至裏河束清壩一帶河身淤墊，督令海州運判等查估挑深，均由商捐派員挑辦，克日竣事，以濟引運。淮揚下游運河冬春水涸，誠恐兵差、軍餉往來船隻淺滯，當將歸江各河壩次第堵閉，並於河寬水緩之處酌做小壩，收束刷滌，以期通利。各處工程現俱一律平穩。江境已得透雨，麥苗旺發[①]，民氣粼安。

所有桃汛水勢見長、工程平穩各緣由，謹會同兩江總督臣怡良恭摺附驛具奏，伏乞皇上聖鑒。謹奏。

三月十九日

咸豐五年三月二十五日奉硃批：知道了。欽此。

---

① 楊紹和抄本此處原衍"旺發"二字。

七〇六　捐輸銀錢兌率請仍照閩省捐輸舊章片

（咸豐五年三月十九日）

再，臣接准部咨：以閩省辦理捐輸按製錢一千六百折銀一兩，復按製錢二千合銀上兌，輾轉統算，繆轕不清。議請嗣後常捐、大捐除減成外，其上兌之數交銀者以銀計，交錢者概以製錢二千抵銀一兩。等因。臣查清江設防練勇，於咸豐三年奏請以錢一千六百文作銀一兩收捐，欽奉硃批：所籌俱妥。現辦捐輸，著隨時奏請，即可降旨施恩，以期踴躍，該部知道。欽此。連年遵照收捐，疊經奏蒙恩准。現在瓜洲情形如故，清淮未能撤防，且自糧臺裁併後，全仗捐輸接濟軍餉，而用兵省分銀價長落無常，現錢盤運不易。若復驟為加增，恐致觀望不前。似應仍遵奏准章程，以錢一千六百文合銀一兩，方順輿情而期踴躍。且系奉旨准辦之案，家喻戶曉，並不輾轉繞算，致多繆轕。

茲據捐局委員赫特赫訥等具詳前來，理合附片陳請，伏乞聖鑒訓示。謹奏。

三月十九日

咸豐五年三月二十五日奉硃批：覽。欽此。

七〇七　委員采鐵雇匠試鑄鐵錢片

（咸豐五年三月十九日）

再，臣因經費支絀，遵旨開爐鼓鑄當百以下大錢，疊經奏蒙聖鑒。又官票無本，票價日跌，議收商民銅本，添爐鑄錢，亦經署藩司何俊列入章程，通詳會奏在案。惟一載以來，清江雖已行使，他邑尚未流通。各局大錢愈鑄愈多，閭閻行用，不無折扣，若不及早挽回，國法一壞，所關甚巨。目前急則治標，非多鑄當十大錢難期調劑。但銅價日昂，多鑄當十等錢成本不敷。因思前准戶部奏稱內外庫藏均形短絀，惟有推廣錢法，以濟銀之不足。查產鐵省分甚多，並可仿照京師式樣鼓鑄鐵製錢，或添鑄當十當五大鐵錢，以供應用。請旨飭下各直省督撫迅即添爐加鑄各項大錢，並添鑄鐵鉛等錢，以便商民交易。等因。奉旨：依議。欽此。並聞福建、山西、河南等省均已鼓鑄鐵錢。臣與藩司暨管局各道等悉心籌計，鐵價稍賤，可以多鑄數少之錢，與當百等錢相輔而行，自應遵照辦理。隨即委員采鐵雇造，茲已到浦。

除飭趕緊試鑄，俟有成效，再行具奏，並飭管局道等認真嚴查，倘有弊端立即參奏外，理合附片陳明，伏乞聖鑒。謹奏。

三月十九日

咸豐五年三月二十五日奉硃批：覽。欽此。

七〇八　提勘另股洋匪嚴法懲辦摺

（咸豐五年三月十九日）

革職留任江南河道總督楊以增跪奏，爲提勘另股洋匪，嚴法懲辦，恭折據陳，仰祈聖鑒事。

竊照上年十二月間，臣訪聞海州坲子口地方有另股洋匪，聚衆肆擾，隨即密飭文武員弁籌帶兵勇，馳往查拿。旋據報獲吳學禮、邢有見等多名，押解到浦。經臣會摺奏明，飭委署淮海道梁佐中、候補道路慎莊、邳州知州左仁、署海州知州于醇儒、署清河縣知縣吳棠等審擬解勘，臣親提研鞫，緣包學玉、吳學孔即吳學禮、吳學品、武進芳、武學海、王五即王懷喜、王十即王懷亮、邢致忠、崔丙位、邢有見、邢致培、邢致桓、李保太、周四、何開有、陳有潢、吳長法、王懷錦、劉安樂、張世進、顧永豐、吳學書、謝洪聚、許兆祥、蕭登科俱籍隸海州，向各遊蕩駕船，並未爲匪，黃河海口之王大老虎等人亦不認識。咸豐三年十月間，包學玉與同獲之吳學孔、吳學昌、武進芳、武學海、王五、王十、邢致忠會遇，彼此談及貧苦難度。包學玉因言坲子口一帶與山東交界洋面時有貨船駛過，起意糾吳學孔等出洋行劫。吳學孔等先從包學玉，又另糾已革斃之劉大能、熊式玉、段三、戈瞎子，在逃之李合舟、黃老五，並劉大能、戈瞎子轉糾之不識姓名八人入夥。隨後不記月日，吳學孔等駕船駛至垺子口、開山裏、開山北鶯遊門處外洋劫得客船、銀錢、紙張、花生、豆油、白布、尖線、衣物，並劫有槍炮、火藥等件，經包學玉作主將贓俵分各用。上年二月包學玉又陸續逼脅同獲之崔丙位、邢有見、邢致培、邢致桓、李保太、周四、何開有、陳有潢、吳長法、王懷錦、劉安樂、張士進，並顧永豐、吳學書、謝洪聚、許兆祥、葛登科入夥。包學玉因人數衆多，遂派顧永豐等在船服役，並自稱總頭目，添制刀槍、鞭杆，令吳學熙等大衆演試，並在海島隱密處所挖掘巢穴數處，預備官兵捕拿，以便藏匿、抗拒。是月二十三日，吳學孔等駕船至嵐山頭，遇見客船一隻，當將該船駕至西南島，劫得銅錢、衣物。又於三月初七日在西墅口鮑家埃遇見客船一隻，亦將該船駕至鶯遊門，劫得銀錢貨物。又於閏七月初十邊在宦港子劫得客船、梨貨、錢物。又於是月二十日外在南尖劫得客船、魚貨。又於八月二十二日在二浤劫得客船、鹹蟹、蝦皮等物。又於十月十六日夜在垺子口劫得客船、魚鮮貨物。又於十一月初三日在垺子口劫得客船、油簍等物。均經包學玉隨時將贓派分變用。當有未及變賣之贓物藏於島內。後因天寒港凍，包學玉等躲避島內。旋經各衙門訪聞，密飭印委文武員弁帶兵四面兜拿。包學玉情急喝令吳學孔等放槍拘捕，兵勇奮力上前，格殺劉大能等四名，生擒武學熙、邢有見等多名，燒毀巢穴。將犯解經臣奏明委據署淮海道梁佐中、候補道路慎莊督審擬解前來，經臣訊悉前情不諱，並卷查報案無異，案無遁飾。

　　查例載：江洋行劫大盜照例斬立決、梟示；又洋盜案內被脅在船爲盜服役並未上盜，如被拿獲者杖二百，徒三年，其雖上盜，僅在外瞭望接遞財物，並無助勢搜贓情事者改發新疆，給官兵爲奴各等語。此案洋匪糾衆黨羽，逼脅多人，出洋疊劫，並敢預存對敵，聞拿負固開槍拒捕，實屬目無法紀，罪大惡極。臣於審明後即將包學玉、吳學孔即吳學孔、吳學品、武進芳、武學海、王五即王懷喜、王十即王懷亮、邢致忠八名恭請王命，先行正法，傳首犯事地方，懸杆示衆，以昭炯戒。餘如崔丙位、邢有見、邢致培、邢致桓、李保太、何開有、周四、陳有潢、吳長法、王懷錦、劉安樂、張士進①十二名，各在本船接贓一次，並未過船搜贓，亦未拒捕，均合依洋盜案內"被脅上盜接遞財物並無助勢搜贓情事

改發新疆給官兵爲奴”例，各改發新疆給披甲人爲奴，仍遵咸豐二年通行改發黑龍江給披甲人爲奴。顧永豐、吳學書、謝洪聚、許兆祥、葛登科五名訊系被脅搖櫓、燒鍋，行劫時伊等畏懼躲入船艄，並未出面，均合依“被脅在船爲盜服役並未隨同上盜被拿獲者，杖一百、徒三年”例，各杖一百、徒三年，定地發配，折責充徒，應刺字者照例刺字。該犯等有供親老丁單，系海洋盜犯情節較重，不准查辦，不能禁約子弟爲匪各犯父兄，及失察牌保由州提懲。余訊無同居親屬之情分贓，及牌保得規、包庇情事，應毋庸議。獲到槍炮器械發營配用，油、豆等件由州查明給領。逸犯飭緝獲日另結。此外尚有同獲之吳學明等十四名，或訊系誤拿，或供認另案與此股洋匪無涉，業經發回分別省繹查辦。

　　除全案供招咨部核覆外，所有審明定擬緣由謹會同兩江總督臣怡良、漕運總督臣邵燦恭摺具奏，伏乞皇上聖鑒。

　　再，此案印委員弁督帶兵勇，奔馳冰雪之中，親冒鋒煙之險，消除伏莽，安靖海疆，實屬勇敢有爲，辛勤倍著。即承審各員人犯衆多，晝夜研鞫，亦屬著有微勞。可否擇其尤爲出力者酌保數員，以昭激勸出自逾格鴻慈。合併附陳。謹奏。

　　三月十九日

　　咸豐五年三月二十五日奉硃批：刑部議奏。其可酌獎之處附摺聲明。欽此。

七〇九　運判捐輸軍餉奏請獎敘片

（咸豐五年四月□日）

　　再，通州運判梁寶森於咸豐三年間捐輸軍餉，當經奏准以直隸州知州留於清江差遣委用。茲因籌防經費支絀，復捐錢七千六百千，核與由直隸州知州捐陞知府按新例減成折錢數目有盈無絀，擬懇恩准將梁寶森以知府歸部不論雙單月選用。該員在差甚爲得力，並請敕部先行開選，以昭激勸。

　　理合附片陳請，伏乞聖鑒訓示。謹奏。

　　咸豐五年四月十六日奉硃批：覽。欽此。

七一〇　請撥大汛工需摺

（咸豐五年四月初六日）

革職留任江南河道總督臣楊以增跪奏，爲請撥大汛工需，仰懇聖恩俯准飭撥事。

竊查南河工需向於年前請撥一百二十萬兩，爲歲搶修工程及官兵俸餉額支各款之用。春間奏撥銀一百五十萬兩，專防大汛、搶辦險工及啓閉壩河等工之用。歷經循辦在案。自咸豐二年以來，因豐工漫口，黃河有停修者七廳，是以額請銀兩均從節減。伏查江南黃、運、湖、河共二十二廳，除去停修七廳，仍有十五廳照常修守。上冬請發本年歲料時，經臣核實酌減，奉部准發在案。茲大汛工需亦應酌減，請以額支一百五十萬兩減去七十萬兩，應請發八十萬兩。轉瞬大汛，亟應早爲籌備。惟兩年來均系奉發官票，並無實銀，而各省額解銀款雖經戶部奏明專催，乃均因軍務提用空文回復，以致辦料、辦工備形掣肘。所有流通官票之法，經臣再三籌畫，廣爲勸諭，並奏明開設官局，令商民赴局購票，遵照部章搭交地丁、鹽課、關稅等項。乃告諭成帙，不啻再三，迄今仍未通行。工員領去官票，現在每兩僅易錢三四百文，勢難救辦。倘要工坐誤，上負高深，即將臣等治罪，亦屬無補於公。不得以據實直陳，伏乞皇上天恩俯念河工緊要，飭部仿照東河銀錢搭票章程，準將南河大汛工需八十萬兩撥給現銀三四成，其餘發給散數官票，俾資搭用以益河防。感荷鴻慈，曷其有極！

爲此會同兩江總督臣怡良恭摺具奏，仰祈皇上聖鑒訓示。謹奏。

四月初六日

咸豐五年四月十九日奉硃批：該部速議具奏。欽此。

七一一　勸捐堵閉洪澤湖禮字河工竣摺

（咸豐五年四月初六日）

欽差大臣江寧將軍西林巴圖魯臣托明阿、革職留任①河道總督臣楊以增跪奏，爲勸捐堵閉洪澤湖禮字河越壩缺口工竣，恭摺具奏仰祈聖鑒事。

竊臣等議堵禮字河越壩缺口以利鹽運而裕餉課，因河庫無現款可籌，奏奉諭旨：飭令已革江蘇臬司查文經督同署海州分司運判杜文瀾勸捐堵閉。正籌捐間，據商民公稟，洪湖引河乾涸，船載盤壩維艱，懇求一併籌挑。復經臣等飭委查文經一手勸捐督辦。茲禮字河缺口一百十二丈已於二月十三日合龍，引河七千四百一十丈亦於三月十五日完工，共用製錢六萬六千八百三十餘千。查湖面寬至四百餘里，全湖之水悉由禮字河越壩缺口奔騰東注，堵閉頗難爲力，錢糧多至六萬餘千，勸捐亦實不易。該革司親督文武員弁，趁連日東風溜弱，竭十晝夜之力即已合龍。引河亦挑挖深通，船行無阻。錢糧既屬節省，工程均尚妥速。所用錢糧商民踴躍樂輸，業已全數認捐，無須開銷庫項，亦征商民翕服，勸導有方。除查文經系革職留營效力之員，不敢仰邀議敘，其餘出力各員弁由臣等存記，俟續有勞蹟，再行恭懇恩施外，至此案工程係屬捐辦，懇免其造冊報銷。

爲此合詞恭摺具奏，伏乞皇上聖鑒。謹奏。

四月初六日

咸豐五年四月十九日奉硃批：知道了，著免其造冊報銷。欽此。

七一二　遴員請陞河廳要缺摺

（咸豐五年四月初六日）

革職留任江南河道總督臣楊以增跪奏，爲河廳要缺遴員請陞，恭摺

---

① 此處似脫“江南”二字。

仰懇聖恩俯准以重修防事。

　　竊照候陞道淮安府外南同知婁晉於剿辦洋匪出力案內奏奉諭旨：著開缺以道員留於南河酌量補用。欽此。經吏部知照前來，應歸上年十一月分截缺。查外南同知管理山清兩縣境內黃河南岸工程，地當清黃交匯之區，堤埽險要，且塘河閘堰爲漕運、銅鉛船隻往來要道，啟閉放渡機宜尤須熟悉情形、結實可靠之員方資治理。臣與督臣往返劄商，在於現任、候補應陞人員內逐加遴選。查有由揚河通判開缺以同知即陞之鐘照，現年四十六歲，浙江監生，遵豫工例捐納州同，報效東河。道光二十二年三月奉差來江，查探水勢，值江北防堵，捐造火藥，隨營效力，奏奉諭旨：留於南河補用。遵於是年七月二十六日到工，二十五年借補邠州州判。二十七年防守大汛出力，保奏奉旨：以應陞之缺陞用。三十年大計卓異，欽奉諭旨：准其加一級註冊候陞。咸豐二年題陞揚河通判，豐工合龍案內保奏，奉旨：著俟實授後以同知直隸州陞用。咸豐四年題請實授。冬間剿辦洋匪出力案內，奏奉諭旨：鐘照著開缺以同知即陞，並賞戴花翎。欽此。

　　該員才具精幹，錢糧謹慎，現署斯缺，經理裕如，以之陞署外南同知實堪勝任。惟該員通判任內尚未引見，且與婁晉同日開缺，與例稍有未符。謹援人地實在相需之例，專摺奏請，合無仰懇皇上天恩俯准以鐘照陞署淮安府外南同知，洵於要缺有裨。如蒙俞允，臣仍隨時察看，俟試署一年期滿，經歷三汛，果能勝任，再行保題實授，併案送部引見，恭候欽定。

　　謹會同兩江總督臣怡良繕摺具奏，伏乞皇上聖鑒訓示。

　　再，該員並無違礙處分，亦無應賠未完銀兩，合併陳明。謹奏。

　　四月初六日

　　咸豐五年四月十九日奉硃批：吏部議奏。欽此。

七一三　設法籌款修築洪澤湖石工片

（咸豐五年四月初六日）

　　再，洪澤湖石工每遇西北風暴輒被掣卸，往時歲修另案工不停辦。

軍興以來，錢糧兼顧不及，僅能設法籌款，拋石摟護。至今數載，愈塌愈多，計一萬六千餘丈，石工刷去槽土暨掣卸應修者，已逾十分之四，情形岌岌可危。該工爲淮揚保障，久經籌辦，撙節估計需銀二十餘萬兩，且非現銀不可。現當部款支絀之時，不敢專案請撥，臣惟有設法另籌，以固要工，一俟籌有捐項，再行奏請辦理。

爲此附陳，伏乞聖鑒。謹奏。

四月初六日

咸豐五年四月十九日奉硃批：知道了。欽此。

七一四　委員解送火藥赴向榮大營片
（咸豐五年四月□日）

再，本月初九日承准軍機大臣字寄：咸豐五年四月初四日奉上諭：據向榮奏前次調到山陝等省火藥鉛子等件所存現已無幾，請飭直隸、河南及江南河標各調火藥三萬斤。等語。等因。欽此。伏查河標各營額儲火藥僅敷操演，所餘無多。惟清江設防之區，供應各營軍火。前委候選知府熊存泰提煉硝磺，加□製造火藥。除就近解交揚州大營及本地操練兵勇、各路捕拿土匪，又撥解上海、鎮江、江寧各大營共計三十餘萬斤外，現查尚有存儲。當即飭提火藥三萬斤，遴委妥弁於十二日起身，兼程解赴欽差大臣向榮軍營交收，以備攻剿之用。臣仍飭局籌款補造，俾免缺乏。又礅子、火繩等件爲軍火所必需，亦飭酌辦配解。

理合附片覆陳，伏乞聖鑒。謹奏。

四月□日

咸豐五年五月初五日奉硃批：知道了。欽此。

七一五　奏請准關銀兩搭配鈔票撥給南河片
（咸豐五年五月□日）

　　再，本年奏請防料案內經戶部奏准指撥本省江海關稅銀五萬兩、淮徐關稅銀五萬兩，俾得搭配鈔票，以濟要需。嗣准江蘇巡撫吉爾杭阿咨稱軍需緊要，江海關稅課不能分撥河工，業已奏明在案。又據管理揚州糧臺江寧藩司文煜函稱：准關稅課係原任親差大臣琦善奏明准提濟餉等。謹查南河二十二廳除黃河七廳無工外，其餘皆照常修守。正值伏秋大汛，爲日甚長，若無現銀，雖有鈔票，實難應用。現據徐州鎮所稟，淮、海、徐三屬撥解徐州之餉每月可減省三千餘兩，或充兵餉，或作軍需，應由督臣、撫臣核實。江海關稅課既不能分撥河工，而淮關銀兩係南河額解之款，可否仍撥給南河搭配鈔票，以濟要需之處聽候聖鑒。謹奏。

　　五月□日

　　咸豐五年六月初六日奉硃批：是時急務固應以軍餉爲要，著戶部再行籌議具奏。欽此。

七一六　籌防捐局續收銀錢摺①
（咸豐五年六月初一日）

　　奏爲籌防捐局續收銀錢數目，繕單恭懇恩施，並請迅發執照，仰祈聖鑒事。

　　竊前准戶部咨：糧臺收捐照籌餉例及常例銀數酌減十分之二，以抵其運解之費。嗣因清江團練礮勇，經臣奏請以錢一千六百文作銀一兩，欽奉硃批：所籌俱妥。現辦捐輸，著隨時奏請，即可降旨施恩，以期踴

---

　　① 　見楊紹和抄本卷三五，魯圖藏。

躍。該部知道。欽此。當即在浦設局勸捐，發給官兵口糧。已陸續將先捐各員十五次奏獎，均蒙恩准在案。又續准部咨：以閩省捐輸，輾轉繞算，令交錢者概以製錢二千文抵一兩。等因。復經臣附片奏准，仍以錢一千六百文作銀一兩。亦在案。茲據捐局委員等詳報續有急公報效者，自應隨時請獎。理合繕呈清單，伏候恩施，俾知觀感，並造具履歷清冊，咨部查核。內有填發空白執照者，已於冊內註明，毋庸再發執照。其餘各員應請由部迅即頒發，以廣招徠。仰懇敕部迅即封發，以昭激勸。

再，此次捐項內有製錢四千九百四十四千文，系發漕標、東海二營之用。合併陳明。

爲此恭摺由驛具奏，伏乞皇上聖鑒。謹奏。

咸豐五年六月初一日拜進

二十日奉硃批：户部核議具奏，單併發。欽此。

七一七　徐州兵勇酌量裁撤片
（咸豐五年六月初一日）

再，徐州府爲南北衝衢，奉旨責成鎮、道帶領兵勇防堵，經臣會摺奏明：在於淮、徐、海三屬地漕錢糧內按月撥銀七千兩，其餘不敷銀兩由道勸捐、抽釐，以濟支用。在案。茲據署徐州鎮總兵興慶、革職[1]留署徐州道王夢齡稟稱：皖省之廬、舒尚未克復，豐、碭以上雖有大河之隔，而銅、蕭以下久已斷流，勢不能即行撤防。惟月餉欠解過多，勸捐、抽釐亦爲數無幾。東省馮官屯業已蕩平，自應於從前兵勇之中量加核減。所有在徐大同官兵共一千零五十五名，經署徐州鎮總兵興慶逐一校閱，除大同兵五百五十名飭令原帶之參將張琴堂、千總王攀桂分起回大同歸伍外，所有挑留之大同馬步兵五百名，實馬一百四十三匹，並徐州練勇挑留二千名，共二千五百名。現飭參將高培、都司崇順帶領大同兵五百名駐紮豐、碭北岸，防守黃河。並飭守備馬裕春、知縣李延忠、千總張銘磬、王光霞及紳士張夢齡等分帶練勇二千名在於徐郡西南門外

---

① 録副本此處衍"革職"二字。

擇要紮營，專防南路。每月口糧較從前可節省銀三千餘兩，淮、徐、海各屬原派月餉可以量減。

據徐州鎮道會禀請奏前來，臣覆查無異。理合會同兩江總督臣怡良、江蘇巡撫臣吉爾杭阿附片陳明，伏希聖鑒訓示。謹奏。

六月初一日

咸豐五年六月初六日①奉硃批：知道了。欽此。

七一八 夏至後籌備河湖各工摺

（咸豐五年六月初一日）

革職留任江南河道總督臣楊以增跪奏，爲夏至後籌備修守，暨水勢工程情形，恭摺具陳，仰祈聖鑒事。

竊臣前將桃汛工程平穩緣由具奏在案，嗣節交夏至，爲河工伏汛之期，防守備宜加慎。黃河水勢長水無多，豐工裏頭、護埽等工均隨時鑲修平穩。蕭南王平莊灘面續塌無多，料石均有所備，並將壩臺堤身擇要加幫，以資捍衞。邳宿運河承受清黃來源，所有分泄去路之潘家河、三岔河、舊河頭、馬萬二莊駝車頭引河、王柳二閘、駱馬湖尾閭五壩因上年伏秋柬省山泉漲發，挾沙噴注，多形淤塞。據該管道、廳禀請展挑寬深，業經減准發辦，勒限完報，以免壅滯。

洪澤湖自山盱禮河越壩堵合後日逐加長，旋因淮源旺盛，每日竟長至三四寸，共計長水八尺餘寸，勢甚浩瀚。沿湖歷次風掣石工久經估修，因無現銀，未能興辦，歷經督臣籌款會奏在案。四月十六、七日連起西北風暴，浪若排山，堤工險要。查禮河越壩共長一千二百數十丈，其新堵之工及中間深水工段自應得守且守，其北首壩尾淺水處所向來啟放均過浮面之水，不致宣洩太甚。茲湖堤關係綦重，水大風猛，亟應分減保護，隨將該壩尾啟通過水，大湖甫得報定。旬餘以來見消三寸，現在誌存一丈四尺。淮北鹽運祇須存水一丈以內即資浮送，現尚多餘水四五尺，總期於保堤、運鹽兩有裨益。裏、揚等廳承受湖源，兩岸堤埽漸

---

① 此片奉硃批日期，楊紹和抄本作"□日"。

形吃重，均飭加意防守。

各廳應備大汛料物各道酌數稟請，經臣分別減准，先令各廳赴產賒購，並招呼熟識船户源源運工，候撥款到來，即行分給接應。惟①本年大汛工需僅奉部議准官票二十四萬兩，不日自可解到，而分撥江、浙各關稅銀十五萬兩雖經部臣咨行趕解，正不知能否早日全到。汛期已屆，倍切冰兢。臣惟有率屬慎重籌防，不准以錢糧支絀稍有鬆懈。

本年奉旨發來南河差遣委用之工料給事中宋玉珂業於四月初十日到工，臣與之講求河務，尚能領略。並委令前赴各廳協防大汛，借資習練。

所有夏至後籌備修守暨水勢工程情形，謹會同兩江督臣怡良恭摺附驛具奏，伏乞皇上聖鑒。

再，淮揚一帶暘雨應時，秋苗茂旺，民氣敉安，合併陳明。謹奏。

六月初一日

咸豐五年六月初六日②奉硃批：知道了。欽此。

七一九　運葦大船輪應成造摺
（咸豐五年六月初一日）

革職留任江南河道總督臣楊以增跪奏，爲南河運葦大船輪應成造以資運料，循例開單恭摺具奏，仰祈聖鑒事。

竊照江南葦蕩船務營改造大船二百隻，並③河營額設柳船二十四隻，奉部議准：三年小修、六年大修、十二年成造一次。俟屆成造之年，如尚堪修理者量予修費，以歸核實。等因。歷遵在案。茲據淮海道詳稱：葦蕩船務營運葦大船常年在於黃運鹽河上下往來，裝運柴料。伏秋大汛，冲風破浪，時逢冬令，冰淩擦碰，經歷數年，即致損壞。必須照例隨時修造，以供駕駛。所有咸豐五年分輪應成造運葦大船四十二隻，查

---

① 楊紹和抄本無"惟"字。

② 此摺及後一摺奉硃批日期，楊紹和抄本作"二十日"。

③ 楊紹和抄本此處多一"各"字。

照奉准價值，詳請乘時發辦，並將各該船字號、上屆大修年分、完竣日期，開單呈送請奏前來。臣復飭該道員親往驗明實俱朽壞，查與輪應成造年限相符，共估需工料銀一萬二千六百七十五兩一錢八分八釐四毫。

除飭按船給價購料，查照部定長寬式樣趕緊成造，以資裝運，照例取具實用工料細冊，恭疏具題並送部查核外，謹繕清單，會同兩江總督臣怡良恭摺具奏，伏乞皇上聖鑒，並懇敕部核議施行。謹奏。

六月初一日

咸豐五年六月初六日奉硃批：該部議奏，單併發。欽此。

七二○　咸豐五年輪應成造運葦大船清單
（咸豐五年六月初一日）

謹將咸豐五年分葦蕩船務營輪應成造運葦大船四十二隻各字型大小及上屆大修完竣日期繕具清單，恭呈御覽。

計開：

一　船務營左字一號至十五號、右字一號至二十七號運葦大船四十二隻，上屆均於道光二十九年二月十六日大修完竣，計至咸豐五年二月內屆應成造。

硃批：覽。

七二一　疏通大錢片
（咸豐五年六月初一日）

再，清江各局鼓鑄大錢初以接濟軍需，繼復推行官票，原因銀款久無，除此別無生財之道①。且當百以下大錢奉旨：永遠通行。是以設法籌辦，期裨經費。乃春夏以來，頓行壅滯。推原其故，商賈貿易萃於蘇

---

① “別無生財之道”，楊紹和抄本作“別無善策”。

杭，而當百、當五十兩項大錢江南尚未推行，僅恃江北一隅之地，本難周轉，況當百、當五十兩項抵數過多，私鑄混淆，因而折扣靡然成偽①，竟難以理喻勢禁②。茲據管局道員等議稟"閩省曾鑄當三十、當二十兩項大錢，聞頗便使用，請亦仿鑄當二十者重六錢、當三十者重八錢"等情。臣等以補偏救弊，原應斟酌損③益。

除批准照辦，並與督臣、撫臣熟商擬請江南各屬通用當百以下大錢外，理合附片陳請，伏乞聖鑒訓示。謹奏。

六月初一日

咸豐五年六月初六日④奉硃批：户部知道。欽此。

七二二　開復人員捐免引見摺

（咸豐五年六月初一日）

再，准吏部咨：前徐州府邳北通判丁承鈞因挑河革職，本案開復，例應引見。應令該督出具考語，給咨赴部引見。如該員遵照部奏章程呈繳革職減半銀兩，由該督奏請免其送部引見具題。奉旨：依議。欽此。咨行到臣，轉飭遵照在案。茲據捐局委員詳報：丁承鈞呈繳革職減半銀兩九百七十兩，照例減二成折錢一千二百四十二千文，與部奏章程相符。

除造冊咨部查核外，合無仰懇聖恩免其送部引見。謹附片陳請，伏乞聖鑒。謹奏。

六月初一日

咸豐五年六月初六日⑤奉硃批：吏部查照辦理。欽此。

---

① "折扣□然爲僞"，楊紹和抄本作"紛紛折扣"。
② "竟難以理喻勢禁"，楊紹和抄本作"竟難勢禁"。
③ "損"字，楊紹和抄本作"捐"，當誤。
④ 此片奉硃批日期，楊紹和抄本作"□日"。
⑤ 此摺奉硃批日期，楊紹和抄本作"二十日"。

七二三　江蘇官紳捐輸銀錢摺①

（咸豐五年六月十二日）

　　奏爲江蘇官紳捐輸銀錢數目繕單恭懇恩獎，並請迅頒執照，仰祈聖鑒事。

　　竊准户部咨：糧臺收捐照籌餉例及常例銀數酌減十分之二。並經臣團練礮勇，奏請以錢一千六百文作銀一兩，欽奉硃批：所籌俱妥。現辦捐輸，著隨時奏請，即可降旨施恩，以期踴躍，該部知道。欽此。嗣准部咨：以閩省捐輸，輾轉統算，令交錢者概以製錢二千抵銀一兩。等因。曾經臣附片奏准仍以錢一千六百文作銀一兩在案。前即在浦設局收捐，並諄飭各委員分赴各州縣，會同地方官多方勸諭，以廣招徠。茲據新授安徽寧池太廣道②顏培嶸、已革南河候補通判章儀林詳報江蘇官紳有急公報效者，自應隨時請獎。理合繕呈清單，伏候恩施，仰懇敕部迅頒執照，俾知觀感。

　　爲此恭摺由驛具奏，伏乞皇上聖鑒。謹奏。

　　咸豐五年六月十二日拜進

　　六月□日奉硃批：户部核議具奏，單併發。欽此。

七二四　伏汛修守平穩摺

（咸豐五年六月二十五日）

　　革職留任江南河道總督臣楊以增跪奏，爲伏汛期内水勢加長，修防平穩，現在時届立秋，下河早稻將次收成，恭摺具奏，仰祈聖鑒事。

---

　　① 見楊紹和抄本卷三五，魯圖藏。

　　② 寧池太廣道：雍正十一年（1733）置，領安慶府、徽州府、池州府、太平府、甯國府、廣德直隸州，治安慶府。十二年（1734），遷道治於蕪湖縣。

竊臣前將夏至後籌備修守情形具摺陳奏在案，隨據東河陸續馳報，黃河萬錦灘七次共長水二丈二尺二寸，武陟沁河七次共長水一丈八尺五寸。先後匯流下注，以致江境黃河同時加長，比上年盛漲大一尺餘寸，極形浩瀚。豐北、蕭南兩廳漫灘，水抵①堤根。豐上汛大堤北面湖河匯注，一經風浪，悉見潰刷。豐下汛兵八堡迤下大堤北首緣口門大溜下註猛勁，坡爪亦見潰塌。均擇緊酌鑲防風，以資捍衛。該二廳長堤土性沙松，節年以來歲加修培，因限於錢糧，未能普律辦理，本年仍擇要酌估幫加。其蕭南王平莊塌灘②處所至窄處已塌存八十餘丈，乃現因河水盛漲，漫灘而行，新築土壩頭已漸潰刷，趕即動料，酌量鑲護，仍飭慎重防守。豐工裹頭護埽經此大溜趨刷，行蟄卑矮，平水入水，幸料物有備，均經鑲修穩固。

邳宿運河承受東省來源，近因大雨時行，山泉漲發，兼之微湖來水較旺，運、中二廳兩岸堤埽彌形著重。凡舊埽刷蟄卑矮段落分別鑲加，其長堤被溜刷坡之處或鑲做防風，或幫搶加堰。宿北、桃北二廳大堤後身北鄰運河，漾抵堤根，風浪鼓盪，堤坡潰刷處所亦即酌鑲防風。中河楊莊頭二三壩春間照舊收束，俾河水多由雙金閘注入鹽河，以濟鹽柴運行，並將鹽河兩岸堤埽塌卸潰坡之處擇要分別鑲築。現在來源既大，仍將楊莊頭二三壩酌量拆展，以資暢減。外南北、山海、安阜等廳承受北運河漲水下注，深資下滌，兩岸舊埽腐朽蟄卸段落隨時擇緊鑲修③，並將外南順清河東西壩尾鑲高，酌量收束，以節淮揚運河之源。

洪澤湖水復又長回五寸，堰、盱二廳前埽石工未砌段落間遇風浪潰刷槽土，酌鑲搜護。山盱各壩河及攔堰舊護埽蟄矮工段鑲加穩實。裏河運口汛束清壩暨頭南壩、外蓋壩、頭二三四壩、惠濟正④閘上下鉗束壩、⑤張王廟前托水壩、福興正閘上下鉗束壩、迄下河尾蔣壩均爲湖水入運門戶，歷被溜刷見蟄，悉已加廂高整。該境及揚河、江運等廳兩岸舊埽蟄卸段落亦均擇要鑲修，其迎溜掃⑥灣潰及堤坡之處酌鑲護埽防風，俾資抵禦。江運廳境歸江各橋壩久經全行啟放，高郵水誌現比啟壩

---

① "抵"字，錄副本作"底"，當誤，據楊紹和抄本校改。
② "塌灘"二字，楊紹和抄本作"灘塌"。
③ "鑲修"二字，楊紹和抄本作"修鑲"。
④ 楊紹和抄本無"正"字。
⑤ 楊紹和抄本此處有一"並"字。
⑥ "掃"字當作"埽"。錄副本、楊紹和抄本均作"掃"，誤。

定章尚少尺餘，兼旬以來並未續長。

時已交秋，下河早稻將次收成，民情歡忭。現在伏汛已過，各工修防平穩。惟秋汛綿長，臣仍當率屬加意防守，不敢稍有疎懈。

謹會同兩江總督臣怡良恭摺具奏，伏乞皇上聖鑒。謹奏。

六月二十五日

咸豐五年七月初五日①奉硃批：知道了。欽此。

七二五　蕩柴未能足額片

（咸豐五年六月二十七日）

再，南河葦蕩左右兩營增采柴束原定章程：每年將青柴長發情形，由該管道員確勘詳請具奏，設有水旱蟲傷，隨時聲明。等因。歷經循照在案。茲據該管淮海道梁佐中稟稱：本年左右兩營蕩柴均因交春缺雨，萌發不暢，繼而久旱生蟲。入夏雖得透雨，已失其候，以致產長稀茸，遜於往年，難期足額。等情。前來。

除批令霜降後據實盡數估報外，相應附片陳明，伏乞聖鑒。謹奏。

六月二十七日

咸豐五年七月初五日奉硃批：知道了。欽此。

七二六　動用減平銀兩片

（咸豐五年六月二十七日）

再，咸豐四年歲料兩次奉發官票二十五萬兩，又以豐工用存部頒捐照換給官票四十萬兩，大汛工需奉撥官票四十萬兩，統計票銀一百零五萬兩，較之往年撥數不及十分之四。且官票迄未流通，價值甚賤，而各省額解南河銀款更屬屢催罔應，以致購料辦工異常竭蹶。所有該年河庫

---

① 此摺及後二片奉硃批日期，楊紹和抄本作“十五日”。

應扣減平銀十四萬六千四百餘兩全系官票，均已隨時湊發工用。

理合附片陳明，伏乞聖鑒。謹奏。

六月二十七日

咸豐五年七月初五日奉硃批：戶部知道。欽此。

七二七　河廳要缺需人請仍以
原擬之員弁陞補摺

（咸豐五年七月初一日）

革職留任江南河道總督臣楊以增跪奏，爲河工首廳員缺緊要，遴選乏人，仍懇天恩俯准以朱善張陞補而重修防事。

竊照淮安府裏河同知員缺，經臣會同兩江總督臣怡良以中河通判朱善張奏請陞署，奉旨：吏部議奏。欽此。茲接准部文，以朱善張調署中河通判雖經題請實授，尚未赴部引見，核與定例不符，應無庸議。等因。奉旨：依議。欽此。自應遵照辦理。惟查河工同知缺出，例於候補人員內按班序補，如不得其人，即於現任河廳並沿河州縣內揀員陞調。今於現任河廳同知、通判各員內逐一詳查，均系應行引見。因委辦軍務暨防河吃重，是以皆未赴部。其現任同知中合例應調者二員、知縣中合例應陞者二員，均與此缺不甚相宜。至例應序補之試用人員系初登仕版，難勝繁劇。伏念裏河同知一缺爲洪湖入運門戶，堤埽綿長，修防、啟閉兼有催償之責，均關緊要。且系通工首廳，時有委辦要件，非熟悉情形、辦事結實之員不足以資治理。況現值庫項支絀、軍務未竣之際，尤非平時可比。臣與督臣往返劄商，未敢稍事遷就，致滋貽誤。

該員朱善張現任中河通判，道光二十六年辦理浙江善後出力，奉旨：補缺後以同知陞用。等因。欽此。查該員居心醇正，辦事安詳，於①河工錢糧向知節省，實屬結實可靠、不可多得之員。以之陞補裏河同知，洵堪勝任。其未經引見實因管帶兵勇，難以更易生手所致，雖與例稍有未符，而人地實在相需，且系奉旨以同知陞用之員。現在各廳員

---

① 楊紹和抄本無"於"字。

內既別無曾經引見陞調合例之員，其例得陞補者又皆人地未宜。合無仰懇天恩俯念員缺緊要，遴選乏人，仍准以中河通判朱善張陞補裏河同知，俾要缺得人，於公有裨，臣亦得指臂之助。感荷鴻慈，曷其有極！

謹會同兩江督臣怡良恭摺具奏，伏乞皇上聖鑒訓示。謹奏。

七月初一日

咸豐五年七月二十二日奉御批：吏部議奏。欽此。①

七二八　請撥淮關稅銀片

（咸豐五年七月初一日）

再，臣接准戶部咨稱：江省攻剿吃緊，需餉孔殷，前撥江海淮宿關稅銀自應先盡軍營撥用，無庸分撥河工。惟南河伏秋大汛需餉亦關緊要，而另籌款項甚屬維艱。各省藩、關、道、運各庫應行額解南河各款共計積欠一百二十餘萬兩之多，嚴催趕解南河，俾資工用。各等因。臣查南河每年額解以兩淮三十餘萬、江藩十八萬爲大宗，已盡征盡解全歸揚州及安徽大營。淮宿關亦有南河額解，其餘額解多則萬餘，少則數千，經戶部嚴切頻催，三載以來，無不以軍需爲詞，空文搪塞。即戶部再行分催，亦恐徒成畫餅。現值湖河並漲，處處險工，秋汛防長，無以捍擋。且洪澤湖石工爲淮揚保障，而淮北運鹽之往返、下河州縣之收成皆賴湖水安瀾、石工鞏固。因石工停修已久，坍塌過多，設有疏虞，不堪設想。撙節估計，需銀二十萬兩有奇，若無現銀，斷難概用鈔票，前經據實片陳在案。至揚州軍營提用江北錢糧漕折，並分用淮南北稅課，而南河僅撥淮宿關銀兩，爲數無多。惟有籲懇天恩，準將淮宿關銀稅五萬兩仍撥南河搭配鈔票，以濟石工要需，於鹽務民生實有裨益。

不得以附片陳明，伏乞聖鑒。謹奏。

七月初一日

咸豐五年七月二十二日奉御批：戶部查議具奏。欽此。②

---

① 楊紹和抄本無奉硃批日期。

② 同上。

七二九　遵旨籌堵豐北漫口摺

（咸豐五年七月初九日）

革職留任江南河道總督臣楊以增跪奏，爲欽奉諭旨趕籌賠堵漫口，先行恭摺覆陳，仰祈聖鑒事。

竊臣承准軍機大臣字寄：咸豐五年六月二十六日奉上諭：昨據蔣啟揚①奏下北廳署銅瓦廂黃水漫溢一摺。等因。② 欽此。竊臣前據署豐北廳通判馬浚稟報河水陡落，溜勢平緩，即慮上游失事，當派幹弁馳往確探。旋奉諭旨，知漫口在下北廳屬。仰蒙聖主於宵旰焦勞之際厪念豐工，飭令即時堵築，並令核計興工購料約需用項若干，先行馳奏。

臣查豐北大工迎溜頂衝口門，淘刷日深，堵築匪易。茲當上游奪溜，下游斷流，誠如聖諭，趁此機會，必能事半功倍。惟口門存水尚深，河水甫落，上下悉系淤灘，難以立足，一時尚未能履勘確估。至需用錢糧，近地紳士感戴皇仁，淪肌浹髓，今知興辦巨工，災區可以復業。一經勸諭，自必樂於輸將。惟豐沛地方被淹已久，其餘各邑連年捐輸軍餉至再至三，實均不遺餘力。若同時再捐河工經費，深慮一時難以集數，轉誤事機。伏念臣自豐工復漫以後，負疚益深，雖叠荷恩慈，不加嚴譴，而撫衷循省，實無以上對君父。現當軍需孔亟、帑藏支絀之時，勸捐既不足恃，何敢一籌莫展，有負生成？臣惟有督率疎防之道將府廳等將應行補還正堤工程設法籌款，於估定後趕緊賠堵，以贖前愆。

---

①　蔣啟揚（？—1856）：廣西全州人，嘉慶二十一年（1816）中進士，歷任江西德興、會昌知縣、永豐知州、南昌同知、江西鹽法道，後擢陞河南彰德衛輝懷慶兵備道。咸豐五年（1855）原河東河道總督長臻病逝後，代理河道總督，遭遇黃河銅瓦廂決口，被革職留任，翌年卒於黃河工地。

②　"等因"，楊紹和抄本作："已有旨諭令該河督等趕籌堵築之方。因思南河豐北決口堵後復蟄，至今未議堵合。現當東河漫口，上游奪溜，業已斷流，豐北口門亦成陸地。若趁此機會即時堵築，必能事半功倍，於經費大可節省。著楊以增詳細履勘核計，興工購料，約需用項若干，先行馳奏。現當軍需孔亟、帑藏支絀之時，惟有勸諭捐輸，以資接濟，即如土方秸料均可捐輸。在民間所費無多，而到工濟用，較之由商販購辦者其值懸殊。此外如捐米可發工夫，捐銅可資鼓鑄，均可核給獎敘。著該河督悉心妥議具奏。至此次東河漫口，據稱直注直隸山東境內，未知是否灌入運河，仍入江南境內，並著查明具奏。將此由五百里諭令知之。"

　　再，查蘭陽三堡地居上游，下注直隸、山東，自應早爲堵合。第黃流歸故之先，豐工新補堤外應鑲護埽、江境長河應估挑工以及各廳禦水埽工，統計需用，尚屬不貲。容臣遴派幹員，廣爲勸諭。能否積少成多，稍裨經費，仍俟豫工興堵有期，通盤籌計，隨時據實具奏，以重要工而紓宸廑。至東河北岸失事，溯查嘉慶年間衡工、馬工漫水俱在張秋穿運，由大清河故道歸利津口入海，此次情形諒必相同。即間有分溜串入運河，亦不致注入江南境內。

　　所有趕築賠堵漫口各緣由，謹先恭摺核陳，伏乞皇上聖鑒。謹奏。

七月初九日

咸豐五年七月十九日奉御批：欽此。①

七三〇　籌防捐局續收錢糧摺②

（咸豐五年七月初九日）

　　奏爲籌防捐局續收銀錢數目繕單恭懇恩施，並請迅發執照仰祈聖鑒事。

　　竊前准戶部咨：糧臺收捐照籌餉例及常例銀數酌減十分之二，以抵其運解之費。嗣因清江團練礮勇，經臣奏請以錢一千六百文作銀一兩，欽奉硃批：所籌俱妥。現辦捐輸，著隨時奏請，即可降旨施恩，以期踴躍。該部知道。欽此。當即在浦設局收捐，發給兵勇口糧，已陸續將先捐各員十六次奏獎，均蒙恩准在案。茲據捐局委員等詳報續有急公報效者，自應隨時請獎。理合繕呈清單，伏候恩獎，俾知觀感。並造具履歷清册，咨部查核。內有填發空白執照者已於册內註明，無庸再發執照，其餘各員應請由部迅即頒發，以廣招徠。仰懇敕部迅即封發，以昭激勸。

---

　　① 此摺奉硃批日期，楊紹和抄本作“二十七日”。另奉硃批為：“另有旨。欽此。同日准軍機大臣字寄：江南河道總督楊：‘咸豐五年七月十九日奉上諭：前因東河下北廳屬銅瓦廂黃水漫溢，諭令楊以增將豐北口門乘機堵築。茲據該河督奏稱興勸捐艱以濟事，惟有督率疏防之道將府廳等將應行補還正堤工程設法籌款，趕緊堵等語。此項工程趁此機會，自可節省經費，著楊以增詳細履勘，即在該道將等應行補還項下設法籌辦。其餘應辦埽工、嵌估挑工所需用項尚多，能否勸捐接濟，該河督務當實力辦理。一俟捐項賠項集有成數，即行據實奏聞。將此諭令知之。’欽此。”

　　② 見楊紹和抄本卷三五，魯圖藏。

爲此恭摺由驛具奏，伏乞皇上聖鑒。謹奏。

咸豐五年七月初九日拜進

二十七日奉御批：戶部核議具奏，單併發。欽此。

七三一　節逾白露修守平穩摺

（咸豐五年八月初三日）

革職留任江南河道總督臣楊以增跪奏，爲運河水勢異漲搶辦情形，現已時逾白露，各工修守平穩，恭摺具陳仰祈聖鑒事。

竊臣前將伏汛黃水極漲搶護各工暨擬賠堵豐工乾口各緣由先後具奏在案，茲查江境黃河斷流後，① 因豐工舊口門以下運河水大，頂托難消，豐蕭境內長河及門口一帶至今尚未涸露，須俟秋深水退，有土可取，方能堵築。

本年邳、宿運中河因東省蒙、沂山水節次漲注，本形旺盛。且探知豫省漫水仍有分溜由湖入運，而前月上旬至十三日無日不雨，無雨不大，加以狂風競作，達旦連宵，堤埽工程蟄塌滲水，險要已極。經該管廳、營、縣、汛等於風雨泥淖之中分投鑲做防風，加堰幫戧，奮力搶辦，乃於拍岸盈堤之際，復因東省蒙山起蛟，更又陡長三尺餘寸，猛驟迅激，建瓴而來，水堤莫辨，兩岸勢不能容，已將普漫。仰賴皇上福庇，河神默佑，十四日雨止風收，河水漸退，得以放手搶築，化險爲平。臣欣幸之餘，莫名寅感。

中河楊莊頭壩所出漲水由外南北、山海等廳暢達歸墟，藉②資刷滌，兩岸舊埽見蟄段落均經擇要鑲修穩固。洪澤湖因禮河壩尾前經啟通百餘丈分減，是以續長無多，而金風司令，大雨頻傾，亦甚著重。山盱廳信、智、仁、林等壩河並新舊義河直壩及攔壩各護埽歷次風掣殘塌，悉經隨時補加高整。裏、揚、江、運等廳亦因雨水過大③，有長無消，幸

---

① 録副本無“後”字，據楊紹和抄本校補。

② “藉”字，楊紹和抄本作“借”。

③ “大”字，録副本作“水”，據楊紹和抄本校改。

均先期鑲築，克資抵禦。禮河惠濟閘爲湖水入運門户，歷經大溜趨注，高下六七尺之多，勢如懸瀑，以致閘底間有冲損、冒椿，下水石牆亦形蟄裂。現飭道將督率廳、營設法保護，務期無虞。

　　茲已時逾白露，高郵四壩堅守未啟，下河早稻久經登場，中晚禾因秋霖過甚，不免受傷，然究屬普律有收，民情尚俱安帖，堪以上慰宸厪。

　　爲此恭摺具陳，伏乞皇上聖鑒、謹奏。

　　八月初三日

　　咸豐五年八月十七日①奉硃批：知道了。欽此。

七三二　軍政舉劾請展期查辦片

（咸豐五年八月初三日）

　　再，查江南河標五營咸豐三年時屆軍政之期，當因興堵豐工各營員弁多有調往差遣，經臣恭摺奏請展俟大工告竣後再行考驗，恭奉硃批：著照所請，行兵部知道。欽此。及至大工告竣，又因粵匪竄入江境，操、防、河、輦各營或奉調出師，或派防差遣，未能查辦，復經咨明兵部。各在案。茲准兵部咨：扣至本年，已屆二年半薦舉之期，各省綠營武職如有應行薦舉及參劾之員，行文該督查照定例辦理。等因。准此。伏②查江寧、鎮江、瓜洲等處尚未克復，各營員弁調在軍營者固難調驗，即存營員弁處處戒嚴，亦未便稍離汛守。所有臣標五營屆辦二年半舉劾之案，應請緩俟軍務告竣再行辦理。

　　謹附片陳明，伏乞聖鑒、謹奏。

　　八月初三日

　　咸豐五年八月十七日奉硃批：著照所請。欽此。

---

　　①　此摺及後片奉硃批日期，楊紹和抄本皆作“□日”。

　　②　“伏”字，楊紹和抄本作“俯”，當誤。

七三三　皖捻竄擾豫境派兵防禦摺①

（咸豐五年八月二十七日）

奏爲皖省土匪竄擾河南夏邑，遴派官兵扼要防禦，恭摺馳陳，仰祈聖鑒事。

竊照亳州土匪張樂行②聚衆刼掠，橫行皖、豫交界之間已非一日。上年夏間，其党蘇添福③與永城團長賈二洪互相焚殺，經袁甲三派兵擊散。本年七月，該匪又與其黨蘇添福攻撲蒙城，經官兵擊退，旋又糾其黨夥六七千人頭紮紅巾，在亳州之白龍廟與官兵接仗。彼時徐州鎮道因相距較近，當飭參將高培、都司崇順帶領大同官兵分赴碭山、蕭縣扼要駐守。茲據代理徐州鎮興慶、留署徐州道王夢齡馳稟：該匪張樂行於本月十七日率衆竄至河南夏邑縣之泥秋店，該處官兵截擊失挫。該匪進踞會亭驛，即於十八日擾至夏邑縣城，並在城外大肆焚掠。因夏邑距江境碭山縣城僅六十里，該鎮興慶即日帶領本標兵二百名，又知縣李延忠管帶練勇六百名星夜起程，赴碭扼要堵剿。並派千總張銘馨等管帶仁勇三百名，馳赴蕭縣之青里集駐防。等情。

臣查徐州爲南北要隘，現在皖省逆匪尚熾，南路兵勇未能撥調。清江爲瓜揚後路，現無客兵存營，兵丁亦難輕動。而夏邑逼近徐城，所派兵勇尚嫌單薄，已飭該道王夢齡偵探確情，選帶兵勇，相機防剿，不任闌入江境。惟軍行以籌餉爲先，刻又飛飭署藩司何俊將欠解徐州防兵月餉星速解往，俾應急用。

---

① 見楊紹和抄本卷三五，魯圖藏。

② 張樂行（1811—1863）：安徽亳州人。咸豐二年（1852）與龔得樹等率捻衆萬餘人起義，在蘇魯豫皖交界地區活動。五年（1855）被推舉爲盟主，號稱大漢永王，建立黄、紅、藍、白、黑五旗軍制。七年（1857）與太平天國陳玉成、李秀成部隊會師，被封爲成天義，任征北主將，後改封沃王。同治二年（1863）在雉河集遭到僧格林沁圍攻，在渦陽義門遇害。

③ "福"字，楊紹和抄本作"幅"，本條下同。蘇添福（？—1863）：河南人，咸豐三年（1853）趁太平天國北伐經過皖、豫時起義，稱"順天王"，次年配合太平天國北伐援軍攻佔永城。五年（1855）擔任黑旗總首領。七年（1857）隨張樂行進軍淮南，被太平大國封爲立天侯。十一年（1861）渡淮北歸，後被俘。同治二年（1863）與張樂行同時就義於亳州義門集。

除防剿情形隨時續陳外，爲此先行恭摺由驛具奏，伏乞皇上聖鑒。謹奏。

咸豐五年八月初三日拜進

九月□日奉硃批：覽奏已悉。欽此。

七三四　籌防捐局續收銀錢摺①

（咸豐五年八月二十七日）

奏爲籌防捐局續收銀錢數目繕單恭懇恩施，並請迅發執照，仰祈聖鑒事。

竊前准戶部咨：糧臺收捐照籌餉例及常例銀數酌減十分之二以抵其運解之費。嗣因清江團練礮勇，經臣奏請以錢一千六百文作銀一兩，欽奉硃批：所籌俱妥。現辦捐輸。著隨時奏請，即可降旨施恩，以期踴躍，該部知道。欽此。當即在浦收捐設局，發給官兵口糧。已陸續將先捐各員十七次奏獎，均蒙恩准在案。茲據捐局委員等詳報，續有急公報效者，自應隨時請獎。理合繕呈清單，伏候恩獎，俾知觀感。並造具履歷清冊，咨部查核。內有填發空白執照者，已於冊內註明，毋庸再發執照。其餘各員仰懇敕部迅即查核，頒發執照。再，前此奉發從六品空白執照十張現已將次用竣，應請由部再行頒發五十張到臣，以備填給而廣招徠。

爲此恭摺由驛具奏，伏乞皇上聖鑒。謹奏。

咸豐五年八月二十七日拜進

九月□日奉硃批：戶部核議速奏，單併發。欽此。

七三五　賠堵豐工定期興築摺

（咸豐五年八月二十七日）

革職留任江南河道總督臣楊以增跪奏，爲賠堵豐工舊口門定期興

---

①　見楊紹和抄本卷三五，魯圖藏。

築，並請旨派員督催稽查，恭摺具陳仰祈聖鑒事。

竊臣前准軍機大臣字寄：咸豐五年七月十九日奉上諭：前因東河下北廳屬銅瓦廂黃水漫溢，諭令楊以增趕將豐北口門乘機堵築。等因。[①]欽此。

除應辦埽工、應估挑工設法勸捐，隨後另奏外，遵即飭行徐州道王夢齡督率廳營，一俟水勢消落，詳細勘估。茲據查估造冊，稟送到臣。臣以工程重大，固慮浮冒。尤恐視爲賠堵之工，草率遷就，諄飭該道等認真辦理，用所當用，不必預定額數。總期堵合後黃流歸故，足爲埽石之靠，庶可冀經久而免他慮。惟節令已近秋深，若非趁嚴寒以前完工，凍土築壩，難期結實。而工程欲速，則需費較多，又恐工員貪小利而誤要工。因念留營已革江蘇臬司查文經廉直可靠，素爲河員敬畏，擬懇皇上天恩，飭令該革司前往督催稽查，以期妥速。工程仍責成道廳營員承辦，如有草率貽誤，惟該道廳是問，以免推諉。

除行知查文經先往覆估，定期九月內興工外，爲此附驛具奏，伏乞皇上聖鑒。謹奏。

八月二十七日

咸豐五年九月初四日奉硃批：欽此。[②]

---

① "等因"，楊紹和抄本作："茲據該河督奏興經費勸捐難以濟事，惟有督率疎防之道將府廳等，將應行補還正堤工程設法籌款，趕緊賠堵等語。此項工程趁此機會，自可節省經費，著楊以增詳細履勘，即在該道將等應行補還項下設法籌辦。其餘應辦埽工、應估挑工所需用項尚多，能否勸捐接濟，該河督務當實力辦理。一俟捐項、賠項集有成數，即行據實奏聞。"

② 楊紹和抄本"欽此"後有："同日奉軍機大臣字寄：江南河道總督楊：咸豐五年九月初四日奉上諭：'楊以增奏賠堵豐工舊口門定期興工一摺。前因軍務未竣，籌餉維艱，蘭陽堵築漫口非數百萬帑金不能集事，恐一時難以興辦，而橫流旁溢，無所歸宿，災民顛沛流離，朕心不勝軫念。業經諭令李鈞派委張亮基會同直隸、山東、河南地方官委員詳細履勘，將黃流漫溢之處疏導歸海，蘭陽大工即可暫議緩堵，現尚未據覆奏。所有豐北口門亦應暫緩興築，俟李鈞等定議如何再行酌辦，至該河員等應賠款項不得以暫緩興工藉口觀望。著楊以增飭令按應賠成數迅速完繳，並著先行勸諭捐輸，俾經費得以充裕，一俟蘭陽擇日興工，即可同時並舉。所有賠項、捐項均於集有成數後隨時奏聞，不得那（挪）作他用。至蘭陽漫口議者有謂宜因勢利導，使河流徙歸北趨，由大清河入海者。此時命張亮基等查勘，祇爲目前緩築之計。若欲從此徙河北流，事關大局，尚需特派大員，詳加履勘，非可草率從事。楊以增熟諳河務，於古今治河源流諒能通曉。如有所見，不妨據實敷陳，以備採擇。將此由五百里諭令知之。'欽此。遵旨寄信前來。"

七三六　大挑知縣試用期滿請改歸
江蘇地方補用摺
（咸豐五年八月二十七日）

　　兩江總督臣怡良、革職留任江南河道總督臣楊以增跪奏，爲大挑知縣試用期滿，遵例甄別改撥地方，恭摺具陳仰祈聖鑒事。

　　竊照大挑分發河工知縣例應試用二年期滿後，甄別擇其通曉河務者咨部注冊留工，先以佐貳借補。如於河務不甚諳習，而才具尚堪膺民社者，著奏明改歸地方，以知縣補用，歷經循辦在案。查癸丑科挑發南河知縣到工日期先後不等，除將期滿各員中通曉河務者照例咨部註冊，留工補用。又蕭榮俊一員經安徽撫臣奏留皖省補用，江清驥一員經揚州糧臺保奏免補本班，歸於江蘇地方以直隸州補用，黄壽豹、王崧齡二員於剿辦洋匪出力案內經臣楊以增保奏，免其借補佐貳，以沿河知縣補用外，現查黎勉基一員扣至本年五月、陳恭溥扣至本年七月，均屆試用二年期滿。察看該二員於河工機宜未能練習，而年力富强，詢以地方吏治，均尚明白。相應請旨，將大挑知縣黎勉基、陳恭溥均改歸江蘇地方，仍按科分名次以知縣照例補用。

　　臣等往返劄商，意見相同，謹會同江蘇巡撫臣吉爾杭阿合詞恭摺具奏，伏乞皇上聖鑒訓示。謹奏。

八月二十七日

咸豐五年九月十五日奉硃批：依議。欽此。

七三七　遵旨保奏剿捕洋匪出力人員摺
（咸豐五年八月二十七日）

　　革職留任江南河道總督臣楊以增跪奏，爲查明剿捕洋匪出力人員，遵旨保奏仰祈聖鑒事。

　　竊照上年十二月間，臣訪聞海州境內圩子口地方有另股洋匪出沒無常，在海州及山東洋面肆擾，當與漕臣往返劄商，密委海州運判杜文瀾帶同所屬及地方文武設法掩捕。又恐兵力較單，添委候補知府金安瀾、中河通判朱善張、會率備弁，酌帶兵勇馳往接應。時值隆冬，海汊凍結，匪徒吳學孔等盤踞其中。各文武員弁分路撲進，匪等開槍抗拒。兵勇奮力上前，登時擒獲吳學孔等五名，又邢有見等三十餘名，奪獲槍礮多件。解經飭委署淮海道梁佐中、候補道路愼莊督同淮安府知府恒廉等審擬解勘，臣隨親提研鞫，將罪大惡極之包學玉、吳學孔等八名恭請王命正法。先後具摺奏聞。並奏明印委員弁督帶兵勇，奔馳冰雪之中，親冒烽煙之險，消除伏莽，安靖海疆，實屬勇敢有爲，辛勤倍著。即承審各員人犯衆多，晝夜研鞫，亦屬著有微勞。可否擇其尤爲出力者酌保數員，以昭激勸，欽奉硃批：刑部議奏，其所請酌獎之處附摺聲明。欽此。嗣經刑部核實案摺內奏明奉旨：依議。欽此。咨行到臣。

　　伏查河濱荒遠，本易藏奸，若稍涉因循，俟賊勢鴟張，再行剿辦，必至燎原難撲，爲害不可勝言。且當江浙辦理海運之際，設有盜艇窺伺，舟行何能迅速？此案匪徒於萌發之始，悉數就擒，洵足以靖海洋而除隱患。茲蒙恩准保奏。臣復加確核，在事員弁衆多，未敢濫登薦牘。即此次最爲出力之中河通判朱善張、葦左營守備楊鎮華因上年已經別案奏獎，亦祇註檔存記。謹擇其實在出力者另繕清單，伏候甄敘。並嚴飭沿河各營認真巡哨，務期有犯必獲，以絕根株，仰副聖主愼重海疆之至意。

　　所有遵保剿捕洋匪出力人員，謹會同漕運總督臣邵燦合詞恭摺具奏，伏乞皇上聖鑒訓示。謹奏。

八月二十七日

咸豐五年九月十五日奉硃批：欽此。

七三八　保舉海州剿辦海州洋匪案內
文武各員清單

（咸豐五年八月二十七日）

　　謹將遵旨保舉剿辦海州洋匪案內文武各員繕具清單，恭呈御覽。

　　江蘇候補知府金安瀾，該員督辦有方，擬請無論本省何項知府缺出，侭先補用。

　　署海州直隸州高郵州知州于醇儒，該員捐資帶勇緝捕勤能、平素除暴安良記功有案，請以同知直隸州遇缺即補。

　　鹽提舉銜署海州運判杜文瀾，該員於湖南逆匪案內奏戴藍翎，在揚州軍營打仗出力，經前槽臣福濟等奏明有案，茲首先捐資剿匪，迅速就擒，請俟補缺後以同知直隸州用，先請賞換花翎。

　　坯①州知州左仁，大挑知縣陳燮埏、路坦，該員等承審洋匪數十名，晝夜研求，無枉無縱，左仁請開缺以直隸州用，陳燮埏請賞加同知銜，路坦請免其借補以知縣補用。

　　候選通判張傮協獲洋匪多名，請留於江蘇，歸分缺先補用。

　　候補鹽大使蕭鳳孫明幹有爲，楊鐘琛捐資練勇，常濂隨同緝捕。蕭鳳孫系廣東通商案內保舉補缺後以運判陞用之員，今請免補本班，以運判留於兩淮補用。楊鐘琛請俟補缺後以知縣用，常濂請歸分缺先班補用。

　　咨署鹽城縣縣丞朱枟、候補縣丞葉喬昌協同獲匪，朱枟請實授後以知縣用，葉喬昌請賞戴藍翎。

　　候補從九品秦如芬、候選從九品陳鴻光管帶練勇，約束緊嚴。秦如芬請以主簿用，陳鴻光請留江蘇分缺先用。

　　署海州參將候補副將覺羅恩需請儘先補用。

　　葦右營守備鄭永林熟悉情形，在事一月有餘，始終不懈，擬請賞戴藍翎，並加都司銜。候補河營守備王鴻業、中營千總丁建功隨同出力，均請賞戴藍翎。

　　硃批：覽。

七三九　奏請撥發來年歲料銀兩摺
（咸豐五年八月二十七日）

　　革職留任江南河道總督臣楊以增跪奏，爲請撥來年歲料銀兩以資修

---

　　①　"坯"字，應爲"邳"。

守，恭摺仰祈聖鑒事。

竊照河工修守以柴秸爲大宗，向於八月奏請撥銀一百二十萬兩預辦歲料，即上游漫口年分亦均照數准撥在案。查上年歲料奏請八十萬兩，系因豐工緩堵，下游節省七廳，是以減請。今蘭陽大工現准東河河臣咨會，遵奉諭旨籌議緩堵。所有南河歲料應照上年章程請撥，庶資應用。且河營兵餉欠發年餘，**衆**口嗷嗷，待□甚迫。南河捐局新收銀錢隨時支放，兵勇口糧、制配火藥軍裝器械、委員薪飯等事尚多不足，實無餘項可□工用。而歲料爲修防根本，必得及時籌備，方免貽誤。相應恭摺奏請，仰祈皇上天恩俯准敕部查照上屆撥發八十萬兩，票銀各半，俾得搭用而重修守。感荷鴻慈，曷其有極！

爲此恭摺具奏，伏乞皇上聖鑒訓示。謹奏。

八月二十七日

咸豐五年九月十五日奉硃批：戶部知道。欽此。

七四〇　奏請找撥本年防料銀票片

（咸豐五年八月二十七日）

再，上年大汛防料經戶部撥銀票四十萬兩、淮關現徵銀四萬兩，僅足敷衍。本年防料案內經戶部撥銀票二十四萬兩，關稅現徵銀十五萬兩。現因各關稅均以軍需爲詞，並未撥解，而要工多不能辦，河營兵餉欠發至一年有奇。合無仰懇聖恩敕部找撥本年防料銀票二十萬，以應急需，實爲工益。

爲此附片陳明。謹奏。

八月二十七日

咸豐五年九月十五日奉硃批：戶部查議具奏。欽此。

七四一　奏請鼓勵緝拿海匪出力人員片

（咸豐五年八月二十七日）

　　再，海濱遼闊，距該管地方衙門近則數十里，遠則數百里，全賴本地士民同心堵禦，庶盜賊聞風遠揚。此次緝拿垺子口海匪，有江蘇阜寧縣舉人揀選知縣王文錦、海州生員孫蔚霞、山東膠州生員冷金藤或接濟兵食，或協同搜捕，實屬深明大義。王文錦擬請以知縣歸部儘先選用，孫蔚霞、冷金藤擬請以訓導歸部選用，以示鼓勵之處出自恩施。至八品頂戴李榮綏由臣等給與軍功牌劄。

　　理合附片陳明，伏乞聖鑒。謹奏。

八月二十七日

咸豐五年九月十五日奉硃批：欽此。

七四二　審擬南河候補州同張恩培
藉公索詐案摺

（咸豐五年八月二十七日）

　　革職留任江南河道總督臣楊以增跪奏，爲職官藉公索詐，遵旨革訊，按律定擬，恭摺具陳，仰祈聖鑒事。

　　竊臣於上年奏參張恩培因公索詐一案，欽奉上諭：楊以增奏參職官藉公索詐，請旨革訊一摺。南河候補州同張恩培藉派團練索詐銀錢，並有佐領富森冒充委員、附貢生張喬森捏造假賬，種種擾害，業經前任江蘇臬司查文經稟稱：查訊屬實。當團練吃緊之時，似此藉端滋擾於地方大有關係。張恩培、富森均著革職，張喬森著革去副貢生，即交楊以增提齊該革員等研訊確情，按律定擬具奏。該部知道。欽此。因此案人證俱在邵伯，當即劄委現駐泰州兼署運司之淮揚道郭霈霖就近提訊。本年正月據該道審明擬議詳解。臣又飭委署淮海道梁佐中、候補道路慎莊會訊，據覆各供無異。臣復親提研鞫。

張恩培祖籍甘泉縣，由舉人就職直隸州州同，分發南河。咸豐三年六月丁父憂，與族人從九品職銜張情俱在甘泉縣永安鎮居住。該鎮典户臧仁壽、監生陸德山等於咸豐三年奉府縣諭行團練，均各募丁巡防，嗣因經費不敷於四月間撤散，至六月間復奉幫辦軍務雷以諴委員勸令照舊團練。張恩培即與劉模、張情、張喬森、臧仁壽、陸德山、陸登山等籌商設局，議定張仁壽①每月捐錢四十八千文，其餘在鎮各鋪户每月捐錢一千文或數百文不等。於七月初一日起立局募勇，設卡巡查。張恩培、劉模、張情管理局務及收支銀錢，張情兼管賬目，常令伊子附貢生張喬森代爲登記，其銀錢出入，張喬森均不知情。張恩培因藉造器械，先向臧仁壽索取洋錢十四元，並未登賬。嗣因局用支絀，張情派令陸德山、陸登山預出捐錢二千文，張恩培亦派陸德山們預出捐錢十六千文，登記賬內支用無存。臧仁壽因無力照捐，欠少捐錢未清。七月十八日，參將師長鑣營內壯勇劉愷等領護票回籍，攜有接仗時拾獲逆書，未經銷毀，路過永安鎮河下，經該鎮鄉勇盤獲。張恩培疑系奸細，向臧仁壽索取捐項以作解營路費，臧仁壽誤認另向需索不允。張恩培因鄉勇無多，均須上街巡查，不能兼顧押犯，知臧仁壽典內有另雇壯勇，當將劉愷等送交臧仁壽，令其派勇看管。一面赴雷營稟知，奉委參領富祿往提。維時臧仁壽恐劉愷等脱逃玷罪，已先期親送灣頭軍營交收。富祿至鎮無人可提，因恐難以銷差，令臧仁壽鋪友信至臧仁壽回家，以便查問確實。張恩培當以劉愷形夥可疑，似系奸匪，臧仁壽自解赴營，設被脱逃則身家不保之言，向鋪友談論。詎該鋪友誤認嚇詐，隨信致臧仁壽，令其妥辦。臧仁壽即以張恩培需索、嚇詐二情赴前臬司查文經行營一併稟控。當即提集兩造訊明，張恩培藉索洋錢十四元並未入賬，另查賬簿系張喬森親筆登記，賬內多支陸德山等錢三十六千文，顯有浮開情事。當將張恩培等支索錢洋勒繳，並因臧仁壽供有委員佐領富森恐赫索詐等情一併稟經奏參，將張恩培革職，張喬森革去副貢生，由道會訊。張恩培僅向鋪友談論劉愷等事，並非危言嚇詐。此外實止藉造器械索取臧仁壽洋錢十四元，未曾登賬，又派陸德山預捐錢十六千文入賬支用，張情僅派陸德山、陸登山預出捐錢二十千文也沒入已。張喬森委只代父登記賬目，

---

① "張仁壽"，應作"臧仁寿"。

並未經手銀錢。劉模亦止管理局務，都沒敢從科斂等事。臧仁壽系憑鋪友信字稟控，鋪友實因張恩培說話利害，誤認嚇詐。佐領富森並無其人，實系佐領富祿，因要臧仁壽回家查問劉愷們確實下落，鋪友來信寫得不明，所以臧仁壽在堂供及。現查明富參領並沒恐赫索詐。各等供。轉解前來。

　　臣親提人證，逐加詳訊，案無遁飾。查律載：官吏人等因公科斂所屬財物，杖六十，入己者計贓以枉法論，無祿人減一等。又枉法贓一十兩杖九十。又斷罪無正條者引律比附定擬。各等語。此案已革州同張恩培等令鋪戶捐錢團練，事由公認，尚無不合，所記用賬亦無侵冒情弊。惟張恩培因欲製造器械，索取臧仁壽洋錢十四元，未經登賬，即同入己，計贓八兩零。又派陸德山等預捐錢十六千文，實與官吏人等因公科斂所屬財物情事相同。張情亦派陸德山等預出捐錢二十千文，雖非入己，亦屬科斂，均應比律問擬。張恩培除科斂不入己錢十六千文罪止杖六十，輕罪不議外，應比照官吏人等因公科斂所屬財物入己者以枉法論枉法贓一十兩杖九十、無祿人減一等律，杖八十，業經革職，毋庸議。張情亦應比照官吏人等因公科斂所屬財物杖六十律，杖六十，革去從九職銜，免其折責，仍追照繳銷所斂錢洋，業經追繳，分別給還原主。張喬森僅止代父登記賬目，並未捏造假賬，亦無經手銀錢及敢從科斂之事並不合，所有原革附貢生應請開復。原參佐領富森並無其人，查有參領富祿曾經奉委提犯，並無嚇詐情事，應與僅止經管局務並未格外科斂之劉模均毋庸議。臧仁壽控出有因，鋪友信由誤會，均非有心誣指，亦請毋庸置議。臧仁壽欠少捐錢本應飭令補徵，惟已先付張恩培製造器械洋錢十四元，又能解犯赴營，自備川資，應免追繳。案已訊結，未到人證免其提質，以省拖累，無干省釋。其永安鎮團練事宜由縣遴選公正紳士妥爲辦理，毋許科派折勒致滋事端。

　　除全案供招咨部核覆外，所有審明定擬緣由謹恭摺具陳，伏乞皇上聖鑒。謹奏。

　　八月二十七日

　　咸豐五年九月十五日奉硃批：刑部議奏。欽此。

七四三　節逾霜降河湖水消工穩情形摺
（咸豐五年九月二十二日）

革職留任南河總督臣楊以增跪奏，爲節逾霜降河湖水消工程平穩，籌堵各水口以資儲蓄各緣由，恭摺具陳仰祈聖鑒事。

竊照白露後水勢工程情形前經具奏在案。查近時雨水較少，兹已節逾霜降，各處來源日弱，江境運中河水勢日消，洪澤湖亦遞見消落，上下各工一律平穩。雖來年重漕是否海運、河運尚在未定，所有南北運道亟宜預爲籌蓄。且淮北鹽引、葦營蕩柴並採購正雜料物及兵差往來均須運路通暢，庶免稽誤。查北運河各水口前因大汛盛漲，全行啟泄，方克修守平穩。洪澤湖只啟禮河壩尾以保石堤，此時皆應次第堵閉。現經臣分飭該管道將督同廳營確勘估造冊呈送，以憑減宣發辦。淮揚運河水亦暢消，高郵四壩本年又得堅守未啟。下河各州縣普律再收，民情極爲歡忭，洵堪上慰聖懷。

所有節逾霜降，河湖水消工穩，籌堵各水口緣由，理合會同兩江總督臣怡良恭摺具奏，伏乞皇上聖鑒。謹奏。

九月二十二日

咸豐五年九月三十日奉硃批：覽奏均悉。欽此。

七四四　江蘇官紳捐輸請獎摺
（咸豐五年九月三十日）

革職留任江南河道總督臣楊以增跪奏，爲續收江蘇各官紳捐輸銀錢數目，繕單恭懇恩獎，並請迅頒執照仰祈聖鑒事。

竊准戶部咨：糧臺收捐照籌餉例及常例銀數均減十分之二。並經臣團練礮勇，奏請以錢一千六百文作銀一兩，欽奉硃批：所籌俱妥。現辦捐輸，並隨時奏請，即可降旨施恩，以期踴躍。該部知道。欽此。當即在浦設局收捐，並諄飭各委員分赴各州縣會同地方官多方勸諭，以廣招徠。茲據南河差遣委用廣東候補道黃錫瑩、前陞銜候補通判捐復原銜章儀林詳報，江蘇續有官紳急公報效者，自應隨時請獎。理合繕具清單，伏候恩施，俾知觀感，並造具履歷清冊咨部查核。內有填發空白執照者已於冊內註明，無庸再發執照。其餘各員仰懇敕部迅即頒發執照，以昭激勸。爲此恭摺附驛具奏，伏乞皇上聖鑒。謹奏。

九月三十日

咸豐五年十月初七日奉硃批：戶部核議具奏，單併發。欽此。

七四五　續收江蘇官紳捐輸銀數清單

（咸豐五年九月三十日）

謹將續收江蘇各官紳捐輸銜名、銀錢數目繕具清單，恭呈御覽。

陳慶溥，湖北舉人，由同知銜江蘇候補知縣捐錢一萬七千三百四千文，核與奏准以錢合銀加捐直隸州知州遞捐道員指省分發銀數相符，擬請以道員分發浙江補用。

李傳棟，浙江職員，由補缺後以應陞之缺陞用江蘇，丁憂候補布政司理問，捐錢五千零二十千文，核與奏准以錢合銀捐免本班加五成離任，並捐足知州銀數相符，擬請俟服闋後免補本班，以知州留於江蘇歸入候補班補用。

姚彌唐，廣東監生，由籌餉例不論雙單月候選通判捐錢一千六百三十九千文，核與奏准以錢合銀指省分發銀數相符，擬請以通判分發江蘇補用。

張湘，安徽職員，由應陞之缺陞用江蘇按察司經歷捐錢二千七百八十四千文，核與奏准以錢合銀指捐知縣三班加五成離任銀數相符，擬請開缺以知縣留於江蘇，歸入候補班補用。

金品三，浙江附生，捐錢一千六百九十五千文，核與奏准以錢合銀報捐監生並捐布政司理問雙月銀數相符，擬請以布政司理問雙月選用。

吳鷪，安徽增生，捐錢一千九百十二千文，核與奏准以錢合銀報捐貢生並捐足府經歷指省分發銀數相符，擬請以府經歷分發浙江補用。

單良士，浙江監生，由分發江蘇府經歷捐錢四百四十五千文，核與奏准以錢合銀捐免驗看銀數相符，擬請免其赴部驗看，以江蘇府經歷補用。

朱大豫，江蘇監生，由雙月從九品捐錢二千零十八千文，核與奏准以錢合銀報捐州吏目遞捐縣丞指省分發免驗看銀數相符，擬請以縣丞分發浙江補用，並免其赴部驗看。

承顯，內務府鑲黃旗漢軍人，由分發江蘇試用縣丞因繳照違限降三級調用，今捐錢八百七十一千文，核與奏准以錢合銀捐復三級銀數相符，擬請捐復縣丞，仍留江蘇試用。

袁鳳銜，浙江監生，由南河試用從九品捐錢一千五百二十八千文，核與奏准以錢合銀報捐州吏目遞捐縣丞指省分發銀數相符，擬請以縣丞分發江蘇補用。

吳昌瑞，安徽人，由議敘八品職銜捐錢一千九百千文，核與奏准以錢合銀報捐監生並捐足縣丞指省分發銀數相符，擬請以縣丞分發山西補用。

張文耀，浙江俊秀；吳持鈞，安徽俊秀。以上二名各捐錢一千九百千文，核與奏准以錢合銀報捐監生並捐足縣丞指省分發銀數相符，擬請均以縣丞分發江蘇補用。

張聰緯，安徽監生，由南河捐輸雙月縣丞捐錢一千三百五十九千文，核與奏准以錢合銀捐足縣丞過班指省分發銀數相符，擬請俟服闋後以縣丞分發江蘇補用。

許威，江蘇廩貢生，由分發浙江儘先補用縣丞捐錢四百四十五千文，核與奏准以錢合銀捐免驗看銀數相符，擬請免其赴部驗看，以浙江縣丞儘先補用。

潘文鳳，安徽附貢生，由籌餉例雙月府經歷捐錢八百六十千文，核與奏准以錢合銀對品改捐縣丞捐足三班指省分發銀數相符，擬請以縣丞分發浙江補用。

潘翊藩，安徽俊秀，捐錢一千零四十千文，核與奏准以錢合銀報捐監生並捐縣丞雙月銀數相符，擬請以縣丞雙月選用。

程清鵬，浙江監生，捐錢九百千文，核與奏准以錢合銀報捐縣丞雙月銀數相符，擬請以縣丞雙月選用。

馮渭，浙江人，由應陞之缺陞用江蘇江寧府聚寶宣課大使捐錢八百十三千文，核與奏准以錢合銀指捐縣主簿三班並加五成離任銀數相符，擬請開缺以縣主簿留於江蘇，歸入候補班補用。

潘兆優，安徽監生，由雙月從九品捐錢七百二十七千文，核與奏准以錢合銀報捐州吏目捐陞縣主簿三班銀數相符，擬請以縣主簿不論雙單月選用。

吳榮霖，安徽監生，由雙月從九品捐錢一千一百七十八千文，核與奏准以錢合銀報捐州吏目捐陞縣主簿指省分發銀數相符，擬請以縣主簿分發南河補用。

黃士芬，江西俊秀，捐錢一千四百九十二千文，核與奏准以錢合銀報捐監生並捐縣主簿指省分發銀數相符，擬請以縣主簿分發江蘇補用。

李傳棻，浙江人，由安徽候補未入流捐錢三百三十五千文，核與奏准以錢合銀報捐州吏目捐陞縣主簿雙月銀數相符，擬請以縣主簿雙月選用。

張華書，順天俊秀，捐錢一千零十二千文，核與奏准以錢合銀報捐監生並捐府照磨指省分發銀數相符，擬請以府照磨分發江蘇補用。

呂國恩，安徽監生，由捐足府稅課大使捐錢五百九十二千文，核與奏准以錢合銀報捐過班指省分發銀數相符，擬請服闕後一府稅課大使分發浙江補用。

徐釗，安徽俊秀，捐錢一千二百二十八千文，核與奏准以錢合銀報捐監生並捐從九品指省分發捐免驗看銀數相符，擬請以從九品分發江蘇補用，並免其赴部驗看。

鄒祖蔭，江蘇俊秀，捐錢一千六百五十千文，核與奏准以錢合銀報捐監生並捐從九品指省分發捐免試用分缺先用銀數相符，擬請以從九品分發浙江分缺先用。

傅松，江蘇監生，捐錢三百二十四千文，核與奏准以錢合銀捐足從九品銀數相符，擬請以從九品部分雙單月選用。

丁筠，福建俊秀，捐錢四百六十四千文，核與奏准以錢合銀報捐監生並捐足從九品銀數相符，擬請以從九品不論雙單月選用。

汪鑒，江蘇附生，捐錢二十七十八千文，核與奏准以錢合銀報捐監生並捐從九品雙月銀數相符，擬請以從九品雙月選用。

許文澧，安徽俊秀；江人藩，安徽俊秀；吳紹休，安徽俊秀；黃瀛伯，江蘇俊秀。以上四名各捐錢三百零三千文，核與奏准以錢合銀報捐監生並捐從九品雙月銀數相符，擬請均以從九品雙月選用。

潘獻壽，安徽監生，由簽掣廣西歸候補班未入流捐錢五百六十四千文，核與奏准以錢合銀捐離原省指省分發銀數相符，擬請以未入流分發江蘇，歸入候補班補用。

趙涵，浙江監生，捐錢一千八百二十千文，核與奏准以錢合銀報捐未入流指省分發捐免試用分缺先用免驗看銀數相符，擬請以未入流分發江蘇分缺先用，並免其赴部驗看。

張景渠，江西舉人，江蘇署吳縣知縣；陳懋藹，江西舉人，江蘇江陰縣知縣。以上二員各捐錢九百九十七千文，核與奏准以錢合銀報捐同知陞銜銀數相符，擬請均給予同知陞銜。

毛大紘，湖北附生，由現署江蘇松江府通判捐錢五百五十四千文，核與奏准以錢合銀報捐鹽提舉陞銜銀數相符，擬請給予鹽課司提舉陞銜。

鄭建威，廣東監生，捐錢三百八十四千文，核與奏准以錢合銀報捐布政司理問職銜銀數相符，擬請給予布政司理問職銜。

陳文藻，江蘇監生，捐錢三百八十四千文，核與奏准以錢合銀報捐州同職銜銀數相符，擬請給予州同職銜。

吳承志，安徽俊秀，捐錢五百二十五千文，核與奏准以錢合銀報捐監生並捐州同職銜銀數相符，擬請給予州同職銜。

俞汝欽，浙江監生，由捐輸議敘八品頂戴捐錢一百二十八千文，核與奏准以錢合銀報捐州同職銜准將原捐銀數抵算定例相符，擬請給予州同職銜。

泊奇泰，廣東俊秀，捐錢三百九十七千文，核與奏准以錢合銀報捐監生並捐縣丞職銜銀數相符，擬請給予縣丞職銜。

鄭商瑱，福建監生，捐錢七百六十八千文，核與奏准以錢合銀報捐州同職銜並請六品封典銀數相符，擬請給予州同職銜並六品封典貤封其祖父母。

施炳光，安徽俊秀，捐錢三百五十九千文，核與奏准以錢合銀報捐從九品職銜並請九品封典銀數相符，擬請給予從九品職銜並九品封典貤封其父母。

王匯祥，廣東俊秀；黃開達，廣東俊秀。以上二名各捐錢二百三十一千文，核與奏准以錢合銀報捐未入流職銜並請九品封典銀數相符，擬請給予未入流職銜並九品封典貤封其父母。

劉襄，四川俊秀，捐錢九百零九千文，核與奏准以錢合銀報捐監生並捐營守備職銜銀數相符，擬請給予營守備職銜。

史鴻烈，廣東俊秀；姚開科，廣東俊秀。以上二名各捐錢二百九十五千文，核與奏准以錢合銀報捐監生並捐把總職銜銀數相符，擬請均給予把總職銜。

潘榮照、張國勳、楊芳瓊、陸霈霖。以上四名各捐錢一百零三千文，核與奏准以錢合銀報捐從九品職銜銀數相符，擬請均給予從九品職銜。

陳疇，廣東增生，捐銀九十六兩，核與奏准報捐貢生減成銀數相符，擬請給予貢生。

劉懋修、盧德仁、鄭耀德、李如璋、鄭捷科、鄭斯會、陳煥章、陳繩禮、陳振恭、陳繩統、陳繩重、湯學泗、鄭汝賢、鄭汝實、鄭汝南、鄭汝恭、鄭振良、高行忠、郭維城、沈利賓、蕭培英、張浩、戴華三、詹魁、戴榮祿、張君立。以上二十六名各捐銀八十八兩，核與奏准報捐監生銀數相符，擬請均給予監生。

硃批：覽。

七四六　奏請暫革同知開復留用片
（咸豐五年九月三十日）

再，睢南同知朱忻於署江運同知任內經解糧餉銀四萬兩，欠交銀四千兩，經臣奏參暫行革職，勒限十日繳還。嗣於限內如數繳清，尚知愧懼。復經臣奏請開復原官，並免其開缺，恭奉硃批：依議。欽此。接准部議：查朱忻系本案開覆，核計具奏日期系在已經接到開缺部文之後，按照定例不准留於本任，應令給咨赴部引見後，比照錢糧開復之例留於該省另補。如該員遵照奏定章程呈繳銀兩，即由該督奏請免其送部引見。等因。咨行前來。當即轉飭遵照各在案。茲據該員遵繳捐免赴部引見銀一千七百六十五兩。

除飭捐局兌收，並咨部照例將朱忻留工另補外，理合附片陳明，伏乞皇上聖鑒。謹奏。

　　九月三十日

　　咸豐五年十月初七日奉硃批：該部知道。欽此。

七四七　設局確查豐北大工實用錢糧片
（咸豐五年九月三十日）

　　再，查豐北大工初堵、復堵所用各款錢糧因上屆合龍以後即值軍書旁午，該管徐州道王夢齡設防籌餉，寢食不遑，在事各員又多調派各營，以致未能查辦。本年北路肅清，催據該道於六月二十日在徐州設局，並委留署豐北通判馬瀠、候補知州吳世雄隨同辦理。現在調齊冊檔，逐款勾稽，已有頭緒，約計來年春夏之交即可竣事。

　　除飭確查實用銀數分別應銷、應賠，開具清單，詳候核奏並隨時催辦外，理合附驛片陳，伏乞聖鑒。謹奏。

　　九月三十日

　　咸豐五年十月初七日奉硃批：知道了。欽此。

七四八　豐工舊口門仍請賠堵摺
（咸豐五年十一月初一日）

　　革職留任江南河道總督臣楊以增跪奏，爲豐工舊口門仍請賠堵以順輿情，恭摺具陳仰祈聖鑒事。

　　竊臣前奏賠堵豐工舊口門一摺，欽奉上諭：楊以增奏賠堵豐工舊口門定期興工一摺。前因軍務未竣，籌餉維艱，蘭陽堵築漫口非數百萬帑金不能集事，恐一時難以興辦。而橫流旁溢，無所歸宿，災民顛沛流離，朕心不勝軫念。業經諭令李鈞派委張亮基會同直隸、山東、河南地方官委員等詳細履勘，將黃流漫溢之處疏導歸海，蘭陽大工即可暫議緩堵。現尚未據覆奏，所有豐北口門亦應暫緩興築。俟李鈞等定議如何再行酌辦。等因。欽此。仰見聖主軫念災民、急求因勢利導之方，曷勝欽服。

當即轉行欽遵去後，茲據徐州道王夢齡稟稱：就河工大局而論，現在蘭工緩堵，黃流未歸，誠如聖諭：信可俟蘭陽擇日興工，同時並舉。惟豐工口門以下被水之區四年以來盡成澤國。現在上游旁溢，田疇可期涸復，災民次第歸來，群思及時播種。但豐工口門以上、蘭工口門以下數百里長河積水甚多，若不即爲籌堵，來年大雨時行，兩岸灘水匯同巨浸，仍由豐工口門滔滔下注，則新種之地又有淹灌之虞，顛沛窮黎何以堪此？況昨議堵工，民可復業。將來民力稍蘇，於勸諭經費較易爲力，又無業窮民聞工作將興，紛紛就食。現據銅、豐、沛三縣被水災區士民梁振業、李著函、張士舉等以請堵救民等詞先後呈訴前來，謹據實轉稟，請念災民困苦下情，迅賜瀝陳具奏。並將原呈稟送到臣。

伏查豐工口門下游被災以來，哀鴻四散，於今數載。適值黃流北溢，百姓扶老攜幼，跟蹌歸來，希冀及時復業，系屬實在情形。若口門緩堵，則上游數百里漫灘雨水均足下注爲災，溝壑餘生殊堪憫惻。且本年東豫被水災民備趁無方，竊慮皖匪煽誘，流而爲匪，亦急需以工代賑，冀免他虞。謹據實覆陳，仰懇天恩俯念災民望堵情殷，准照前奏賠堵。仍派革任臬司查文經稽查催辦，以順興情而昭慎重。

再，現離冬至不遠，凍土施工，難期堅實。如蒙俞允，容臣督催工員豫雇人夫，一俟交春，天氣融合，即可擇日興工趕辦。

爲此恭摺具奏，伏乞皇上聖鑒訓示。謹奏。

十一月初一日

咸豐五年十一月十六日奉硃批：軍機大臣會同該部議奏。欽此。

七四九　奏請仍以原題人員陞署摺
（咸豐五年十一月初一日）

革職留任江南河道總督臣楊以增跪奏，爲廳缺緊要，遴選乏人，仍懇天恩俯准陞署以重修防事。

竊照淮安府山清外南同知一缺前經臣會同兩江督臣怡良以揚河通判

鍾照奏請陞署，奉旨：吏部議奏。欽此。咨接准部文，以鍾照前陞揚河通判雖經保題實授，尚未引見。且外南同知婁晉因剿辦洋匪出力開缺，以道員補用，與鍾照保奏開缺以同知即陞系同日奉旨，按照部章不得占補本月之缺，應毋庸議。等因。自應遵照辦理。

惟查南河同知、通判共二十二缺，除未揀選得人及已題補尚未復准各缺外，現惟山安同知郭禮圖一員，亦居要缺，且甫經實授，尚未回任。此外各員陞調均不合例，其應補初任人員又難於勝任。所有前摺請陞之揚河通判鍾照於咸豐三年三月奉旨：以同知直隸州用。本系合例之員。其通判任內未經引見，實因委管清江籌防局並捐輸各務，難以更易生手所致，前摺業將未例稍有未符情節聲明在案。該員才具精詳，錢糧謹慎，爲廳員中不可多得之人，委署外南同知三載於茲，不獨經理得宜，且工料亦甚節省。現在各廳既無堪陞堪調之員，初補者又復難勝繁劇。臣爲要缺必須得人起見，謹再查明陳請，合無仰懇天恩俯念人地實在相需，仍准以即陞同知鍾照陞署外南同知，實於工程、錢糧兩有裨益。俟奉恩准後，容臣給咨該員赴部併案引見，恭候欽定。

相應會同兩江督臣怡良恭摺具奏，伏乞皇上聖鑒訓示。謹奏。

十一月初一日

咸豐五年十一月十六日奉硃批：吏部議奏。欽此。

七五〇　請如數撥給銀票片

（咸豐五年十一月初一日）

再，本年防料案內撥關稅銀兩均以軍需爲務，並未撥解，前經附請找撥銀票二十萬兩，接准部覆，以節交霜降，大汛已過，防料之需自不必再爲提撥。等因。查大汛防料工需內准銀一百五十萬兩，本年因工程較簡，未敢循例請撥，嗣奉部撥現銀、銀票三十九萬兩，不過四分之一，而現銀又皆停解，以致大汛工用諸多掣肘，欠發甚巨。且河營兵餉、葦營刀本均積欠一年以上，**衆**口嗷嗷，咸皆引領。臣深知部款支絀，不敢請提現銀。而河庫支絀情形尤甚，又不得不上瀆宸聰。所有前請提撥銀票二十萬兩，惟有仰懇恩准敕部如數撥給，俾清欠款，不勝待命之至！

謹再附片陳請，伏乞聖鑒訓示。謹奏。

十一月初一日

咸豐五年十一月十六日奉硃批：戶部照數撥給。欽此。

七五一 飭令分賠各員分段認工片
（咸豐五年十一月□日）

再，欽奉上諭：該廳員等應賠款項不得以暫緩興工藉可觀望，著楊以增飭令各按應賠成數迅速完繳，並著先行勸諭捐項，俾經費得以充裕，一俟蘭陽擇日興工，即可同時並舉。所有賠項、捐項均於集有成數後隨時奏聞，不得挪作他用。等因。欽此。

遵查從前桃北蕭工堵築乾口，照例銷六賠四。此次堵築豐工舊口門，臣因庫款支絀，不敢仰瀆宸聰，亟擬督同道府各員全數認賠，庶幾稍贖前愆，仰酬高厚。而民間盼堵甚殷，例應分賠。各員又一時無力措繳現銀，再四思維，因飭令各員分段認工，俾經費、夫價可自行通融挪貸，庶力稍紓而工易完，口門下游百姓可望即免蕩析。至豐工初堵、復堵所用錢糧，臣與所屬文武應賠銀數尚巨。現在設局查辦報銷，一俟核定應賠數目奏明後，即當依限陸續催繳，斷不敢以口門已堵藉詞觀望，致滋罪戾。

理合附片陳明，伏乞聖鑒。謹奏。

咸豐五年十一月十六日奉硃批：知道了。欽此。

七五二 自報病危摺
（咸豐五年十二月十八日）

革職留任江南河道總督臣楊以增跪奏，為臣病危，謹具遺摺叩謝天恩事。

竊臣山左庸材，草茅下士，由道光二年壬午恩科進士即用知縣，分發貴州，洊陞府道。二十二年開歸道任內陞補兩淮運司，未及到任，渥蒙宣宗成皇帝簡放甘肅按察使。二十六年陞授陝西布政使，二十七年陞授陝西巡撫，二十八年九月簡調江南河道總督，陛見後於十二月到任。凡此恩榮之優渥，實非夢想所感期。感激悚惶，愧無報稱，祗惟勤廉率屬，竭力修防，冀稍圖報於萬一。乃咸豐元年以後黃水非常異漲，致有豐工之事，咎戾滋深，渥荷寬恩僅予革職留任。鴻慈逾格，浹髓淪肌。至豐工口門前經奏明，督率在事文武集項賠堵，業已預爲佈置，以便春融興築。

臣年甫屆七旬，身體素健，方以爲犬馬之勞堪以長效。詎自三年粵匪竄擾金陵、鎮揚之後，清淮相距甚近，賊氛既咫尺相侵，土匪復到處竊發，督臣、撫臣均在江南堵剿，所有江北之徐州、淮海一帶幅員遼闊，防禦甚難。經臣設局籌防，練兵團勇。加以餉糈無出，設法勸捐抽厘，購銅鑄錢，鼓勵各屬，齊心團練。仰賴聖主洪福，官民並力，是以土匪、海寇均得隨時剿辦，未致釀成巨患。而三年來籌餉之難，辦事之苦，心力交瘁，每至徹夜無眠。入秋以來，忽患泄瀉之疾①，延醫診視，僉以爲思慮傷脾，投以安神培土之劑，亦無大效。凡河務軍務，臣仍帶病勉力經理，不敢以微疾具摺請假，致煩聖心。嗣於冬至節後泄瀉日加，飲食日減，復進參芪補劑，如石投水。總緣下洩日久，氣血虧極。現在飲食不進，危在旦夕，君恩未報，齎恨無窮。

臣有二子，長子紹穀，曾選雲南大理府彌渡通判，現在在籍。次子紹和，壬子科舉人，候補中書。切囑其服官盡職，以冀稍答高厚之恩。伏枕哀鳴，仰祈皇上矜鑒。惟臣一息奄奄，自問已無生理，除將江南河道總督關防及王命旗牌、庫存銀錢鈔票等件先交淮海道梁佐中封儲，臨時稟請兩江督臣怡良具摺請旨。

合併陳明。謹奏。

咸豐五年十二月十八日

---

① 泄瀉之疾：大便溏薄而勢緩稱爲泄，大便清稀如水而勢急下者稱之瀉，統稱泄瀉。

附録一

○一 遵旨保奏屬員摺

（道光四年十月二十二日）

護理貴州巡撫、布政使臣吳榮光①跪奏，爲遵旨秉公保舉屬員，仰祈聖鑒事。

臣接准部咨：道光四年閏七月十二日奉上諭：直省道府廳州縣人員平日立品居心、官聲輿論，該督撫見聞所及，隨時察看，自必知之最悉。著各於道府廳州縣中有實在潔己愛民、誠心辦公、衆口交稱者，由該督撫出具切實考語，秉公具摺保奏數員，候朕簡用。該督撫務當各矢公忠，據實保舉，勿許稍有瞻徇冒濫，用副朕求賢佐治之至意。欽此。欽遵。

臣查黔省道府廳州縣循分供職者居多。臣到黔後恪遵聖訓，以得人爲要，務每於接見所屬，詢以政事，覘其器識，復於各員之操守是否廉潔，辦事之是否實心，民情之是否愛戴密加察訪，其難其慎，八月於茲。秉公遴選，復恐臣知識未逮，往返密商督臣明山，僅得臣所知者二員。伏思新任撫臣蘇明阿到任尚需時日。臣採訪既確，不敢壅於上聞。查得貴陽府知府色卜星額，年四十三歲，鑲紅旗②蒙古乙丑科進士，由庶吉士散館以知縣用，補四川慶符縣。嘉慶十九年丁憂回旗，在筆帖式上行走。道光元年五月陞右贊善，九月補授今職。該員潔己自愛，練達端方，委審案件均能公正廉明。在任將及三年，民情悅服，始終如一，洵屬有守有爲之員。又查得荔波縣知縣楊以增，年三十六歲，系山東聊城縣壬午科進士，榜下分發貴州，補授今職。該員才識練達，任事實心，歷署長寨同知、清鎮知縣，俱得民心。在清鎮任內，兼能振興文

---

① 吳榮光（1773—1843）：字殿垣，一字伯榮，號荷屋、可庵，別署拜經老人、白雲山人，廣東南海人。嘉慶四年（1799）進士，改庶吉士，授編修。遷監察御史，以事革職。後起授刑部員外郎、郎中，歷任陝西陝安道、福建鹽法道，福建、浙江、湖北按察使，貴州、福建、湖南布政使，湖南巡撫。後降福建布政使，以原品休致，道光二十三年（1843）卒。

② 鑲紅旗：清代八旗之一，建於萬曆四十三年（1615），因旗爲紅色鑲白而得名，爲下五旗之一。

學，離任時百姓攀留者甚**衆**。現在甫任荔波，循聲已著，爲明幹有爲之員。以上二員謹就臣管見所及，出具切實考語，秉公保薦。臣斷不敢稍存瞻徇冒濫之見，致負聖明委任。

是否有當，謹繕摺具奏，伏乞皇上聖鑒。謹奏。

十月二十二日

　硃批：摺留覽。

○二　揀員調補要缺知縣摺①
（道光八年五月二十四日）

貴州巡撫臣嵩溥②跪奏，爲省會首邑要缺需員，恭懇聖恩俯准調補以重地方事。

竊照貴筑縣知縣張家橃題陞郎岱同知，所遺系衝繁難兼三要缺，例應在外揀員調補。查貴筑縣系省會首邑，政務殷繁，時有發審委辦案件，必須廉明幹練之員始克勝任。臣與藩、臬兩司於通省知縣內逐加遴選，非現居要缺，即人地未宜。惟查有荔波縣知縣楊以增年四十歲，山東進士，以知縣用，分發貴州，題補今職。道光四年十月二十五日到任苗疆，三年俸滿，已恭疏保題，尚未接准部覆。該員老成明幹，才守兼優，輿情愛戴，素著循聲。請以調補貴筑縣知縣，洵堪勝任。惟荔波縣系苗疆要缺，以繁調繁，於例稍有未符。而省會首邑更爲緊要，與尋常調缺不同，應詳加揀選。今以楊以增調任首邑，人地實屬相需，謹遵例專摺奏請，合無仰懇聖恩，俯念省會要缺需員，准以荔波縣知縣楊以增調補貴筑縣知縣，以資治理，仍請旨飭部核覆。如蒙俞允，該員自必感激天恩，益加奮勉，實於首邑政務有裨。

至楊以增系現任知縣請調知縣，銜缺相當，無庸送部引見。其所遺

---

①　此摺現藏台灣"國立"故宮博物院。

②　嵩溥：滿洲正藍旗人，以蔭生起家，道光六年（1826）授貴州巡撫，十三年（1833）至京師，十四年（1834）去任，終官綏遠城將軍。

荔波縣缺，容臣另行揀員請補。相應會同雲貴總督臣阮元①恭摺具奏，并繕該員參罰清單敬呈御覽，伏乞皇上聖鑒。謹奏。

五月二十四日

道光八年六月二十八日奉硃批：欽此。

附：清單

謹將楊以增參罰各案開列清單敬呈御覽：

一件：荔波縣民潘阿反戳傷韋阿進身死脫逃一案，初參承緝職名開參。

一件：荔波縣民李長春被無名兇犯戳傷身死一案，三參承緝職名開參。

一件：安置軍犯莊安澤在配脫逃一案，百日限滿職名開參。

以上三案均未接准部覆。此外並無參罰案件，合併陳明。

○三　揀員陞署要缺知府摺②

（道光十二年四月二十二日）

雲貴總督臣阮元、貴州巡撫臣嵩溥跪奏，為苗疆知府員缺緊要，恭懇聖恩俯准揀員陞署以重地方事。

竊照興義府知府徐玉章因病出缺，先經臣等將貞豐州知州尚政麟題請陞補，接准部咨，尚政麟已籤陞河南陳州府知府。所遺興義府係苗疆要缺，自應另行揀員陞調。查該府界連滇粵，管轄一州三縣，民苗雜處，訟獄繁多，必得精明幹練之員方足以資治理。臣等率同藩、臬兩司於通省知府中逐加遴選，非現居要缺，即與例不符。同知直隸州內雖有

---

① 阮元（1764—1849）：字伯元，號雲台、雷塘庵主，晚號怡性老人，江蘇儀徵人。乾隆五十四年（1789）進士，入翰林院任庶吉士，次年授翰林院編修。翌年陞任少詹事，入值南書房、懋勤殿，遷任詹事。五十八年（1793）提督山東學政，後歷任浙江學政。嘉慶三年（1798）返京，任戶部左侍郎、會試同考官，旋任浙江巡撫。十九年（1813）調江西巡撫，加太子少保。二十一年（1815）調河南，升湖廣總督，二十二年（1816）調兩廣總督。道光六年（1826）遷雲貴總督，十五年（1835）拜體仁閣大學士，管理刑部，後調兵部。十八年（1838）因老病致仕，二十九年（1849）卒，謚文達，入祠鄉賢祠、浙江名宦祠。

② 據中國第一歷史檔案館藏硃批奏摺。

合例之員，俱於地方不甚相宜，未便稍事遷就，惟查有松桃直隸同知楊以增，年四十四歲，山東進士，以知縣即用，分發貴州，補授荔波縣苗疆，俸滿奏調貴筑縣。道光九年十月題陞今職，十年補行。九年大計卓異，赴部引見，奉旨：楊以增准其陞補松桃直隸同知。欽此。道光十一年正月初八日到任。該員才明守潔，歷練有為，在黔年久，熟悉苗疆，歷任繁劇，輿情愛戴。其參罰各案應繳罰俸銀數在三百兩以下，照例飭令完繳，此外並無違礙處分，以之請陞興義府，洵堪勝任。惟該員同知任內苗疆歷俸尚未報滿，與例稍有未符。而人地實在相需，例得專摺奏請。

合無仰懇聖恩，俯念苗疆員缺緊要，准以松桃直隸同知楊以增陞署興義府知府，實於地方有裨。仍遵例請旨飭部核覆。如蒙俞允，照例給咨送部引見，恭候欽定，並俟扣滿歷俸年限，另請實授。所遺松桃直隸同知亦係在外題補之缺，容俟揀員請補。臣等為要缺需員起見，往返札商，意見相同，謹合詞恭摺具奏，並繕該員參罰清單，敬呈御覽，伏乞皇上聖鑒訓示。謹奏。

道光十二年四月二十二日

　硃批：吏部議奏。

○四　遵旨覆議廳員陞署知府與例不符摺
（道光十二年六月初二日）

協辦大學士吏部尚書臣文孚[①]等謹奏，為遵旨議奏事。

內閣抄出雲貴總督阮元等奏稱：興義府知府徐玉章因病出缺，所遺興義府係苗疆要缺，自應揀員陞調。查該府界連滇粵，管轄一州三縣，

---

① 文孚（？—1841）：滿洲鑲黃旗人，字秋潭。嘉慶中授內閣學士，歷山海關副都統、馬蘭鎮總兵、錦州副都統。二十年（1815）授刑部侍郎，二十四年（1819）命在軍機大臣上學習行走。道光四年（1824）加太子太保，八年（1828）晉太子太傅，賜紫韁，繪像紫光閣。十一年（1831）以吏部尚書任協辦大學士，十四年（1834）拜東閣大學士，管理吏部。十五年（1835）轉文淵閣大學士，後以疾請解職，十六年（1836）致仕，二十一年（1841）卒，贈太保，諡文敬。

民苗雜處，訟獄繁多，必得精明幹練之員方足以資治理。臣等於通省知府中逐加遴選，非現居要缺，即與例不符，同知直隸州內雖有合例之員，俱於地方不甚相宜，未便稍事遷就。惟查有松桃直隸①同知楊以增，才明守潔，歷練有爲，以之請陞興義府洵堪勝任。惟該員同知任內苗疆歷俸尚未報滿，與例稍有未符，而人地實在相需，例得專摺奏請，合無仰懇聖恩，俯念苗疆員缺緊要，准以松桃直隸同知楊以增陞署興義府，實於地方有裨。如蒙俞允，照例給咨送部引見，恭候欽定。並俟扣滿歷俸年限，另請實授。所遺松桃直隸同知亦系在外題補之缺，容俟揀員請補。等因。道光十二年五月二十四日奉硃批：吏部議奏。欽此。欽遵抄出到部。

查定例：貴州三年俸滿之夷疆極邊松桃同知，令該督撫揀選題補俸滿之員。如果撫綏得宜，核明題請量予優敘，仍留本任。再滿三年，果能才守兼優，政績卓著，准其保題，以陞衙註冊。陞用未經俸滿之先，概不得以他缺更爲緊要藉詞陞調。又：各督撫應行保題各缺，不准違例保題。如有員缺緊要、人地實在相需，而所保之員與例稍有未符者，亦必須將該員不合例之處詳細聲明，專摺具奏，請旨交部核覆。吏部查明該員不合例事，故據實覆奏，恭候欽定。如奉旨加恩准行，將該督撫處分寬免。其不准行者，仍照例議處。各等語。今興義府知府系久任苗疆要缺，例應在外揀選題補。楊以增山東進士，由貴州貴築縣知縣道光九年大計保薦卓異，十年七月引見，奉旨：准其陞補松桃直隸廳同知。欽此。十一年正月初八日到任。今據該督等奏，請陞署興義府知府，欽奉諭旨交臣部議奏。

臣等伏查松桃直隸廳同知系屬苗疆極邊久任之缺，定例三年俸滿題請量予優敘。再滿三年，保題陞用。今該員到任僅一年有餘，初次尚未報滿。該督等遽請陞署興義府知府，核與定例不符。惟原摺內已將不合例緣由聲敘，相應遵例奏明，恭候欽定。如奉旨准其陞署，仍令送部引見，扣滿年限，另請實授，並將該督撫處分寬免。如不准行，即照例議處。

謹將臣等核議緣由繕摺具奏，伏乞皇上聖鑒訓示遵行。謹奏。

道光十二年六月初二日

---

① 松桃直隸廳：清雍正八年（1730）置松桃廳；嘉慶二年（1797）升爲直隸軍民廳，屬貴東道。道光十五年（1835）改由貴州省直轄。

協辦大學士吏部尚書臣 文孚
吏部尚書臣 潘世恩①
吏部左侍郎臣 宗室奕經
吏部左侍郎臣 杜堮②
吏部右侍郎臣 桂輪③
吏部右侍郎臣 湯金釗④

〇五 揀員署理知府印務片
（道光十二年八月十五日）

臣嵩溥跪奏。

再，署安化縣知縣胡思瑛因案奏參革職，思南府知府聞人熙解任質

---

① 潘世恩（1769—1854）：字槐堂，一作槐庭，號芝軒，晚號思補老人，江蘇蘇州人。乾隆五十八年（1793）狀元及第，授修撰。嘉慶十二年（1807）充續辦《四庫全書》總裁、文穎館總裁，次年任翰林院掌院學士。十七年（1812）授工部尚書，十九年（1814）調戶部尚書，仍署理工部尚書，尋又署理吏部尚書。道光七年（1827）服父喪滿，署理工部左侍郎，旋實授吏部左侍郎，十年（1828）擢工部尚書。十三年（1833）擢體仁閣大學士，十四年（1834）受命在軍機大臣上行走。十五年（1835）授東閣大學士，管理工部事務，十六年（1836）任上書房總師傅。十七年（1837）加太子太保銜，十八年（1838）晉武英殿大學士，二十八年（1848）晉太子太傅銜。咸豐六年（1856）卒，諡文恭，入祀賢良祠。
② 杜堮（1764—1859）：字次崖，號石樵，山東濱州人。乾隆五十五年（1790）乾隆巡遊泰山，召試第一，恩賜舉人。嘉慶六年（1801）中進士，翌年授翰林院編修。嘉慶二十年（1815）任順天學政，二十四年（1819）任內閣學士兼禮部侍郎。道光元年（1821）任兵部右侍郎，旋任浙江學政。十五年（1835）調任禮部左侍郎。二十九年（1849）加太子太保銜。咸豐二年（1852）賞加禮部尚書銜。八年（1858）病逝，贈大學士，諡文端。
③ 桂輪（？—1847）：蒙古正白旗人。嘉慶十四年（1809）承襲雲騎尉，歷任整儀尉、乾清門頭等侍衛。從道光八年（1828）起，歷任兵、戶、吏、工部侍郎，右、左翼總兵、步軍統領、頭等公爵、熱河都統等職。道光二十三年（1843）調任烏里雅蘇台將軍，二十六年（1846）任杭州將軍。翌年卒，追賜太子太保銜，諡恪慎。
④ 湯金釗（1772—1856）：字敦甫，一字勳茲，浙江蕭山人。乾隆五十九年（1794）舉鄉試第一。嘉慶四年（1799）中進士，選庶吉士，授編修。十三年（1808）入直上書房。二十一年（1816）升禮部侍郎，二十五年（1820）轉吏部左侍郎。道光元年（1820）兼戶部侍郎，六年（1826）實授戶部侍郎，七年（1827）任左都御史、禮部尚書，充上書房總師傅，調任吏部尚書、工部尚書、戶部尚書。十八年（1838）以協辦大學士調吏部，咸豐四年（1854）加太子太保銜。六年（1856）卒，諡文端。

審，所遺各缺應即委員接署。查有准陞興義府知府松桃直隸廳同知楊以增老成端謹，實心吏治，堪以署理思南府印務。其松桃直隸廳同知缺查有候補同知李安中，才具幹練，堪以委署。本任安化縣知縣張瑛尚未交卸威寧州事，未能即時回任。查有署平遠州事之清鎮縣知縣施鳴盛，明幹有為，堪以署理安化縣印務。本任平遠州知州嚴昌鈺採辦滇銅未回，所遺平遠州缺，查有運鉛事竣、甫經回黔之仁懷縣知縣覺羅崇興誠樸安詳，堪以署理。又署廣順州事試用知縣嚴錫珍現經委署永從縣印務，所遺廣順州缺，查有卸署清鎮縣事之清平縣知縣林慶章辦事勤妥，堪以委署，並據藩、臬兩司具詳前來。

除檄飭遵照外，理合會同雲貴總督臣阮元附片陳明，伏乞聖鑒。謹奏。

硃批：覽。

○六　揀員調補要缺知府摺^①

（道光十三年十一月十七日）

協辦大學士雲貴總督臣阮元、貴州巡撫調任漕運總督臣嵩溥跪奏，為省會知府要缺遵旨揀員調補，恭摺奏祈聖鑒事。

竊照貴陽府知府史斌陞補東桂道，欽奉上諭：貴州貴陽府知府員缺緊要，著該督撫於通省知府內揀員調補，所遺員缺著谷善禾補授。欽此。遵查貴陽府為省會首郡，管轄一廳七州，縣地遼闊，政務殷繁，并有省發審事件，必須精明幹練之員方足以資治理。臣等率同藩、臬兩司於通省知府內逐加遴選，非現居要缺，即人地未宜，惟查有興義府知府楊以增，年四十五歲，山東進士，以知縣即用，分發貴州，補授荔波縣苗疆，俸滿奏調貴筑縣。道光十年補。以九年大計卓異，題陞松桃直隸同知，十一年正月初八日到任。奏陞今職後，於保舉案內開列保薦，一並給咨赴部引見。奉旨：楊以增准其陞署興義府知府。欽此。該員尚未回黔到任。臣等查楊以增持躬端謹，歷練老成，輿情愛戴，素著循聲，

① 此摺現藏台灣“國立”故宮博物院。

洵爲知府中出色之員，以之調補貴陽府知府，實堪勝任。惟興義府亦系要缺，以繁調繁，與例稍有未符。但系遵旨揀調，人地實在相需，例得專摺奏請。合無仰懇聖恩俯准，將楊以增調補貴陽府知府，於首郡要缺有裨，仍請飭部核覆。如蒙俞允，該員系現任知府請調知府，銜缺相當，毋庸送部引見。其所遺興義府員缺，遵旨即以谷善禾補授。

臣等往返札商，意見相同，謹合詞恭摺具奏。至楊以增系奉旨揀調，例不開敘參罰。合併陳明，伏乞皇上聖鑒訓示遵行。謹奏。

十一月十七日

道光十三年十二月廿三日奉硃批：欽此。

○七　遵旨回奏提督①情形摺②

（道光十七年五月初十日）

再，臣承准軍機大臣字寄：奉上諭：湖北提督羅思舉③來京陛見，屢經召對，言語尚覺明晰。年已七十有四，察其精力迥不如前。現在各提鎮內曾經出師之員較少，一時更換，實難得人。但念湖北營務攸關緊要，若精力稍有未充，即恐有廢弛之處。著該督用心察看該提督於一切營務事宜精神能否照料周到，倘稍形衰頹，即著據實具奏，毋稍徇隱。等因。欽此。

伏查湖北提督駐紮襄陽府屬之穀城縣，距武昌省城九百餘里。臣到任時適羅思舉進京陛見，即其由京回任，亦不經過省垣，是以尚未接晤。惟據安襄郧道楊以增、襄陽縣紀昌期先後因公來省，咸稱該提督訓練有方，習勞不倦。詢之各營員，所言亦同。查該提督在楚已十二年，地方軍民似皆無間。惟年已七十四歲，究恐精力難周。除隨時查訪外，

---

① 提督：全稱爲提督軍務總兵官，負責統轄一省陸路或水路官兵，通常爲清朝各省綠營最高主官。

② 本片作者为林则徐。

③ 羅思舉（1764—1840）：字天鵬，四川東鄉人。早年參加鎮壓白蓮教起義，嘉慶六年（1801）擢參將，十一年（1806）攻西鄉叛兵，斬首逆於陣。後署川北鎮，擢涼州鎮總兵，調重慶鎮。道光元年（1821）擢貴州提督，歷任四川、雲南、湖北提督。二十年（1840）卒於官，賜太子太保，謚壯勇。

容臣出赴襄陽一帶防汛閱點之時，當與該提督面晤，就近察看營務情形，更可備知一切，另行核實奏聞。

合先繕片附陳。謹奏。

五月初十日

道光十七年五月二十六日奉硃批：知道了。欽此。

○八　道員請免回避摺

（道光二十二年六月二十七日）

河東河道總督臣朱襄、署河南巡撫臣鄂順安跪奏，爲道員例應回避，一時無缺可調，恭摺請旨仰祈聖鑒事。

竊查例載：各省地方河工員缺在原籍五百里之内俱行回避，於三個月限内呈明，道缺以所轄之地計算。等語。茲據開歸道楊以增稟稱：職道籍隸山東聊城縣，以驛站道里計，所屬州縣均在原籍五百里以外，惟開封府屬之蘭儀縣、歸德府屬之商丘縣有偏僻小路可通，距原籍祇四百六七十里不等，例應呈請回避。並聲明自上年十月二十八日在祥工接印，即奉委總理東壩，兼管總局，並查催引河。本年二月合龍後，復督辦善後工程及各廳另案土工各事皆當吃緊，未敢遽請回避。茲各工均已完竣，合亟稟請核辦前來。

臣等查該道楊以增秉性端方，老成練達，自上年到任後，委辦大工，實能細心講求，認真經理，且不避勞怨，毫無河工習氣。本年合龍後所有善後各要工，臣朱襄籌畫初定，以節屆桃汛亟應周歷兩岸，查訪春修，驗收料物。適值新漕入境，又須回濟督催，曾奏明專責該道稽查催趲。該道常川在工，悉心經理，不遺餘力，得以克期報竣。臣此次赴工，逐細查勘，實皆妥協如式。又挑水壩迤北挑溝引溜，俾大壩益資穩固，尤爲動協報宜，悉臻妥速，委系河工得力、可以挽回積弊、大裨修守之員。茲據該道查明原籍在五百里以内，應即揀員對調，惟開歸道爲東河第一要缺，統轄南岸八廳，汛地綿長，險工林立，又值大工之後，溜勢提移不定，尤視常年修守不同，必須才識兼優，熟悉情形，方能無誤。是地方道員非所素習，實無勘調之員。即河道各缺，如山東運河兗、沂兩道皆系該道本籍，河北道一缺所轄州縣亦有距該道原籍五百里以內之處，一時實在無缺可調。伏思臣朱襄於二十年由江南徐州道調任淮揚道，所屬儀徵縣距原籍蕪湖縣在四百里以內，經前屬兩江督臣裕謙①等以對調乏員，援引從前江南河庫道戴宗沅②奉旨毋庸回避成案，聲請仰邀恩准，著臣朱襄毋庸回避在案。所有現任開歸道楊以增照例應揀員對調，惟河務緊要，一時無缺可調，可否免其回避之處出自天恩。

臣等未敢擅便，謹合詞恭摺具奏，伏乞皇上聖鑒，訓示遵行。謹奏。

六月二十七日

道光二十二年七月初五日奉硃批：欽此。

〇九　奏請道員署理臬篆摺

（道光十七年九月二十五日）

署理河南巡撫、兼理河東河道總督臣鄂順安跪奏，爲委員接署臬篆以便糧道回任辦理漕務，恭摺具奏仰祈聖鑒事。

竊臬司張祥河③署理藩篆，所遺臬司篆務前經臣奏明飭委糧道況澄兼署在案。現值兌漕之際，糧道應行出運，自應令況澄回任辦理漕務，以資熟手。該員現署臬司等務，應行改委接署。查有開歸陳許道楊以增，才具練達，辦事精詳，前在楚省曾署理臬司篆務。現在霜節已逾，河工事簡，堪以委令兼署。

除檄飭遵照外，理合恭摺具奏，伏乞皇上聖鑒。謹奏。

---

① 裕謙（1793—1841）：字魯山、衣穀，號舒亭，蒙古鑲黃旗人。嘉慶二十二年（1817）進士，選爲庶吉士，散館後任禮部主事、員外郎。道光六年（1826）任湖北荊州知府，後調武昌知府、荊宜施道。十四年（1834）升任江蘇按察使，十九年（1839）以江蘇布政使署理江蘇巡撫。鴉片戰爭時期，由江蘇巡撫署理兩江總督，不久實授。二十一年（1841）在抗擊英軍入侵戰鬥中失利，自殺殉國。

② 戴宗沅（？—1823）：字孝侯，安徽來安人。嘉慶十三年（1808）爲庶吉士，後任直隸按察使、河南布政使，道光十年（1830）任刑部右侍郎，十三年（1823）卒。

③ 張祥河（1785—1862）：字元卿，婁縣人。嘉慶二十五年（1820）進士，官至工部尚書。咸豐十一年（1861）因病致仕，次年卒於京邸，諡溫和。

九月二十五日

道光二十二年十月初五日奉硃批：知道了。欽此。

一〇　揀員署理甘肅藩篆等員缺摺
（道光二十三年十二月二十六日）

陝甘總督臣富呢揚阿跪奏，爲委署司道各篆務，恭摺奏聞仰祈聖鑒事。

竊臣接據藩司葉名琛具報該司之母在京病故，例應丁憂，旋准部咨，奉上諭：甘肅布政使員缺著陳繼昌補授。又奉上諭：江寧布政使員缺著陳繼昌調補，鄧廷楨著賞給三品頂戴，補授甘肅布政使。等因。欽此。除轉行遵照外，所有甘肅藩司篆務應即委員先行接署。查臬司楊以增品端才裕，辦事認真，堪以委令署理。其臬司印務，查有蘭州道唐樹義才具優長，辦事結實，堪以委令兼署。又平慶涇道姚有寬現據報丁父憂，另行恭疏具題。其所遺平慶涇道篆務查有平涼府知府石景芬辦事勤明，堪以委令就近兼護。除分飭遵照外，所有平慶涇道係衝難二項中缺，應請敕部銓選，以重職守。

爲此恭摺具奏，伏乞皇上聖鑒。謹奏。

道光二十三年十二月二十六日

硃批：吏部知道。

一一　揀員署理甘肅藩臬兩司印務摺
（道光二十五年三月十七日）

陝甘總督臣富呢揚阿跪奏，爲委署藩、臬兩司篆務，仰祈聖鑒事。

竊臣接准部咨，奉上諭：鄧廷楨著補授陝西巡撫，甘肅布政使著寶清補授。等因。欽此。除轉行遵照外，所有藩司篆務應即委員接署，以便鄧廷楨交卸起程。查臬司楊以增品端才裕，練達精明，堪以委令署理。其臬司篆務查有蘭州道唐樹義實心任事，爲守兼優，堪以委令兼署。

除分飭遵照外，爲此恭摺具奏，伏乞皇上聖鑒。謹奏。

道光二十五年三月十七日

硃批：覽。

一二　懇請開缺調理並委新任藩司護理撫篆摺
（道光二十六年十一月十六日）

陝西巡撫臣林則徐跪奏，爲微臣自十月患病，至今未痊，現仍力疾辦公，謹瀝下情據實具奏，請將印務賫交新任藩司楊以增護理，並懇天恩俯准開缺調治以重職守事。

竊臣現年六十二歲，前數年在新疆迭患鼻衄①、脾泄②、疝氣③諸病症，屢經醫治，總未復原。上年冬間蒙皇上逾格恩施，先奉諭旨回京，旋覆命署陝甘總督，下懷感激，不敢顧身。適當蕃務緊要之時，親歷甘涼、西寧等處督籌剿堵。本年三月間因積受寒瘴，咳嗽失音，舊疾並發，當於卸署督篆，特據實附片瀝陳，仰荷聖慈賞假調治，遂在甘肅省城就醫，並遵旨襄辦番務。嗣又蒙恩補授陝西巡撫。自顧獲咎之身渥沐鴻慈再造，雖指縻頂踵，不足仰答高深。迨洮州蕃案辦畢，謹即遵旨來陝赴任，於地方政務及文武鄉闈勉竭衰庸，隨時辦理。九月內感寒作咳，尚未就痊。因十月武闈屆期，應赴校場閱看馬步箭技勇等項，連日在空曠之地積受風寒，以致咳嗽倍劇，聲音不開，脾泄愈勤，疝氣愈墜。正思懇恩賞假，適藩司裕康因病出缺，經臣奏請簡放，並委臬司唐樹義兼署藩篆，又何敢以臣犬馬之疾再瀆聖聰，更請越級護理？惟有力疾任事，仍照常問案判稿，接見官僚，並連次祈求雨雪，亦皆帶病親往。是以臣之失音墜氣，不獨屬員皆知，即民人亦

① 鼻衄：鼻出血。

② 脾泄：又名脾瀉，指因飲食或寒濕傷脾，引致脾虛泄瀉。

③ 疝氣：人體內某個臟器或組織離開其正常解剖位置，通過先天或後天形成的薄弱點、缺損或孔隙進入另一部位。

共相目擊。雖服藥至數十劑，冬至節後，聲音稍開，而脾洩、疝氣二症仍無起色。近日咳嗽又發，夜不能寐，並覺氣促神昏。醫家皆云血氣久虧，一時夾雜風寒，不能受補，必須靜養多時，俟能加服補劑，方可望痊。

臣因公事殷繁，恐有貽誤，不勝焦灼，適欽奉上諭：陝西布政使著楊以增補授。欽此。查該司歷在湖北、河南、甘肅等省辦理諸務，臣見其識正清勤，明敏諳練，實爲臣所不能及。今蒙聖主擢任陝西藩司，洵屬得力。該司奉到諭旨，自必奏請進京謝恩請訓，理應先令迎摺北上，俟陛見後再來新任。無如臣力疾在任已逾柒月，過此以往，恐更難以支持。而楊以增由甘肅進京，必先經過陝省。臣已催其速來，不過旬日內外可到西安。合無仰懇皇上天恩俯念臣患病實情，准令楊以增先在陝西護理巡撫印務，俾臣得以交卸調治，庶免誤公。其未到以前，臣仍將日行事件力疾經理，不敢稍有積壓。至臣夙疾屢發，由於血氣大虧，一時實難速愈，若先奏請賞假，俟假滿再請開缺，轉恐公事耽擱，職守虛懸。君父之前，惟有據實陳請，伏求恩准臣開缺調理，將陝西巡撫一缺另賜簡放，以專責成，感激聖慈，倍無既極！

伏念臣受恩深重，本不敢自有其身，況重蒙畀任封圻，尤夢想之所不到。而陝西省分比臣歷任各處乃最爲完善之區，臣苟稍可支持，正極心殷報效。奈精神甚形委頓，設有貽誤，則負恩滋甚，問心何安？惟求覆載慈施，俾得從容醫治。現值嚴冬之際，病軀難以就途，仍在陝省靜加調攝。俟開春後擬赴南省一帶尋覓舊曾見效之醫家，加意診治。如蒙恩庇，幸獲就痊，即當入京，泥首宮門，懇求賞給差事，斷不敢自耽安逸，仰負生成。

所有籲懇下忱，謹繕摺具奏，伏乞皇上聖鑒訓示，臣不勝惶悚依戀之至。謹奏。

十一月十六日

道光二十六年十一月二十九日奉硃批：欽此。

一三　懇請開缺調理並委新任藩司護理撫篆片
（道光二十六年十二月□日）

再，臣因患病日久，於十一月内恭摺奏懇聖恩開缺調理，請將陝西巡撫印務交新任藩司楊以增護理，並聲明該司未到以前，臣仍力疾辦事。近日以來復添氣喘之症，夜不能寐，正覺難以支持。茲楊以增業已行至咸陽，即可進省。擬於十二月初十日將巡撫關防委員賫交該司護理，臣卸事後仍在陝省延醫調治。

合併附片陳明，伏祈聖鑒。謹奏。

道光二十六年十二月二十二日奉硃批：善爲調理，餘意不宣可也，摺留中。欽此。

一四　籌撥餉銀速解糧臺以備接濟摺[1]
（道光二十七年九月十五日）

奴才薩迎阿跪奏，爲接奉諭旨，恭摺覆奏，仰祈聖鑒事。

竊奴才於九月十二日接准兵部火牌[2]軍機大臣字寄内開，道光二十七年八月二十一日奉上諭：前因回疆安集延賊匪出擾，被剿出卡，即有旨，諭知薩迎阿等倘遇匪徒煽動，必須派兵，即一面調派，一面奏聞。旋經布彥泰馳奏賊匪圍困喀什噶爾城垣，即明降諭旨，將布彥泰授爲定西將軍，奕山作爲參贊大臣，帶兵前往督剿，設立糧台，接應後路，並諭知吉明、開明阿、扎拉芬泰等固守藩籬，以待大兵矣。本日接薩迎阿等奏派兵前往應援一摺，又另片奏派員帶領吐爾扈特、烏魯木齊官兵前

----

① 此摺現藏台灣“國立”故宮博物院。

② 火牌：清代傳遞運用文書的憑証。《清會典·兵部車駕司》：“凡驛遞，驗以火牌，定其遲速之限。”

往等語。所辦甚好，正與朕前降諭旨一面派兵、一面奏聞之意相合。該將軍現已派兵分作三起啓程，奕山督同由冰嶺一帶前進，自可迅抵該處，立殄么麽。伊犂地方事事均關緊要，該將軍惟當鎮靜彈壓，隨時盡心籌畫，遙爲策應，務臻周密，是爲至要。至烏魯木齊提督成玉已帶兵前往，其提督印務即著惟勤就近兼署，餘者照所擬辦理。將此由六百里諭令知之。欽此，欽遵。奴才跪讀之下，仰見我皇上簡將統師，天威遠震，並蒙誨示周詳，俾奴才得以遵循，欽感欽服。當即恭録諭旨，行知奕山、惟勤遵照訖。

　　查自軍興以來，奴才派兵請餉，以及奏調海枚①會辦阿克蘇糧臺事務，並調度後路防堵策應事宜，均已陸續奏明。茲奉諭旨，奴才惟有敬謹遵循，盡心竭力，籌畫策應，以期周密。查奴才委領隊佛爾金布②在春吉卡倫內駐紮，帶兵於河南河北一帶不時週查。茲據該領隊稟稱，卡倫外之哈薩克、布魯特等均屬恭順，現在伊犂地方貿易，哈薩克等均已到來，照常安靜，堪慰聖懷。頃接奕山來信，俟成玉到巴爾楚克，即會同帶兵起程。疏清臺路，由葉爾羌赴喀、英二城進剿。我兵皆系勁旅，一到該處，可期立殄么麽。奴才已飛催奕山，即行前進。又接布彥泰來信，已於八月二十五日由蘭州起程，計此時業已帶兵出關，後路聲威，益增雄壯。奴才已將奕山、成玉等由巴爾楚克趕緊帶兵進剿，并奴才添派伊犂官兵遣勇及撥續調烏魯木齊官兵分在阿克蘇、巴爾楚克兩處防堵。奏明委由哈密折回之陝安鎮總兵豐伸赴巴爾楚克督兵彈壓，以顧後路緣由，亟致布彥泰查明，並亟催督辦糧臺事務署陝甘總督楊以增趕緊籌撥餉銀，委員速解阿克蘇糧臺，以備接濟。

　　所有接奉諭旨，理合恭摺覆奏，伏乞皇上聖鑒。謹奏。

　　九月十五日

　　道光二十七年十月初九日奉硃批：知道了，欽此。

---

① 海枚：曾任吐魯番領隊大臣，咸豐三年（1853）任駐藏大臣，旋因病卒於赴任途中。
② 佛爾金布：曾任伊犂總管，道光二十五年（1845），任庫尔喀喇乌苏领队大臣，二十六年（1846）任察哈爾領隊大臣。

一五　預籌運河來春重運情形片
（道光二十八年十二月二十六日）

臣李星沅跪奏。

再，據淮揚道查文經稟，據山盱廳營稟稱：義河直壩已於十二月十九日戌刻儹堵和龍。湖水現尚報長，截至二十日，誌椿存水一丈零四寸等語。臣查義河越壩前經堵合，直壩又復告竣，辦理全工頗為迅速，湖水亦計日報長。惟天時冬暘，雨雪過少，長江水勢遞落，淮源正未可知。來春重運經臨，總須預籌儲蓄，有備無患。凡挑挖塘河及疏刷臨黃涵洞各事宜，臣仍咨會河臣，飛催道將，督率廳營，認真妥速興辦，不准稍涉大意。

謹附片陳明，伏乞聖鑒。謹奏。

硃批：知道了。

一六　兒女姻親請循例回避片①
（道光二十九年五月□日）

再，江南河道總督臣楊以增之次子系臣之女婿，臣與楊以增爲兒女姻親。雖河督與巡撫不相統轄，例無回避專條，惟同官一省，漕河水利等事亦間有交涉。查前任撫臣程矞采因與前河臣潘錫恩系屬兒女姻親，曾奏蒙俞允回避。嗣程矞采補授漕運總督，潘錫恩仍官河督，尤多交涉事宜，並未再奉回避之旨。今臣仰荷特恩，萬不敢因蘇撫事務較繁，少存畏葸避就之見。而到任例得聲敘，亦不敢匿不奏聞，伏乞皇上訓示遵行。

爲此附片。謹奏。

道光二十九年五月十六日奉硃批：欽此。

————————————

① 此片作者爲傅繩勛。

一七 遵旨重辦南河事件摺

（道光二十九年十二月十三日）

臣福濟、臣陸建瀛跪奏，爲遵旨重辦南河事件，恭摺覆奏仰祈聖鑒事。

竊臣等欽奉上諭：有人奏南河吳城六堡潰堤未能合龍，運道淤墊，漕船萬難回空。等語。著確查具奏，原摺鈔給閱看。等因。欽此。續又奉旨：如該河督有辦理不善、偏聽道廳以致貽誤之處，即著據實參奏，所有玩誤要工各員弁一併查明覆參。等因。欽此。臣跪誦之下，仰見聖慮周詳，以六堡曾否合龍、軍船能否回空爲最要，遵即馳赴清江，將測探揚運河情形及六堡合龍日期、軍船埽①數渡黃灌塘各事宜先後奏報在案。

伏查六堡爲泄清舊地，與祥符五瑞減黃等汛相近。當六月二十八日七堡危險，該河督一時權宜，刷開六堡以保清淮。臣等親往履勘，該處堤本坐灣，對岸淤有雞心沙灘。若使先事預籌，築一挑水壩，則回溜不致頂冲，乃因向本無工，未經議辦，殊爲失算。迨刷堤以後，黃流爲湖水頂托，旁穿張福口、太平兩引河，直注淮安、寶應一帶。雖水急溜分，未入高郵境內，而迤上湖口運道均不免淤墊，此缺口致淤之實在情形也。維時應即趕辦合龍，以便連挑引河，疏通運道，輒因黃水續長，新料未出，延至十月二十日始行堵閉，其間走占一次，尚屬事所常有。而時日已迫，太平河及各引河皆有稀淤，挑挖三次，始能通暢。以致清江閘內間段淺阻，此辦理遲延之實在原委也。當其六堡刷開，約估堵黃，皆稱需報二百餘萬兩，工員頗懷覬覦。該督等搏節估算，責令外南同知王湘賠修。王湘賠數不敷，又以六堡減漲，下游各工皆得化險爲平，准將各汛輪修料物借用協濟，人皆銜怨，是以有名爲賠修、實系克減之說。而查文經平日長於估計，所定工費，未肯絲豪②核餘，楊以增

---

① "埽"字誤，當作"掃"。

② "豪"字，或當作"毫"。

又於該道已准數內核減一二成不等，此物議沸騰之實在情由也。

雖楊以增之偏聽，查文經之剛愎，臣等查無確據，即其估核過嚴，亦系慎重錢糧，並非入己。惟該道只知節省，轉致遲誤時日，辦理殊乖機宜，未便以軍船業經回空，稍從末減。應請旨將淮揚道查文經交部嚴加議處，仍飭賠挑引河，不准開銷。南河總督楊以增總理修防，於此等要工未能趕催迅速，亦屬堵辦無方，應請交部議處。撤任之外南同知王湘，七堡是其專汛，僅予摘頂賠修，尚屬輕縱，應與外南營守備師長鑣一併革職。署外南同知海阜同知婁晉本系調赴六堡掌壩，其草閘塘河工程向系營員承辦，並非該同知貽誤，應歸欽限案內議結。

所有臣等遵旨查辦議擬緣由，恭摺據實覆查，伏乞皇上聖鑒訓示。謹奏。

十二月十三日

道光二十九年十二月十八日奉御批：欽此。

一八　嚴議南河總督等辦理河工遲延摺
（道光二十九年十二月三十日）

吏部尚書臣文慶等謹奏，爲嚴議具奏事。

內閣抄出道光二十九年十二月二十六日奉上諭：前據福濟、陸建瀛奏，查明南河辦理遲延實情，請將河督、道、廳各員分別議處，嚴議革職，並陸建瀛自請議處，當經降旨，俟查明軍船能否歸次，再降諭旨。茲據福濟、陸建瀛覆奏籌辦回空情形一摺，並陸建瀛、楊以增自請嚴議等語，本年南河吳城六堡啟閉皆不如法，以致河湖受淤，回空軍船不能如期歸次。雖現在各幫船俱已接續趕出清江閘，據稱年內可以竣事，然仍系約略之詞，且使有漕省分不能不預籌迎兌，紛紛建議，大費周章。專轄及兼轄之員實難辭咎。陸建瀛、楊以增著先行交部嚴加議處，且看果否不誤新漕，俟覆奏到時再降諭旨。至辦理有乖機宜之淮揚道查文經著照議即交部嚴加議處撤任，外南同知王湘、外南營守備師長鑣亦著照議革職。所有各幫船出閘後能否迅速渡江，分別歸次受兌，各淤墊處所能否迅速挑挖深通，重漕經臨，果否暢行無礙，該督與河督等有無把握？著福濟、陸建瀛會同楊殿邦、楊以增妥籌核辦。該漕督所議四條有無增損，迅速具奏。餘著照所議辦理。欽此。欽遵抄出到部。

查定例：江南省河道專管官不詳報挑浚，以致淤淺者降一級調用，兼轄官罰俸一年。又定例：官員有奉旨交部嚴加議處者，查照本例酌量加等。等語。除恭錄諭旨，移咨該侍郎及該督等欽遵辦理外，外南同知王湘亦著照議革職之處，臣部另行辦理，並武職應由兵部核辦外，此案兩江總督陸建瀛、南河河道總督楊以增於本年南河吳城六堡啟閉皆不如法，以致河湖受淤，回空軍船不能如期歸次，使有漕省分不能預籌迎兌，紛紛建議，大費周章。該督等專轄、兼轄，實難辭咎，欽奉諭旨：先行交部嚴加議處。淮揚道查文經辦理有乖機宜，欽奉諭旨：著即照議交部嚴加議處。應請將前暫行革職之淮揚道查文經照溺職例革職，專轄之南河河道總督楊以增應比照江南河道專管官不詳報挑浚，以致淤淺，降一級調用例上加等，議以降二級調用。兼轄之兩江總督陸建瀛未便僅照罰俸例上加等，臣等共同酌議，應請從嚴議以降一級調用。均系公罪，例准抵消，可否准其抵消之處恭候欽定，俟命下之日臣部再行辦理。

所有臣等遵旨嚴議緣由，理合恭摺具奏，伏乞聖鑒訓示遵行。謹奏。

道光二十九年十二月三十日

吏部尚書臣　文慶

吏部尚書臣　賈楨[①]

吏部左侍郎臣　花沙納[②]

吏部左侍郎臣　　侯桐感冒

吏部右侍郎臣　　明訓

署吏部右侍郎戶部左侍郎臣　　季芝昌

---

① 賈楨（1798—1874）：原名忠楨，字藝林，號筠堂，山東黃縣人。道光五年（1825）中舉，翌年中進士，授翰林院編修，後陞任侍講。道光十六年（1836）入值上書房，後陞任侍講學士。後歷任詹士府少詹事、內閣學士、工部右侍郎、戶部右侍郎、都察院左都御史、禮部尚書、吏部尚書等職。咸豐二年（1852）任協辦大學士，次年充上書房總師兼順天府尹，以吏部尚書協辦大學士之職辦理山東團練。後拜體仁閣大學士，監修《文宗實錄》，同治十三年（1874）卒於北京，謚文端。

② 花沙納（1806—1859）：字毓中，號松岑，蒙古正黃旗人，道光進士。曾任理藩院尚書、工部尚書、吏部尚書，咸豐八年（1858）被任爲欽差大臣，與大學士桂良赴天津議和，簽訂《天津條約》。

一九　籌墊河工所需經費並確核
各工實需銀數片　①
（道光三十年二月□日）

再，臣前此會同戶部侍郎臣福濟遵旨通籌河湖大局，議請修王營減水新壩，並於清江浦挑浚舊運河，添作新塘。又補築高寶一帶運河西堤以及興挑天然引河各工，所需經費分別籌墊，統由捐輸歸款。欽奉諭旨允准在案。臣查以上各工實於河漕大有裨益，若不趕緊興辦，誠恐貽誤事機。惟現在河庫支絀，其可籌墊捐輸又甫經開局，緩不濟急。臣當咨行藩關道庫，酌量籌撥以應要需去後，茲據覆稱，准關堪撥銀十二萬兩，龍江關堪撥銀四萬五千兩，揚關堪撥銀二萬兩。除飭委解河庫濟用外，臣即於本月十二日由省起程馳赴清江，會同河臣楊以增確核各工實需銀數，分繕清單，另行具奏。所有臣署日行事件照案飭委江藩司代行，緊要事件仍包送途次，由臣自行核辦。

理合附片陳明，伏乞皇上聖鑒。謹奏。

道光三十年二月二十六日奉御批：戶部議奏。欽此。

二〇　漕船阻滯遵旨分別議處摺②
（咸豐二年六月二十一日）

吏部尚書臣柏葰③等謹奏，為遵旨分別議處具奏事。

內閣抄出咸豐二年六月十二日奉上諭：戶部奏遵旨速議漕運事宜一

---

① 此片作者爲陸建瀛。

② 此摺現藏台灣"國立"故宮博物院。

③ 柏葰（？—1859）：字靜濤，巴魯特氏，蒙古正藍旗人，道光進士。歷任總管內務府大臣及兵部、吏部、戶部大臣，拜文淵閣大學士。與肅順不睦，咸豐九年（1859）被劾典考舞弊，肅順等趁機抱報復，被殺。

摺。所有江安、江廣各幫起運米石均著照該部所議分別催償，并截留備賑，抵給銀款。其浙江幫船本年秋間是否尚能改行海運，著陸建瀛悉心酌覈。如果確有把握，即責成該督妥爲辦理。應用水腳剝價等銀仍由浙江巡撫覈實籌備。倘因時交秋令，行駛維艱，該督即會同浙江巡撫妥商截卸，在附近上海地方存儲，於今冬預籌來歲海運，毋得互相推諉，致干重咎。此次漕行遲誤，總由豐工未能合龍所致，陸建瀛、楊以增著交部分別議處。另片奏銅鉛起運亟應變通等語，著山東巡撫體察情形，於各運到境，即飭地方官僱備車輛，多備剝船，催令迅速北上。其在後各運并著兩江總督設法催出江境，毋任稍有遲延。餘依議。欽此。欽遵。抄出到部。

查定例：沿河堤岸預先不行修築，以致運糧時漕船阻滯者，經管官降一級調用。又定例：議處事件有與例文相似而案情迴殊者，即照加等之例辦理，其由降調加等者酌量遞加等語。除恭録諭旨，移咨兩江總督、浙江巡撫、山東巡撫欽遵辦理外，此案漕行遲誤，欽奉諭旨：總由豐工未能合龍所致，陸建瀛、楊以增著交部分別議處。應請將兩江總督降爲四品頂戴，陸建瀛比照沿河堤岸預先不行修築，以致漕船阻滯經管官降一級調用例，降一級調用。南河河道總督楊以增應於陸建瀛降一級調用例上分別加等，議以降二級調用，俱係公罪，例准抵消。可否准其抵消之處，恭候欽定。俟命下之日，臣部再行辦理。

所有臣等遵旨分別議處緣由，理合恭摺具奏，伏乞聖鑒訓示遵行。謹奏。

咸豐二年六月二十一日

吏部尚書臣　柏葰

吏部尚書臣　賈楨

吏部左侍郎臣　瑞常①

吏部左侍郎臣　邵燦

吏部右侍郎臣　全慶_{留署}

---

①　瑞常（？—1872）：字芝生，號西樵，石爾德特氏，蒙古鑲紅旗人。道光十二年（1832）進士，選庶吉士，授編修。大考二等，六遷至少詹事。二十四年（1844）連擢光禄寺卿、内閣學士。二十五年（1845）遷兵部侍郎，兼鑲紅旗漢軍副都統。二十九年（1849）充册封朝鮮正使，調吏部，兼左、右翼總兵。同治十年（1871）拜文淵閣大學士，管理刑部。十一年（1872）卒，贈太保，謚文端。

吏部右侍郎臣　沈兆霖①

硃批：俱准其抵消。

二一　請旨飭提偽造假照人犯摺②

（咸豐二年十月十六日）

　　刑部尚書、總管內務府大臣臣阿靈阿等謹奏，爲現審案內究出偽造假照人犯，請旨飭提審辦由咨改奏事。

　　准都察院咨送王汝霖呈控車印川代捐翰林院待詔執照篆文不符一案，訊據王汝霖供系河南南陽府人，上年三月間伊託車印川代捐翰林院待詔職銜，因無現銀，車印川代伊墊捐，領出執照，車印川令子車文樞攜帶執照，同伊回家取銀交照。伊因在籍與人涉訟，將照呈驗，經南陽府驗出執照並無滿篆，將照扣留，伊情急來京呈控等語。隨飭傳車印川到案。據供系四川監生，在國子監肄業，因王汝霖託伊墊捐待詔職銜，伊堂弟候選未入流車紹文起意偽造假照，描摹印信，欲向王汝霖誆騙銀兩。車紹文現往南河工次攬辦稭料，在西壩黃家廟黃昌泰家居住等語。

　　查車印川以國子監肄業監生，因王汝霖託捐職銜，輒敢偽造部照，情殊藐法，據供系伊弟車紹文起意偽造誆騙，自應提到車紹文，一併嚴切根究。且既供有描摹印信情事，難保無另犯不法重情。除將車印川監生先行咨革，并飛咨河南巡撫將王汝霖呈出執照送部查驗外，相應請旨下南河河道總督，飭屬將候選未入流車紹文嚴密查拿，迅速解部，以憑訊辦，謹恭摺具奏請旨。

　　咸豐二年十月十六日

　　尚書總管內務府大臣　阿靈阿

　　尚書臣　周祖培

---

　　①　沈兆霖（1801—1862）：字尺生，又字郎亭，錢塘人。道光十六年（1836）進士，選翰林院庶吉士，授編修。後任侍講學士、詹事、內閣學士兼禮部侍郎。咸豐二年（1852）任吏部侍郎，督江西學政。歷官至左都御史，十年（1860）署戶部尚書、兵部尚書、軍機大臣。同治元年（1862）署陝甘總督，遭遇山水驟發溺卒，贈太子太保，謚文忠。

　　②　此摺現藏台灣“國立”故宮博物院。

左侍郎臣　德興
左侍郎臣　張芾尚未到任
署左侍郎工部左侍郎臣　呂賢基
右侍郎臣　宗室奕經
右侍郎臣　黄贊湯尚未到任
軍機大臣　署右侍郎吏部左侍郎臣　邵燦
硃批：著楊以增派員嚴拿務獲，解部審辦。

二二　拆毁賊匪偷搭浮橋并擊退縋城渡河之賊情形摺
（咸豐三年六月三十日）

漕運總督奴才福濟跪奏，爲賊匪偷搭浮橋，經兵勇拆毁并將東關門縋城渡河之賊擊退情形恭摺由驛具陳，仰祈聖鑒事。

竊奴才於六月二十三日承准軍機大臣字寄，咸豐三年六月十八日奉上諭：朕聞揚城賊匪每日止有南門出入取水取菜，鈔關徐凝門亦間或一開。近日賊中火藥不足，放礮甚少，油燭亦盡。惟存糧尚多，水道未斷，以致賊勢雖蹙，郡城尚難攻復。逆匪竄踞揚城，已將四月，果能將其接濟之路處處斷絶，蕞爾孤城，斷無不内潰之理。現在琦善、陳金綬大兵多在西北兩面，福濟等所派兵勇亦偏近東北，惟雷以諴所駐之萬福橋稍近東南，其由南門下通瓜洲之路恃福楙所帶兵勇及虹橋紳董防守，未免較形單弱。況自五月二十九日接仗之後，該處紳董難保不挫動鋭氣。前次琦善奏報有該逆暗差姦匪勾通瓜洲之賊搶佔虹橋，從三汊河直抵揚州南面，與城中逆賊接應之語，可見賊所註意者全在暗通江路。而我之不能迅復揚城，亦總由江路未能扼斷，是南路一軍所關綦重。至江浦、六合、儀徵皆爲揚城西面要衝，賊若被攻窮蹙，欲下合金陵大股，固須由此奔竄。即金陵之賊欲上竄皖豫，亦必從此經過。六合現有德崇額等所帶吉林官兵并瞿騰龍帶兵駐守浦口，亦有開隆阿、武慶督兵防禦，亟應認真堵截，無任一匪闌入，則西路之接濟可斷，西南兩路俱絶，則大兵併力專攻東北，克復揚城，始能杜其他竄。慧成自抵清江後，至今未見奏報，不知現在行抵何處。豐北壩工現復續有漫塌，黃河下游必已斷流。儻賊中聞此信息，潰圍突出，竟竄清江，亦不可不先爲防備。著即知照周天爵、奕經、楊以增等一體嚴防，仍知會李嘉端等防其續竄滁鳳，援應河南之賊，務使四面合圍，俾城破之後，不任一賊竄逸，方爲盡善。又聞揚州西、北、南三門均難攻破，其鈔關徐凝門缺口、東關便益門皆河路單城，天寧、廣儲等門亦系單片，沿城從南北河下起，至便益圍田等處一律如是，該逆不能盡行防守，避堅攻瑕，亦系行軍要訣。既有城身單薄之處，即可設法由此進攻，或用礮轟擊，或暗通內應。但須偵採明確，因地相機設法進取，窮寇孤城，自不難於迅克也。將此由六百里各諭令知之。欽此。

跪讀之下，仰見聖慮周詳，曷勝欽服。查奴才自本月十八日賊匪燒燬糧船之後，連日督兵攻剿，忽於二十四日由便益門潛出賊匪數百人，偷搭浮橋，飭令署參將馮景尼乘夜前往，拆毀橋身，拔起椿木，隨流漂淌。該逆下城救護，兵勇施放鎗礮，隔河轟擊，賊始退走入城。二十七日，復據捐陞河營參將師長鑣稟稱，於二十六日戌刻，奉令督帥兵勇，會同署參將馮景尼在東關門一帶藏伏，至寅刻，見有賊自城繫下，并有自突門鑽出者。參將等按兵未動，伺其出城七八百人，正在偷渡城河，當即率領弁兵，突出奮擊，鎗礮齊施，賊匪死者甚衆。適臬司查文經并陞授曹州鎮總兵多隆武帶兵分頭接應，一同截殺，兵勇愈加踊躍，又斃賊匪多名。賊見我兵奮勇，不敢拒敵，紛紛退避入城，計前後斃賊二百餘人，虎勇僅受傷四人。等情。據此，奴才查便益、東關等門均在北路，賊匪既在該處搭橋偷渡，難保不意在北竄，不可不加意嚴防。惟奴才所帶得力兵勇爲數無多，節經調撥分防，勢極單薄，是以前摺奏請添調安徽壽春鎮標兵一千二百名，以資防剿，尚未接奉諭旨。惟有仰懇天恩，俯賜迅飭安徽撫臣挑選精兵，派勇幹營員，星夜統領來揚，交奴才管帶，以壯軍威而杜竄擾。

除知照欽差大臣周天爵、奕經、河臣楊以增等一體嚴防，并知會安徽撫臣李嘉端等防其續竄滁鳳，援應河南之賊，一面會同琦善等相機攻剿外，合將兵勇拆毀浮橋并擊賊獲勝緣由，恭摺由六百里馳奏，伏乞皇上聖鑒。謹奏。

咸豐三年六月三十日

硃批：另有旨。

二三　遵旨核議南河總督處分摺

（咸豐四年二月二十九日）

署吏部尚書臣阿靈阿等謹奏，為遵旨議處具奏事。

內閣抄出咸豐四年二月二十五日奉上諭：百勝、王夢齡奏現追剿賊匪情形，並自請嚴議等語。豐工下游包家樓一帶現有土匪假充逆賊，紮筏渡河，該鎮等未能杜其偷窺，均屬罪有應得。除准徐道王夢齡前經革職，暫留本任外，徐州鎮總兵百勝著即革職，仍暫留本任，與王夢齡督帶兵勇，迅將股匪剿捕淨盡，毋再疏虞，致干重罪。江南河道總督楊以增未能先事籌防，著交部議處。欽此。欽遵到部。查定例：官員防範不嚴者降一級留任，又例輕而案情較重者酌量加等各等語。除徐州鎮總兵百勝著即革職，仍留本任，應由兵部辦理，王夢齡督帶兵勇，迅將股匪剿捕淨盡，臣部另行知照外，此案豐工下游包家樓一帶現有土匪假充逆賊，紮筏渡河，該督未能先事籌防，欽奉上諭：交部議處。應請將江南河道總督楊以增照防範不嚴降一級留任例上加等，議以降二級留任。係公罪，例准抵消。可否准其抵消之處，恭候欽定。俟命下之日，臣部再行辦理。

所有臣等遵旨議處緣由，理合恭摺具奏，伏乞聖鑒訓示遵行。謹奏。

咸豐四年二月二十九日

署吏部尚書兵部尚書臣　　阿靈阿

協辦大學士吏部尚書臣　　賈楨

吏部左侍郎臣　瑞常

吏部左侍郎臣　翁心存

吏部右侍郎臣　愛仁

吏部右侍郎臣　潘曾瑩

硃批：著不准抵消。

二四　請將率行請獎防汛各員依律議處摺

（咸豐四年十月十八日）

　　吏部尚書臣柏葰等謹奏，為議處具奏事。

　　先經臣部具奏，內閣抄出江南河道總督革職留任楊以增保舉防守大汛出力人員一摺，咸豐四年九月初九日奉硃批：現在缺口尚未堵築，斷難准汝保奏河員。且各廳節省錢糧，分所當為，豈能許其優獎，沽譽見好？可惡已極。且明言失事之年，尚准擇優請獎修防無誤各廳，更屬膽大。著該部查明有無成案，嚴參具奏。欽此。欽遵。抄出到部。

　　臣等查道光二十二年七月南河桃北崔鎮地方河水漫溢，是年九月二十八日奉上諭：麟慶奏節交霜降黃河上游長水消落，湖運各工修防平穩一摺，本年大河來源甚旺，險工疊出，蕭莊失事各員業經參革。其上游黃河及湖運各工修防尚屬穩固，所有派防文武員弁，著該河督擇其尤為出力者秉公著保數員，候朕施恩，毋許冒濫。欽此。此係奏奉特旨允行，未便據為常例。今該河督楊以增率行請獎，並明言河工失事之年，其修防無誤各廳仍俾擇尤①請獎，殊屬冒昧。相應請旨，將江南河道總督楊以增交臣部議處。等因。咸豐四年九月二十日奉旨：依議。欽此。查律載：凡不應得為而為之事，理重者杖八十；係公罪，降二級留任等語。此案江南河道總督楊以增於河工缺口尚未堵築，將防汛出力人員率行請獎，雖查有成案，究屬冒昧，應請將江南河道總督楊以增照不應重降二級留任律，降二級留任，係公罪，例准抵消。可否准其抵消之處，恭候欽定。俟命下之日，臣部再行辦理。

　　所有臣等議處緣由，理合恭摺具奏，伏乞皇上聖鑒訓示遵行。謹奏。

　　咸豐四年十月十八日

　　吏部尚書臣　柏葰

　　協辦大學士吏部尚書臣　賈楨

　　吏部左侍郎臣　瑞常

　　署吏部左侍郎禮部右侍郎臣　陶樑

------

①　"尤"或誤，或當作"優"。

吏部右侍郎臣　　愛仁
吏部右侍郎臣　　張祥河
硃批：著准其抵消。

二五　遵旨議奏南河留用道員情形摺①
（咸豐五年四月初八日）

禮部尚書臣花沙納等謹奏，爲遵旨議奏事。

內閣抄出江南河道總督楊以增奏稱，京員禮部員外郎赫特赫訥咸豐三年五月十五日到工，兩年以來派往各廳查料勘工，協防大汛，留心習練，辦事認真。茲屆期滿，照例以知府留江補用。惟查該員到工時正值粵匪竄入江境，金陵、鎮江相繼失事，清淮逼近賊氛，經臣設局籌防，派令該員會同各道籌餉練勇，並委在寶蘇分局督鑄大錢暨辦理捐輸事務，實能任勞任怨，備著辛勤。可否仰懇天恩准將赫特赫訥留於南河，以道員酌量補用，俟補缺時再行送部引見。等因。咸豐五年三月十九日奉硃批：吏部議奏。欽此。欽遵。抄出到部。

查定例：京員揀派河工學習，到工後，隨同該河督等專心學習估工查料，周歷河湖堤堰，查勘情形及一切疏濬堵築各事宜，不必承辦要工，亦不准經管錢糧。其黽勉勤慎，尚堪造就者，二年差竣，由該河督出具切實考語，送部引見，侯旨錄用等語。今赫特赫訥鑲黃旗滿洲進士，由禮部員外郎咸豐三年正月二十七日奉旨：發往南河差遣委用。欽此。是年五月十五日到工，現經二年屆滿，例應由該河督出具切實考語，給咨赴部引見，候旨錄用。查該員係由員外郎揀發河工，如奉旨錄用後，按照成案，祇准以知府補用，惟據該河督奏稱，該員到工時正值粵匪竄入江境，派令籌餉練勇，并委督鑄大錢暨辦理捐輸事務，備著辛勤，可否留於南河，以道員酌量補用。等因。臣等查此等勞績，臣部定例並無併計給獎明文，歷由各省督撫酌量保奏，恭候恩施，相應奏明請旨，可否准如該河督所請，將赫特赫訥以道員留於南河，酌量補用，俟補缺時再行送部引見，抑或另行恩

---

① 此摺現藏台灣"國立"故宮博物院。

予獎勵，并令該河督照例給咨赴部引見，候旨録用之處，恭候欽定。

謹將臣等遵旨議奏緣由繕摺具奏，伏乞皇上聖鑒訓示遵行。謹奏。

咸豐五年四月初八日

吏部尚書臣　花紗納

吏部尚書臣　翁心存①

吏部左侍郎臣　　瑞常

署吏部左侍郎禮部右侍郎臣　　杜翿

吏部右侍郎臣　　穆蔭

吏部右侍郎臣　　卓櫄

硃批：赫特赫訥著以南河道員酌量補用，餘依議。

二六　南河總督因病出缺請照軍營
病故例議恤摺

（咸豐五年十二月二十三日）

兩江總督奴才怡良跪奏，爲河臣因病出缺，請旨迅賜簡放恭摺奏聞，仰祈聖鑒事。

竊奴才於咸豐五年十二月二十二日接據淮海道梁佐中稟稱：河臣楊以增自交秋以來，染患泄瀉病症，延醫調治，時重時輕，均尚力疾辦事。冬至後日漸沉重，服藥罔效，於十二月十八日未刻出缺。將所交遺摺一件，稟請轉奏前來。

伏查楊以增心術醇正，操守清廉，歷練老成，明達政體，自咸豐三年至今總理江北團練防堵事宜，會辦淮北鹽務，殫心竭慮，夙夜精勤，未嘗以矯激沽名，亦不聽以因循致誤。茲因積勞病故，聞其宦囊蕭然，深爲憫惻，其身後事宜業經該道、廳妥爲料理。至河督關防據該道稟稱已委員齎送前來，俟送到後，奴才暫行收存。現在河督衙門事件暫委淮

---

①　翁心存（1791—1862）：晚清大臣，字二銘，號邃庵，江蘇常熟人。道光二年（1832）中進士，改庶吉士，授編修，督廣東學政。咸豐元年（1851）擢工部尚書，四年（1854）起授吏部侍郎，調戶部，擢兵部尚書，遷協辦大學士。八年（1858）充上書房總師傅，官至體仁閣大學士。因病乞休，復起，以大學士銜管工部。贈太子太保，謚文端。

海道梁佐中就近代印代行，庫存銀錢鈔票俱飭加謹封儲。

所有江南河道總督員缺緊要，仰懇皇上迅賜簡放，以重職守。並將該道送到楊以增遺摺恭呈御覽，可否照軍營病故例議恤之處出自天恩。

謹遵例由驛馳奏，伏乞聖鑒。謹奏。

五年十二月二十三日

咸豐六年正月初四日奉硃批：欽此。

二七　南河督臣遣家屬捐谷一千五百石請量予鼓勵片[①]

（咸豐五年十二月二十三日）

再，南河河臣楊以增遣家屬赴臣衙門具呈，以東省現辦災賑，情殷桑梓，捐備穀一千五百石赴本籍聊城等縣上兌，聽候撥用。除行司轉飭收兌，據□賑需彙案辦理外，理合附片奏聞。

該家屬原呈聲明不敢仰邀議敘，應否量予恩施出自聖裁。謹奏。

山東巡撫[②]　十一月十七日

咸豐五年十二月二十三日奉硃批：欽此。

二八　原任河督捐輸請加本籍文武學額摺[③]

（同治三年五月初二日）

山東巡撫臣閻敬銘[④]跪奏，爲查明原任河道總督捐備軍餉銀數，懇

---

① 此片作者爲崇恩。
② 山東巡撫爲崇恩。
③ 此摺現藏台灣“國立”故宮博物院。
④ 閻敬銘（1817—1892）：字丹初，陝西朝邑縣人。道光二十五年（1845）中進士，歷任戶部主事、湖北按察使，署布政使、山東鹽運使、山東巡撫。光緒八年（1882）調任戶部尚書，翌年充軍機大臣、總理各國事務衙門大臣，晉協辦大學士，十一年（1885）授東閣大學士，十八年（1892）卒，諡文介。

恩加廣本籍聊城縣文武學額，恭摺奏祈聖鑒事。

　　竊臣據陝西道員楊紹和稟，該道故父楊以增前在江南河道總督任內，於咸豐二年捐備軍餉銀一萬兩，十月二十三日奉上諭：著賞帶花翎。又於三年捐備軍餉銀二千兩，八月二十三日奉上諭：著交部從優議敘。又於四年率屬倡捐餉銀二千兩，五月二十五日奉上諭：著交部議敘。欽此。共計捐銀一萬四千兩，請照例加廣本籍聊城縣文武學額等情。行據藩司貢璜查明，山東省捐輸軍餉等項銀兩，經前撫臣於咸豐十年彙案奏准加聊城縣文武學定額各二名。今楊以增於江南河道總督任內三次捐備餉銀一萬四千兩，均經奏奉諭旨獎敘有案，應請以一萬兩加文武學定額各一名，以四千兩加一次廣額各二名，覈與奏定章程相符，亦未逾於原額之數，造冊詳請具奏前來。臣覆覈無異，合無仰懇天恩，俯准加聊城縣文武學定額各一名，一次廣額各二名，以廣登進而昭激勸。

　　除冊咨部外，謹會同學臣尚慶潮恭摺具奏，伏乞皇太后、皇上聖鑒。謹奏。

　　五月初二日

　　同治三年五月初十日議政王軍機大臣奉旨：該部覈議具奏。欽此。

二九　已故河臣勤勞懋著籲懇賜諡摺
（同治八年四月二十九日）

　　兩江總督馬新貽①跪奏，爲已故河臣保障清淮，勤勞懋著，籲懇天恩予諡，以彰藎績而順輿情，恭摺仰祈聖鑒事。

　　竊據山陽縣紳士翰林院編修顧雲臣等、清河縣紳士刑部員外郎吳昆田等聯名呈稱：已故河臣楊以增總督河南，興利除弊，竭慮殫精，工程

---

①　馬新貽（1821—1870）：字穀山，號燕門，又號鐵舫，山東菏澤人。道光二十七年（1837）進士，歷任安徽建平知縣、合肥知縣，咸豐三年（1853）陞廬州知府，後陞任安徽按察使。同治元年（1862）署廬州、鳳陽、潁川兵備道，二年（1863）陞安徽布政使，五年（1864）任浙江巡撫。七年（1868）二月任閩浙總督，八月任兩江總督兼通商大臣。九年（1870）遇刺身亡，諡端敏。

則力求其堅，款目則必核其實。是以宣宗成皇帝有"盡心職守，一洗舊習，朕甚嘉焉"之論，文宗顯皇帝有"卿能克勤克敬，億萬生靈蒙福"之論。及奉命督防江北，當癸丑之春，江寧、鎮、揚相繼失陷，清江爲南北門户，該河臣籌餉募兵，力扼上游，迎剿高、寶以下，迭毁賊營，並分兵嚴防盱眙之浮山、泗州之潼河，遏賊繞襲之路。維時現任四川總督吳棠方任清河縣令，該河臣知其力能任事，授以方略，剿除旁近州縣捻匪、洋匪不下十餘起，消患於無形，厥功尤偉。前後四年，清淮終無失事，至今闔郡士民感念不忘。可否援案轉奏，籲懇加恩。等情。前來。

　　臣查已故河臣楊以增，山東進士，由貴州知縣洊陞。南河向稱繁富之區，自該河臣蒞任，力崇節儉，率下以廉，風氣爲之一變。咸豐三年以後，河防軍務並集，一時艱險萬狀。該河臣從容靜鎮，慎密籌防，卒能保障清淮，晏然無事。五年冬間，積勞病故，蒙恩照軍營例優恤。嗣由本籍紳士請祀鄉賢，陝西紳士請祀名宦，均經禮部議准在案。茲復據清淮紳士追念恩勤，合詞籲懇，想見流風善政，遺愛在人。伏查前漕臣邵燦、前河臣潘錫恩均由漕督臣張之萬①專摺具奏，渥荷殊施，允准予諡，仰見聖朝衷顯忠良，有加無已，凡在臣僚，同深欽感。該河臣楊以增生平政績，先後同揆。臣籍隸山東，與同鄉里，夙知其品端學邃，望重一時，上年蒞任兩江，沿途探訪，輿論尤切謳思，與該紳士等所稱適相符合，洵爲當世之純臣，允葉易名之令典。

　　合無仰懇天恩俯准予諡，以彰藎績而順輿情出自逾格鴻施。理合專摺具奏，伏乞皇太后、皇上聖鑒訓示。謹奏。

---

① 張之萬（1811—1897）：字子青，號鑾坡，直隸南皮人。道光二十七年（1837）中進士。同治中署河南巡撫，歷任漕運總督、江蘇巡撫、閩浙總督。光緒八年（1883）任兵部尚書，後調刑部。十年（1885）入值軍機處，兼署吏部尚書，後任協辦大學士、體仁閣大學士、東閣大學士。二十二年（1896）致仕，二十三年（1897）卒，贈太保，諡文達，入祀賢良祠。

三〇　維護山東故紳前南河總督楊以增海源閣藏書片[①]

（宣統二年三月□日）

再，保存古物，莫重於書籍。海內士庶以收藏宏富，著聲稱於當世者，家數無多。山東故紳、前南河總督楊以增搜集故書，雅多著録。所藏宋元舊暫[②]各本，精審絶倫。其子前翰林院侍講學士楊紹和、其孫分省補用道楊保彝[③]世守遺編，克綿其緒，是以海源閣藏書至今稱述弗衰。楊保彝以累世單傳，楹書無託，曾呈請地方官保護，永爲海源閣世產在案。上年十二月楊保彝病故，現據在籍紳士翰林院編修馬蔭榮、楊毓泗等呈請切實保護，奏明立案前來。臣查保存古物定例宜遵，舊籍相傳，尤爲文明觀耀。昔韓宣子聘魯，觀書於太史氏，稱爲周禮在魯，此閣亦猶禮存於魯之一端。付託無人，深虞淪佚。各國方以存古爲重，中原尤以保萃爲先。自應珍重維持，俾延世澤。除飭學司妥籌保護，並分咨查照外，理合附片具奏。伏乞聖鑒，謹奏。

宣統二年三月初七日奉硃批：知道了。欽此。

---

① 此片現藏台灣"國立"故宮博物院，作者爲孫寶琦。

② 録副本"暫"字誤，當作"槧"。

③ 楊保彝（1852—1910）：字鳳齡，號鳳阿，別署瓶庵。山東聊城縣人，清末古籍、金石、書畫收藏家。藏書家楊紹和之子，海源閣第三代主人。同治九年（1870）中舉人，以祖蔭得知縣，歷官內閣中書、戶部員外郎、總理衙門章京。八國聯軍侵入北京後，楊保彝在肥城花園（現名楊家花園）築眉園，退隱於陶南山莊。後出任山東通志局會纂，兼任山東優級師範學堂教務長。繼祖、父之業，保藏海源閣所藏古籍、金石、書畫，晚年將其所藏稟報地方政府備案，意在"勿爲子孫毀棄"。編纂《海源閣書目》6 冊，著録四部書共 3336 種 208300 餘卷；有《海源閣宋元秘本書目》4 卷，分經、史、子、集 4 部分，共書 464 種，計 11328 卷。此外，還編著《海源閣金石書畫目録》5 冊。

附録二

《〈先都御史公奏疏〉序》
（同治十年十二月）

　　先端勤公自道光戊戌由湖北安襄鄖荆道署理臬篆，例得具摺陳謝。迨丙午權陝西巡撫，明年真除，以及移督南河，任封圻者十載，奏章不下數百件。乙卯，先公捐館舍，原摺悉經繳進，紹和謹就當時所鈔副本分年輯録，而所奉諭旨尚多未詳。同治乙丑，紹和官翰林，入值史館。嗣詔修方略，復與簪毫，乃於館中所儲徧加稽補，始克成編，都爲三十六卷。其間仍有未備者，則館中舊籍亦不無闕佚也。此册原擬求政當代通儒，賜之裁定，故每卷題款如是，行式並依官文例寫之，紹和不敢有所刪易也。己巳，以清淮士民之請，仰蒙天眷，先臣得邀易名之典，因重繕總目，列之卷首云。

　　同治辛未嘉平月　男紹和謹識。